온라인 자료실 운영

| 본문 예제 모델링 데이터 단계별 제공
| http://office.ucloud.com

3D 디지털 디자인을 위한

건축 프레젠테이션

3D ARCHITECTURE PRESENTATION

박종현 · 김진모 · 한상길 지음

도서출판대가

PREFACE

디지털을 활용한 건축 프레젠테이션 기법은 고도로 진화하는 첨단 디지털 산업의 변화에 비례하여 발전해 왔습니다. 특히 1980년대 건축 산업 전반에 큰 변화를 일으켰던 AutoCAD의 출현은 효율적인 2차원 도면 생산 능력뿐만 아니라, 3차원 구현과 Rendering 등 디자인을 더욱 효과적으로 표현하는 데 기여하였고, 현재까지 발전을 뒷받침해왔다 해도 과언이 아닐 것입니다. 그러한 발전은 오늘날 디지털 건축 프레젠테이션 기법은 2차원적 표현의 Photoshop, Illustrator 그리고 3차원의 3DS MAX, SketchUp, Rhino 등 다양한 프로그램의 변용 또는 개발로 이어져 오고 있습니다.

본서를 통하여 독자는 AutoCAD와 SketchUp, Photoshop 등 세 가지의 디지털 프로그램을 활용하게 될 것입니다. AutoCAD와 SketchUp은 3차원 표현하는 방법, 2차원 프레젠테이션 기법의 가장 핵심 프로그램인 Photoshop은 2차원적 건축 표현방법과 패널 프레젠테이션 방법입니다. 이들의 실습을 통하여 건축과 구조설계 기법의 다양한 프레젠테이션 기법을 학습하게 될 것입니다.

본서의 학습내용에 관한 자세한 내용은 아래와 같습니다.

첫째, AutoCAD에 경우 3차원을 구현하기 위한 AutoCAD의 원리와 환경을 이해하고, 다양한 3차원 명령어, 특히 boolean 연산 관련 명령어 등을 중점으로 학습하게 됩니다. 동시에 여러 예제를 통한 실습으로 정형과 비정형의 3차원 모델링 구현을 학습하고자 합니다. 특히, 다른 학습서에서 시도하지 않았던 구조 설계 관련 모델링을 포함하여 다양한 건축 분야의 프레젠테이션 기법을 소개하고 있습니다. 예컨대, 건축 실시 도서 중 구조 도면에 포함되는 '철골 접합 상세도'를 학습하고, 이러한 학습내용을 바탕으로 철골 접합 모델링을 구현하여 철골 구조 이해와 동시에 모델링 기법을 익히고자 합니다. 이에 기인하여 궁극적으로는 철골조 건물을 3차원으로 구현하는 과정을 담고 있습니다.

둘째, SketchUp을 활용한 3차원 구현 방법을 학습합니다. 이 프로그램은 3DS MAX나 AutoCAD보다 사용법이 용이하고, 비교적 가벼운 프로그램으로서 신속한 처리속도가 장점입니다. 그 결과 설계자에 의한 직관적인 3차원 구현이 가능하게 되었습니다. 건축 산업에서 이 프로그램이 빠르게 자리매김 되고 있는 원인이 되기도 합니다. 따라서 본서에서는 SketchUp의 다양한 특징과 환경 등을 파악한 후, 기본적인 매뉴얼을 이론적으로 학습하고자 합니다. 실습단계에서는 직선형과 유선형의 가구모델링을 경험함으로써 기본 원리를 이해하고, 단독주택 모델링 실습으로 건축모델링 방법을 완벽히 습득하고자 합니다. 또한 구조 도면에 포함되는 '보 일람표'와 '기둥 일람표'를 참고하여 보와 기둥의 철근 배근과 결속관계를 이해하고 이를 모델링으로 구현하여 표현하고자 합니다.

셋째, 건축 패널 프레젠테이션 기법을 학습합니다. 건축설계와 구조설계의 결과를 효과적으로 프레젠테이션하기 위한 보편적인 방법으로 건축 패널을 작성하게 됩니다. 건축 패널에는 설계를 설명하기 위한 타이틀과 컨셉, 각종 도표와 다이어그램 등이 포함되며, 투시도와 각층 평면도, 각 입면도와 단면도, 상세도 등이 최종 결과물로 들어가게 됩니다. 본서에서는 Photoshop을 활용한 2차원 건축 표현방법과 패널을 구성하는 방법을 실습하여, 보다 효과적으로 각 도면들(평면도, 입면도, 단면도)을 표현하기 위한 채색과 재질 입히기를 실습합니다. 그리고 제공된 패널 소스들을 활용하여 Layout하는 방법을 실습합니다.

건축을 공부하는 학생 또는 실무자들은 디지털을 활용한 건축 프레젠테이션을 위해 모든 프로그램을 100% 완벽히 구사할 필요는 없습니다. 건축실무에서 요구하는 실무자로 그래픽 천재를 요구하는 것이 아닙니다. 다만 각각의 프로그램들이 가지고 있는 장단점을 스스로 이해하고 판단하는 능력이 필요하며, 각 장점들을 적절히 활용하여 최상의 프레젠테이션 결과물을 얻어내기를 원합니다. 이것이 효율적 업무에 큰 도움을 주기 때문입니다.

AutoCAD와 SketchUp 등 두 가지의 3차원 시뮬레이션 기법과, Photopshop을 활용하여 이를 효율적으로 표현하는 2차원 프레젠테이션 기법이 실려 있는 이 책은 그러한 목적에 가장 잘 부합하고 있습니다. 건축을 공부하는 학생 또는 예비 취업자들에게 이 책을 통하여 보다 고차원적인 건축 프레젠테이션 능력이 배양되길 기대합니다.

2017년 1월
저자 일동

- 본서에서 활용하는 프로그램은 **『AutoCAD 2016』**과 **『SketchUp 2016』**, **『Photoshop CS6』**입니다. 그러나 제공된 Sample File은 상위 프로그램 버전, 특히 **『AutoCAD 2017』**과 **『SketchUp 2017』**에서도 Open할 수 있도록 제작되어 있어 상위 버전에서도 활용이 가능합니다.

CONTENTS

PART 01 AutoCAD Modeling

PART 02

SketchUp Modeling

PART 03

Retouching & Panel Layout

부 록 Supplement

PART 01

AutoCAD Modeling

Chapter 01

3차원 개념의 이해와 AutoCAD 작업환경 제어하기

Chapter 01 3차원 개념의 이해와 AutoCAD 작업환경 제어하기

AutoCAD에서 3차원 모델링 작업을 진행하기 전에 기본적인 3차원(3 Dimension) 개념의 이해와 더불어 효과적인 3차원 오브젝트 작성을 위한 다양한 화면제어의 방법을 학습합니다.

STEP 01 3차원 개념의 이해

1. 3D(3Dimension) 개념과 AutoCAD 3D 모델링

2차원(2Dimension) 모델과 3차원(3Dimension) 모델의 차이를 간단히 표현하면 'Z'값이라 할 수 있습니다. 2차원은 X축과 Y축 두 개의 축으로 좌표를 지정하여 표현되지만, 3차원은 여기에 Z축의 값을 더해 세 개의 축으로 이루어집니다. 따라서 3차원 오브젝트를 작성하거나 편집할 때는 XY 평면에서 만들어지는 오브젝트에 Z값에 해당하는 '고도(Elevation)'와 '두께(Thickness)'를 고려해야 합니다.

고도와 두께를 지닌 오브젝트는 2차원의 오브젝트보다 많은 정보를 갖고 있으며, 표현하는 오브젝트의 종류도 다양합니다. 2차원의 벡터 데이터가 확장된 와이어프레임(Wire frame)외에 면(Surface), 메쉬(Mesh), 솔리드(Solid)와 같은 오브젝트가 3차원의 모델로 크게 분류됩니다.

2차원에 비해 하나의 축이 더 추가됨으로서 도면의 작성이나 편집 등의 작업과정이 복잡해지며, 위치(관측점)를 정의하거나 음영처리, 렌더링, 비주얼 스타일 등을 고려한 표현방법 역시 다양해집니다. 이런 측면에서 보면 기본적으로 AutoCAD의 3D 모델링은 2차원 작업보다 더 많은 시간과 작업과정을 요구하는 단점이 있지만, 다음과 같은 장점들로 인해 건축 전반에 다양한 방법으로 사용되고 있습니다.

① 관측하기 유리한 임의의 시점으로부터 모델 뷰들을 표현할 수 있습니다.
② 2차원 표준 뷰와 보조 뷰들을 자동 생성합니다.
③ 2차원 단면 및 도면을 편리하게 작성할 수 있습니다.
④ 3D 모델로부터 도면을 작성했을 때, 설계 변경에 신속하게 대응 가능합니다.
⑤ 은선 제거 및 실물 같은 음영처리와 렌더링을 할 수 있습니다.
⑥ 조명을 설치하고 다양한 재료들을 모델에 부착해서 사실적인 렌더링 이미지를 생성할 수 있습니다.
⑦ 자동 가공 작업을 위한 데이터 추출(NC Data)이 가능합니다.

2. 3차원 좌표 이해하기

3차원 오브젝트의 모델링 역시 2차원 작업에서와 마찬가지로 기본적인 좌표를 사용합니다. 3차원 오브젝트 작성에 필요한 3차원 좌표에 대해 알아보겠습니다.

❶ 3차원 절대좌표(X, Y, Z)

2차원과 마찬가지로 원점(0,0,0)을 기준으로 X,Y,Z의 절대 좌표 값을 입력합니다. 2차원 좌표 X,Y에 Z 좌표 값만 추가하면 됩니다. 다음 그림에서 (4,2,4)의 좌표는 원점 (0,0,0)을 기준으로 +X축 방향으로 4, +Y축 방향으로 2, +Z축 방향으로 4인 지점을 나타냅니다.

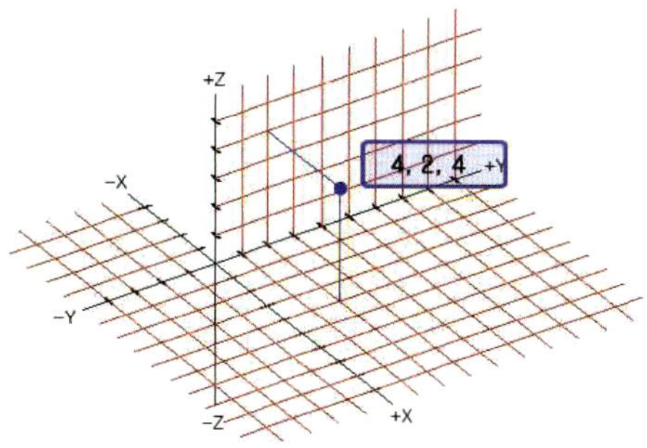

> **TIP:** *동적 입력에서는 '#'을 사용하여 절대 좌표를 지정합니다. 즉 '#4,5'와 같이 좌표 값 앞에 '#'을 입력해야 절대 좌표로 입력됩니다.*

❷ 3차원 상대좌표(X, Y, Z)

좌표 앞에 '@'기호를 붙이고 X,Y,Z 거리값을 입력합니다. 다음 그림에서 @3,1,5의 좌표는 (1,1,0) 지점에서 +X축 방향으로 3, +Y축 방향으로 1, +Z축 방향으로 5인 선을 그립니다.

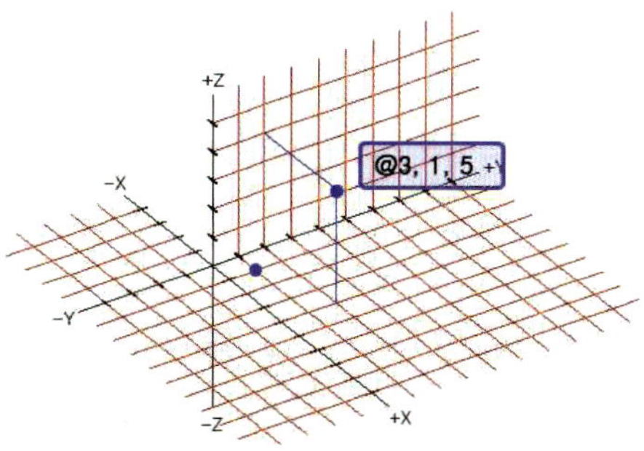

❸ 상대 3차원 구형좌표(@거리<각도<각도)

좌표 앞에 '@' 기호를 붙이고 거리값과 XY 평면에서의 각도 XY 평면에서 Z축의 높이 각도를 입력합니다. 다음 그림에서 @5<45<15는 임의의 지점에서 거리값 5, XY 평면에서 X축과 45도, XY 평면에서 15도 위의 지점을 표시합니다.

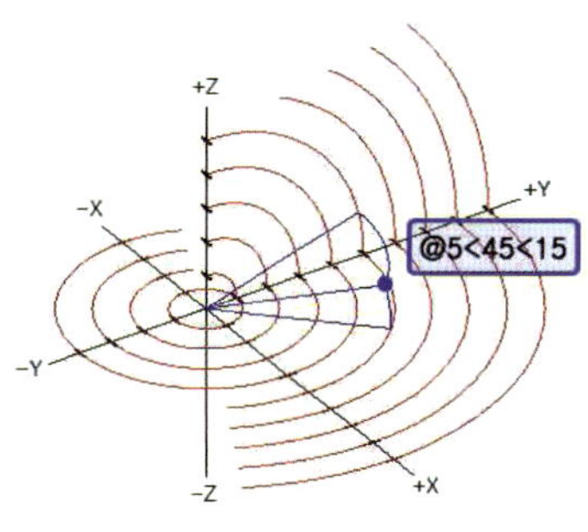

❹ 상대 3차원 원통형 좌표(@거리<각도, 거리)

좌표 앞에 '@'기호를 붙이고 XY 평면에서의 거리, XY 평면에서의 각도, XY 평면에서의 Z 축의 높이 거리를 입력합니다. 다음 그림에서 XY 평면에서 거리값 5, XY 평면에서 X축과 30도, Z축 방향으로 거리값 6인 지점을 나타냅니다.

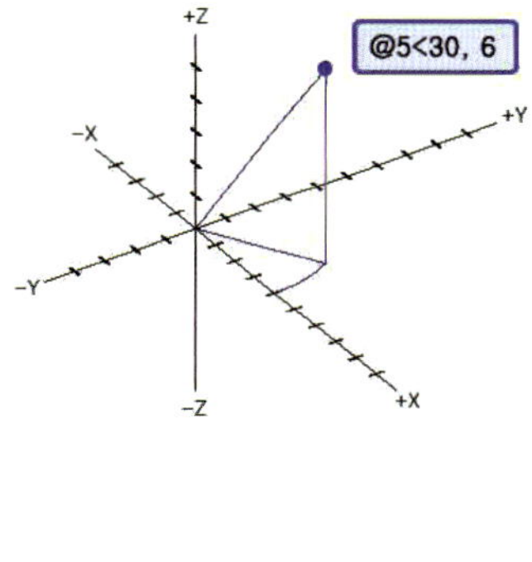

STEP 02 AutoCAD의 3차원 모델 유형

최근 3차원 전문 프로그램은 다양한 모델링 방식(Patch, NURBS 모델링 등)을 이용하여 3차원 모델을 만들고 있지만 오토캐드에서의 3차원 모델 유형은 크게 와이어프레임(Wire Frame), 표면(Surface), 솔리드(Solid) 3가지로 나뉘며, 3차원 모델을 구성하는 기본 오브젝트인 메쉬(Mesh)가 추가됩니다. 3차원 모델의 유형과 각각의 특성에 대해 알아보겠습니다.

1. Wire Frame Model (와이어프레임 모델)

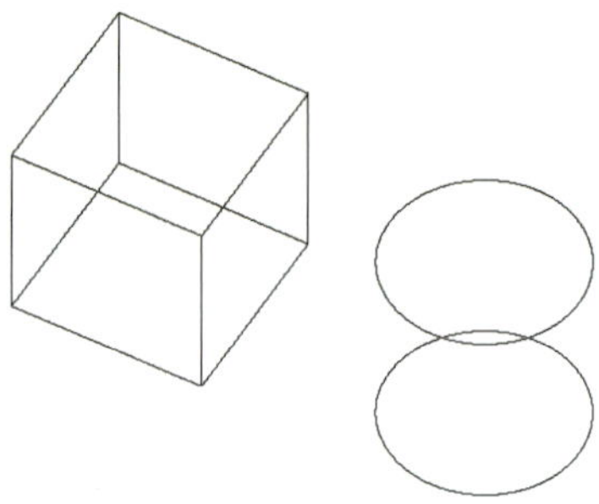

와이어프레임 모델은 2D 기본명령을 이용하여 3차원 공간에 선을 그린 것으로 3D 모델링을 진행하는 가장 기초적인 작업이라 할 수 있습니다. 3차원 모델의 가장 기본적인 표현 방식으로 면과 면이 만나는 경계선(edge)을 선(wire)으로 엮은 것과 같은 형식으로 표현합니다. 물체를 구성하는 주요한 내·외곽선들을 후면까지 모두 투영해서 볼 수 있으며 데이터 양이 적기 때문에 빠른 연산처리로 표현된다는 장점이 있습니다. 하지만 표면이 없어 물체의 양감 표현은 되지 않으며, 은선 처리가 되지 않아 명확한 3차원 표현에는 한계가 있다는 것이 단점입니다. 와이어프레임 모델은 표면이나 솔리드 모델링 작업을 수월하게 진행하기 위한 가이드라인으로 주로 사용됩니다.

2. Surface Model (표면 모델)

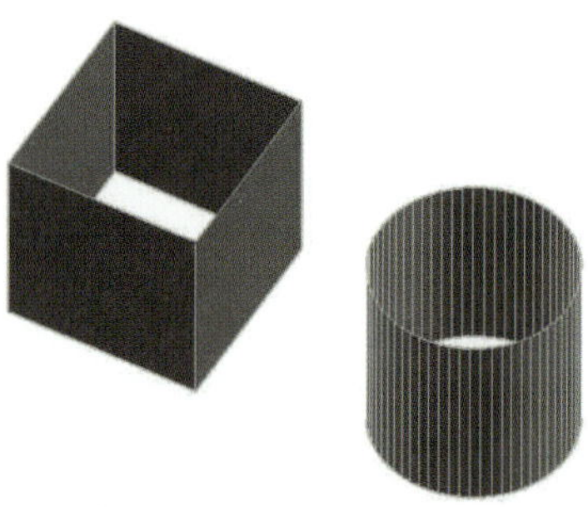

표면(Surface) 모델은 물체를 Shape에 해당하는 무한히 얇은 쉘의 집합으로 표현합니다. 내부는 비어있고 표면만 존재하는 방식입니다. 뒤쪽의 보이지 않는 부분은 은선 처리로 제거할 수 있고 표면이 있기 때문에 물체가 양감을 지닌 것으로 보이지만 실제는 내부가 비어 있기 때문에 물체에 대한 물리적 데이터의 처리는 불가능합니다. AutoCAD에서는 솔리드 모형의 조작과 동일한 명령 몇 가지를 사용하여 표면 모형을 작성할 수 있습니다. 표면을 구성하는 모든 요소와 정점(Vertex)의 집합을 메쉬(Mesh)라고 부릅니다.

3. Mesh Model (메쉬 모델)

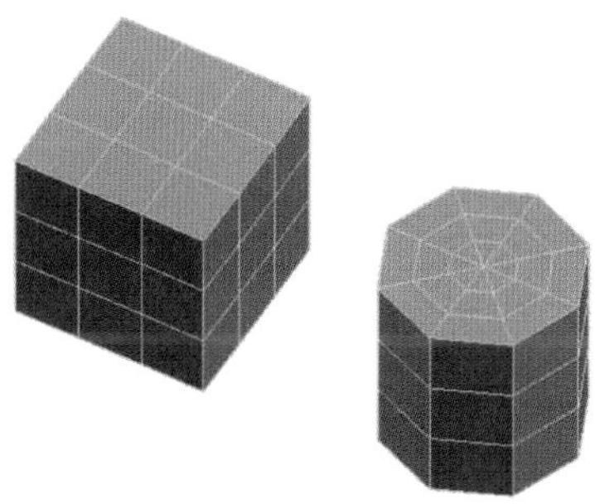

3D 모델을 이루는 최소 단위는 '정점(Vertex)'이며, 이 정점들을 연결하여 '모서리(Edge)'가 되고, 이 모서리 선들이 3개 이상 만나면 다각형 면(Polygon)이 만들어집니다. 따라서 면의 최소 단위는 삼각형이 됩니다. 이러한 과정으로 다각형이 모여 하나의 덩어리가 되면 이를 '메쉬'라고 합니다. 즉, 메쉬는 다각형(Polygon) 표현(삼각형 및 사각형 포함)을 사용하여 3D 모델을 정의하는 정점, 모서리 및 면으로 구성됩니다. AutoCAD에서는 솔리드 또는 표면에서는 사용할 수 없는 방식으로 메쉬 모형을 수정할 수 있습니다. 예를 들어, 각진 부분, 분할 및 증가하는 부드럽기 레벨을 적용할 수 있습니다. 메쉬 하위 오브젝트(면, 모서리 및 정점)를 끌어서 오브젝트를 변형시킬 수 있습니다. 보다 세부적인 결과를 얻기 위해 메쉬의 특성 영역을 정련한 뒤 수정할 수도 있습니다. 이 처럼 메쉬 오브젝트를 이용하면 보다 쉽게 자유로운 곡면을 작성할 수 있습니다.

4. Solid Model (솔리드 모델)

솔리드 모델은 일반적으로 3차원 작업에서 가장 많이 사용하는 유형으로 질량, 체적, 무게 중심 및 관성 모멘트와 같은 특성 정보를 가지고 있는 3D 오브젝트로 구성됩니다. 솔리드 모델을 이용한 모델링 작업은 주로 매스들 간의 합집합, 차집합, 교집합을 수행하는 불린(Boolean) 연산 명령어들을 통해 이루어지게 됩니다.

3D 모델 유형 중에서 모호성이 가장 낮은 특성을 지니며, 질량 특성에 대한 솔리드를 분석하는 NC(Numerical Control, 숫자조정), FEM (Finite Elements Method, 유한요소 방법) 분석을 수행하는 응용 프로그램들에 데이터를 내보낼 수 있습니다. 가장 완성도가 높고 많은 정보를 가지고 있는 만큼 용량이 크고 작업처리 속도가 떨어진다는 단점이 있습니다.

이상에서 살펴본 바와 같이 AutoCAD는 다양한 3차원 모델 유형을 제공합니다. 중요한 것은 사용자가 최종적으로 제작하려고 하는 3차원 결과물에 대한 예측 및 연계하여 사용할 프로그램들의 특성 등을 고려하여 작업과정에 적합한 모델링 방법을 결정하는 것입니다.

STEP 03 AutoCAD 2016의 3차원 작업환경

1. 3D Modeling Workspace (3차원 모델링 작업공간 변경)

작업공간은 사용자가 편리한 도면 환경에서 작업할 수 있도록 메뉴, 도구막대, 팔레트 및 리본 컨트롤 패널을 그룹화하고 구성한 것입니다. 3차원 모델링 작업을 진행하기 편리하도록 AutoCAD 작업공간을 '3D Modeling'으로 선택하면 좀 더 최적화된 환경에서 3차원 모델링 작업을 수행할 수 있습니다.

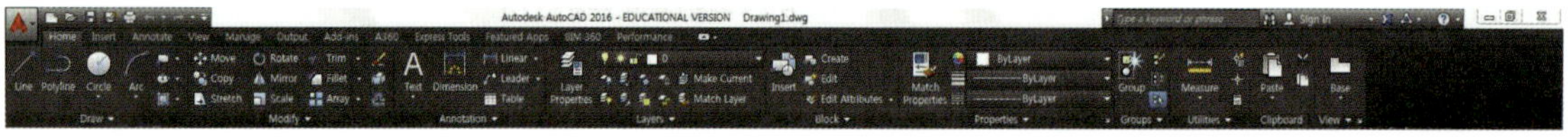

화면상단의 Workspace 변경 바를 클릭하여 3D Modeling 항목을 선택합니다. 기본적인 작업환경은 2D 작업공간과 유사하지만 3차원 모델링에 자주 사용되는 명령들로 구성된 탭들과 패널들로 리본이 변경 됩니다.

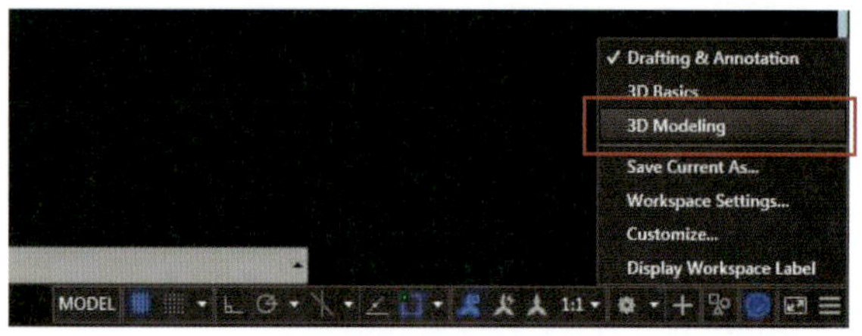

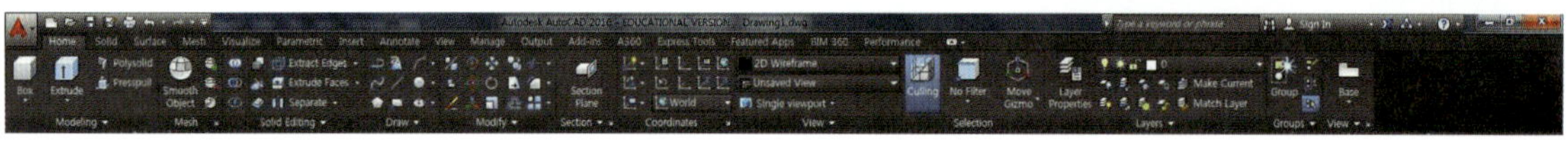

2. AutoCAD 2016의 3D Workspace 화면구성

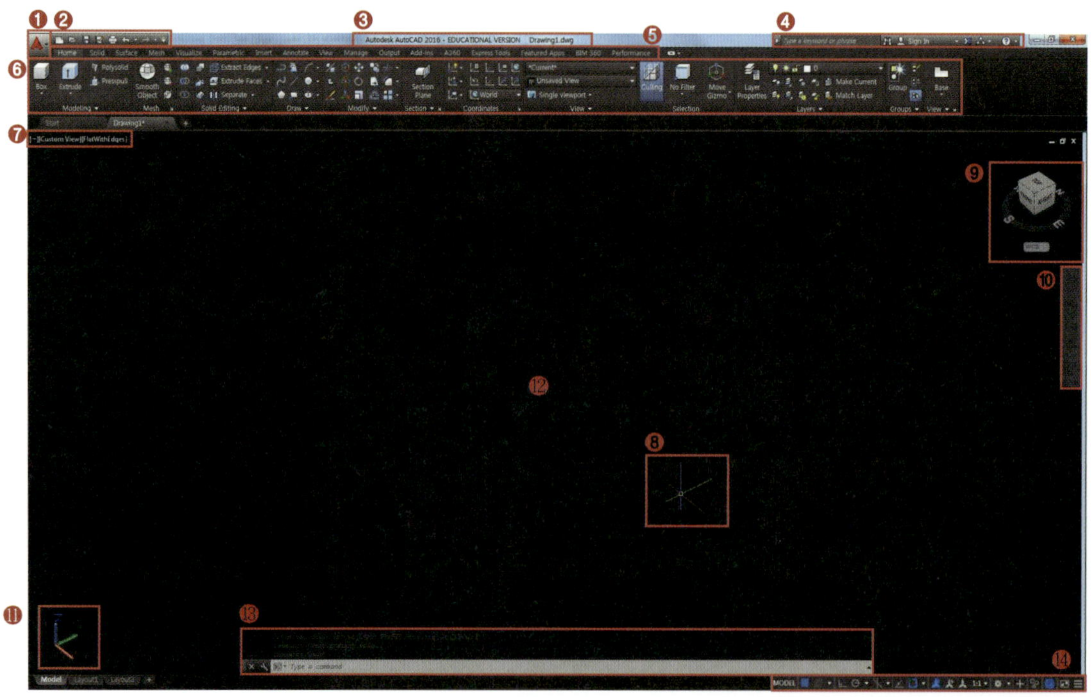

❶ Application Menu (응용 프로그램 메뉴)

왼쪽 상단의 아이콘을 클릭하면 나타나는 메뉴입니다. 검색 혹은 도면 새로 만들기, 열기, 저장, 게시 등을 실행할 수 있으며, 최근에 열었던 도면 파일을 확인하거나 불러올 수 있습니다.

❷ Quick Access Toolbar (신속 접근 도구막대)

자주 사용하는 기능을 빠르게 사용할 수 있도록 모아 놓은 도구막대입니다. Quick Access Toolbar에서 마우스 오른쪽 버튼을 클릭하면 나오는 메뉴에 자주 사용하는 명령 아이콘을 추가하거나 제거할 수 있으며, Workspace를 변경할 수도 있습니다.

❸ Title Bar (제목 표시줄)

현재 작업 중인 파일의 제목을 표시합니다.

❹ Information Center (정보 센터)

제품에 대한 도움말을 검색하거나 즐겨찾기 검색 결과를 확인할 수 있습니다.

❺ Menu bar (메뉴 막대)

Quick Access Toolbar에서 내림 단추(▾)를 클릭하여 나타나는 메뉴에서 'Show Menu Bar'를 선택하면 메뉴 막대가 표시됩니다.

❻ Ribbon Menu (리본 메뉴)

도면 작업을 할 때 필요한 명령 아이콘과 도구로 구성된 패널입니다. 사용할 아이콘에 마우스 포인터를 위치시키면 해당 기능에 대한 설명과 간단한 사용 방법이 표시되며, 아이콘을 클릭하면 명령이 실행됩니다. 리본 메뉴는 Tab과 Panel로 구분되어 있으며, 패널 최소화 아이콘을 클릭하여 보기 형태를 변경할 수 있습니다.

❼ Viewport Label (뷰포트 라벨)

뷰포트 라벨을 클릭하면 바로가기 메뉴가 표시되어 여러 뷰포트를 구성하거나 뷰포트 도구를 이용할 수 있으며, 원하는 뷰 지정 및 비주얼 스타일의 변경이 가능합니다.

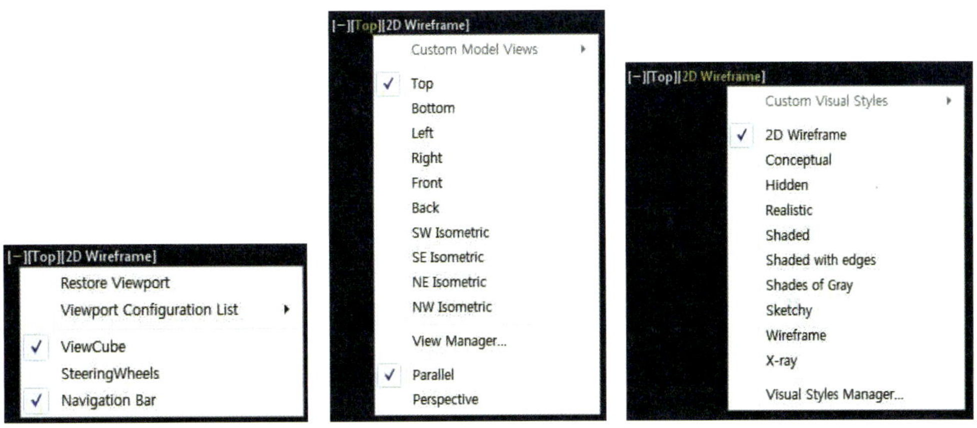

❽ Cursor (커서)

2차원 작업 상태에서 포인터와 십자 선으로 표시되던 커서는 3차원 뷰 상태에서 XYZ축이 각각 빨강, 녹색, 파란색이 교차된 상태로 변화되어 표시됩니다.

❾ **View Cube Tool** (뷰 큐브 도구)
마우스를 이용하여 Cube의 면이나 모서리를 선택 또는 드래그하여 도면작업 영역의 뷰를 변경합니다.

❿ **Navigation Bar** (탐색 막대)
Steering Wheels, ShowMotion, 3Dconnexion을 비롯하여 화면 이동, 확대, 궤도 도구들을 모아놓은 사용자 인터페이스입니다. Navigation Bar 의 내림 화살표를 클릭하여 나타나는 메뉴에서 옵션을 실행하여 추가적으로 필요한 도구를 선택하면 추가로 표시됩니다.

⓫ **UCS Icon**
좌표계를 화면에 표시합니다. 2차원, 3차원 및 비주얼 스타일에 따라 다양한 형태로 변화됩니다.

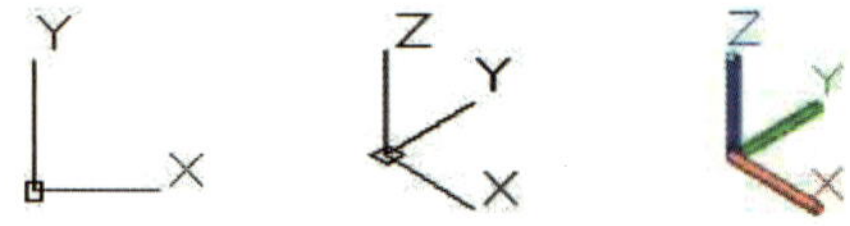

UCS Icon의 다양한 모양

⓬ **Drawing Window** (도면 창)
오브젝트를 작성하고 수정하는 도면작업 영역입니다.

⓭ **Command Line** (명령행 입력 박스)
키보드를 사용하여 명령을 입력하는 곳입니다. 명령 실행 과정이나 시스템 변수, 옵션, 메시지 등이 표시됩니다. 사용자 편의에 따라 도면작업 영역 아래에 고정하거나 원하는 임의의 위치에 옮겨 사용할 수 있습니다. 명령어를 직접 입력하면 자동으로 명령어 검색 기능이 수행됨으로 사용자는 명령어 목록에서 원하는 명령어를 선택하여 실행할 수 있습니다.

⓮ **Application Status Bar** (응용 프로그램 상태막대)
현재 마우스 포인터의 좌표 및 구속조건 추론, 모눈, 직교, 극좌표, 스냅 등의 설정 상태를 표시합니다.

STEP 04 3차원 시점 조정 명령

3차원은 XY 평면 좌표에 높이 값인 Z 좌표를 입력하여 오브젝트를 만드는 것입니다. 따라서 화면을 확대/축소하거나 이동, 다른 각도, 다른 높이, 다른 거리, 다른 시점 등의 방법으로 그려지는 오브젝트를 확인할 수 있어야 합니다.

1. VPOINT (관측점)

3차원 오브젝트를 어느 방향에서 바라볼 것인가에 대한 관찰자 시점을 지정합니다. 사용자가 원하는 방향으로 관측점을 지정하며, 입력한 좌표의 값에 따라서 오브젝트를 바라보는 관측점의 위치가 달라집니다. 예를 들어, 물체의 정면을 보다가 오른쪽으로 조금 이동하여 물체를 바라보면 물체의 오른쪽 면이 보이며, 위에서 내려다보면 물체의 윗면이 보이는 것입니다. 빠르게 조정할 때는 방향계를 이용하고 정확하게 조정할 때는 좌표를 이용합니다.

명령 실행 방법	명령어 옵션
▪ Menu Bar View menu > 3D View > Viewpoint	Specity a view point : 좌표 값을 이용하여 시점을 조정 Rotate : XY 평면의 회전과 Z축의 회전을 이용하여 시점을 조정
▪ Command : vpoint (단축키 : -vp)	Enter : 방향계를 이용

Command: **-VPOINT** *(3차원의 관점을 조정합니다.)*
Current view direction: VIEWDIR=0.0000,0.0000,1.0000 *(현재 관측점의 위치는 0,0,1입니다. 즉, Z축에 눈이 있는 것입니다. 그래서 앞에서 본 그림이 나타납니다.)*
Specify a view point or [Rotate] <display compass and tripod>: *(좌표를 입력하거나 Enter↵를 누릅니다. 방향계가 나타납니다.)*

관측점을 조정하는 방법은 3가지가 있습니다.

① Specity a view point 좌표 값 이용 (정확한 화면이 필요할 때 이용합니다.) : 오브젝트의 무게중심 부분이 0,0,0이 되고 이 상태에서 관측점의 X, Y, Z 방향으로 좌표 값을 직접 입력합니다.

Command: **-VPOINT** *(3차원의 관점을 조정합니다.)*
Current view direction: VIEWDIR=0.0000,0.0000,1.0000 *(현재 관측점의 위치는 0,0,1입니다. 즉, Z축에 눈이 있는 것입니다. 그래서 앞에서 본 그림이 나타납니다.)*
Specify a view point or [Rotate] <display compass and tripod>: 1,-1,1 *(좌표 값 입력)*

관측 뷰	좌표값
Front view	0, -1, 0
Back view	0, 1, 0
Right view	1, 0, 0
Left view	-1, 0, 0
Top view	0, 0, 1
Bottom view	0, 0, -1

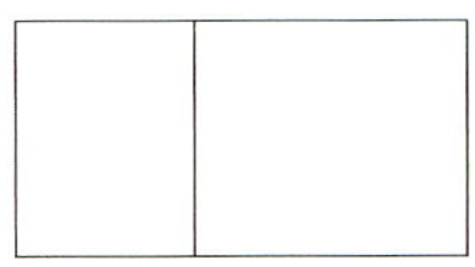
좌표 <1,1,0>

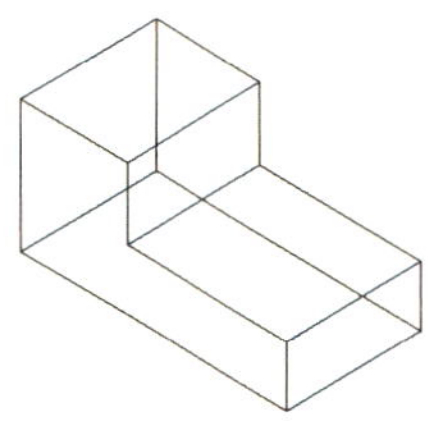
좌표 <1,-1,1>

좌표 값은 반드시 0과 1, -1만 입력하는 것이 아니므로 좌표 값의 크기에 따라 오브젝트의 보이는 부분이 달라집니다. Vpoint에서 1,0,0 또는 0,-1,0 등으로 1을 자주 쓰게 됩니다. 이것은 실제 거리가 아니라 추상적인 거리를 의미합니다. 즉, Vpoint 좌표 값 0,0,1이나 0,0,100은 같은 화면인 것입니다. 이것은 실제 거리는 아닙니다. 만약 Vpoint 좌표 값인 1,2,1은 x축으로 추상적인 거리만큼 이동하고 y축으로는 x축이 이동한 거리의 두 배를 이동, z축은 추상적인 거리 1을 이동하는 것을 의미합니다.

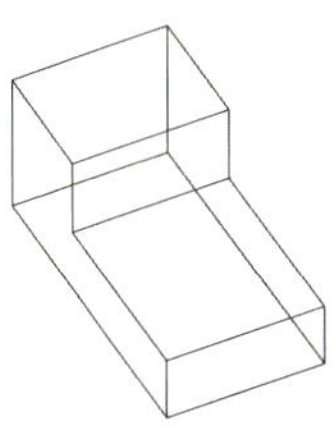
좌표 <1,-0.5,1>

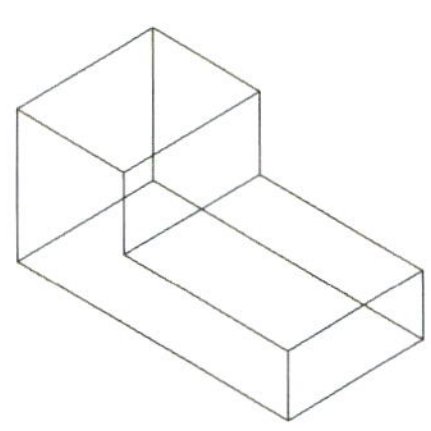
좌표 <1,-1,1>

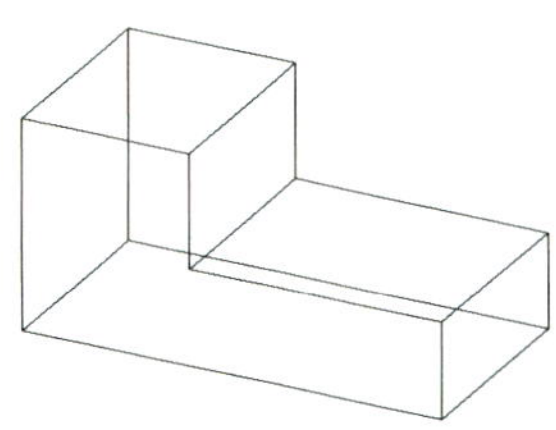
좌표 <1,-2,1>

② Rotate를 이용 (정확한 화면이 필요할 때 이용합니다.) : 관측하려는 오브젝트를 원점으로 하여 XY 평면 각도와 XY 평면으로부터 Z축 방향의 높이 각도를 입력하여 관측점을 지정합니다. 이 방법도 오브젝트의 중심이 0,0,0이 되고 회전을 이용하는 위치 선상에 눈이 위치하게 되며, 이 눈의 위치에서 오브젝트를 볼 때의 화면이 나타나게 됩니다.

```
Command: -VPOINT (3차원의 관점을 조정합니다.)
Current view direction:  VIEWDIR=1.0000,-1.0000,1.0000 (현재 관측점의 위치)
Specify a view point or [Rotate] <display compass and tripod>: R (회전 옵션 입력)
Enter angle in XY plane from X axis <270>: A 각도 입력 (XY 평면의 X 축으로부터의 각도 입력)
Enter angle from XY plane <90>: B 각도 입력 (XY 평면으로부터의 각도 입력)
```

③ 방향계 이용(나침반과 삼각대 표시) : 좌표나 'R' 옵션을 입력하지 않고 Enter↵를 누르면 나침반과 삼각대가 표시되며 마우스를 이용하여 나침반을 클릭하여 관측점을 지정합니다. 방향계를 보는 방법은 매우 간단합니다. 일단 두 개의 원이 나오는데, 작은 원의 안쪽을 선택하면 z값이 + 즉, 앞에서 본 화면이 나타나고 작은 원과 큰 원 사이를 선택하면 z값이 - 즉, 밑에서 본 화면이 나타납니다. 만약 커서를 큰 원 밖으로 지정하면 다시 z값이 + 즉, 앞에서 본 화면이 나타납니다. 방향계는 정확한 위치를 찾을 때 사용하는 것이 아니라 3차원 작업 시 오브젝트 상태를 빠르게 확인할 때 사용합니다.

```
Command: -VPOINT (3차원의 관점을 조정합니다.)
Current view direction:  VIEWDIR=1.0000,-1.0000,1.0000 (현재 관측점의 위치)
Specify a view point or [Rotate] <display compass and tripod>: Enter↵ (나침판과 삼각대 표시)
```

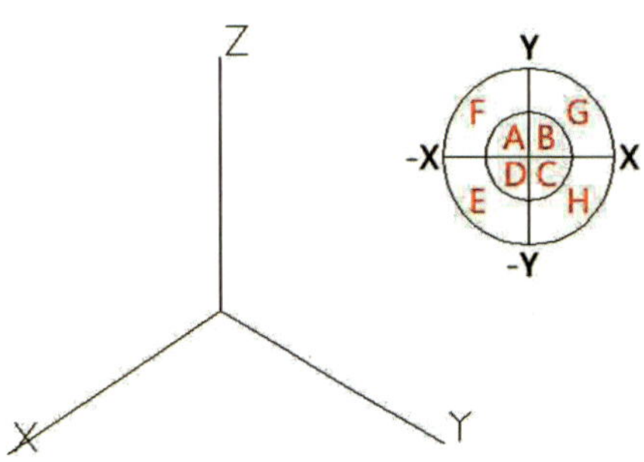

나침판과 삼각대료 표시되는 방향계

나침반 위치에 따른 관측점 좌표	
A	-1, 1, 1
B	1, 1, 1
C	1, -1, 1
D	-1, -1, 1
E	-1, -1, -1
F	-1, 1, -1
G	1, 1, -1
H	1, -1, -1

실습예제 01 **다양한 관측점 보기를 연습하세요.**

「practice training 01.dwg」 파일을 열어 Vpoint 명령어를 활용한 다양한 관측점 보기를 실습해 봅니다.

file: 01-AutoCAD Modeling Sample/ 01-practice training.dwg

2. DDVPOINT (관측점 사전설정)

Vpoint 명령의 Rotate 옵션을 대화상자 형식으로 만든 명령입니다.

명령 실행 방법

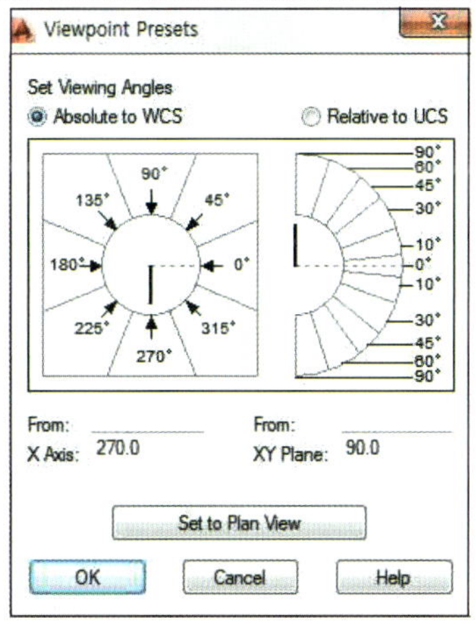

- Menu Bar
  View menu > 3D Views > Viewpoint Presets

- Command : ddvpoint *(단축키 : vp)*
  Ⓐ Set viewing Angle : 각도를 조정하는 기준으로 조정합니다.
  Ⓑ Absolute to WCS : 절대좌표 즉, 항상 0,0,0인 기준점으로 합니다.
  Ⓒ Relative to UCS : 현재 이동한 사용자 좌표계를 기준점으로 합니다.
  Ⓓ From : X Axis : XY 평면의 X축이 회전하는 각도를 지정합니다.
  Ⓔ From : XY Plane : XY 평면이 Z축으로 회전하는 각도를 지정합니다.
  Ⓕ Set to Plan View : 앞에서 본 화면상태(Plan)를 만듭니다.

3. 3D VIEW (사전 설정된 3차원 뷰로 전환)

미리 정의되어 있는 뷰를 이용하여 오브젝트를 바라보는 관측 방향을 지정합니다. 사전 설정된 뷰는 Viewport Label, Ribbon Menu, Menu Bar, View Cube를 이용하여 선택할 수 있습니다.

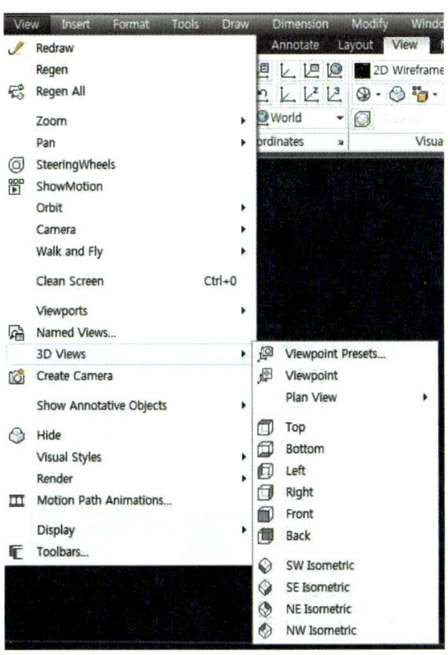

Menu Bar에서의 지정 뷰 선택

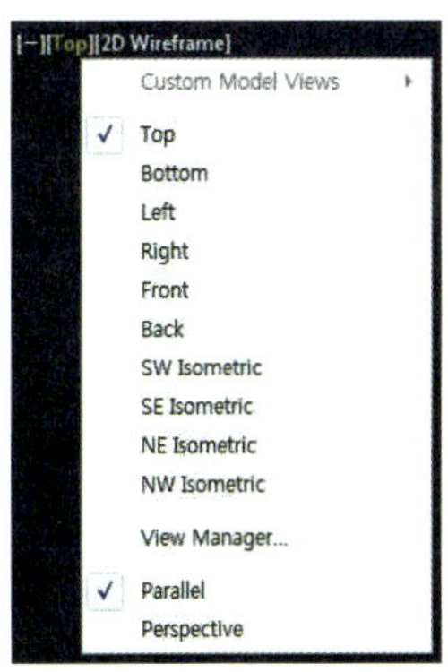

Viewport Label

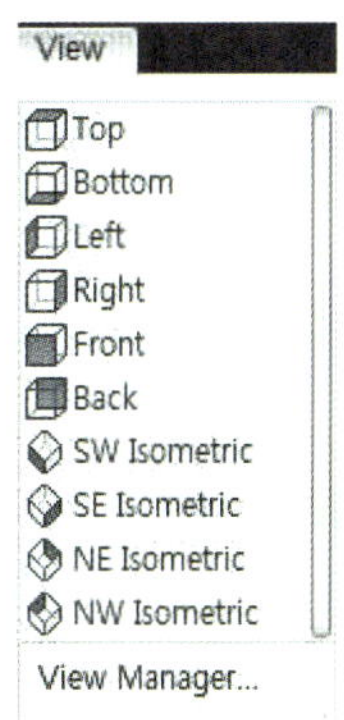

Panel에서의 지정 뷰 선택

ViewCube에서의 지정 뷰 선택

실습예제 02 사전 설정 뷰 보기를 연습하세요.

「practice training 02.dwg」 파일을 열어 Viewport Label, Ribbon Menu, Menu Bar에 있는 사전 설정 뷰 명령어들을 선택하여 다양한 관측점 보기를 실습해 봅니다.

file: 01-AutoCAD Modeling Sample/ 02-practice training.dwg

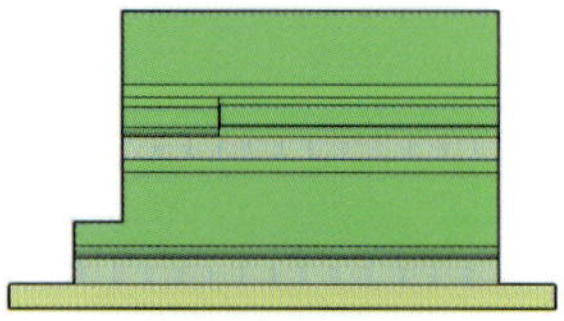

Left View(좌측면)

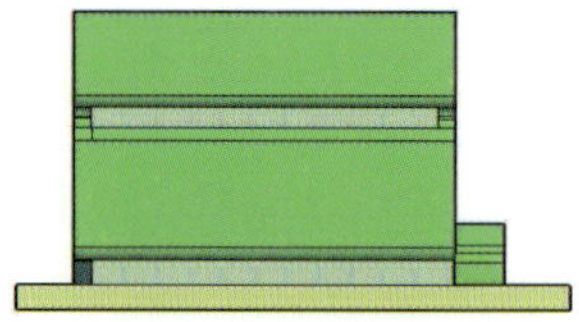

Right View(우측면)

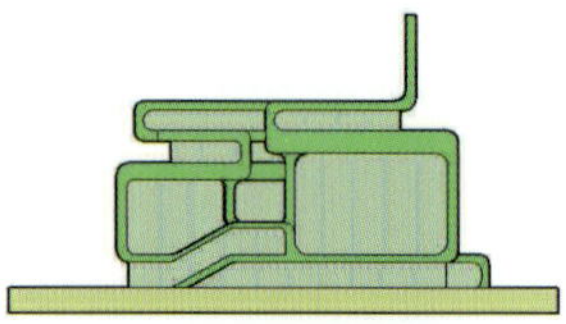

front View(정면)

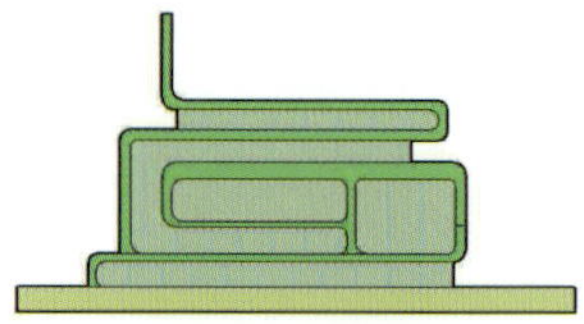

Back View(배면)

Top View(평면)

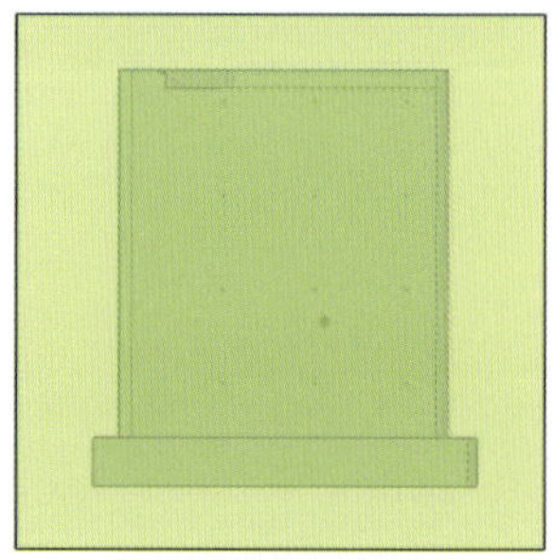

Bottom View(저면)

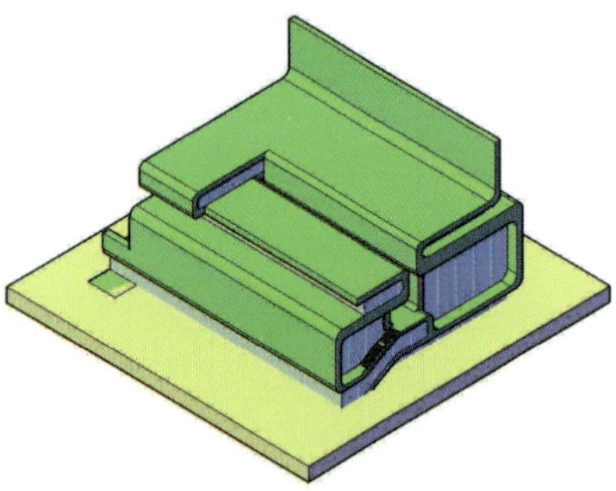

SW Isometric(남서등각투영)

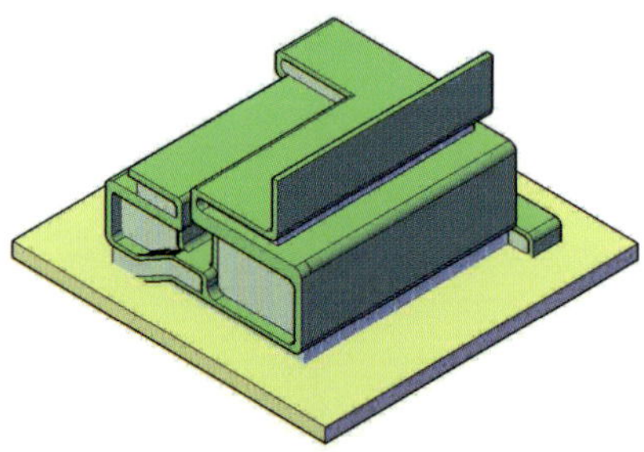

SE Isometric(남동등각투영)

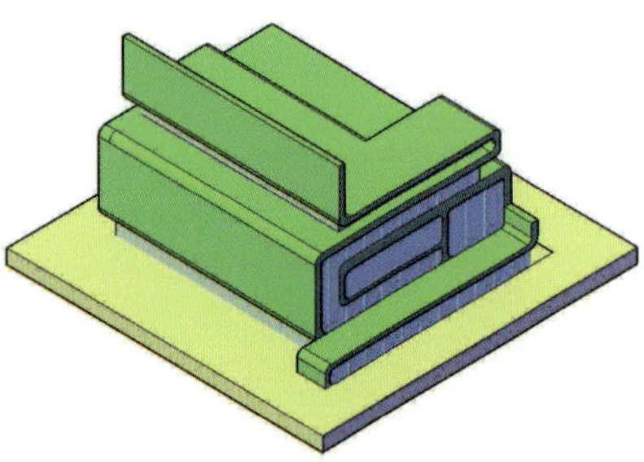

NE Isometric(북동등각투영)

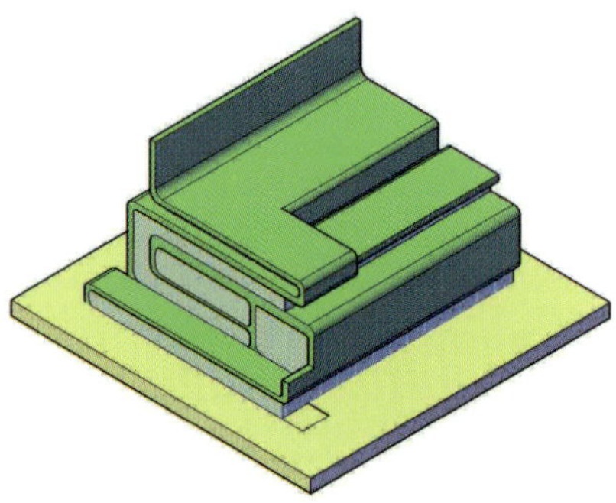

NW Isometric(북서등각투영)

4. VIEW CUBE

마우스를 이용하여 Cube의 면이나 모서리를 선택 또는 드래그하여 뷰를 변경합니다. 화면에 표시되는 큐브의 위치나 크기, 투명 값은 ViewCube Setting에서 조정할 수 있습니다.

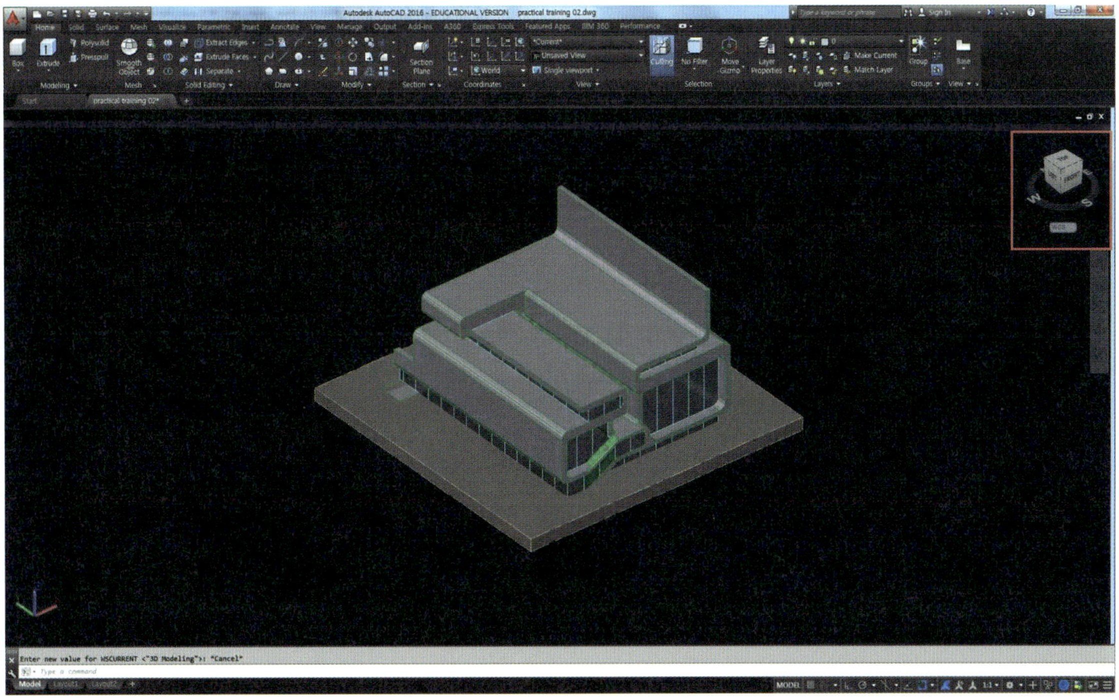

명령 실행 방법

- Menu Bar
  View menu > Display > ViewCube

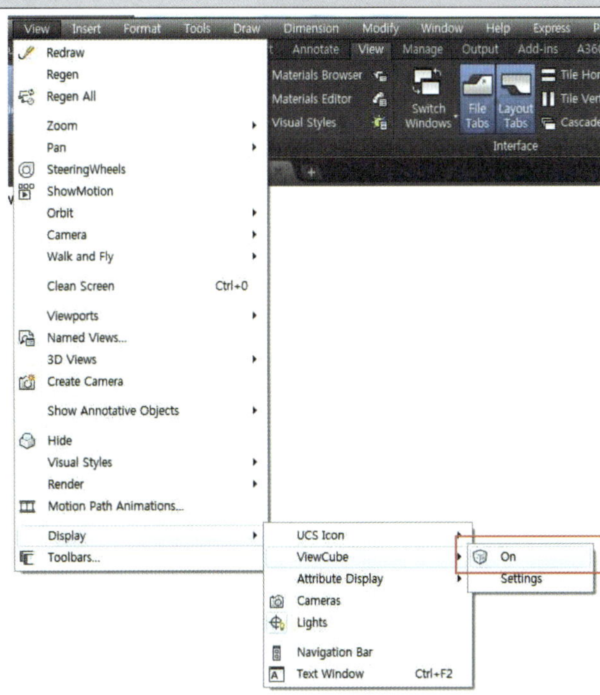

- **Ribbon Menu**
  View 〉 ViewCube

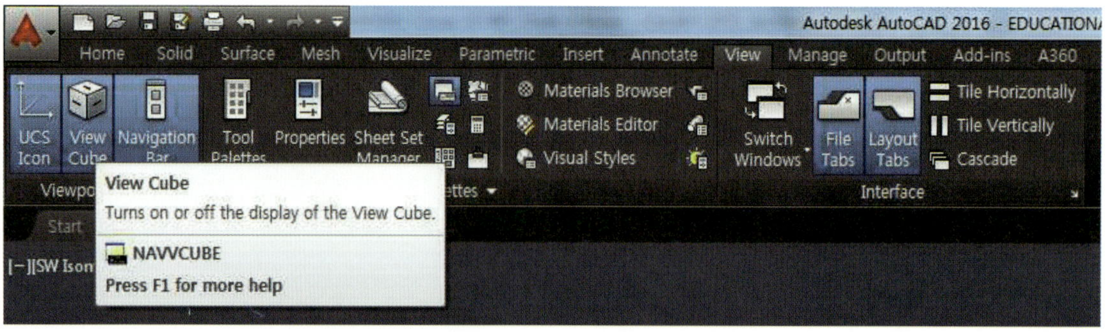

- **Viewport Label**

- **Command** : navvcube

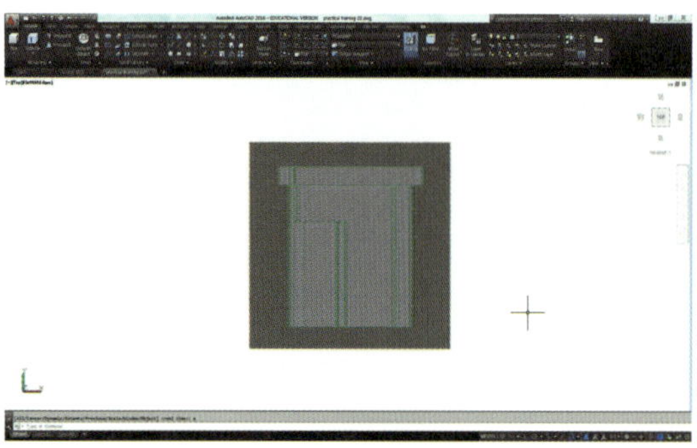

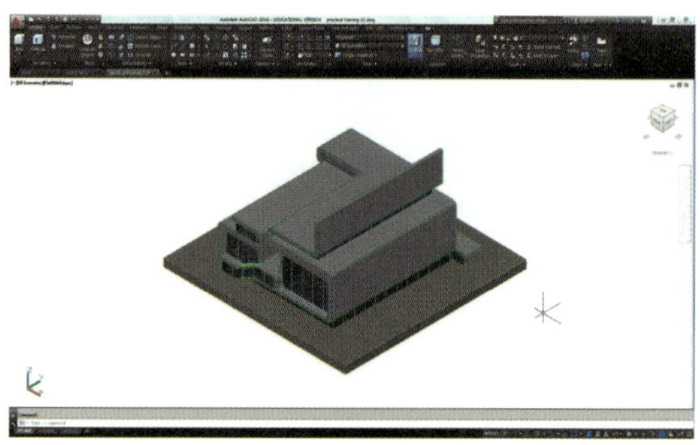

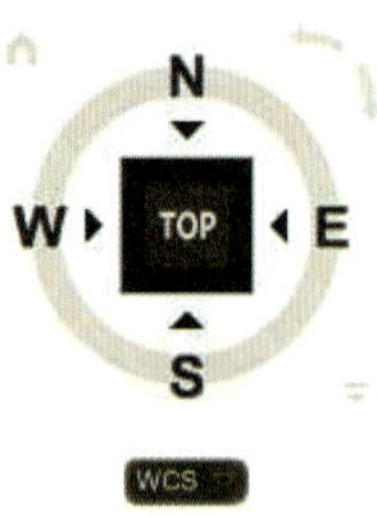

Top View(평면뷰) 상태에서의 View Cube의 모양

3차원 뷰 (SE Isometric View) 상태에서의 View Cube의 모양

① ViewCube 컨트롤을 통한 현재 뷰 변경방법

ViewCube에는 구석, 모서리, 면 등 26개의 정의된 영역이 있으며 이중 하나를 클릭하거나, 큐브를 선택한 상태로 드래그 하여 현재 뷰를 변경합니다.

ViewCube 드래그 상태

박스를 마우스 왼쪽 버튼을 클릭한 상태로 드래그 하면 도면작업 영역에 그려진 오브젝트 중심의 피벗을 중심으로 자유롭게 회전합니다.

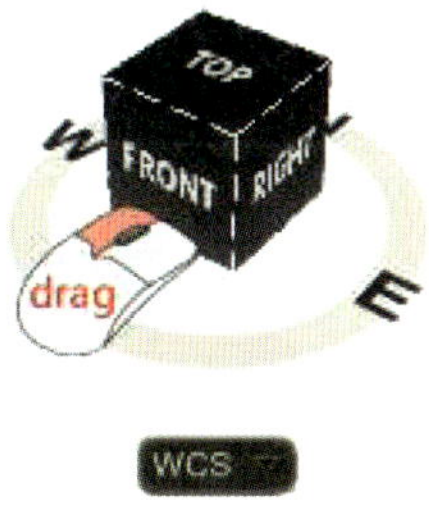

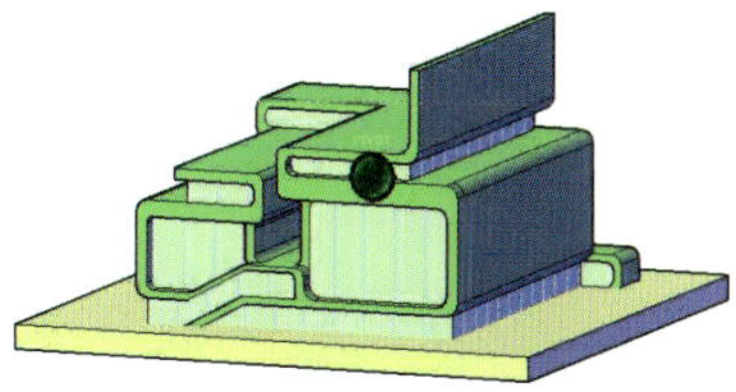

ViewCube 면 선택

Top, Front, Right 등 뷰 큐브의 면 영역을 마우스 왼쪽 버튼으로 클릭하면 해당 뷰로 바뀝니다.

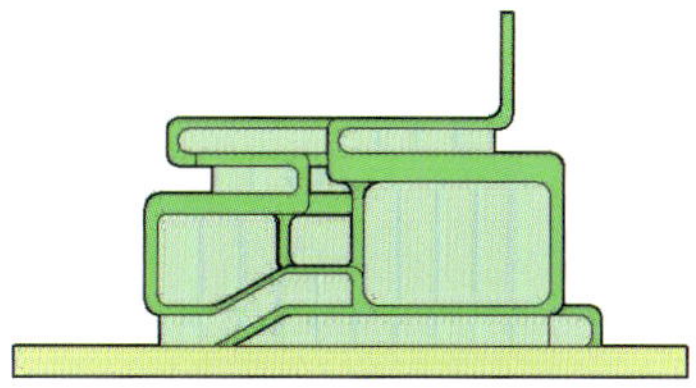

ViewCube 모서리 선택

뷰 큐브의 모서리를 마우스 왼쪽 버튼으로 클릭하면 면 영역을 클릭하여 나타나는 뷰를 45도 각도에서 바라본 뷰가 생성됩니다.

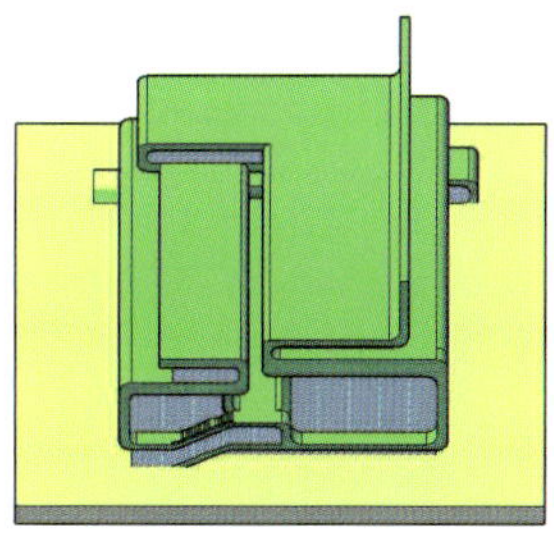

ViewCube 꼭지점 선택

뷰 큐브의 구석 점을 마우스 왼쪽 버튼으로 클릭하면 등각투상 뷰(Isometric View)로 바뀝니다.

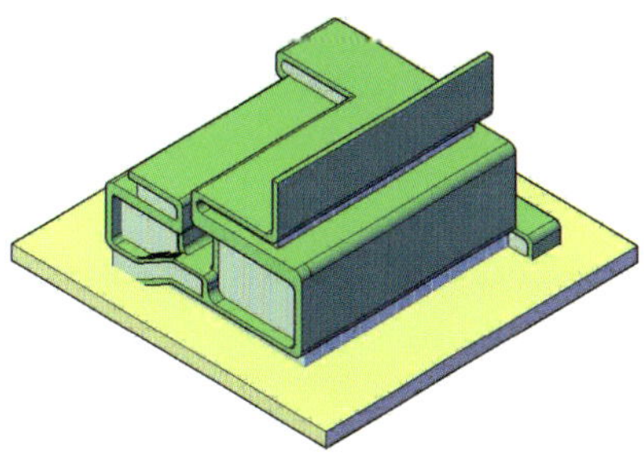

② 나침반 컨트롤을 통한 관찰점 변경방법

ViewCube 원형나침반 드래그

동서남북이 표시된 ViewCuve 바깥쪽의 원형 나침반을 마우스로 누른 상태에서 드래그하면 WCS를 기준으로 회전하며 관측점을 변경합니다.

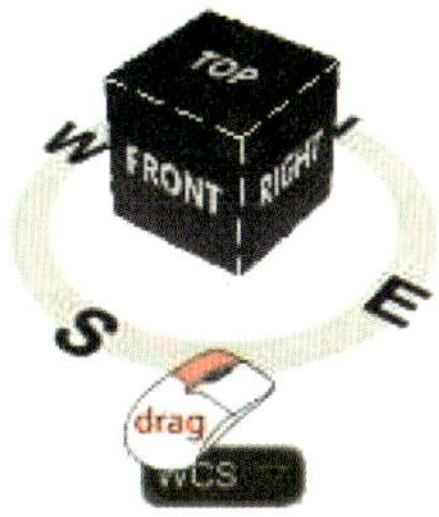

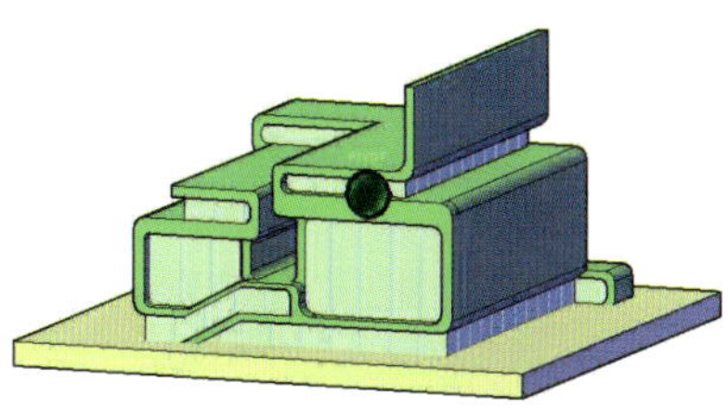

③ 뷰 회전방법

ViewCube 회전 아이콘 클릭

ViewCube의 면(Top, Bottom, Front, Back, Left, Right) 중 하나를 클릭하여 나타나는 ViewCube 상단 오른쪽의 회전 아이콘을 클릭하면 관측점이 회전합니다.

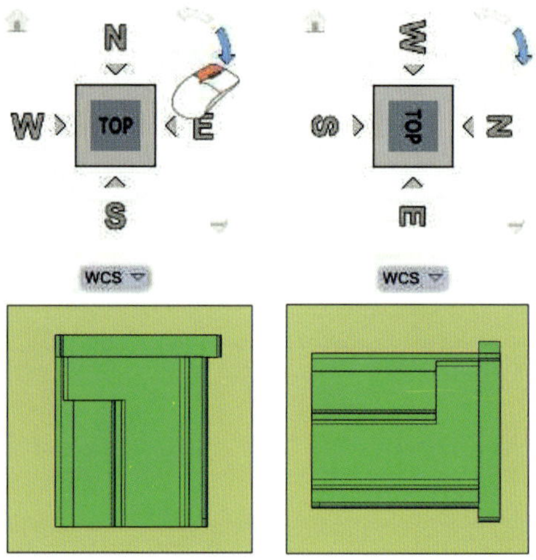

④ Home

ViewCube 홈 화면 저장 방법

작업 시 자주 사용하게 될 뷰를 저장할 수 있습니다. 작업 빈도가 빈번한 특정 뷰 상태에서 홈 버튼을 마우스 오른쪽 버튼을 클릭하여 'Set Current View as Home(현재 뷰를 홈으로 설정)'을 선택하면, 현재 작업 중인 뷰가 저장됩니다. 이후 홈 버튼을 클릭하면 이때 저장해둔 화면 상태로 바로 변경됩니다.

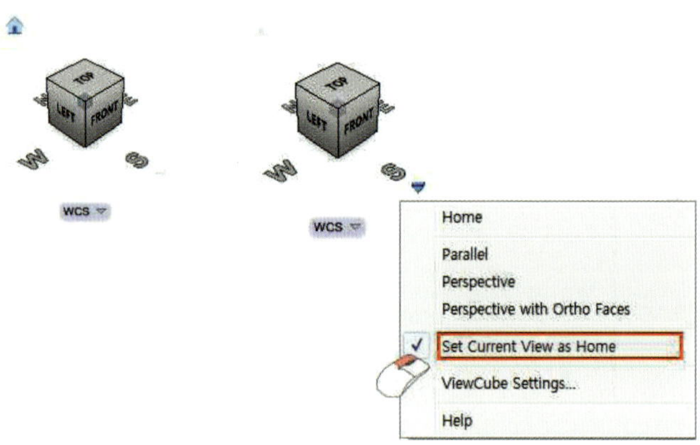

⑤ ViewCube Settings

ViewCube 아이콘 메뉴에서 'ViewCube Settings'을 클릭하면 설정 대화상자가 나타납니다. 작업공간에 표시되는 ViewCube의 위치, 크기, 투명도 값 등을 조정합니다.

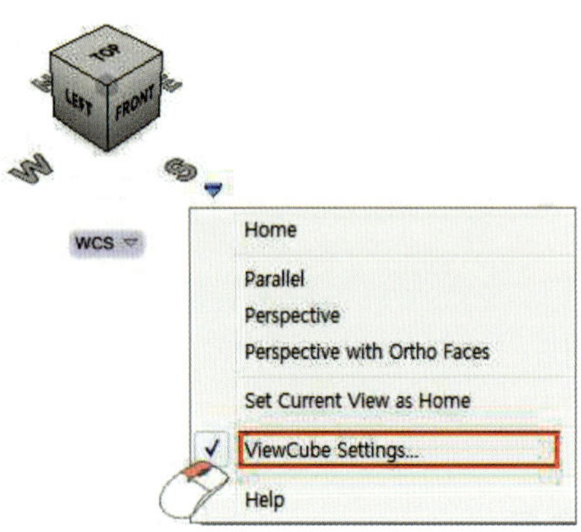

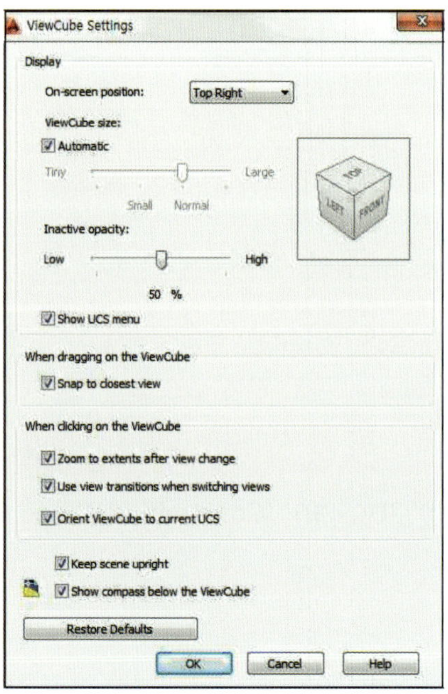

⑥ ViewCube Settings 대화상자 옵션

Display

Ⓐ On-screen Position(작업공간에서의 위치) : 작업공간에 표시되는 ViewCube의 위치를 조정합니다.
Ⓑ ViewCube Size(ViewCube 크기) : ViewCube 표시 크기를 조정합니다.
Ⓒ Inactive Opacity(비활성 불투명도) : ViewCube의 투명도를 조정합니다.
Ⓓ Preview Thumbnail(미리보기) : 표시될 ViewCube의 크기나 상태를 실시간으로 미리 보여줍니다.
Ⓔ Show UCS Menu(UCS 메뉴 표시) : 체크하면 ViewCube 아래에 UCS 드롭다운 메뉴가 표시됩니다.

When Dragging on the ViewCube (ViewCube를 드래그할 때)

Ⓕ Snap to Closest View(가장 가까운 뷰로 스냅) : 체크하면 ViewCube를 클릭한 상태로 마우스를 드래그하여 뷰를 변경하는 경우 가장 가까운 뷰에 맞춰 현재 뷰를 조정합니다.

When Clicking on the ViewCube (ViewCube를 클릭할 때)

Ⓖ Zoom to Extents After View Change(뷰 변경 후 범위에 맞춤) : 체크하며 뷰 변경 후에 모형을 현재 화면에 맞춰줍니다.
Ⓗ Use View Transitions When Switching Views(뷰 바꿀 때 뷰 전환 사용) : 체크하면 뷰가 바뀔 때 부드럽게 변환 됩니다.
Ⓘ Orient ViewCube to Current UCS(ViewCube를 현재 UCS로 설정) : 체크하면 모형의 현재 UCS 또는 WCS를 기준으로 ViewCube의 방향을 설정합니다.

Ⓙ Keep Scene Upright(장면을 위로 유지) : 체크하면 모형의 관측점을 위 아래로 뒤집을 수 있습니다.
Ⓚ Show Compass Below the ViewCube(ViewCube 하단 나침반 표시) : 체크하면 ViewCube 아래에 나침반을 표시합니다.
Ⓛ Restore Defaults : 기본 설정 값으로 되돌립니다.

5. 3D ORBIT (3차원 궤도)

Menu Bar를 사용한 Orbit 명령 선택방법

Orbit을 통한 관측점 변경 방법들은 앞에서 살펴본 미리 지정된 뷰를 선택하여 작업하는 방법보다 사용자가 3차원 모델링 작업에 좀 더 편리한 관측점을 설정할 수 있도록 향상된 기능을 제공합니다. Orbit 명령은 화면 오른쪽 Navigation Bar에서 선택하여 사용 할 수 있습니다.

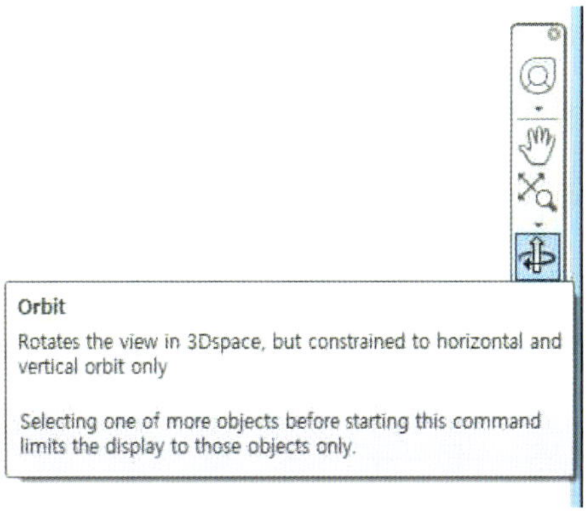

① 3DORBIT (Constrained Orbit)

마우스를 누른 상태에서 드래그하여 오른쪽과 왼쪽으로 움직이면 XY 평면으로 회전하고, 위와 아래로 움직이면 Z축을 따라 회전하여 뷰를 보여줍니다. 명령이 활성화된 동안에는 오브젝트의 편집이 불가능 하며,

활성 상태에서 마우스 오른쪽 버튼을 클릭하면 Shortcut Menu에 추가 옵션이 표시됩니다.

명령 실행 방법

- Menu Bar

  View menu > Orbit > Constrained Orbit

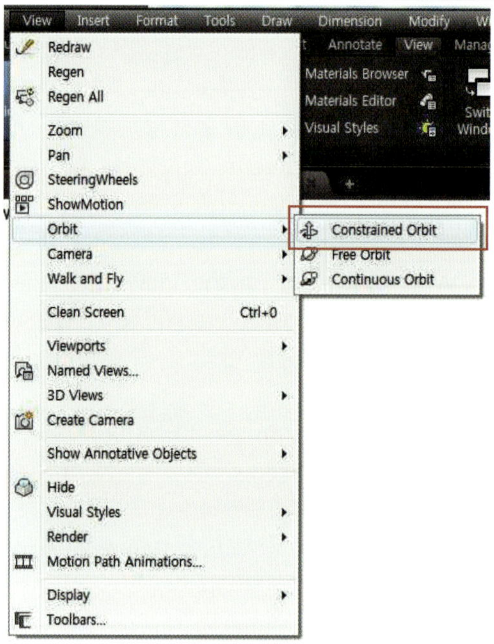

- Ribbon Menu

  View Tab > Navigation Panle

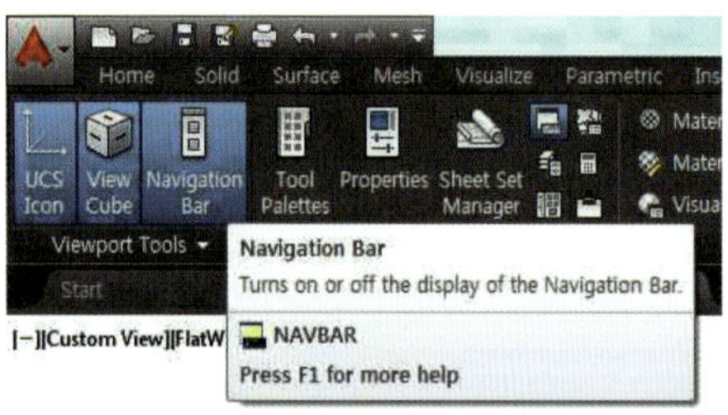

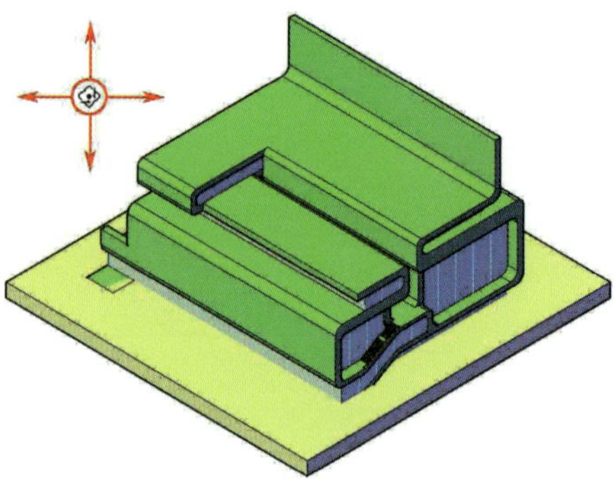

- Command : 3dorbit (단축키 : 3do)

Constrained Orbit 상태의 화면

TIP:

특정 오브젝트를 선택하고 궤도 이동, 회전, 거리조정, 줌 및 초점 이동을 실행하는 경우에는 선택한 오브젝트만 화면에 표시되어 동작합니다.

TIP:

Shift + 

키보드의 쉬프트 키와 마우스 휠을 동시에 누른 상태로 마우스를 드래그 하면 편리하게 3DOrbit 기능을 사용할 수 있습니다.

② 3DFORBIT (Free Orbit)

뷰를 자유자재로 회전합니다. 녹색의 원이 나타나며, 녹색원 사분점의 작은 원이나 녹색원의 내부나 외부로 마우스 포인터를 옮기면, 포인터 아이콘이 바뀌면서 아이콘의 뷰 회전 방향대로 뷰를 회전할 수 있습니다.

명령 실행 방법

- **Menu Bar**

  View menu > Orbit > Free Orbit

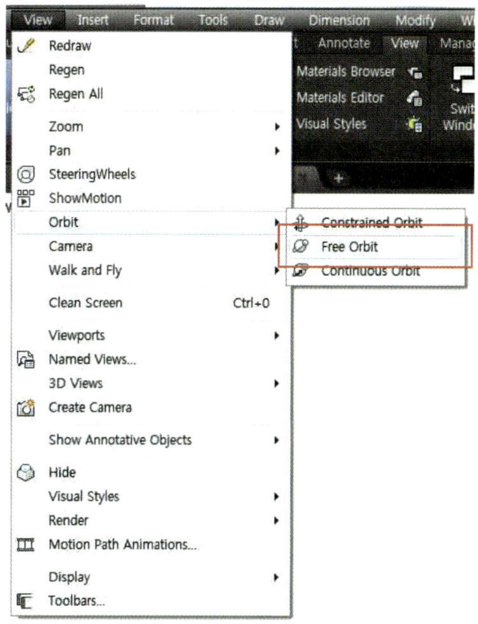

- **Ribbon Menu**

  View > Navigation Bar

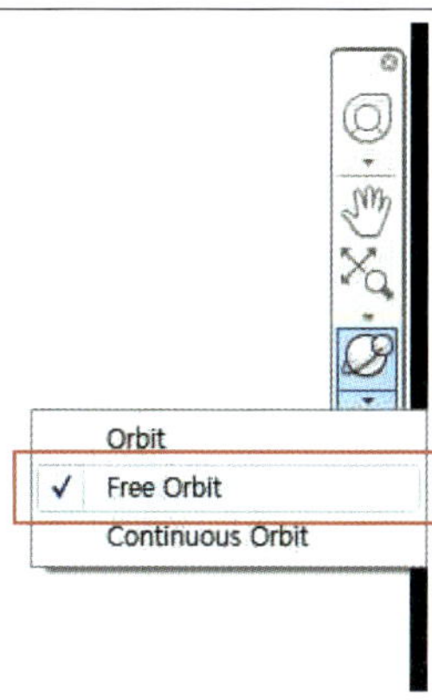

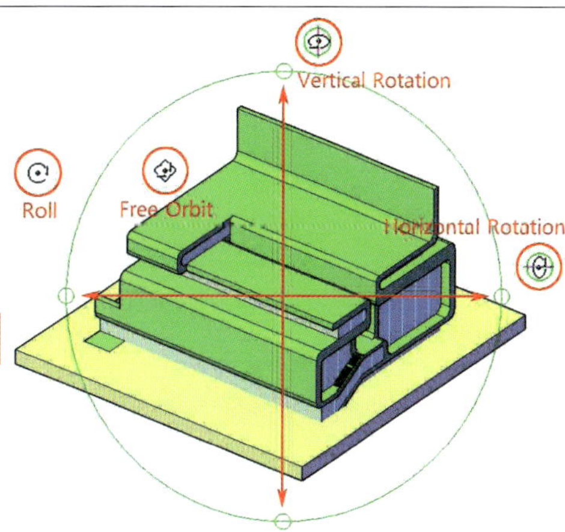

Free Orbit 상태의 화면

- **Command** : 3dforbit

TIP:
3D 자유 궤도 중에 원호구 주위로 이동하면 궤도 방향을 나타내도록 커서가 변경됩니다. 3D 자유 궤도(3DFORBIT)를 사용하는 경우 커서의 배치와 모양에 따라 뷰 회전이 결정됩니다.

ⓐ Free Orbit (자유 궤도) : 커서를 원호구 내부로 이동하면 자유 궤도 아이콘으로 변경됩니다. 원호구 내에서 끌면 뷰가 가로, 세로 및 대각선 방향으로 자유롭게 궤도 이동합니다.

ⓑ Roll : 커서를 원호구 외부로 이동하면 롤 아이콘으로 변경됩니다. 원호구 외부로 끌면 뷰가 화면과 수직으로 원호구의 중심을 관통하여 연장되는 축 주위로 이동합니다. 이것을 롤이라고 합니다.

ⓒ Vertical Rotation (수직 회전) : 커서를 원호구의 왼쪽 또는 오른쪽에 있는 작은 원 위로 이동하면 수직 회전 아이콘으로 변경됩니다. 이러한 점에서 왼쪽 또는 오른쪽으로 끌면 뷰가 원호구의 중간을 관통하는 수직 축 주위로 회전합니다.

ⓓ Horizontal Rotation (수평 회전) : 커서를 원호구의 위쪽 또는 아래쪽에 있는 작은 원 위로 이동하면 수평 회전 아이콘으로 변경됩니다. 이러한 점에서 위 또는 아래로 끌면 뷰가 원호구의 가운데를 관통하는 수평 축 주위로 회전합니다.

③ 3DCORBIT (Continuous Orbit)

연속적인 궤도로 뷰를 회전합니다. 마우스 왼쪽 버튼을 누른 상태에서 원하는 방향으로 드래그한 후 마우스 버튼을 놓으면 궤도를 그리며 그 방향으로 계속 회전합니다. 회전하는 동안에 임의의 지점을 클릭하면 회전이 정지됩니다.

명령 실행 방법

- **Menu Bar**

View menu > Orbit > Continuous Orbit

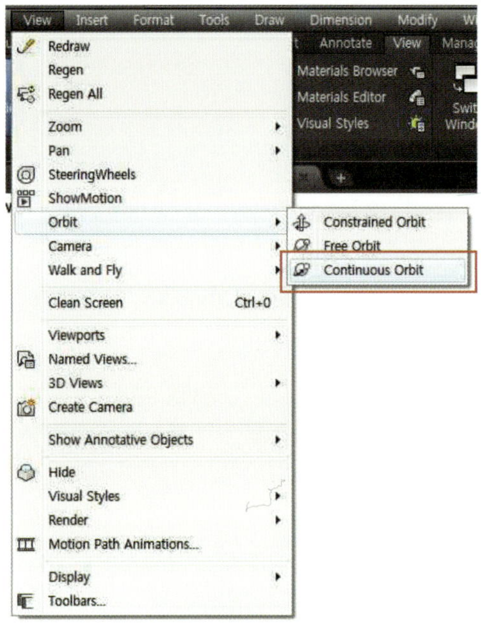

- **Ribbon Menu**

View Tab > Navigate Panel

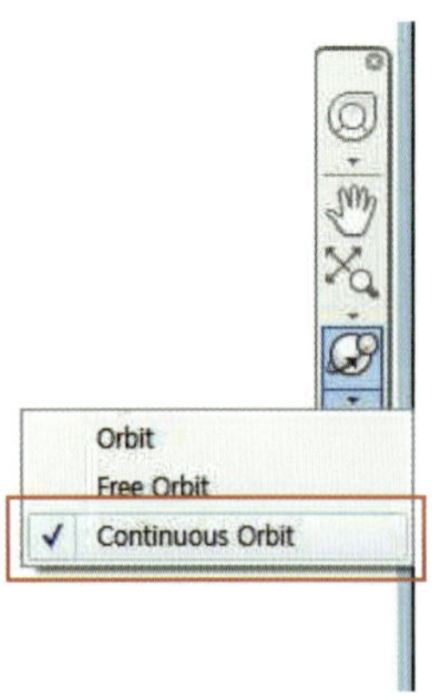

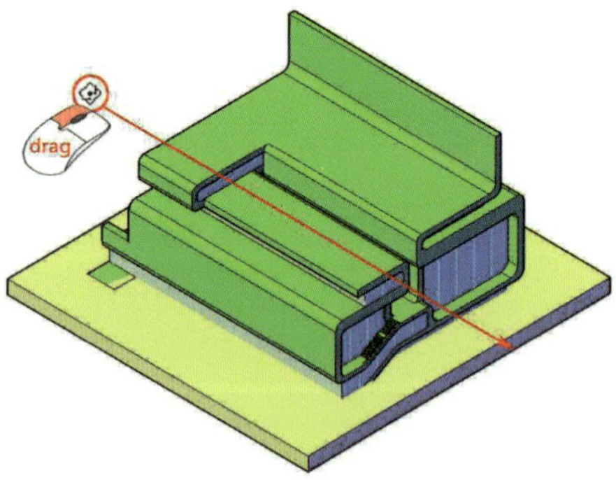

Continuous Orbit 사용방법

- **Command** : 3dcorbit

④ 3D Orbit Shortcut Menu

3차원 궤도를 지정할 때 사용할 설정을 제공합니다. 3Dorbit 명령 또는 3D 탐색 명령이나 모드가 활성화 상태일 때 마우스 우측버튼을 클릭하면 그림과 같은 바로가기 메뉴가 나타납니다.

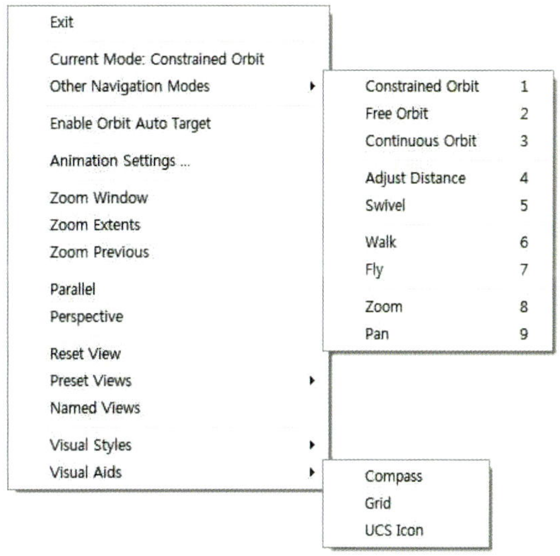

3D Orbit Shortcut Menu 옵션

ⓐ **Current Mode:** Current (현재 모드: 현재) : 현재 모드를 표시합니다.

ⓑ **Other Navigation Modes** (기타 탐색 모드) : 아래의 3D 탐색 모드 중 하나를 선택합니다.

- Constrained Orbit (제한된 궤도) : XY 평면 또는 Z 방향으로 궤도를 제한합니다.
- Free Orbit (자유 궤도) : XY 평면이나 Z 방향에 제한받지 않고 모든 방향의 궤도를 허용합니다.
- Continuous Orbit (연속 궤도) : 커서의 모양이 두 개의 연속 선으로 둘러싸인 구로 변경되고 오브젝트를 연속 동작으로 설정할 수 있습니다.
- Adjust Distance (거리 조정) : 카메라를 오브젝트와 더 가깝게 또는 멀리 이동하도록 시뮬레이션합니다.
- Swivel (회전) : 커서를 휘어진 모양의 화살표로 변경하고 카메라 회전 효과를 시뮬레이션합니다.
- Walk (보행시선) : 커서를 더하기 기호로 변경하며, 카메라의 위치 및 표적을 동적으로 조정하여 XY 평면 위의 고정된 높이로 모형에서 "보행시선"을 수행할 수 있습니다.
- Fly (조감뷰) : 커서를 더하기 기호로 변경하며, XY 평면 위의 고정된 높이로 제한하지 않고 모형을 "플라이쓰루"할 수 있습니다.
- Zoom (줌) : 더하기(+) 기호와 빼기(-) 기호를 사용하여 커서를 돋보기로 변경하며, 카메라를 오브젝트와 더 가깝게 또는 멀리 이동하도록 시뮬레이션합니다. 거리 조정 옵션처럼 동작합니다.
- Pan (9) 초점이동) : 커서를 손모양 커서로 변경하고 끄는 방향으로 뷰를 이동합니다.

ⓒ **Enable Orbit Auto Target** : 뷰포트 중심에 있는 표적점이 아닌 보려는 오브젝트에 있는 표적점을 유지합니다.

ⓓ **Animation Settings** (애니메이션 설정) : 애니메이션 파일을 저장하기 위한 설정을 지정할 수 있는 애니메이션 설정 대화상자를 엽니다.

ⓔ **Zoom Window** : 커서가 윈도우 아이콘으로 변경되며 줌 확대할 특정 영역을 선택할 수 있습니다. 커서가 변경되면 시작점과 끝점을 클릭하여 줌 윈도우를 정의합니다. 도면이 확대되고 선택한 영역에 초점이 맞추어집니다.

ⓕ **Zoom Extents** : 뷰를 중앙에 위치시키고 모든 오브젝트가 표시되도록 크기를 조정합니다.

ⓖ **Zoom Previous** : 이전 뷰를 표시합니다.

ⓗ **Parallel** (평행) : 도면의 두 평행선이 수렴하지 않도록 오브젝트를 표시합니다. 도면의 Shape들은 항상 일정하며 서로 가까워질 때 왜곡되어 표시되지 않습니다.

ⓘ **Perspective** (투영) : 모든 평행선이 한 점에 모아지도록 오브젝트를 원근법에 의해 표시합니다. 오브젝트가 일정 거리만큼 후퇴되어 보이지만 오브젝트의 일부는 더 크고 가깝게 보입니다. 오브젝트가 너무 가까우면 쉐이프가 다소 왜곡되어 보입니다. 이 뷰는 사용자가 보는 것과 가장 밀접하게 상호 작용합니다.

ⓙ **Reset View** (뷰 재설정) : 3DORBIT를 처음 시작할 때 뷰를 현재 뷰로 다시 재설정합니다.

ⓚ **Preset Views** (뷰 사전 설정) : 평면도, 저면도 및 남서 등각투영 뷰 등의 미리 정의된 뷰 리스트를 표시합니다. 모형의 현재 뷰를 변경하려면 리스트에서 뷰를 선택하십시오.

ⓛ **Named Views** (명명된 뷰) : 도면에 명명된 뷰의 리스트를 표시합니다. 모형의 현재 뷰를 변경하려면 리스트에서 명명된 뷰를 선택합니다.

ⓜ **Visual Styles** (비주얼 스타일) : 오브젝트를 음영처리하는 방법을 제공합니다.

ⓝ **Visual Aids** (화면 도구) : 오브젝트를 시각화하기 위한 도구를 제공합니다.

- Compass : X 축, Y 축 및 Z 축을 나타내는 3개의 선으로 구성된 3D 구를 그립니다.
- Grid : 그래프 용지와 유사한 2차원 배열의 선을 표시합니다. 이 그리드는 X 및 Y축을 따라 맞춰집니다.
- UCS Icon : 음영처리된 3D UCS 아이콘을 표시합니다. 각 축은 X, Y 또는 Z로 표시됩니다. X 축은 빨간색, Y 축은 초록색, Z 축은 파란색입니다.

6. Plan (평면 뷰 지정)

지정한 사용자 좌표계의 XY 평면에 직교하는 뷰를 표시합니다.

명령 실행 방법

- **Menu Bar**

  View menu > 3D View > Plan View

  ⓐ **Current UCS** : 도면 범위가 현재 UCS의 현재 뷰포트에 맞도록 화면표시의 평면 뷰를 재생성합니다.

  ⓑ **World UCS** : 도면 범위가 표준 좌표계의 화면에 맞도록 화면표시의 평면 뷰를 재생성합니다.

  ⓒ **Named UCS** : 이전에 저장한 UCS의 평면 뷰를 변경하고 화면표시를 재생성합니다.

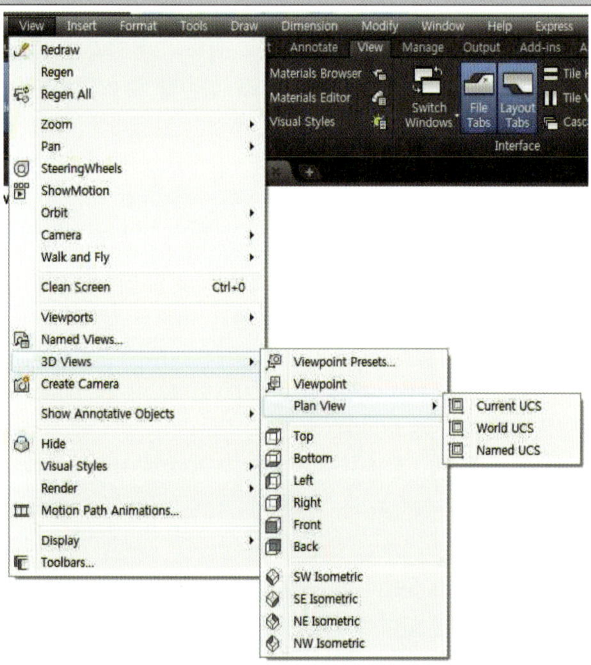

- **Command** : plan

실습예제 03 다양한 관측점 조절 방법 연습하세요.

「practice training 03.dwg」파일을 열어 Viewcube, 3D Orbit, Plan 명령어를 활용한 다양한 관측점 조절방법을 실습해 봅니다.

file: 01-AutoCAD Modeling Sample/ 03-practice training.dwg

7. Navigation Bar (탐색 막대)

Steering Wheels, ShowMotion, 3Dconnexion을 비롯하여 화면 이동, 확대, 궤도 도구들을 모아놓은 사용자 인터페이스입니다. Navigation Bar 의 내림 화살표를 클릭하여 나타나는 메뉴에서 옵션을 실행하여 추가적으로 필요한 도구를 선택하면 추가로 표시됩니다.

명령 실행 방법

- Menu Bar
  View menu > Display > Navigation Bar
- Command : navbar
- Viewport Label

① 탐색 막대에서 사용할 수 있는 탐색 도구

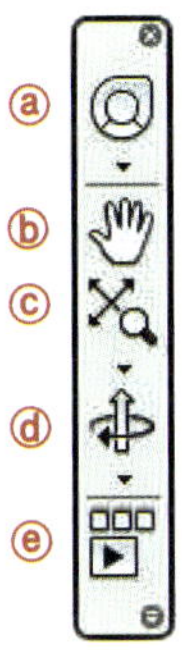

ⓐ SteeringWheels : 특수 탐색 도구 간을 빠르게 전환하는 데 사용할 수 있는 휠 집합입니다.
ⓑ Pan (초점이동) : 화면에 평행하게 뷰를 이동합니다.
ⓒ Zoom tools (줌 도구) : 모형의 현재 뷰 배율을 높이거나 낮추는 탐색 도구 세트입니다.
ⓓ Orbit tools (궤도 도구) : 모형의 현재 뷰를 회전하는 데 사용하는 탐색 도구 세트입니다.
ⓔ ShowMotion : 설계 검토, 프리젠테이션 및 북마크 스타일 탐색을 위한 작성/재생에 사용하도록 화면상 표시 기능을 제공하는 사용자 인터페이스 요소입니다.

② 탐색 막대 위치 재설정

탐색 막대는 ViewCube 도구에 링크되면 ViewCube 위나 아래에 수직 방향으로 배치됩니다. ViewCube에 링크되지 않은 경우에는 도면 영역의 모서리 중 하나를 따라 탐색 막대를 자유롭게 정렬할 수 있습니다.

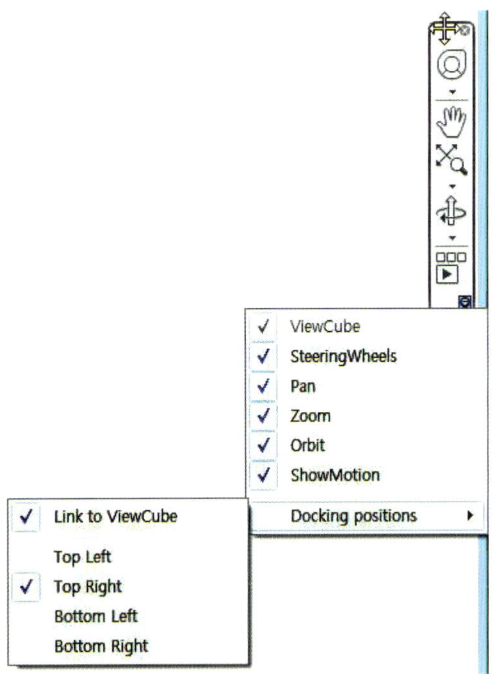

> ***TIP:***
> *탐색 막대를 독립적으로 배치하려면 ViewCube에서 링크를 해제해야 합니다.*

③ 탐색 도구의 표시 조정

사용자화 메뉴에서 탐색 막대에 표시할 탐색 도구를 클릭합니다. 탐색 도구 이름 옆의 확인 표시는 해당 도구가 탐색 막대에 표시됨을 나타냅니다. 탐색 막대에서 탐색 도구를 제거하려면 탐색 도구 선택을 취소합니다.

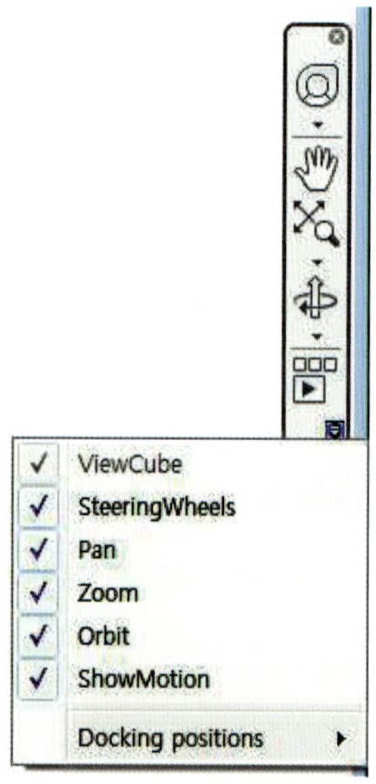

8. Steering Wheel

다수의 탐색 도구를 단일 인터페이스로 결합하여 사용자가 접근하기 편리하도록 해 줍니다. 휠은 작업에 따라 다르게 표시되므로 서로 다른 뷰에서 모형을 탐색하고 방향을 조정할 수 있습니다.

명령 실행 방법

- Navigation Bar
  SteeringWheel 드롭다운 > Wheel  선택
- Command : navswhell

- Viewport Label

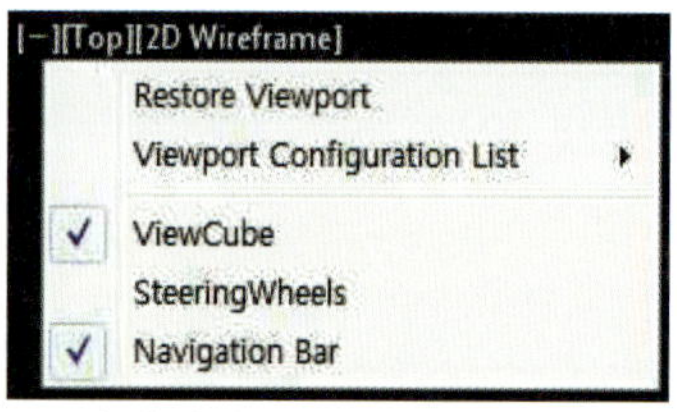

도면영역상단 Viewport Label

① Steering Wheel 사용 방법

기본적으로 휠의 쐐기(원형 아이콘 안쪽에 분할된 영역)를 누르고 끄는 방법으로 작동합니다. 휠이 표시되면 쐐기 중 하나를 클릭하고 좌표 입력 장치의 버튼을 눌러 탐색 도구를 활성화합니다. 휠이 표시되었을 때 원하는 탐색 명령중 하나를 마우스 왼쪽 버튼으로 누르고 있으면 해당 기능이 실행됩니다.

② Steering Wheel 끄기

마우스를 이동시키면 Streering Wheel이 실행되는 동안에는 마우스 포인터를 따라 이동합니다. Esc나 Enter↵ 클릭, 휠의 우측상단 'X' 표시 클릭, 마우스 오른쪽 버튼을 클릭하여 나타나는 바로가기 메뉴에서 휠 닫기를 클릭하여 종료할 수 있습니다.

③ Steering Wheel의 종류

SteeringWheels는 쐐기라는 여러 부분으로 나뉜 탐색 메뉴입니다. 휠은 작업환경에 따라 다르게 표시되므로 서로 다른 뷰에서 모형을 탐색하고 방향을 조정할 수 있습니다. 다음 그림에서는 사용 가능한 여러 휠을 보여줍니다.

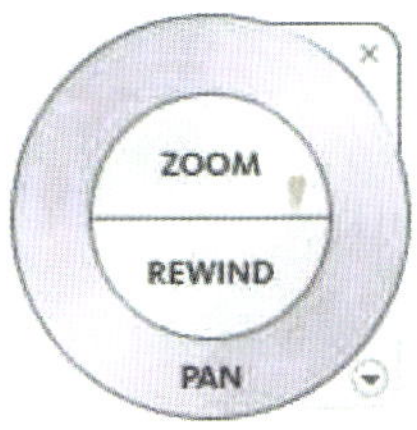

2D Navigation Wheel
2D 탐색 휠

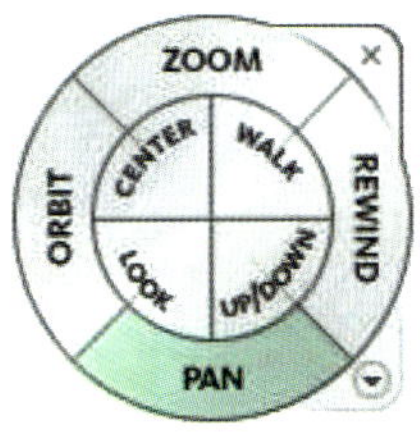

Full Navigation Wheel
전체 탐색 휠

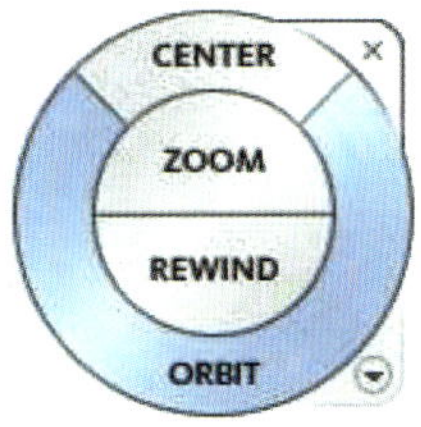

View Object Wheel (Basic Wheel)
오브젝트 보기 휠(기본 휠)

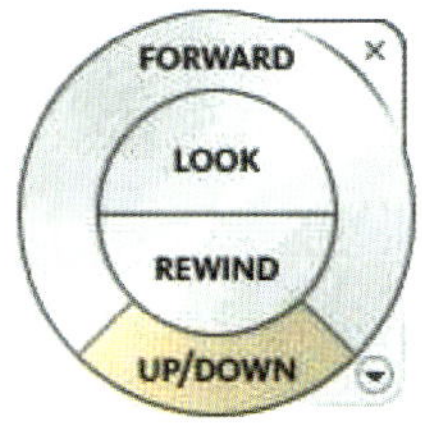

Tour Building Wheel (Basic Wheel)
빌딩 둘러보기 휠(기본 휠)

Mini Full Navigation Wheel
전체 탐색 휠 (작은 크기)

Mini View Object Wheel
오브젝트 보기 휠 (작은 크기)

Mini Tour Building Wheel
빌딩 둘러보기 휠 (작은 크기)

> ***TIP:***
> *휠의 각 버튼 위로 커서를 이동하면 해당 버튼에 대한 툴팁이 표시됩니다. 툴팁은 휠 아래에 나타나며 쐐기 또는 버튼을 클릭할 때 수행되는 작업을 안내합니다.*

④ Steering Wheel Shortcut Menu

휠의 바로가기 메뉴에서 다양한 기능과 모양의 휠로의 전환이 가능합니다. 휠의 오른쪽 아래 구석에서 화살표를 클릭하거나 휠을 마우스 오른쪽 버튼으로 클릭합니다. 휠 메뉴에는 다음과 같은 옵션이 있습니다.

ⓐ Mini View Object Wheel (작은 크기 오브젝트 보기 휠) : 오브젝트 보기 휠(작은 크기)을 표시합니다.

ⓑ Mini Tour Building Wheel (작은 크기 빌딩 둘러보기 휠) : 빌딩 둘러보기 휠(작은 크기)을 표시합니다.

ⓒ Mini Full Navigation Wheel (작은 크기 전체 탐색 휠) : 전체 탐색 휠(작은 크기)을 표시합니다.

ⓓ Full Navigation Wheel (전체 탐색 휠) : 전체 탐색 휠을 표시합니다.

ⓔ Basic Wheels (기본 휠) : 오브젝트 보기 휠 또는 빌딩 둘러보기 휠을 표시합니다.

ⓕ Go Home (홈으로 이동) : 모형과 함께 저장된 홈 뷰로 이동합니다. 이 뷰는 ViewCube 메뉴의 홈 뷰 옵션을 통

해 동기화됩니다.

ⓖ Fit to Window (윈도우에 맞춤) : 현재 뷰의 크기를조정하고 중앙에 배치하여 모든 오브젝트를 표시합니다.

ⓗ Restore Original Center (원래 중심 복원) : 뷰의 중심점을 모형의 범위에 맞게 복원합니다.

ⓘ Level Camera (레벨 카메라) : XY 지반 평면과 관련되도록 현재 뷰를 회전합니다.

ⓙ Increase Walk Speed (보행시선 속도 증가) : 보행시선 도구에 사용되는 보행시선 속도를 2배 높입니다.

ⓚ Decrease Walk Speed (보행시선 속도 감소) : 보행시선 도구에 사용되는 보행시선 속도를 1/2로 줄입니다.

ⓛ Help (도움말) : 온라인 도움말 시스템을 시작하고 휠에 대한 항목을 표시합니다.

ⓜ SteeringWheel Settings (SteeringWheels 설정) : 휠에 대한 기본 설정을 조정할 수 있는 대화상자를 표시합니다.

ⓝ Close Wheel (휠 닫기) : 휠을 닫습니다.

⑤ Steering Wheel Setting

Steering Wheel 활성상태에서 마우스 오른쪽 버튼으로 클릭하고 Steering Wheel Setting 옵션을 선택합니다. 휠의 크기, 투명도, 표시 방식 등의 조절이 가능합니다.

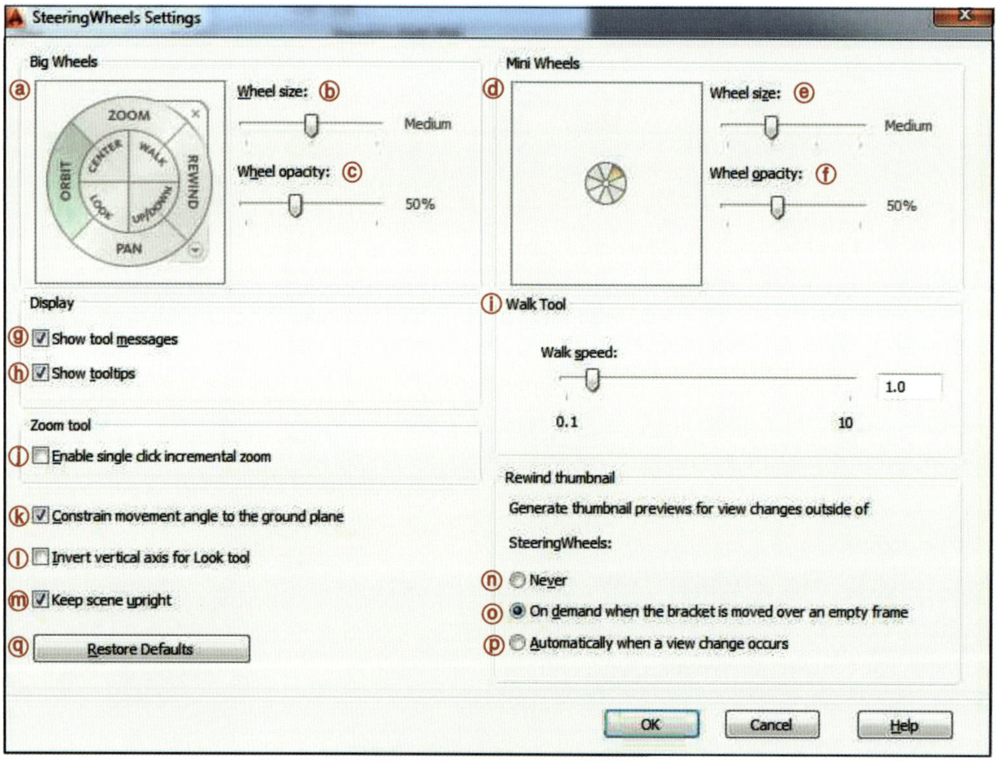

Steering Wheel Setting 대화박스

Big Wheels (대형 휠)
ⓐ Preview Thumbnail (썸네일 미리보기) : 현재 설정을 기준으로 대형 휠의 실시간 미리보기를 표시합니다.
ⓑ Wheel Size (휠 크기) : 대형 SteeringWheels의 크기를 지정합니다.
ⓒ Wheel Opacity (휠 불투명도) : 대형 SteeringWheels의 불투명을 조정합니다.

Mini Wheels (미니 휠)
ⓓ Preview Thumbnail (썸네일 미리보기) : 현재 설정을 기준으로 미니 휠의 실시간 미리보기를 표시합니다.
ⓔ Wheel Size (휠 크기) : 미니 SteeringWheels의 크기를 지정합니다.
ⓕ Wheel Opacity (휠 불투명도) : 미니 SteeringWheels의 불투명을 조정합니다.

Display (화면표시)
ⓖ Show Tool Messages (도구 메시지 표시) : 활성 도구에 대한 메시지 표시를 조정합니다.
ⓗ Show Tooltips (툴팁 표시) : 휠의 쐐기 및 버튼에 대한 툴팁 표시를 조정합니다.

Walk Tool (보행시선 도구)
ⓘ Walk Speed (보행시선 속도) : 보행시선 도구의 이동 속도를 설정합니다.

Zoom Tool (줌 도구)
ⓙ Enable Single Click Incremental Zoom (단일 클릭 증분 줌 사용) : 마우스를 한 번 클릭하여 증분 줌을 적용합니다.
ⓚ Constrain Movement Angle to the Ground Plane (지반 평면에 대한 이동 각도 구속): 둘러보기 및 위쪽/아래쪽 도구를 사용할 때 Z 방향을 띠리 현재 뷰를 조정할 수 있는지 여부를 조정합니다.
ⓛ Invert Vertical Axis for Look Tool (둘러보기 도구의 수직 축 반전) : 둘러보기 도구를 사용할 때 현재 뷰의 근원점과 표적점을 이동하기 위해 마우스를 끄는 방향을 결정합니다.
ⓜ Keep Scene Upright (장면을 위로 유지): 궤도 도구를 사용할 때 모형의 관측점을 위아래로 뒤집을 수 있는지 여부를 지정합니다.

Rewind Thumbnail (썸네일 뒤로) : 휠을 사용하지 않고 변경한 뷰에 대한 썸네일을 생성할 시기를 조정합니다. 생성된 썸네일은 뒤로 도구에 사용됩니다.
ⓝ Never (안 함) : SteeringWheels 외부에서 뷰가 변경되어도 미리보기 썸네일이 생성되지 않도록 지정합니다.
ⓞ On Demand When the Bracket is Moved Over an Empty Frame (대괄호가 빈 프레임 위로 이동될 때 요청에 따라) : 빈 프레임 위에 대괄호를 배치했을 때 뒤로 도구의 요청에 따라 미리보기 썸네일을 생성합니다.
ⓟ Automatically When a View Change Occurs (뷰가 변경될 때 자동으로) : 뷰가 변경될 때마다 자동으로 미리보기 썸네일을 생성합니다.
ⓠ Restore Defaults (기본 값 복원) : SteeringWheels에 대한 기본 설정을 적용합니다.

STEP 05 3차원 시각 조정 명령

뷰포트에서의 비주얼 스타일을 지정하고 비주얼 스타일 관리자를 이용하여 사용자가 원하는 다양한 뷰 스타일을 설정하는 방법에 대해 알아보겠습니다.

1. VSCURRENT (비주얼스타일 설정)

현재 뷰포트의 비주얼 스타일을 지정하는 방법에 대해 알아보겠습니다.

명령 실행 방법

- **Ribbon Menu**
  Home Tab > View > Visual Style Panel

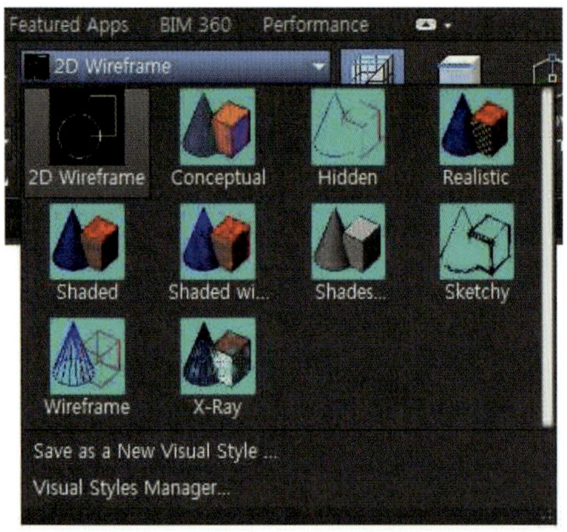

- **Menu Bar**
  View menu > Visual Style

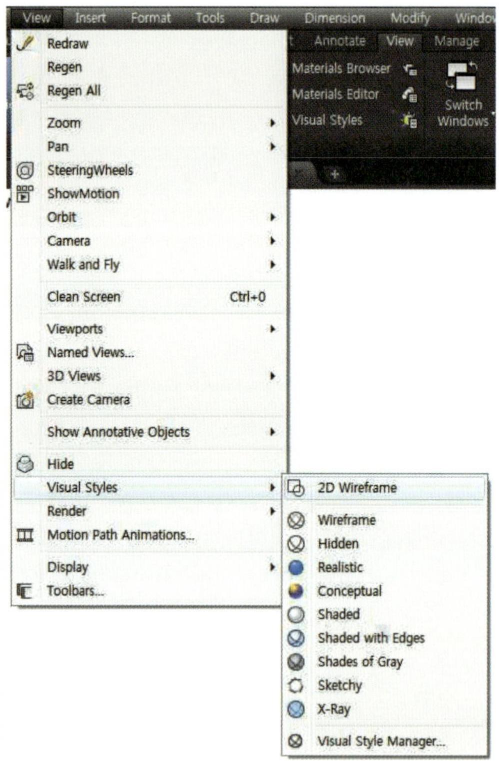

- **Viewport Label**
  Visual Style 클릭

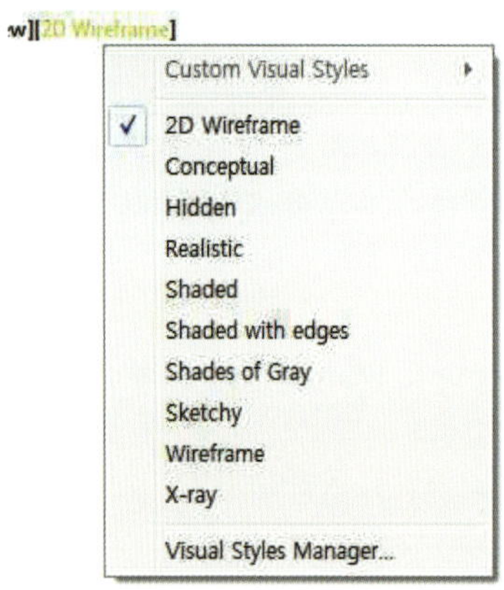

- **Command** : vscurrent

> ***TIP:***
> *AutoCAD2016에서는 다양한 방법으로 명령 실행이 가능합니다. Visual Style 명령어 역시 메뉴 바, 리본 메뉴, 도면영역 상단 클릭, 키보드 입력의 방법을 통해 명령을 실행할 수 있습니다.*

Command: **VSCURRENT** *(Visual Style을 조정합니다.)*
Enter an option [2dwireframe/Wireframe/Hidden/Realistic/Conceptual/Shaded/shaded with Edges/shades of Gray/SKetchy/X-ray/Other] <2dwireframe>: *(옵션을 입력합니다.)*
** 각각의 옵션은 명령어 입력 시 나타나는 화면상의 팝업 메뉴의 항목을 마우스로 클릭하거나 단축 명령어를 직접 입력하여 선택할 수 있습니다.*

① **2D Wireframe(2차원 와이어프레임)**

경계를 나타내는 선과 곡선을 사용하여 오브젝트를 표시하며, 래스터와 OLE 오브젝트, 선 종류 및 선가중치를 볼 수 있습니다.

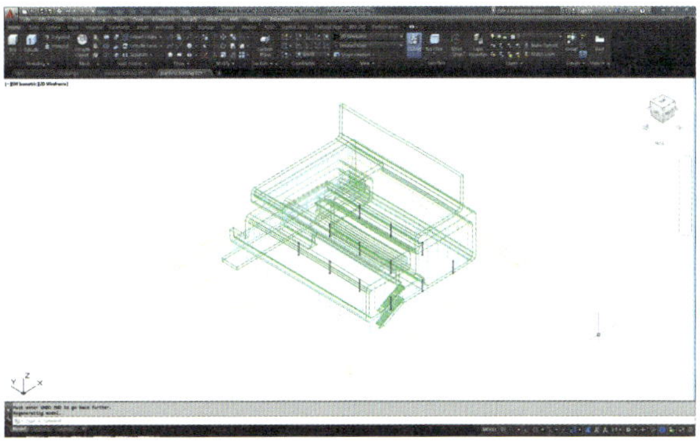

② **Conceptual(개념)**

차가운 색상과 따뜻한 생강 간의 변화를 사용하여 오브젝트를 표시합니다. 다각형 면 사이의 모서리를 부드럽게 만들고, 모형의 상세를 쉽게 확인할 수 있습니다.

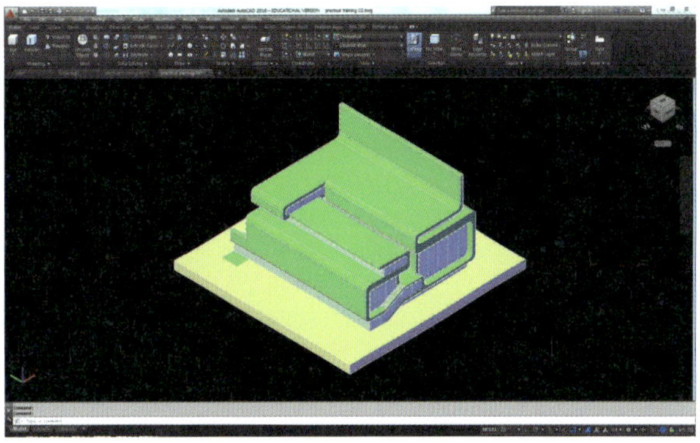

③ **Hidden(숨김)**

와이어프레임 형태로 오브젝트를 표시하며, 뒷면을 표현하는 선은 숨깁니다.

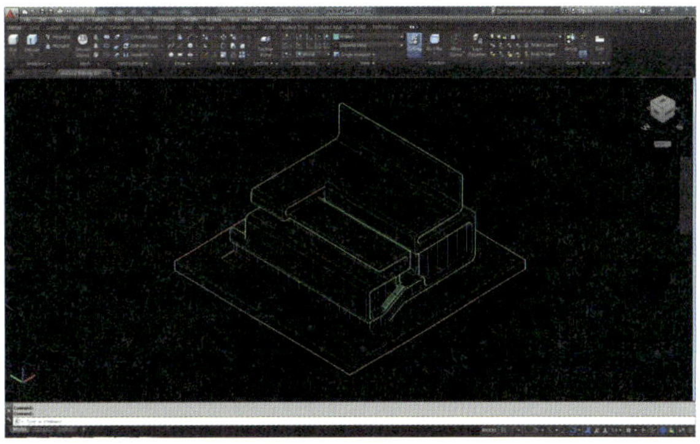

④ **Realistic(실재)**

오브젝트를 음영 처리하여 사실처럼 보이게 표시합니다. 오브젝트에 맵핑이 되어 있으면 재료도 표현됩니다.

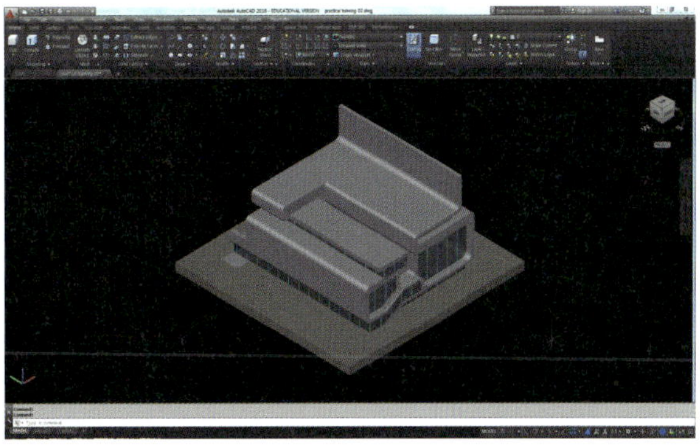

⑤ **Shaded(음영처리)**

부드러운 음영처리를 사용하여 오브젝트를 표시합니다.

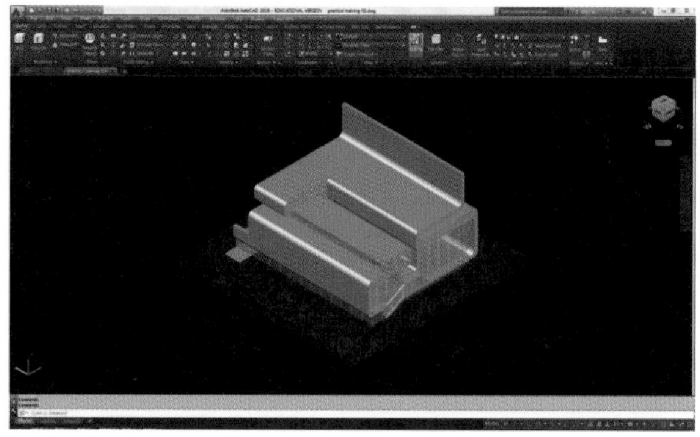

⑥ **Shaded with edges(모서리로 음영)**

부드러운 음영처리, 표시되는 모서리를 사용하여 오브젝트를 표시합니다.

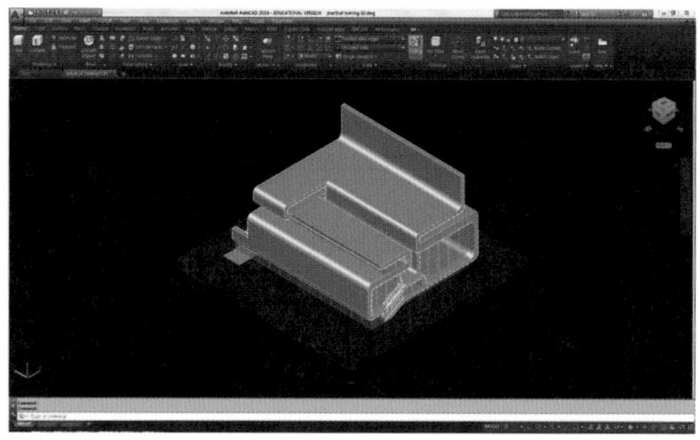

⑦ **Shades of gray(회색 음영처리)**

부드러운 음영처리 및 회색 단색 음영을 사용하여 오브젝트를 표시합니다.

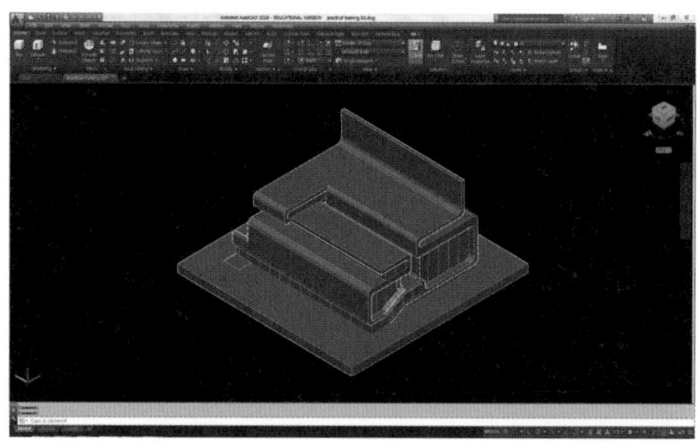

⑧ **Sketchy(스케치)**

선 연장 및 모서리 수정자를 사용하여 손으로 스케치한 효과를 적용해 오브젝트를 표시합니다.

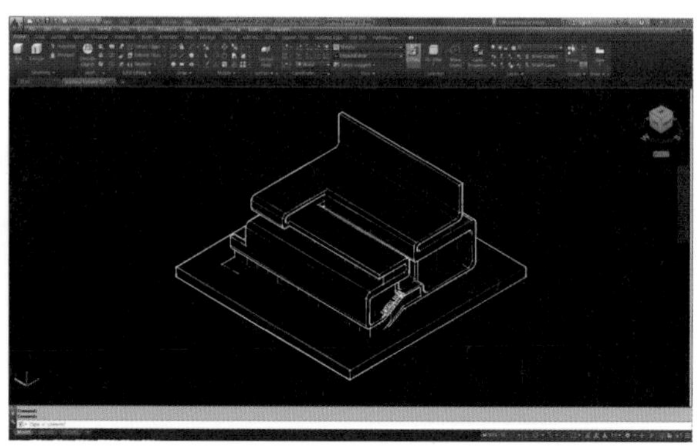

⑨ Wireframe(와이어프레임)

2D Wireframe과 유사하며 음영처리가 된 3차원 UCS 아이콘을 표시합니다.

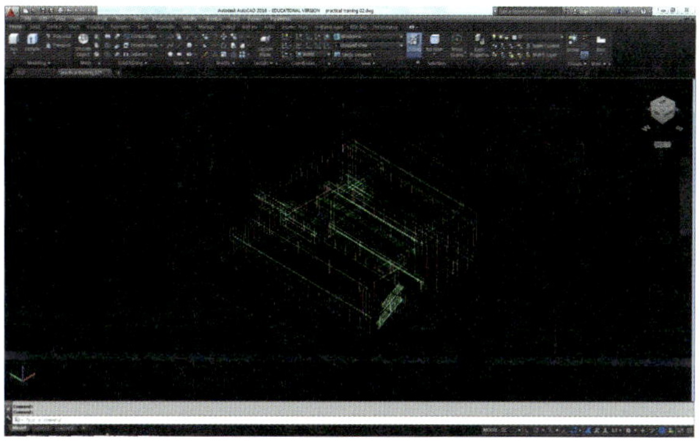

⑩ X-ray(투시)

오브젝트를 부분적으로 투명하게 표시합니다.

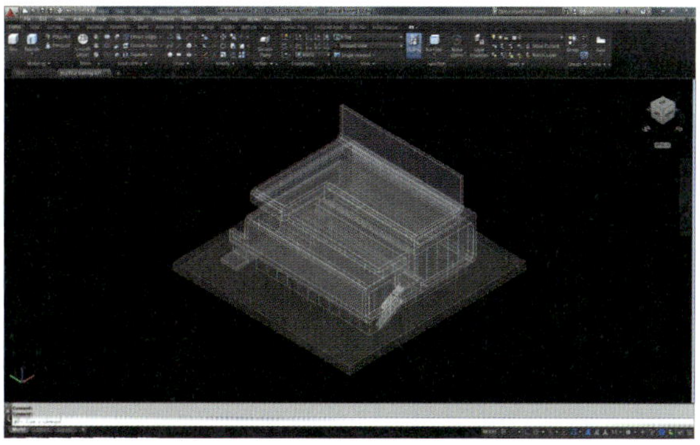

TIP:

Visual Style Panel에서 슬라이드 바를 움직이거나 Opacity(투명도) 값을 지정하여 조절할 수 있습니다. 수치가 100에 가까울수록 불투명해집니다.

TIP:

Command에 'vsfaceopcity' 값을 입력하여 불투명도 값을 지정할 수 있습니다.

Command: **VSFACEOPACITY** *(불투명도 값 설정)*
Enter new value for VSFACEOPACITY <-60>: *(불투명 값 입력)*

실습예제 04 **Visaul Style 옵션을 통해 다양한 시각표현 방법을 확인해보세요.**

Menu Bar, Ribbon Menu, Viewport Label의 Visual Style 옵션을 활용해 *「02-practice training.dwg」*파일 모델의 시각표현 방법을 다양하게 바꿔봅니다.
<file: 01-AutoCAD Modeling Sample/ 02-practice training.dwg>

2. VSSHADOW (그림자 표시 설정)

오브젝트의 그림자 표시를 조정합니다. 기본 광원이 켜지거나 사용자가 생성한 빛, 태양이 켜지면 그림자를 표시합니다. 그림자가 겹치면 하드웨어 가속이 필요합니다.

명령 실행 방법

- **Ribbon Menu**
  Visualize Tab > Lights Panel
- **Command** : vsshadows

Command: **VSSHADOWS** *(그림자 표시 설정)*
Enter new value for VSSHADOWS <0>: *(변수 값 입력)('0' 그림자 끄기, '1' 그라운드 그림자, '2' 전체 그림자)*

① 

No Shadows (그림자 끄기) : 그림자를 표시하지 않습니다.

② 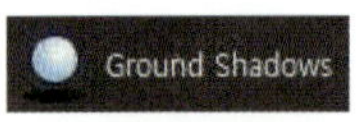

Ground Shadows (그라운드 그림자) : 지면 그림자만 표시합니다.

③ 

Full Shadows (전체 그림자) : 전체 그림자를 표시합니다. 하드웨어 가속이 필요하며, 형상 가속이 꺼져 있으면 전체 그림자를 표시할 수 없습니다.

3. VSFACECOLORMODE (면 색상 설정)

오브젝트의 면 색상 표시 형태를 조정하는 명령입니다. 일반 면 색상과 단색, 색조, 비채도 등의 형태로 표현할 수 있습니다.

명령 실행 방법

- **Ribbon Menu**
  Visualize Tab > Visual Style Panel
- **Command** : vsmonocolor

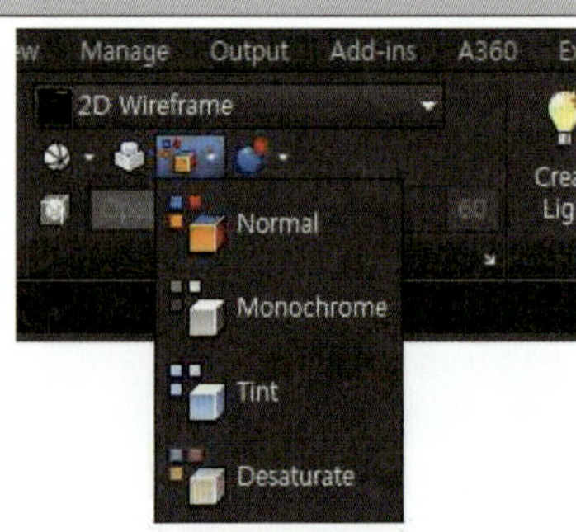

Command: **VSMONOCOLOR** *(단색과 색조에 사용할 색상을 설정합니다.)*
Enter new value for VSMONOCOLOR <"RGB:255,255,255">: *(지정 색 입력)*

① 

Normal (일반) : 현재 오브젝트가 가지고 있는 색상으로 표시됩니다.

② 

Monochrome (단색) : 'vsmonocolor' 시스템 변수에서 지정한 한 가지 색으로 오브젝트를 표시합니다.

③ 

Tint (채도): 시스템 변수 'vsmonocolor'에서 지정한 색으로 색조 및 채도 값을 변경하여 모든 면을 음영 처리하여 표시합니다.

④ 

Desaturate (채도 감소) : 채도를 30% 낮춰 색을 부드럽게 표시합니다.

4. VSFACESTYLE (면 스타일 설정)

3D 오브젝트의 면 스타일을 지정하는 명령입니다. 면 스타일 없이 모소리만 표시하거나 사실적인 색 혹은 색 대비 등으로 스타일을 지정할 수 있습니다.

명령 실행 방법

- Ribbon Menu
  Visualize Tab > Visual Style Panel
- Command : vsfacestyle

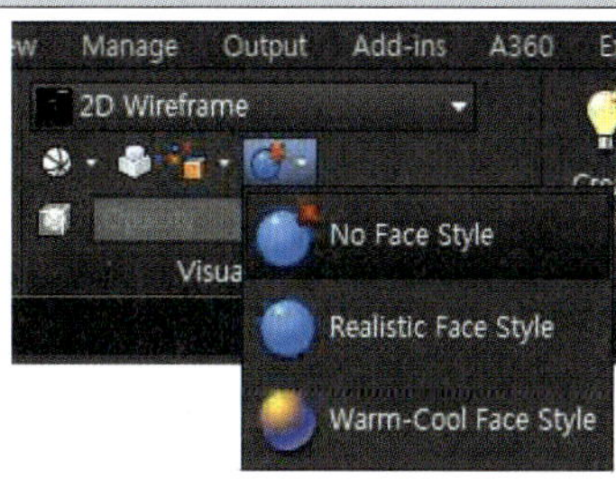

① 

No Face Style (면 스타일 없음) : 면 스타일을 표시하지 않습니다. 만일 모서리 유형 설정 값이 '모서리 없음(시스템 변수 vsedge=0)'이면 '스타일 없음'을 사용할 수 없습니다.

② 

Realistic Face Style (사실적 면 스타일) : 사실적으로 색을 표현합니다.

③ 

Warm-Cool Face Style (난-한색 면 스타일) : 밝은 영역과 그림자 영역 사이의 대비를 부드럽게 처리하여 보다 더 세밀하게 표현합니다.

> *TIP:*
> *밝은 영역은 따뜻한 색조를 사용하고, 어두운 영역은 차가운 색조를 사용합니다.*

5. VSEDGES (모서리 유형 설정)

오브젝트의 모서리 유형을 지정하는 명령입니다. 모서리를 표시하지 않거나 등각선 혹은 깍인면 모서리 형태로 표시할 수 있습니다.

명령 실행 방법

- Ribbon Menu
  Visualize Tab > Visual Style Panel
- Command : vsedges

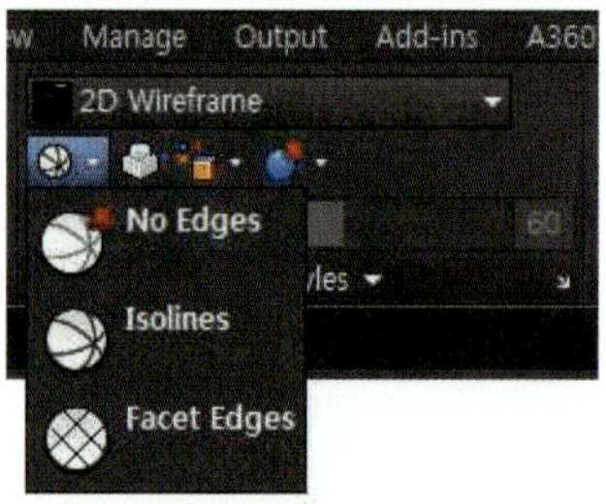

① 

No Edges (모서리 없음) : 모서리가 표시되지 않습니다.

② 

Isolines (등각선) : 등각선이 표시됩니다.

③ 

Facet Edges (깍인면 모서리) : 깍인면 모서리로 표시됩니다.

6. VISUAL STYLES MANAGER (비주얼 스타일 관리자)

비주얼 스타일을 작성하고 수정합니다. 새로운 시각적 스타일을 생성하거나 편집, 삭제할 수 있습니다. 비주얼 스타일의 종류에 따라 옵션도 다르게 나타납니다.

명령 실행 방법

- Menu Bar
  View Menu > Visual Style > Visual Style Manager
- Command : visualstyles
- Ribbon Menu
  View Tab > Pallets Panel

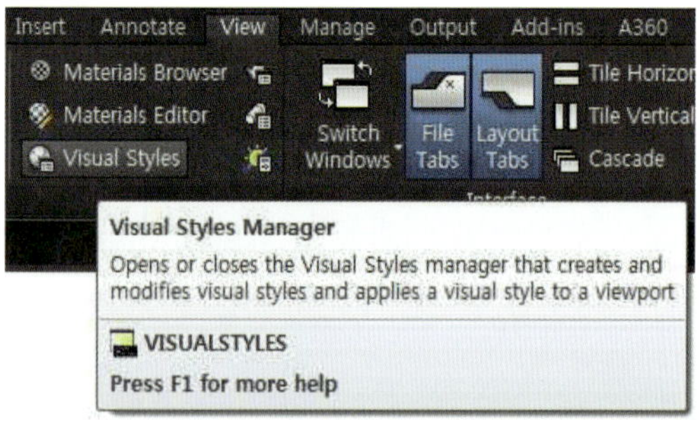

① Available Visual Styles in Drawing
(사용가능한 비주얼 스타일)

도면에서 사용 가능한 비주얼 스타일의 견본 이미지를 표시합니다. 선택한 비주얼 스타일의 면, 화경 및 모서리 설정은 설정 패널에 표시되며, 선택된 뷰 스타일은 노란색 경계를 표시합니다. 선택한 뷰 스타일의 이름은 패널의 맨 아래쪽에 표시됩니다.

② Create New Visual Style **(새 비주얼 스타일 작성)**
새로운 비주얼 스타일을 작성합니다. [새 비주얼 스타일 작성] 대화상자가 나타나면 새 비주얼 스타일 이름과 설명을 입력하고 <확인> 버튼을 클릭합니다. [비주얼 스타일 관리자]로 되돌아가면 원하는 비주얼 설정값을 지정하면 됩니다.

③ Apply Selected Visual Style to Current Viewport **(선택된 비주얼 스타일을 현재 뷰포트에 적용)**
선택한 스타일을 현재 뷰포트에 적용시킵니다.

④ Export the Selected Visual Style to the Tool Palette **(선택된 비주얼 스타일을 도구 팔레트에 표시)**
선택한 비주얼 스타일에 대한 도구를 작성하고 '도구 팔레트'에 배치합니다. 도구 팔레트 윈도우가 닫혀 있는 경우에는 도구 팔레트가 열리고, 도구는 맨 위 팔레트에 배치됩니다.

⑤ Delete the Selected Visual Style **(선택된 비주얼 스타일을 삭제)**
선택한 비주얼 스타일을 삭제합니다. 뷰포트에서 사용 중인 비주얼 스타일은 삭제 할 수 없음으로 경고 메시지가 나타납니다. 또한 AutoCAD 기본 값인 기존의 뷰 스타일 역시 삭제할 수 없습니다.

⑥ Shortcut Menu
도구 스트립의 버튼에서 사용할 수 있는 옵션뿐만 아니라 바로 가기 메뉴에서만 사용할 수 있는 다음의 추가 옵션에 대한 메뉴 액세스를 제공합니다. 바로 가기 메뉴에 액세스하려면 패널의 샘플 이미지를 마우스 오른쪽 버튼으로 클릭합니다.

ⓐ Creat New Visual Style (새로운 비주얼 스타일 생성)

ⓑ Apply to Current Viewports (현재 뷰포트에 적용) : 선택한 비주얼 스타일을 현재 뷰포트에 적용합니다.

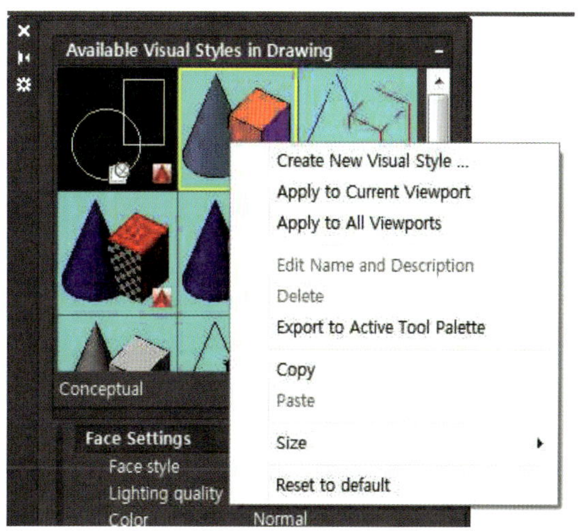

ⓒ **Apply to All Viewports** (전체 뷰포트에 적용) : 선택한 비주얼 스타일을 도면의 모든 뷰포트에 적용합니다.

ⓓ **Edit Name and Description** (설명 편집) : 커서가 샘플 이미지 위로 움직일 때 툴팁에 설명이 표시됩니다.

ⓔ **Delete** (삭제) : 선택한 비주얼 스타일을 삭제합니다.

ⓕ **Export to Active Tool Palette** (도구 팔레트로 보내기)

ⓖ **Copy** (복사) : 비주얼 스타일 샘플 이미지를 클립보드로 복사합니다. 도구 팔레트 윈도우에 붙여넣어 비주얼 스타일 도구를 작성하거나 사용 가능한 비주얼 스타일 패널에 붙여 넣어 사본을 작성할 수 있습니다.

ⓗ **Paste** (붙여넣기) : 비주얼 스타일 도구를 패널에 붙여 넣고 해당 비주얼 스타일을 도면에 추가하거나 비주얼 스타일의 사본을 사용 가능한 비주얼 스타일 패널에 붙여 넣습니다.

ⓘ **Size** (크기) : 샘플 이미지의 크기를 설정합니다. 전체 옵션은 하나의 이미지로 패널을 채웁니다.

ⓙ **Reset to Default** (기본 값으로 재설정) : 기본 비주얼 스타일 중의 하나에 대해 원래 설정을 복원합니다.

⑦ 비주얼 스타일 세부 설정 : Face Settings (뷰포트에 있는 면의 모양을 조정합니다.)

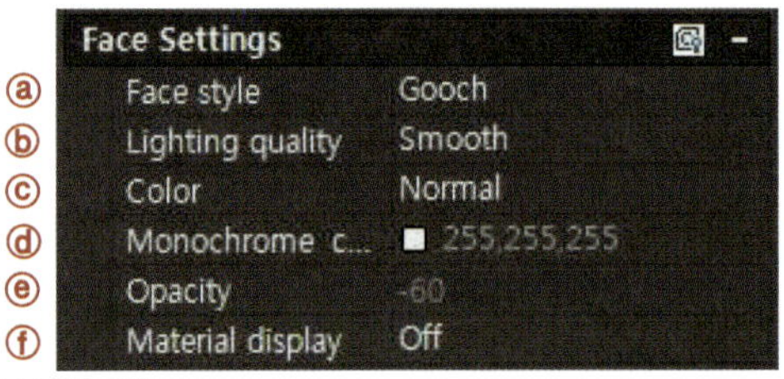

ⓐ **Face Style** (면 스타일) : 면에서 음영처리를 정의합니다.

- Realistic (실제) : 이 기본 옵션은 면이 현실에서 나타나는 모양에 가장 가깝습니다.
- Gooch : 어둡거나 밝은 색상 대신 따뜻하거나 차가운 색상을 사용하여 그림자가 나타날 수 있으며 실제 표시에서 보기 어려운 면을 더 잘 표시합니다.
- None (없음) : 면 스타일을 적용하지 않습니다. 다른 면 설정은 사용할 수 없습니다.

ⓑ **Lighting Quality** 조명 품질 : 현재 뷰포트에서 표면 및 3D 솔리드의 면에 대한 색상 보간 방법을 설정합니다.

- Faceted 깎인면
- Smooth 부드러움
- Smoothest (가장 부드럽게) : 고품질의 부드러운 모양이 표시되지만, 이는 수동 성능 조정 대화상자에서 "픽셀당 조명" 하드웨어 효과 옵션이 설정되어 있는 경우에만 시각적으로 향상된 모양을 생성합니다.

ⓒ **Color 색상** : 면의 색상 표시를 조정합니다.

- Normal (일반) : 면 색상 수정자를 적용하지 않습니다.
- Monochrome (단색) : 지정한 색상의 음영으로 모형을 표시합니다.
- Tint (틴트) : 면 색상의 색조 및 채도를 변경합니다.
- Desaturate (채도 없애기) : 채도 구성요소를 30% 줄여서 색을 부드럽게 합니다.

ⓓ **Monochrome Color** : Monochrome 색을 지정합니다.

ⓔ **Opacity** (불투명) : 뷰포트에 있는 면의 불투명 또는 투명도를 조정합니다.

ⓕ **Materials Display** (재료 표시) : 면의 재료 및 텍스처를 표시 합니다.

- Material on (재료 켜기)
- off (끄기)

⑧ 비주얼 스타일 세부 설정 : Lighting (조명 관련 효과를 조정합니다.)

ⓐ **강조 광도 버튼** : 양수에서 음수로 또는 그 반대로 강조 광도의 값을 변경합니다.

ⓑ **Shadow Display** (그림자 표시) : 뷰포트의 그림자 표시를 조정합니다. 그림자를 꺼서 성능을 향상시킵니다.

- Mapped Object Shadows (매핑된 오브젝트 그림자) : 전체 그림자를 표시합니다.
- Ground Shadows (지면 그림자)
- Off (끄기)

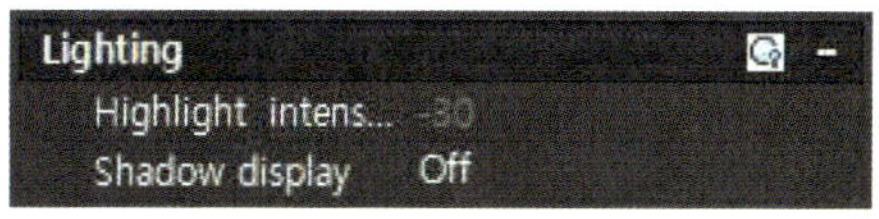

⑨ 비주얼 스타일 세부 설정 : Environment Settings (배경을 조정합니다.)

ⓐ **Backgrounds** (배경) : 배경이 뷰포트에 표시되는지 여부를 조정합니다.

⑩ 비주얼 스타일 세부 설정 : Edge Settings (모서리 표시 방법을 조정합니다.)

ⓐ **Show 표시** : 모서리 표시를 깎인면 모서리, 등각선 또는 없음으로 설정합니다.

ⓑ **Color 색상** : 모서리 색상을 설정합니다.

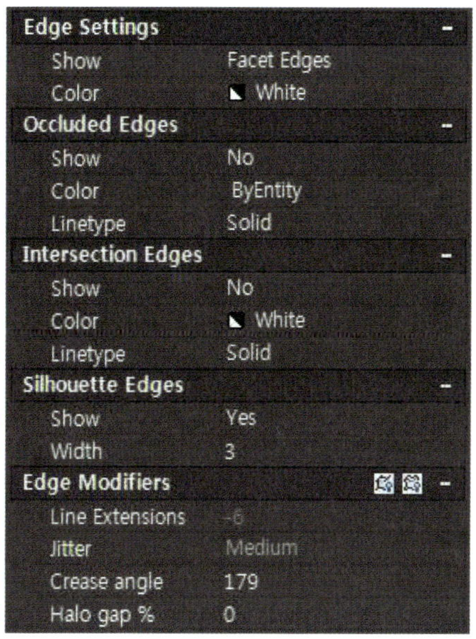

⑩-1 비주얼 스타일 세부 설정 : Occluded Edges 폐색 모서리 (없음을 제외한 모든 모서리 모드에 적용하는 설정을 조정합니다.)

ⓒ **Show 표시** : 폐색 모서리가 표시되는지 여부를 조정합니다.

ⓓ **Color 색상** : 폐색 모서리 색상을 설정합니다.

ⓔ **Linetype 선종류** : 폐색 모서리의 선종류를 설정합니다.

⑩-2 비주얼 스타일 세부 설정 : Intersection Edges 교차 모서리 (모서리 모드가 깎인면 모서리로 설정된 경우 교차 모서리에 적용하는 설정을 조정합니다.)

ⓕ **Show 표시** : 교차 모서리가 표시되는지 여부를 조정합니다.

ⓖ **Color 색상** : 교차 모서리 색상을 설정합니다.

ⓗ **Linetype 선종류** : 교차 모서리의 선종류를 설정합니다.

⑩-3 비주얼 스타일 세부 설정 : Silhouette Edges 윤곽 모서리 (외곽 모서리에 적용하는 설정을 조정합니다. 외곽 모서리는 와이어프레임 또는 투명 오브젝트에 표시되지 않습니다.)

ⓘ **Show 표시** : 외곽 모서리 표시를 조정합니다.

ⓙ **Width 폭** : 외곽 모서리가 표시될 폭을 지정합니다.

⑩-4 비주얼 스타일 세부 설정 : Edge Modifiers 모서리 수정자 (없음을 제외한 모든 모서리 모드에 적용하는 설정을 조정합니다.)

ⓚ **Line Extensions** (선 연장) : 손으로 그린 효과를 나타내기 위해 선을 해당 교차점 너머로 연장합니다. 버튼은 돌출 효과를 켜거나 끕니다. 켜져 있는 경우 설정을 변경할 수 있습니다.

ⓛ **Jitter Button and Setting** (지터 버튼 및 설정) : 선이 스케치된 것처럼 보이게 합니다.

ⓜ **Crease Angle** (각짐결정 각) : 부드러운 효과를 나타내기 위해 면 내의 깎인면 모서리가 표시되지 않는 각도를 설정합니다. 깎인면 모서리를 표시하도록 VSEDGES 시스템 변수가 설정되어 있으면 이 옵션을 사용할 수 있습니다.

ⓝ **Halo Gap %** (Halo 간격) : 한 오브젝트가 다른 오브젝트에 의해 숨겨지는 표시될 격차의 크기를 지정합니다. 이 옵션은 개념 또는 3D 숨김 비주얼 스타일이나 이를 기준으로 하는 비주얼 스타일이 선택된 경우 사용할 수 있습니다. halo 간격 값이 0보다 크면 윤곽 모서리가 표시되지 않습니다.

8. HIDE (숨은선 처리)

3D 와이어프레임 모형을 볼 때는 화면상의 앞쪽에 위치한 오브젝트에 의해 뒤쪽으로 가려진 선을 포함하여 모든 선이 표시됩니다.

명령 실행 방법

- Menu Bar
  View Menu > Hide
- Command : hide

TIP:
Hide 명령 적용 전 상태로 화면을 되돌리기 위해서는 'Regen' 명령을 실행해야 합니다.

- Ribbon Menu
  Visualize Tab > Visual Style Panel

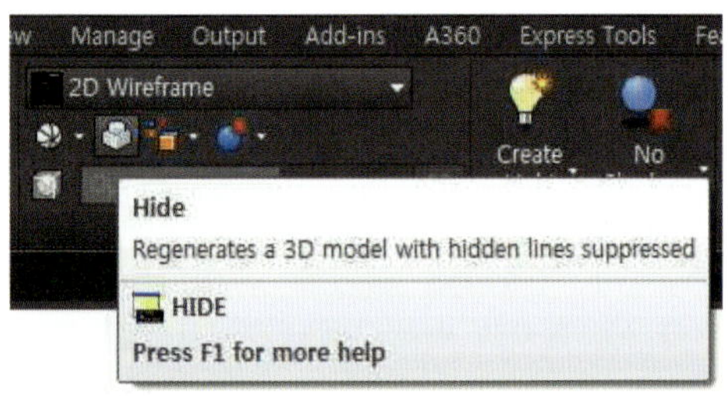

9. Parallel & Perspective (평행 및 원근 보기)

오브젝트를 평행으로 보이게 하거나 원근감을 주어 멀리 있는 것은 작게 보이도록 하고, 가까이 있는 것은 크게 보이도록 합니다.

명령 실행 방법

- ViewCube Shortcut Menu

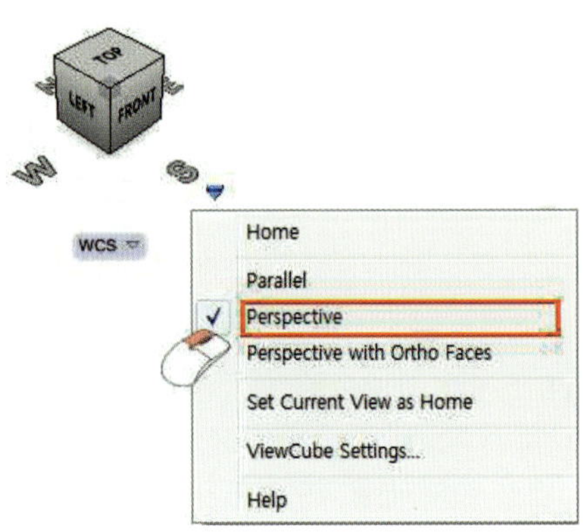

- Command : perspective

- Viewport Label

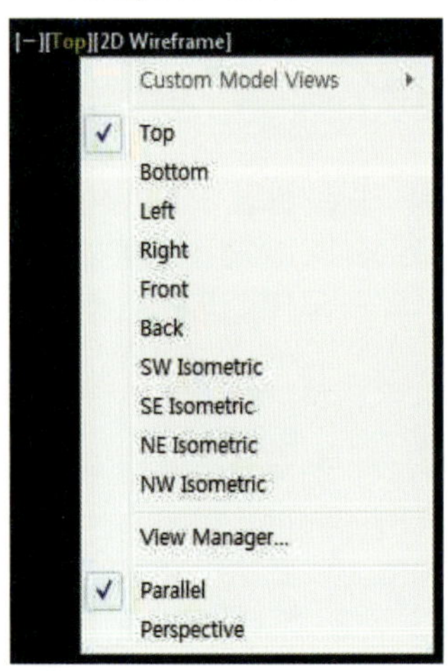

Command: PERSPECTIVE *(평행 및 원근보기 설정)*
Enter new value for PERSPECTIVE 〈0〉: *(옵션 값 입력)('0'은 평행보기, '1'은 원근보기)*

① Parallel(평행)

도면의 두 평행선이 한 점으로 모아지지 않도록 오브젝트를 표시합니다. 도면의 오브젝트는 항상 일정하며, 서로 가까워질 때는 왜곡되어 표시되지 않습니다.

② Perspective(원근)

모든 평행선이 한 점으로 모아지도록 원근법에 의해 오브젝트를 표시합니다. 즉 가까운 거리에 있는 오브젝트는 크게 보이고 먼 거리에 있는 오브젝트는 작게 보이도록 조정합니다. 원근을 잘 이용하면 프리젠테이션 이미지를 작성할 때 효과적으로 보여줄 수 있습니다.

10. VPORTS (화면분할)

모형공간이나 배치(도면 공간)에서 여러 뷰포트를 작성합니다.

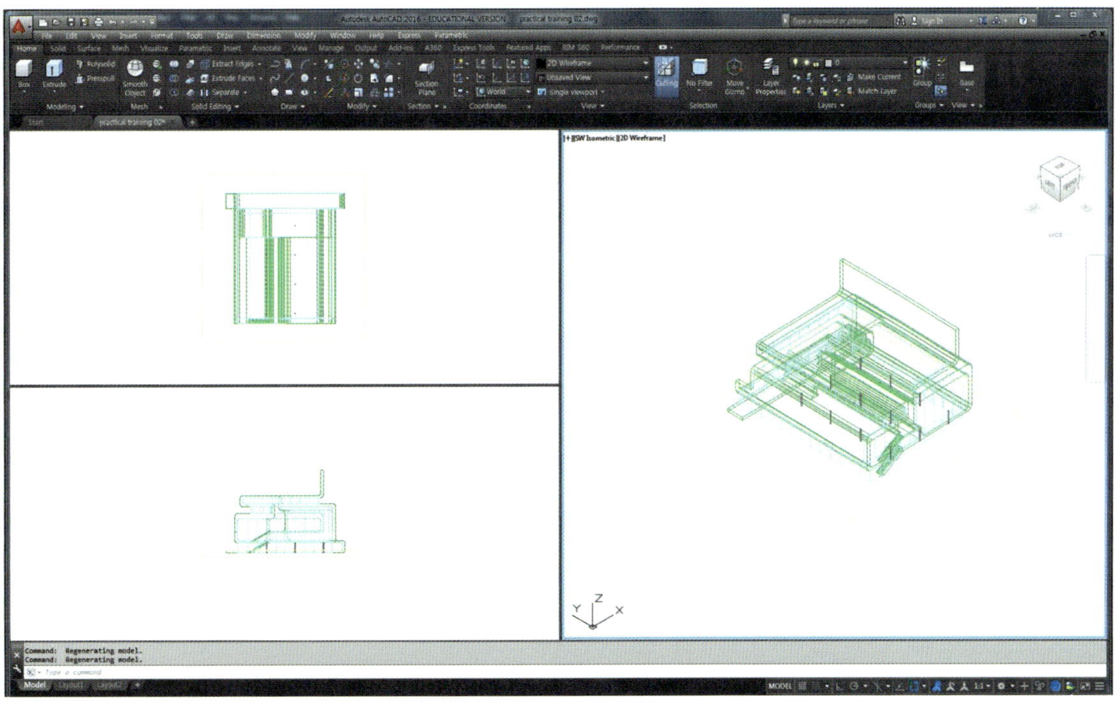

뷰포트를 3개의 화면(Three:Right)으로 분할한 AutoCAD 작업화면

3차원의 입체적인 물체를 작성하고 편집하기 위해서는 다양한 시점(관측점)의 뷰를 필요로 합니다. 뷰가 필요할 때마다 하나의 화면에서 뷰를 바꾸어 가면서 작업을 진행하면 대단히 번거롭습니다. 여러 창을 펼쳐놓고 각기 다른 뷰(평면, 정면, 등각 투영)를 설정해 놓으면 보다 효율적인 3차원 작업을 할 수 있습니다. Vports 명령은 이런 경우에 활용할 수 있도록 여러 개의 창을 만들어 관리하는 기능입니다.

명령 실행 방법

- **Menu Bar**
  View menu > Viewports > New Viewports
- **Ribbon Menu**
  Visualize Tab >
  Model Viewports Panel

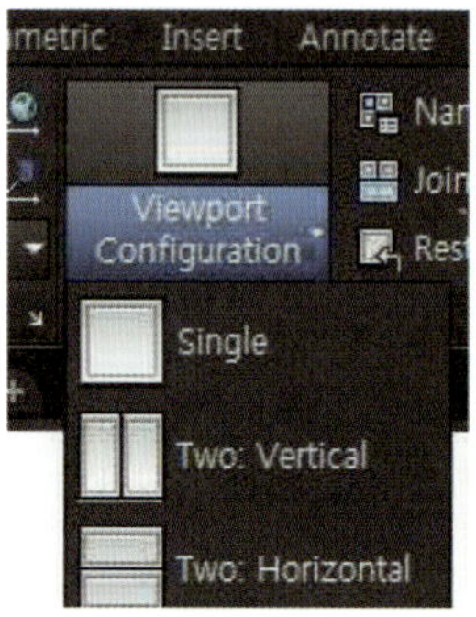

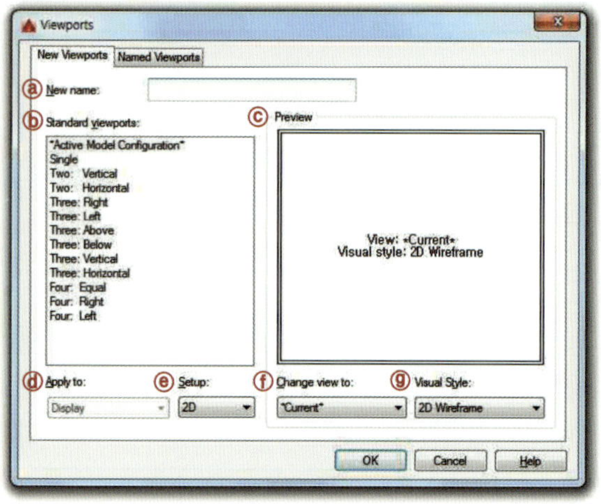

- **Command** : vports
- **Command** : -vports

① Viewport Dialog Box(뷰포트 대화상자) : New Viewports Tab(새 뷰포트 탭)

ⓐ **New Name** (새 이름) : 새 모형 공간 뷰포트 구성의 이름을 지정합니다. 이름을 입력하지 않으면 뷰포트 구성이 적용은 되지만 저장되지는 않습니다. 뷰포트 구성이 저장되지 않으면 배치에서 사용할 수 없습니다.

ⓑ **Standard Viewports** (표준 뷰포트) : 현재 구성인 CURRENT를 포함하여 표준 뷰포트 구성을 나열하고 설정합니다.

ⓒ **Preview** (미리보기) : 선택한 뷰포트 구성의 미리보기와 구성에 포함된 개별 뷰포트 각각에 지정된 기본 뷰를 표시합니다.

ⓓ **Apply To** (적용 위치) : 모형 공간 뷰포트 구성을 전체 화면표시 또는 현재 뷰포트에 적용합니다.

- Display : 뷰포트 구성을 전체 모형 탭 표시에 적용합니다.
- Current Viewport (현재 뷰포트) : 뷰포트 구성을 현재 뷰포트에만 적용합니다.

ⓔ **Setup** (설정) : 2D 또는 3D 설정을 지정합니다. 2D를 선택하면 초기 단계의 새 뷰포트 구성은 모든 뷰포트의 현재 뷰로 이루어집니다. 3D를 선택하면 구성하는 뷰포트에 표준 직교 3D 뷰 세트가 적용됩니다.

ⓕ **Change View To** (뷰 변경) : 선택한 뷰포트의 뷰를 리스트에서 선택한 뷰로 대치합니다. 명명된 뷰를 선택할 수 있으며, 3D 설정을 선택한 경우에는 표준 뷰 리스트에서 선택할 수 있습니다. 선택한 뷰를 미리보기에서 확인합니다.

ⓖ **Visual Style** (비주얼 스타일) : 뷰포트에 비주얼 스타일을 적용합니다. 사용 가능한 모든 비주얼 스타일이 표시됩니다.

② Command Option

Command: **-VPORTS** *(화면분할 명령)*
Enter an option [Save/Restore/Delete/Join/SIngle/?/2/3/4/Toggle/MOde] <3>: *(옵션을 입력합니다.)* [저장(S)/복원(R)/삭제(D)/결합(J)/단일(S)/?/2/3/4]
Enter a configuration option [Horizontal/Vertical/Above/Below/Left/Right] <Right>: *(배치 옵션을 입력합니다.)*
Regenerating model.

ⓐ **Save** (저장) : 지정한 이름을 사용하여 현재 뷰포트 구성을 저장합니다.

ⓑ **Restore** (복원) : 이전에 저장된 뷰포트 구성을 복원합니다.

ⓒ **Delete** (삭제) : 명명된 뷰포트 구성을 삭제합니다.

ⓓ Join (결합) : 인접한 모형 뷰포트 두 개를 결합하여 큰 뷰포트 하나로 만듭니다. (두 모형 뷰포트는 같은 길이의 공통 모서리를 공유해야 합니다. 결과로 생성된 뷰포트는 주 뷰포트의 뷰를 상속합니다.)

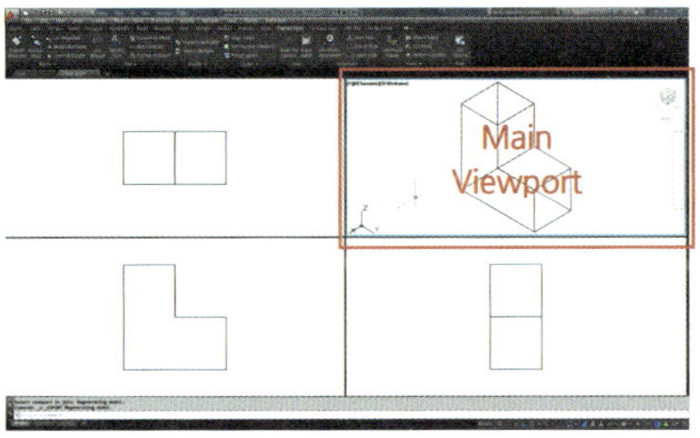

결합할 Viewport

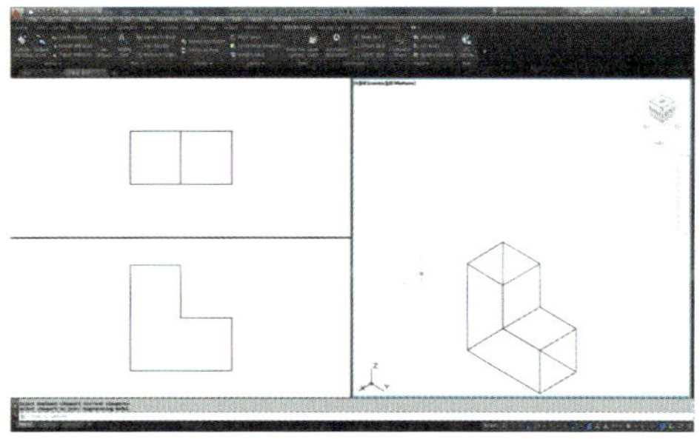
결합 후의 Viewport

ⓔ Single (단일) : 현재 뷰포트의 뷰를 사용하여 도면을 단일 뷰포트 뷰로 되돌립니다.

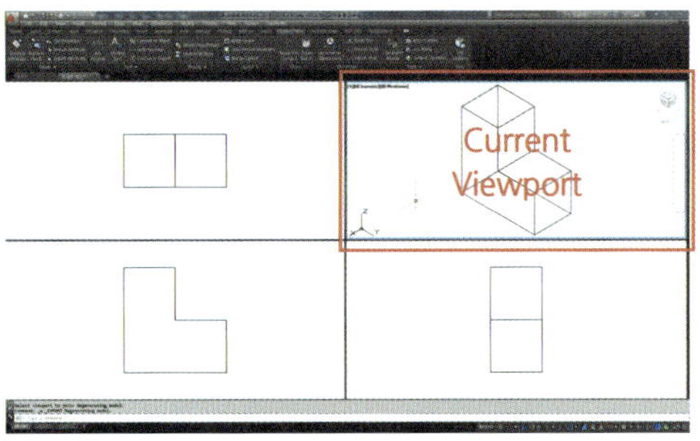

현재의 Viewport

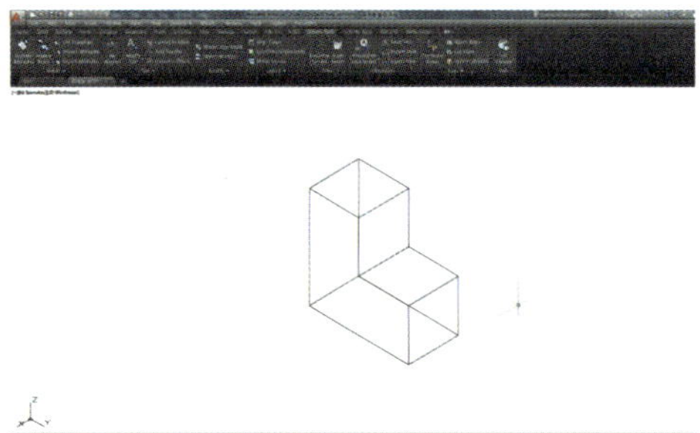
단일 적용 후의 Viewport

ⓕ ? (뷰포트 구성 나열) : 모형 공간 뷰포트의 식별 번호와 화면에서의 위치를 표시합니다. (뷰포트의 왼쪽 하단 및 오른쪽 상단이 뷰포트의 위치를 정의합니다. 이러한 구석에 대해서는 0.0,0.0(도면 영역의 왼쪽 하단)과 1.0,1.0(오른쪽 상단) 사이의 값이 사용됩니다. 현재 뷰포트가 첫 번째로 나열됩니다.)

ⓖ 2 : 현재 뷰포트를 절반 크기로 분할합니다.

ⓗ 3 : 현재 뷰포트를 3개의 뷰포트로 분할합니다. (수평 옵션과 수직 옵션은 영역을 1/3 크기로 분할합니다. 위, 아래, 왼쪽 및 오른쪽 옵션은 더 큰 뷰포트가 배치되는 위치를 지정합니다.)

ⓘ 4 : 현재 뷰포트를 동일한 크기를 갖는 4개의 뷰포트로 분할합니다.

PART 01

AutoCAD Modeling

Chapter 02

AutoCAD 3차원 모델링 기초 이해하기

3차원 좌표계 연습 _ STEP 01
Surface Modeling 기초 _ STEP 02
사용자 좌표계 _ STEP 03

Chapter 02 AutoCAD 3차원 모델링 기초 이해하기

STEP 01 3차원 좌표계 연습

1. Wire Frame Modeling 기초연습

① 기초 도형 와이어 모델링 실습

Command: **rectangle** *(단축키 rec)*
Specify first corner point or [Chamfer / Elevation / Fillet / Thickness / Width]: *(기준점. P1점을 지정)*
Specify other corner point or [Area/Dimensions/Rotation]: @4,2 *(상대좌표를 이용)*

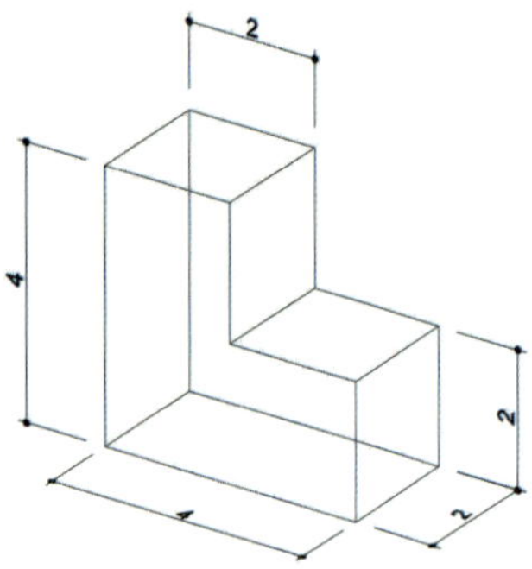

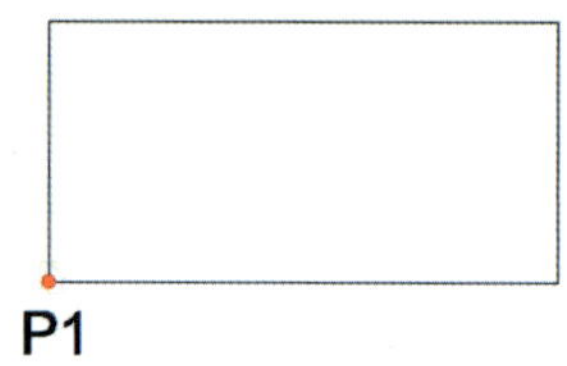

② 3차원 화면으로 뷰 조절

Shift + 마우스 휠 버튼을 눌러 위와 비슷한 뷰 각도를 찾습니다.

③ 왼쪽 측면 작성

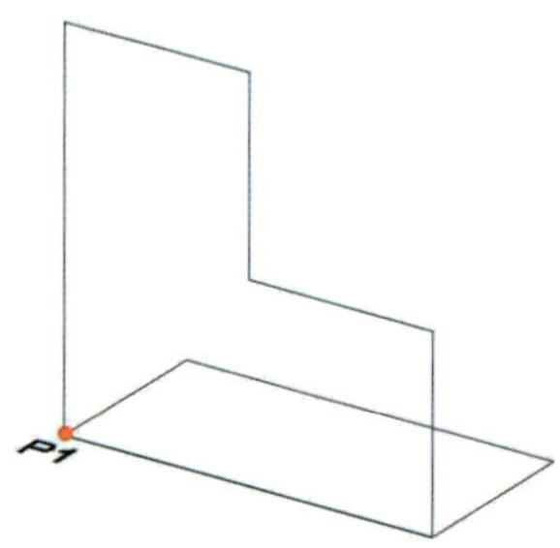

Command: **Line** *(단축키 L)*
Specify first point: *(P1점을 지정)*
Specify next point or [Undo]: @0,0,4 *(Z축으로 4만큼 이동)*
Specify next point or [Undo]: @2,0 *(X축으로 2만큼 이동)*
Specify next point or [Close/Undo]: @0,0,-2 *(Z축으로 -2만큼 이동)*
Specify next point or [Close/Undo]: @2,0 *(X축으로 2만큼 이동)*
Specify next point or [Close/Undo]: @0,0,-2 *(Z축으로 -2만큼 이동)*
Specify next point or [Close/Undo]: *(Enter를 입력하여 명령 종료)*

④ 오른쪽 측면 작성

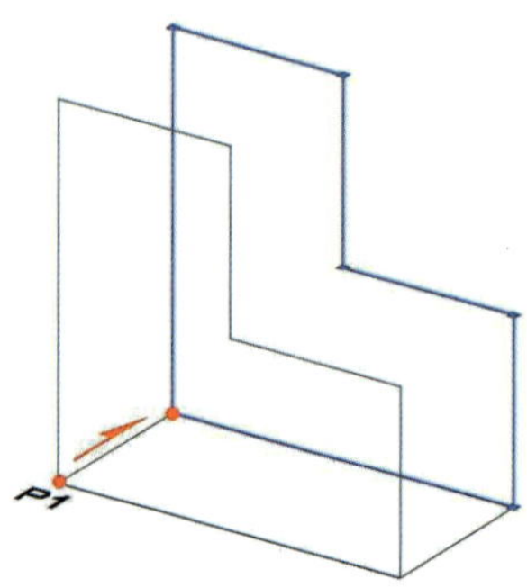

Command: **Copy** *(단축키 co)*
Select objects: 1 found
Select objects: 1 found, 2 total
Select objects: 1 found, 3 total
Select objects: 1 found, 4 total
Select objects: 1 found, 5 total *(왼쪽 측면에 그린 객체 선택)*
Select objects: *(Enter를 입력합니다.)*
Specify base point or [Displacement] <Displacement>: *(기준점 선택)*
Specify second point or <use first point as displacement>: *(이동할 점 선택)*
Specify second point or [Exit/Undo] <Exit>: *(Enter 입력)*

⑤ 나머지 선 연결

Line 명령을 이용하여 나머지 선들을 모두 연결

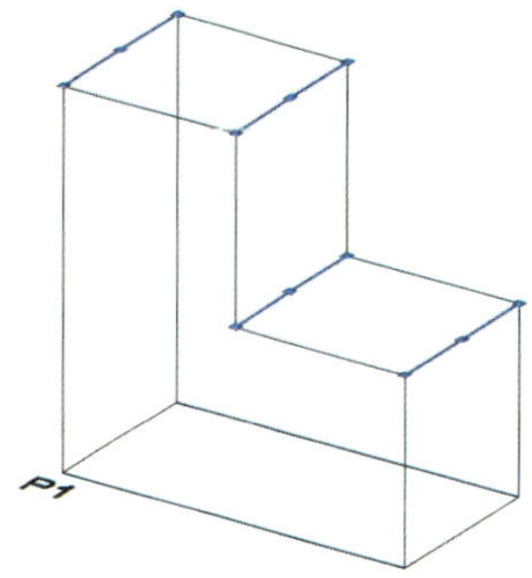

실습예제 05 와이어 프레임 모델링 실습

1. 아래의 평면, 정면, 측면 도면을 참조하여 와이어 프레임 모델을 완성하시오.

01

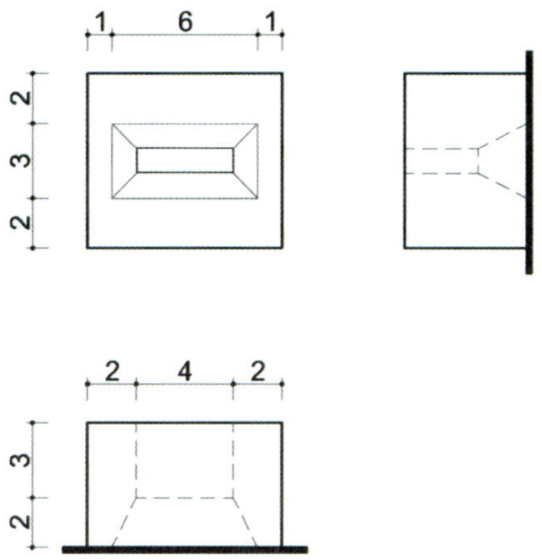

02

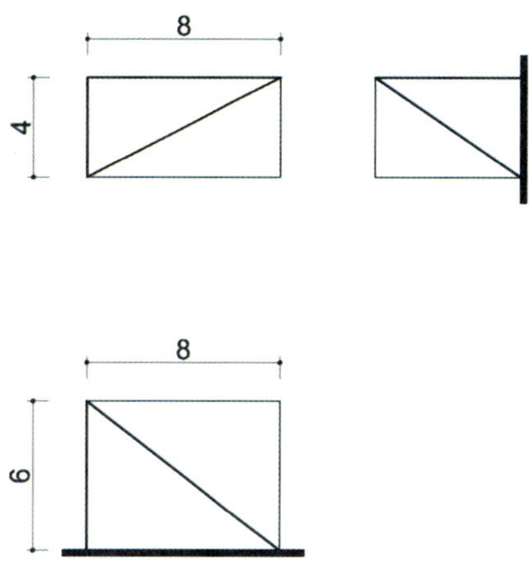

03

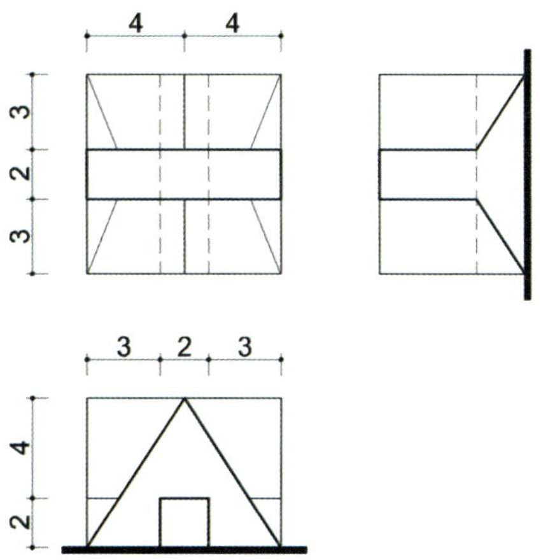

04

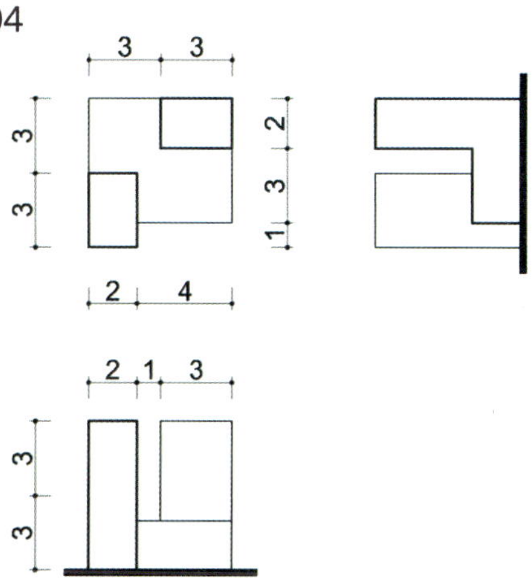

2. 아래의 모델을 참조하여 평면, 정면, 측면 도면을 완성하시오.

01

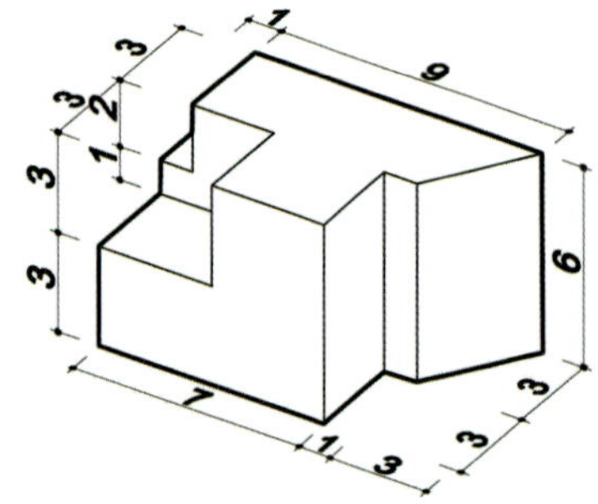

02

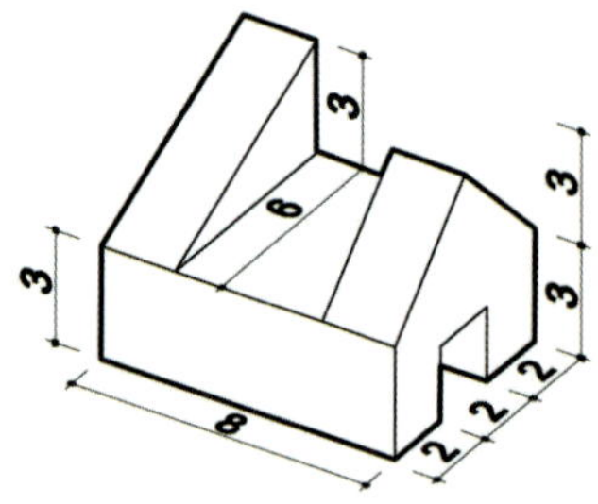

03

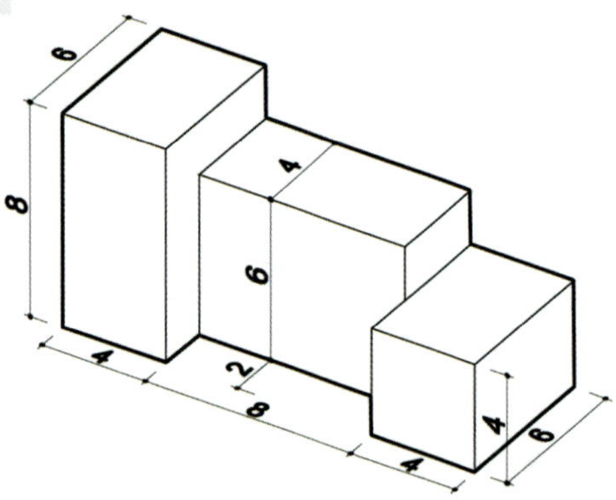

04

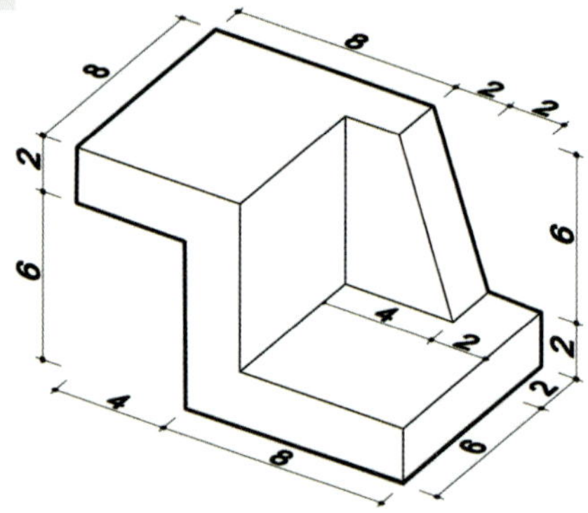

2. Elev, Thickness, Change 명령을 활용한 기초 3차원 모델링

① **Elev** (3차원의 고도와 높이를 조정)

고도를 지정한 후 작성된 객체는 elev에서 지정한 거리만큼 Z축으로 이동한 공간에 그려집니다.

Command: **elev** *(그려질 객체의 고도와 높이 지정)*
Specify new default elevation <0.0000>: 10 *(Z축으로의 높이를 지정)*
Command: 객체 작성 명령 *(Z축으로 10떨어진 위치에 객체 생성)*

> ***TIP:***
> *Elev 명령을 사용한 후에는 반드시 고도와 두께를 모두 0으로 놓아야합니다.*

② **Thickness** (현재 위치에서 객체의 두께를 지정)

두께를 지정한 상태에서 원, 호, 선, 문자 등을 입력하면 두께가 있는 형태로 객체가 작성됩니다.

Command: **Thickness** *(단축키 : th)*
Enter new value for THICKNESS <1.0000>: *(두께 지정)*

TIP:
2차원 평면도 작성 후 벽체를 Thickness를 조정하면 빠르게 3차원 모델을 만들 수 있습니다.

TIP:
Elev나 Thickness 명령은 잘 이용되지 않습니다. 이 명령을 사용하는 것보다는 Change 명령의 옵션에 있는 Elev, Thickness 더 많이 이용되며, Properties 대화상자에서 수정할 수 있습니다.

실습예제 06 **Elev과 Thickness 명령을 활용한 모델링 실습**

아래의 그림을 참조하여 3차원 모델을 작성하시오.
file: 01-AutoCAD Modeling Sample/ 04-practice training.dwg

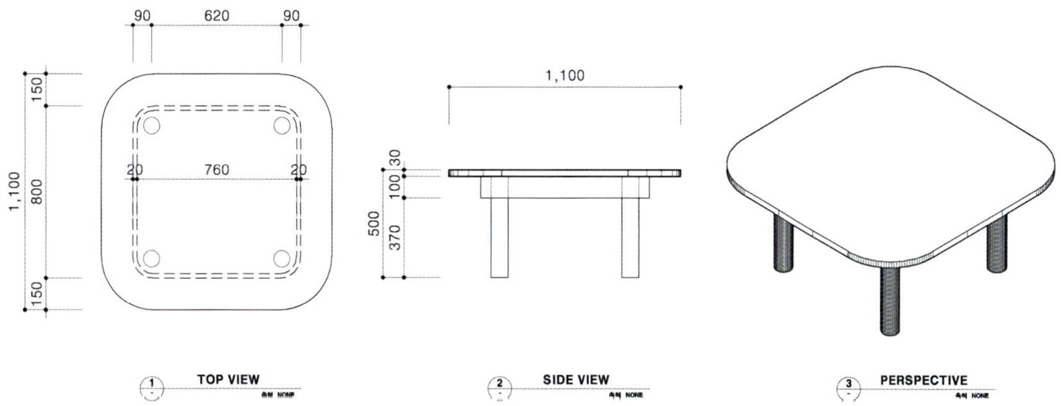

STEP 02 Surface Modeling 기초

1. 3dface 명령을 활용한 Surface Modeling

① **3dface** (4개의 점을 이용하여 표면 생성)

주로 각진 면 처리에 이용됩니다. 연속으로 사용할 수 있으며 삼각형부터 오각형 등 다양한 형상의 면을 제작합니다. 선택하는 순서에 따라 면이 뒤집혀 작성될 수 있으므로 점 선택 순서에 주의하여 작업합니다.

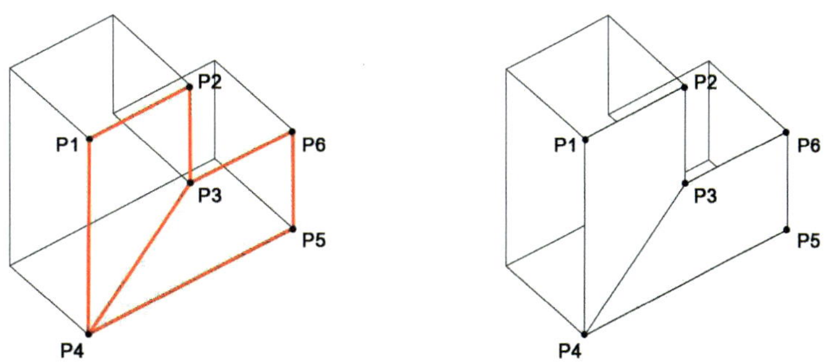

3dface 점 선택순서 생성된 표면

Command: **3dface** *(단축키 : 3f)*
Specify first point or [Invisible]: *(P1점 선택)*
Specify second point or [Invisible]: *(P2점 선택)*
Specify third point or [Invisible] <exit>: *(P3점 선택)*
Specify fourth point or [Invisible] <create three-sided face>: *(P4점 선택. 표면 생성)*
Specify third point or [Invisible] <exit>: *(P5점 선택)*
Specify fourth point or [Invisible] <create three-sided face>: *(P6점 선택. 표면 생성)*
Specify third point or [Invisible] <exit>: *(Enter를 눌러 종료)*

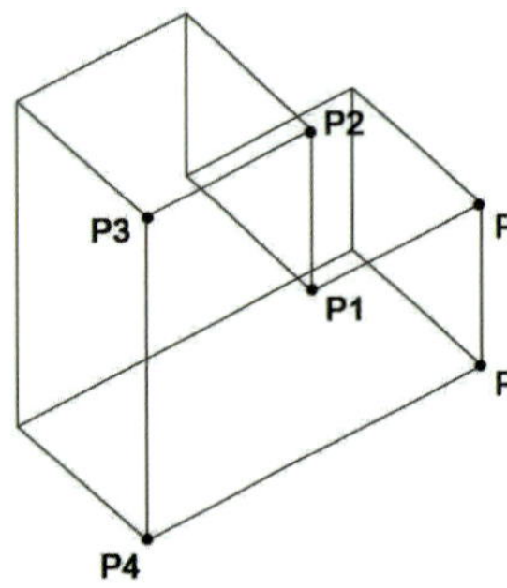

잘못된 점 선택 순서

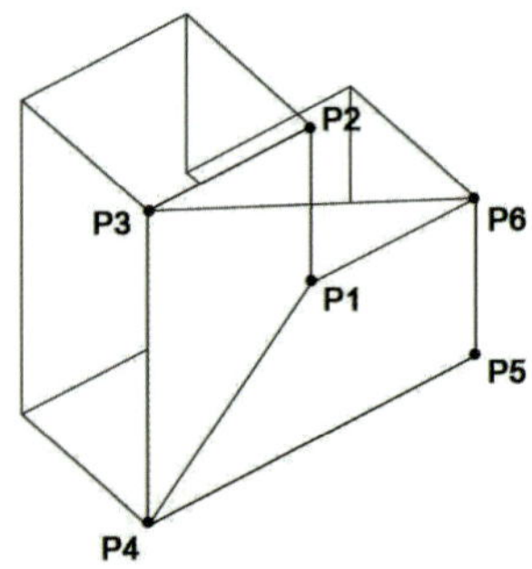

표면이 뒤집혀 생성된 면

실습예제 07 Surface Modeling 실습

아래의 그림을 참조하여 3차원 모델을 작성하시오.
file: 01-AutoCAD Modeling Sample/ 05-practice training.dwg

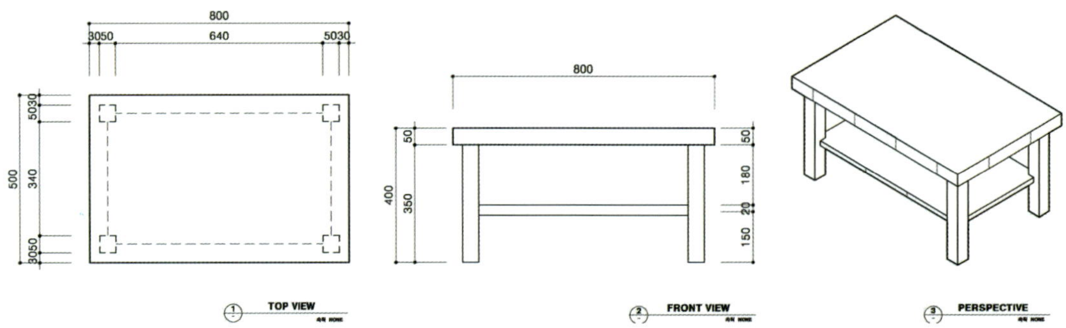

STEP 03 사용자 좌표계

1. **UCS** (User Coordinate System_사용자 좌표계)

AutoCAD에서 작성되는 객체는 기본적으로 XY평면에 생성됩니다. 3차원 오브젝트를 작성하기 위해서는 UCS 명령을 사용하여 사용자가 작업하고자하는 부분에 XY평면을 옮겨 놓고 작업해야 합니다.

① UCS Icon

좌표계를 화면에 표시합니다. 2차원, 3차원 및 비주얼 스타일에 따라 다양한 형태로 변화됩니다.

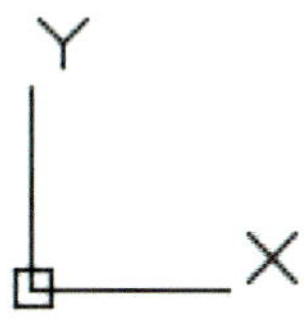

2D UCS ICON

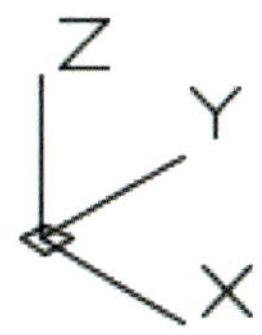

현재위치 0,0,0

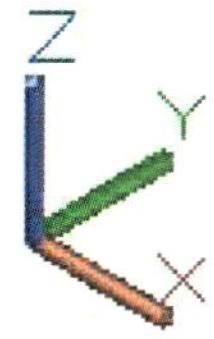

Shade 화면상태

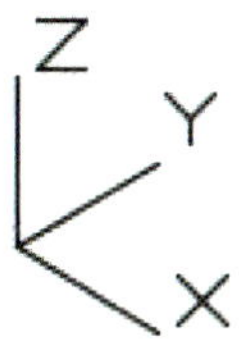

0,0,0이 아닌 좌표

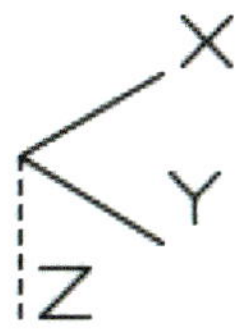

Z축 —방향

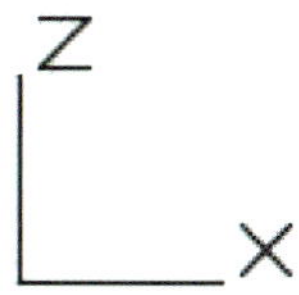

XZ축 상태

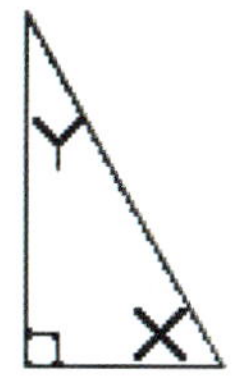

종이영역

② UCS에 따른 축 방향 / 회전방향

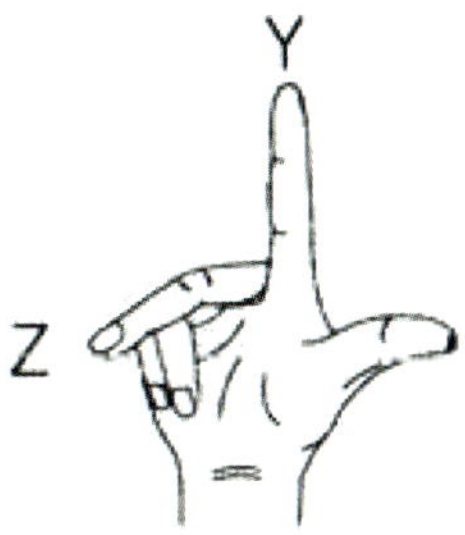

그림에서 보는 것과 같이 오른손을 이용하면 축의 방향을 알 수 있습니다.

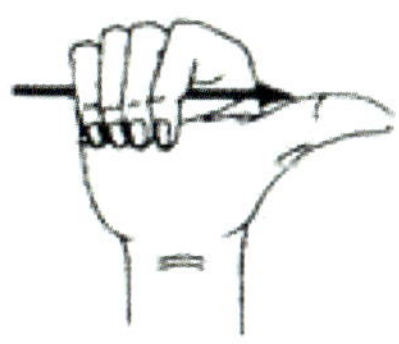

UCS에서 각도를 지정하는 경우 오른손을 이용하여 축의 회전방향을 확인할 수 있습니다.

③ UCS

*Command: **ucs** (사용자 좌표계 명령)*
*Current ucs name: *NO NAME* (현재 저장하고 사용하는 UCS는 없습니다.)*
Enter an option [New/Move/orthoGraphic/Prev/Restore/Save/Del/Apply/?/World] ⟨World⟩: n (새 UCS로 이동)
Specify origin of new UCS or [ZAxis/3point/OBject/Face/View/X/Y/Z] ⟨0,0,0⟩: (점을 찍으면 UCS가 해당 점으로 이동)

Options
New : UCS를 새로 조정
Move : UCS 원점 위치를 이동. *(UCS의 방향은 바뀌지 않습니다.)*
Specify new origin point or [Zdepth]<0,0,0>: (원점 위치를 지정)

orthoGraphic : UCS를 미리 지정된 6개 방향의 UCS 상태로 이동
Enter an option [Top/Bottom/Front/BAck/Left/Right]<Front>:
Top (UCS를 위쪽 평면 상태로 변경)
Bottom (UCS를 바닥 쪽 평면 상태로 변경)
Front (UCS를 앞쪽 평면 상태로 변경)
BAck (UCS를 뒤쪽 평면 상태로 변경)

Left (UCS를 왼쪽 평면 상태로 변경)
Right (UCS를 오른쪽 평면 상태로 변경)

Prev : 조금 전에 사용한 UCS 상태로 변경
Restore : 저장되어 있는 UCS로 변경
Save : 현재 UCS의 위치를 저장
Del : 저장되어 있는 UCS를 삭제

Apply : Vports 명령으로 화면이 저장되어 있는 경우 분할된 화면에서 UCS의 관리를 조정

Pick viewport to apply current UCS or [All]<current>:
(Enter를 입력하면 현재 작업 중인 분할화면에 UCS 설정을 적용)
All (전체 분할화면에 적용)
? (저장되어 있는 UCS를 모두 확인)

World : UCS를 오토캐드 초기 좌표계인 WCS(World Coordinate System) 상태로 변경

ZAxis : Z 축의 방향을 빠르게 찾아주는 옵션으로 두 개의 점을 이용. 처음 선택하는 점이 원점이며 다음에 선택하는 점이 Z축의 방향이 됩니다. XY 평면은 항상 Z축에 대해 수직이기 때문에 자동으로 XY 평면이 맞춰집니다.

Specify new origin point <0,0,0>: (UCS 원점 위치 지정)
Specify point on positive portion of Z-axis <0,0,0>: (Z축 방향 지정)

3point : 세 점을 이용하며 UCS를 이동. 첫 점은 UCS 원점의 위치가 되고 두 번째 점은 X축의 방향, 세 번째 점은 UCS의 Z축의 방향이 됩니다.

Specify new origin point <0,0,0>: (UCS의 원점을 지정합니다.)
Specify point on positive portion of X-axis <0,0,0>: (X축의 방향을 지정합니다.)
Specify point on positive-Y portion of the UCS XY plane <0,0,0>: (Y축의 방향을 지정합니다.)

OBject : 오브젝트에 맞는 상태로 UCS를 이동합니다. 선, 원, 호등 객체에 따라서 UCS의 이동에 차이가 생깁니다. 즉 선인 경우는 선택한 점에서 가까운 쪽이 원점이 되고 반대쪽이 X축의 방향이 됩니다. Z축은 해당 객체가 그려질 당시의 상황을 유지합니다. 호의 경우도 선택한 점에서 가까운 점이 X축의 방향. 호의 중심이 원점의 위치. 호를 그릴 당시의 Z값은 유지하면서 UCS가 이동합니다. 원의 경우는 원의 중심이 UCS의 원점이 되고 선택한 점이 X축의 방향이 됩니다. Z축은 해당 객체가 그려질 때의 Z축을 유지합니다. 3차원 작업 중에 해당 객체가 원활히 작업이 되지 않는 경우 OBject 옵션을 이용하여 선택하면 객체를 작업할 수 있는 최상의 조건이 됩니다.

Select object to align UCS: (객체 선택)

Face : 솔리드모델링에서 만 사용되는 UCS 이동 방법. 솔리드 객체의 선을 선택하면 선택한 선에 접한 두 개의 면으로 이동할 수 있습니다.

Enter an option [Next/Xflip/Yflip] <accept>: (면이 선택됩니다. Enter를 누르면 해당 면을 이용)
Next (다른 면으로 이동)
Xflip (UCS를 X축을 기준으로 180도 회전)
Yflip (UCS를 Y축을 기준으로 180도 회전)

View : 현재 보는 방향에 수직되게 UCS를 정렬
X / Y / Z : 해당 축을 기준으로 회전

③ UCS 변경 실습

Line 명령과 3Dface 명령을 사용하여 정사각형 면을 작성한 후 오른쪽 그림과 같이 복사합니다.

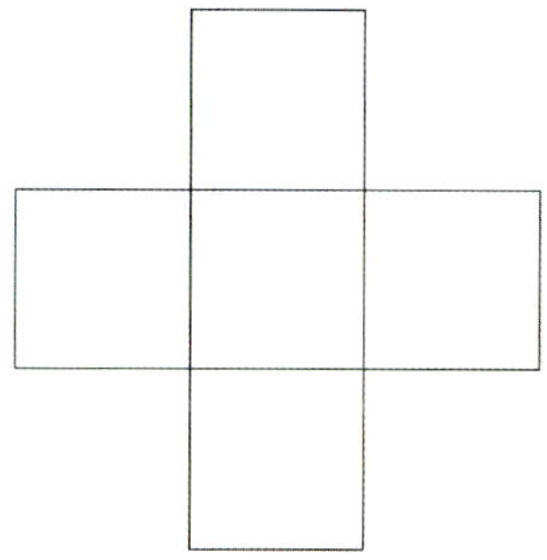

UCS의 원점 이동
Command: **ucs**
Current ucs name: *WORLD*
Enter an option [New/Move/orthoGraphic/Prev/Restore/Save/Del/Apply/?/World] <World>: m
Specify new origin point or [Zdepth]<0,0,0>: *(P1점 선택)*

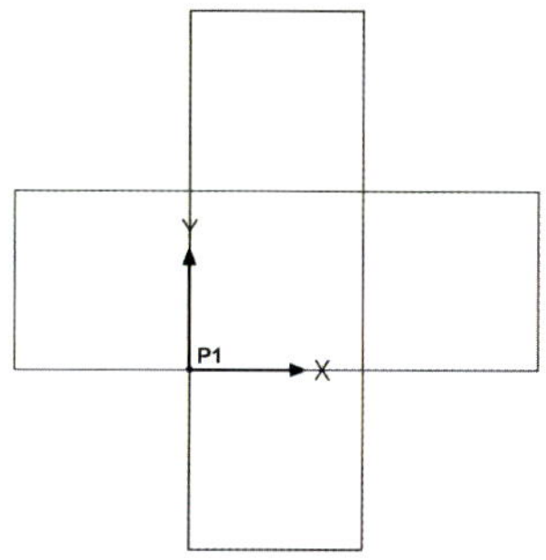

3차원 시점 변경
Command: -**vpoint** *(단축키 -vp)*
Current view direction: VIEWDIR=0.0000,0.0000,1.0000
Specify a view point or [Rotate] <display compass and tripod>: 1,1.5,1 *(3차원 시점 위치변경)*

고정 축 옵션을 이용한 UCS 변경
Command: **ucs**
Current ucs name: *NO NAME*
Enter an option [New/Move/orthoGraphic/Prev/Restore/Save/Del/Apply/?/World] <World>: x *(X축을 고정 축으로 설정)*
Specify rotation angle about X axis <90>: 90 *(90도 회전)*

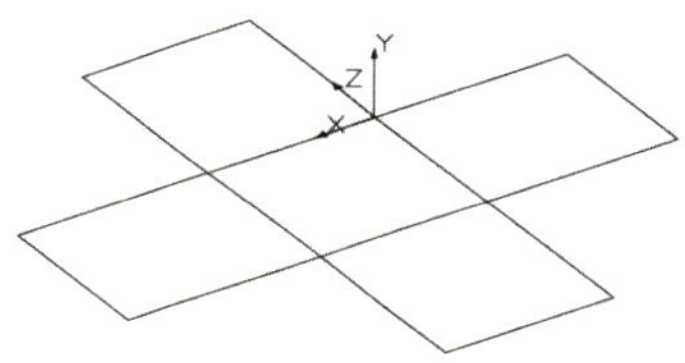

변경된 Z축을 기준으로 오른쪽 면 회전
Command: **rotate** *(단축키 ro)*
Current positive angle in UCS: ANGDIR=counterclockwise ANGBASE=0
Select objects: *(객체 선택)*
Select objects: *(Enter 입력)*
Specify base point: *(P2점 선택)*
Specify rotation angle or [Copy/Reference]: -90 *(오른손을 이용하여 축의 회전방향을 대입하면 각이 반대쪽으로 진행됨으로 -90입니다.)*

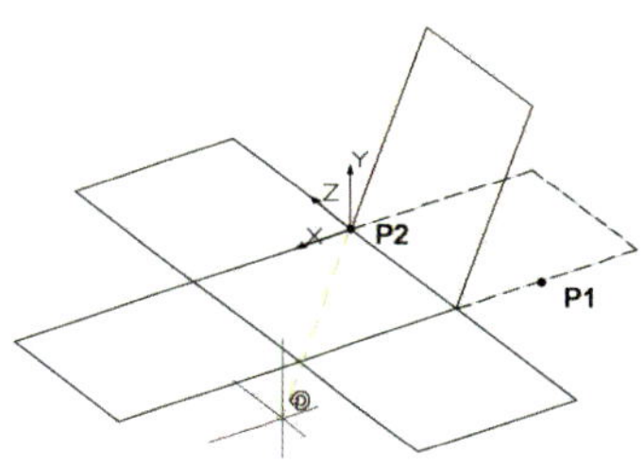

왼쪽 면 회전

Command: **rotate** *(단축키 ro)*
Current positive angle in UCS: ANGDIR=counterclockwise ANGBASE=0
Select objects: *(객체 선택)*
Select objects: *(Enter 입력.)*
Specify base point: *(P2점 선택)*
Specify rotation angle or [Copy/Reference]: 90 *(90도 회전)*

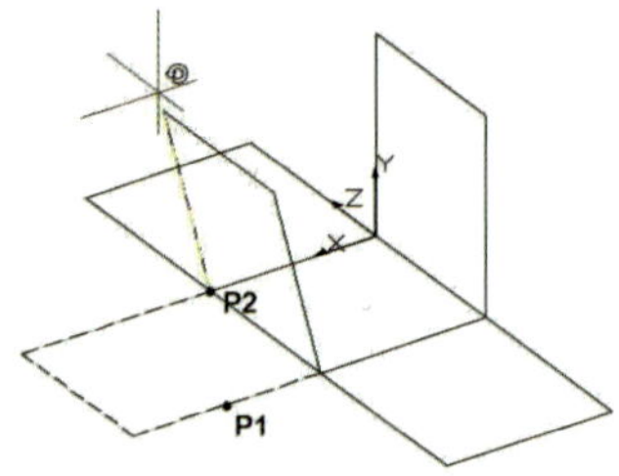

고정 축 옵션을 이용한 UCS 변경

Command: **ucs**
Current ucs name: *NO NAME*
Enter an option [New/Move/orthoGraphic/Prev/Restore/Save/Del/Apply/?/World] <World>: y *(Y축을 고정축 설정)*
Specify rotation angle about Y axis <90>: 90 *(90도 회전)*

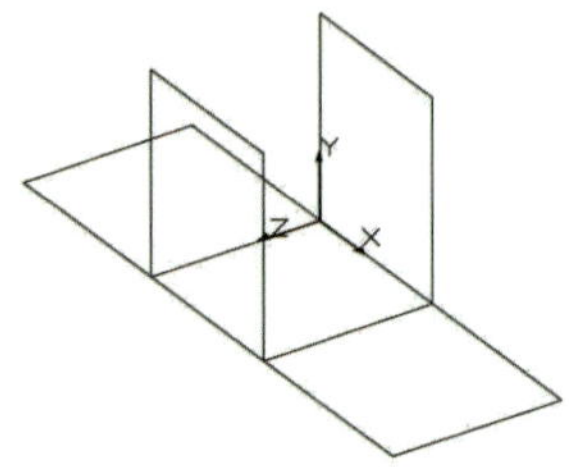

위쪽 면 회전

Command: **rotate** *(단축키 ro)*
Current positive angle in UCS: ANGDIR=counterclockwise ANGBASE=0
Select objects: *(객체 선택)*
Select objects: *(Enter 입력)*
Specify base point: *(P2점 선택)*
Specify rotation angle or [Copy/Reference]: -90 *(-90도 회전)*

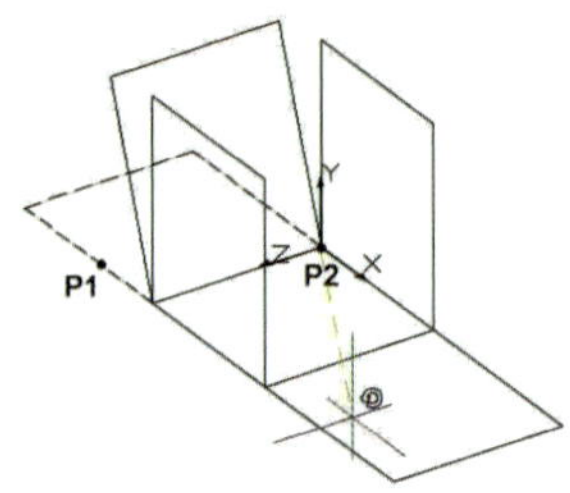

아래쪽 면 회전

Command: **rotate** *(단축키 ro)*
Current positive angle in UCS: ANGDIR=counterclockwise ANGBASE=0
Select objects: *(객체 선택)*
Select objects: *(Enter 입력)*
Specify base point: *(P2점 선택)*
Specify rotation angle or [Copy/Reference]: 90 *(90도 회전)*

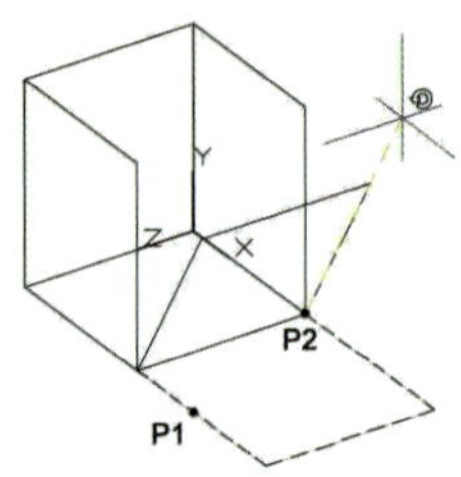

완성된 상태

Command: **shade**

2. DDUCS

UCS Icon의 표시 유무와 위치 선정 방법을 설정합니다.

3. DUCS (Dynamic UCS)

UCS 명령을 이용하여 축을 변경시키지 않아도 미리 작성된 오브젝트의 면을 인식하여 자동으로 축을 변경합니다.

실습예제 08 UCS 명령을 이용한 3차원 모델 작성 실습 1

UCS 명령을 이용하여 아래 그림과 같은 3차원 모델을 작성하시오.

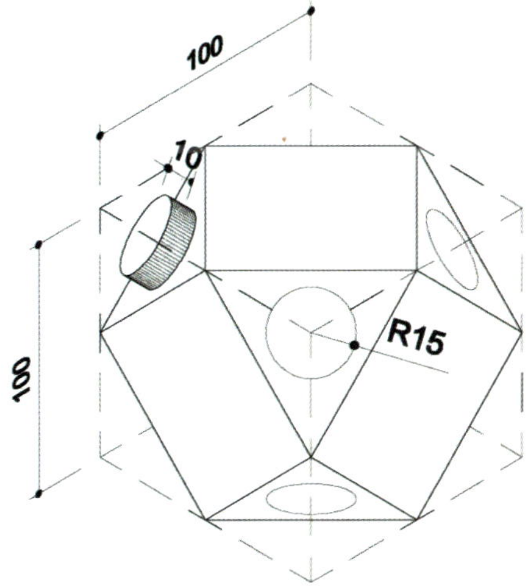

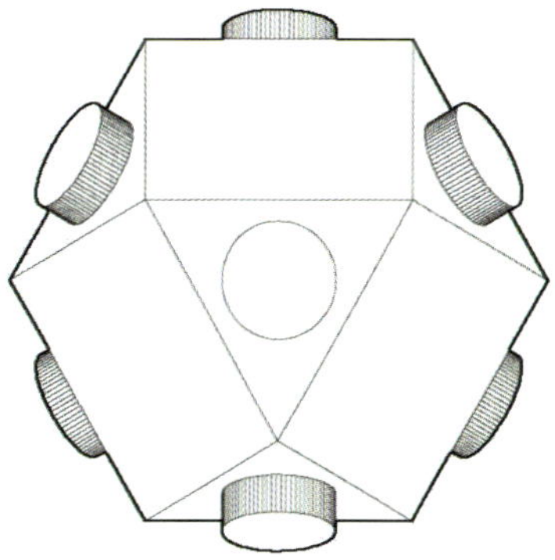

실습예제 09 UCS 명령을 이용한 3차원 모델 작성 실습 2

제공되는 3차원 모델과 UCS 명령을 이용하여 아래의 그림과 같이 3차원 모델을 작성하시오.

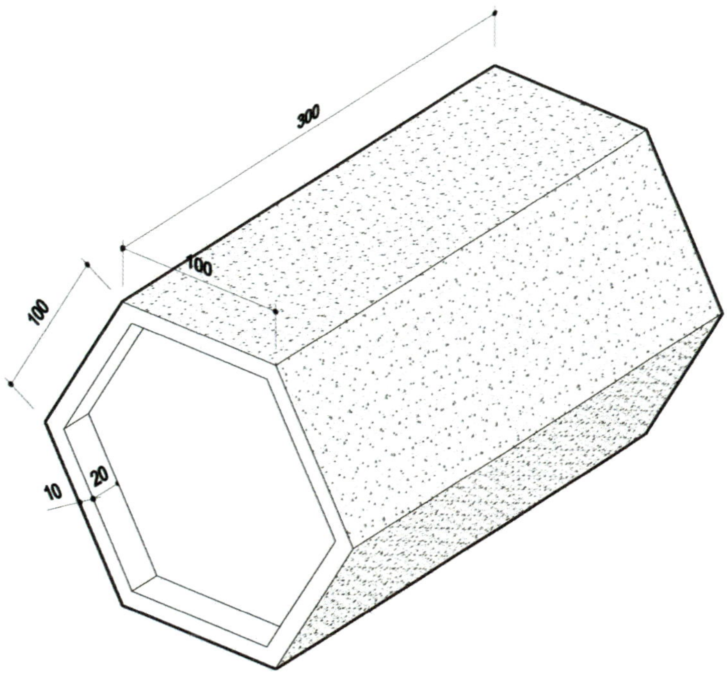

PART 01

AutoCAD Modeling

Chapter

03

Surface Modeling 기초 이해하기

Surf 명령어를 이용한 Surface Modeling _ STEP 01

Chapter 03 Surface Modeling 기초 이해하기

STEP 01 Surf 명령을 이용한 Surface Modeling

1. Surface 면 개수 설정

Surface 명령으로 생성되는 모델 표면의 밀도를 제어합니다. surftab1(N_세로 방향의 표면 맞춤선 개수) × surftab2(M_가로 방향의 표면 맞춤선 개수)의 수를 지정하며 값이 클수록 부드러운 면을 생성합니다.

Command: **surftab1**
Enter new value for SURFTAB1 <6>: *(N값 : 세로 방향 표면 맞춤선 개수 입력)*

Command: **surftab2**
Enter new value for SURFTAB2 <6>: *(M값 : 가로 방향 표면 맞춤선 개수 입력)*

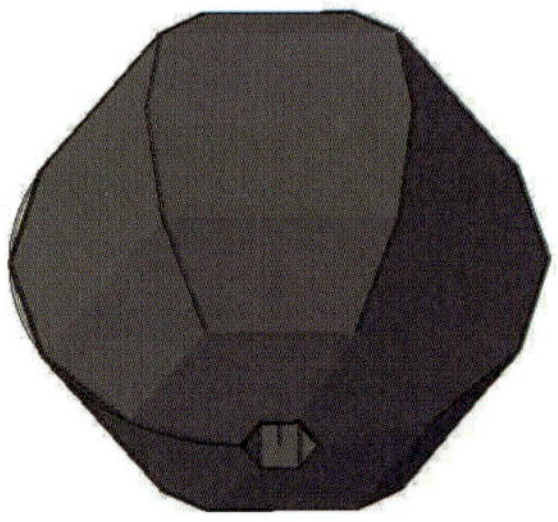
surftab1(6) × surftab1(6) 표면

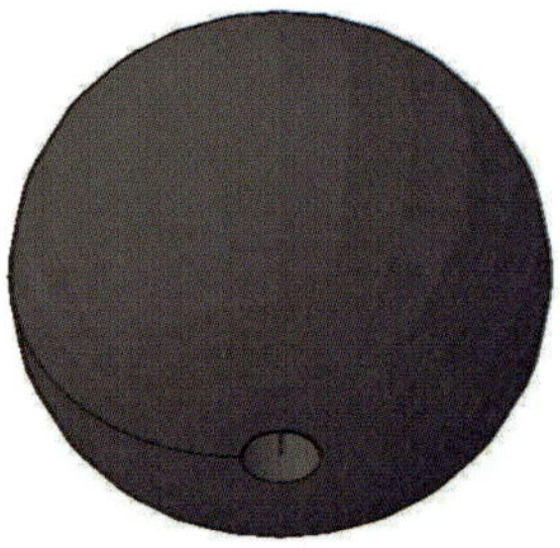
surftab1(24) × surftab1(24) 표면

2. Rulesurf

두 개의 Shape(curve)을 연결하여 표면을 생성합니다.

Command: **rulesurf**
Current wire frame density: SURFTAB1=24
Select first defining curve: *(첫 번째 커브 선택)*
Select second defining curve: *(두 번째 커브 선택)*

> ***TIP:***
> *커브 선택 시 반대 방향의 지점을 선택할 경우 아래 오른쪽 그림과 같이 꼬인 면이 생성됩니다.*

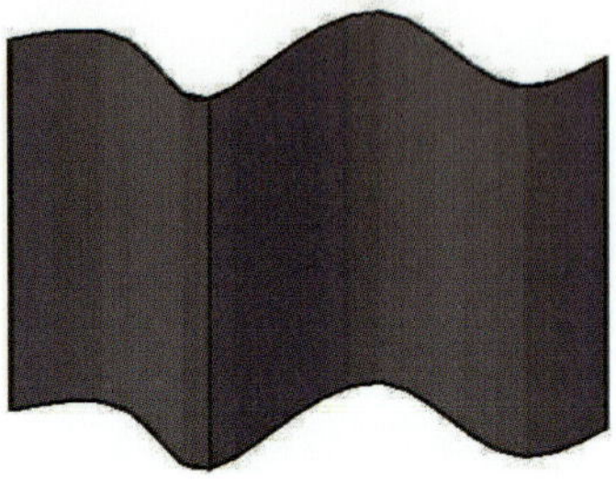

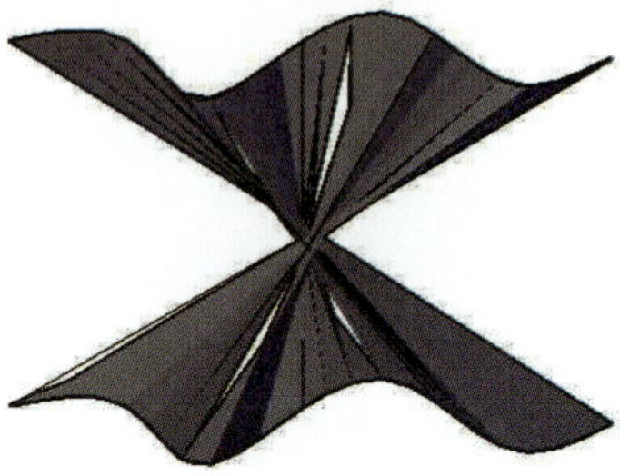

3. Tabsurf

방향 값을 가지는 벡터를 기준으로 선택된 Shape이 돌출되면 면을 생성합니다.

Command: **tabsurf**
Current wire frame density: SURFTAB1=24
Select object for path curve: *(면을 생성할 Shape 선택)*
Select object for direction vector: *(벡터 지정)*

실습예제 10 **Rulesurf, Tabsurf 명령을 이용한 3차원 모델 작성 실습**

제공되는 와이어 프레임 모델을 이용하여 아래 그림과 같은 3차원 모델을 완성하시오.
file: 01-AutoCAD Modeling Sample/ 08-practice training.dwg

4. Revsurf

지정된 중심선을 기준으로 선택된 Shape이 지정된 각도만큼 회전하며 면을 생성합니다.

Command: **revsurf**
Current wire frame density: SURFTAB1=24 SURFTAB2=24
Select object to revolve: *(회전시킬 개체 선택)*
Select object that defines the axis of revolution: *(회전축 지정)*
Specify start angle <0>: *(회전 시작 각 입력)*
Specify included angle (+=ccw, -=cw) <360>: *(회전 각 입력)*

실습예제 11 Rulesurf, Revsurf 명령을 이용한 3차원 모델 작성 실습

제공되는 와이어 프레임 모델을 이용하여 아래 그림과 같은 3차원 모델을 완성하시오.

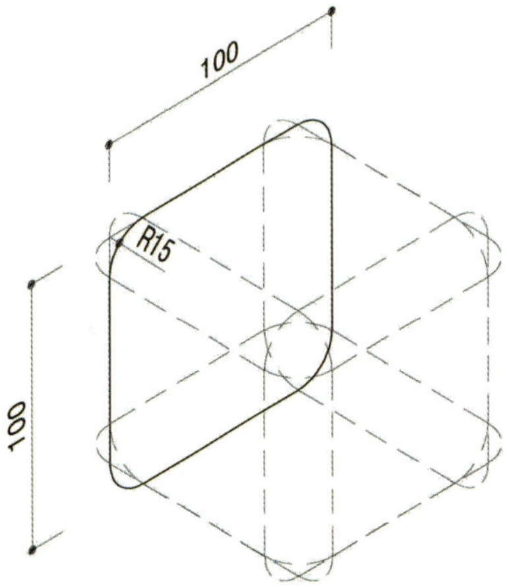

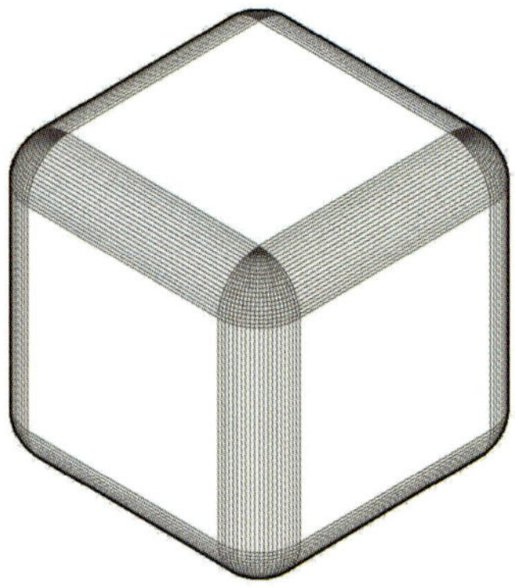

5. Edgesurf

끝점이 정확히 연결된 4개의 모서리 선을 기준으로 면을 생성합니다.

Command: **edgesurf**
Current wire frame density: SURFTAB1=24 SURFTAB2=24
Select object 1 for surface edge: *(첫 번째 모서리 선택)*
Select object 2 for surface edge: *(두 번째 모서리 선택)*
Select object 3 for surface edge: *(세 번째 모서리 선택)*
Select object 4 for surface edge: *(네 번째 모서리 선택)*

실습예제 12 Edgesurf 명령을 이용한 3차원 모델 작성 실습

제공되는 와이어 프레임 모델을 이용하여 아래 그림과 같은 3차원 모델을 완성하시오.
file: 01-AutoCAD Modeling Sample/ 09-practice training.dwg

실습예제 13 UCS와 Surface 명령을 이용한 3차원 모델 작성 실습 1

UCS 명령을 이용한 와이어프레임 모델을 작성한 후 Surface 명령을 활용하여 3차원 모델을 완성하시오.

file: 01-AutoCAD Modeling Sample/ 10-practice training.dwg

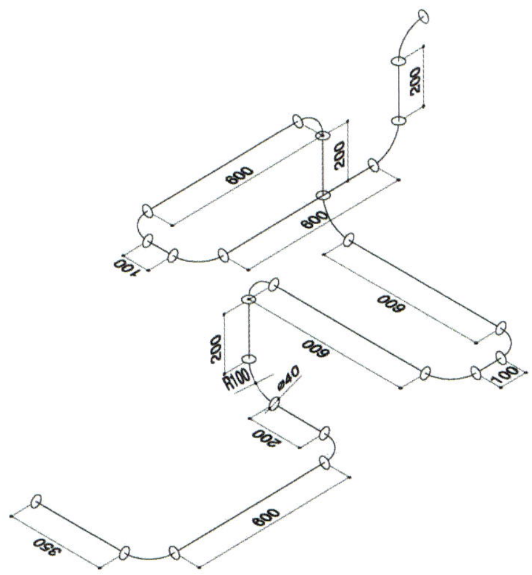

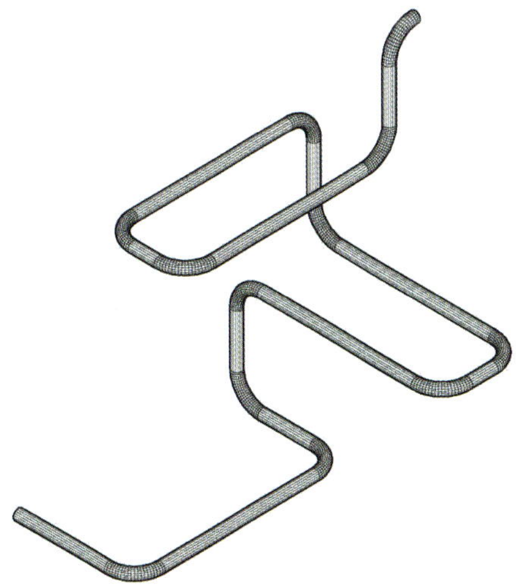

실습예제 14 UCS와 Surface 명령을 이용한 3차원 모델 작성 실습 2

UCS 명령을 이용한 와이어프레임 모델을 작성한 후 Surface 명령을 활용하여 3차원 모델을 완성하시오.

file: 01-AutoCAD Modeling Sample/ 11-practice training.dwg <surftab1: 20, surftab2: 20>

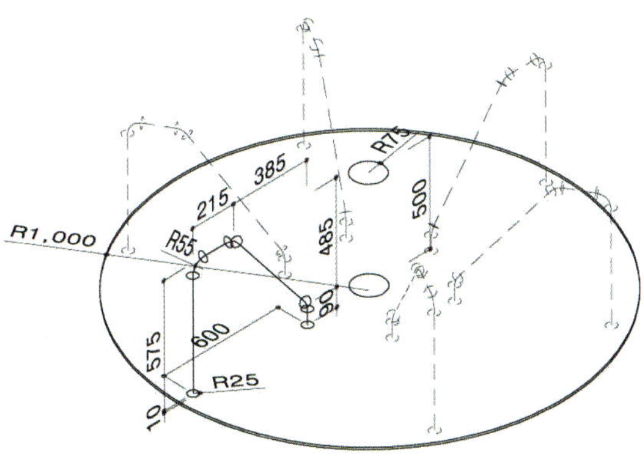

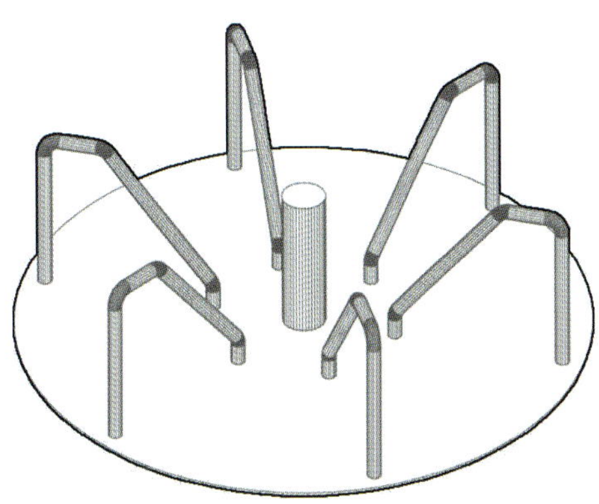

PART 01

AutoCAD Modeling

Chapter 04

Solid Modeling 이해하기

Solid Primitives Object _ STEP 01
Solid Model 생성 명령어 _ STEP 02
Boolean 명령어 _ STEP 03
Solid Model 편집 명령어 _ STEP 04

Chapter 04 Solid Modeling 이해하기

표면만 생성하는 Surface Model과 달리 Solid Model은 내부가 메워져 있는 오브젝트를 생성합니다. Solid Model은 Boolean 연산과 Solidedit 명령을 이용한 편집이 가능하여 복잡한 모델의 작성과 편집에 더욱 효율적인 모델링 방법입니다. 3D CAD를 이용한 건축 모델링에서는 Solid Modeling 방법이 주로 사용되며, 연계되어 사용될 SketchUp, 3DS MAX 프로그램과의 호환성 측면에서도 안정적인 Import/Export가 가능합니다.

STEP 01 Solid Primitives Object

■ Ribbon Menu
Home Tab > Modeling Panel

1.  BOX

육면체 모양의 솔리드 오브젝트를 작성합니다.

Command: **box**
Specify first corner or [Center]: *(상자의 꼭지점 지정)*
Specify other corner or [Cube/Length]: *(반대쪽 꼭지점 지정)*
Specify height or [2Point]: *(높이 값 입력)*

2.  Cylinder

원기둥 모양의 솔리드 오브젝트를 작성합니다.

Command: **cylinder**
Specify center point of base or [3P/2P/Ttr/Elliptical]: *(기준원 중심점 지정)*
Specify base radius or [Diameter] <500>: *(반지름 값 입력)*
Specify height or [2Point/Axis endpoint] <500>: *(실린더 높이 값 입력)*

3.  Cone

원뿔 모양의 솔리드 오브젝트를 작성합니다.

Command: **cone**
Specify center point of base or [3P/2P/Ttr/Elliptical]: *(기준원 중심점 지정)*
Specify base radius or [Diameter] <500>: *(반지름 값 입력)*
Specify height or [2Point/Axis endpoint/Top radius] <500>: *(원뿔 높이 값 입력)*

4.  Sphere

지정한 반지름 크기의 구형 오브젝트를 작성합니다.

Command: **sphere**
Specify center point or [3P/2P/Ttr]: *(구의 중심점 지정)*
Specify radius or [Diameter]: *(반지름 값 입력)*

5. 

Pyramid

사각뿔(피라미드) 모양의 솔리드 오브젝트를 작성합니다.

Command: **pyramid**
4 sides Circumscribed
Specify center point of base or [Edge/Sides]: *(사각형 중심점 지정)*
Specify base radius or [Inscribed] <500>: *(내접원의 반지름 입력)*
Specify height or [2Point/Axis endpoint/Top radius] <500>: *(피라미드의 높이 값 입력)*

6. 

Wedge

쐐기 모양의 솔리드 오브젝트를 작성합니다.

Command: **wedge**
Specify first corner or [Center]: *(기준점 지정)*
Specify other corner or [Cube/Length]: *(반대점 꼭지점 지정)*
Specify height or [2Point] <500>: *(높이 값 입력)*

7. 

Torus

원환(도넛) 모양의 솔리드 오브젝트를 작성합니다.

Command: **torus**
Specify center point or [3P/2P/Ttr]: *(중심점 지정)*
Specify radius or [Diameter] <500>: *(전체 원 반지름 값 입력)*
Specify tube radius or [2Point/Diameter]: *(원환 단면 원의 반지름 값 입력)*

8. 

Polysolid

미리 설정된 높이와 폭을 Shape으로 하여 폴리라인처럼 작성되는 선을 따라 돌출되는 형태로 솔리드 오브젝트가 생성됩니다. 또한 미리 작성된 폴리라인을 선택하여 솔리드 오브젝트를 작성할 수도 있습니다.

Command: **polysolid**
Specify start point or [Object/Height/Width/Justify] <Object>: *(직접 드로잉 하거나 폴리선 선택)*

Option
- Object : 폴리 선을 선택하여 솔리드 개체 생성
- Height : 작성되는 솔리드 개체의 높이 값 지정
- Width : 작성되는 솔리드 개체의 폭 값 지정
- Justify : 클릭하는 지점의 정렬방식 설정

9. 

Presspull

선택된 면 위에 미리 설정한 도형을 선택하여 밀거나 끌어당겨 원하는 솔리드 객체를 만들 수 있습니다.

Command: **presspull**
Select object or bounded area: *(돌출시킬 면을 선택)*
Specify extrusion height or [Multiple]: *(원하는 만큼 돌출시킬 높이를 결정)*

실습예제 15 Polysolid 명령을 활용한 솔리드 모델링

Polysolid 명령을 활용하여 아래 그림과 같은 3차원 모델을 완성하시오.
file: 01-AutoCAD Modeling Sample/ 12-practice training.dwg
〈Hight: 600mm, Width: 20mm〉

STEP 02 Solid Model 생성 명령어

1. 솔리드 모델 작성을 위한 Shape 드로잉 시 유의사항

솔리드 오브젝트를 생성하는 Extrude, Loft, Revolve 등의 명령에 사용되는 2차원 기준 Shape은 반드시 하나의 개체로 이루어진 폐곡선이어야 합니다. 이 조건이 만족되지 않은 2차원 Shape을 기준으로 3차원 솔리드 오브젝트 작성 명령어를 적용하면, 오브젝트가 생성되지 않거나 Surface 모델로 객체가 생성됩니다.

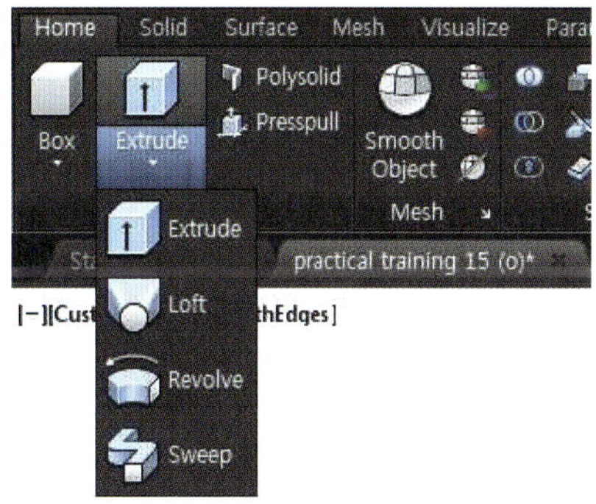

■ Ribbon Menu
Home Tab > Modeling Panel

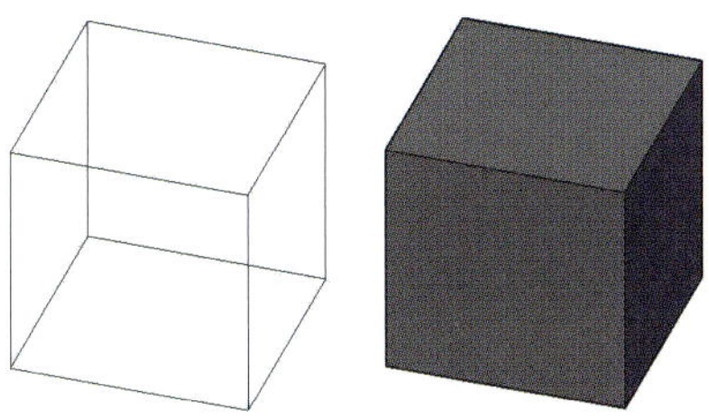
솔리드 모델로 생성된 오브젝트

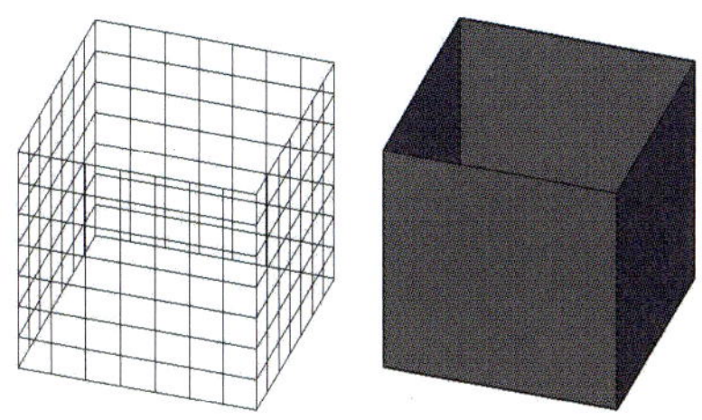
서페이스 모델로 생성된 오브젝트

① 단일 개체로 이루어진 Shape : 솔리드 오브젝트 작성 명령에 나타나는 기준 개체 선택 시 선택되는 Shape은 반드시 하나로 연결된 단일 개체여야 합니다. 각각의 선으로 분리되어 있는 개체는 Pedit 명령의 Join 옵션이나 Join 명령을 활용하여 하나의 개체로 만들어 주거나, Region 명령을 활용하여 면을 생성하여 작업을 진행합니다. 이상과 같은 방법으로 단일 개체가 만들어 지지 않는다면 Pline 명령을 이용하여 새롭게 폴리 선을 작성하는 방법이 효율적일 수도 있습니다.

② 교차점이 발생하지 않은 폐곡선 : 작성된 기준 Shape은 시작점과 끝점이 정확히 일치하며, 어떠한 교차점도 없는 폐곡선이어야 합니다. 작업 중인 화면상에서는 단일 폐곡선처럼 보일지라도 확대하여 살펴보면 시작점과 끝점이 열려져 있거나, 교차된 상태로 작성되어 있을 수도 있습니다.

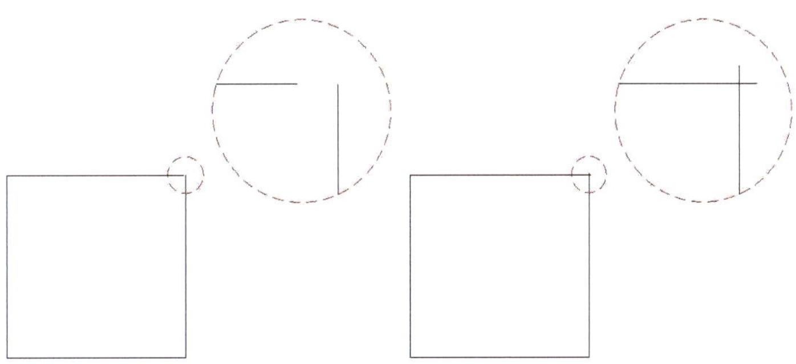
기준 Shape이 폐곡선으로 작성되지 않은 경우

2. Extrude Extrude

지정한 기준 shape을 일정한 높이 값을 가진 솔리드 오브젝트로 만들어 줍니다.

Command: **extrude** *(단축키 ext)*
Current wire frame density: ISOLINES=4, Closed profiles creation mode = Solid
Select objects to extrude or [MOde]: *(돌출될 개체 선택)*
Specify height of extrusion or [Direction/Path/Taper angle/Expression] <100.0000>: *(높이 값 또는 옵션 지정)*

Option

- Direction : 돌출 방향 지정 (돌출 시작점과 끝점을 입력하여 높이 값까지 설정)
- Path : 돌출되는 경로를 지정하여 3차원 솔리드 오브젝트 생성
- Taper angle : 지정한 각도를 이용하여 점점 작아지거나 커지는 형태로 돌출

실습예제 16 Extrude 명령을 활용한 솔리드 모델링

Extrude 명령을 활용하여 아래 그림과 같은 3차원 모델을 완성하시오.
file: 01-AutoCAD Modeling Sample/ 13-practice training.dwg
<층고: 2,600mm, 슬래브 두께:120mm, 보 규격: 400mm x 600mm>

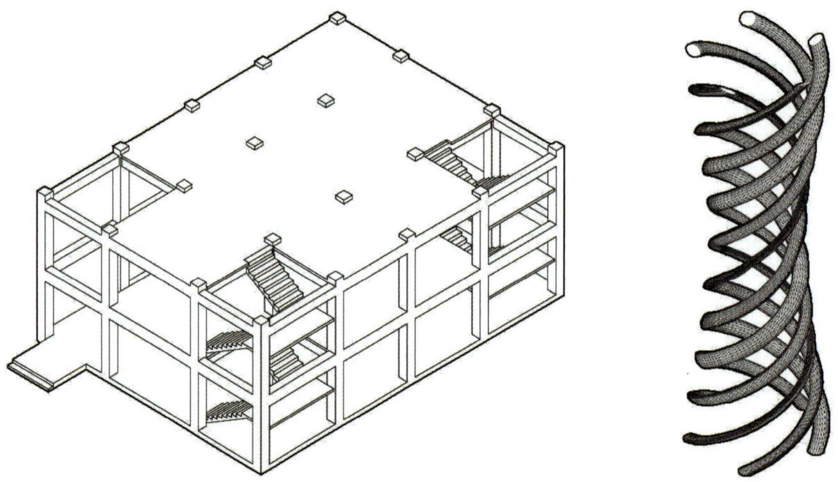

3. Loft Loft

다수의 절단면을 연속적으로 연결하는 솔리드 오브젝트를 생성합니다.

Command: **loft**
Current wire frame density: ISOLINES=4, Closed profiles creation mode = Solid
Select cross sections in lofting order or [POint/Join multiple edges/MOde]: *(연결시킬 shape 선택)*
Select cross sections in lofting order or [POint/Join multiple edges/MOde]: *(연결시킬 shape 선택)*
Select cross sections in lofting order or [POint/Join multiple edges/MOde]: *(연결시킬 shape 선택)*
Enter an option [Guides/Path/Cross sections only/Settings] <Cross sections only>: *(옵션 설정)*

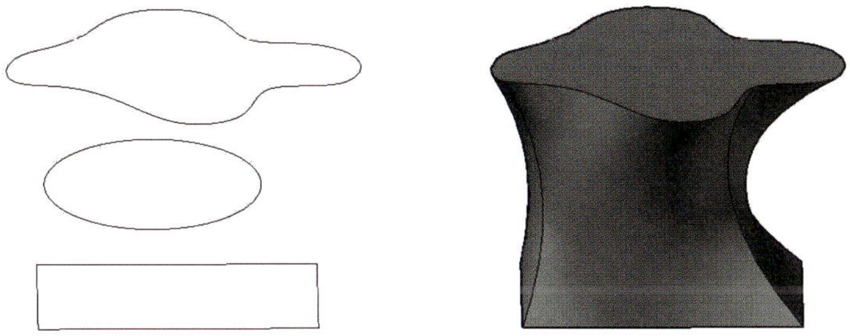

Option

- Guides : 선택한 절단면에 guide 곡선을 추가로 지정하여 정확한 솔리드 오브젝트를 생성
- Path : 경로를 지정합니다. 지정되는 경로는 모든 횡단면을 통과하고 있어야 합니다.
- Cross-section only : 2개 이상의 횡단면을 연결하여 솔리드 오브젝트를 생성합니다.
- Settings : Loft Settings 대화상자가 나타납니다. 옵션 값에 따라 솔리드 오브젝트의 형태가 달라집니다.
- Ruled : 절단면들을 직선 형태로 연결합니다.
- Smooth Fit : 절단면들을 부드러운 곡선 형태로 연결합니다.
- Normal to : 지정한 옵션에 따라 항목에 수직인 형태의 솔리드 오브젝트를 생성합니다.
- Draft Angles : 작성되는 솔리드 오브젝트의 각도와 크기를 지정합니다.

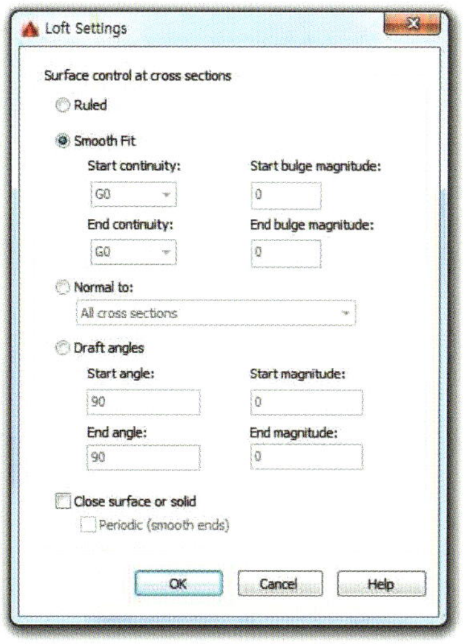

실습예제 17 Loft 명령을 활용한 솔리드 모델링

Loft 명령을 활용하여 아래 그림과 같은 3차원 모델을 완성하시오.

file: 01-AutoCAD Modeling Sample/ 14-practice training.dwg <surface control: smooth fit>

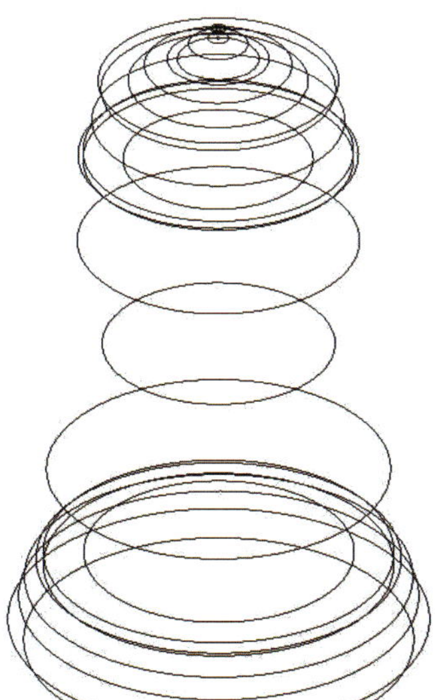

4.  Revolve

Surface Model의 revsurf 명령과 유사합니다. 선택한 shape을 지정한 축을 중심으로 입력한 각도만큼 회전시켜 솔리드 오브젝트를 생성합니다.

Command: **revolve**
Current wire frame density: ISOLINES=4, Closed profiles creation mode = Solid
Select objects to revolve or [MOde]: *(회전시킬 shape 선택)*
Specify axis start point or define axis by [Object/X/Y/Z] <Object>: *(회전축의 첫 번째 점 지정)*
Specify axis endpoint: *(회전축의 반대편 점 지정)*
Specify angle of revolution or [STart angle/Reverse/EXpression] <360>: *(회전각도 입력)*

5.  Sweep

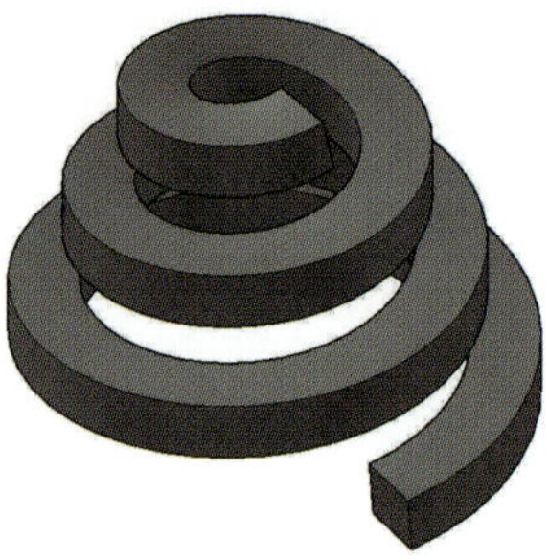

단면 shape을 지정된 경로를 따라 돌출시켜 3차원 솔리드 오브젝트를 생성합니다. extrude 명령의 path 옵션과 유사하나 지정한 스케일로 크기를 변화시키거나, 모양을 뒤틀리게 만들 수 있습니다.

Command: **sweep**
Current wire frame density: ISOLINES=4, Closed profiles creation mode = Solid
Select objects to sweep or [MOde]: *(돌출될 shape 선택)*
Select objects to sweep or [MOde]: Select sweep path or [Alignment/Base point/Scale/Twist]: *(경로 및 옵션 선택)*

STEP 03 Boolean 명령어

Boolean 명령은 2개 이상의 솔리드 모델을 활용한 편집 작업으로서 각각의 명령은 합집합, 차집합, 교집합의 원리로 작동됩니다. UCS, Extrude 명령과 함께 솔리드 오브젝트 작성에 가장 빈번히 사용되는 명령어 입니다.

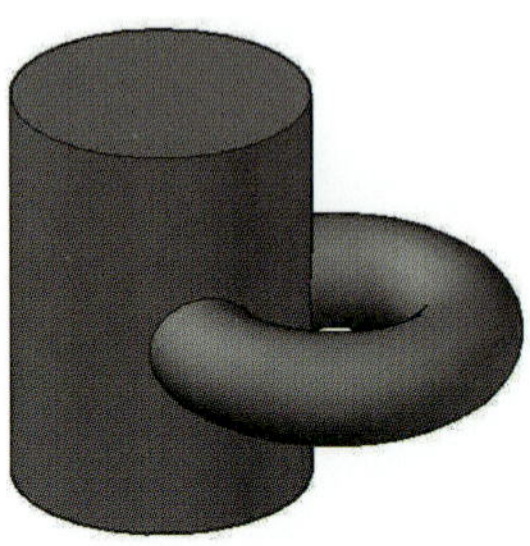

Union

Subtract

Intersect

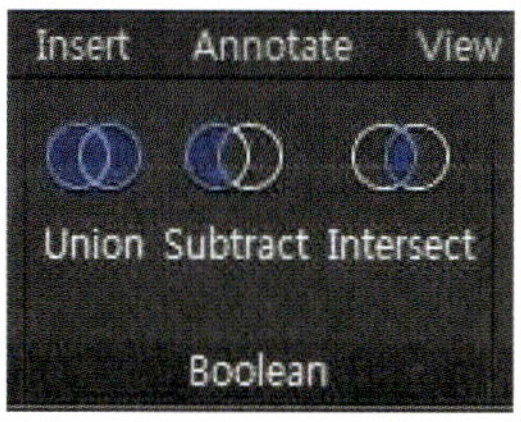

▪ Ribbon Menu
Solid Tab > Boolean Panel

1.  Union

두 개 이상의 솔리드 모델을 하나의 오브젝트로 만들어줍니다.

Command: **union** *(단축키 uni)*
Select objects: *(결합할 오브젝트 선택)*
Select objects: *(결합할 오브젝트 선택)*
Select objects: *(Enter↵)*

2.  Subtract

기준이 되는 솔리드 오브젝트에 교차된 다른 솔리드 오브젝트들의 교집합 부분을 제거합니다.

Command: **subtract** *(단축키 su)*
Select solids, surfaces, and regions to subtract from ..
Select objects: *(잘려질 기준 오브젝트 선택)*
Select objects: *(Enter↵)*
Select objects: Select solids, surfaces, and regions to subtract ..
Select objects: *(자를 다른 오브젝트 선택)*
Select objects: *(Enter↵)*

3.  Intersect

솔리드 모델들이 교차되는 부분만 남기고 나머지 부분을 삭제합니다.

Command: **intersect** *(단축키 in)*
Select objects: *(솔리드 오브젝트 선택)*
Select objects: *(솔리드 오브젝트 선택)*
Select objects: *(Enter↵)*

실습예제 18　Boolean 명령을 활용한 솔리드 모델링 A

Boolean 명령을 활용하여 아래 그림과 같은 One Room Isometric 모델을 완성하시오.
file: 01-AutoCAD Modeling Sample/ 15-practice training.dwg

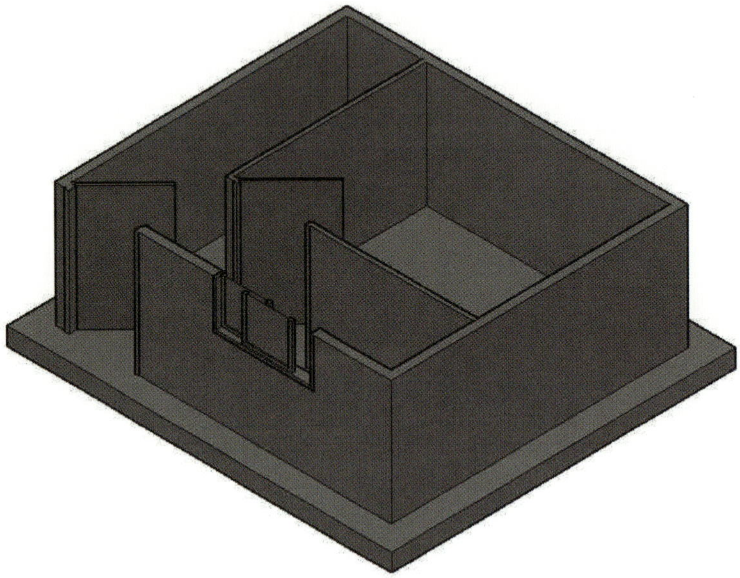

실습예제 19　Boolean 명령을 활용한 솔리드 모델링 B

Boolean 명령을 활용하여 아래 그림과 같은 고건축 모델을 완성하시오.
file: 01-AutoCAD Modeling Sample/ 16-practice training.dwg
<Loft, Extrude, Boolean: Union, Subtract, Intersect>

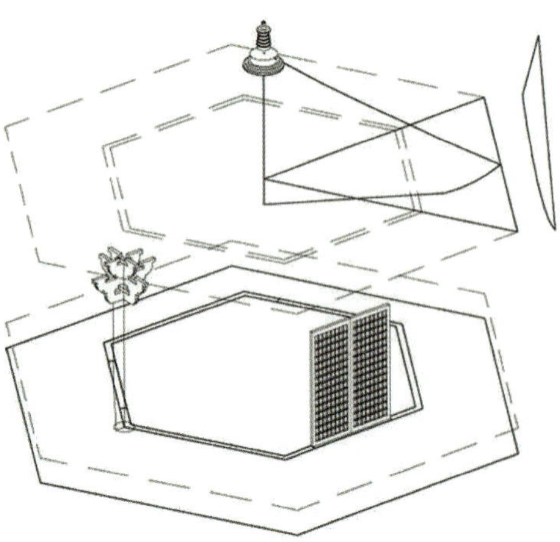

STEP 04 Solid Model 편집 명령어

아래 명령어들은 솔리드 모델을 편집 / 수정하거나, 솔리드 모델로 부터 추가 결과물을 추출하기에 효과적으로 사용될 수 있습니다. 완성도 있는 프로젝트 결과물을 작성하기 위해 다양한 응용훈련이 요구됩니다.

1. Slice

솔리드 모델을 지정한 면을 기준으로 분리하며, 분리된 모델에서 선택된 부분을 제외한 모델의 삭제가 가능합니다.

Command: **slice** *(단축키 sl)*
Select objects to slice: *(Slice할 오브젝트 선택)*
Select objects to slice: *(Enter↵)*
Specify start point of slicing plane or [planar Object/Surface/Zaxis/View/XY/YZ/ZX/3points] <3points>: *(슬라이스 기준면이 될 첫 번째 점 선택 또는 옵션 선택)*
Specify second point on plane: *(슬라이스 기준면이 될 두 번째 점 선택)*
Specify a point on desired side or [keep Both sides] <Both>: *(Slice한 후 남길 오브젝트 선택)*

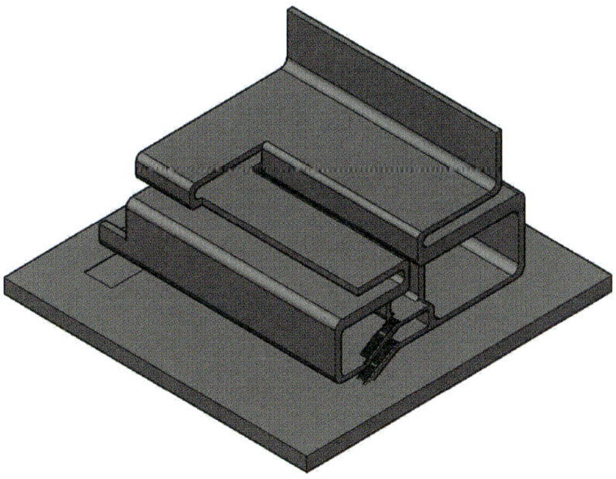

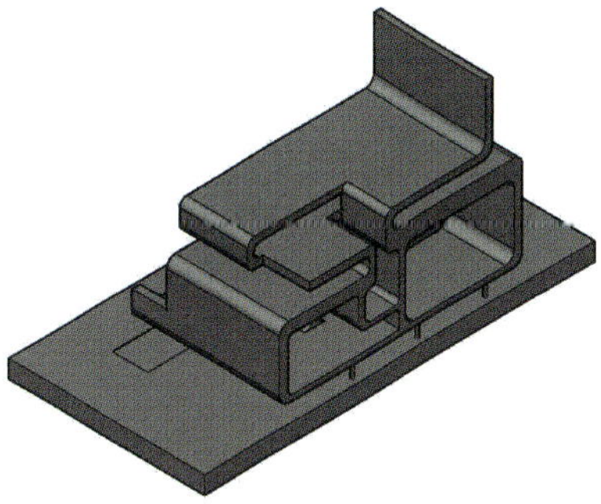

Option
- planar Object : slice 기준면 지정을 위한 개체 선택
- Surface : slice할 면을 지정
- Zaxis : Z 축을 정의하여 slice 기준면 설정
- View : 관찰자 시점에서 선택된 점이 통과하는 가상의 면을 slice 기준면으로 설정
- XY : 지정한 지점을 통과하는 XY 평면을 slice 기준면으로 설정
- YZ : 지정한 지점을 통과하는 YZ 평면을 slice 기준면으로 설정
- ZX : 지정한 지점을 통과하는 ZX 평면을 slice 기준면으로 설정
- 3points : UCS 명령과 같이 3점을 지정하여 slice 기준면 설정

2. Section

지정한 기준면에 솔리드 모델로 부터 추출된 단면을 생성합니다. 단면형상을 추출한 후 편집하여 단면도를 작성하기 위해 3차원 모델을 작성하는 것은 구조를 포함하여 내부까지 디테일하게

모델링 되여야 함으로 일반적으로 비효율적인 방법입니다. 그러나 다수의 단면도를 작성해야 하는 경우나 정확한 단면도를 작성하기 어려운 비선형 모델의 단면 형상을 추출하고자 할 때에는 유용하게 사용될 수 있습니다.

Command: **section** *(단축키 sec)*
Select objects: *(단면을 추출할 오브젝트 선택)*
Select objects: *(Enter↵)*
Specify first point on Section plane by [Object/Zaxis/View/XY/YZ/ZX/3points] 〈3points〉: *(단면이 생성될 기준면 생성방법 지정)*

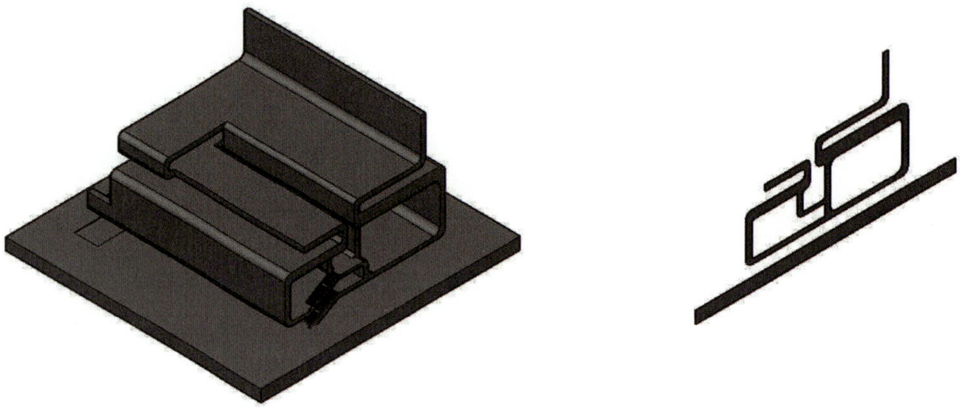

Option
- Object : 단면이 추출될 면 지정
- Zaxis : Z 축을 정의하여 단면이 추출될 기준면 설정
- View : 관찰자 시점에서 선택된 점이 통과하는 가상의 면을 단면이 추출될 기준면으로 설정
- XY : 지정한 지점을 통과하는 XY 평면을 단면이 추출될 기준면으로 설정
- YZ : 지정한 지점을 통과하는 YZ 평면을 단면이 추출될 기준면으로 설정
- ZX : 지정한 지점을 통과하는 ZX 평면을 단면이 추출될 기준면으로 설정
- 3points : UCS 명령과 같이 3점을 지정하여 단면이 추출될 기준면 설정

3. Imprint

기 작성된 솔리드 오브젝트의 편집을 위해 면 또는 모서리를 추가합니다. 작성되어 있는 솔리드 면 위에 선을 드로잉한 후 각인시키면 수정 및 변형이 용이한 세그먼트가 생성됩니다.

Command: **imprint**
Select a 3D solid or surface:
Select an object to imprint:
Delete the source object [Yes/No] 〈N〉:

4. Fillet

2차원 도형에서 사용되던 Fillet(모깍기) 명령과 마찬가지로 오브젝트의 모서리를 둥글게 만들어 줍니다. 3차원 모델 중 Solid Model에만 사용되며, Surface Model에는 명령어가 적용되지 않습니다. 3차원 솔리드 모델에서 선택한 단일 모서리의 Fillet 뿐만 아니라 한 정점에 수렴하는 세 개 이상의 모서리를 한 번에 Fillet 할 수도 있습니다.

Command: **fillet** *(단축키 f)*
Current settings: Mode = TRIM, Radius = 0.0000
Select first object or [Undo/Polyline/Radius/Trim/Multiple]: *(솔리드 오브젝트 모서리 선택)*
Enter fillet radius or [Expression]: 25
Select an edge or [Chain/Loop/Radius]: *(선택된 모서리의 정점과 연속된 모서리 선택)*

솔리드 모델 원본

단일 모서리 Fillet

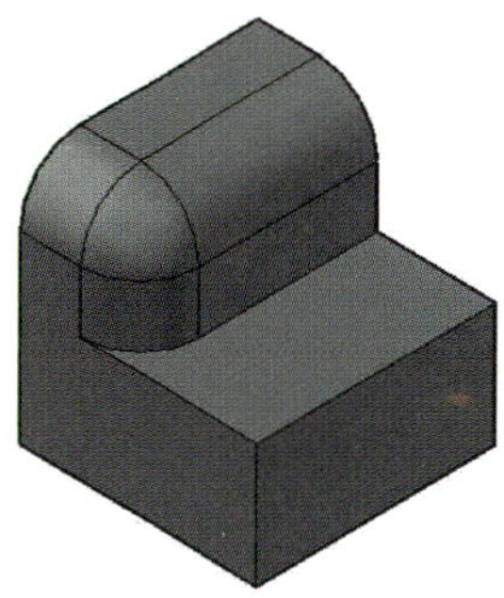
여러 모서리를 한번에 Fillet

5. Chamfer

Fillet 명령과 같이 3차원 솔리드 오브젝트에 Chamfer(모따기) 명령을 적용합니다.

Command: **chamfer** *(단축키 cha)*
(TRIM mode) Current chamfer Dist1 = 0.0000, Dist2 = 0.0000
Select first line or [Undo/Polyline/Distance/Angle/Trim/mEthod/Multiple]: *(솔리드 오브젝트 모서리 선택)*
Base surface selection...
Enter surface selection option [Next/OK (current)] <OK>: *(원하는 면이 아닐 경우 Next 옵션 이용)*
Specify base surface chamfer distance or [Expression]: 15 *(모서리와 위에서 선택된 면의 거리 입력)*
Specify other surface chamfer distance or [Expression] <15.0000>: 30 *(모서리와 다른 쪽 면 거리 입력)*
Select an edge or [Loop]: *(모따기 할 모서리 선택)*
Select an edge or [Loop]: *(Enter↵)*

솔리드 모델 원본

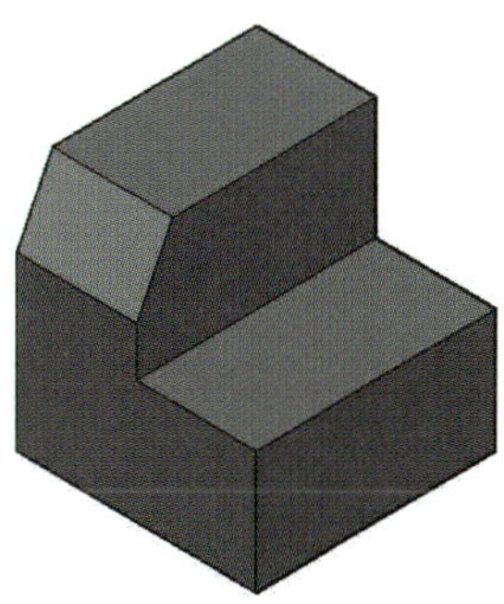
단일 모서리 Chamfer

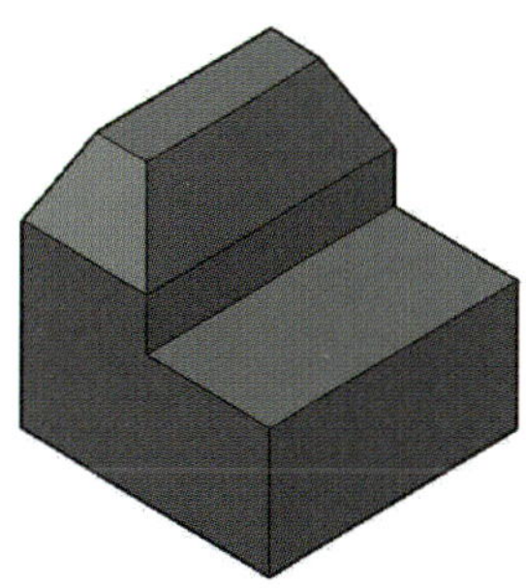
여러 모서리를 한번에 Chamfer

6. Interfere

기존 솔리드 오브젝트는 유지되며 모델들이 교차되는 부분을 새로운 솔리드 오브젝트로 만들어 줍니다.

Command: **interfere** *(단축키 inf)*
Select first set of objects or [Nested selection/Settings]: *(솔리드 오브젝트 선택)*
Select first set of objects or [Nested selection/Settings]: *(Enter↵)*
Select second set of objects or [Nested selection/checK first set] <checK>: *(솔리드 오브젝트 선택)*
Select second set of objects or [Nested selection/checK first set] <checK>: *(Enter↵)*

위와 같이 명령을 입력하면 아래 그림과 같이 예상 결과 이미지와 함께 Interference Checking 대화상자가 나타납니다. Delete Interference object created on Close 옵션을 해제하면 기존 오브젝트는 유지된 체 교차되는 부분이 새로운 솔리드 오브젝트로 작성됩니다.

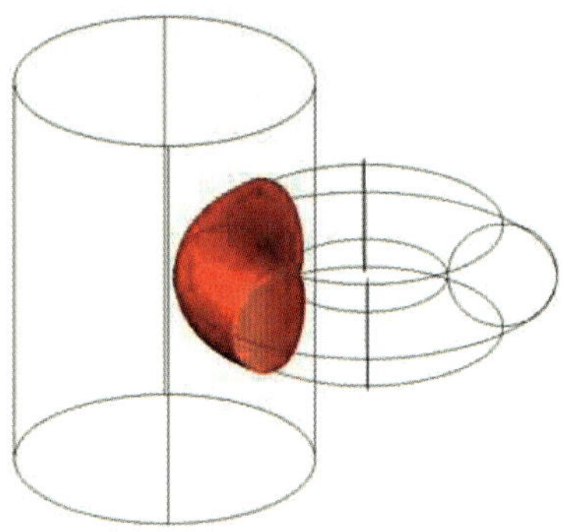

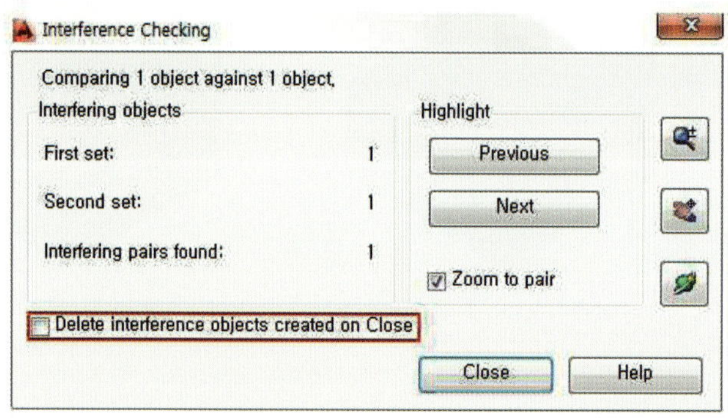

7. Convtosolid

Thickness(두께) 값을 지닌 폴리라인 개체를 솔리드 오브젝트로 변환시킵니다. 원, 사각형을 포함하여 폴리라인으로 형성된 일정한 두께 값을 지닌 단일 폐곡선 개체만이 솔리드 오브젝트로 변경 가능합니다.

Command: **convtosolid**
Mesh conversion set to: Smooth and optimized.
Select objects: *(솔리드로 변환할 폴리라인 선택)*
Select objects: *(Enter↵)*

두께 값을 지닌 단일 폐곡선 형태의 폴리라인에 CONVTOSOLID 명령을 적용한 결과

8. Solidedit

Solid Model의 면(Face), 모서리(Edge), 본체(Body)를 이용하여 오브젝트를 편집합니다. 면을 돌출, 이동, 회전, 간격띄우기, 테이퍼, 복사, 삭제하거나 면에 색상과 재료를 지정할 수 있습니다. 또한 모서리를 복사하거나 본체에 각인, 분리, 비우기, 쉘 작성, 유효성 검사 등의 세부 옵션 명령을 수행할 수 있습니다.

Command: **solidedit**
Solids editing automatic checking: SOLIDCHECK=1
Enter a solids editing option [Face/Edge/Body/Undo/eXit] 〈eXit〉:

Option
- Face : 면을 이용하여 솔리드 오브젝트 편집
- Edge : 모서리을 이용하여 솔리드 오브젝트 편집
- Body : 몸체를 이용하여 솔리드 오브젝트 편집
- Undo : 이전 명령으로 복귀
- eXit : 명령 또는 옵션에서 나갑니다.

Command: **Solidedit**
Solids editing automatic checking: SOLIDCHECK=1
Enter a solids editing option [Face/Edge/Body/Undo/eXit] 〈eXit〉: f
Enter a face editing option
[Extrude/Move/Rotate/Offset/Taper/Delete/Copy/coLor/mAterial/Undo/eXit] 〈eXit〉:

Face Option
- Extrude : 선택한 솔리드 오브젝트 면 돌출
- Move : 선택한 솔리드 오브젝트 면 이동 *(솔리드 오브젝트의 상관계산이 가능한 개체 내에서만 이동가능)*
- Rotate : 선택한 솔리드 오브젝트 면 회전
- Offset : 선택한 솔리드 오브젝트 면 간격띄우기
- Taper : 선택한 솔리드 오브젝트 면의 모서리 크기 조정
- Delete : 선택한 솔리드 오브젝트 면 삭제
- Copy : 선택한 솔리드 오브젝트 면 복제
- coLor : 선택한 솔리드 오브젝트 면의 색상 변경
- mAterial : 선택한 솔리드 오브젝트 면의 재질 변경

Command: **Solidedit**
Solids editing automatic checking: SOLIDCHECK=1
Enter a solids editing option [Face/Edge/Body/Undo/eXit] 〈eXit〉: e
Enter an edge editing option [Copy/coLor/Undo/eXit] 〈eXit〉:

Edge Option
- Copy : 솔리드 오브젝트의 모서리 복사
- coLor : 솔리드 오브젝트의 모서리 색상변경

Command: **Solidedit**
Solids editing automatic checking: SOLIDCHECK=1
Enter a solids editing option [Face/Edge/Body/Undo/eXit] 〈eXit〉: b
Enter a body editing option
[Imprint/seParate solids/Shell/cLean/Check/Undo/eXit] 〈eXit〉:

Body Option

- Imprint : 솔리드 오브젝트 면에 선을 각인 시켜 새로운 면 생성 (각인되는 객체가 선택도니 솔리드의 하나 이상의 면과 교차할 경우에만 명령이 성립)
- seParate solids : 연결된 솔리드 오브젝트를 분리 (체적이 분리되어 있는 솔리드일 경우 안정적으로 분리되며, 단일 체적을 형성한 부울 연산 객체는 분리되지 않습니다.)
- Shell : 지정한 두께를 가진 속이 비고 얇은 벽을 작성
- cLean : 중복되는 모서리나 정점 및 사용되지 않은 형상을 제거
- Check : 유효한 3차원 솔리드 오브젝트인지 체크

9. Align

3차원에서 2차원 Align(정렬) 명령과 같이 활용할 수 있습니다. 정의점과 근원점을 두 개만 지정하면 움직이는 객체의 스케일을 조정할 수 있습니다.

Command: **align** *(단축키 al)*
Select objects: Specify opposite corner: 1 found *(정렬할 오브젝트 선택)*
Select objects: *(Enter↵)*
Specify first source point: *(정렬할 개체의 첫 번째 근원점〈P1〉 선택)*
Specify first destination point: *(첫 번째 점이 이동할 정의점〈P2〉 선택)*
Specify second source point: *(정렬할 개체의 두 번째 근원점〈P3〉 선택)*
Specify second destination point: *(두 번째 점이 이동할 정의점〈P4〉 선택)*
Specify third source point or 〈continue〉: *(Enter↵)*
Scale objects based on alignment points? [Yes/No] 〈N〉: Y *(정렬된 점에 따라 객체의 스케일을 결정)*

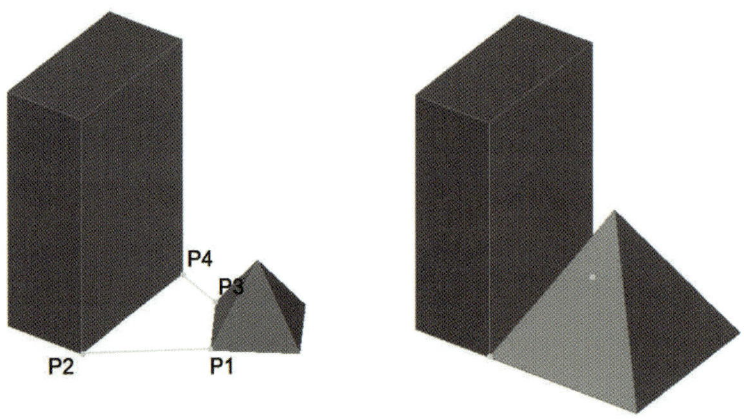

위의 2차원 Align(정렬) 명령과 마찬가지로 근원점과 정의점을 지정하여 선택한 객체를 이동, 회전 또는 기울이거나 다른 객체의 점에 맞춰 정렬합니다.

Command: **align** *(단축키 al)*
Select objects: Specify opposite corner: 1 found *(정렬할 오브젝트 선택)*
Select objects: *(Enter↵)*
Specify first source point: *(정렬할 개체의 첫 번째 근원점〈P1〉 선택)*
Specify first destination point: *(첫 번째 점이 이동할 정의점〈P2〉 선택)*
Specify second source point: *(정렬할 개체의 두 번째 근원점〈P3〉 선택)*

Specify second destination point: *(두 번째 점이 이동할 정의점<P4> 선택)*
Specify third source point or <continue>: *(정렬할 개체의 세 번째 근원점<P5> 선택)*
Specify third destination point: *(세 번째 점이 이동할 정의점<P7> 선택)*

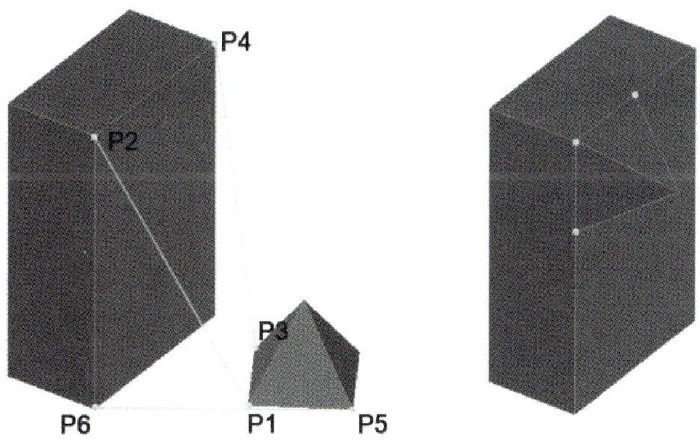

10. 3DRotate

Z축을 기준으로 객체를 회전시키는 Rotate 명령과 달리 3DRotate 명령은 3차원 공간상에서 직접 지정한 축을 기준으로 오브젝트를 회전시킵니다.

Command: **3drotate** *(단축키 3r)*
Current positive angle in UCS: ANGDIR=counterclockwise ANGBASE=0
Select objects: *(회전시킬 오브젝트 선택)*
Select objects: *(Enter↵)*
Specify base point: *(기준점 선택)*
Pick a rotation axis: *(회전 기즈모에서 원하는 회전축 선택)*
Specify angle start point or type an angle: *(회전각도 입력)*

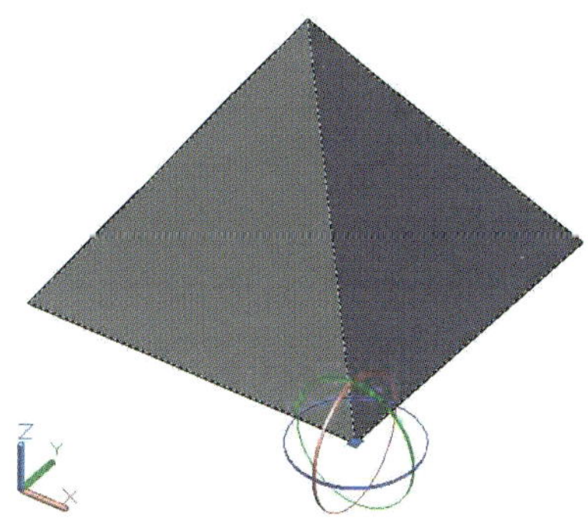

11. 3DMirror

3차원 공간상에서 직접 지정한 면을 기준으로 오브젝트를 대칭 복사합니다.

Command: **3dmirror**
Select objects: Specify opposite corner: 1 found *(대칭복사 할 오브젝트 선택)*
Select objects: *(Enter↵)*
Specify first point of mirror plane (3 points) or [Object/Last/Zaxis/View/XY/YZ/ZX/3points] <3points>: *(Enter↵)*
Specify second point on mirror plane: Specify third point on mirror plane: *(임의의 3 점을 클릭)*
Delete source objects? [Yes/No] <N>: *(Enter↵)*

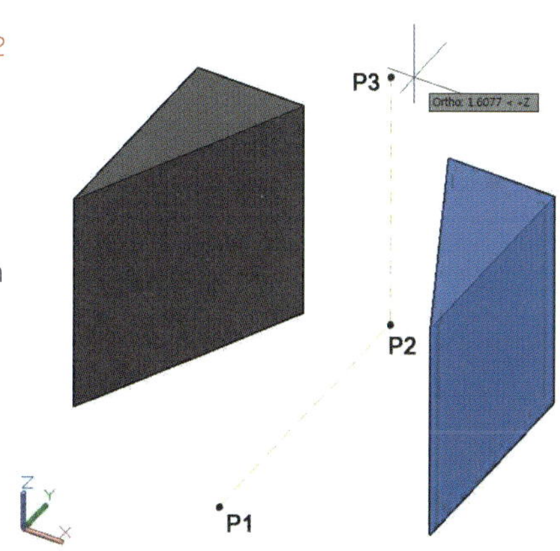

PART 01

AutoCAD Modeling

Chapter

05

건축 모델링 실습하기

철골 접합 모델링 _ STEP 01
철골 구조 모델링 - 공장 _ STEP 02
건축 모델링 - 근린생활시설 _ STEP 03

Chapter 05 건축 모델링 실습하기

이제 AutoCAD를 활용한 3차원 모델링을 실습하도록 하겠습니다. AutoCAD의 3차원은 앞서 언급한 바와 같이 Surface계와 Solid계(Boolean 연산 포함) 두 가지 방법으로 구현합니다. 그러나 작업의 편의성과 속도 측면에서 볼 때, Surface계 보다는 Solid계 모델링 방법을 활용하는 것이 더욱 효과적입니다. 그리고 Boolean 연산기법을 통한 비정형의 Object 구현도 쉽게 실행할 수 있어 가장 보편적인 3차원 구현 방식으라고 할 수 있겠습니다. 따라서 특별한 상황 이외에 모든 모델링은 Solid계 모델링 구법을 활용하여 실습하도록 하겠습니다.

STEP 01 철골접합 모델링

먼저 간단한 모델링 실습부터 구현해 보도록 하겠습니다. 아래 그림은 실시설계 도서에서 포함하는 '철골 접합 상세도'의 일부분이며, 아래 구조 설계도면을 참고하여 공장에서 제작한 철골과 부재들이 공사 현장에 도착하면, 현장에서는 해당 상세도를 참고하여 각 철골부재를 접합 조립하게 됩니다.

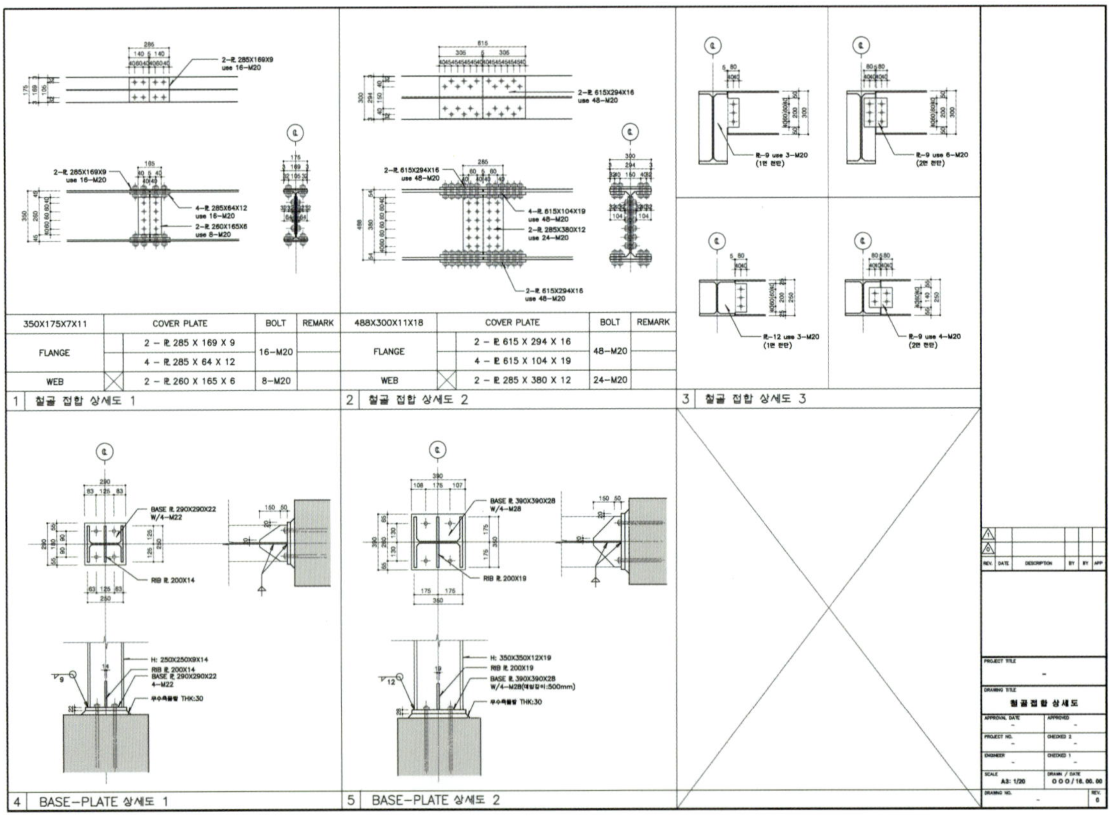

이제 위의 도면을 참고하여 AutoCAD를 활용한 철골 접합 모델링을 구현해 보도록 하겠습니다.

1. 구조도면 기호 알아보기

우선 상세도의 3차원 구현에 앞서 구조설계도서를 판독할 수 있도록 각 기호들을 알아보겠습니다. 아래 그림을 살펴보면 여러 접합 상세도들 중에서 '철골 접합 상세도 1'과 'BASE-PLATE 상세도 1'을 발췌하였습니다. 이 도면을 바탕으로 각 용어들에 대한 의미를 살펴보고, 3차원을 구현하도록 하겠습니다.

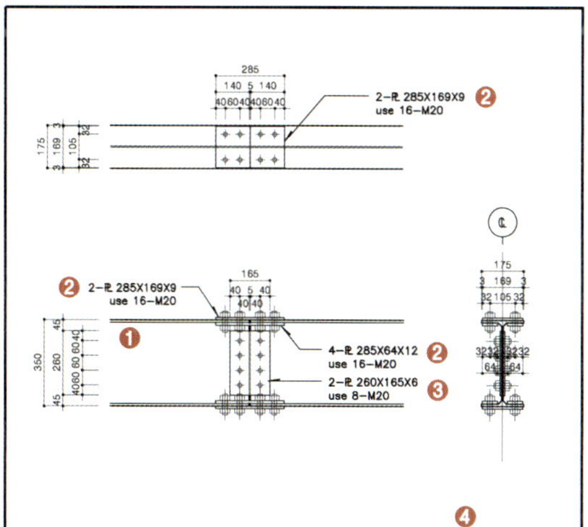

❶ 350X175X7X11	COVER PLATE		BOLT	REMARK
❷ FLANGE		2 - PL 285 X 169 X 9	16-M20	
		4 - PL 285 X 64 X 12		
❸ WEB		2 - PL 260 X 165 X 6	8-M20	

1 철골 접합 상세도 1

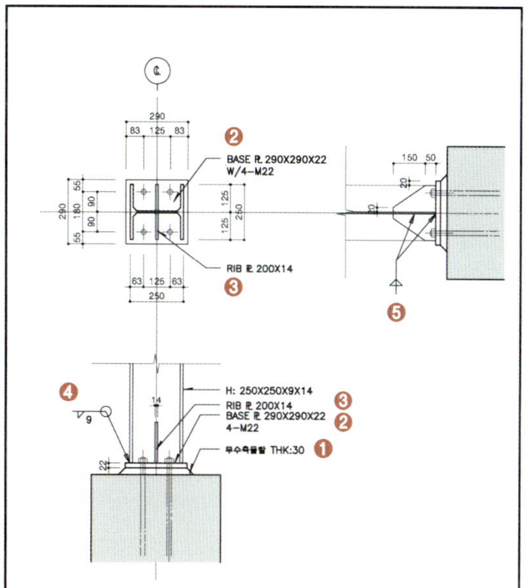

4 BASE-PLATE 상세도 1

❶ 철골의 단면규격을 의미합니다.

❷ FLANGE: 철골을 연결지어주는 철골 상단과 하단의 PLATE입니다. 기호 앞에 숫자는 해당 PLATE의 개수이며, 기호 「PL」은 PLATE를, 나머지는 PLATE의 크기를 의미합니다.

❸ WEB: 철골을 연결지어주는 철골 중간부의 PLATE입니다. 숫자와 기호는 위의 FLANGE와 동일합니다.

❹ BOLT: 철골과 PLATE간을 결속시켜주는 BOLT입니다. 기호 앞에 숫자는 해당 BOLT의 개수이며, 「M20」 BOLT의 지름이 20mm임을 의미합니다.

❶ 철근 콘크리트 위에 철골을 올리기 위해 무수축 몰탈을 지정합니다. 해당 도면은 두께 30mm 무수축 몰탈을 지정하고 있습니다.

❷ BASE PLATE: 콘크리트 타설 전 미리 설치한 ANCHOR에 BASE PLATE를 설치하고 지름 22mm BOLT를 설치합니다.

❸ RIB: 측면하중의 영향을 받지 않고 곧게 세워질 수 있도록 RIB를 설치합니다.

❹ 용접기호입니다. 해당 기호는 9mm 두께로 단면으로 두르는 현장용접입니다.

❺ RIB와 철골이 접하는 부분에 양면으로 현장용접입니다.

2. H-beam 접합상세 모델링하기

1) H-beam

❶ 위의 예시로 발췌하였던 '철골 접합 상세도 1'을 바탕으로 모델링하도록 하겠습니다. 먼저 아래의 도면을 Open합니다.

file: 01-AutoCAD Modeling Sample/ 17-practice training.dwg

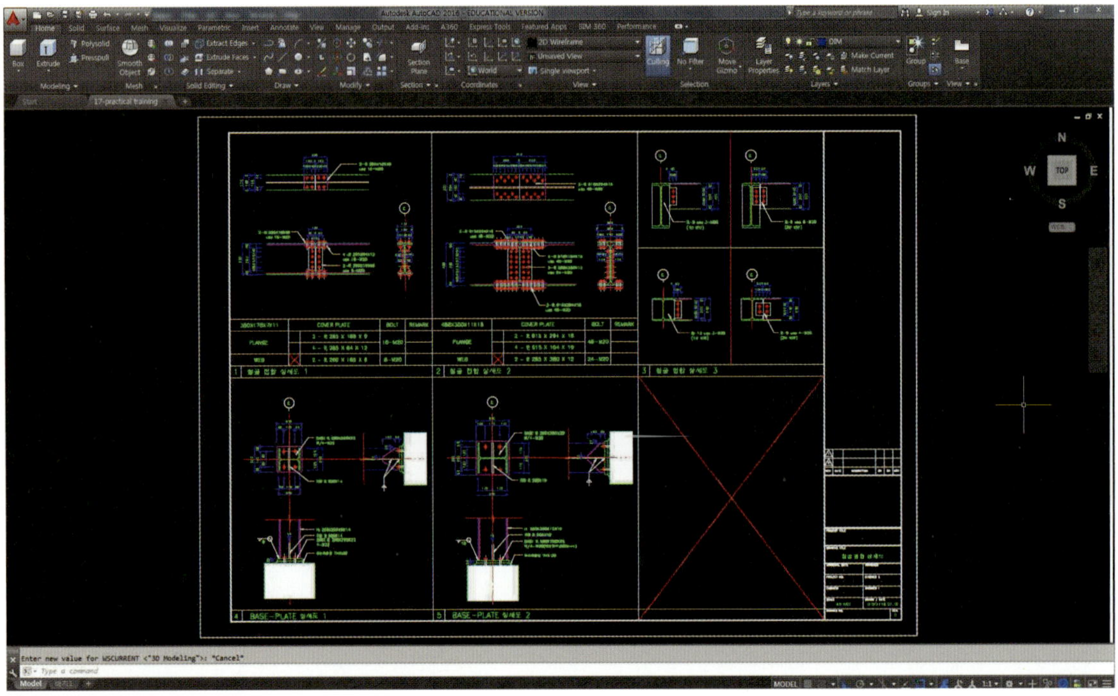

❷ view point를 3차원으로 바라보겠습니다. Command 상태에서 vpoint Enter 키를 누릅니다. 그리고 「X Axis: 225.0, XY Plane:45」를 입력합니다.

Command: **vpoint** *(단축키 vp)*

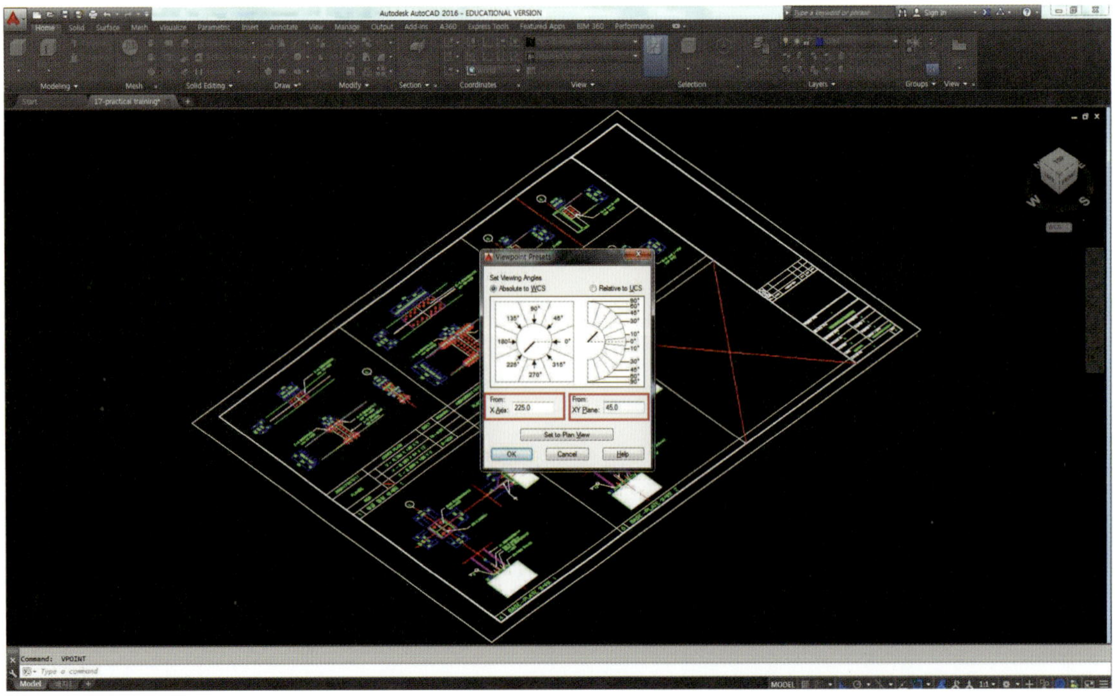

❸ H-beam을 모델링하기 위해 'H-beam' Layer를 생성합니다. 그리고 색상을 노란색(Yellow)으로 임의 선택하겠습니다.

Command: **layer** *(단축키 La)*

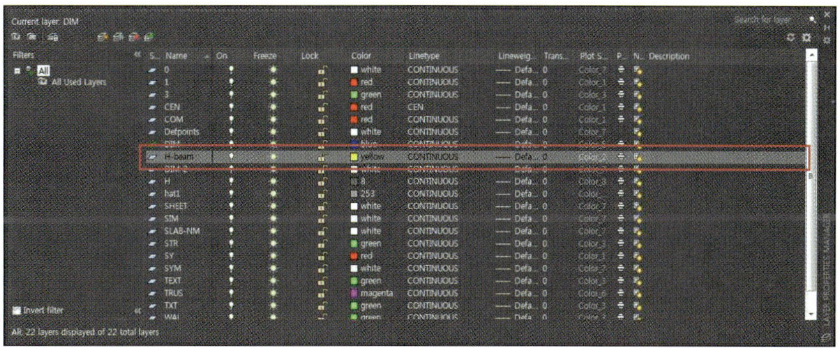

❹ 생성한 'H-beam' Layer를 선택합니다. 그리고 H-beam을 모델링하기 위해 단면을 선택하여 여유 공간에 복사합니다. Extrude 명령어를 이용하여 높이 600mm로 돌출시킵니다.

Command: **extrude** *(단축키 ext)*
Current wire frame density: ISOLINES=4, Closed profiles creation mode = Solid
Select objects to extrude or [MOde]: 1 found *(H-beam 단면 선택)*
Select objects to extrude or [MOde]: *(Enter)*
Specify height of extrusion or [Direction/Path/Taper angle/Expression] <600.0000>: 600 *(높이 600mm를 입력)*

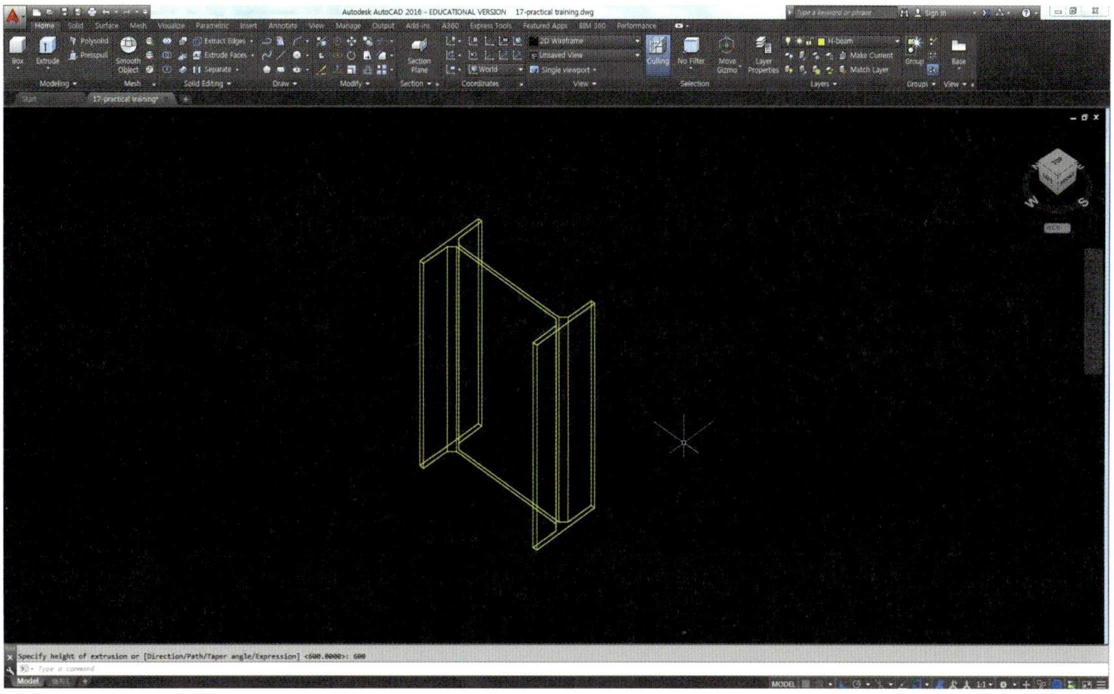

❺ 모델링 된 H-beam을 Rotate3d 명령어를 이용하여 회전시켜 바로 놓도록 하겠습니다. Command 상태에서 Rotate3d를 입력하고 Object를 선택합니다. 그리고 아래 그림과 같이 가상의 회전축(P1 -> P2)을 구축합니다.

Command: **rotate3d**
Current positive angle: ANGDIR=counterclockwise ANGBASE=0
Select objects: Specify opposite corner: 1 found *(H-beam 선택)*

Select objects: *(Enter↵)*
Specify first point on axis or define axis by
[Object/Last/View/Xaxis/Yaxis/Zaxis/2points]: Specify second point on axis: *(P1, P2를 선택하여 P1 -> P2 방향으로 가상의 회전축을 구축)*

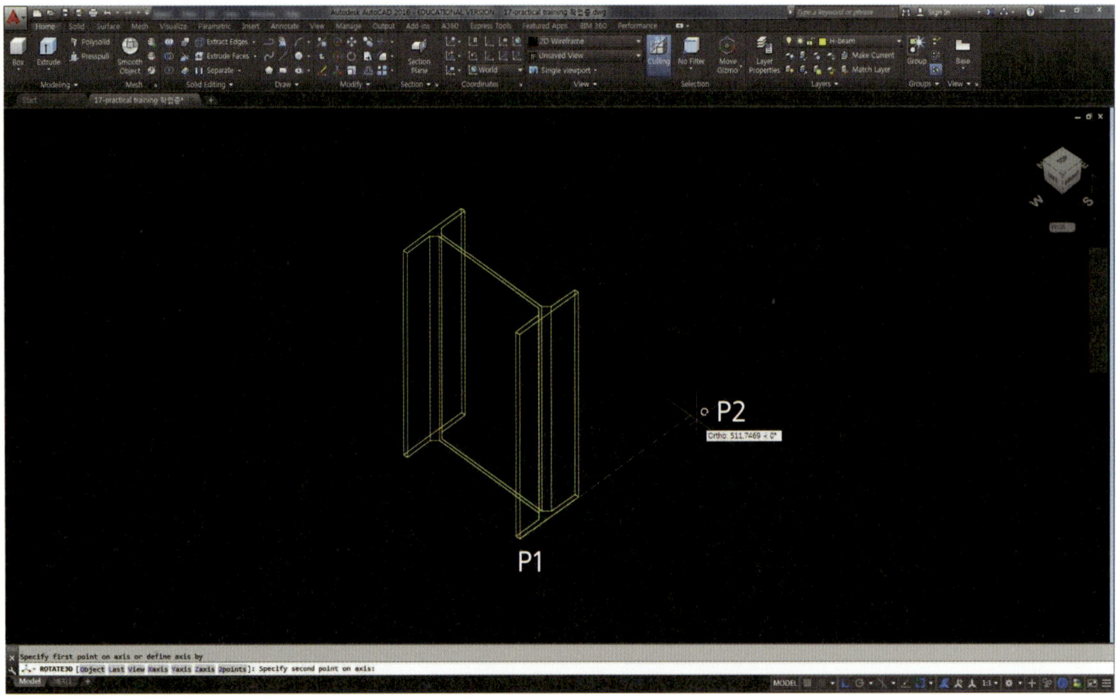

❻ 회전 값을 90도로 입력합니다.

Command: rotate3d
--------- *중 략* ---------
Specify rotation angle or [Reference]: 90 *(90도 회전)*

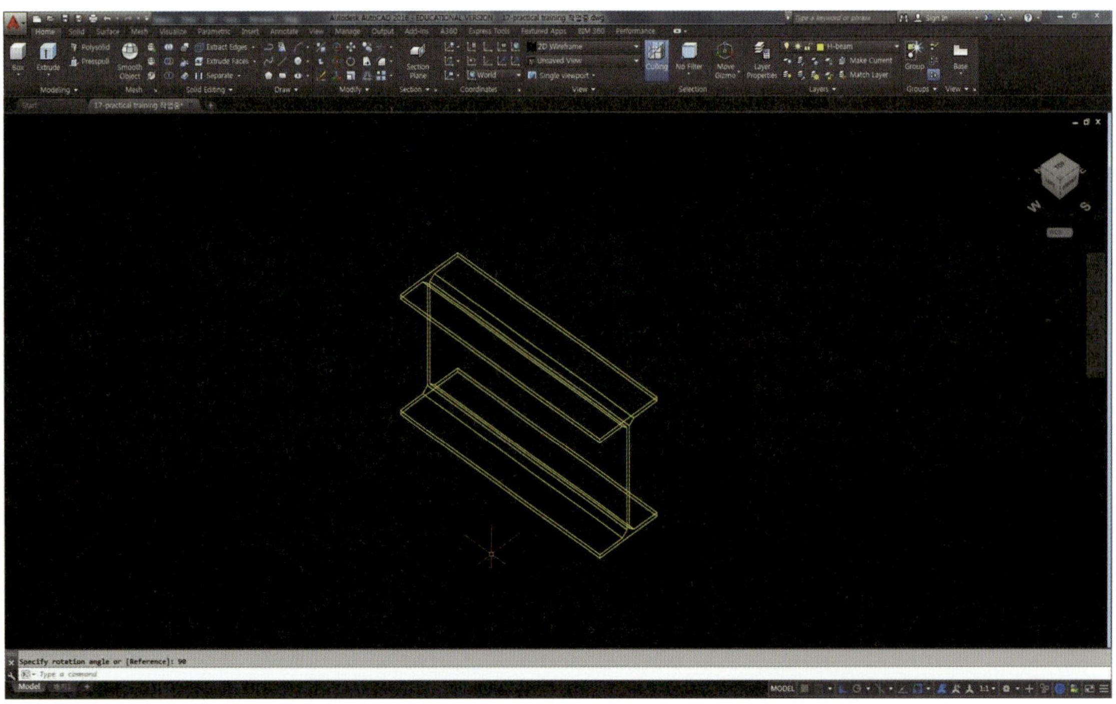

❼ 회전한 H-beam을 복사하여 이어 붙여줍니다. 그리고 5mm 띄워줍니다.

TIP: 철골부재 접합부에 5mm를 띄우는 이유는 기온 차에 따른 금속재의 신축을 고려한 여유 공간 확보 때문입니다.

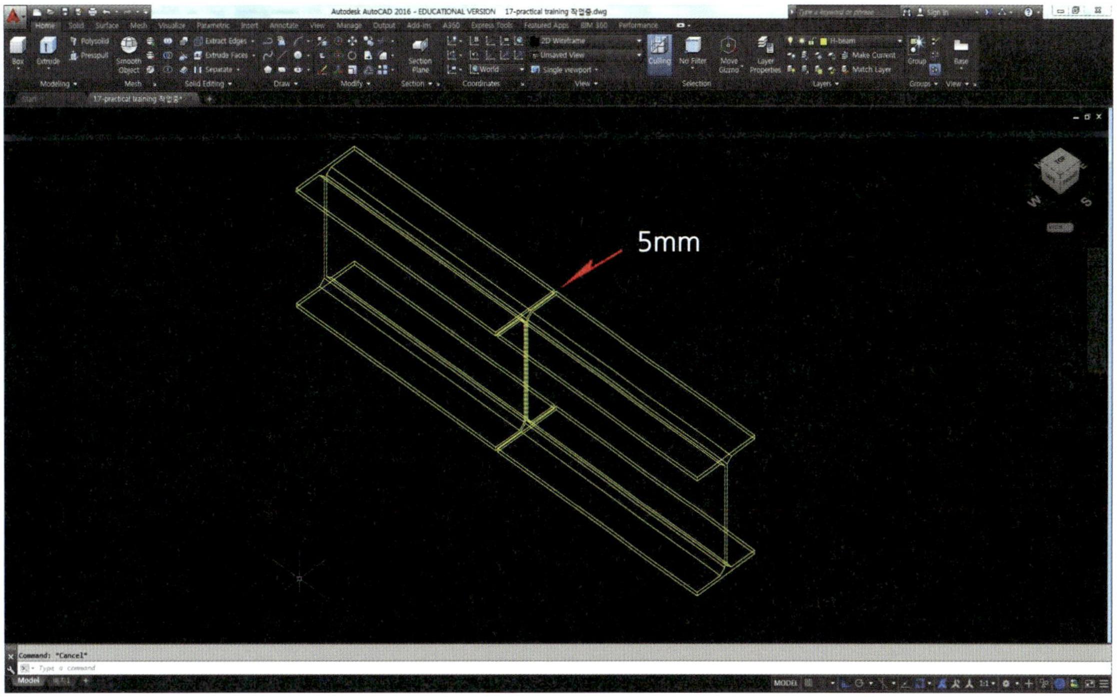

2) FLANGE

❶ 이번에는 FLANGE를 제작해 보겠습니다. 도면에서 FLANGE 부분만 선택하여 H-beam 모델링 옆으로 복사합니다.

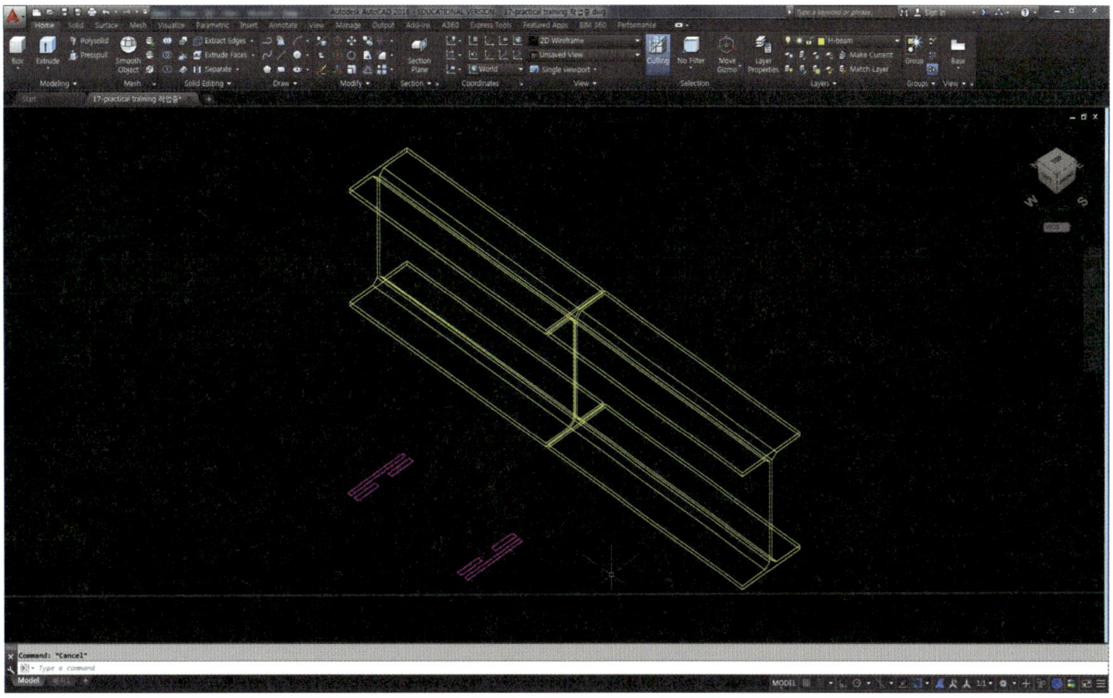

❷ FLANGE을 모델링하기 위해 'FLANGE' Layer를 생성합니다. 그리고 색상을 자주색(Magenta)으로 임의 선택하겠습니다.

Command: **layer** *(단축키 La)*

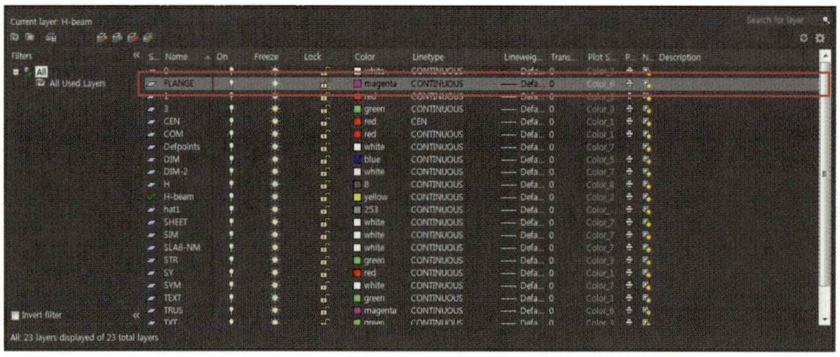

❸ 생성한 'FLANGE' Layer를 선택합니다. 그리고 FLANGE 단면을 선택하고, Extrude 명령어를 이용하여 높이 285mm로 돌출시킵니다.

Command: **extrude** *(단축키 ext)*
Current wire frame density: ISOLINES=4, Closed profiles creation mode = Solid
Select objects to extrude or [MOde]: Specify opposite corner: 3 found
Select objects to extrude or [MOde]: Specify opposite corner: 3 found, 6 total *(FLANGE 단면 선택)*
Select objects to extrude or [MOde]: *(Enter↵)*
Specify height of extrusion or [Direction/Path/Taper angle/Expression]: 285 *(높이 285mm 입력)*

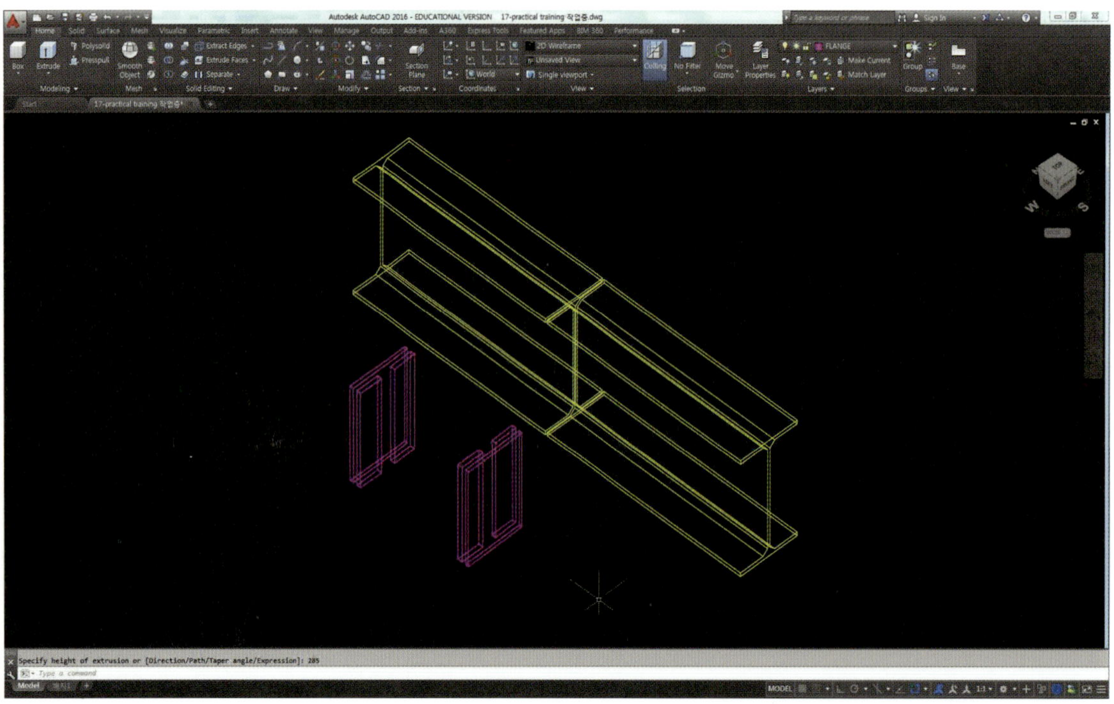

❹ H-beam을 회전시켰던 방법과 같은 방법으로 FLANGE를 회전시킵니다.

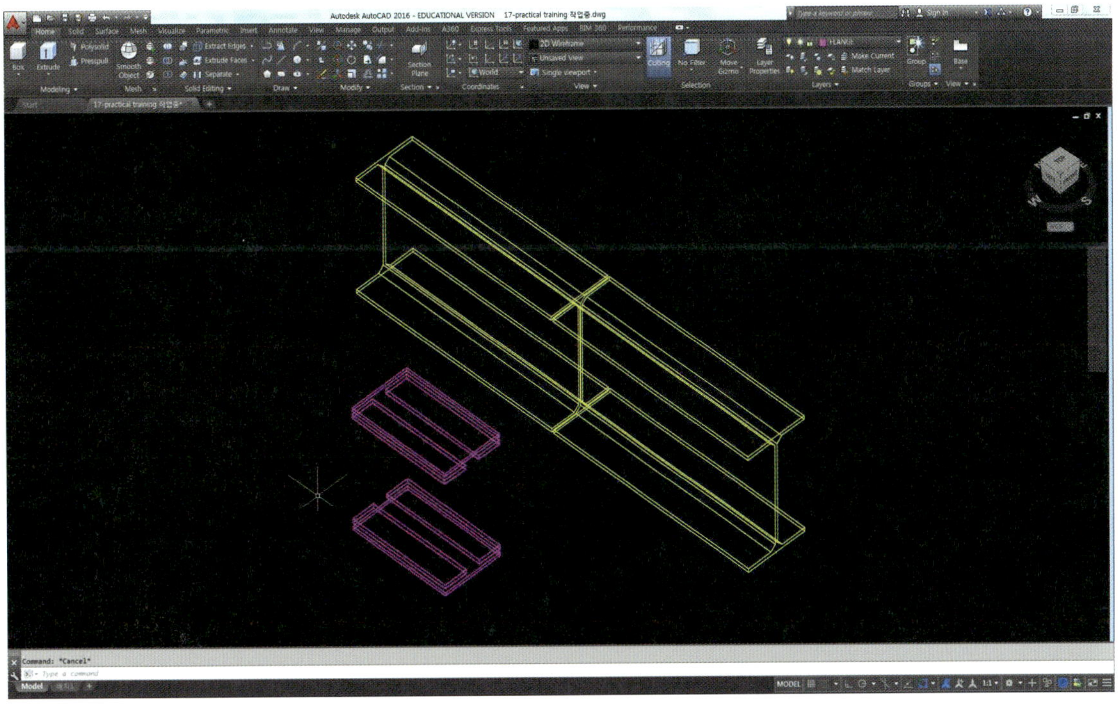

❺ 이제 제작한 FLANGE를 H-beam 위에 위치시키도록 하겠습니다. 각각 6개의 FLANGE들을 모델링 할 때에 위치를 움직이지 않고 그대로 복사해 왔으므로 6개 모두를 선택하여 한 번에 처리하면 편리합니다. 위치하는 방법은 H-beam 윗면의 중심지점에 FLANGE들 중 가장 윗 FLANGE 밑면의 중심부분을 맞춰 옮겨주면 됩니다.

우선 아래 그림과 같이 두 개의 선을 그립니다. ❶ H-beam 윗면에 대각선을 그리고, ❷ FLANGE 밑면에도 역시 대각선으로 그립니다.

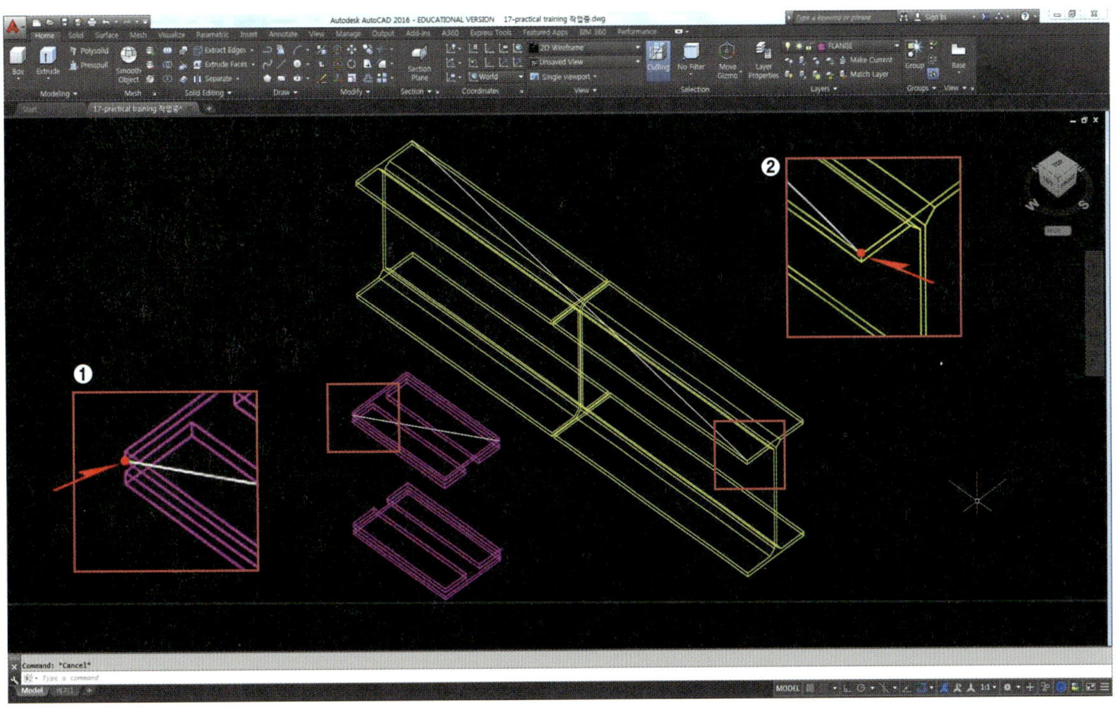

❻ Move 명령어 입력하고, Base Point를 FLANGE 밑면 대각선의 중간점을 클릭하고, 두 번째 지점은 H-beam 윗면 대각선 중간점을 클릭합니다.

Command: **move** *(단축키 m)*
Select objects: Specify opposite corner: 7 found *(6개의 FLANGE와 대각선 포함)*
Select objects: *(Enter↵)*
Specify base point or [Displacement] <Displacement>: *(❶번 지점 click)*
Specify second point or <use first point as displacement>: _mid of *(❷번 지점 click)*

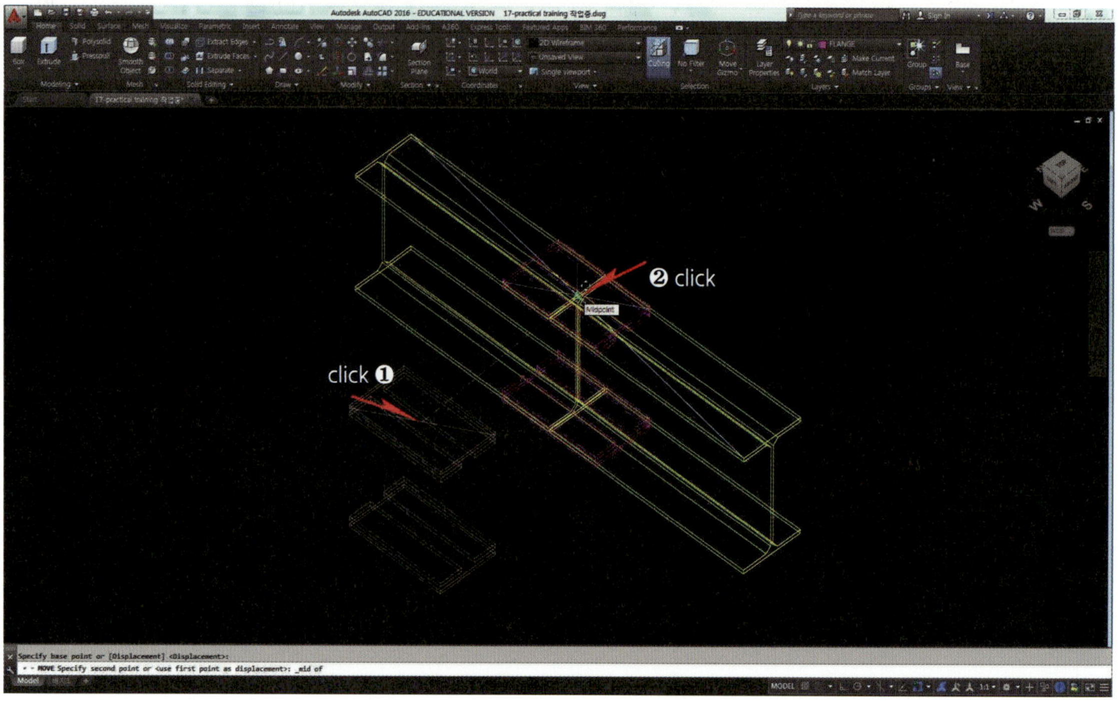

❼ FLANGE들이 잘 옮겨졌다면 두 개의 대각선은 지워줍니다.

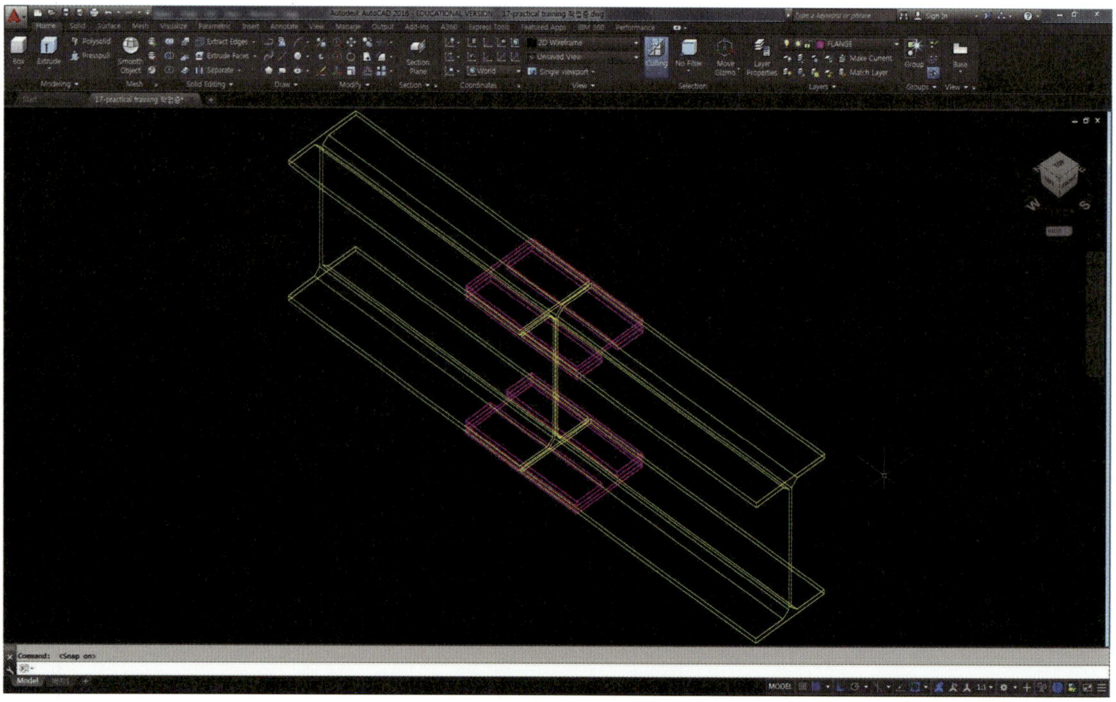

❽ 이제 BOLT를 넣기 위해 H-beam과 FLANGE에 BOLT HOLE을 제작 하겠습니다. 올바른 자리에 HOLE을 내기 위해서는 도면이 필요합니다. 제작한 모델링을 도면과 같은 각도로 회전하여 근처로 놓아줍니다.

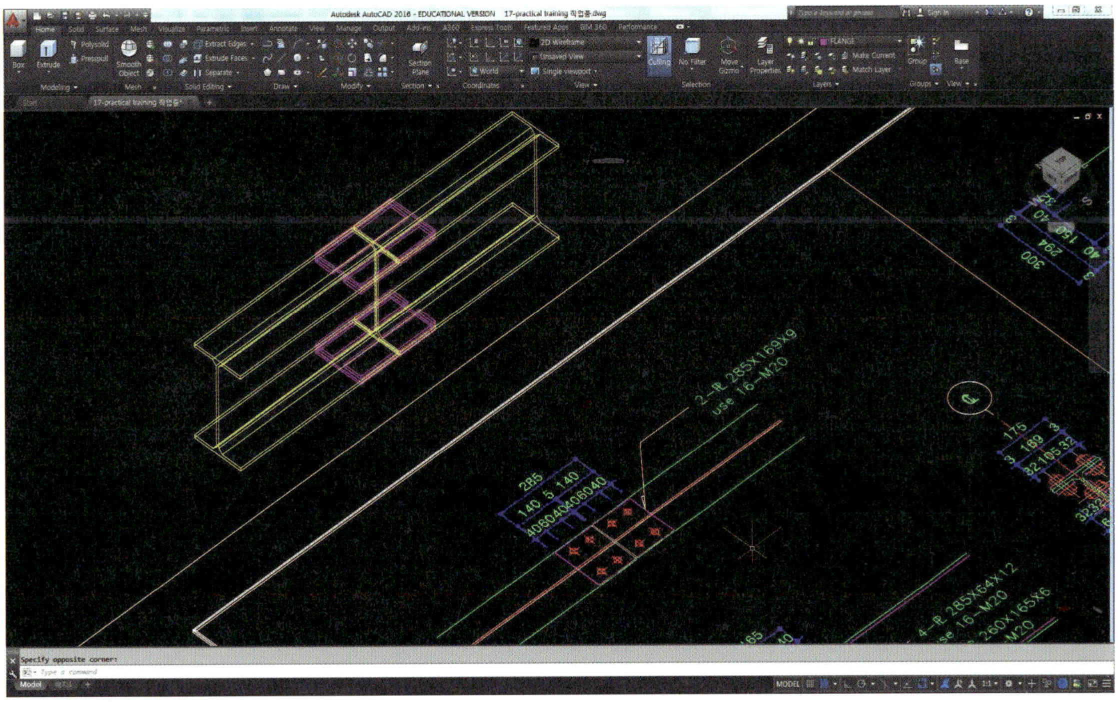

❾ Extrude 명령어를 이용하여 BOLT 위치에 있는 Circle (diameter: 20) 8개를 선택하고, 높이 600mm로 돌출시킵니다.

Command: **extrude** *(단축키 ext)*
Current wire frame density: ISOLINES=4, Closed profiles creation mode = Solid
Select objects to extrude or [MOde]: 8 found *(8개의 Circle 선택)*
Select objects to extrude or [MOde]: *(Enter↵)*
Specify height of extrusion or [Direction/Path/Taper angle/Expression] <600.0000>: 600 *(높이 285mm 입력)*

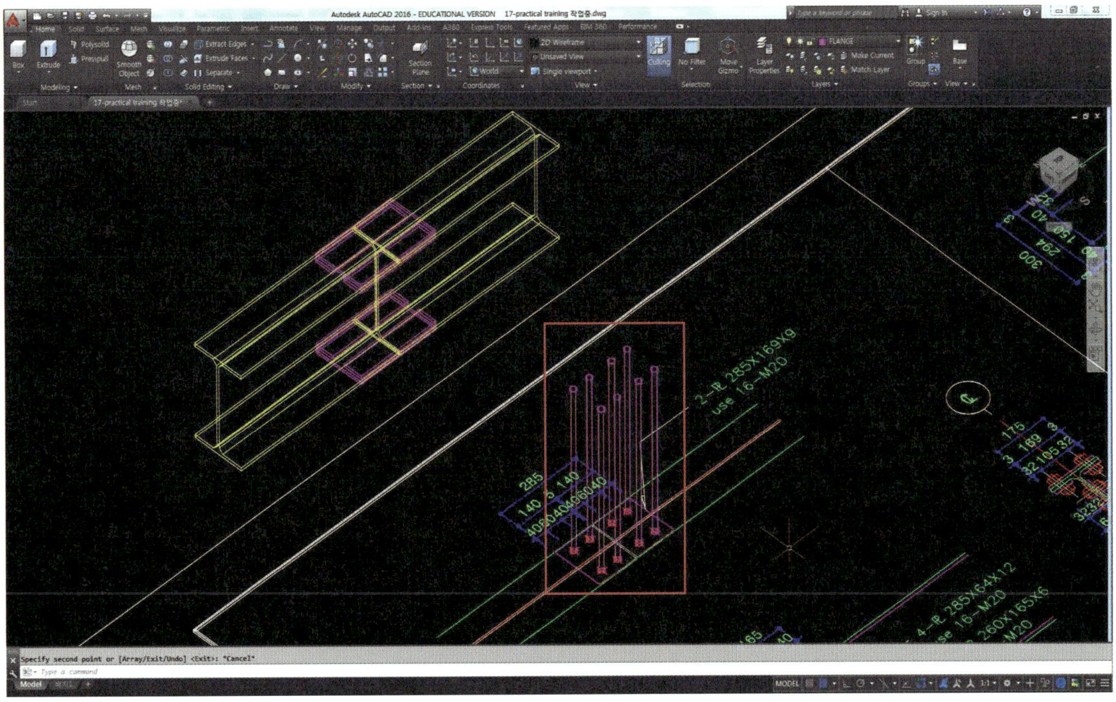

⑩ 제작된 8개의 원기둥을 Move 명령어를 이용하여 아래 그림과 같이 옮겨줍니다.

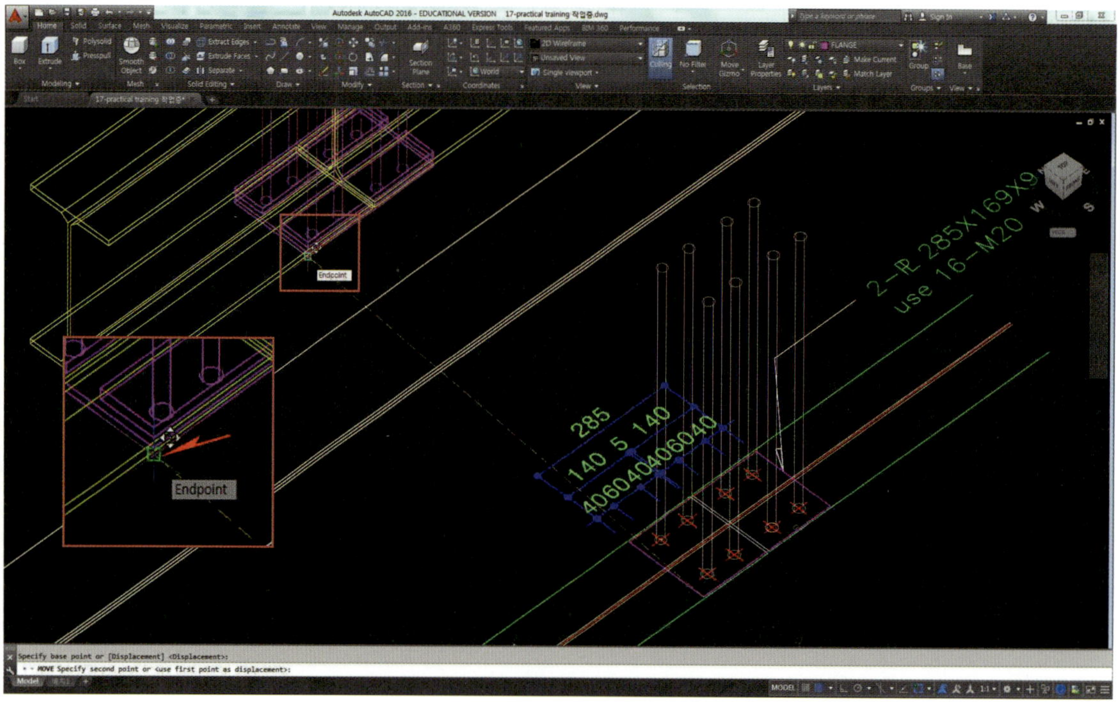

⑪ Subtract 명령어를 이용하여 H-beam과 FLANGE에 8개의 BOLT HOLE을 내줍니다. 단, H-beam과 FLANGE를 모두 선택하여 Subtract를 실행하면 먼저 선택한 Object로 다른 Object가 병합되어 버립니다. 따라서 각각 따로 BOLT HOLE을 내야만 합니다. 모두 완성되면 Hide 명령어로 모델링 결과를 확인합니다.

Command: **subtract** *(단축키 su)*

SUBTRACT Select solids, surfaces, and regions to subtract from ..

Select objects: 6 found *(6개의 FLANGE 선택)*

Select objects: Select solids, surfaces, and regions to subtract .. *(Enter↵)*

Select objects: Specify opposite corner: 8 found *(8개의 원기둥 선택)*

Select objects: *(Enter↵)*

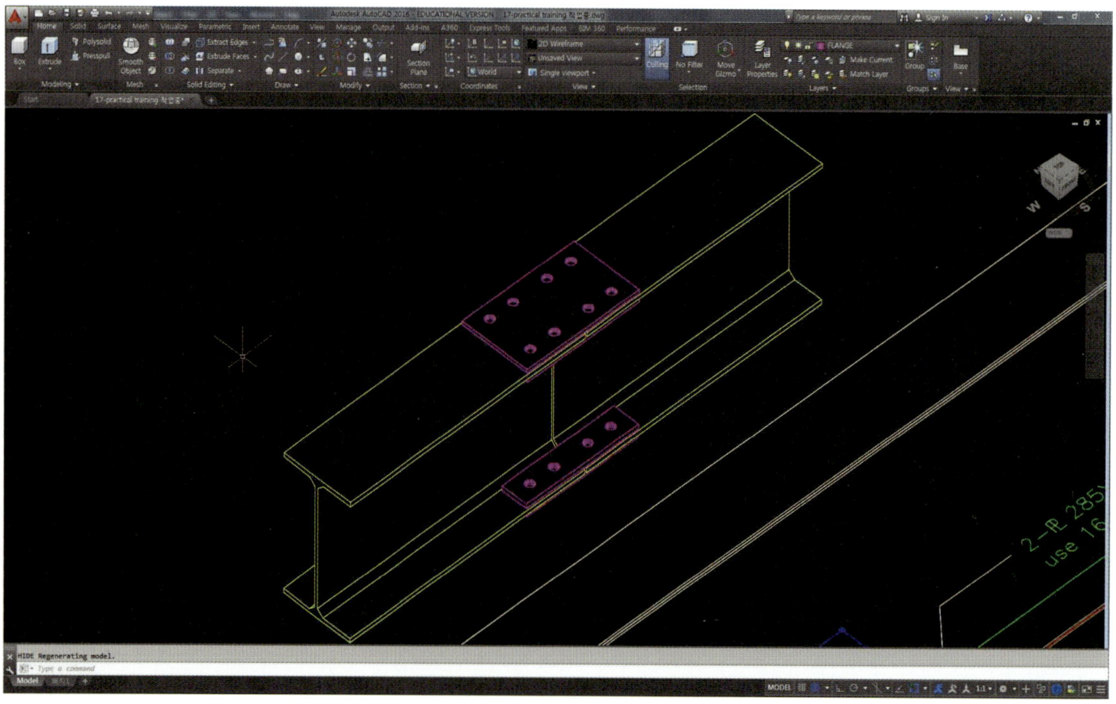

⑫ 위와 동일한 방법으로 WEB을 제작하여 H-beam에 결합합니다.

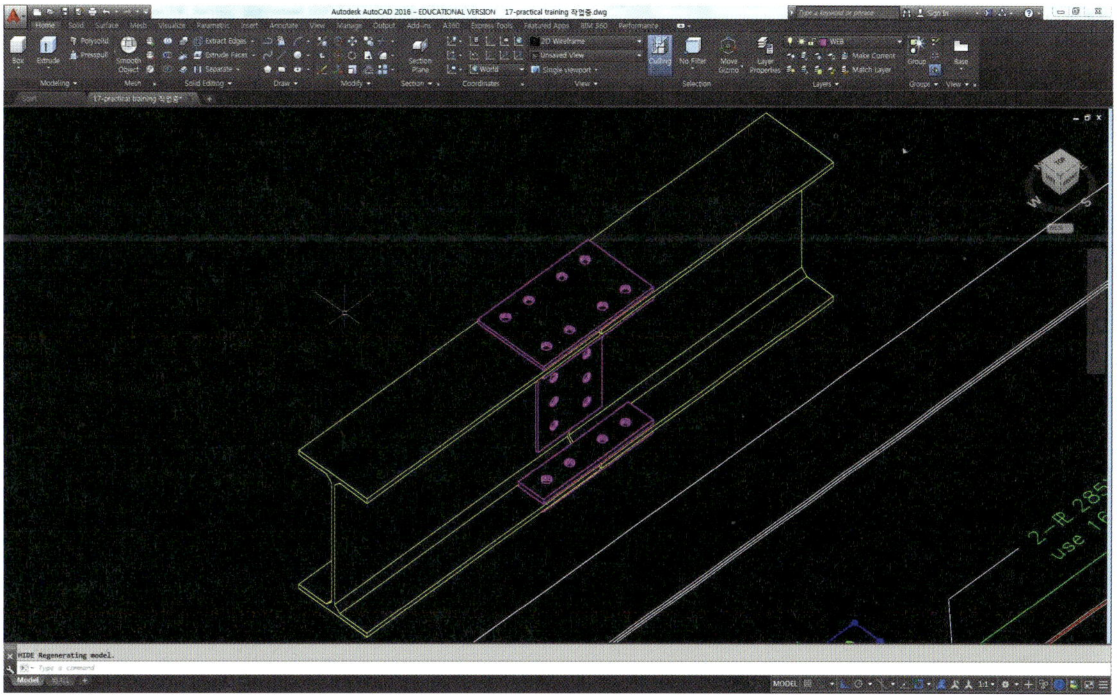

3) BOLT

BOLT는 BOLT의 직경, 머리의 크기, 머리의 두께의 정해진 규격이 있습니다. 아래 표는 보편적으로 사용되는 BOLT의 규격을 나타내는 표입니다. 아래 표를 참고하여 BOLT를 3차원으로 구현합니다. 위의 우리가 작업할 구조 도면에 BOLT 「**M20**」과 「**M22**」입니다.

BOLT 기호	BOLT 지름	BOLT HEAD 크기	BOLT HEAD 두께
M10	10mm	17mm	8mm
M12	12mm	19mm	10mm
M16	16mm	24mm	13mm
M18	18mm	27mm	15mm
M20	**20mm**	**30mm**	**16mm**
M22	**22mm**	**32mm**	**18mm**
M24	24mm	36mm	19mm
M30	30mm	46mm	24mm

❶ 먼저 BOLT를 모델링하기 위해 'BOLT' Layer를 생성합니다. 그리고 색상을 하늘색(Cyan)으로 임의 선택하겠습니다.

Command: **layer** *(단축키 La)*

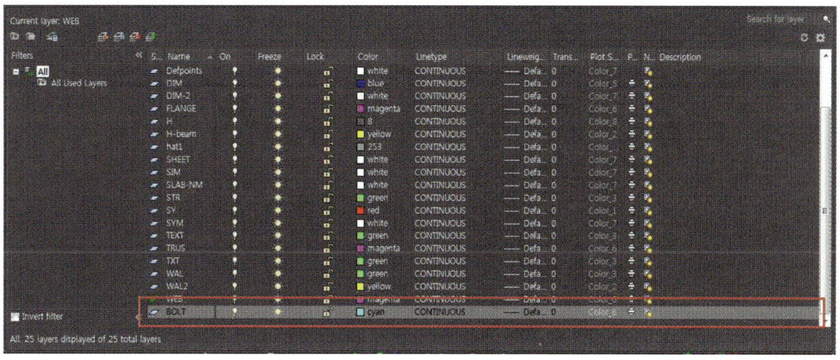

❷ 철골접합 모델링에 쓰이는 BOLT는 M20입니다. 위의 규격에 맞춰 BOLT를 모델링하겠습니다. 우선 'BOLT' Layer를 선택한 후, 지름 20mm Circle을 그립니다.

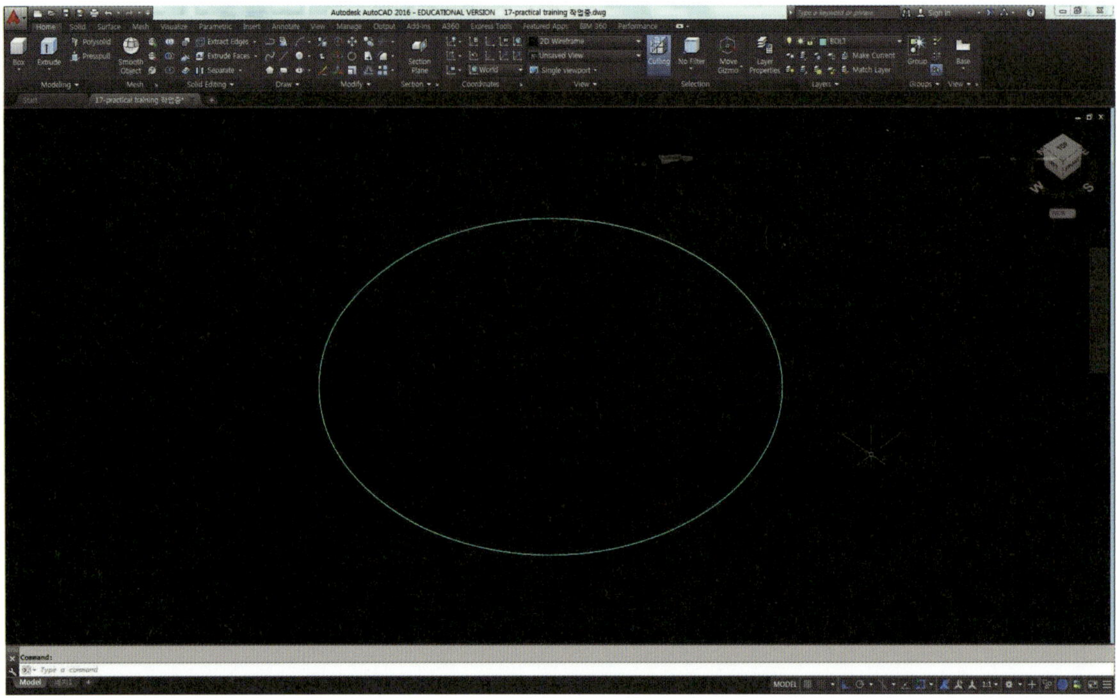

❸ Polygon 명령어를 이용하여 아래 그림과 같이 반지름 15mm인 Circle의 내접(Inscribed in circle)한 6각형을 그려줍니다.

Command: **polygon** *(단축키 pol)*
POLYGON Enter number of sides <6>: 6 *(육각형을 의미하는 6개의 side 입력)*
Specify center of polygon or [Edge]: *(Circle의 중심점 click)*
Enter an option [Inscribed in circle/Circumscribed about circle] <I>: I *(Circle의 내접인 Inscribed in circle 선택)*
Specify radius of circle: 15 *(반지름 15mm 입력)*

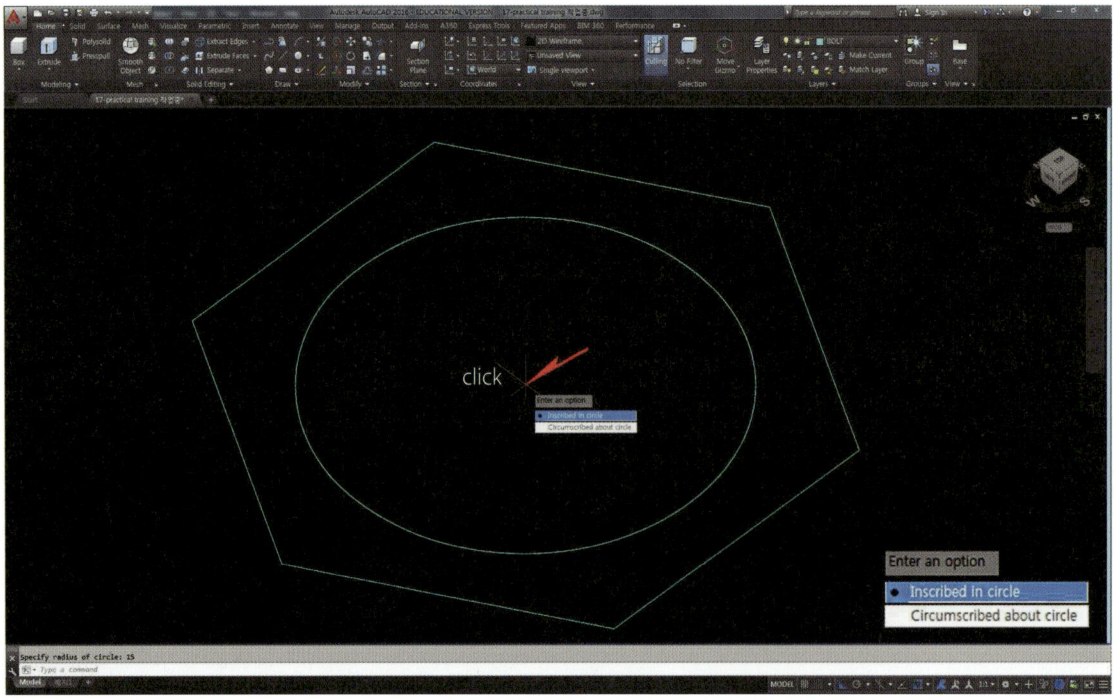

❹ Extrude 명령어를 이용하여 아래 그림과 같이 안의 Circle을 80mm 돌출시킵니다.

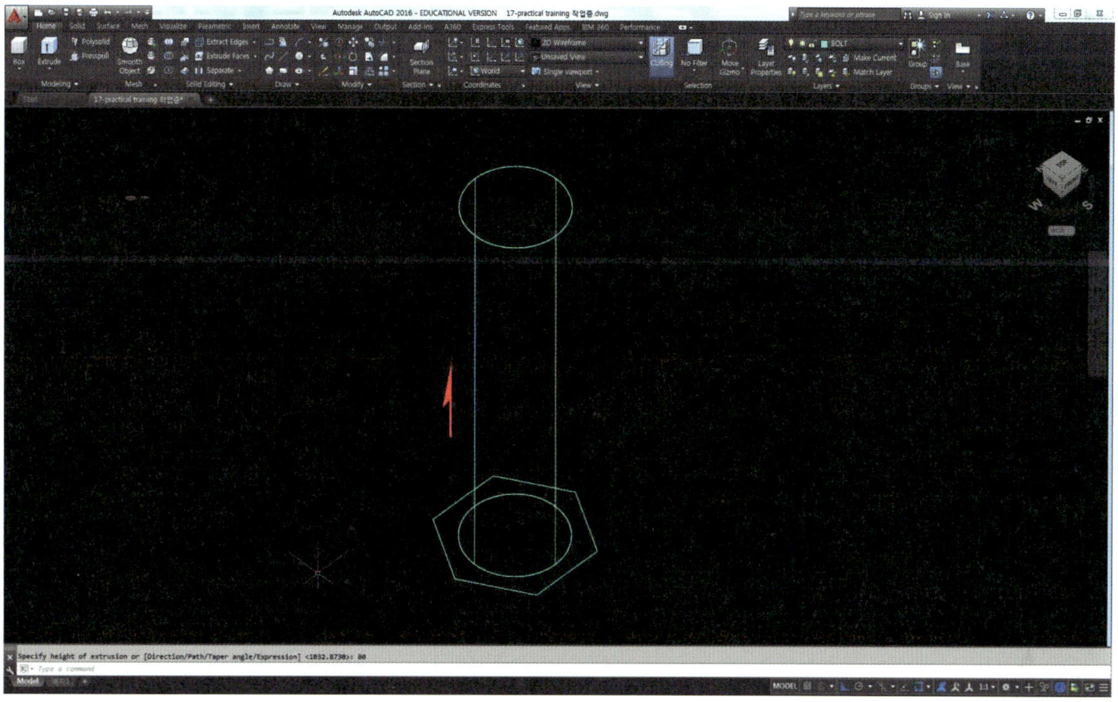

❺ Polygon으로 작성된 육각형 역시 Extrude 명령어를 이용하여 아래 그림과 같이 16mm 돌출시킵니다. 그리고 Move 명령어를 이용하여 Z축으로 8mm 위로 이동시킵니다.

Command: **extrude** *(단축키 ext)*
Current wire frame density: ISOLINES=4, Closed profiles creation mode = Solid
Select objects to extrude or [MOde]: 1 found *(육각형 선택)*
Select objects to extrude or [MOde]: *(Enter↵)*
Specify height of extrusion or [Direction/Path/Taper angle/Expression] <80.0000>: 16 *(BOLT HEAD 두께 16mm 입력)*

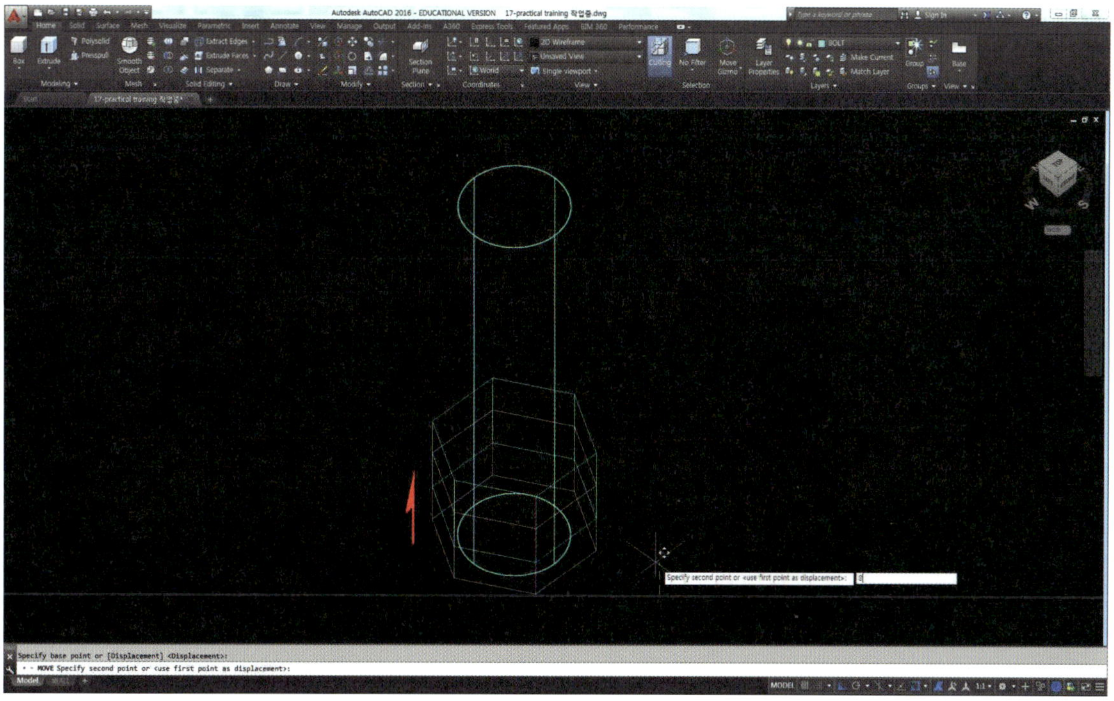

❻ 하단에 생성된 BOLT의 HEAD 부분을 상단 같은 자리에 복사하여 위치시킵니다. 가장 좋은 방법은 Mirror3D 명령어를 이용하여 Object를 3차원 입사시키면 됩니다. 그러나 가운데 원기둥은 Osnap의 Mid Point가 잡히지 않습니다. 따라서 아래 그림과 같이 임의의 수직선을 그려 Mid Point를 활용하여 Mirror3D를 실행시킵니다.

Command: **mirror3d**
Select objects: Specify opposite corner: 1 found *(BOLT HEAD를 선택)*
Select objects: *(Enter↵)*
Specify first point of mirror plane (3 points) or [Object/Last/Zaxis/View/XY/YZ/ZX/3points] <3points>: *(P1 click)*
Specify second point on mirror plane: *(P2 click)*
Specify third point on mirror plane: *(P3 click)*
Delete source objects? [Yes/No] <N>: N *(기존 Object가 지워지지 않도록 No 선택)*

> ***TIP:*** *Object를 입사시키기 위한 P1, P2, P3의 지점은 정해진 지점이 아닌 입사하고자 하는 위치와 평행한 축 임의의 지점을 click 합니다.*

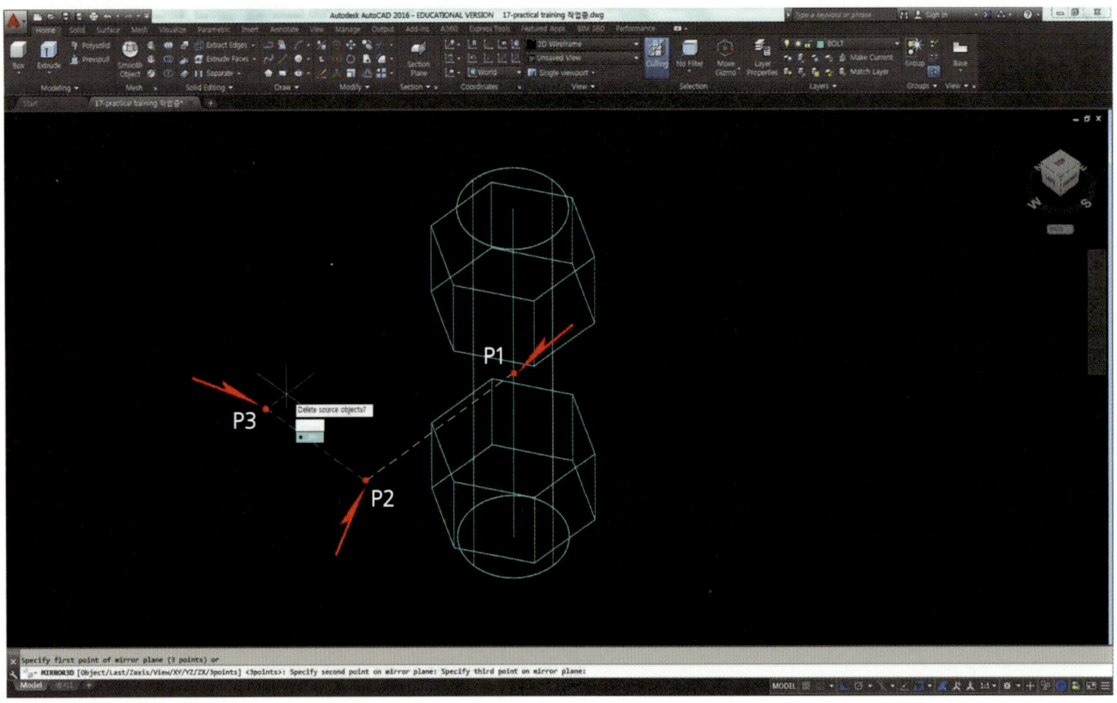

❼ 모델링이 완료되었다면 임의의 수직선을 삭제한 후, Union 명령어를 이용하여 3개의 Object들을 모두 하나로 연합시킵니다.

Command: union *(단축키 uni)*
Select objects: Specify opposite corner: 3 found *(3개의 Object 선택)*
Select objects: *(Enter↵)*

그러면 아래 그림의 빨간색으로 표시된 부분과 같이 4개의 Circle이 생성됩니다. 이는 3개의 Object들이 서로 연합되어 결계선이 생겼기 때문이며 성공적으로 연합되었다는 증거입니다.

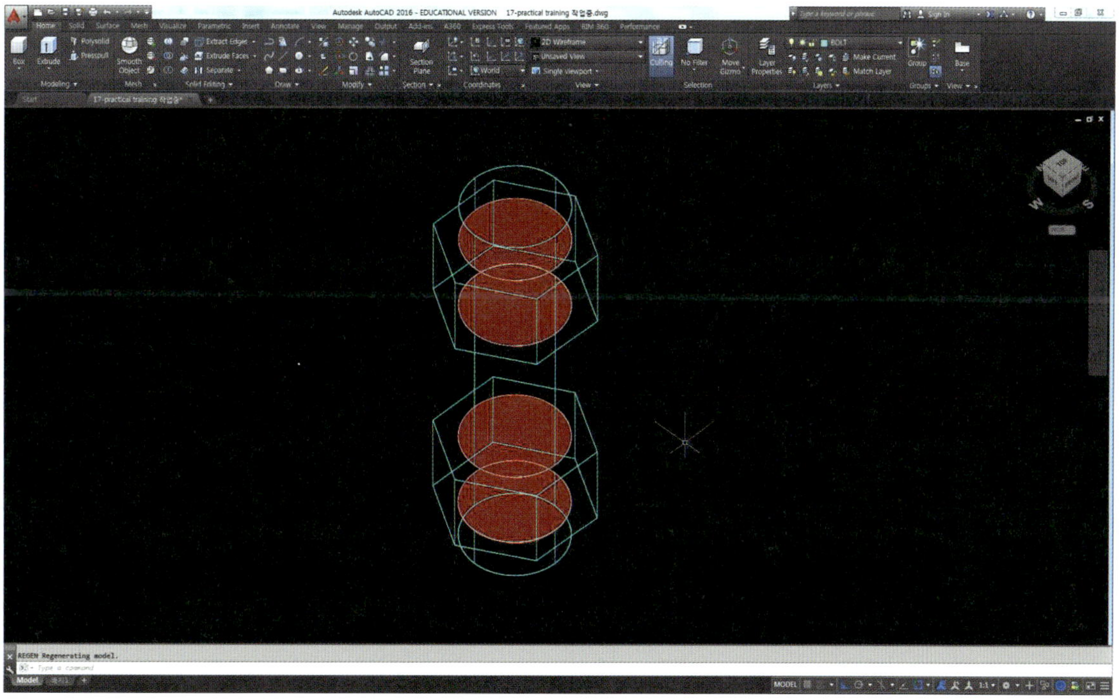

❽ 이제 모델링 된 BOLT를 미리 제작한 BOLT HOLE에 위치합니다. Move 명령어를 이용하여 아래 그림과 같이 상단에 위치한 BOLT HEAD 밑면 Circle의 중심점(P1)을 Base Point로 지정하고, BOLT HOLE의 윗 Circle 중심점(P2)을 Second Point로 지정하여 옮겨줍니다.

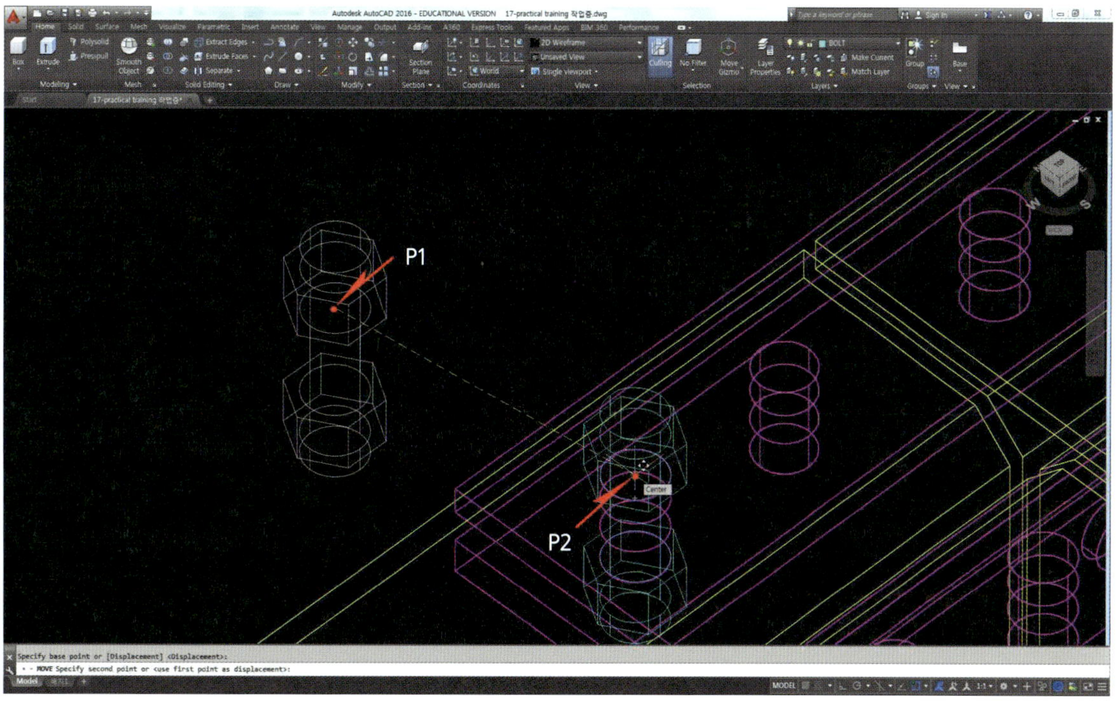

❾ 나머지 8개의 BOLT HOLE 역시 복사하여 위치시켜줍니다. 그리고 Hide 명령어를 이용하여 모델링의 결과를 확인합니다.

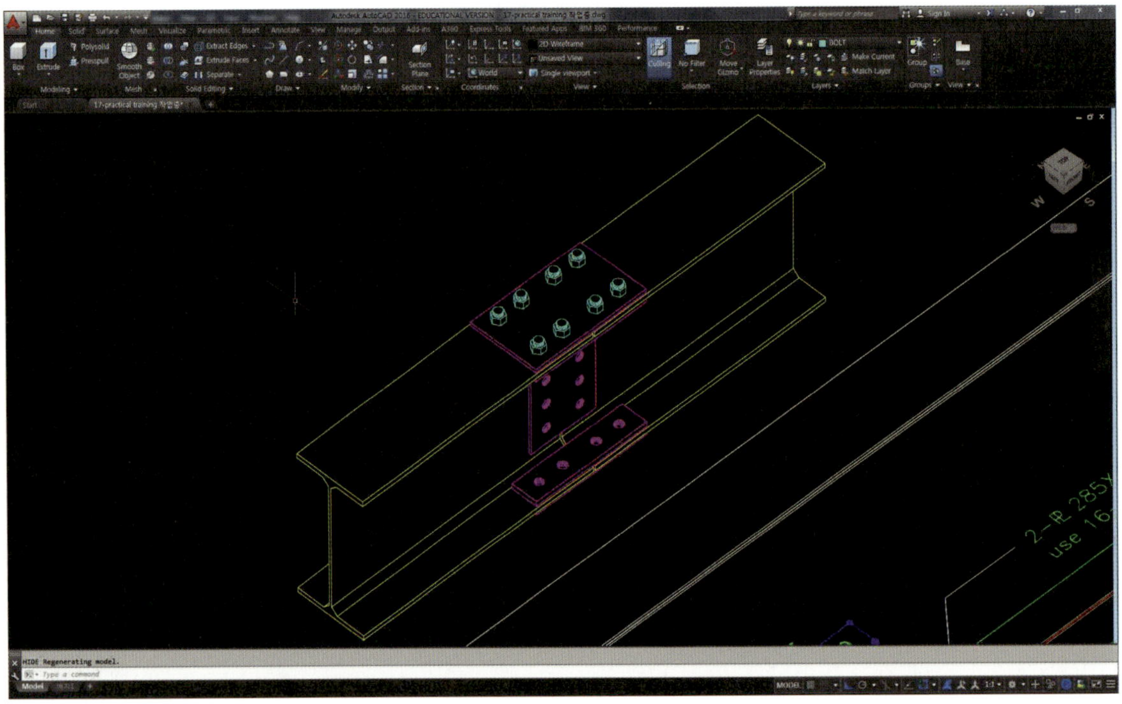

⑩ H-beam 하단 부분에도 BOLT를 설치합니다. 가장 손쉬운 방법은 상단의 볼트를 모두 선택한 후 Mirror3d를 이용하여 정확히 3차원으로 입사시킵니다.

Command: **mirror3d**
Select objects: 8 found *(8개의 BOLT를 선택)*
Select objects: *(Enter↵)*
Specify first point of mirror plane (3 points) or [Object/Last/Zaxis/View/XY/YZ/ZX/3points] <3points>: *(P1 click)* Specify second point on mirror plane: *(P2 click)* Specify third point on mirror plane: *(P3 click)*
Delete source objects? [Yes/No] <N>: N *(기존 Object가 지워지지 않도록 No 선택)*

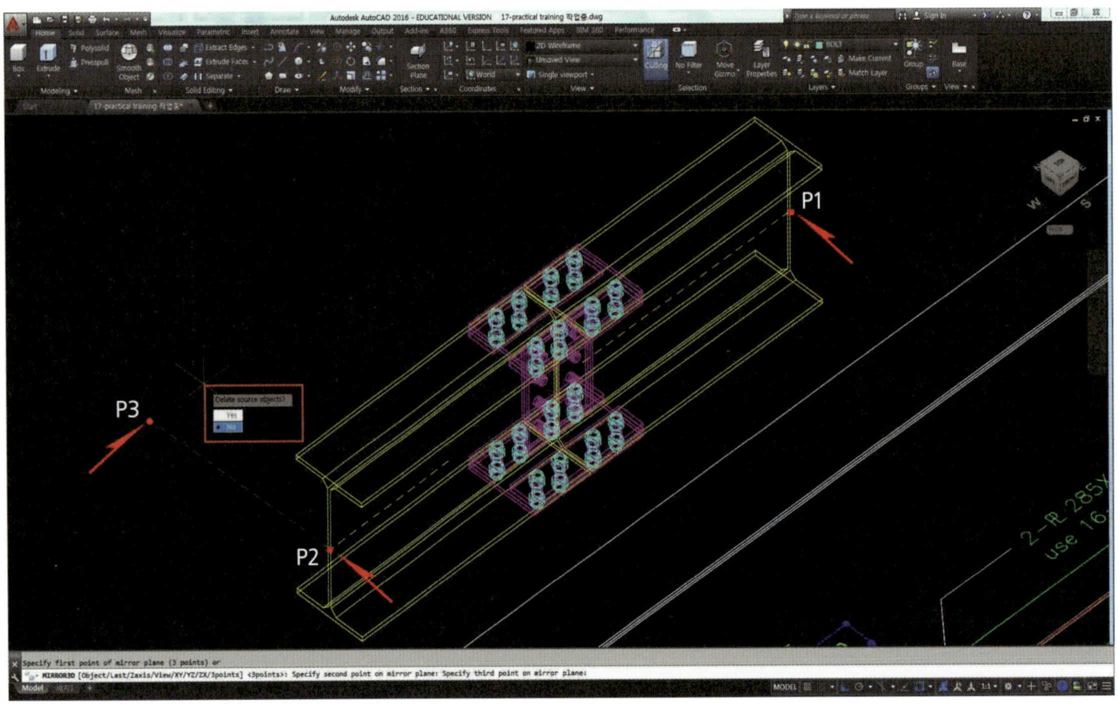

⑪ WEB에 위치할 BOLT 역시 같은 방법으로 모델링하고 Hide 명령어로 완성된 모델링을 확인합니다.

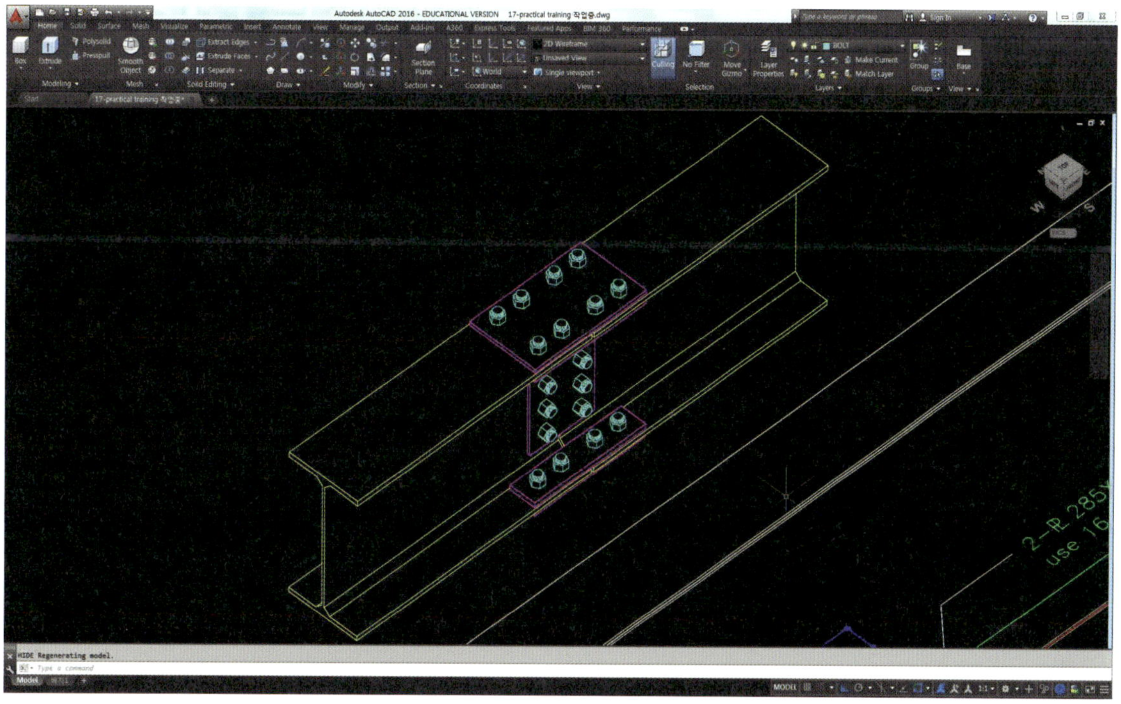

3. BASE-PLATE 접합상세 모델링하기

1) H-beam

❶ 위의 예시에서 발췌하였던 'BASE-PLATE 상세도 1'을 바탕으로 모델링하도록 하겠습니다. 앞서 작업하였던 도면을 활용하여 이어서 작업합니다.

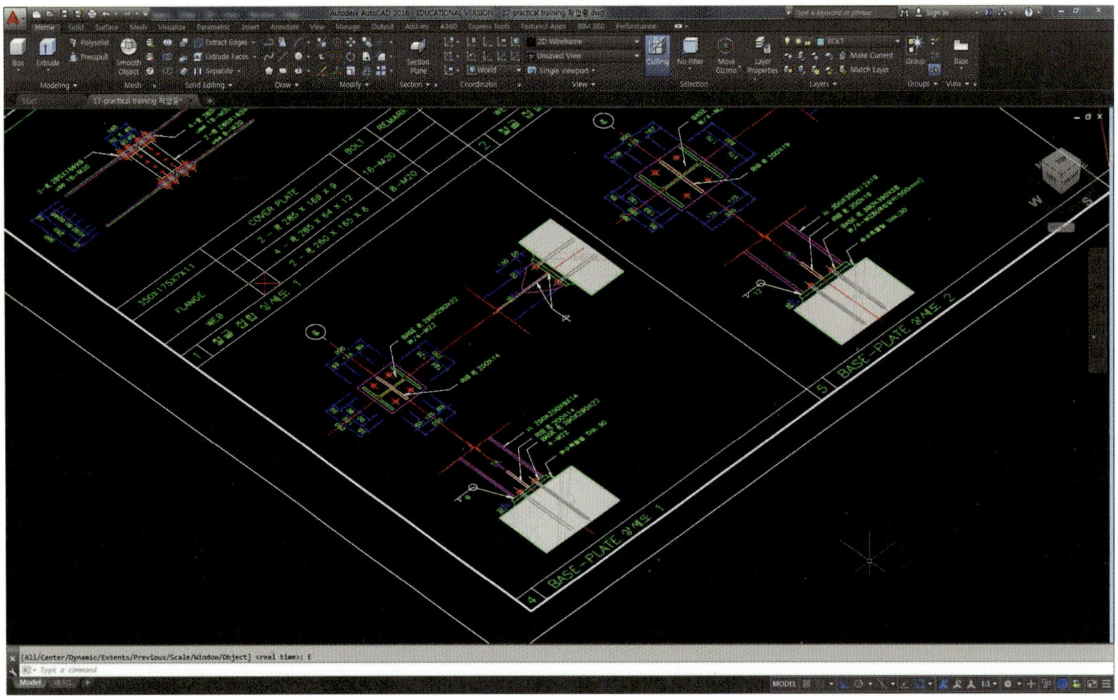

❷ RC 기초를 먼저 제작하겠습니다. RC 기초를 모델링하기 위해 'RC' Layer를 생성합니다. 그리고 색상을 자주색(Magenta)으로 임의 선택하겠습니다.

Command: **layer** *(단축키 La)*

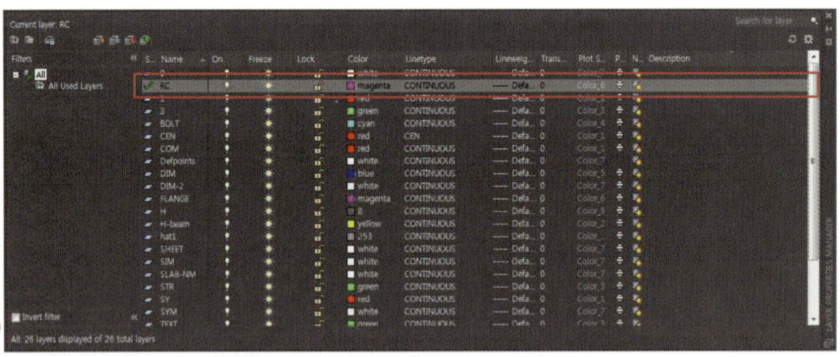

❸ 여유 공간에 600 X 600 사각형(Rectangle)을 그리고, Extrude 명령어를 이용하여 높이 600mm로 돌출시킵니다.

Command: **extrude** *(단축키 ext)*
Current wire frame density: ISOLINES=4, Closed profiles creation mode = Solid
Select objects to extrude or [MOde]: 1 found *(H-beam 단면 선택)*
Select objects to extrude or [MOde]: *(Enter↵)*
Specify height of extrusion or [Direction/Path/Taper angle/Expression] <600.0000>: 600 *(높이 600mm를 입력)*

❹ 다음은 무수축 몰탈을 제작합니다. 아래 그림과 같이 무수축 몰탈은 경사진 모습으로 두께 30mm로 이루어져 있습니다. 이 형태를 제작하기 위해서는 Extrude 명령어의 하위 메뉴 중 Taper angle을 활용해야만 합니다.
우선 RC 기초 위에 350 X 350 사각형(Rectangle)을 그립니다. 그리고 Extrude를 이용하여 아래와 같이 Taper angle을 활용하여 무수축 몰탈을 제작합니다.

Command: **extrude** *(단축키 ext)*
Current wire frame density: ISOLINES=4, Closed profiles creation mode = Solid
Select objects to extrude or [MOde]: 1 found *(350 x 350 사각형 선택)*
Select objects to extrude or [MOde]: *(Enter↵)*
Specify height of extrusion or [Direction/Path/Taper angle/Expression] <600.0000>: T *(Taper angle의 단축키 T를 입력)*
Specify angle of taper for extrusion or [Expression] <0>: 45 *(돌출할 각도 45도를 입력)*
Specify height of extrusion or [Direction/Path/Taper angle/Expression] <600.0000>: 30 *(높이 30mm를 입력)*

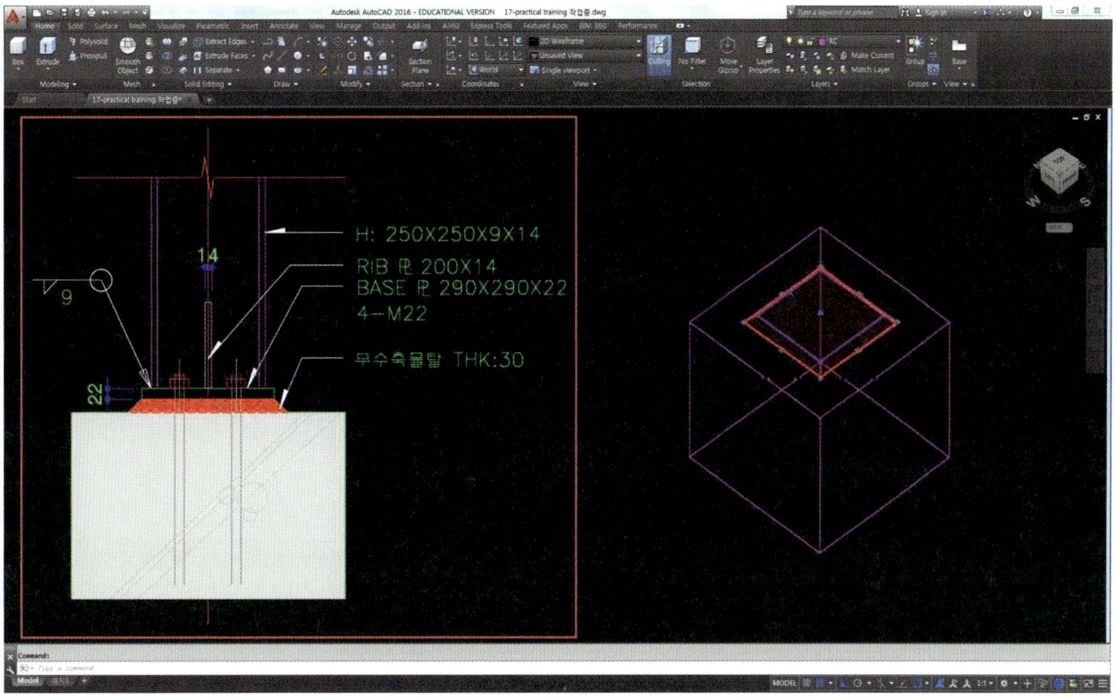

TIP: Taper angle은 돌출되는 각도가 수직이 아닌 지정한 각도로 피라미드 형태를 만들어줍니다.

❺ 다음은 BASE-PLATE를 제작합니다. BASE-PLATE를 모델링하기 위해 'BASE PLATE' Layer를 생성합니다. 그리고 색상을 파란색(Blue)으로 임의 선택하겠습니다.

Command: **layer** *(단축키 La)*

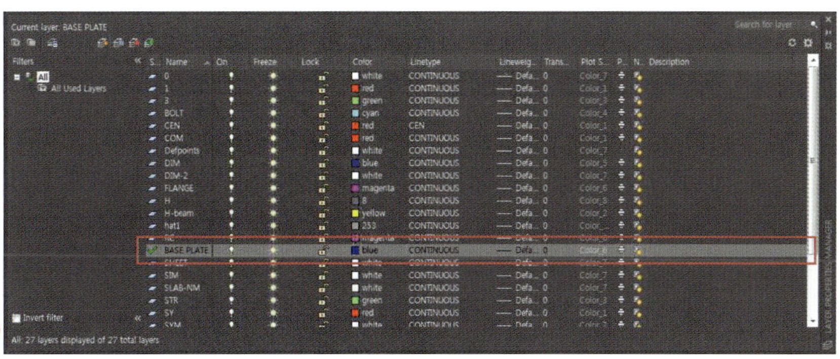

❻ 도면에 그려져 있는 BASE-PLATE 도면을 복사하여 옮겨놓고, Extrude를 이용하여 두께 22mm BASE-PLATE를 제작합니다. 그리고 지름 22mm의 HOLE을 4개 생성하여 무수축 몰탈 위에 올려놓습니다. 그리고 Hide 명령어를 활용하여 제작 결과를 확인합니다.

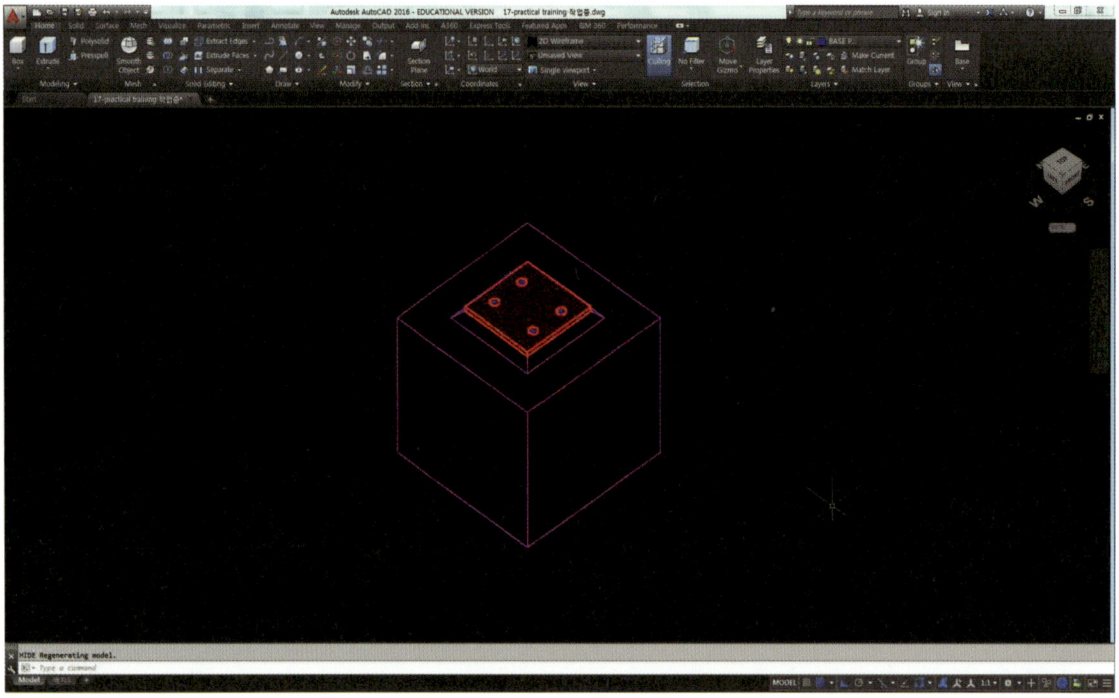

❼ 다음은 H-beam을 제작합니다. H-beam을 모델링하기 위해 이미 제작되어 있는 'H-beam' Layer를 선택합니다.

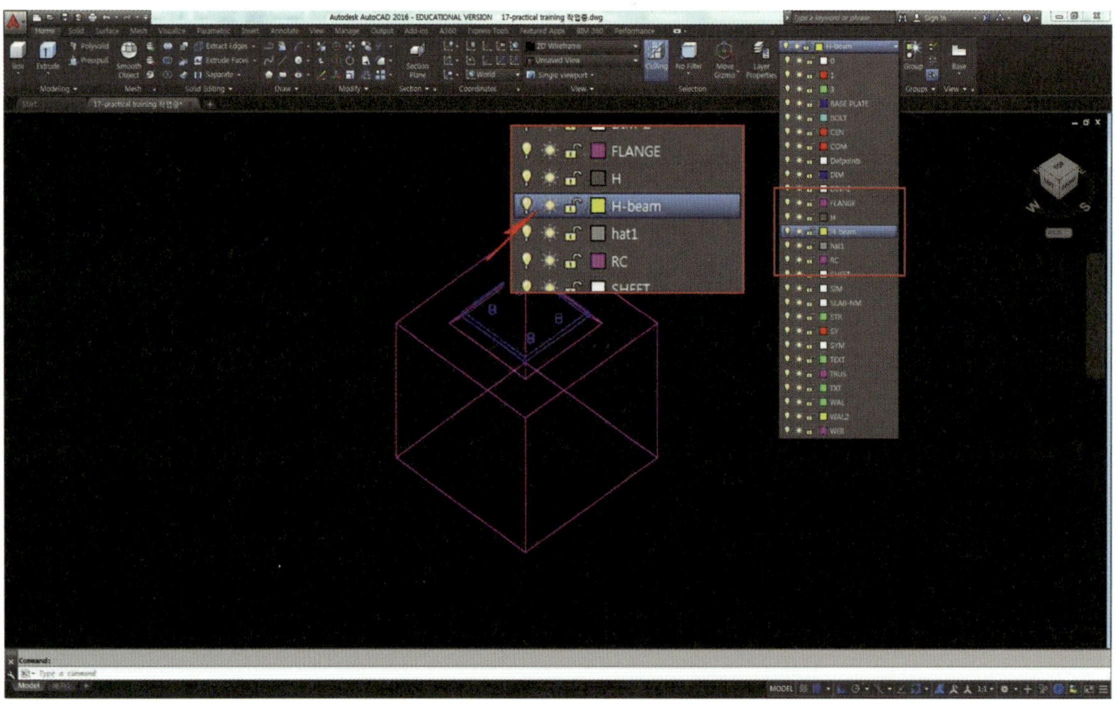

❽ 도면에서 H-beam의 단면을 선택하여 여유 있는 곳에 복사합니다.

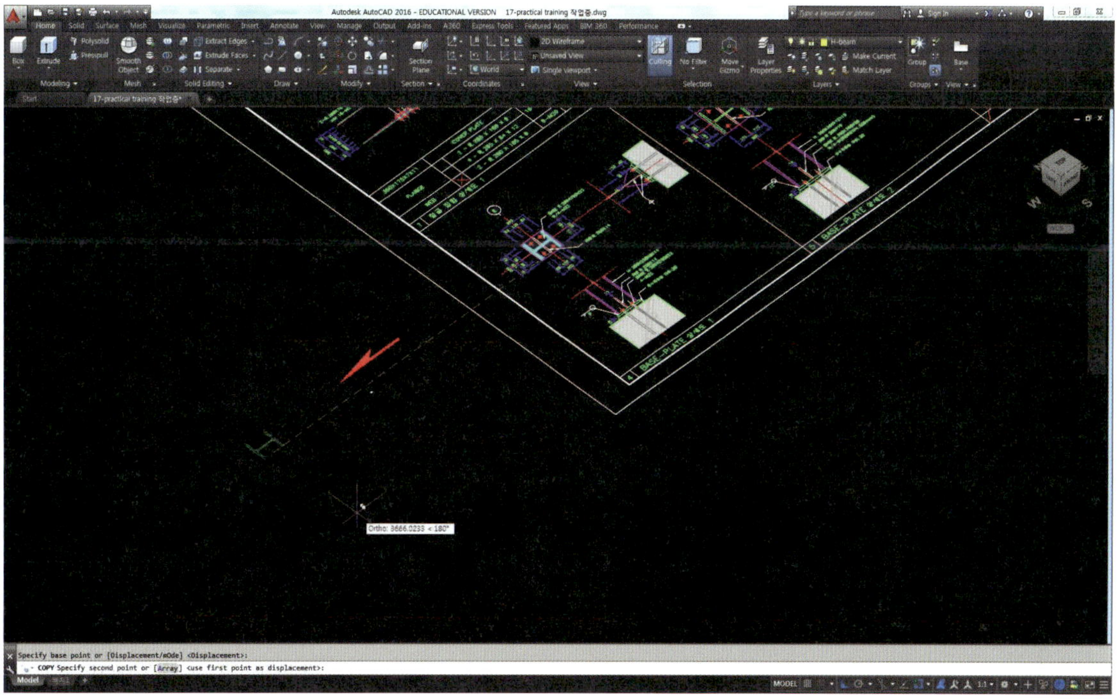

❾ Extrude 명령어를 이용하여 높이 600mm로 돌출시킵니다.

Command: **extrude** *(단축키 ext)*
Current wire frame density: ISOLINES=4, Closed profiles creation mode = Solid
Select objects to extrude or [MOde]: 1 found *(H-beam 단면 선택)*
Select objects to extrude or [MOde]: *(Enter↵)*
Specify height of extrusion or [Direction/Path/Taper angle/Expression] <600.0000>: 600 *(높이 600mm를 입력)*

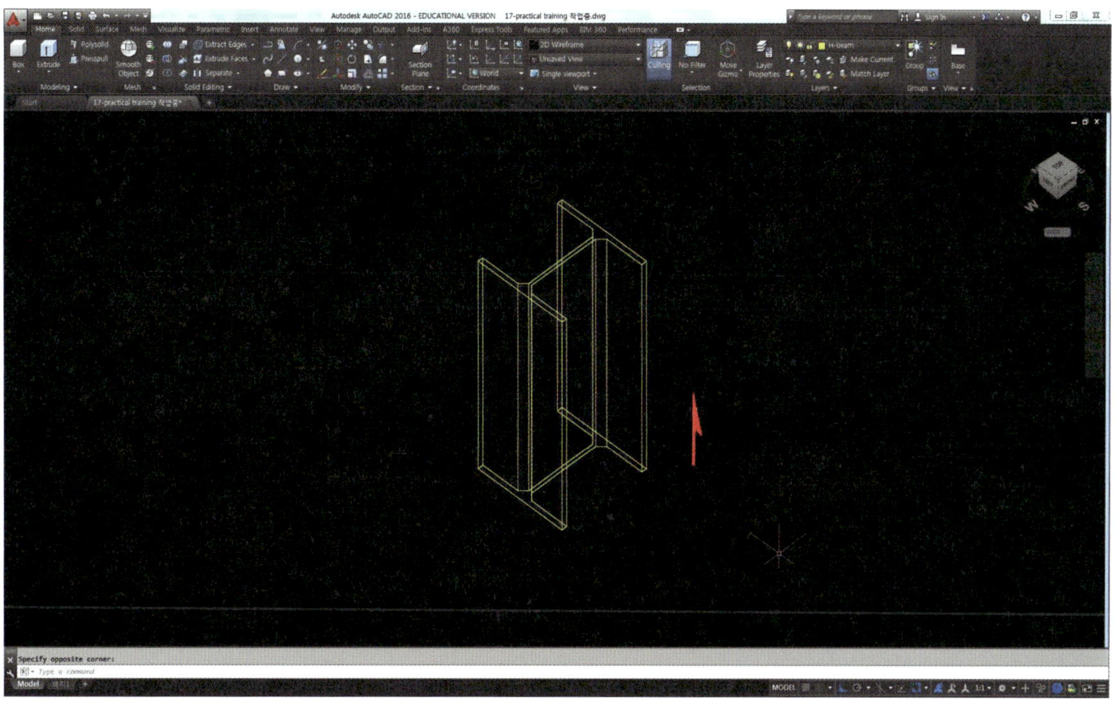

⑩ 제작된 H-beam을 BASE_PLATE위에 올려놓습니다. 그리고 Hide 명령어를 이용하여 결과를 확인합니다.

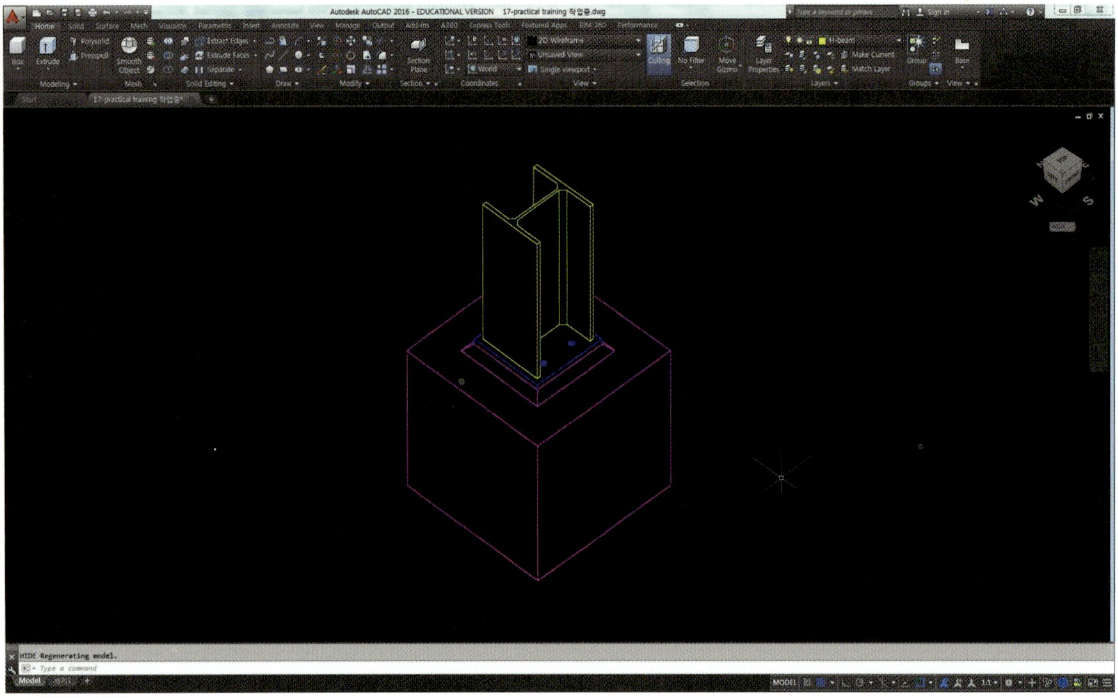

⑪ 이제 위와 같은 방식으로 RIB와 BOLT를 제작하여 BASE-PLATE 접합 상세를 완성합니다. RIB 역시 'RIB' Layer를 생성하여 제작합니다. 그리고 색상을 초록색(Green)으로 임의 선택하였습니다. 마지막으로 Hide 명령어를 이용하여 결과를 확인합니다.

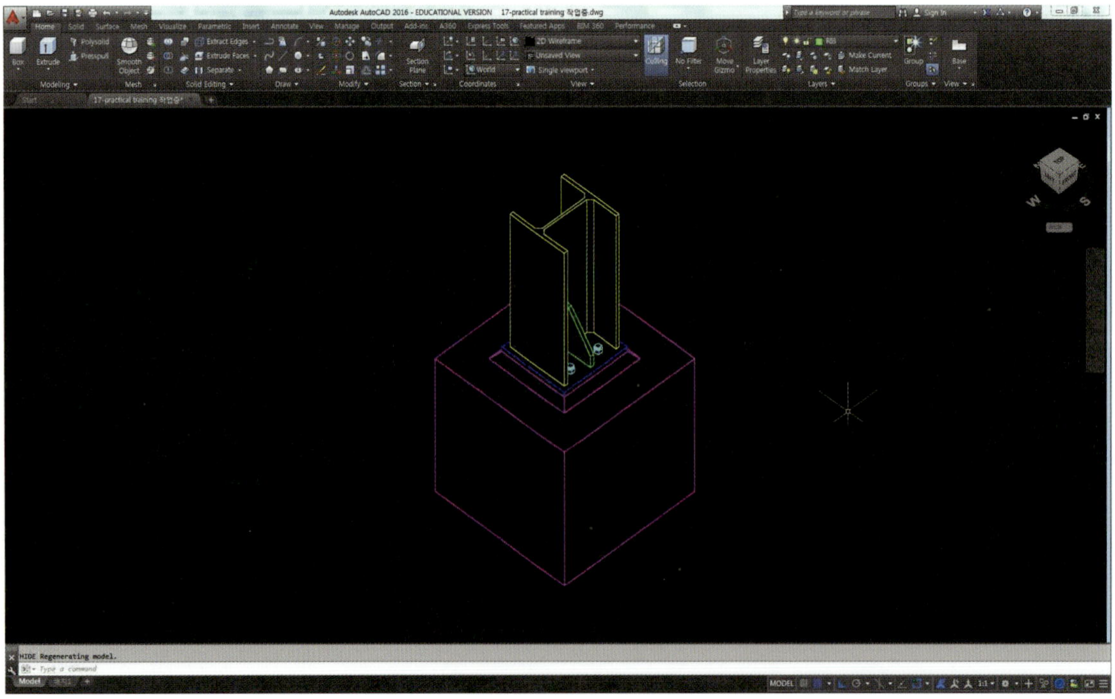

실습예제 20 철골접합 모델링

위의 두 모델링 실습과정을 참고하여 그림과 같이 나머지 철골 접합 모델링을 완성하시오.

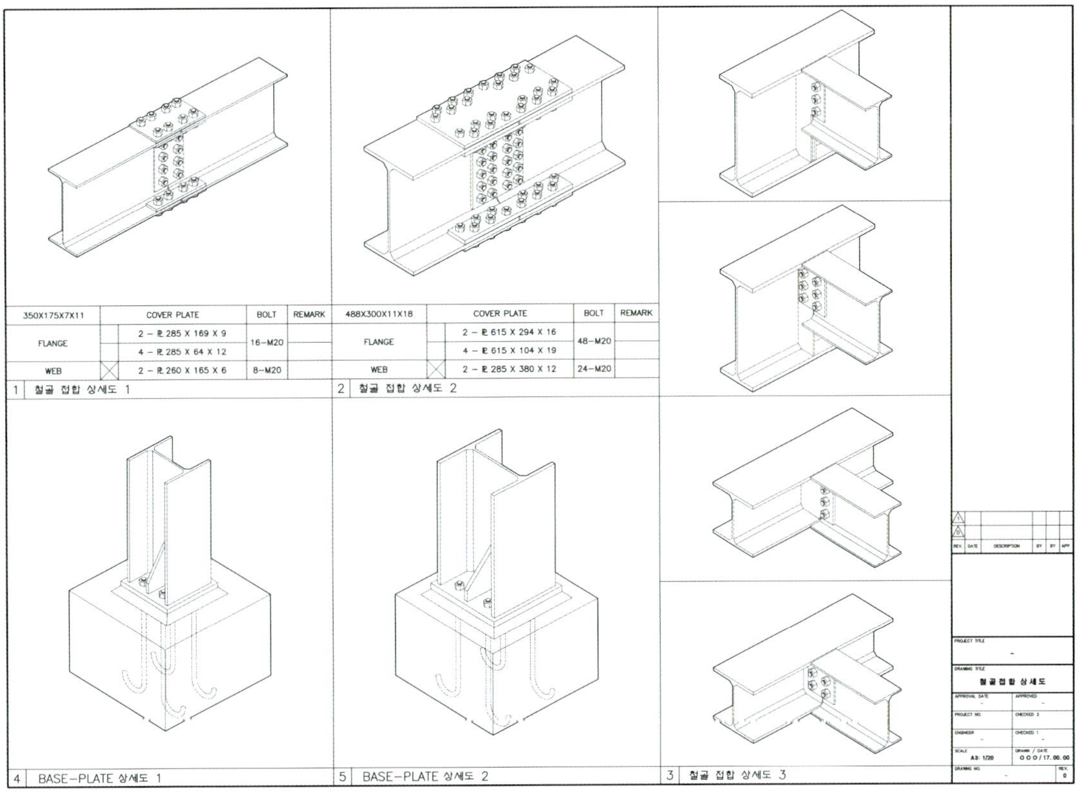

STEP 02 철골 구조 모델링 - 공장

이제 철골 구조를 모델링해보도록 하겠습니다. 시공 현장에서는 철골조 시공을 위해 '주심도', '구조평면도', '가구도', '철골접합 상세도' 등이 필수 도면입니다. 이를 바탕으로 현장에서는 공장에서 제작된 각 철골 부재를 현장에서 정밀히 조립하게 됩니다. 아래 *'18-practice trainging'* 도면을 살펴보면 이번 'STEP 02'에서 제작할 철골 구조 모델링을 위한 '주심도'와 '구조평면도', '가구도'가 포함되어 있으며, 각 도면에는 각 부재의 표기와 규격이 나타나 있습니다. 이를 바탕으로 하여 앞서 'STEP 01'에서 제작한 철골접합 모델링들을 활용하여 모델링 실습을 진행합니다.

이 철골 구조의 공사 프로세스는 '① MAT SLAB 타설, ② SC*(철골 기둥: Steel Column)* 설치, ③ SG*(철골 보: Steel Girder)* 조립' 순으로 이어지게 됩니다. 그러나 AutoCAD를 활용한 모델링은 작업의 효율성을 위해서 기본적으로 동일한 프로세스로 진행하되, 임의의 한 열*(SC와 SG 모두 모델링)*을 모델링하여 나머지 열에 복사하고, 각 열마다 SG들을 연결하여 완성하는 방법으로 진행합니다.

아래 도면은 철골 기둥의 규격과 간격 위치 등을 안내하는 철골 주심도입니다. 주심도에 나타난 MAT SLAB 기초부터 모델링을 시작하겠습니다.

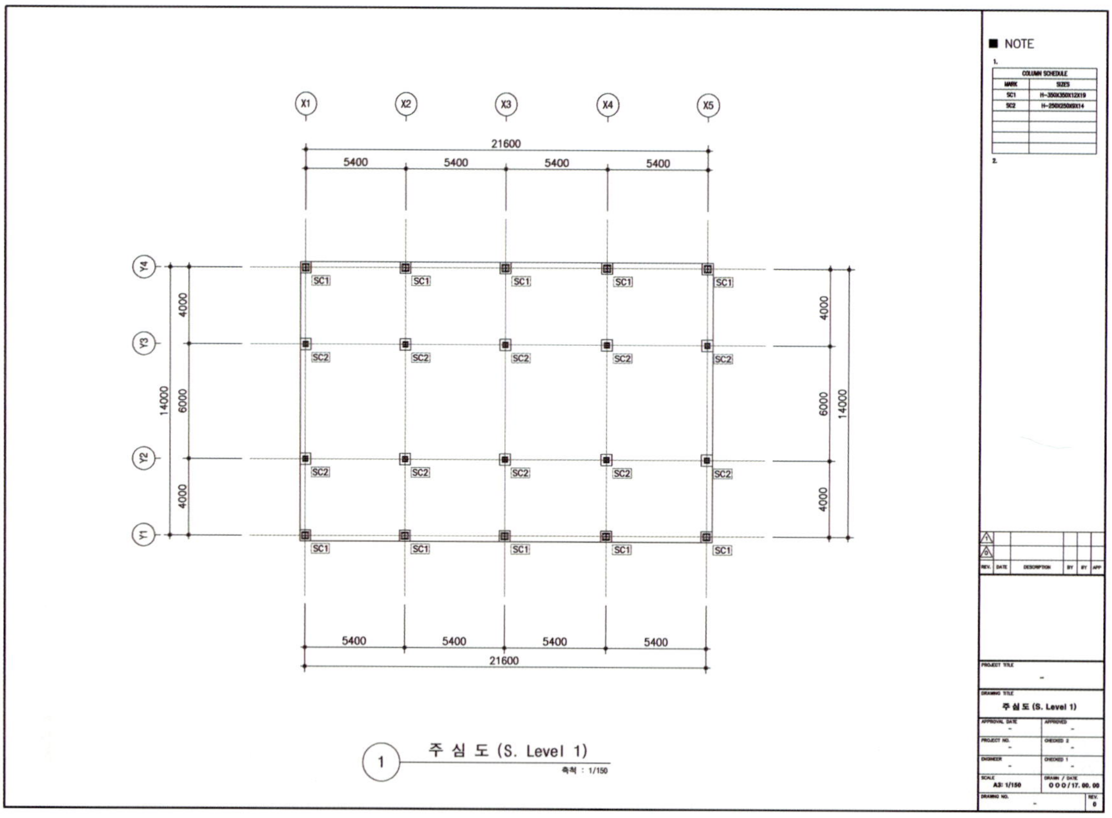

> ***TIP:** 기성 제품으로 생산되는 H-형강은 정해진 규격에 맞추어 생산됩니다. 아래 PDF 문서는 현대제철에서 제공하는 각 형강의 가이드북이며, DWG File은 이를 도면화하여 집약해 놓은 데이터입니다. <부록참고>*
> *file: 01-AutoCAD Modeling Sample/ 18-ProductsGuide_H-Beam.pdf*
> *file: 01-AutoCAD Modeling Sample/ 18-ProductsGuide_H-Beam.dwg*
> *<file: 01-AutoCAD Modeling Sample/ 17-practice training.dwg>*

1. MAT SLAB 모델링하기

❶ 우선 아래의 도면을 open하여, 주심도 도면을 확대합니다.

file: 01-AutoCAD Modeling Sample/ 18-practice training.dwg

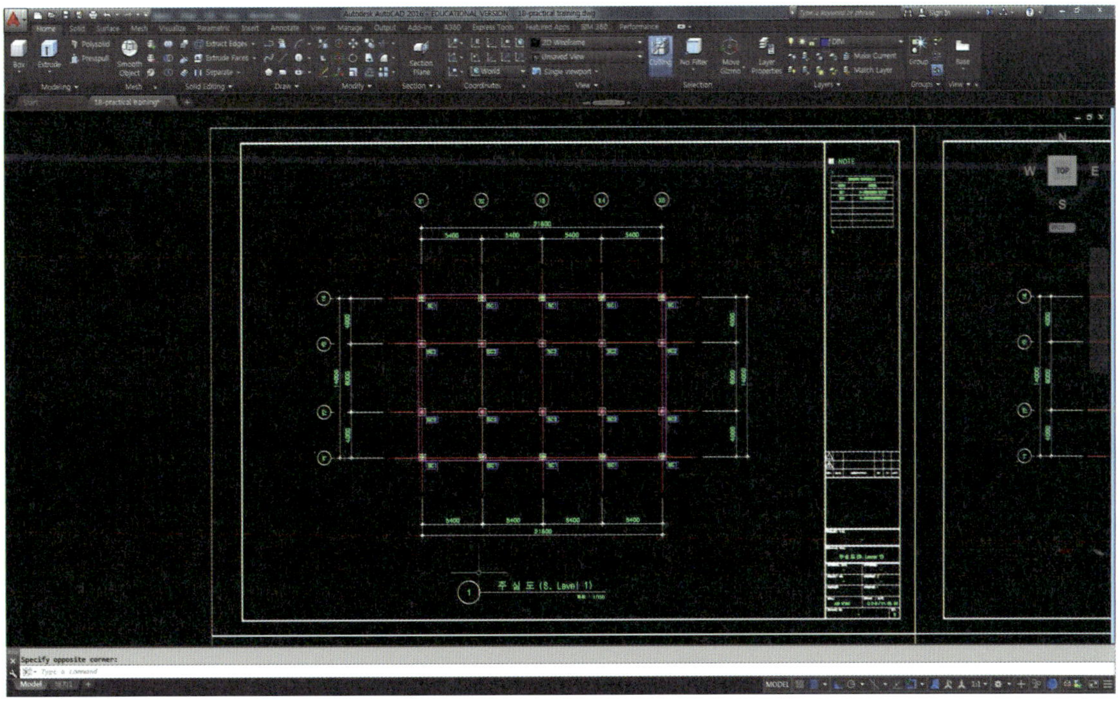

❷ view point를 3차원으로 바라보겠습니다. Command 상태에서 vpoint Enter 키를 누릅니다. 그리고 「X Axis: 225.0, XY Plane:45」를 입력합니다.

Command: **vpoint** *(단축키 vp)*

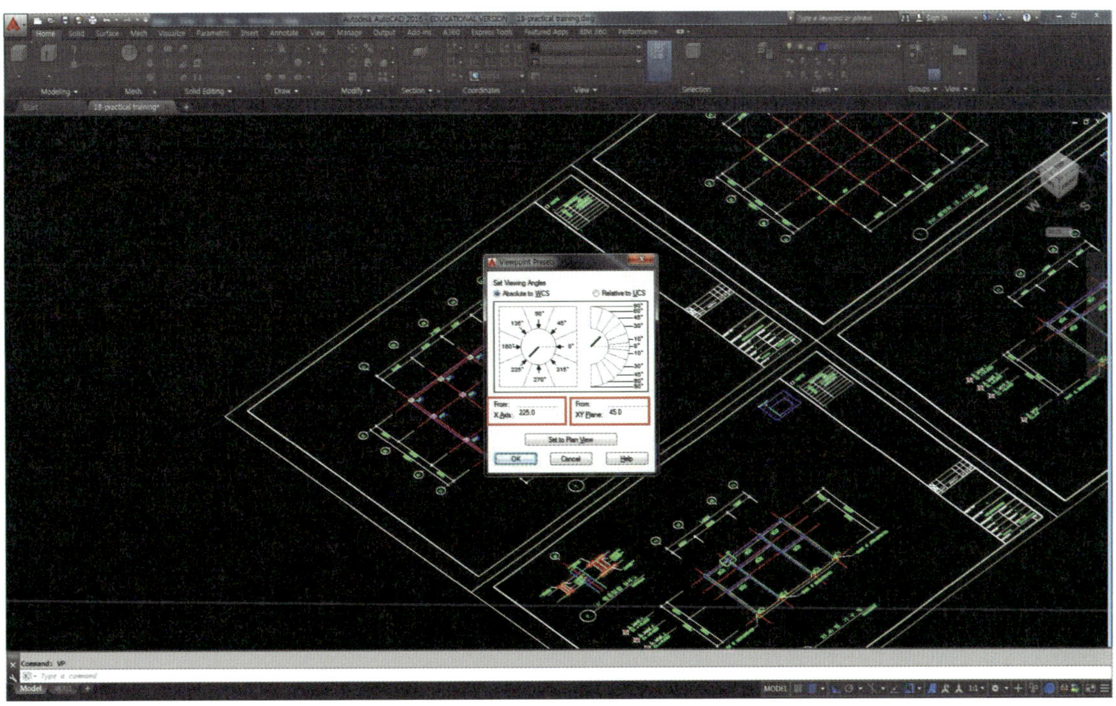

❸ 아래 그림과 같이 원활한 작업을 위하여 MAT SLAB와 콘크리트 기둥 부분을 복사하여 여유 공간에 옮겨 둡니다.

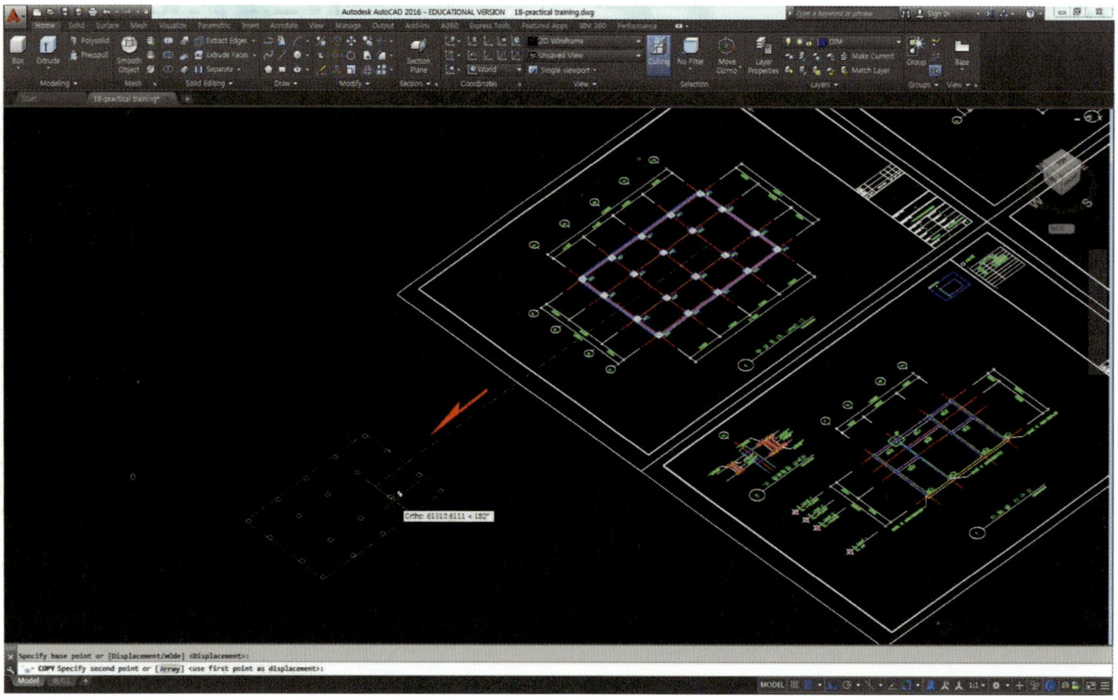

❹ MAT SLAB를 모델링하기 위해 'BASE PLATE' Layer를 생성합니다. 그리고 색상을 노란색(Yellow)으로 임의 선택하겠습니다.

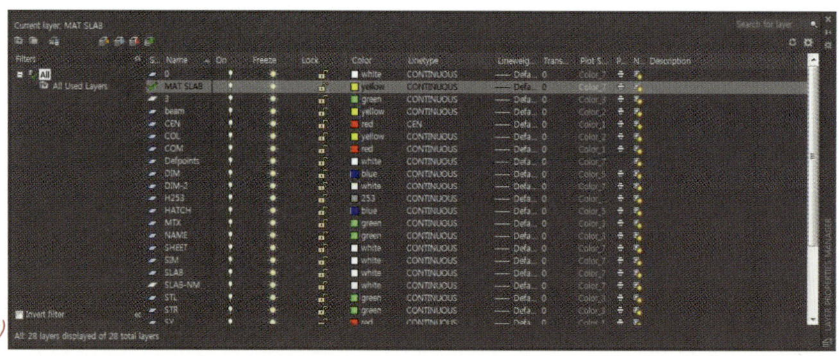

Command: **layer** *(단축키 La)*

❺ Extrude 명령어를 이용하여 MAT SLAB는 높이 400mm, 콘크리트 기둥은 600mm로 돌출시키고, Union 명령어를 이용하여 전체를 하나의 객체로 연합합니다.

Command: **extrude** *(단축키 ext)*
Current wire frame density: ISOLINES=4, Closed profiles creation mode = Solid
Select objects to extrude or [MOde]: Specify opposite corner: 20 found *(20개의 콘크리트 기둥 선택)*
Select objects to extrude or [MOde]: *(Enter↵)*
Specify height of extrusion or [Direction/Path/Taper angle/Expression]: 600 *(높이 600mm 입력)*

Command: **extrude** *(단축키 ext)*
Current wire frame density: ISOLINES=4, Closed profiles creation mode = Solid
Select objects to extrude or [MOde]: 1 found *(1개의 MAT SLAB 선택)*
Select objects to extrude or [MOde]: *(Enter↵)*
Specify height of extrusion or [Direction/Path/Taper angle/Expression] <600.0000>: 400 *(높이 400mm 입력)*

Command: union *(단축키 uni)*
Select objects: Specify opposite corner: 21 found *(21개의 solid object 선택)*
Select objects: *(Enter↵)*

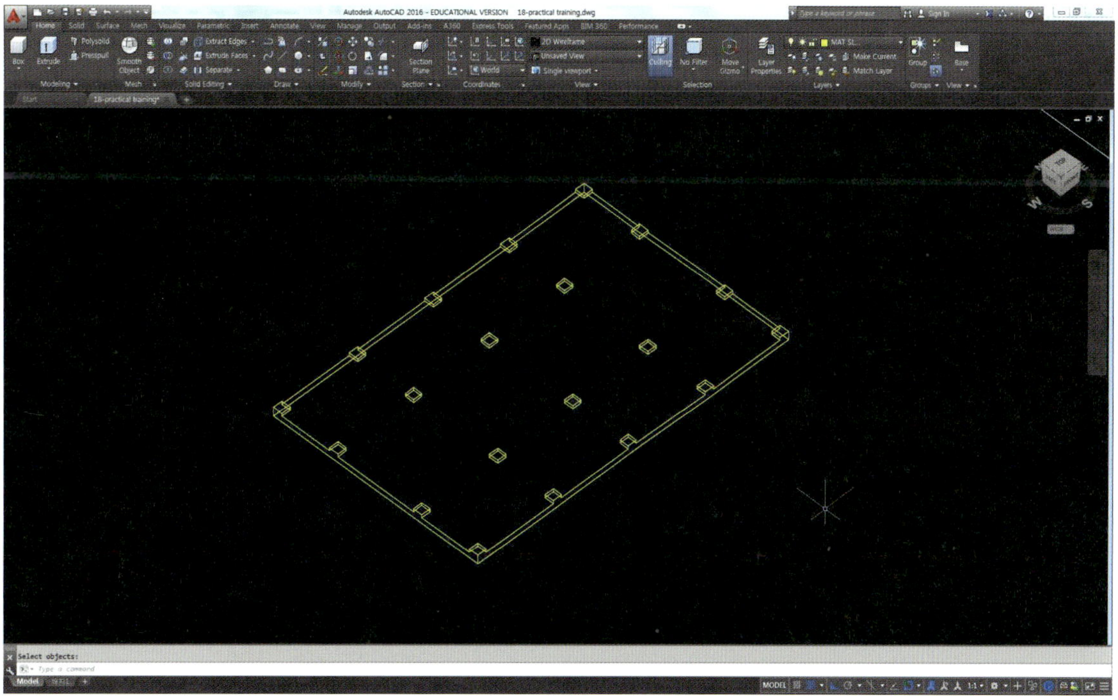

2. SC(Steel Column) 모델링하기

❶ 철골 구조 모델링하기 위한 임의의 열은 X1열을 지정하여 작업하도록 하겠습니다. 앞서 작업해 두었던 'BASE-PLATE 상세도 2' 모델링을 불러와 콘크리트 기둥 위에 올려놓습니다.

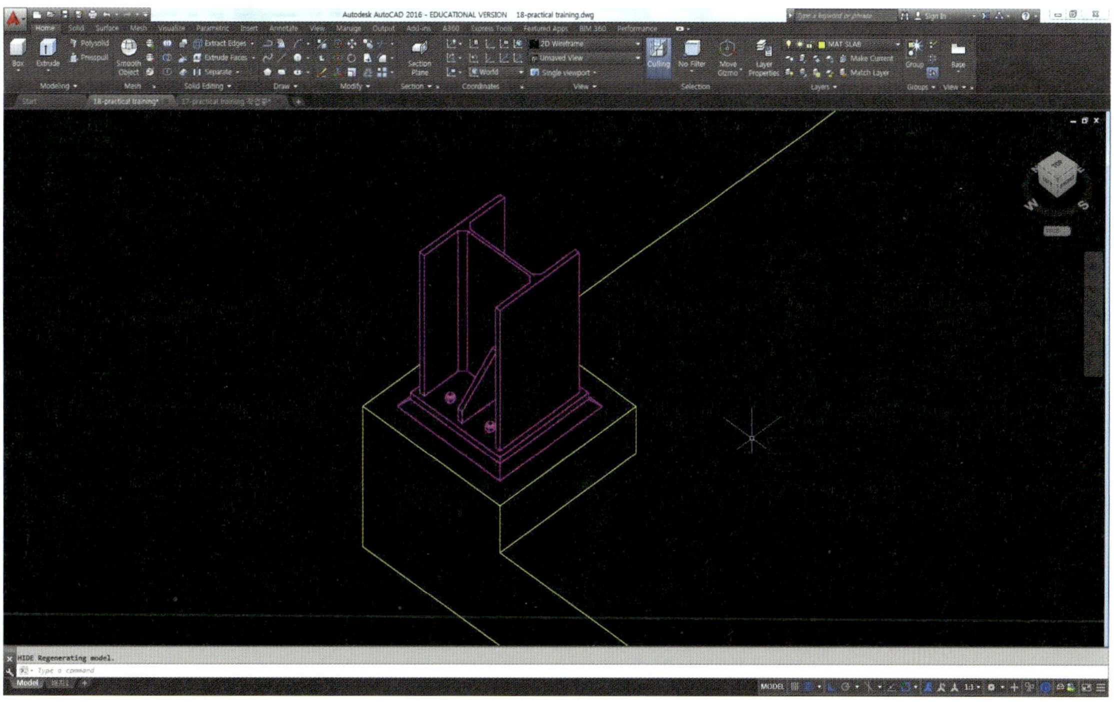

❷ 가구도를 살펴보면 철골 기둥(SC)의 높이는 10,000mm입니다. 그리고 작업된 H-Beam의 높이는 600mm입니다. 따라서 높이 10,000mm의 철골을 얻어내기 위해 나머지 9,400mm H-Beam을 제작하여 기존 H-Beam 위로 옮겨둡니다. 그리고 두 Object 사이의 선이 나타나게 되므로 Union 명령어를 이용하여 두 Object를 하나로 연합합니다.

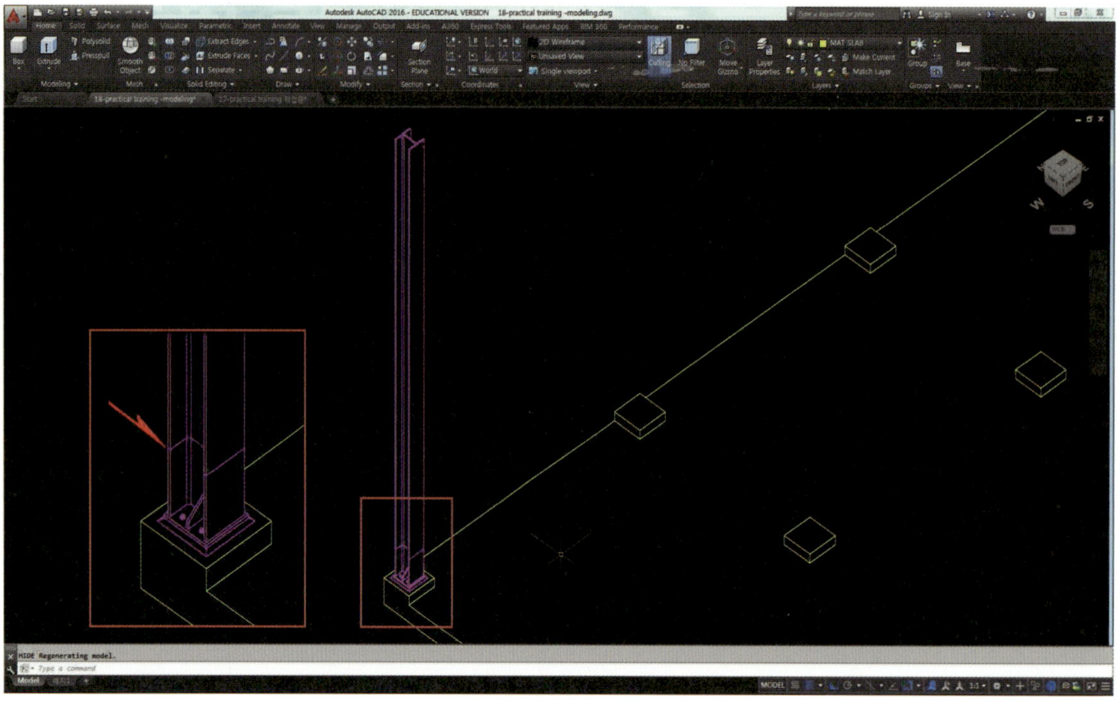

❸ 역시 앞서 작업해 두었던 'BASE-PLATE 상세도 2' 모델링을 불러와 위와 동일한 방법으로 모델링하여 위치시킵니다.

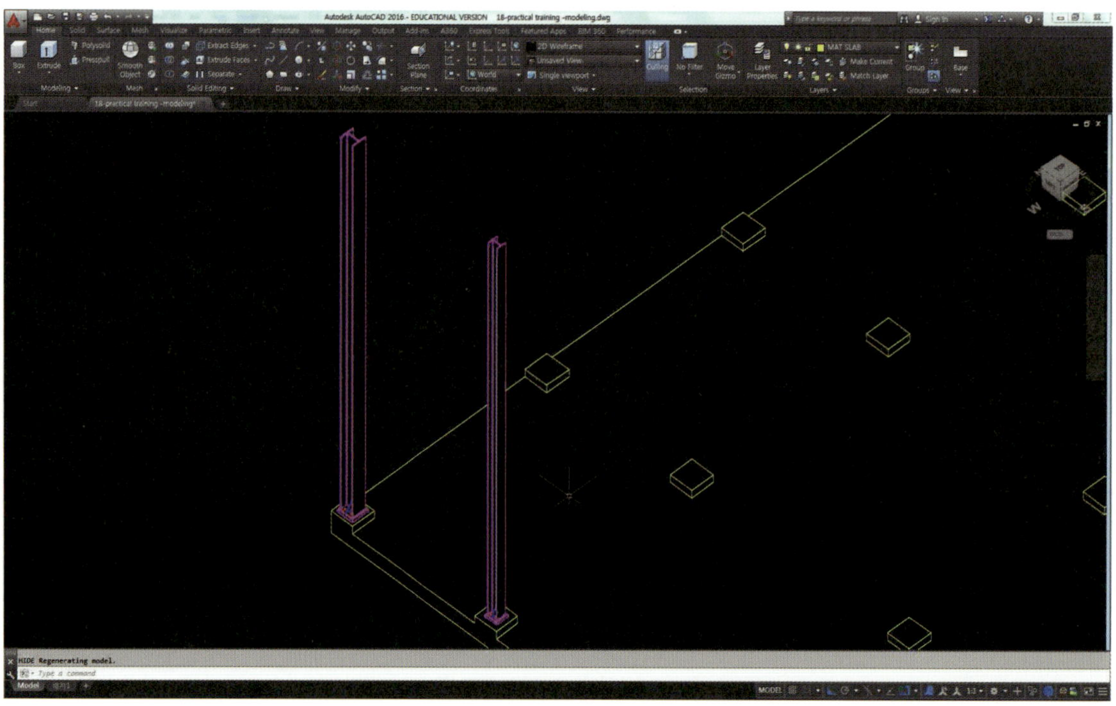

❹ 주심도를 참고하여 남은 두 콘크리트 기둥 위치에 아래 그림과 같이 철골기둥을 위치시킵니다.

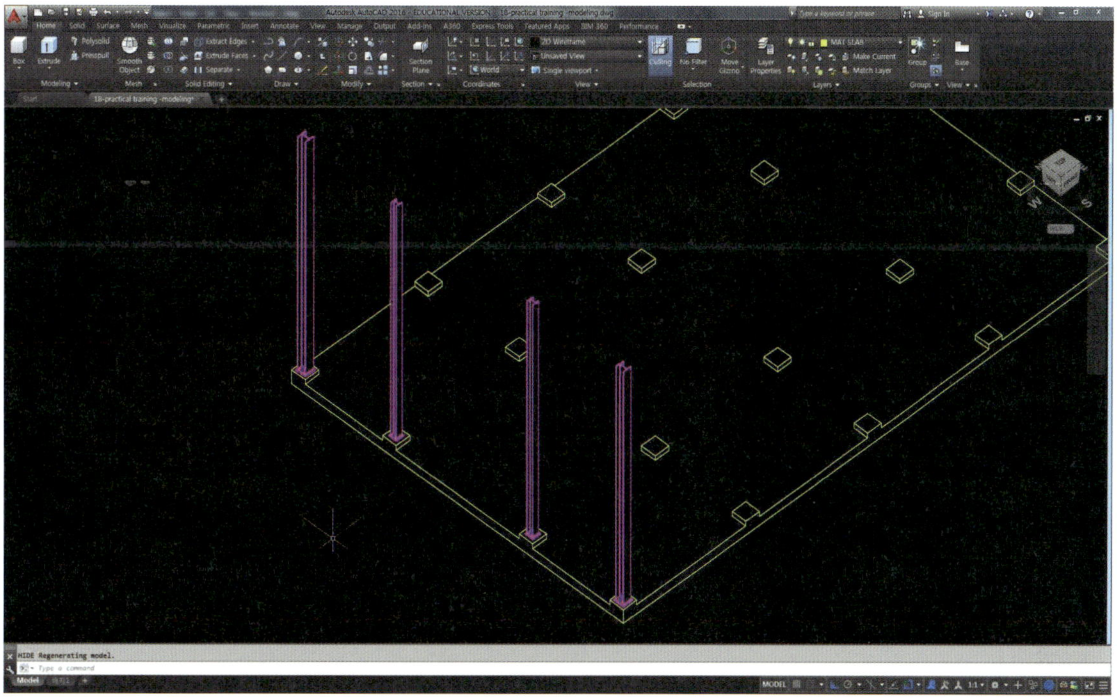

3. SG(Steel Girder) 모델링하기

❶ 이제 칠골 보(SG)를 모델링하겠습니다. 'X1, X5 가구도'를 칠골기둥(SC)과 철골 보(SG)의 접합상세도가 나타나 있습니다. 이를 참고하여 접합 모델링을 각각 위치해보도록 하겠습니다.

먼저 미리 작업해 두었던 '철골 접합 상세도 1'과 '철골 접합 상세도 2' 모델링을 불러옵니다. 그리고 가구도를 참고하여 아래 그림과 같이 각각 정확한 위치에 옮겨놓습니다.

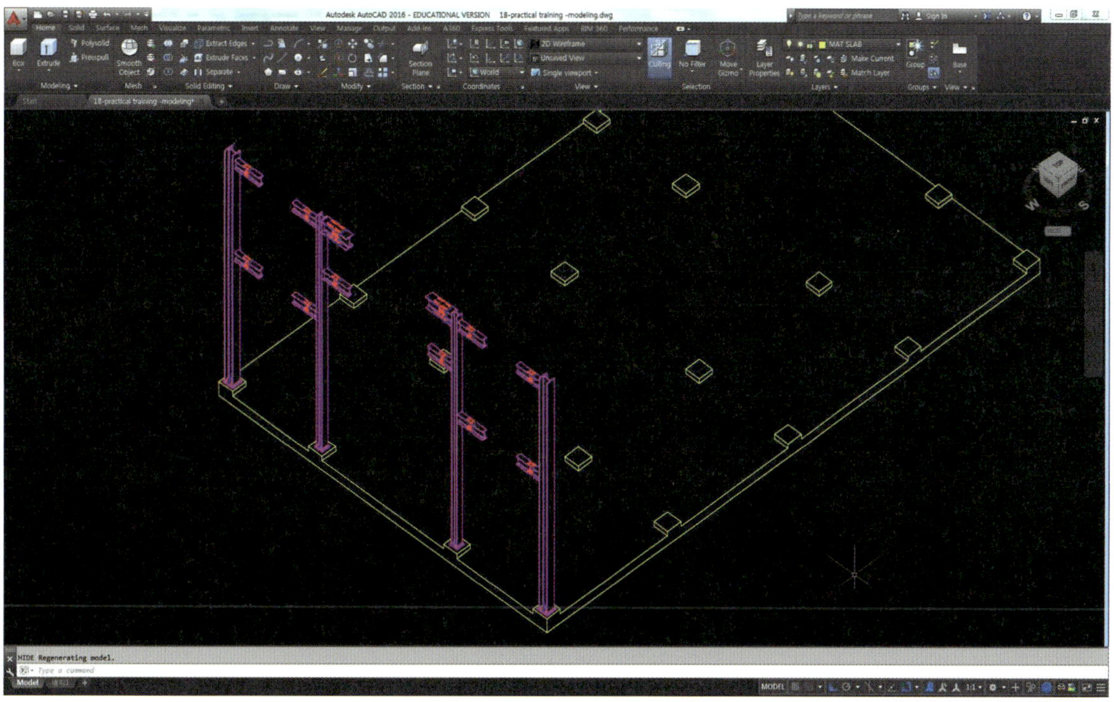

❷ 나머지 철골 보 부분을 모델링하여 이러 붙이고, 아래 그림과 같이 Union 명령어를 이용하여 하나로 연합시킵니다.

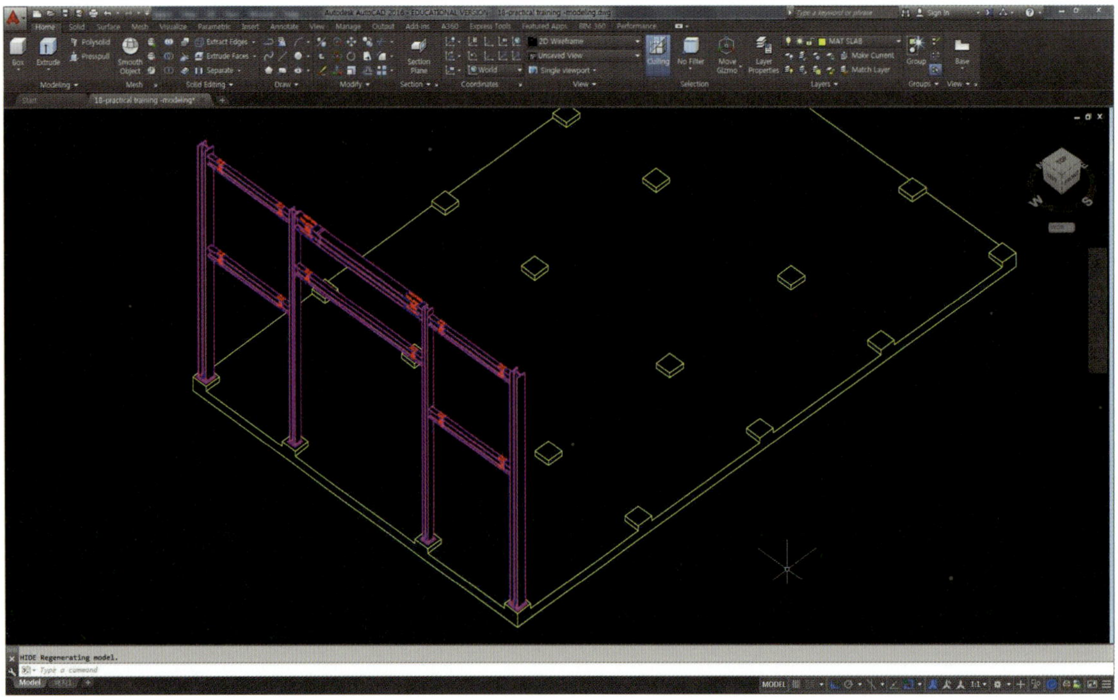

실습예제 21 철골 구조 모델링

위와 동일한 방법으로 아래 그림과 같이 철골구조 모델링을 완성하시오.

file: 01-AutoCAD Modeling Sample/ 18-practice training.dwg

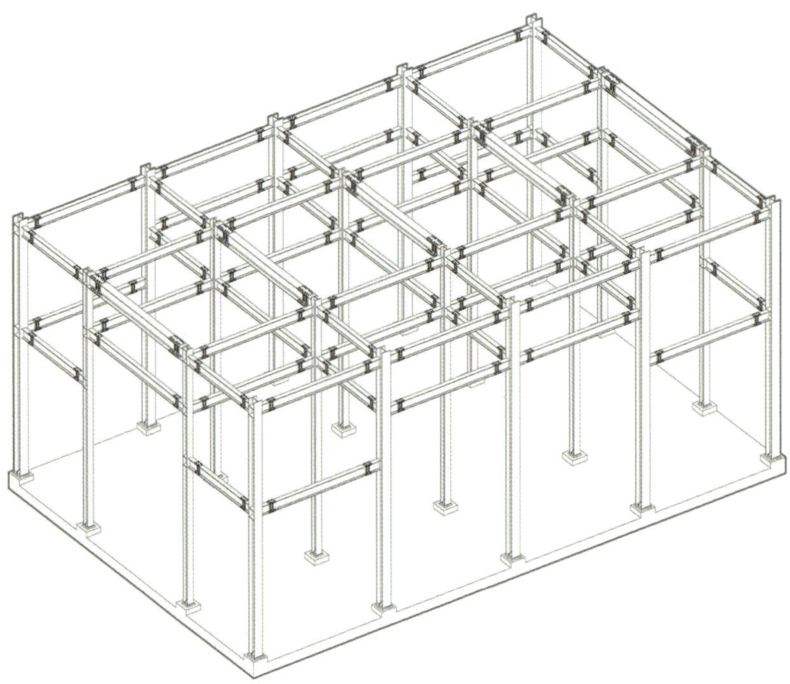

STEP 03 건축 모델링 - 근린생활시설

이제 AutoCAD를 활용한 건축모델링을 실습해보도록 하겠습니다. 아래 예제는 지하 1층, 지상 5층, 철근 콘크리트조로 이루어진 근린생활시설입니다. 비교적 평면과 입면이 단순하여 모델링 작업에 큰 어려움은 없으리라 예상됩니다. 모델링 프로세스로는 크게 ① 대지경계선을 기준으로 경사면을 갖고 있는 대지를 제작, ② 평면도를 활용한 기둥을 제작하여 제자리에 위치, ③ 단면도를 활용하여 보를 포함한 각층 슬라브 제작하여 기둥과 결합, ④ 입면도를 활용한 외벽 제작 순으로 이어지게 될 것입니다. 특징적인 것은 각 층 평면도를 살펴보면 각 층을 연결하는 계단실이 벽에 둘러싸여 외부에서 보이지 않습니다. 따라서 모델링과정에서 계단실은 생략하도록 하겠습니다. 지하층 역시 생략하도록 합니다다. 다만 3DS MAX나 SketchUp 등과 연동하여 실내투시도 제작이 계획되어 있다면 계단실 역시 제작하여야만 합니다.

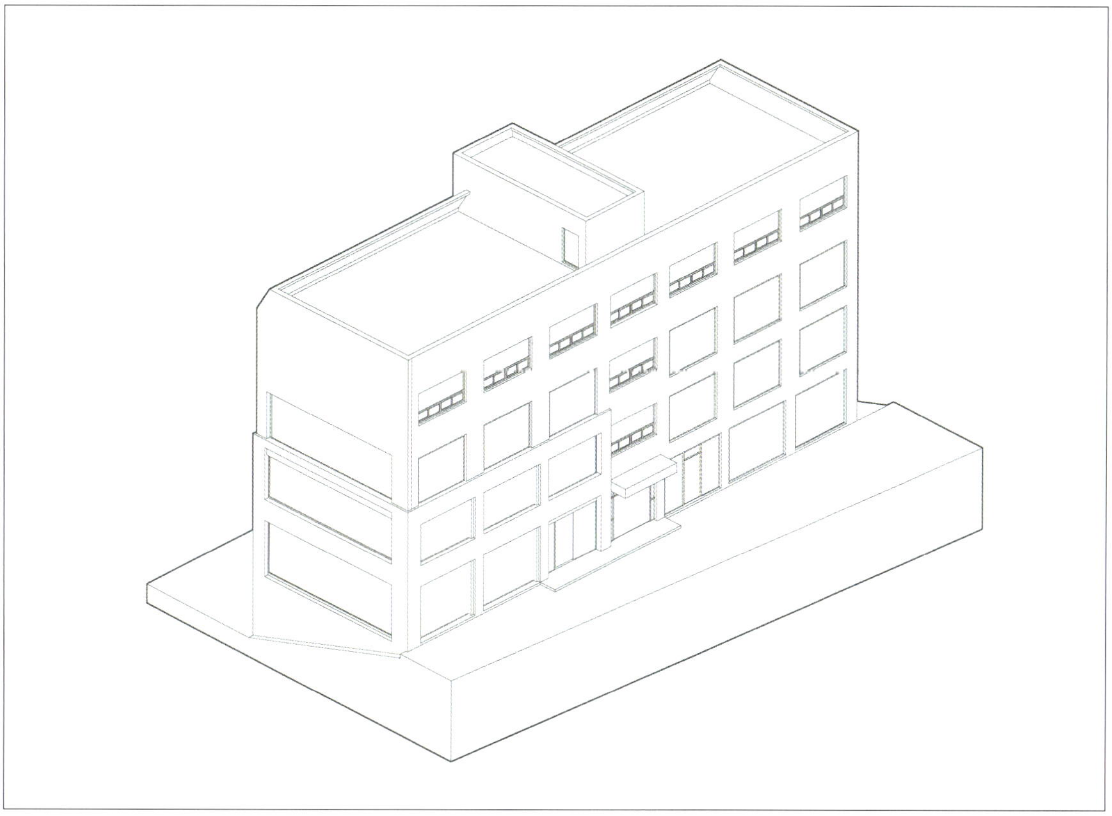

1. 대지 모델링하기

❶ 먼저 아래의 도면을 Open합니다. 그리고 view point를 3차원으로 바라보겠습니다. Command 상태에서 vpoint Enter 키를 누릅니다. 그리고 「X Axis: 225.0, XY Plane:45」를 입력합니다.

file: 01-AutoCAD Modeling Sample/ 19-practice training.dwg

Command: **vpoint** *(단축키 vp)*

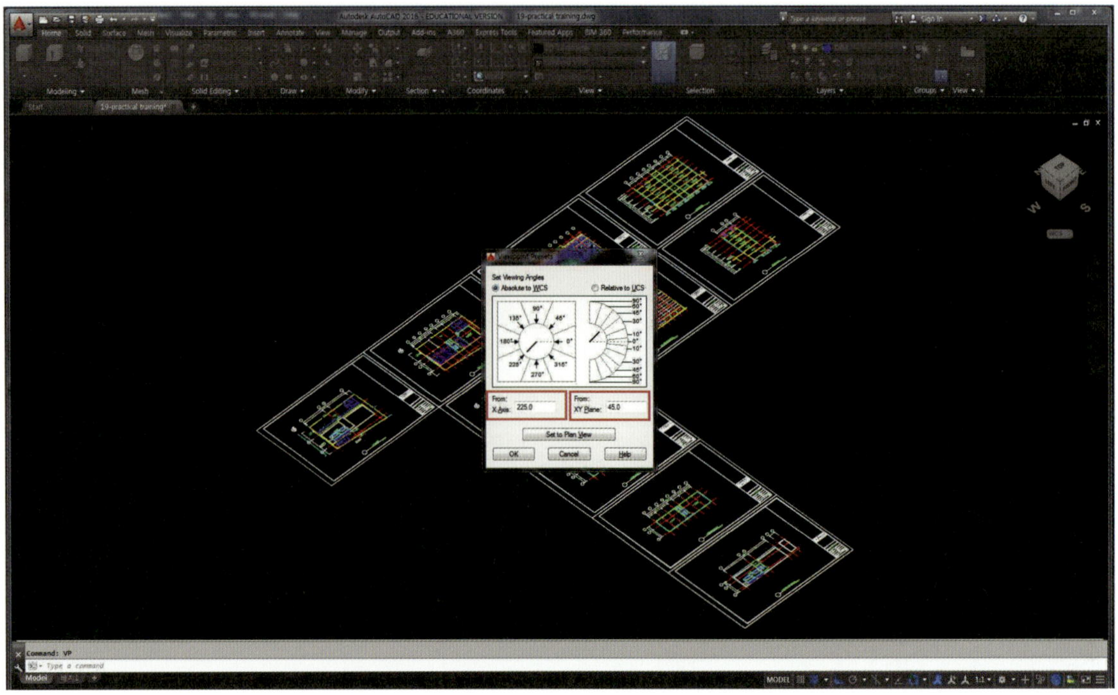

❷ 배치도에서 대지경계선을 선택하여 여유 있는 공간에 복사합니다.

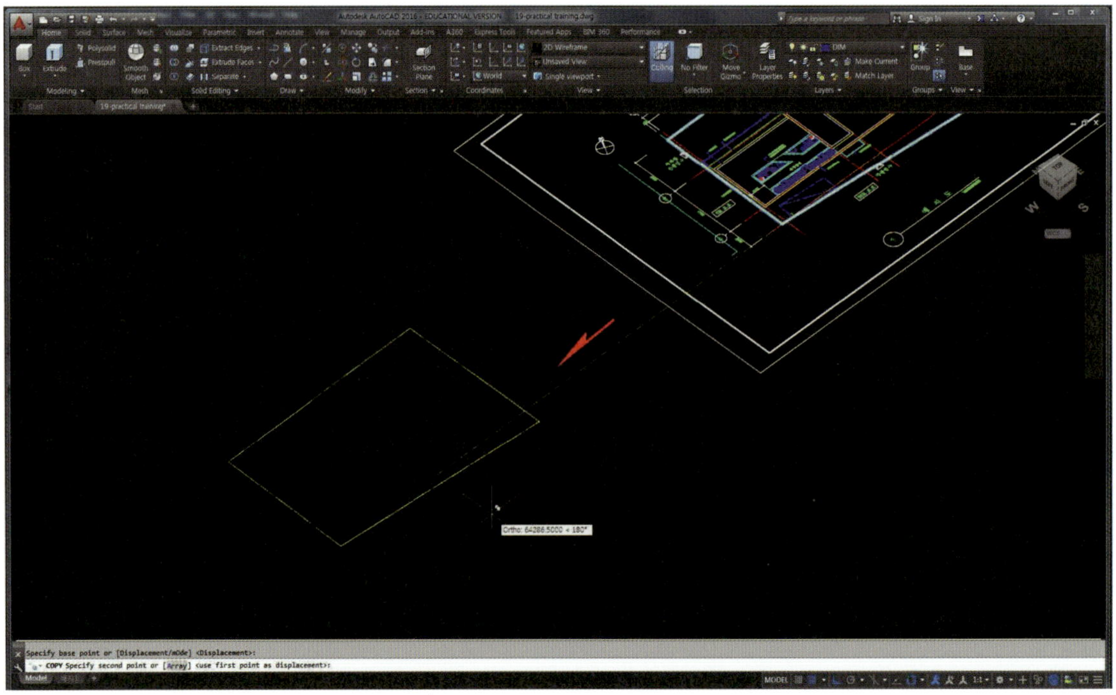

❸ 대지를 모델링하기 위해 'SITE' Layer를 생성합니다. 그리고 색상을 노란색(Yellow)으로 임의 선택하겠습니다.

Command: **layer** *(단축키 La)*

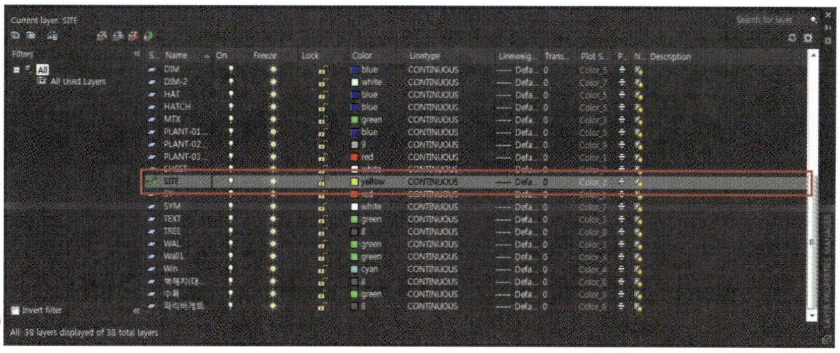

❹ 생성한 'SITE' Layer를 선택합니다. 그리고 Extrude 명령어를 이용하여 높이 3,500mm 돌출시킵니다.

Command: **extrude** *(단축키 ext)*
Current wire frame density: ISOLINES=4, Closed profiles creation mode = Solid
Select objects to extrude or [MOde]: 1 found *(대지경계선 선택)*
Select objects to extrude or [MOde]: *(Enter↵)*
Specify height of extrusion or [Direction/Path/Taper angle/Expression] <3500.0000>: 3500 *(높이 3,500mm를 입력)*

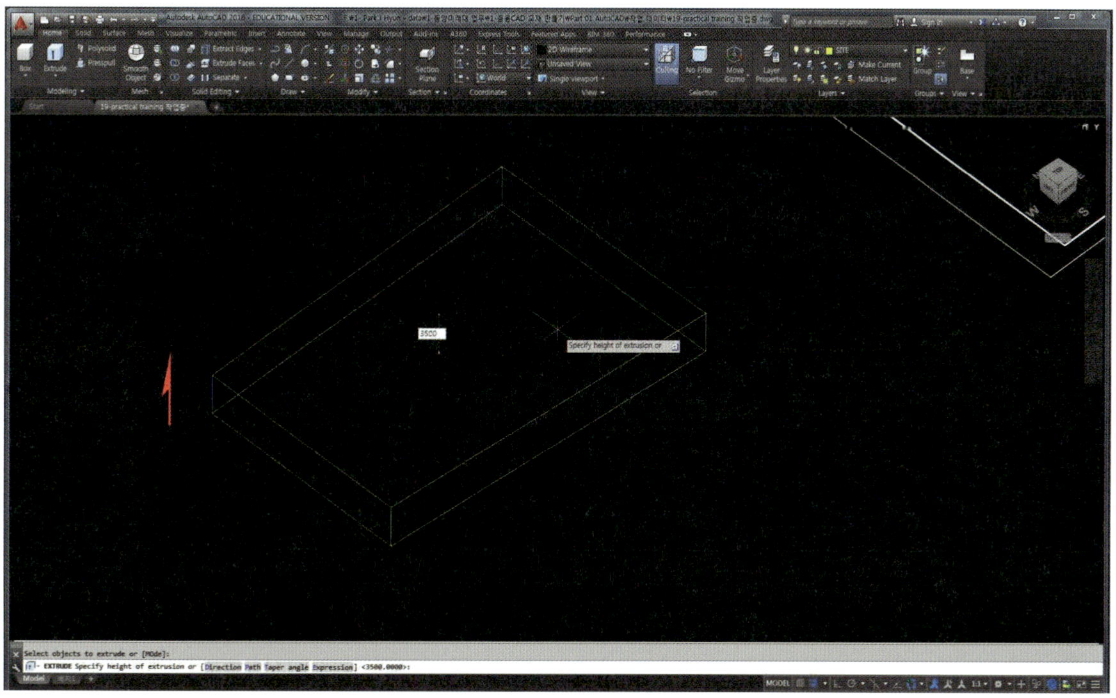

❺ 도면의 좌측면도와 우측면도를 살펴보면 대지가 경사면을 갖고 있는 것을 확인할 수 있습니다. 그 경사면을 생성하기 위해서 우리는 Boolean 명령어 중 Subtract*(단축키 sub)*를 이용하여 경사면을 필요없는 영역을 절개하여 만들어보겠습니다.

우선 아래 그림과 같이 좌측면도를 활용하여 미리 작업한 대지 모델링에서 삭제할 영역만큼 모델링을 제작합니다. 배치도의 대지경계선을 보면 축열 Y3열에서 배면방향으로 5,700만큼 영역이 확보되어 있음을 볼 수 있습니다. Polyline을 이용하여 해당 영역을 작도하고 아래 그림과 같이 Extrude 명령어를 이용하여 27,000mm 돌출시킵니다.

> ***TIP:*** *Dist(단축키 di) 명령어를 이용하여 대지경계선의 가로길이를 측정해보면 약 26,693mm로 나타납니다. 그러나 이 모델링은 절개를 위한 모델링이므로 이보다 더 큰 27,000mm 또는 그 이상으로 제작할 수 있습니다.*

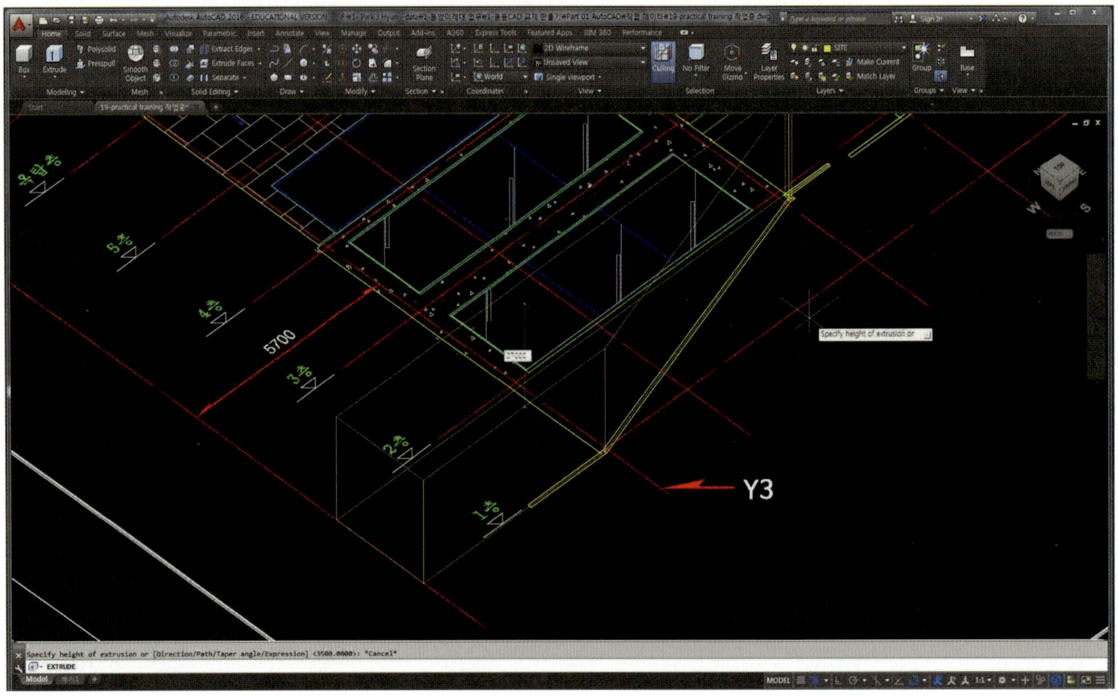

❻ 경사면 절개를 위해 제작한 모델링을 대지 모델링 옆으로 옮겨둡니다. 그리고 대지모델링과 결합하겠습니다.**(red line)** 방법은 Rotate3d와 Move를 활용하여 결합하는 방법이 있지만, 보다 효율적이고 정확한 결합을 위해서는 Align*(단축키 al)* 명령어를 이용하여 결합하는 것이 좋습니다.

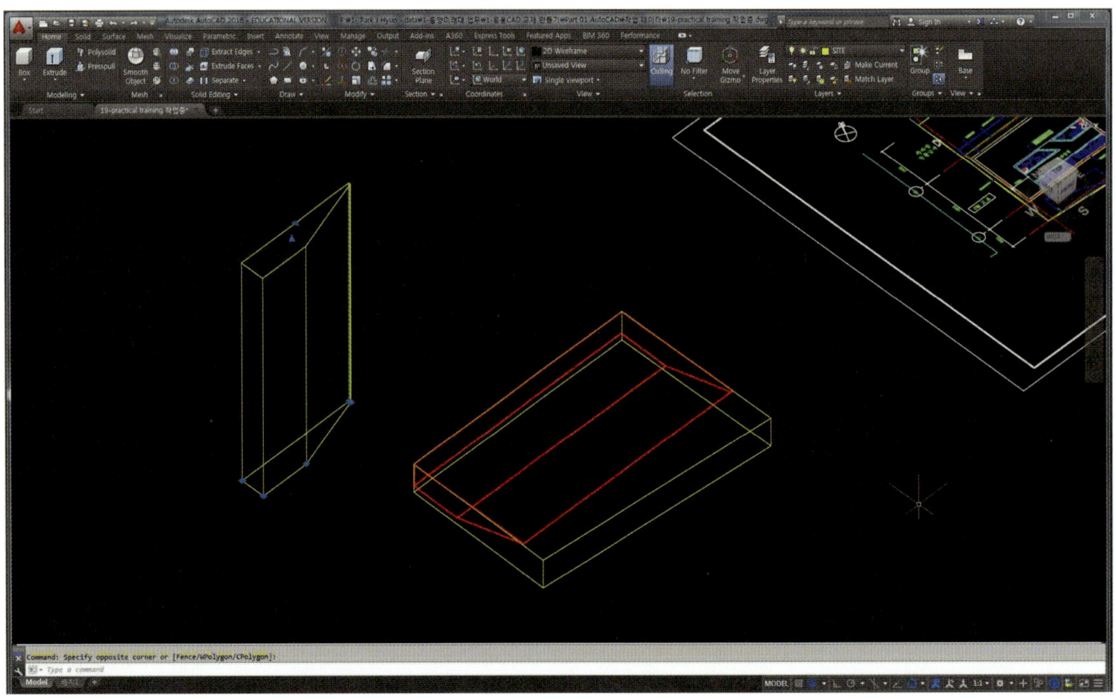

❼ Align을 활용하는 방법은 아래와 같습니다.

Command: **align** *(단축키 al)*
Select objects: Specify opposite corner: 1 found *(오브젝트 선택)*
Select objects: *(Enter↵)*
Specify first source point: *(P1 클릭)*
Specify first destination point: *(P1' 클릭)*
Specify second source point: *(P2 클릭)*
Specify second destination point: *(P2' 클릭)*
Specify third source point or <continue>: *(P3 클릭)*
Specify third destination point: *(P3' 클릭)*

TIP: align 명령어 실행 후 첫 번째 시작지점(Specify first source point)과 목표지점(Specify first destination point)이 기준점이 됨을 주의해야 합니다. 만약 아래 그림의 P2지점을 첫 번째 시작지점으로 선택하고, P2' 지점을 목표지점으로 선택한다면 해당 Object는 대지 모델링의 아랫면에 붙게 될 것입니다.

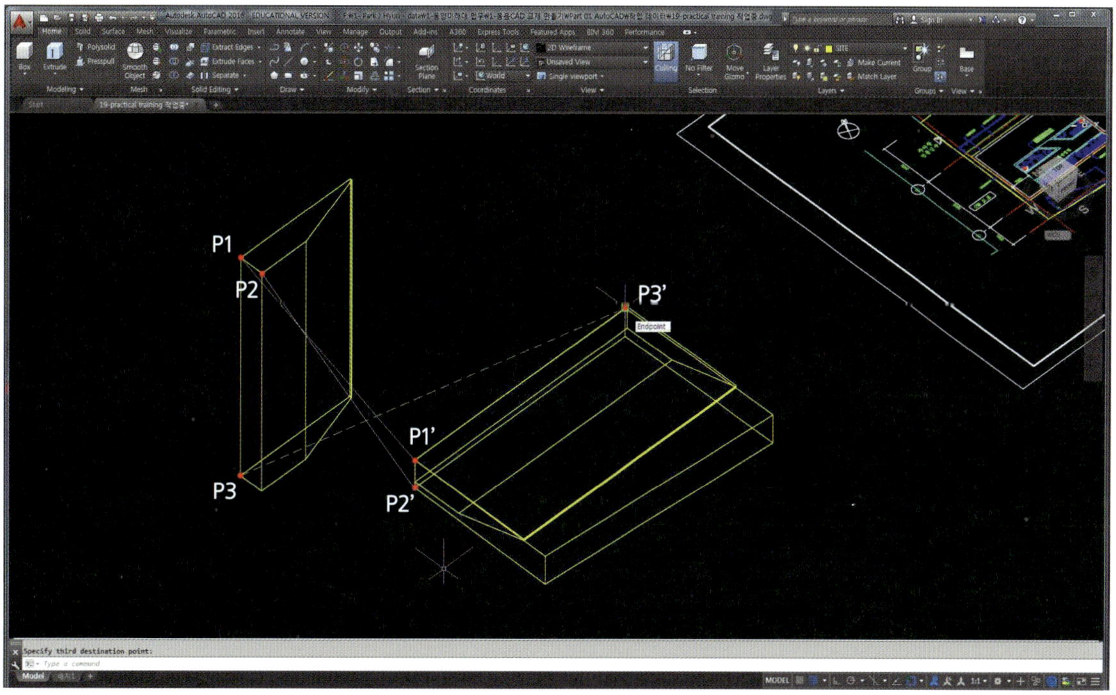

❽ 이제 Subtract 명령어를 이용하여 아래와 같이 경사면을 생성하겠습니다.

Command: **subtract** *(단축키 su)*
SUBTRACT Select solids, surfaces, and regions to subtract from ..
Select objects: 1 found *(절개될 대지 모델링 선택)*
Select objects: Select solids, surfaces, and regions to subtract .. *(Enter↵)*
Select objects: 1 found *(절개할 경사 모델링 선택)*
Select objects: *(Enter↵)*

TIP: Subtract 명령어를 실행 시 주의할 점은 절개될 Object를 먼저 선택하는 것입니다. 앞으로 배울 Sketchup 역시 Subtract 명령어가 있으나 선택순서가 AutoCAD와는 반대이므로 주의해야 합니다.

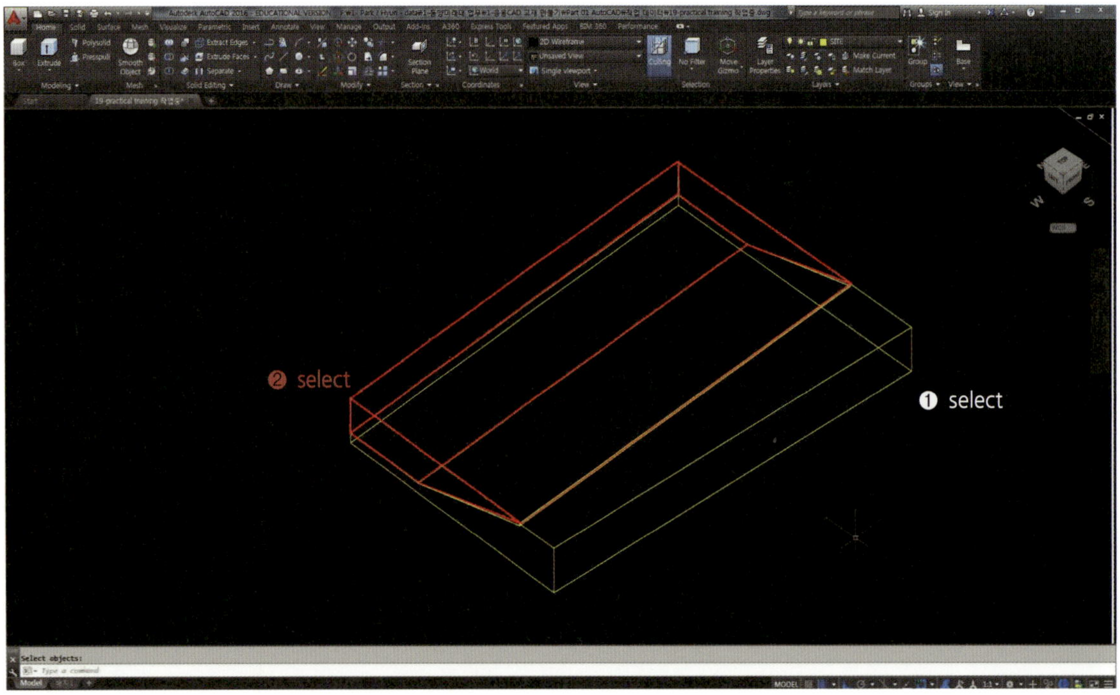

❾ 마지막으로 건물이 들어갈 자리를 절개하도록 하겠습니다. 지상 1층 평면도를 활용하여 건물의 외곽선을 Polyline을 이용하여 그려줍니다.**(red line)** 그리고 Extrude를 이용하여 높이 3,500mm 돌출시킵니다.

Command: **extrude** *(단축키 ext)*
Current wire frame density: ISOLINES=4, Closed profiles creation mode = Solid
Select objects to extrude or [MOde]: 1 found *(건물 외곽선 선택)*
Select objects to extrude or [MOde]:
Specify height of extrusion or [Direction/Path/Taper angle/Expression] <27000.0000>: 3500 *(높이 3,500mm 입력)*

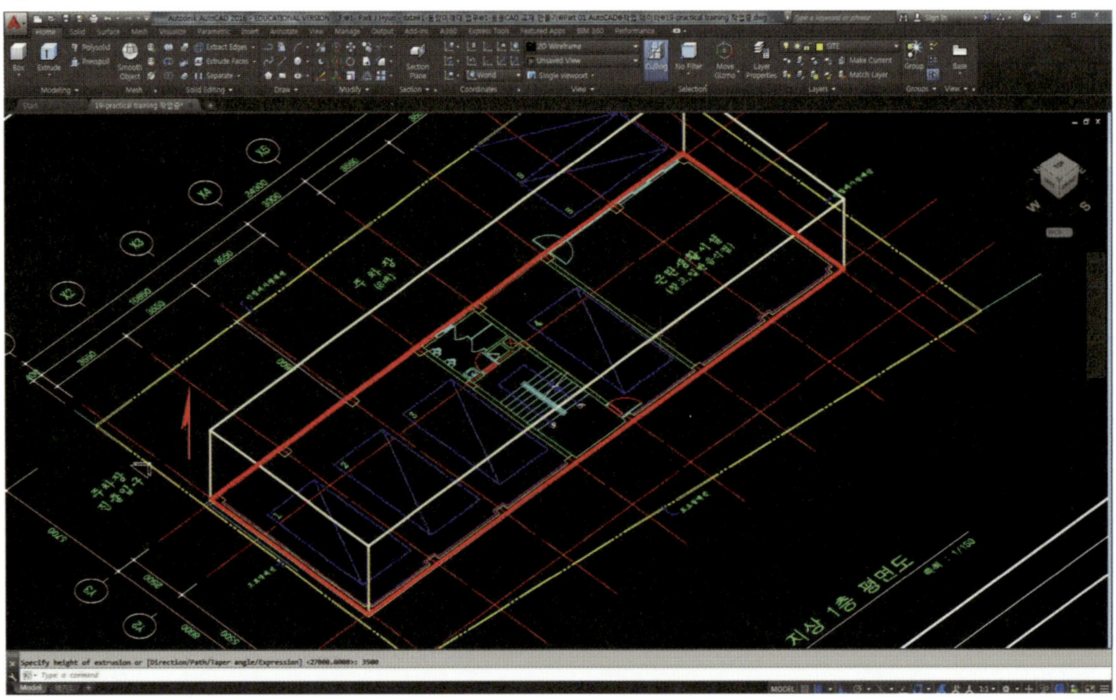

⑩ Move 명령어를 입력하고 해당 Object를 선택 한 후, Base point(**P1**)를 클릭합니다.

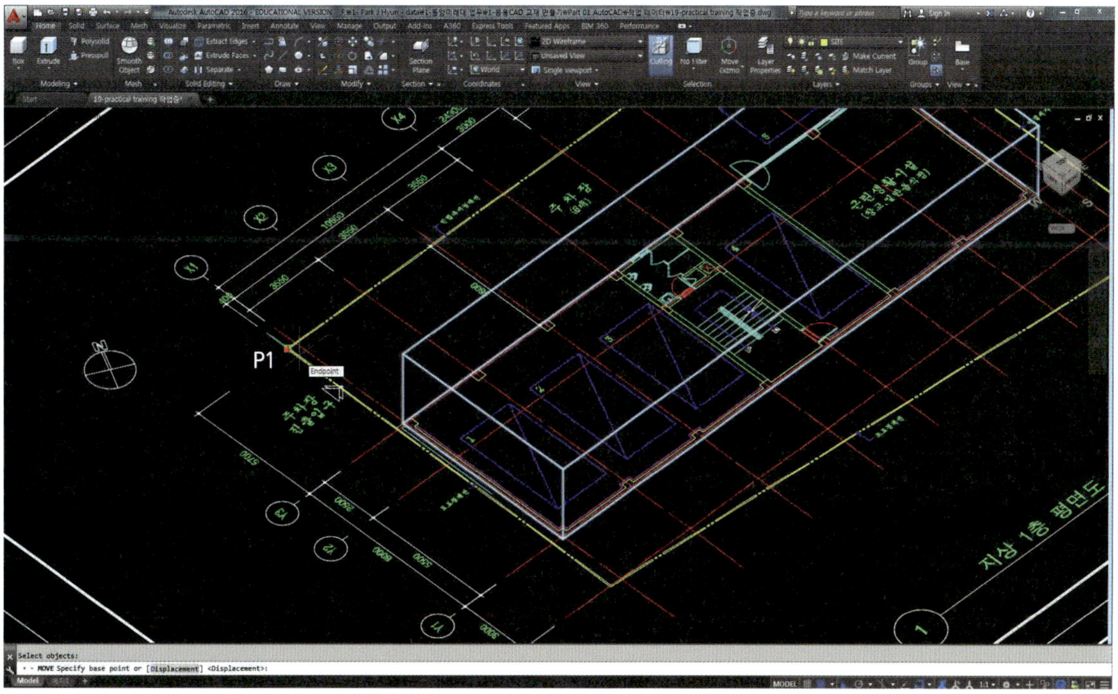

⑪ 그리고 Second point(**P2**)를 클릭합니다.

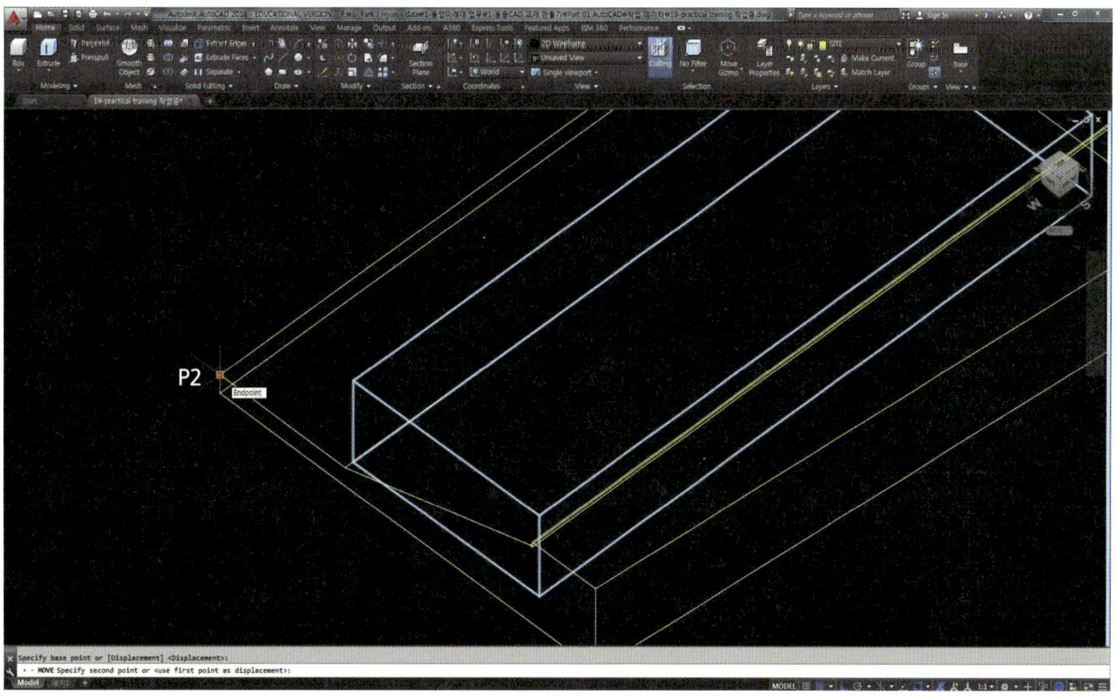

⑫ 마지막으로 Subtract 명령어를 이용하여 해당영역을 절개합니다.

Command: **subtract** *(단축키 sub)*
Select solids, surfaces, and regions to subtract from ..
Select objects: 1 found *(절개될 대지 모델링 선택)*

Select objects: Select solids, surfaces, and regions to subtract .. *(Enter↵)*
Select objects: 1 found *(절개할 건물 영역 모델링 선택)*
Select objects: *(Enter↵)*

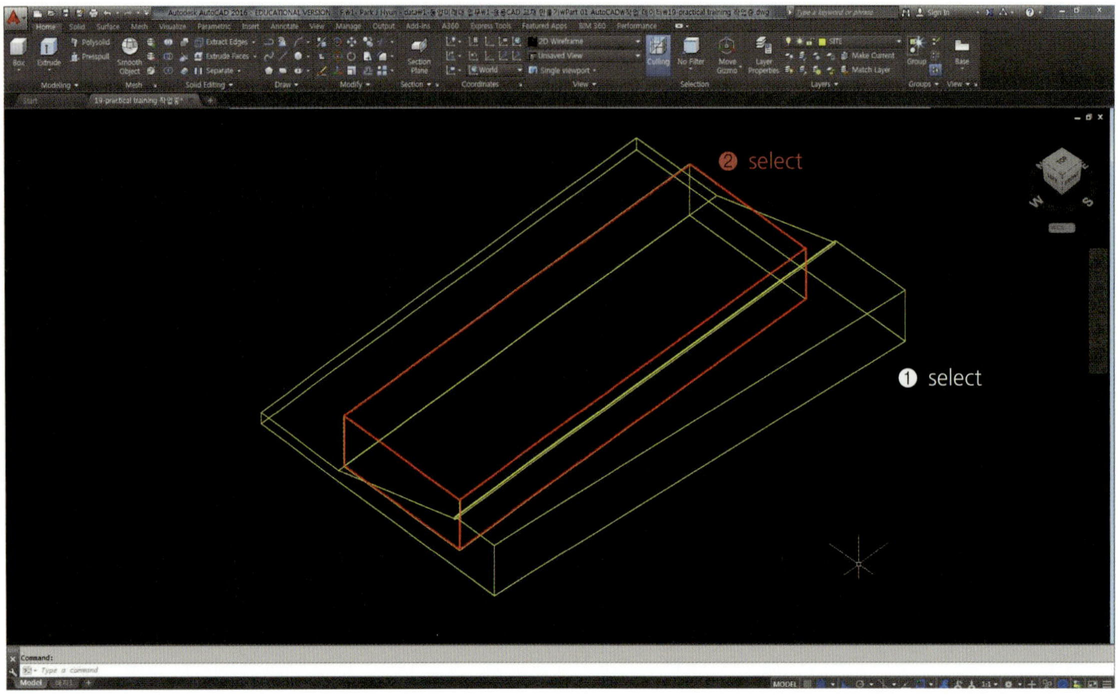

⓭ 대지 모델링이 완성되었습니다.

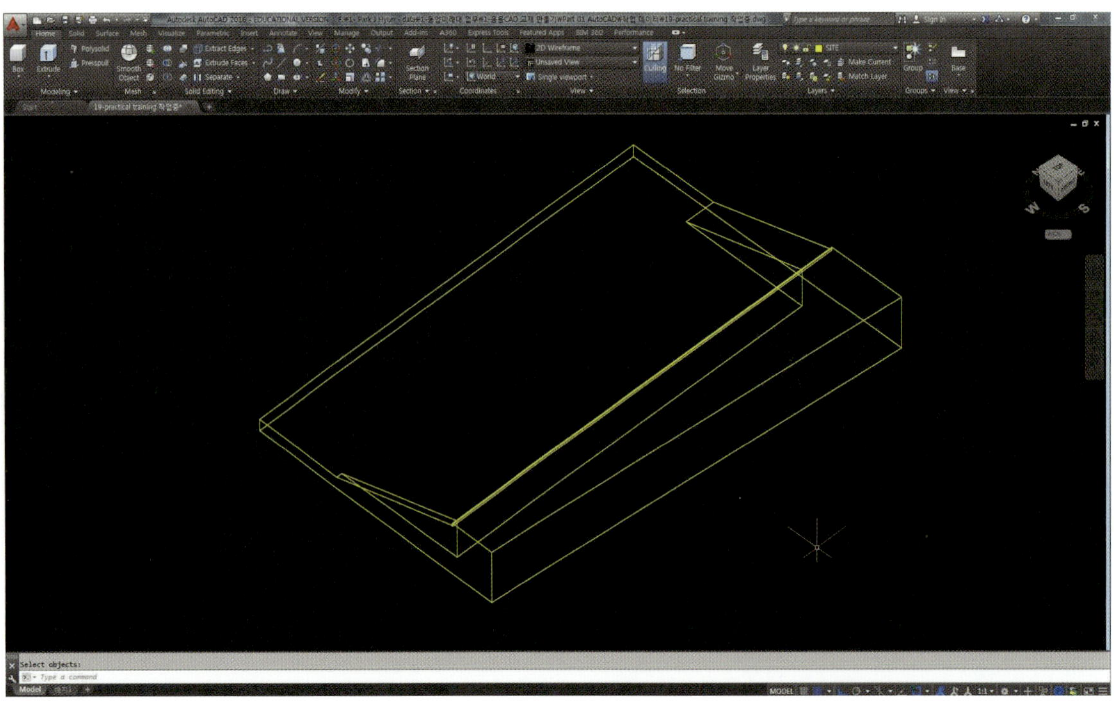

2. 건축 모델링하기

1) 기둥 배치하기

❶ 단면도를 살펴보면 해당 건물의 기둥은 지하층부터 옥탑층 바닥까지 이어져 있습니다. 우리는 지하층 모델링을 생략하기로 하였으므로, 지하층을 제외한 지상 1층부터 옥탑층 바닥까지 높이를 가진 기둥을 제작하면 됩니다. 먼저 기둥을 모델링하기 위해 'POLE' Layer를 생성합니다. 그리고 색상을 노란색(Yellow)으로 임의 선택하겠습니다.

Command: **layer** *(단축키 La)*

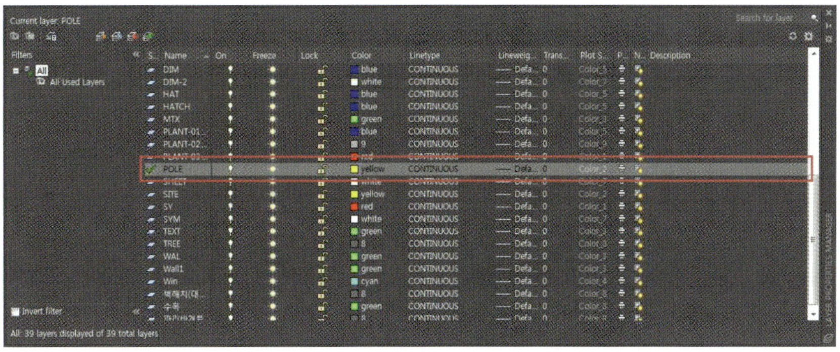

❷ 그리고 아래 그림과 같이 모든 기둥의 높이를 옥탑층 높이 14,200mm로 돌출시킵니다. 기둥 개수 총 16개를 한 번에 선택하여 제작할 수도 있으나, 해당 도면에서는 기둥 1개를 제작하여 나머지 15개의 기둥을 복사 배치하는 것입니다.

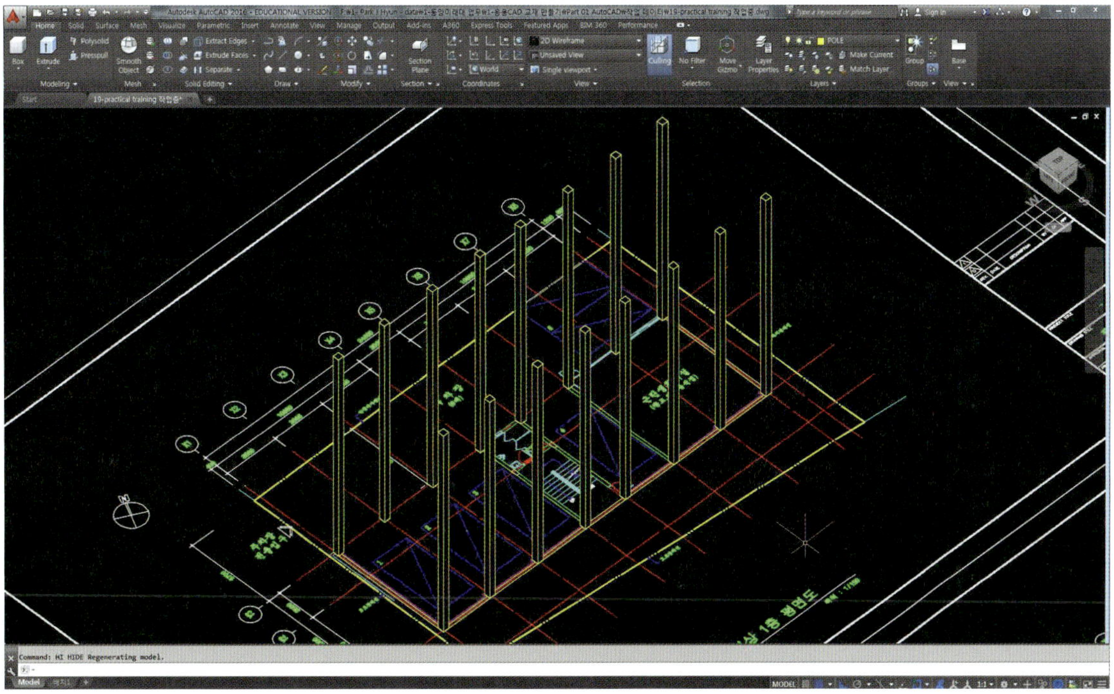

❸ 그리고 Move를 이용하여 제작된 기둥들을 대지 모델링 위에 옮겨놓습니다. 해당 모델링을 옮겨놓을 때, Base point는 위의 건물영역 모델링을 옮겨 놓았을 때의 Base point와 동일합니다.

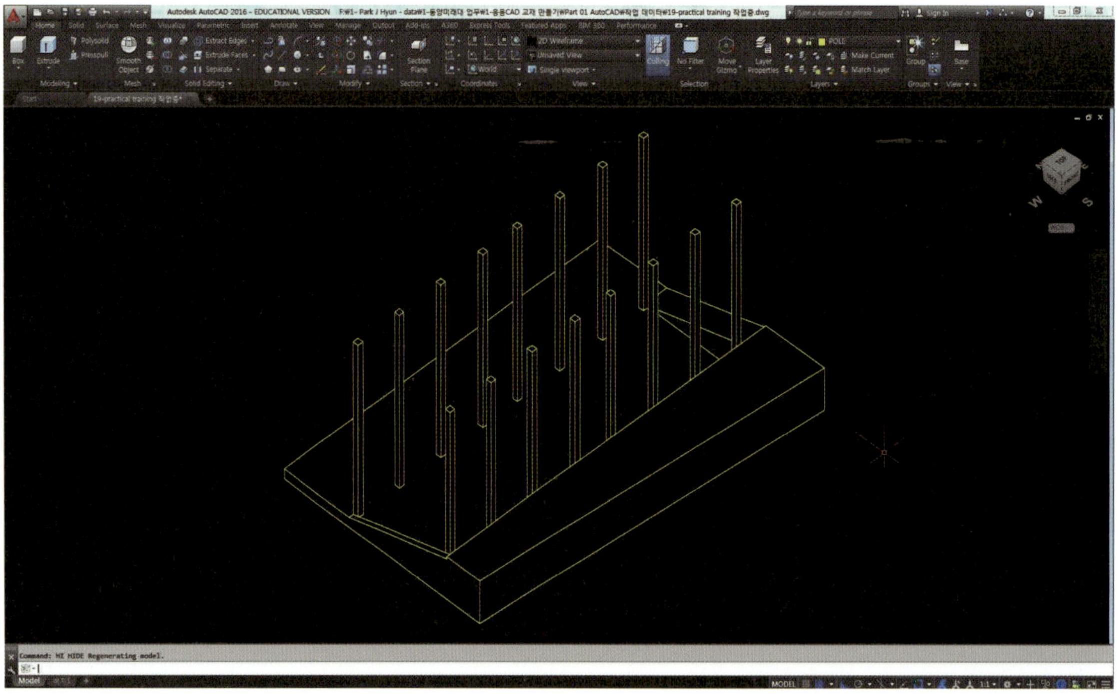

2) 슬라브 모델링하기

❶ 각층 슬라브를 제작해 보도록 하겠습니다. 방법은 횡단면도에서 보를 포함한 슬라브 제작, 종단면도를 활용하여 역시 보를 포함한 슬라브를 제작하여 두 슬라브를 Union 명령어를 이용하여 결합하는 방법으로 진행하겠습니다.

우선 슬라브를 모델링하기 위해 'SLAB' Layer를 생성합니다. 그리고 색상을 역시 노란색(Yellow)으로 임의 선택하겠습니다.

Command: **layer** *(단축키 La)*

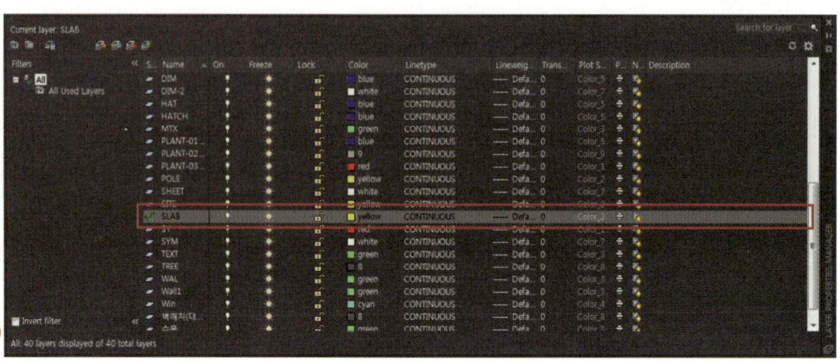

❷ 먼저 횡단면도에서 보를 포함하여 지상 1층 슬라브를 제외한 지상 2층부터 옥탑층 슬라브까지 8,200mm, 옥탑 지붕은 7,200mm 돌출시킵니다. 돌출수치는 입면도나 배치도에서 찾을 수 있습니다.

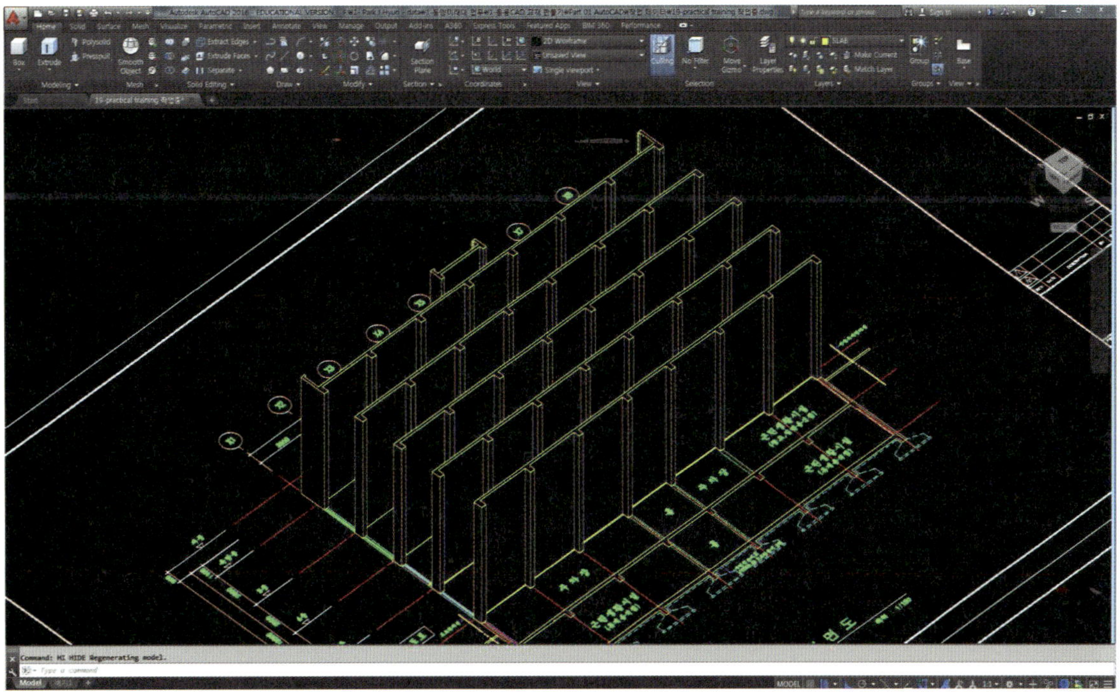

❸ 이번엔 종단면도를 활용하여 동일한 방법으로 보를 포함한 슬라브를 제작합니다. 역시 지상 1층 슬라브를 제외한 지상 2층부터 옥탑층 슬라브까지 24,500mm 돌출시킵니다

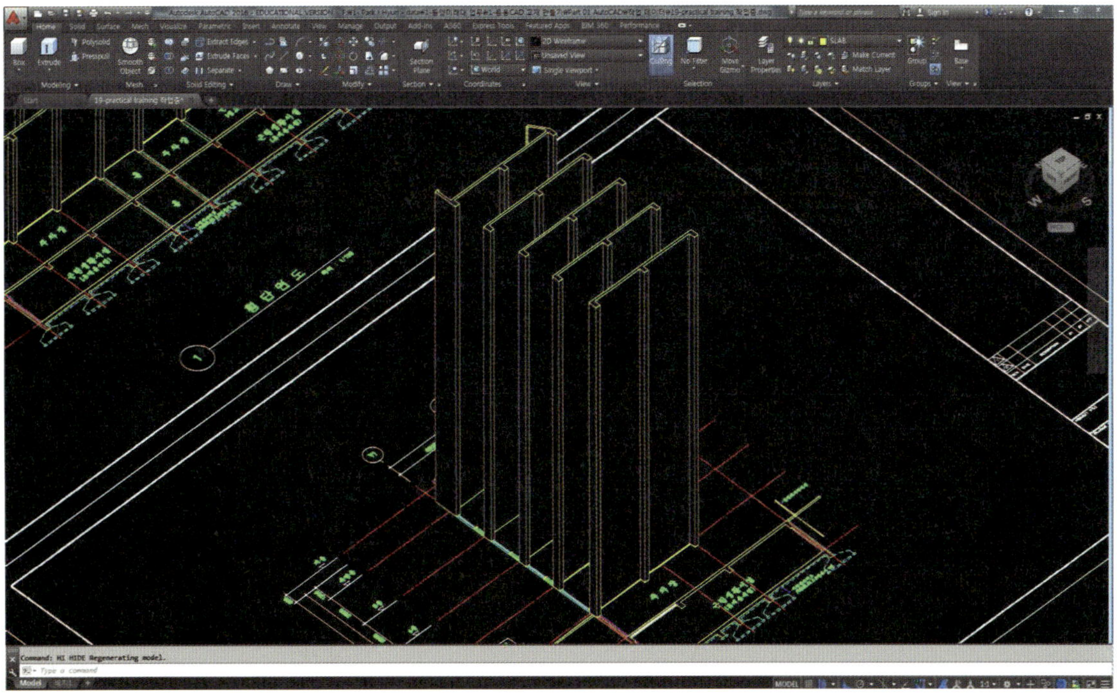

TIP: 종단면도에서는 슬라브를 제외한 보만 제작하여도 무방합니다. 슬라브는 같은 위치에 해당하므로 Union 결합하면 상쇄되기 때문입니다.

❹ 이제 종단면도에서 제작한 슬라브를 90도 회전시켜 아래 그림과 같이 횡단면도에서 제작한 슬라브와 겹치게 배치합니다. 주의할 점은 경사진 파라펫이 아래로 향하도록 회전해야만 합니다. 각 슬라브의 시인성을 위해 횡단면도에서 제작한 슬라브는 노란색(Yellow), 종단면도에서 제작한 슬라브는 자주색(Magenta)으로 임시 표기하였습니다.

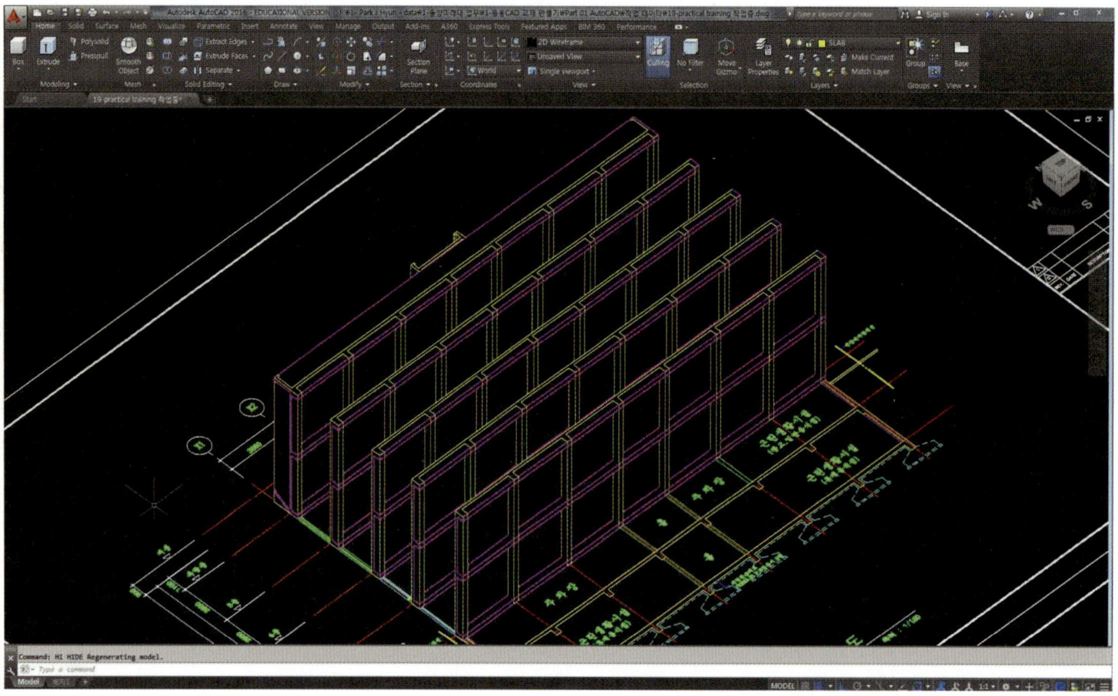

❺ 이제 모든 슬라브를 Union 시킵니다.

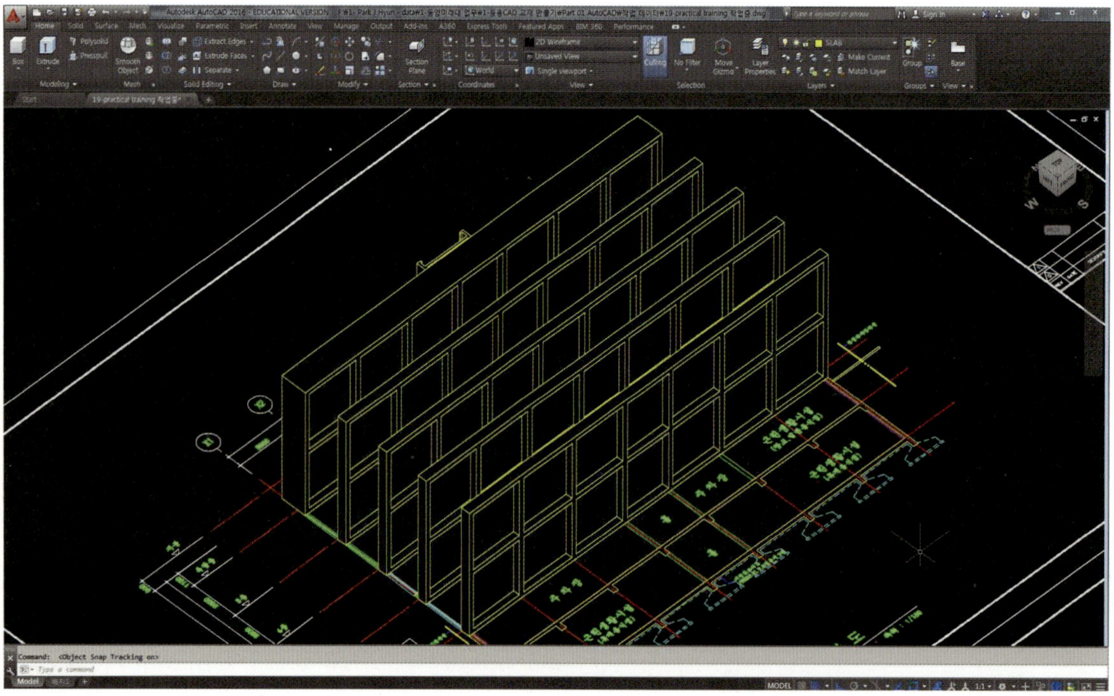

TIP: 두 개 이상의 Object를 Union 하여 결합시키면 먼저 선택한 Object의 레이어로 병합됩니다.

❻ 슬라브를 제자리에 위치시키겠습니다. 우선 아래 그림과 같이 해당 위치에 높이 2,800mm의 선을 그려줍니다. 이 선은 1층 슬라브 바닥에서 2층 슬라브 바닥까지의 위치입니다.

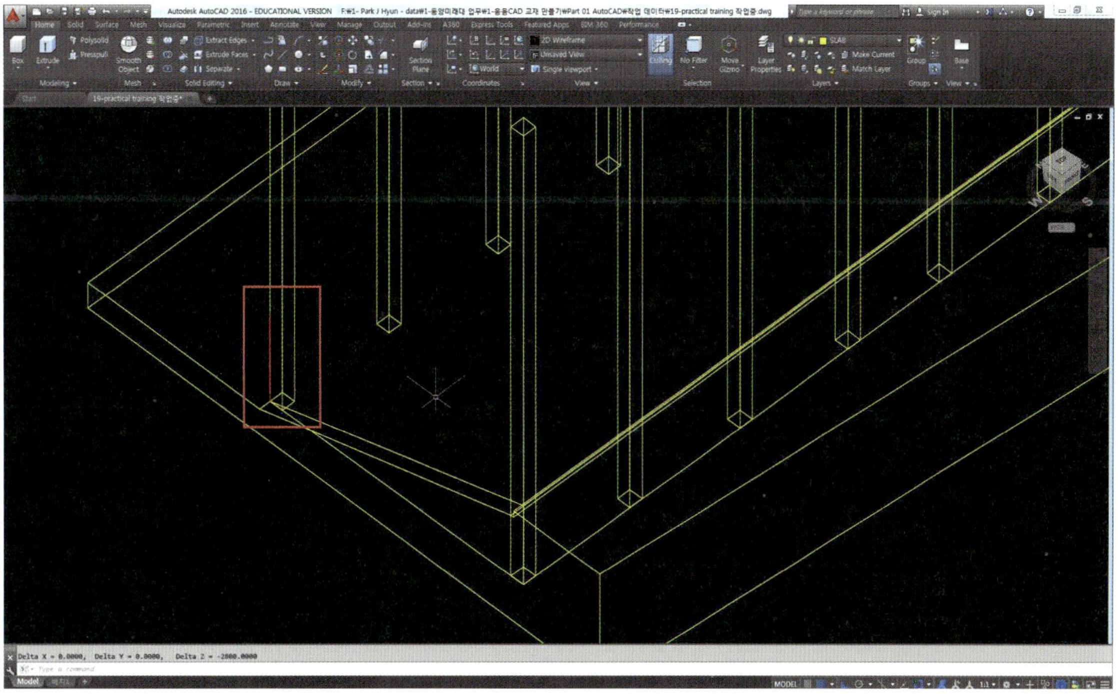

❼ 제작한 슬라브를 대지 모델링으로 옮겨와 Object를 회전하여 나란히 놓습니다.

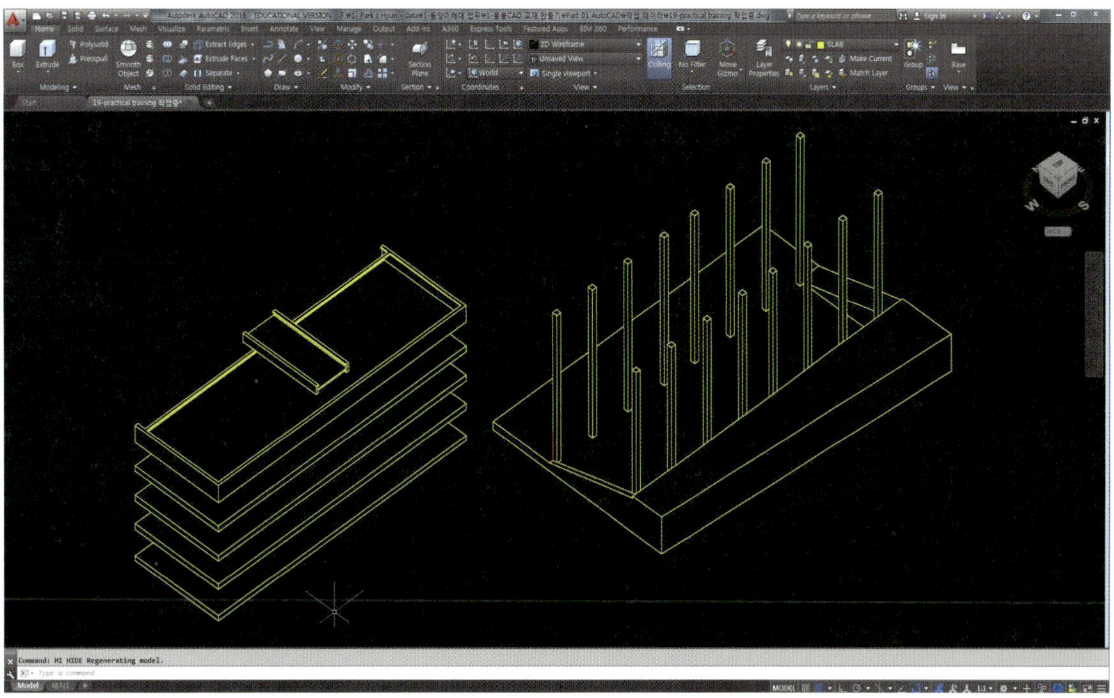

❽ 2층 슬라브 끝부분을 클릭하여 아래 그림과 같이 임의로 그려진 선 위에 올려놓고, 임의의 선은 삭제합니다.

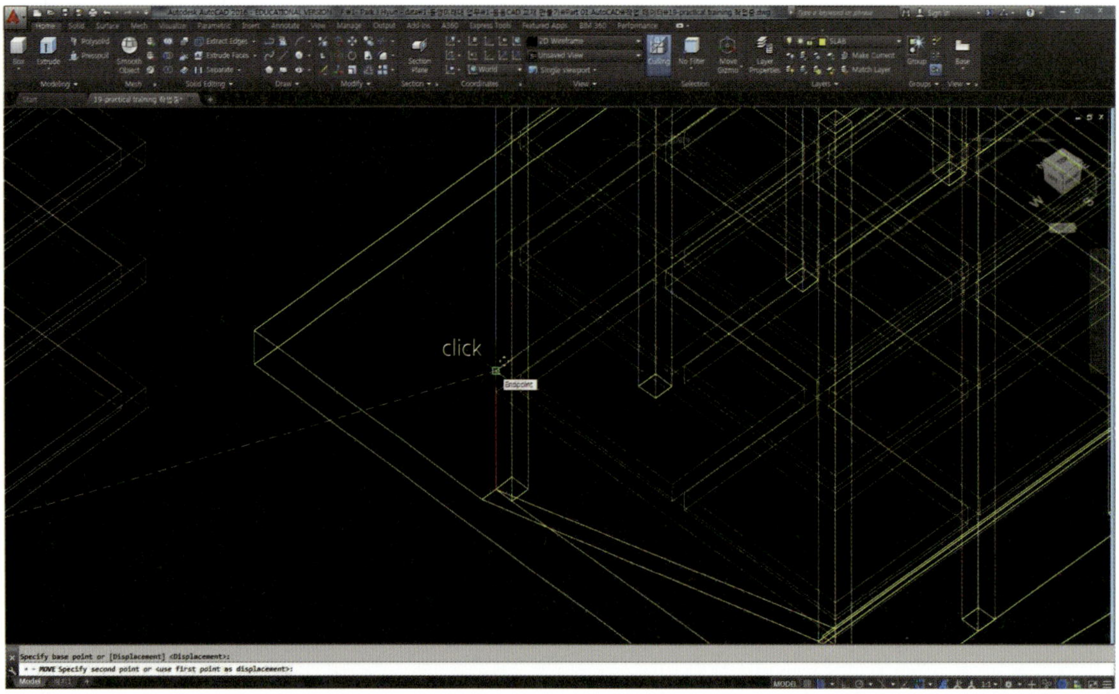

❾ vpoint「X Axis: 135.0, XY Plane:45」를 입력하여, 건물의 배면을 바라봅니다. 아래 그림에 표시된 부분은 모델링 과정 중에 나타난, 실제로는 불필요한 부분입니다.

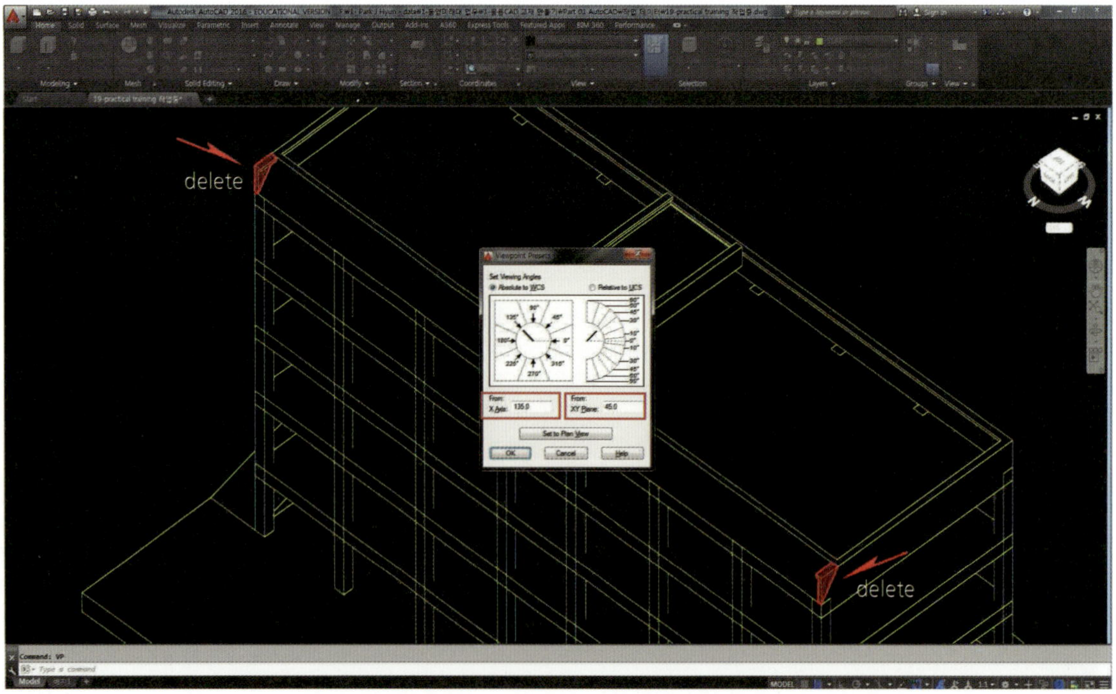

❽ Slice 명령어를 이용하여 절개하고자 하는 3개의 Point를 지정하고 남기고자 하는 Object를 선택하면 반대편 Object는 삭제됩니다. 다시 말해 반대편 영역에 있던 불필요한 부분도 역시 삭제됩니다.

Command: slice *(단축키 sl)*
Select objects to slice: 1 found *(Object 선택)*
Select objects to slice: *(Enter↵)*
Specify start point of slicing plane or [planar Object/Surface/Zaxis/View/XY/YZ/ZX/3points] <3points>: *(Enter↵)*
(하위 메뉴 중 기본 선택되어 있는 3point 선택)
Specify first point on plane: *(P1 click)*
Specify second point on plane: *(P2 click)*
Specify third point on plane: *(P3 click)*
Specify a point on desired side or [keep Both sides] <Both>: *(P4 click)*

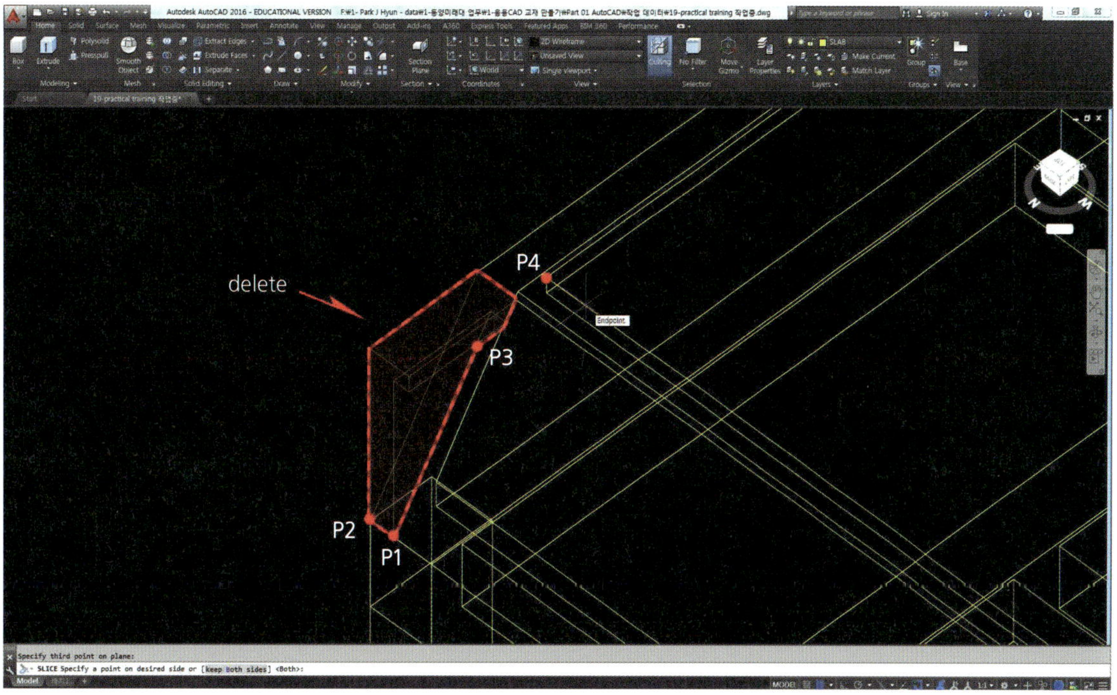

❾ 기둥과 슬라브 모두 선택하여 Union 시킵니다. 그리고 Hide로 결과를 확인합니다.

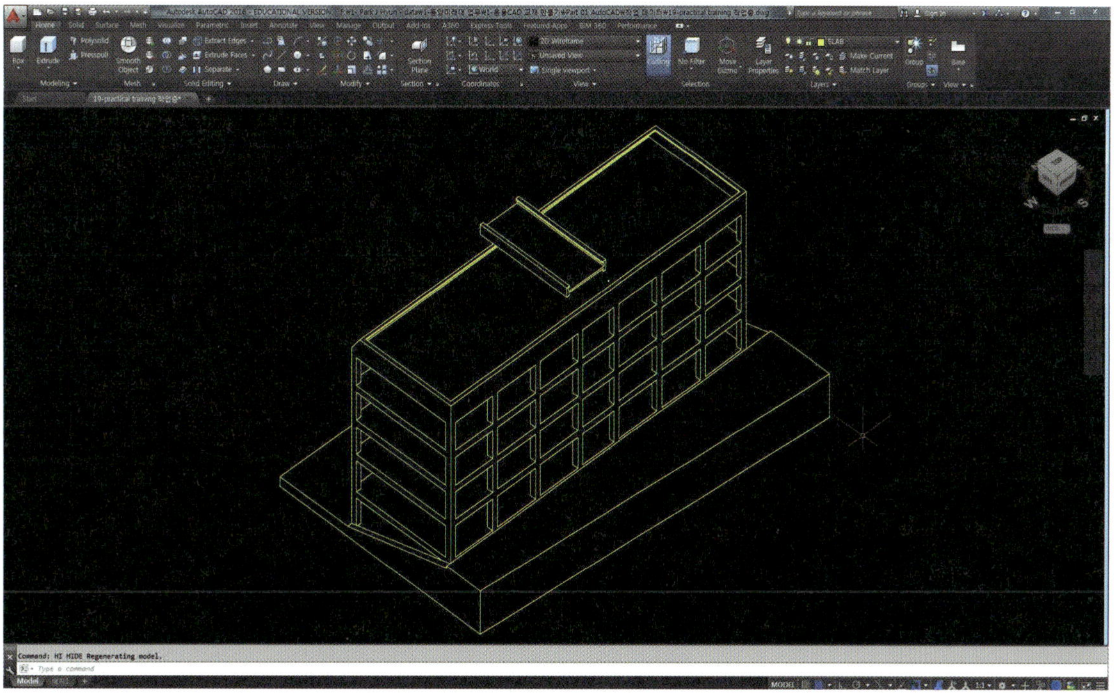

3) 외벽 모델링하기

❶ 입면도를 활용한 외벽 모델링을 실습하도록 하겠습니다. 제공된 입면도 위에 모델링 작업을 하여 결합하는 방식은 가장 효율적이고 보편적인 모델링 방법입니다. 우선 외벽를 모델링하기 위해 'WALL' Layer를 생성합니다. 그리고 색상을 역시 노란색(Yellow)으로 임의 선택하겠습니다.

Command: **layer** *(단축키 La)*

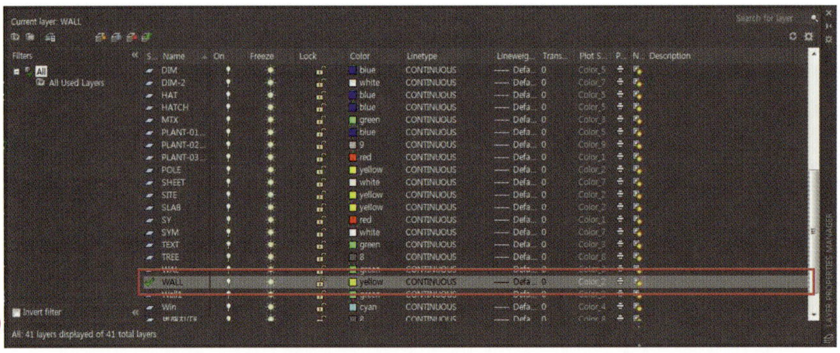

❷ 정면도에서 왼쪽 아래 돌출 외벽을 제외한 건물의 외벽선을 그려주고, Region 명령어로 외벽에 면을 채워줍니다. 돌출 외벽선은 별도로 제작해 붙여 넣겠습니다.

Command: **region** *(단축키 reg)*
Select objects: 1 found *(건물 외곽선 선택)*
Select objects: 1 loop extracted.
1 Region created. *(Region 생성 완료)*

Shade 명령어를 실행하여 면(Face)이 생성되어 있는지 확인합니다.

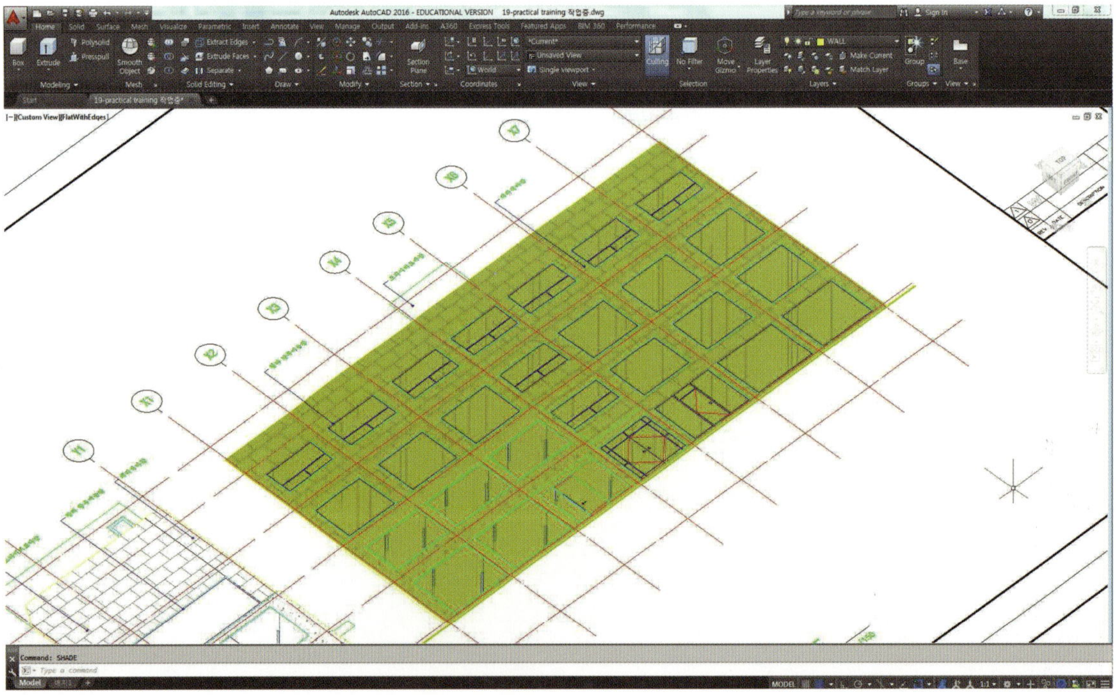

TIP: *Shade 상태를 되돌리는 방법은 Shademode(단축키 sha)를 실행하여 하위 메뉴 중 '2dwireframe'을 선택합니다.*

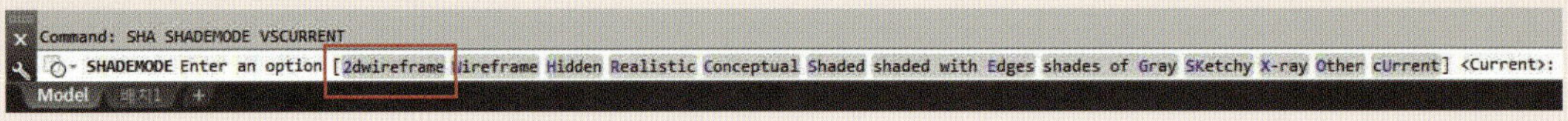

❸ 같은 방법으로 창문과 문 역시 Region 명령어를 이용하여 면(Face)을 생성합니다. 외벽과의 구분을 위해 파란색으로 선을 그려 제작하겠습니다. Shade 명령어를 이용하여 Region의 결과를 확인합니다.

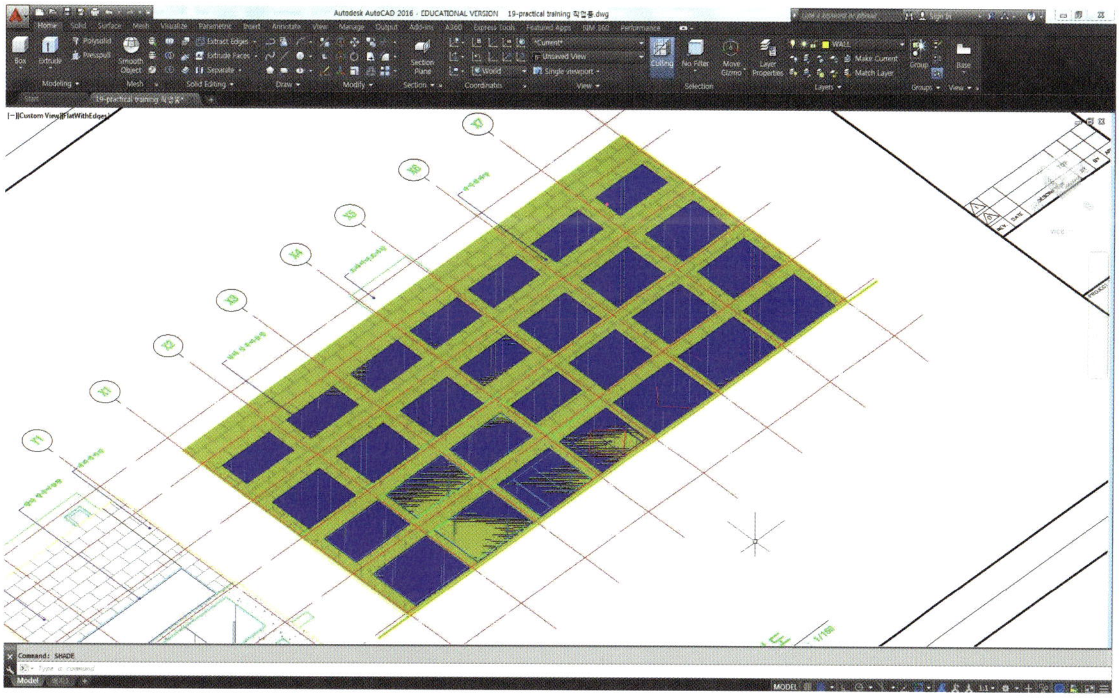

❹ Subtract 명령어를 이용하여 외벽으로부터 창문과 문 부분을 삭제합니다. 보다 손쉽게 작업하기 위해 'WALL' Layer을 제외한 나머지 Layer를 잠시 Freeze 시켜서 작업합니다. Shade 명령어를 실행하여 면이 생성되어 있는지 확인합니다.

Command: **subtract** *(단축키 sub)*
Select solids, surfaces, and regions to subtract from ..
Select objects: 28 found *(총 28개의 창문과 문 선택)*
Select objects: *(Enter↵)*

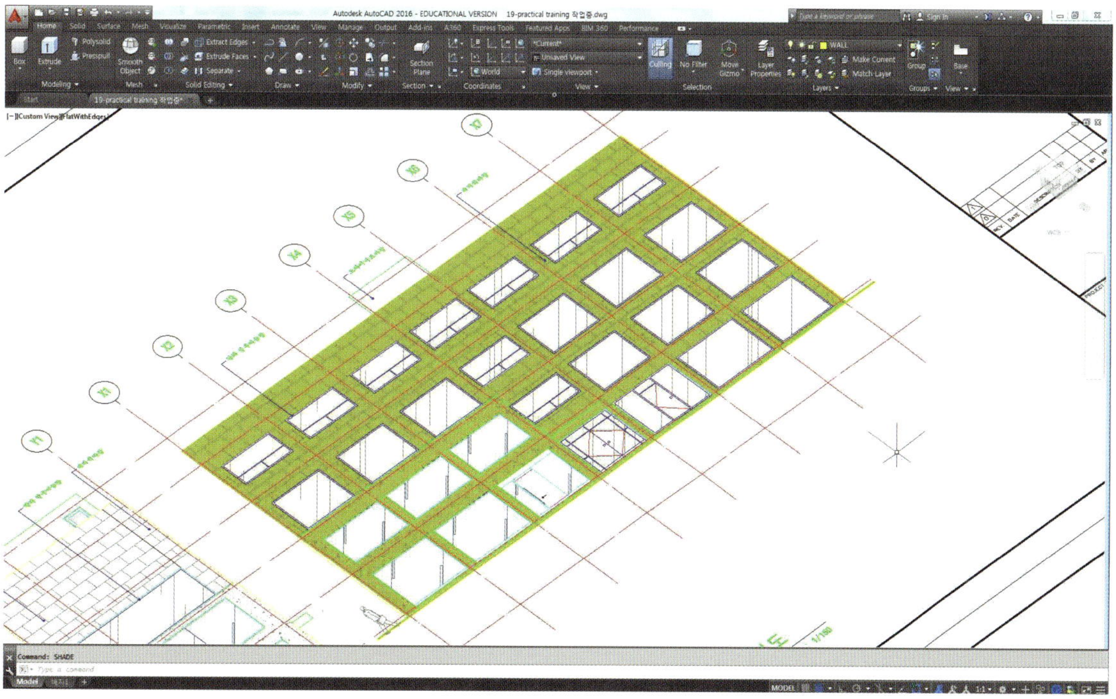

❺ 이제 외벽을 선택해서 Extrude 명령어를 이용하여 외벽두께 200mm 만큼 아래로 돌출시킵니다. 아래로 제작하는 이유는 돌출 외벽을 손쉽게 제작하기 위함입니다.

Command: **extrude** *(단축키 ext)*
Current wire frame density: ISOLINES=4, Closed profiles creation mode = Solid
Select objects to extrude or [MOde]: 1 found *(외벽 선택)*
Select objects to extrude or [MOde]: *(Enter↵)*
Specify height of extrusion or [Direction/Path/Taper angle/Expression] <200.0000>: -200 *(아래로 돌출시키기 위해 -200mm 입력)*

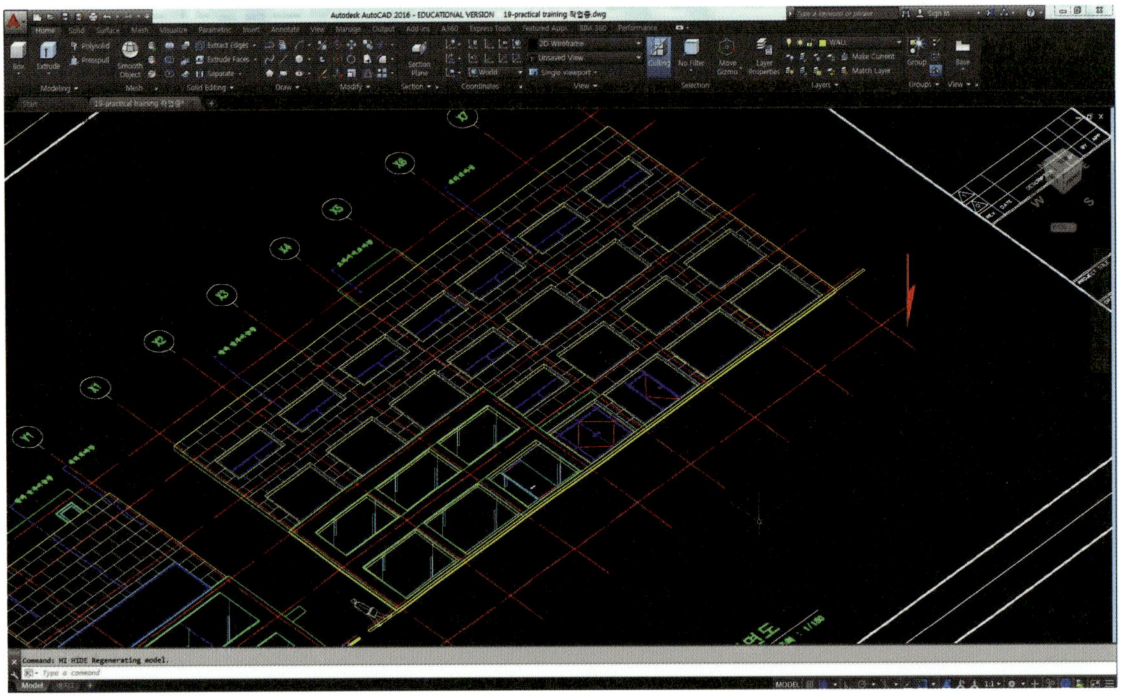

❻ 돌출외벽 역시 위와 동일한 방법으로 제작합니다. 돌출외벽의 두께는 100mm입니다.

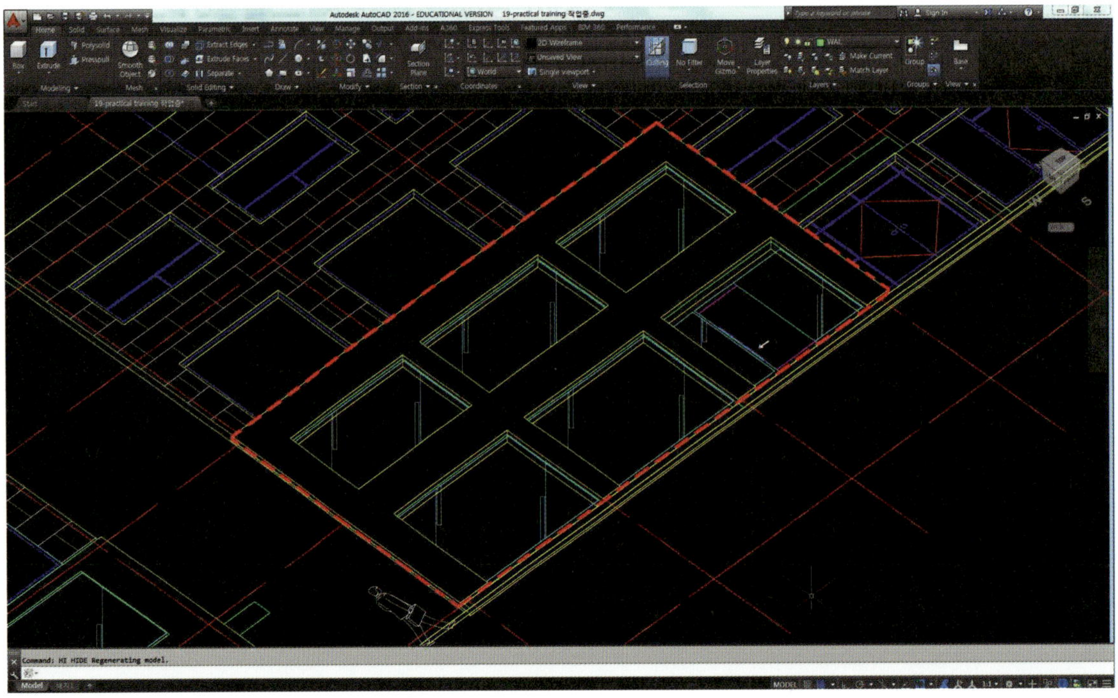

❼ 제작한 외벽을 지상 1층 평면도 위에 올려놓고, 위로 2,800mm만큼 옮겨줍니다. 해당 정면도는 지상 2층높이부터 나타나기 때문입니다.

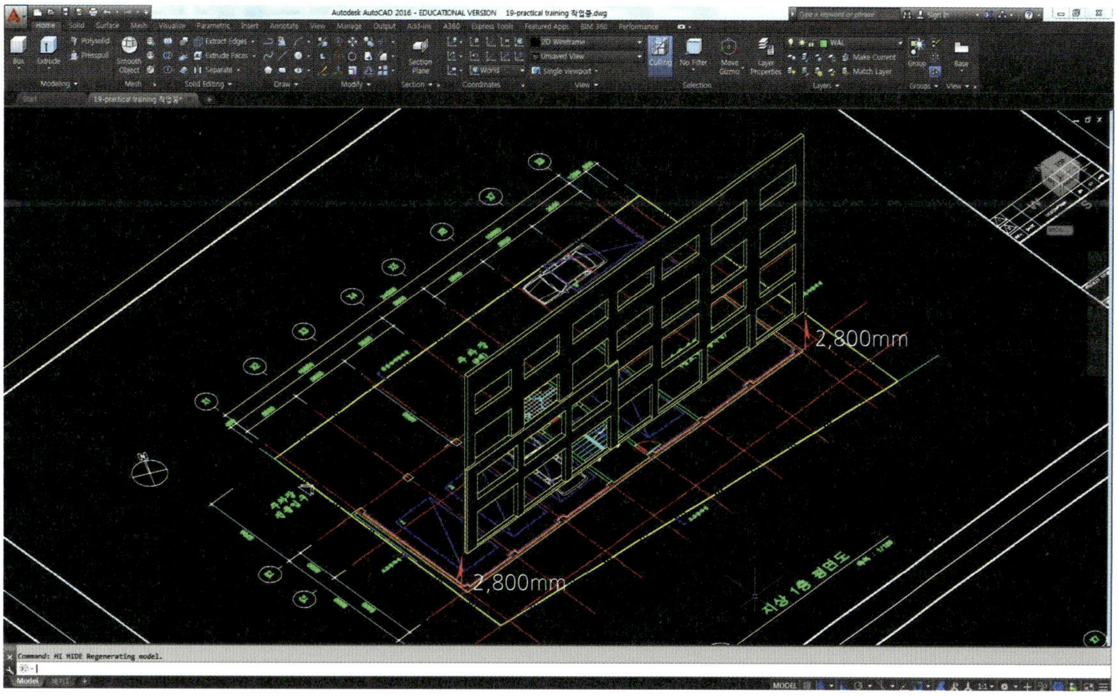

❽ 이와 같은 방법으로 나머지 좌측면도와 우측면도, 배면도 등을 제작하여 아래 그림과 같이 위치한 후, Union 시킵니다.

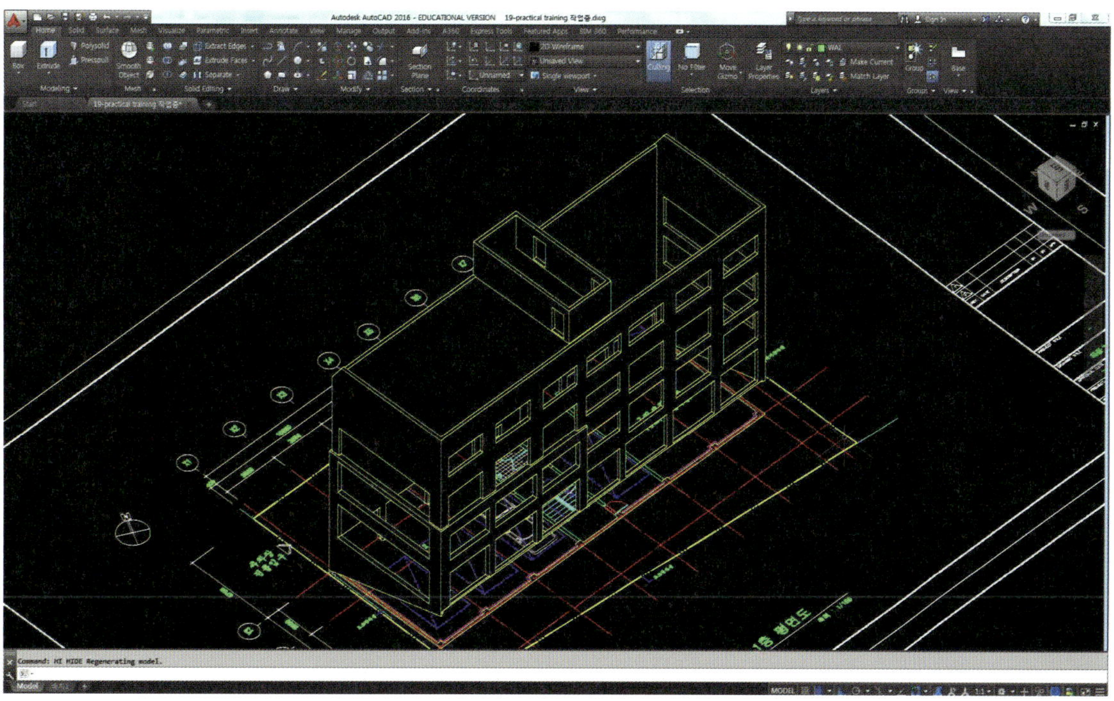

❾ 제작한 외벽을 제작과정중인 모델링에 결합합니다. 그리고 Union 시킵니다.

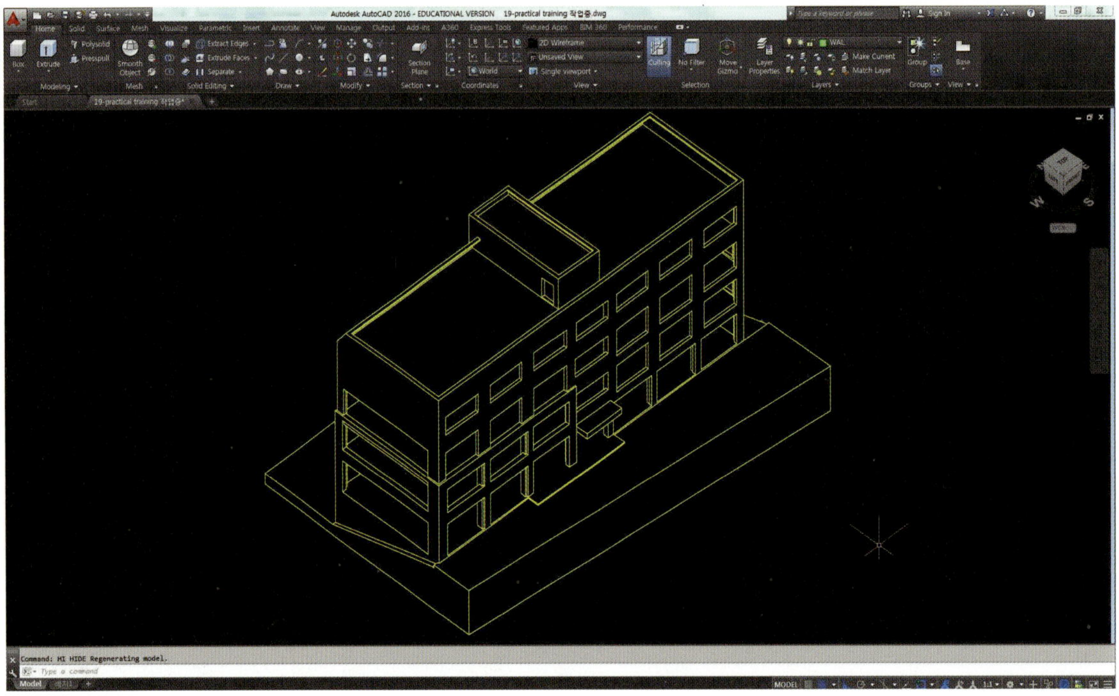

4) 창호 모델링하기

❶ 이제 기본 건축 모델링이 완성되었습니다. 마지막으로 창호를 모델링하여 위치시키도록 합니다. 창호는 기존 'Win' Layer가 존재하고 있으므로 이 Layer를 선택하여 사용하겠습니다.

Command: **layer** *(단축키 La)*

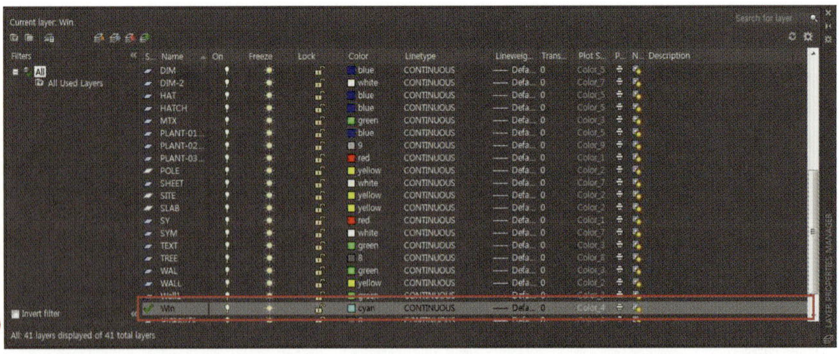

창호의 높이와 크기는 입면도에 나타난 창호도를 활용하여 해당 치수대로 작성하고, 창호의 두께는 아래와 같이 정하도록 하겠습니다.

창호 Frame: 80mm, 창문 Frame: 30mm, 유리 두께: 8mm

❷ 창호 하나를 복사하여 여유 공간으로 옮겨둡니다. 그리고 창호 Frame을 복사하여 옮겨두고, 두께 80mm로 모델링합니다.

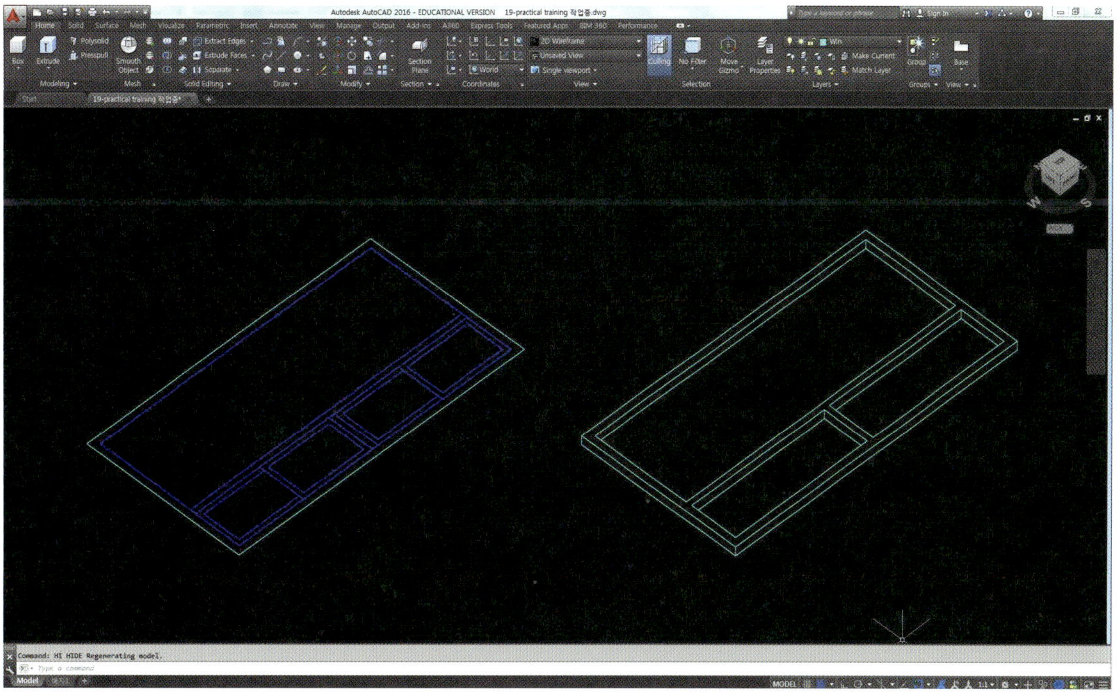

❸ 역시 창문 하나를 복사하여 옮겨두고, 창문 Frame 두께 30mm로 모델링합니다. 그리고 창호와 결합합니다. 미닫이 창문의 위치를 주의해야 합니다. 왼쪽 창문이 외부, 오른쪽 창문이 내부에 위치합니다.

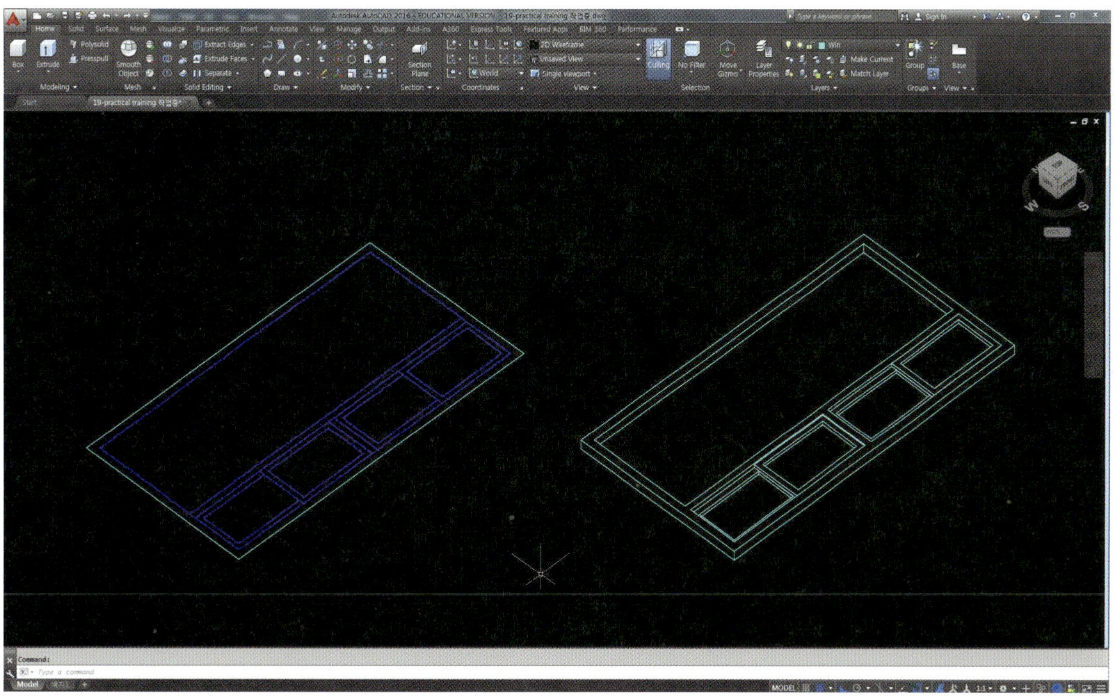

❹ 마지막으로 두께 8mm 유리를 모델링하여 결합합니다. 유리는 투명한 재질이므로 두께를 표현할 필요가 없어 면(Face)으로 표현하는 경우도 있습니다. 그러나 3DS MAX나 SketchUp, Rhino3D와 같은 프로그램과 연동 시 면이 상실될 가능성이 있으므로 가급적 두께표현은 모두 해주는 것이 좋습니다.

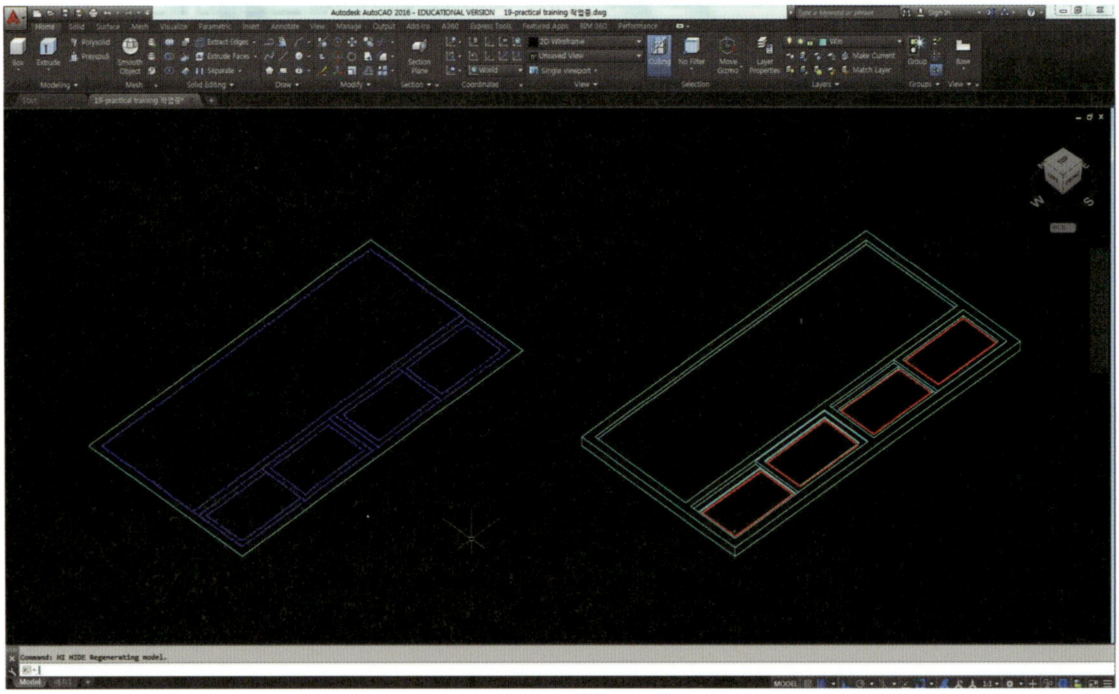

❺ 완성된 창호를 모델링에 적용시킵니다.

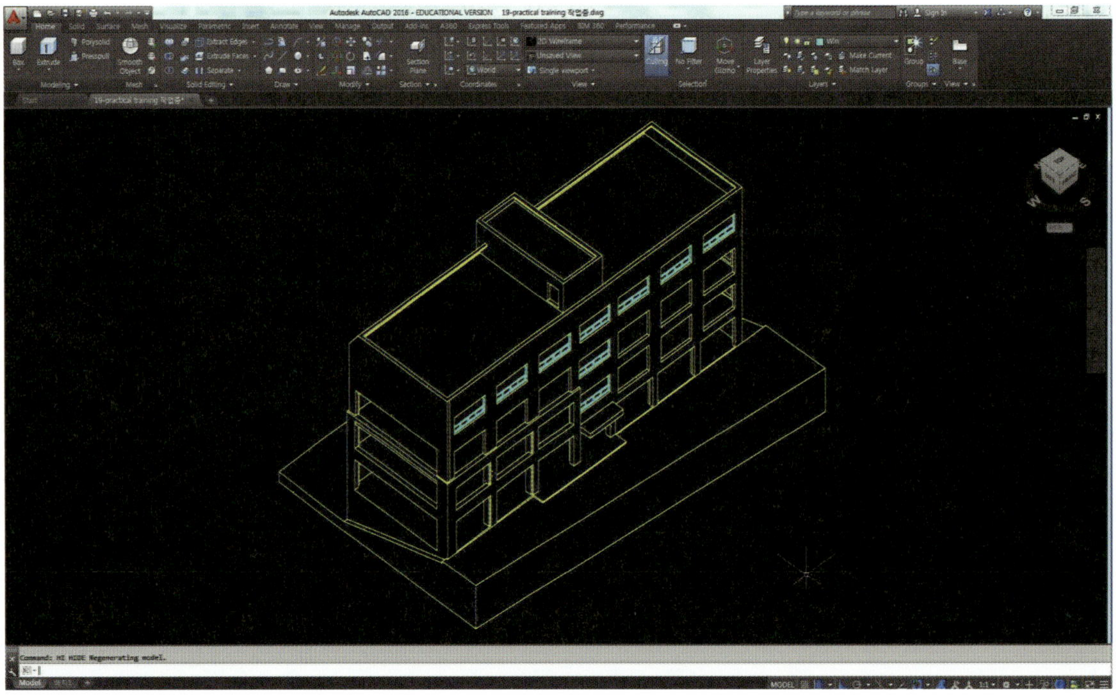

❻ 나머지 창호들도 위와 동일한 과정으로 모델링하여 완성하시기 바랍니다.

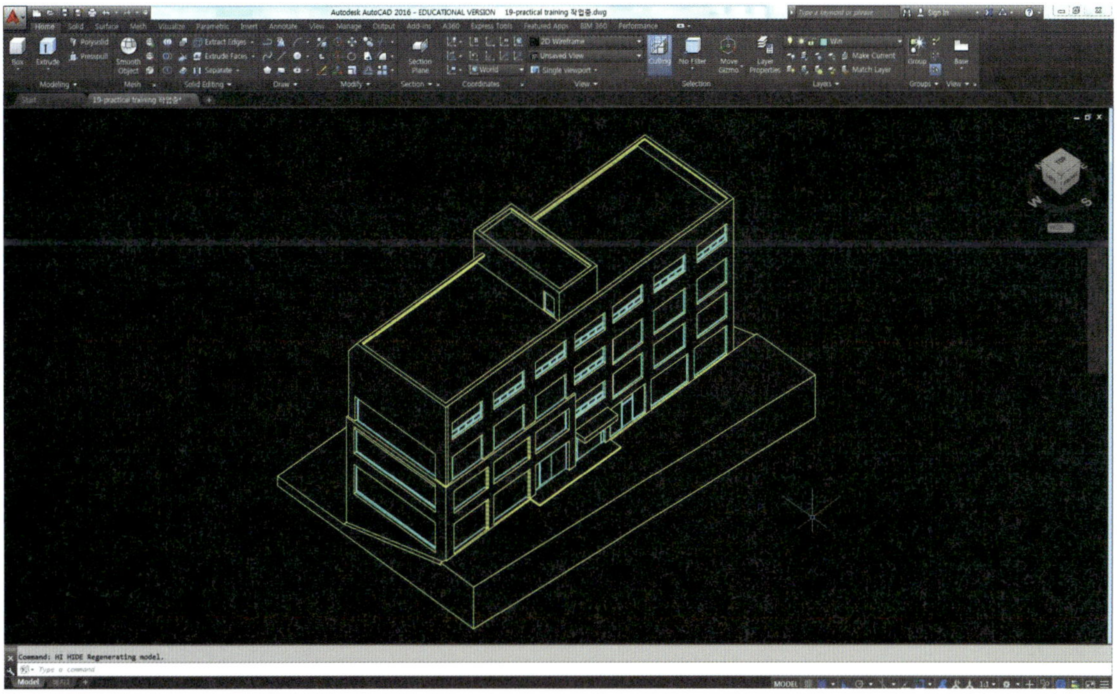

PART 02

SketchUp Modeling

Chapter 01

SketchUp 환경과 매뉴얼 이해하기

Chapter 01 SketchUp 환경과 매뉴얼 이해하기

SketchUp의 3차원 모델링 작업을 진행하기 전에 기본적인 SketchUp의 개념과 환경을 이해해야 합니다. 따라서 사용자의 보다 직관적이고 효과적인 작업을 위해 이 Chapter에서는 다양한 매뉴얼 단계들을 학습하고자 합니다.

STEP 01 SketchUp의 실행과 환경설정

1. 프로그램 실행

'SketchUp 2016' 설치가 완료되었다면 바탕화면에서 오른쪽 'SketchUp 2016 바로가기 아이콘'을 더블클릭하여 프로그램을 실행합니다.

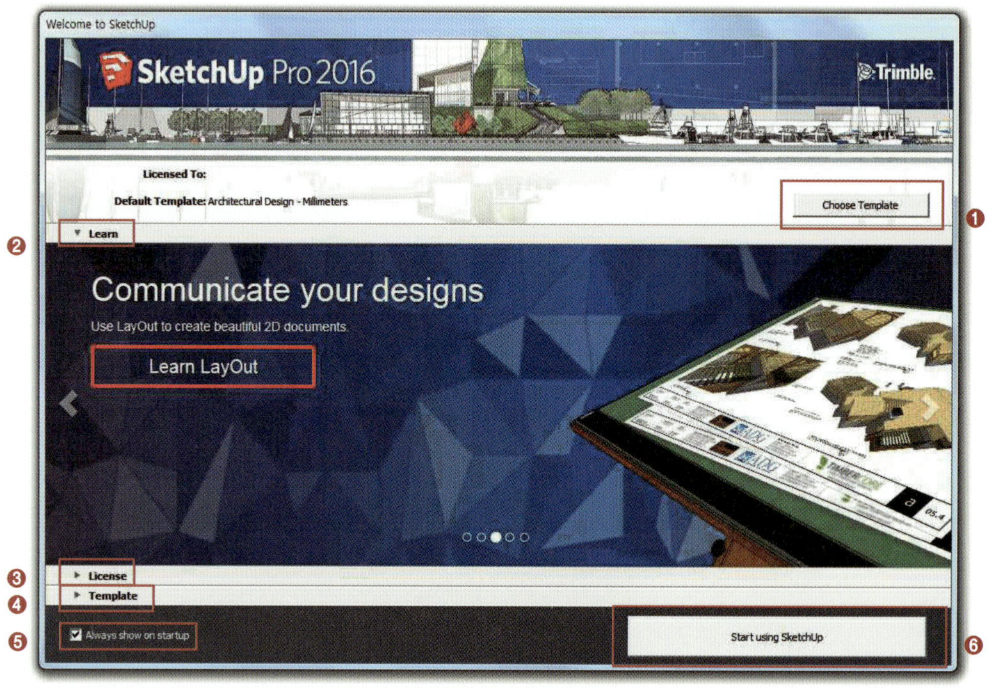

SketchUp 2016을 시작하면 위와 같은 Startup창이 활성화됩니다. 이곳에서 우리는 원하는 건축 환경 템플릿을 결정합니다.

❶ 각 모델링에 적합한 Template을 선택하여 사용합니다. (❹와 같은 기능으로 직접 Template를 만들어 저장해두고 사용할 수 있습니다.)
❷ SketchUp 사용법에 대한 플레시 설명을 보여줍니다.
❸ License를 등록하거나 등록된 경우 등록한 License Detail의 정보를 보여줍니다.
❹ Template의 목록이 나타나며 선택한 후 ❻을 클릭하여 SketchUp을 실행합니다.
❺ 체크 표시(v)를 해제하면 프로그램 시작 시 Startup 설정 창이 뜨지 않습니다.

❻ 설정 값 등을 지정한 후에 클릭하여 SketchUp을 시작시킵니다.

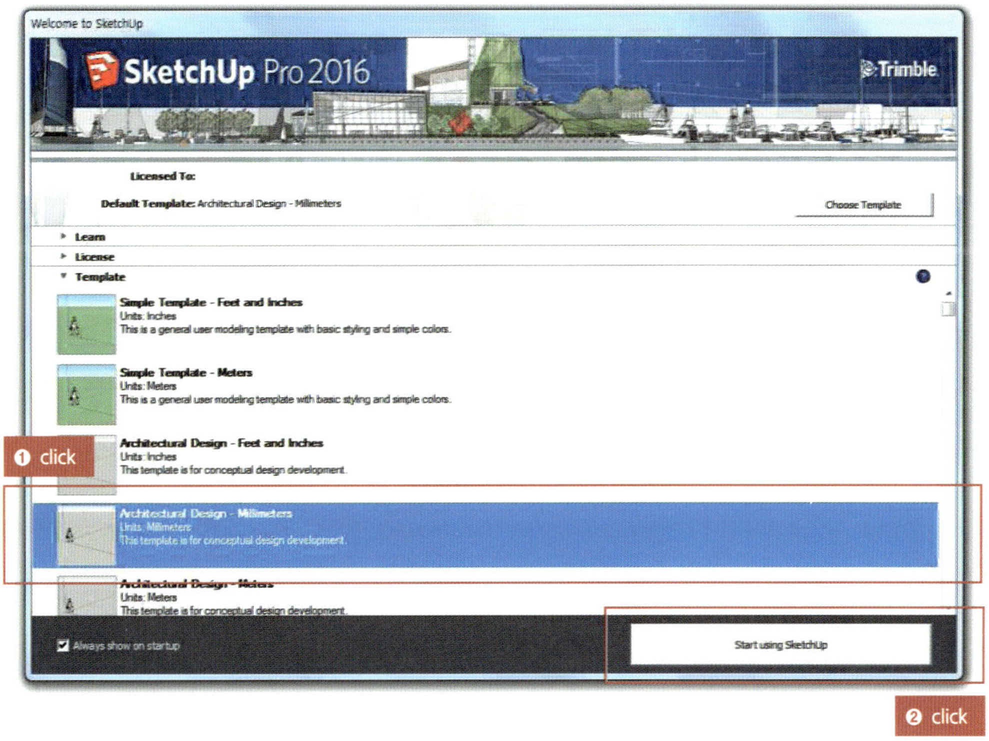

Template의 'Architectural Design - Millimeters'를 선택하고 시작합니다.

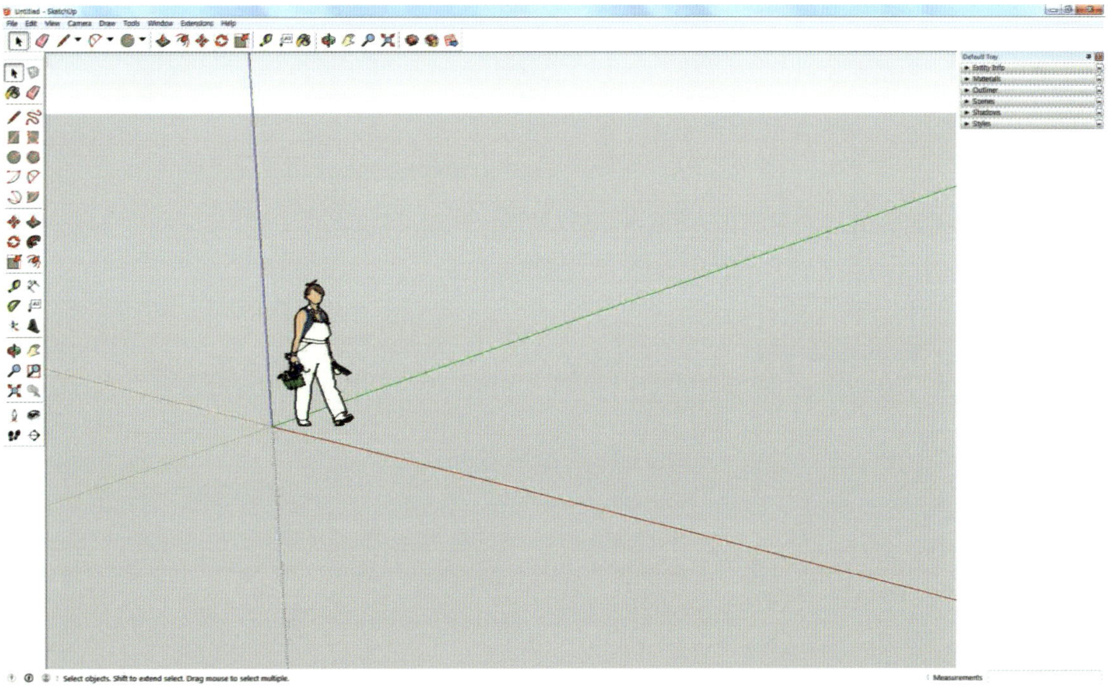

그러면 SketchUp의 첫 시작화면이 나타납니다. SketchUp의 아이콘은 화면 상단에 위치한 getting started와 화면 좌측에 위치한 large tool set로 구성되어 있습니다.

2. SketchUp Template 설정

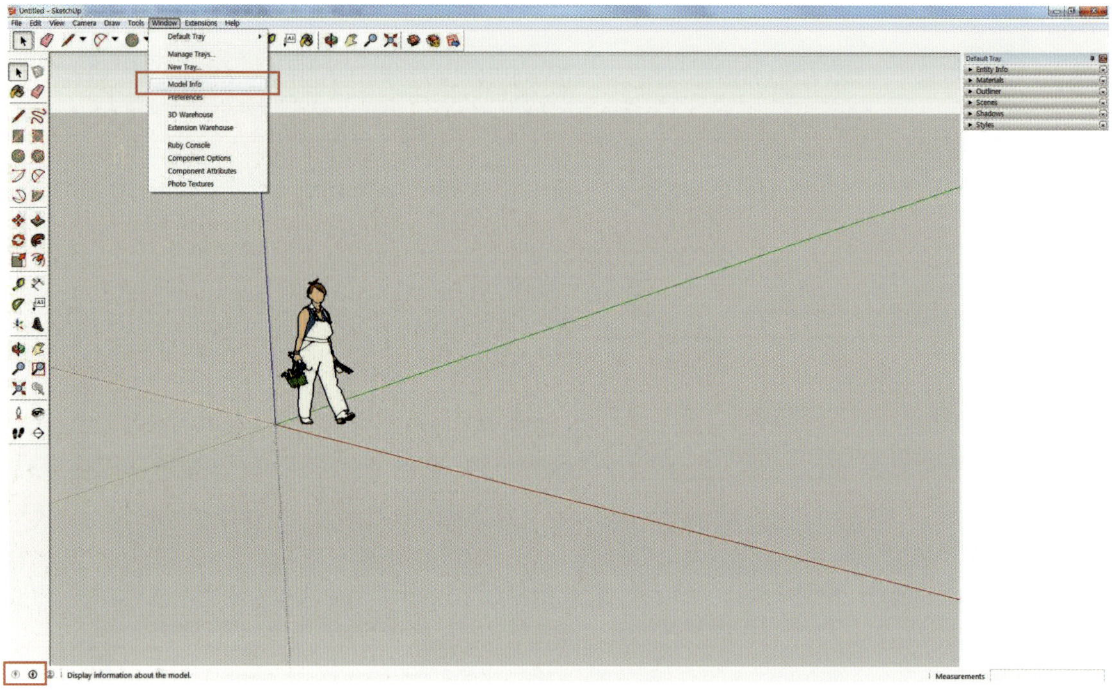

풀다운 메뉴의 Window > Model info를 선택하거나, 화면 좌측 하단의 단축 아이콘을 클릭하시면 Model info창이 나타납니다.

Model info 창의 좌측 목록에서 Geo-Location 항목을 선택한 후 Set Manual Location을 클릭하면 Set Manual 창이 나타납니다. 이곳에서 'Country : Korea', 'Location : Seoul'로 미리 설정되어 있음을 확인할 수 있습니다.

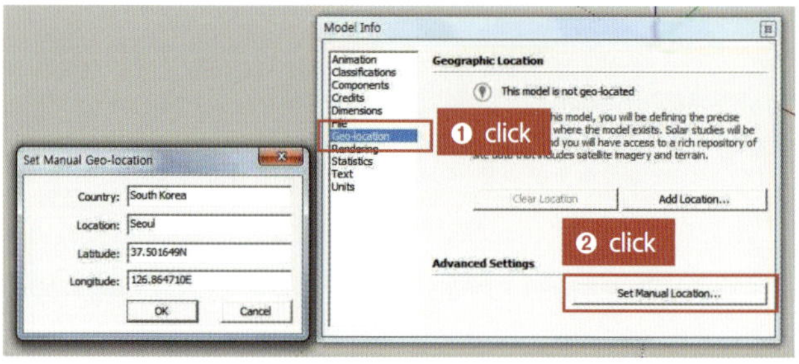

TIP: 'Korea'에서 지역 설정은 'Seoul' 만 가능합니다. 다른 지역의 위치를 정하기 위해서는 Latitude, Longitude의 수치를 직접 입력하여 사용할 수 있습니다.

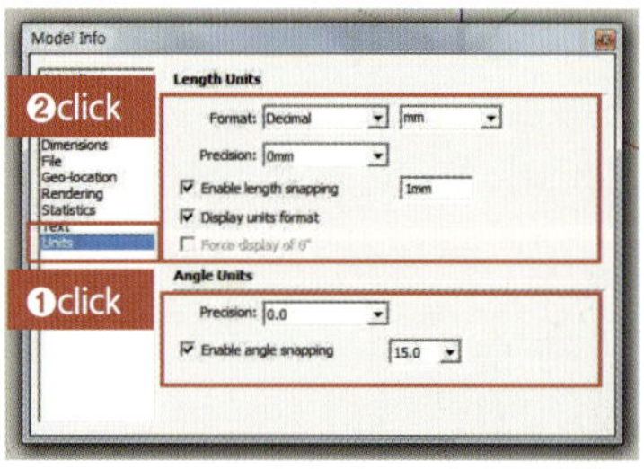

Model info의 좌측 목록에서 Units 항목을 선택하고 Length Units와 Angle Units를 다음과 같이 설정한 후 Template로 저장하기 위해 창을 닫는다.

* **Format:** Decimal(십진법), millimeter(밀리미터)로 설정합니다.
* **Precision:** 0mm(소수점 없음)로 설정합니다.
* **Enable Length Snapping:** 사용자가 지정하는 단위로 스냅이 설정됩니다. 설정된 1mm를 그대로 유지합니다.
* **Display units format:** 설정한 단위를 VCB(Velue Controller Box)박스에 보여줍니다.
* **Precision:** 0mm(소수점 없음)로 설정합니다.
* **Enable Length Snapping:** 사용자가 지정하는 단위로 스냅이 설정됩니다. 설정된 15° 각도를 그대로 유지합니다.

지금까지의 세팅을 Template로 저장하기 위해 File > Save as Template을 선택한 후 Save as Template 창이 뜨면 사용자 설정에 맞추어 기재하고 Template를 저장합니다.

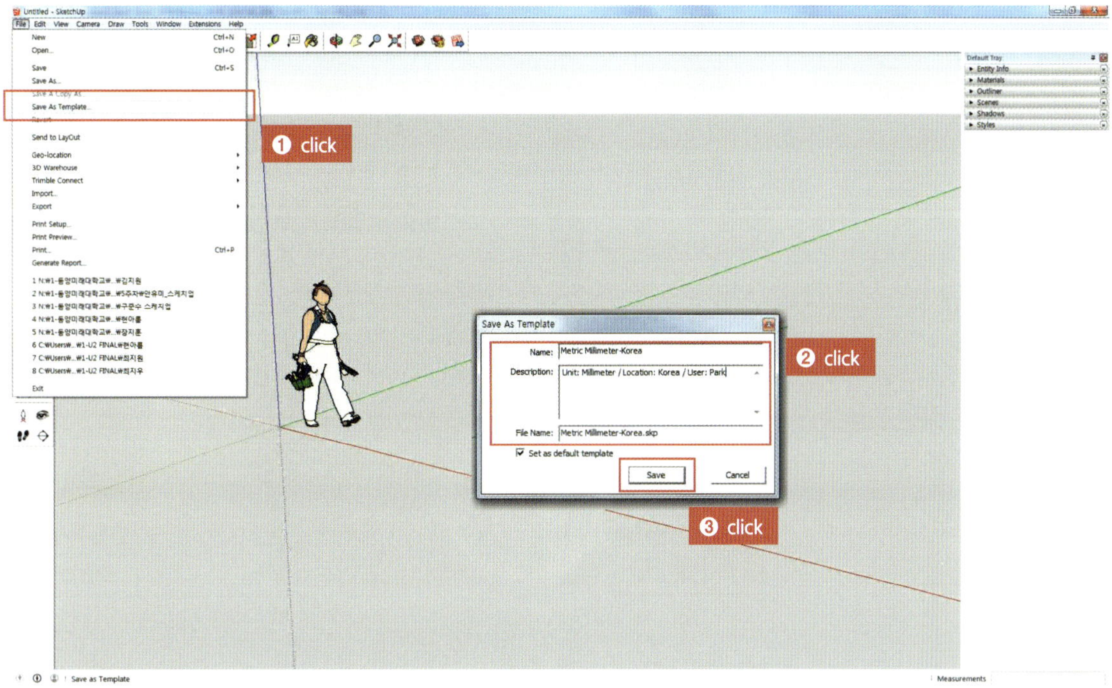

* **Name:** Metric Millimeter-Korea
* **Description:** Unit: Millimeter / Location : korea / User : Park (사용자 편의대로 기재)
* **File Name:** Metric Millimeter - Korea.skp (Name 설정 시 자동 생성)

저장된 Template을 시작화면으로 설정하기 위해서는 Window > Preference를 선택합니다. 그리고 System Preference 창이 뜨면 좌측 목록의 Template을 클릭한 후 앞서 생성한 'Metric Millimeter - Korea.skp' Template을 선택, [OK]버튼을 누르면 Template이 활성화 됩니다.

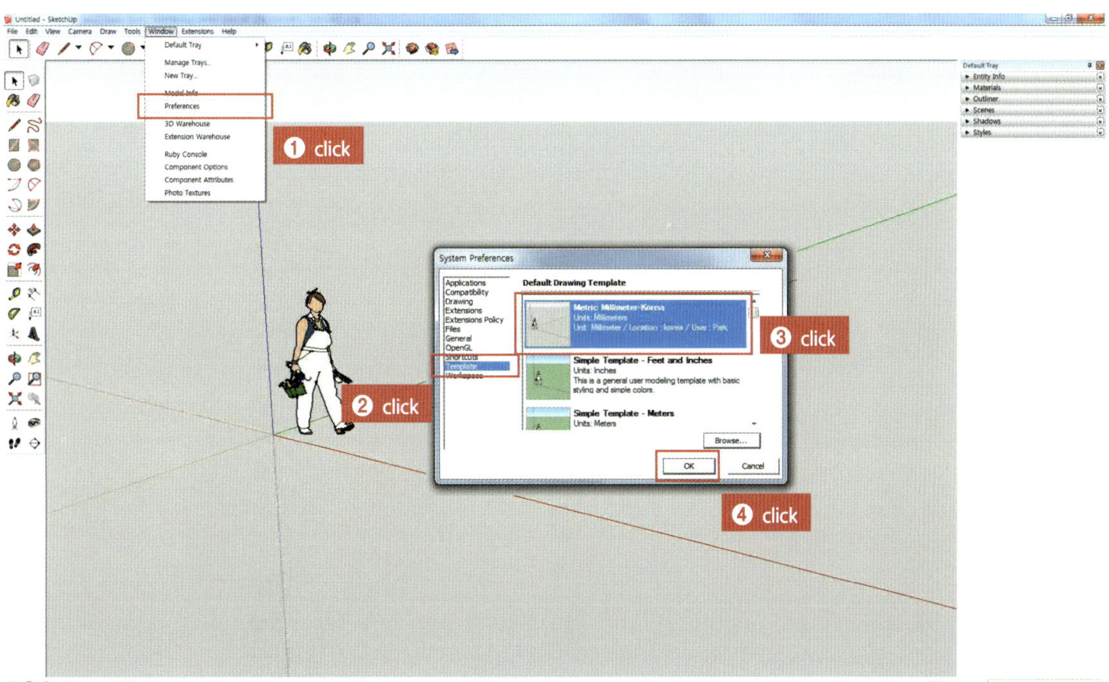

Template의 설정이 끝나면 SketchUp 프로그램을 다시 실행시킵니다. 다시 열리는 Startup 창의 Template 목록에서 방금 저장하고 설정한 Template를 확인할 수 있습니다. 이처럼 미리 설정한 Template이 Startup 창에 저장되어있어서 사용자가 원하는 대로 선택하여 프로그램을 실행시킬 수도 있습니다.

STEP 02 SketchUp의 화면구성 및 사용자 설정

1. SketchUp 화면구성

1.1 화면 구성

초기 프로그램을 실행하면 화면의 아이콘 구성은 Getting Started와 large tool set로 구성되어 있습니다. 그러나 이 화면구성을 사용자 편의를 위한 이상적 상황으로 설정해 보도록 하겠습니다.

풀다운 메뉴의 View > Toolbars를 클릭하여 창을 활성화 시키고 large tool set를 해제, 그리고 그 아래 위치한 Styles과 Views를 활성화 시킵니다. 자주 사용하거나 꼭 필요한 아이콘만을 활성화 시켜 화면을 넓고 간결하게 구성하는 것을 권장하기 위함입니다.

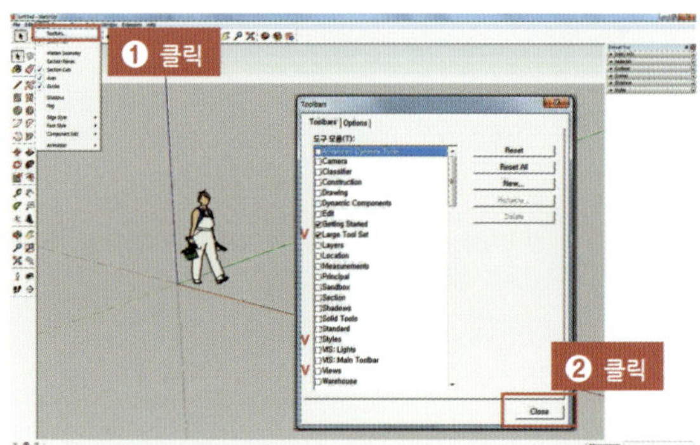

화면 왼쪽을 보면 large tool set가 사라진 것을 확인할 수 있습니다. 그리고 화면 상단 아이콘 창을 살펴보면 앞서 Toolbars에서 설정한 Styles과 Views 아이콘이 활성화 되어 있음을 확인할 수 있습니다.

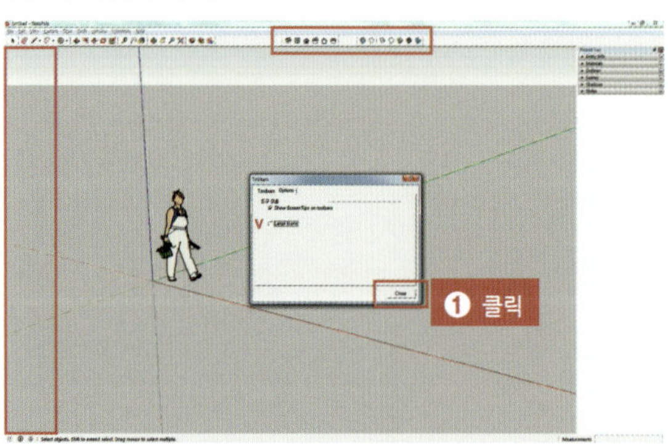

또한 같은 창의 오른쪽 Options 탭을 클릭하여 Large Icons를 클릭 해제하여 [Close] 버튼을 누르면 아이콘의 크기를 작게 조절할 수 있습니다.

* **Show Screen Tips on toolbars:** 마우스를 아이콘 위에 올려놓으면 해당 아이콘의 숨겨진 명령어들과 간략한 정보들을 보여줍니다.
* **Large Icons:** 기본적으로 선택되어 있는 메뉴이지만, 선택을 해제하게 되면 아이콘들이 작게 활성화되게 됩니다. 차후 V_ray for SketchUp을 위한 아이콘을 활성화 하게 되면 모든 아이콘들이 한 화면에 나타나지 않는 경우가 발생하므로 미리 아이콘을 작게 설정해 두는 것이 좋습니다.

화면 오른쪽은 Default Tray가 구성되어 있습니다. 이 메뉴는 풀다운 메뉴의 Window > Default Tray 에서 조정이 가능합니다. 이 중 Hide Tray를 클릭하여 이 메뉴를 사라지게 할 수도 있으나 작업과정 중 매우 유용한 메뉴들이 많으므로 Tray를 사용하는 것을 권장합니다.

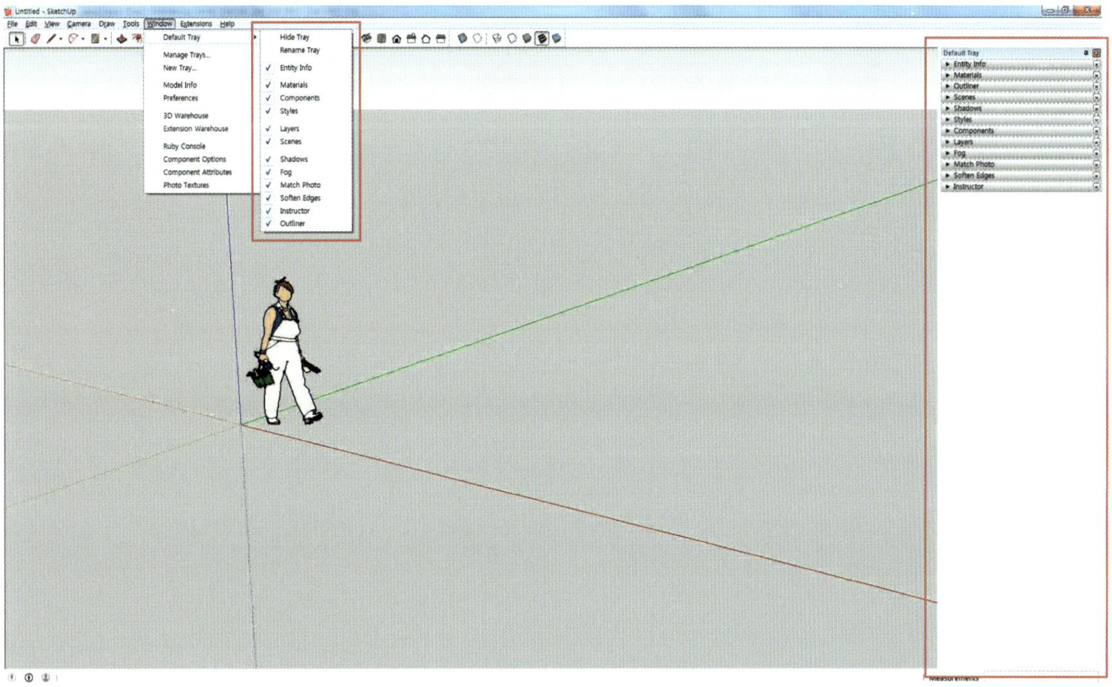

* **Entity Info:** 모델링 된 각 객체의 독립체적 정보를 알려주는 기능입니다. 선택된 객체의 레이어와 객체종류, 성질, 개수 등의 정보를 알려주며, 면(face object)을 선택할 경우 Template에 지정된 단위에 따라 면적을 산출해줍니다.
* **Materials:** 작업된 모델링에 재질과 색상을 지정할 수 있는 기능입니다. 목재, 금속, 유리 등 다양한 재질들이 기본적으로 탑재되어 있으며, 사용자가 직접 지정한 재질을 불러와 선택 지정할 수 있습니다.
* **Outliner:** 지정된 그룹(Group)과 컴포넌트(Component)를 관리할 수 있는 기능입니다. 컴포넌트와 그룹은 아이콘 모양이 다릅니다. 컴포넌트는 작은 사각형이 4개가 모여 있는 형태이며, 그룹은 검은색 사각형 1가 그려져 있습니다. 또한 그룹은 묶는 방식에 따라 평소 컴퓨터의 폴더를 관리하듯 상·하위 그룹으로 지정할 수 있습니다.
* **Scenes:** 장면(Scene)을 추가하거나 삭제, 이동, 업데이트 등의 장면을 관리할 수 있는 기능입니다.
* **Shadows:** 앞서 설정해 놓았던 Geo-Location에 따라 모델링 환경에 그림자를 추가할 수 있습니다.
* **Style:** SketchUp에서는 모델링의 이미지를 다양한 스타일로 변환시켜주는 Style 기능이 있습니다. 기본 설정인 Default Modeling과 Photo Modeling과 Sketchy Edges 등 다양한 스타일을 구현할 수 있습니다. 또한 전 세계 사용자들에 의해 제작된 다양한 Style들을 다운받아 사용할 수도 있습니다.
* **Components:** 여러 개의 3D객체를 묶어 하나의 큰 구성요소로 만드는 것입니다. 예를 들어 책상이나 의자, 창 등을 모델링하면 Component로 구성하여 자유롭게 활용하는 기능입니다.
* **Layers:** 레이어를 관리하는 창입니다. 모델링을 진행할수록 많은 객체가 만들어지기 때문에 객체의 성격에 맞는 레이어를 만들어서 비슷한 객체들을 함께 관리한다는 의미로 실무 작업 시에는 많은 레이어를 만들고 모델링된 객체나 컴포넌트를 포함시킵니다.
* **Fog:** 모델링 화면에 안개효과를 지정하는 기능입니다. 외완 투시도나 조감도 작업에서는 자연스런 효과를 얻으실 수 있으나, 실내 투시도에서는 권하지 않는 기능입니다.

* **Match Photo:** 모델링 바탕에 현장사진을 합성할 때에 효과적인 기능입니다.
* **Soften Edges:** 모델링의 모서리(Edge) 부분을 부드럽게 처리해주는 기능입니다. 이 기능은 지우개(Eraser)에도 같은 기능이 있으나 지우개는 모서리부분을 삭제하여 면이 하나의 객체로 변하지만 Soften Edges는 면 분할이 이루어지지 않습니다.
* **Instructor:** 각 버튼별 기능과 사용법을 알려주는 기능입니다. 어떠한 상황에서 사용하는 도구인지, 사용하는 방법과 추가 옵션키에 관하여 알려줍니다. 또한 그 밖의 응용방법에 대해서도 안내해주는 기능이므로 초보자들에게는 유용한 기능일 수 있습니다.

Default Tray는 SketchUp에서 제공된 기능 창들을 모두 보여주지만 사용자의 취향과 편의에 따라서 Tray를 선택 설정할 수 있습니다. 또한 Tray의 이름을 사용자 지정하여 저장할 수 있어 다른 사용자에 의해 변화된 Tray를 사용자의 편의로 복구할 수 있습니다.

1.2 축의 설정

SketchUp은 X, Y, Z 축을 기준으로 Object를 만들거나 편집할 수 있습니다. 좌표축은 기본적으로 X축을 빨강색, Y축을 초록색, Z축을 파랑색으로 설정되어 있습니다. 그리고 실선은 양(+)의 값, 점선은 음(-)의 값을 나타내고 있습니다.

TIP: X, Y, Z 축의 고유 색깔은 건축에서 활용되고 있는 Auto CAD(3D), 3DS MAX 등 3차원 디지털 프로그램에서는 공통된 약속입니다.

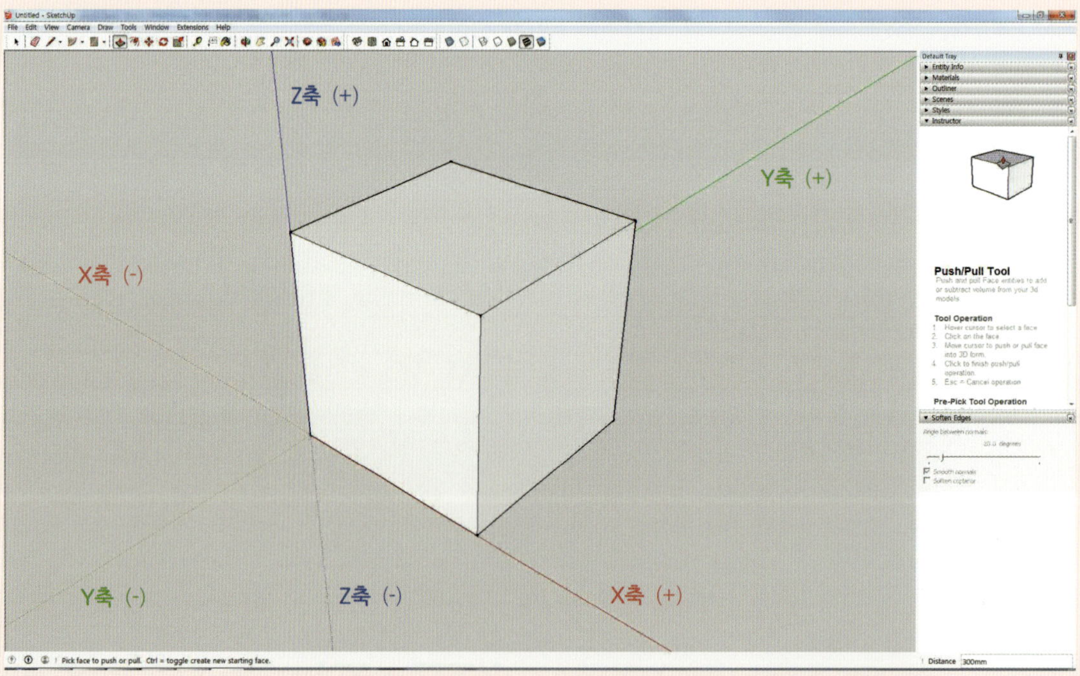

TIP: 풀다운 메뉴에서 Tool > Axes를 이용하여 사용자에 설정에 따라 SketchUp의 축을 자유롭게 변형시킬 수 있습니다. 이 기능은 Auto CAD의 UCS 명령어를 통한 축 설정 방법과 매우 유사합니다. 다시 원상복구를 원할 때에는 Select 버튼을 누르고 축 위에 마우스를 올려놓은 다음 오른쪽 버튼을 누르면 오른쪽 그림과 같은 메뉴가 나타납니다. 여기에서 Reset를 클릭하면 원래의 축 상태로 복구됩니다.

2. SketchUp System Preference (사용자 환경설정)

사용자의 편의에 맞추어 프로그램의 환경을 설정하는 창입니다. System Preference는 제공되는 하부메뉴는 매우 다양합니다. 그러나 건축 모델링 환경에서는 Drawing, Extensions, General, Shortcuts 등 4가지 메뉴들만 숙지한다면 보다 효과적인 건축 모델링 작업에 임할 수 있습니다.

* Drawing: 그리기 도구의 마우스 조작과 포인터의 표현 방식을 설정합니다.

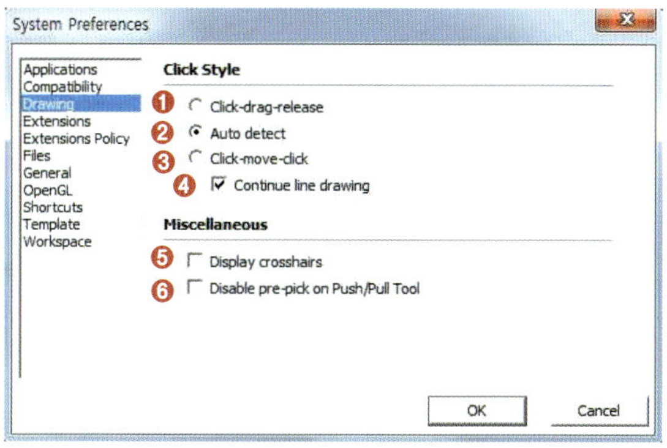

❶ Click-drag-release: 시작점에서 클릭한 채 드래그하여 끝점에 놓습니다.

❷ Auto detect: 자동으로 모두 사용합니다.

❸ Click-move-click: 시작점에서 클릭한 후 마우스를 이동하여 끝점에서 클릭합니다.

❹ Continue line drawing: 연속하여 여러 개의 선을 그립니다.

❺ Display crosshair: 마우스 포인터에 XYZ축이 활성화되어 따라 다니는 기능입니다.

❻ Disable pre-pick on Push/Pull Tool: 자유로운 Push/Pull 사용을 제한하는 기능입니다. 다시 말해 Select Tool을 이용하여 면(face)를 클릭 후 Push/Pull의 마우스 클릭을 화면 아무 곳이나 할 수 있으나 이 기능을 체크하면 면 위에서만 가능해집니다.

* Extensions: 확장도구의 옵션을 설정합니다. Ruby Script로 작성된 프로그램의 존재 여부에 따라 목록이 변경되며, 사용여부를 설정할 수 있습니다.

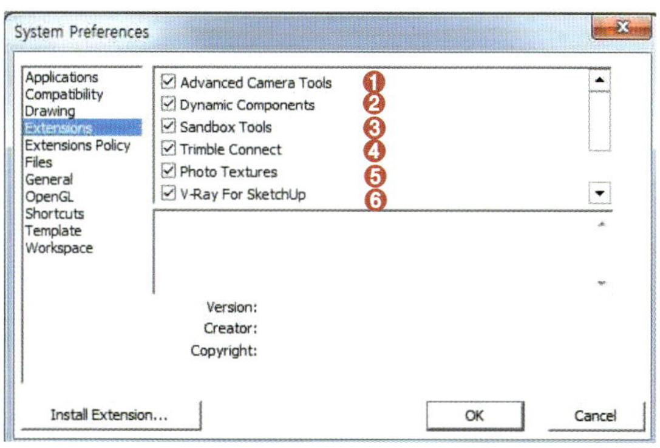

❶ Advanced Camera Tools: 명확한 카메라 작업을 위한 Tool을 활성화 합니다.

❷ Dynamic Components: Dynamic Components를 활성화합니다.

❸ Sandbox Tools: 샌드박스 도구를 활성화 합니다.

❹ Trimble Connect: Trimble사에서 개발하여 설계자, 시공자, 건축주와 운영자가 함께 협업을 할 수 있도록 프로젝트 정보 교환 도구입니다.

❺ Photo Textures: 구글 스트리트 뷰 이미지를 캡처해서 현재 모델에 매핑할 수 있는 기능입니다.

❻ V-Ray For SketchUp: V-Ray For SketchUp을 활성화합니다.

* General: 일반적인 환경을 설정할 수 있습니다.

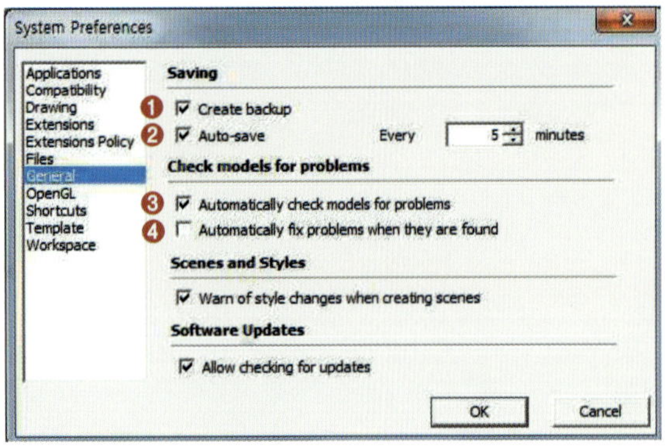

❶ Create backup: 진행된 작업 정보를 저장할 때 backup 파일을 생성합니다.

❷ Auto-save: 자동 저장 여부와 시간을 설정합니다.

TIP: 저장 시간이 너무 짧을 경우, 고용량 작업 시 불편을 줄 수도 있으니 유의합니다.

❸ Automatically check models for problems: 모델링 과정에서 발생하는 문제를 자동으로 체크하도록 설정합니다.

❹ Automatically fix problems when they are found: 모델링 과정에서 발생하는 문제를 자동으로 교정하도록 설정합니다.

* Shortcuts: 키보드 입력환경을 설정하여 단축키를 지정합니다. 각종 도구(tool)의 단축키를 설정/수정하여 작업을 편리하게 하며, 단축키를 파일로 저장한 후 다른 컴퓨터에서 불러와 사용할 수 있습니다.

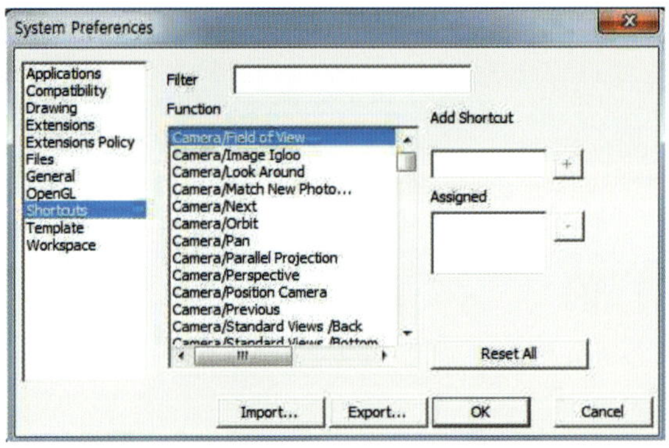

***TIP:** 자주 사용하는 단축키 알아보기*

단축키는 빠르고 효율적인 작업에 많은 도움이 됩니다. 모든 단축키를 외우진 않더라도 자주 사용되는 도구들의 단축키를 미리 외우고 있는 다면 빠르고 효율적인 작업이 될 수 있습니다.

단축키 모음

아이콘	이름		단축키	설명
	New	새시작	Ctrl + N	새로열기
	Open	열기	Ctrl + O	파일열기
	Save	저장	Ctrl + S	저장하기
	Cut	자르기	Shift + Delete	잘라내기
	Copy	복사	Ctrl + C	복사하기
	Paste	붙여넣기	Ctrl + V	붙여넣기
	Print	인쇄	Ctrl + P	인쇄하기
	Select	선택	Space bar	Object 선택하기
	Line	선	L	선 그리기
	2 Point Arc	2점 호	A	호 그리기
	Rectangle	사각형	R	사각형 그리기
	Circle	원	C	원 그리기
	Push/Pull	밀기/끌기	P	면을 입체로 밀기/ 끌기
	Offset	오프셋	F	선과 면의 간격띄우기
	Move	이동	M	Object 이동하기
	Rotate	회전	Q	Object 회전하기
	Scale	배율	S	Object 크기 변환하기
	Tape Measure Tool	줄자 도구	T	거리재기, Guide Point/ Guide Line 만들기
	Paint Bucket	페인트통	B	색상 및 재질 적용하기
	Orbit	궤도	O, 마우스 휠버튼	화면 회전하기
	Pan	상하/좌우 이동	H, Shift + 마우스 휠버튼	화면 이동하기
	Zoom	확대/축소	Z	화면 확대, 축소하기
	Zoom Extents	범위 확대/축소	Shift + Z	화면에 모든 Object 보이기

위의 도구들 이외에도 Follow me, Axes, Section plane 등 자주 사용하는 도구들이 많습니다. 이러한 도구들은 Window > Preference > Shortcut에서 단축키를 '사용자 지정'하여 사용하면 편리합니다.

STEP 03 SketchUp의 메뉴와 Toolbar

1. SketchUp 메뉴

1.1 풀다운 메뉴

*** File 메뉴**

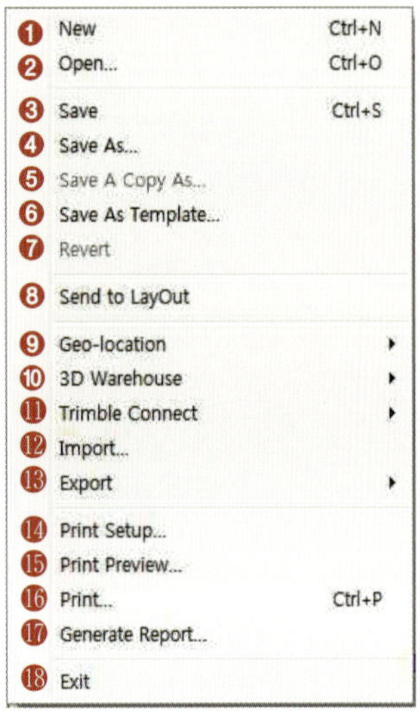

❶ **New** [Ctrl + N]: 새로운 SketchUp 파일을 생성합니다.

❷ **Open** [Ctrl + O]: SketchUp 형식(* .skp)으로 작업했던 파일을 불러옵니다.

❸ **Save** [Ctrl + S]: 현재 작업하는 파일을 저장합니다.

❹ **Save As**: 현재 작업하는 파일을 다른 이름으로 저장합니다.

❺ **Save A Copy As**: 현재 작업하는 파일은 그대로 둔 상태에서 같은 파일을 하나 더 복사하여 다른 이름의 파일로 저장합니다.

❻ **Save As Template**: 설정한 작업 환경을 새로운 이름의 Template으로 저장합니다.

❼ **Revert**: 마지막에 저장했던 편집 상태로 되돌려줍니다. 한 번 실행되면 취소가 불가능하므로 주의해서 사용해야만 합니다.

❽ **Send to Layout**: 현재 작업하는 파일을 Layout으로 나타내어 줍니다. Layout은 SketchUp Pro에서만 제공되는 프로그램이며, SketchUp 파일로 프레젠테이션에 도움을 줍니다.

❾ **Geo-location**: 구글 어스를 통하여 정확한 위치를 새롭게 지정할 수 있습니다.

❿ **3D Warehouse**: 3D Warehouse 웹 사이트로 접속하여 SketchUp으로 작성된 모델링, Comp onent, Material 등의 파일을 Download받거나 Upload 시켜 공유할 수 있습니다.

⓫ **Trimble Connect**: 사용자들의 효과적인 협업 업무을 위하여, Trimble사에서 제공하며, 사용자들만을 위한 전용 웹사이트에 접속하여 데이터의 upload, sharing, reference 등을 할 수 있습니다.

⓬ **Import**: 다른 형식으로 제작된 CAD 파일, 이미지 파일 등을 SketchUp 파일로 불러옵니다. Import 된 파일은 하나의 Component 형태로 삽입되어 들어옵니다.

> **지원되는 파일 형식**
> - **3D Model**: SKP/ SKB/ DXF/ DWG/ DEM
> - **2D Graphic**: JPEG/ PNG/ PSD/ TIF/ BMP/ TGA

⓭ **Export**: 현재 작업파일을 다른 3D 포맷 파일, CAD 파일, 이미지 파일 등의 형식으로 출력합니다.

> **지원되는 파일 형식**
> - **3D Model**: 3DS/ DWG/ DXF/ DAE/ FBX/ IFC/ KMZ/ OBJ/ WRL/ XSI/
> - **2D Graphic**: PDF/ EPS/ BMP/ JPG/ TIF/ PNG/ DWG/ DXF
> - **Section Slice**: DXF/ DWG
> - **Animation** (Video): AVI/ WEBM/ OGV/ MP4
>   **Animation** (Image Set): JPG/ PNG/ TIF/ BMP

⓮ **Print Setup**: 인쇄관련 옵션을 설정합니다.

⓯ **Print Preview**: 인쇄미리보기를 화면에 제공합니다.

⓰ **Print** [Ctrl + P]: 현재 작업 중인 파일을 제공합니다.

⓱ **Generate Report**: 현재 작업 중인 파일의 속성과 세부 사항을 HTML과 CSV로 출력해 줍니다.

⓲ **Exit**: 현재 작업하는 SketchUp을 종료합니다.

* Edit 메뉴

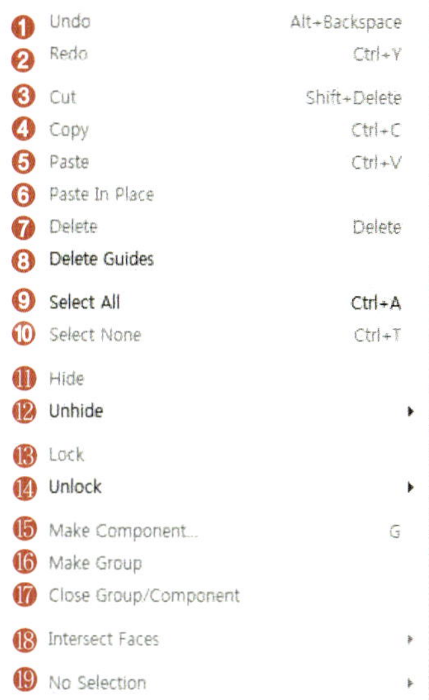

❶ Undo [Ctrl + Z]: 방금 실행한 도구 명령을 취소합니다. 작업 화면의 되돌리기는 Previous Camera를 이용하여 취소합니다.

❷ Redo [Ctrl + Y]: Undo 하였던 명령을 재실행합니다.

❸ Cut [Ctrl + X]: 선택한 Object를 '잘라내기' 하여 클립보드에 저장합니다. 작업 화면에는 남지 않습니다.

❹ Copy [Ctrl + C]: 선택한 Object를 클립보드에 저장합니다. 작업 화면에는 남습니다.

❺ Paste [Ctrl + V]: Cut, Copy 했던 Object를 직접 화면으로 불러옵니다. 다른 파일에서도 반복해서 붙여넣기 할 수 있습니다.

❻ Paste in Place: Cut, Copy했던 Object들을 원점과 좌표에 맞춰 같은 위치에 불러옵니다.

❼ Delete [Delete]: 선택한 Object들을 삭제합니다.

❽ Delete Guide: 가이드를 일괄 삭제합니다.

❾ Select All [Ctrl + A]: 숨겨진 Object를 제외하고 현재 작업파일 내의 모든 Object를 선택합니다.

❿ Select None [Ctrl + T]: 모든 선택을 해제합니다.

⓫ Hide: 선택한 Object를 작업 화면상에 보이지 않게 숨겨줍니다.

⓬ Unhide: 숨겼던 Object를 다시 보이게 합니다.

⓭ Lock: 선택한 Object를 Group이나 Component로 만들어 잠궈둔 후 선택, 편집이 제한되도록 합니다.

⓮ Unlock: 선택과 편집이 가능하도록 잠금 기능을 해제합니다.

⓯ Make Component: 선택한 Object를 Component로 제작합니다.

⓰ Make Group: 선택한 Object를 Group으로 제작합니다.

⓱ Close Group/Component: 편집을 위해 활성화 된 Group과 Component를 비활성화 시켜줍니다.

⓲ Intersect Faces: Object들이 교차하는 부분에 교차선을 만듭니다.

⓳ No Selection: 선택한 Object들에 실행 가능한 모든 메뉴가 제공되며 선택한 Object에 따라 다른 메뉴가 나타납니다.

* View 메뉴

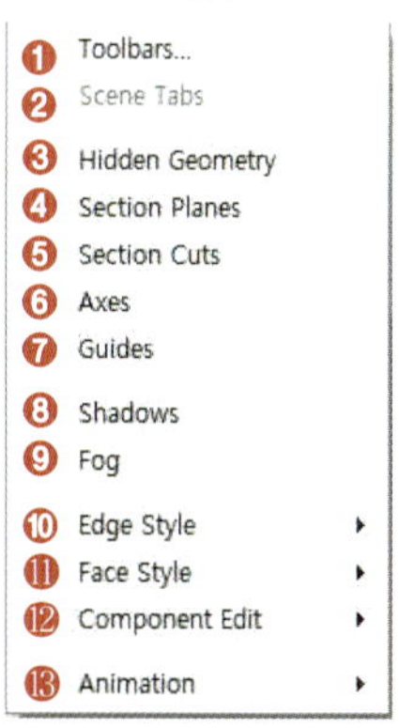

❶ Toolbar: Toolbar 아이콘을 꺼내 화면에 배치합니다.

❷ Scene Tabs: 설정되어 있는 경우, Scene 탭을 숨기거나 보이게 합니다.

❸ Hidden Geometry: Soften, Smooth, Hide된 선들을 숨기거나 보이게 합니다.

❹ Section Planes: 단면을 끊었을 때, 단면을 설정한 면을 숨기거나 보이게 합니다.

❺ Section Cuts: 단면을 끊었을 때, 단면을 숨기거나 보이게 합니다.

❻ Axes: 좌표축을 숨기거나 보이게 합니다.

❼ Guides: 가이드를 숨기거나 보이게 합니다.

❽ Shadows: 그림자를 숨기거나 보이게 합니다.

❾ Fog: 안개효과를 숨기거나 보이게 합니다.

❿ Edge Style: 선의 스타일을 설정합니다.

⓫ Face Style: 면의 스타일을 설정합니다.

⓬ Component Edit: Component의 편집 옵션을 설정합니다.

⓭ Animation: 동영상을 만들기 위한 장면을 설정합니다.

* Camera 메뉴

❶ **Previous:** 이전 작업 화면으로 돌아가 view를 나타냅니다.

❷ **Next:** 다음 작업 화면의 view로 나타냅니다.

❸ **Standard Views:** 표준 시점의 화면으로 전환합니다. (Top, Bottom, Front, Back, Left, Right, Iso)

❹ **Parallel Projection:** 평행 투영법의 view로 나타냅니다.

❺ **Perspective:** 원근 투영법의 view로 나타냅니다.

❻ **Two-point Perspective:** 2개의 소점 투영법으로 나타냅니다.

❼ **Match New Photo:** 실제사진과 3D 모델링의 시점을 일치시켜 주는 Photo Match를 실행합니다.

❽ **Edit Matched Photo:** Photo Match를 편집합니다.

❾ **Orbit:** 작업화면의 시점을 회전시켜 줍니다.

❿ **Pan:** 배율변화가 없는 상태로 작업 화면의 시점을 평행하게 움직여 보여줍니다. 또는 왼쪽 [Shift]를 누른 상태에서 클릭 드래그로도 같은 효과를 얻을 수 있습니다.

⓫ **Zoom:** 작업화면의 시점을 확대, 축소합니다. 또한 마우스의 휠 버튼을 스크롤하여 시점을 확대 축소할 수도 있습니다.

⓬ **Field of View:** 화각으로 설정합니다. 평각 및 망원렌즈의 효과를 가질 수 있습니다.

⓭ **Zoom Window** [[Ctrl] + [Shift] + [W]]: Zoom 도구를 이용해 Window 방식으로 드래그 된 부분을 확대합니다.

⓮ **Zoom Extents** [[Ctrl] + [Shift] + [E], [Shift] + [Z]]: 모델링 된 모든 Object를 작업 화면에 나타나게 합니다.

⓯ **Zoom to Photo:** Photo Match 사용 시 사진이 모두 보이도록 확대, 축소하여 줍니다.

⓰ **Position Camera:** 카메라의 위치(시점)와 보는 지점을 저장합니다.

⓱ **Walk:** 발자국 아이콘이 작업 화면에 나타납니다. 사람의 눈높이로 카메라 높이를 설정 한 후 걸어 다니며 작업 공간을 이동, 보여주는 기능입니다.

⓲ **Lock Around:** 고정된 한 시점에서 상, 하, 좌, 우로 둘러볼 수 있습니다.

⓳ **Image Igloo:** Photo Match와 같이 사용하며 여러 장의 사진을 합쳐줍니다.

* Draw 메뉴

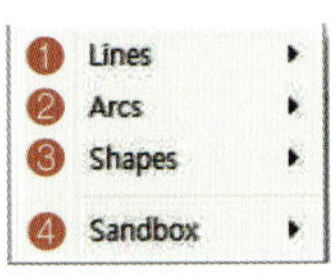

❶ **Line**
- Line: 마우스를 이용하여 선을 그립니다.
- Freehand: 마우스 왼쪽 클릭 상태에서 자유 곡선을 그립니다.

❷ **Arcs**
- Arc: 임의의 호의 중심점과 시작점을 지정한 각도에 따라 호를 그립니다.
- 2 Point Arc: 임의의 두 개의 점과 반지름을 이용해 호를 그립니다.
- 3 Point Arc: 임의의 세 개의 점을 이용해 호를 그립니다.
- Pie: 위의 Arc와 같이 호를 그리고 동시에 면을 생성합니다.

❸ **Shapes**
- Rectangle: 두 개의 모서리를 지정하여 사각형을 그립니다.
- Rotated Rectangle: 위의 Rectangle을 지정한 각도에 따라 그립니다.
- Circle: 원을 그립니다.
- Polygon: 하나의 Polygon으로 이루어진 다각형을 그립니다.

❹ **Sandbox:** 등고선을 이용해 3D 지형을 만들거나 평범한 Grid 평면을 만듭니다.

* Tool 메뉴

❶ **Select:** 선택하기 도구로서, Ctrl 과 Shift 를 이용하면 선택 추가/제거 등이 가능합니다.

❷ **Eraser:** 지우기 도구로서 Shift 와 Alt 을 이용하여 선을 숨기거나 부드럽게 할 수 있습니다.

❸ **Paint Bucket:** 재질 적용하기 도구입니다.

❹ **Move:** 이동하기 도구로서 Ctrl 을 이용하면 다중 이동 복사가 가능합니다.

❺ **Rotate:** 회전하기 도구로서 Ctrl 을 이용하면 다중 회전 복사가 가능합니다.

❻ **Scale:** 크기 조정하기 도구로서, 음(-)값을 입력하면 Mirror 효과가 나타납니다.

❼ **Push/Pull:** 면을 밀고 당기는 도구로서 Ctrl 을 이용하여 복사가 가능합니다.

❽ **Follow me:** 지정한 경로를 따라 단면을 이용해 입체를 생성합니다. 원이나 다각형을 이용하여 경로를 지정해주면 회전체가 형성됩니다.

❾ **Offset:** 선이나 면을 일정 간격만큼 거리를 띄어 복사합니다.

❿ **Outer Shell:** 두 개의 Solid Group을 하나로 합쳐주는 기능이며, 첫 번째 선택한 객체와 두 번째 선택한 객체를 합쳐, 객체가 교차되는 부분을 삭제합니다.

⓫ **Solid Tool:** Solid Tool은 두 개의 Mass를 이용하여 다양한 형태를 제작하는데 쓰입니다. 이것의 모든 기능들은 Object들이 모두 'Group 상태'일 때 정상적으로 작동합니다. (Intersect, Union, Subtract, Trim, Split)

⓬ **Tape Measure:** 거리에 대한 측정 또는 가이드 선을 넣을 수 있습니다.

⓭ **Protractor:** 각도에 대한 측정 또는 가이드라인을 넣을 수 있습니다.

⓮ **Axes:** 좌표축을 사용자 정의에 따라 변경할 수 있습니다.

⓯ **Dimensions:** 자동으로 계산된 치수를 삽입합니다.

⓰ **Text:** 문자와 선택면의 면적 입력 도구로서 시점을 이동해도 작업 화면에 평행하게 나타납니다.

⓱ **3D Text:** 3D 문자입력 도구로서 Object와 선택된 면에 평행하게 나타납니다.

⓲ **Section Plane:** 단면 끊기 도구로서 단면 위치는 Move Tool을 이용하여 조정하고 Export를 통해 파일로 저장할 수 있습니다.

⓳ **Interact:** Dynamic Component의 주어진 속성을 클릭하여 변경합니다.

⓴ **Sandbox:** Sandbox Tools의 확장 도구를 설정했을 때 활용 가능하며, 등고선으로 만든 3D 지형이나 Grid 평면 등을 편집할 수 있습니다.

* Window 메뉴

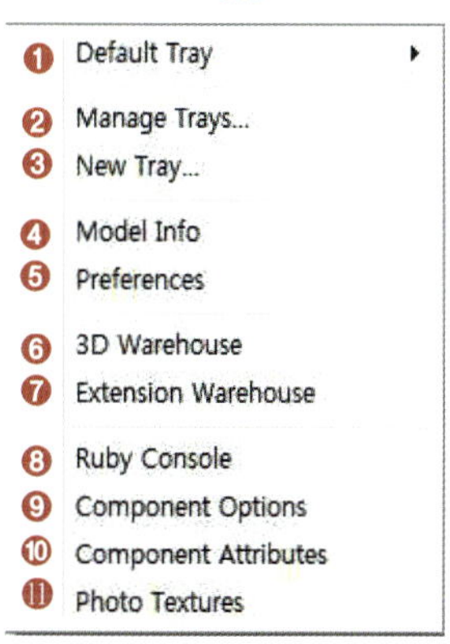

❶ **Default Tray:** 화면 오른쪽의 Tray를 감추거나 나타나게 할 수 있고, Tray의 이름을 지정할 수 있습니다. 또한 사용자가 원하는 Tray만을 선택 사용할 수 있습니다.

❷ **Manage TrayS:** 사용자에 의해 만들어진 Tray를 관리합니다.

❸ **New Tray:** 위의 Default Tray에서 할 수 있는 Tray의 이름 지정과 사용자에 의해 선택 활용할 Tray들을 지정합니다.

❹ **Model info:** 모델링 파일의 정보 및 설정 값(모델링 위치, 단위, Object의 통계, 문자의 크기 등)을 변경한다.

❺ **Preferences:** SketchUp 프로그램의 옵션을 설정한다. (파일의 저장 위치, 자동 저장 기능, 단축키의 설정, Extensions의 설정, Template의 설정 등)

❻ **3D Warehouse:** SketchUp Modeling 공유 사이트이며, 검색을 통해 전 세계 SketchUp 사용자가 작업한 모델링들을 공유할 수 있습니다. (https://3dwarehouse.SketchUp.com)

❼ **Extension Warehouse:** SketchUp Plug_in 공유하는 사이트이며, 검색을 통해 다양한 Ruby File들을 다운받을 수 있습니다. (http://extensions.SketchUp.com)
❽ **Ruby Console:** Ruby Console을 보여줍니다.
❾ **Component Option:** 현재 선택된 Component의 옵션을 설정합니다.
❿ **Component Attributes:** 현재 선택된 Component의 속성 정보를 보여줍니다.
⓫ **Photo Texture:** 구글맵스를 통한 지도와 로드뷰를 제공합니다.

* Extensions 메뉴

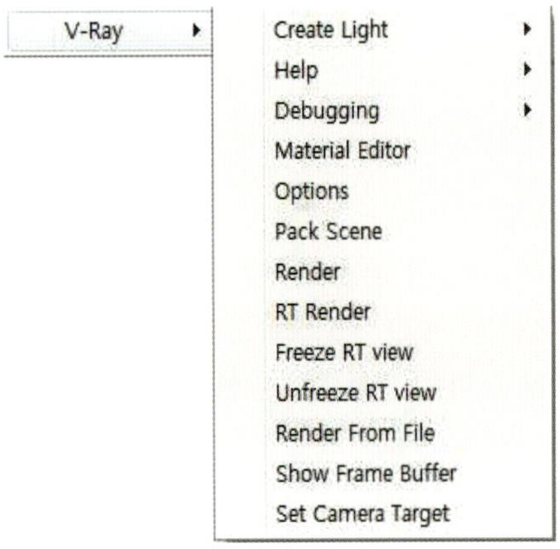

SketchUp Plug-in 프로그램으로 'V-ray for SketchUp'을 설치하면 풀다운 메뉴 Window와 Help 사이에 Extensions이 생성됩니다. 왼쪽 그림에서 보는 바와 같이 Extensions을 클릭하면 'V-ray for SketchUp'의 하부 메뉴들이 나타나며, Rendering Image를 얻기 위한 다양한 명령어들이 나열되어 있습니다.

* Help 메뉴

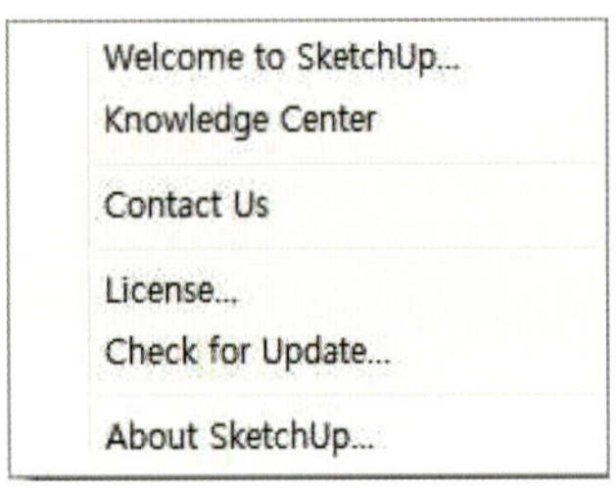

도움말, SketchUp Help Center 등으로 연결정보를 얻을 수 있습니다.

1.2 마우스 오른쪽 버튼의 메뉴

Object를 선택하고 마우스 오른쪽 버튼을 클릭하면 '마우스 오른쪽 버튼 메뉴'의 리스트가 나타납니다. 선이나 면을 하나로 선택했을 경우, 선이나 면을 여럿이 선택했을 경우, Group이나 Component를 선택했을 경우에 따라 다른 리스트가 나타납니다.

* Line이 선택된 경우

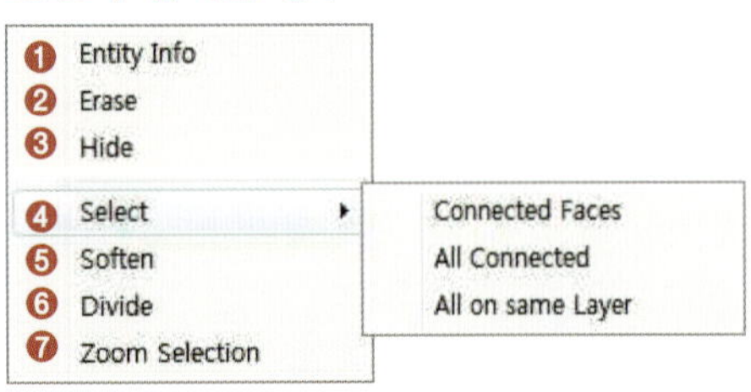

❶ **Entity info:** 선택한 선의 재질, 레이어, 길이 등의 속성을 나타내는 창이 나타납니다.
❷ **Eraser:** 선택한 선을 지웁니다.
❸ **Hide:** 선택한 선을 숨깁니다.
❹ **Select**
- Component Faces: 선택한 선과 연결된 모든 면을 선택합니다.
- All Connected: 선택한 선과 연결된 모든 선과 면을 선택합니다.
- All on same Layer: 동일 레이어에 있는 모든 Object를 선택합니다.

❺ **Soften:** 경계를 부드럽게 합니다.
❻ **Divide:** 선을 등분합니다.
❼ **Zoom Extents:** 선택한 선을 작업 화면에 최대한 확대합니다.

* Face가 선택된 경우

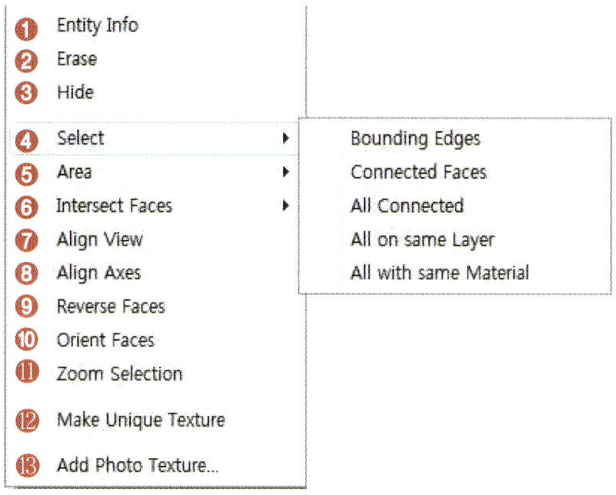

❶ Entity info: 선택한 면의 재질, 레이어, 길이 등의 속성을 나타내는 창이 나타납니다.

❷ Eraser: 선택한 면을 지웁니다.

❸ Hide: 선택한 면을 숨깁니다.

❹ Select

- Bounding Edges: 선택한 면과 연결된 모든 선을 선택합니다.
- Connected Face: 선택한 면과 연결된 모든 면을 선택합니다.
- All Connected: 선택한 면과 연결된 모든 선과 면을 모두 삭제합니다.
- All on same Layer: 동일 레이어에 있는 모든 Object를 선택합니다.
- All with same Material: 동일 재질의 모든 면을 선택합니다.

❺ Area: 면적을 산정합니다.

❻ Intersect Faces: Object들이 교차하는 부분에 교차선을 만듭니다.

❼ Align View: 선택한 면을 작업 화면에 정면으로 시점을 변경합니다.

❽ Align Axes: 선택한 면을 기준으로 좌표축을 변경합니다.

❾ Reverse Faces: 선택한 면의 전면과 후면을 전환합니다.

❿ Orient Faces: 선택한 면의 전면과 후면에 맞춰 연결된 모든 면들의 방향을 전환합니다.

⓫ Zoom Selection: 선택한 면을 작업 화면에 최대한 확대합니다.

⓬ Make Unique Texture: 같은 재질이 적용된 면의 속성을 독립적으로 변경합니다.

⓭ Add Photo Texture: 구글맵스를 통한 위치의 로드맵 이미지를 지정한 면에 입혀줍니다.

* 다수의 Line과 Face가 선택된 경우

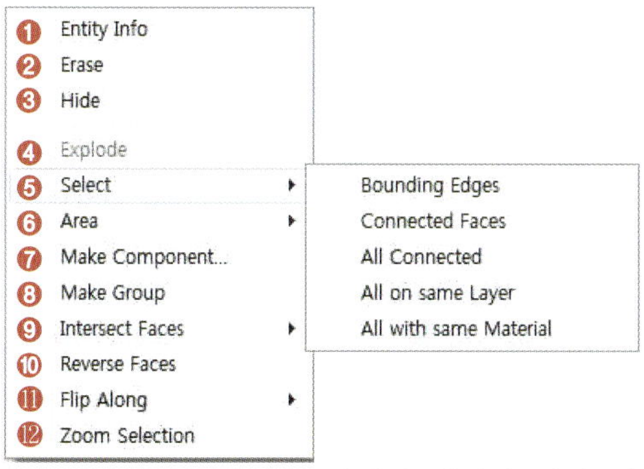

❶ Entity info: 선택한 선과 면의 재질, 레이어 등의 속성을 나타내는 창이 나타납니다.

❷ Eraser: 선택한 선이나 면을 지웁니다.

❸ Hide: 선택한 선이나 면을 숨깁니다.

❹ Explode: Group이나 Component를 분해합니다.

❺ Select

- Bounding Edges: 선택한 선이나 면과 연결된 모든 선을 선택합니다.
- Connected Face: 선택한 선이나 면과 연결된 모든 면을 선택합니다.
- All Connected: 선택한 선이나 면과 연결된 모든 선과 면을 선택합니다.
- All on same Layer: 동일 레이어에 있는 모든 Object를 선택합니다.
- All with same Material: 동일 재질의 모든 면을 선택합니다.

❻ Area: 면적을 산정합니다.

❼ Make Component: 선택된 Object로 Component를 만듭니다.

❽ Make Group: 선택된 Object로 Group을 만듭니다.

❾ Intersect Faces: Object들이 교차되는 부분에 교차선을 만듭니다.

❿ Reverse Faces: 선택한 면의 전면과 후면을 전환합니다.

⓫ Flip Along: 선택한 Object를 축에 맞춰 뒤집습니다.

⓬ Zoom Selection: 선택한 Object를 작업 화면에 최대한 확대합니다.

* Group이 선택된 경우

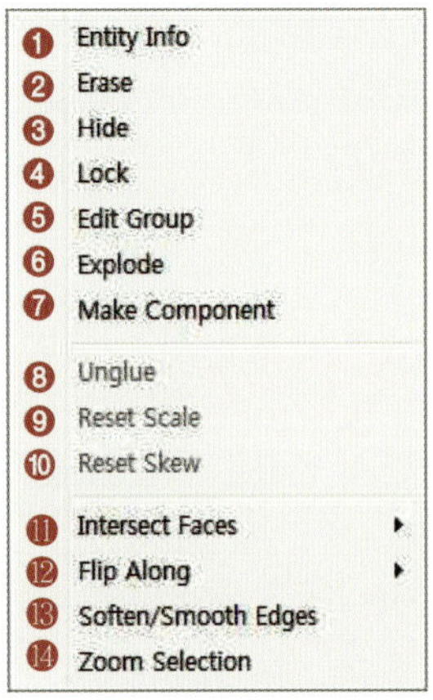

❶ **Entity info:** 선택한 Group의 재질, 레이어 등의 속성을 나타내는 창이 나타납니다.
❷ **Eraser:** 선택한 Group을 지웁니다.
❸ **Hide:** 선택한 Group을 숨깁니다.
❹ **Lock:** 선택한 Group을 잠급니다.
❺ **Edit Group:** Group을 편집모드로 활성화시켜 편집합니다.
❻ **Explode:** Group을 분해합니다.
❼ **Make Component:** Group을 Component로 만듭니다.
❽ **Unique:** Group과 접해 있는 Object의 면을 분리합니다.
❾ **Reset Scale:** Scale 도구로 변형된 Group을 원상태로 되돌려줍니다.
❿ **Reset Skew:** Group의 뒤틀림을 되돌려줍니다.
⓫ **Intersect Faces:** Object들이 교차하는 부분에 교차선을 만듭니다.
⓬ **Flip Along:** 선택한 Group을 축에 맞춰 뒤집습니다.
⓭ **Soften/Smooth Edges:** Group의 Edge부분을 부드럽게 변형시켜 줍니다.
⓮ **Zoom Selection:** 선택한 Group을 작업 화면에 최대한 확대한다.

* Component가 선택된 경우

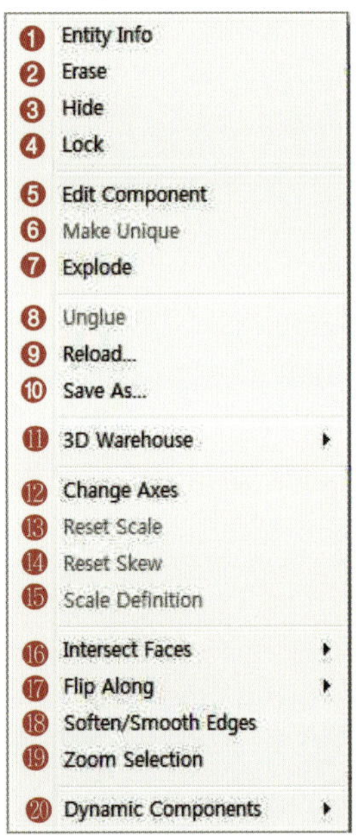

❶ **Entity info:** 선택한 Component의 재질, 레이어 등의 속성을 나타내는 창이 나타납니다.
❷ **Eraser:** 선택한 Component를 지웁니다.
❸ **Hide:** 선택한 Component를 숨깁니다.
❹ **Lock:** 선택한 Component를 잠급니다.
❺ **Edit Component:** Component를 편집모드로 활성화 시킵니다.
❻ **Make Unique:** 선택한 Component를 새로운 Component로 만듭니다. 또한 같은 속성을 가지는 Component를 별도로 편집할 수 있습니다.
❼ **Explode:** Component를 분해합니다.
❽ **Unique:** Component와 접해 있는 Object의 면을 분리합니다.
❾ **Reload:** 선택한 Component를 다른 파일의 Component로 대체합니다.
❿ **Save as:** 선택한 Component를 다른 파일로 저장합니다.
⓫ **3D Warehouse:** 선택한 Component를 인터넷상의 3D Warehouse에 공유합니다.
⓬ **Change Axes:** Component의 설정 축을 변경합니다.
⓭ **Reset Scale:** Scale 도구로 변형된 Component를 원상태로 되돌려줍니다.
⓮ **Reset Skew:** Component의 뒤틀림을 되돌려줍니다.
⓯ **Scale Definition:** Scale 도구로 변형된 Component의 크기를 원래의 Component에 적용시킵니다.
⓰ **Intersect:** Object들이 교차하는 부분에 교차선을 만듭니다.
⓱ **Flip Along:** 선택한 Component를 축에 맞춰 뒤집습니다.
⓲ **Soften/Smooth Edges:** Component의 Edge부분을 부드럽게 변형시켜 줍니다.
⓳ **Zoom Selection:** 선택한 Component를 작업 화면에 최대한 확대한다.
⓴ **Dynamic Components:** 편집이 가능한 Component를 제공한다. 자체적으로 Scale 도구를 이용한 편집, Component의 형태 및 색상 변경이 가능하다.

2. SketchUp Toolbar

* Toolbar

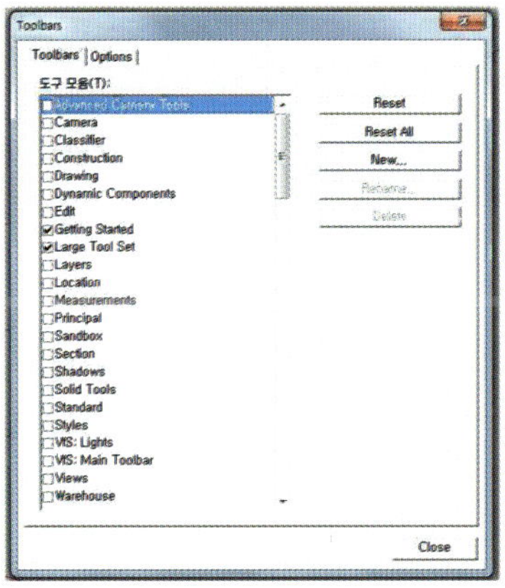

Toolbar는 다양한 도구의 모음으로 풀다운 메뉴의 View > Toolbar의 선택메뉴에서 나열된 목록을 체크로 표시(v)하여 작업 화면에 정렬하여 나타냅니다.

Toolbar 창에서 Option 탭을 클릭하면 두 가지의 도구모음을 볼 수 있습니다. Show Screen Tips on Toolbar는 Toolbar 버튼 위에 마우스를 올려놓았을 때, 명령어의 정보와 활용방법 등을 알려주는 기능입니다. Large Icons는 Toolbar 버튼의 크기를 결정해줍니다. 사용자에 따라 필요한 Toolbar를 추가하였을 때 작업영역이 좁아지게 되므로 선택 해제하여 Icon을 작게 설정해 둡니다.

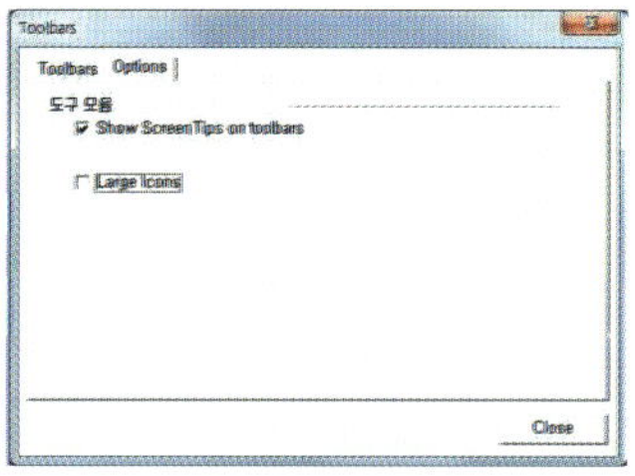

* Getting Start

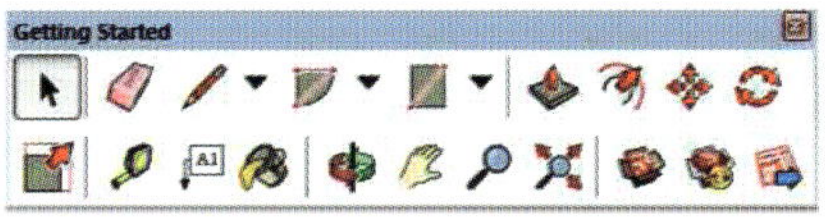

* Large Tool set

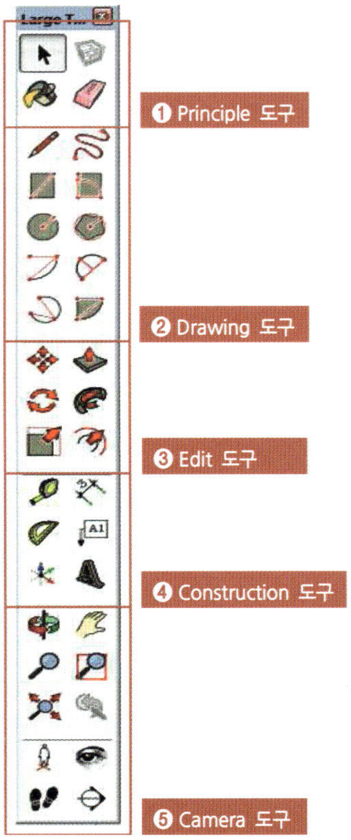

❶ Principle 도구

ⓐ ⓑ ⓒ ⓓ

ⓐ Select: 선택하기
ⓑ Make Component: Component 만들기
ⓒ Paint Bucket: 재질 적용하기
ⓓ Eraser: 지우기, 부드럽게 하기

❷ Drawing 도구

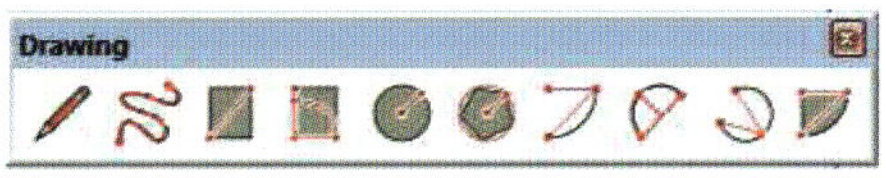

ⓐ ⓑ ⓒ ⓓ ⓔ ⓕ ⓖ ⓗ ⓘ ⓙ

ⓐ Line: 선 그리기
ⓑ Freehand: 자유 곡선 그리기
ⓒ Rectangle: 사각형 그리기
ⓓ Rotated Rectangle: 지정 각도로 사각형 그리기
ⓔ Circle: 원 그리기
ⓕ Polygon: 다각형 그리기
ⓖ Arc: 호 그리기
ⓗ 2 Pointed Arc: 2개의 점으로 호 그리기
ⓘ 3 Pointed Arc: 3개의 점으로 호 그리기
ⓙ Pie: 호를 그려 면 채우기

❸ Edit 도구

ⓐ ⓑ ⓒ ⓓ ⓔ ⓕ

ⓐ Move: 이동하기
ⓑ Push/ Pull: 면을 밀거나 당기기
ⓒ Rotate: 회전하기, 회전하여 복사하기
ⓓ Follow me: 경로를 따라 입체 만들기
ⓔ Scale: 크기 조절 하기
ⓕ Offset: 선을 간격을 두고 복사하기

❹ Construction 도구

ⓐ ⓑ ⓒ ⓓ ⓔ ⓕ

ⓐ Tape Measure: 거리 측정하기, 가이드 넣기
ⓑ Dimension: 치수선 넣기
ⓒ Protractor: 각도 측정하기, 가이드 넣기
ⓓ Text: 문자 입력하기
ⓔ Axes: 축 설정하기
ⓕ 3D Text: 3D 문자 입력하기

❺ Camera 도구

ⓐ ⓑ ⓒ ⓓ ⓔ ⓕ ⓖ ⓗ ⓘ

ⓐ Orbit: 화면 회전하기
ⓑ Pan: 화면 이동하기
ⓒ Zoom: 화면 확대 또는 축소하기
ⓓ Zoom Window: 사각형으로 선택한 부분 확대하여 보기
ⓔ Zoom Extents: 작업 화면의 모든 Object를 전체 보기
ⓕ Previous: 이전 작업 화면 보기
ⓖ Position Camera: 카메라 위치 설정하기
ⓗ Look Around: 한 지점에서 둘러보기
ⓘ Walk: 눈높이로 걸어가며 보기

* Standard

ⓐ ⓑ ⓒ ⓓ ⓔ ⓕ ⓖ ⓗ ⓘ ⓙ ⓚ

ⓐ New: 새로운 파일
ⓑ Open: 기존 파일 열기
ⓒ Save: 현재 작업 저장하기
ⓓ Cut: 잘라내기
ⓔ Copy: 복사하기
ⓕ Paste: 붙여넣기
ⓖ Erase: 지우기
ⓗ Undo: 뒤로 가기
ⓘ Redo: 앞으로 가기
ⓙ Print: 인쇄하기
ⓚ Model Info: 환경설정 하기

* View

ⓐ ⓑ ⓒ ⓓ ⓔ ⓕ

ⓐ Iso: 등각 투영도
ⓑ Top: 평면도
ⓒ Front: 정면도
ⓓ Right: 우측면도
ⓔ Back: 배면도
ⓕ Left: 좌측면도

* Style

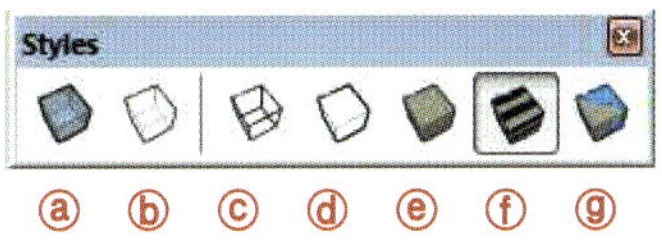

ⓐ X-Ray: 투과 시켜 보기
ⓑ Back Edges: 후면 모서리 보여주기
ⓒ Wire Frame: 와이어 프레임으로 보기
ⓓ Hidden Line: 선 숨겨서 보기
ⓔ Shaded: 음영 효과 보기
ⓕ Shaded with Texture: 재질 및 음영 효과 보기
ⓖ Monochrome: 단일 음영으로 보기

* Layer

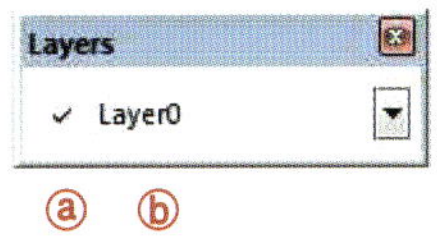

ⓐ Set Current Layers: 풀다운으로 레이어 지정하기
ⓑ Layer Manager: 레이어 설정창 꺼내기

* Measurements

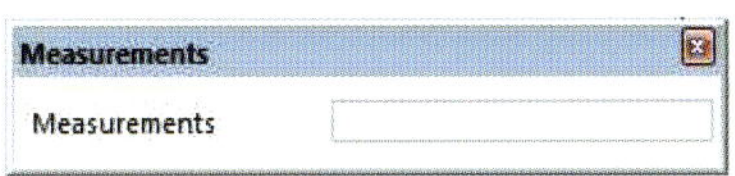

길이, 거리, 각도, 개수, 좌표 등의 수치가 상황에 따라 실시간으로 나타나거나 입력하는 VCB 창 (수치 입력 창)

* Section

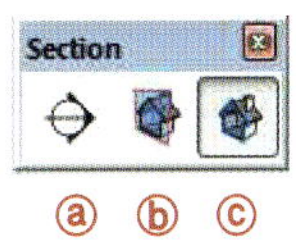

ⓐ Section Plane: 단면 끊기
ⓑ Display Section Plane: 단면 보이기/ 감추기
ⓒ Display Section Cuts: 단면선 보이기/ 감추기

* Shadow

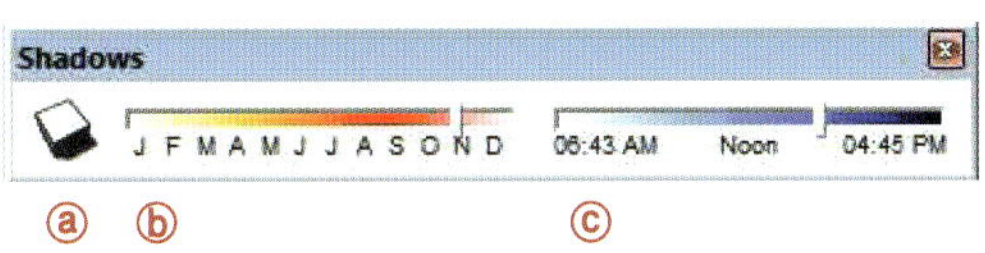

ⓐ Show/Hide Shadows: 그림자 보이기/ 감추기
ⓑ Date: 날짜 설정하기
ⓒ Time: 시간 설정하기

STEP 04 SketchUp의 매뉴얼

1. SketchUp Manuel

1.1 화면 조작 방법

*** 화면의 회전**

Orbit 도구를 선택한 후 마우스 왼쪽 버튼을 누른 채로 드래그하면 원하는 방향으로 작업 화면을 회전시킬 수 있습니다. 또한 마우스 휠을 누르면 화면을 회전 시킬 수 있습니다.

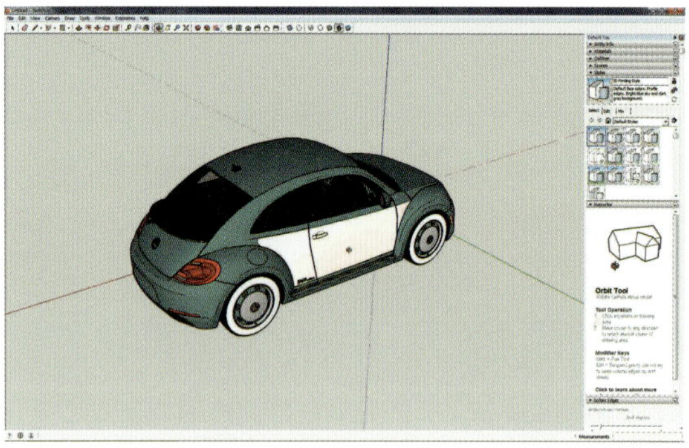

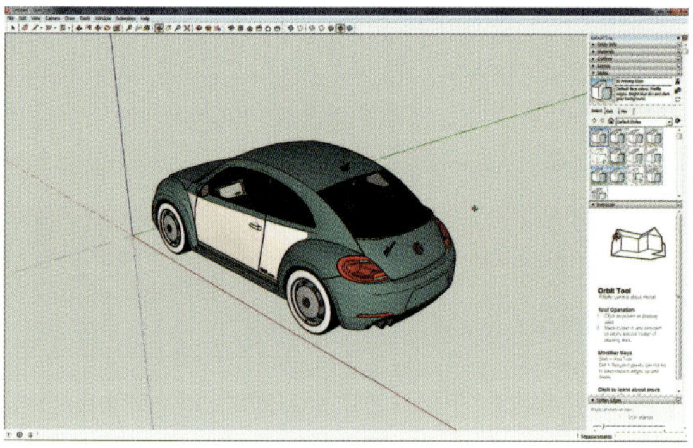

*** 화면의 이동**

Pan 도구를 선택한 후 마우스 왼쪽 버튼을 누른 채로 드래그하면 원하는 위치로 작업 화면을 이동할 수 있습니다. 또한 Shift 를 누른 채 마우스 왼쪽 버튼 또는 휠을 누르면 화면을 이동할 수 있습니다.

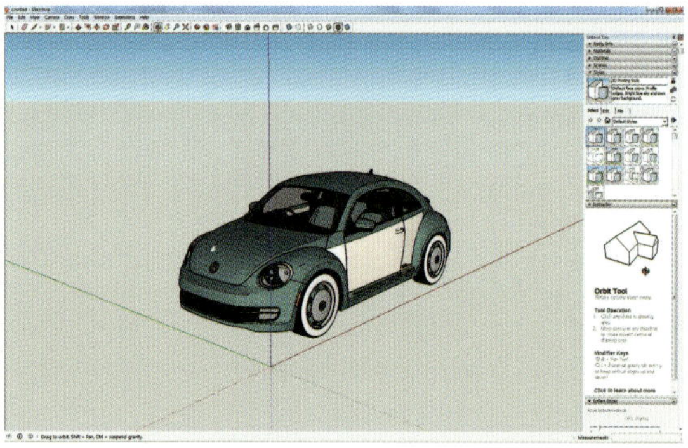

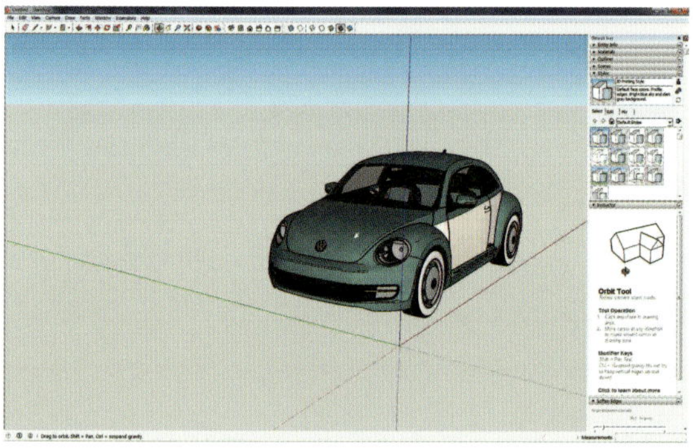

1.2 SketchUp의 특징

SketchUp은 이 프로그램만이 가진 독특한 특징을 가지고 있습니다. 이 특징들을 잘 파악하고 효과적으로 활용한다면 모델링작업이 매우 편하고 용이할 것이라 생각됩니다.

*** Object의 선택 방법**

SketchUp에서 Object를 선택하는 방법은 단일선택(One-Click), 다중선택(Multiple-Click), 더블클릭(Double-Click), 트리플클릭(Triple-Click), 선택상자(Select Box) 등 총 5가지가 있습니다. 각각의 선택방법을 모델링 과정에 적절히 적용시키면 보다 손쉽고 빠르게 작업을 수행할 수 있습니다.

1) **단일선택(One-Click)**: Principal 도구 중 Select 도구( )를 선택하여 선 또는 면을 선택할 수 있습니다.

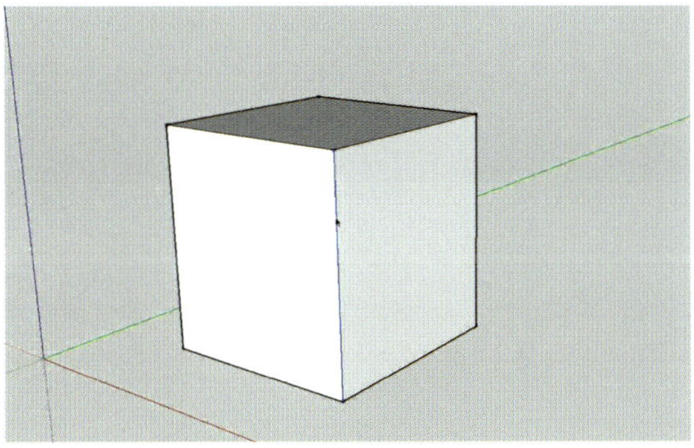

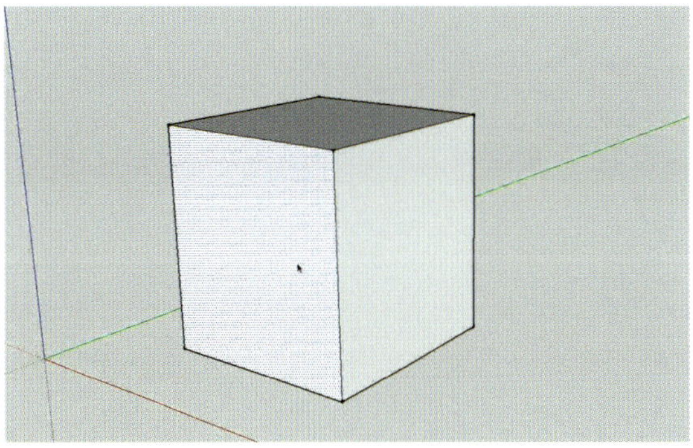

2) **다중선택(Multiple-Click)**: Principal 도구 중 Select 도구( )를 선택하여 Shift 키를 누르면 마우스 오른쪽에는 「±」 버튼( )이 나타납니다. 이때에 선 또는 면을 다수 선택하면 다중 선택할 수 있습니다. 또한 다중 선택된 것을 빼낼 경우는 Shift 키를 누른 상황에서 빼고자 하는 선이나 면을 클릭하면 됩니다.

TIP: Select 도구를 선택하여 Ctrl 키를 누르면 마우스 오른쪽에는 + 버튼( )이 나타납니다. 선이나 면을 추가 선택할 때에는 Ctrl 키를 이용한 다중선택도 가능합니다.

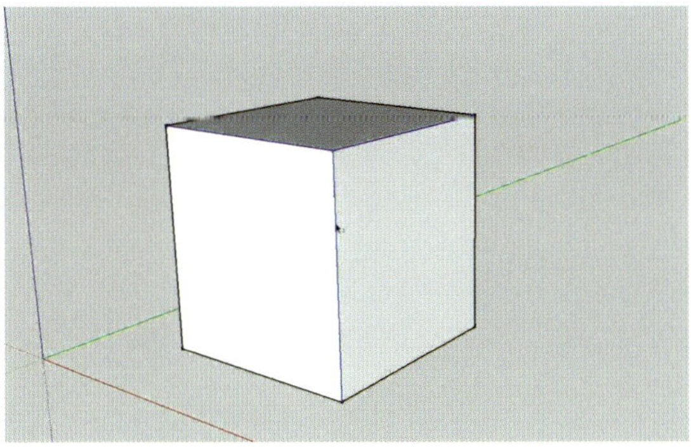

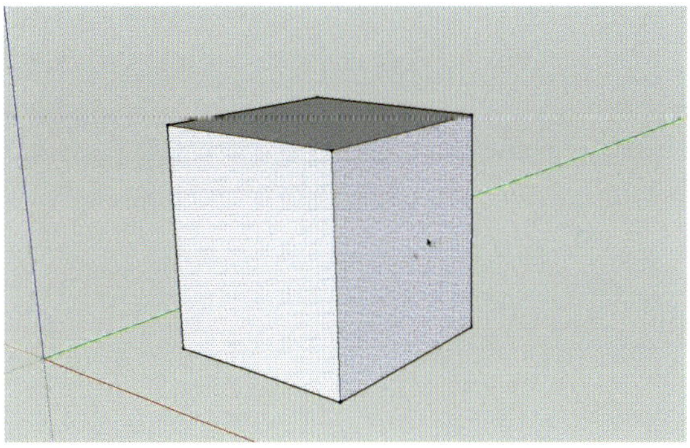

3) **더블 클릭(Double-Click)**: Select 도구( )를 선택하여 선 또는 면을 더블 클릭하면(2번 연속 클릭) 해당된 객체와 인접한 다른 객체들이 함께 선택됩니다. 예를 들어 선을 더블클릭하면 선과 인접한 객체인 면이 함께 선택됩니다. 또는 면을 더블클릭하게 되면 면과 인접한 객체, 즉 4개의 선들이 함께 선택됩니다.

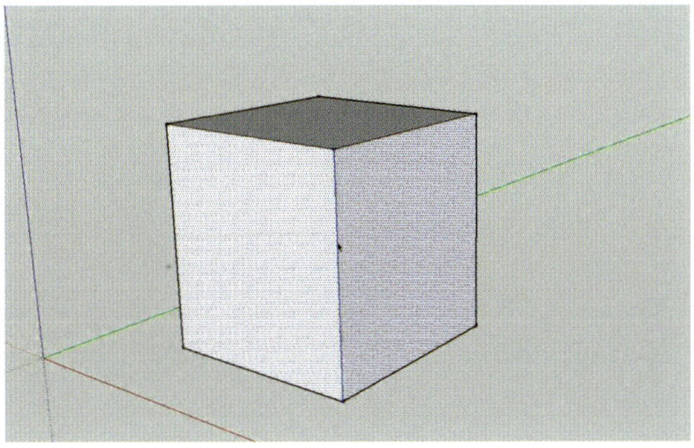

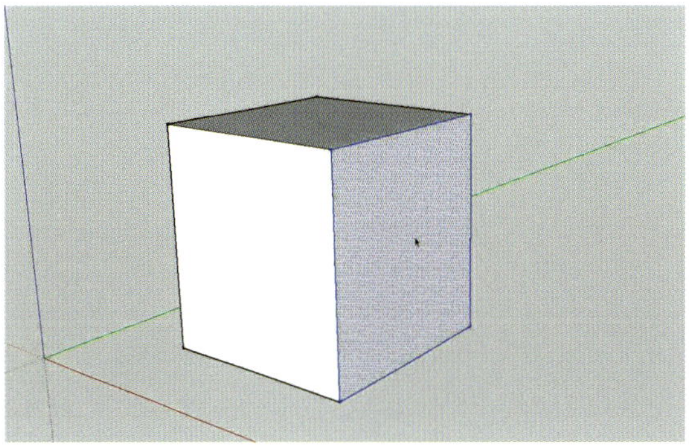

4) 트리플 클릭(Triple-Click): Select 도구( )를 선택하여 선 또는 면을 트리플 클릭하면(3번 연속 클릭) 해당된 객체 전체가 선택됩니다.

TIP: 트리플 클릭 선택은 더블 클릭의 배수로 생각하면 이해하기 쉽습니다. 더블클릭하여 선택된 인접객체의 또 다른 인접객체를 선택하기 때문에 Object 전체가 선택되는 것입니다.

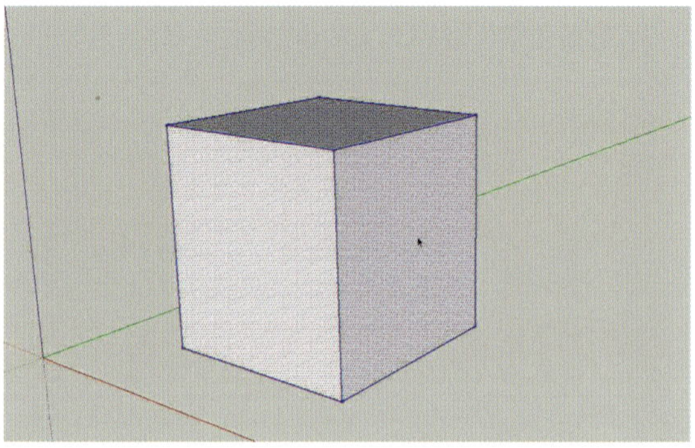

5) 선택상자(Select Box): Select 도구( )를 이용하여 선택하고자 하는 객체에 선택상자를 만들어 선택하는 방법입니다. 이 방법의 특징은 선택 드래그를 왼쪽에서 시작하는 방식과 오른쪽에서 시작하는 방식에서 객체 선택에 차이가 있습니다. 왼쪽에서 오른쪽으로 드래그하면 선택상자(실선) 안에 있는 객체들만 선택이 됩니다. 한편 오른쪽에서 왼쪽으로 드래그를 하면 선택상자(점선) 안에 있는 객체뿐만 아니라 상자에 걸쳐있는 객체들까지 선택이 됩니다.

TIP: 이 내용은 Auto CAD의 선택상자(Select Box) 활용방법과 같습니다.

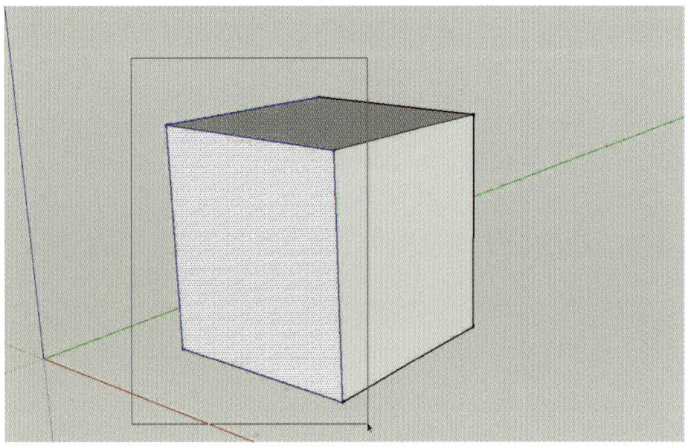

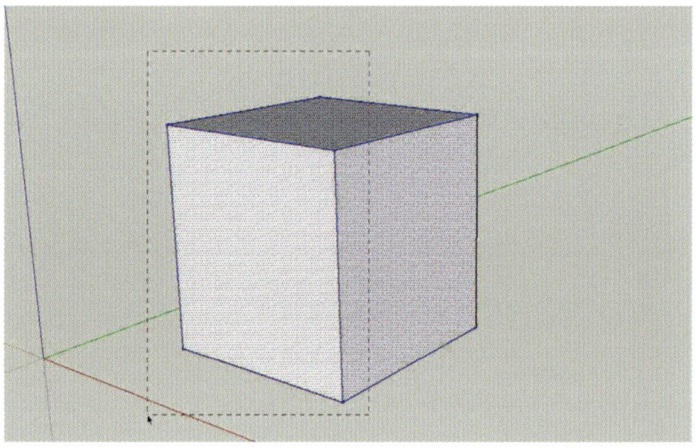

*** 폐합된 도형의 면 생성**

닫혀져 있는 폐합된 도형이면 어떠한 형태이든 면을 생성해 줍니다. 세 개의 선부터 무한개의 선의 조합이면 모두 면을 생성해줍니다. 다만 (x, y), (y, z), (x, z), 또는 이와 같은 성질의 2차원 평면에서만 가능하며, 폐합되어지지 않은 2차원 도형의 조합은 면을 생성하지 않습니다. 아래 첫 번째 그림은 보이기에 폐합된 닫혀있는 도형 같지만, 면이 생성되지 않은 것을 볼 수 있습니다. 이는 2차원 평면에서는 열려있는 도형의 조합이기 때문입니다. 따라서 오른쪽 그림과 같이 선을 각 꼭짓점 마다 그려 2차원의 닫혀져 있는 폐합된 도형을 만들어주면 면이 자동으로 생성됩니다.

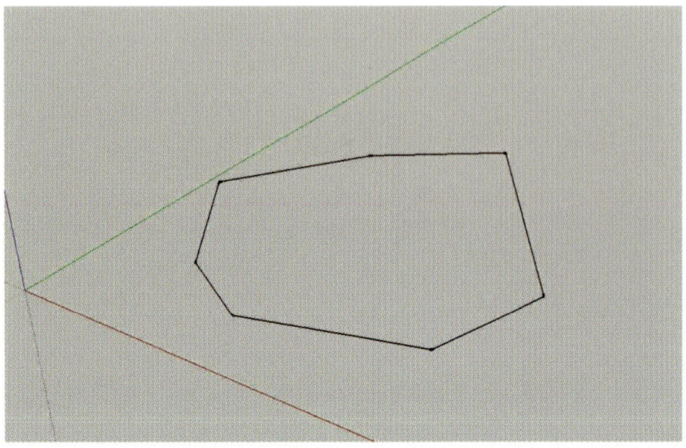

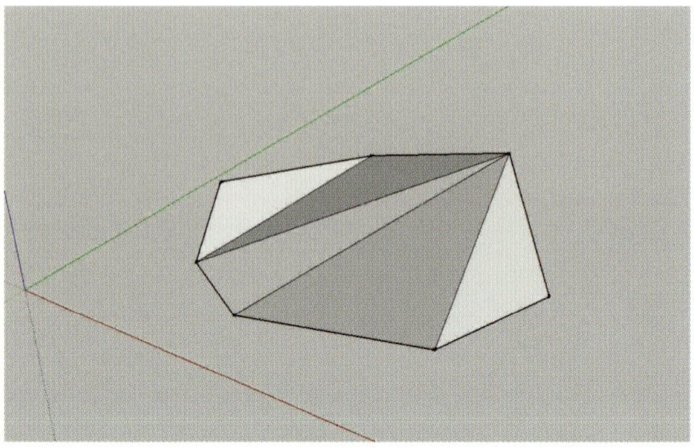

* 선과 면의 분할

SketchUp은 선과 면의 분리가 매우 용이합니다. 사용자가 원하는 크기와 수대로 선과 면을 분할하는 방법을 실습해봅니다.

선의 분할

1) Line 도구를 이용하여 임의의 선을 그립니다. 그리고 Select 도구로 전환 후 선 위에 마우스를 올려놓아 오른쪽 버튼을 눌러 Divide를 선택하여 분리할 세그먼트를 5개로 입력 후 Enter 키를 누릅니다.

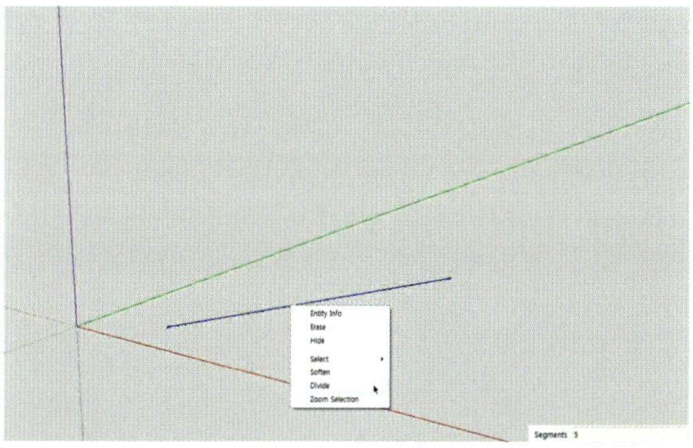

2) 아래 그림과 같이 선이 5등분으로 나눠집니다.

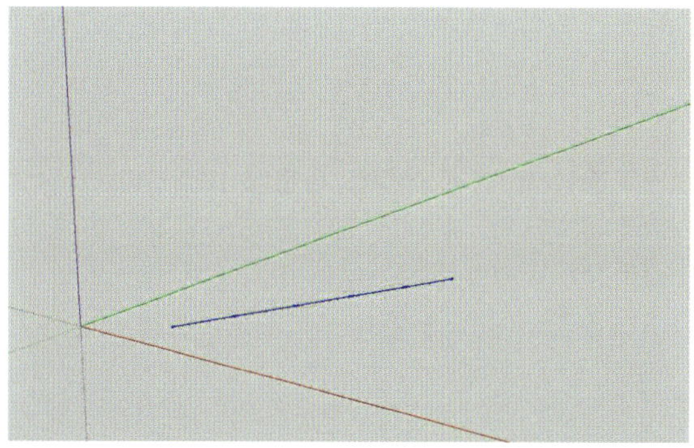

면의 분할

1) Rectangle 도구를 이용하여 직사각형을 그립니다.<3500,2000> 그리고 Select 도구로 전환 후 선 위에 마우스를 올려놓아 오른쪽 버튼을 눌러 Divide를 선택하여 분리할 세그먼트를 5개로 입력 후 Enter 키를 누릅니다.

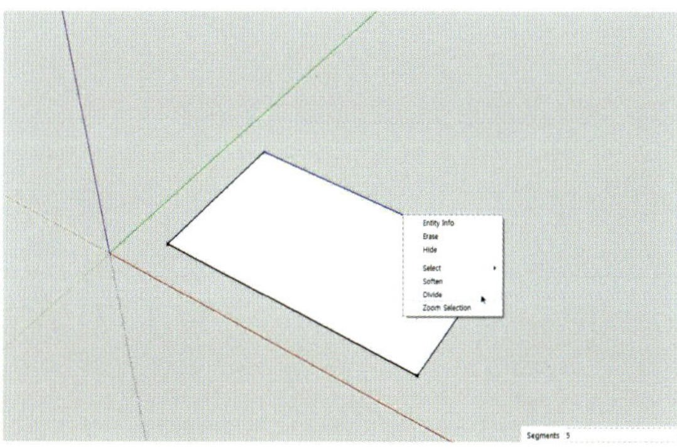

2) 아래 그림과 같이 선이 5등분으로 나눠집니다. 그 후 Line 도구를 이용하여 등분된 선에서부터 Line을 그립니다. 그러면 5개로 분할된 면을 얻을 수 있습니다.

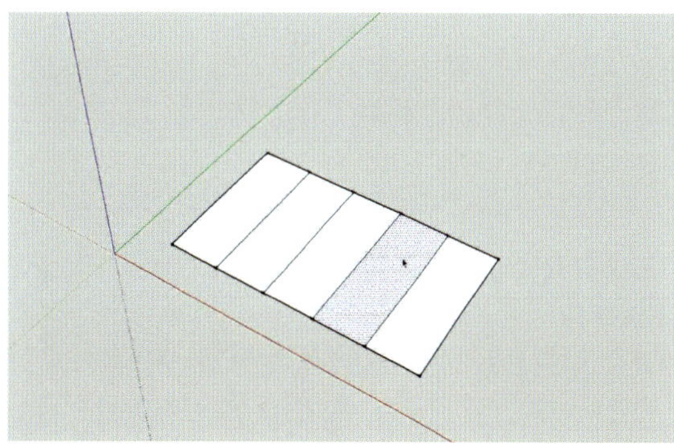

* Object 간의 접합

SketchUp은 다른 3차원 시뮬레이션 프로그램들과는 달리 따로 떨어져 있는 Object끼리 접촉시키면 즉시 하나의 Object로 인식하는 특징이 있습니다. 이를 잘 활용하면 Object를 Union 명령을 사용하지 않고도 연합시킬 수 있습니다. 그러나 의도치 않는 Object의 연합이 대부분입니다. 이것은 모델링 작업 과정 중 사용자들이 빈번히 일으키는 실수입니다. 이러한 실수를 발생시키지 않는 방법은 두 Object 중 한 Object의 성질을 달리 해주면 됩니다. 다시 말해 두 Object 중 하나를 그룹화(Make Group)시켜야만 합니다.

1) 임의로 두 개의 육면체를 만듭니다.

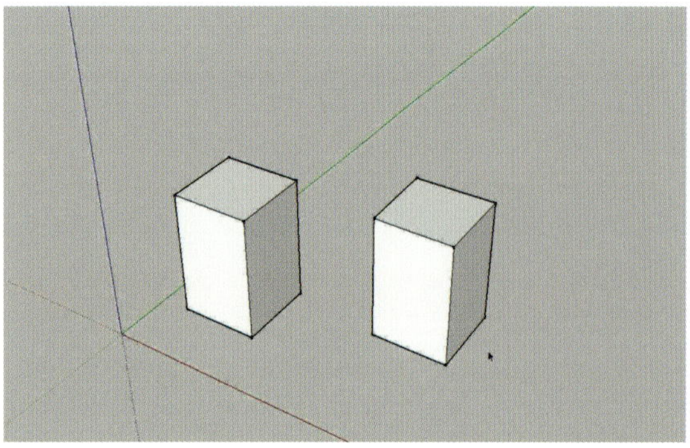

2) Move 도구로 두 Object를 접촉시킵니다.

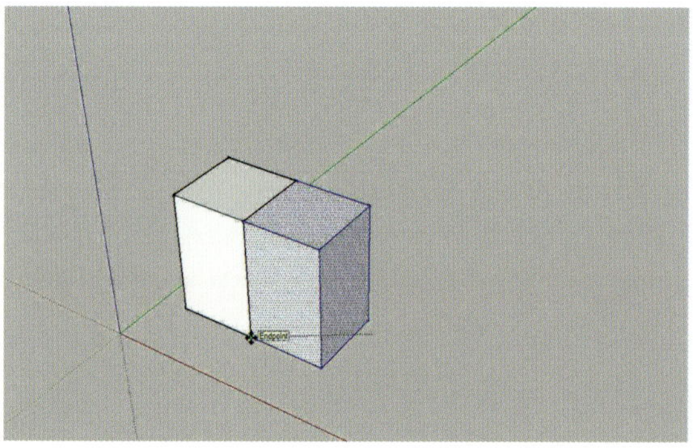

3) 이 상황에서 다시 Move 도구를 이용하여 이동하였던 Object를 움직이면 아래 그림과 같이 다른 Object에서 Stretch가 이루어집니다.

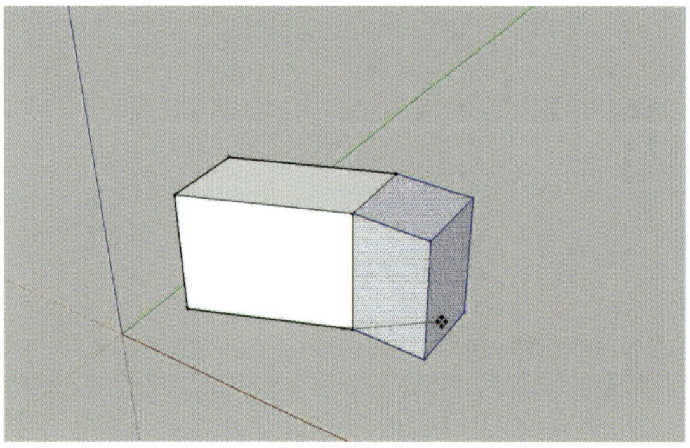

4) 따라서 두 Object를 서로 다른 성질로 바꾸어줍니다. 움직이고자 하는 Object를 Select 도구를 이용하여 전체선택하고 마우스 오른쪽 버튼을 눌러 Make Group합니다.

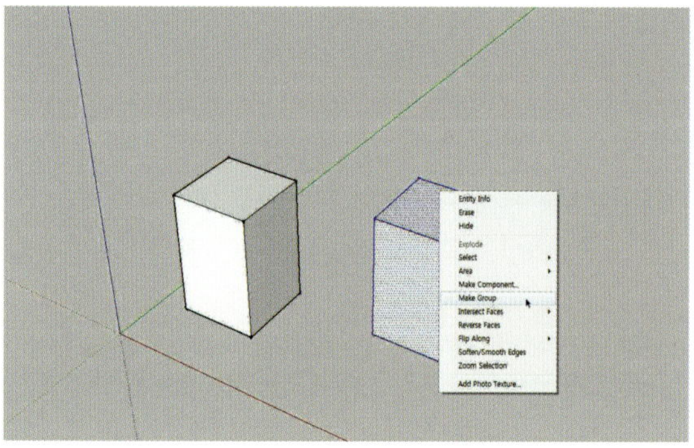

5) Move 도구를 이용하여 두 Object를 접촉시킵니다.

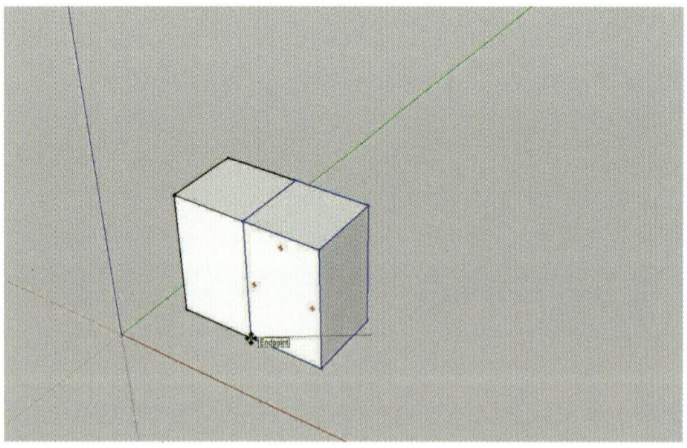

6) 이 상황에서 다시 이동하였던 Object를 움직이면 아래 그림과 같이 깨끗하게 떨어집니다.

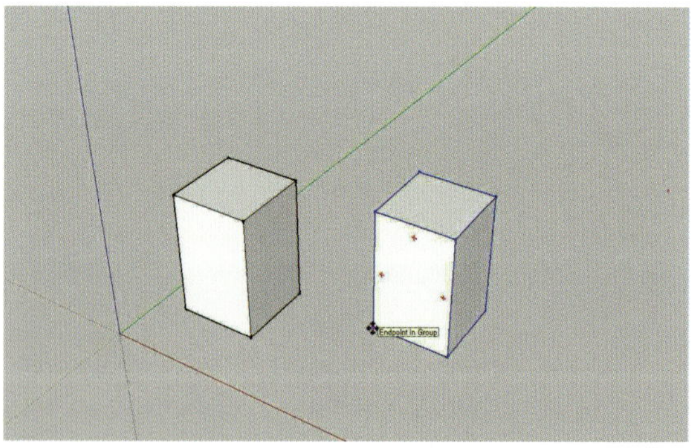

TIP: Make Group으로 만들어진 Group을 편집하려면 Select 도구를 선택하고 Group화 된 Object를 더블 클릭합니다. 그러면 해당 Object를 제외한 나머지는 회색으로 비활성화가 되며 편집 할 수 있는 Edit Group 상태가 됩니다. 편집이 마무리 되면 해당 Object 화면 밖을 클릭하여 Edit Group에서 벗어납니다.

TIP: 또한 만들어진 Group을 다시 해제하려면 Select 도구를 선택하고 마우스를 Group위에 올려놓은 다음 마우스 오른쪽 버튼을 눌러 Explode를 선택하면 됩니다.

1.3 Drawing 조작기능

* VCB: Value Control Box (수치조절상자)

화면 오른쪽 하단에 위치하고 있으며, Object를 생성, 이동, 변경하고자 할 때 사용합니다. Object의 좌표, 길이, 반지름, 각도, 배율, 세그먼트 등의 수치를 입력 및 표현할 때 사용됩니다. Object 생성 시 VCB 창에 단위를 입력하지 않아도 Unit Setup에 설정된 단위로 표현되며, 수치를 입력하여 지정하는 경우가 아니어도 실시간으로 수치가 표현됩니다.

길이

Length 2000mm

반지름

Radius 700mm

세그먼트

Segments 3

Sides 24

거리

Bulge 400mm

Distance 350mm

배율

Scale 1.00

Green,Blue Scale 1.00,1.00

각도

Angle 45.0

기울기

Dimensions 1000mm, 1000mm

1.4 Drawing 도구

* Line: 단축키 L

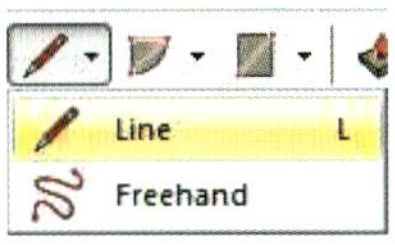

형태를 생성하는 가장 기초적인 도구입니다. 선을 그리는 기능을 가지며, 만들어진 면 위에 선을 그려 면을 분할 할 수 있습니다. 선 그리기를 마치려면 Esc 를 누르거나 다른 작업 명령어를 선택합니다.

Line 사용 방법

1) Line 도구로 임의의 시작점(❶)을 클릭한 후 마우스를 작성 거리만큼 임의의 점으로 이동시켜 끝점(❷)을 클릭합니다. 화면에 자유로운 선을 그리는 방법입니다.

2) 다음은 정확한 치수를 가진 선을 그려봅니다. Line 도구로 임의의 시작점(❶)을 클릭한 후 선을 그리고자하는 방향으로 마우스를 두고 VCB 창에 원하는 거리 값을 입력합니다. 선이 그려지고 마우스는 또 다른 선을 그리기 위해 명령이 잡혀 있습니다.

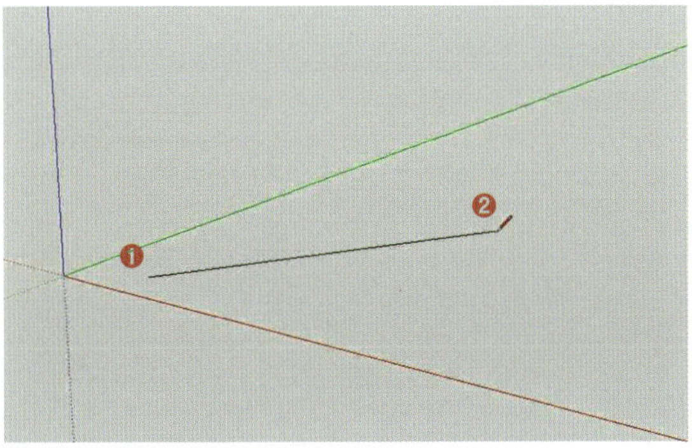

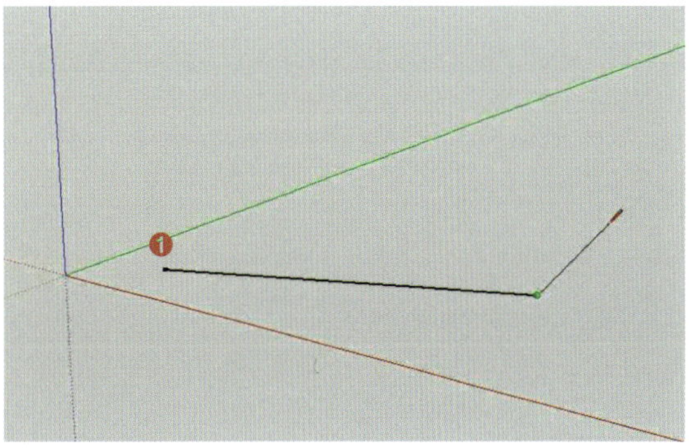

3) 다음은 3차원 위치지정에 따른 대각선을 그려봅니다. Line 도구로 임의의 시작점(❶)을 클릭한 후 VCB 창에 원하는 상대좌표 <x, y, z> 값을 입력합니다. 마우스 휠 버튼을 눌러 Orbit을 활성화 하여 화면을 돌려보면 3차원 방향으로 대각선이 그려진 것을 볼 수 있습니다.

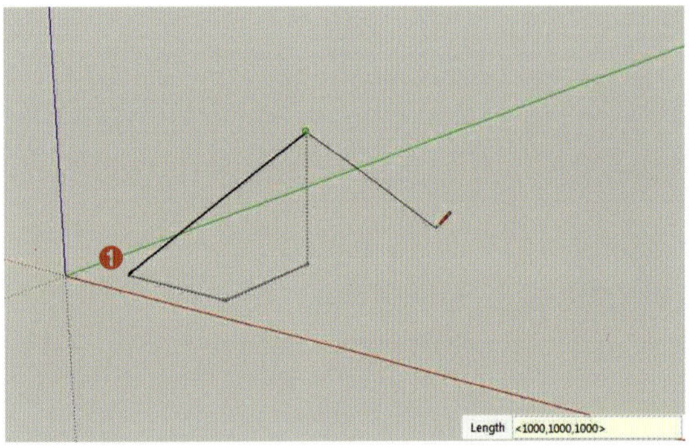

4) Line 도구를 이용하여 자유롭게 선을 그리다보면 세 가지 칼라가 나타나며 snap이 잡히는 것을 느끼실 수 있으십니다. SketchUp에서는 x, y, z축 위에 평행한 선을 그리기 기능이 default option으로 잡혀있습니다. 각 축의 고유 칼라가 축 위에 나타나며 이 축이 평행 축임을 알려줍니다.

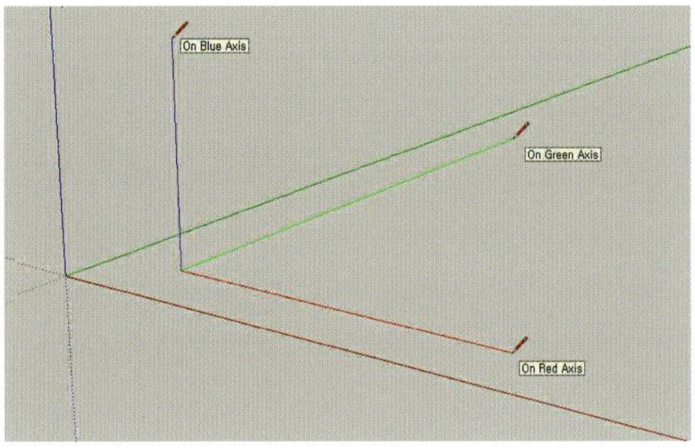

* Freehand

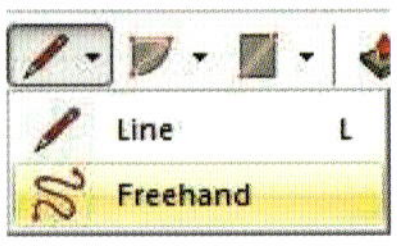

자유로운 곡선을 그릴 때에 쓰이는 도구입니다. 마우스 왼쪽 버튼을 누른 상태에서 포인트를 움직여 그립니다.

* Arc

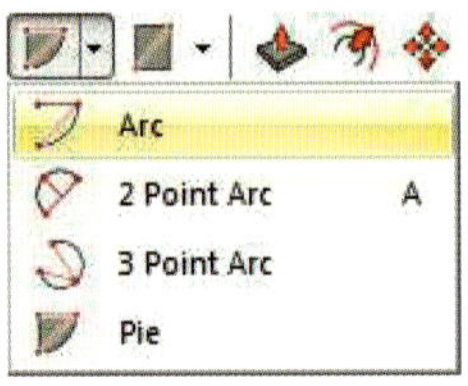

호를 그릴 때에 사용되는 도구입니다. 중심점과 반지름, 그리고 각도를 결정하여 그려냅니다.

Arc 사용 방법

1) Arc 도구로 임의의 시작점(❶)을 클릭한 후 그리고자하는 방향으로 마우스를 두고 VCB 창에 원하는 호의 반지름 값을 입력합니다.

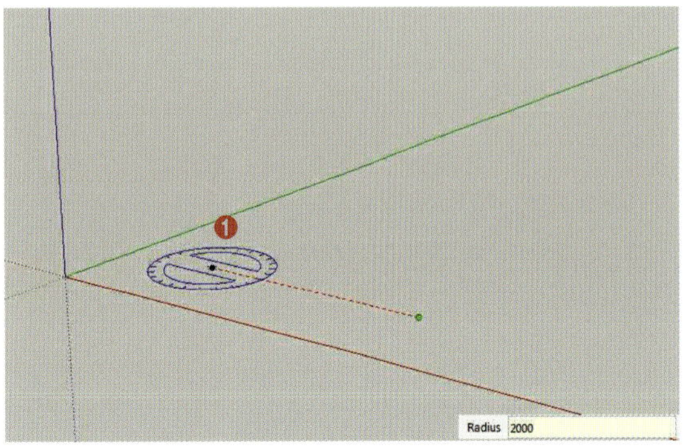

2) 다음은 그리고자하는 방향으로 마우스를 두고 VCB 창에 원하는 호의 각도 값을 입력합니다. 아래 예시는 반지름 2,000mm, 각도 60으 로 작도된 Arc입니다.

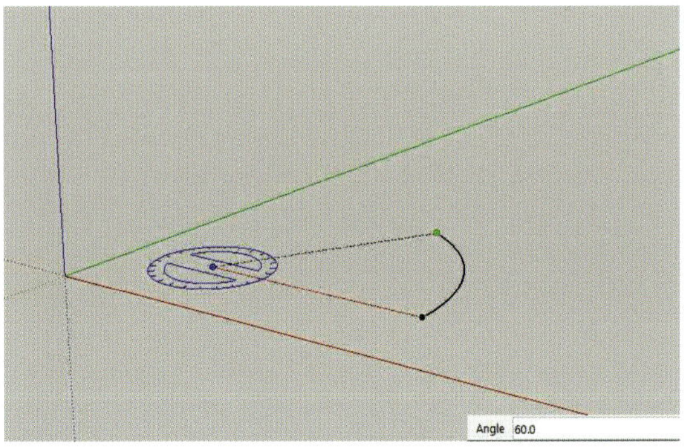

* 2 Point Arc: 단축키 A

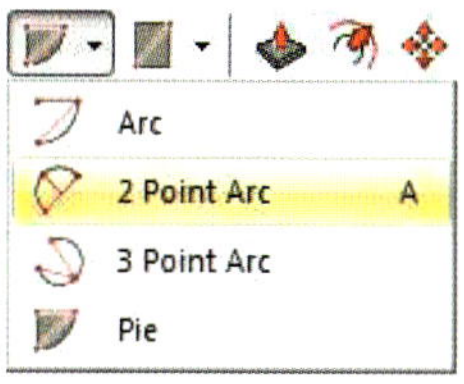

길이와 반지름을 지정하여 그리는 호의 두 번째 도구입니다.

2 Point Arc 사용 방법

1) 2 Point Arc 도구로 임의의 시작점(❶)을 클릭한 후 그리고자하는 방향으로 마우스를 두고 VCB 창에 원하는 호의 지름 값을 입력합니다.

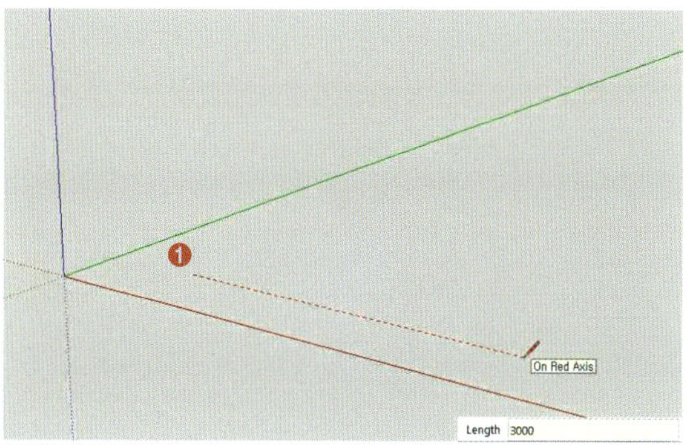

2) 다음은 그리고자하는 방향으로 마우스를 두고 VCB 창에 원하는 호의 반지름 값을 입력합니다. 아래 예시는 길이 3,000mm, 반지름 1,500mm로 작도된 Arc입니다.

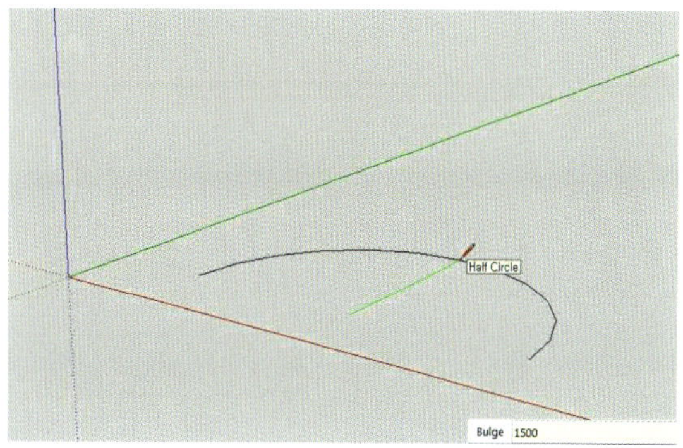

* 3 Point Arc

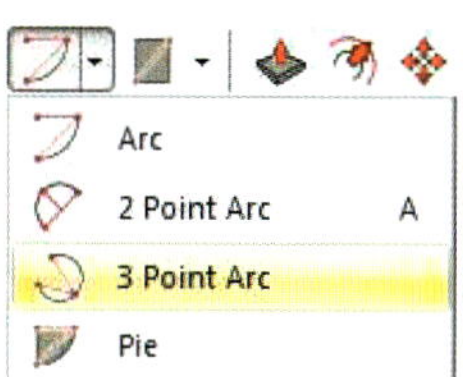

세 개의 점을 지정하여 그리는 호의 세 번째 도구입니다. 첫 번째 임의의 점을 기준으로 두 번째 점의 길이를 결정하고, 세 번째 각도 값을 결정하여 그립니다.

3 Point Arc 사용 방법

1) 3 Point Arc 도구로 임의의 시작점(❶)을 클릭한 후 두 번째 임의의 지점을 클릭합니다.

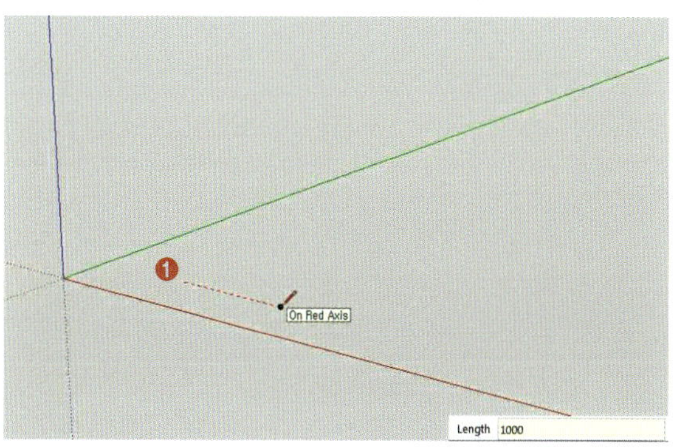

2) 다음은 두 임의의 지점을 기준으로 호의 각도 값을 주어 호를 완성합니다.

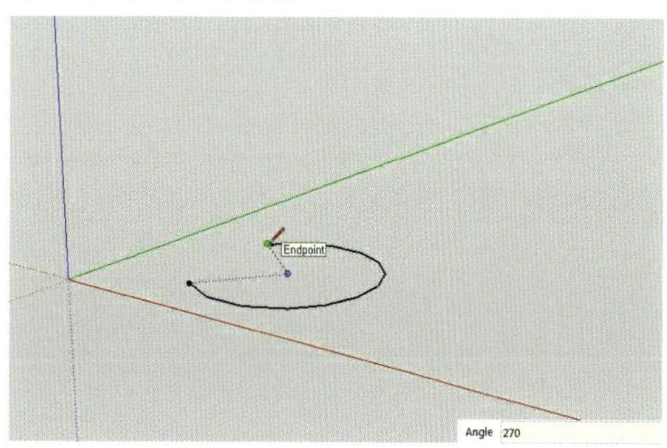

* Pie

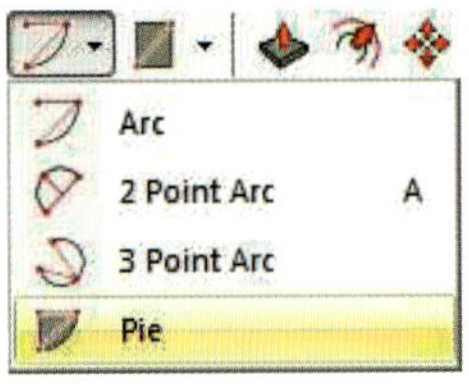

Pie는 위의 Arc와 같은 방법으로 그릴 수 있으며, 동시에 Arc 형태에 따라 면을 생성하는 호의 네 번째 도구입니다.

Pie 사용 방법

1) Arc 도구로 임의의 시작점(❶)을 클릭한 후 그리고자하는 방향으로 마우스를 두고 VCB 창에 원하는 호의 반지름 값을 입력합니다.

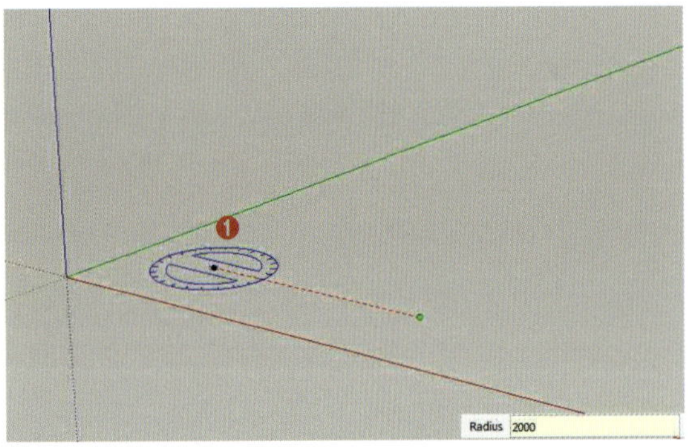

2) 다음은 그리고자하는 방향으로 마우스를 두고 VCB 창에 원하는 호의 각도 값을 입력합니다.

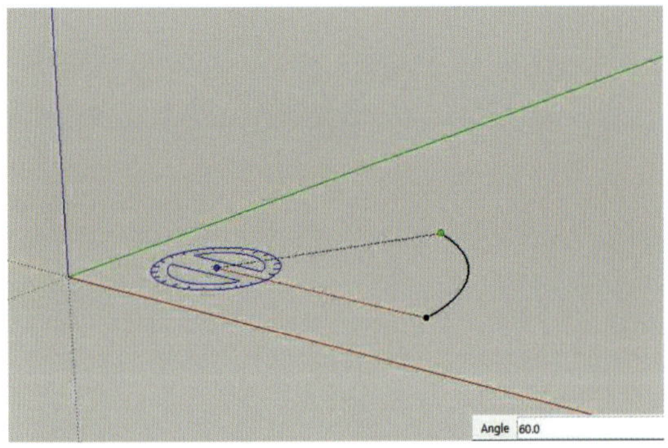

3) 아래 예시는 반지름 2,000mm, 각도 60으 로 작도하여 Pie가 그려졌습니다.

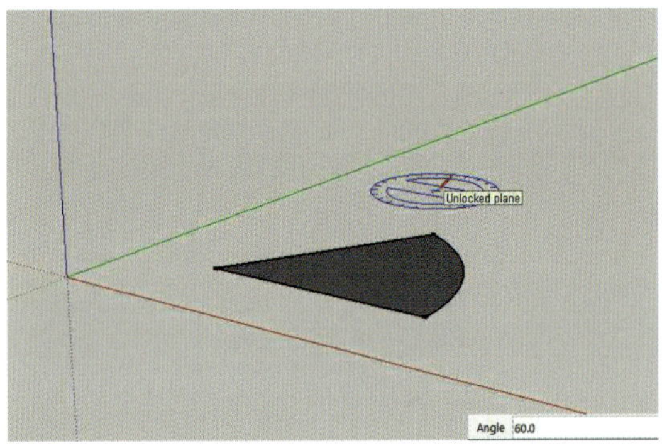

* Rectangle: 단축키 R

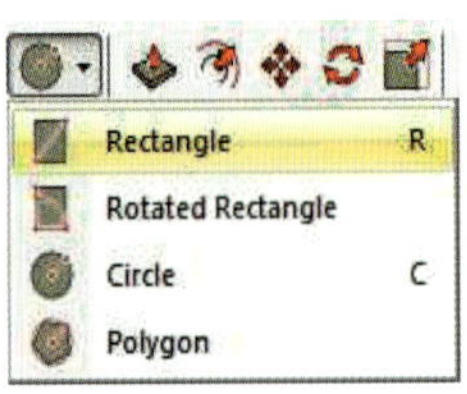

Rectangle은 사각형을 그리는 기능을 가지며, 두 개의 점을 이용하여 그리게 됩니다.

Rectangle 사용 방법

1) Rectangle 도구로 임의의 시작점(❶)을 클릭한 후, 마우스를 이동하여 방향만 설정하고 VCB 창에 임의의 좌표 값을 입력합니다. 〈임의의 좌표 값은 2,000mm, 2,000mm로 입력합니다.〉

2) 그러면 정사각형 도형이 작도되고 자동으로 면이 생성됩니다.

TIP: 위에서 언급한 바와 같이 SketchUp은 닫혀져 있는 도형이면 항상 면을 생성합니다.

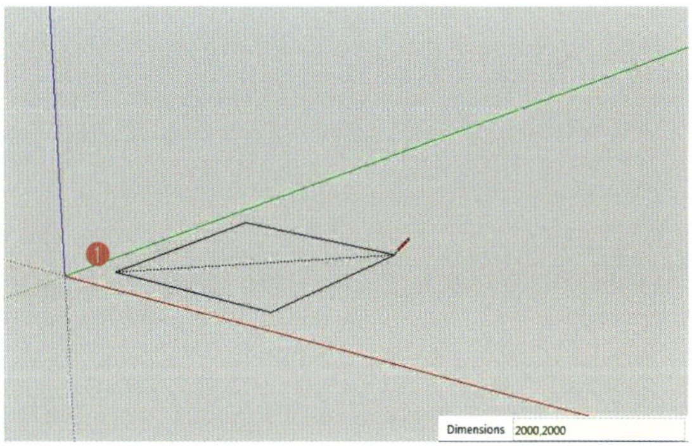

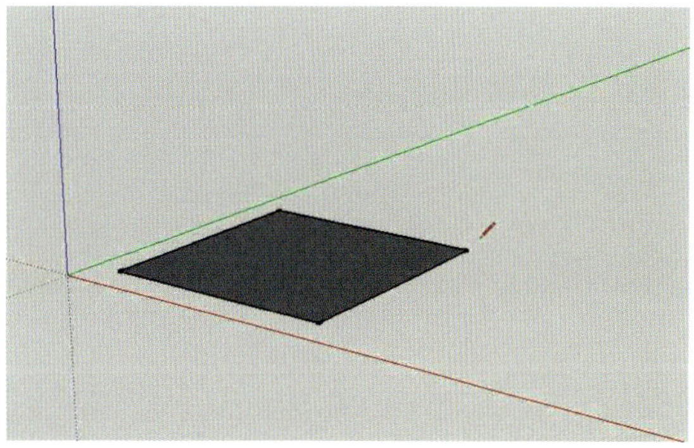

* Rotated Rectangle

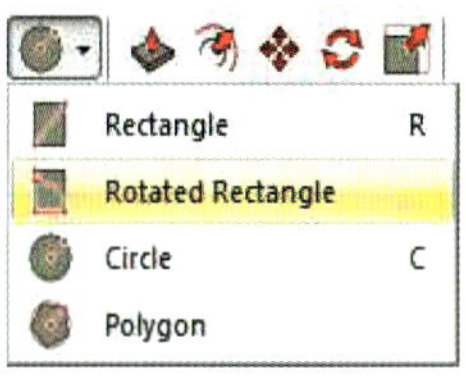

Rotated Rectangle은 각도의 변형에 따라 사각형을 그려주는 도구입니다. 사용자가 원하는 임의의 각도를 결정하여 사각형을 그립니다.

Rotated Rectangle 사용 방법

1) Rotated Rectangle 도구로 임의의 시작점(**❶**)을 클릭하고, 마우스를 이동하여 방향만 설정하고 VCB 창에 임의의 길이 값을 입력합니다. *<임의의 길이 값은 2,000mm로 입력합니다.>*

2) 다음은 그리고자하는 사각형의 각도와 나머지 변의 길이를 결정합니다. 마우스를 이동하여 방향만 설정하고 VCB 창에 임의의 각도와 길이 값을 입력합니다. *<임의의 각도는 60, 길이는 2,000mm로 입력합니다.>*

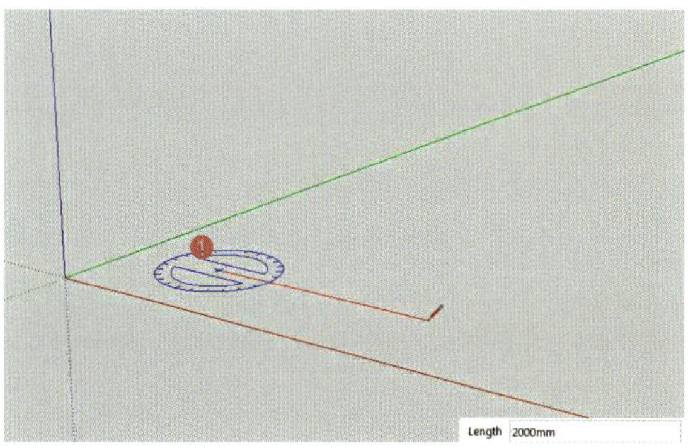

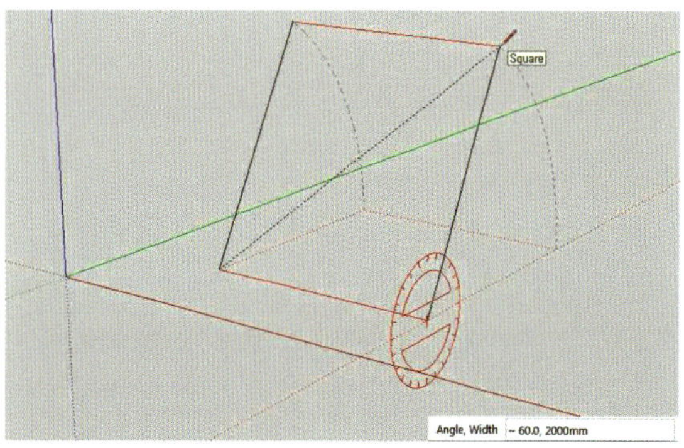

3) 그러면 오른쪽과 같은 각도를 가진 사각형이 그려집니다.

TIP: 역시 2차원 평면위에 닫혀져 있는 도형이면 면을 생성합니다.

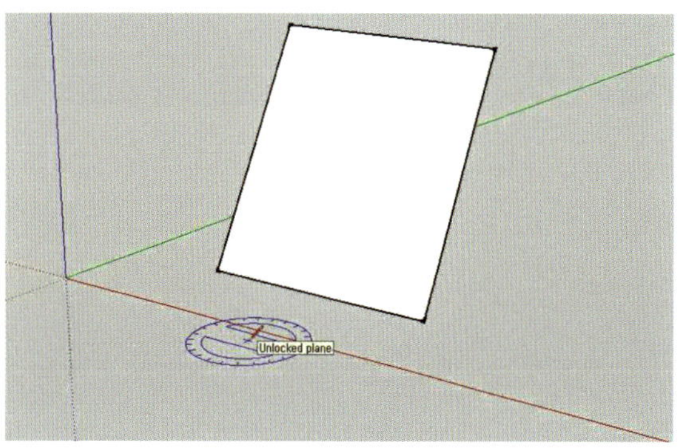

* Circle: 단축키 C

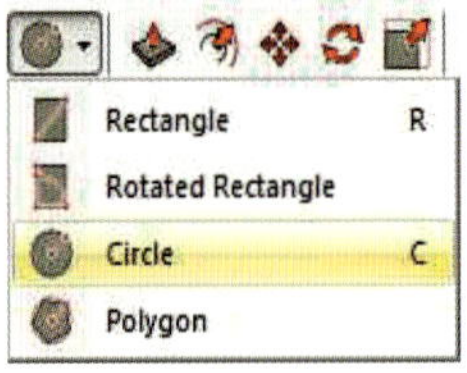

Circle은 중심점과 반지름의 거리 값으로 원을 그릴 수 있는 도구입니다. 또한 임의의 세그먼트 값의 지정으로 다각형을 그릴 수 있습니다.

> ***TIP:*** *Circle에서 그리는 다각형은 Polygon에서 생성하는 것과 모양은 같지만 Push/Pull 기능을 이용한 Object 생성 시 본질적으로 다른 성격을 보여줍니다. 구체적 내용은 Push/Pull에서 자세히 다루도록 하겠습니다.*
>
> ***TIP:*** *Circle 도구를 클릭하면 VCB 창에 세그먼트인 Side값이 24개로 설정되어 있는 것을 볼 수 있습니다. 이것은 그리고자하는 Circle이 곡선이 아닌 24개의 직선의 조합으로 그려진다는 의미입니다. 다시 말해, 작은 크기의 Circle은 관계가 없지만 크기가 커진 Circle은 각진 모양이 나타날 수 있으니 주의하여야 합니다. 따라서 Circle의 크기가 커진다면 세그먼트인 Side값의 숫자를 늘려 Circle의 곡면을 보장해야 할 것입니다.*

Circle의 곡면이 곡선을 이루고 있습니다.

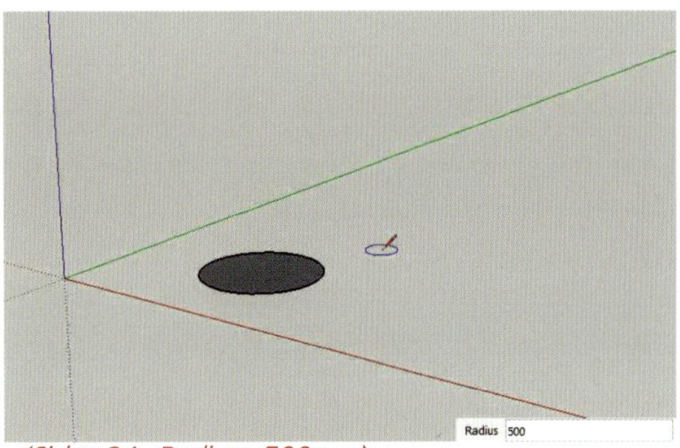

〈Side: 24, Radius: 500mm〉

Circle의 곡면이 각을 이루고 있음을 알 수 있습니다.

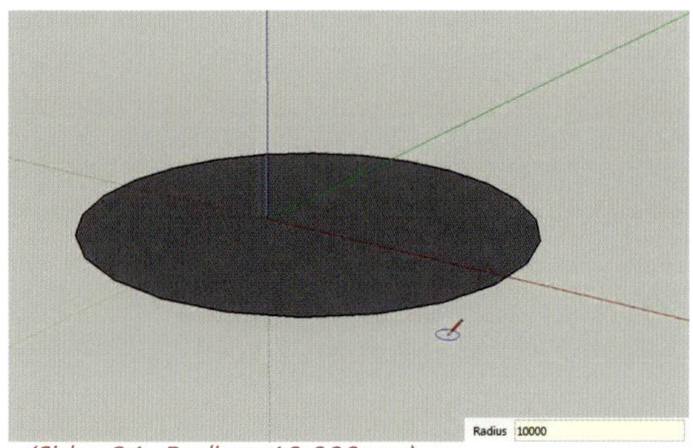

〈Side: 24, Radius: 10,000mm〉

Circle 사용 방법

1) Circle 도구로 임의의 시작점(**❶**)을 클릭하고, 마우스를 이동하여 방향만 설정하고 VCB 창에 임의의 반지름 값을 입력합니다. *〈임의 길이 값은 1,000mm로 입력합니다.〉*

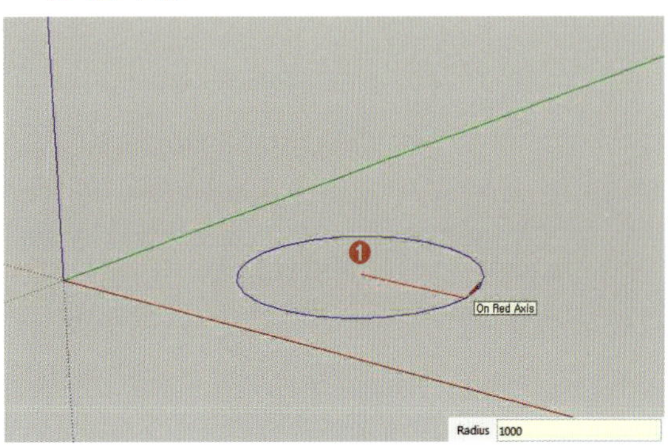

2) 아래 그림과 같이 Circle이 완성됨을 볼 수 있습니다.

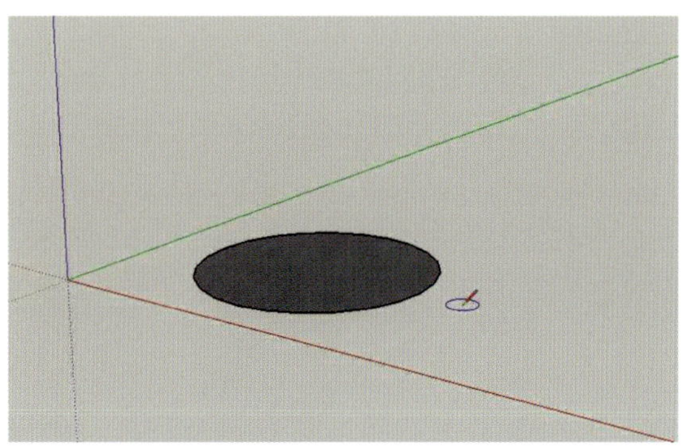

* Polygon

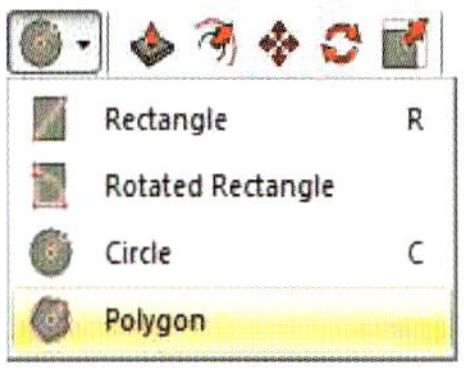

Polygon은 다각형을 그리는 기능을 가지며, 위의 Circle을 그리는 방법과 마찬가지로 중심점과 원의 반지름(내접: Inscribed Radius, 외접: Circumscribed Radius)의 거리 값, 그리고 임의의 세그먼트 값의 지정으로 다각형을 그릴 수 있는 도구입니다.

> ***TIP:*** *Inscribed Radius(내접 반지름)는 가상의 원 안에 다각형을 그릴 때에, Circumscribed Radius(외접 반지름)는 가상의 원 밖에 다각형을 그릴 때에 입력하는 반지름 값입니다. VCB 창에서 화면은 점선으로 원을 설정하고 있고 다각형이 그 원 안에서 또는 밖에서 형성되어 지는 것을 볼 수 있습니다. 반지름 값을 입력하는 이 두 가지 방법을 선택하기 위해서는 VCB 창에 반지름 값을 입력할 때에* Ctrl *키를 눌러 전환하면 됩니다. 아래의 예시는 Inscribed Radius(내접 반지름)을 기준으로 작업하였습니다.*

Polygon 사용 방법

1) Polygon 도구를 클릭하면 VCB창에 Side 값은 기본 6개가 설정되어 있습니다. Polygon은 육각형을 기본적 도형으로 설정하고 있는 것을 볼 수 있습니다.

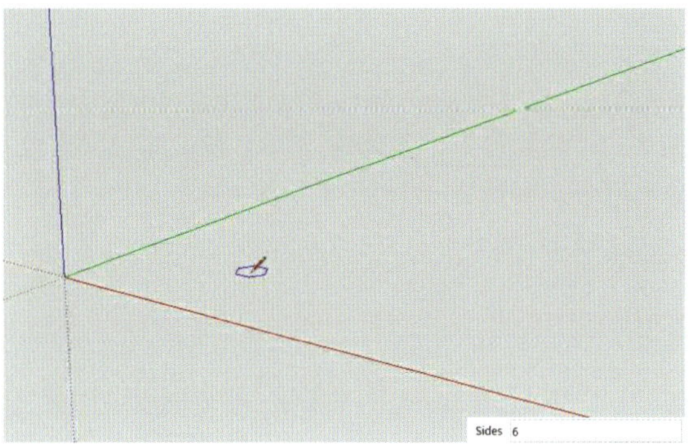

2) 임의의 시작점(**❶**)을 클릭하고, 마우스를 이동하여 방향만 설정하고 VCB 창에 임의의 내접 반지름(Inscribed Radius) 값을 입력합니다. *〈임의의 내접 반지름 값은 1,000mm로 입력합니다.〉*

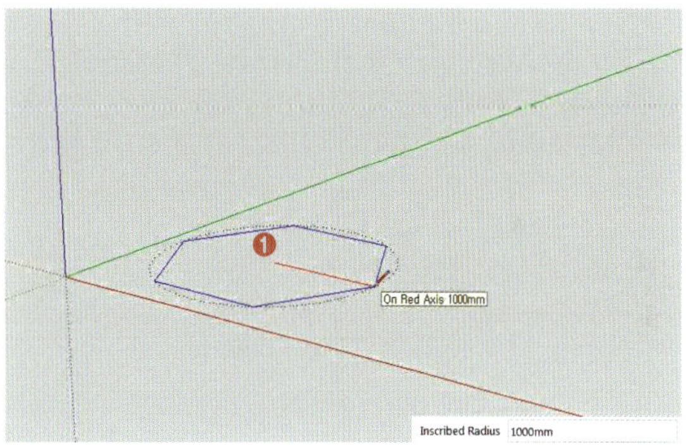

3) 아래 그림과 같이 육각형이 완성됨을 볼 수 있습니다.

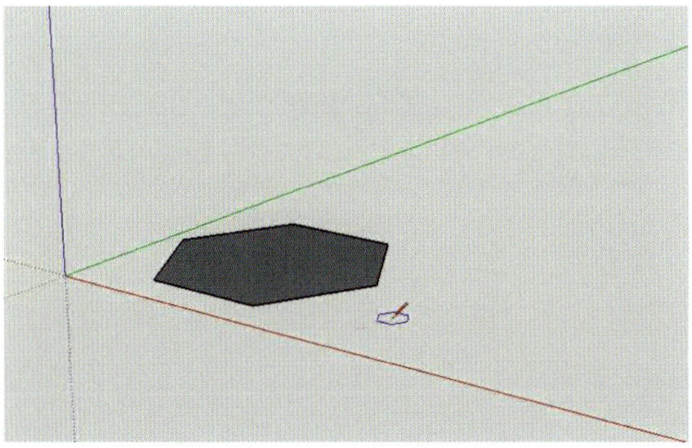

4) 이번에는 다각형의 개수를 바꿔 삼각형을 그려보도록 하겠습니다. 그리고 VCB창에 Side 값을 3으로 입력합니다.

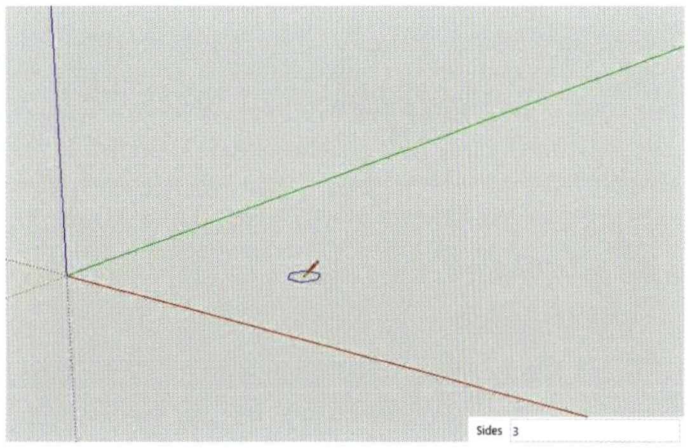

5) Polygon 도구를 클릭하여 임의의 시작점(❶)을 클릭하고, 마우스를 이동하여 방향만 설정하고 VCB 창에 임의의 내접 반지름(Inscribed Radius) 값을 입력합니다. *<역시 임의 내접 반지름 값은 1,000mm로 입력합니다.>*

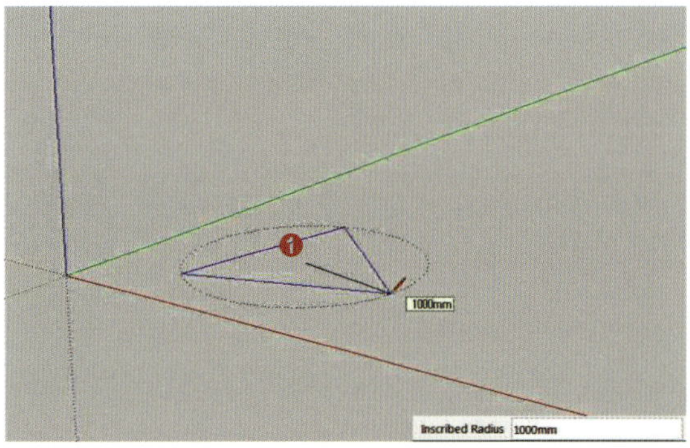

6) 아래 그림과 같이 삼각형이 완성됨을 볼 수 있습니다.

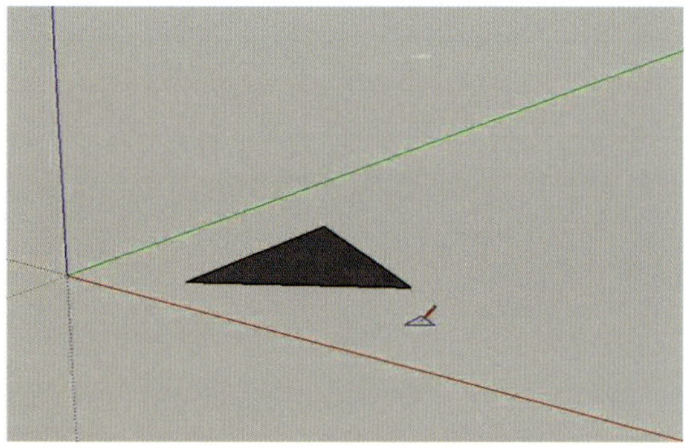

TIP: VCB 창의 Side 값을 변형시켜 삼각형부터 무한각형까지 그릴 수 있는 것이 Polygon 도구입니다. 그렇다 하여 도형 크기에 비해 Side 값을 지나치게 늘리게 되면 원에 가까워지게 되어 다각형을 그리는 의미가 사라지게 되므로 주의해야 합니다.

1.5 Edit 도구

* **Push/Pull:** 단축키 P

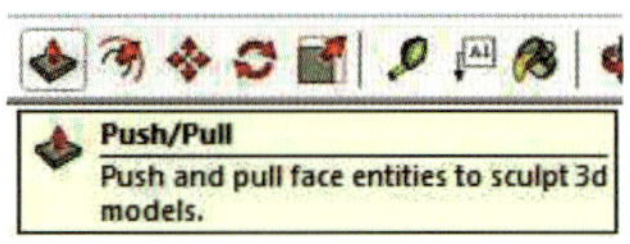

2D의 면을 밀거나 당겨서 3D 볼륨을 만드는 도구입니다.

Push/Pull 사용하여 정육면체 만들기

1) 우선 Rectangle 도구를 이용하여 정사각형 <1000,1000>을 그립니다.

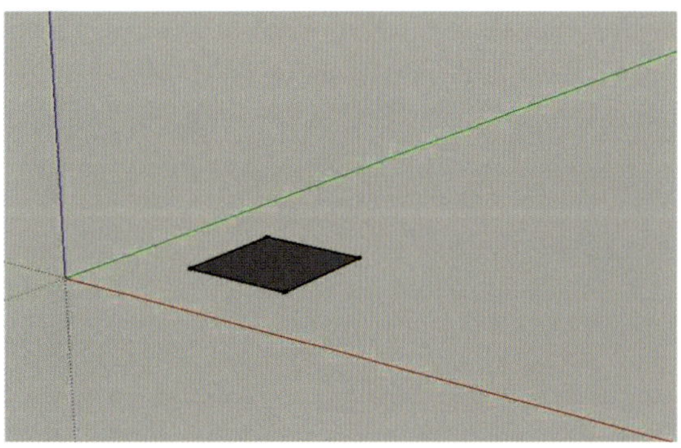

3) 면을 클릭(❶)한 후 볼륨을 생성하고자 하는 방향으로 마우스를 두고 VCB 창에 원하는 거리 값을 입력합니다.
<임의의 거리 값은 1,000mm로 입력합니다.>

2) 다음은 Push/Pull 도구를 클릭하여 사각형 면 위에 마우스를 올려놓습니다. 그러면 면이 활성화됨을 볼 수 있습니다.

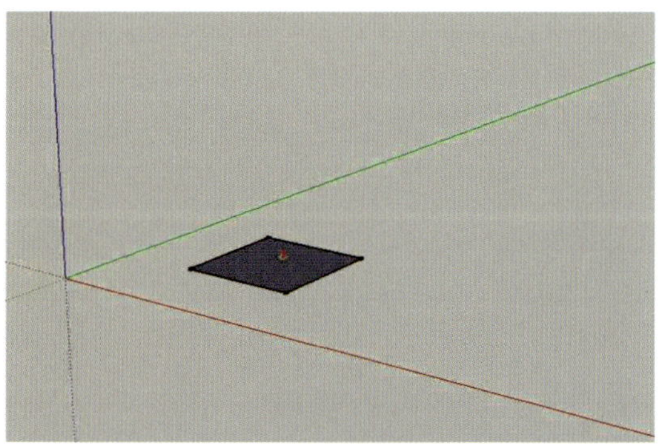

4) 아래 그림과 같이 정육면체가 완성됨을 볼 수 있습니다.

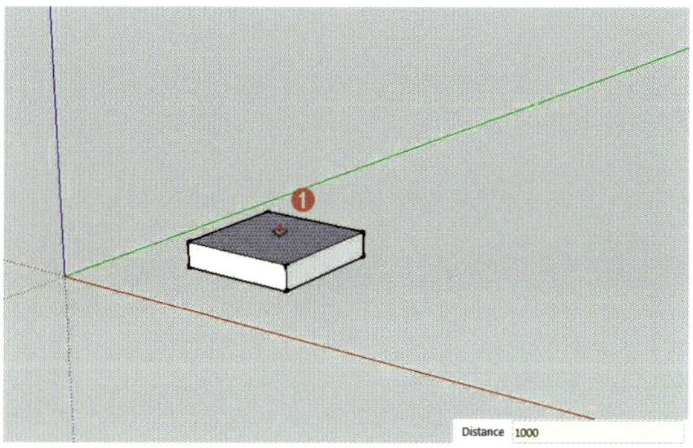

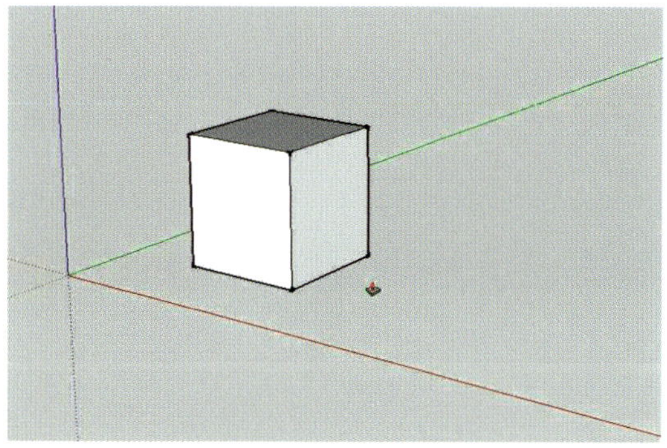

Push/Pull 반복하기

1) 완성된 정육면체 옆으로 똑같은 크기의 정사각형을 만듭니다.

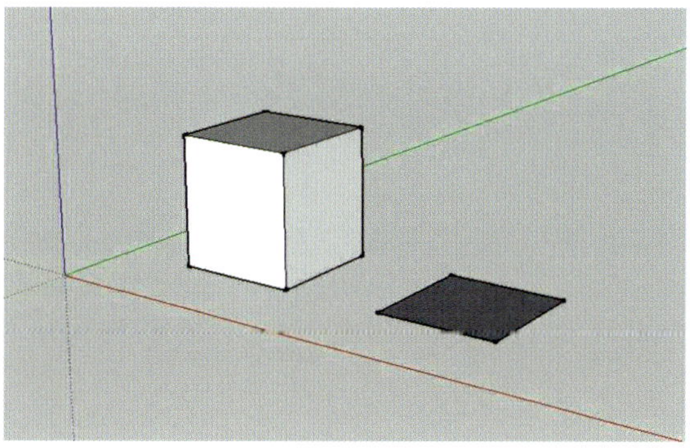

2) Push/Pull 도구를 클릭하여 새로 그려낸 사각형 면 위에 마우스를 올려놓습니다. 그러면 면이 활성화됨을 볼 수 있습니다.

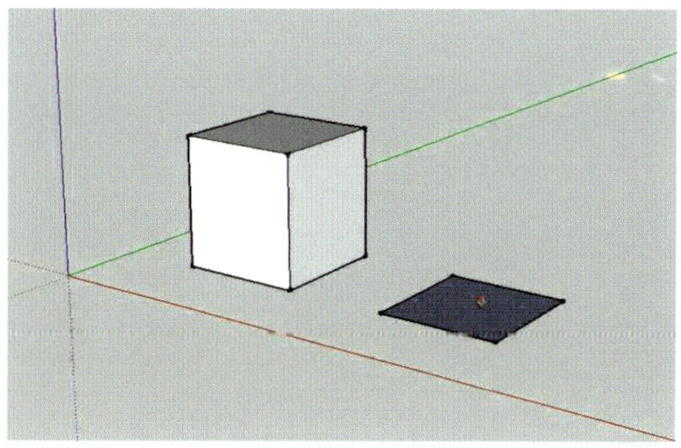

3) 면을 클릭한 후 마우스를 왼쪽 정육면체의 윗면에 on face 가 나타날 때까지 기다렸다 클릭하면 높이 값을 VCB창에 기입하지 않아도 똑같은 높이의 정육면체를 만들 수 있습니다.

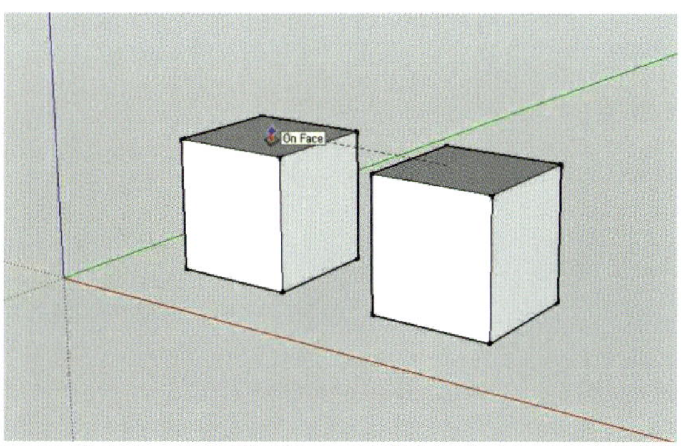

4) 또는 면을 더블클릭하는 방법으로도 같은 효과를 얻을 수 있습니다.

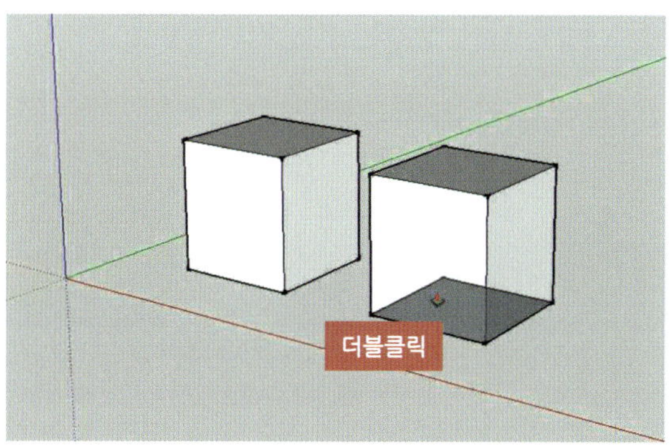

Ctrl + Push/Pull 하기

1) 다시 Rectangle 도구를 이용하여 정사각형 <1000,1000>을 그립니다.

2) 면을 클릭(❶)한 후 볼륨을 생성하고자 하는 방향으로 마우스를 두고 VCB 창에 원하는 거리 값을 입력하여 육면체를 만듭니다. <임의의 거리 값은 500mm로 입력합니다.>

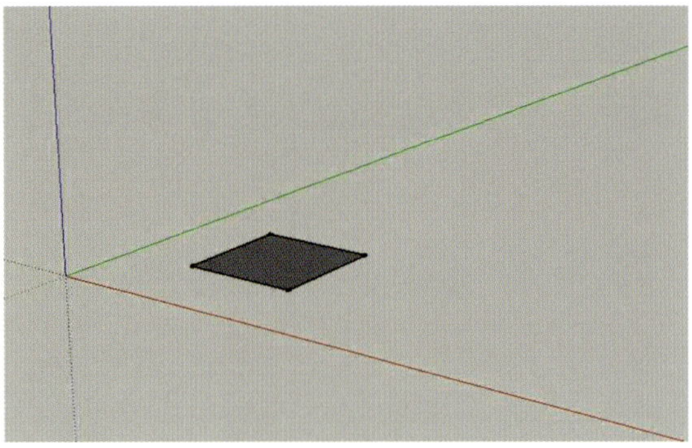

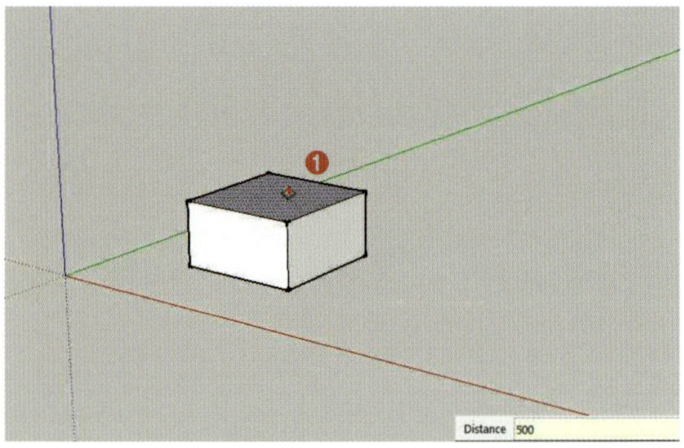

3) 완성된 육면체의 윗면으로 마우스를 옮겨 면을 활성화시킵니다. Ctrl + Push/Pull 도구를 사용하여 마우스 왼쪽 버튼을 클릭하고 위로 들어 올리면 4면이 모두 분할되면서 새로운 object가 만들어지는 것을 볼 수 있습니다.

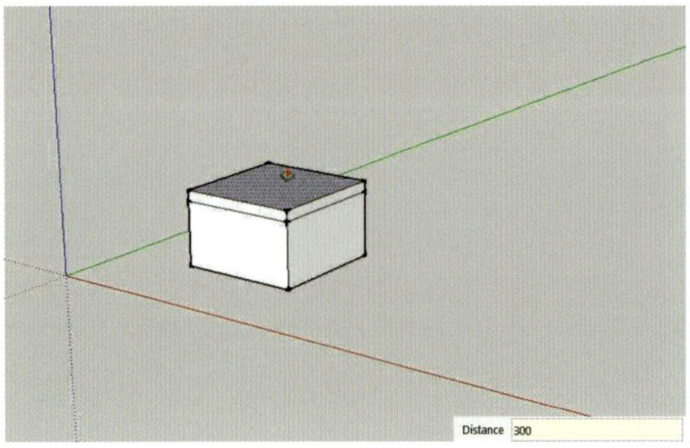

4) 아래 그림과 같이 분할된 또 다른 매스가 완성되었음을 볼 수 있습니다.

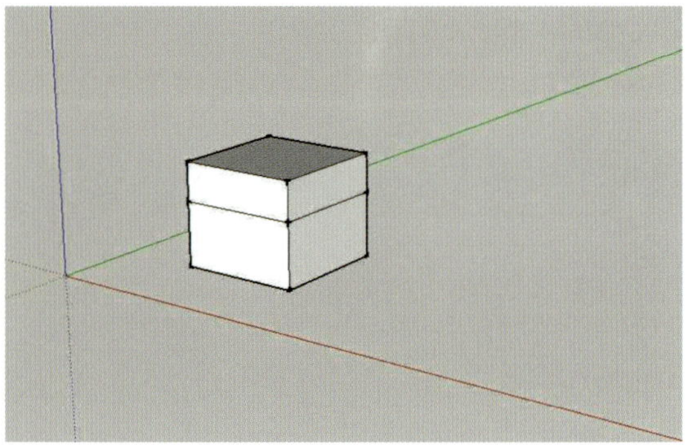

매스 삭제하기

1) Rectangle과 Push/Pull 도구를 이용하여 정육면체를 그립니다.

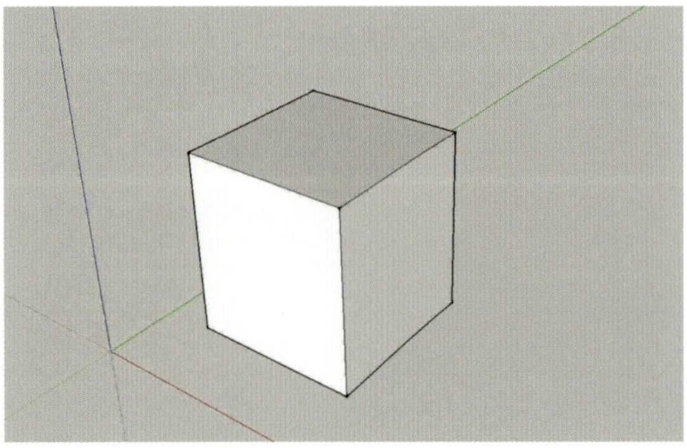

2) Line을 이용하여 정육면체 위 면을 분할합니다.

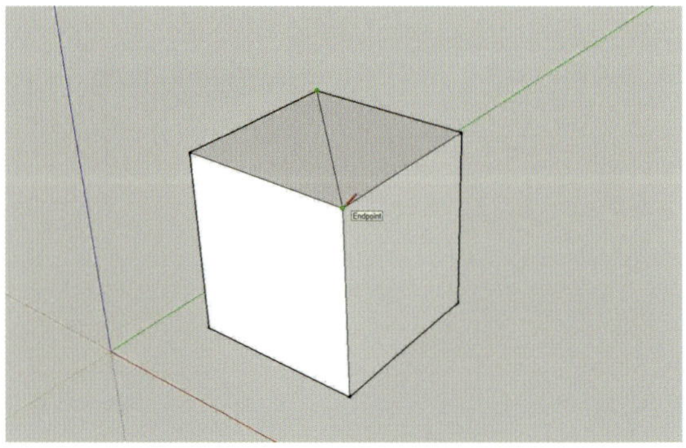

3) 두 개의 분할된 면 중 하나를 골라 Push /Pull 도구를 사용하여 선택하고, 마우스에 on face 가 나타날 때까지 아래로 내려 클릭합니다.

4) 아래 그림과 같이 분할된 면만큼 매스가 삭제되었음을 확인할 수 있습니다.

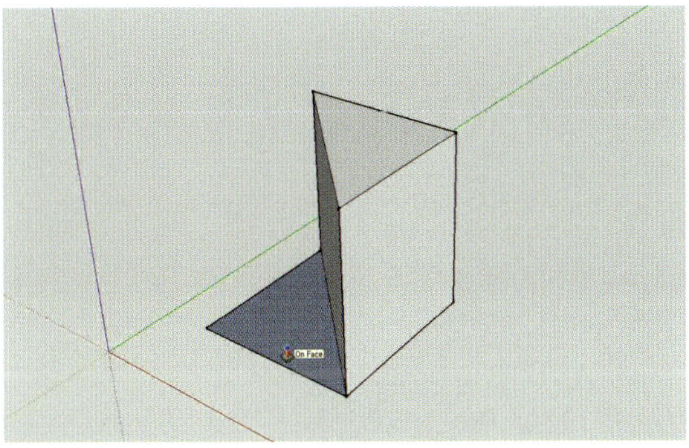

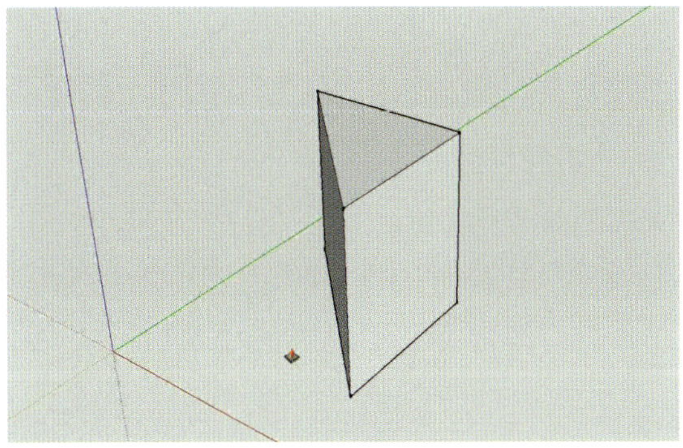

매스 타공하기

1) Rectangle과 Push/Pull 도구를 이용하여 정육면체를 그립니다.

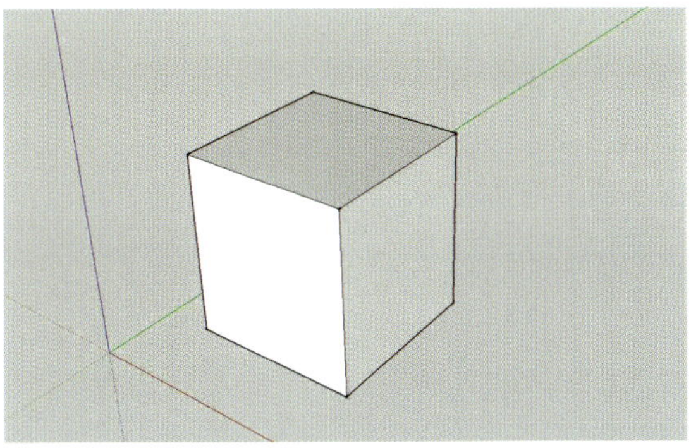

2) 정육면체의 면 위에 Circle을 그려 면을 분할합니다.

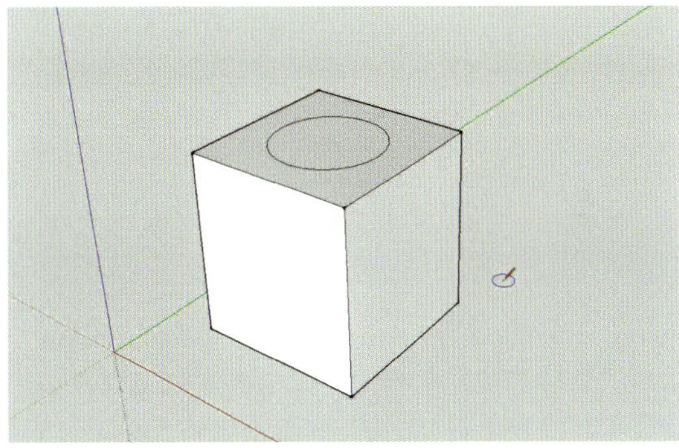

3) 분할된 Circle 면을 Push /Pull 도구를 사용하여 선택하고, 마우스를 이용하여 on face 가 나타날 때까지 아래로 내려 클릭합니다.

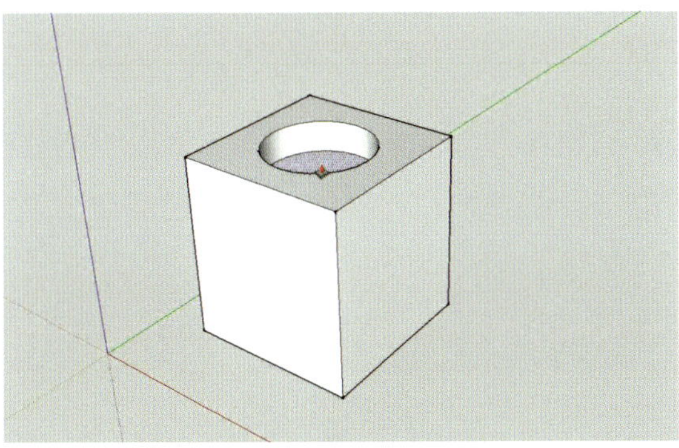

4) 바닥면이 보이지 않을 때에는 Orbit 도구를 이용하여 바닥면을 봅니다.

TIP: Orbit은 마우스 휠 버튼을 누르면 나타납니다.

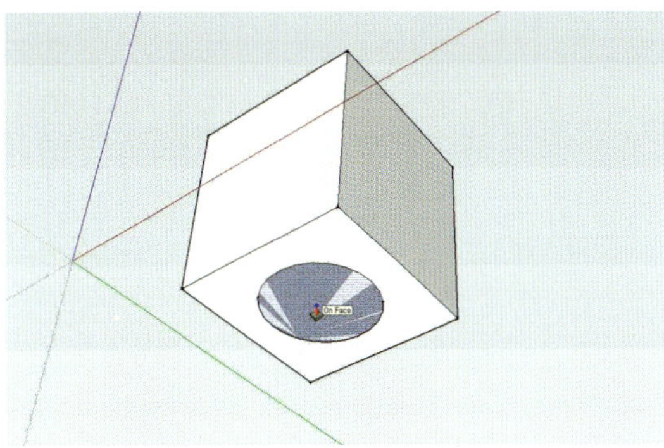

5) 면 위에 Circle을 그린 크기대로 매스가 타공되어 있음을 확인할 수 있습니다.

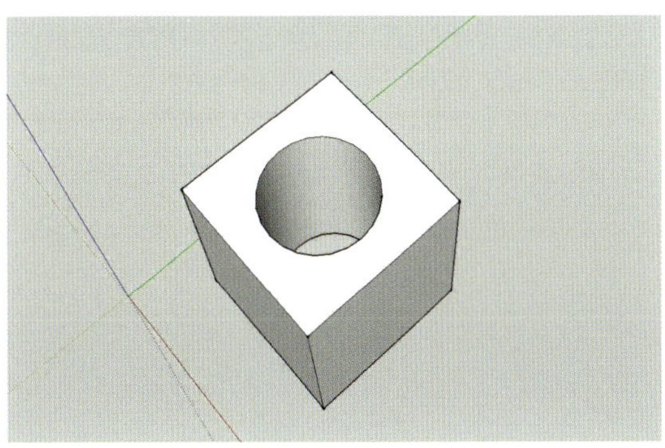

* Offset: 단축키 F

Object의 선이나 면을 일정 간격으로 띄워 동일 평면상에 복사해주는 기능입니다. 간격을 지정하거나 VCB창에 값을 입력해 안쪽 또는 바깥쪽으로 간격 띄우기를 할 수 있습니다.

선과 면의 간격 Offset 하기

1) 우선 Rectangle과 Push/Pull 도구 이용하여 정육면체<1000,1500,1000>를 그립니다.

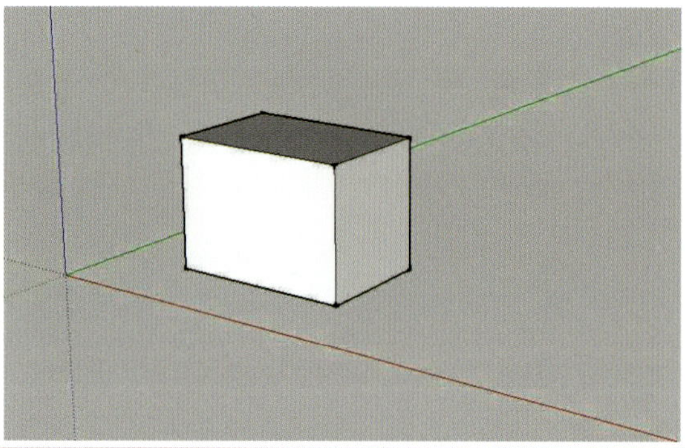

2) Shift + Select 도구를 이용하여 두 개 이상의 선을 선택하고 Offset 도구를 이용하여 마우스의 방향을 바깥쪽으로 이동한 후 VCB 창에 거리값을 500mm라고 입력합니다. 선의 간격이 500mm만큼 Offset 되었음을 볼 수 있습니다.

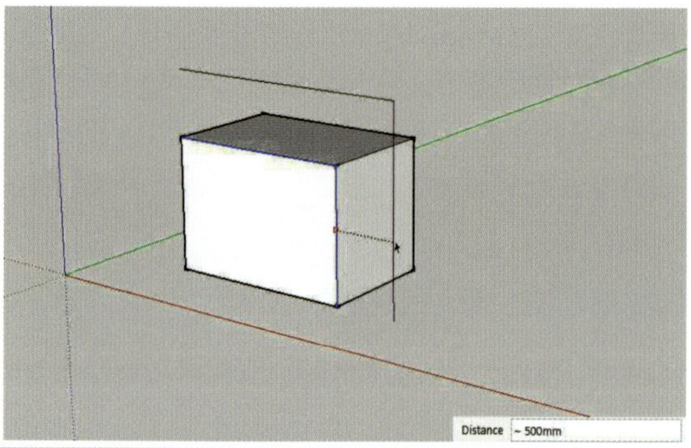

TIP: 선의 간격 띄우기는 두개 이상의 선만 가능합니다. 한 개의 선을 선택하여 Offset 할 경우, 면의 간격 띄우기로 전환되며 한 개의 선을 간격띄우기를 실현하기 위해서는 다음 명령어인 Move 도구를 이용하여 복사하는 편이 좋습니다.

3) 이번에는 면을 선택하여 간격띄우기를 실현해 봅니다. Offset 도구를 실행하여 마우스에 on Edge 라는 안내가 나타날 때까지 면 위에 마우스를 올려놓습니다.

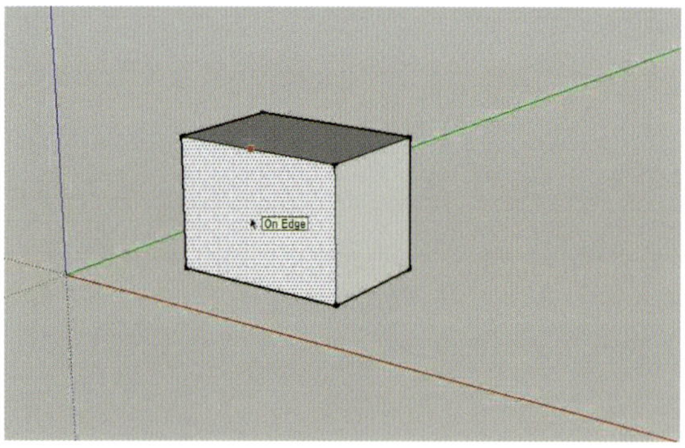

4) 마우스의 방향을 면의 안쪽으로 이동한 후 VCB 창에 거리값을 200mm라고 입력합니다. 아래의 그림처럼 선의 간격이 200mm만큼 Offset 되어 면이 분할되었음을 볼 수 있습니다.

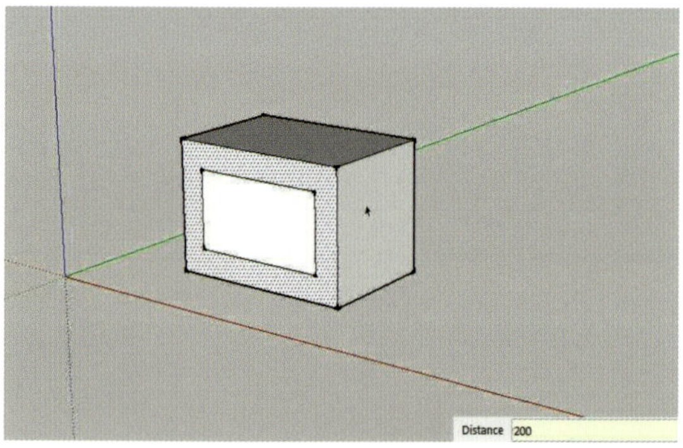

5) 반대로 마우스의 방향을 면의 바깥쪽으로 이동하여 VCB 창에 거리값을 200mm라고 입력하면, 아래의 그림처럼 선의 간격이 200mm만큼 Offset 되어 면이 생성되었음을 볼 수 있습니다.

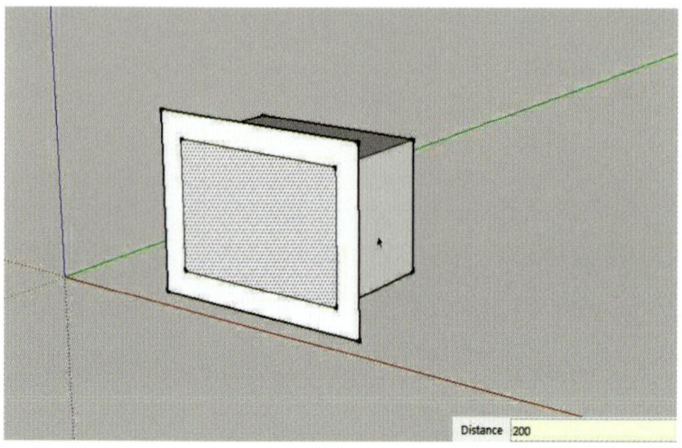

TIP: 면의 간격띄우기는 면을 둘러싼 폐합된 선들을 Offset한다고 이해하시면 됩니다. 면을 이루고 있는 선들이 3개이거나, 10개이거나 관계없이 Offset을 하면, 그것은 여전히 폐합된 도형이므로 면이 자동 생성됩니다.

* Move: 단축키 M

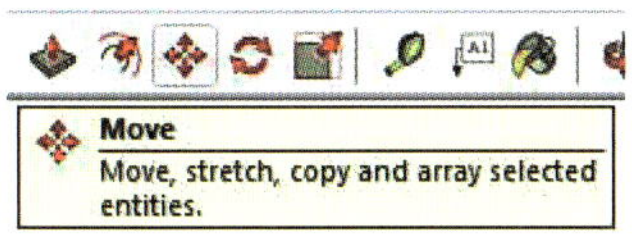

Move는 Object를 사용자 임의의 위치로 옮기는데 쓰입니다. 그러나 Move는 이동뿐만이 아니라 Copy(복사), Array(다중복사), Stretch(늘이기) 등 3개의 확장된 기능을 포함하고 있습니다.

Move를 사용하여 이동하기

1) 우선 Polygon과 Push/Pull 도구를 이용하여 임의의 삼각기둥을 그립니다.

<Polygon: Side 3, Inscribed Radius 500mm>

<Push/Pull: 800mm>

2) Select 도구를 이용하여 생성된 Object를 선택하고, Move 도구를 클릭하여 기준점 지정, 임의로 옮깁니다. 또한 정확한 거리이동을 위해서는 VCB 창에 원하는 거리 값을 입력합니다.

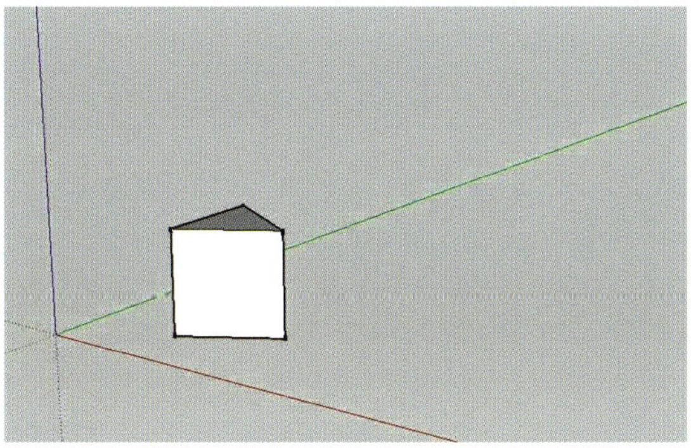

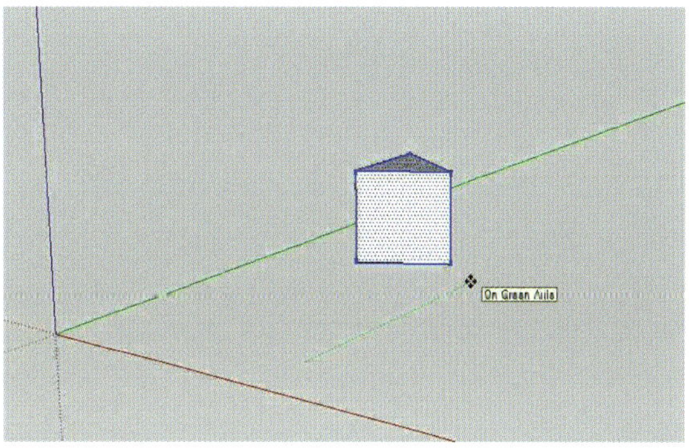

Move를 사용하여 Copy(복사)하기

1) 위에서 그렸던 임의의 삼각기둥으로 되돌아갑니다.

2) Select 도구를 이용하여 생성된 Object를 선택하고, Move 도구버튼을 눌러 Ctrl 키를 누릅니다. 그러면 마우스 오른쪽 아래 (+) 버튼이 나타나며 Move 도구를 활용하듯 Object를 임의로 옮깁니다. 역시 정확한 거리로 이동하기 위해서는 VCB 창에 원하는 거리 값을 입력합니다.

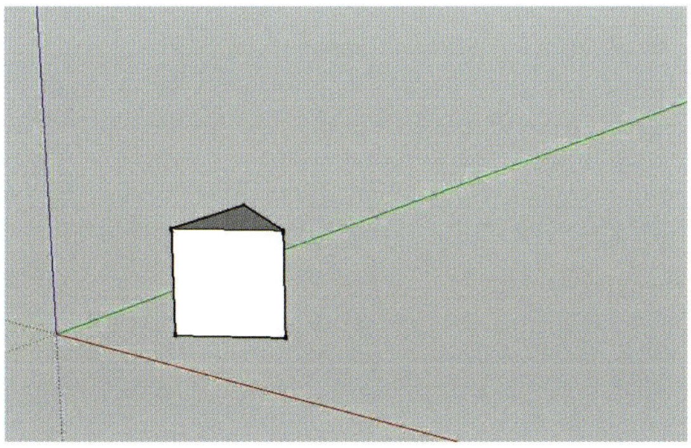

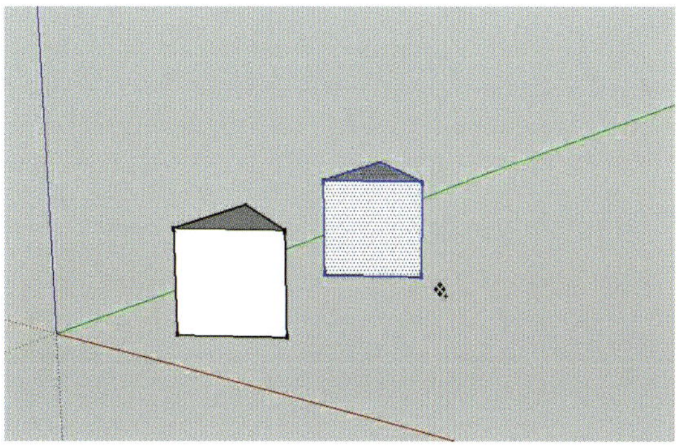

Move를 사용하여 Array(다중복사)하기

다음은 다중복사를 실행해 봅니다. 다중복사는 두 가지 방법이 있습니다.

❶ 기존의 복사방법인 기준점 지정 또는 거리를 입력한 후, Enter 키를 누르고 바로 VCB 창에 '* N'을 입력, Enter 키를 누릅니다. (N = 같은 간격으로 다중복사 할 Object의 수)

❷ 기준점 지정 또는 거리를 입력한 후, Enter 키를 누르고 바로 VCB 창에 '/N'을 입력, Enter 키를 누릅니다. (N = 같은 간격으로 나뉘어 다중복사 할 Object의 수)

1) 다중복사방법 ❶번을 실습해보겠습니다. 위의 복사하기 설명에서 2)번까지 실행한 후 바로 VCB 창에 * 3을 입력 후 Enter 키를 누릅니다.

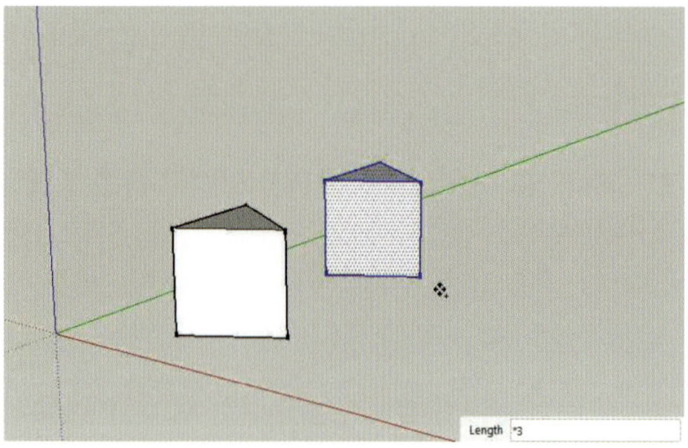

2) 그 결과는 기존 Object를 제외한 3개의 Object가 같은 간격으로 다중복사가 됩니다.

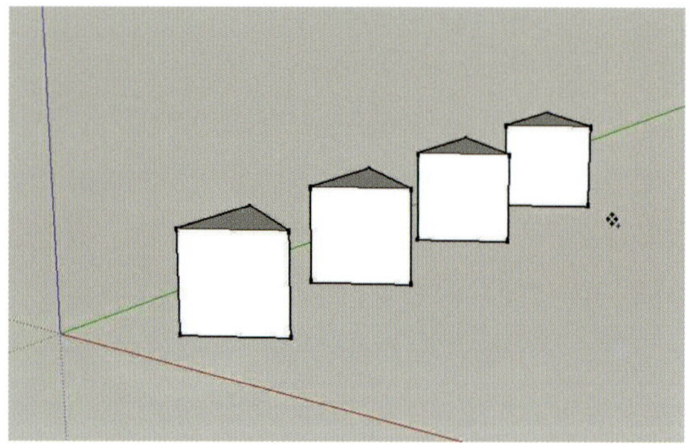

3) 다중복사방법 ❷번을 실습해보겠습니다. 기존 Object에서 약간 멀리 떨어져 복사하고, 바로 VCB 창에 /3을 입력 후 Enter 키를 누릅니다.

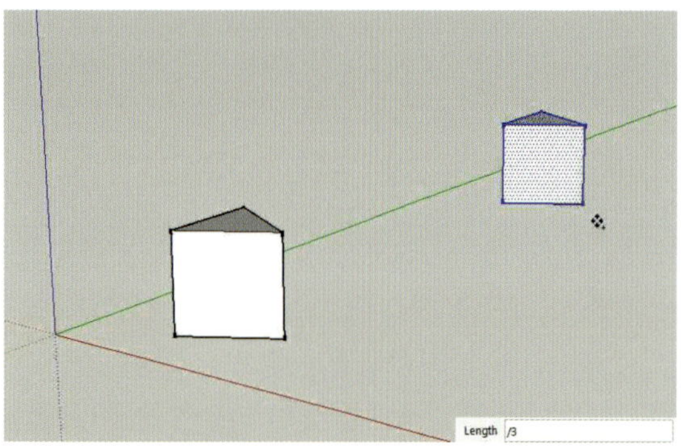

4) 그 결과는 위의 2)번과 마찬가지로 기존 Object를 제외한 3개의 Object가 같은 간격으로 나뉘어 다중복사가 됩니다.

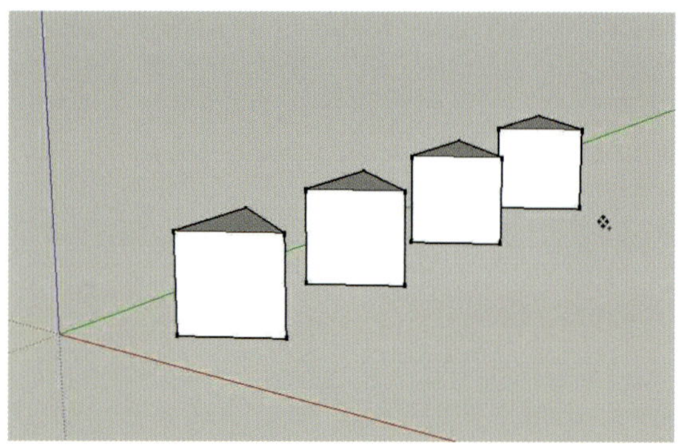

Move를 사용하여 Stretch(늘이기)하기

Stretch는 다양한 형태를 실현시킬 수 있는 응용과 활용면에서 매우 유용한 도구입니다. 아래 세 가지 방법으로 사용자가 원하는 Object의 형태를 제작할 수 있습니다.

❶ **꼭짓점(Point):** Object의 꼭짓점을 선택하여 움직여 형태를 변형합니다.
❷ **선(Line):** Object의 하나 이상의 선을 선택하여서 움직여 형태를 변형합니다.
❸ **면(Face):** Object의 하나 이상의 면을 선택하여서 움직여 형태를 변형합니다.

1) Stretch의 ❶번을 실습해보겠습니다.
Rectangle과 Push/Pull 도구를 이용하여 정육면체를 그립니다.
〈Rectangle: 1000mm, 1000mm〉
〈Push/Pull: 1000mm〉

2) Move 도구를 선택하고, 임의의 꼭짓점 하나를 선택하여 마우스의 방향을 선택하고, VCB 창에 임의의 거리(X축; 500mm)를 입력합니다. 지정한 꼭짓점과 연관되어 있는 선과 면이 늘어나면서 형태가 변화되는 것을 볼 수 있습니다.

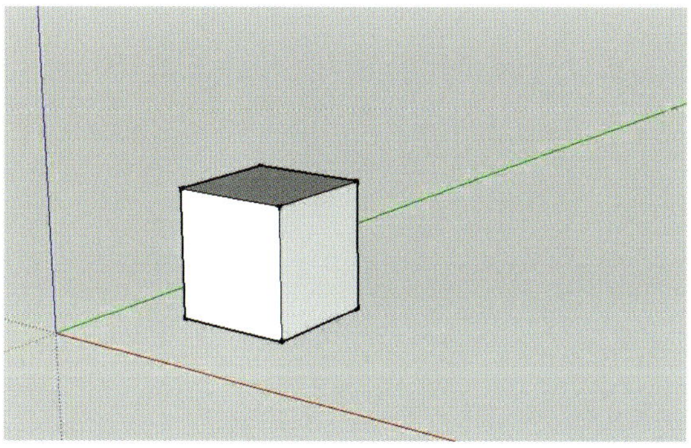

3) 이번에는 Stretch의 ❷번을 실습해보겠습니다. Move 도구를 선택하고, 임의의 선을 선택하여 마우스의 방향을 선택하고, VCB 창에 임의의 거리(X축; 500mm)를 입력합니다. 지정한 선과 연관되어 있는 선과 면이 늘어나면서 형태가 변화되는 것을 볼 수 있습니다.

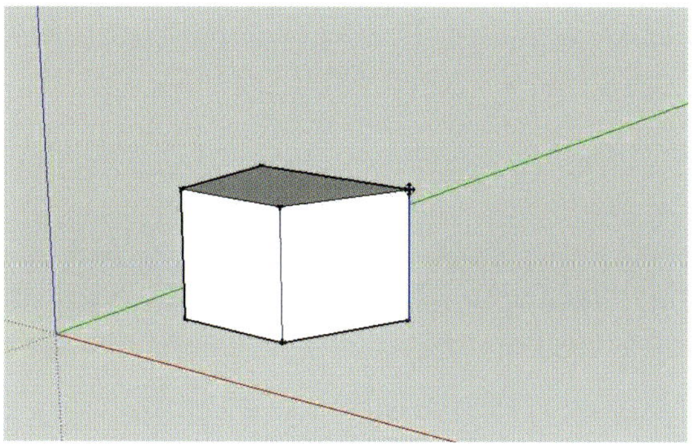

5) Stretch의 ❸번을 실습해 보겠습니다. Move 도구를 선택하고, 임의의 면을 선택하여 마우스의 방향을 선택하고, VCB 창에 임의의 거리(X축; 500mm)를 입력합니다. 결과적으로 가로로 500mm만큼 긴 형태로 Object가 변화되는 것을 볼 수 있습니다.

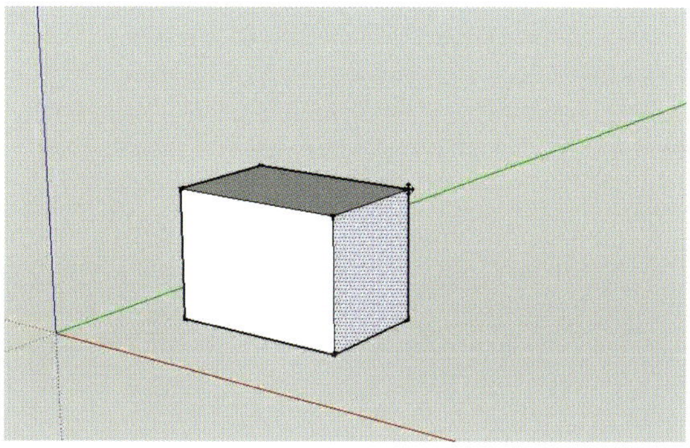

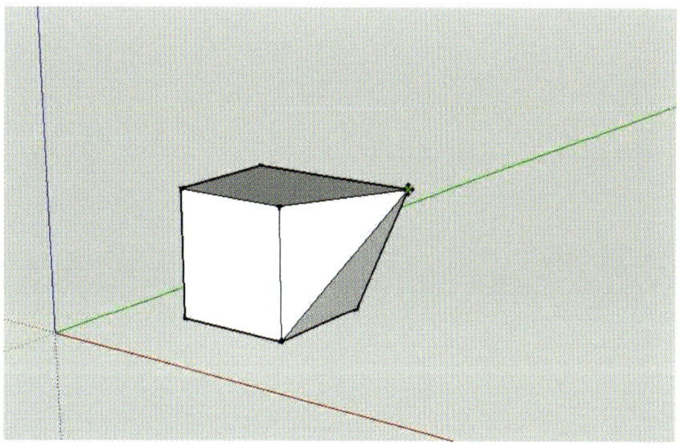

4) 이번엔 선을 두 개 선택 후 Stretch 해보도록 합니다. 마우스의 방향을 선택하고, VCB 창에 임의의 거리(X축; 500mm)를 입력합니다. 선택된 두 객체를 기준으로 연관되어 있는 선과 면이 늘어나면서 형태가 변화되는 것을 볼 수 있습니다.

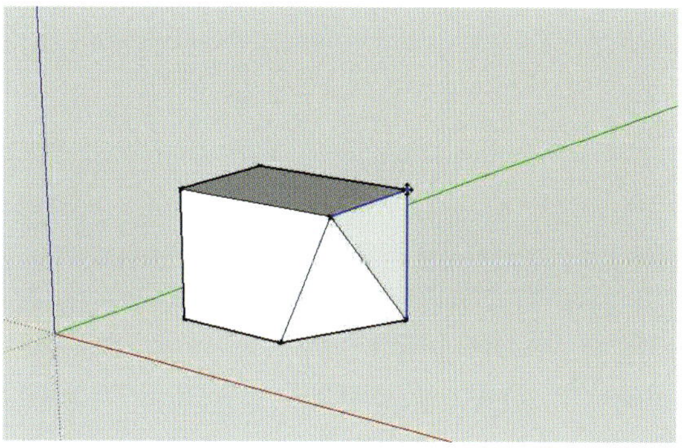

6) 역시 면을 두 개(우측면, 윗면) 선택 후 Stretch 해보도록 합니다. 마우스의 방향을 선택하고, VCB 창에 임의의 거리(X축; 500mm)를 입력합니다. 선택된 두 객체를 기준으로 연관되어 있는 선과 면이 늘어나면서 형태가 변화되는 것을 볼 수 있습니다.

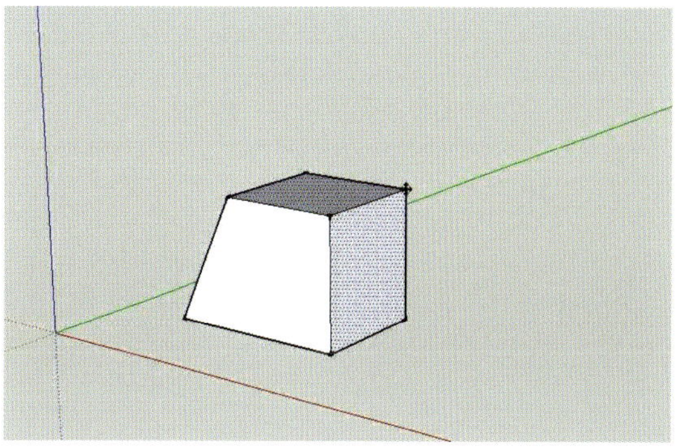

* Rotate: 단축키 Q

Rotate는 Object를 사용자 임의로 회전시키거나 임의의 위치로 회전하여 옮기는데 쓰입니다. Move와 마찬가지로 Copy(복사), Array(다중복사), Stretch(늘이기) 등 3개의 확장된 기능을 포함하고 있는데, 모두 회전을 기반으로 작용합니다.

Rotate를 사용하여 회전하기

Rotate 도구를 이용한 회전은 회전축의 위치에 따라 제자리 회전과 위치변동 회전이 있습니다. 아래 실습을 통하여 Rotate 도구의 회전 원리를 이해하시기 바랍니다.

❶ 제자리 회전: Rotate의 중심축이 Object의 안에 위치한다.

❷ 위치변동 회전: Rotate의 중심축이 Object의 밖에 위치한다.

1) Rotate의 ❶번을 실습해보겠습니다. 우선 Rectangle과 Push/Pull 도구를 이용하여 정육면체를 그립니다.

<Rectangle: 1500mm, 1500mm>

<Push/Pull: 1500mm>

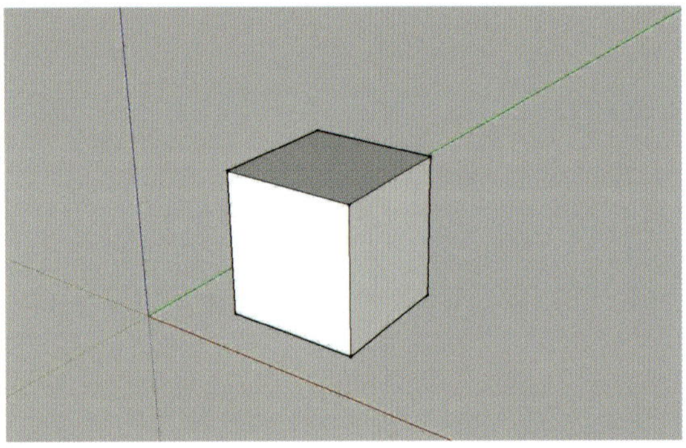

2) Select 도구를 이용하여 생성된 Object를 선택하고, Rotate 도구를 클릭하여 마우스를 윗면에 올려놓습니다.

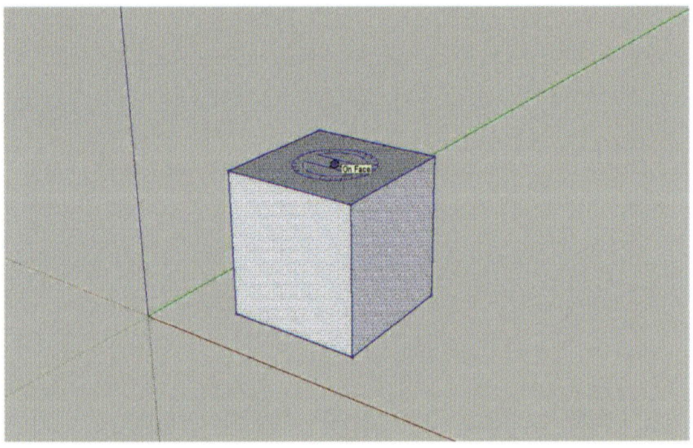

3) 클릭 후 마우스를 돌려보면 지정된 중심축 위에 파란색으로 나타나는 각도자가 회전하는 것을 볼 수 있습니다. Object를 회전하기 위한 기준 지점을 결정하는 것입니다. 임의의 지점을 클릭합니다.

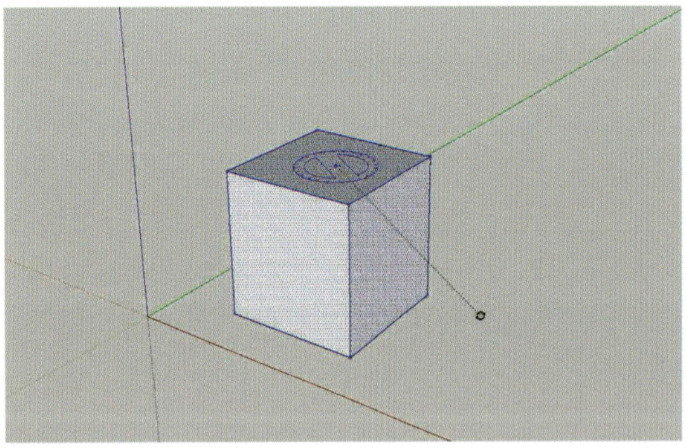

4) 그리고 마우스의 방향을 우측으로 이동한 후 VCB 창에 각도 값을 60이라고 입력합니다.

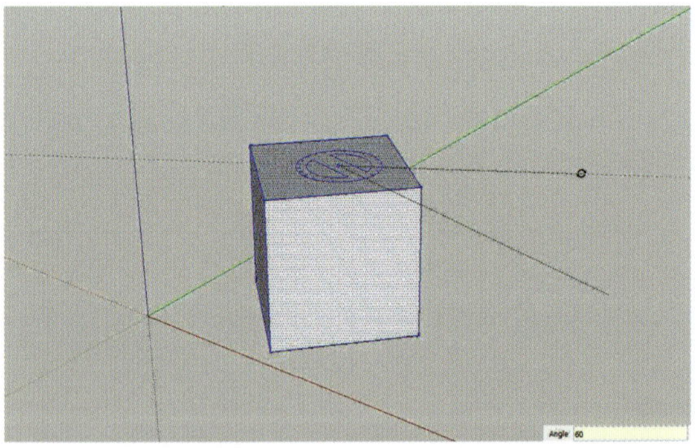

5) Object가 제자리에서 우측으로 60도 회전하였습니다.

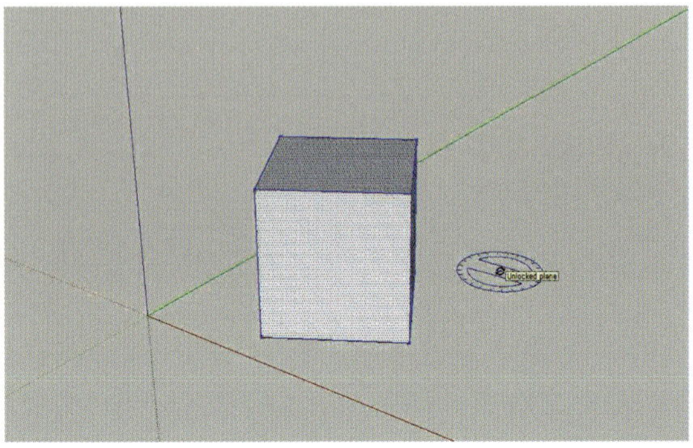

***TIP:** Rotate 도구를 선택하면 마우스에는 파란색 각도자(❶)가 나타납니다. 그리고 Object에 마우스를 옮기다보면 각도자가 빨강색(❷)과 초록색(❸)으로도 변하는 것을 볼 수 있습니다. 이것은 마우스가 위치한 면의 회전축이 색상으로 지정된 X, Y, Z축에 대하여 평행한 회전축이라는 것을 알려주는 기능입니다. 예를 들어 각도자가 파란색이 나타난다면 회전축은 Z축에 대하여 평행한 회전축인 것입니다. 그러나 각도자의 색상이 검은색(❹)으로 나타나는 경우도 있습니다. 이는 기존 X, Y, Z축이 아닌 선택한 면의 수직인 회전축을 의미합니다.*

Z축에 평행한 회전축

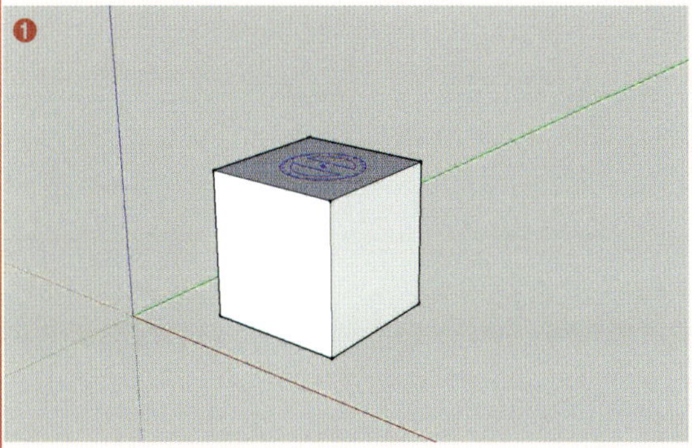

X축에 평행한 회전축

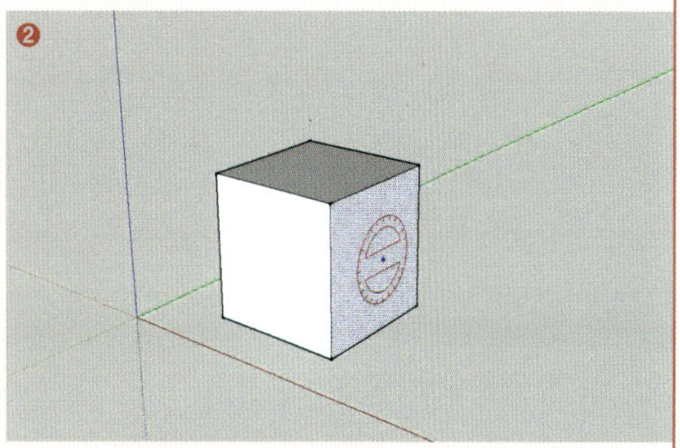

Y축에 평행한 회전축

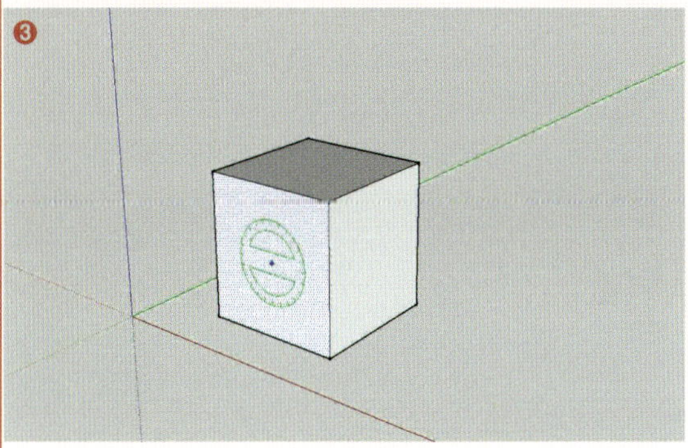

X, Y, Z축이 아닌 선택한 면의 수직인 회전축

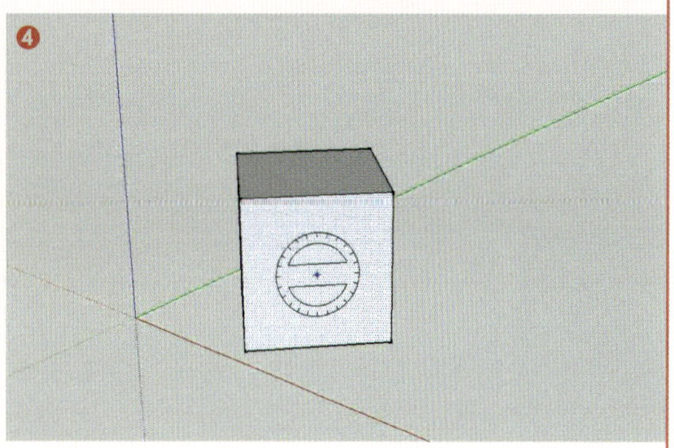

6) Rotate의 ❷번을 실습해보겠습니다. 이번에는 Polygon과 Push/Pull 도구를 이용하여 삼각기둥을 만들어보겠습니다.

〈Polygon: Side 3, Inscribed Radius 800mm〉
〈Push/Pull: 800mm〉

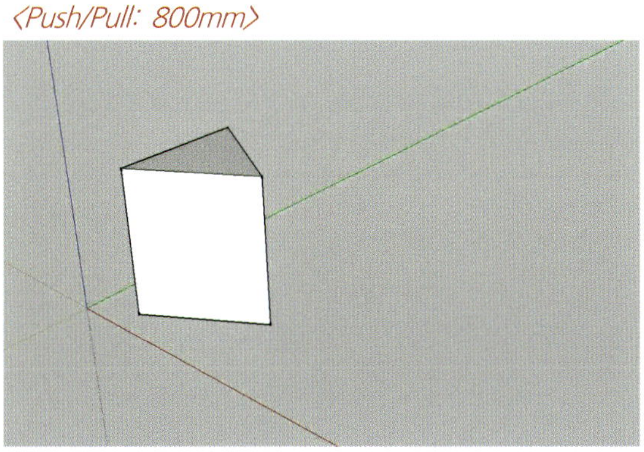

7) Select 도구를 이용하여 생성된 Object를 선택하고, Rotate 도구를 클릭하여 마우스를 임의의 위치에서 클릭합니다. 각도자의 색상은 당연히 Z축에 평행한 파란색입니다.

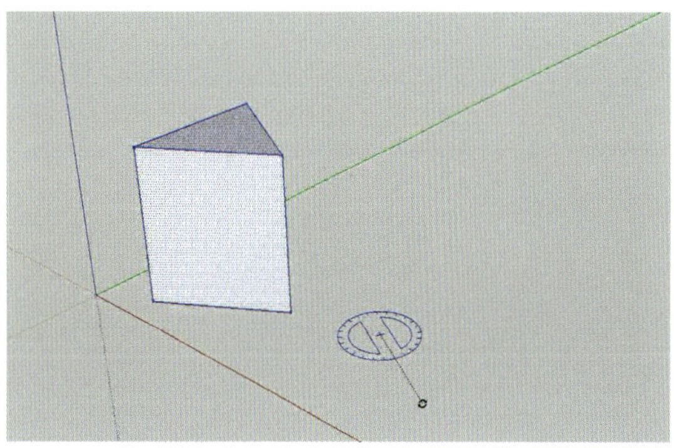

8) 회전할 기준점을 클릭하고 마우스의 방향을 우측으로 이동한 후 VCB 창에 각도값을 60이라고 입력합니다.

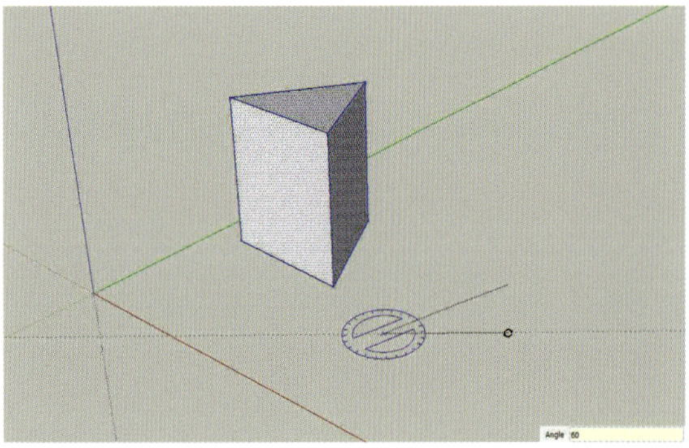

9) Object가 지정된 중심축에서 우측으로 60도 회전하였습니다.

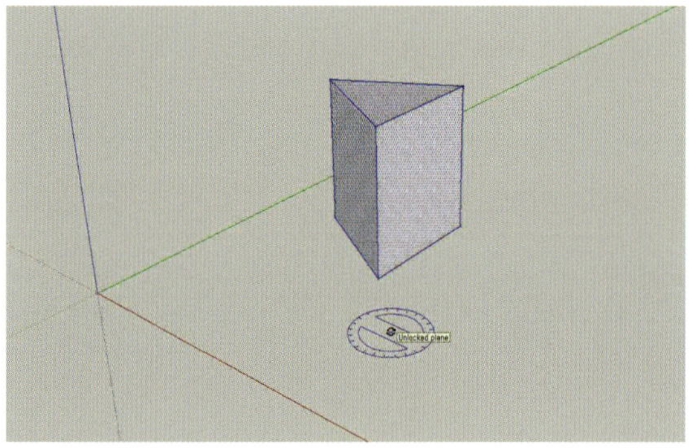

Rotate를 사용하여 Copy(복사)하기

1) 위의 Rotate 6)번으로 되돌아갑니다.

〈Polygon: Side 3, Inscribed Radius 800mm〉

〈Push/Pull: 800mm〉

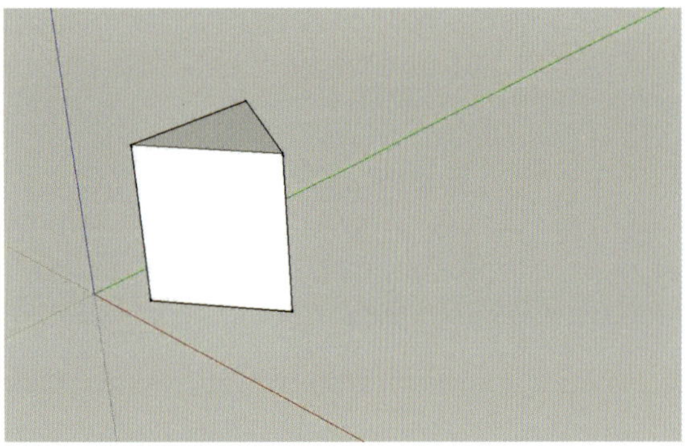

2) Select 도구를 이용하여 생성된 Object를 선택하고, Rotate 도구를 클릭하여 Ctrl 키를 누릅니다. 그러면 마우스 오른쪽 아래 (+) 버튼이 나타나며 마우스를 임의의 위치에서 클릭합니다.

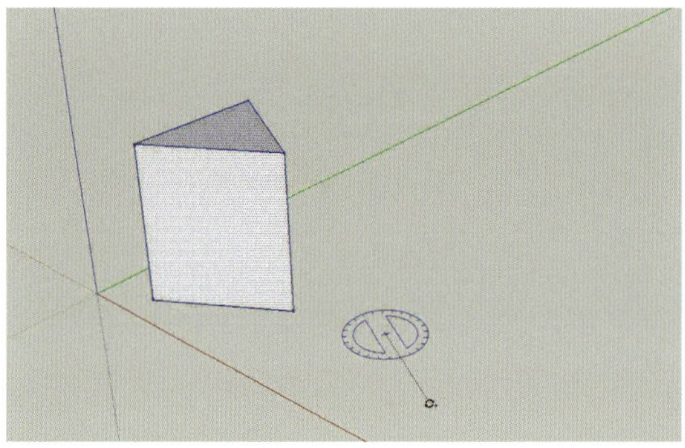

3) 회전할 기준점을 클릭하고 마우스의 방향을 우측으로 이동한 후 VCB 창에 각도값을 60이라고 입력합니다.

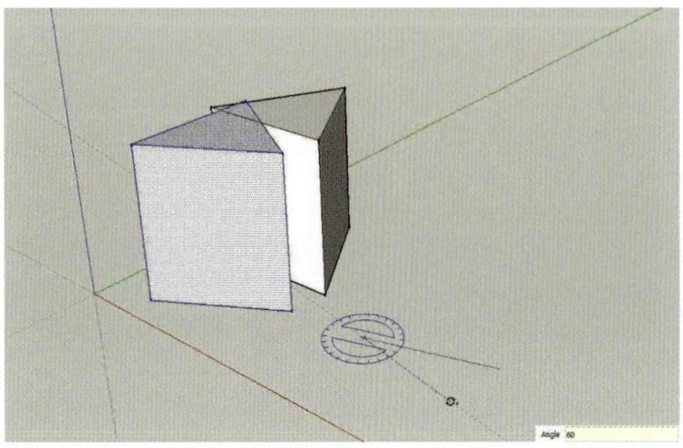

4) Object가 지정된 중심축에서 우측으로 60도 회전하였습니다.

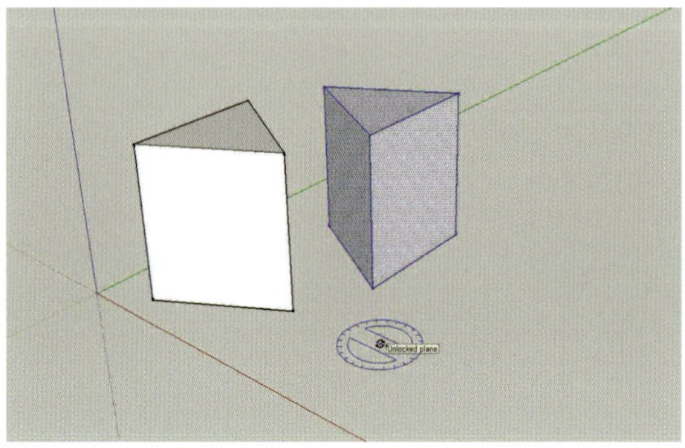

Rotate를 사용하여 Array(다중복사)하기

다음은 다중복사를 실행해 봅니다. Rotate의 다중복사 역시 Move와 마찬가지로 두 가지 방법이 있습니다.

❶ 기존의 복사방법인 회전축을 지정하여 VCB 창에 각도를 입력한 후, Enter 키를 누르고 바로 VCB 창에 '* N'을 입력, Enter 키를 누릅니다. (N = 같은 각도로 다중복사 할 Object의 수)

❷ 회전축을 지정하여 VCB 창에 각도를 입력한 후, Enter 키를 누르고 바로 VCB 창에 '/N'을 입력, Enter 키를 누릅니다. (N = 같은 각도로 나뉘어 다중복사 할 Object의 수)

1) 다중복사방법 ❶번을 실습해보겠습니다. 위의 복사하기 설명에서 4)번까지 실행한 후 바로 VCB 창에 * 3을 입력 후 Enter 키를 누릅니다.

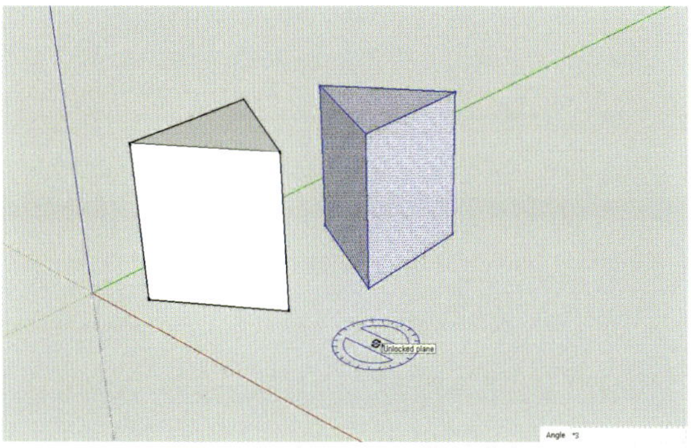

2) 그 결과는 기존 Object를 제외한 3개의 Object가 같은 각도로 다중복사가 됩니다.

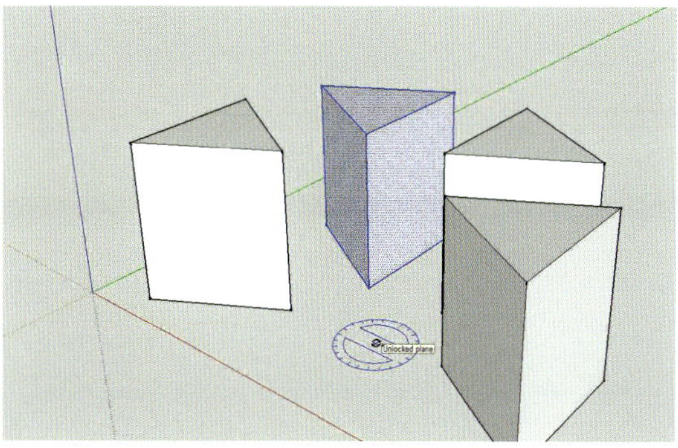

3) 다중복사방법 ❷번을 실습해보겠습니다. 기존 Object를 선택하고 중심축을 결정하여 VCB 창에 180입력 후 Enter 키를 누릅니다. 그리고 바로 VCB 창에 /3을 입력 후 Enter 키를 누릅니다.

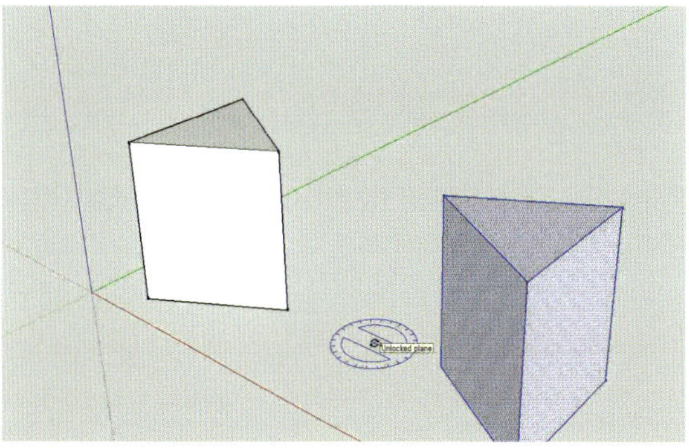

4) 그 결과는 위의 2)번과 마찬가지로 기존 Object를 제외한 3개의 Object가 같은 각도로 나뉘어 다중복사가 됩니다.

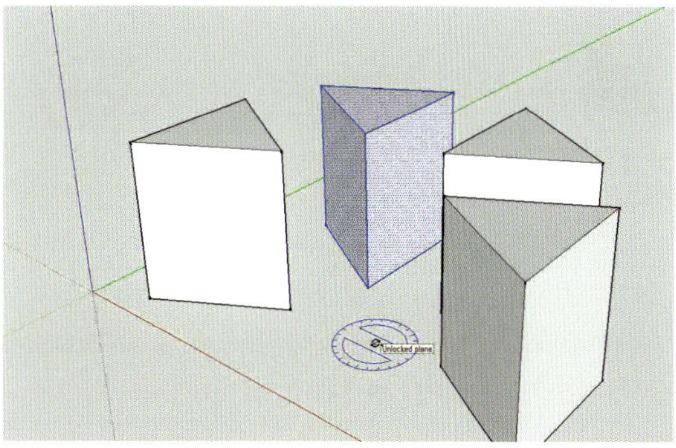

Rotate를 사용하여 Stretch(늘이기)하기

Rotate에서의 Stretch는 Move 도구처럼 늘이는 개념보다는 회전을 통한 형태의 변형을 이룰 때에 유용한 도구입니다. 아래 세 가지 방법으로 사용자가 원하는 Object의 회전 변형 형태를 제작할 수 있습니다.

❶ **꼭짓점(Point):** Object의 꼭짓점을 클릭하면 인접한 세 개의 선이 선택되어 하나의 선은 축이 되고 나머지 두 개의 선이 회전하여 형태를 변형합니다.

❷ **선(Line):** Object의 하나 이상의 선을 선택하여서 회전하여 형태를 변형합니다.

❸ **면(Face):** Object의 하나 이상의 면을 선택하여서 회전하여 형태를 변형합니다.

1) Stretch의 ❶번을 실습해보겠습니다. 우선 Rectangle과 Push/Pull 도구를 이용하여 정육면체를 그립니다.

〈Rectangle: 1,000mm, 1,000mm〉
〈Push/Pull: 1,000mm〉

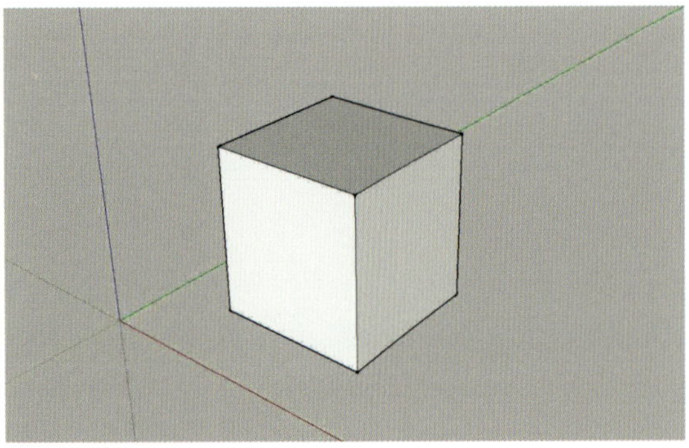

2) Rotate 도구를 선택하고, 임의의 꼭짓점 하나를 선택합니다. 각도자의 위치는 매우 중요합니다. 이는 각도자의 위치에 따라 회전축이 되는 선이 결정되기 때문입니다.

아래의 그림은 각도자가 파란색이므로 Z축과 평행한 수직선이 회전축이 됩니다.

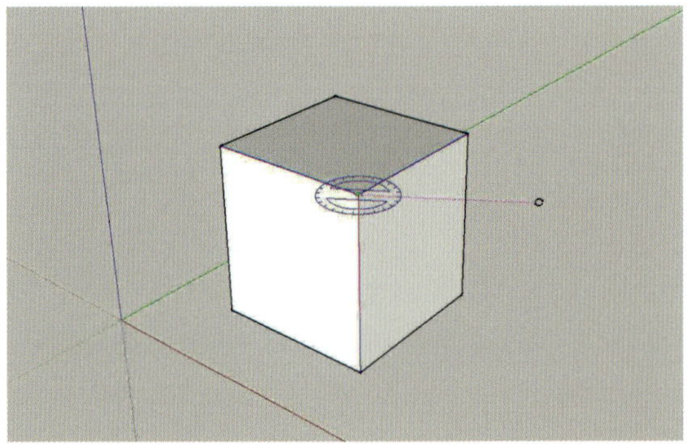

3) 기준점을 클릭하고 마우스의 방향을 오른쪽으로 이동한 후 VCB 창에 각도값을 30이라고 입력합니다.

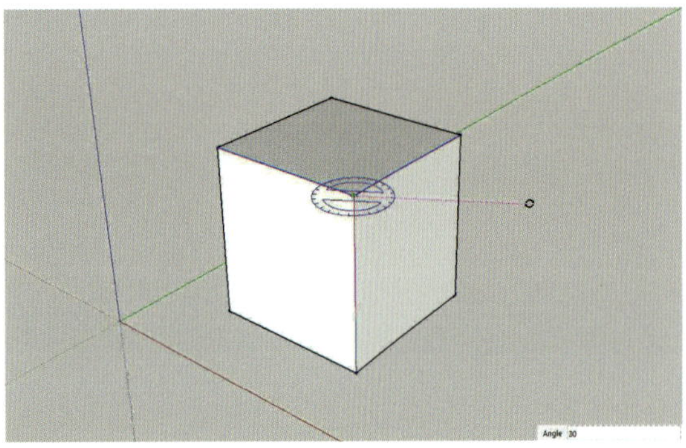

4) 아래와 같이 두 개의 선이 지정한 회전축을 기준으로 오른쪽으로 30도 가량 회전하면서 형태가 비틀린 것을 확인할 수 있습니다.

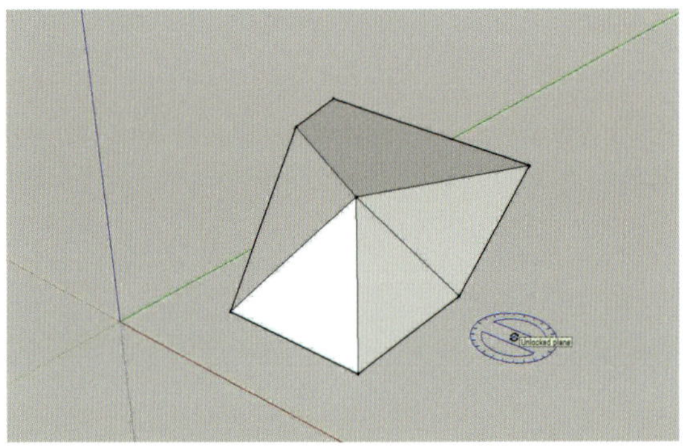

5) 이번에는 Stretch의 ❷번을 실습해보겠습니다. Rotate 도구를 선택하고, 임의의 선을 선택합니다. 선을 선택할 때에는 회전축이 결정되므로 원하는 위치에 클릭해야만 합니다. 실습 예시에서는 해당 선의 중간점을 클릭합니다.

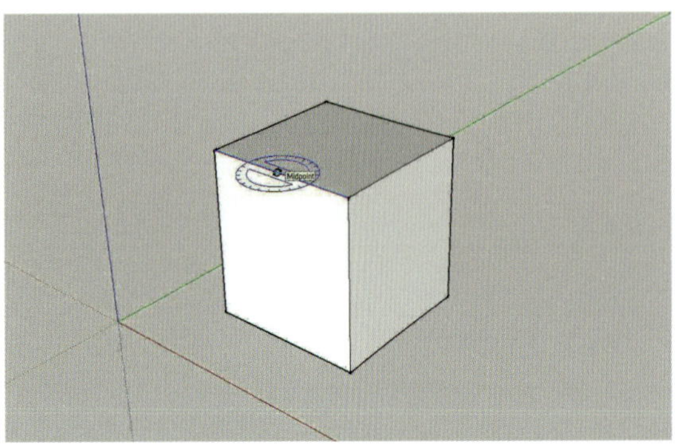

6) 마우스의 방향을 오른쪽으로 선택하고, VCB 창에 각도값 45를 입력합니다.

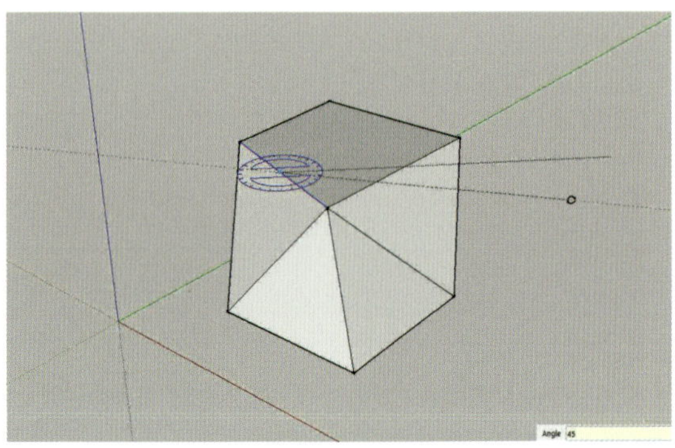

7) 아래와 같이 지정한 선이 중간점을 기준으로 오른쪽으로 45도 가량 회전하면서 형태가 비틀린 것을 확인할 수 있습니다.

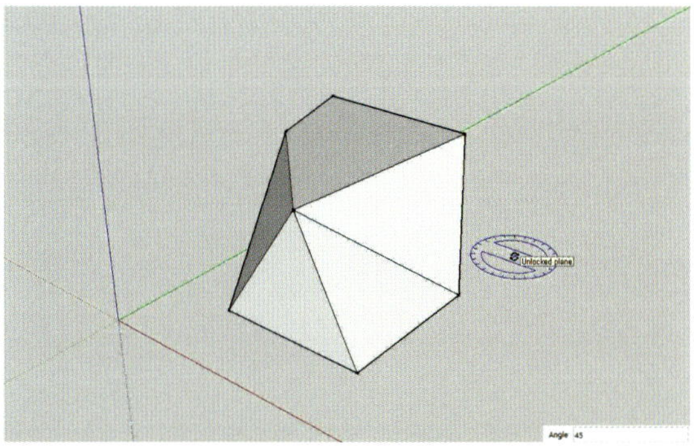

8) 마지막으로 Stretch의 ❸번을 실습해 보겠습니다. Rotate 도구를 선택하고, 임의의 면을 선택합니다. 면을 선택할 때에도 역시 회전축이 결정되므로 원하는 위치에 클릭해야만 합니다. 실습 예시에서는 대략 해당 면의 중앙지점을 클릭하도록 하겠습니다.

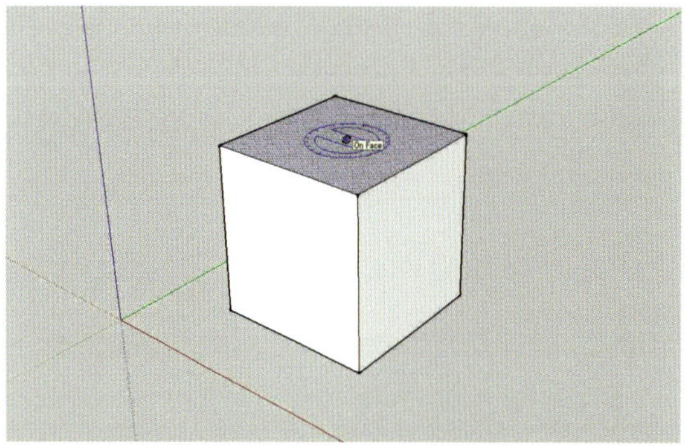

9) 마우스의 방향을 오른쪽으로 선택하고, VCB 창에 각도값 45를 입력합니다.

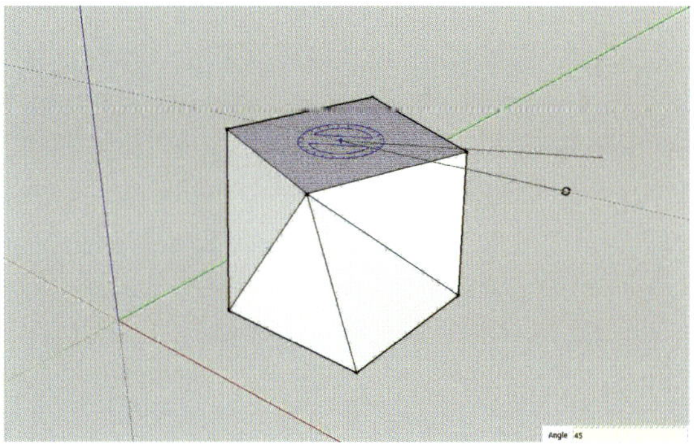

10) 아래와 같이 선택한 면이 임의로 지정한 중심축을 기준으로 오른쪽으로 45도 가량 회전하면서 형태가 비틀린 것을 확인할 형태가 오른쪽으로 비틀린 결과를 얻을 수 있습니다.

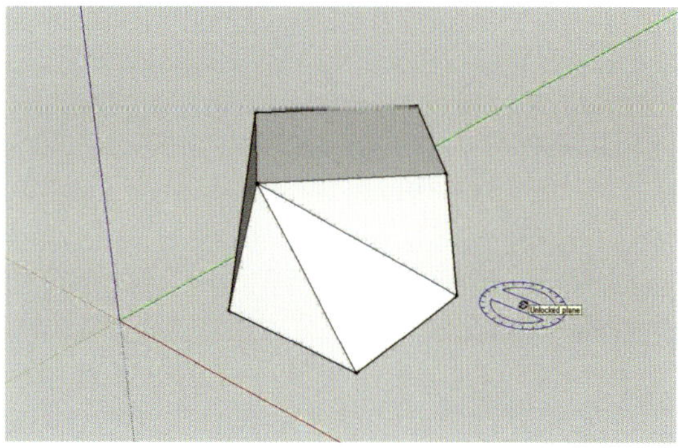

* Scale: 단축키 S

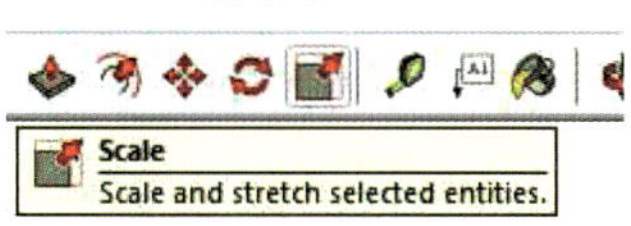

선택한 Object의 크기를 고정된 비율로서 작게 또는 크게조절하거나(Scale), 고정된 비례로 늘리는 경우(Stretch)에 쓰입니다.

Scale 사용하여 크기조절(Scale)하기

1) 우선 Rectangle과 Push/Pull 도구를 이용하여 정육면체를 그립니다.

〈Rectangle: 1,000mm, 1,000mm〉

〈Push/Pull: 1,000mm〉

2) 다음은 Select 도구를 이용하여 Object 전체를 선택한 후, Scale 도구를 클릭합니다. 그러면 아래 그림과 같이 Scale 명령이 활성화됨을 볼 수 있습니다.

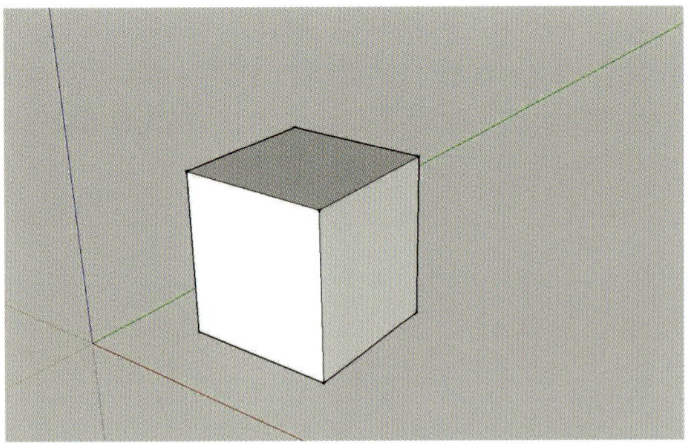

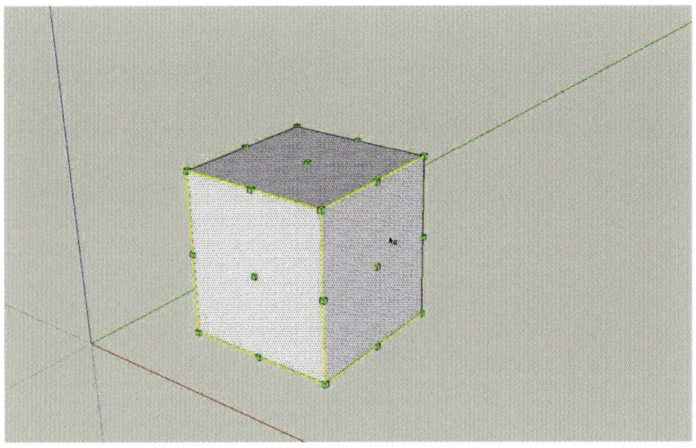

3) 나타나는 초록색의 Vertex는 크기조절을 위한 방향을 결정해 주며, 「Red · Green · Blue · Uniform scale about Opposite Point」 등 4가지의 방향을 제시해줍니다.

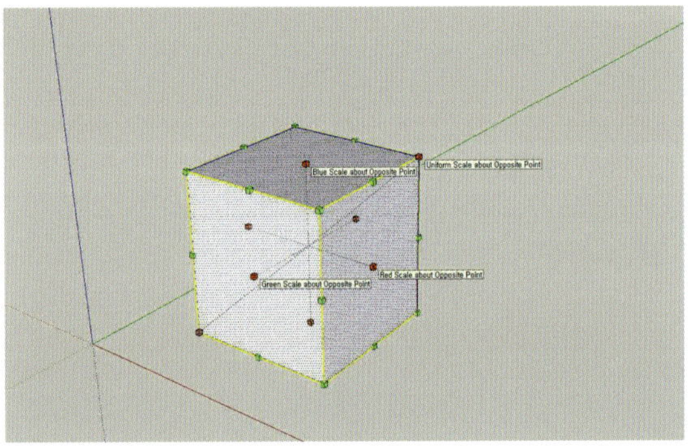

4) 이 정육면체의 크기를 기존보다 1.5배 키워보도록 하겠습니다. 「Uniform scale about Opposite Point」 방향으로 Vertex를 클릭하고 VCB 창에 1.5라고 입력한 후 Enter 키를 누릅니다.

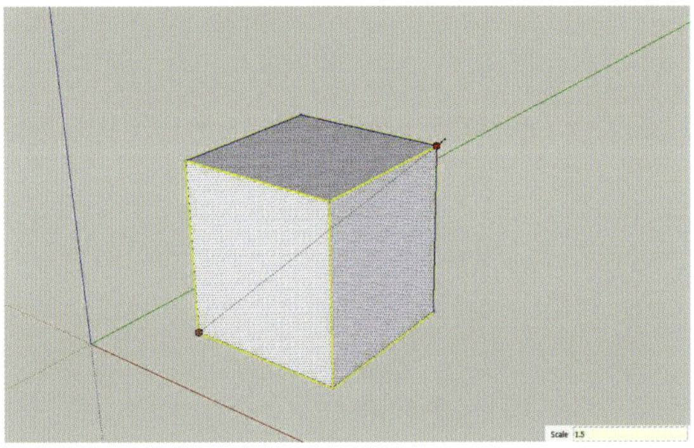

5) 아래와 같이 기존보다 1.5배가량 크기가 커진 결과를 얻을 수 있습니다.

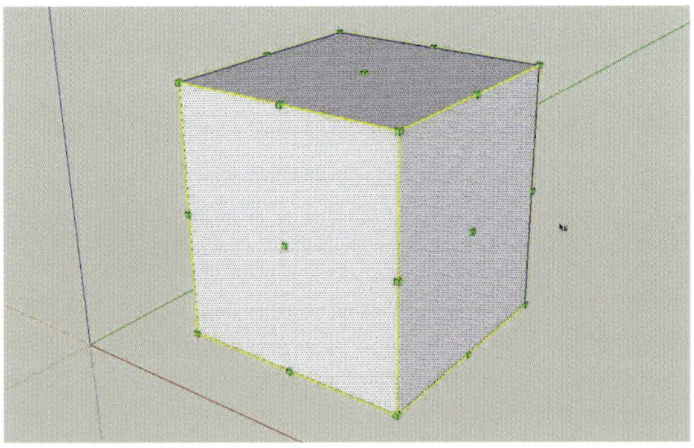

Scale 사용하여 늘이기(Stretch)**하기**

1) 우선 Rectangle과 Offset, Push/Pull 도구를 이용하여 아래와 같은 도형을 그립니다.

① Rectangle: 1,000mm, 500mm | Push/Pull: 1,000mm

② Offset: 200mm | Push/Pull: 500mm

2) 다음은 Select 도구를 이용하여 Object 전체를 선택한 후, Scale 도구를 클릭합니다. 그러면 아래 그림과 같이 Scale 명령이 활성화됨을 볼 수 있습니다.

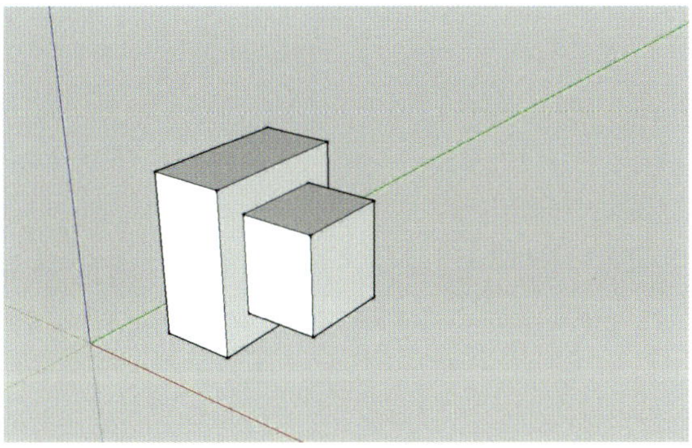

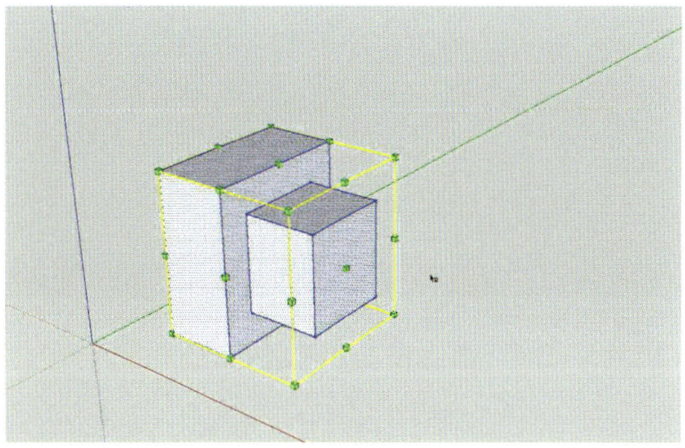

3) 이 도형을 가로로 1.5배 늘려보도록 하겠습니다. 「Red scale about Opposite Point」 방향으로 Vertex를 클릭하고 VCB 창에 1.5라고 입력한 후 Enter 키를 누릅니다.

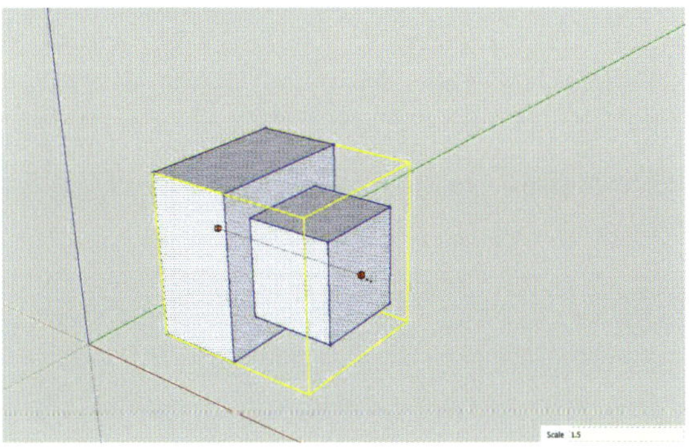

4) 아래와 같이 기존보다 1.5배가량 비례하여 길이가 늘어난 결과를 얻을 수 있습니다.

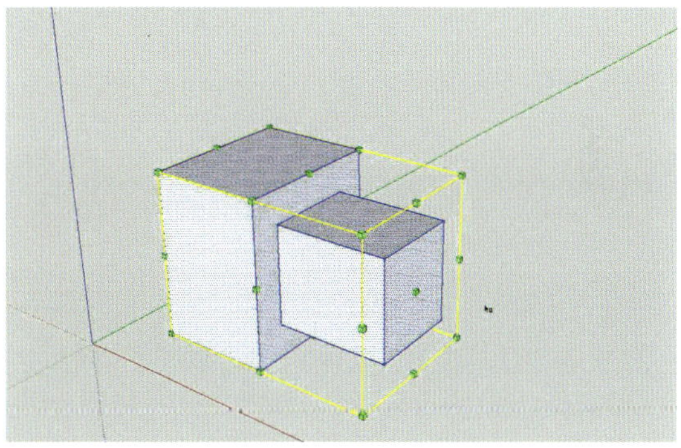

TIP: *Move의 Stretch와 Scale의 Stretch는 본질적인 차이가 있습니다. Move의 Stretch는 선택한 객체를 이동하여 인접한 객체(선, 면)를 늘려주는 도구인데 반해, Scale의 Stretch는 Object 전체를 고정비율로 늘려주는 도구입니다. 이 두 가지의 Stretch 원리를 파악해 두면 모델링 작업에 매우 유용합니다.*

1.6 Construction 도구

* Tape Measure Tool: 단축키 T

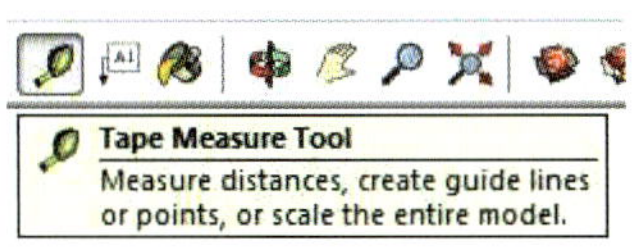

임의의 거리를 측정할 때에 사용되는 도구입니다. Tape Measure Tool은 이동뿐만이 아니라 Guide Point(안내점), Guide Line(안내선)등 확장된 기능을 포함하고 있습니다.

Tape Measure Tool 사용하여 길이 측정하기

1) 우선 Rectangle과 Push/Pull 도구를 이용하여 정육면체를 그립니다. 그리고 크기가 정확한지 Tape Measure Tool을 이용하여 측정해 보겠습니다.

〈Rectangle: 1,000mm, 1,000mm〉

〈Push/Pull: 1,000mm〉

2) Tape Measure Tool을 선택한 후, 측정하려는 시작점을 클릭합니다. 축의 추정 등을 이용해 측정하고자 하는 위치의 점이나 선에 줄자를 대거나 클릭하면 VCB 창에 거리가 표시됩니다.

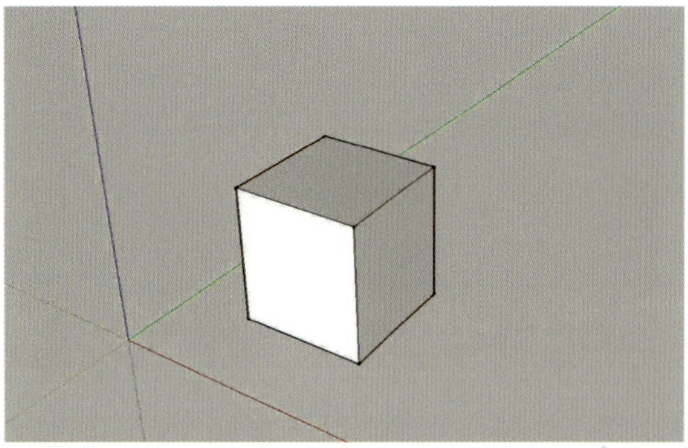

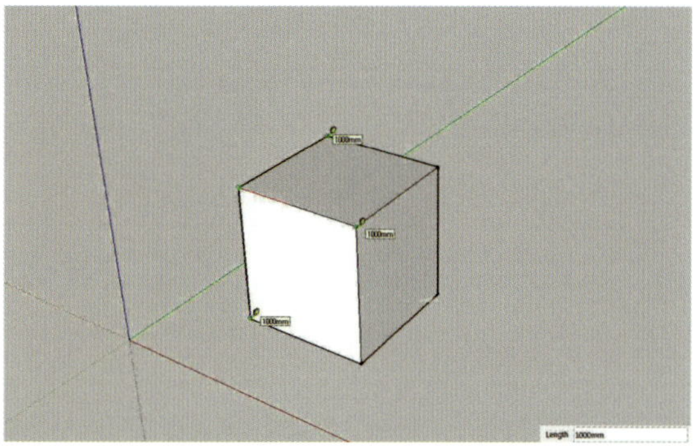

Tape Measure Tool 사용하여 Guide Point(안내점)**, Guide Line**(안내선) **생성하기**

Guide Point, Guide Line은 모델링 작업 중 원하는 위치에 드로잉하기 위한 보조적 역할을 해 줍니다. Guide Point와 Guide Line은 출력 시 실제로 보이지는 않으나, 객체로 인식되어 스냅이 잡혀 드로잉 보조역할을 수행합니다.

1) 우선 Rectangle과 Push/Pull 도구를 이용하여 정육면체를 그립니다.

<Rectangle: 1,000mm, 1,000mm>
<Push/Pull: 1,000mm>

2) 꼭짓점에서 300mm 자리에 Guide Point를 찍어보겠습니다. Tape Measure Tool을 선택한 후, 마우스를 꼭짓점에 클릭하여 Guide Point를 찍을 위치로 마우스의 방향을 잡고 VCB 창에 300이라고 입력한 후 [Enter] 키를 누릅니다.

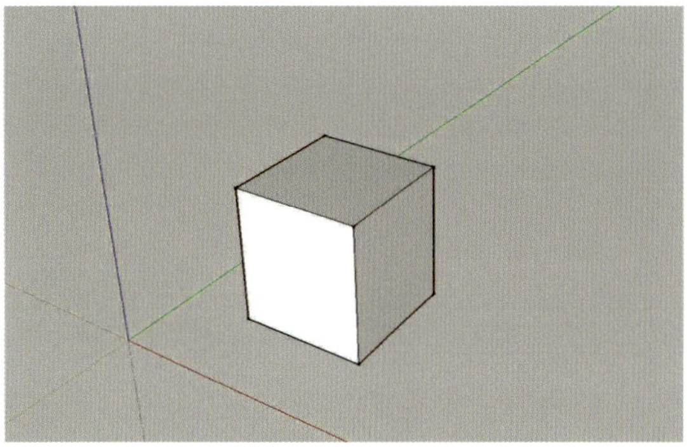

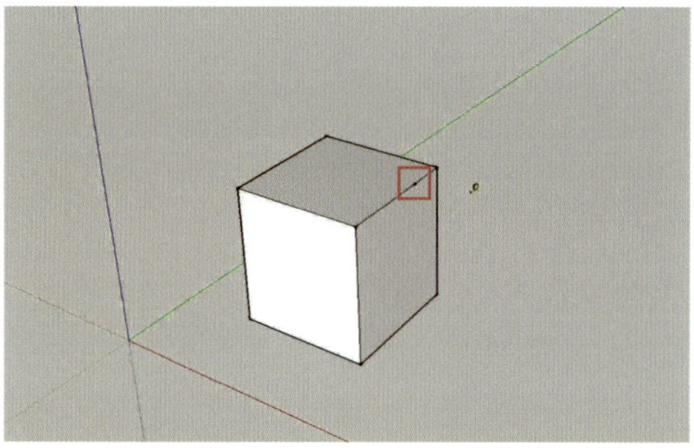

3) Line 도구를 클릭하고 마우스를 Guide Point에 올려놓습니다. Point가 작아 눈으로 식별하기 어렵지만 마우스에 [Guide Point]라고 나타나며 [Endpoint] 스냅이 잡히는 것을 알 수 있습니다.

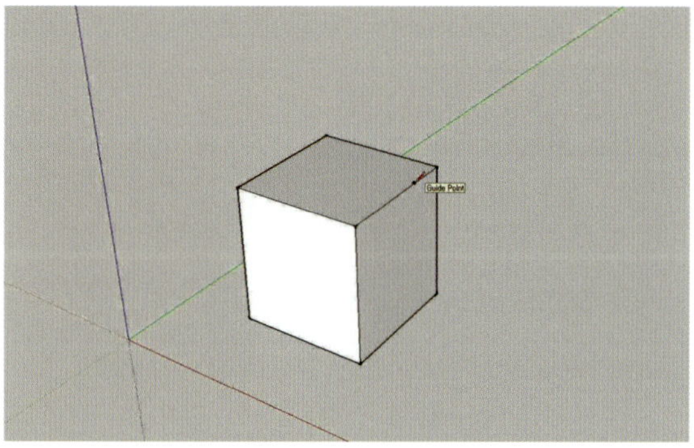

4) Guide Point를 활용하여 Guide Line을 그려보겠습니다. Tape Measure Tool을 선택한 후, Guide Point를 클릭합니다. 그리고 X축과 평행하게 반대편 선에 클릭합니다.

5) 점선으로 Guide Line이 그려졌습니다.

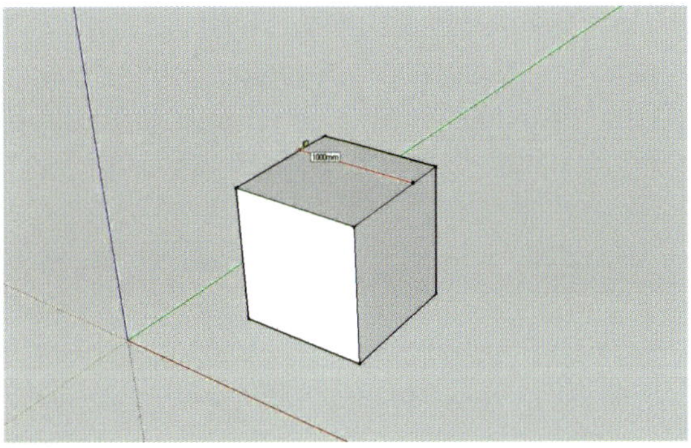

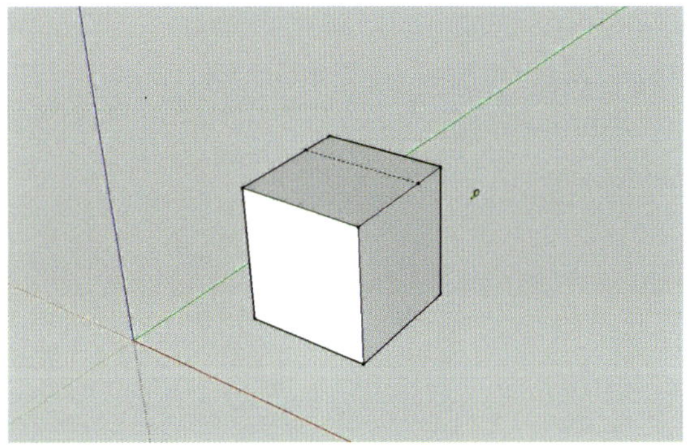

* Text

화면에 텍스트 라벨을 기입하는 도구입니다. 모델링 협업과정 중 의사전달을 위한 라벨 정도로만 사용되며 사용빈도가 높진 않습니다. 오히려 더욱 활용도가 높은 명령은 3D Text입니다.

* 3D Text

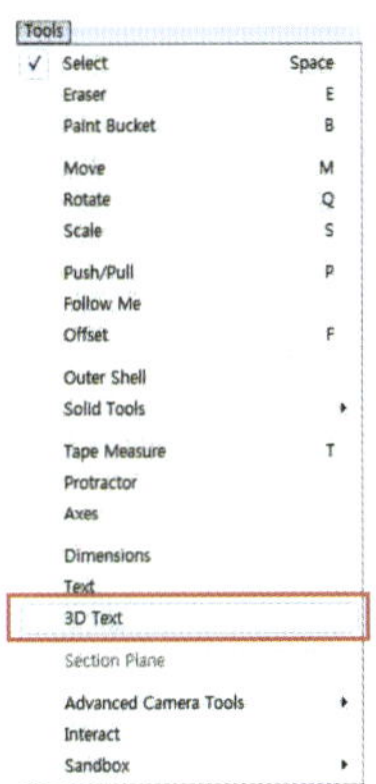

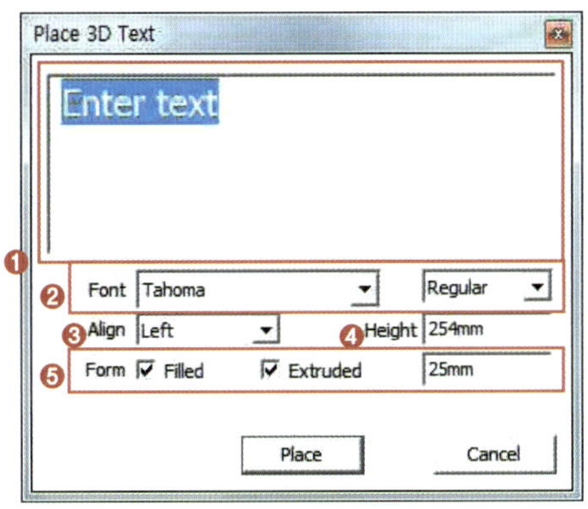

3D Text 는 작성된 글자고 곧바로 3차원 Object를 만들어주는 도구입니다. 풀다운 메뉴의 Tool > 3D Text를 클릭하면 아래와 같은 다이얼로그가 나타납니다.

* Paint Bucket: 단축키 B

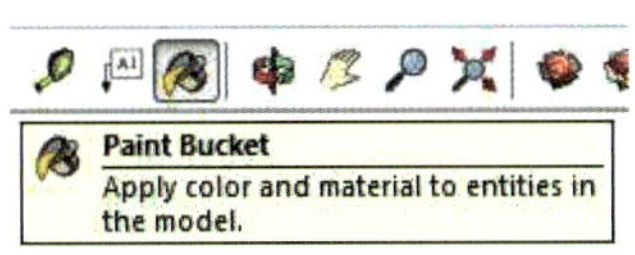

Paint Bucket 도구는 작업된 Object에 Color 또는 Material을 지정할 수 있는 도구입니다. 화면 상단의 Paint Bucket 아이콘을 클릭하면 오른쪽 Default Tray에 창이 활성화됩니다. Material 창에는 기본적으로 많은 재질이 준비되어 있으며, 추가로 색을 넣을 수도 있습니다.

Material / Select

Material의 하부 메뉴에는 Select와 Edit가 있습니다. 이 중 Select는 작업된 Object에 Color 또는 Material을 결정하는데 쓰입니다.

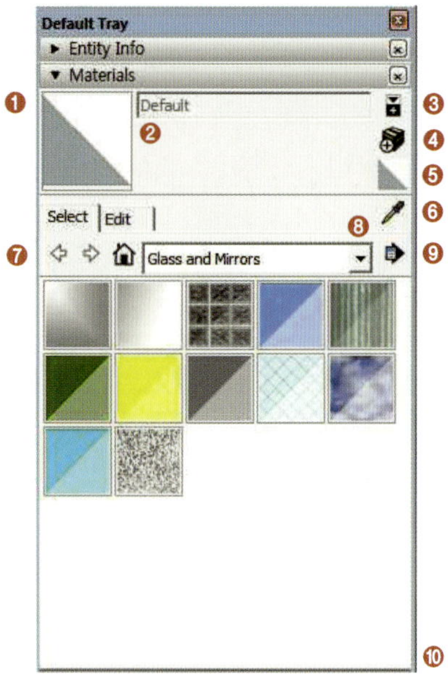

❶ 선택된 Color 또는 Material을 보여줍니다.

❷ 선택된 Color 또는 Material의 이름을 보여줍니다.

❸ **Display the secondary selection pane:** Material 창 Select 메뉴를 아래에 추가로 하나 더 보여줍니다. 탑재된 Material은 서로 같습니다.

❹ **Create Material:** 기본 탑재된 Material 이외에 사용자 지정 Material을 생성할 때에 쓰입니다. Create Material을 클릭하면 오른쪽 그림과 같은 다이얼로그가 나타나며 Texture의 폴더 버튼을 클릭하면 Browser가 나타나 원하는 이미지를 찾아 선택할 수 있습니다.

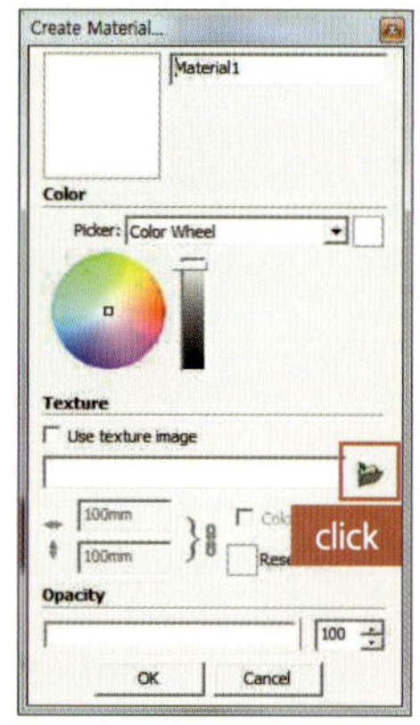

❺ **Set Material to Paint with to Default:** 기본 Material 선택 창에 Default 상태(Color와 Material이 선택되지 않은 상태)로 전환해 줍니다.

❻ **Sample Paint:** 이미 지정된 Color 또는 Material을 축출하여 사용합니다.

❼ **Back**(뒤로가기): Color 또는 Material 선택 전단계로 갑니다.
Forward(되돌리기): Color 또는 Material 선택 앞 단계로 되돌아갑니다.

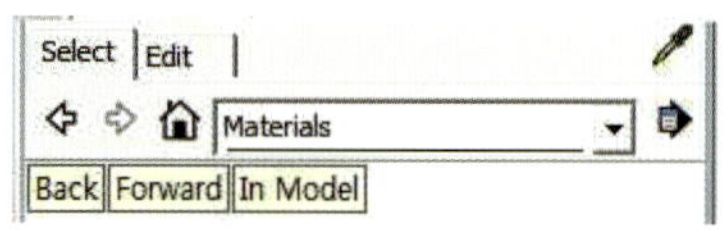

In Model: 사용자가 사용하였던 Color 또는 Material을 볼 수 있습니다.

❽ Color 또는 Material의 카테고리를 17가지 열거해줍니다.

❾ **Detail:** 선택 Material의 관리와 Material 아이콘 보기방식 등 Material 창의 세부적인 관리내용을 열거합니다.

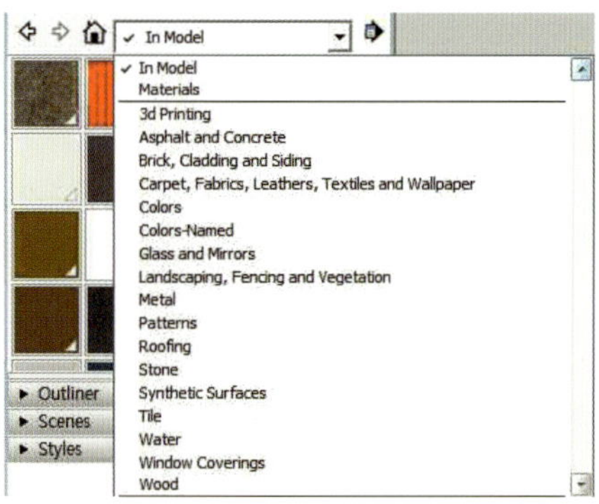

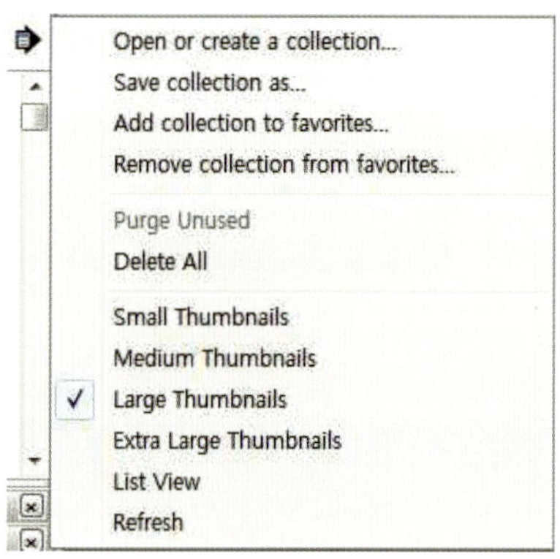

❿ Material 아이콘들을 사용자에게 보여줍니다.

Material / Edit

Material의 Edit는 Object에 적용된 Color 또는 Material을 편집하는데 쓰입니다. Color의 보정이나 Texture의 선택, 크기조절, 투명도 등을 결정합니다.

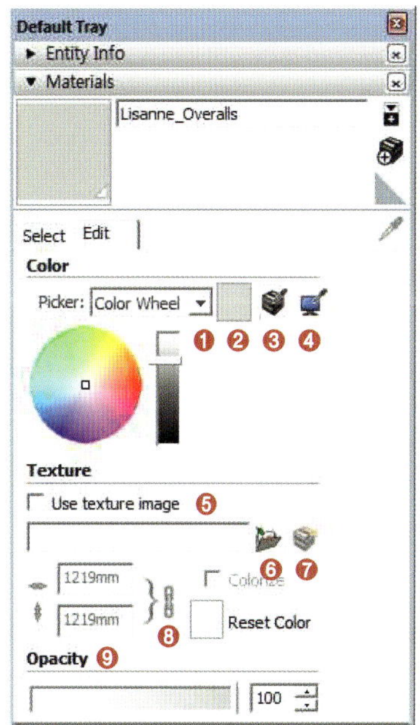

❶ Color Wheel: HLS, HSB, RGB 등 3가지의 색상 조절 세트를 이루며 이중 적절한 Color Wheel을 선택하여 색상을 조절합니다.
TIP: HLS (Hue, Light, Saturation), HSB (Hue, Saturation, Blightness), RGB (Red, Green, Blue)

❷ Undo Color Changes: Color Wheel을 통해 결정된 Color를 다시 전단계로 돌아갑니다.

❸ Match Color of object in model: Object에 적용된 Color를 축출합니다.

❹ Match Color on screen: 화면의 Color를 축출합니다.

❺ Use texture image: 기본 탑재된 Material 이외에 사용자 지정 Material을 생성할 때에 쓰입니다. 체크박스를 체크하면 원하는 이미지를 찾아 선택하는 Browser가 나타나 원하는 이미지를 찾아 선택할 수 있습니다.

❻ Browser for Material Image File: 이 버튼을 클릭하면 위의 Use texture image가 함께 활성화가 되며 이미지를 찾아 선택하는 Browser가 나타나 원하는 이미지를 찾아 선택할 수 있습니다.

❼ Edit texture image in image editor: 외부 이미지 보기에서 Texture를 편집할 수 있습니다.

❽ Texture의 크기를 가로와 세로의 길이를 통하여 결정할 수 있습니다. 오른쪽 클립모양을 클릭하여 가로와 세로를 분리하면 이미지 크기조절의 비례가 달라지므로 주의해야 합니다.

❾ Opacity: 선택 Material의 투명도를 결정합니다. 다만 Material 뿐만 아니라 선택된 Object도 함께 투명하집니다. 따라서 유리나 물을 표현하여 투명도를 지정하는 데에 많이 쓰입니다.

1.7 Camera 도구

* Orbit: 단축키 O, 마우스 휠 누르기

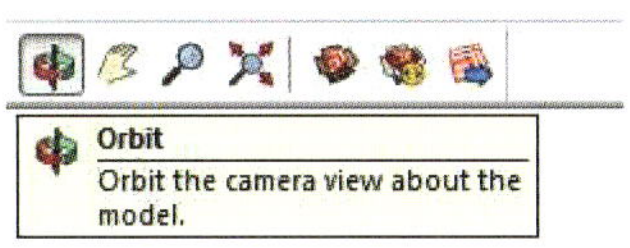

사용자가 원하는 다양한 방향에서 Object를 볼 수 있도록 도와줍니다.

Orbit 사용하여 화면 회전하기

1) Orbit 도구를 선택하여 마우스를 움직입니다. 보통은 마우스 휠 버튼을 누른 채 사용하는 것이 더욱 편리합니다.

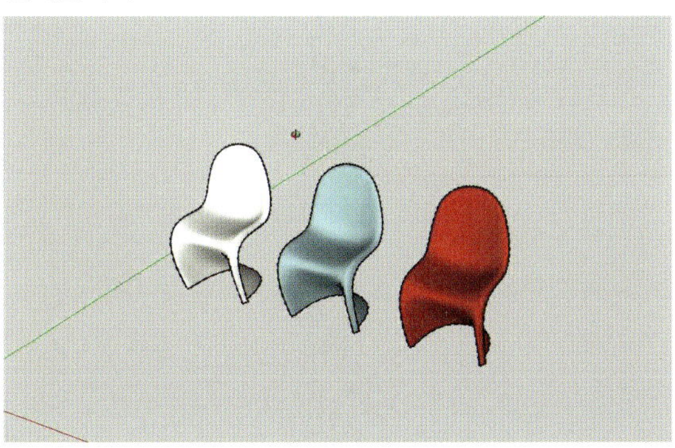

2) 회전하여 후면을 보고 있는 모습입니다.

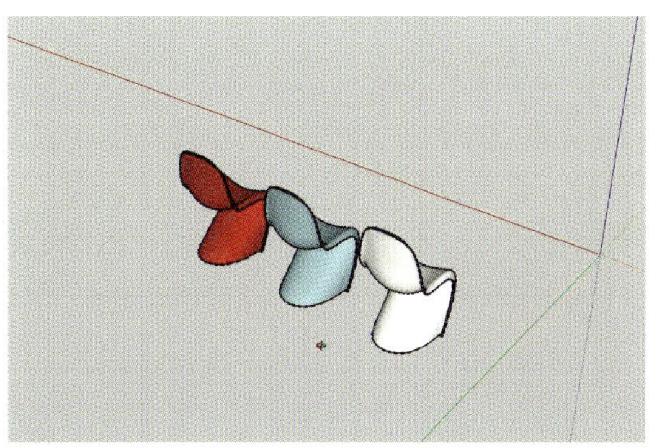

* Pan: 단축키 H, Shift + 마우스 휠 누르기

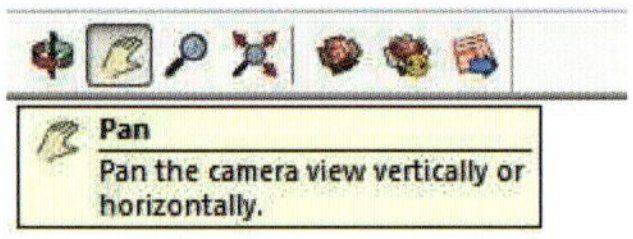

Pan은 동일한 방향에서 다른 부분을 확인하기 위하여 도면을 밀어내는 도구입니다.

Pan 사용하여 화면 밀기

1) Pan 도구를 선택하여 마우스를 움직입니다. 보통은 Shift + 마우스 휠 버튼을 누른 채 사용하는 것이 더욱 편리합니다.

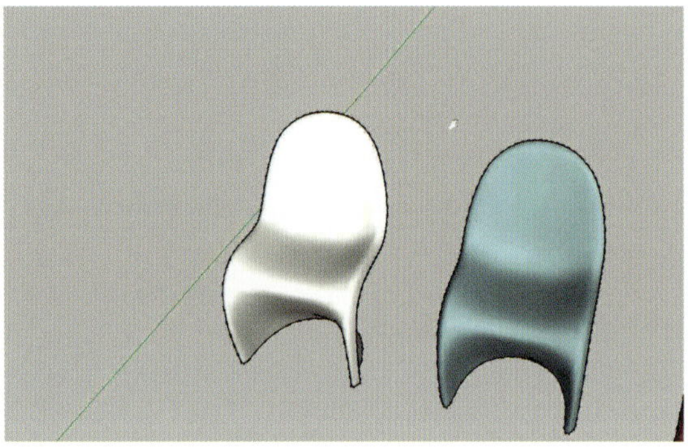

2) 백색의자에서 빨강의자로 화면이 옮겨져 전환되었음을 볼 수 있습니다.

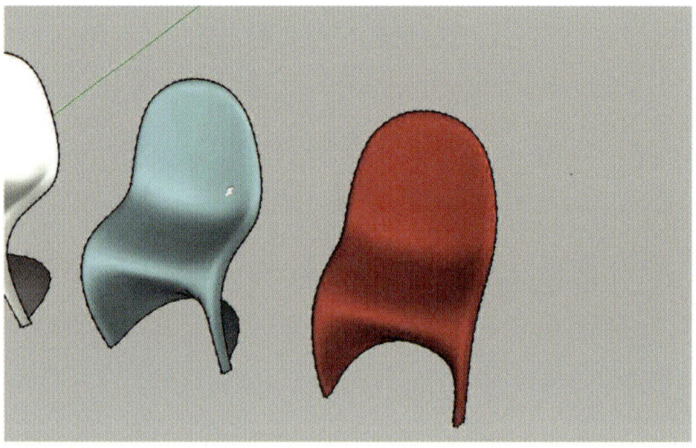

* Zoom: 단축키 Z

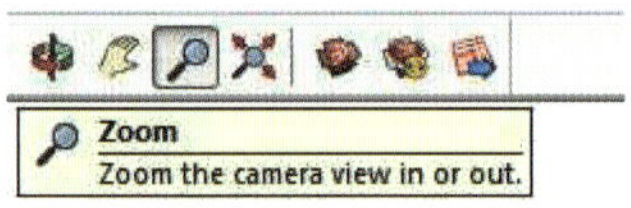

Zoom 도구는 일정부분을 화면에서 확대하여 보기위한 도구입니다.

Zoom 사용하기

1) Zoom 도구를 선택하여 마우스를 위 아래로 움직입니다. 보통은 마우스 휠 버튼을 위 아래로 사용하는 것이 더욱 편리합니다.

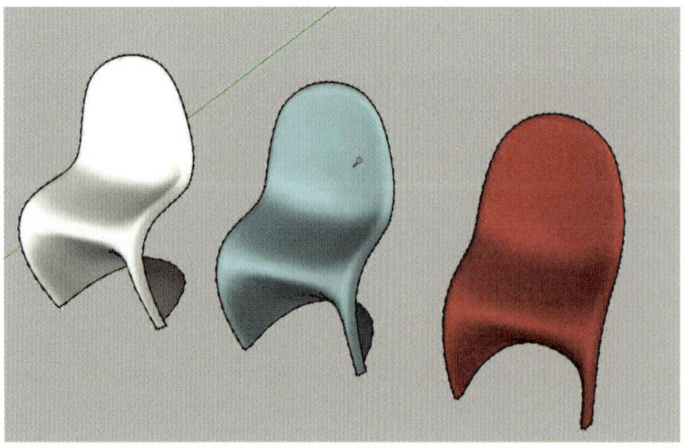

2) 중앙의 의자가 화면에서 확대되어진 것을 볼 수 있습니다.

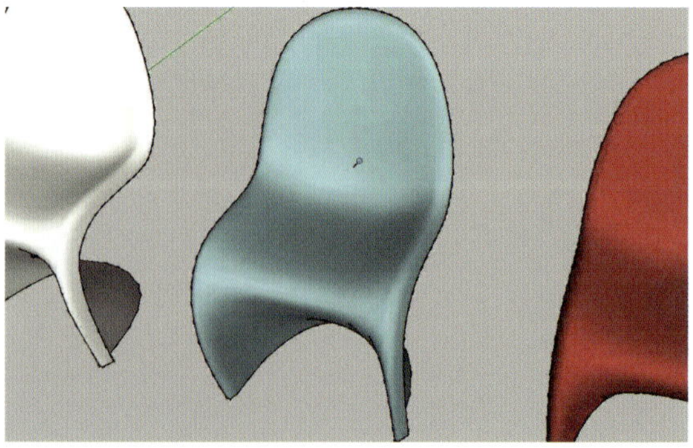

* Zoom Extents: Shift + Z, Ctrl + Shift + E

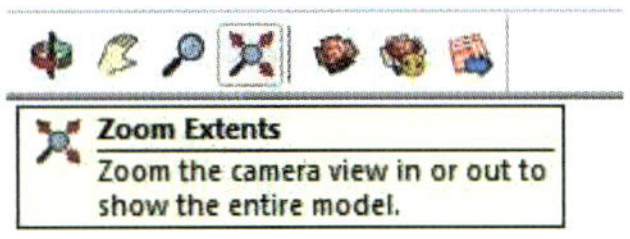

Zoom Extents은 모델링 된 모든 Object들을 한 작업 화면에 모두 나나내주는 도구입니다.

Zoom Extents 사용하기

1) Zoom Extents 도구를 클릭합니다. 보통은 Shift + Z를 사용하는 것이 더욱 편리합니다.

2) 세 의자가 한 화면에서 나타나는 것을 볼 수 있습니다.

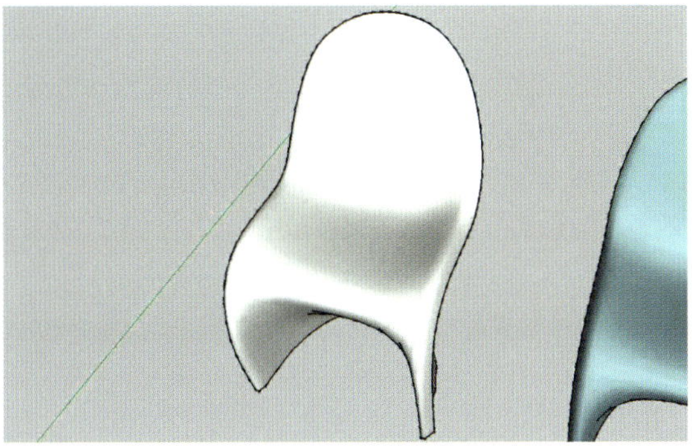

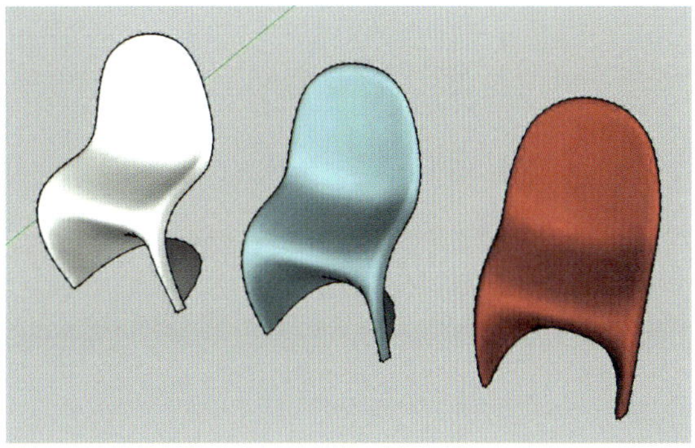

1.8 Warehouse 도구

* 3D Warehouse

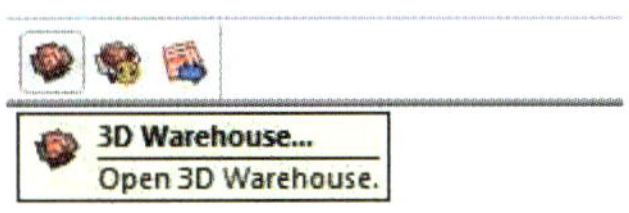

전 세계의 SketchUp User들이 인터넷이 연결되어 있는 곳이라면 어디든 인터넷 공유 공간(https://3dwarehouse.SketchUp.com)을 통해 서로 작업한 모델링 들을 공유하는 도구입니다.

* Extension Warehouse

3D Warehouse와 마찬가지로 SketchUp User들이 인터넷 공유 공간(http://extensions.SketchUp.com)을 통해 다양한 Plug_in들을 추가할 수 있는 도구입니다.

* Layout

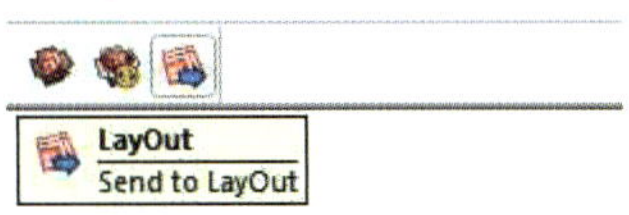

Layout은 SketchUp Pro 내에서 독립된 어플리케이션으로, 흔히 3D 모델링 작업 후 프레젠테이션을 위한 2D 작업은 AutoCAD를 활용하여 작업하지만, 별도의 작업 없이 프레젠테이션용 2D 도면을 작성해주는 도구입니다.

PART 02

SketchUp Modeling

Chapter 02

SketchUp 모델링 실습하기

가구 모델링 _ 거실장 _ STEP 01
가구 모델링 _ 수납장 _ STEP 02
철근 배근 모델링 _ STEP 03
단독 주택 모델링 _ STEP 04

Chapter 02 SketchUp 모델링 실습하기

SketchUp의 기본적인 개념과 환경을 이해하였다면, 이제부터는 본격적인 모델링 작업에 들어갑니다.

이번 모델링 실습에서는 간단한 가구 두 가지와 단독주택을 모델링해 보도록 하겠습니다. 우리는 가구 모델링을 통해서 SketchUp의 각 기능들을 응용학습하고, 단독주택 모델링을 통하여 건축 모델링의 방법을 구체적으로 학습할 것입니다. 또한 앞서 설명하지 못하였던 고급 명령어와 스킬들을 이 주택 모델링 과정 속에서 함께 학습해 보고자 합니다.

STEP 01 가구 모델링 (거실장)

아래 도면은 우리가 이번 장에서 실습할 가구모델링 중 첫 번째인 거실장 가구 도면입니다. 아래의 도면을 참고하여 모델링해 보도록 하겠습니다.

file: 02-furniture modeling sample/ 01-furniture modeling.dwg

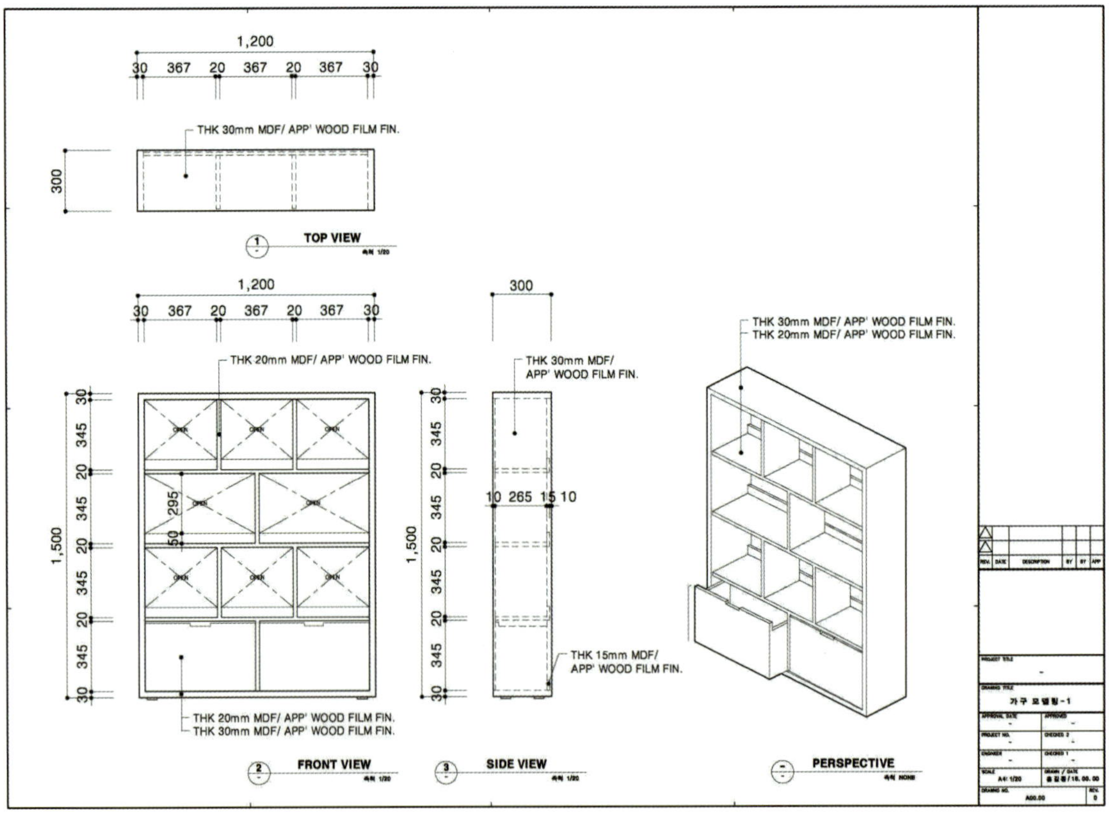

> ***TIP:*** *현장 실무에서 가구제작을 위한 도면은 위와 같이 작성하여 공장 또는 현장에 납품합니다. 건축에서 납품하는 모든 도면은 현장에서 필요한 방대한 양의 정보를 가장 간결하고 정확하게 작성해야합니다.*

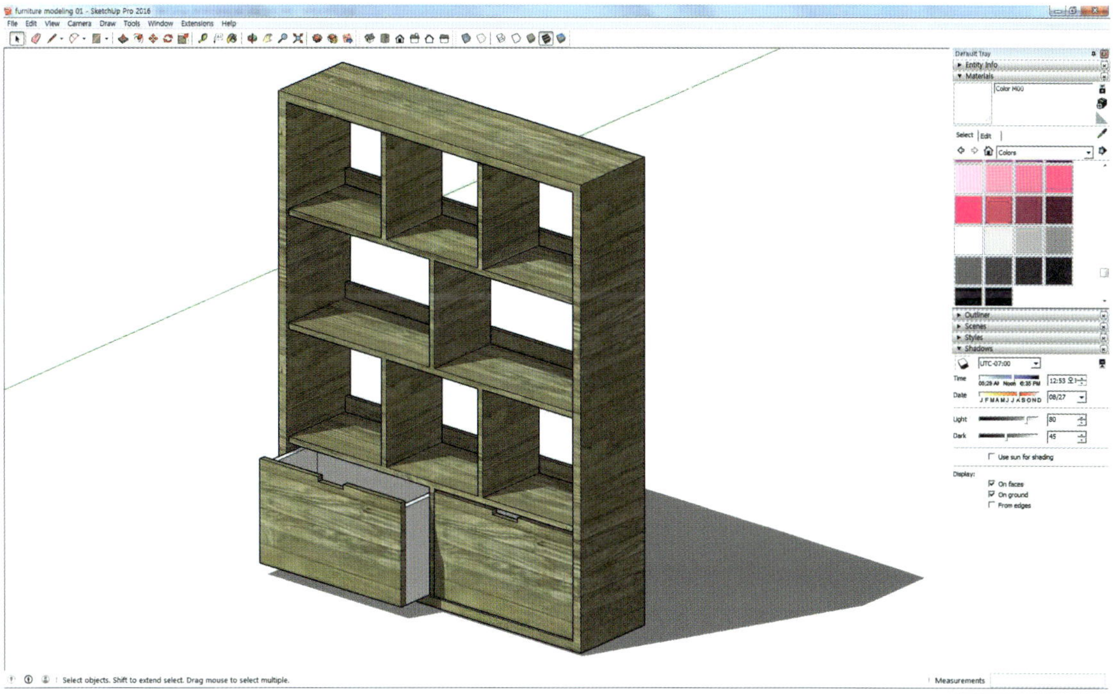

SketchUp 2016을 이용하여 완성한 거실장의 모습입니다. 아파트 거실에 배치되는 가구로서, 책과 각종 수납품을 보관할 수 있는 가구입니다.

1. 기본 화면 구성

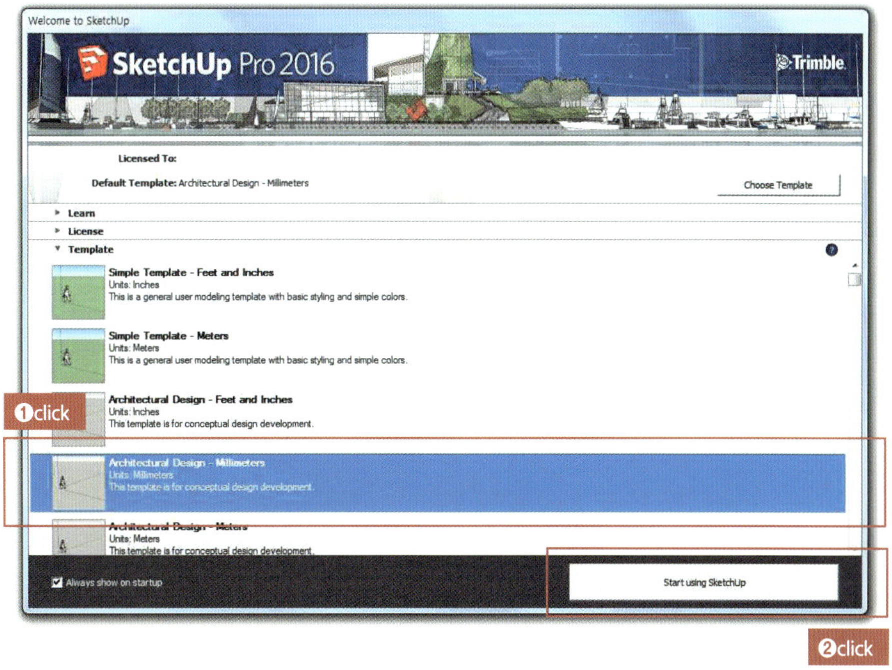

지금부터 모델링을 해 보도록 하겠습니다. SketchUp 2016을 시작하여 앞서 학습한 바와 같이 Template의 'Architectural Design - Millimeters'를 선택, 본격적으로 모델링하기 위한 환경을 설정합니다.

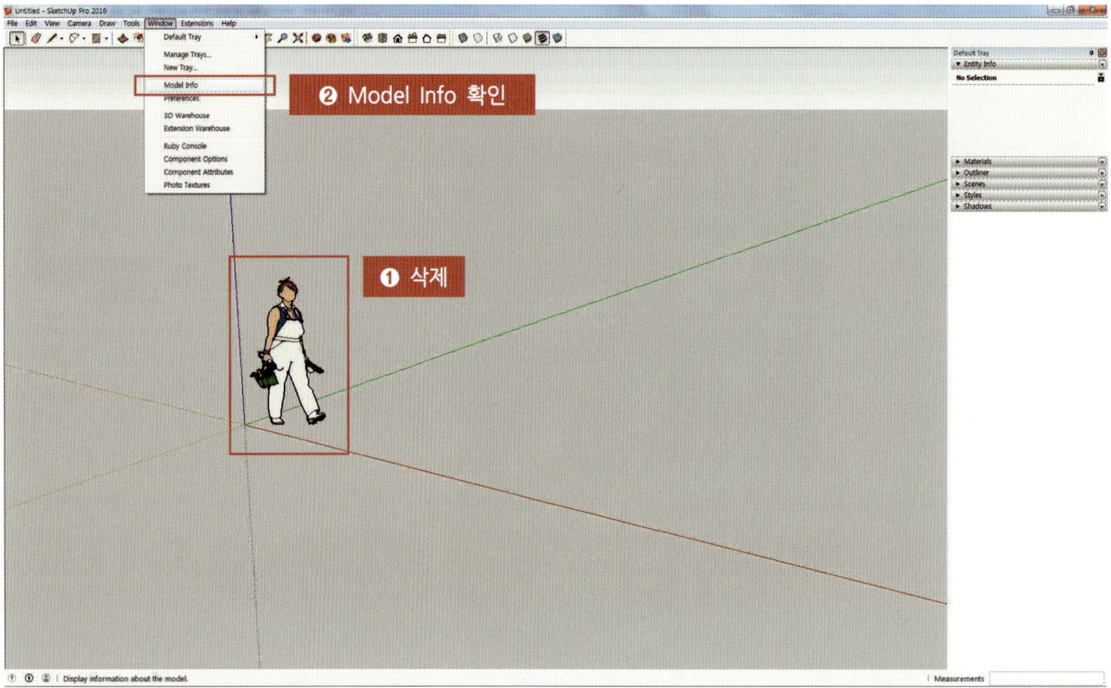

그러면 SketchUp의 첫 시작화면이 나타납니다. SketchUp의 아이콘은 화면 상단에 위치한 getting started와 화면 좌측에 위치한 large tool set로 구성되어 있습니다. 화면 중앙에 있는 사람 모델링은 삭제합니다.

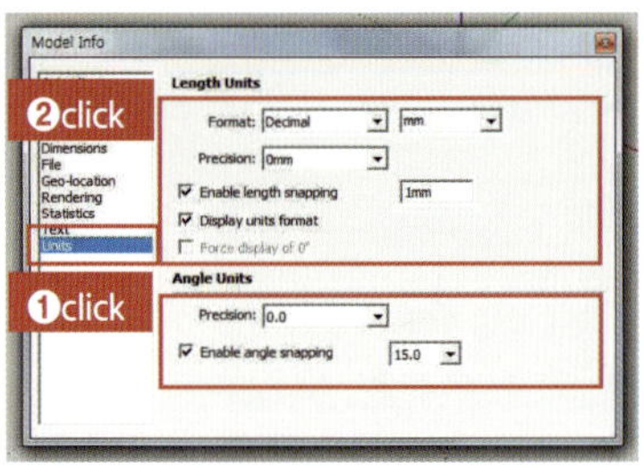

그리고 풀다운 메뉴에서 Window > Model Info를 클릭하여 좌측 목록에서 Units 항목을 선택하고 Length Units와 Angle Units를 다음과 같이 설정한 후 Template로 저장하기 위해 창을 닫습니다.

모델링 작업을 실습하기 전, 원활한 작업을 위한 화면 전환이 필요합니다. 풀다운 메뉴에서 Camera를 클릭하면 Perspective에 체크문양이 나타나 있는 것을 볼 수 있습니다. 화면을 투시도법으로 보고 있는 상황입니다. 이것을 바로 위의 Parallel Projection으로 바꿔줍니다. 화면을 평행투영법으로 볼 수 있는 메뉴입니다.

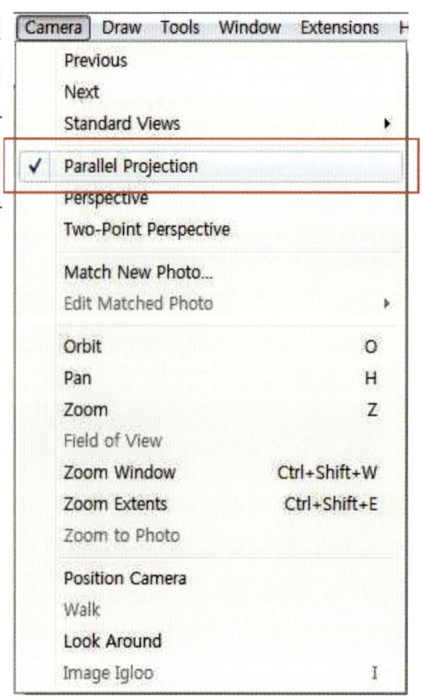

TIP: 모델링 작업 화면을 Parallel Projection(평행투영법)으로 바꿔주는 이유는 3차원을 단순화하여 모델링하는 과정에서 작업자가 착오를 경험하거나, 클릭할 위치를 잘못 결정하는 것을 줄여주기 위함입니다. 아래의 그림은 (100,300,100)의 직육면체를 모델링하여 각 두 가지의 보기화면을 보여주고 있는 모습입니다.

Perspective

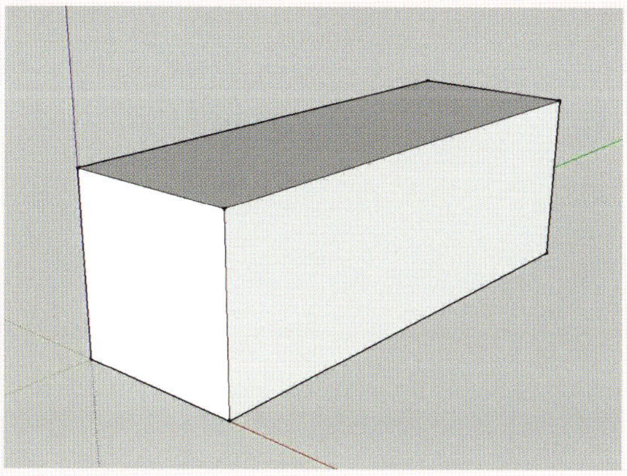

원근법에 의한 화면으로 가까운 곳이 먼 곳보다 크게 보이는 방식입니다. X축의 길이가 같은 길이임에도 불구하고 거리에 의해 길이가 달라 보입니다.

Parallel Projection

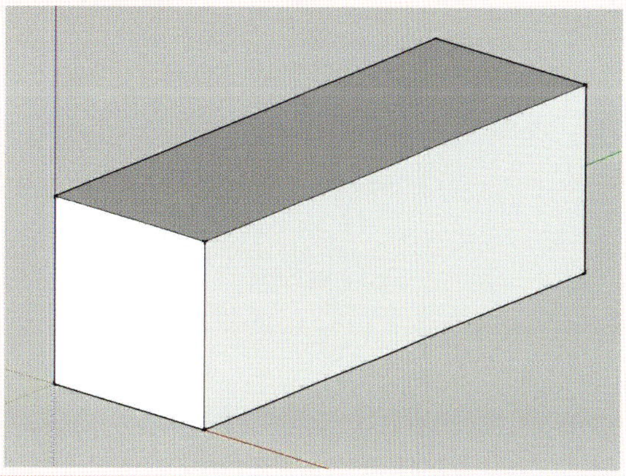

길이가 같은 위치는 거리에 관계없이 같게 보입니다. 이러한 화면 구성은 모델링과정에 있어 착오와 오류의 가능성을 줄여줍니다.

2. 도면 불러오기

모델링 작업을 할 때에는 도면 없이 직관적으로 작업할 수도 있으나, 도면을 활용하면 보다 수월한 모델링 작업을 할 수 있습니다. 또한 SketchUp 2016은 건축에서 활용하고 있는 다양한 프로그램과의 연동이 가능합니다. 따라서 AutoCAD로 작성된 *.dwg file을 SketchUp으로 불러내어 정확하고 신속한 모델링 작업을 해 보도록 하겠습니다.

우선 풀다운 메뉴에서 File > Import를 클릭합니다.

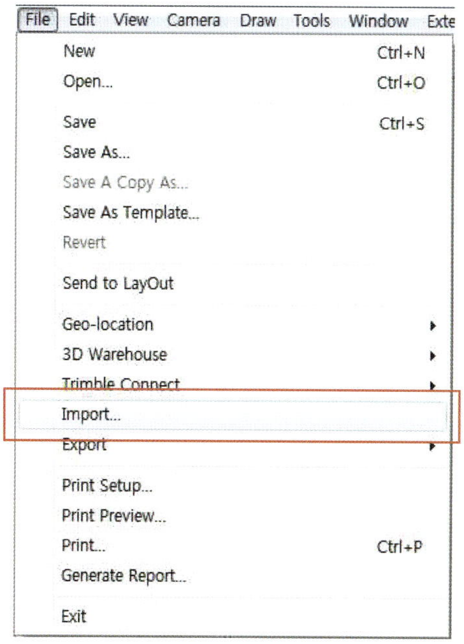

SketchUp Files (*.skp)
AutoCAD Files (*.dwg, *.dxf)
3DS Files (*.3ds)
COLLADA Files (*.dae)
DEM (*.dem, *.ddf)
IFC Files (*.ifc, *.ifcZIP)
Google Earth Files (*.kmz)
All Supported Image Types
JPEG Image (*.jpg)
Portable Network Graphics (*.png)
Photoshop (*.psd)
Tagged Image File (*.tif)
Targa File (*.tga)
Windows Bitmap (*.bmp)

TIP: SketchUp은 다양한 건축 프로그램들과 연동이 가능하여 다양한 형식의 파일들을 불러올 수 있습니다. 왼쪽 그림은 Import 창에서 File Extension List(확장자 리스트)를 클릭하였을 때에 나타나는 SketchUp과 연동 가능한 확장자 리스트입니다. 건축 분야에서 자주 활용되는 확장자는 이미지 파일(jpg, png, tif, tga, bmp)과 AutoCAD 파일(dwg, dxf), 3차원 파일(3ds) 등이 있습니다. 이미지 파일은 매핑작업 때에 많이 사용됩니다.

***TIP:** Import 창을 통하여 연동되는 다른 확장자의 파일들을 불러들여올 수 있습니다.*

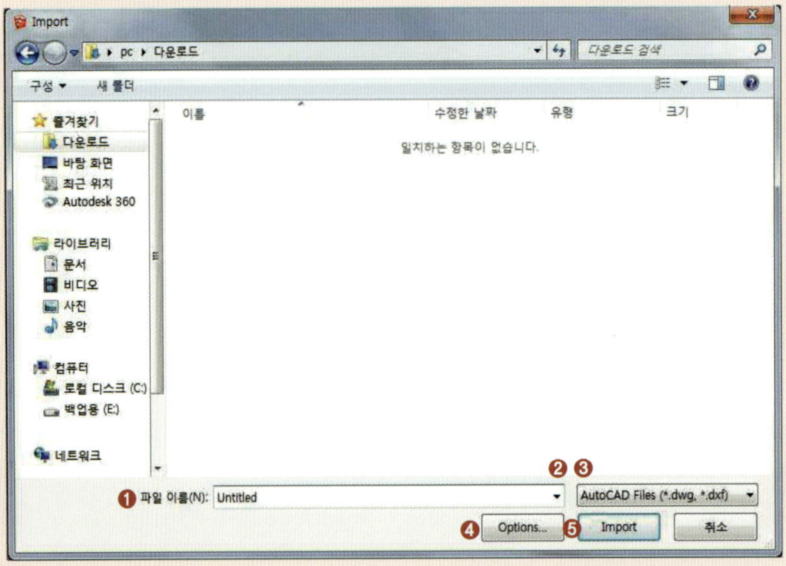

***❶ File Name(N):** 불어오기를 실행하기 위한 파일을 지정합니다.*
***❷ File List:** 아래 방향의 화살표를 클릭하면 최근 불러오기 파일들을 열람할 수 있습니다.*
***❸ File Extension List:** 불러오기를 실행하기에 앞서 확장자를 선택하여 원하는 파일을 쉽게 찾아냅니다.*

***❹ Options:** Options를 클릭하면 오른쪽 그림과 같은 창이 나타납니다. 건축도면은 모두 mm단위로 작성되어 있으므로 Units은 Milimeters로 설정하여 OK 를 클릭합니다.*

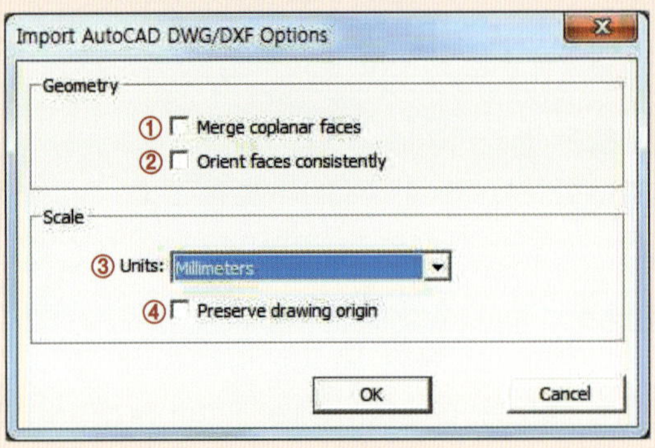

***① Merge coplanar faces:** 도면상의 불필요한 선들이 제거되어 파일이 불려집니다.*
***② Orient faces consistently:** AutoCAD에서 작업된 방향을 일정한 방향으로 일치시킵니다.*
***③ Units:** 불러오는 파일의 단위를 설정합니다.*
***④ Preserve drawing origin:** 불러오는 AutoCAD 파일을 SketchUp의 원점에 맞춰줍니다.*

***❺ Import:** 파일은 선택하고 Options 사항을 체크했다면 Import 버튼을 클릭하여 파일을 불러옵니다.*

Import 창에서 AutoCAD File *'01-furniture modeling.dwg*'을 찾아 Import 버튼을 클릭합니다. 그러면 오른쪽 그림과 같이 AutoCAD 파일이 갖고 있는 정보를 보여주는 Import Result (불러오기 결과)가 나타납니다. Close 버튼을 눌러 도면을 불러들입니다.

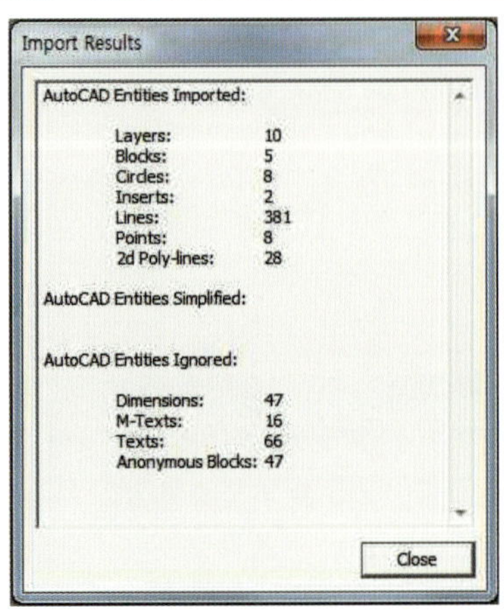

아래 그림은 도면이 불려 들여진 모습입니다. AutoCAD 도면과 다른 점은 치수와 텍스트가 삭제된 상태에서 도면이 들어오게 됩니다. 치수는 직접 측정해 볼 수는 있으나, 텍스트를 통한 정보는 AutoCAD 도면을 참고하면서 작업해야만 합니다. 도면이 불려 졌다면 우선 이 파일을 원하는 위치에 '거실장.skp'이라고 다른 이름으로 저장합니다.

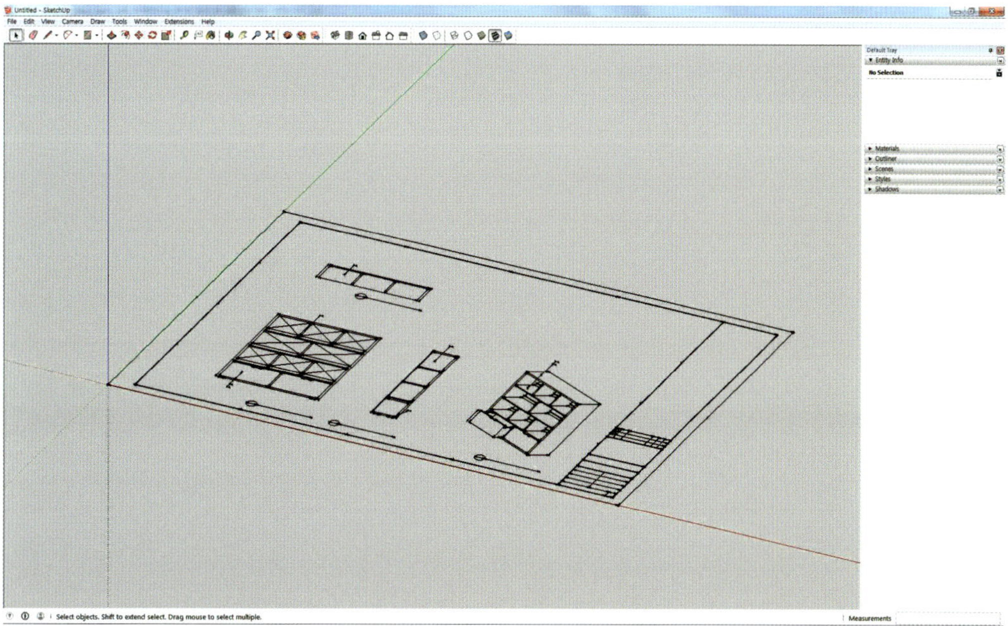

TIP: 작업 과정 중 항상 파일은 저장하는 습관을 가지도록 합니다. 물론 SketchUp은 자동 저장(Autosave)기능을 갖고 있습니다.(풀다운 메뉴 Window > Preference > General) 앞서 매뉴얼 파트에서 설명한 바와 같이 자동 저장 시간은 5분으로, 고용량 작업 시 저장 시간에 따른 불편을 줄 수 있으므로 시간을 늘려 놓는 것이 좋습니다. 그렇다고 작업과정 가운데 저장을 해 두지 않으면 외부 요인에 의한 파일 손상이나 삭제의 가능성이 있으니, 처음 시작단계에서부터 다른 이름으로 저장해 두시기 바랍니다.

도면이 불려 졌다면 모두 Make Group(그룹화) 시켜야 합니다. 현재 나타난 도면은 무수히 많은 객체들의 조합으로 이루어져 있어 이 상태에서 모델링을 작도하면 사용자의 의도와 관계없이 면이 생성되거나 삭제되는 상황이 발생합니다. 따라서 도면을 하나로 그룹화 시켜 모델링에 영향이 없도록 해야만 합니다.

*** 도면의 Make Group (그룹화)**

1) 도면을 Make Group (그룹화) 시켜 보겠습니다. 먼저 Select 버튼(↖)을 누르고 도면을 전체 선택합니다.

TIP: Ctrl + A를 누르면 손쉽게 전체를 선택 할 수 있습니다.

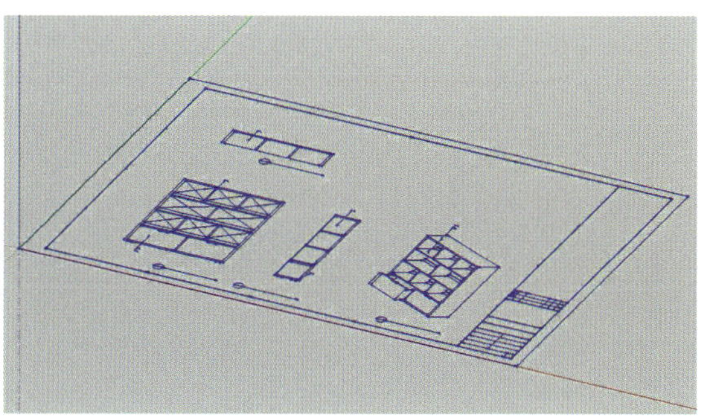

2) 마우스 오른쪽 버튼을 누른 후 나타나는 메뉴 중 Make Group을 선택합니다.

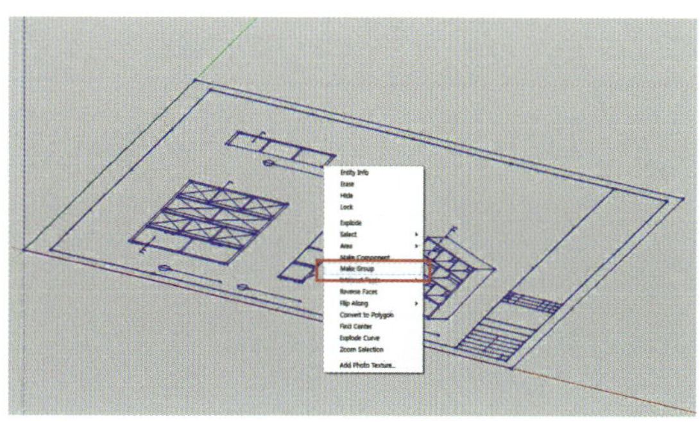

3) 도면이 하나로 그룹화 되었습니다. 오른쪽 Default Tray에서 Outliner를 활성화 시키면 'Group' 하나가 생성되어 있음을 알 수 있습니다. 이 'Group'은 앞서 불러온 AutoCAD 도면을 하나로 묶은 것입니다. 작업에 용이하도록 이름을 바꿔봅니다.

4) 마우스를 'Group' 위에 올려놓고 오른쪽 버튼을 눌러 Rename을 선택합니다.

TIP: 작업량이 많은 건축모델은 이에 비례하여 Group의 양도 많아집니다. 따라서 각 Group들을 구분하기 위한 Rename 작업은 필수적입니다.

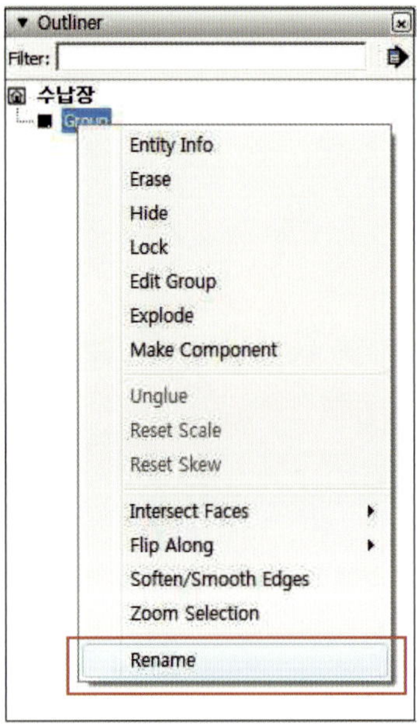

5) 이름을 'Drawing'이라고 바꿉니다. 그 결과 'Group'은 'Drawing'으로 바뀝니다.

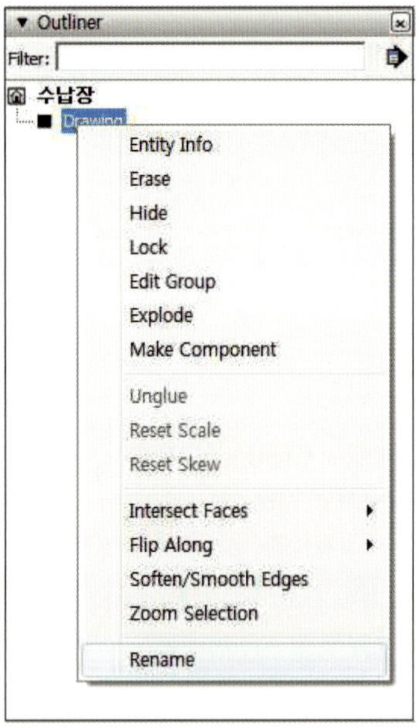

***TIP: Make Group** (그룹화)*

Group은 두 가지 활용가치를 갖고 있습니다. Object를 하나로 묶어 원활히 관리 활용하는 것, 그리고 AutoCAD의 Boolean 연산 기법과 같은 원리인 Solid Tool을 활용하는 것입니다. 이제 Group을 생성하고 해체하는 방법, 관리하는 방법, Solid Tool 활용 방법을 알아보도록 하겠습니다.

1) Group 생성과 이름 바꾸기, 편집하기, 해체하기

Select 도구( )를 이용하여 손쉽게 Group을 생성, 관리할 수 있습니다.

❶ Group 생성하기

- Select 도구( )로 해당 Object를 선택하고 마우스 오른쪽 버튼을 눌러 Make Group을 클릭합니다.

- 해당 Object가 Group으로 묶인 것을 볼 수 있습니다. 오른쪽 Default Trey의 Outliner에서 Group이 생성된 것을 볼 수 있습니다. 이제 Group의 이름을 바꿔보도록 하겠습니다.

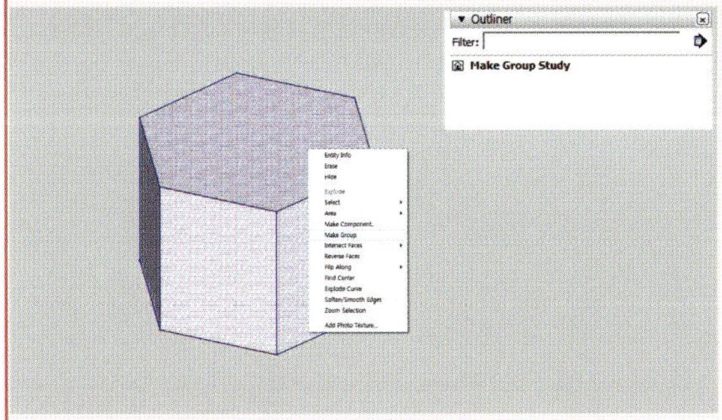

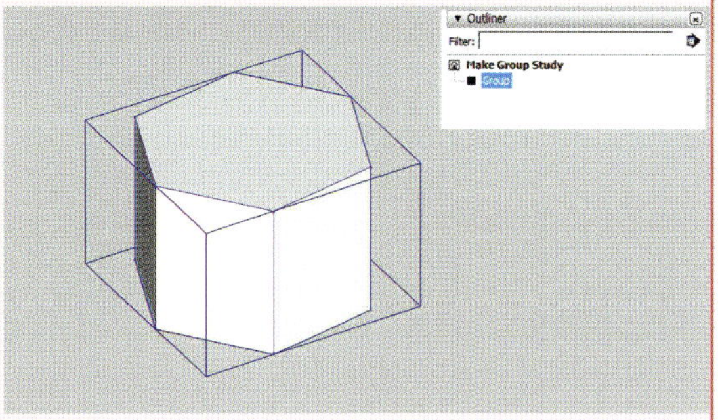

❷ Group 이름 바꾸기

- Outliner에서 Group 위에 마우스를 올려놓고 오른쪽 버튼을 눌러 Rename을 클릭합니다. 그리고 'Polygon' 이라고 입력한 후 Enter 키를 누릅니다.

- Outliner에서 Group 이름이 'Polygon' 으로 바뀐 것을 확인할 수 있습니다.

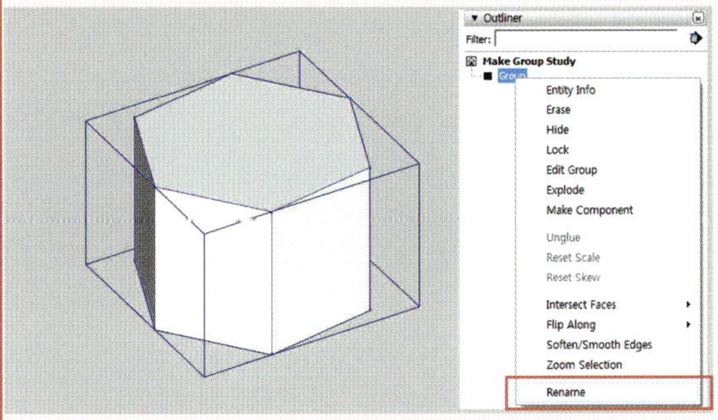

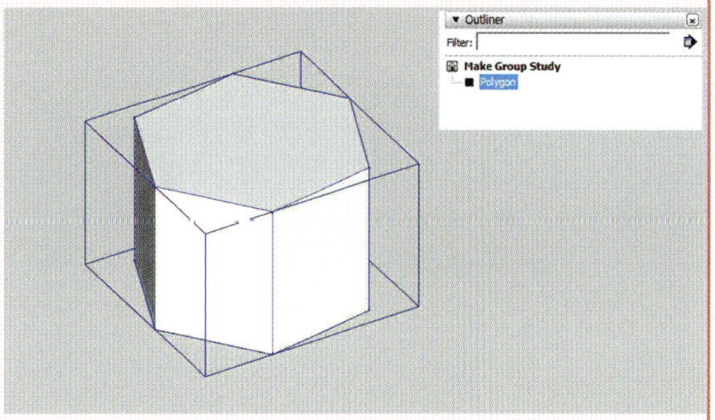

❸ Group 편집하기

- Group을 편집하는 방법은 세 가지가 있습니다. ① Object를 클릭한 후 마우스 오른쪽 버튼을 눌러 Edit Group을 선택하는 방법과 ② Default Trey의 Outliner에서 Group 위에 마우스를 놓고 오른쪽 버튼을 눌러 Edit Group을 선택하는 방법, ③ Object를 더블클릭하는 방법입니다. 가장 손쉬운 방법은 더블클릭하는 방법입니다.

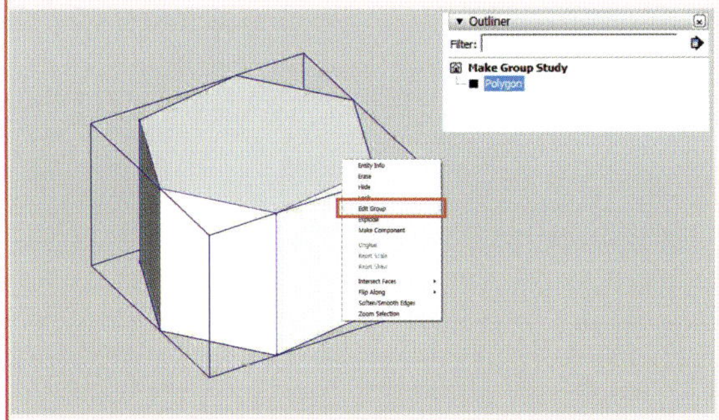

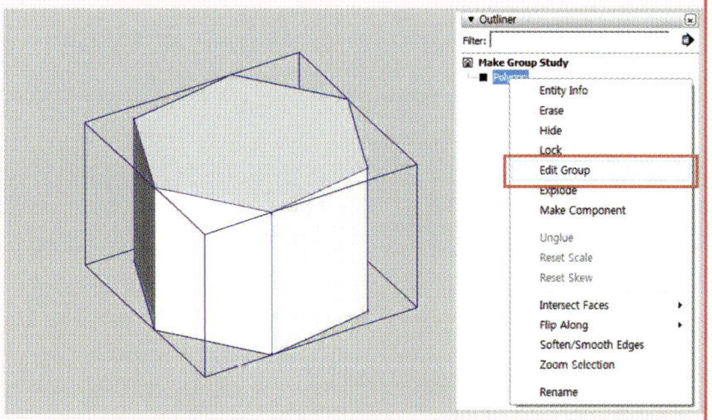

- 마우스를 Object 위에 올려놓고 더블클릭합니다. 해당 Object를 제외한 다른 Object들은 흐릿해지며 편집 되지 않습니다. (이를 설명하기 위하여 'Polygon 2'를 임의로 제작하였습니다.)

- Push/Pull( )을 이용해서 임의로 면을 움직입니다.

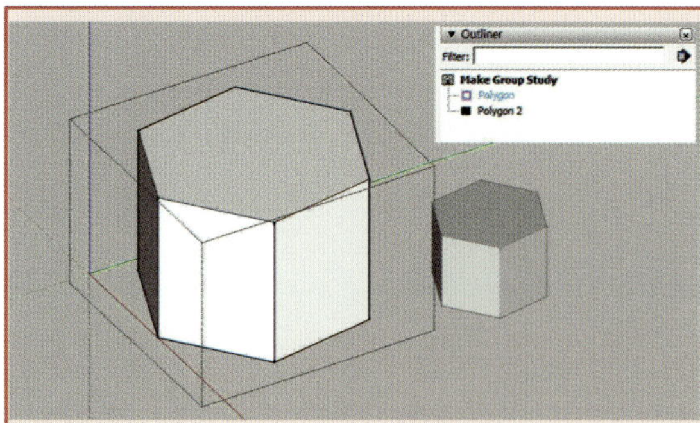

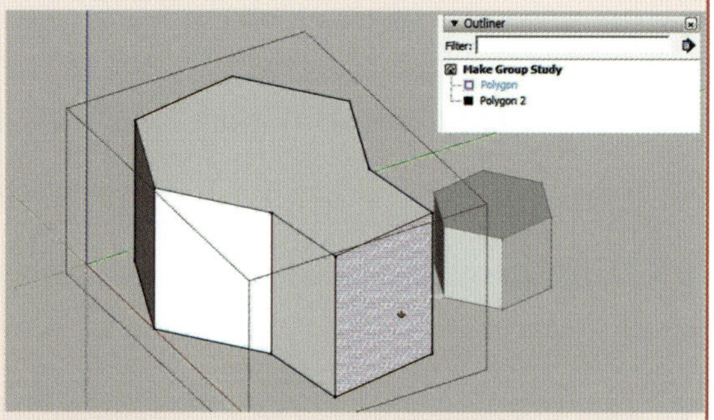

- 편집이 완료되었다면, Select 도구( )를 클릭한 후 Object의 외곽 임의의 점을 클릭하면 Edit Group에서 빠져나오게 됩니다.

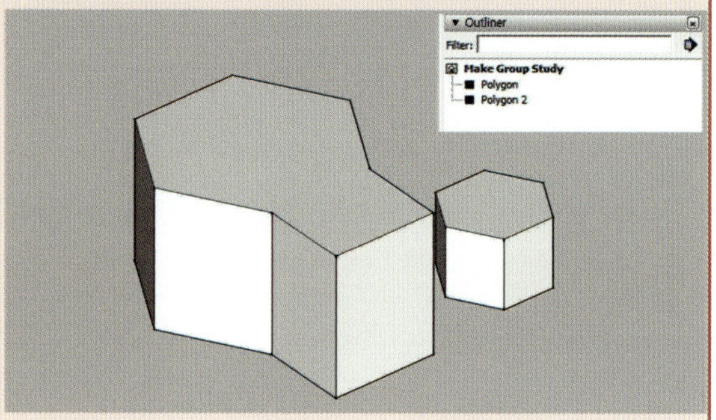

❹ Group 해체하기

- Group을 해체하는 방법은 위의 편집방법과 유사합니다. ① Object를 클릭한 후 마우스 오른쪽 버튼을 눌러 Explode를 선택하는 방법과 ② Default Trey의 Outliner에서 Group 위에 마우스를 놓고 오른쪽 버튼을 눌러 Explode를 선택하는 방법, 이렇게 두 가지 방법이 있습니다. 두 가지 방법 모두 자주 사용되는 방법입니다.

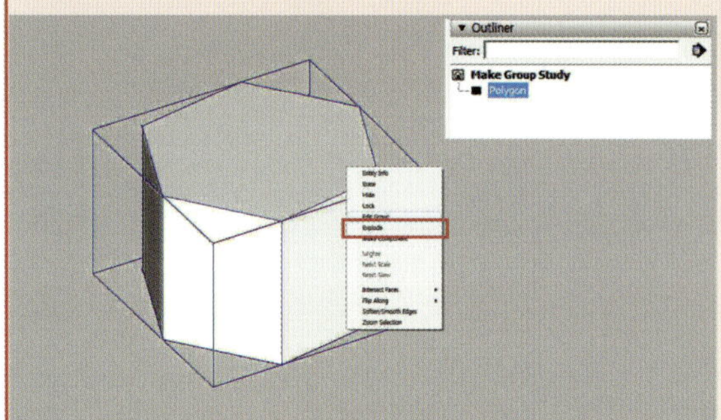

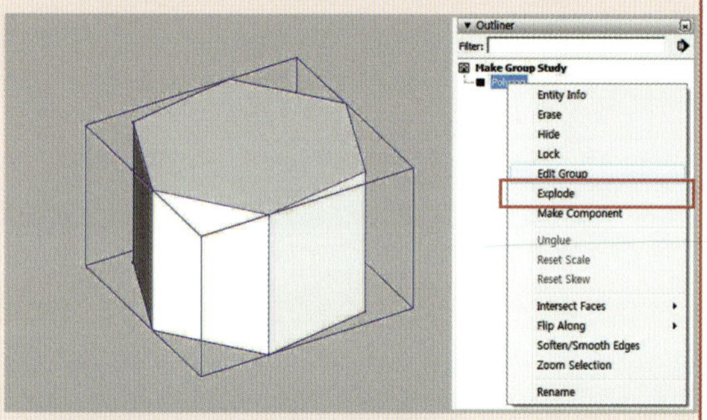

- Explode가 완료되면 오른쪽 그림과 같이 Object가 해체되며, Outliner에서 Group은 사라지게 됩니다.

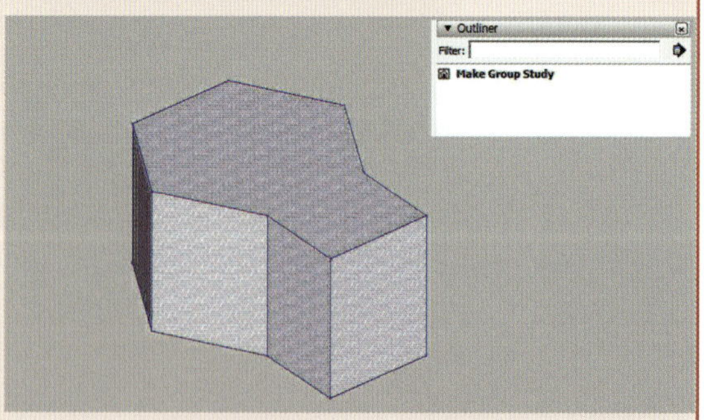

2) Outliner에서 Group 관리하기

건축에서 활용되고 있는 3차원 시뮬레이션 프로그램들은 보통 Layer를 활용하여 각 Object들을 관리합니다. SketchUp에도 이와 같은 Layer의 기능이 역시 있습니다. 그러나 SketchUp 사용자들은 Layer보다는 화면 오른쪽 Default Trey에 포함된 Outliner에서 Group을 관리합니다. Layer 보다 손쉽고 직관적인 부분이 작업 속도와 편의를 주기 때문입니다.

마우스를 Group 위에 두고 마우스 오른쪽 버튼을 누르면 왼쪽 그림과 같이 다양한 하부메뉴들이 나타납니다. 이 중 윗부분은 작업 중 가장 잘 쓰이는 메뉴입니다. 자세한 내용은 앞서 설명한 SketchUp 매뉴얼을 참고하시기 바랍니다.

❶ Entity Info
❷ Erase
❸ Hide
❹ Lock
❺ Edit Group
❻ Explode
❼ Make Component

❶ **Entity info:** 선택한 Group의 재질, 레이어 등의 속성을 나타내는 창이 나타납니다.
❷ **Eraser:** 선택한 Group을 지웁니다.
❸ **Hide:** 선택한 Group을 숨깁니다.
❹ **Lock:** 선택한 Group을 잠급니다.
❺ **Edit Group:** Group을 편집모드로 활성화 시켜 편집합니다.
❻ **Explode:** Group을 분해합니다.
❼ **Make Component:** Group을 Component로 만듭니다.

3) Solid Tool 활용하기

SketchUp 모델링에서 Solid Tool이 없다면 비정형 형태의 모델링에 매우 한계가 있을 것입니다. Solid Tool은 기본 도형을 제작하여 형태를 다듬어 가는 방식으로 네 가지 명령으로 구성되어 있습니다.

❶ Outer Shell

두 Object를 합쳐주는 기능입니다. 첫 번째 선택한 Object와 두 번째 선택한 Object를 합치며 객체가 교차되는 부분을 삭제합니다.

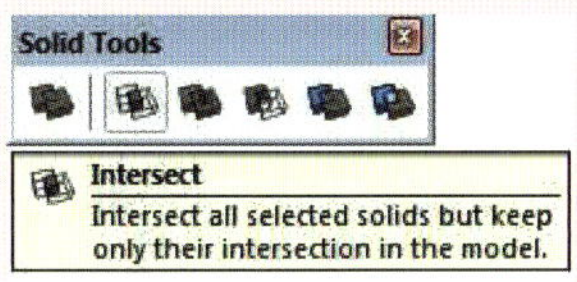

❷ Intersect

두 Object 사이에서 첫 번째 선택한 Object와 두 번째 선택한 Object를 합치며 객체가 교차되는 부분을 제외한 나머지를 삭제합니다.

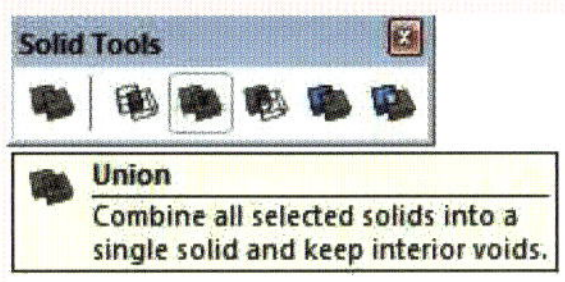

❸ Union

❶의 Outer Shell과 결과물이 다르지 않습니다. 다만 Union에서는 결과물에 Internal Geograph를 남겨 놓는 반면, Outer Shell에서는 이를 남겨두지 않아 보다 가벼운 모델링을 가능하게 만들어줍니다.

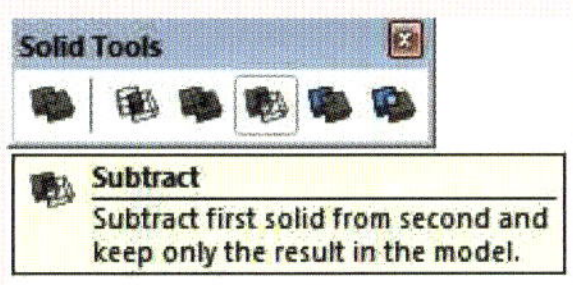

❹ Subtract

두 Object 사이에서 추출하는 기능입니다. 이 명령어는 순서가 중요합니다. 두 Object를 선택 할 때, 마지막에 선택한 Object가 남아있게 됩니다.

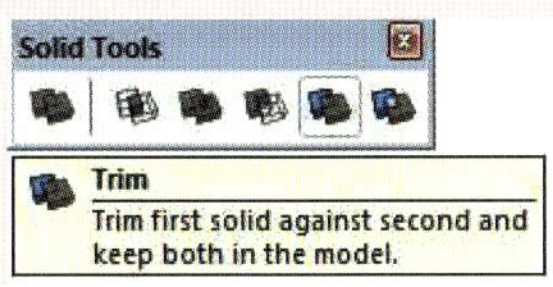

❺ Trim

첫 번째 선택한 Object는 그대로 남아있고, 두 번째 선택한 Object가 첫 번째 오브젝트와의 교차하는 지점이 trim됩니다.

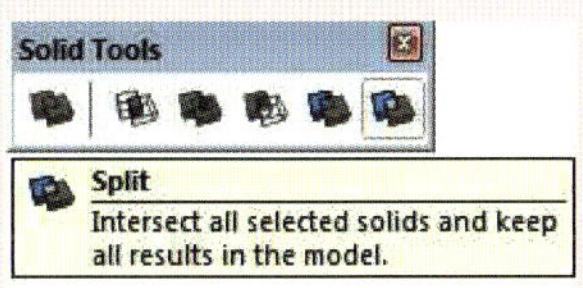

❻ Split

이 명령어는 두 개의 Object가 교차하하여 첫 번째 Object의 비교차 부분, 첫 번째와 두 번째 Object의 교차 부분, 두 번째 Object의 비교차 부분. 이렇게 세 개의 Object로 나뉘게 됩니다.

3. 모델링 하기

이제부터 본격적으로 모델링을 시작해 보도록 하겠습니다. 순서는 거실장의 외곽 프레임을 제작하고, 선반과 칸막이를 제작한 후 결합, 그 다음 서랍장을 제작하여 맞추어 넣습니다. 마지막으로 선반 받침과 매핑작업 등 나머지 부수적인 모델링을 수행하는 순으로 진행하도록 하겠습니다.

1) 거실장 프레임 제작

❶ 우선 Rectangle (단축키: R)을 사용하여 정면도의 한쪽 꼭짓점을 클릭한 후 나머지 다른 꼭짓점을 클릭합니다.

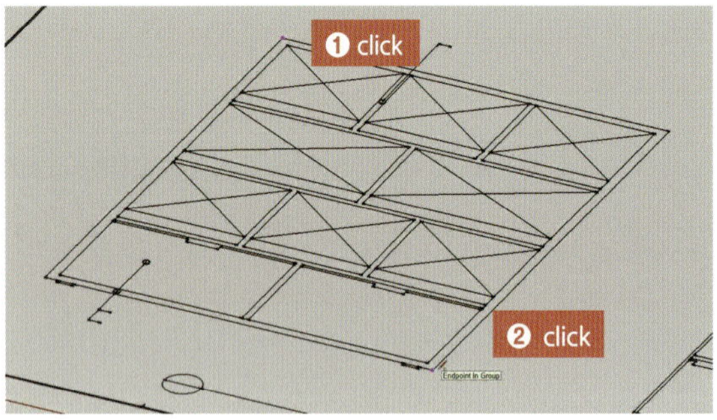

❷ 면이 있는 사각형이 만들어집니다.

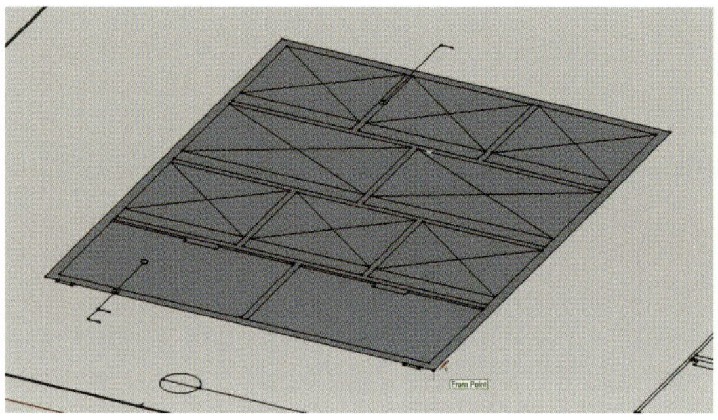

❸ 거실장의 프레임을 제외한 선반과 칸막이가 들어갈 자리를 삭제하기 위해 Rectangle을 사용하여 프레임 안쪽에 사각형을 그려 면을 분할해 줍니다.

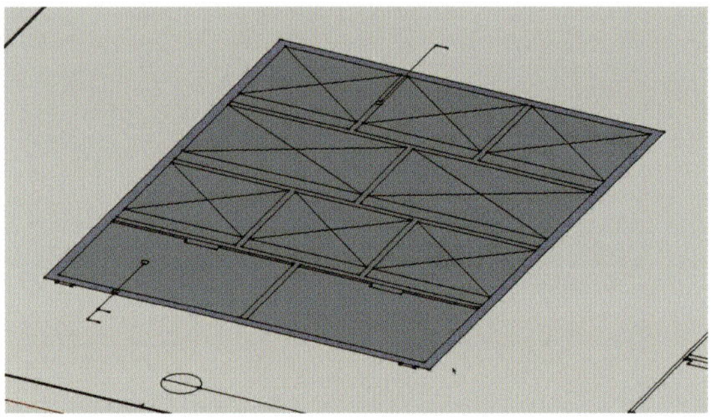

❹ 분할된 안쪽 면은 선택하여 삭제해 줍니다. 그 결과 거실장 프레임의 형태가 잡혔습니다.

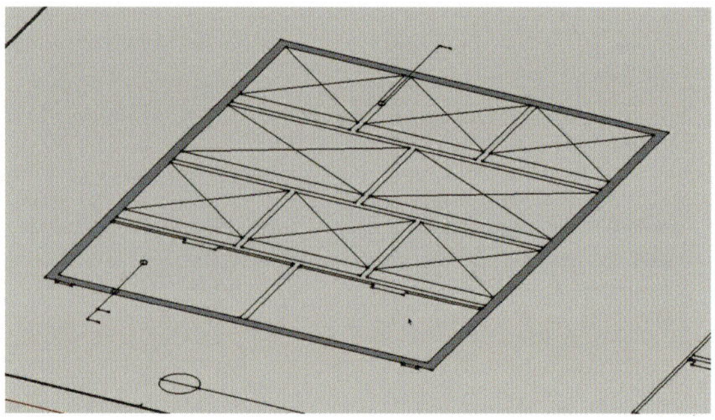

❺ 이번에는 거실장 프레임의 폭을 결정하겠습니다. AutoCAD 도면을 참고하면 거실장의 폭은 300mm입니다. Push/Pull()을 이용하여 VCB 창에 300 입력 후 Enter 키를 누릅니다.

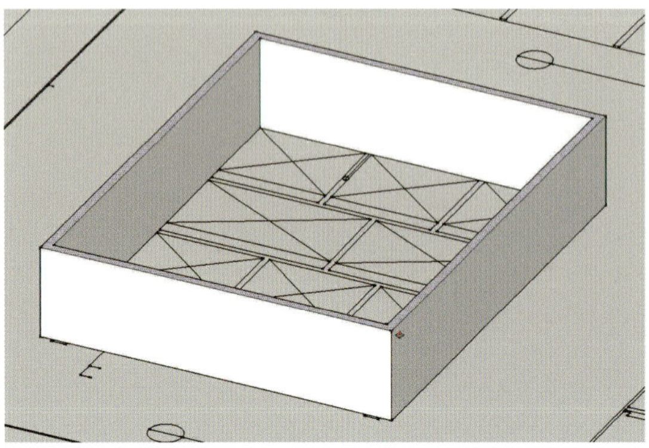

TIP: 도면 참고가 여의치 않다면 Tape Measure Tool (단축키: T)을 활용하여 직접 재어보는 것도 방법입니다.

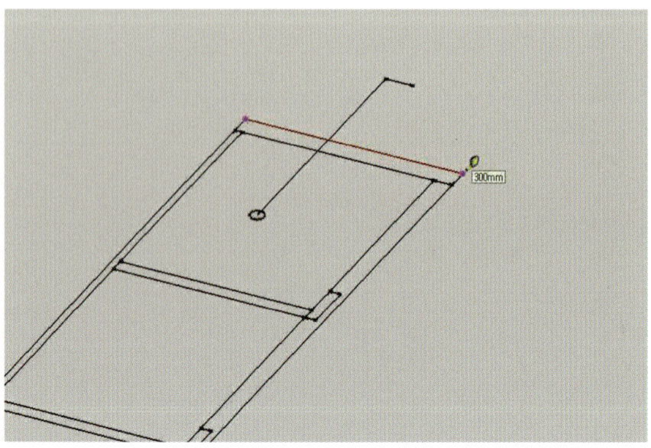

❻ 제작된 프레임은 일으켜 세우고, 정면도를 이용하여 선반과 칸막이를 만들기 위해 한쪽으로 이동시킵니다.

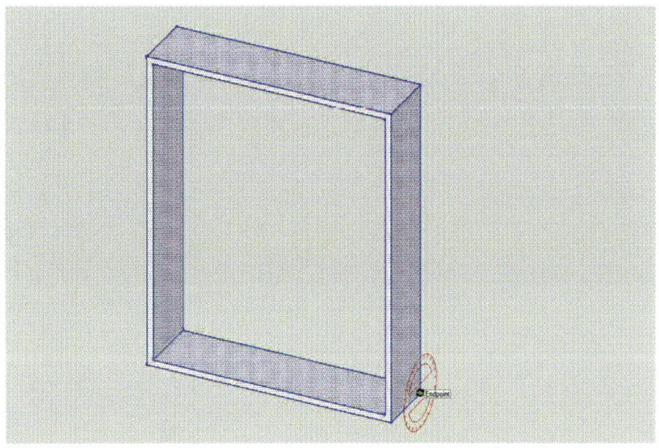

2) 선반 및 칸막이 제작

❶ 거실장의 선반과 칸막이를 제작해 보겠습니다. Rectangle을 사용하여 프레임 안쪽에 사각형을 그려 면을 만들어 줍니다.

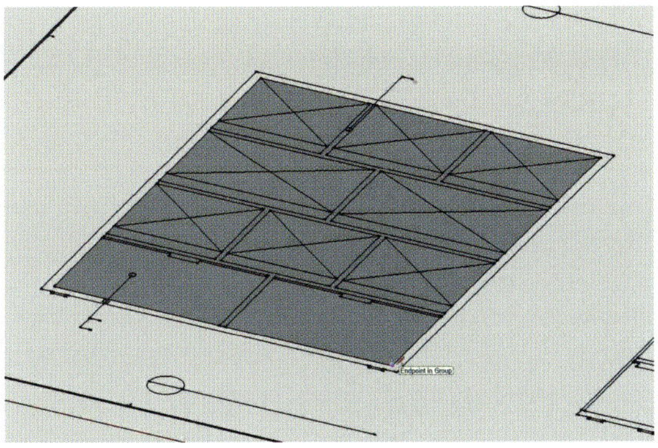

❷ 거실장의 OPEN 부분을 표현하기 위하여 맨 아래 서랍장을 포함한 OPEN 부분을 Rectangle을 그려 면을 분할시킵니다.

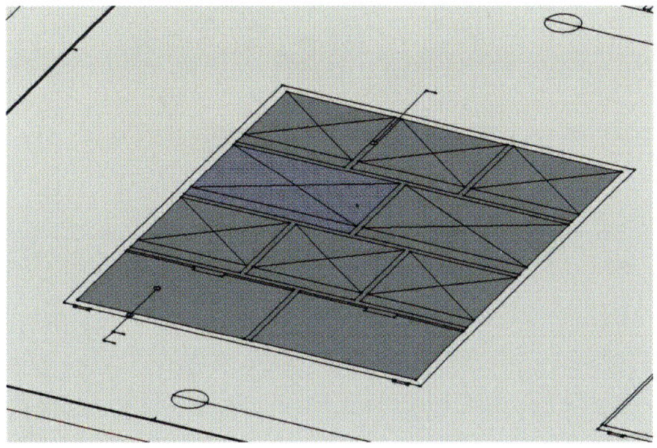

❸ 차례로 면을 삭제합니다. 그 결과 거실장 선반과 칸막이의 형태가 잡혔습니다.

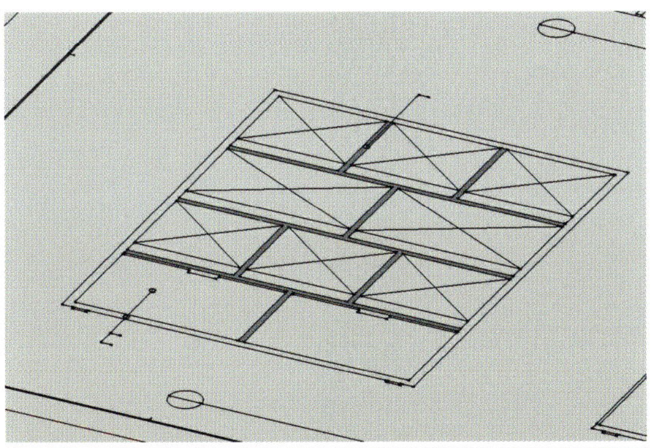

❹ 폭을 결정하겠습니다. AutoCAD 도면을 참고하면 선반과 칸막이의 폭은 265mm입니다. Push/Pull (아이콘)을 이용하여 VCB 창에 265 입력 후 Enter 키를 누릅니다.

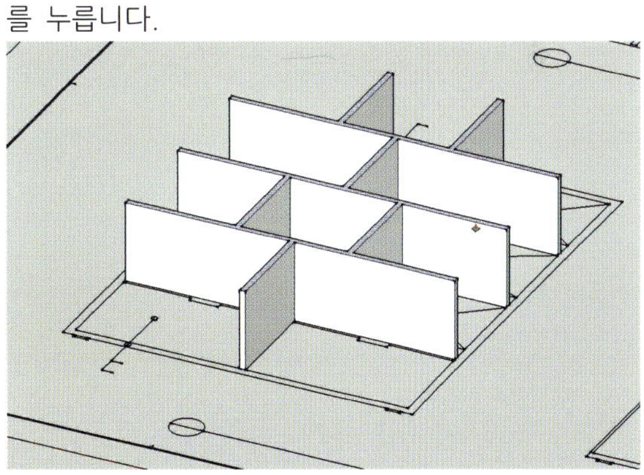

❺ 제작된 선반과 칸막이는 일으켜 세워 거실장 프레임 옆으로 이동합니다.

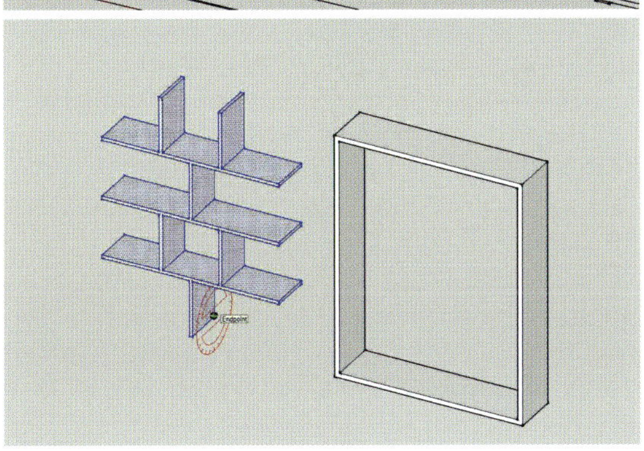

3) 프레임과 선반 및 칸막이 결합

두 모델링을 결합하기 위해서는 선반의 정확한 위치를 찾아야 합니다. 이를 위해 Tape Measure Tool(단축키: T)의 Guide Line과 Guide Point를 사용해 보도록 하겠습니다.

❶ 먼저 도면에서 선반의 정확한 위치를 알아봅니다. 우리는 아래의 그림처럼 선반의 이 꼭짓점을 정확한 위치에 결합해 보겠습니다.

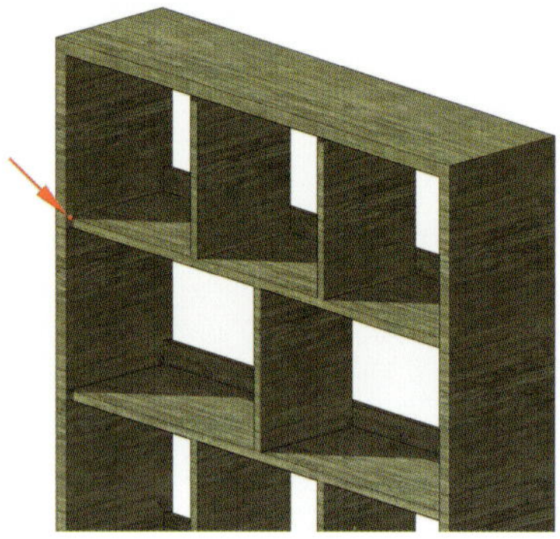

❷ SketchUp 화면상에서 정확한 위치를 재기 위해 Tape Measure Tool()을 이용하여 아래의 그림처럼 재어보도록 하겠습니다.

프레임 안쪽으로 10mm, 아래로는 345mm 위치가 우리가 원하는 지점입니다.

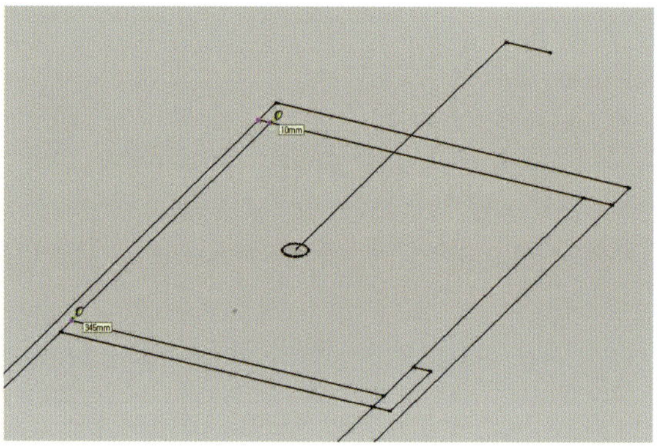

❸ Tape Measure Tool()을 선택하고, 미리 제작해 둔 거실장 프레임의 왼쪽 위 안쪽 꼭짓점을 클릭하고, 마우스를 아랫방향으로 한 다음 VCB 창에 325, 다시 마우스를 안쪽방향으로 한 다음 VCB 창에 10을 입력 후 Enter 키를 누릅니다. 아래 그림과 같이 Guide Line과 Guide Point가 나타납니다.

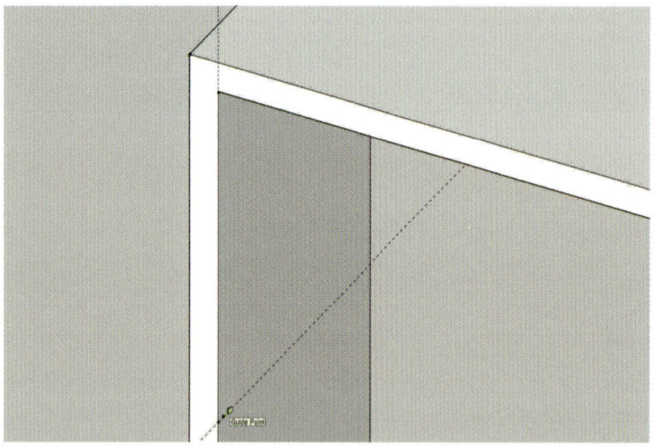

❹ 다시 미리 제작해 둔 선반을 모두 선택하고, Move(단축키: M)를 사용하여 선반을 앞선 Guide Point에 붙입니다. 우리가 임의로 정한 꼭짓점을 정확히 클릭하여 옮겨야만 합니다.

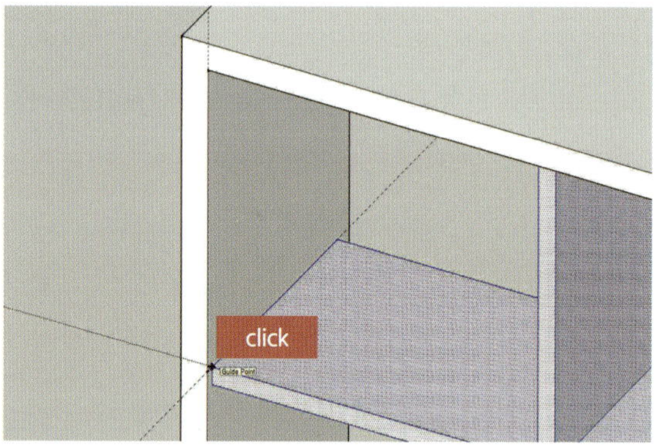

❺ 잘 결합이 되었는지 확인해 봅니다.

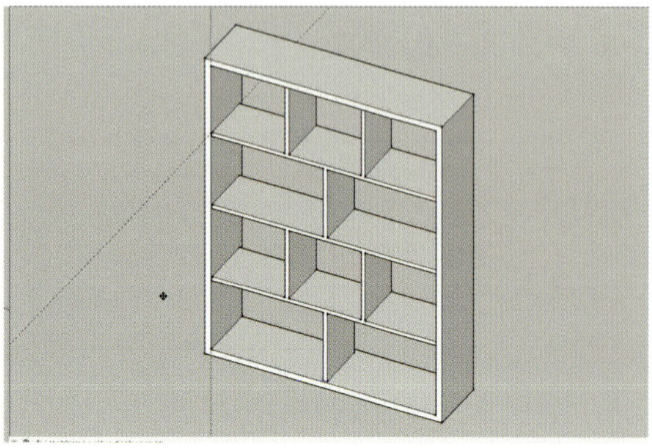

4) 선반 받침 제작

❶ 다음으로는 선반 위의 책이나 물건들이 낙하하지 않도록 거실장 후면 선반 받침을 만들어 보도록 하겠습니다.

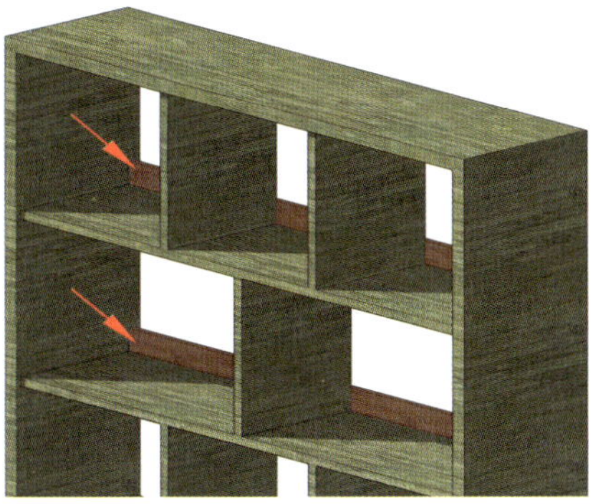

❷ 먼저 도면에서 선반 받침의 크기를 알아봅니다. 선반 받침은 단면도에 단면 크기가 나와 있기 때문에 이것을 이용하여 그리면 됩니다. 다만 길이는 Tape Measure Tool( )을 이용하여 정면도에서 측정해야만 합니다. 선반 받침의 길이는 1,140mm입니다.

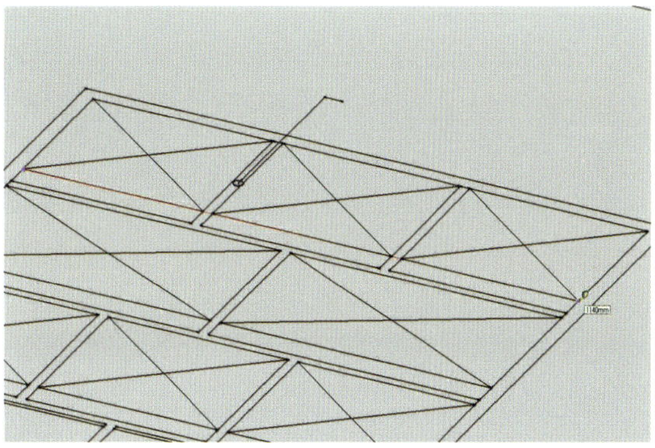

❸ 단면도에서 Rectangle( )을 사용하여 총 4개의 선반 받침 단면을 그립니다.

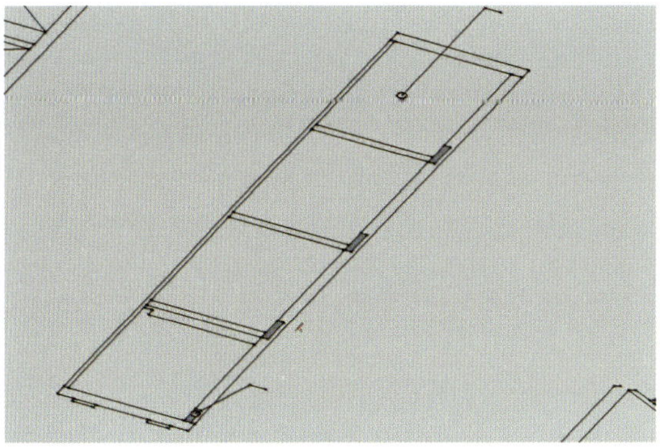

❹ 각 면을 선택한 다음 Push/Pull( )을 이용하여 VCB 창에 1,140을 입력 후 Enter 키를 누릅니다.

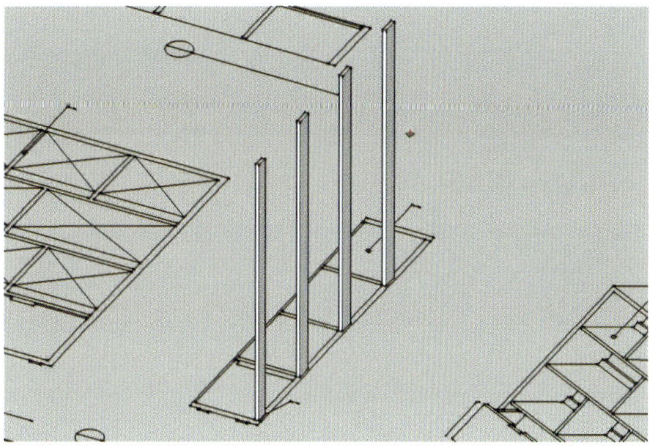

❺ Select 도구( )를 사용하여 만들어진 선반 받침들을 모두 선택하고, X축의 평행으로 90도만큼 회전합니다. 각도자의 색깔이 빨강색이면 X축의 평행입니다.

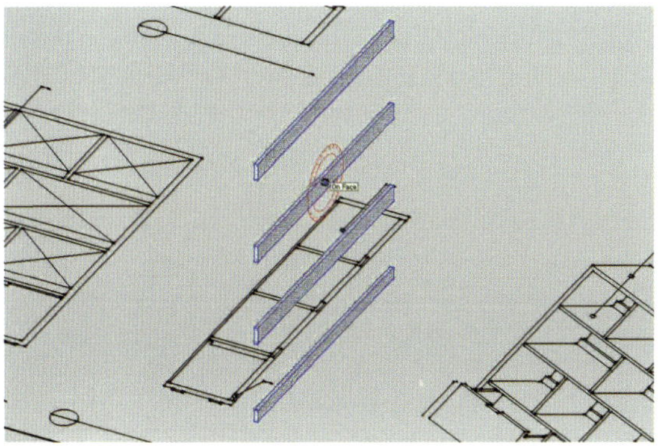

❻ 다시 선반 받침들을 모두 선택하여 이번엔 Z축의 평행으로 90도 회전합니다. 각도자의 색깔이 파랑색이면 Z축의 평행입니다.

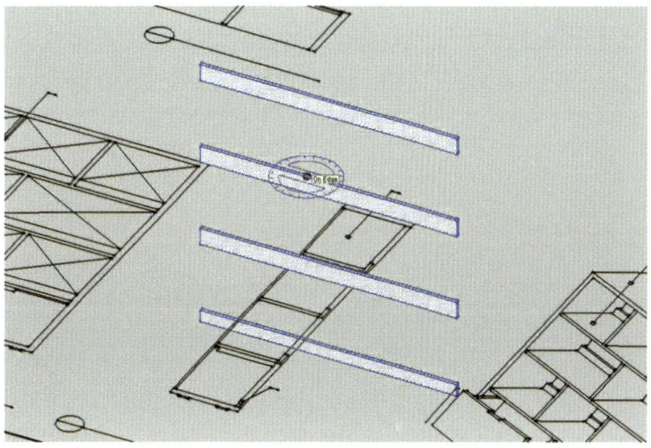

❼ 이 선반 받침들을 거실장에 결합시키겠습니다. 선반 받침들을 일단 거실장 옆으로 옮겨둡니다.

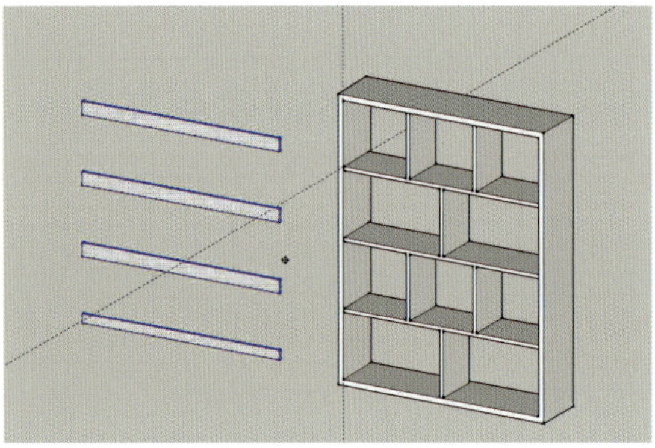

❽ Move를 사용하여 Base Point를 클릭합니다. 선반 받침들을 이동할 때에 Base Point를 정확히 클릭하여 이동하는 것이 매우 중요합니다.

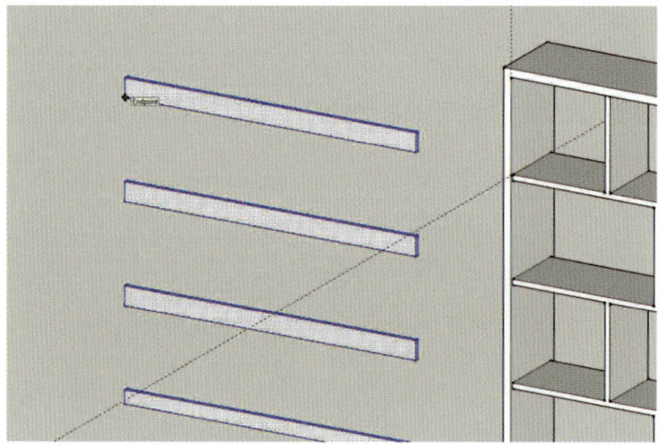

❾ 다음 결합하고자 하는 위치를 보기위해 Orbit ( )을 이용하여 축을 이동합니다.

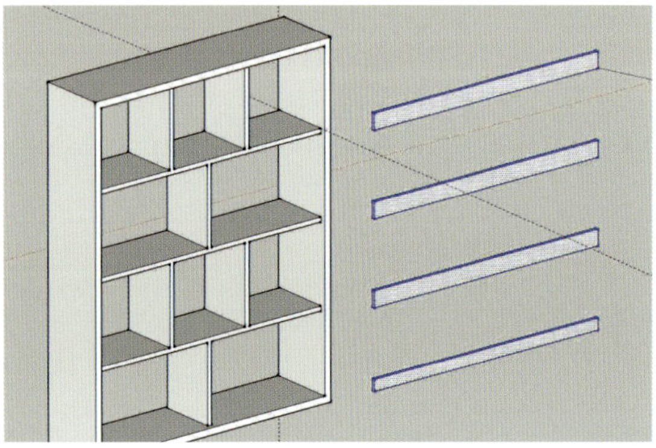

❿ 정확히 원하는 위치를 클릭하여 결합시킵니다.

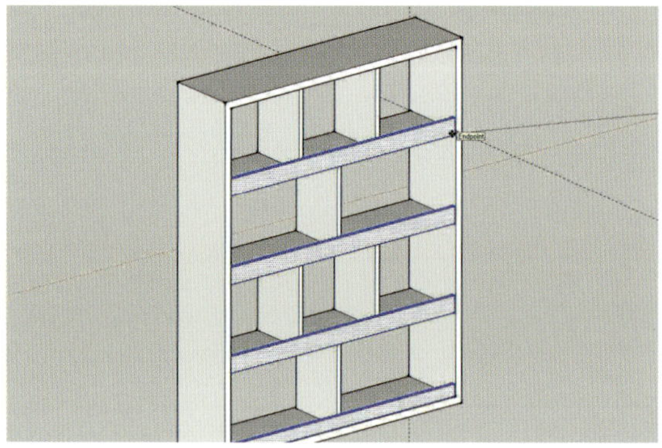

⓫ Orbit을 이용하여 축을 돌려 맞추어진 거실장을 확인합니다.

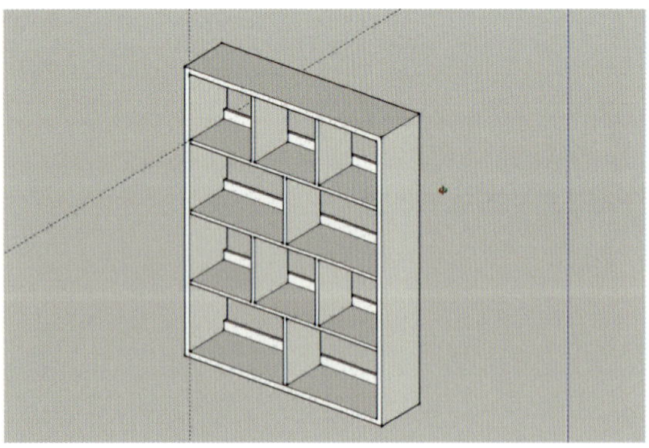

5) 서랍 제작

❶ 다음으로는 거실장 아래 서랍을 만들어보겠습니다.

❷ 위의 선반 받침 제작과 마찬가지로 단면도에 서랍의 단면이 그려져 있어 이것을 이용하여 그리면 되며, 길이는 Tape Measure Tool을 이용하여 정면도에서 측정합니다. 서랍 하나의 길이는 560mm입니다.

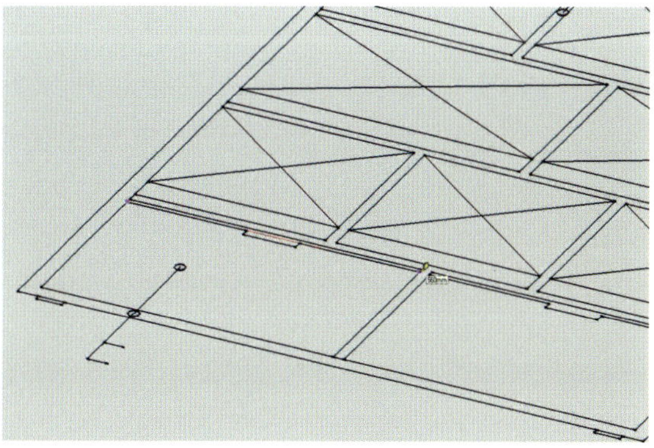

❸ 단면도에서 Line()을 사용하여 서랍 단면을 그립니다.

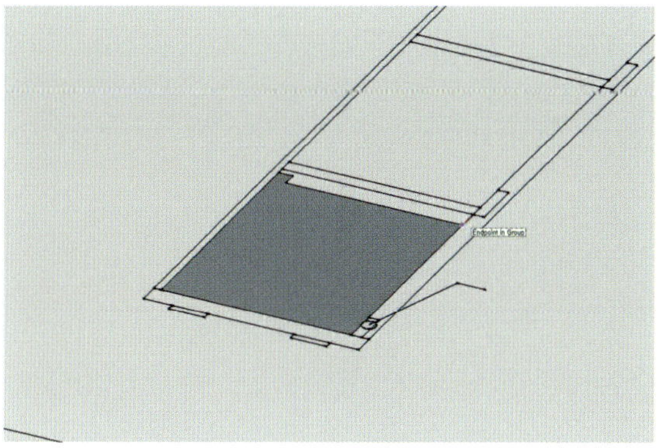

❹ 그려진 서랍 단면을 선택한 다음 Push/Pull()을 이용하여 VCB 창에 560을 입력 후 Enter 키를 누릅니다.

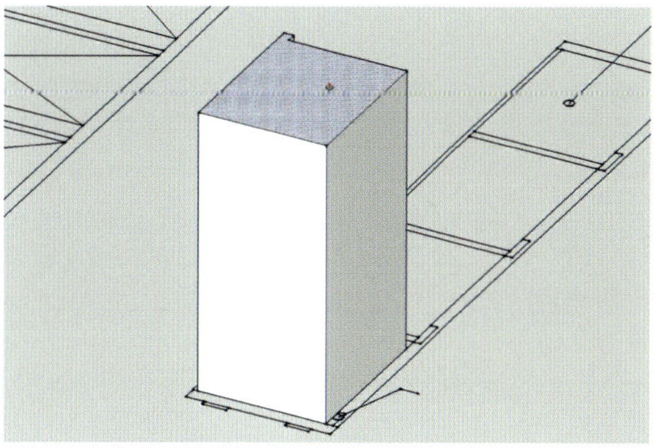

❺ Select 도구()를 사용하여 만들어진 서랍을 모두 선택하고, X축의 평행으로 90도만큼 회전합니다. 역시 각도자의 색깔이 빨강색이면 X축의 평행입니다.

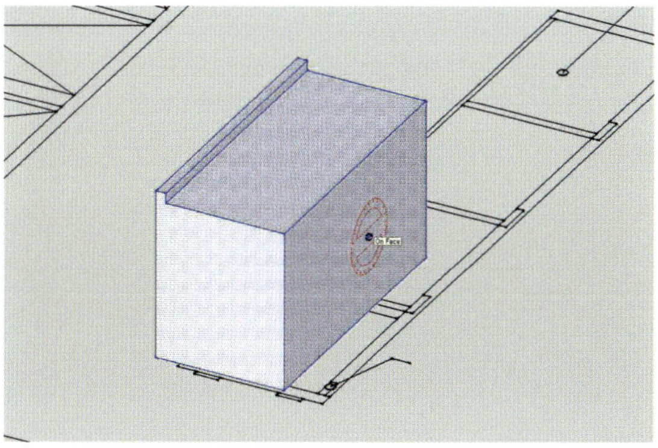

❻ 다시 서랍을 모두 선택하여 이번엔 Z축의 평행으로 90도만큼 회전합니다. 각도자의 색깔이 파랑색이면 Z축의 평행입니다.

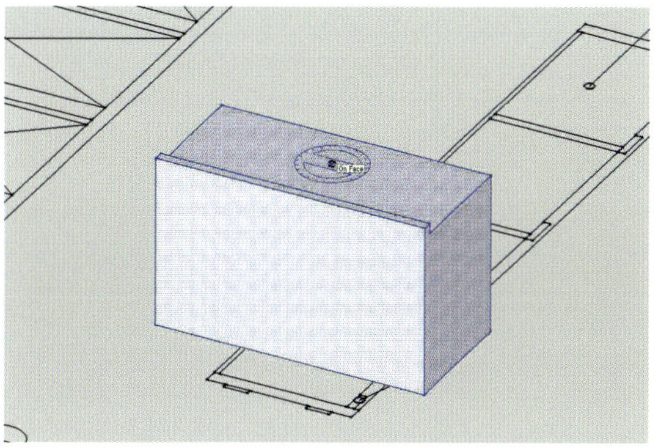

❼ 이 서랍을 거실장에 결합시키겠습니다. 서랍을 일단 거실장 옆으로 옮겨둡니다. 그리고 서랍에 물건을 수압할 수 있도록 안의 공간을 만들어 보겠습니다. 판재의 두께는 20mm로 통일하겠습니다.

TIP: 저가 제작가구는 MDF 위 무늬목 필름이 일반적입니다. 18mm MDF를 보통 사용하는데 마감까지 고려하여 두께를 20mm로 작업하는 것이 좋습니다.

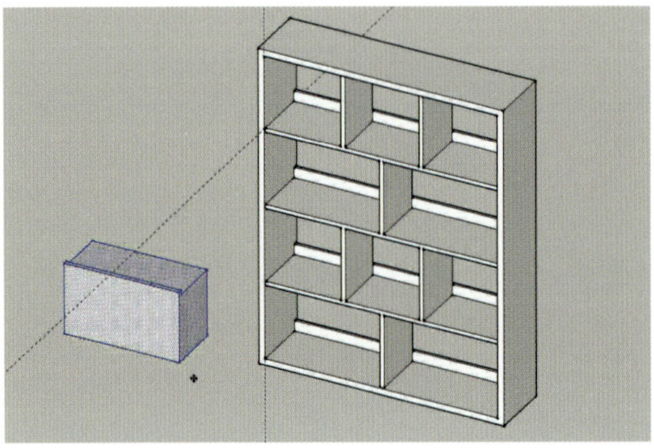

❽ Orbit()을 이용하여 거실장의 뒷면으로 화면을 회전시키고 서랍의 윗부분을 봅니다.

TIP: Orbit은 마우스의 휠 버튼을 누르고도 사용할 수 있습니다.

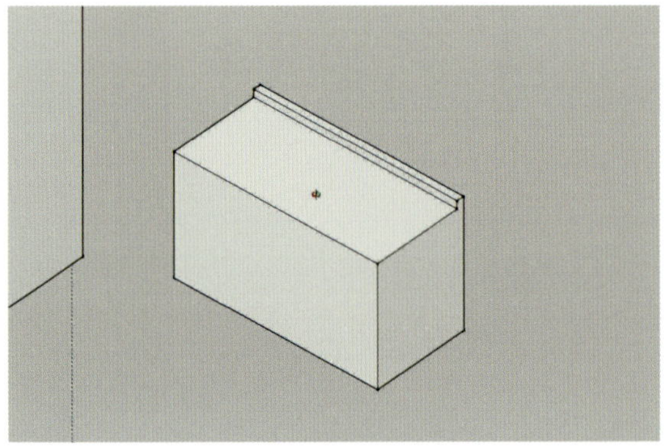

❾ Offset(단축키: F)을 선택하고 마우스를 서랍 윗면에 올려놓습니다. 그러면 윗면이 파란색으로 활성화 되며, 선 위에 빨간색 점이 이동하는 것을 볼 수 있습니다.

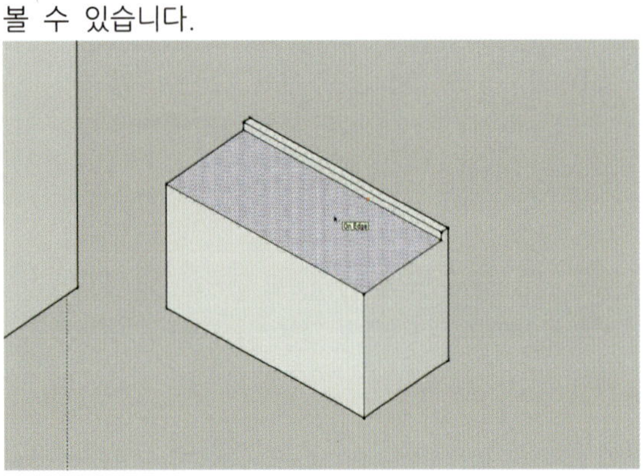

❿ 클릭 후 VCB 창에 20을 입력한 후 Enter 키를 누릅니다.

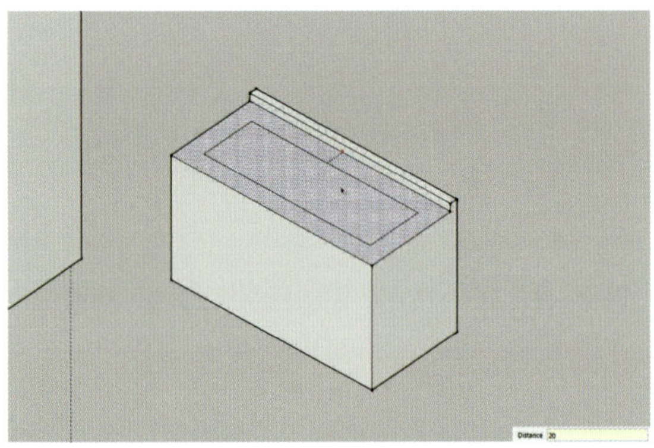

⓫ 그러면 정확히 20mm만큼 Offset이 이뤄지며 자동으로 면이 분할됩니다.

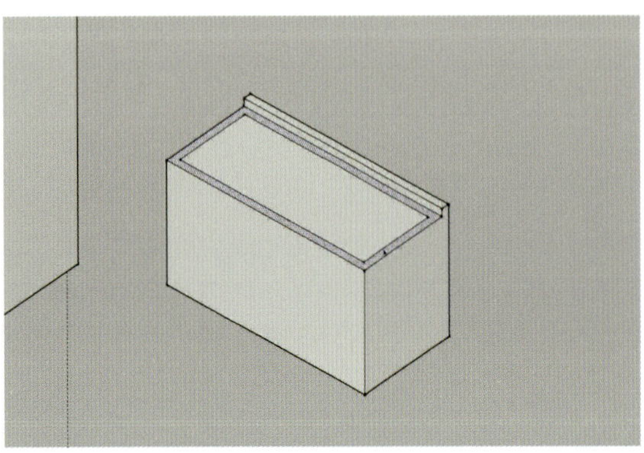

⓬ 서랍의 수납공간을 확보하기 위해서는 공간높이가 얼마인지 알아내야 합니다. 우리는 판재의 두께를 20mm로 통일하였으므로, 서랍 공간 높이에서 그만큼 뺀 값을 찾아내면 됩니다. 아래 그림을 보면 공간높이 값은 295mm임을 알 수 있습니다.

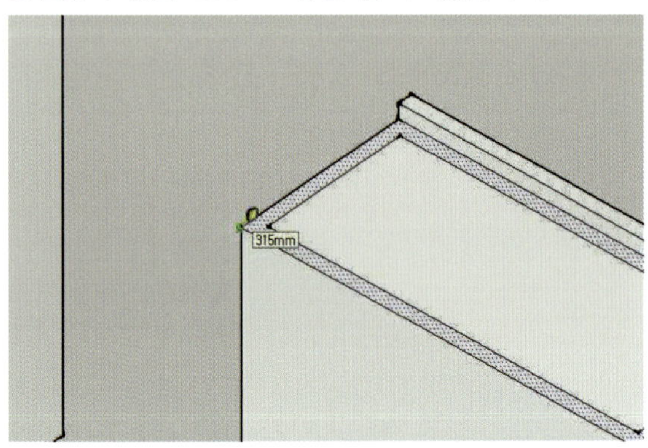

⑬ 이제 서랍의 수납공간을 만들어 보겠습니다. Select 도구(↖)를 이용하여 서랍의 가운데 면을 클릭하고 Push/Pull( )을 선택하여 마우스를 아랫방향으로 합니다. 그리고 VCB 창의 값을 295를 입력 후 Enter 키를 누릅니다.

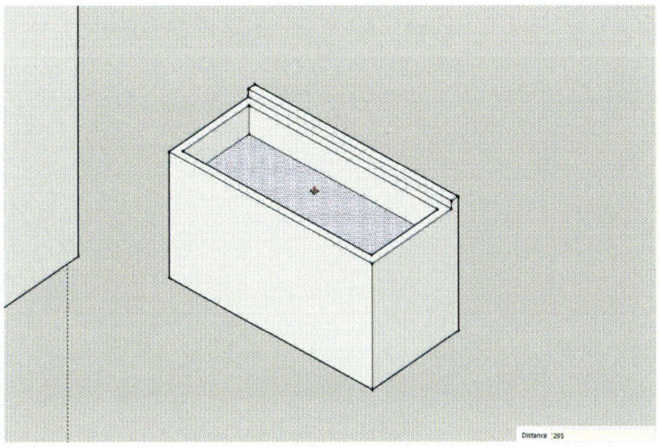

⑭ Orbit( )을 이용하여 다시 거실장 정면방향으로 화면을 이동합니다. 거실장의 들어갈 서랍은 두 개입니다. 따라서 만들어놓은 서랍장을 하나 복사합니다. Move를 선택하고, Ctrl 키를 누르면 커서 아래 (+)표시가 나타납니다. 임의의 Base Point를 클릭하고 Object를 이동하면 Object가 복사됩니다.

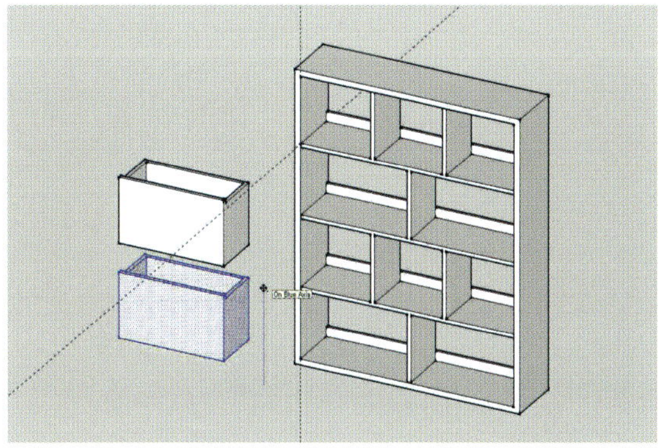

⑮ 이제 서랍을 거실장에 넣기만 하면 됩니다. 그 전에 서랍을 Make Group(그룹화) 하여 이름을 각각 drawer 1, drawer 2로 입력합니다.

TIP: 예시 이미지에서는 서랍이 약간 열려있는 모습을 볼 수 있습니다. SketchUp은 서로 다른 Object끼리 연결되면 하나의 Object가 되는 성질을 갖고 있으므로, Make Group하여 두 Object간의 성질을 달리합니다.

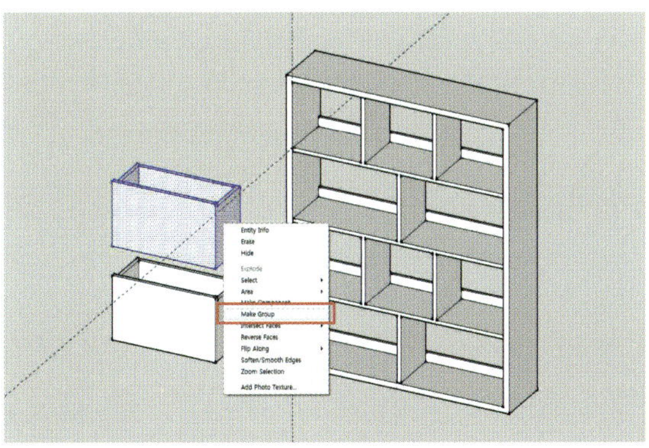

⑯ 서랍을 거실장에 결합해 보겠습니다. 정확한 위치에 서랍을 넣어야 하므로, Move의 Base Point가 매우 중요합니다. 아래 그림과 같이 Base Point를 클릭하여 서랍의 위치를 결정합니다.

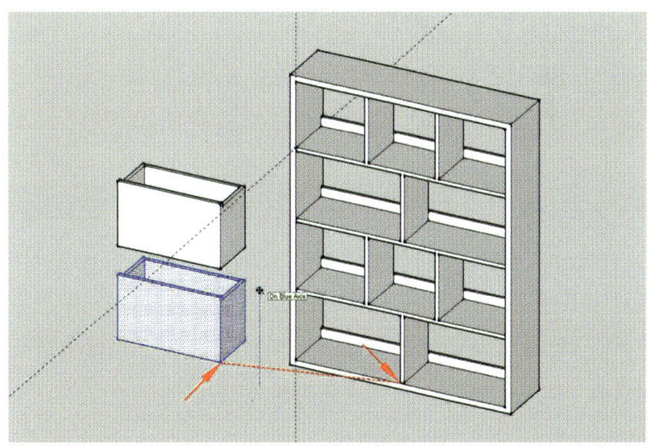

⑰ 나머지 서랍 역시 같은 방법으로 이동하여 위치시킵니다. 그리고 한쪽 서랍은 약간 열어두어 내부를 보여주는 자연스러운 모습을 연출하여 거실장 모델링을 완성합니다.

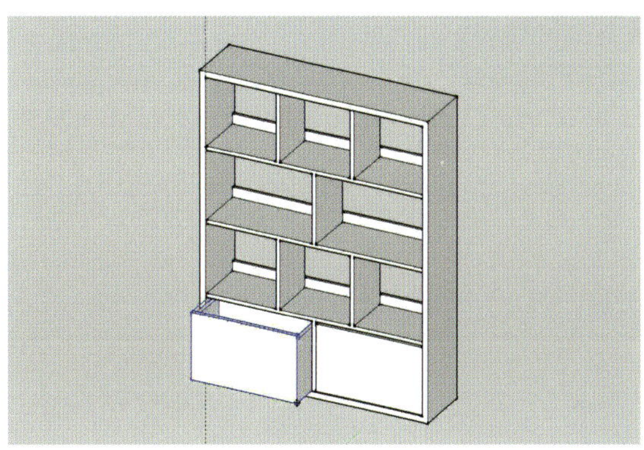

6) 거실장 무늬목 재질 입히기

다음은 아래 그림과 같이 거실장에 무늬목 재질을 입혀보도록 하겠습니다.

❶ Paint Bucket(단축키: B)을 선택합니다. 그러면 오른쪽 Default Tray에서 Materials가 활성화 됩니다.

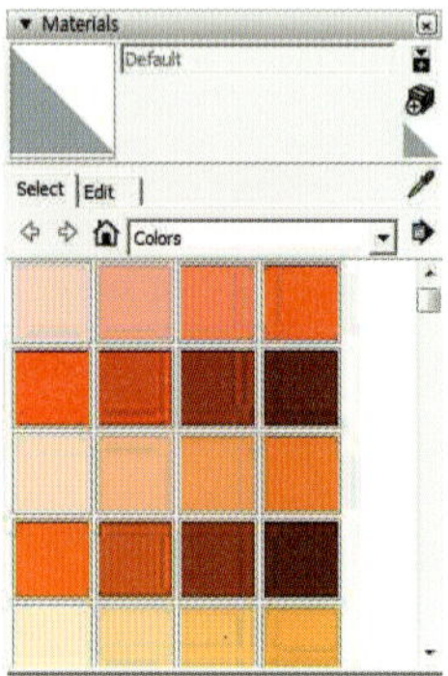

❷ Material 카테고리 중 Wood를 선택합니다.

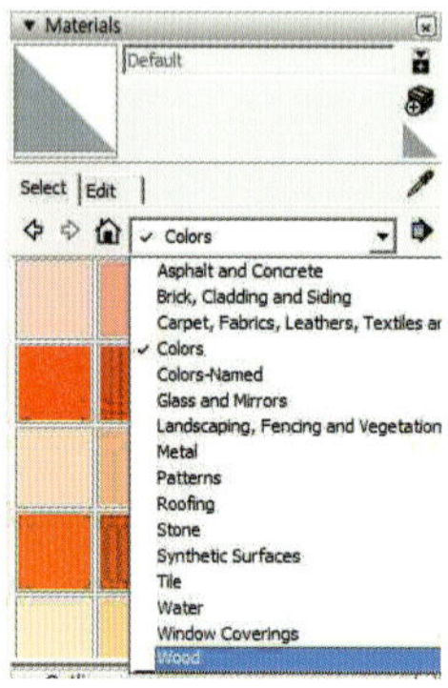

❸ 이미 SketchUp에 탑재된 Wood Material들이 나타납니다. 이 중에서 우리는 'Wood Lumber ButtJoined'를 선택합니다.

❹ Select 도구()를 사용하여 모델링 전체를 선택합니다.

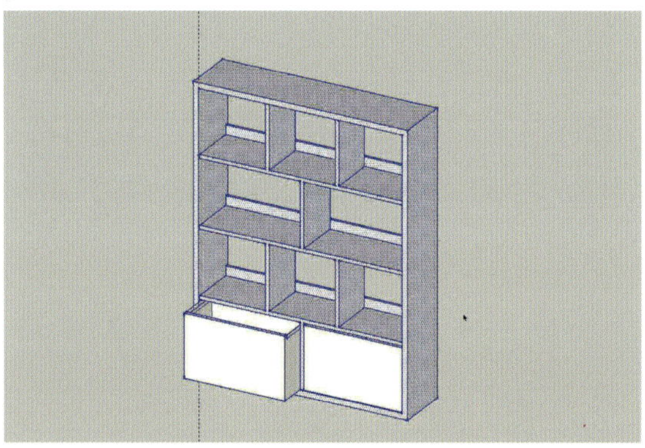

❺ Paint Bucket(단축키: B)을 선택하여 모델링에 마우스를 올려놓고 클릭합니다.

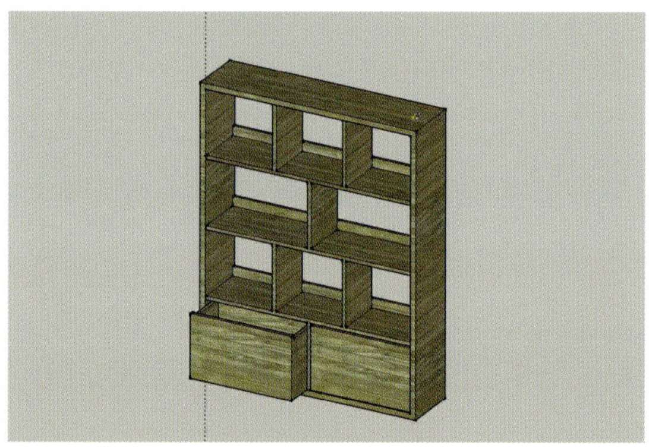

❻ 마지막으로 풀다운 메뉴 View > Shadow를 이용하여 그림자를 나타내고, 동시에 오른쪽 Default Trey의 Shadow를 이용하여 그림자의 길이와 갈도를 결정합니다. 그리고 Orbit()과 Pan()을 활용하여 가장 보기 좋은 View를 결정합니다.

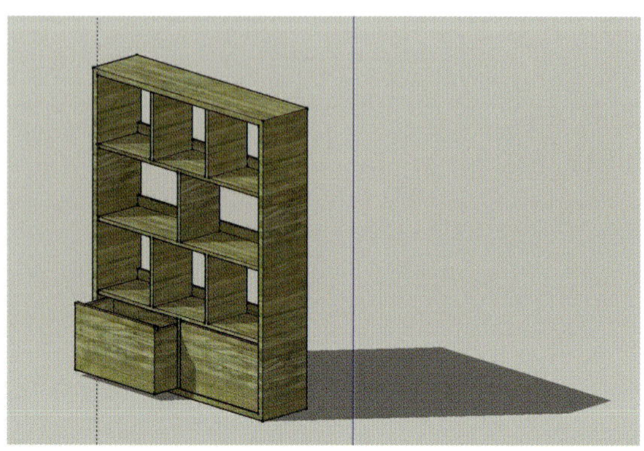

STEP 02 가구 모델링 (수납장)

이래 도면은 우리가 이번 장에서 실습할 가구모델링 중 두 번째인 수납장 가구 도면입니다. 아래의 도면을 참고하여 모델링해 보도록 하겠습니다.

file: 02-furniture modeling sample/ 02-furniture modeling.dwg

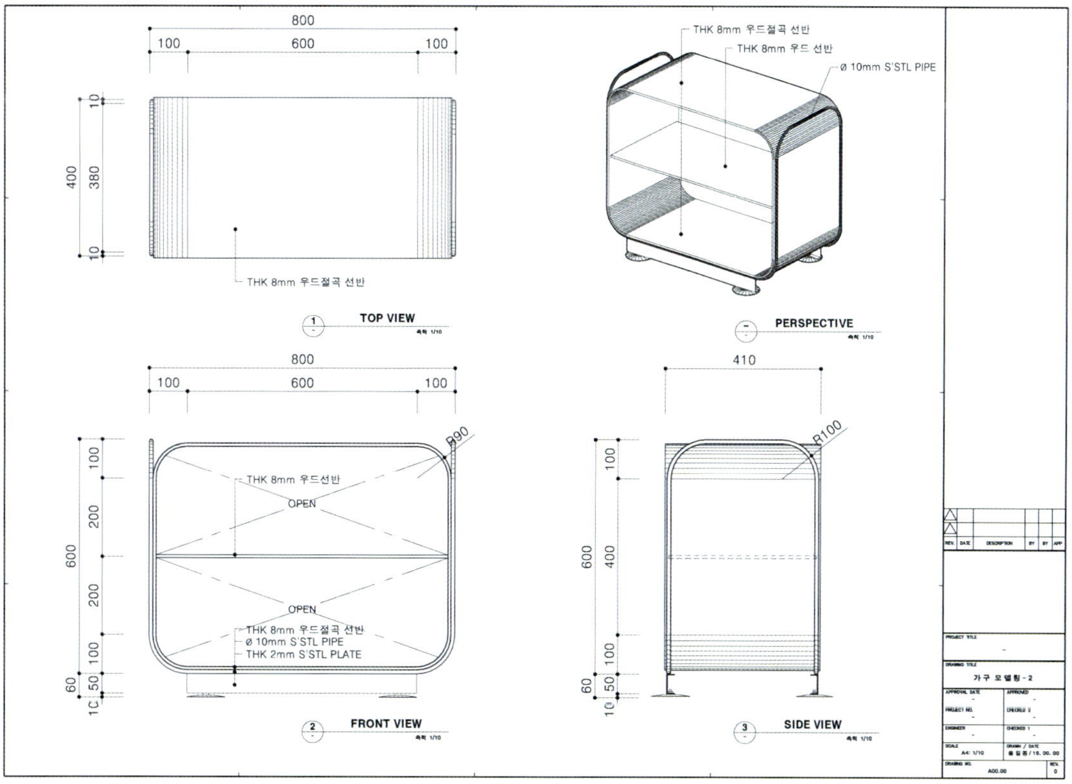

두 번째 가구모델링에서는 기본적인 드로잉 명령어 이외에 Follow me, Sollid Tool 등과 같은 고급 편집 명령어들을 활용해 보겠습니다.

1. 도면 불러오기

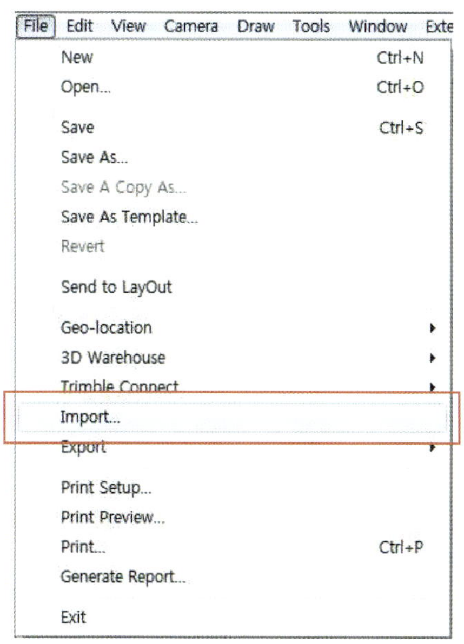

이번 두 번째 가구 역시 AutoCAD로 작성된 *.dwg file을 SketchUp으로 불러내어 모델링 작업을 해 보도록 하겠습니다. 풀다운 메뉴에서 File > Import를 클릭합니다.

또한 앞의 1.2 장에서 작업한 바와 같이 본격적인 모델링에 앞서 도면을 Make Group(그룹화)하고, 이름을 'drawing'으로 Rename합니다.

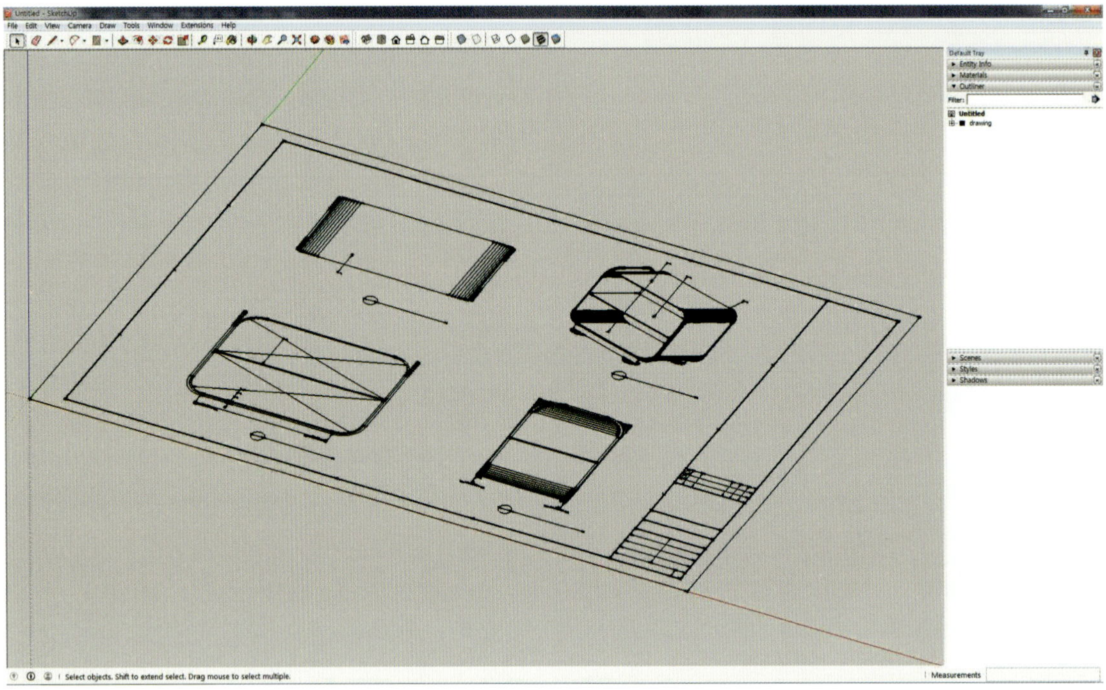

2. 모델링 하기

모델링을 시작해 보도록 하겠습니다. 순서는 수납장의 우드선반을 제작하고, 원형 발판과 금속 파이프 프레임 부분을 제작한 후 결합하겠습니다. 마지막으로 매핑작업 등 나머지 부수적인 모델링을 수행하는 순으로 진행하도록 하겠습니다.

1) 수납장 우드선반 제작하기

Line(단축키: L)과 2 Pointed Arc(단축키: A)를 이용하여 정면도에서 곡면의 우드선반만을 도면에 따라 그려줍니다. 그리고 면이 생성 되었는지 확인합니다.

❶ 우선 Line(단축키: L)을 이용하여 4개의 직선부분을 그려줍니다.

❷ 그리고 2 Pointed Arc(단축키: A)을 이용하여 나머지 4개의 곡선부분을 마저 그려줍니다. 이 상황에서 면이 생기지 않는다면 도형이 닫혀있지 않기 때문입니다.

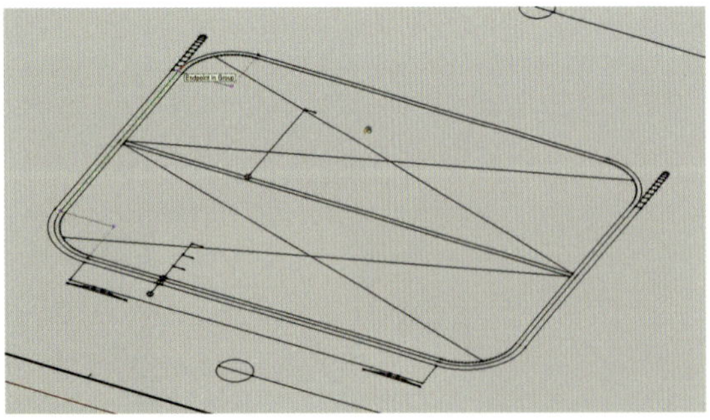

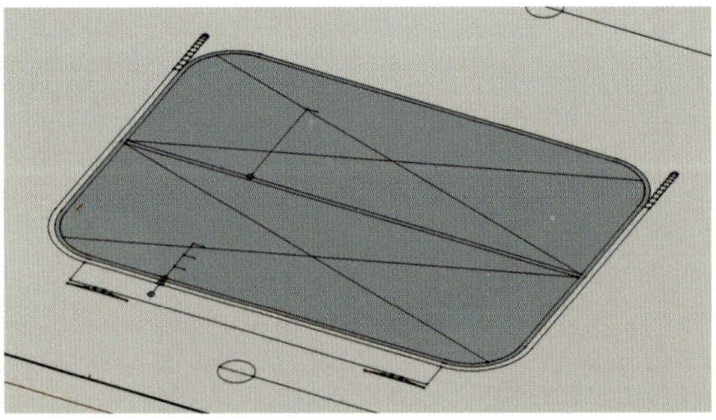

❸ Offset(단축키: F)을 선택합니다. 마우스를 면 위에 올려두고 선반의 두께인 8mm Offset을 하여 면을 분할합니다.

❹ Sellect(단축키: Space bar)를 선택하여 분할된 가운데 면을 삭제합니다.

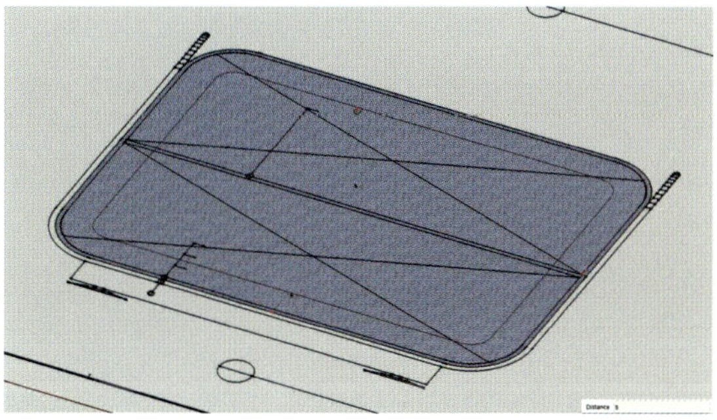

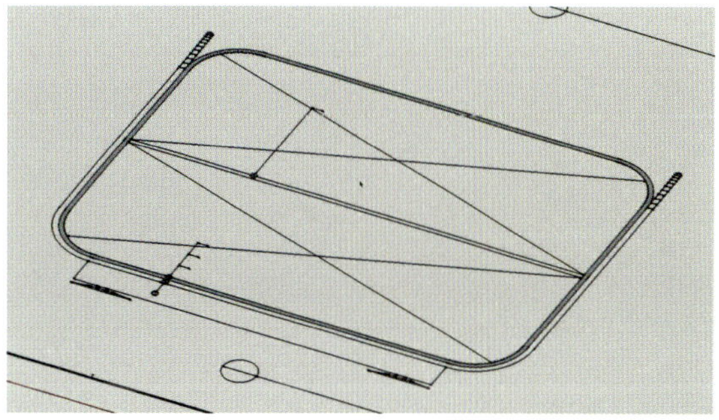

❺ 다음은 Rectangle(단축키: R)을 선택하여 중간 선반을 그려 면 처리 해줍니다.

❻ 중간 선반을 그리면 선반 위와 아래의 공간도 닫혀져 있는 도형이므로 면이 생성됩니다. Sellect를 선택하여 불필요한 두 개의 면을 삭제합니다.

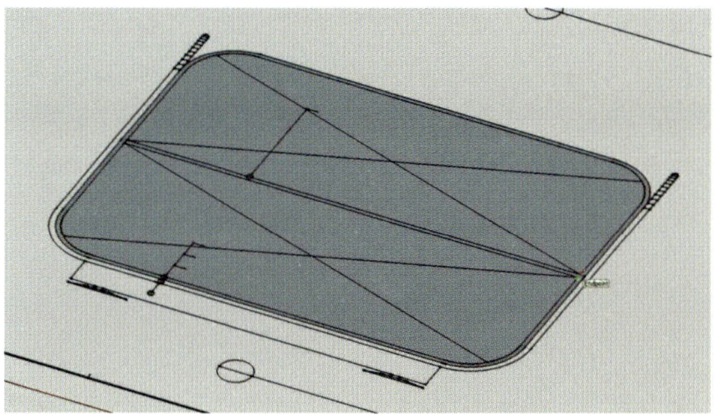

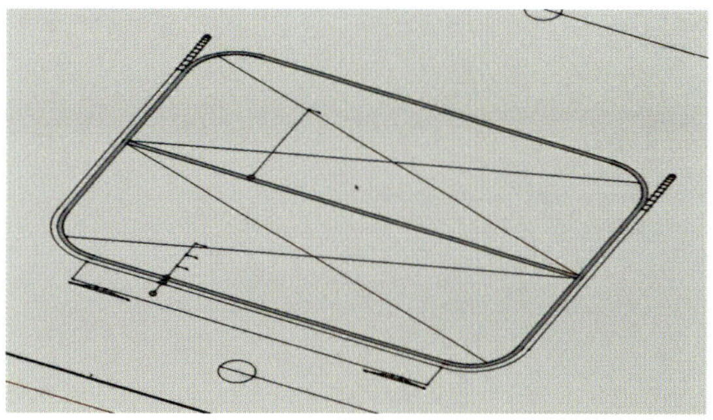

❼ 이제 다 그려진 선반의 단면을 돌출시켜 형태를 만들어 봅니다. Select 도구()를 이용하여 신반의 단면을 클릭하고 Push/Pull()을 선택하여 마우스를 위 방향으로 합니다. 그리고 도면에 나타난 대로 VCB 창의 값을 410을 입력 후 Enter 키를 누릅니다.

TIP: 중간 선반은 따로 그렸기 때문에 다른 면으로 구성되어 있습니다. 이 선반은 후 작업이 필요하므로 그대로 둔 채 돌출시킵니다.

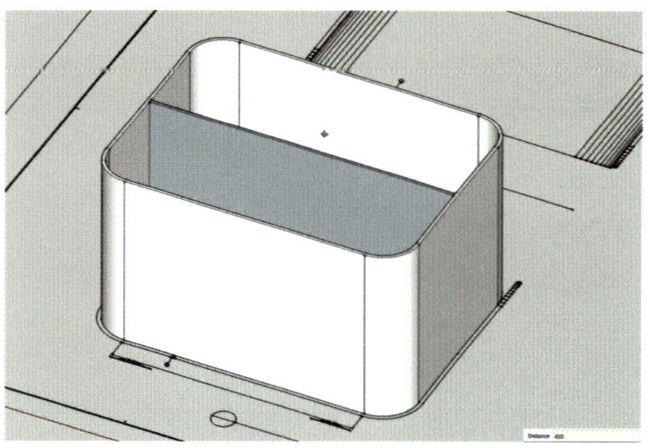

❽ 중간 선반의 색을 백색으로 바꾼 후, 선반 전체를 X축을 기준으로 90도 돌려 일으켜 세워줍니다.

❾ 마지막으로 중간 선반의 양 면(빨간 표시부분)을 Push/Pull()을 이용하여 안쪽으로 10mm씩 밀어 넣습니다. 완성된 우드선반은 한쪽으로 옮겨 놓습니다.

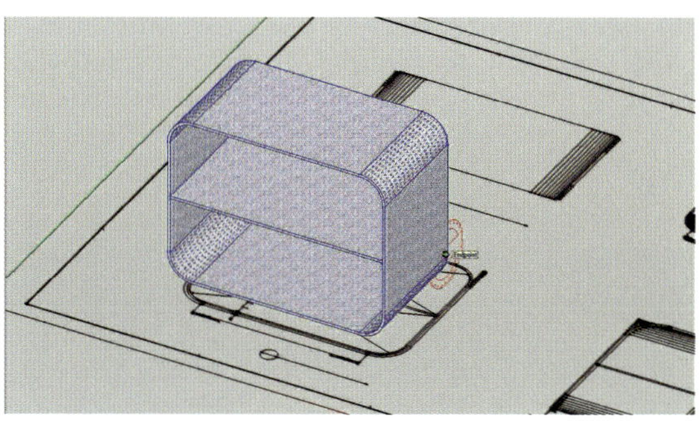

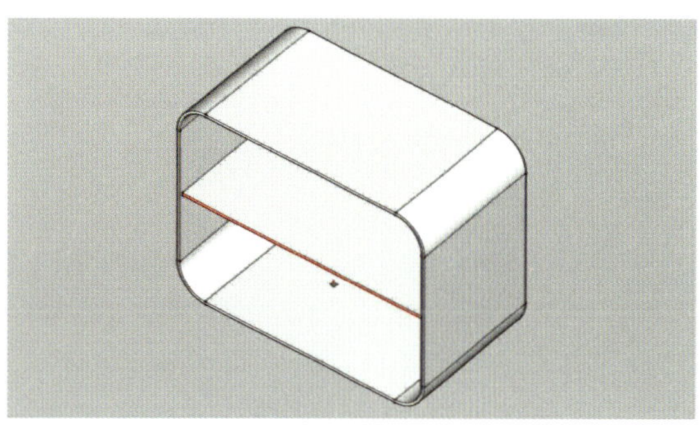

TIP: Reverse Face (면 반전)

모델링작업을 하다 보면 위의 그림처럼 Object가 백색이 아닌 회색으로 나타나는 경우가 있습니다. 이유는 SketchUp의 Modeling은 Solid Modeling이 아닌, 속이 빈 Surface Modeling입니다. 다시 말해, 면의 조합을 통한 모델링 기법으로 표현하는 방식입니다. 따라서 면의 전면과 후면이 존재하게 되는데, 그것을 표현하기 위한 SketchUp만의 방법입니다. 차이점은 크게 없으나, 회색의 면은 Material 적용이 되지 않는 경우가 있습니다. 특히 면에 Opacity를 적용해야할 때, 양면적용이 되지 않는 경우가 많습니다. 따라서 가급적 회색은 백색으로 바꿔주는 것이 좋습니다. 아래 예시는 회색의 면을 백색으로 바꿔주는 방법입니다.

1) Select를 객체 전체를 선택합니다. 그리고 마우스 오른쪽 버튼을 눌러 Reverse Face를 선택합니다.

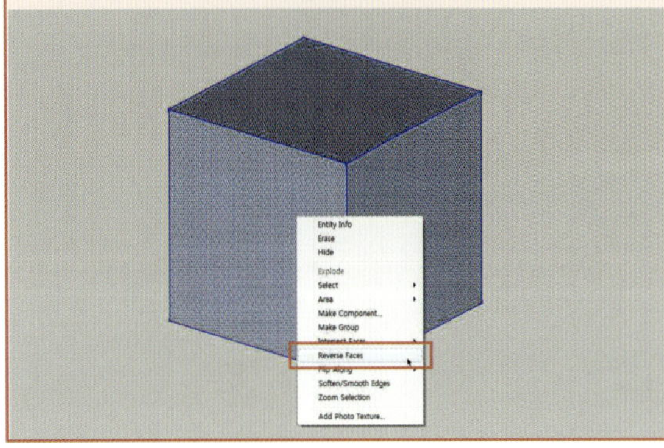

2) 객체의 면들이 백색으로 Reverse Face (면 반전) 된 것을 확인할 수 있습니다.

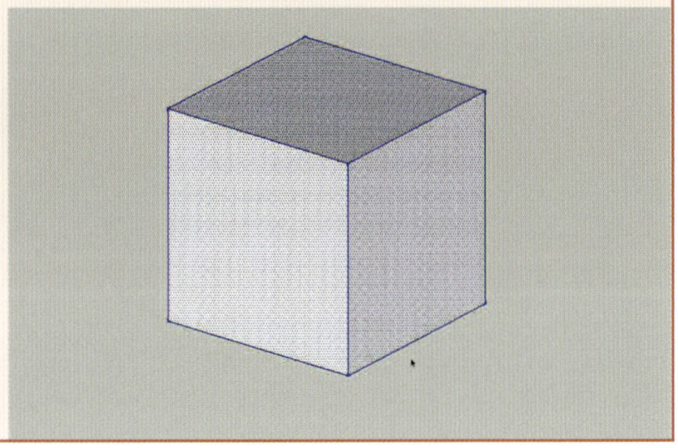

2) 수납장 원형 발판 제작하기

수납장의 다리는 'ㄷ'자 형태의 S'STL 형강과 플라스틱 재질로 된 원형 발판이 결합된 모습입니다. 따라서 도면의 측면도를 활용하여 제작해 보도록 하겠습니다.

❶ 측면도에서 Line(단축키: L)을 이용하여 'ㄷ'자 형강을 그려줍니다.

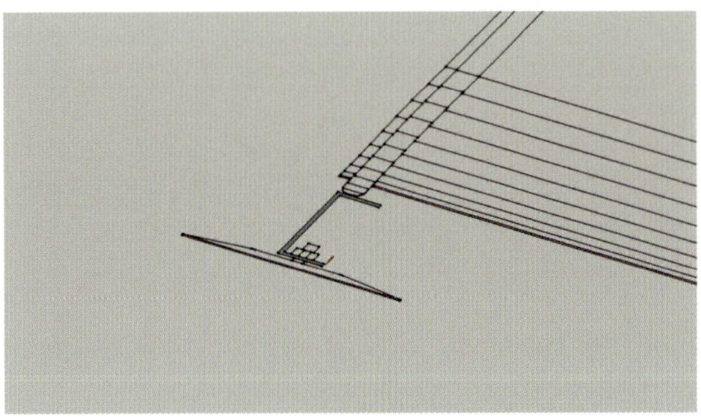

❷ Select 도구()를 이용하여 면을 클릭하고 Push/Pull()을 선택하여 마우스를 위 방향으로 합니다. 그리고 VCB 창의 값을 600을 입력 후 Enter 키를 누릅니다.

TIP: *모델링 과정 중 필요한 길이와 정보는 Tape Measure Tool(단축키: T)를 이용하여 도면에서 직접 알아냅니다.*

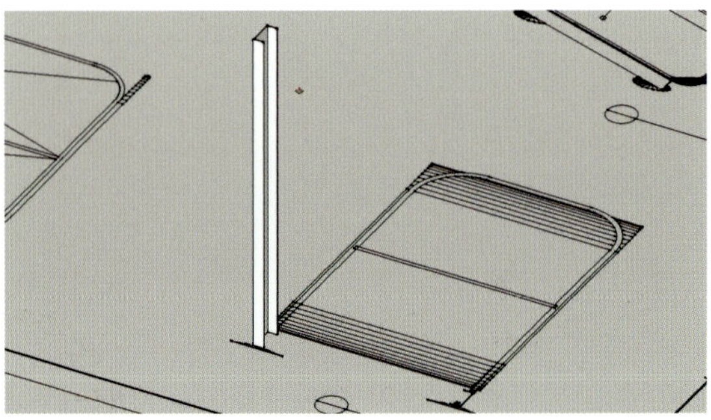

❸ Select 도구()를 사용하여 만들어진 형강을 모두 선택하고, X축의 평행으로 90도만큼 회전합니다. 각도자의 색깔이 빨강색이면 X축의 평행입니다.

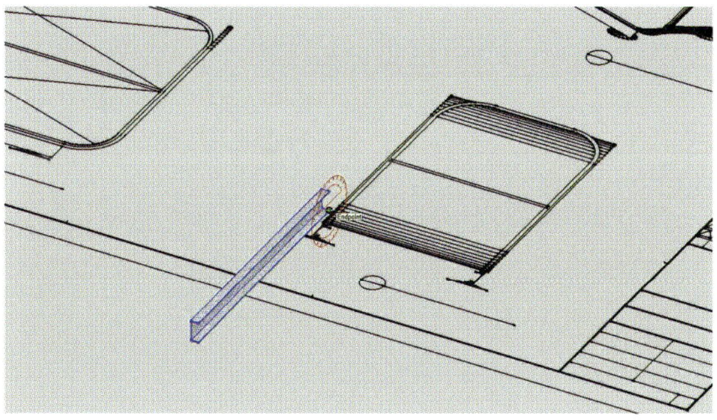

❹ 다시 형강을 모두 선택하여 이번엔 Z축의 평행으로 90도 회전합니다. 각도자의 색깔이 파랑색이면 Z축의 평행입니다.

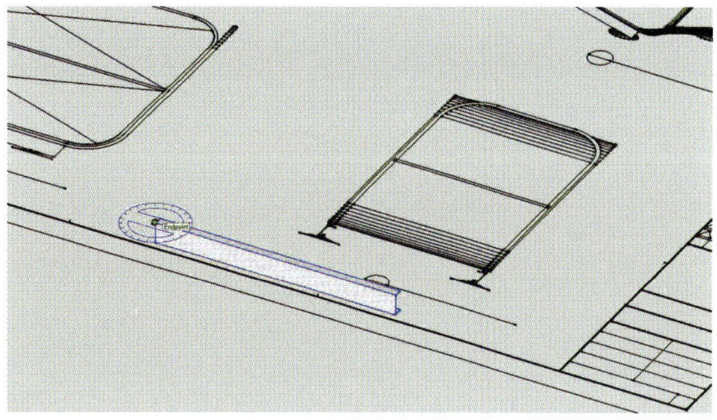

❺ 제작된 'ㄷ'자 형강은 따로 옮겨 두고, 원형 발판을 제작해 보도록 하겠습니다. 발판의 길이와 크기에 관한 정보는 도면에서 제공되지 않으므로, 직접 Tape Measure Tool()을 이용하여 정보를 얻어냅니다.

〈발판 지름: 100mm, 높이: 5mm〉
〈스크류 지름: 5mm, 높이: 15mm〉
〈6각 볼트 지름: 10mm, 높이: 5mm〉

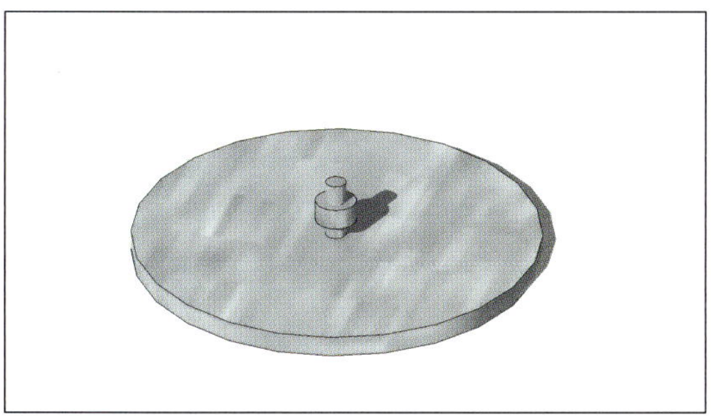

❻ Circle 도구()를 이용하여 임의의 중심점을 클릭하고, VCB 창에 Radius 값 50을 입력하여 Enter 키를 누릅니다.

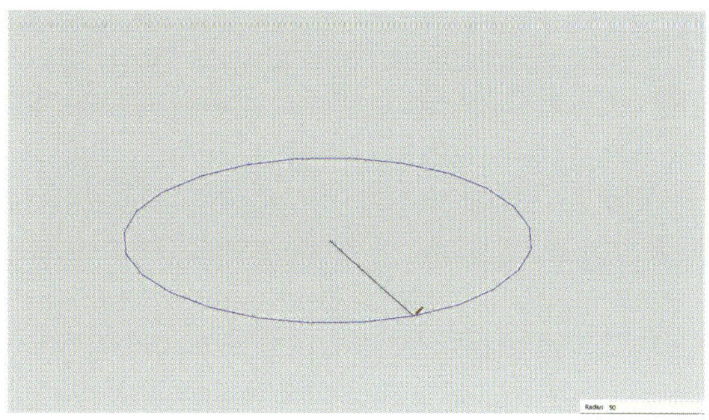

❼ Select 도구()를 이용하여 면을 클릭하고 Push/Pull()을 선택하여 마우스를 위 방향으로 합니다. 그리고 VCB 창의 값을 5를 입력 후 Enter 키를 누릅니다.

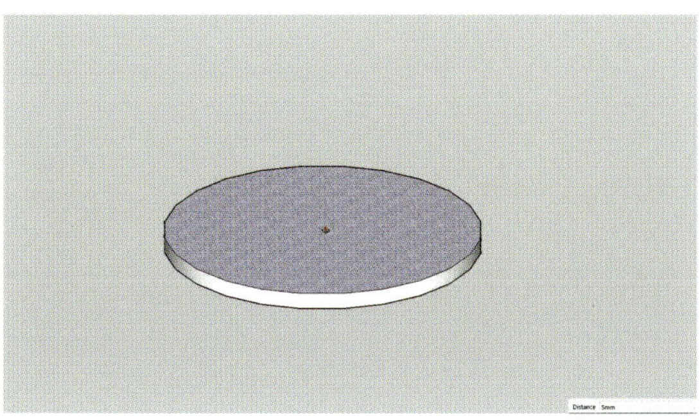

❽ 다시 Circle 도구()를 이용하여 원의 중심점을 클릭하고, VCB 창에 Radius 값 2.5를 입력하여 Enter 키를 누릅니다.

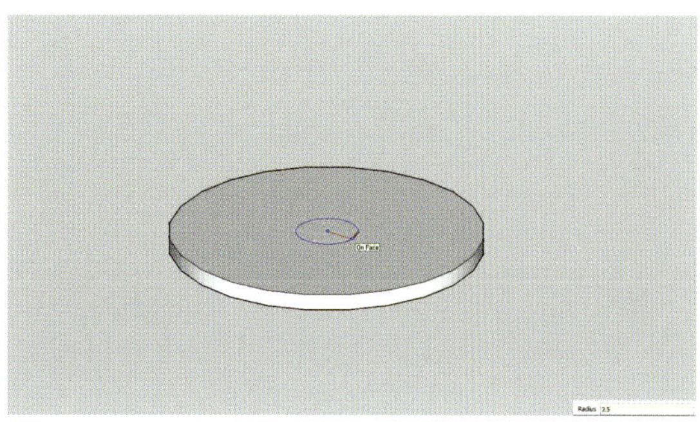

❾ 다시 Push/Pull() 도구로 면을 클릭하여 마우스를 위 방향으로 합니다. 그리고 VCB 창의 값을 15를 입력 후 Enter 키를 누릅니다.

❿ 이제 6각 볼트를 만들겠습니다. 위의 Draw 메뉴에서 Polygon()을 선택하면, VCB 창은 Sides라고 바뀌며 이곳에 6을 입력해야 육각형이 나타납니다.

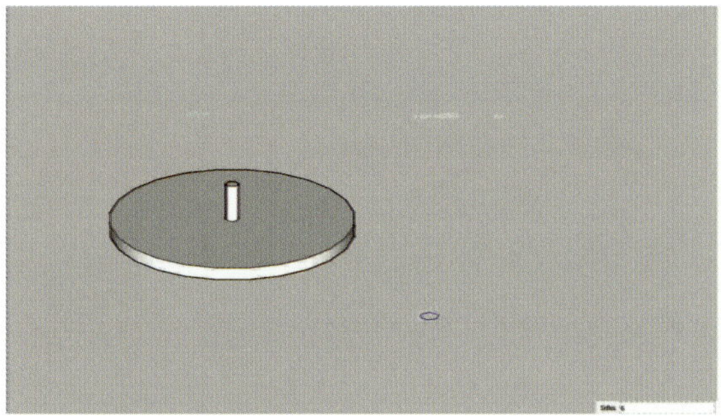

⓫ 임의의 중심점을 클릭하고, VCB 창에 내접 반지름 (Inscribed Radius)값 5mm 입력하여 Enter 키를 누릅니다.

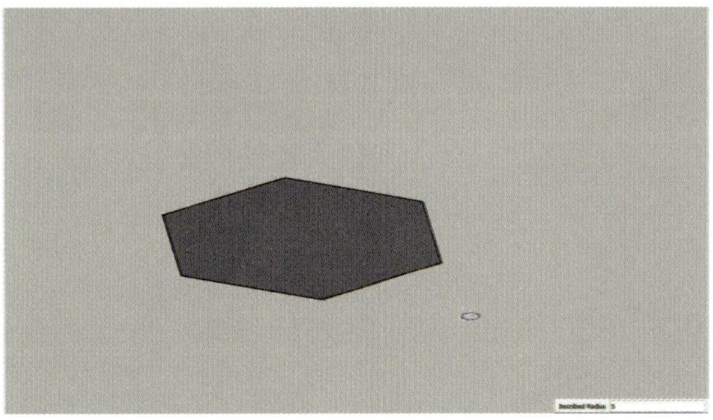

⓬ Push/Pull()도구로 면을 클릭하여 마우스를 위 방향으로 합니다. 그리고 VCB 창의 값 5를 입력 후 Enter 키를 누릅니다..

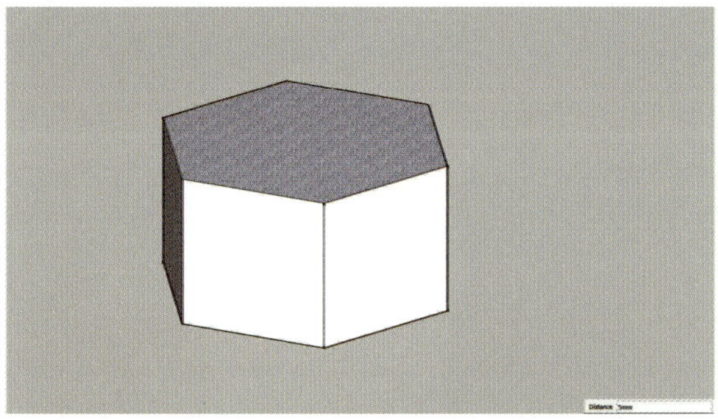

⓭ 이제 6각 볼트를 스크류와 결합해 보도록 하겠습니다. 위치는 볼트의 윗면이 스큐류의 윗면에서 6mm만큼 아래로 위치합니다. 정확히 위치하는 방법은 Tape Measure Tool()을 이용하여 Guide Line과 Guide Point를 기입하면 되지만, 더욱 쉬운 방법은 직접 붙이는 것입니다. 6각 볼트의 윗면 중심점을 클릭하여 스크류의 윗면 중심점에 붙입니다.

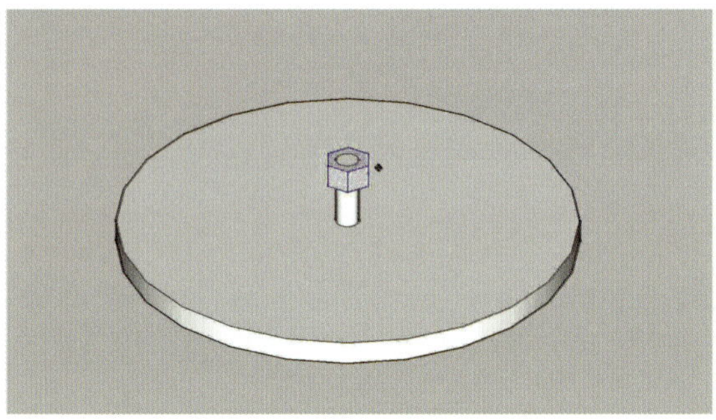

⓮ 이 상태에서 볼트를 Z축 아래 방향으로 6mm만큼 내립니다. 스크류도 함께 낮아집니다.

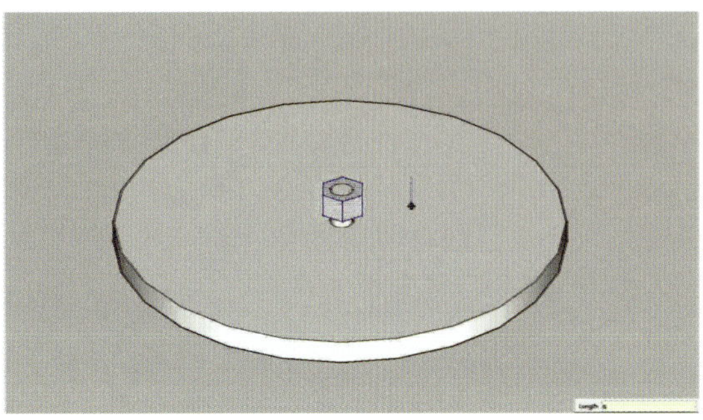

⓯ 이제 다시 Push/Pull()도구로 스크류의 윗면을 클릭하여 마우스를 위 방향으로 합니다. 그리고 VCB 창에 다시 6을 입력 후 Enter 키를 누릅니다. 그러면 스크류와 볼트가 결합된 원형 발판의 모습이 나타납니다.

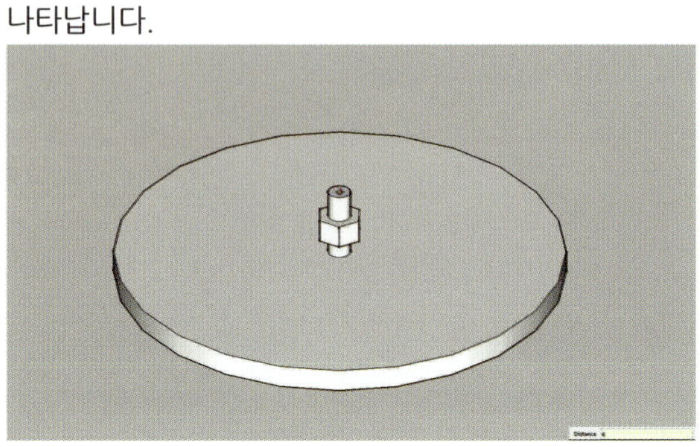

⑯ 먼저 두 Object 중 원형 발판은 Make Group (그룹화) 합니다. 이제 제작된 원형 발판을 'ㄷ'자 형강과 결합해 보도록 하겠습니다. 위치는 원형 발판 중심이 'ㄷ'자 형강 끝에서 안으로 각각 50mm에 위치합니다.

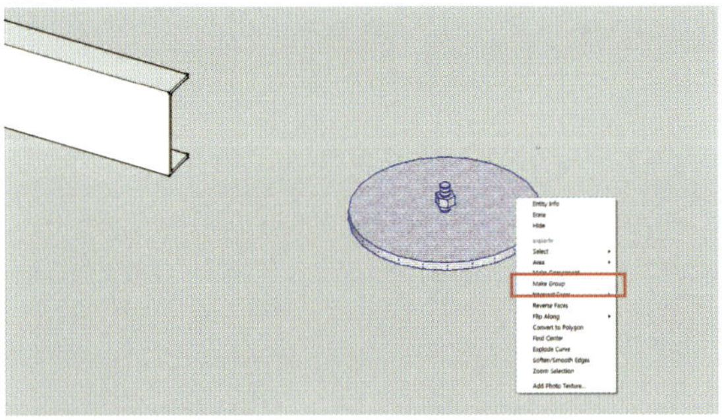

⑰ Select 도구( )를 이용하여 발판을 클릭하고 Move( )를 선택하여 Base Point를 스크류의 윗면 중심점을 클릭, 'ㄷ' 자 형강 밑면 중간에 붙입니다.

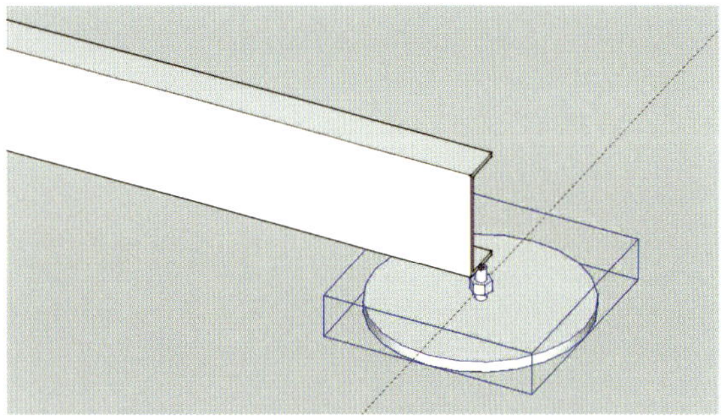

⑱ 발판을 Z축 위로 13mm 만큼 옮깁니다.

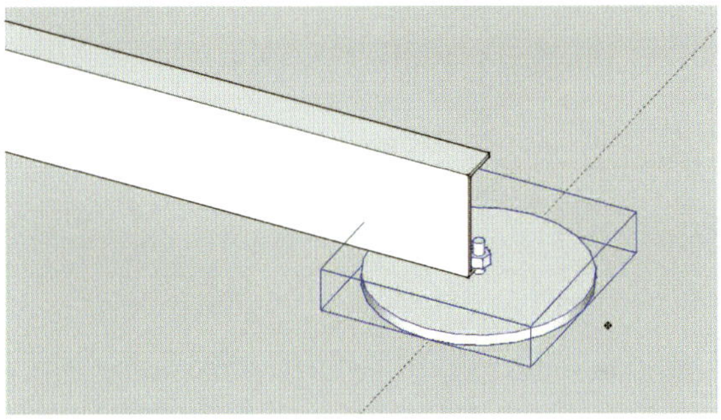

⑲ 그 다음 50mm만큼 안쪽으로 옮깁니다.

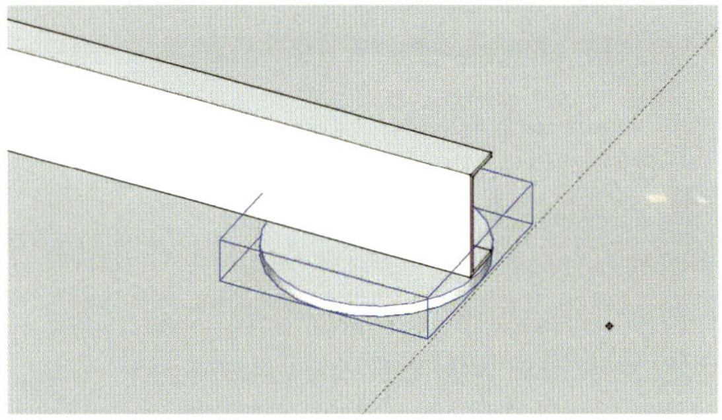

⑳ 반대편도 같은 방법으로 원형 발판을 결합시킵니다. 아래 그림은 반대편에서 바라 본 모습입니다.

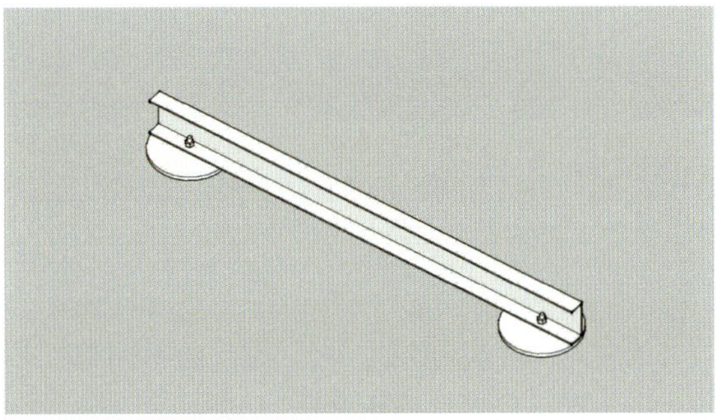

㉑ 마지막으로 Make Group된 상황을 정리해봅니다. 오른쪽 Default Trey의 Outliner를 보면 Group이 두 개가 보입니다. (이름이 Group으로 되어있습니다.) 이 두 개는 원형 발판입니다.

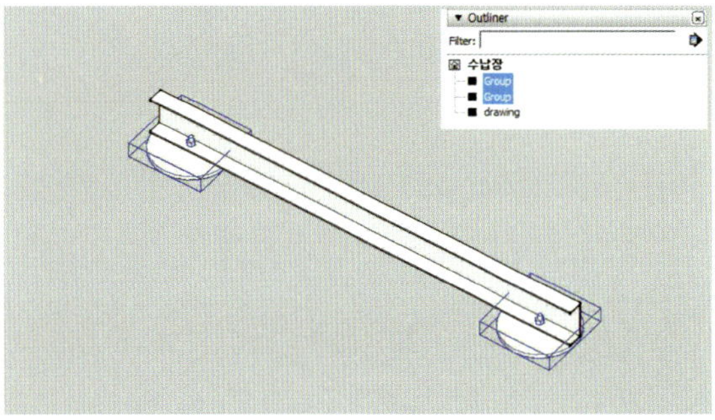

㉒ 이들 Group을 정리하고 'ㄷ' 자 형강을 포함하여 하나의 그룹을 만들어야 합니다. Group을 해체하는 방법은 Group위에 마우스를 올려놓고 오른쪽 버튼을 눌러 Explode를 클릭합니다.

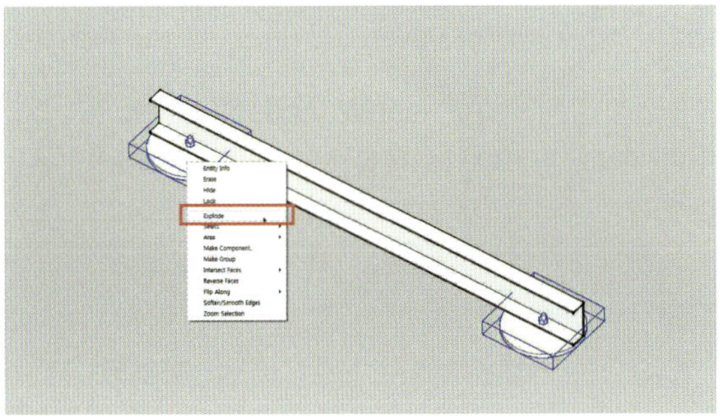

㉓ Group으로 묶여있던 원형 발판들이 해체되었습니다.

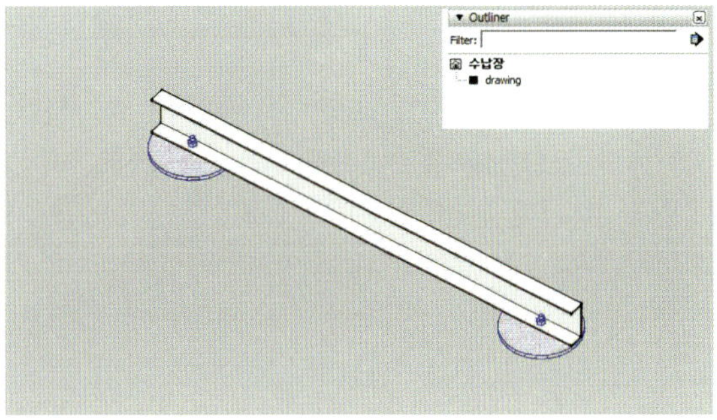

㉔ 이제 'ㄷ' 자 형강까지 모두 선택하여 Make Group(그룹화) 합니다. Select 도구()를 이용하여 발판과 형강을 선택하고, 마우스 오른쪽 버튼을 눌러 Make Group을 클릭합니다.

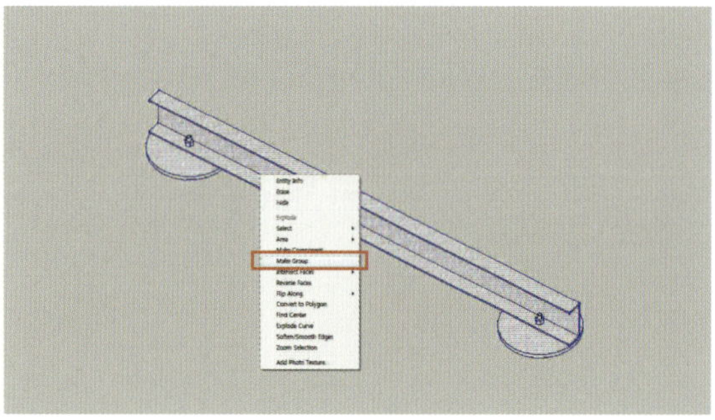

㉕ 그리고 Outliner의 Group위에 마우스를 올려놓고 오른쪽 버튼을 눌러 'leg'라는 이름으로 Rename 합니다.

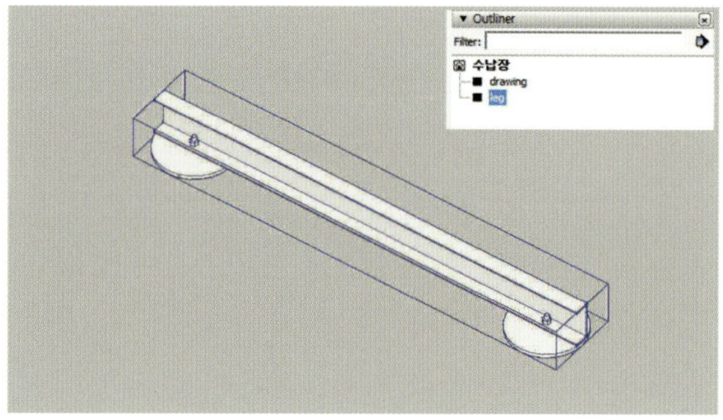

3) 금속 파이프 프레임 제작하기

수납장의 금속 파이프 프레임은 2방향으로 곡률을 이루고 있는 일체형입니다. 이 Object는 'Follow me' 명령어를 이용하여 만들어보도록 하겠습니다.

❶ 우선 Follow me(따라가기)를 수행하기 위해 경로(Path)를 그립니다. 정면도에서는 Line()과 2 Pointed Arc()를 이용하여 아래 빨간 선만큼 라인을 그립니다.

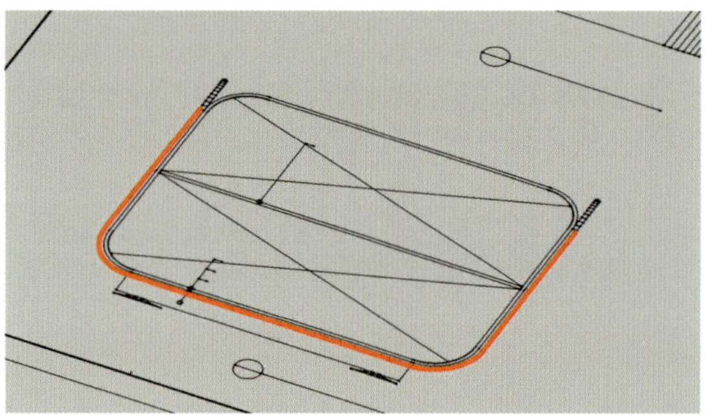

❷ 측면도 역시 Line()과 2 Pointed Arc()를 이용하여 아래 빨간 선만큼 라인을 그립니다.

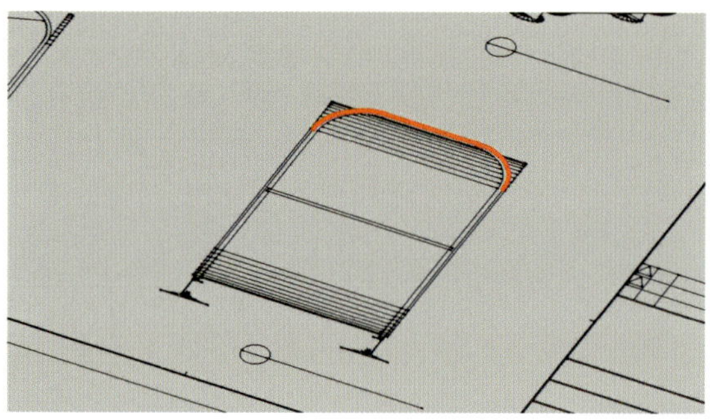

❸ 다 그려진 선들은 따로 여유 공간으로 옮겨놓아 서로 연결합니다.

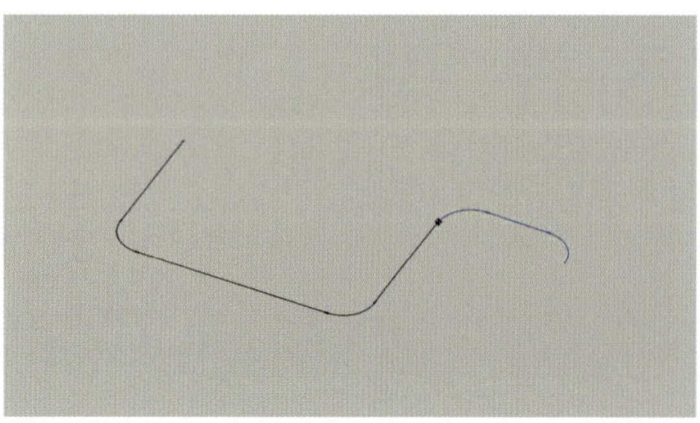

❹ Axes의 Z축을 가로로 전환하여 그려진 선을 모두 선택하고 90도 일으켜 세웁니다.

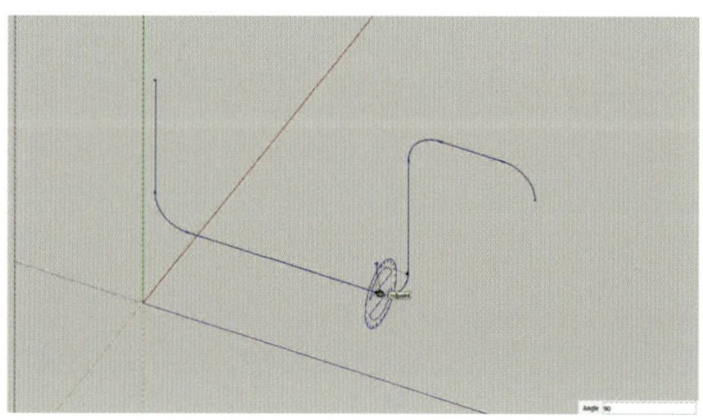

***TIP:* Follow me** (따라가기)

Follow me(따라가기) 툴은 2D 또는 3D 상태의 경로(Path)를 따라가며 3차원으로 모델링을 형성하는 과정입니다. 크게 세 가지 방법으로 모델링을 형성할 수 있습니다.

1) 선을 경로(Path)로 지정하여 모델링하기

Follow me(따라가기) 툴을 이용하여 3차원 모델링하는 첫 번째 방법으로 경로가 되는 선을 마우스를 이용하여 따라가며 3차원을 만듭니다.

- 풀다운 메뉴에서 Tool > Follow me를 선택한 후 원의 면을 클릭하여 경로(Path)를 따라 마우스를 움직입니다.

- 경로(Path)의 끝 지점을 클릭하면 아래와 같은 그림으로 완성됩니다.

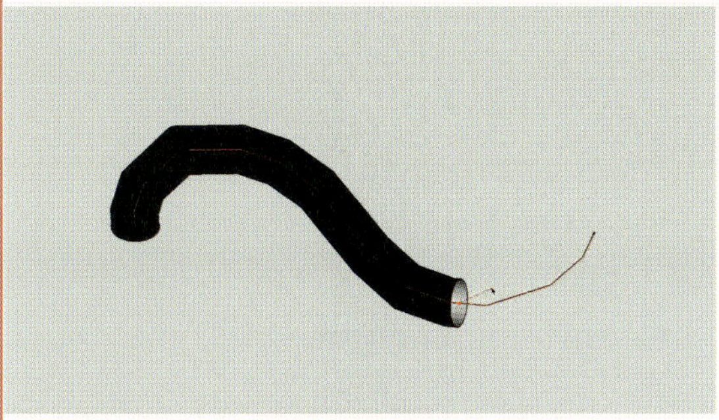

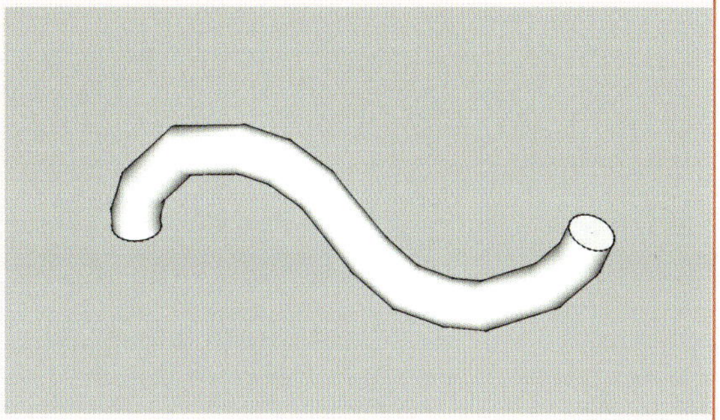

2) 다중선을 경로(Path)로 지정하여 모델링하기

여러 개의 선을 다중으로 선택하고 Follow me(따라가기) 툴을 이용하여 3차원 모델링하는 두 번째 방법으로 이번에는 경로가 되는 선을 선택한 후, 따라가는 객체를 지정하여 3차원을 만들어 보겠습니다.

- 먼저 경로(Path)를 선택한 후 풀다운 메뉴에서 Tool > Follow me를 선택합니다.

- 그 후 원의 면을 클릭하면 아래와 같은 형태가 만들어집니다.

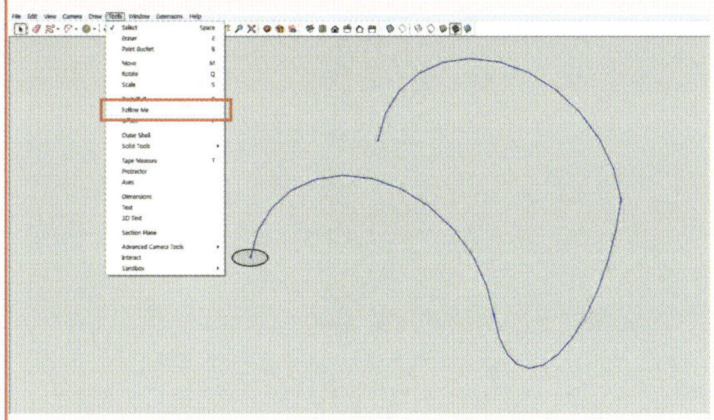

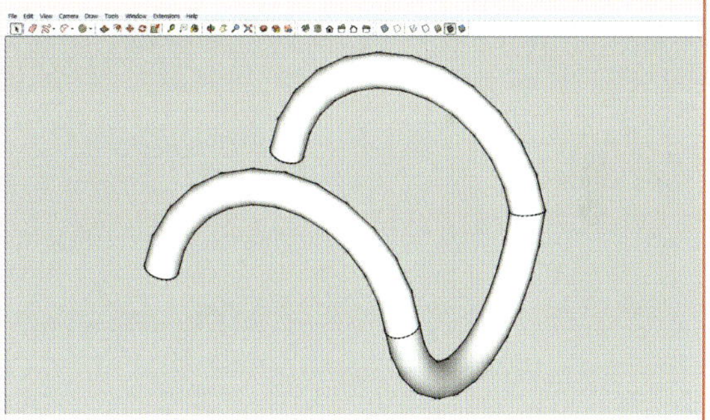

3) 면을 경로(Path)로 지정하여 모델링하기

면을 경로(Path)로 선택하고 Follow me(따라가기) 툴을 이용하여 3차원 모델링하는 세 번째 방법으로 면을 선택한 후, 따라가는 객체를 지정하여 3차원을 만들어 보겠습니다.

- 먼저 면을 선택한 후 풀다운 메뉴에서 Tool > Follow me를 선택합니다.

- 그 후 Follow me(따라가기)를 실행하기 위한 객체의 면을 클릭하면 아래와 같은 형태가 만들어집니다.

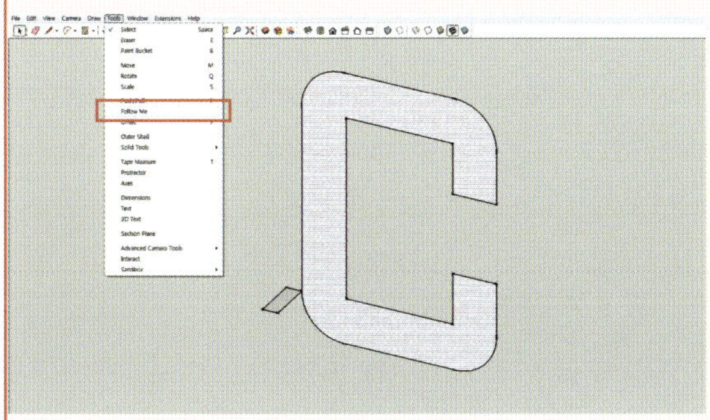

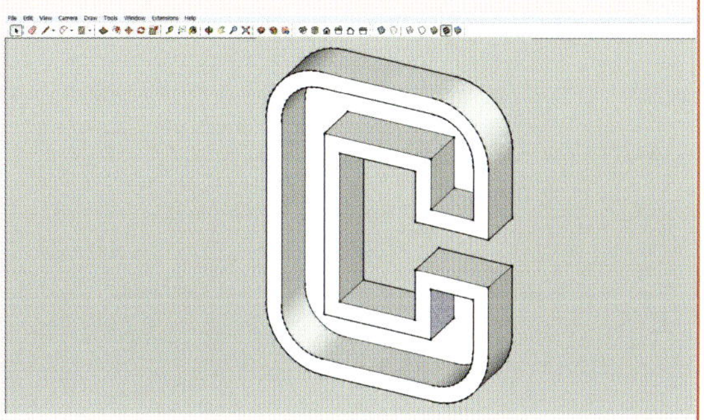

❺ 다시 Axes를 기본으로 전환하여 측면도에서 가져온 선들을 90도 회전해줍니다.

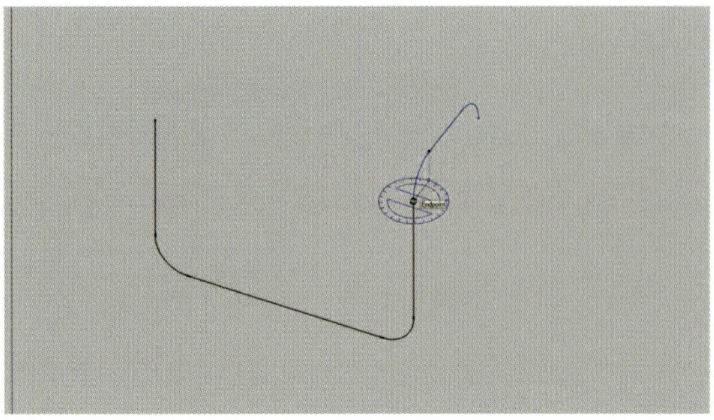

❻ 그리고 각 축에 있는 선들을 아래 그림과 같이 Copy(Ctrl +)합니다. 금속 파이프 프레임을 만들기 위한 경로(Path)가 완성되었습니다.

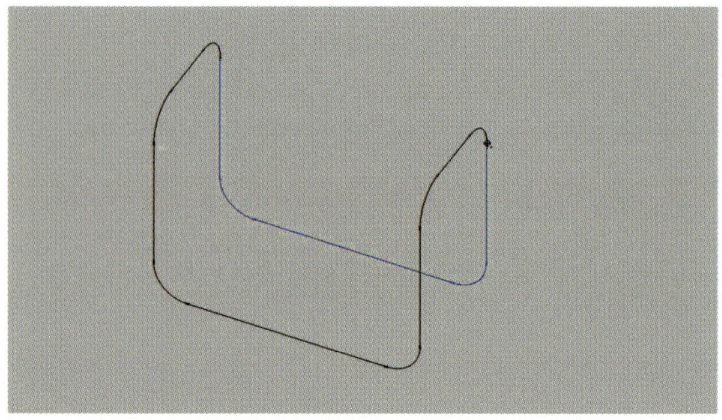

❼ 다 이제는 파이프의 원형 단면을 그려 경로(Path)위에 붙여보겠습니다. 도면에서 파이프의 단면 지름이 10mm라고 알려주고 있으므로 Circle을 이용하여 원을 그려줍니다.

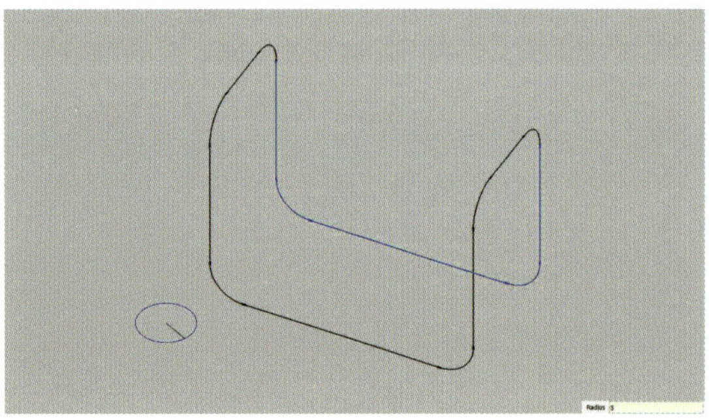

❽ 만들어진 원을 경로(Path)에 붙여야 합니다. 주의할 점은 원의 위치입니다. 우리가 경로(Path)생성을 위해 선을 파이프의 외곽에 그렸습니다. 따라서 Move()의 Base Point를 원의 접선에 클릭하고 경로(Path)의 안쪽에 붙여야만 합니다.

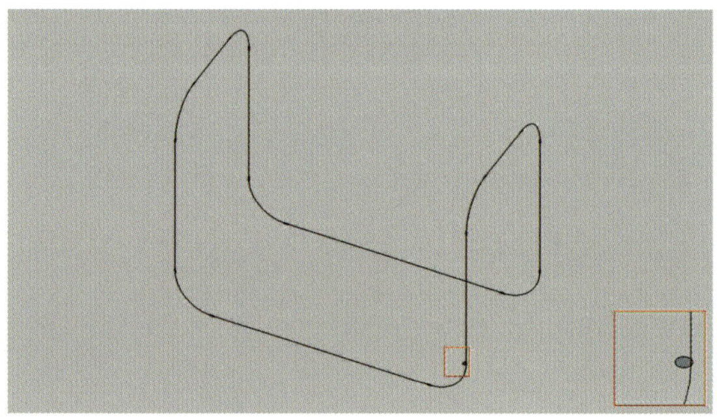

TIP: Axes

SketchUp은 Axes(AutoCAD의 UCS와 같은 기능입니다.)를 사용자가 원하는 대로 바꿀 수 있습니다. 풀다운 메뉴 중 Tool > Axes를 클릭하면 마우스에 Axes가 나타나며 원하는 방향으로 클릭하여 축의 방향을 바꿀 수 있습니다. 원상태로 돌리기 위해서는 마우스 오른쪽 버튼을 눌러 Reset을 선택하면 됩니다.

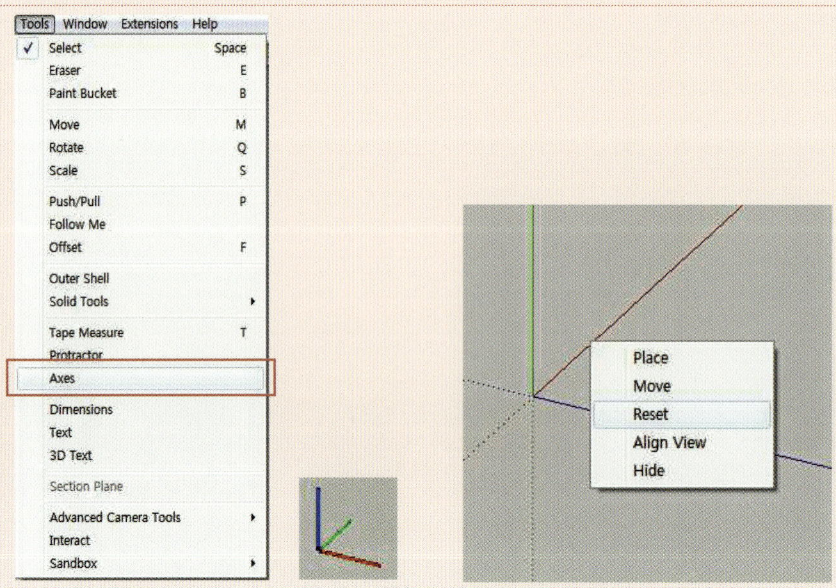

4) 제작된 모델링 결합하기

이제 위에서 제작한 모델링들을 정확한 위치에 결합합니다. 각 모델링들끼리 결합을 용이하게 하려면 각 Object들을 Make Group(그룹화) 시키는 것이 좋습니다. 그리고 Tape Measure Tool()의 Guide Line과 Guide Point를 활용하여 정확한 위치를 지정하면 더욱 정확히 결합할 수 있습니다.

❶ 이미 위에서 발판부분은 Make Group(그룹화) 시켰으므로, 나머지 우드선반(body)과 금속 파이프 프레임(frame)을 그룹화 합니다.

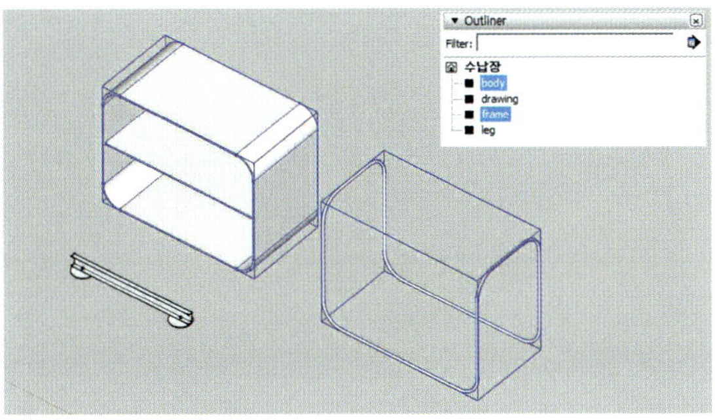

❷ 이제 세 Object들을 결합하겠습니다. Move()를 선택합니다. 우드선반의 밑면 midpoint(표시된 부분)를 base point로 클릭합니다.

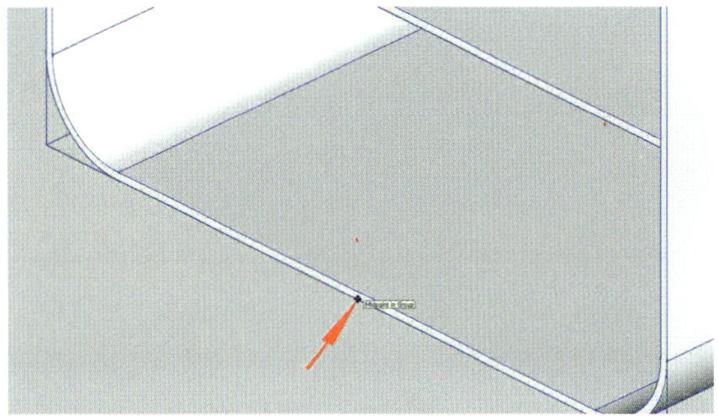

❸ 금속 파이프 프레임의 윗면 midpoint(표시된 부분)를 클릭합니다.

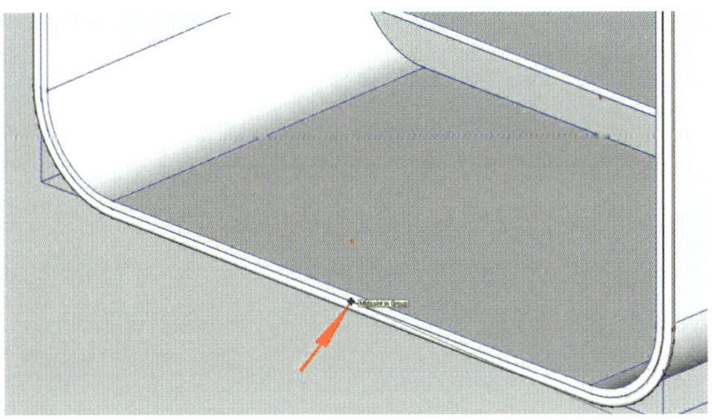

❹ 도면을 참고해 보면 금속 파이프 프레임의 폭은 400mm, 우드선반의 폭은 410mm입니다. 따라서 선택된 우드선반을 5mm정도 밖으로 옮겨줍니다.

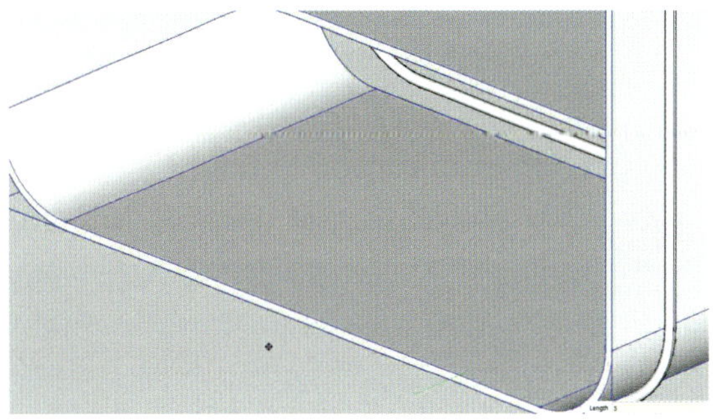

❺ 이번에는 발판을 결합해 보도록 하겠습니다. Move()를 선택하여 발판의 윗면 midpoint(표시된 부분)를 base point로 클릭합니다.

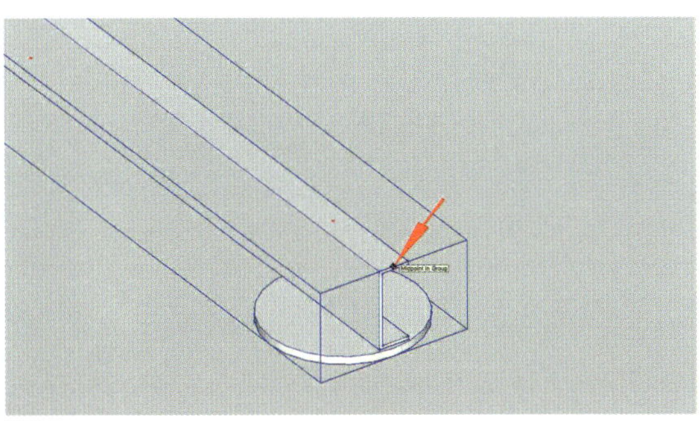

❻ Orbit()으로 시점 방향을 아래로 돌려 금속 파이프 프레임의 밑면 midpoint(표시된 부분)를 클릭합니다.

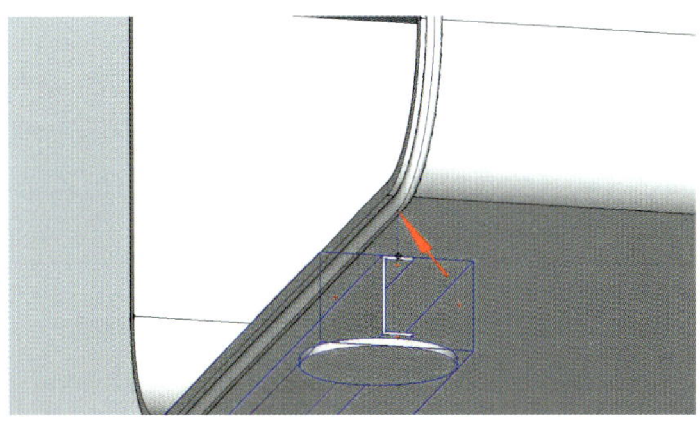

❼ 아래 그림과 같이 발판이 결합되었습니다. 이제는 반대쪽 위치에 발판을 복사해 결합시켜 보겠습니다.

❽ 발판을 더블클릭하여 Edit Group을 활성화 시킵니다. 그리고 발판을 트리플 클릭하여 전체를 선택합니다.

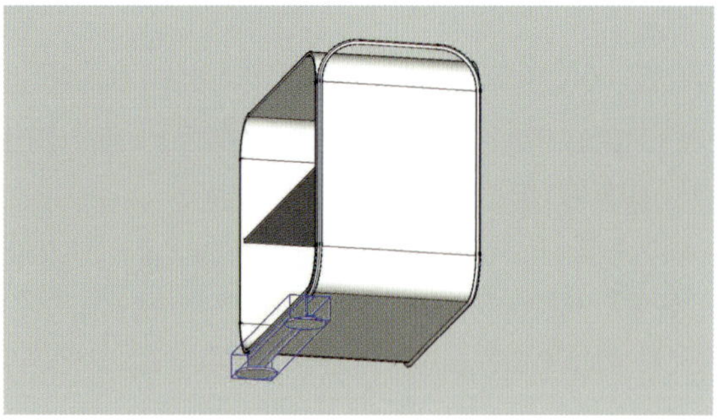

❾ 반대쪽 위치로 Copy(Ctrl +)를 합니다.

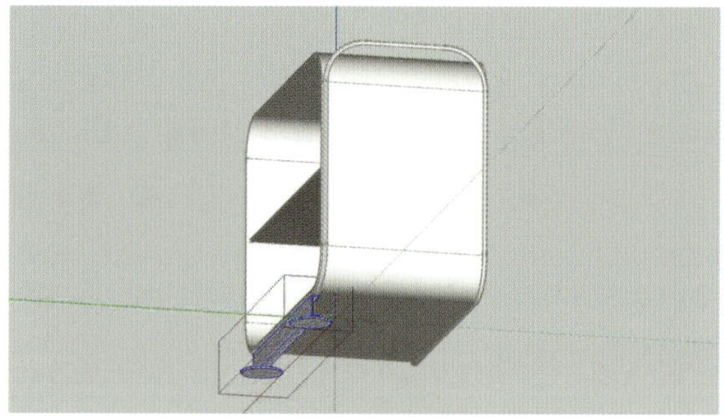

❿ Rotate()를 선택하여 Z축으로 평행하게 복사한 Object를 180도 회전합니다.

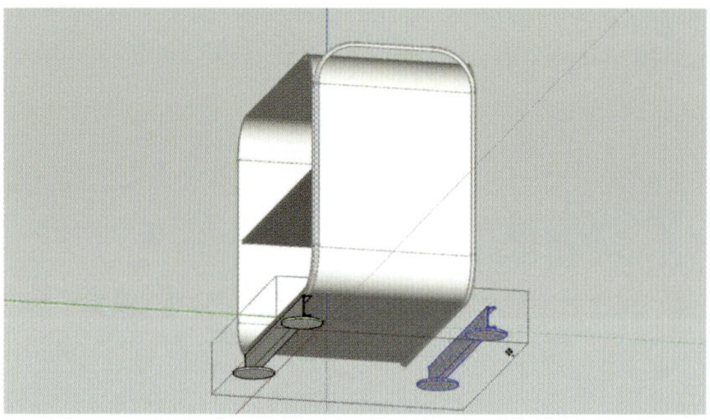

⓫ 위에서 발판을 프레임에 결합한 방식과 마찬가지로 Move()를 선택하여 발판의 윗면 midpoint(표시된 부분)를 base point로 클릭합니다.

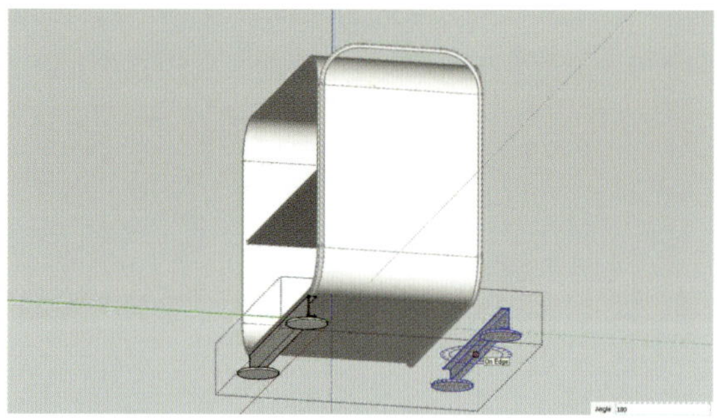

⓬ 금속 파이프 프레임의 밑면 midpoint(표시된 부분)를 클릭합니다.

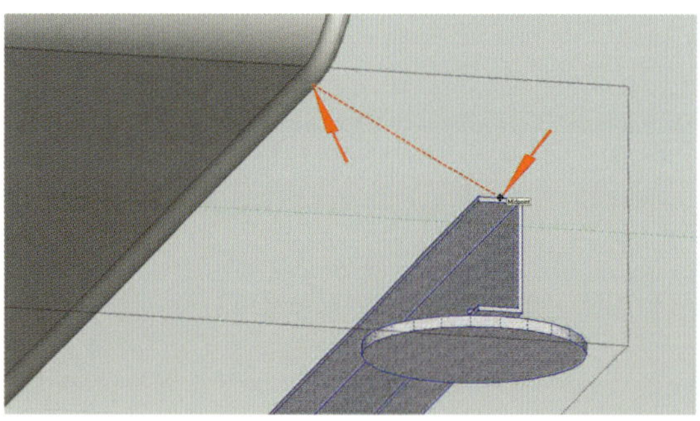

⓭ 결합이 확인되었다면 Select() 버튼을 눌러 Object 외곽 여유 공간을 클릭하여 Edit Group를 빠져나옵니다.

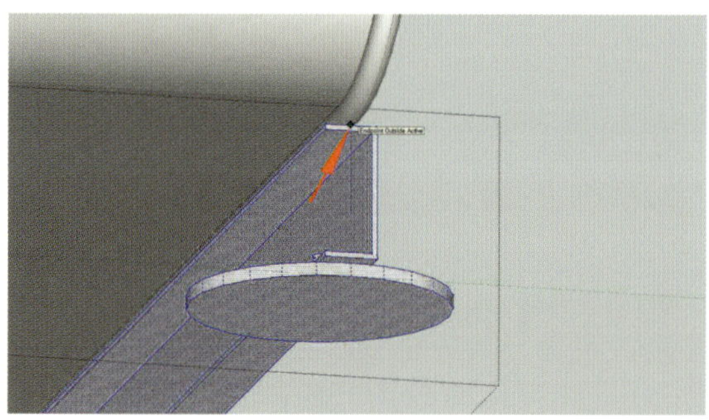

⓮ Orbit()으로 시점 방향을 아래로 돌려봅니다. 수납장이 완성되었습니다.

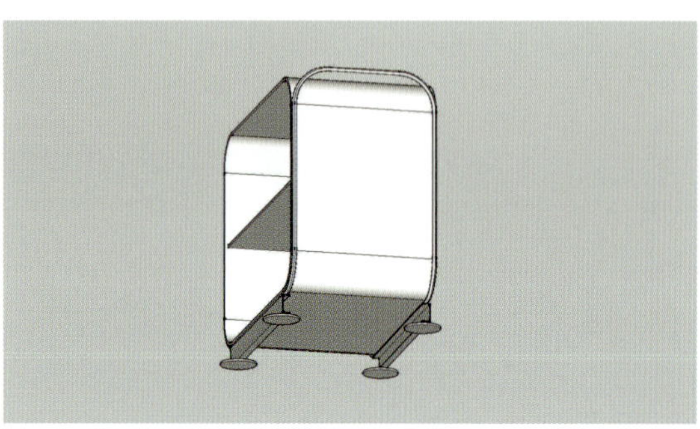

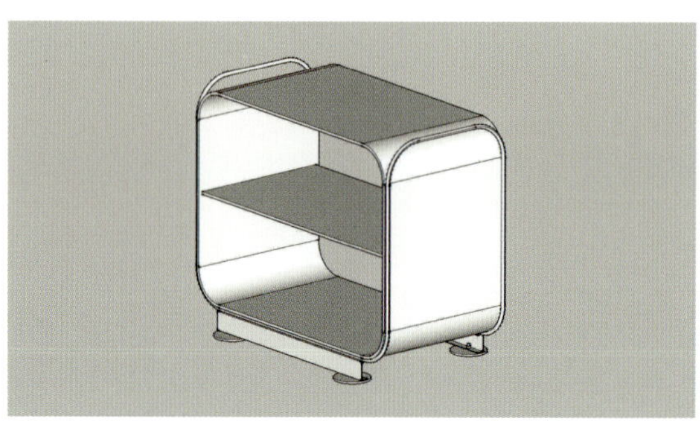

STEP 03 철근 배근 모델링

아래 도면은 실시설계 도서에서 포함하는 '보 일람표'와 '기둥 일람표'의 일부분입니다. 현장에서는 이 두 도면을 참고하여 철근배근을 하게 됩니다. 따라서 아래 표기되어 있는**('A')** 보와 기둥의 일람표를 선택하여 철근 배근 모델링을 진행해 보도록 하겠습니다.

file: 03-RC modeling sample/ 01-RC modeling.dwg

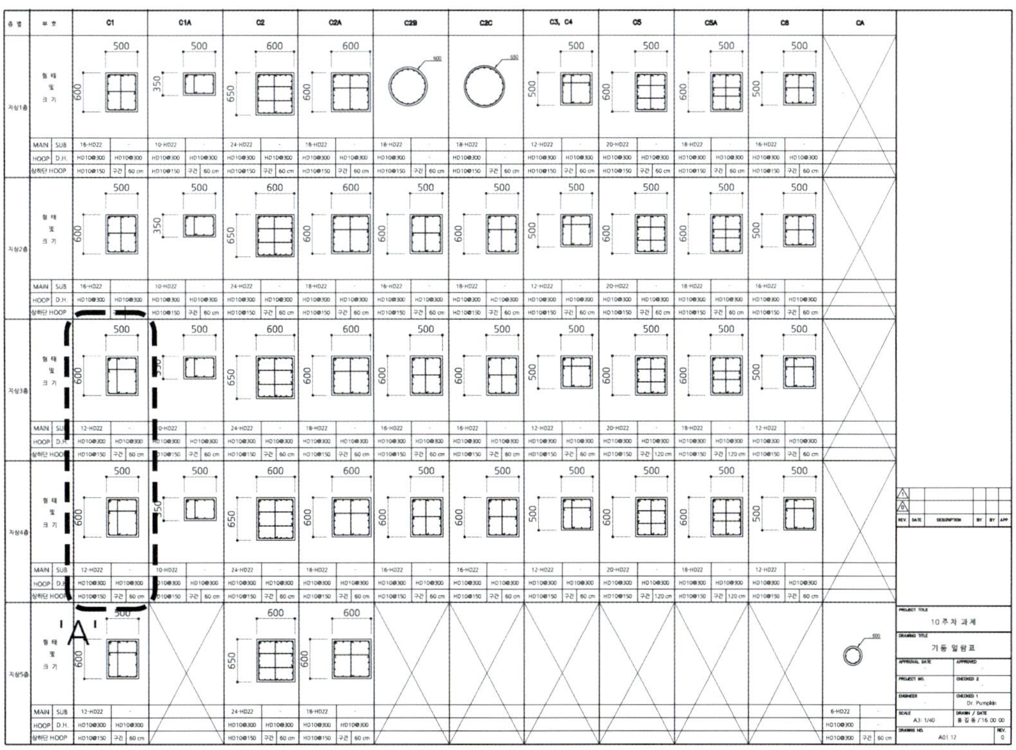

1. 구조도면 기호 알아보기

우선 각 일람표의 3차원 구현에 앞서 구조설계도서를 판독할 수 있도록 각 기호들을 알아보겠습니다. 아래 그림을 살펴보면 위의 표기된 '보 일람표'와 '기둥 일람표'를 발췌하여 정리하였습니다. 이 도면을 바탕으로 각 용어들에 대한 의미를 살펴보고, 3차원을 구현하도록 하겠습니다.

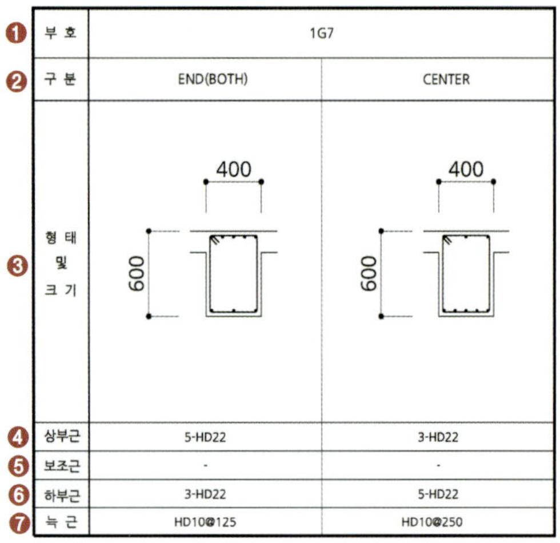

❶ **부호:** 보에 붙는 임의의 기호입니다. 흔히 알파벳 'B'와 'G'에 순서대로 임의의 숫자를 붙이는데, 'B'는 'Beam', 'G'는 'Girder'를 의미합니다.

❷ **구분:** 보의 양 끝단부(END)과 중앙부(CENTER)를 지정합니다.

❸ **형태 및 크기:** 보의 양 끝단부와 중앙부의 형태와 크기를 수직 단면으로 나타냅니다.

❹ **상부근:** 보의 상부에 들어갈 철근의 규격을 표기합니다. 위의 양 끝단부에 표기된 '5-HD22'는 지름 22mm 고장력 이형철근(High-tension Deformed Bar) 5개를 말합니다.

❺ **보조근:** 상부근과 하부근 사이 배치되는 철근입니다. 위의 도면에는 해당사항이 없습니다.

❻ **하부근:** 보의 하부에 들어갈 철근의 규격을 표기합니다.

❼ **늑근:** 보의 균열과 뒤틀림을 대비하여 배치하는 철근입니다. 위의 양 끝단부에 표기된 'HD10@125'는 고장력 이형철근 10mm를 125mm 간격으로 배치하라는 의미입니다.

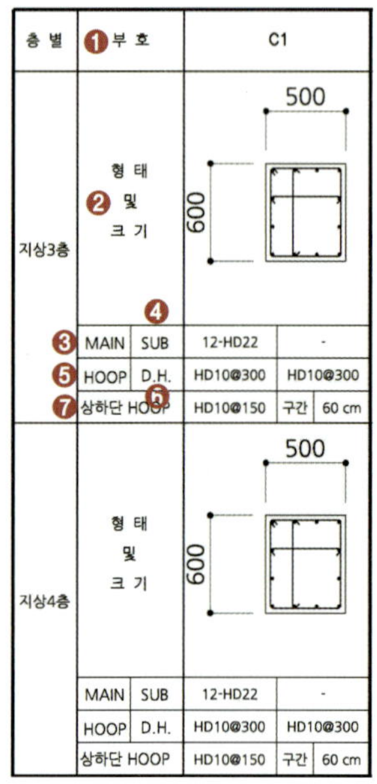

❶ **부호:** 기둥에 붙는 임의의 기호입니다. 알파벳 'C'에 순서대로 임의의 숫자를 붙이는데 여기서 'C'는 'Column'을 의미합니다.

❷ **형태 및 크기:** 기둥의 형태와 크기를 수평 단면으로 나타냅니다.

❸ **MAIN:** 주근을 의미하며 주근의 규격을 표기합니다.

❹ **SUB:** 보조근을 의미하며 배치된 철근의 뒤틀림을 방지하기 위해 배치됩니다.

❺ **HOOP:** 기둥의 주근을 둘러싸 배치하는 늑근을 의미합니다.

❻ **D.H:** 'Diagonal Hoop'의 약자인 보조대근을 의미하며, 위의 도면에서 십자모양으로 나타난 철근을 말합니다.

❼ **상하단 HOOP:** 보와의 연결 부위 상단과 하단에 들어갈 늑근의 규격과 간격을 말합니다.

2. 도면 불러오기

AutoCAD로 작성된 *.dwg file을 SketchUp으로 불러내어 모델링 작업을 해 보도록 하겠습니다. 풀다운 메뉴에서 File > Import를 클릭하여 *'01-RC modeling.dwg'* file을 선택합니다. 그러면 아래와 같이 '보 일람표'와 '기둥 일람표' 도면이 불러들어 옵니다. 그리고 도면을 모두 선택하여 Group화하고 Group의 이름을 'drawing'으로 바꿔줍니다.

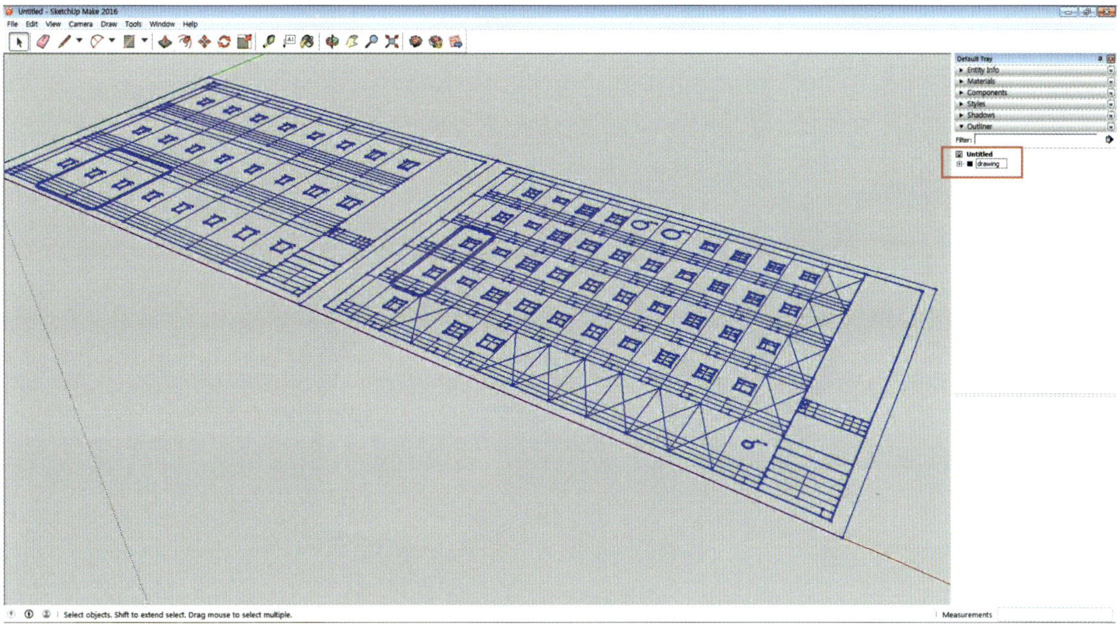

그리고 화면의 상태를 Perspective가 아닌 Parallel Projection으로 바꿉니다. 풀다운 메뉴에서 Camera > Parallel Projection을 선택합니다.

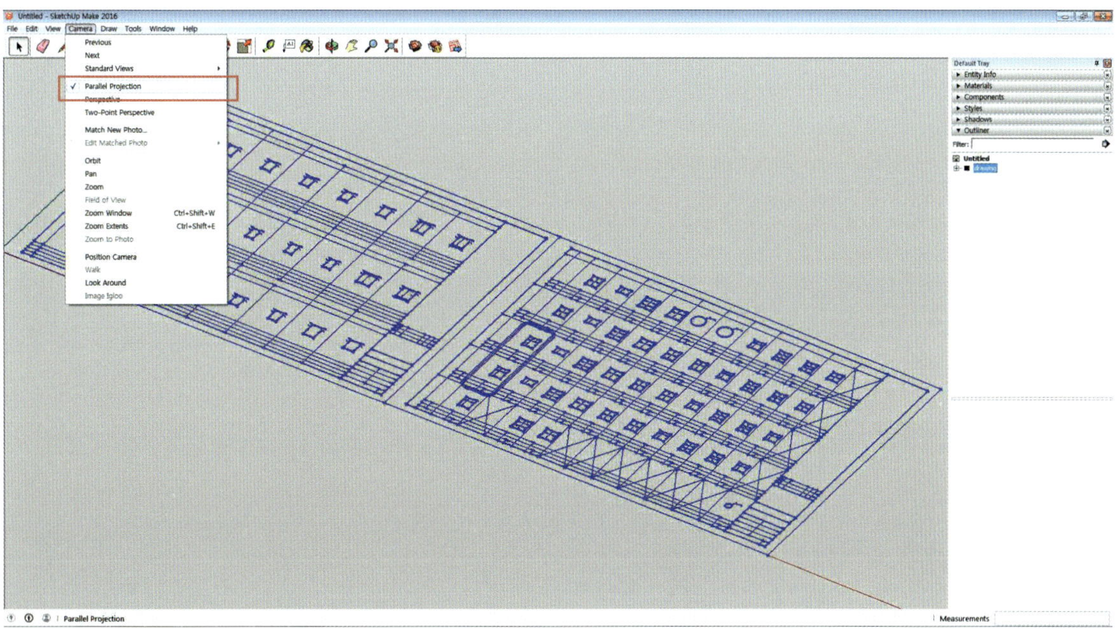

3. 철근 배근 모델링하기

철근 배근 모델링은 'Follow me'와 다중복사 명령어(Alt +)를 적절히 활용한다면 비교적 단시간에 모델링이 이루어집니다. 다만 철근 배근 도면의 정확한 이해와 철근 배근 방법에 관한 숙지가 먼저 이루어져야 할 것입니다. 이번 실습에서는 위의 '1. 구조도면 기호 알아보기'를 참고하고, 모델링 과정 중 필요한 구조 설계에 관한 정보를 간략한 TIP을 통하여 알아보면서 모델링 작업을 진행하도록 하겠습니다.

모델링의 순서는 보 배근 모델링 제작 후 기둥 배근 모델링으로 진행하겠습니다. 어떠한 것부터 작업하여도 큰 문제는 없으나 기둥의 '상하부 HOOP'를 위치하기 위해서는 보와 기둥이 결합이 필요합니다.

1) 보 배근 모델링하기

❶ Circle( )을 이용하여 보의 일람표에서 양 끝단부(END)의 수직 단면 위에 오른쪽 그림과 같이 상단부와 하단부의 철근에 지름 22mm 원을 그려줍니다.

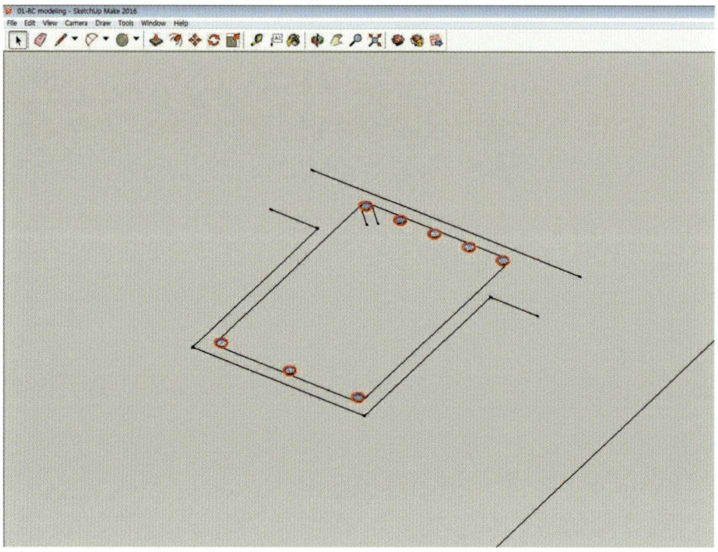

TIP: 보의 양 끝단의 상부근과 하부근의 개수가 중앙부에서 반대로 나타나는 의미는 5개중 2개는 벤트근임을 알 수 있습니다.

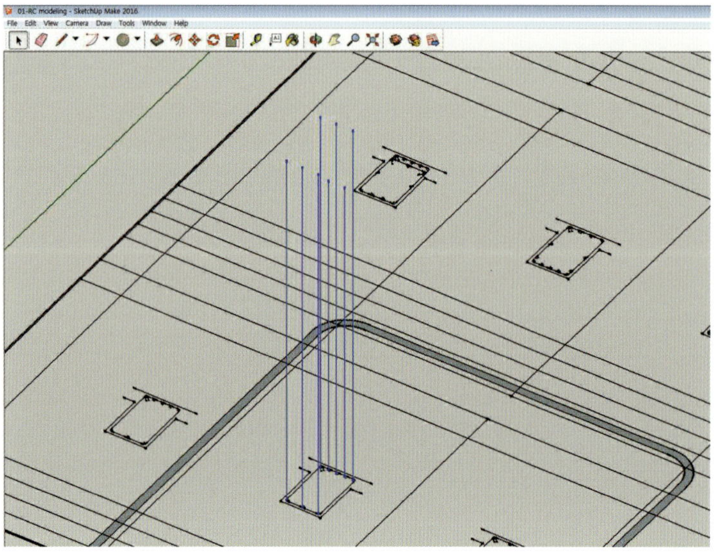

❷ Line( )을 이용하여 원의 중심, 그리고 그곳의 수직 아래 위치에 임의의 길이로 Z축에 평행한 직선을 그립니다. 그려진 직선은 'Follow me' 실행 시 'Path'로 활용됩니다.

〈상부근 3개: 3,500mm〉
〈톱 근 2개: 2,000mm〉
〈하부근 3개: 3,400mm〉

TIP: 벤트근의 방식은 철근을 굽혀 배근하는 방식과 따로 떨어져 있는 톱근방식으로 나뉩니다. 이번 예제는 톱근 방식으로 모델링하도록 합니다.

❸ 상단부와 하단부 주근의 정착길이를 지정하겠습니다.
 우선 정착 길이를 작성하기 위해 오른쪽 그림과 같이 Y축을 수직으로 Axes를 회전합니다.

TIP: SketchUp에서 Axes개념은 AutoCAD의 UCS 개념과 동일합니다.

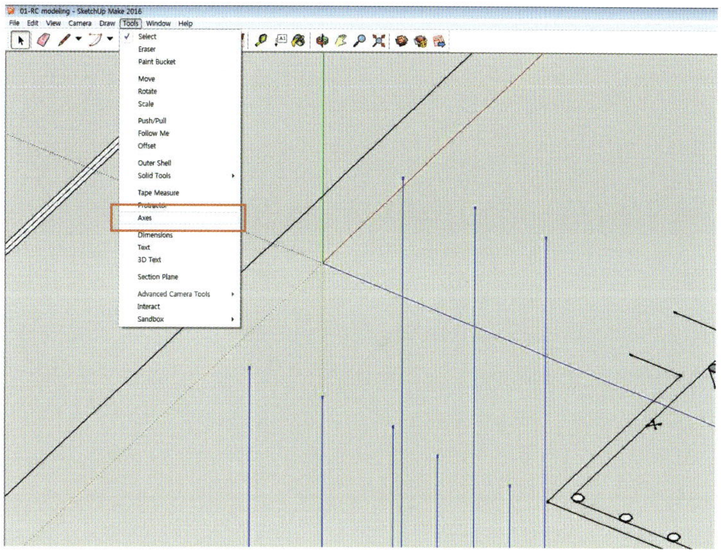

TIP: 철근의 정착길이 (development length) : 콘크리트에 묻힌 철근이 뽑히거나 미끄러지지 않고 철근 의 인장 항복에 이르기까지의 응력을 발휘할 수 있는 최소묻힘 길이를 말합니다. 정착길이의 기준은 40d(40 X 철근 지름)으로 지정합니다.
정착길이에 관한 보다 자세한 내용은 '배근설계 표준품셈'을 참고하시기 바랍니다.

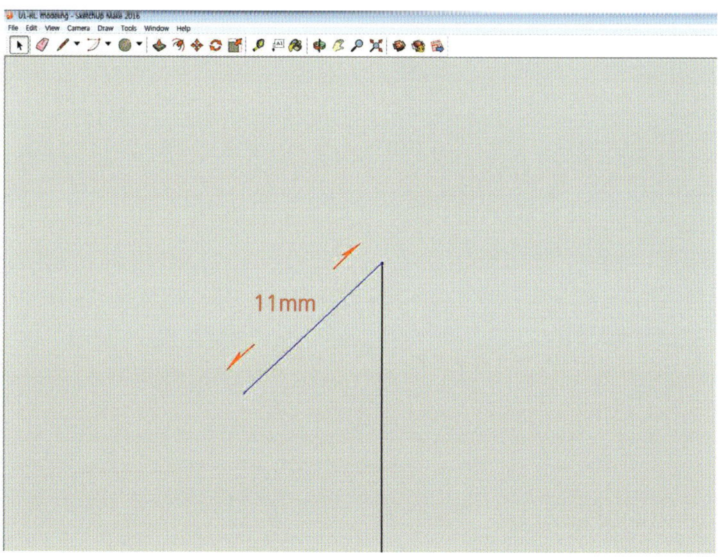

❹ Line(✏)을 이용하여 왼쪽 그림과 같이 11mm 만큼 선을 그립니다.

TIP: 해당 철근의 지름이 22mm이므로 11mm의 선을 그려 철근 절곡의 반지름을 결정한다.

❺ Arc(icon)를 이용하여 중심점(P1)을 클릭하고, Arc가 시작될 지점(P2) 부분을 클릭하여 Arc를 생성합니다.

그리고 마우스를 Quarter Circle 이 나타날 때까지 위로 올려 클릭하거나, 오른쪽 아래 VCB에 Angle값으로 90을 입력한 후 Enter 키를 누릅니다. 이제 앞서 그렸던 선은 무의미하므로 삭제합니다.

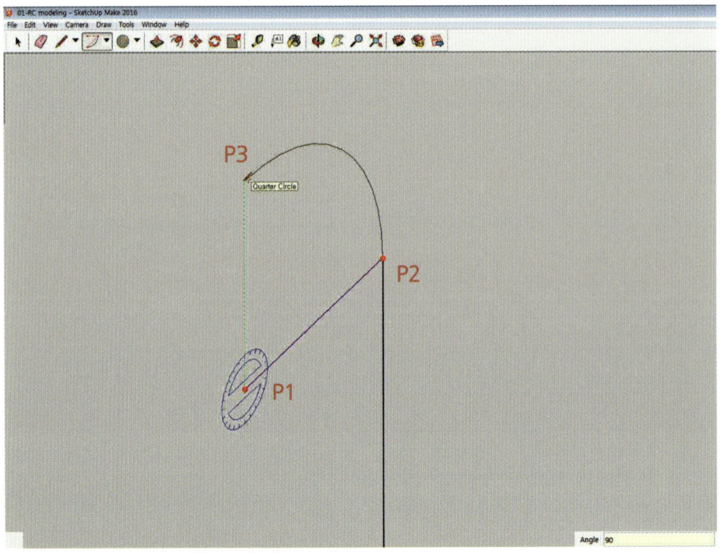

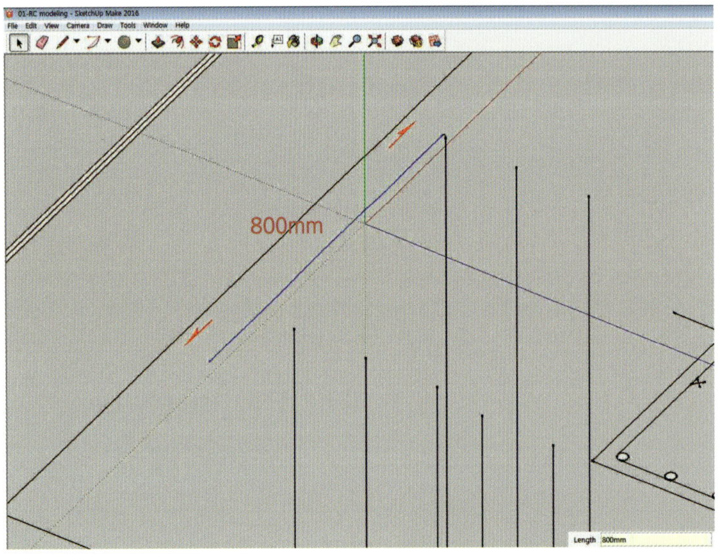

❻ Line(icon)을 이용하여 왼쪽 그림과 같이 정착길이를 지정해 줍니다.

<정착길이: 800mm>

❼ 벤트근을 제외한 나머지 상부근과 하부근에도 정착길이를 적용합니다.

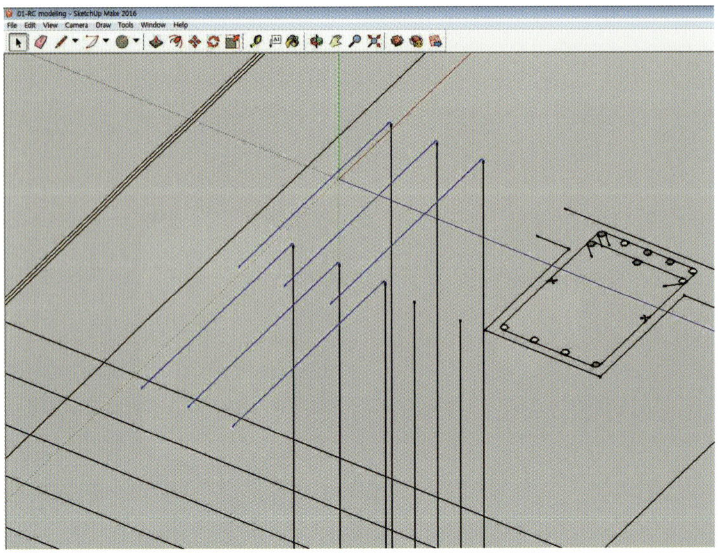

❽ 철근배근의 Path가 만들어졌습니다. 이제 'Follow me' 명령어를 이용하여 철근을 모델링합니다.

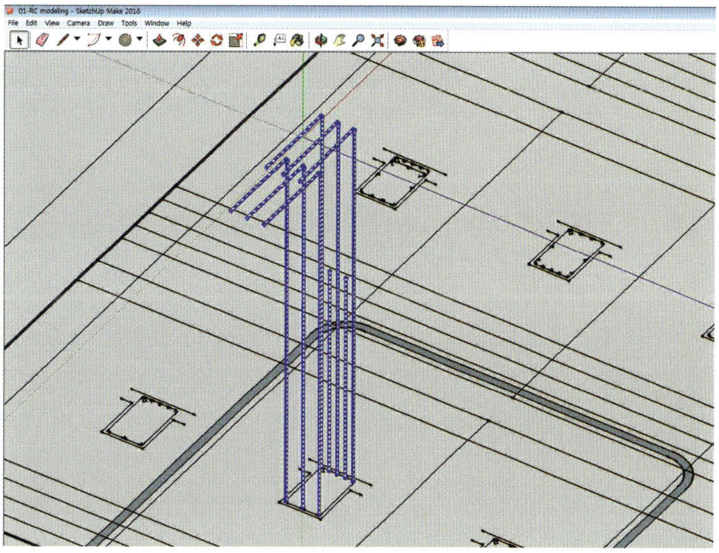

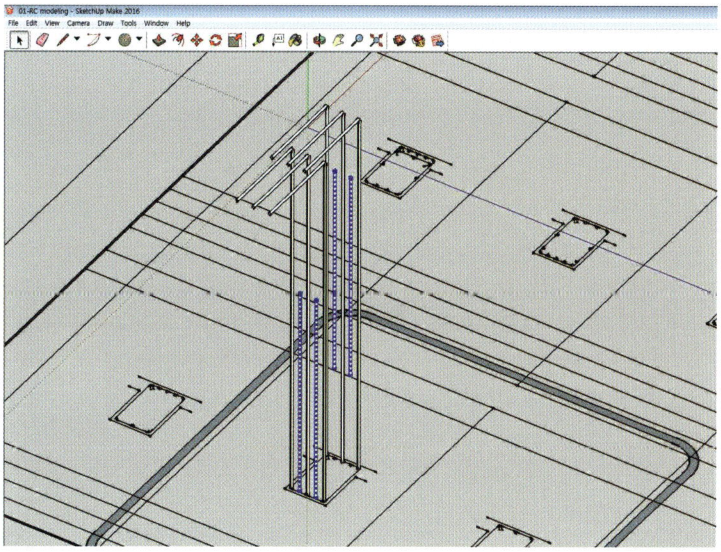

❾ 이번에는 상부근과 하부근의 톱근을 생성하겠습니다. 상부근의 톱근을 하부근에 복사합니다. 그리고 상부근의 톱근을 900mm만큼 수직 이동합니다.

톱근은 보 전체 길이의 1/4 위치에서 이루어집니다. 제공된 도면에는 보의 길이가 나타나지 않았으므로 임의의 위치에서 작업하도록 하겠습니다.

❿ 보의 주근이 모두 완성되었습니다. 생성된 주근을 모두 선택하여 Group화 합니다. 그리고 Group의 이름을 'girder_main'이라고 바꿔줍니다.

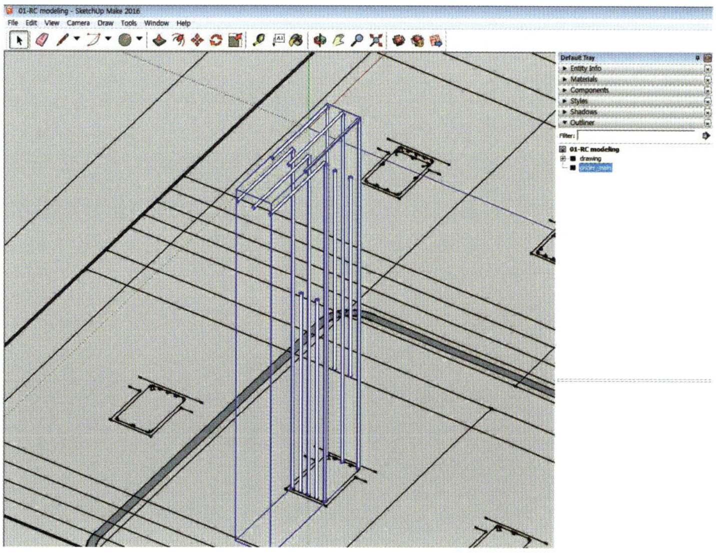

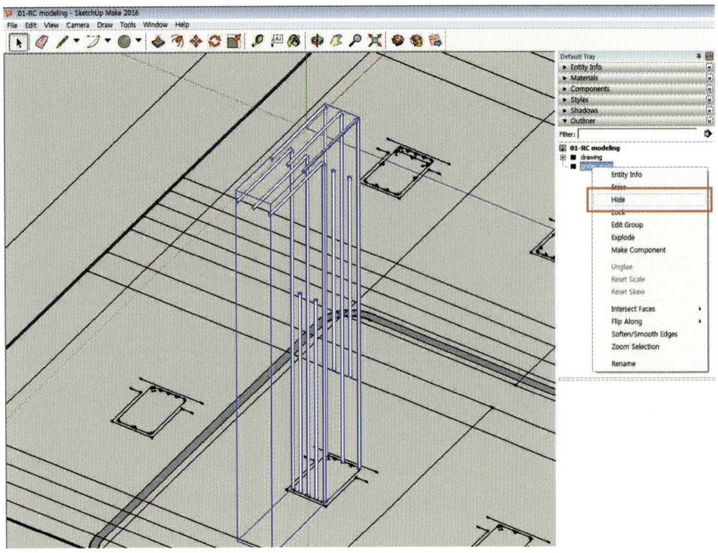

⑪ 늑근을 제작하도록 하겠습니다. 늑근은 주근을 한 바퀴 돌아 늑근끼리 간섭하지 않고, 비틀려 절곡되어야 함을 주의해야 합니다.

우선 제작된 주근은 잠시 Hide 시킵니다.

⑫ 도면에 나타나 있는 늑근의 일부를 Line( )과 2 Pointed Arc ( )를 이용하여 오른쪽 그림과 같이 그려줍니다.

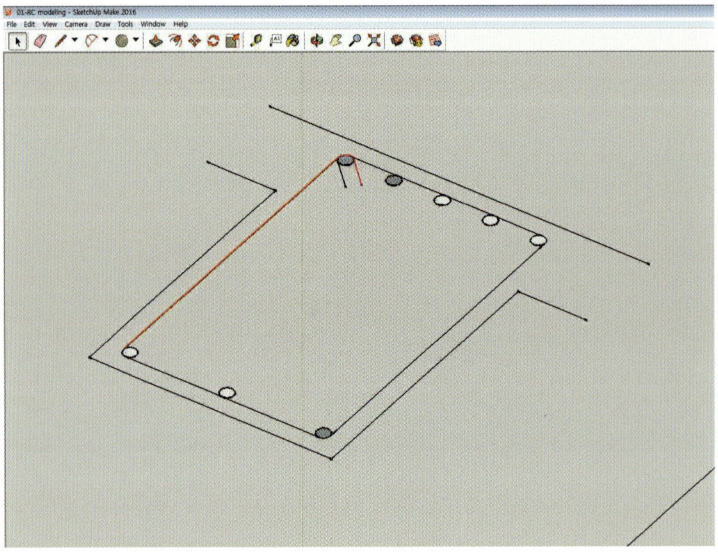

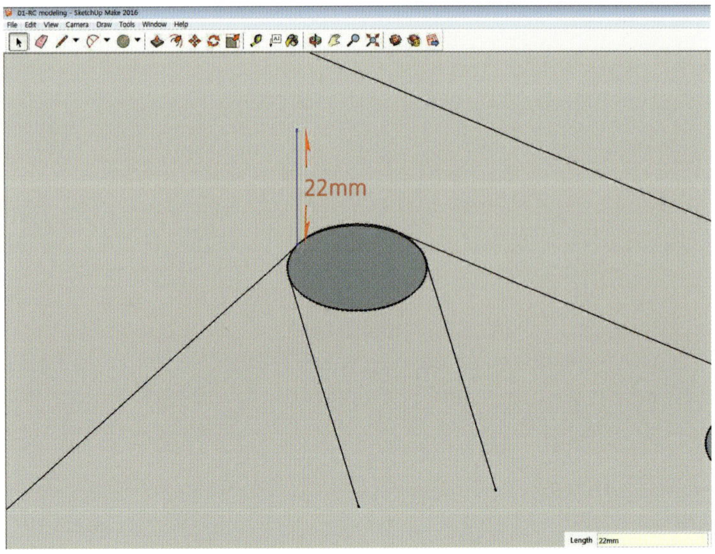

⑬ 왼쪽 그림과 같이 Line( )을 이용하여 22mm 선을 수직으로 그립니다.

⑭ Rotate( )를 선택하여 중심점을 P1 지점이 클릭하고, 각도점을 P2 클릭 후 P3지섬을 클릭합니다. 그러면 그려놓았던 수직선은 상쇄되어 사라지며, 늑근 선의 일부가 각도를 이루어 경사지게 됩니다.

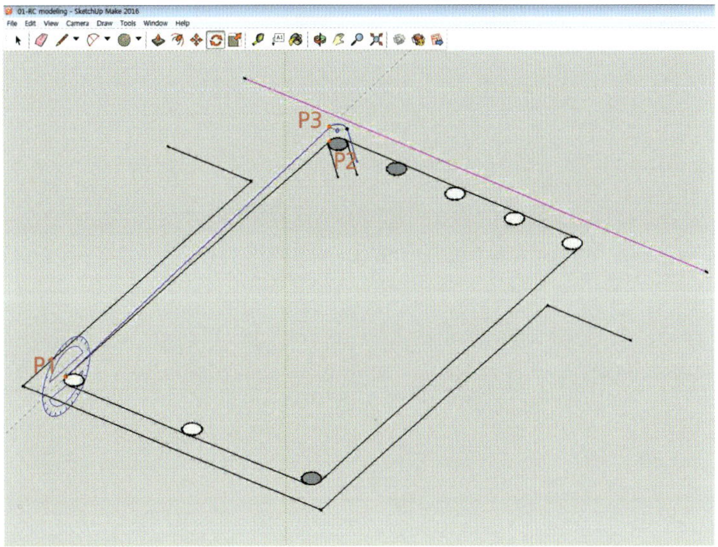

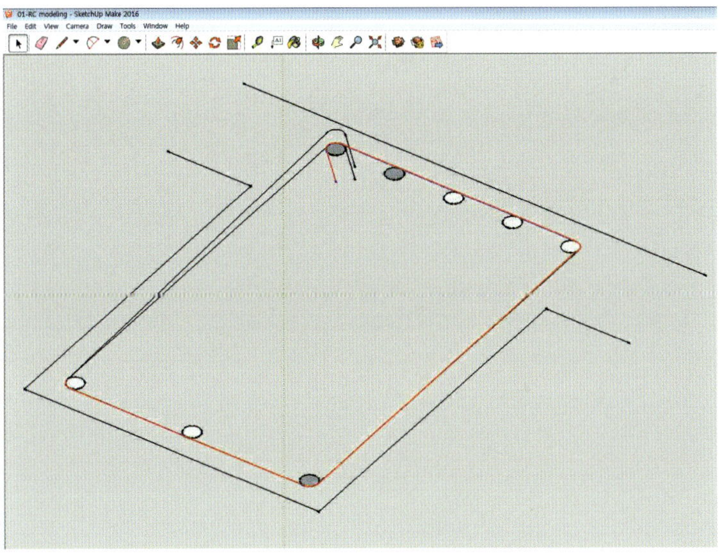

⑮ 이제 왼쪽 그림과 같이 Line( )을 이용하여 남은 늑근의 선을 그려줍니다. 선이 끊어짐 없이 연결되어야 함을 유의해야만 합니다.

⑯ 그려진 선의 수직으로 지름 10mm 원을 그리겠습니다.
우선 오른쪽 그림과 같이 Axes를 설정합니다.

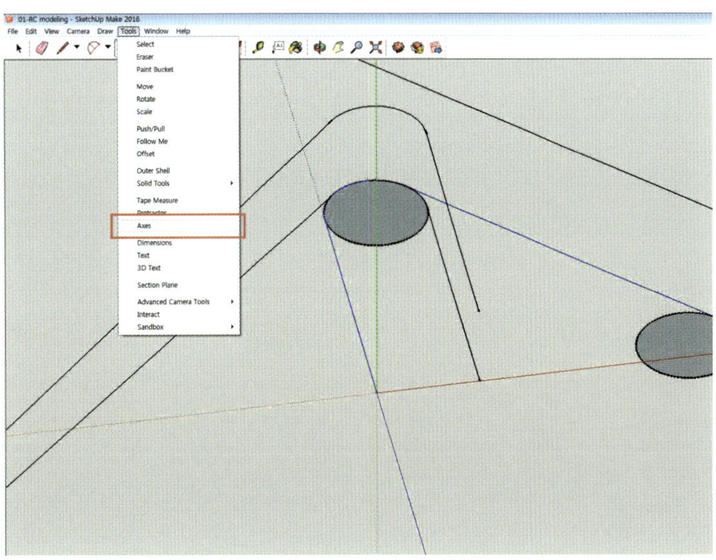

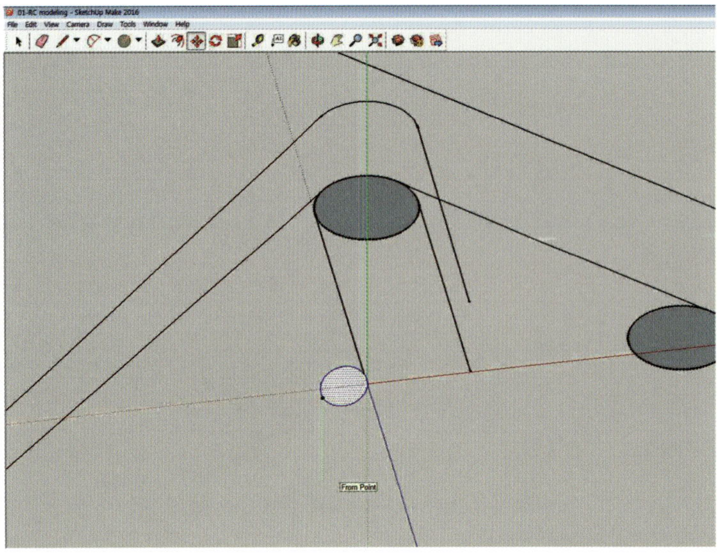

⑰ Circle(◉)을 이용하여 왼쪽 그림과 같이 지름 22mm 원을 그립니다. 원의 위치를 선의 외접하게 두는 이유는 'Follow me' 실행 시 원이 선을 따라 Object가 형성되므로 주근과 간섭을 피하기 위함입니다.

TIP: 원은 여유 공간에 그렸다가 붙여 넣는 것이 가장 편리합니다.

⑱ 'Follow me'를 이용하여 오른쪽 그림과 같이 늑근을 형성합니다.

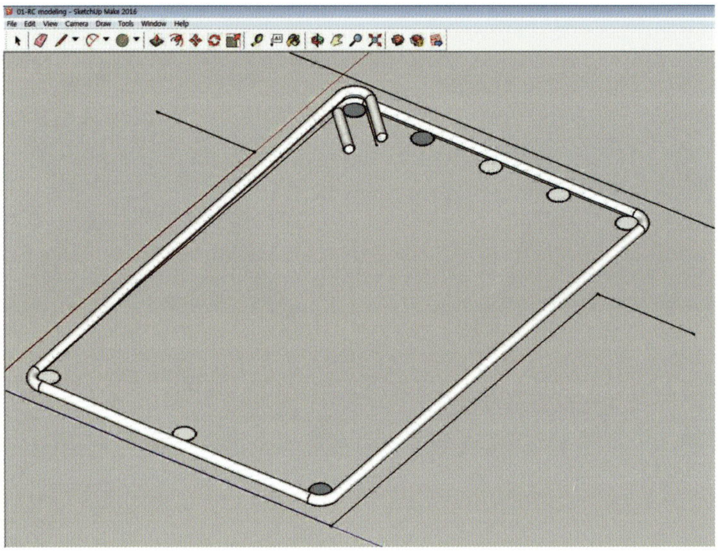

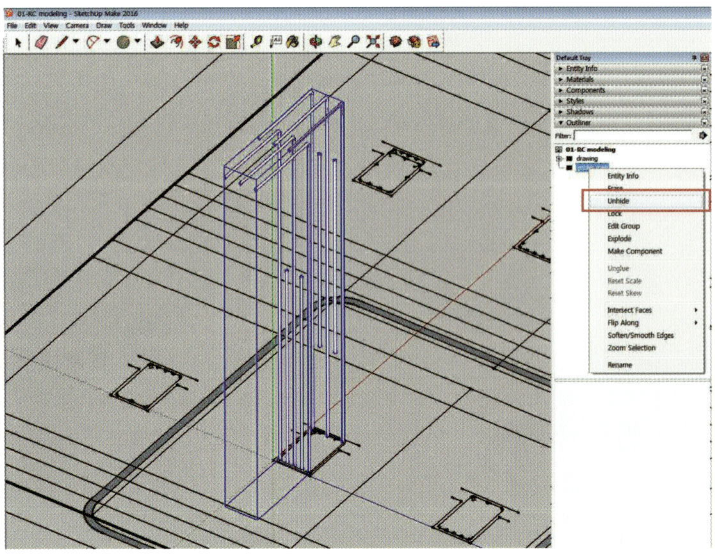

⑲ Default Tray의 Outliner에서 'girder_main'에 마우스를 올려놓고 오른쪽 버튼을 눌러 'Unhide'를 클릭합니다.

이제 늑근을 배치하도록 하겠습니다.

⑳ 우선 Move()를 이용하여 늑근을 보의 시작지점으로 옮겨놓습니다.

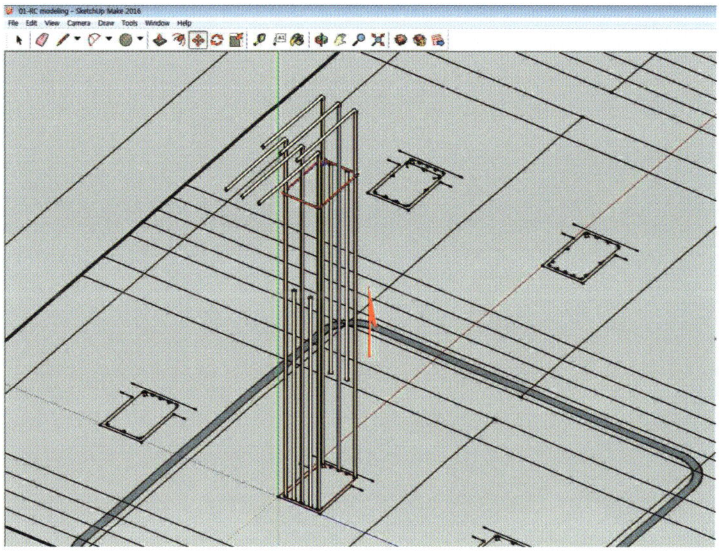

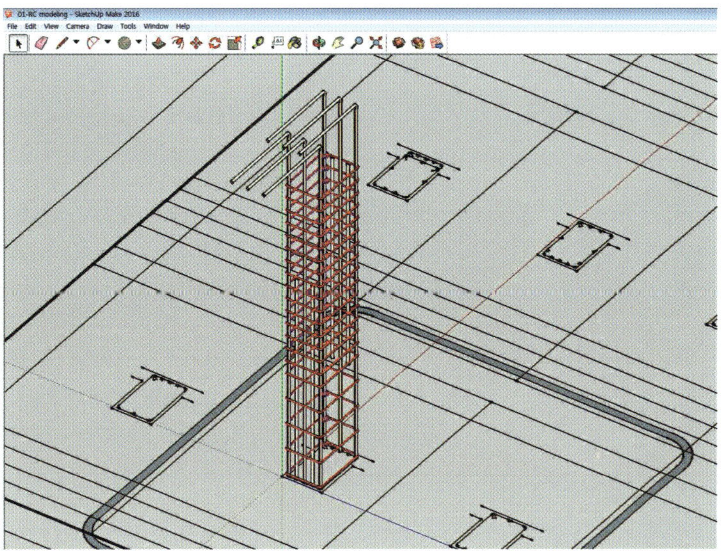

㉑ 도면을 살펴보면 보의 양 끝단부는 지름 10mm 고장력 이형철근 125mm 간격(HD10@125), 중앙부는 250mm 간격(HD10@250)으로 배근하게 되어 있습니다. 따라서 오른쪽 그림과 같이 보의 시작 지점부터 125mm간격, 중앙부 시작부터는 250mm간격으로 배근합니다.

㉒ 보의 늑근이 모두 완성되었습니다. 생성된 늑근을 모두 선택하여 Group화 합니다. 그리고 Group의 이름을 'girder_hoop'이라고 바꿔줍니다.

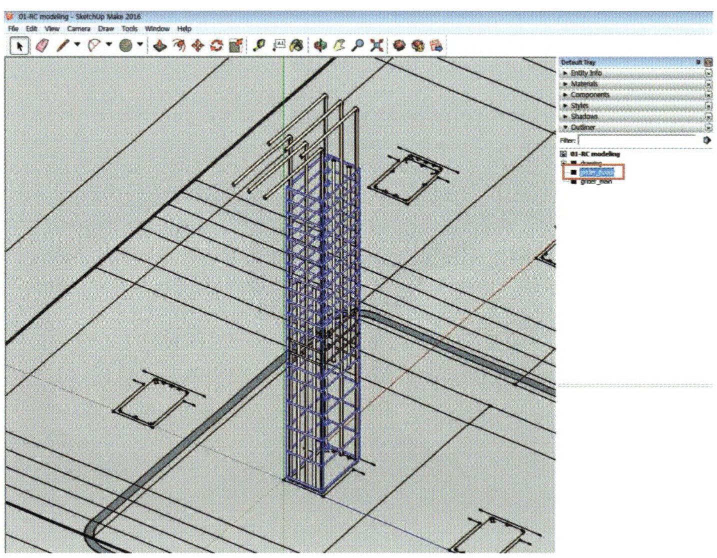

2) 기둥 배근 모델링하기

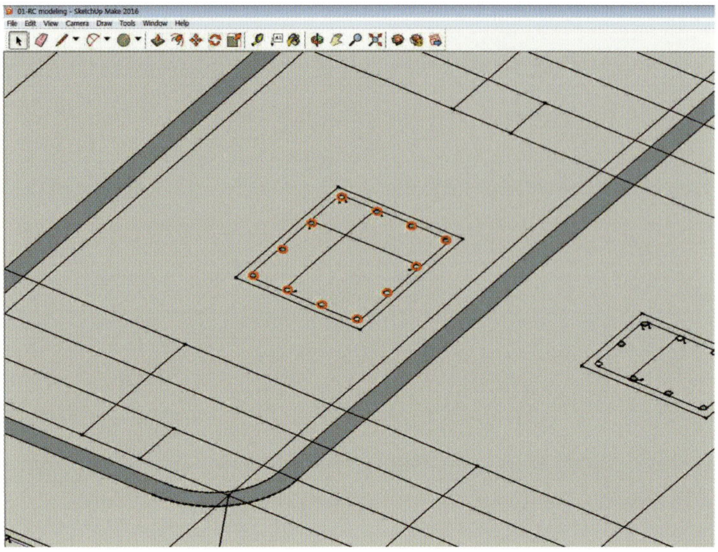

❶ 기둥 배근을 시작합니다. 철근 모델링 방법이나 배근 방법은 위의 보 배근 모델링과 거의 동일합니다. 우선 기둥 일람표에서 Circle()을 이용하여 '기둥 일람표'에 나타난 철근 배근 위치에 지름 22mm 원을 그려줍니다.

❷ 위의 보 배근 모델링과 마찬가지로 높이 3,000mm의 주근을 제작하는데, 이번에는 Push/Pull()을 이용하여 모델링합니다.

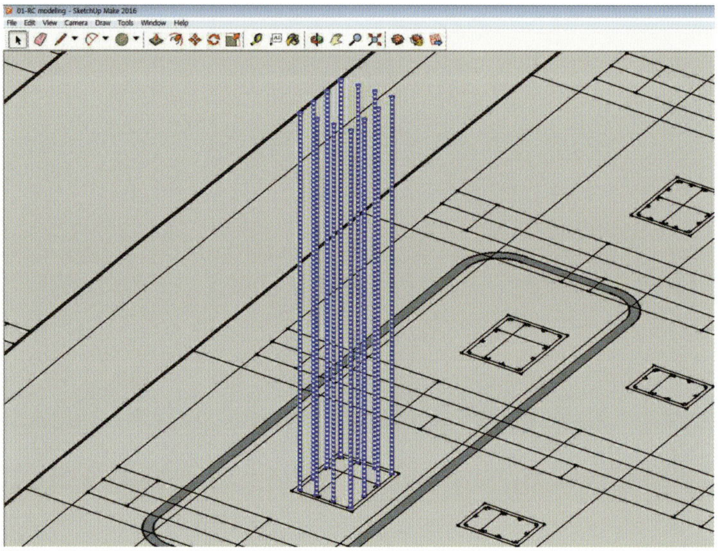

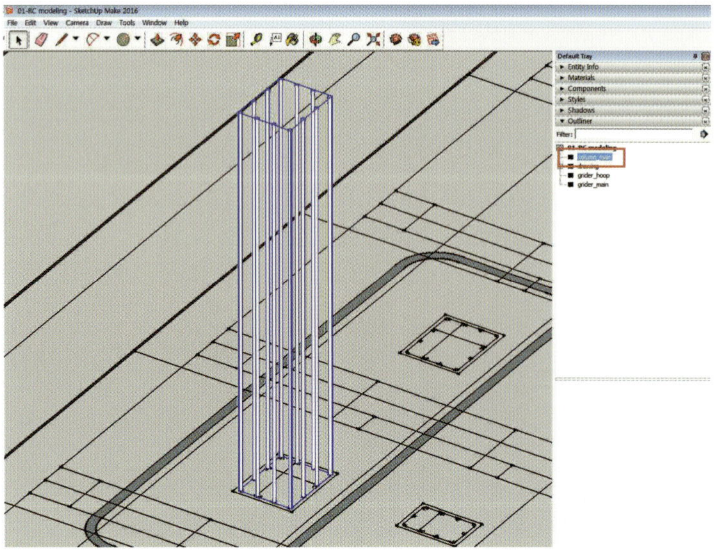

❸ 기둥의 주근이 모두 완성되었습니다. 생성된 주근을 모두 선택하여 Group화 합니다. 그리고 Group의 이름을 'column_main'이라고 바꿔줍니다.

❹ 기둥을 잠시 'Hide' 시켜놓습니다. 그리고 보의 늑근 모델링 방식과 동일한 방식으로 기둥의 늑근을 제작합니다.

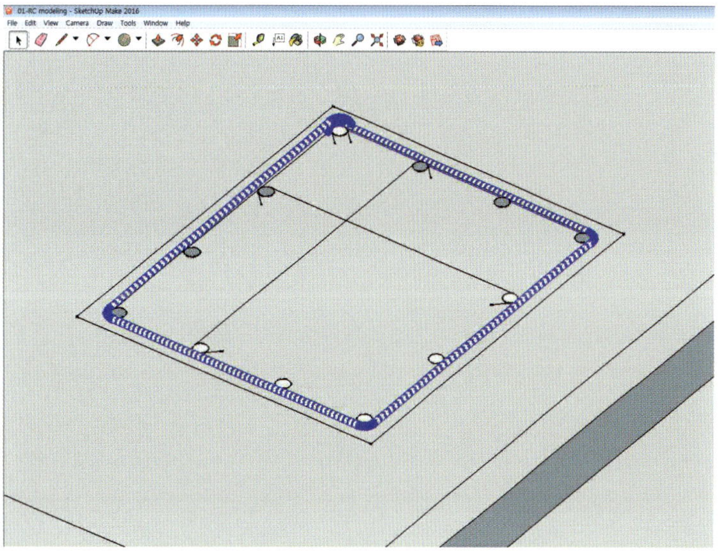

❺ 그리고 늑근(HOOP)을 사이로 위와 아래 위치에 보조대근(D.H: Diagonal Hoop)을 제작하여 붙입니다.

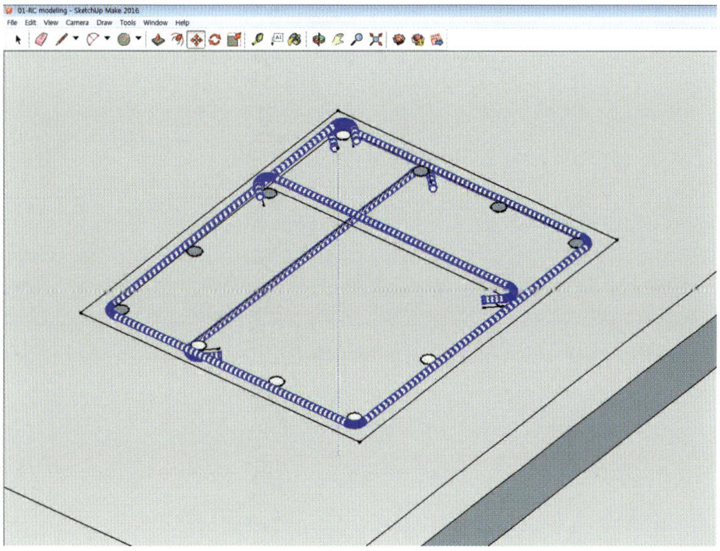

❻ 제작한 늑근(HOOP)과 보조대근(D.H)은 Move( )를 이용하여 Z축에 평행하게 위로 1,100mm 만큼 이동합니다.

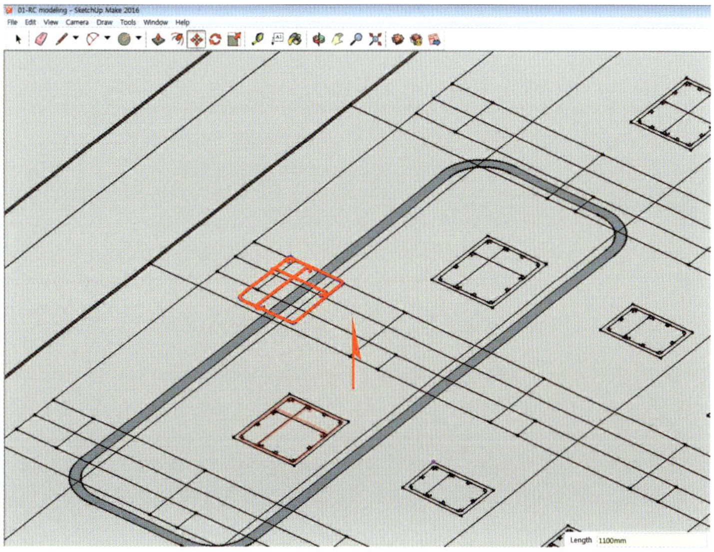

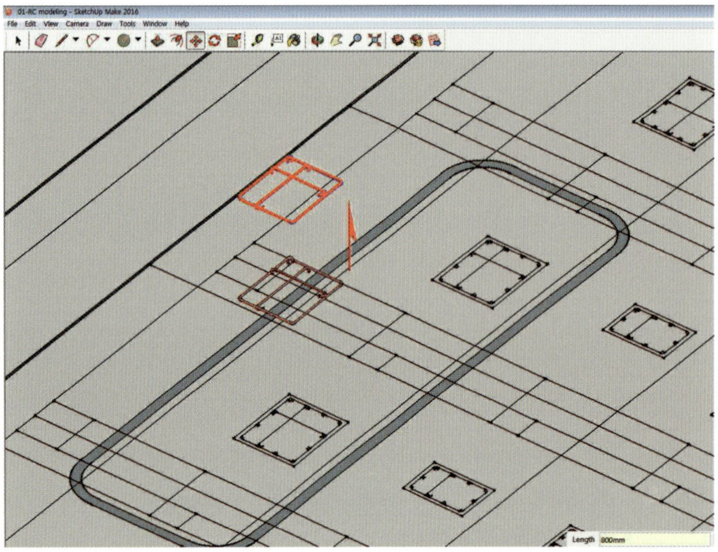

❼ 그리고 Move()를 이용하여 800mm 만큼 복사합니다.

이 두 늑근 사이로 보*(보의 높이 600mm)*가 결합될 것입니다.

❽ '기둥 일람표'를 살펴보면 늑근(HOOP)과 보조대근(D.H)은 지름 10mm 고강도 이형철근을 300mm 간격으로 배근하도록 되어 있습니다.(HD10@300) 그리고 상하단 부분은 60cm 구간에 150mm 간격으로 되어 있습니다.(HD10@150)

이에 따라 오른쪽 그림과 같이 도면에 기인하여 늑근(HOOP)과 보조대근(D.H)을 배근합니다.

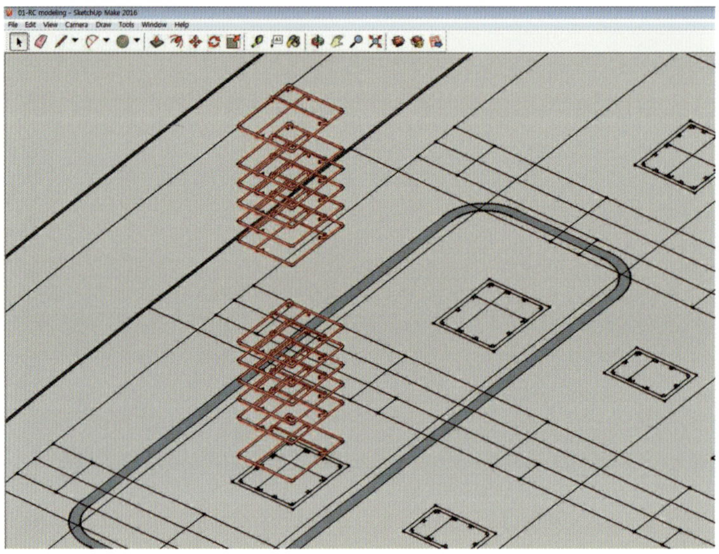

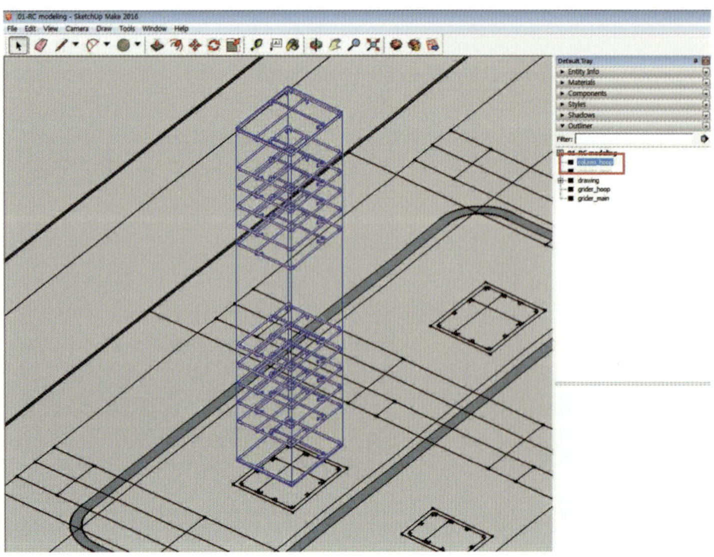

❾ 생성된 늑근(HOOP)과 보조대근(D.H)을 모두 선택하여 Group화 합니다. 그리고 Group의 이름을 'column_hoop'라고 바꿔줍니다.

⑩ 감추어두었던 기둥의 주근을 'Unhide'하여 기둥 배근 모델링을 완성합니다.

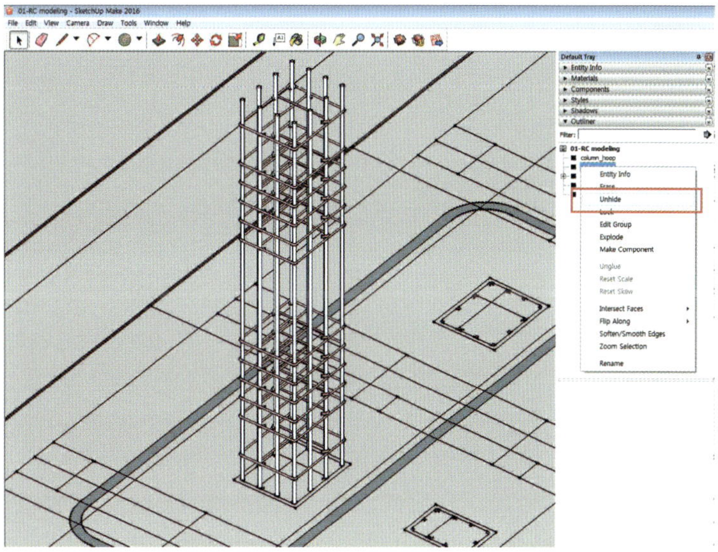

3) 보와 기둥 배근 결합하기

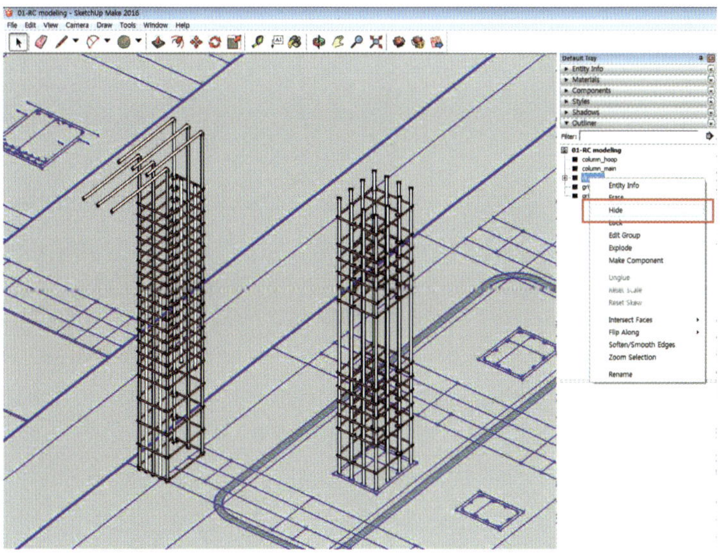

❶ 작업된 보 배근 모델링을 기둥 배근 모델링으로 가져옵니다. 그리고 도면은 'Hide' 시킵니다.

❷ Rotate(◎)를 이용하여 보 배근 모델링의 배치 방향을 잡습니다.

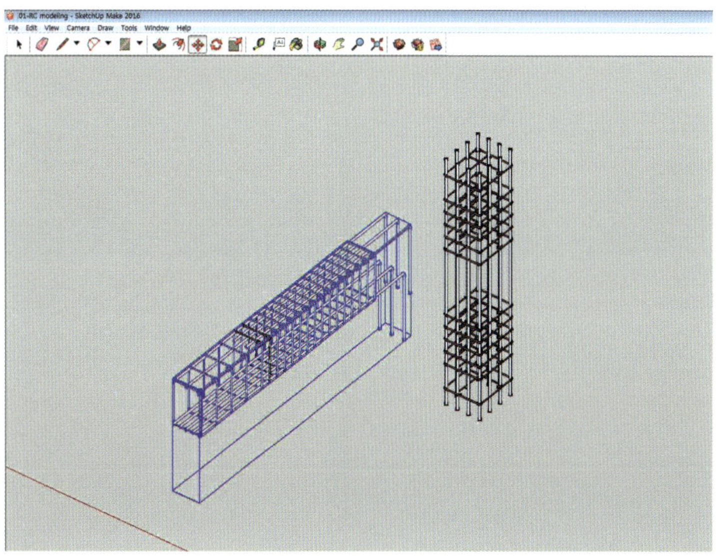

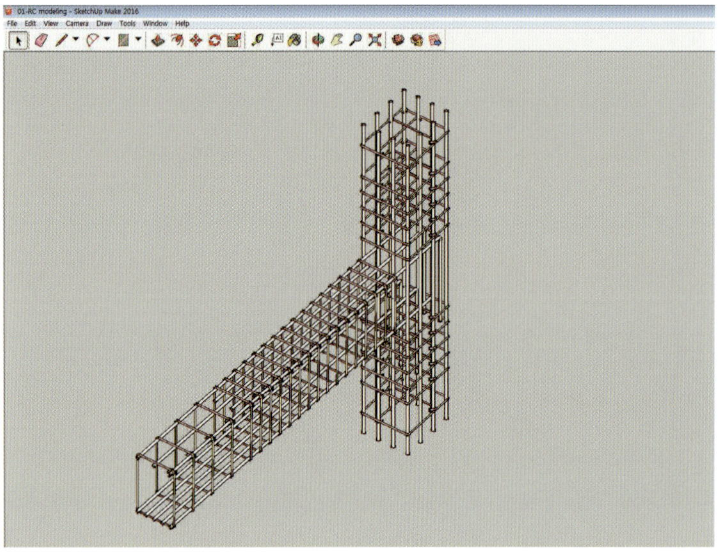

❸ 정확히 기둥의 중앙으로 보를 배치하여 완성합니다.

❹ 주근과 늑근, 톱근 등에 배근 모델링 상황을 한눈에 관찰할 수 있도록 Material을 적용하여 색을 칠합니다.

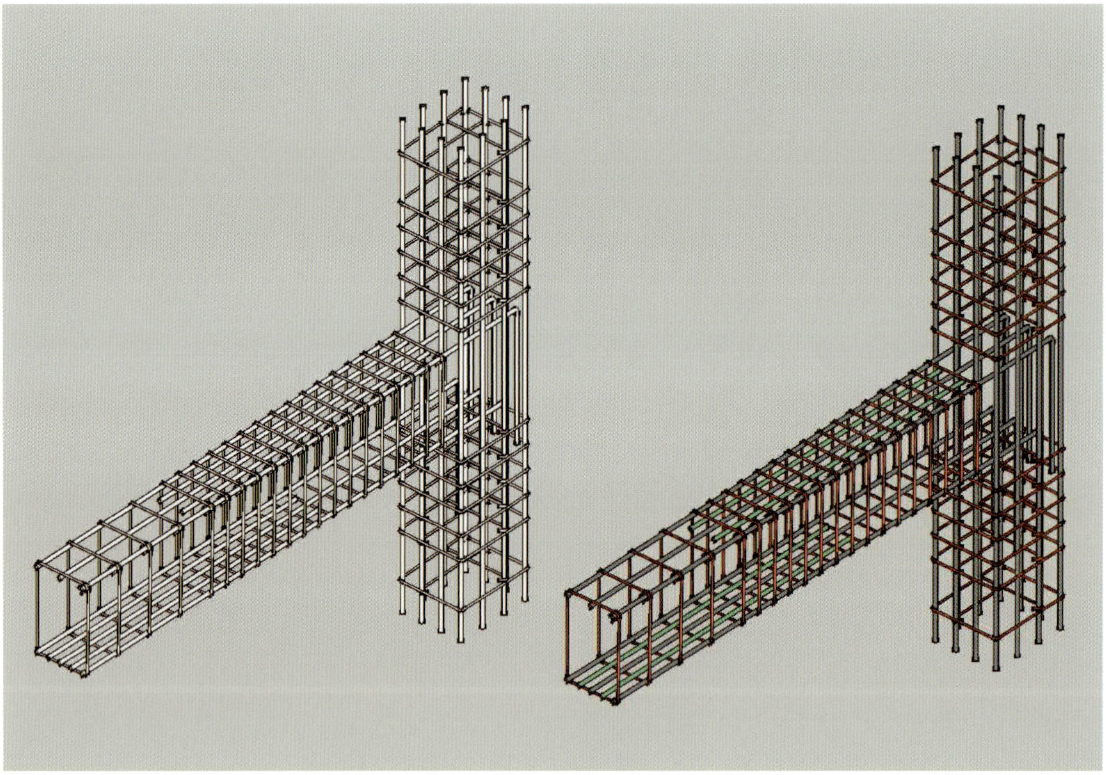

STEP 04 단독 주택 모델링

이제 본격적인 건축모델링을 실습해 보도록 하겠습니다. 아래의 도면은 단독주택의 배치도, 1층과 2층 평면도, 각 입면도, 단면도 등이 있습니다. 해당 도면을 참고하여 모델링해 보도록 하겠습니다.

file: 04-house modeling sample/ 01-house modeling.dwg

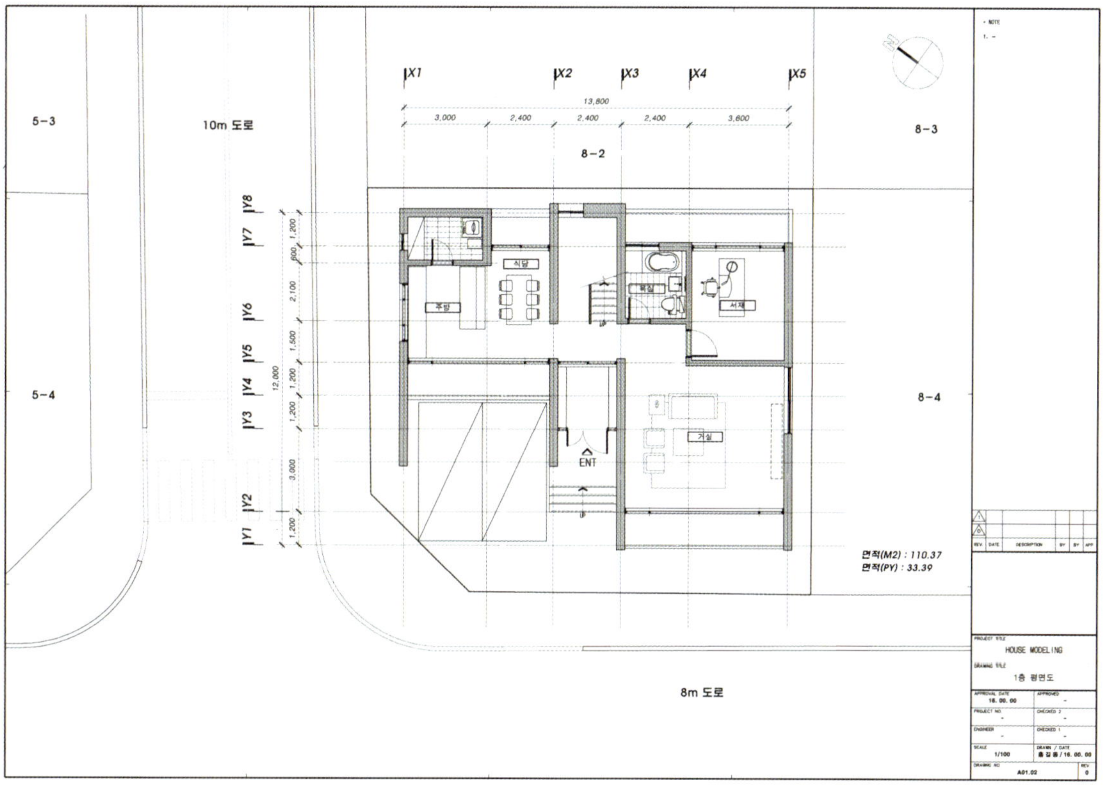

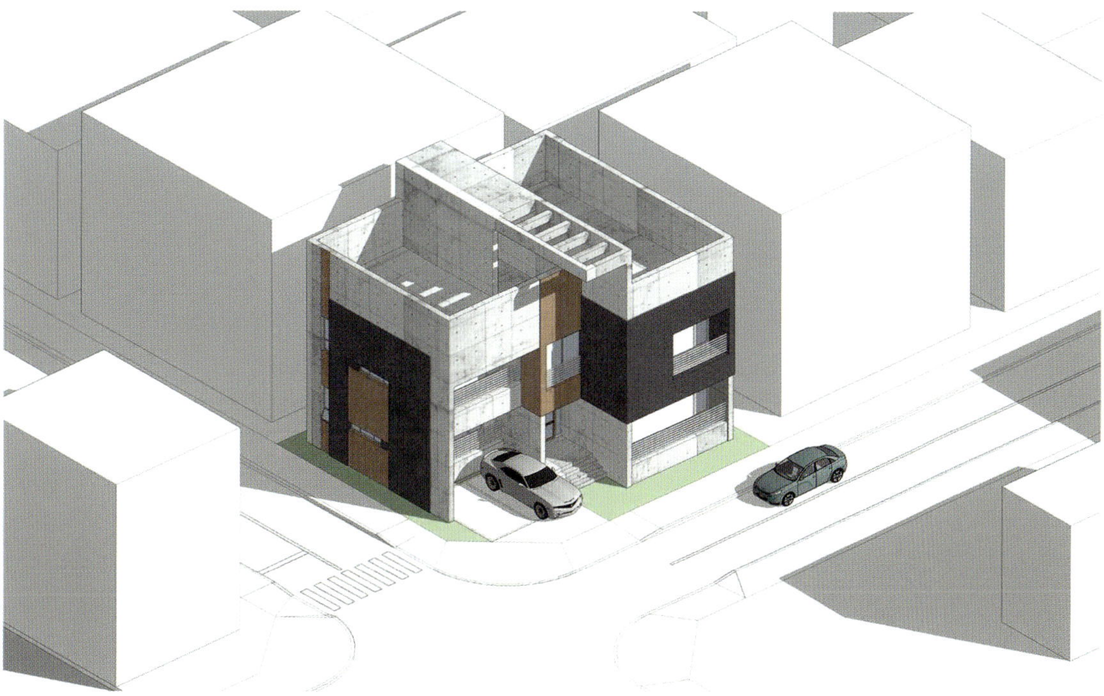

1. 도면 불러오기

AutoCAD로 작성된 *.dwg file을 SketchUp으로 불러내어 모델링 작업을 해 보도록 하겠습니다. 풀다운 메뉴에서 File > Import를 클릭하여 *'01-house modeling.dwg'* file을 선택합니다. 그러면 아래와 같이 단독주택 도면이 불러집니다. 마찬가지로 도면을 모두 선택하여 Group화하고, Group의 이름을 'drawing'으로 바꿔줍니다.

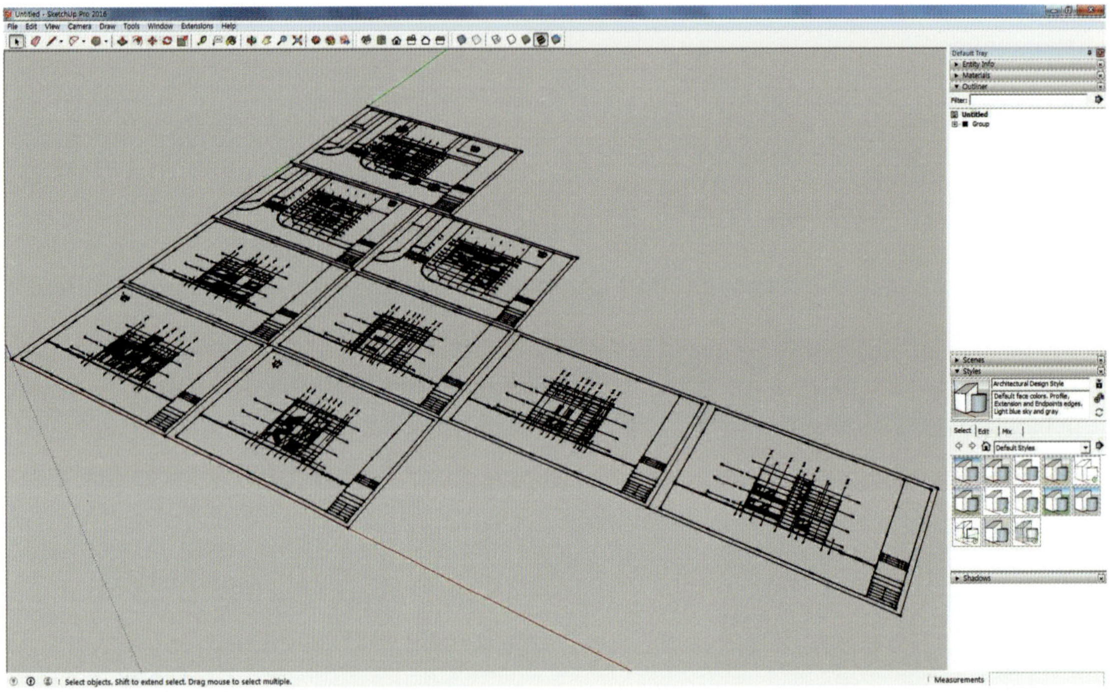

그리고 화면의 상태를 Perspective가 아닌 Parallel Projection으로 바꿉니다. 풀다운 메뉴에서 Camera > Parallel Projection을 선택합니다.

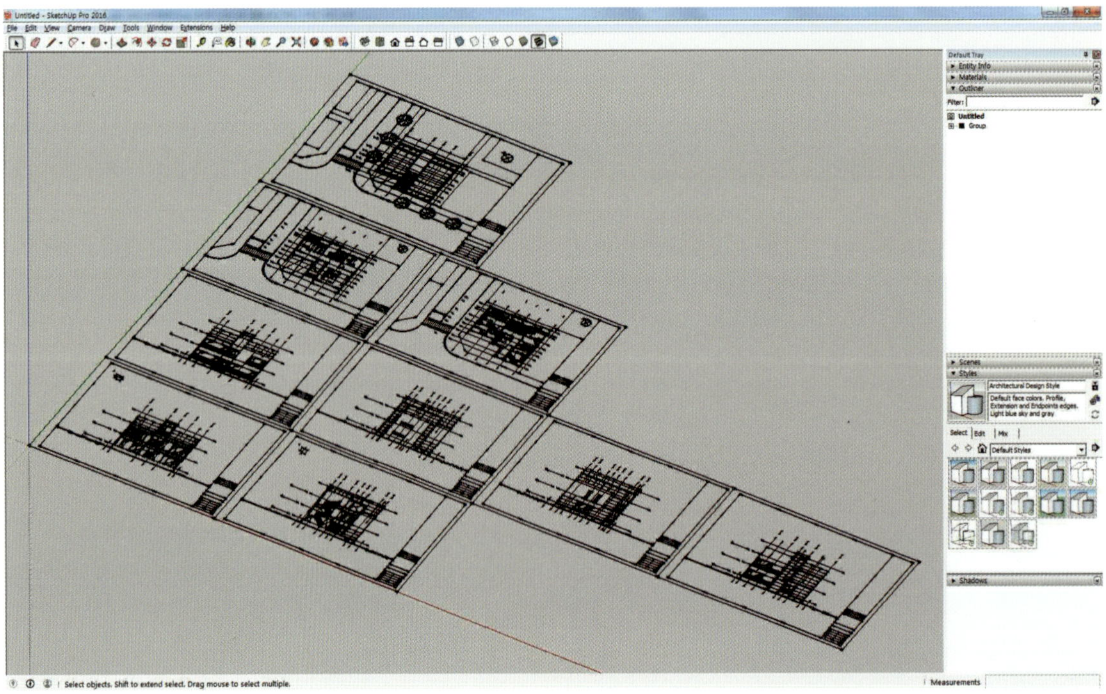

2. 장면 추가 (Add Scene)

여기까지는 지금까지의 모델링 방법과 진행방식이 같습니다. 그러나 주택모델링과 같이 도면이 여러 도면을 종합적으로 참고해야한다면 한 가지 추가해줄 과정이 있습니다. 바로 '장면 추가(Add Scene)'입니다. 화면에서 결정된 시야와 각도를 따로 지정하여 장면을 추가하는 방식입니다. 각각의 도면을 이렇게 장면을 추가한다면 보다 손쉽게 여러 도면을 참고할 수 있습니다.

❶ 우선 Views에서 Top View를 클릭하여 도면을 평면으로 바라봅니다.

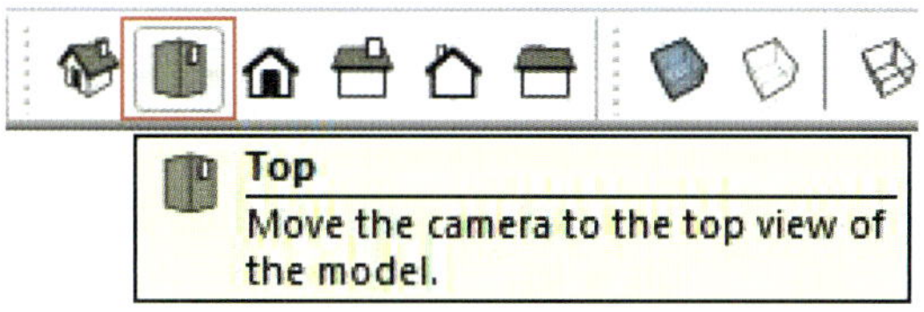

❷ 그리고 SketchUp에서 1층 평면도를 화면에 꽉 차게 배치합니다.

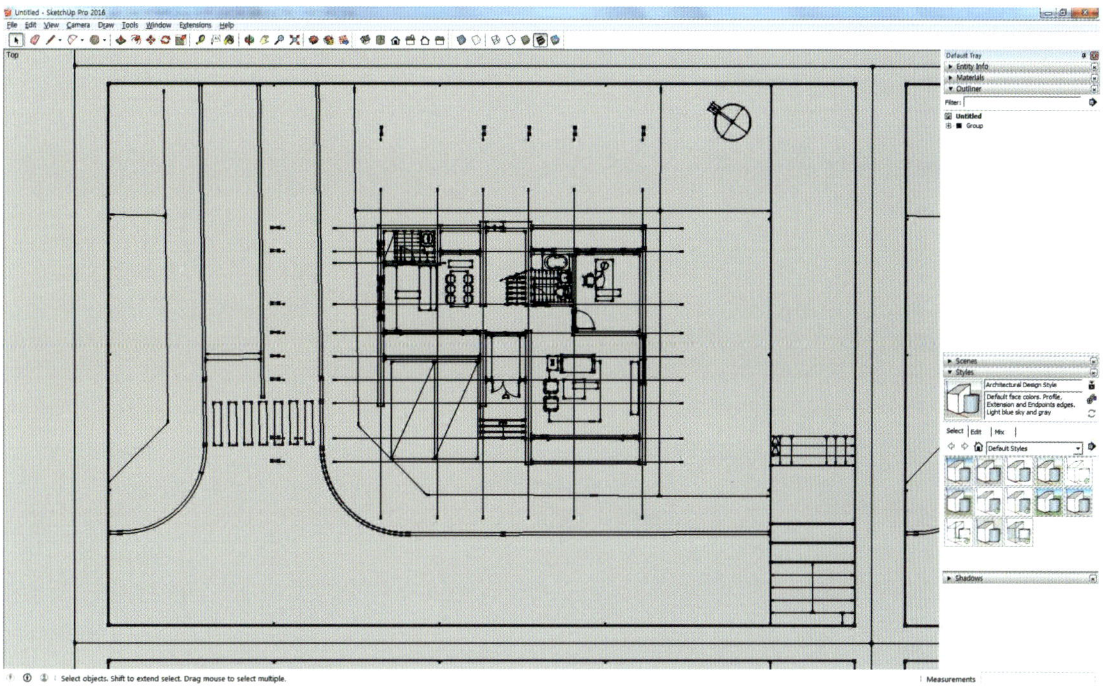

❸ 풀다운 메뉴에서 Views > Animation > Add Scene을 클릭합니다.

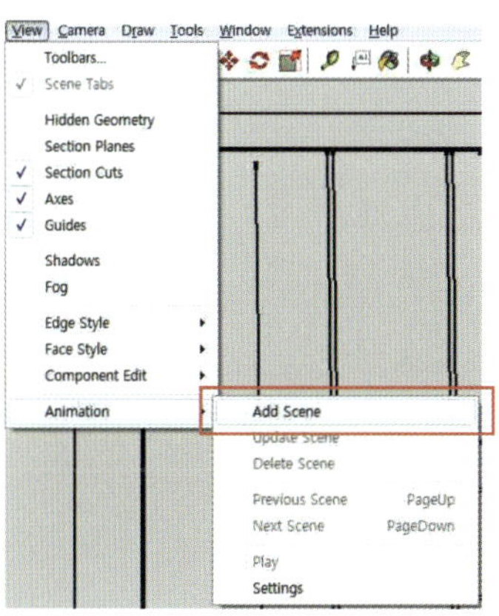

❹ 화면 왼쪽 상단에 'Scene 1'이라는 이름으로 장면이 추가되었습니다.

❺ 이번에는 장면의 이름을 바꿔보겠습니다. 오른쪽 Default Tray에서 Scenes를 활성화 합니다. 아래 그림과 같이 1개의 장면이 나타나게 됩니다. 표시된 NAME을 '1 Floor Plan' 이라고 바꿉니다.

❻ 화면 왼쪽 상단을 보면 'Scene 1'이라는 이름이 '1 Floor Plan'이라고 바뀐 것을 볼 수 있습니다. 나머지 8개의 도면 역시 같은 방법으로 장면추가를 실행합니다.

❼ 화면에서 보는 바와 같이 총 9개의 장면이 추가되어야 합니다. 만들어진 장면 탭을 선택하면 지정한 각 도면들을 화면 이동으로 볼 수 있습니다.

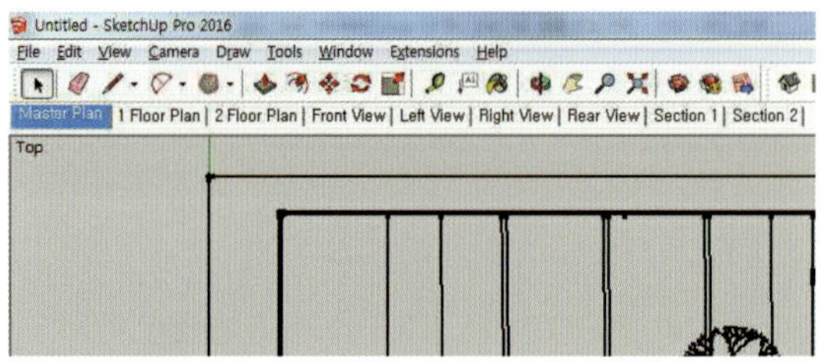

TIP: SketchUp Animation 제작은 뒤의 내용에서 다루겠지만, 모델링 작업이 완료된 후 Animation 제작을 위해서는 기존 도면을 보기위해 작업해 두었던 각각의 장면들은 삭제해야만 합니다. SketchUp Animation은 추가된 장면의 순서와 화면 전환 속도에 따라 만들어지기 때문입니다.

TIP: Add Scene은 자체적 기능을 갖고 있습니다.

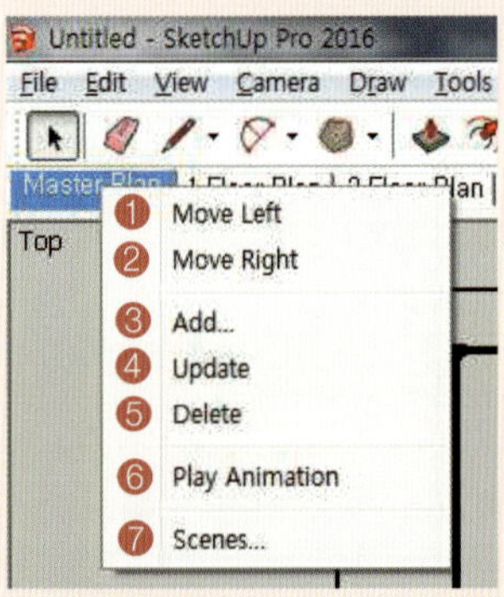

❶ Move Left: 장면을 왼쪽으로 옮깁니다.
❷ Move Right: 장면을 오른쪽으로 옮깁니다.
❸ Add...: 새로운 이름으로 장면을 추가합니다.
❹ Update: 변화된 화면으로 갱신합니다.
❺ Delete: 장면을 삭제합니다.
❻ Play Animation: 각 장면을 영상화하여 순서대로 보여줍니다.
❼ Scenes: 화면 오른쪽 Default Tray에서 Scene Tray를 활성화합니다.

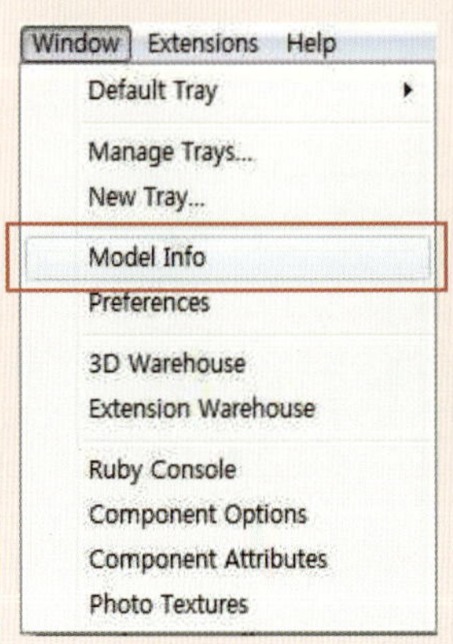

TIP: 각 장면의 빠른 전환 속도를 위해서는 전환시간을 조절해야 합니다. 풀다운 메뉴에서 Window > Model Info를 클릭하고, Animation 영역을 클릭합니다. Scene Transitions를 보면 화면 전환 시간이 2초로 설정되어 있는 것을 볼 수 있습니다. 이것을 0초로 바꿔주면 화면전환이 빨라집니다. Scene Delay는 Animati on 작동 시 화면 정지 시간을 설정합니다. Animation 연출에 따라 시간을 설정할 수 있으나 지나치게 긴 시간은 피하는 것이 좋습니다.

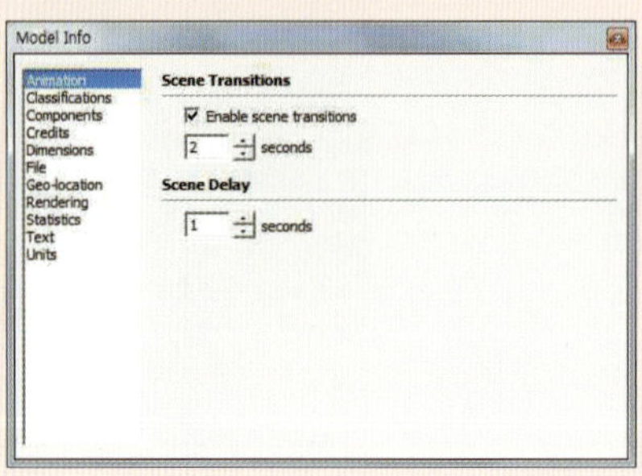

3. 모델링 하기

SketchUp을 이용한 모델링은 대체로 두 가지 방법을 사용하여 제작합니다. 첫 번째는 Massive Modeling입니다. 덩어리 형태인 매스(Mass)에서 돌출 및 밀기, 깎기 등 조각하듯 조형하는 방법입니다. 이 방법은 앞서 제작한 가구와 같이 간단한 모델링이라면 직관적이고 신속하게 제작할 수 있는 모델링 방법입니다. 두 번째는 Object Modeling입니다. 기본도면이 있다면 평면도와 입면도를 활용하여 모델링, 조립하는 방법입니다. 주로 내부 공간을 연출해야 하는 건축 모델링에서 사용되는 방법으로 추후 평면도나 단면도, 실내 투시도나 단면 투시도 등을 얻어내기 위해서는 이 방법이 필수적입니다. 일반적으로 AutoCAD나 3D MAX에서도 이 같은 방법으로 모델링을 진행합니다.

단독주택 모델링 방법은 ① 평면도를 참고하여 각 층 슬래브 모델링, ② 내부 벽체 모델링, ③ 문과 베란다 창 모델링, ④ 계단실을 모델링, ⑤ 입면도를 참고한 외부 벽체와 각 창호를 제작하여 조립합니다. 그 다음으로는 ⑥ 각 부위에 재질을 입히고, ⑦ 장면 추가를 통하여 여러 투시도를 얻기 위한 View를 지정합니다. 그리고 ⑧ 내보내기(Export)를 활용하여 *.3ds, *.dwg, *.obj등의 3d Model 파일 제작과 ⑨ *.pdf, *.jpg, *.dwg등 2d Graphic 파일 제작을 실습합니다. 마지막으로 ⑩ 추가된 장면들을 활용한 *.avi 파일 제작 방법을 알아보도록 하겠습니다.

*① 각 층 슬래브 ▶ ② 내부 벽체 ▶ ③ 문과 베란다 창 ▶ ④ 계단실 모델링 ▶ ⑤ 외부 벽체와 각 창호 ▶ ⑥ 재질 표현 ▶ ⑦ 투시도 View ▶ ⑧ 3d Model 파일 제작 ▶ ⑨ 2d Graphic 파일 제작 ▶ ⑩ *.avi 파일 제작*

1) 슬래브 제작하기

❶ 장면 추가 탭에서 '1 Floor Plan'을 클릭합니다. 그리고 Line(✎)을 이용하여 외벽의 안쪽 슬래브를(출입구 계단과 베란다 포함) 차례로 클릭하면 오른쪽 그림과 같이 슬래브 영역에 면이 생성됩니다.

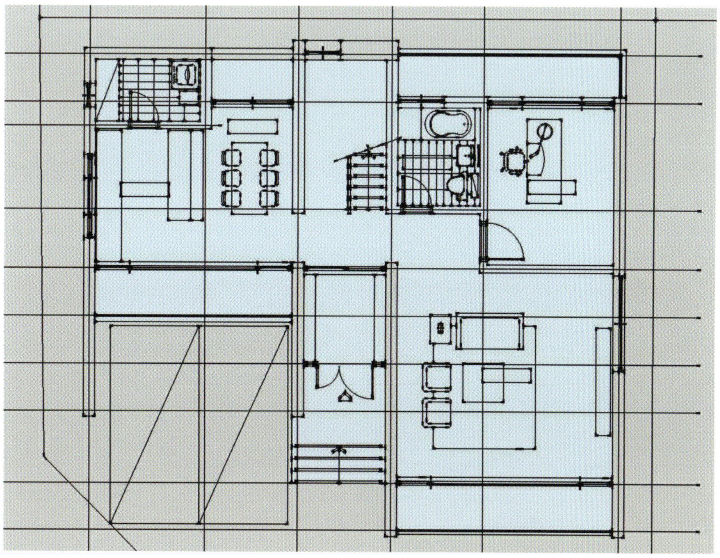

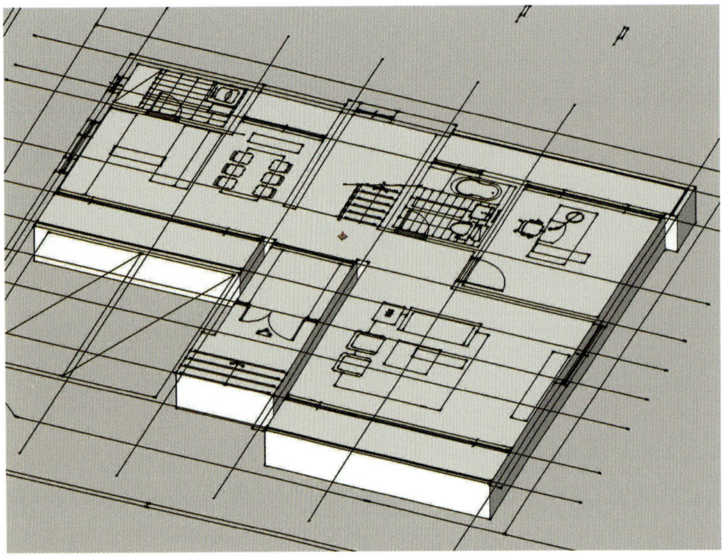

❷ 우선 입면도에서 Tape Measure Tool( )을 이용하여 1층 슬래브의 높이를 알아냅니다.

슬래브를 모델링하기 위해 Orbit( )을 이용하여 화면을 3D View로 바라보고, Push/Pull( )을 이용하여 면을 클릭하고, 마우스를 아래로 옮긴 후 VCB에 1,000mm를 입력 Enter 키를 누릅니다.

〈1층 슬래브 높이: 1,000mm〉

❸ 출입구 계단을 만들어보겠습니다. 입면도에서 Tape Measure Tool( )을 이용하여 각 계단의 높이를 알아냅니다.

그리고 Line( )을 이용하여 면을 분할하고 Push/Pull( ) 도구를 사용하여 순차적으로 단을 내려 계단을 형성합니다.

〈계단 높이: 200mm〉

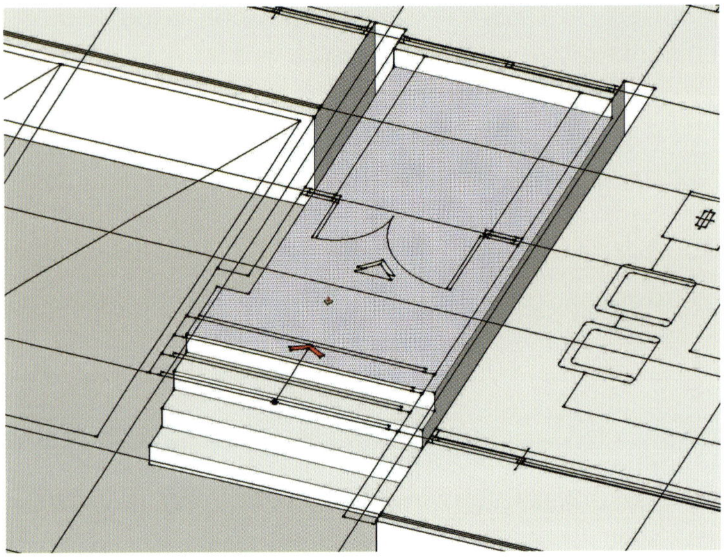

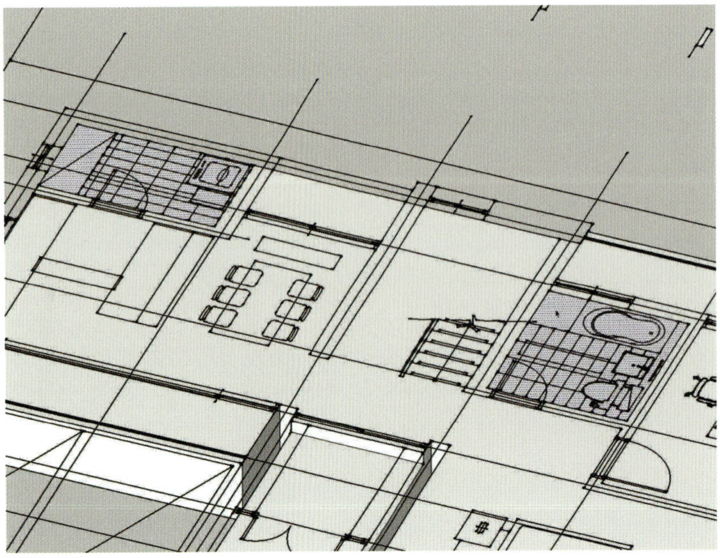

❹ 이번에는 온돌두께 차이로 나타나는 화장실의 단 높이를 아래로 낮춰보겠습니다. 두 화장실의 내부를 Rectangle( )을 이용하여 면 분할합니다.

❺ Push/Pull(icon)을 이용하여 면을 선택하고 각 화장실 바닥을 아래로 50mm 만큼 내립니다.

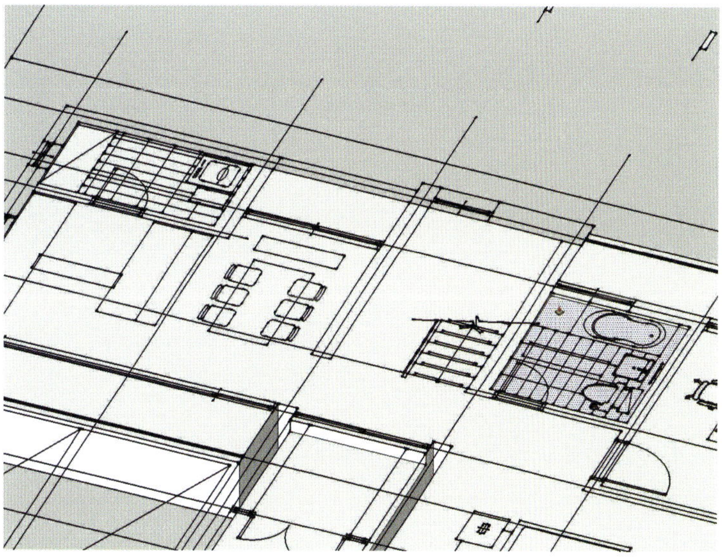

❻ 이번에는 베란다의 단 높이를 낮추겠습니다. 화장실 단 높이를 낮춘 방법과 같은 방법으로 베란다 영역을 면 분할하여 아래로 100mm 만큼 낮춥니다.

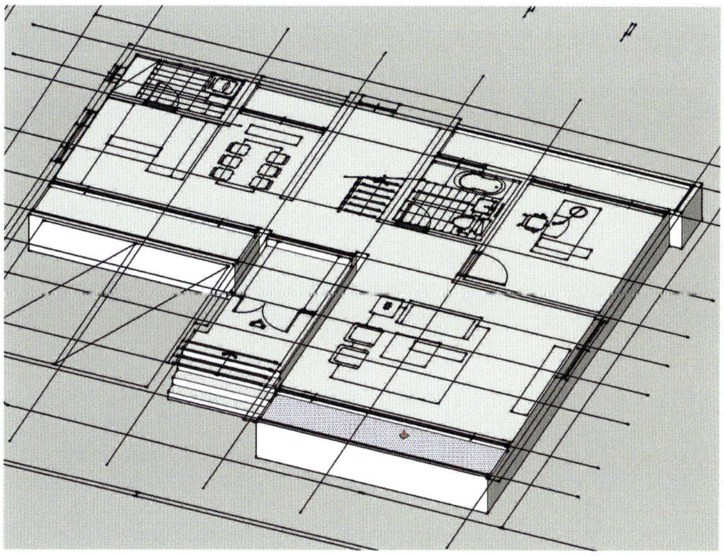

❼ 2층과 지붕 층의 슬래브 역시 같은 방법으로 제작합니다. 슬래브의 두께는 단면도에서 확인합니다.

<슬래브 두께: 120mm>

TIP: *단 2층과 지붕 층의 계단실은 따로 모델링하여 조립해야하므로 슬래브를 절개하여 비워둡니다.*

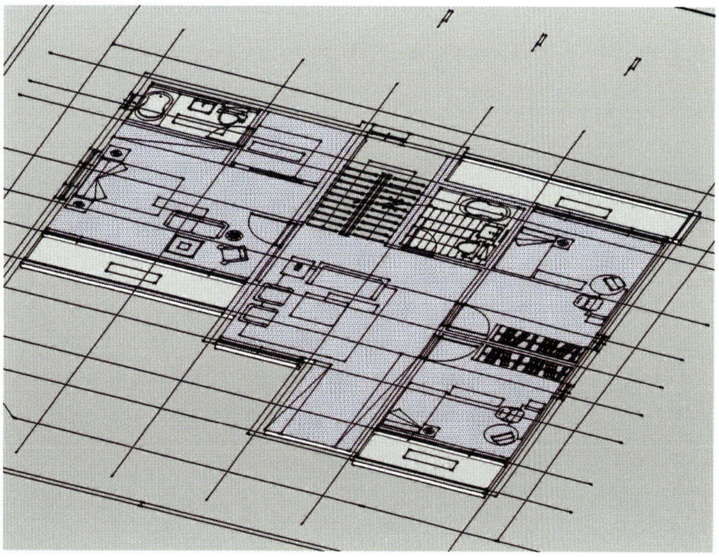

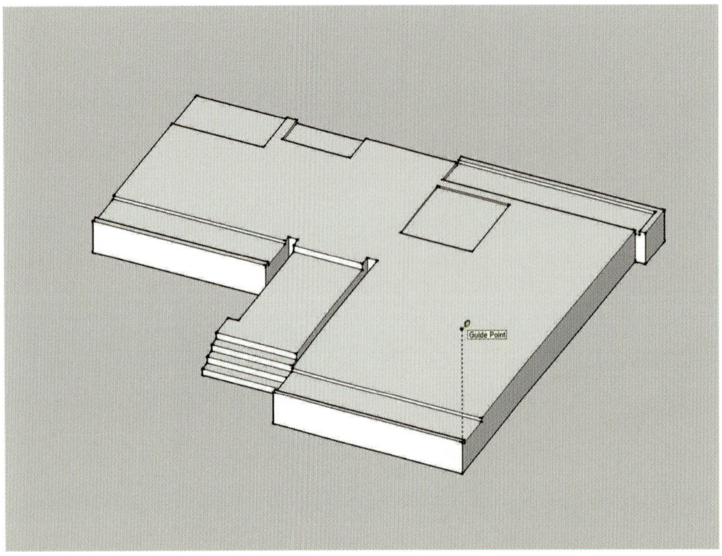

❽ 각각 제작된 슬래브는 여유 공간에 옮겨놓고, 2층과 지붕층 슬래브의 위치와 높이를 설정하도록 하겠습니다. 위치와 높이는 입면도에서 확인합니다. *〈각각 3,600mm〉*

이때 정확한 위치에 슬래브를 위치시키 위해서 Tape Measure Tool()에서 Guide Line과 Guide Point를 활용합니다.

1층 슬래브에서 각층 슬래브의 꼭짓점이 같은 위치인 지점을 찾습니다. 그리고 층고 높이 3,600mm인 Guide Line 그립니다.

❾ 3,600mm인 Guide Line을 한번 더 그려줍니다. 이 위치는 지붕 층 슬래브의 위치입니다.

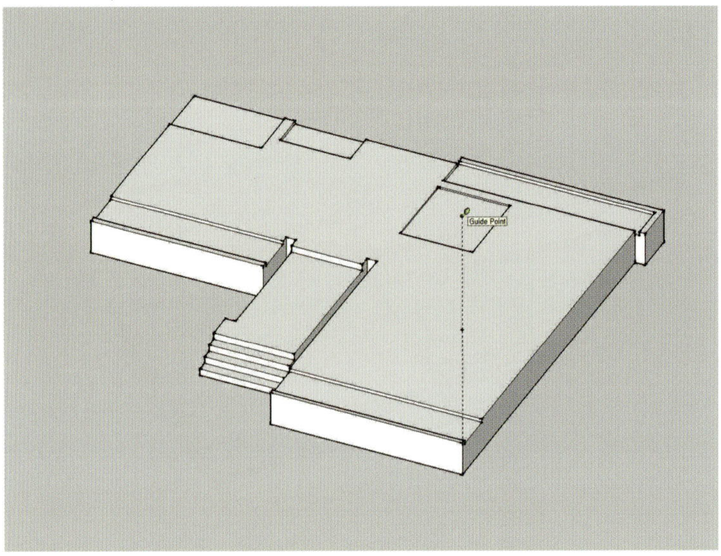

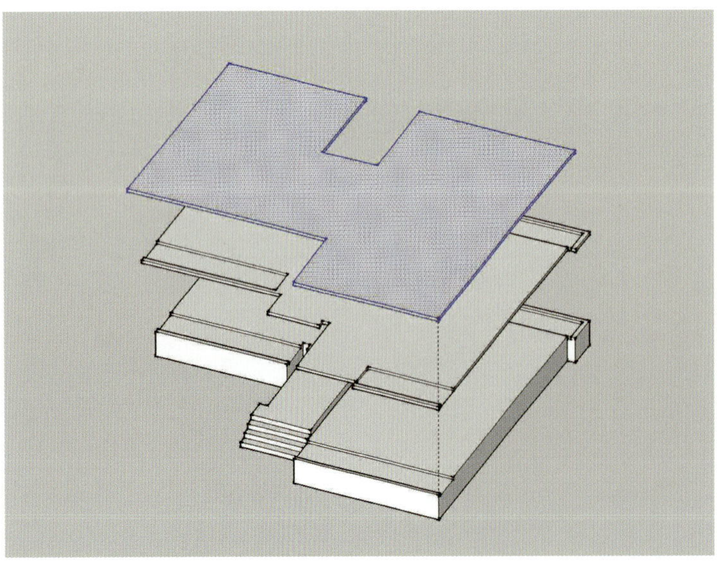

❿ 이제 각 위치에 2층과 지붕 층 슬래브를 Move()를 이용하여 옮겨놓습니다.

⑪ 이제는 Guide Line을 삭제하시고, 작업의 편의성을 위해 세 개의 각 층 슬래브를 모두 선택하여 Make Group 합니다. 그리고 Group의 이름을 'slab'라고 바꿔줍니다.

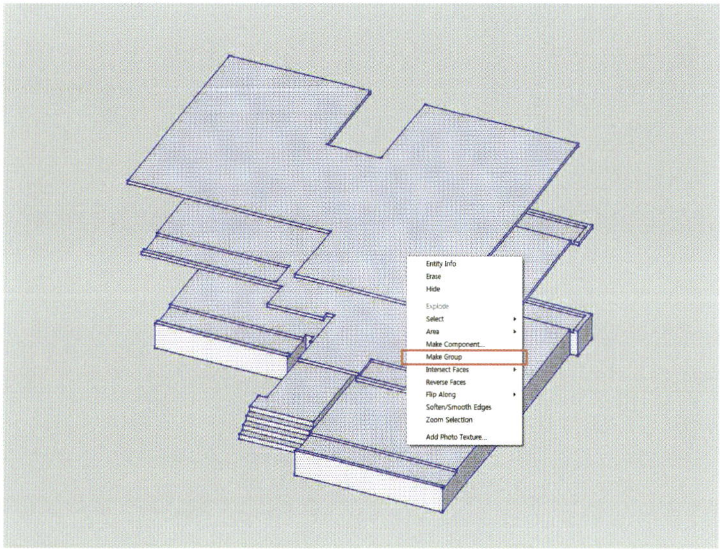

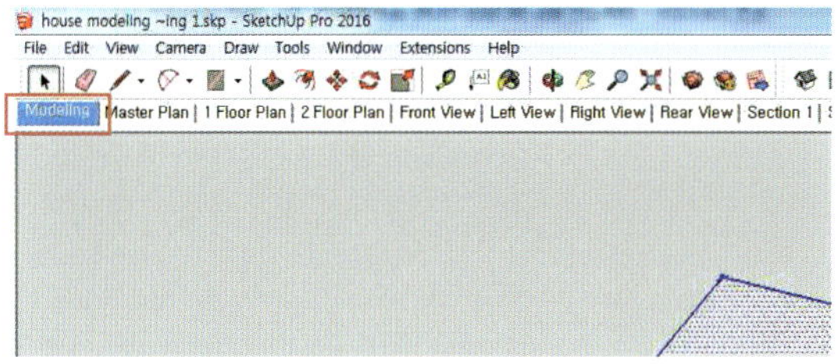

⑫ 마지막으로 현재 우리가 보고 있는 View를 'Modeling'이라는 이름으로 장면 추가합니다.

2) 내부 벽체 제작하기

❶ 다시 장면 추가 탭에서 '1 Floor Plan'을 클릭합니다. 그리고 Line(✎)을 이용하여 문과 창호를 제외한 내벽을 차례로 그립니다.

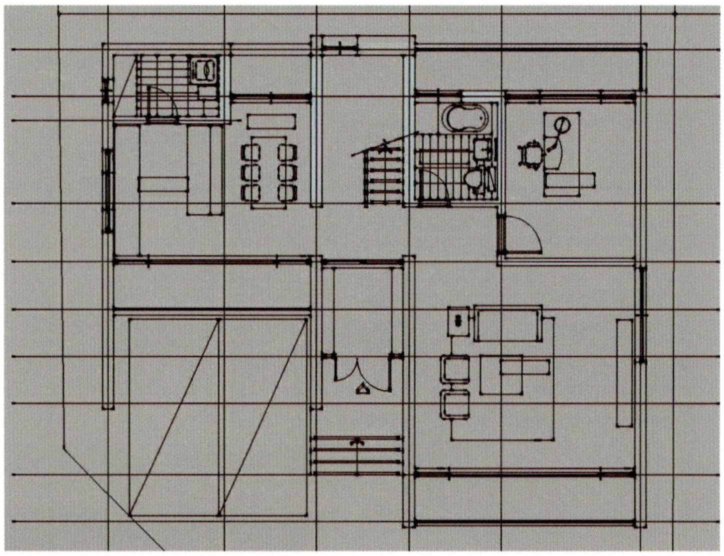

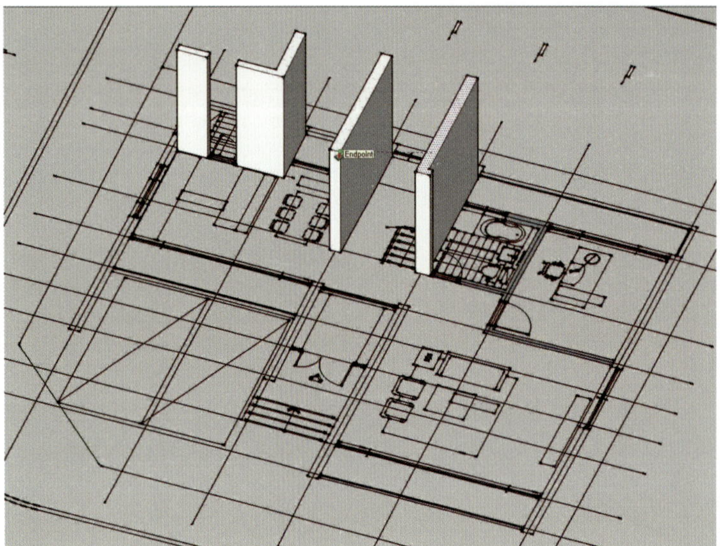

❷ 입면도에서 1층 천장높이를 알아냅니다.

Push/Pull(◆)을 이용하여 면을 클릭하고, 마우스를 위로 옮긴 후 VCB에 3,480mm를 입력 Enter 키를 누릅니다. 나머지 내벽들도 동일한 방법으로 내벽을 형성합니다.

<천장 높이: 3,480mm>

- 층고 3,600mm에서 슬래브 두께 120mm 뺀 나머지 높이 3,480mm가 천장높이 입니다.

TIP: *Push/Pull(◆)을 이용하여 Object를 형성하는데 모두 같은 높이라면 VCB에 수치를 기입하는 대신 마우스를 옆 Object의 윗면을 클릭하면 같은 높이의 Object가 제작됩니다.*

❸ 문 위 벽을 만들어보겠습니다.

<문 높이: 2,400mm>

따라서 Tape Measure Tool(🔍)의 이용하여 바닥에서부터 2,400mm 위치에 Guide Point를 지정합니다.

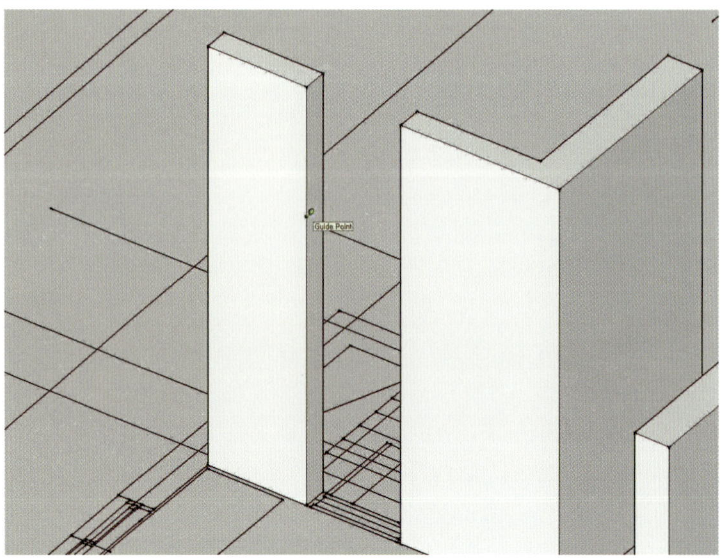

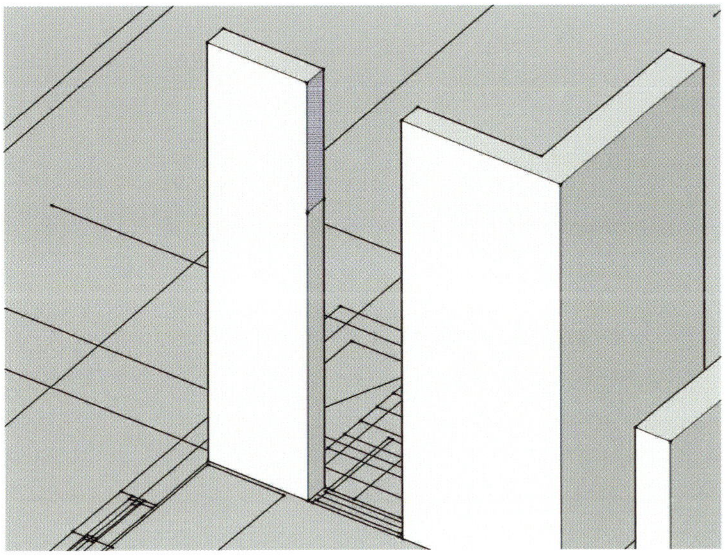

❹ Line()을 이용하여 면을 분할합니다.

❺ Push/Pull()을 이용하여 면을 선택하고 반대편으로 끌어와 마우스에 On Face 가 나타날 때 까지 기다린 후 클릭합니다. 이후 불필요한 선은 지워서 마무리합니다.

나머지 문과 베란다 창호 역시 동일한 방법으로 비워진 위의 벽을 채워줍니다.

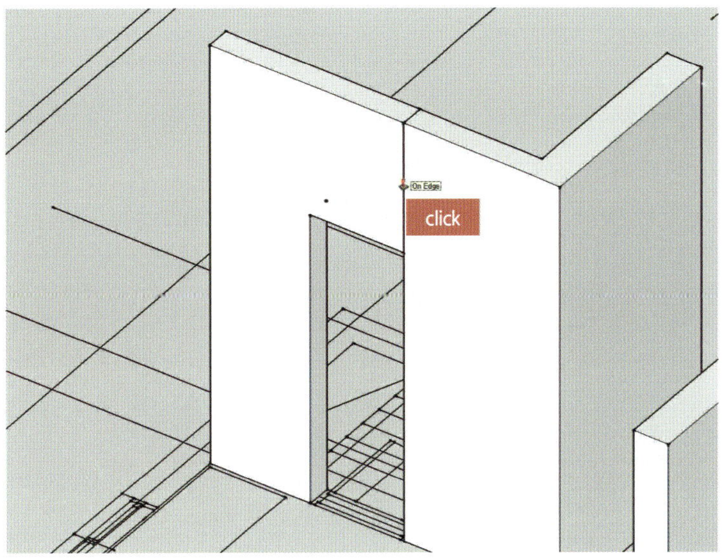

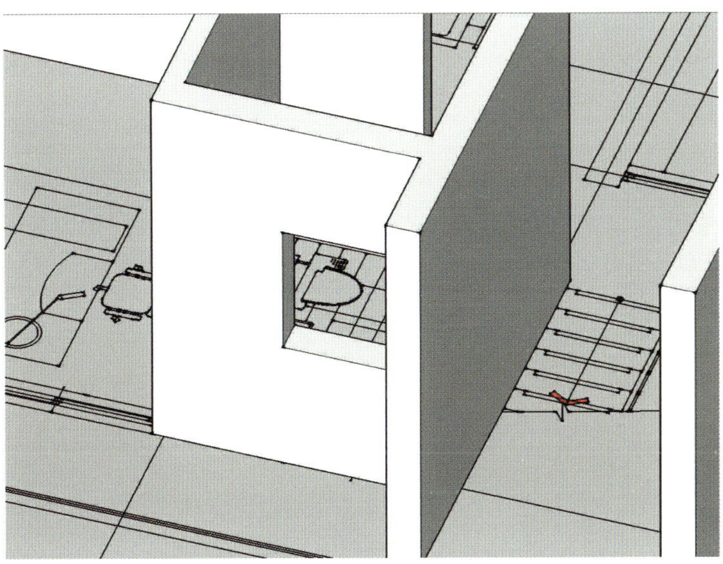

❻ 이번에는 화장실의 창호 아랫부분과 윗 부분에 들어갈 벽을 모델링합니다.

제작방법은 문의 벽을 제작했던 방법과 동일합니다. Guide Point를 바닥에서 1,200mm, 다시 그 높이에서 1,200mm 높이에 위치합니다. 그리고 Line()을 이용하여 면을 분할한 후, Push/Pull()을 이용하여 면을 반대편으로 끌어와 마우스에 On Face 가 나타날 때 클릭합니다. 마지막으로 필요 없는 선들은 삭제합니다.

❼ 전면의 베란다 창호는 윗부분에 벽을 만들고*〈높이 1,080mm〉* Z축으로 평행하게 위로*〈2,400mm〉* 옮깁니다. 내벽 모델링이 없어 자칫 제작하지 않고 지나칠 수 있으니 주의하시기 바랍니다.

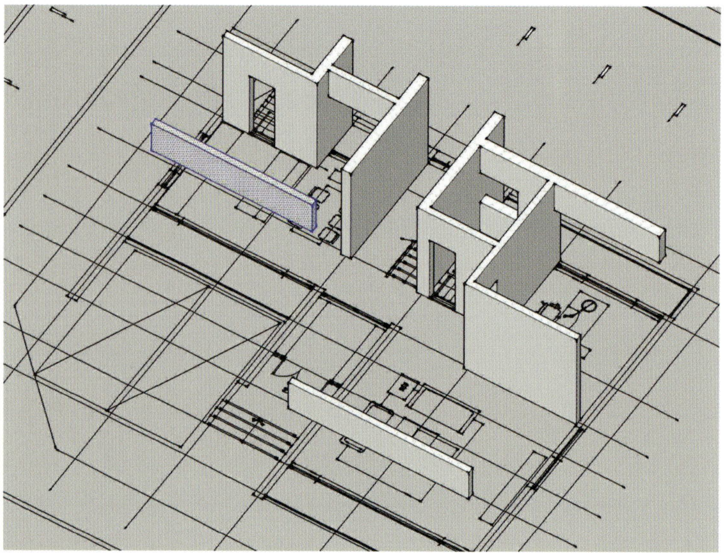

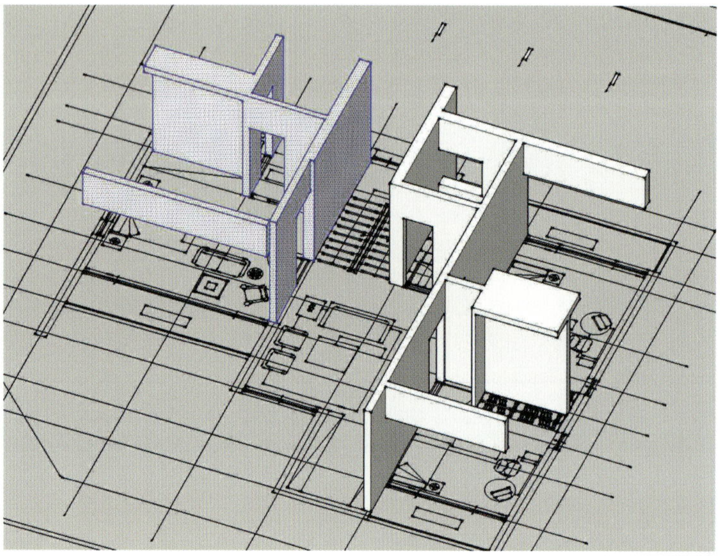

❽ 2층의 내벽 역시 동일한 방법으로 모델링 합니다.

❾ 내벽이 모두 완성 되었다면 Move(✥)를 이용하여 각 층 슬래브 위에 올려놓습니다. 이때 주의할 점은 Move의 Base Point를 슬래브 모델링과 같은 위치에 클릭해야 하는 것입니다. 우리는 슬래브 모델링과 마찬가지로 오른쪽 아래 베란다 꼭짓점을 Base Point로 지정하겠습니다. 오른쪽 그림과 같이 1층 내벽을 모두 선택 후 Base Point를 클릭합니다.

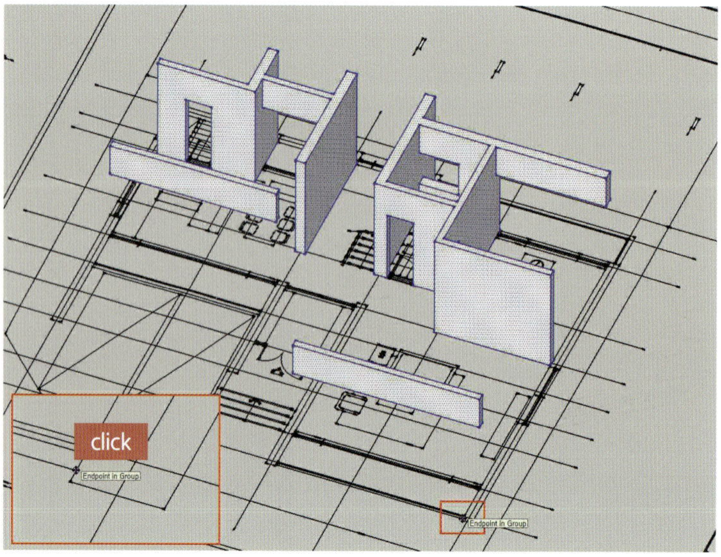

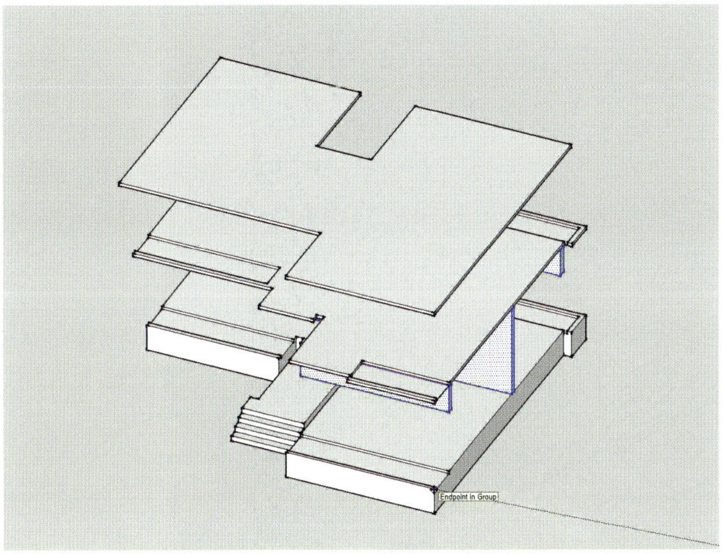

⑩ 화면 왼쪽에 위치한 장면 추가 탭에서 'modeling'을 선택합니다. 그리고 Base Point와 동일한 지점인 베란다 꼭짓점을 클릭합니다.

⑪ 동일한 방법으로 2층 내벽 역시 해당 슬래브 위에 올려놓습니다.

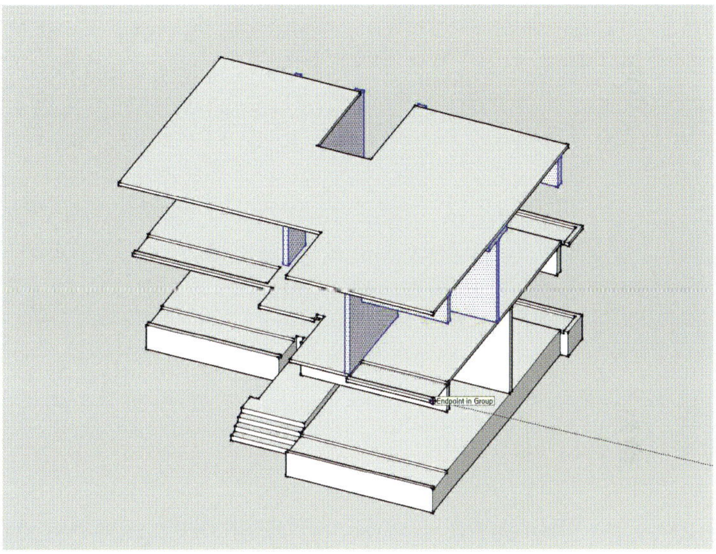

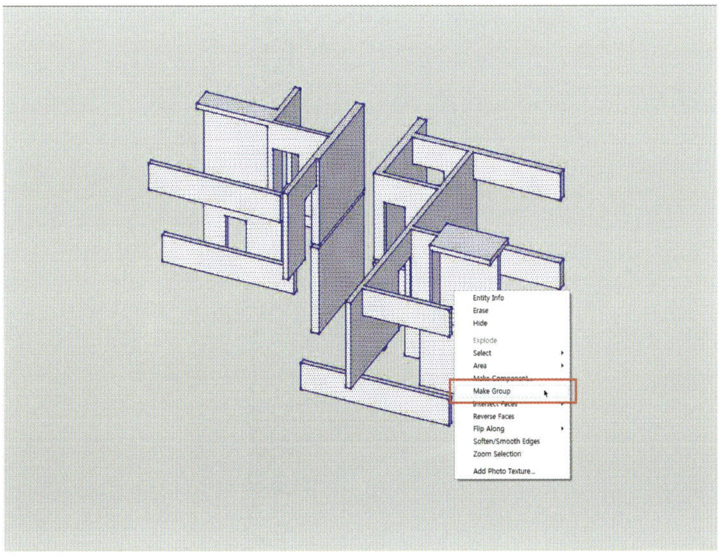

⑫ 마지막으로 작업의 편의성을 위해 내부 벽체를 Group화 합니다.

우선 Default Tray의 Outliner에서 'slab'에 마우스 오른쪽 버튼을 눌러 슬래브를 잠시 hide시켜 놓습니다. 그러면 내벽을 제외한 슬래브가 잠시 사라집니다. 이때 내벽을 모두 선택하여 Make Group 합니다. 그리고 Group의 이름을 'wall_inner'이라고 바꿔줍니다.

⓭ 이제 잠시 감추었던 'slab' Group을 다시 나타나게 하겠습니다. Outliner에서 회색으로 비활성화 되어 있는 'slab'에 마우스 오른쪽 버튼을 눌러 unhide를 클릭합니다.

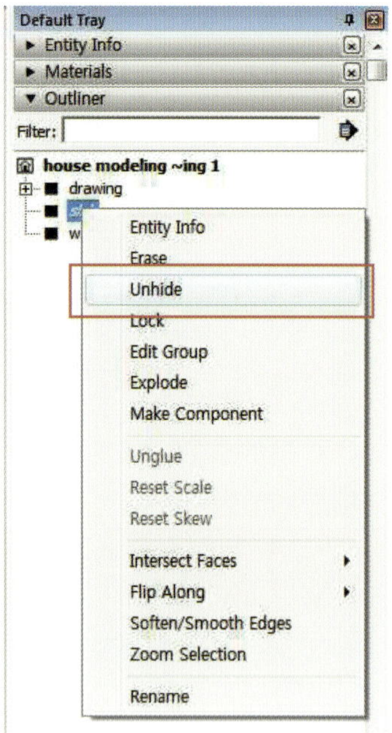

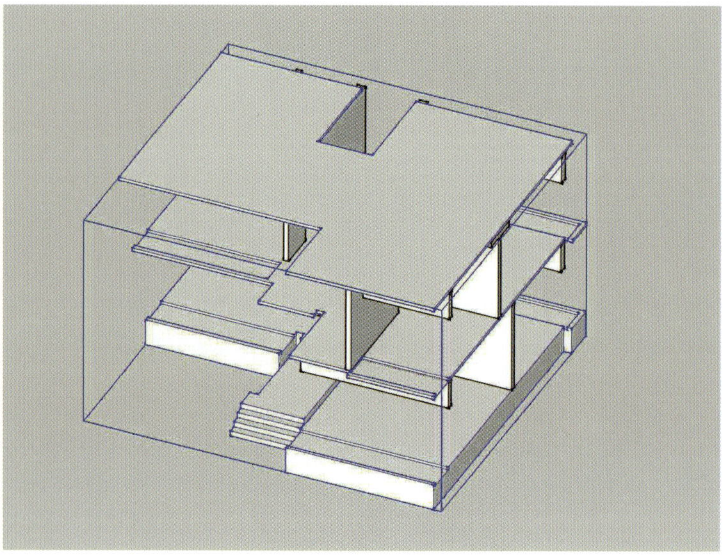

3) 문과 베란다 창 제작하기

문과 창문은 사용자에 따라 모델링하는 과정이 다를 수 있습니다만, 앞서 모델링 방법 두 가지 중 첫 번째 방법인 Massive Modeling 방법을 이용하면 편리합니다.

❶ 장면 추가 탭에서 '1 Floor Plan'을 클릭합니다. 그리고 Orbit(◆)을 이용하여 3D View로 바라보겠습니다.

먼저 서재방의 문을 제작해 보도록 하겠습니다. 먼저 다음과 같이 문틀의 규격을 알아봅니다.

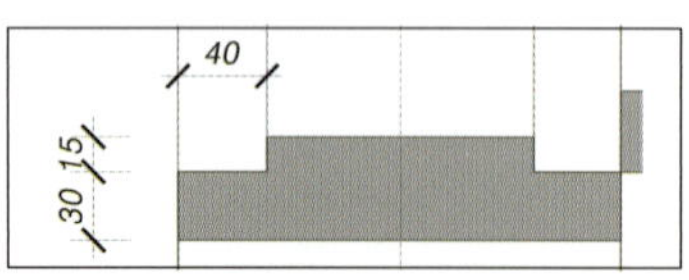

Rectangle(▨)을 이용하여 문 프레임 전체에 면을 생성합니다.

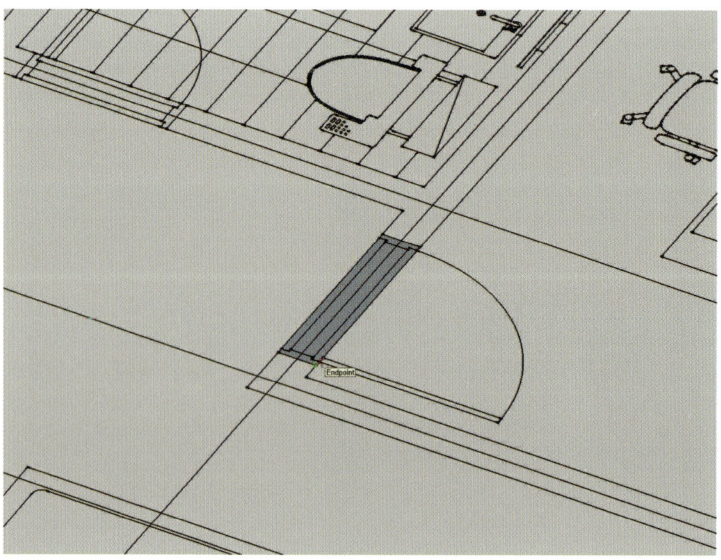

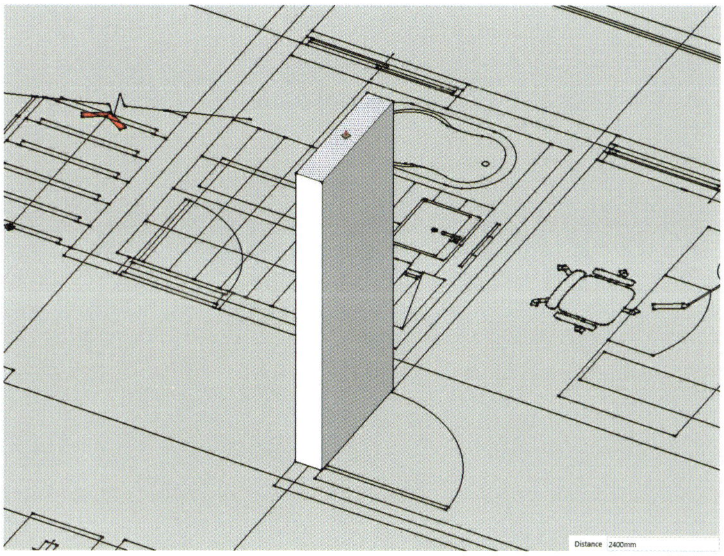

❷ Push/Pull( )을 이용하여 면을 클릭하고, 마우스를 위로 옮긴 후 문의 높이만큼 VCB에 2,400mm를 입력 Enter 키를 누릅니다.

❸ Offset( )을 이용하여 제작한 Object의 전면을 선택하고, VCB에 문 프레임의 두께인 30mm를 입력 Enter 키를 누릅니다.

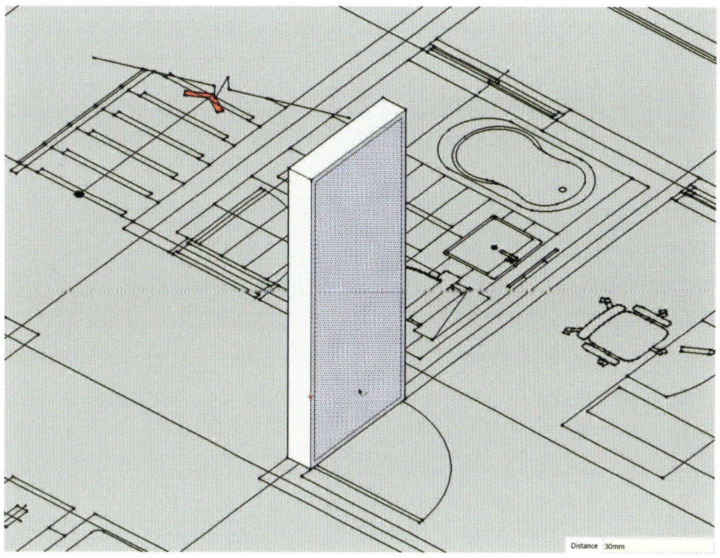

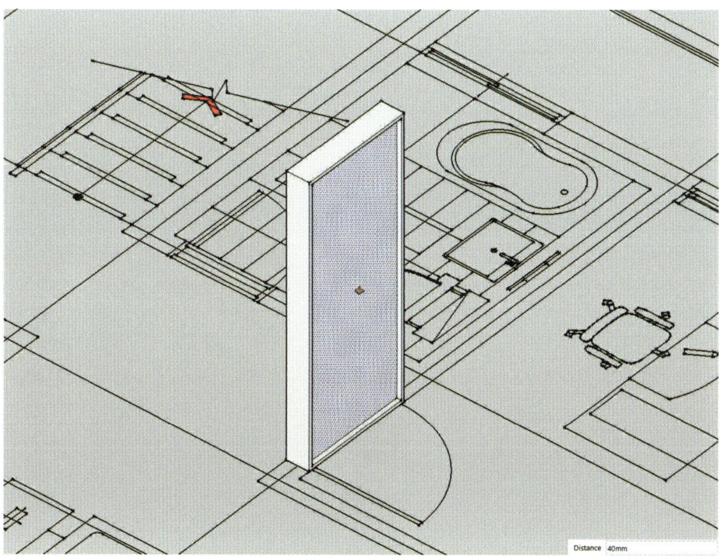

❹ 분할된 가운데 면을 Push/Pull( )을 이용하여 면을 클릭하고, 마우스를 안으로 옮긴 후 문 프레임의 폭만큼 VCB에 40mm를 입력 Enter 키를 누릅니다.

❺ Push/Pull(icon)을 이용하여 문아래 프레임 윗면을 클릭하고, 마우스를 아래로 내려 마우스에 On Face 가 나타날 때 까지 기다린 후 클릭합니다. 도면에는 문아래 프레임이 있으나 프레임이 없는 문들을 제작하겠습니다.

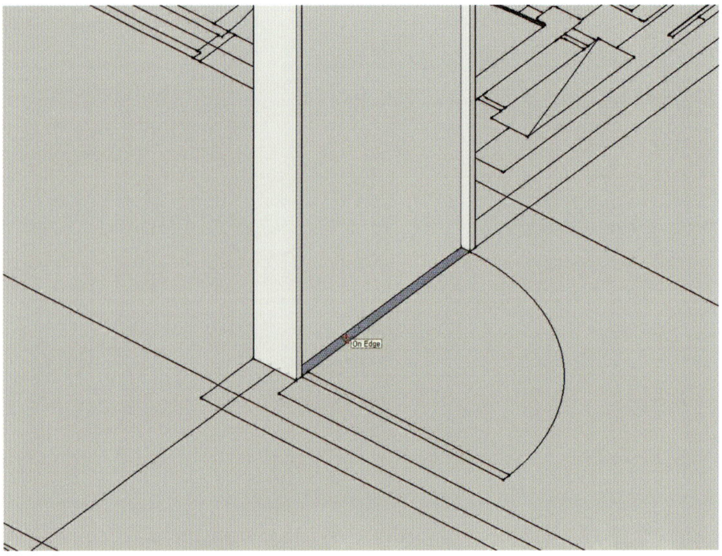

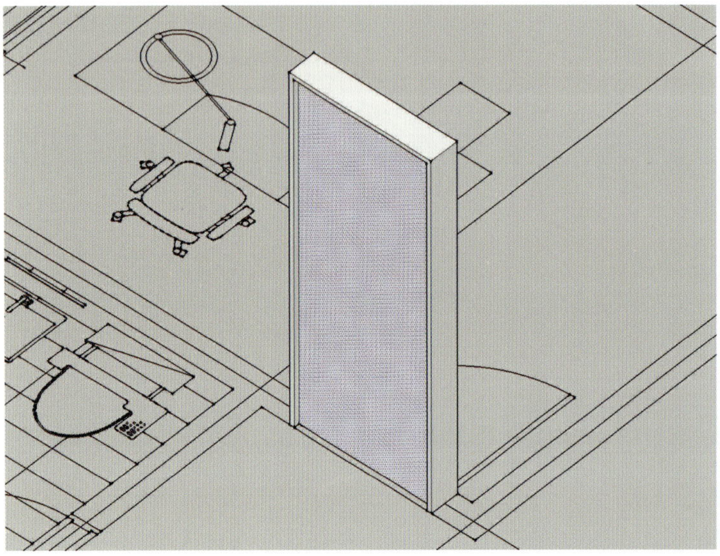

❻ 반대편 역시 동일한 방법으로 모델링 합니다.

❼ ③번과 동일하게 Offset(icon)을 이용하여 Object의 전면을 선택하고, VCB에 문 프레임의 두께인 15mm를 입력 Enter 키를 누릅니다.

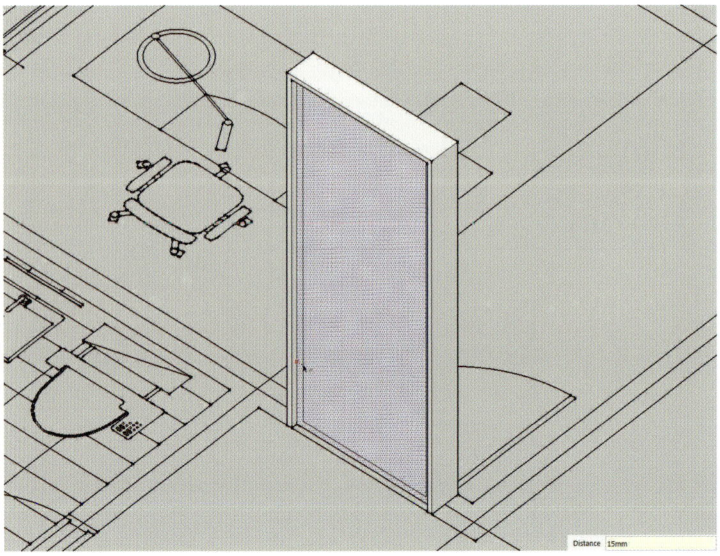

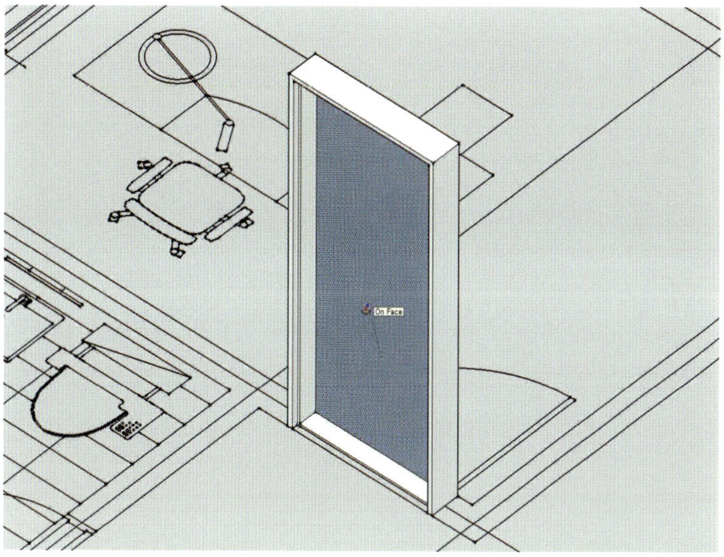

❽ 분할된 가운데 면을 Push/Pull(아이콘)을 이용하여 면을 클릭하고, 마우스를 안으로 옮겨 마우스에 On Face 가 나타날 때 까지 기다린 후 클릭합니다.

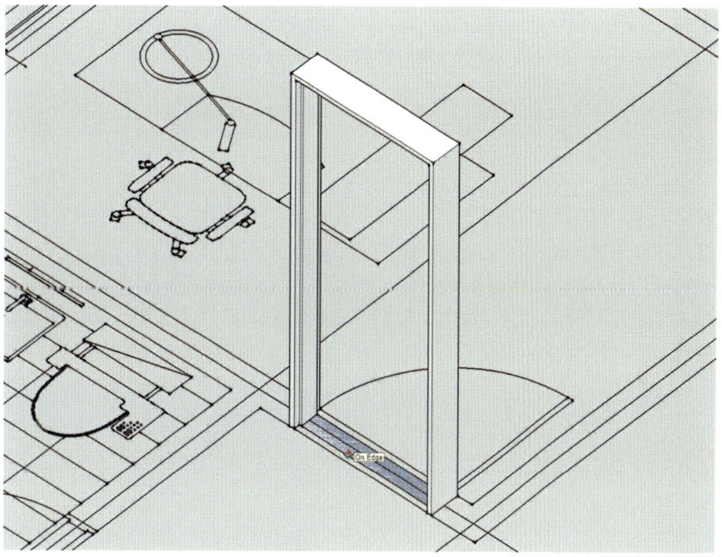

❾ Push/Pull(아이콘)을 이용하여 문아래 프레임 윗면을 클릭하고, 마우스를 아래로 내려 마우스에 On Face 가 나타날 때 까지 기다린 후 클릭합니다. 아래 프레임 모델링이 삭제되며, 문 프레임이 완성되었습니다.

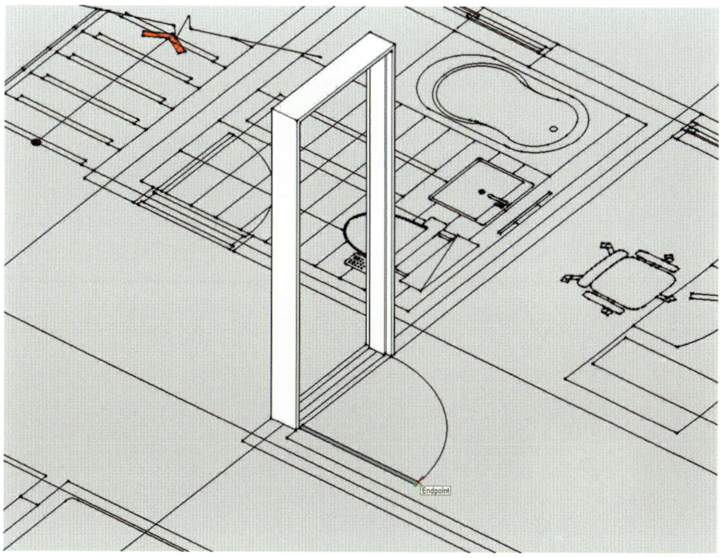

❿ 도면에 나타나 있는 것 처럼 열려있는 문짝을 제작해 보겠습니다. Rectangle(아이콘)을 이용하여 문짝에 면을 생성합니다.

⑪ Push/Pull()을 이용하여 생성된 면을 클릭하고, 마우스를 오른쪽 그림과 같이 프레임의 끝점에 클릭하여 높이를 지정합니다.

완성이 되면 문을 모두 선택하여 Make Group 하고 Group의 이름은 '1 door_studyroom'이라고 지정합니다.

1층과 2층에 위치한 문 역시 이와 같은 방식으로 제작해 놓습니다.

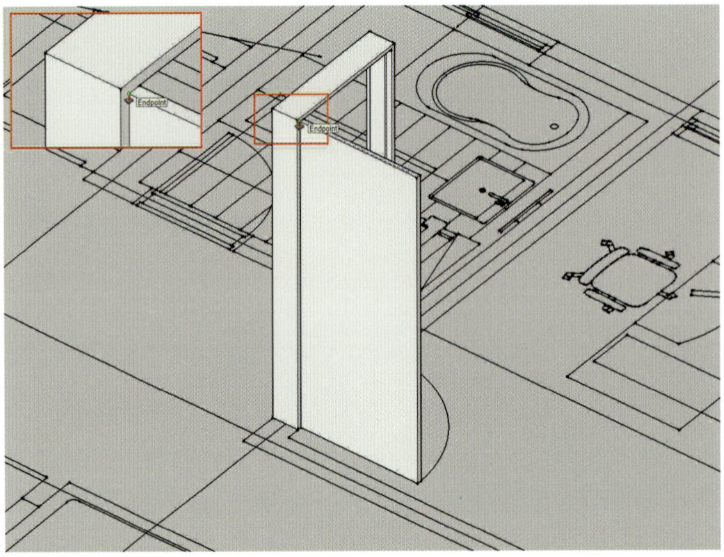

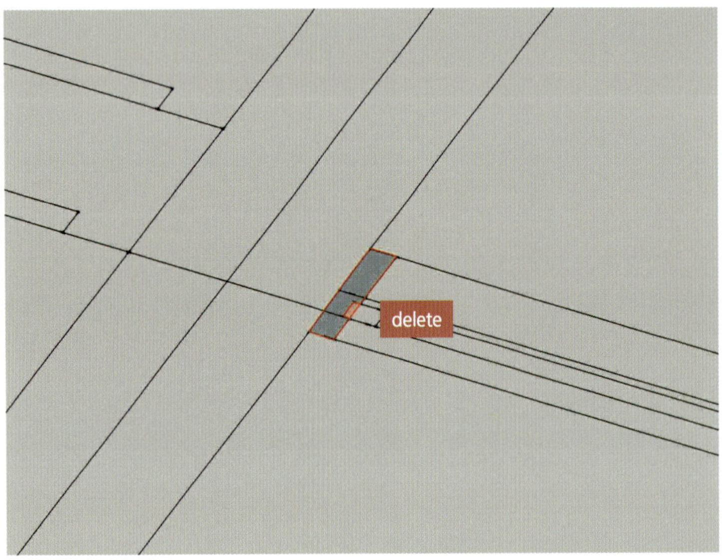

⑫ 다음은 베란다 창을 만들어 보도록 하겠습니다. 1층 오른쪽 거실 베란다를 확대합니다. 이번에는 두 번째 가구 모델링에서 실습했던 'Follow Me' 명령어를 이용해 모델링하도록 하겠습니다.

우선 Rectangle()을 이용하여 창틀에 큰 사각형과 작은 사각형 두 개의 사각형을 그리고 비워진 부분을 지워냅니다.

⑬ Line()을 이용하여 창의 테두리를 그립니다. 닫혀있는 도형이기 때문에 면이 생성됩니다. 면은 삭제합니다.

〈가로: 5,700mm〉
〈높이: 2,400mm〉

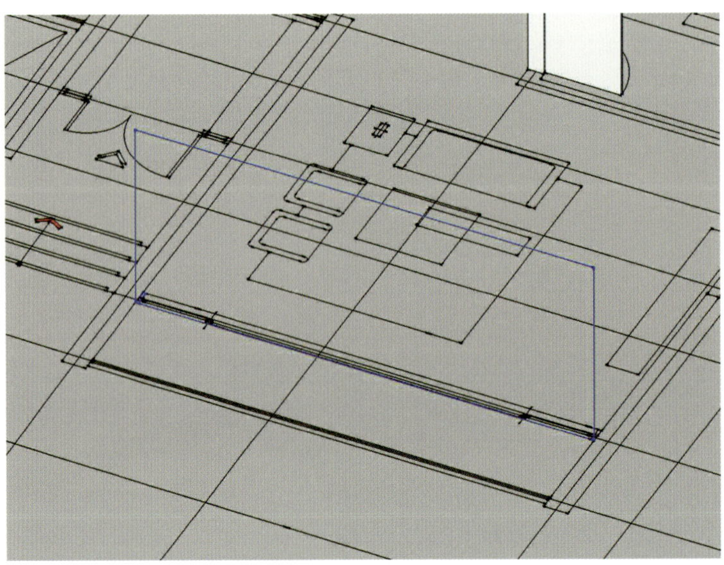

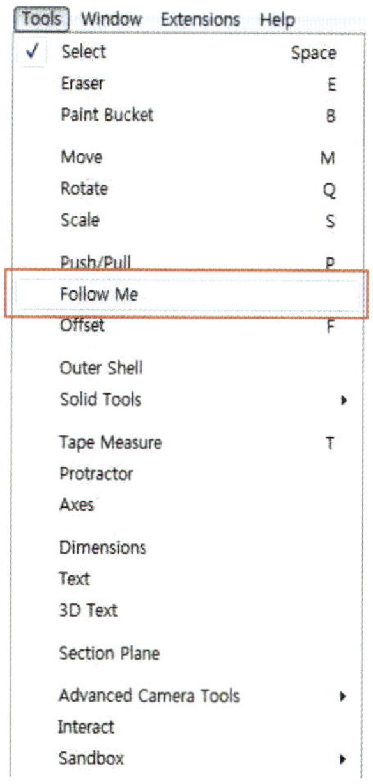

⑭ 풀다운 메뉴에서 Tool > Follow Me를 클릭합니다.

⑮ 그려두었던 창틀의 단면을 클릭하고 마우스를 테두리 따라 이동하여 창틀 모델링을 완성합니다.

그리고 Make Group하여 이름을 'win_frame'이라 지정하겠습니다.

TIP: Follow Me를 실행할 때 클릭은 마우스를 누른 상태가 아닌 손가락을 눌렀다 뗀 상태에서 실행합니다.

TIP: 창틀을 Group화하는 이유는 작업 후 창문을 열어야 할 때 모델링의 왜곡이 없도록 하기 위해서입니다.

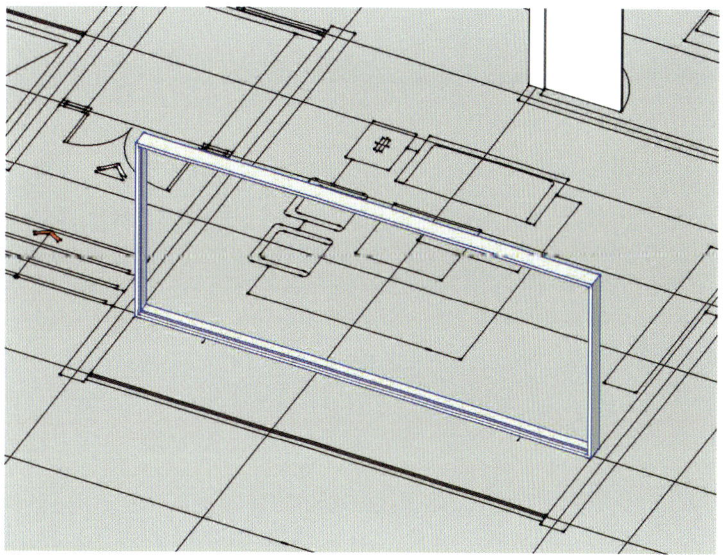

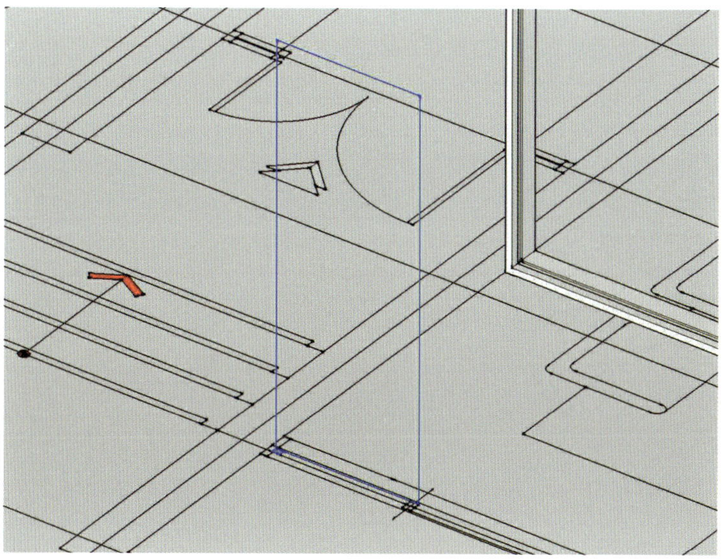

⑯ 작업된 창틀은 따로 옮겨두고, 유리가 들어가는 창문 틀을 모델링하겠습니다. 먼저 창문 틀의 단면을 Rectangle(▧)을 이용하여 그립니다. 그리고 창문 틀의 규격을 알아내어 Line(✎)으로 테두리를 그립니다.

<가로: 880mm>
<높이: 2,340mm>

⑰ Follow Me를 활용하여 테두리를 따라 창문 틀을 모델링합니다. 그리고 안에 유리 역할을 할 수 있는 면을 Rectangle(▧)을 이용하여 그려줍니다. 마지막으로 창문 틀을 모두 선택하고 Make Group하여 이름을 'win_glass 1' 이라 지정합니다. 반대편의 창문 틀 역시 복사하여 위치하고 Group의 이름을 바꿔 'win_glass 2'라고 지정합니다.

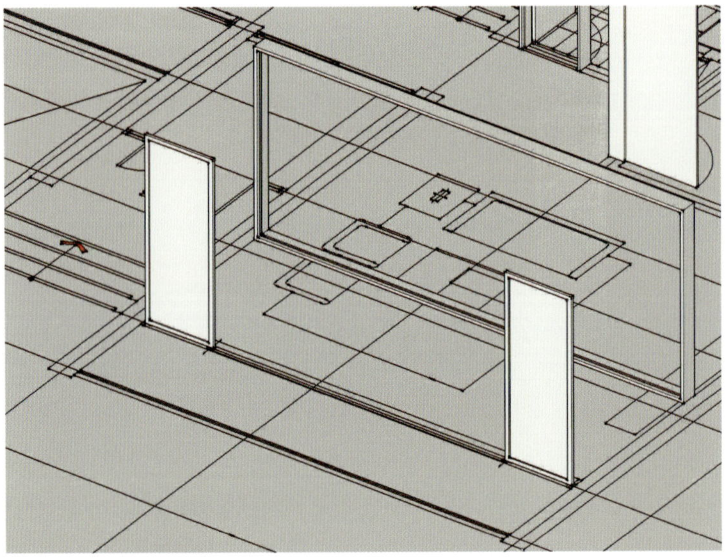

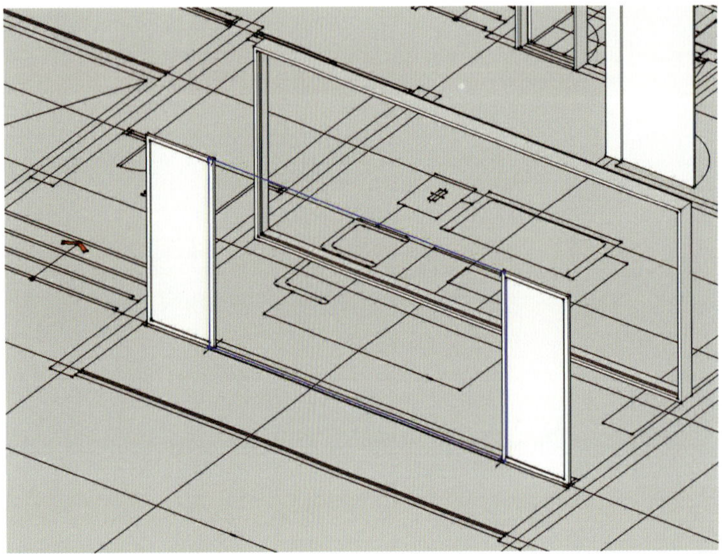

⑱ 중앙에 위치한 창문 틀을 모델링 하겠습니다. 앞서 작업한 내용과 동일합니다. 먼저 창문 틀의 단면을 Rectangle(▧)을 이용하여 그립니다. 그리고 창문 틀의 규격을 알아내어 Line(✎)으로 테두리를 그립니다.

<가로: 3,975mm>
<높이: 2,340mm>

⑲ 창문 틀 안에 유리 역할을 할 수 있는 면을 그려줍니다.
그리고 Make Group하여 이름을 'win_glass 3' 이라 지정합니다.

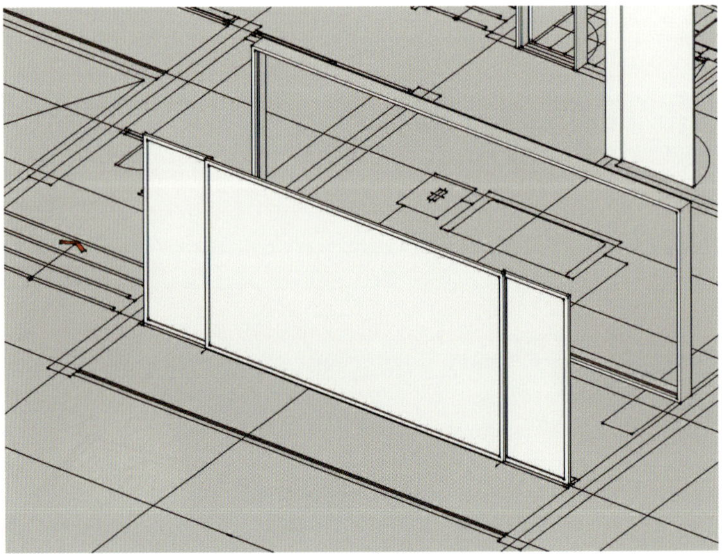

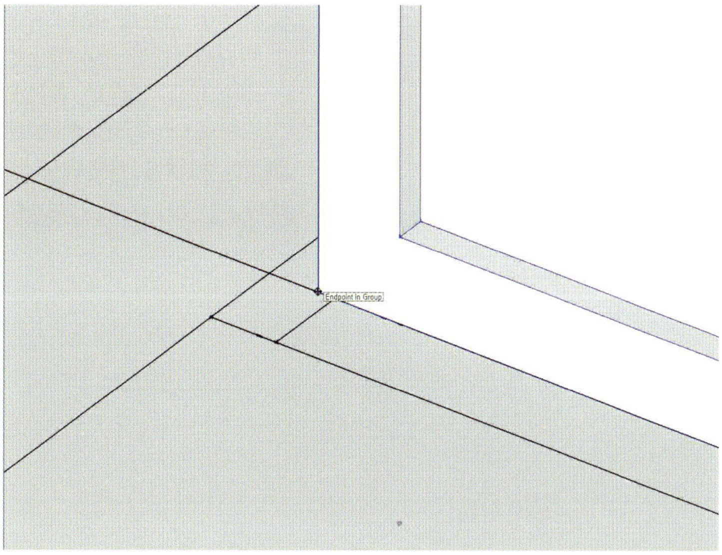

⑳ 이제 창틀과 창문 틀을 결합해 보도록 하겠습니다. 각 Object들을 정확히 결합하는 것이 중요합니다.
3개의 창틀을 모두 선태하고 Move( )의 Base Point를 창틀의 모서리 지점을 찍습니다.

㉑ 창틀의 정확한 지점을 찍어야 하지만 지점이 보이지 않습니다.

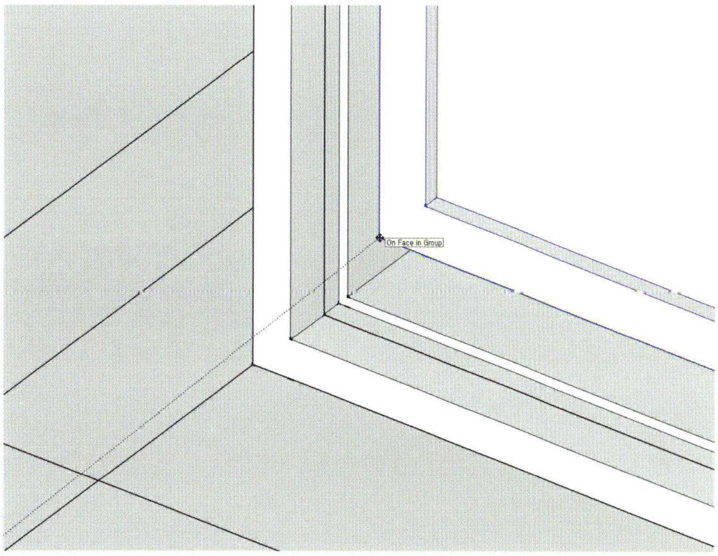

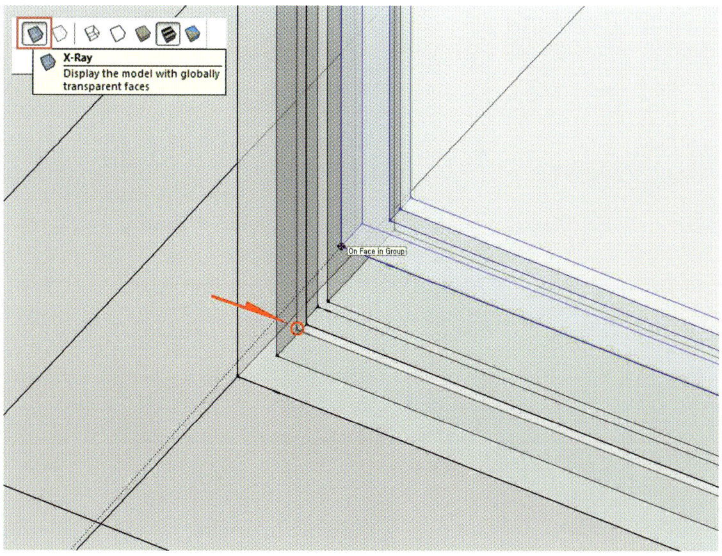

㉒ 이러한 상황을 대비하여 미리 Toolbar에 지정해 두었던 'Style'을 활용합니다. 가장 왼쪽에 위치한 'X-ray'를 활성화시킵니다. 그러면 왼쪽 그림과 같이 Object가 투영되며, 유리 틀에게 필요한 지점이 보입니다. 이 지점을 클릭합니다.

㉓ 이제 'X-ray'를 꺼줍니다. 그리고 거실창 모두를 선택하여 Make Group 합니다. Group의 이름은 '1 win_living' 으로 바꿉니다.

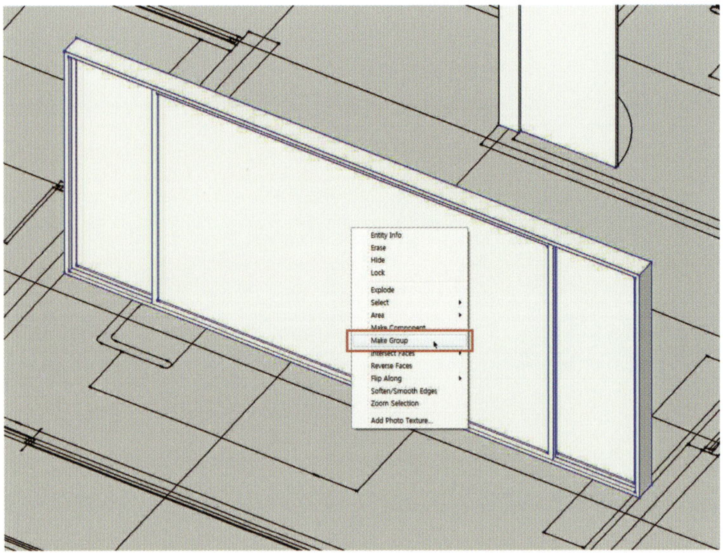

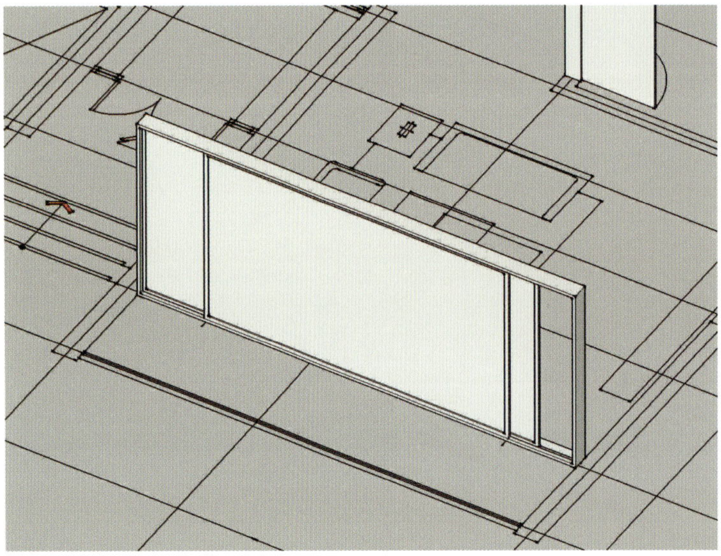

㉔ 이제 거실창을 제자리에 올려놓습니다. 그리고 한쪽 창을 살짝 열어놓도록 하겠습니다.

이와 동일한 방법으로 1층과 2층의 창들을 제작합니다.

㉕ 이와 동일한 방법으로 1층과 2층의 창들을 제작합니다.

이 과정이 모두 마무리 되었다면 앞서 슬래브 위에 내벽을 옮겨놓은 방법과 동일한 방법으로 Move()를 이용하여 문과 창을 옮겨놓습니다.

이제 계단실 모델링을 하여 결합시켜 보도록 하겠습니다.

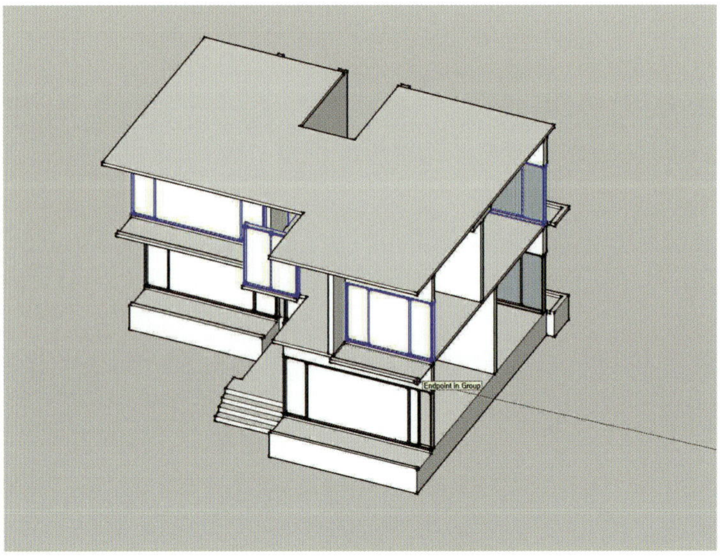

4) 계단실 제작하기

계단실은 평면도와 단면도를 이용하여 모델링하면 보다 효과적으로 작업할 수 있습니다.

❶ 장면 추가 탭에서 'Section 2'을 클릭합니다. 그리고 Line()을 이용하여 오른쪽 그림과 같이 계단참을 포함하여 계단 단면에 면을 생성합니다.

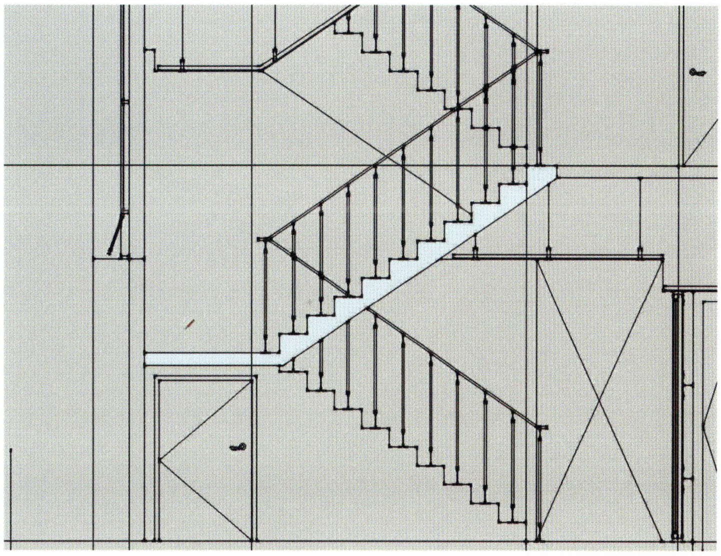

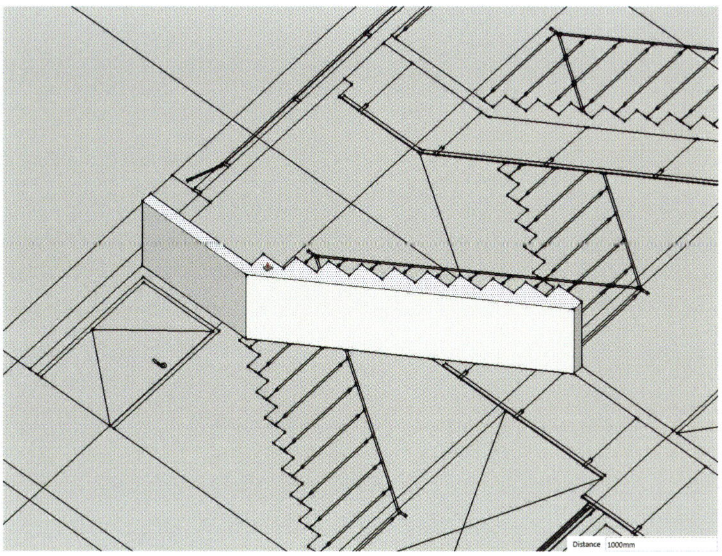

❷ 평면도를 참고하여 한쪽 계단의 폭이 얼마인지 알아봅니다. 그리고 Push/Pull()을 이용하여 마우스를 위 방향으로 하고, VCB 에 치수를 입력 Enter 키를 누릅니다.

〈계단 폭: 1,000mm〉

❸ 작업된 계단이 지붕층으로 올라가는 계단과 같은 형태이므로 복사합니다.

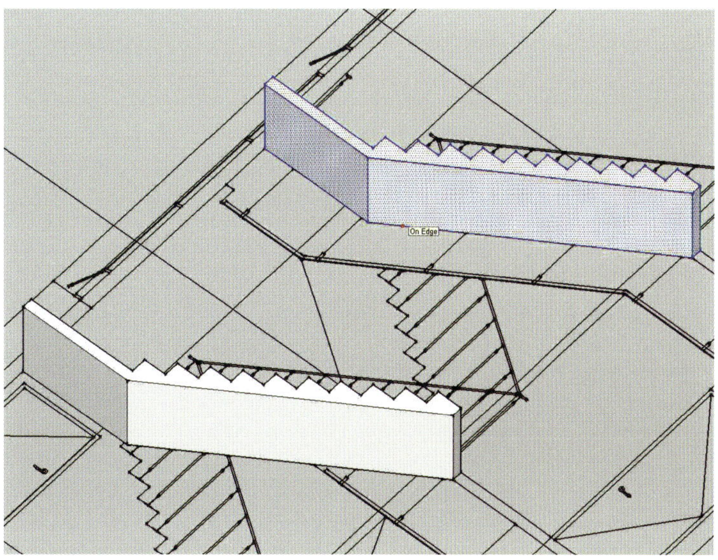

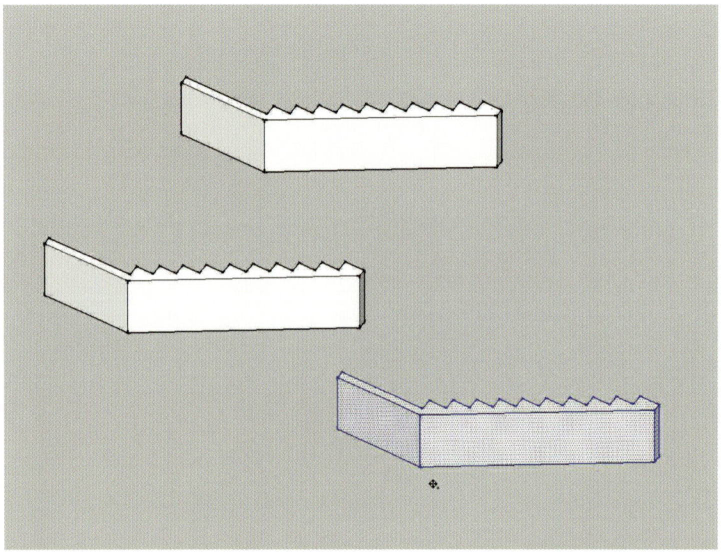

❹ 작업된 계단은 여유 공간으로 옮겨두고 반대편 계단을 만들어보겠습니다. 역시 장면추가 탭에서 'Section 2'를 선택합니다.

이번에는 ①번에서 소개한 방법과 다른 방법을 활용하겠습니다. 계단 하나를 Move(아이콘)를 이용하여 복사합니다.

❺ Select(아이콘)를 선택하여 복사된 계단을 모두 선택합니다. 그리고 마우스 오른쪽 버튼을 눌러 'Flip Along > Red Direction' 을 클릭합니다.

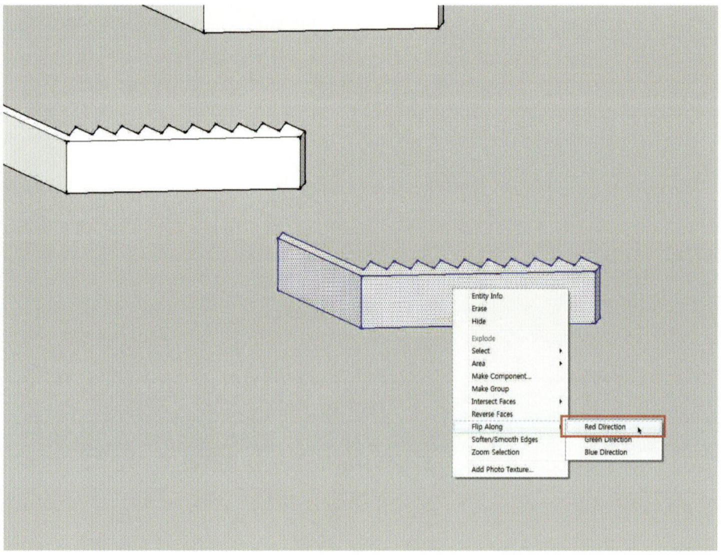

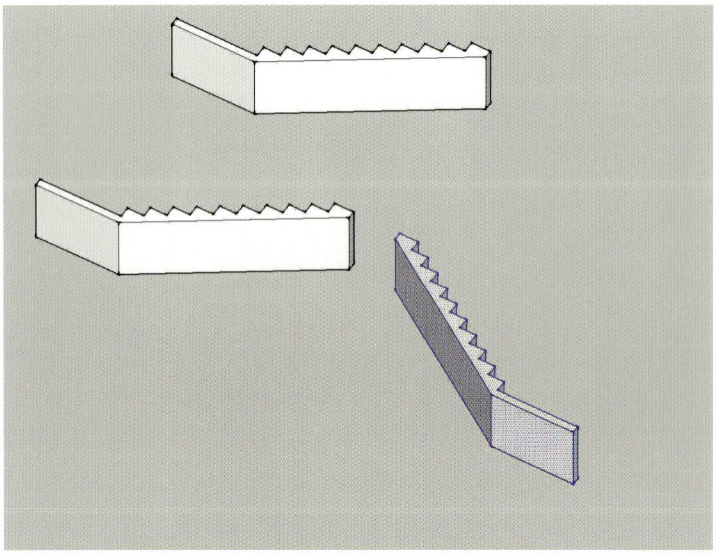

❻ 왼쪽 그림과 같이 X축 방향으로 계단이 뒤집어 집니다.

TIP: Object를 생성하고 방향만 다른 동일한 형태라면 AutoCAD의 'Mirror3d'와 같이 Object를 뒤집어 활용하면 됩니다. SketchUp의 'Flip Along'은 바로 이러한 도움을 주는 명령어입니다. 이 명령어의 하부메뉴에는 'Red Direction', 'Green Direction', 'Blue Direction'이 있습니다. 이는 Object를 뒤집는 방향을 결정하는 메뉴로서 'Red Direction'은 X축 방향으로, 'Green Direction'은 Y축 방향으로, 'Blue Direction'은 Z축 방향으로 뒤집어 줍니다.

❶ *Flip Along > **Red Direction***

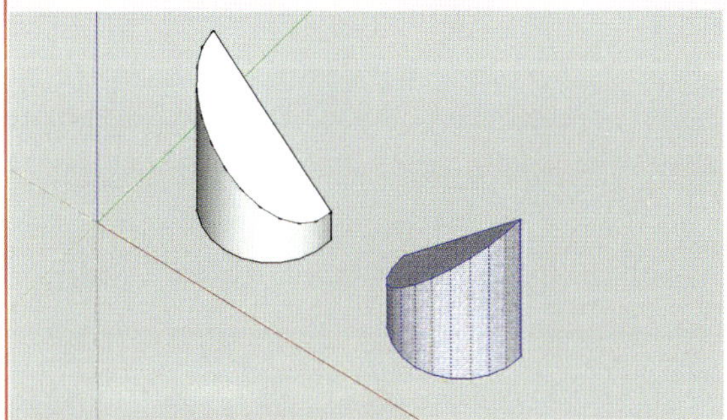

❷ *Flip Along > **Green Direction***

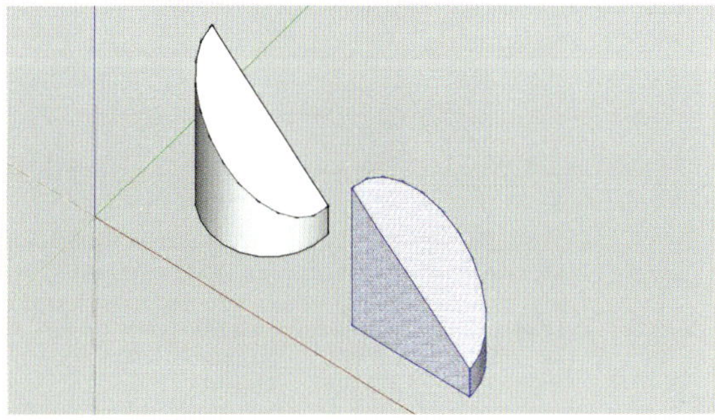

❸ *Flip Along > **Blue Direction***

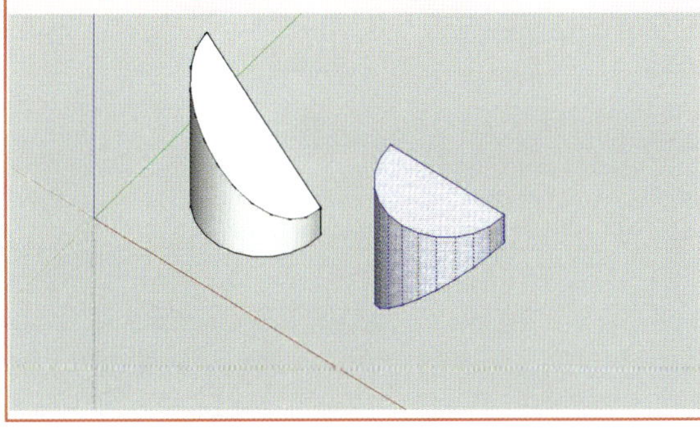

❼ Push/Pull()을 이용하여 계단 참은 [On Edge] 가 나타날 때까지 밀어 넣어 클릭합니다.

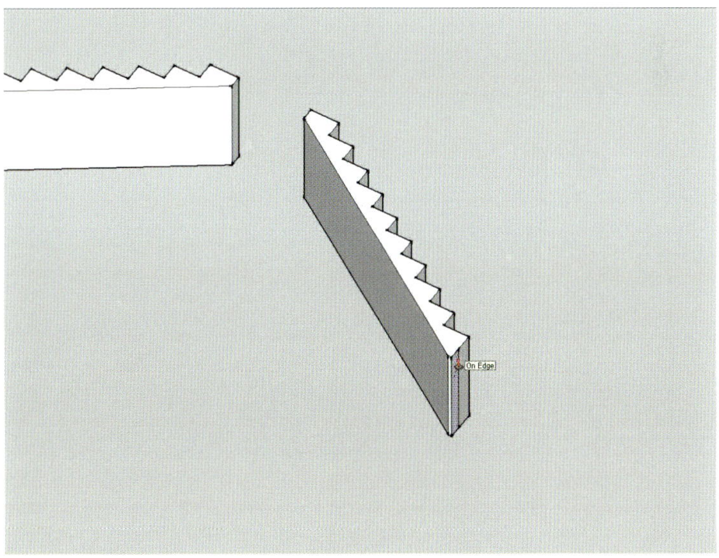

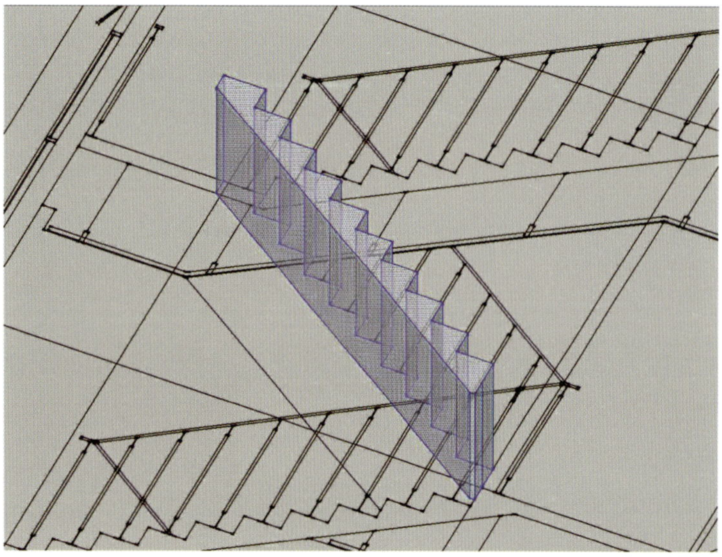

❽ 작업된 계단은 추가 작업을 위하여 Move( )를 이용하여 도면위에 올려놓겠습니다.

TIP: 설명의 편의를 위해 'Style > X_ray'를 활성화하였습니다.

❾ 반대편 계단참을 만들기 위해 Push/Pull( )을 이용하여 면을 선택하고 Endpoint 에 클릭하여 마무리합니다.

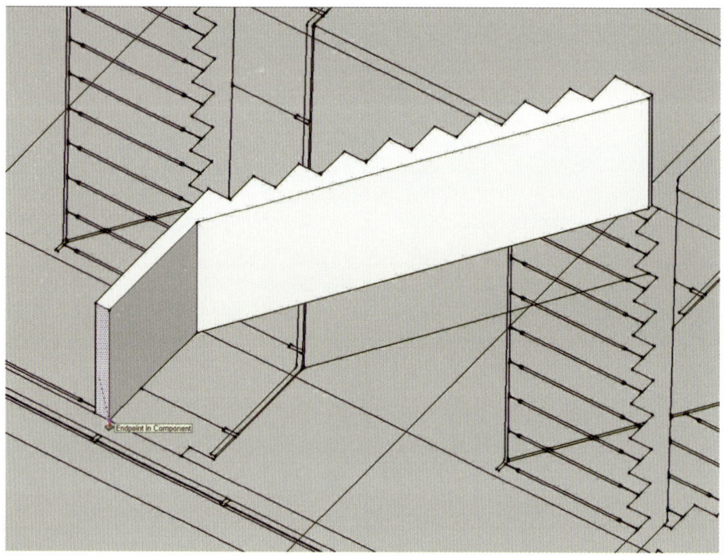

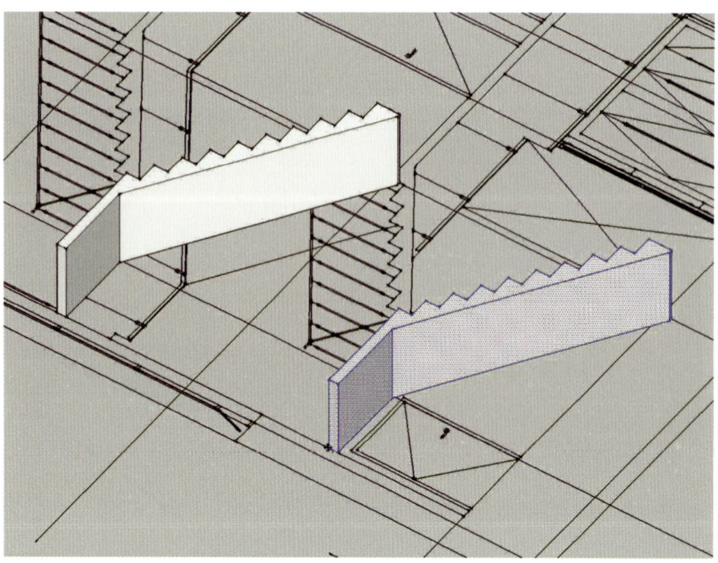

❿ 작업된 계단이 2층으로 올라가는 계단과 같은 형태이므로 복사합니다.

⑪ 마지막으로 계단과 1층 슬래브 마감선이 만나는 부분은 면을 분할, Push/Pull()을 이용하여 끝까지 밀어넣어 삭제해줍니다.

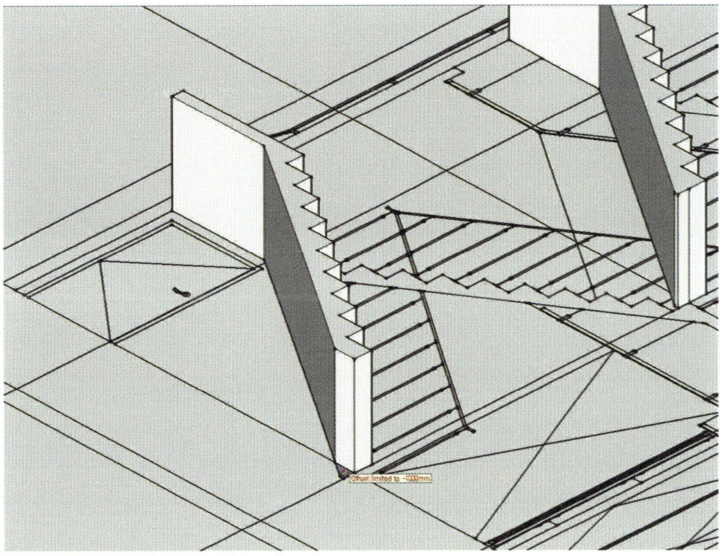

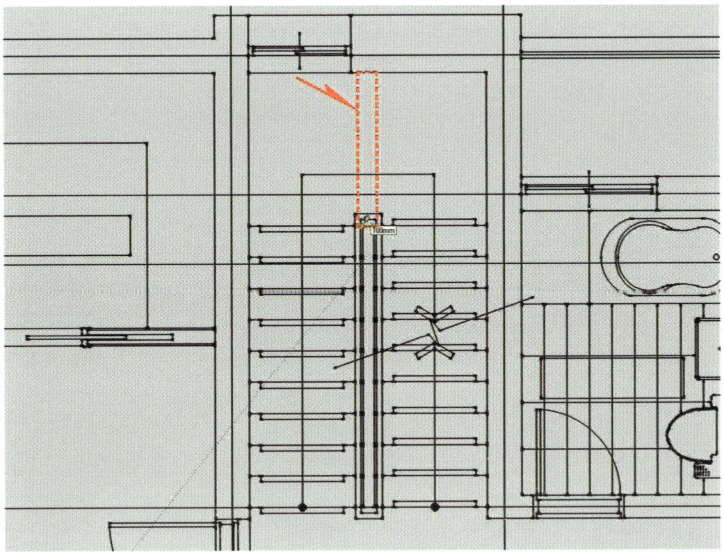

⑫ 이제 작업된 계단을 결합하면 되지만 오른쪽 그림과 같이 계단참에 미쳐 작업되지 않은 영역이 있습니다. 이 영역을 모델링 한 후 두 계단을 결합하도록 하겠습니다.

<계단 폭: 100mm>

⑬ 계단참이 있는 부분을 Line()을 이용하여 면 분할합니다.

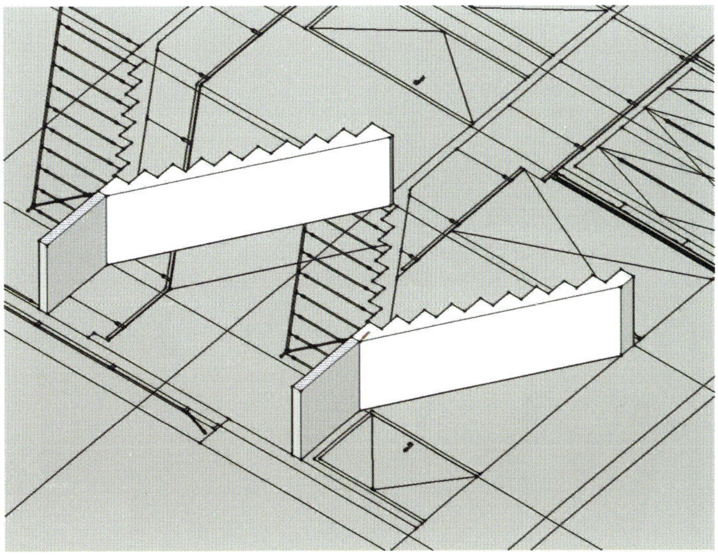

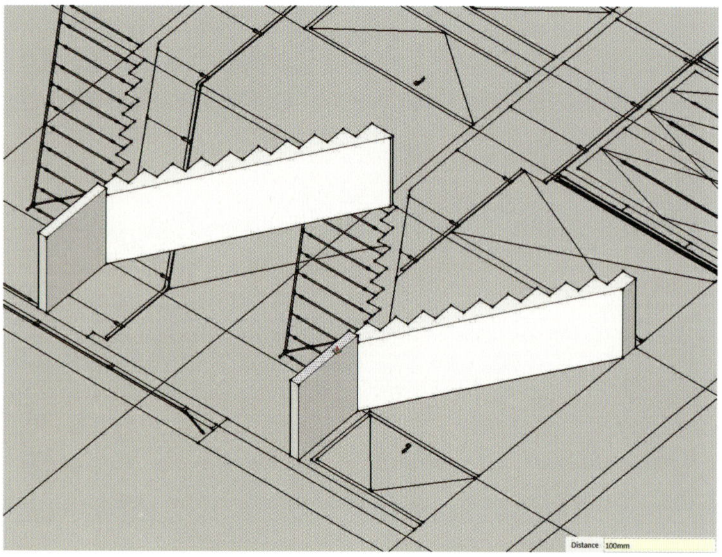

⑭ Push/Pull()을 이용하여 면을 선택하고, 마우스를 위 방향으로 하여 VCB에 100mm를 입력 Enter 키를 누릅니다.

⑮ 이제 Move()를 이용하여 두 계단을 결합합니다. 중요한 것은 옮기는 Object의 Base Point 지점과 옮길 위치의 지점이 같아야 한 다는 것입니다.
왼쪽 그림과 같이 Base Point를 클릭합니다.

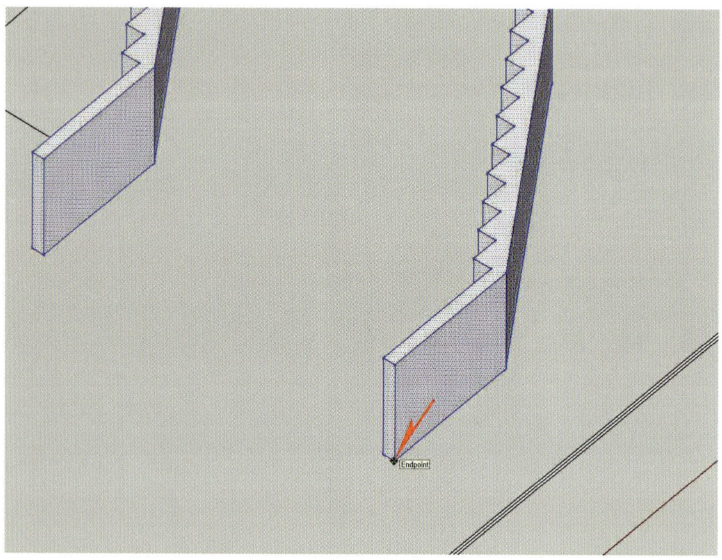

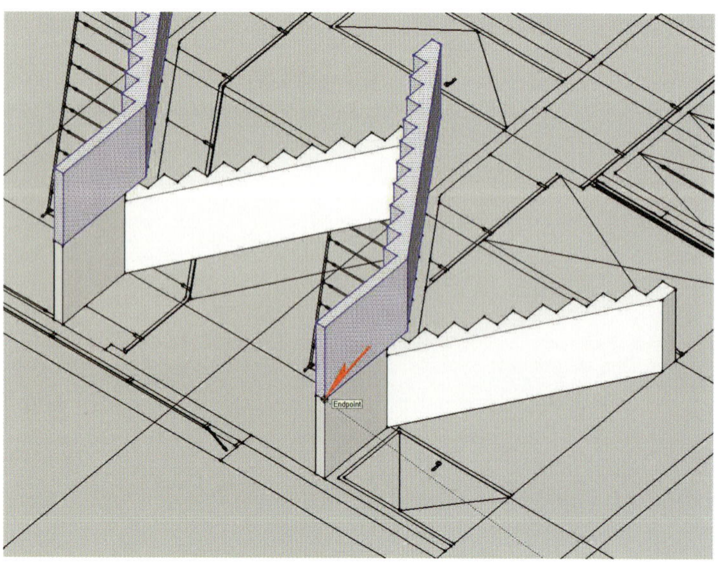

⑯ 오른쪽 그림과 같이 Object를 이동하여 정확한 위치에 클릭합니다.

⑰ 이제 계단을 바로 세워줍니다. 그림과 같이 계단을 모두 선택하고 Rotate()를 선택하여 각도자가 빨간색(X축)이 나타나게 한 다음 왼쪽으로 90도 돌려줍니다.

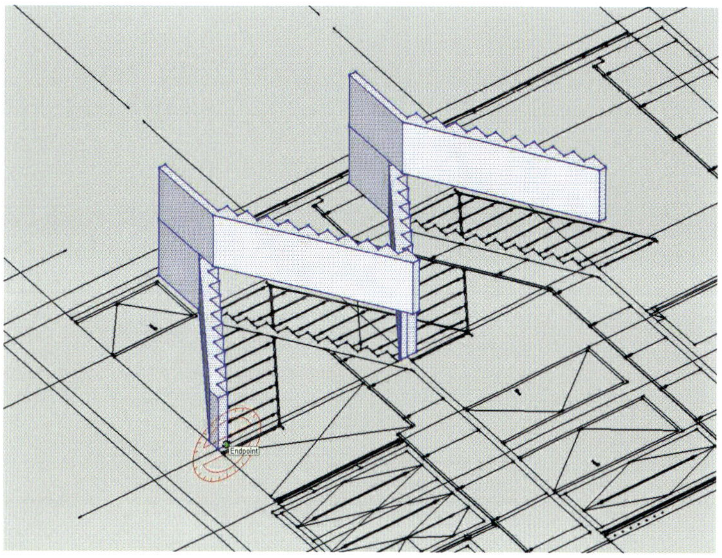

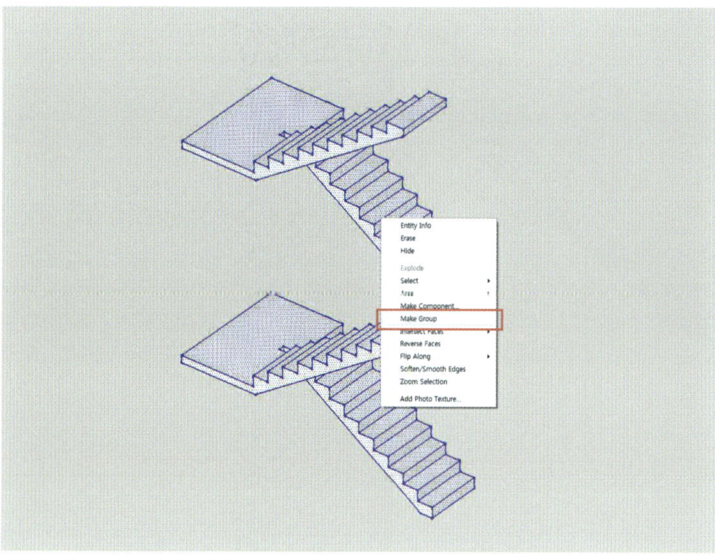

⑱ 불필요한 선들은 삭제하고 여유 있는 공간으로 옮겨놓습니다. 그리고 Make Group하여 이름을 'stair slab'라고 바꿔줍니다.

⑲ 이제 계단의 난간을 모델링합니다. 우선 난간 창살을 먼저 제작한 후 난간 핸드레일을 제작하겠습니다. 치수는 오른쪽 그림과 같습니다.

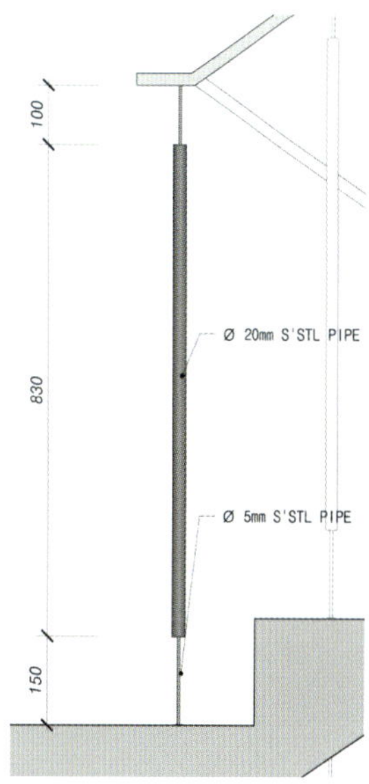

⑳ Circle( )을 이용하여 임의의 점을 클릭한 후, VCB에 2.5를 입력 Enter 키를 누릅니다.

TIP: 얇은 봉의 지름이 5mm이고, VCB에 입력할 내용은 Radius이므로 2.5mm를 입력합니다.

㉑ Push/Pull( )을 이용하여 면을 선택하고, 마우스를 위 방향으로 하여 VCB에 150mm를 입력 Enter 키를 누릅니다.

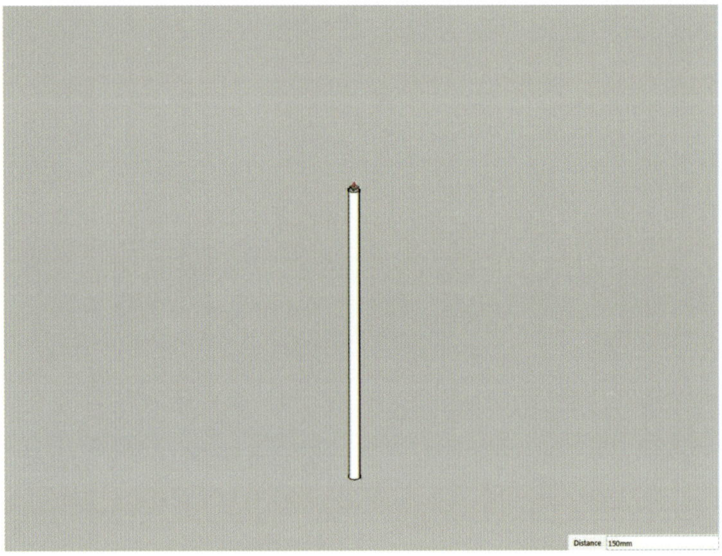

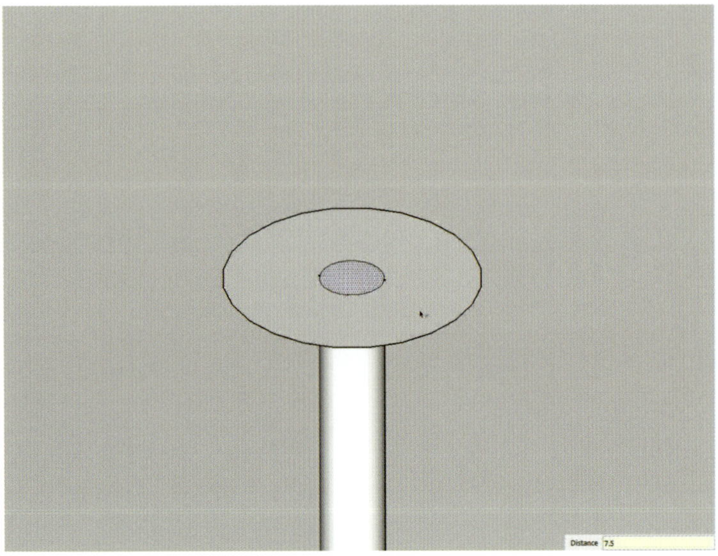

㉒ Offset( )을 이용하여 윗 면을 선택하고, 마우스를 밖으로 향하여 VCB에 7.5를 입력 Enter 키를 누릅니다.

TIP: 도면에 기입된 두꺼운 봉의 지름이 20mm이므로 Offset은 15mm의 절반인 7.5mm만 하면 됩니다.

㉓ Push/Pull()을 이용하여 안쪽 원형면을 먼저 선택하고, 마우스를 위 방향으로 하여 VCB에 830m m를 입력 Enter 키를 누릅니다. 밖의 원형 면 역시 동일한 방법으로 모델링을 합니다.

TIP: 바깥쪽을 먼저 모델링하면 위쪽 얇은 봉을 만들 면이 없기 때문에 안쪽 원의 면을 먼저 모델링 합니다.

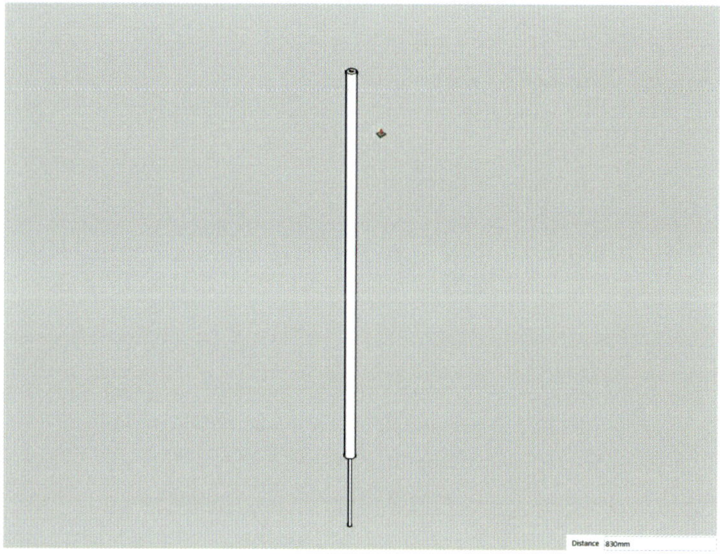

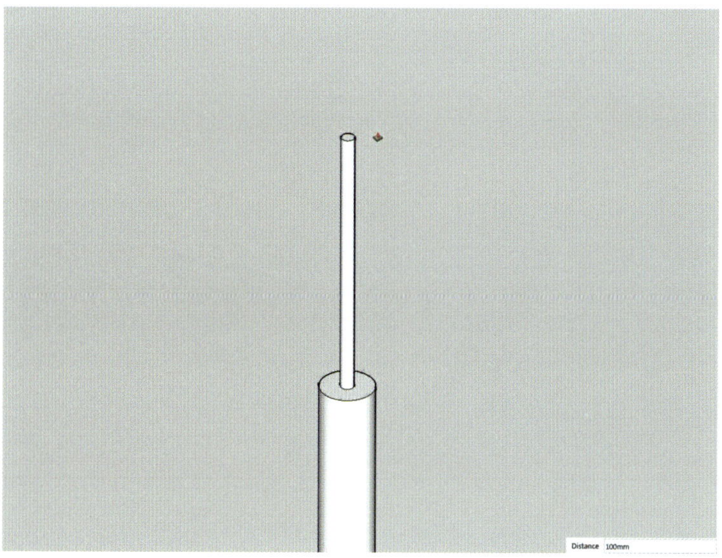

㉔ Push/Pull()을 이용하여 안쪽 원형면을 선택하고, 마우스를 위 방향으로 하여 VCB에 100mm를 입력 Enter 키를 누릅니다.

㉕ 계단 창살이 완성 되었습니다. 이제 계단위에 올려놓아 보겠습니다.

창살의 위치는 계단 너비의 가운데 지점과 계단 핸드레일의 위치를 고려하여 45mm만큼 안으로 들어가 있는 자리에 놓을 예정입니다.

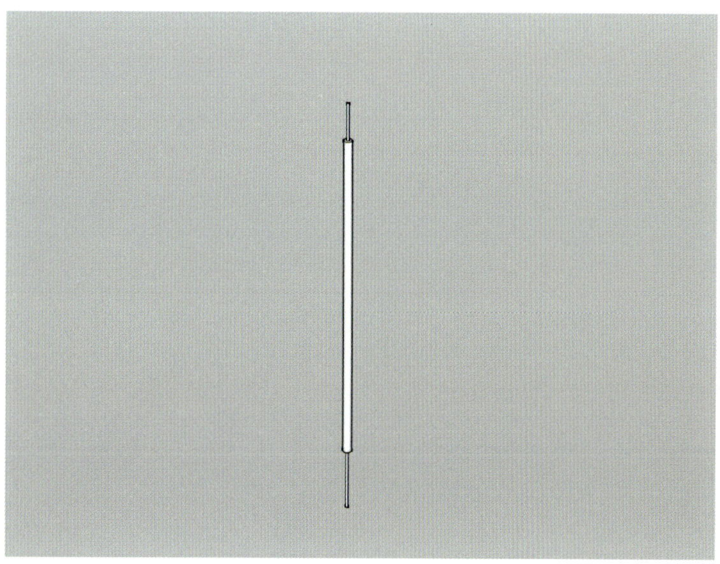

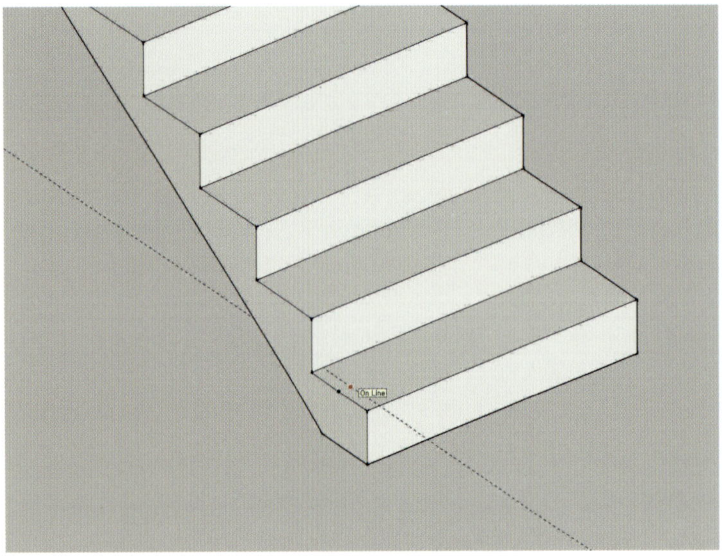

㉖ 그러기 위해서는 Tape Measure Tool( )의 Guide Point를 이용하여 정확한 위치를 지정해줘야 합니다. 그림과 같이 위치를 지정합니다. 위치는 계단 폭 중간지점에서 안으로 45mm입니다.

㉗ Move( )를 이용하여 계단 창살의 아래 원형면 center를 Base Point로 지정하고 창살을 계단 위로 위치합니다.

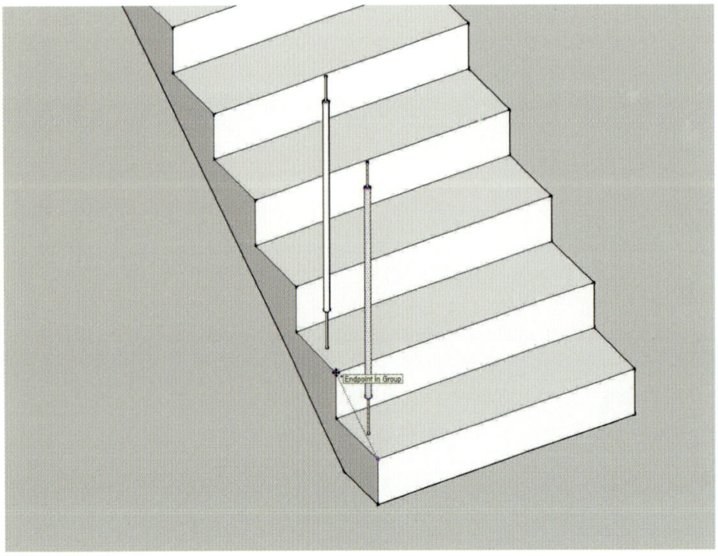

㉘ 위치하였다면 Move( )를 이용하여 한 계단 위 복사합니다.

㉙ 다중 복사를 위해여 VCB에 '*9'를 입력 Enter 키를 누릅니다.

TIP: '' 기호는 복사되는 거리에 같은 간격으로 다중복사를 의미합니다.*

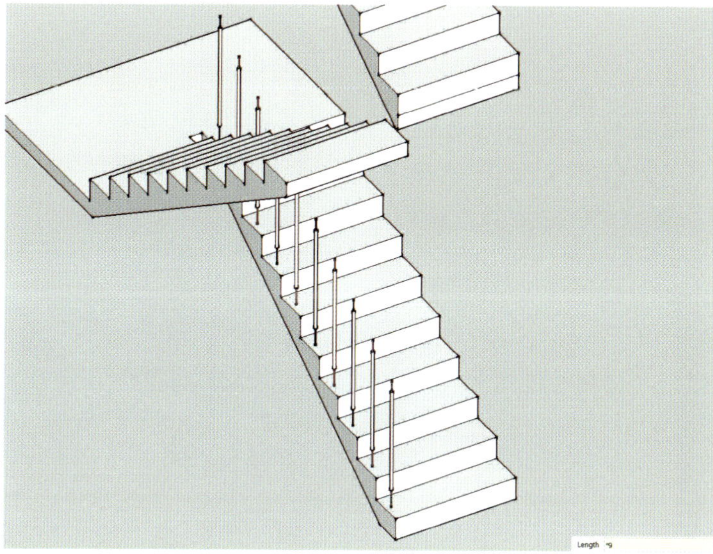

㉚ 반대편 오르는 계단 역시 같은 방법으로 계단 창살을 모델링 합니다.

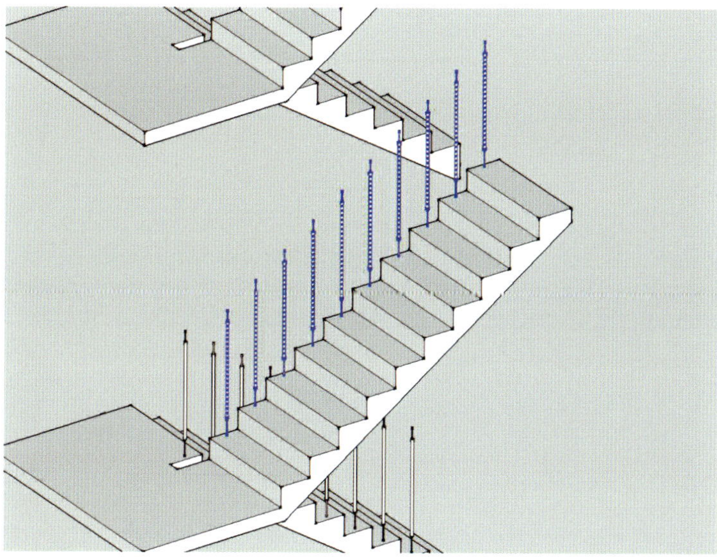

㉛ 옥상층으로 오르는 계단 역시 아래층 계단과 같은 형태이므로 계단 창살 모두를 복사하여 붙여 넣습니다.

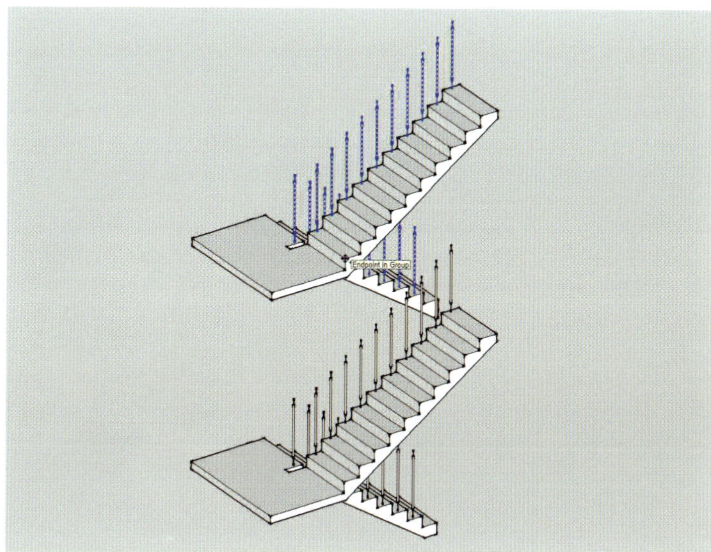

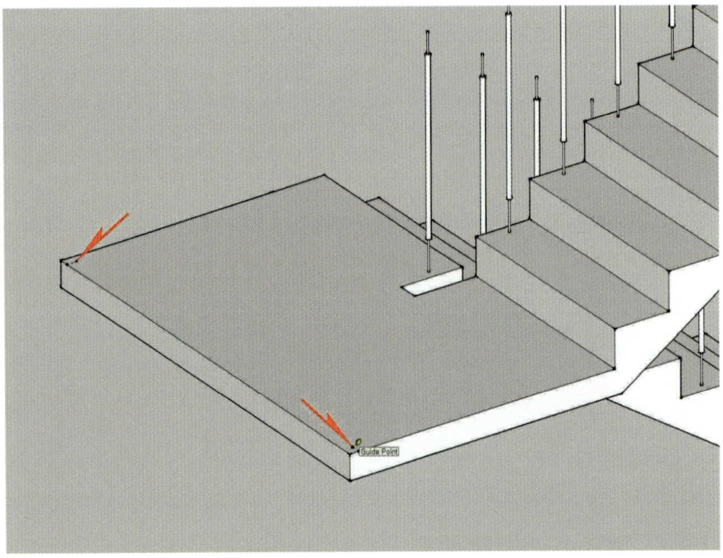

㉜ 외부벽체 창문 방향 계단 창살을 제작해보도록 하겠습니다.

Tape Measure Tool()의 Guide Point를 이용하여 그림과 같이 위치를 지정합니다. 계단참 바깥 끝선에서 45mm, 양 끝단에서 역시 45mm 안으로 위치를 지정하여 Guide Point를 생성합니다.

㉝ 계단 창살 하나를 선택하여 미리 지정한 Guide Point에 정확히 복사합니다.

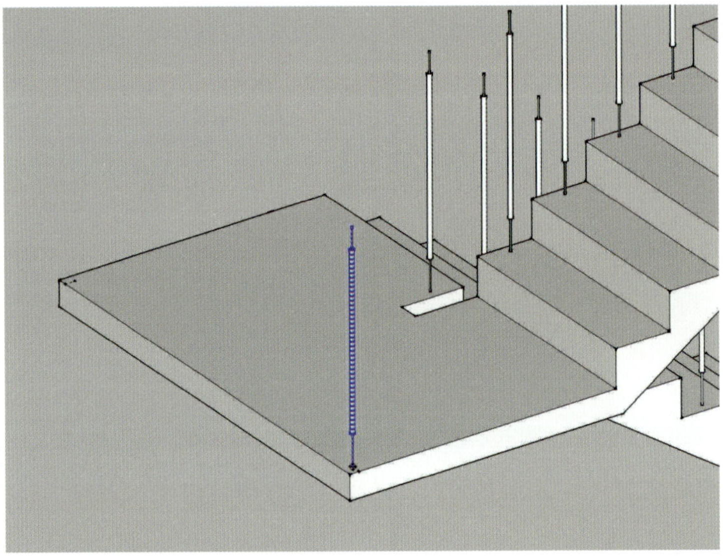

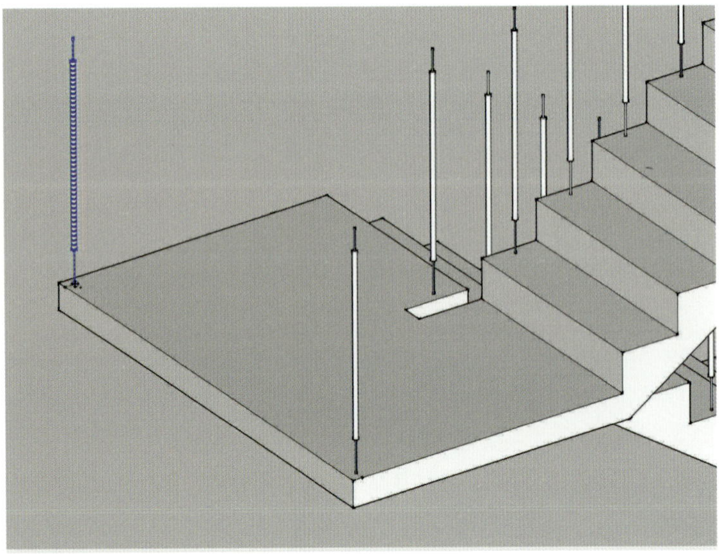

㉞ 위치하였다면 Move()를 이용하여 반대편에도 계단 창살을 복사합니다.

㉟ 곧바로 다중 복사를 위하여 VCB에 이번엔 '/7'을 입력 Enter 키를 누릅니다.

TIP: '/' 기호는 복사되는 거리에 같은 간격으로 분할하여 다중복사를 의미 합니다.

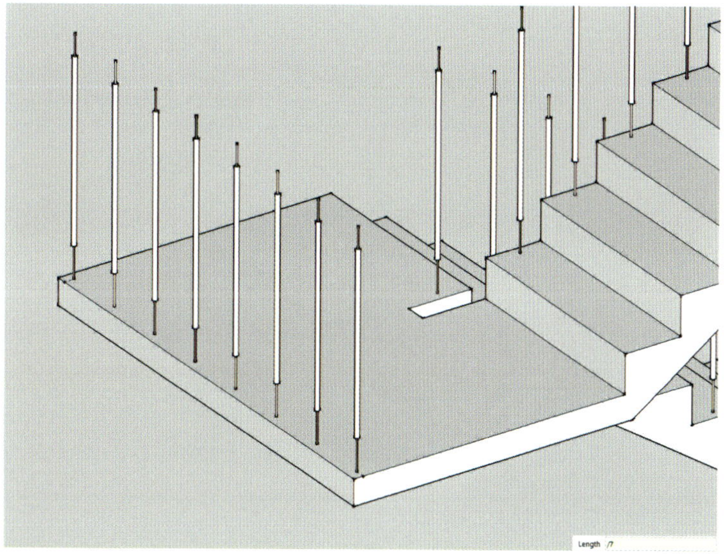

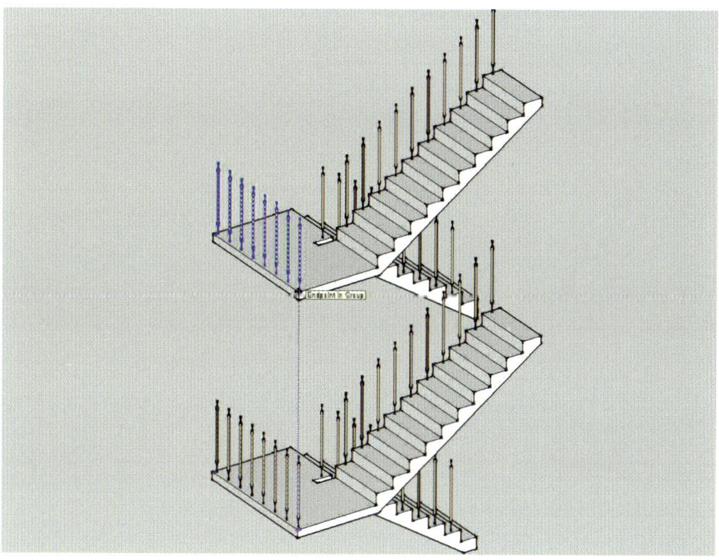

㊱ 옥상층으로 오르는 계단 참 역시 아래층 계단과 같은 형태이므로 계단 창살 모두를 복사하여 붙여 넣습니다. 완성이 되면 창상을 모두 선택하여 Make Group하고 Group의 이름은 'stair bar'로 바꿔줍니다.

이제 창살은 완성 되었습니다. 마지막으로 난간 핸드레일을 제작해 보도록 하겠습니다.

㊲ 난간 핸드레일은 'Follow me'를 이용하여 모델링하도록 하겠습니다. 장면추가에서 'Section 2'을 클릭합니다. 그리고 Line(✏)을 이용하여 오른쪽 그림과 같이 경로(Path)를 설정합니다. 계단 위 꺾어진 핸드레일의 길이는 2층 평면도에서 알아냅니다.

<계단참: 220mm>
<옥상층 난간: 1,160mm>

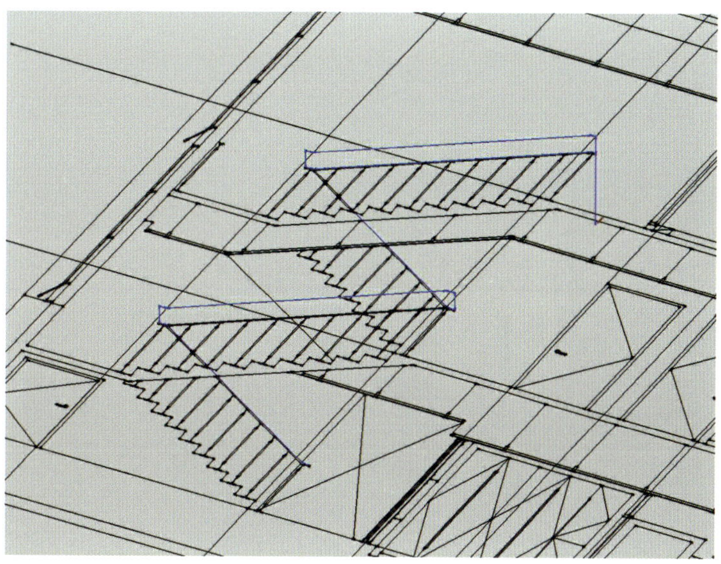

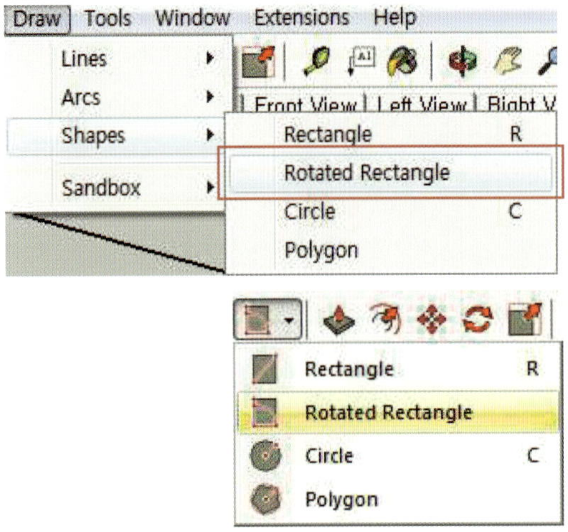

㊳ 풀다운 메뉴에서 Draw > Shapes > Rotate Rectangle을 선택하거나, 위의 Draw 메뉴에서 Rotate Rectangle을 선택합니다.

㊴ 이제 미리 작성해 놓은 경로(Path)의 끝지점 위치에 Rotate Rectangle을 이용하여 핸드레일 단면 사각형을 그립니다. 계단면 사각형의 크기는 단면도와 평면도에서 알아냅니다.

<핸드레일: 50mm X 20mm>

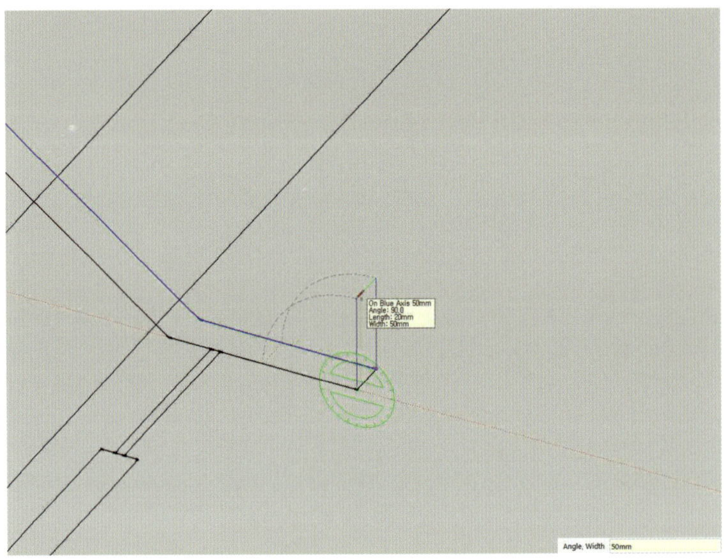

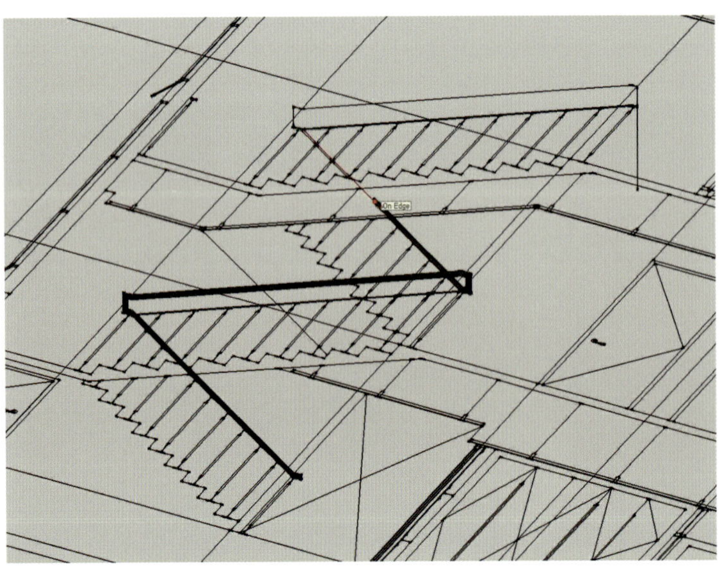

㊵ 풀다운 메뉴에서 Tool > Follow me를 이용하여 작성된 경로(Path)따라 핸드레일을 모델링합니다.

<계단참: 220mm>
<옥상층 난간: 1,160mm>

㊶ 이제 완성된 핸드레일을 정확한 위치에 올려놓습니다. 그 전에 오른쪽 그림과 같이 핸드레일 아랫면에 Guide Point를 이용하여 창살의 중심점을 정확히 지정해 놓습니다.

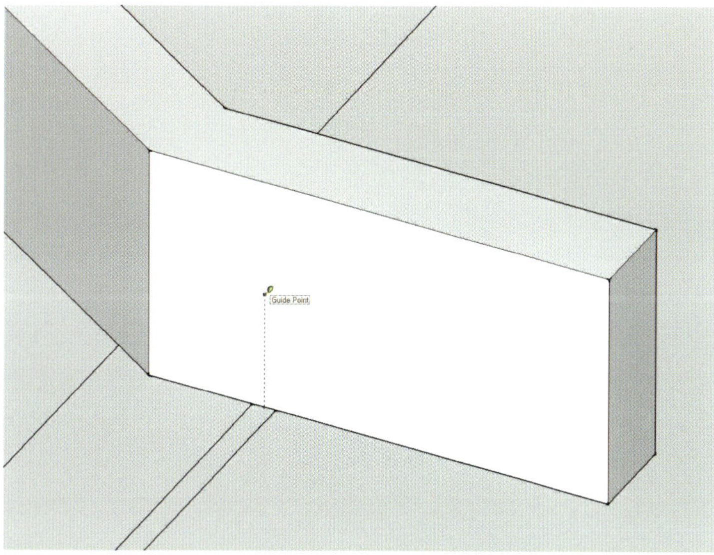

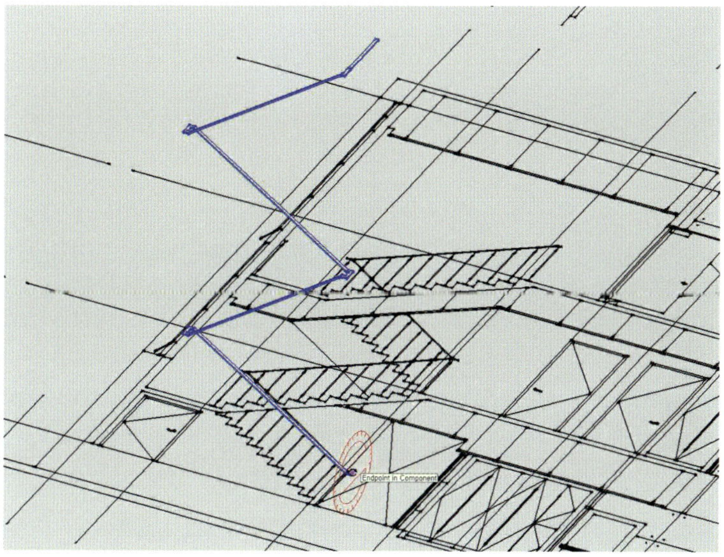

㊷ Rotate(🔄)를 이용하여 핸드레일을 90도 세웁니다. 각도자의 수평방향은 X축(red)입니다.

㊸ 이제 제작된 핸드레일을 미리 지정해 놓은 Guide Point를 활용하여 계단 창살위에 올려놓습니다.

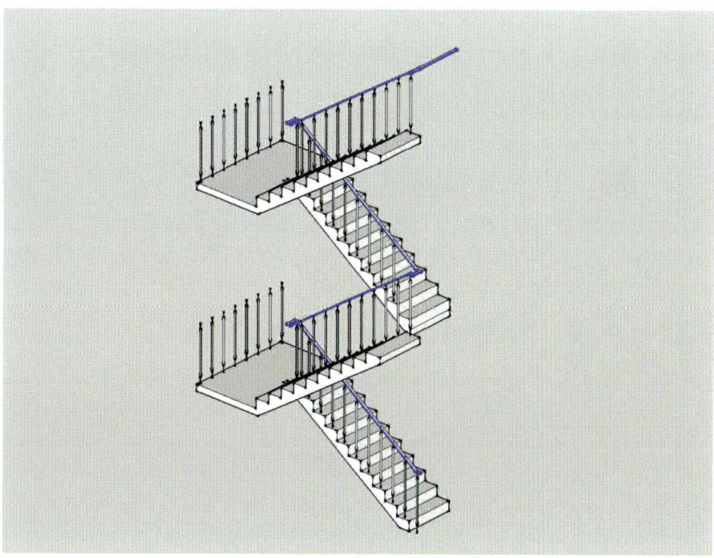

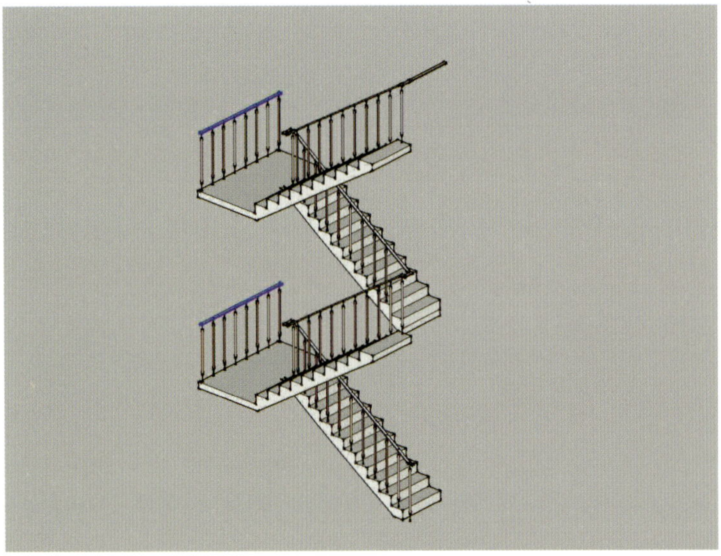

44 동일한 방법으로 계단 참 외부 벽체 창호 측 핸드레일도 모델링합니다.

모두 완성 되었다면 핸드레일을 전체선택하여 Make Group하고 Group의 이름을 'stair handrail'이라고 바꿉니다.

45 완성된 계단은 미리 작업해 놓은 모델링과 결합합니다. 가장 정확히 결합하는 방법은 계단을 평면도제 위치에 먼저 올립니다.

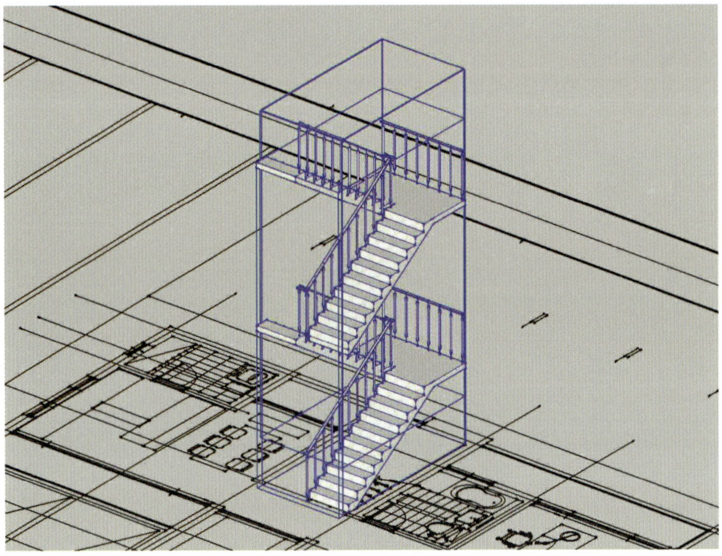

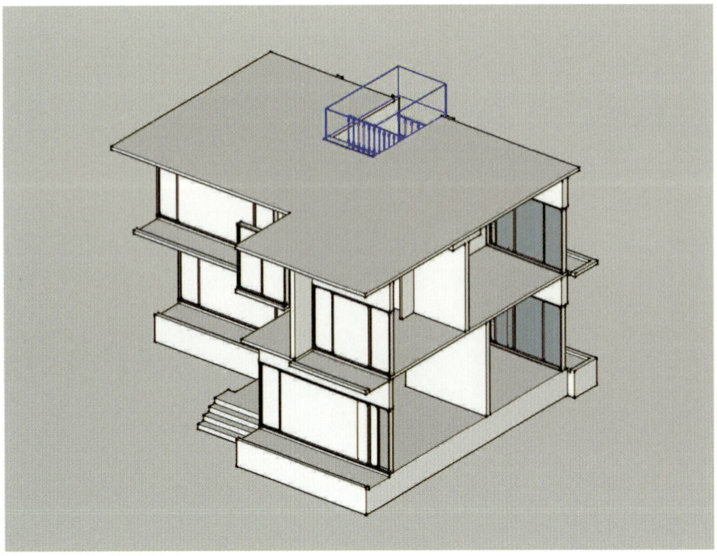

46 그리고 이전 작업과 동일하게 Move()의 Base Point를 거실 베란다 꼭짓점으로 하여 계단을 옮겨놓습니다.

47 내부에 들어갈 모델링은 완성이 되었습니다. 이제 외부 벽체를 모델링하여 결합하기 전에 내부에서 미진한 부분을 찾아내어 추가적인 작업을 진행합니다.

오른쪽 그림을 보면 슬래브와 창살에서 미진한 부분이 발견되었습니다. 또한 계단과 옥상층 슬래브가 간섭되고 있는 것도 확인 할 수 있습니다.

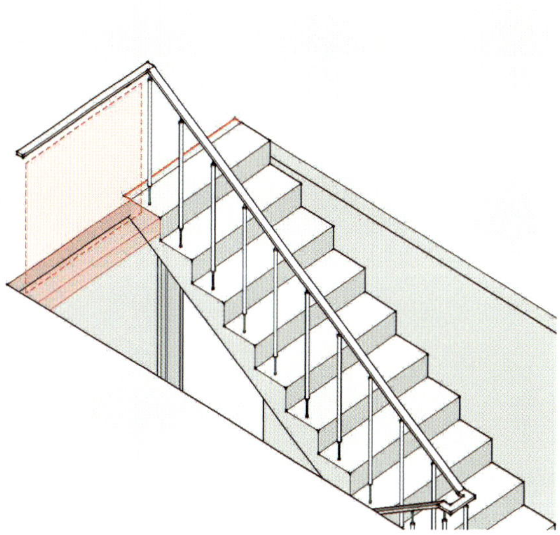

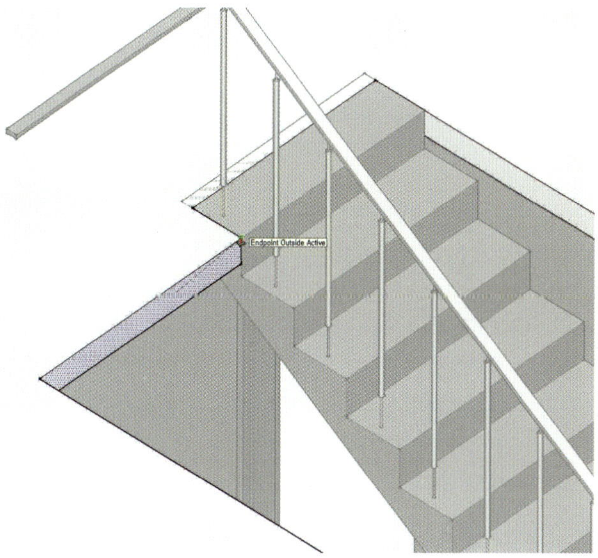

48 먼저 옥상층 슬래브와 계단 슬래브 관계를 정리합니다. 옥상층 슬래브의 옆면을 선을 그려 면 분할한 다음 Push/Pull(아이콘)을 이용하여 계단 폭 길이만큼 늘입니다.

49 다음은 창살 추가합니다. 오른쪽 그림과 같이 빨간 표시가 있는 창살을 선택하고 화살표 방향으로 1,100mm 만큼 복사합니다. 그리고 VCB에 '/4'를 입력하고 Enter 키를 누릅니다.

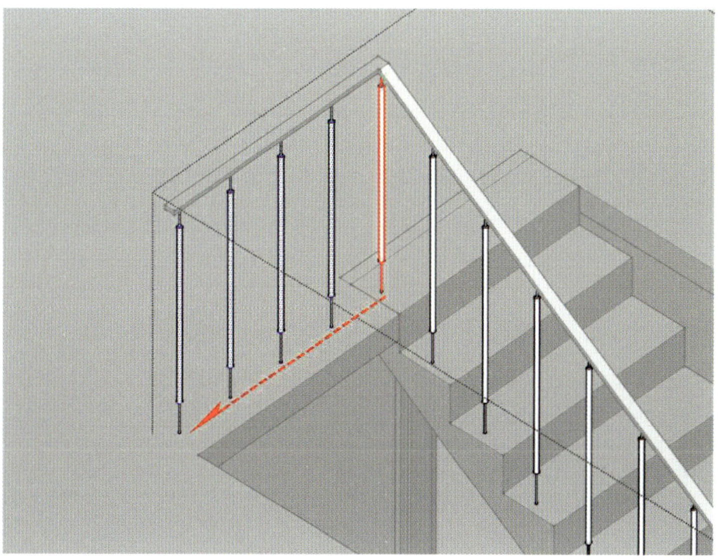

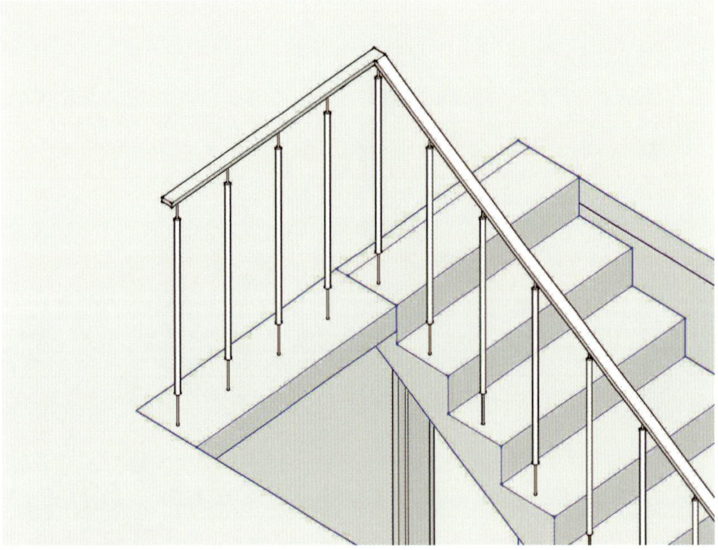

㊿ 위의 그림들을 살펴보면 계단과 옥상층 슬래브가 간섭되는 모습을 볼 수 있습니다. 이 슬래브들은 Solid Tool의 Union을 이용하여 하나로 합쳐보도록 하겠습니다.

우선 두 슬래브를 모두 선택합니다.

51 다음은 풀다운 메뉴에서 Tools > Solid Tools > Union을 선택합니다. 오른쪽 그림을 보면 두 슬래브가 하나로 합쳐진 모습을 볼 수 있습니다. 'Union'으로 바뀐 Group의 이름을 'slab'로 다시 바꿉니다.

TIP: Solid Tools에 관한 자세한 사항은 Part 02의 Chapter 02. SketchUp 매뉴얼에서 확인하시기 바랍니다.

TIP: Solid Tools을 이용하면 해당 Group은 사라지고 새로운 이름의 그룹이 생성됩니다.

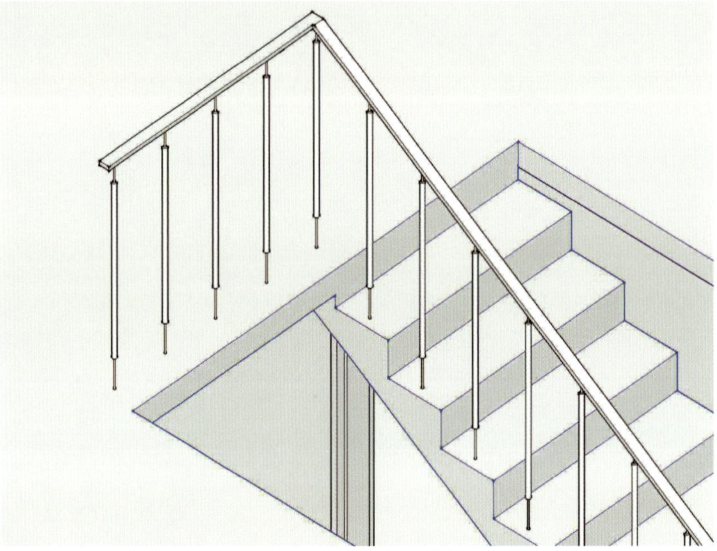

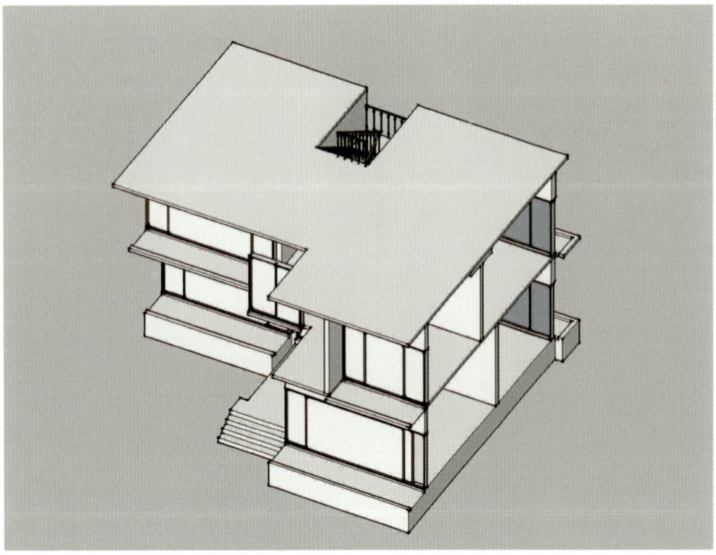

52 계단을 마지막으로 내벽이 모두 완성되었습니다. 이제 외벽 모델링 작업을 실습해보도록 하겠습니다.

5) 외벽 제작하기

외벽은 매스에 요철이 없는 단순한 형태라면, 각 입면도를 바탕으로 도면위에서 직접 모델링하는 방법이 편리합니다. 그러나 지금 실습하고 있는 단독주택과 같이 요철이 많이 나타난다면, 평면도에서 외벽을 세우고 입면도에서 창의 위치와 각 재료분리 등을 지정하는 것이 더 좋은 방법이라 할 수 있습니다.

❶ 장면 추가 탭에서 '1 Floor Plan'을 클릭합니다. 그리고 Line() 또는 Rectangle()을 이용하여 오른쪽 그림과 같이 외벽에 면을 생성합니다.

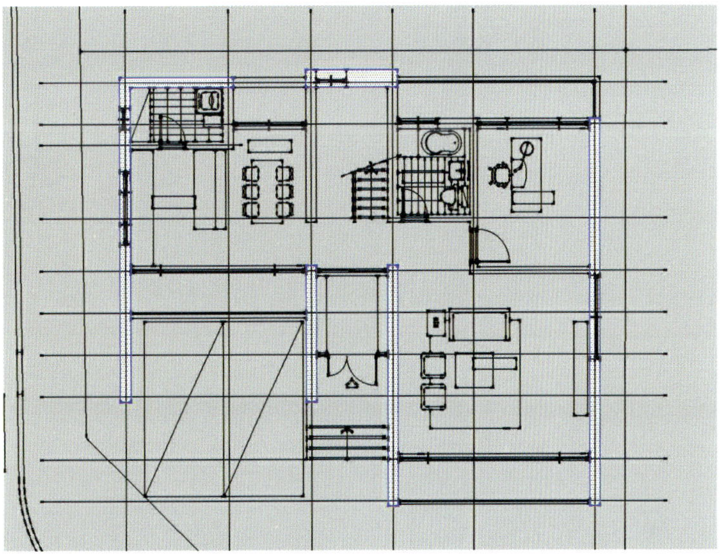

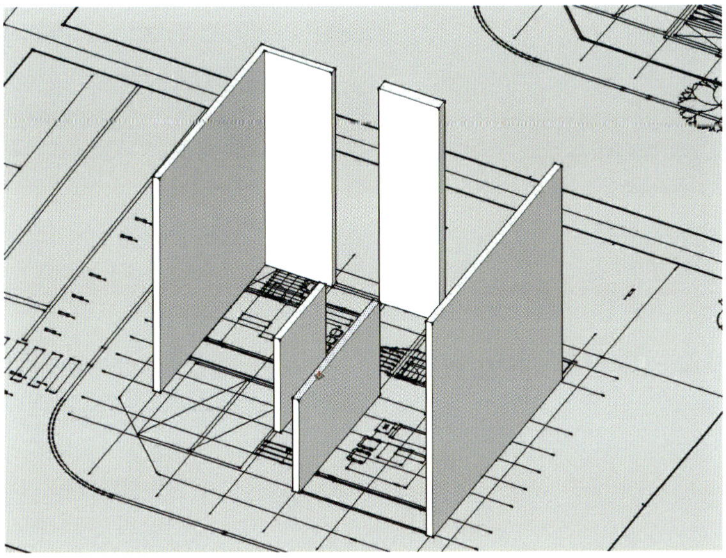

❷ Push/Pull()을 이용하여 각 면을 선택한 후, 정해진 높이만큼 외벽을 형성합니다.

<외벽: 10,600mm>
<출입구 외벽: 4,600mm>

❸ 1층 평면도에서 작업한 외벽을 모두 선택하고 제 위치에 결합합니다.

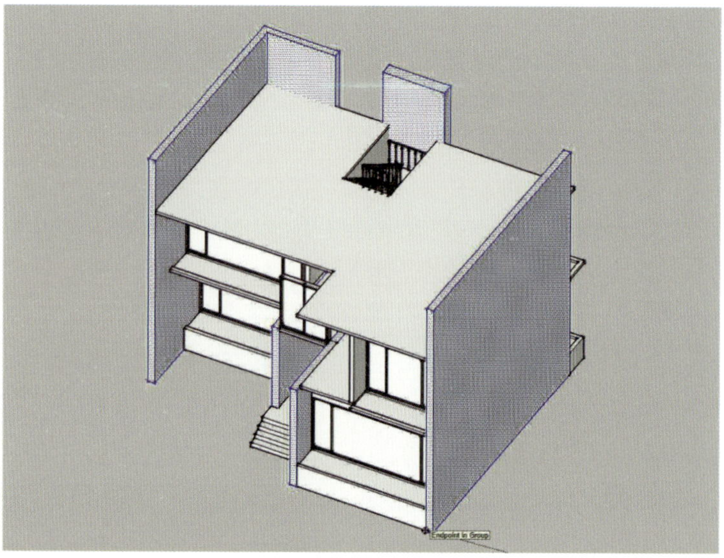

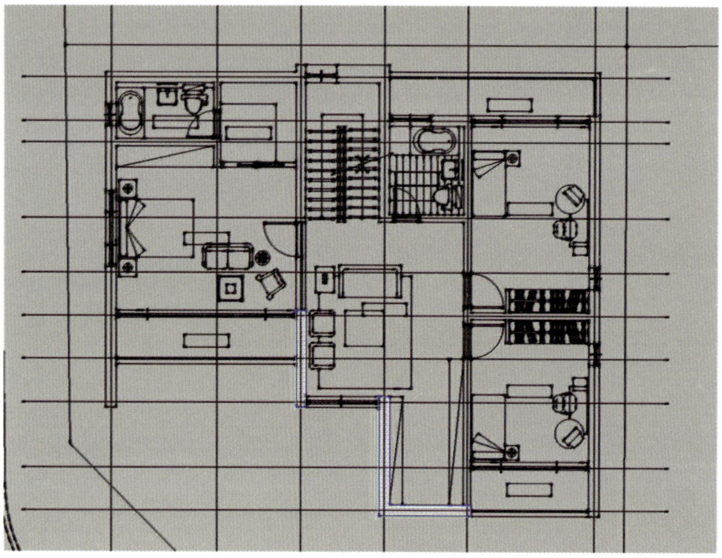

❹ 장면 추가 탭에서 '2 Floor Plan'을 클릭합니다. 왼쪽 그림과 같이 1층 평면도에서 그리지 못한 외벽을 그립니다.

❺ Push/Pull()을 이용하여 각 면을 선택한 후, 정해진 높이만큼 외벽을 형성합니다.

<외벽: 6,000mm>

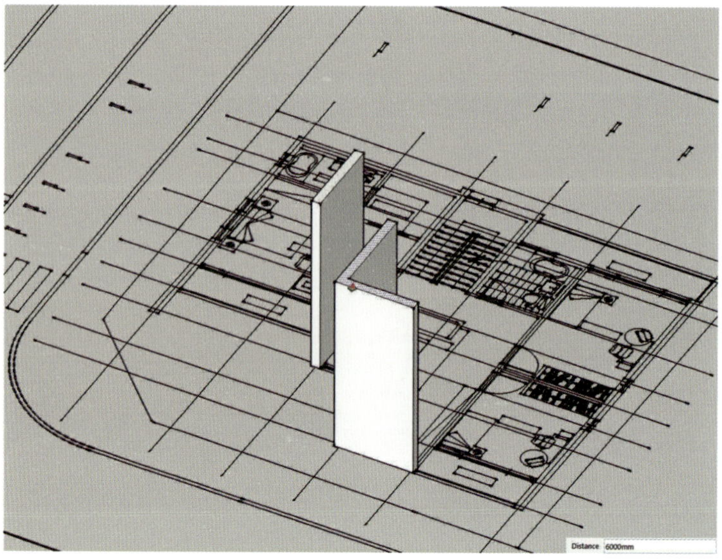

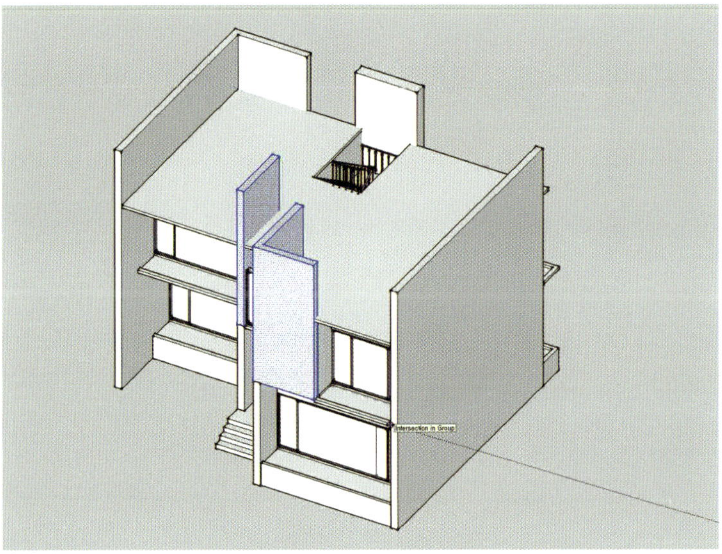

❻ 2층 평면도에서 작업한 외벽을 모두 선택하고 해당 위치에 옮겨 결합합니다.

❼ 이제 각 입면도를 참고하여 필요한 벽면을 작업해줍니다.

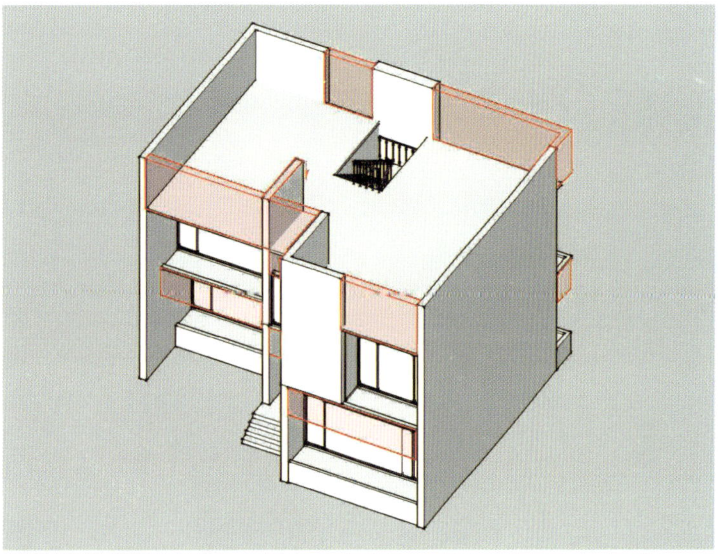

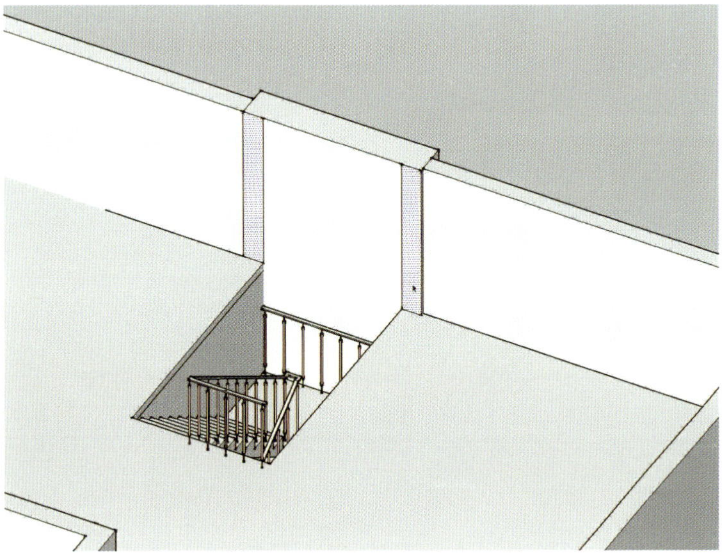

❽ 옥상층으로 오를 수 있는 계단실 벽과 지붕을 제작하겠습니다.

왼쪽 그림과 같이 Line(✎)을 이용하여 두 개의 면을 만듭니다.

❾ Push/Pull()을 이용하여 각 면을 선택한 후, 단면도에서 돌출길이를 알아내어 외벽을 형성합니다.

<지붕층 외벽 길이: 5,100mm>

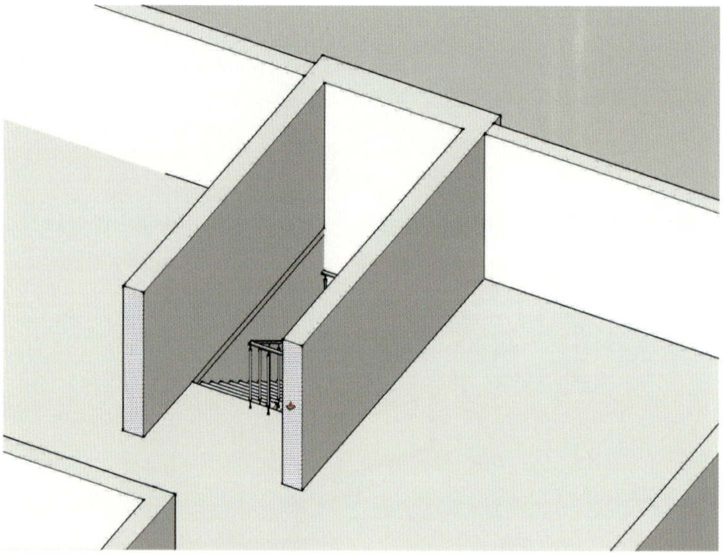

❿ 왼쪽 그림과 같이 빨간 선을 Move()를 이용하여 안쪽으로 300mm만큼 Copy하여 면을 분할합니다.

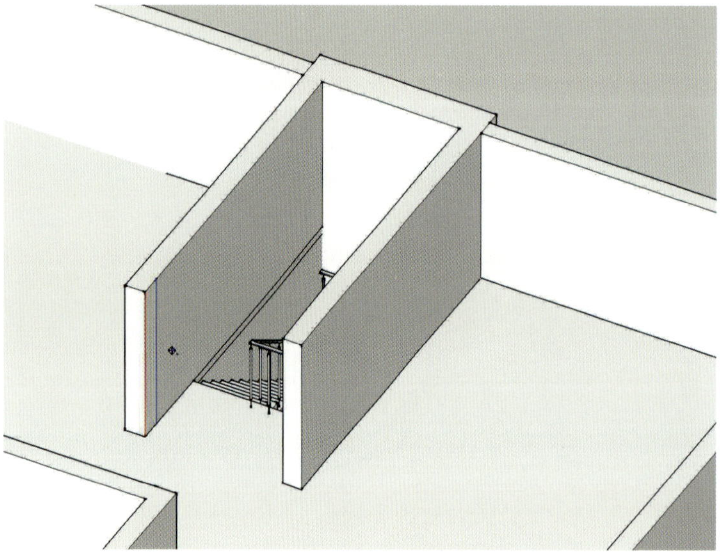

⓫ Push/Pull()을 이용하여 해당 면을 선택한 후, Endpoint가 나타날 때까지 다른 외벽으로 마우스를 움직여 클릭합니다.

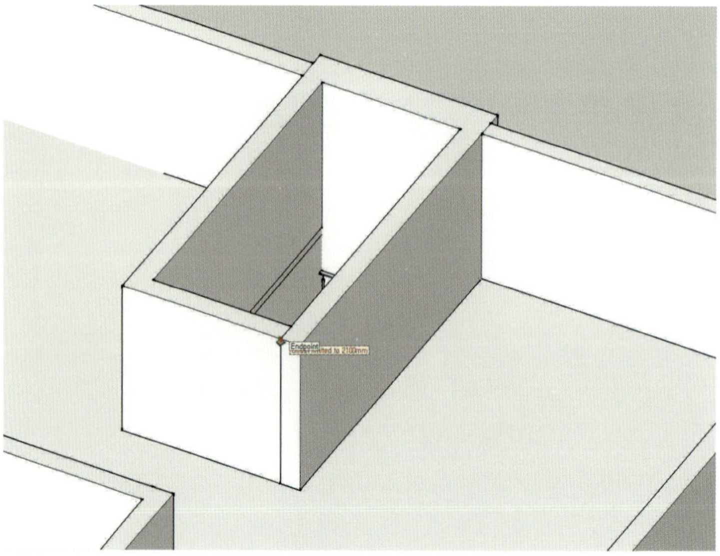

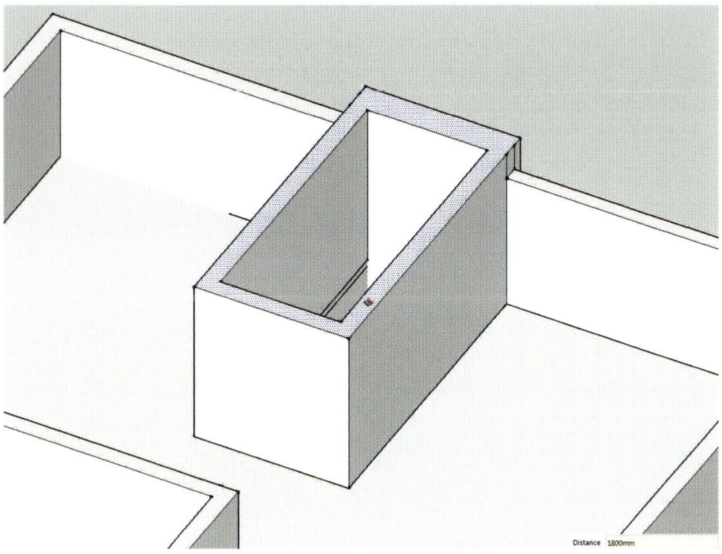

⑫ 왼쪽 그림과 같이 입면도를 참고하여 옥상층 외벽의 높이를 지정해줍니다.

TIP: 파라펫으로부터 계단실 외벽의 추가 높이는 1,800mm입니다.

⑬ 오른쪽 그림과 같이 빨간 선을 Move(아이콘)를 이용하여 아래로 슬래브 두께 120mm만큼 Copy하여 면을 분할합니다.

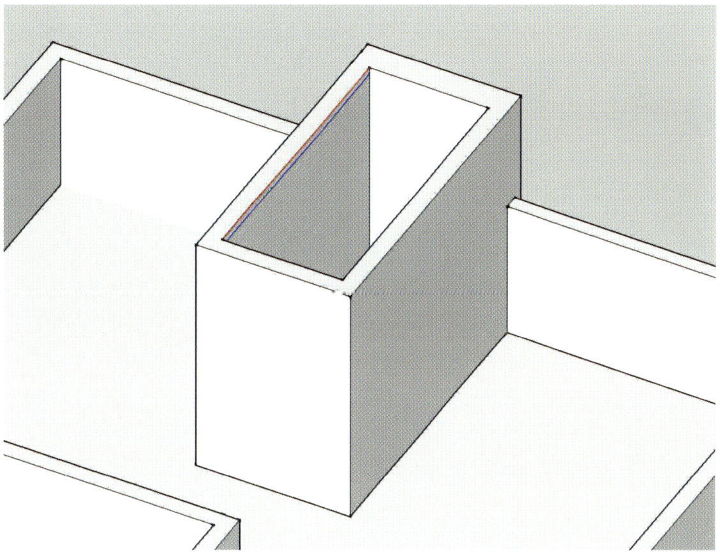

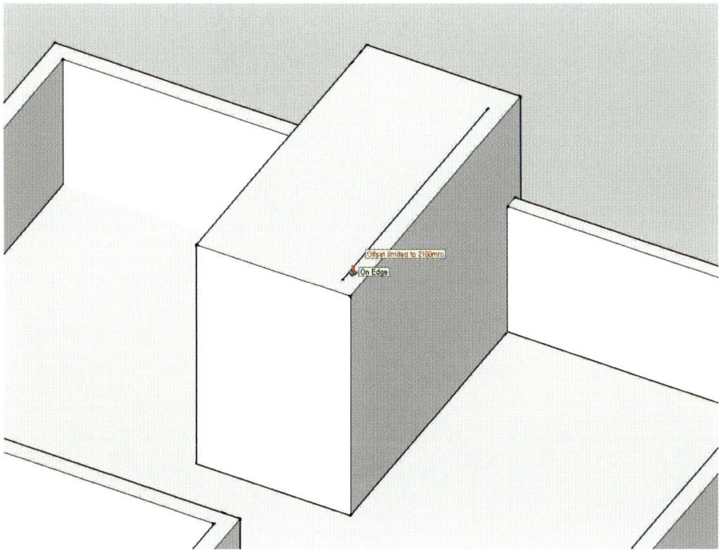

⑭ Push/Pull(아이콘)을 이용하여 해당 면을 선택한 후, Endpoint가 나타날 때까지 다른 외벽으로 마우스를 움직여 클릭합니다. 계단실의 지붕이 만들어졌습니다.

⑮ 이제 오른쪽 그림에 표시된 지붕층 날개부분을 작업해 보도록 하겠습니다.

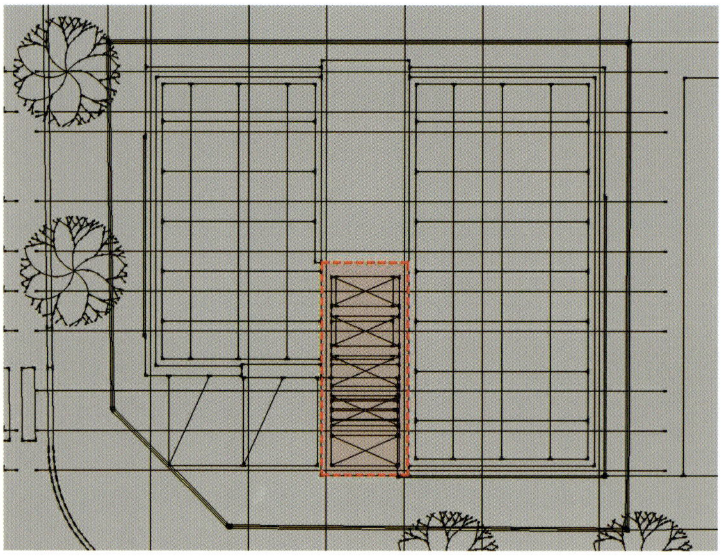

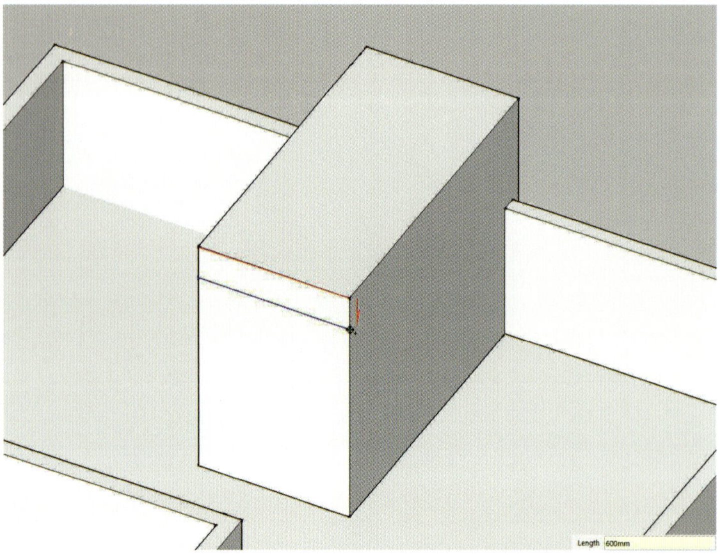

⑯ 장면 추가 탭의 'Section 2'를 참고하여 지붕 날개부분의 두께를 알아냅니다. 그리고 왼쪽 그림에서 나타난 것 처럼 빨간 표시선을 클릭하여 아래로 복사합니다.

<지붕날개 두께: 600mm>

⑰ 장면 추가 탭의 'Section 2'를 참고하여 지붕 날개부분의 길이를 알아냅니다. Push/Pull(아이콘)을 이용하여 분할된 면을 선택하고, 길이만큼 뽑아냅니다.

<지붕날개 길이: 6,900mm>

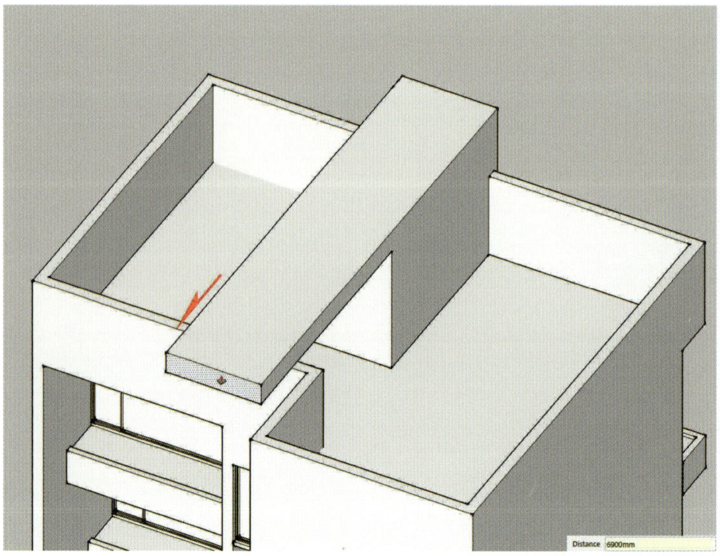

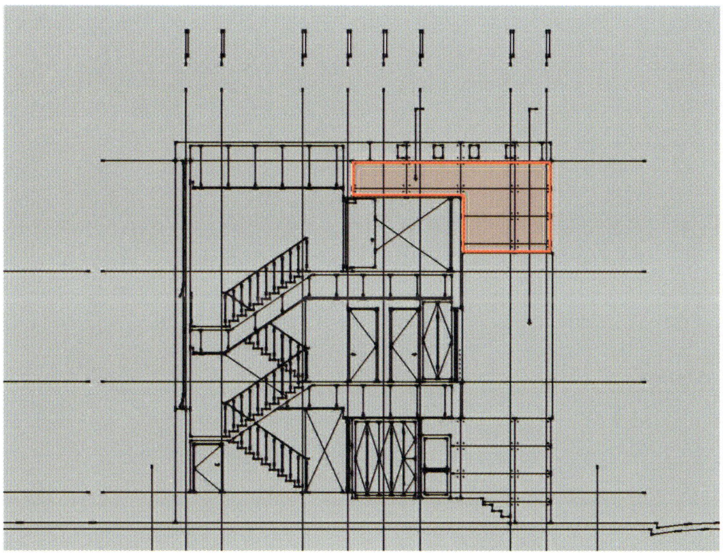

⑱ 다음은 오른쪽 그림에 표시된 지붕층 날개 아래 부분을 작업해 보도록 하겠습니다.

⑲ Line()을 이용하여 오른쪽 그림과 같이 두 개의 선을 그려 면을 분할합니다.

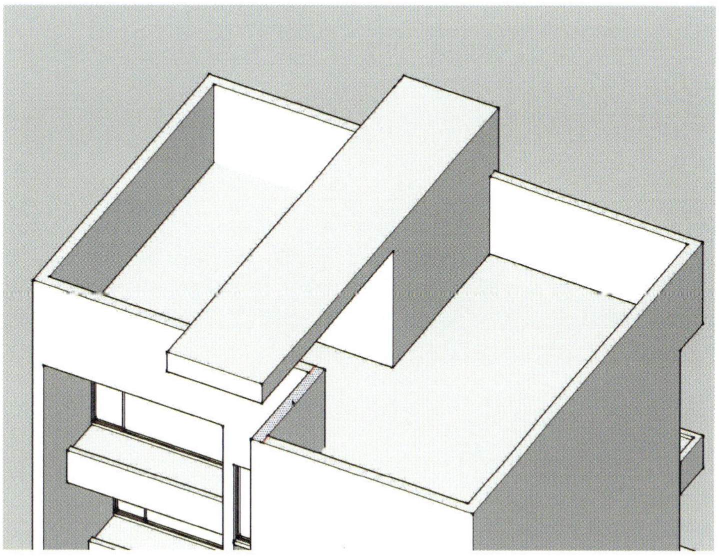

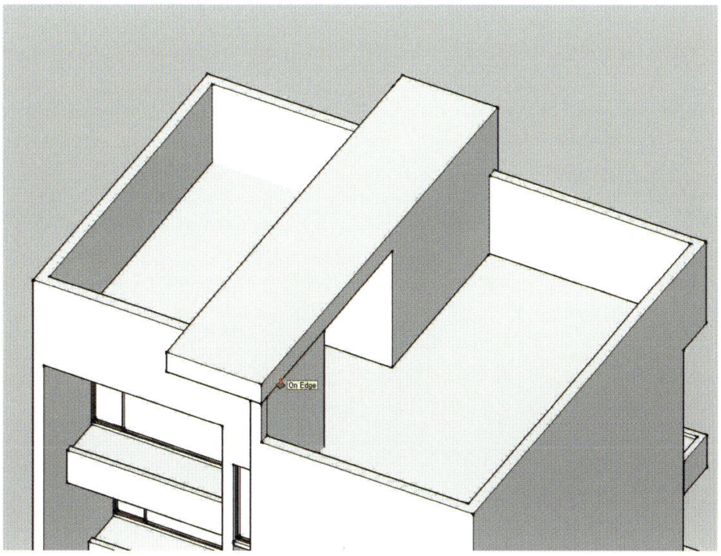

⑳ Push/Pull()을 이용하여 해당 면을 선택한 후, On Edge가 나타날 때까지 위로 마우스를 움직여 클릭합니다.

㉑ 오른쪽 그림의 빨간 선과 같이 불필요한 선이 나타났다면 선택하여 삭제합니다.

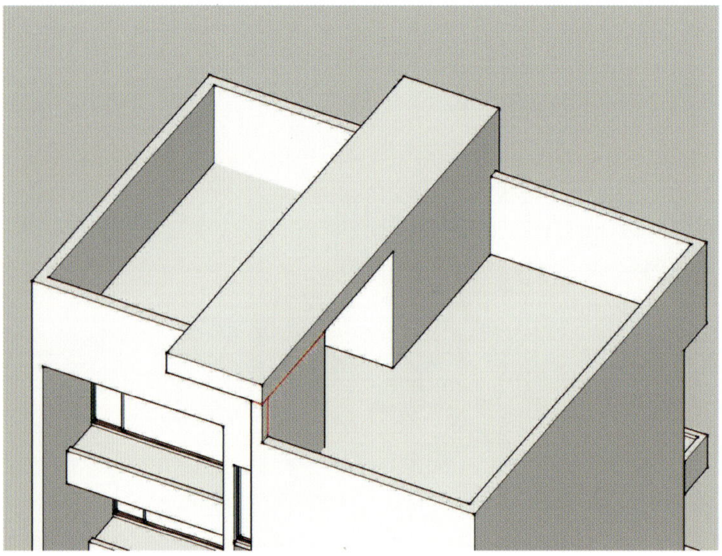

㉒ Orbit()을 이용하여 왼쪽 그림과 같이 주택의 후면으로 화면을 전환합니다.

Line()을 이용하여 왼쪽 그림과 같이 하나의 선을 그려 면을 분할합니다.

㉓ Push/Pull()을 이용하여 해당 면을 선택한 후, On Edge가 나타날 때까지 마우스를 움직여 벽면에 클릭합니다.

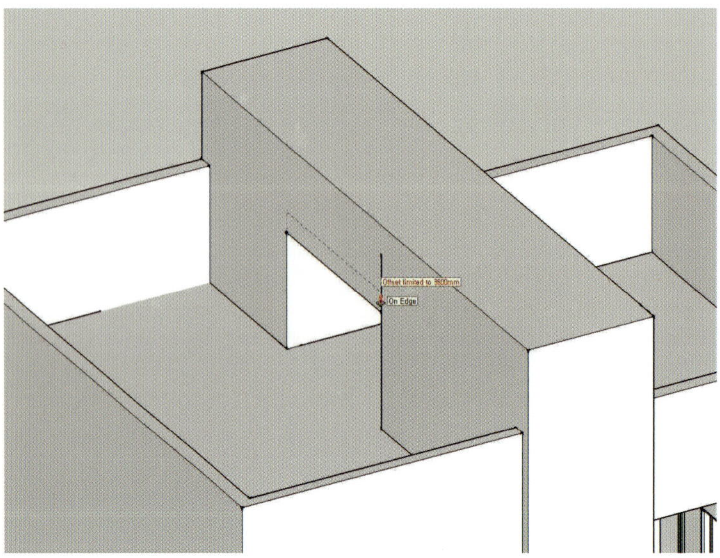

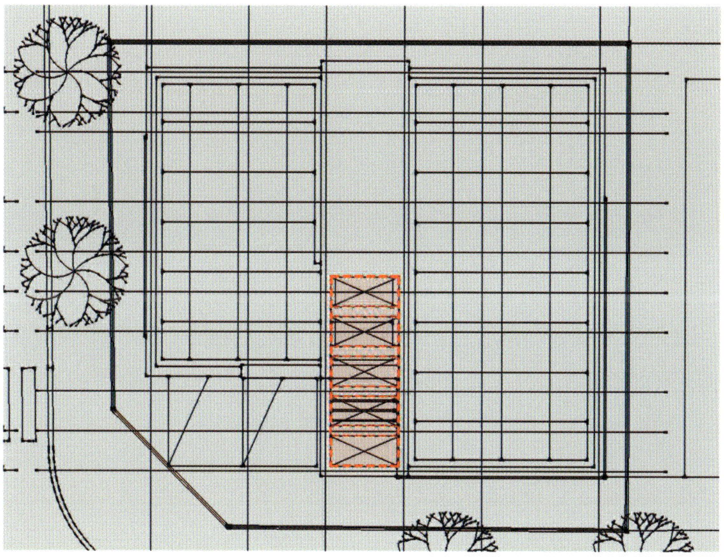

㉔ 이제 지붕 날개 슬래브에 오픈된 부분을 작업해 보도록 하겠습니다.

장면 추가 탭의 'Mater Plan'에서 왼쪽 그림의 빨간 선과 같이 선을 그립니다.

㉕ 그러면 오른쪽 그림과 같이 면이 분할 됩니다. 그려놓은 선과 면을 모두 선택합니다.

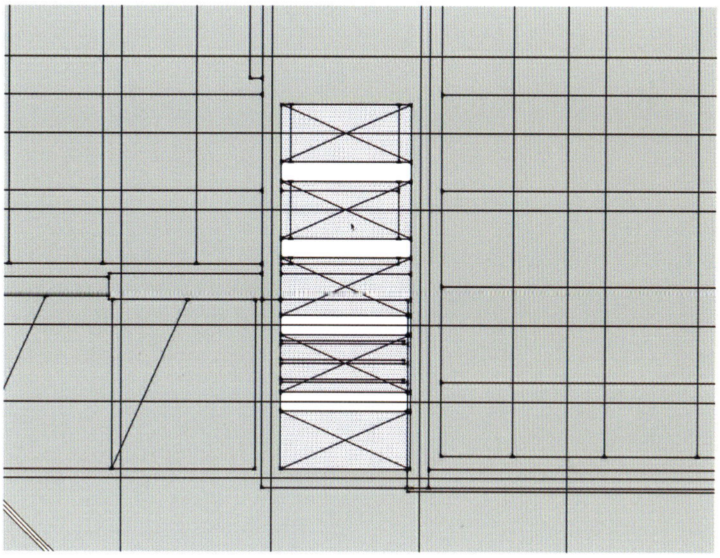

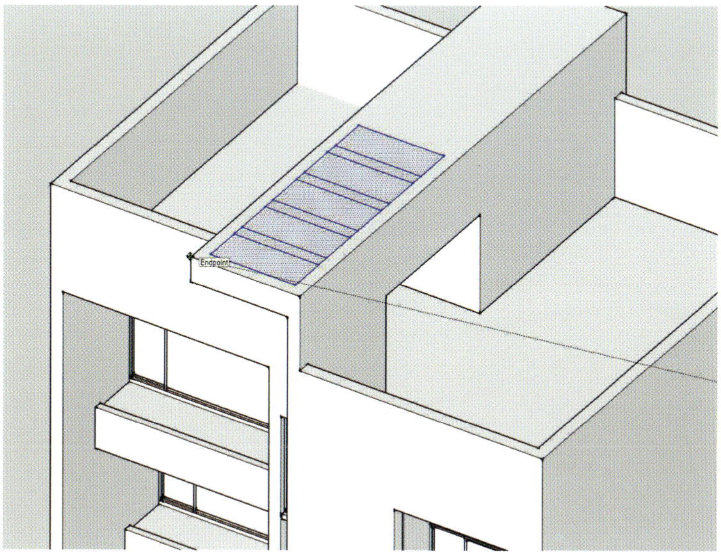

㉖ 선택한 선과 면은 Move(✥)를 이용하여 그림과 같이 정확한 위치에 올려놓습니다.

㉗ Push/Pull( )을 이용하여 오른쪽 그림과 같이 각 면을 선택한 후, 마우스를 아랫방향으로 하여 VCB에 600mm를 입력한 후 Enter 를 누릅니다. 그러면 아랫면과 윗면이 간섭, 상쇄 되어 면이 사라지게 됩니다.

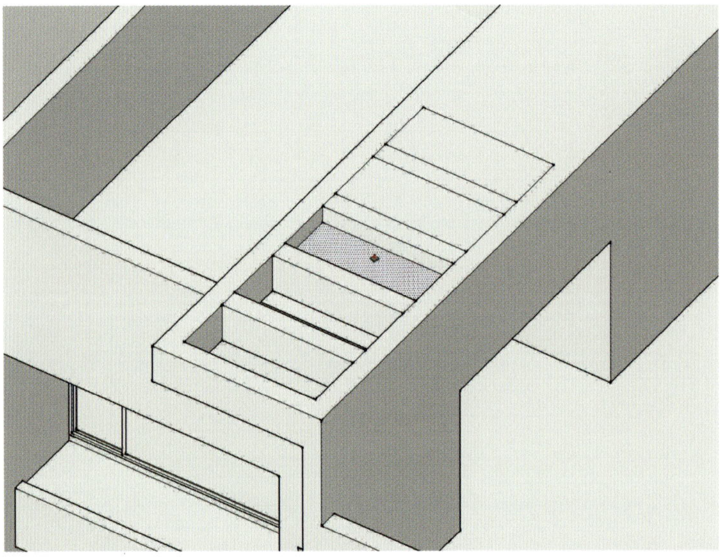

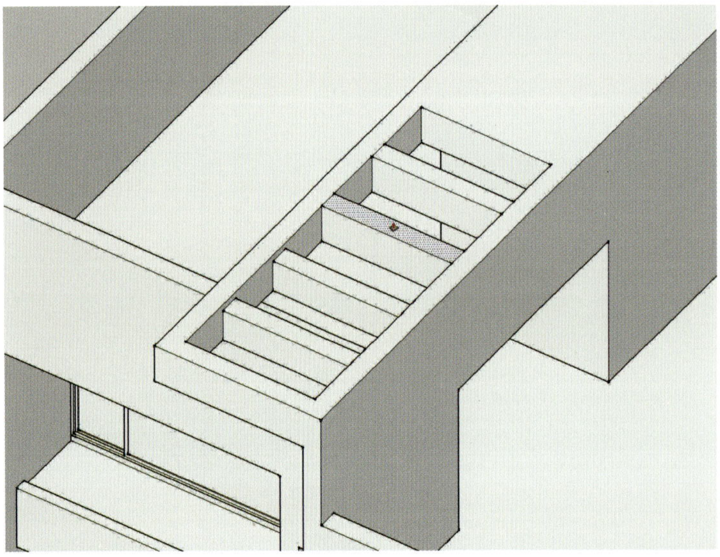

㉘ 이번에는 Push/Pull( )을 이용하여 왼쪽 그림과 같이 각 면을 선택한 후, 마우스를 아랫방향으로 하여 VCB에 100mm를 입력한 후 Enter 를 누릅니다.

㉙ Orbit( )을 이용하여 지붕날개의 아랫면으로 화면을 전환하여, 반대 아랫면 역시 100mm 만큼 위로 들어 올려 줍니다.

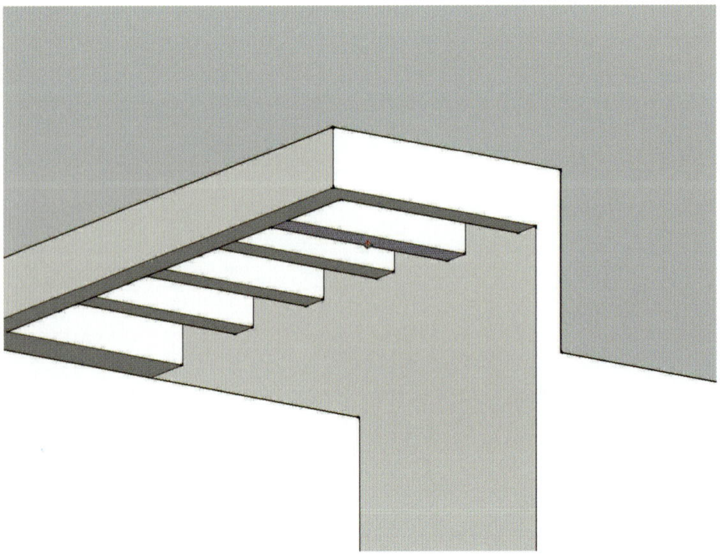

6) 외부 벽체와 각 창호 그리기

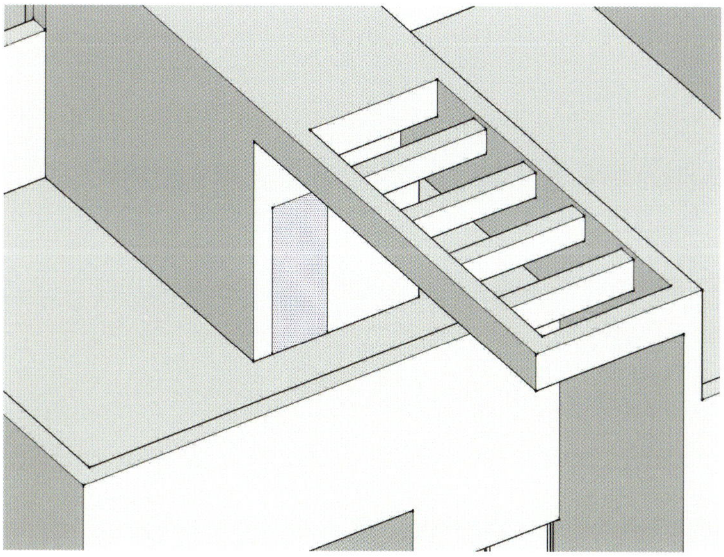

❶ 옥상층으로 올라가는 출입구를 작업해 보겠습니다. 옥상층 계단실의 벽두께는 300mm입니다. 따라서 왼쪽 그림과 같이 300mm 띄운 자리에 900mm X 2,400mm의 사각형을 그려 면을 분할해 줍니다.

❷ Push/Pull()을 이용하여 오른쪽 그림과 같이 면을 선택한 후, 마우스를 이용하여 면을 밀어 넣어 On Face 가 나타날 때까지 기다린 후 클릭합니다. 출입구의 개구부가 나타납니다.

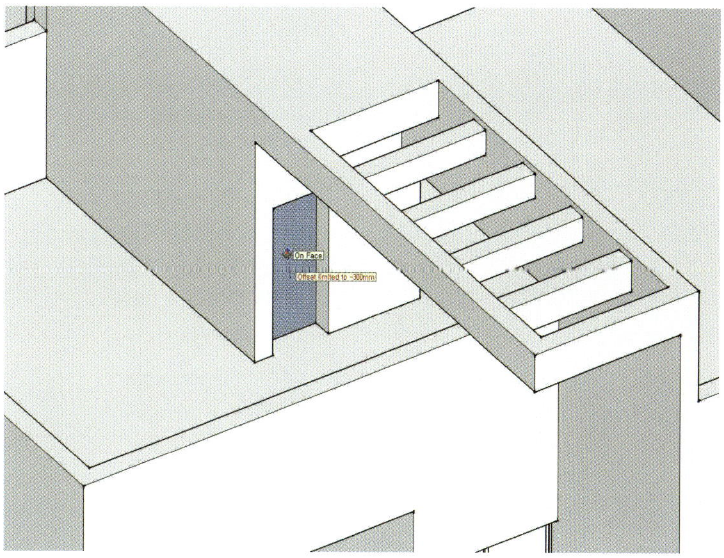

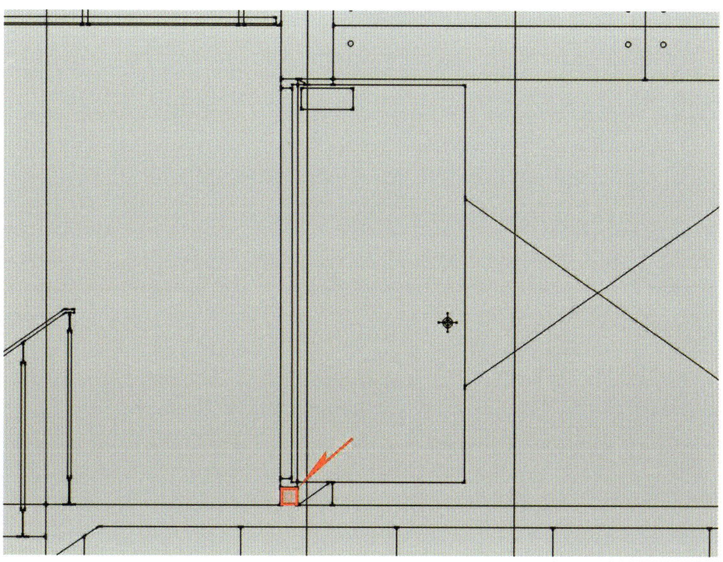

❸ 장면 추가 탭의 'Section 2' 도면을 자세히 보면 출입문 아래쪽 턱이 하나 있는 것을 확인할 수 있습니다. 이것은 옥상의 빗물이 계단실을 통해 유입되지 않도록 설치하는 방수턱입니다.

❹ Line()과 Push/Pull()을 이용하여 방수턱을 제작합니다.

<방수턱 폭: 100mm>
<방수턱 높이: 100mm>

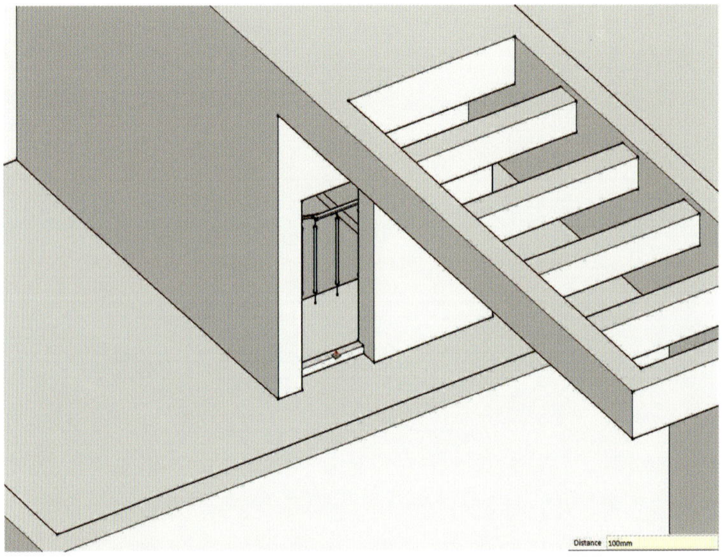

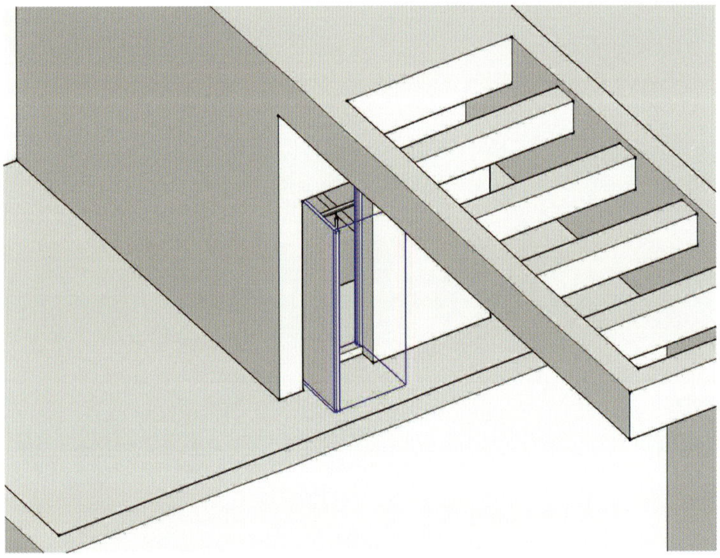

❺ 옥상층의 출입문을 제작하여 설치합니다. 이제 계단실의 창문 개구부를 제작하겠습니다.

❻ 오른쪽 배면도를 참고하면 계단실 창의 크기를 확인할 수 있습니다.
지붕 가장 윗선에서 600mm, 계단실 오른쪽 끝 선에서는 300mm 만큼 떨어진 가로 900mm X 세로 8,100mm입니다.

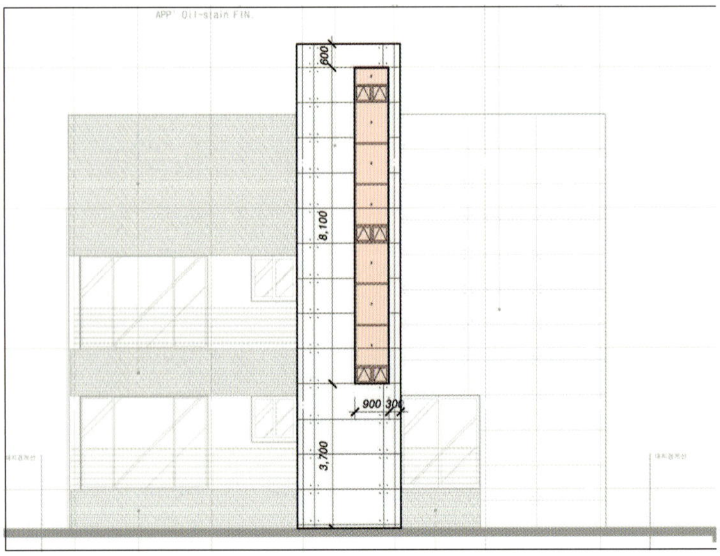

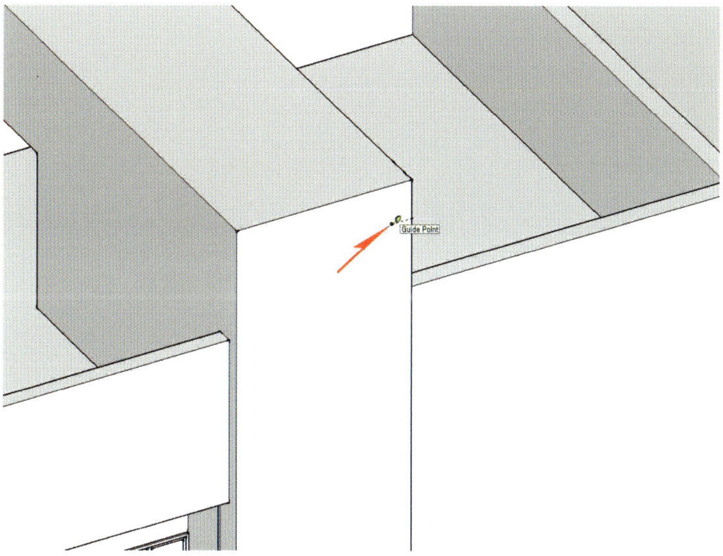

❼ Orbit(icon)을 이용하여 오른쪽 그림과 같이 주택의 후면으로 화면을 전환합니다.

Tape Measure Tool(icon)을 이용하여 지붕 가장 윗선에서 아래로 600mm, 계단실 오른쪽 끝 선에서는 안으로 300mm 만큼 떨어진 자리에 Guide Point를 지정합니다.

❽ Line(icon)을 이용하여 오른쪽 그림과 같이 수직 사각형을 그려 면을 분할합니다.

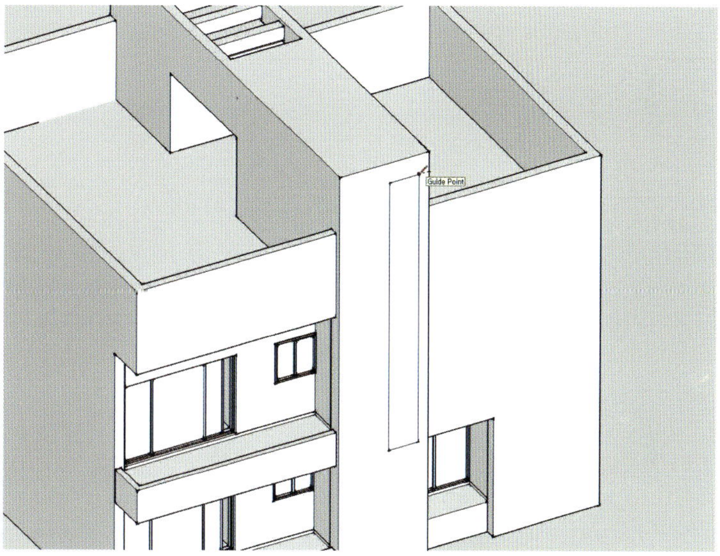

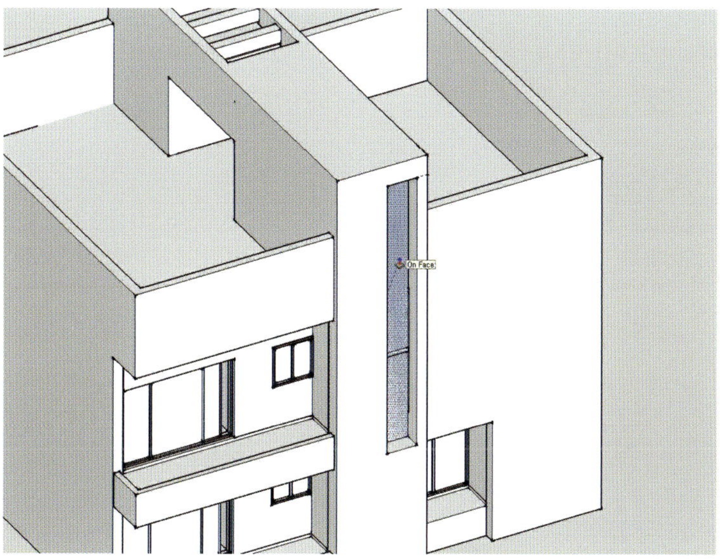

❾ Push/Pull(icon)을 이용하여 왼쪽 그림과 같이 면을 선택한 후, 마우스를 이용하여 면을 밀어 넣어 On Face 가 나타날 때까지 기다린 후 클릭합니다.

계단실 창문의 개구부가 나타납니다.

⑩ 이번에는 계단실 창문을 제작해 보겠습니다. 장면 추가 탭에서 'Rear View'를 클릭합니다. 오른쪽 그림에 표시된 창틀을 먼저 제작해 봅니다.

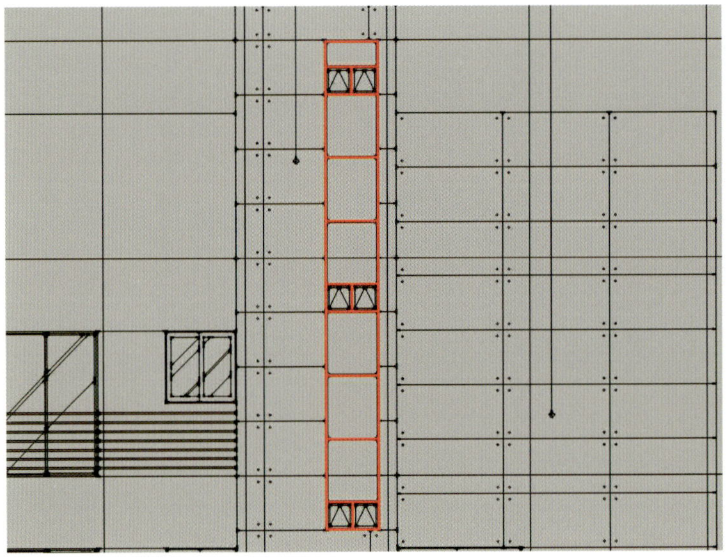

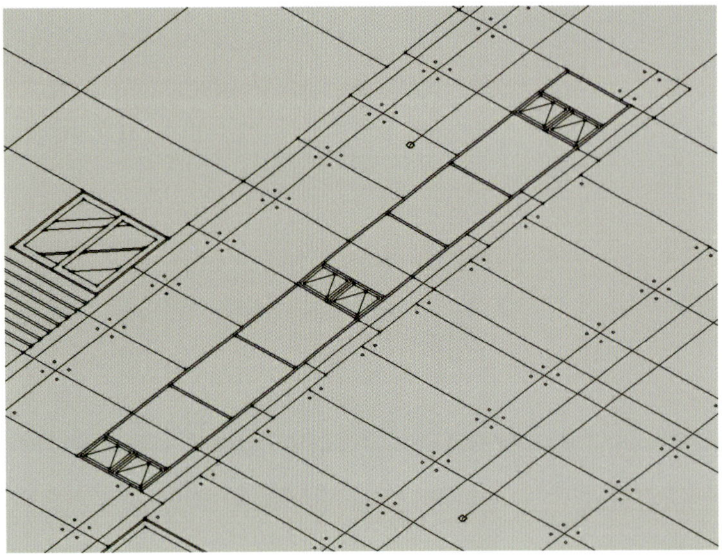

⑪ Rectangle( )과 Line( )을 이용하여 해당 창틀에 면을 생성합니다.

⑫ Push/Pull( )을 이용하여 면을 선택한 후, 창틀의 두께만큼 들어 올립니다.

<창틀 두께: 80mm>

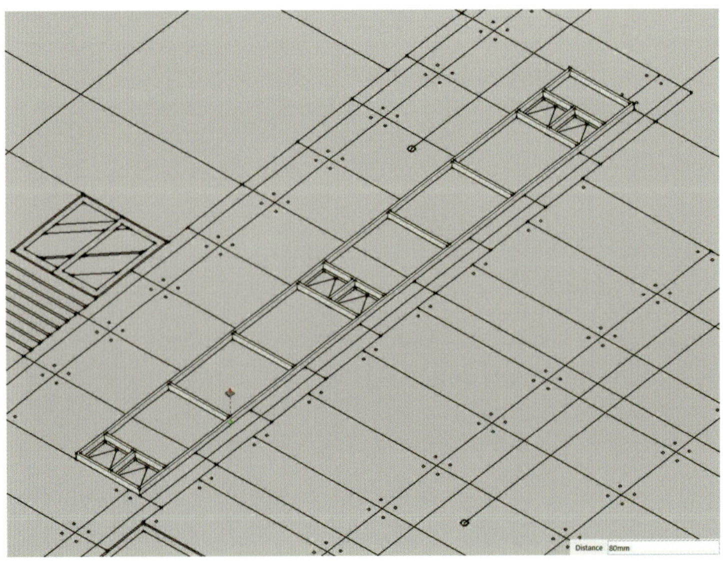

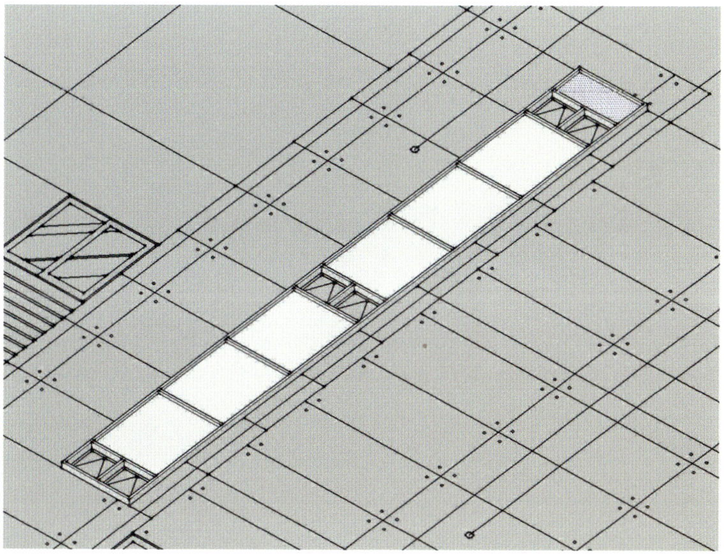

⑬ 완성된 창틀에서 창문 열림이 없는 FIX 창에 유리를 넣습니다.

TIP: 보편적으로 이러한 주택의 계단실 유리는 8mm 강화유리가 가장 많이 쓰입니다. 그러나 모델링에서는 단순한 사각형의 면을 만들어 Opacity 값을 부여하는 것이 보통입니다.

⑭ 창틀과 유리면을 모두 선택하고 Make Group 합니다. Group의 이름은 'window frame'이라고 바꿉니다.

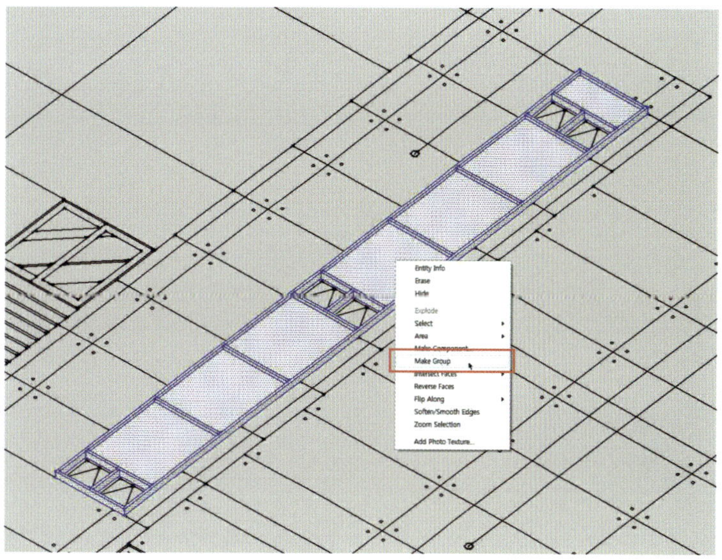

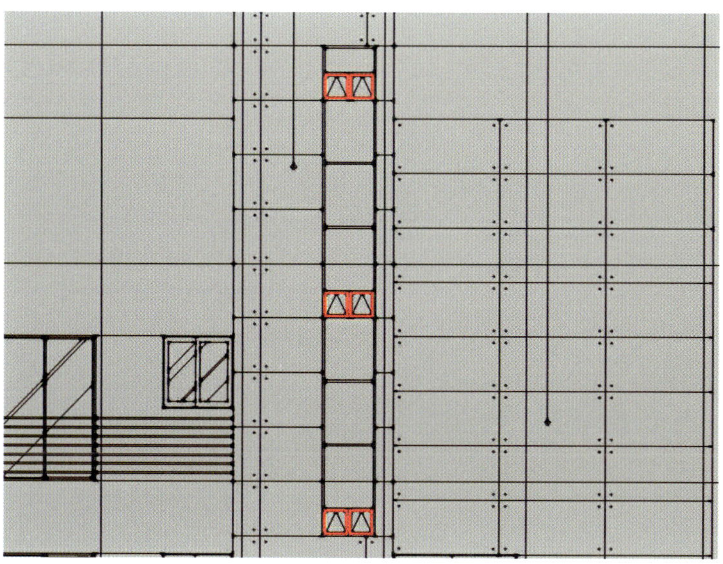

⑮ 제작된 창틀은 여유 공간에 옮겨 두고, 왼쪽 그림에 표시된 창문틀을 위와 동일한 방법으로 제작합니다.

<창문 틀 두께: 40mm>

⑯ 창문의 자연스러운 모습을 위해 Rotate(　)를 이용하여 창을 약간 열어두겠습니다.

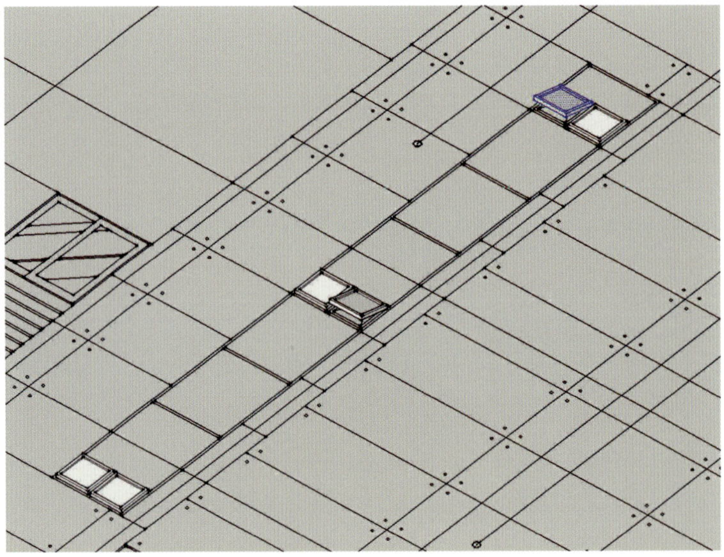

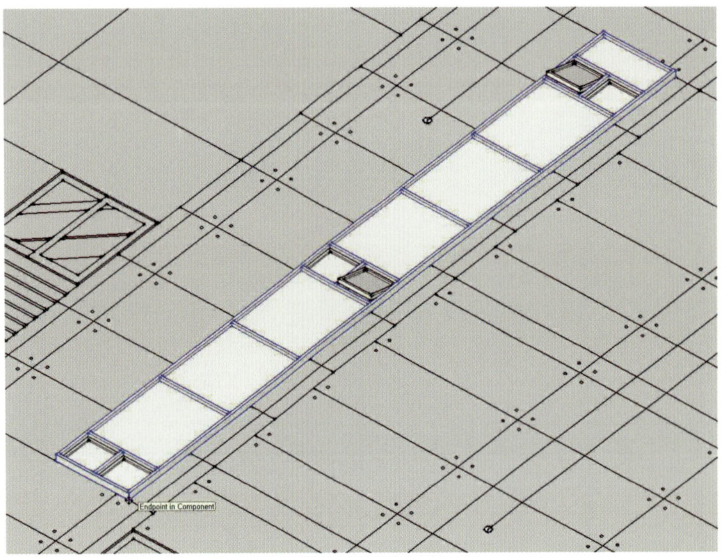

⑰ 이제 미리 제작한 창틀을 제자리에 두어 두 창틀을 결합합니다.

⑱ 제작된 창틀 모두 선택하고 Make Group 합니다. Group의 이름은 'stair window'라고 바꿉니다.

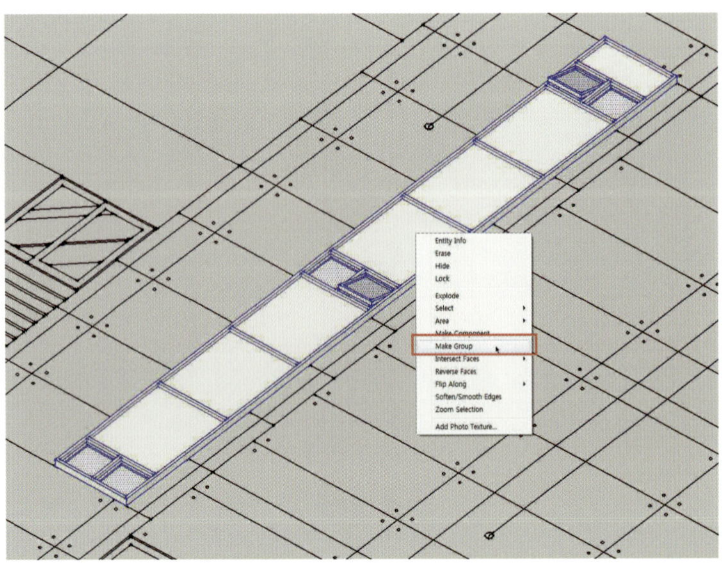

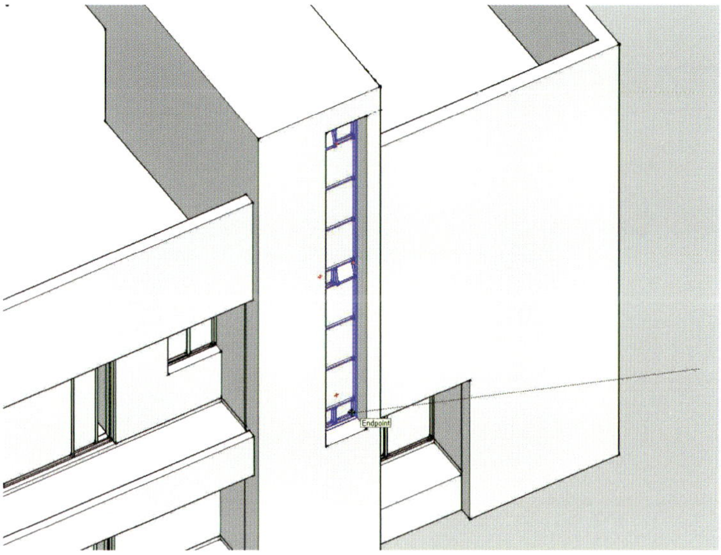

⑲ 이제 계단실 창문 개구부에 Rotate( )와 Move( )를 이용하여 창을 정확한 위치에 결합합니다.

⑳ 위의 계단실 창을 제작하는 방법과 동일한 방법으로 주택의 우측 1층 거실과 2층 침실의 창문을 제작합니다.

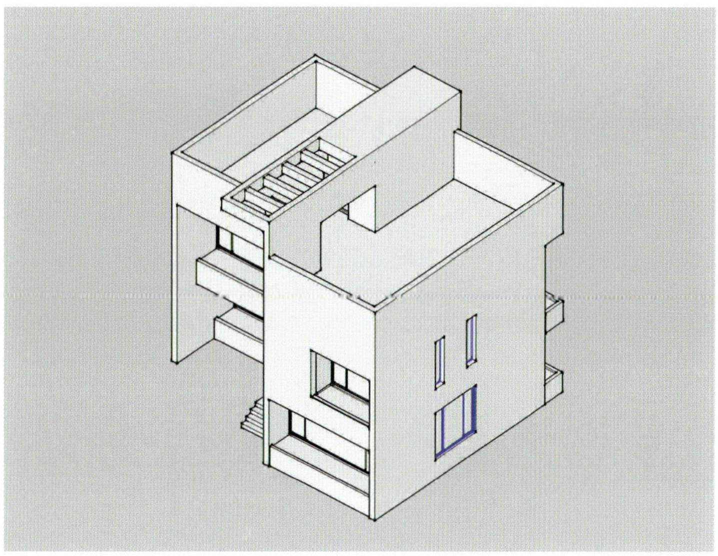

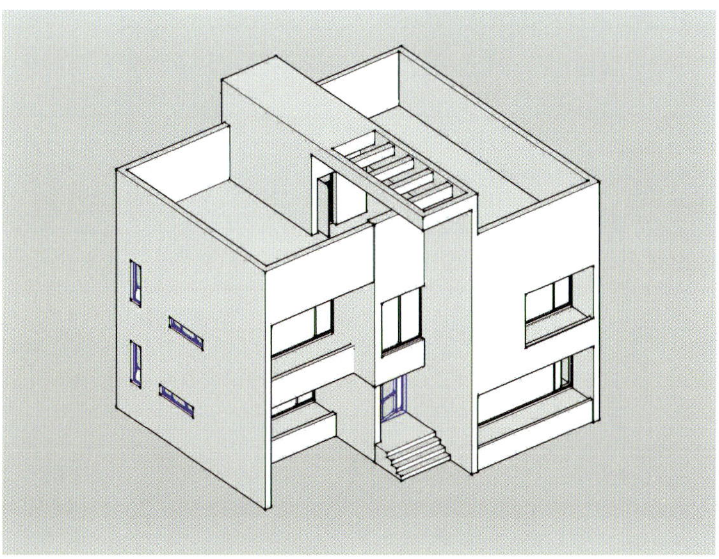

㉑ 동일한 방법으로 주택의 좌측 각 층 화장실과 1층 주방, 2층 침실 창문, 현관문까지 제작합니다.

㉒ 이제 마지막으로 Line(✏)과 Push/Pull(◆)을 이용하여 외벽 이질 재료인 돌출된 벽면을 각 입면을 참고하여 모델링합니다.

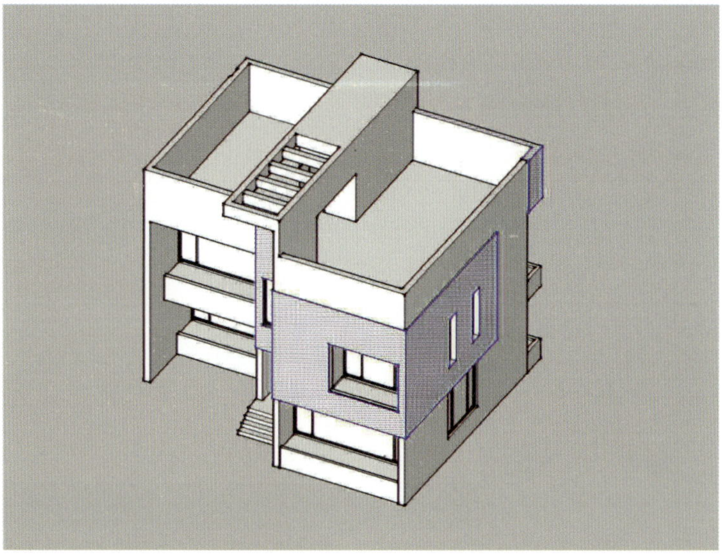

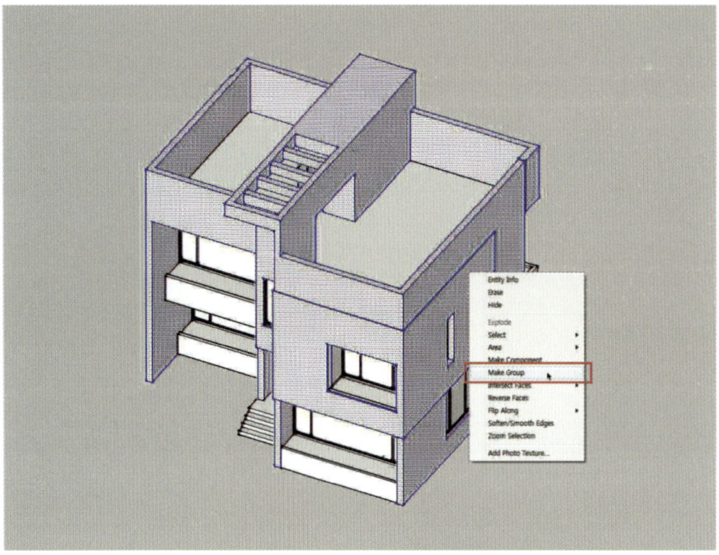

㉓ 외벽을 전체 선택하고 Make Group합니다. Group의 이름은 'wall outer'라고 바꿔줍니다.

마지막으로 베란다 난간을 제작합니다. 난간은 가로방향의 스틸 파이프로 계획되어 있습니다. 따라서 경로(Path)를 이용하여 모델링하는 'Follow me'를 활용하면 편리합니다.

㉔ 1층 거실의 난간을 제작합니다. 정면도에서 난간의 크기와 길이, 난간 간격을 알아내어 직접 모델링을 합니다.

<난간 길이: 5,700mm>
<난간 두께: ∅30mm>
<난간 간격: 150mm>

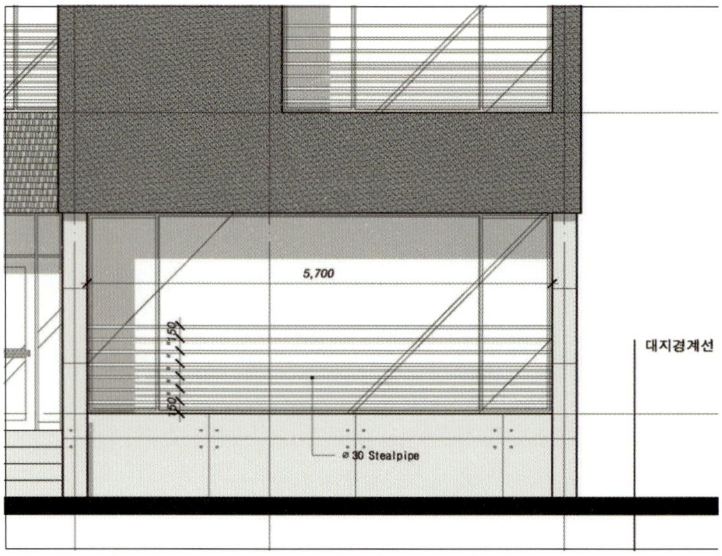

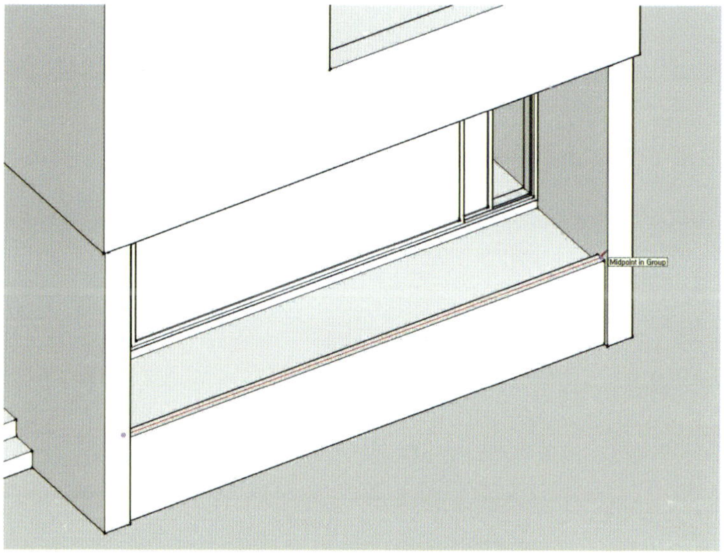

㉕ 왼쪽 그림과 같이 Line( )을 이용하여 난간 턱의 중간지점(Midpoint)으로부터 반대편 중간지점(Midpoint)을 클릭하여 난간의 위치 경로(Path)를 그립니다.

㉖ Move( )를 이용하여 경로(Path)를 Z축 방향 150mm 만큼 옮깁니다.

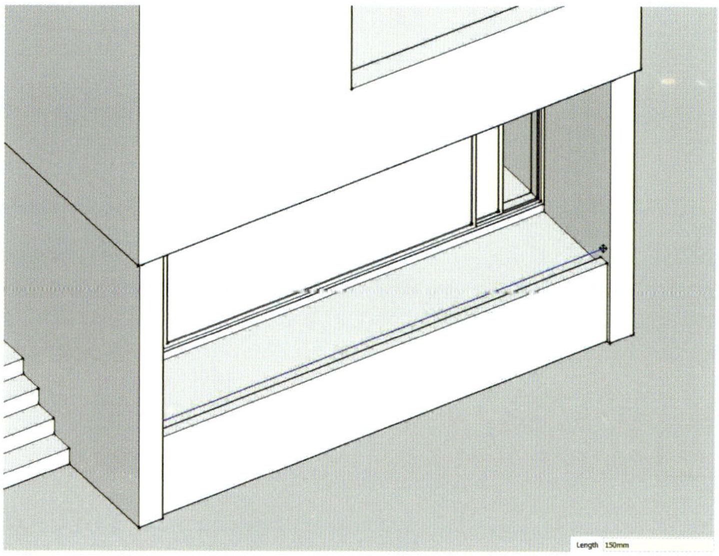

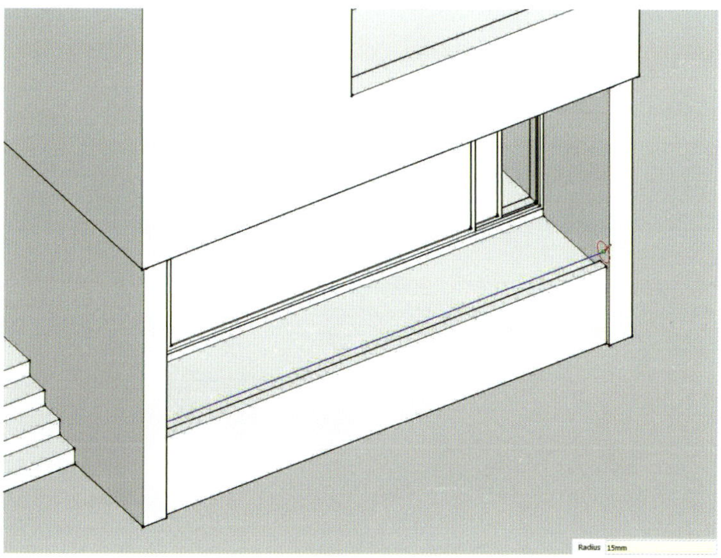

㉗ 경로(Path)의 가장 끝 지점에 반지름 15mm(파이프의 지름이 ∅30mm이므로)인 Circle( )을 그려 줍니다.

Circle의 방향은 X축에 평행해야 하므로 왼쪽 그림과 같이 붉은색이 나타나게 맞추어 놓은 후 반지름 값을 VCB 창에 입력합니다.

㉘ 풀다운 메뉴에서 Tool > Follow me를 선택합니다. 작성된 Circle의 면을 선택하고 경로(Path)를 따라 마우스를 이동하여 모델링을 마무리 합니다.

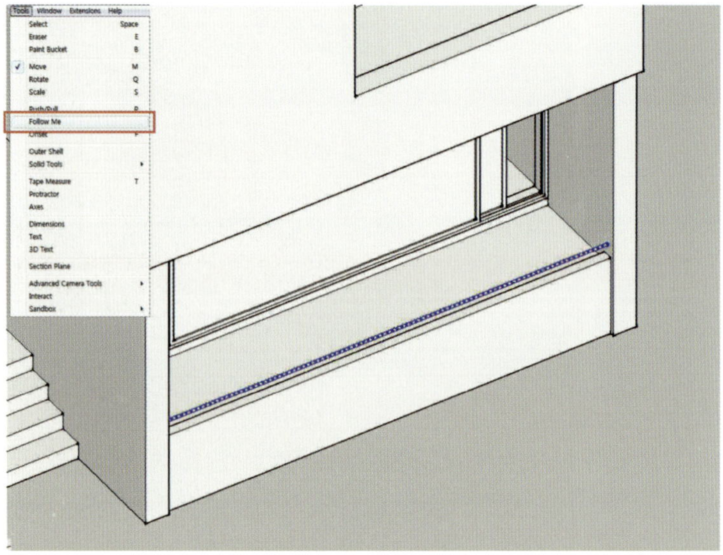

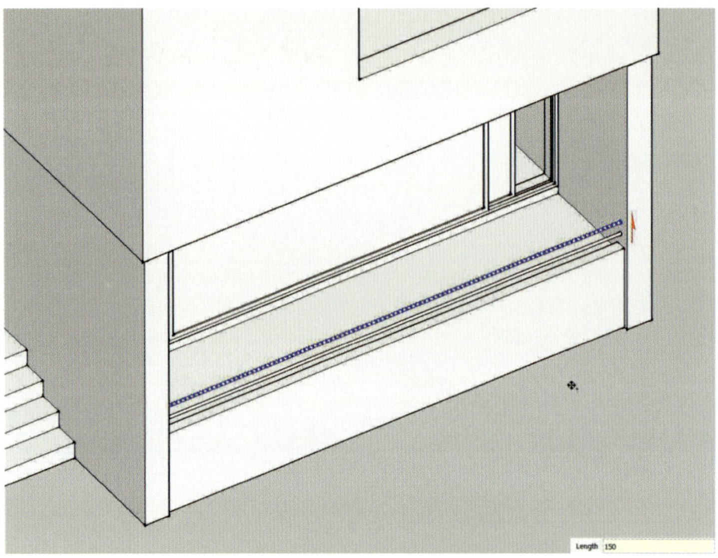

㉙ 난간 하나가 만들어졌습니다. 같은 크기와 길이의 난간이 위로 6개가 있으므로 우선 Move(✥)를 이용하여 Copy를 합니다. 높이는 150mm입니다.

㉚ 난간 1개 Copy가 완성되었다면 이 상태에서 VCB창에 '*6'을 입력한 후 Enter 키를 누릅니다. 그러면 오른쪽 그림과 같이 위에서 복사한 난간을 포함한 6개의 난간이 같은 간격으로 복사가 이루어집니다.

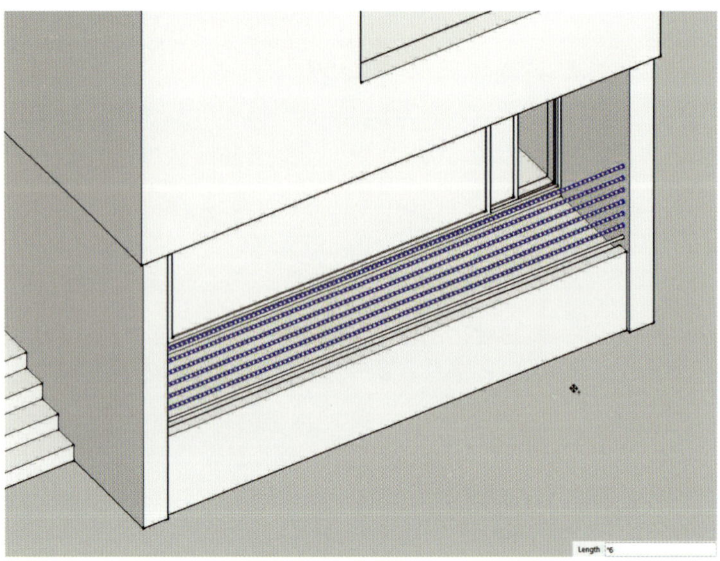

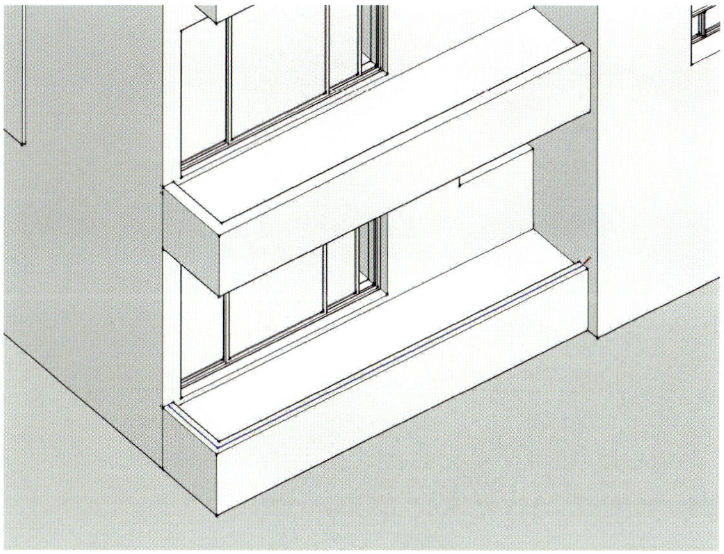

㉛ 1층 서재의 테라스 난간을 제작해보겠습니다. 이 난간은 'ㄱ' 자로 꺾여 있으므로 경로(Path) 역시 'ㄱ' 자로 제작합니다.

㉜ 경로(Path)의 꺾임 위치는 2 Pointed Arc( )를 이용하여 임의로 둥글게 처리합니다.

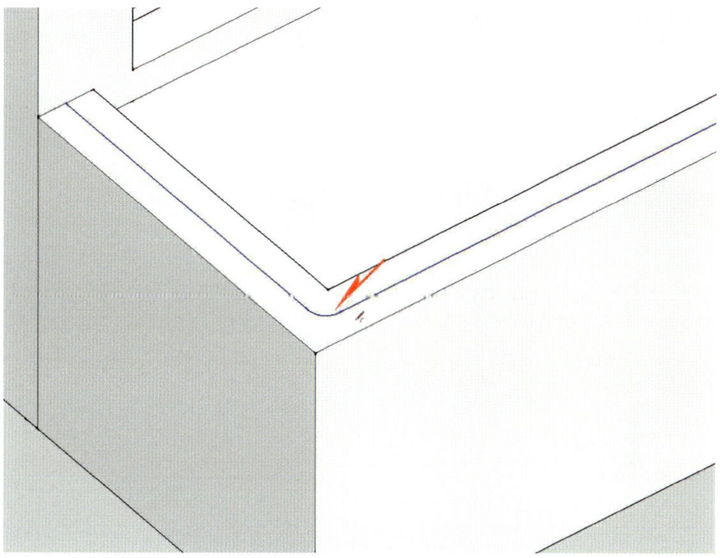

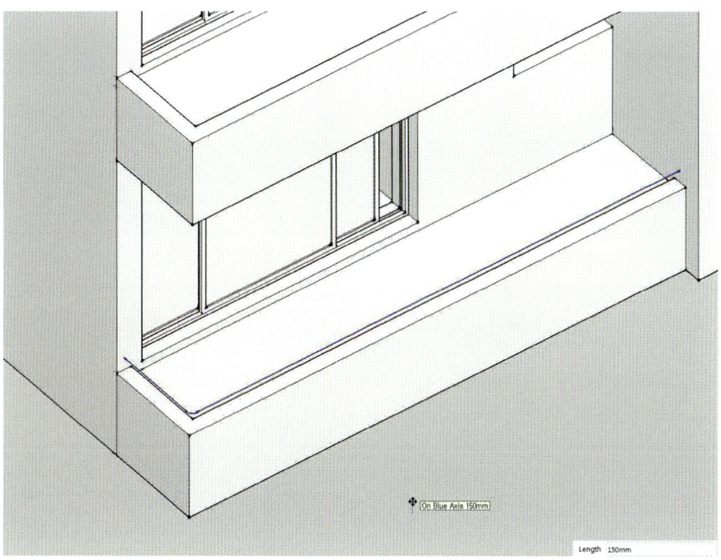

㉝ 난간 1개 Copy가 완성되었다면 이 상태에서 VCB창에 '*6'을 입력한 후 Enter 키를 누릅니다. 그러면 오른쪽 그림과 같이 위에서 복사한 난간을 포함한 6개의 난간이 같은 간격으로 복사가 이루어집니다.

㉞ Move()를 이용하여 경로(Path)를 Z축 방향 150mm 만큼 옮깁니다.

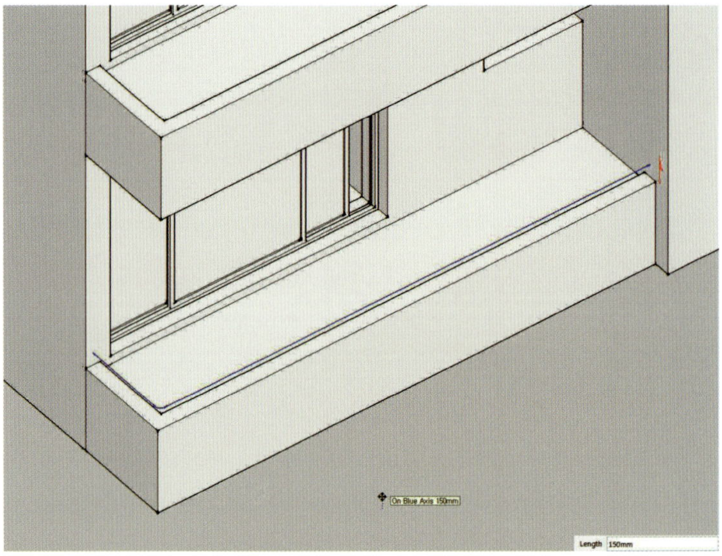

㉟ 경로(Path)의 가장 끝 지점에 반지름 15mm인 Circle()을 그려 줍니다.
Circle의 방향은 Y축에 평행해야 하므로 왼쪽 그림과 같이 녹색이 나타나게 맞추어 놓은 후 반지름 값을 VCB 창에 입력합니다.

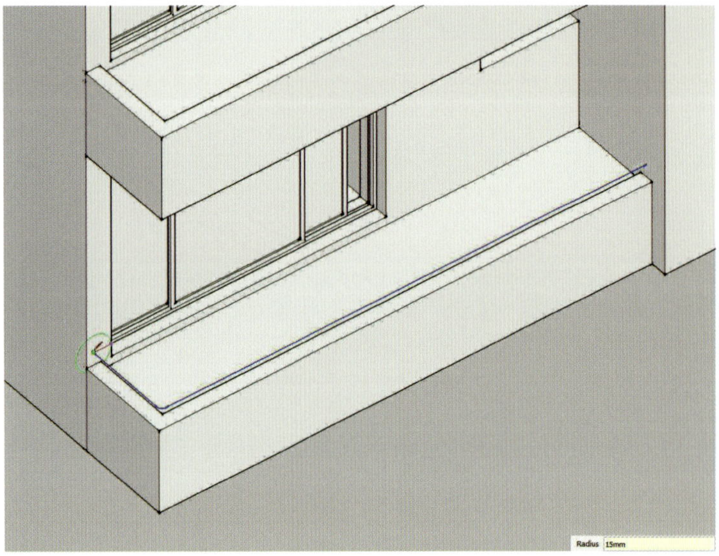

㊱ 풀다운 메뉴에서 Tool > Follow me를 선택합니다. 작성된 Circle의 면을 선택하고 경로(Path)를 따라 마우스를 이동하여 모델링을 마무리 합니다.

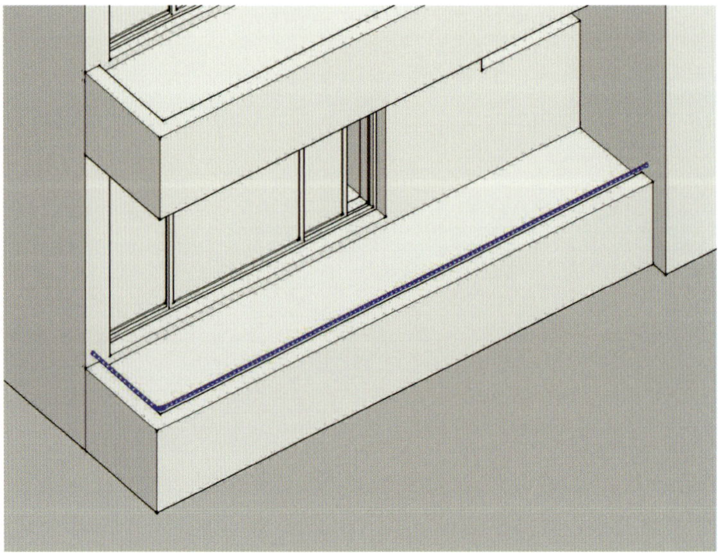

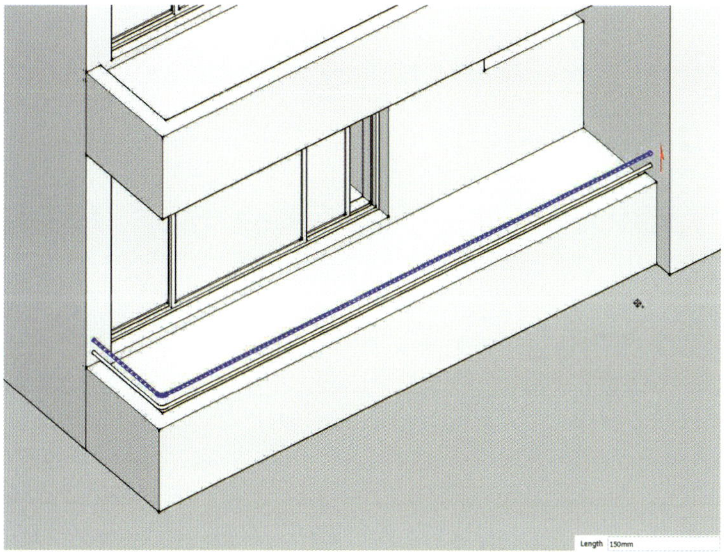

㊲ 같은 크기와 길이의 난간이 위로 6개가 있으므로 우선 Move(✥)를 이용하여 Copy를 합니다. 높이는 150mm입니다.

㊳ 난간 1개 Copy가 완성되었다면 이 상태에서 VCB창에 '*6'을 입력한 후 Enter 키를 누릅니다. 그러면 오른쪽 그림과 같이 위에서 복사한 난간을 포함한 6개의 난간이 같은 간격으로 복사가 이루어집니다.

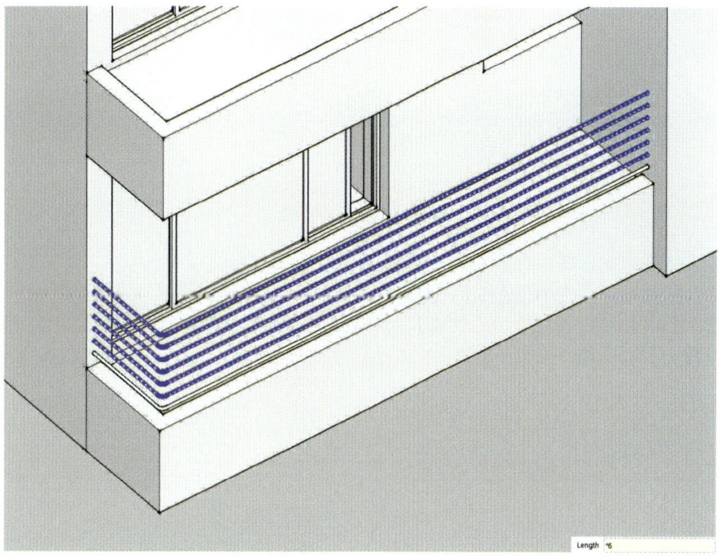

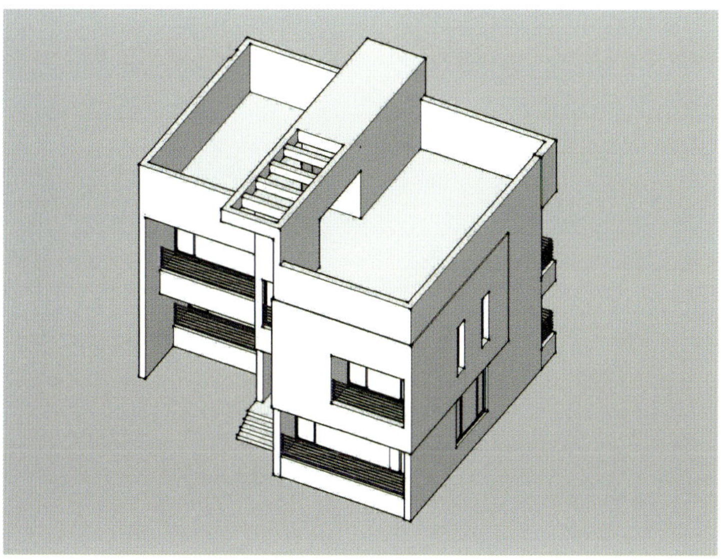

㊴ 이와 동일한 방식으로 정면과 배면에 위치한 각 테라스의 난간을 모델링합니다.

❹⓪ 이제 완성된 난간들을 Make Group을 이용하여 모두 하나로 묶어보겠습니다.
화면 오른쪽 Default Tray에서 Outliner를 활성화합니다. 그리고 Group들을 모두 선택한 후 'Hide' 시킵니다.

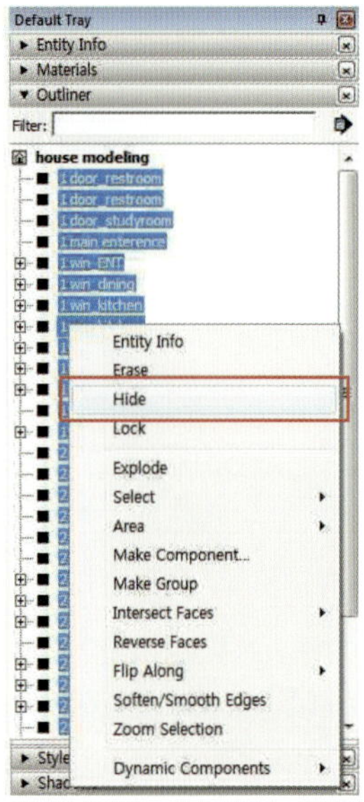

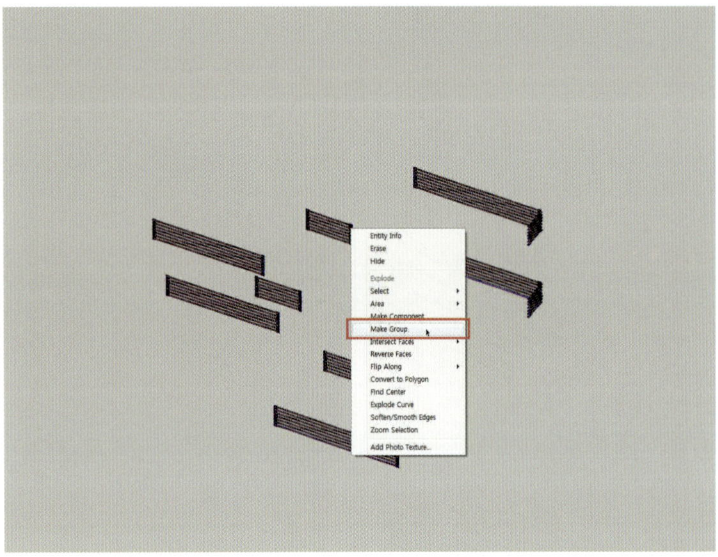

❹① 왼쪽 그림과 같이 난간만 남게 됩니다. 난간을 모두 선택한 후 Make Group합니다. Group의 이름은 'fence'라고 바꿔줍니다.

❹② 풀다운 메뉴에서 Edit > Unhide > All을 클릭합니다. 이전 'Hide' 되었던 Object들이 모두 다시 나타나게 됩니다.

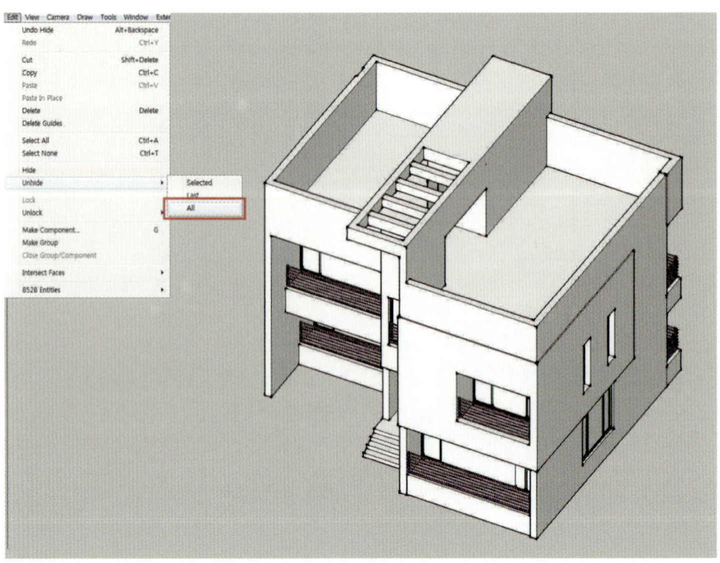

7) 재질(Material) 표현하기

주택의 주 재질은 노출콘크리트, 우드패널, 스타코, 에폭시마감입니다. 아래 sample file들을 참고하여 그림과 같이 해당 위치에 재질을 입혀보도록 합니다.

file: 02-house modeling sample/ 02-material/ 02-concrete.jpg
02-house modeling sample/ 02-material/ 02-epoxy.jpg
02-house modeling sample/ 02-material/ 02-staco.jpg
02-house modeling sample/ 02-material/ 02-wood_panel.jpg

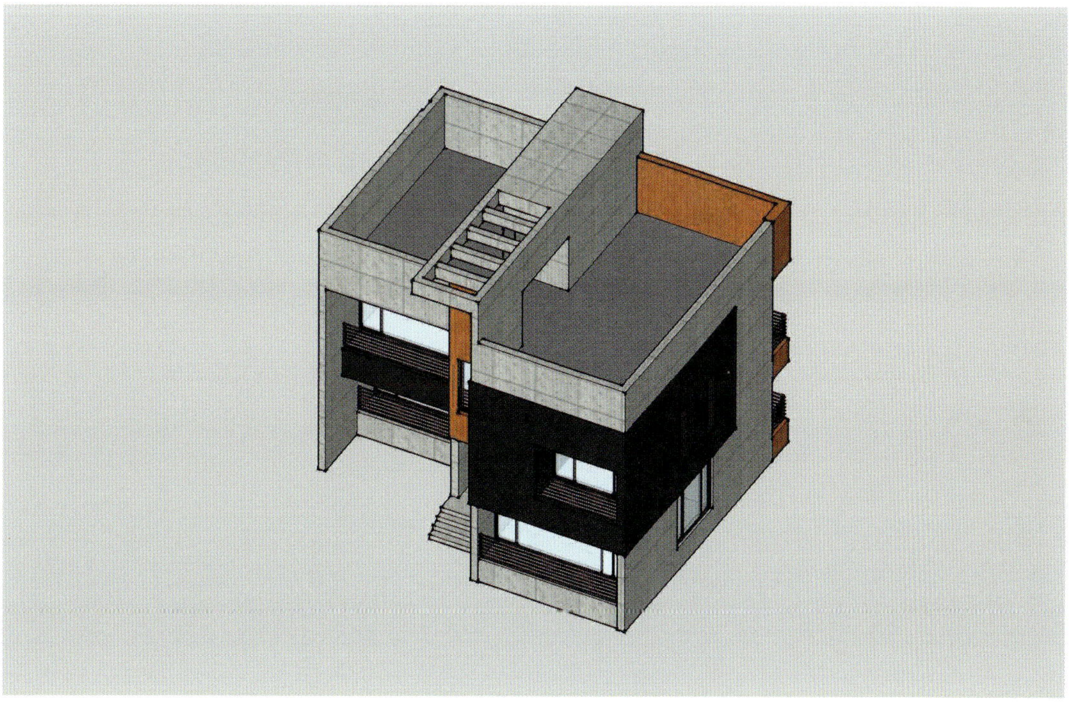

❶ 화면 오른쪽 Default Tray에서 Material을 활성화합니다. 그리고 새로운 재질을 입히기 위하여 Material Image File을 불러옵니다. 오른쪽 상단의 Create Material을 클릭합니다.

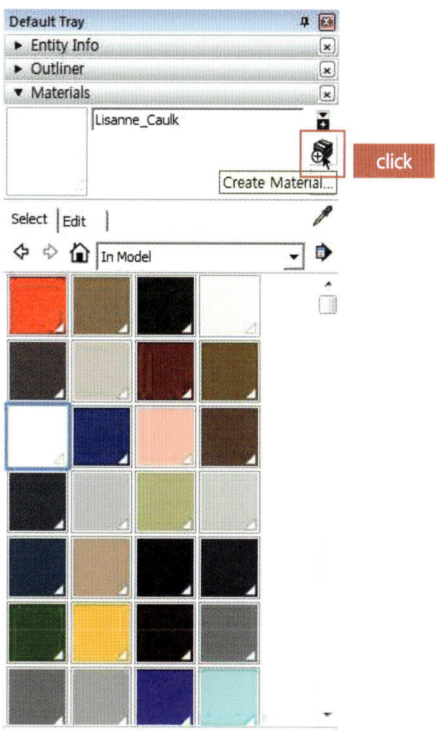

❷ Create Material 창이 활성화 됩니다. 왼쪽 그림에 표시된 것처럼 Browser 버튼을 클릭하여 Material Image File을 불러올 Browser를 Open합니다.

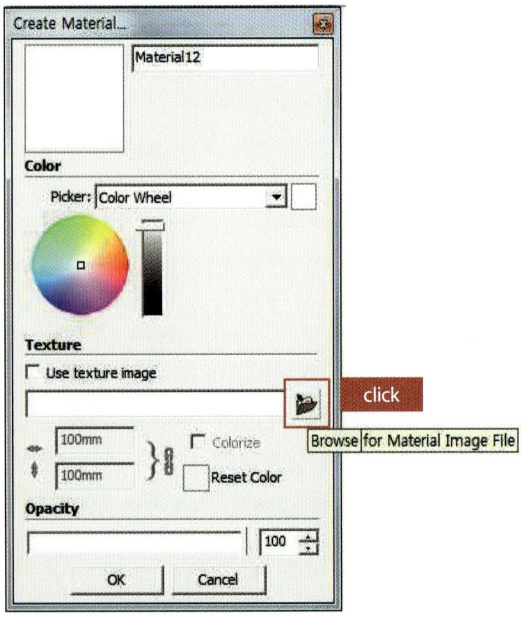

❸ 오른쪽 그림과 같이 Browser가 Open되면 원하는 Image File을 선택합니다. 외벽 노출 콘크리트를 입히기 위해 'concrete'를 선택 후 열기버튼을 클릭합니다.

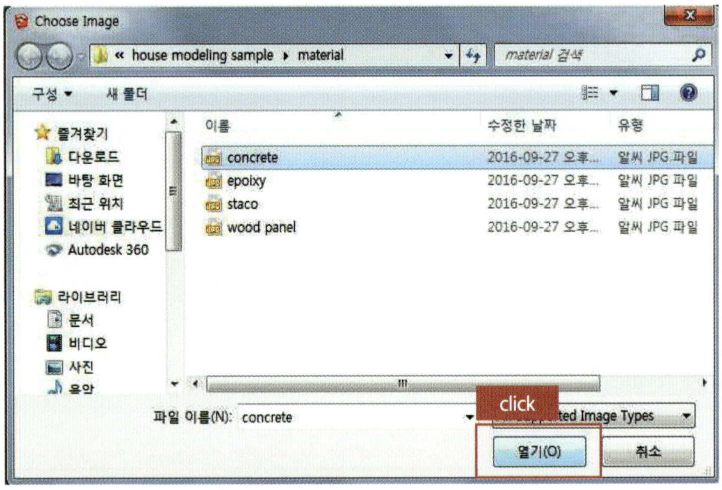

❹ Create Material 창에 'concrete' Material이 업로드 되었습니다. 이 Material의 이름을 'concrete'라고 바꿔주고, OK 버튼을 클릭합니다.

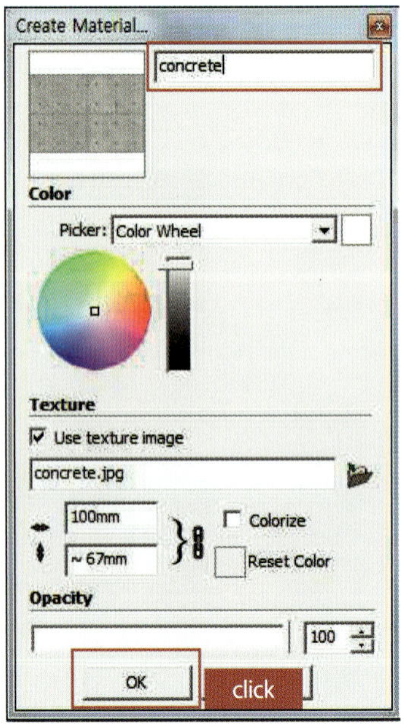

❺ Group으로 묶여 있는 외벽을 선택한 후, 마우스에 활성화 되어있는 Paint Bucket( )을 외벽에 클릭합니다. 'concrete' Material이 입혀집니다.

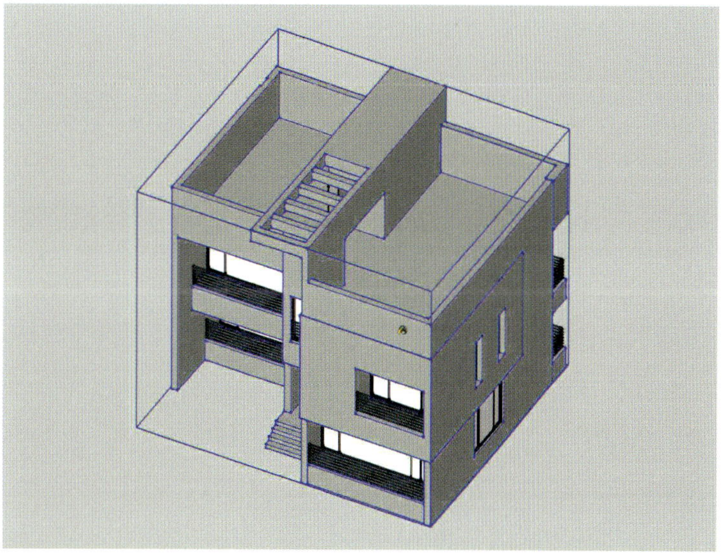

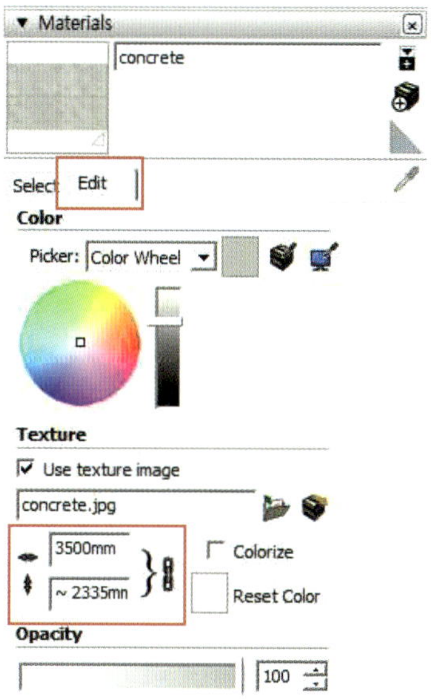

❻ 그러나 노출콘크리트의 모습보다는 색이 입혀진 듯한 모습입니다. 화면 오른쪽 Default Tray의 Materials에서 Edit 탭을 선택합니다. 그리고 아래쪽 Texture에서 Image의 크기를 조절합니다.

TIP: 가로방향 3,500mm, 세로방향 2,335mm로 설정합니다. 주의할 점은 오른쪽 클립모양이 끊어지지 않아야 합니다.

❼ 노출콘크리트로 Material이 적용된 모습입니다.

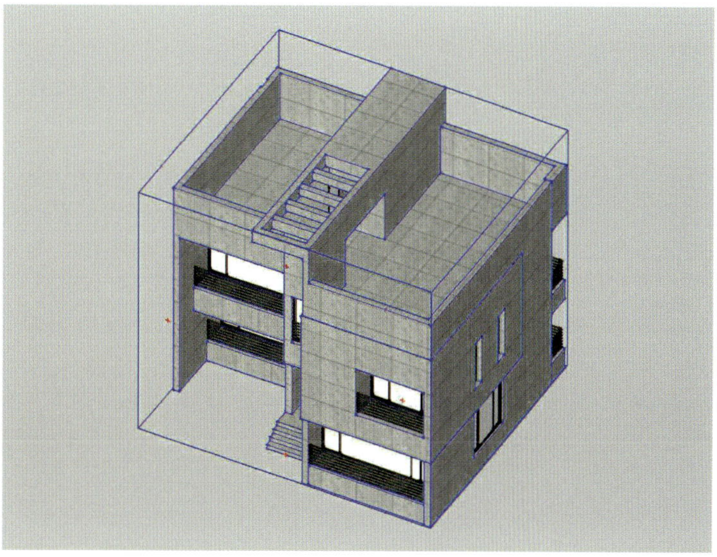

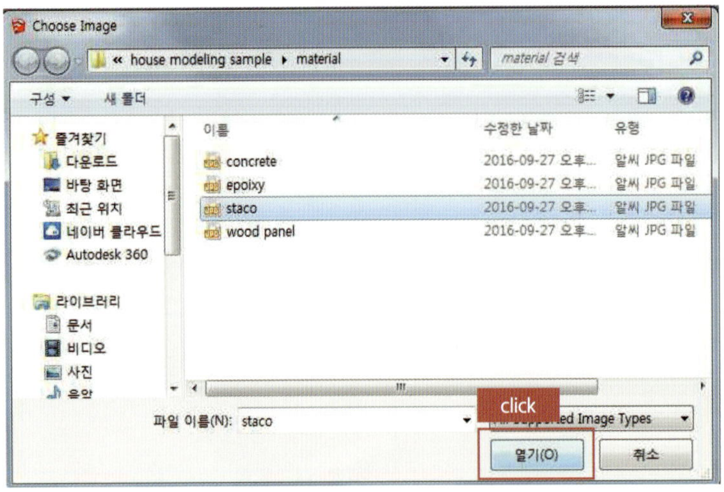

❽ 이번엔 스타코 마감을 지정해 보도록 하겠습니다. 위의 ①번과 ②번 과정을 통해서 Material Image File을 선택하기 위한 Browser를 Open합니다. 그리고 'staco' Image File을 선택한 후 [열기] 버튼을 클릭합니다.

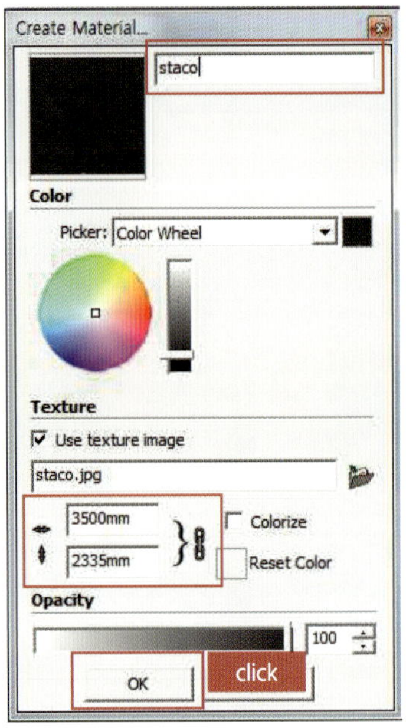

❾ Create Material 창에 'staco' Material이 업로드 되었습니다. 이 Material의 이름을 'staco'라고 바꿔줍니다. 그리고 Texture의 Image 크기 역시 'concrete' Material과 동일하게 유지합니다. 조정이 모두 이루어졌다면 [OK] 버튼을 클릭합니다.

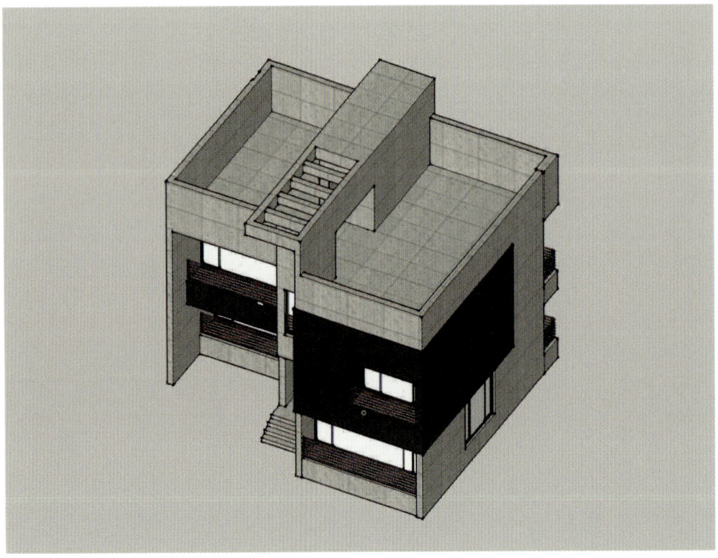

❿ 4개의 입면도를 참고하여 각각 'staco' Material을 적용합니다.

TIP: 이 주택 외벽은 'wall_outer' Group으로 묶여 있습니다. 따라서 'staco'재질을 입히기 위해서는 해당 Group에 마우스를 올려놓고, 오른쪽 버튼을 클릭하여 Edit Group을 선택하시거나, 직접 외벽을 더블클릭하여 해당 Group만 활성화시켜 작업 해야만 합니다.

⓫ 역시 4개의 입면도를 참고하여 'wood_panel' Material을 적용합니다.

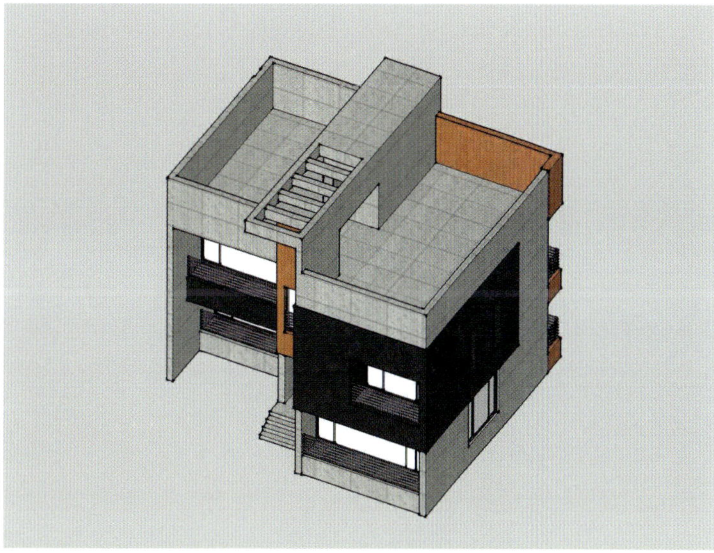

⓬ 지붕 슬래브에는 Material을 'epoxy'로 지정합니다.

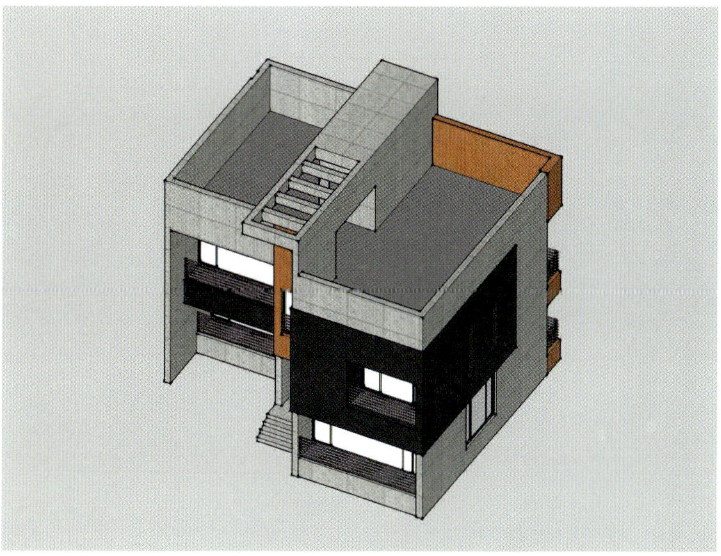

⓭ 테라스 난간에는 금속재질의 Material을 지정합니다. 해당 Material은 오른쪽 그림과 같이 'Metal' 카테고리 안에서 'Metal Steel Textured' 난간에 Material을 지정합니다.

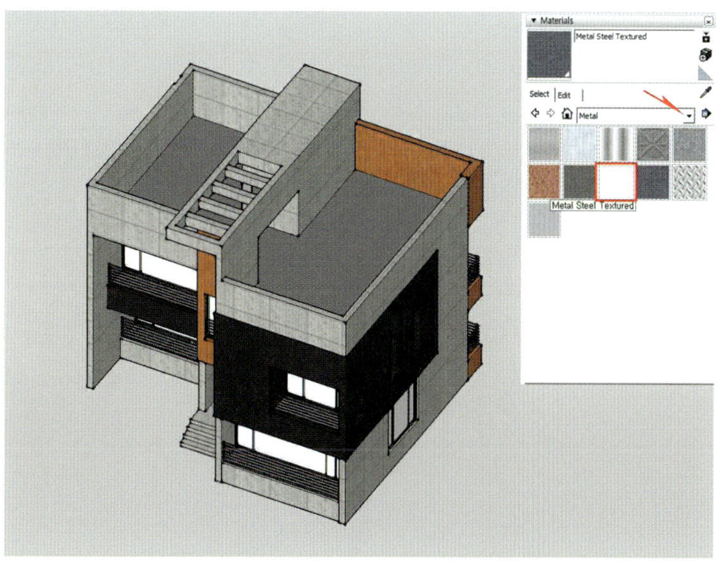

⑭ 창문틀 역시 금속재질의 Material을 지정하는데, 지정에 앞서 창문만 남겨두고 모두 'Hide' 시킵니다. 재질을 보다 편하게 입히기 위한 방법입니다.

⑮ 'Metal' 카테고리 안에서 'Aluminum' 선택하여 Material을 창문에 지정합니다.

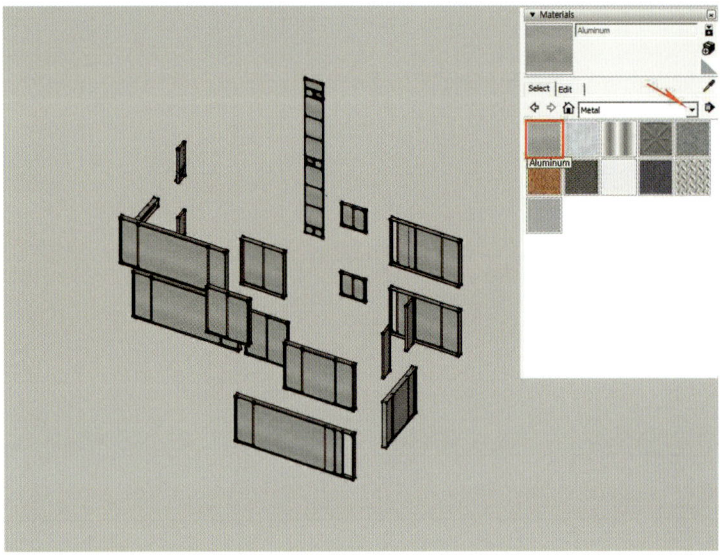

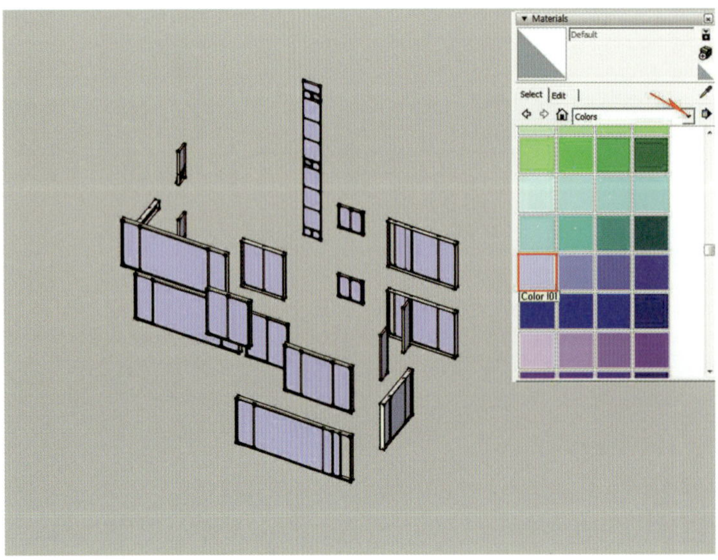

⑯ 이번엔 창문 유리에 투명한 유리재질을 입혀보도록 하겠습니다. 유리는 색상을 지정한 후 Opacity 값으로 투명도를 조절합니다. 'Color' 카테고리 안에서 'Color 101'을 선택하여 창문에 색상을 지정합니다.

⑰ 색상과 투명도를 조절해 보겠습니다. Edit 탭에서 Color의 색상을 채도가 낮게 조절합니다. 그리고 Opacity 값은 80으로 낮춥니다.
마지막으로 풀다운 메뉴에서 Edit > Unhide > All을 선택하여 Hide 되었던 Object들을 다시 나타나게 합니다.

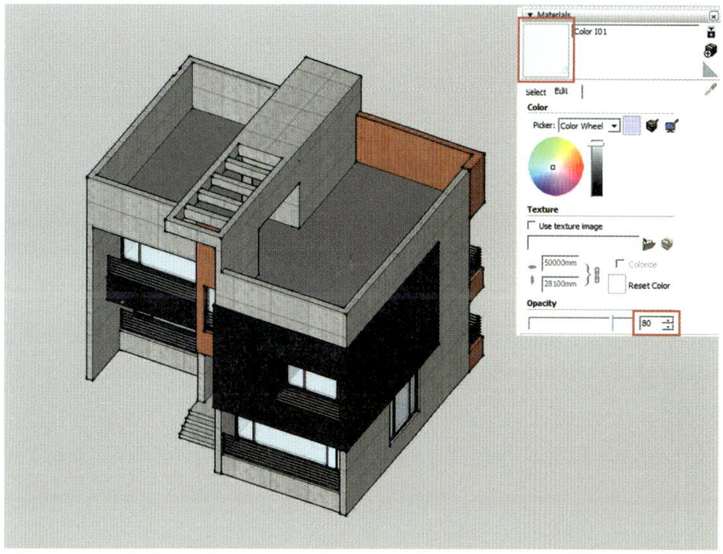

⑱ 단독 주택 모델링이 완성되었다면, 장면 추가 탭에서 'Master Plan'을 클릭합니다. 그리고 나타나는 해당 배치도를 활용하여 주변 대지와 도로, 건물들을 모델링합니다.

<인도석 높이: 150mm>
<주변 건물의 층고: 4,000mm>

⑲ 대지 모델링 위에 주택 모델링을 정확히 위치합니다. 또한 자동차, 나무 등은 풀다운 메뉴에서 Window > 3D Warehouse 또는 '3D Warehouse' 아이콘을 클릭하여 검색 및 다운로드합니다. 대지 모델링 파일은 아래 위치에서 다운받아 활용 가능합니다.
file: 04-house modeling sample/ 03-house modeling_master plan.skp

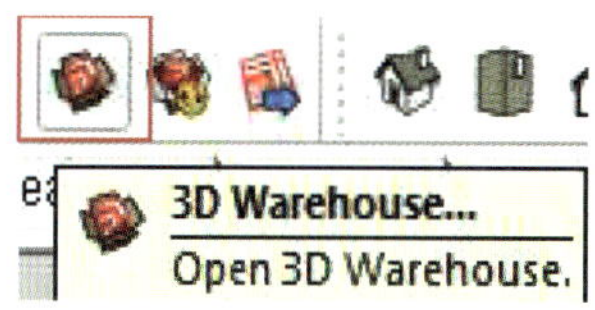

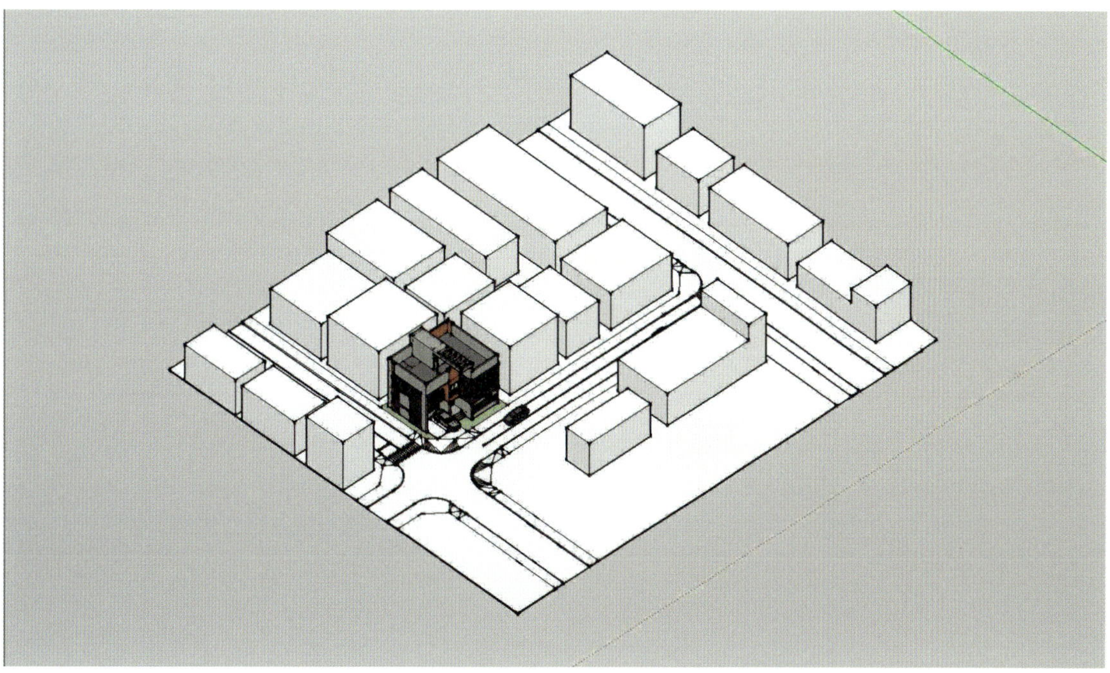

8) 투시도(Perspective) 제작하기

완성된 건축 모델링을 보다 효과적으로 프레젠테이션하기 위해서는 투시도가 절대적으로 필요합니다. SketchUp은 간결하고 신속한 방법으로 투시도 View를 설정할 수 있으며, 다양한 각도의 투시도 작업으로 3차원을 시뮬레이션을 할 수 있습니다.

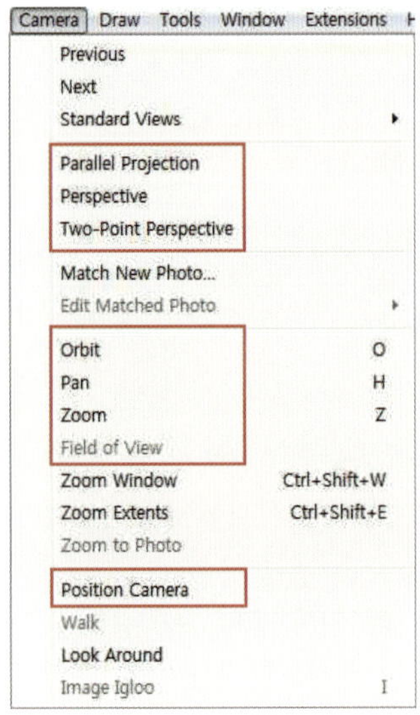

투시도를 설정하기 위하여 우리가 주로 활용할 메뉴로는

첫째, View의 성격을 결정짓는 기능인 **Parallel Projection**(평행투영도), **Perspective**(투시도), **Two-Point Perspective**(투시도)입니다. 가구 모델링에서도 언급 하였던 것처럼, 작업과정 중에는 Parallel Projection으로 View를 설정하지만, 투시도를 제작할 때에는 Perspective 또는 Two-Point Perspective로 View를 설정하여 제작합니다.

둘째, View의 방향과 영역을 결정짓는 **Orbit**(; 궤도), **Pan**(; 팬), **Zoom**(; 확대), **Field of View**(시선영역)입니다. 투시도 View의 상황을 적절히 편집할 수 있는 기능들이며, 특히 Field of View는 화각을 조절하여 View를 적절히 왜곡시킬 때 매우 유용합니다.

셋째, 카메라의 위치를 결정하는 **Position Camera**(카메라 위치)입니다. 투시도를 보기 위한 정확한 기준 시점을 지정할 때에 사용됩니다.

> *TIP: 보다 섬세한 투시도 View 설정을 위해서는 3DS MAX에서 작업하는 것이 더욱 효과적입니다. SketchUp보다 다소 무겁고 어려운 프로그램이지만 디테일한 카메라 설정과 고급 렌더링이 가능하기 때문입니다.*

❶ 우선 모델링이 완성 되었다면 화면 오른쪽 Default Tray의 Outliner에서 도면 그룹(drawing)은 삭제합니다. 또한 장면 추가 탭에 있는 각 장면들 역시 삭제합니다. Default Tray의 Scene에서 장면 모두를 선택한 후 마우스 오른쪽 버튼을 눌러 Delete Scene을 클릭합니다. 모델링이 완성된 상황에서 이들은 더 이상 활용가치가 없으며, 다양한 투시도 장면을 다수 추가해야 하므로 미리 삭제해주는 편이 좋습니다.

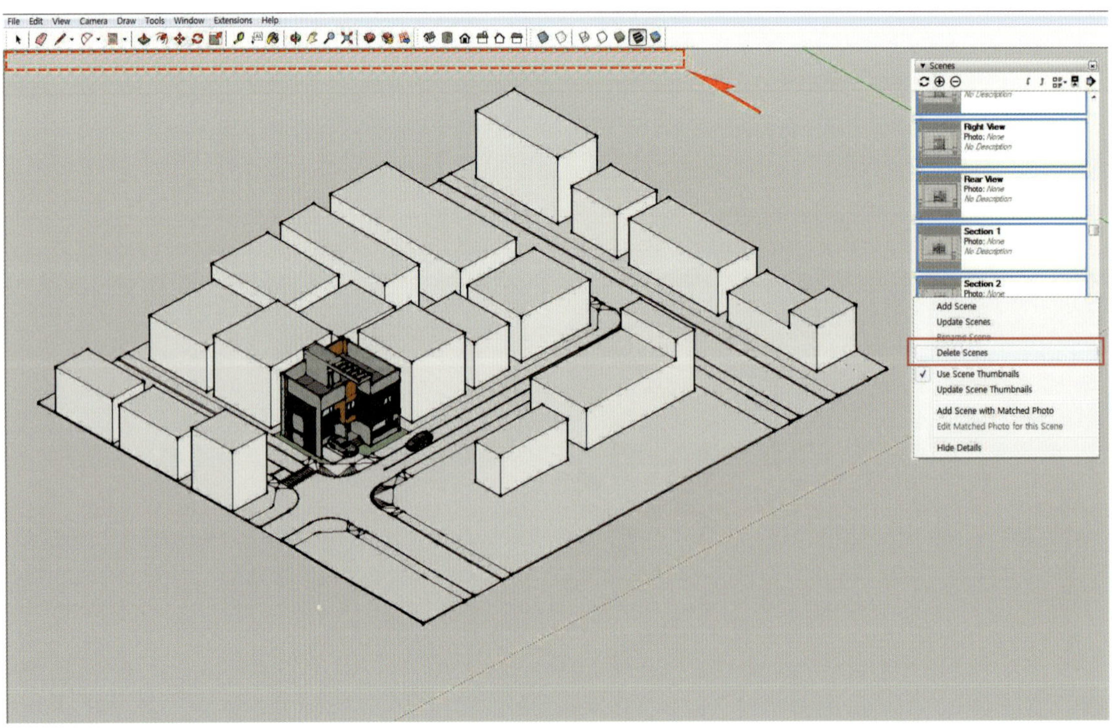

❷ 화면의 View를 투시도법으로 전환하기 위하여 아래 그림과 같이 Camera를 Perspective로 전환합니다.

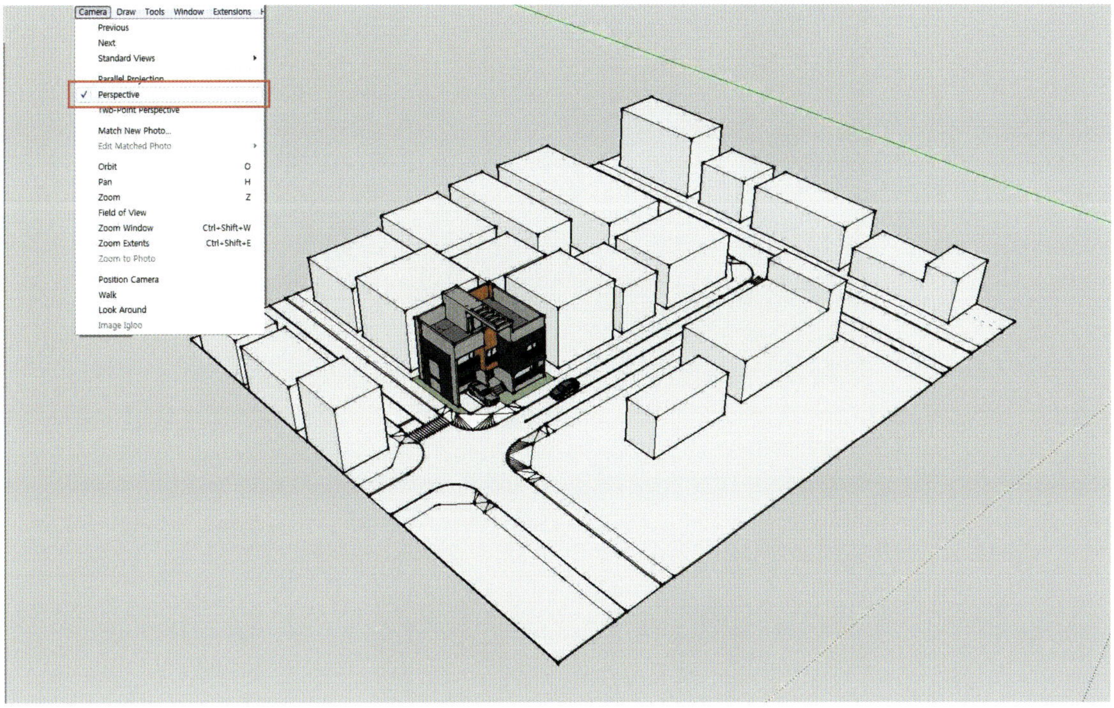

❸ 카메라의 위치를 결정합니다. 풀다운 메뉴 Camera > Position Camera를 선택하고 아래 그림과 같이 교차로 중앙을 클릭합니다.

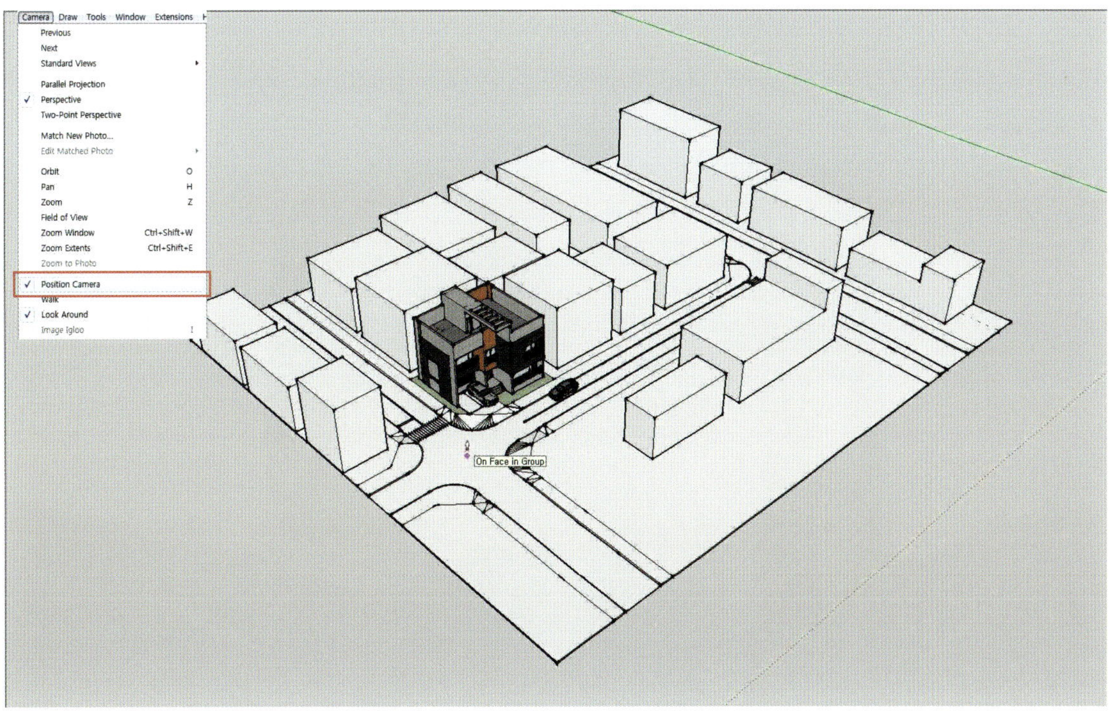

❹ 아래 왼쪽 그림과 같이 화면이 전환됩니다. Orbit( ), Pan( ), Zoom( )을 각각 적절히 활용하여 아래 오른쪽 그림과 같은 View를 설정합니다.

▼

❺ 투시도에 사실감을 부여하기 위해 시야에 왜곡을 주도록 하겠습니다. 풀다운 메뉴 Camera > Field of View를 선택합니다. 마우스의 왼쪽버튼을 클릭한 상태에서 위나 아래로 움직이면 시야가 왜곡됨을 관찰할 수 있습니다. 아래 그림과 가장 비슷한 View로 설정하시기 바랍니다.

❻ 설정한 투시도에 그림자효과를 적용하면 보다 현실감을 돋보이게 할 수 있습니다. 풀다운 메뉴 View > Shadows를 클릭합니다.

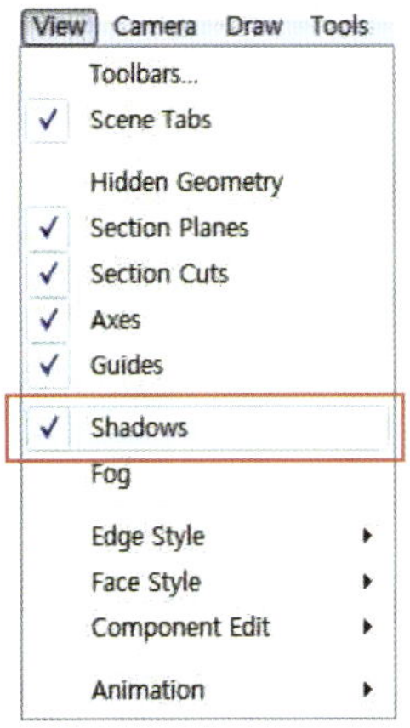

❼ 또한 화면 오른쪽 Default Tray의 Shadows에서는 날짜와 시간 조절을 통하여 그림자의 각도를 결정하며, 동시에 빛과 그림자의 명암을 처리할 수 있습니다.

TIP: Default Tray에 Shadows가 없다면 풀다운메뉴 Window > Default Tray > Shadows를 클릭하여 활성화 합니다.

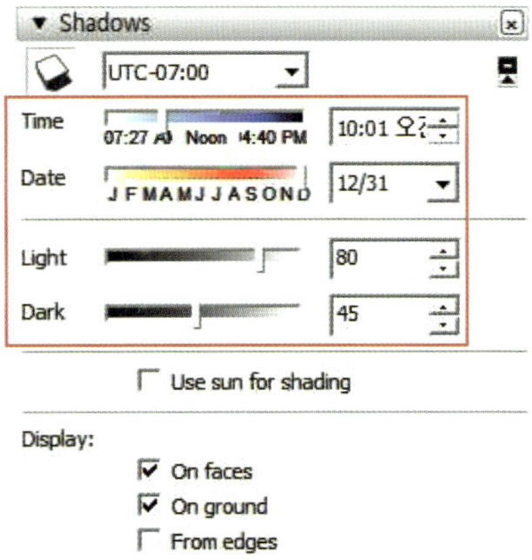

❽ View가 결정되었다면 풀다운 메뉴 View > Animation > Add Scene을 클릭하여 장면 추가를 통해 View를 기록합니다. 그리고 장면의 이름은 'perspective'로 바꿔줍니다.

❾ 위의 과정을 반복하여 다양한 각도의 View를 설정합니다.

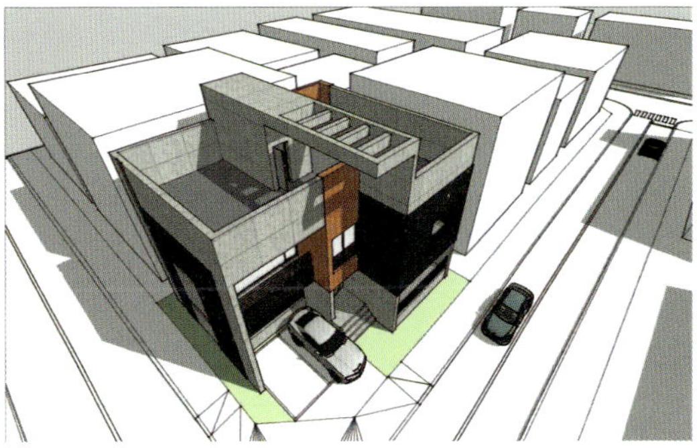

TIP: 스타일(Styles) 구성하기

스타일(Style)은 미리 설정한 투시도 View를 활용하여 일러스트, 드로잉, 스케치 등 다양한 느낌의 투시도 이미지를 제작할 수 있습니다. 화면 오른쪽 Default Tray의 Styles를 활성화 시킵니다. 각 Style들과 효과들을 사례로서 적용시켜 보겠습니다.

Styles > Select

총 7가지의 Style 카테고리를 가지고 있으며 각 Style에서 다양한 효과들을 연출합니다.

Styles > Edit

결정한 Style 안에서 면(Face)의 연출과 X-ray 등 다양한 mode를 편집할 수 있습니다.

Styles > Mix

Style과 다양한 settings 값을 혼용하여 사용자가 원하는 이미지들을 연출할 수 있습니다.

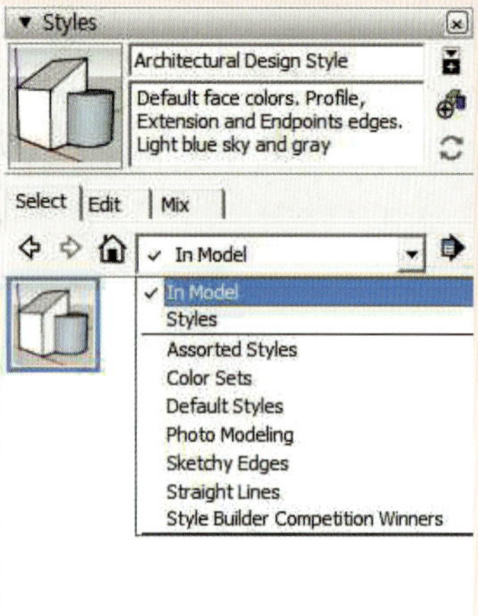

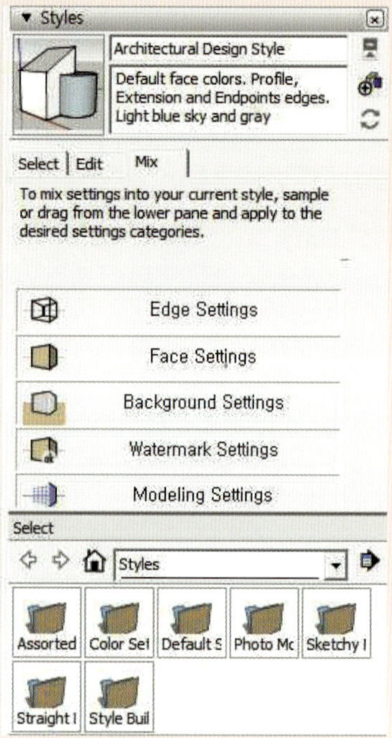

Assorted Styles > Brush Strokes on Canvas

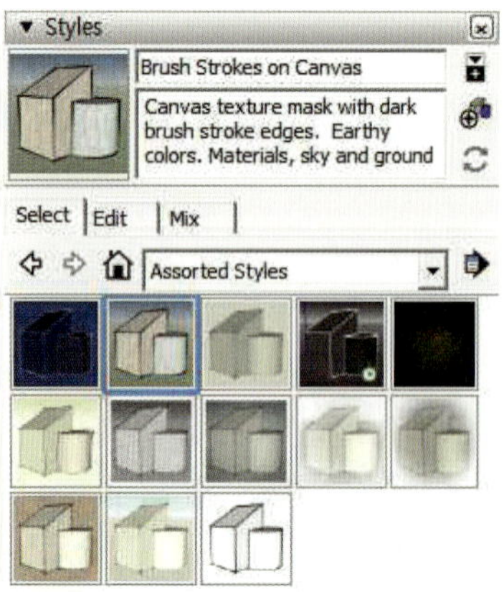

Color Sets > Blue and Orange

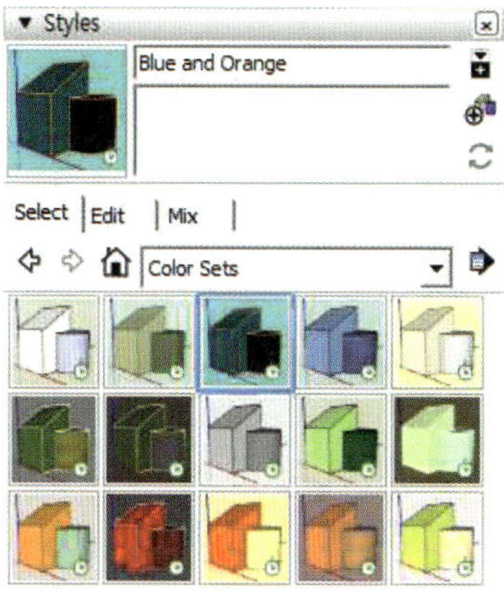

Default Styles > Wireframe

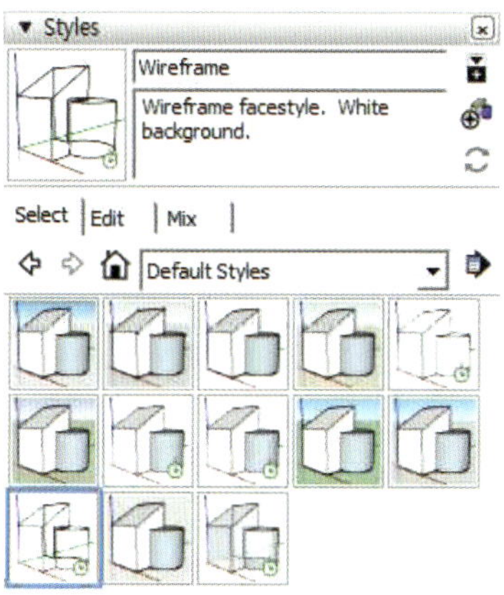

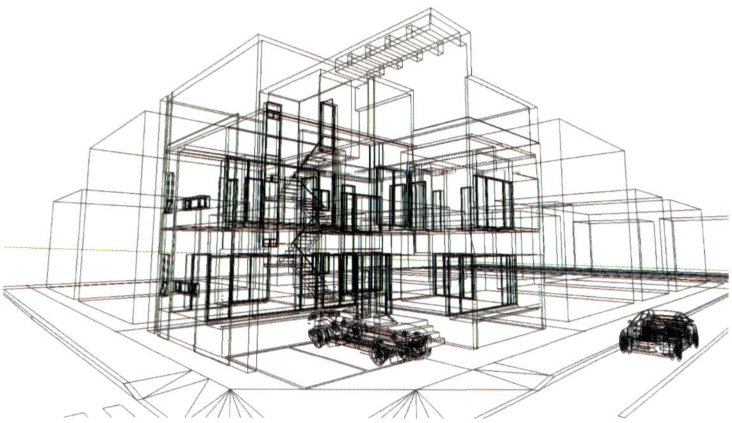

Photo Modeling > Photo Modeing Dashed

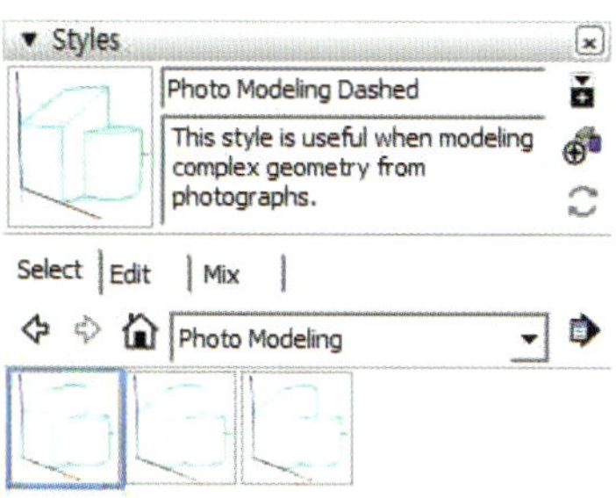

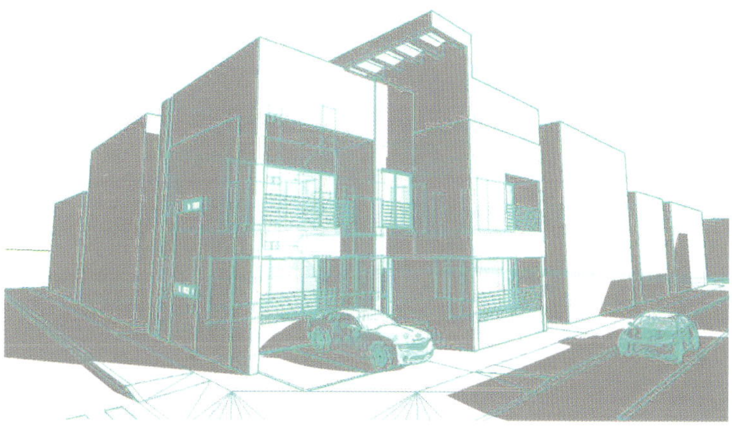

Sketchy Edges > Airbrush

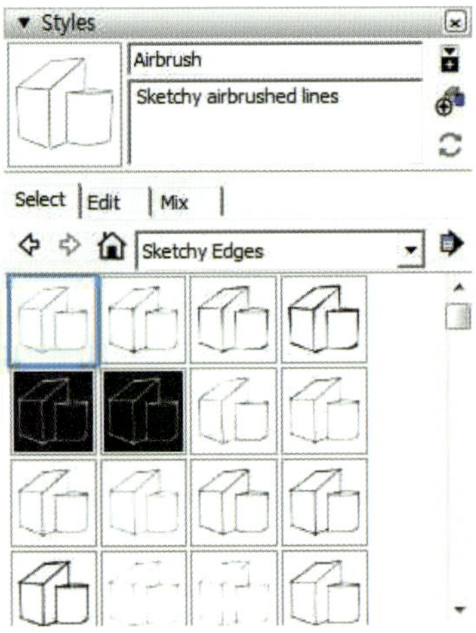

Straight Lines > Straight Line 02pix

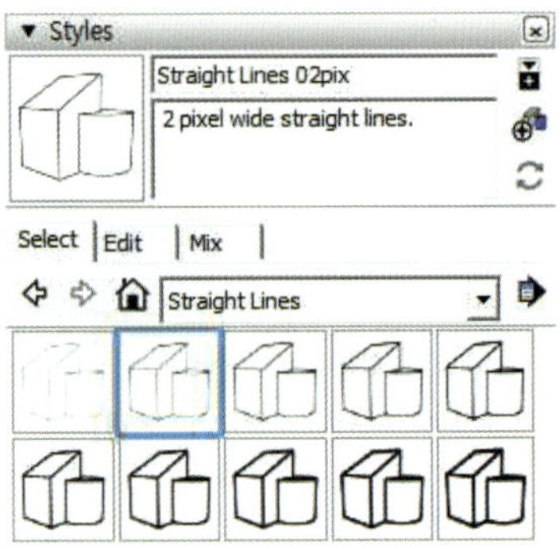

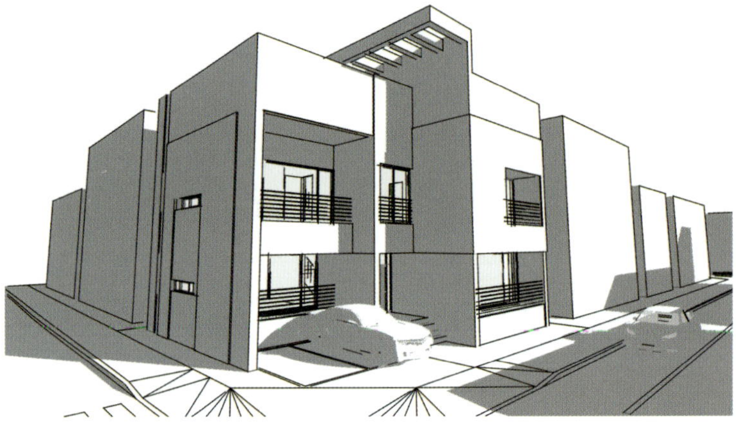

Style Builder Competition Winners > Pencil Edges With Whiteout Border

9) 다양한 형식의 파일 내보내기 (Export)

SketchUp은 다양한 건축 프로그램들과의 연계성이 막강합니다. 내보내기(Export)를 통하여 가장 활용도가 높은 파일 형식 들을 생성해 보도록 하겠습니다.

이미지 파일(*.jpg) 제작

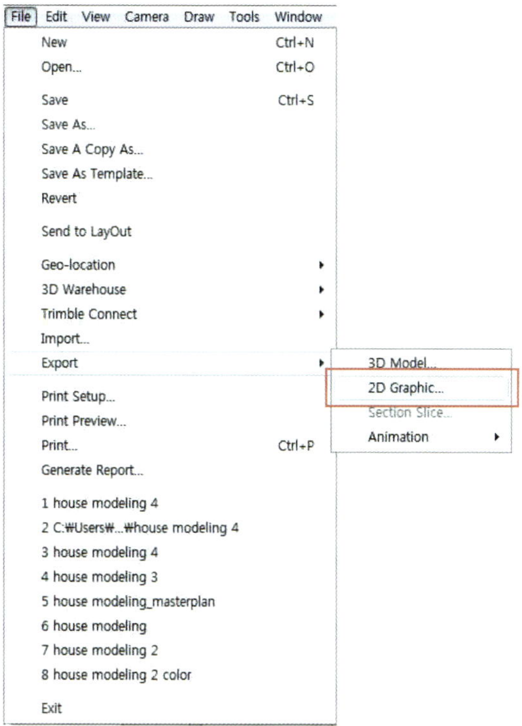

❶ 설정한 투시도 View를 활용하여 이미지파일(*.jpg)을 제작해 보겠습니다.

장면 추가 탭에서 첫 번째 투시도를 선택합니다. 풀다운 메뉴 File > Export > 2D Graphic을 선택합니다. Export 2D Graphic Dialog가 활성화 됩니다.

❷ 파일 형식이 JPEG Image(*.jpg)임을 확인하고, 파일 이름에 'perspective 1'이라고 기입합니다. 그리고 아래 그림 화살표에 위치한 Option 을 클릭합니다.

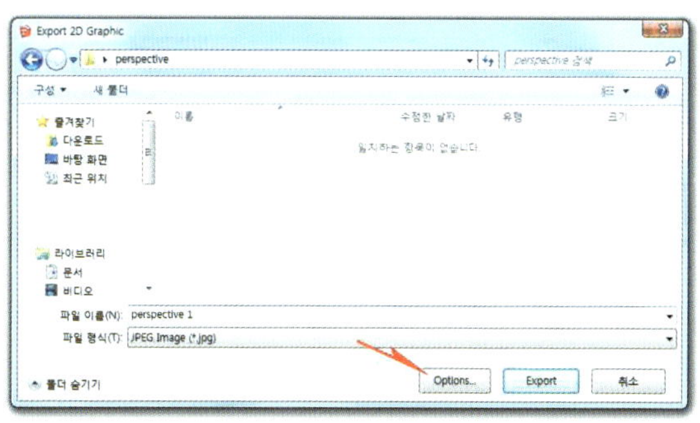

❸ Option 메뉴는 Image Size, Anti-alias, Compression Quality를 결정해 주는 매우 중요한 Option입니다. Compression은 항상 Better Quality를 유지합니다. 완료 되었다면 Export 를 클릭하여 Image를 제작합니다.

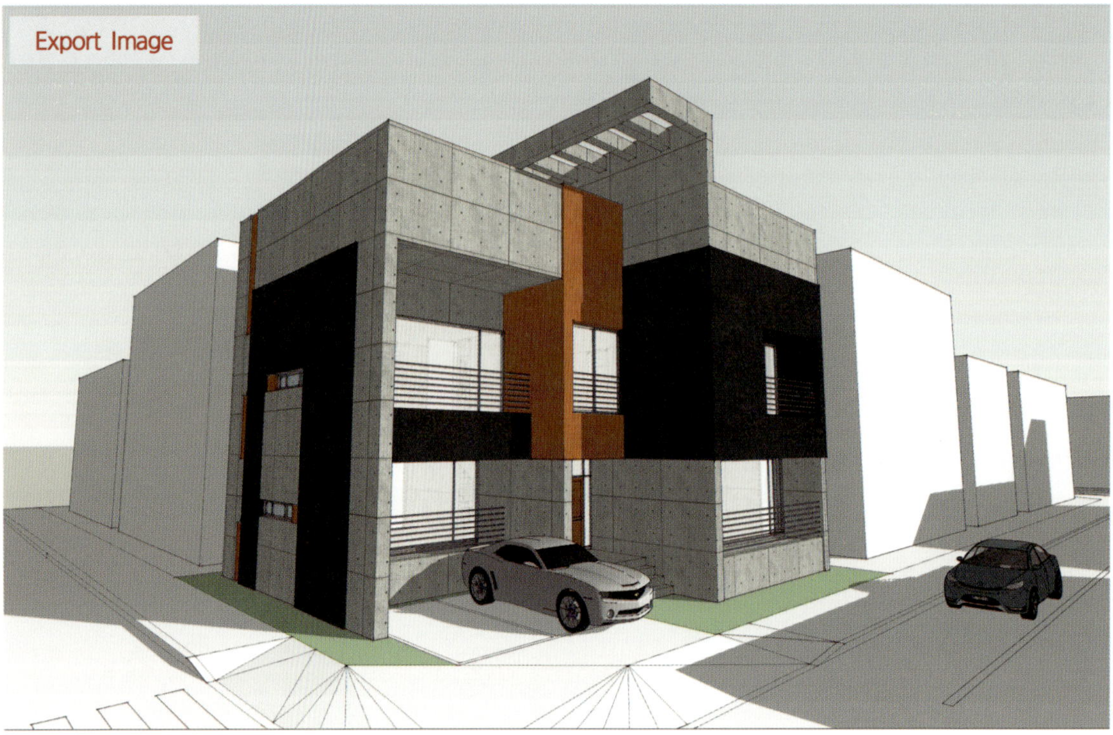

동영상 파일(*.avi) 제작

❹ 이번에는 Animation 파일(*.avi)을 제작해 보겠습니다. Animation은 장면 추가한 View들을 기준으로 Camera Walking을 구현하며 제작되는 원리이며, 역시 Export를 통해 다른 확장자의 파일로 내보내기 되는 파일입니다. 따라서 이를 위해 Camera Walking 연출을 고려한 장면 추가가 필요합니다.

먼저 Camera Walking에 대한 Option 값을 조정합니다. 풀다운 메뉴 Window > Model Info를 클릭합니다. Model Info Dialog가 활성화 됩니다. 앞서 각 도면들의 열람 편의를 위해 Scene Transitions를 0 seconds에서 설정되었을 것입니다. 이를 4 seconds로 바꿔줍니다. Scene Delay는 Camera Walking 전환 중 각 화면의 정지시간입니다. 1 seconds로 유지하겠습니다.

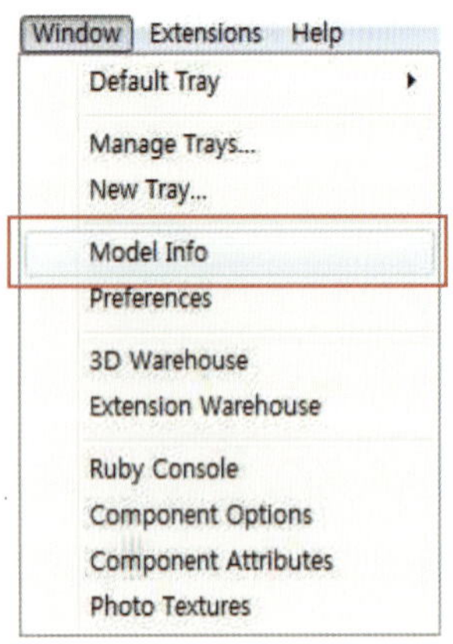

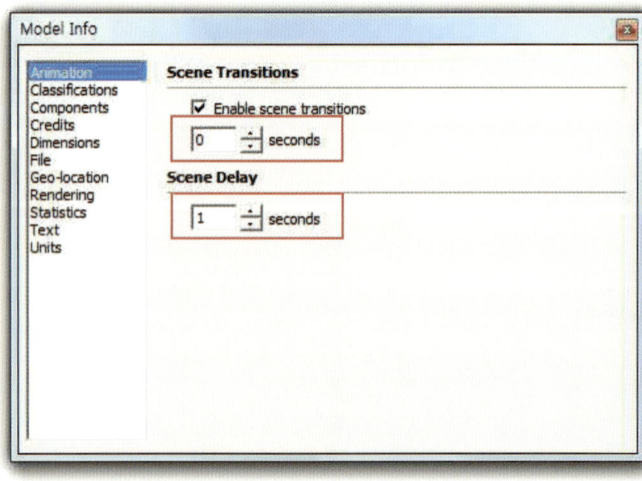

❺ 장면추가가 탭 위에 마우스를 올려놓고 오른쪽 버튼을 누르면 하부 메뉴가 나타나며 이 중 Play Animation을 클릭하면 장면의 순서대로 사용자가 연출한 Camera Walking을 미리 볼 수 있습니다.

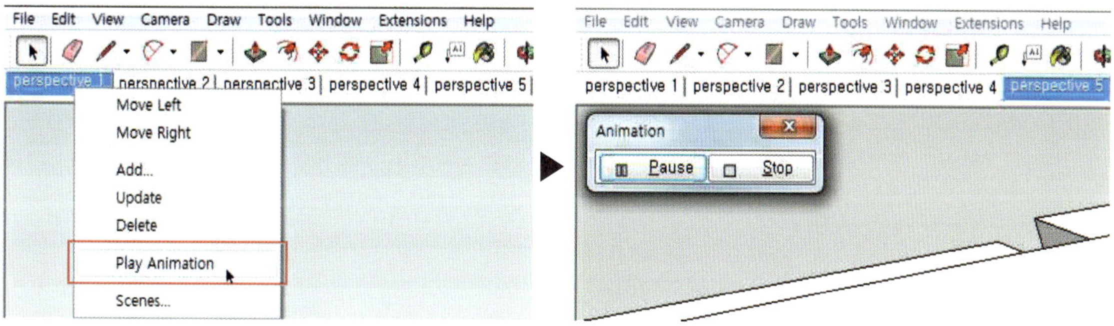

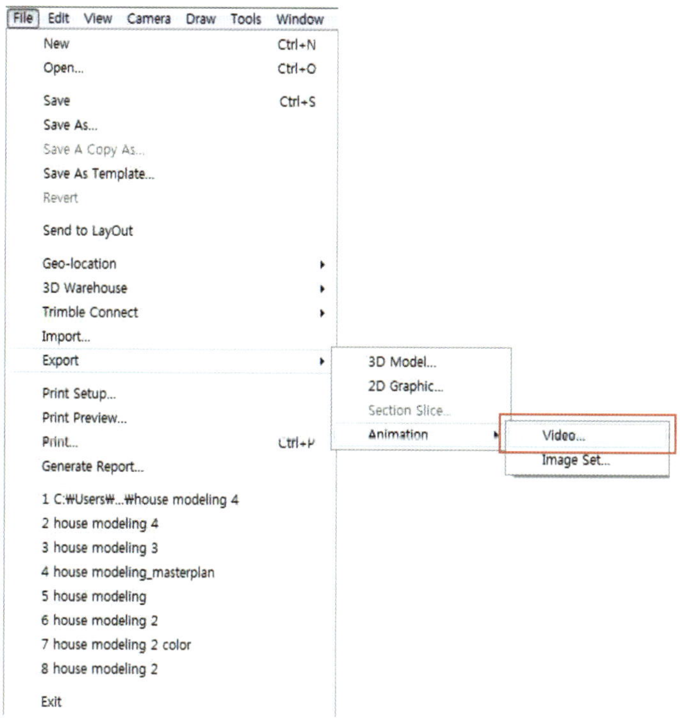

❻ Camera Walking 연출이 완성되었다면 풀다운 메뉴 File > Export > Animation > Video를 클릭합니다. Export Model Dialog가 활성화 됩니다.

❼ 파일 형식이 Uncompressed/Avi File (*.avi) 임을 확인하고, 파일 이름에 'animation 1'이라고 기입합니다. 그리고 아래 그림 화살표에 위치한 Option 을 클릭합니다.

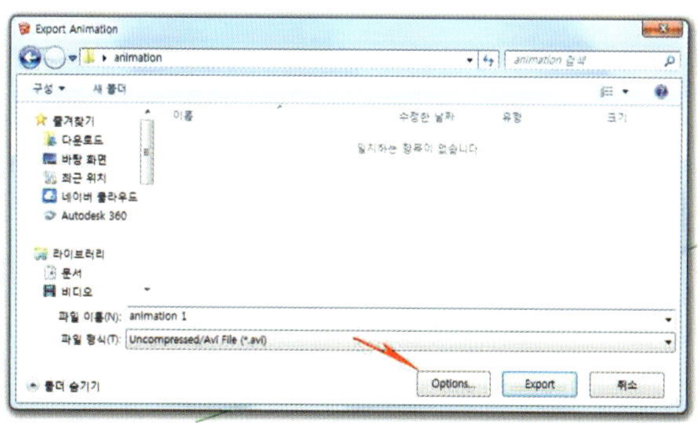

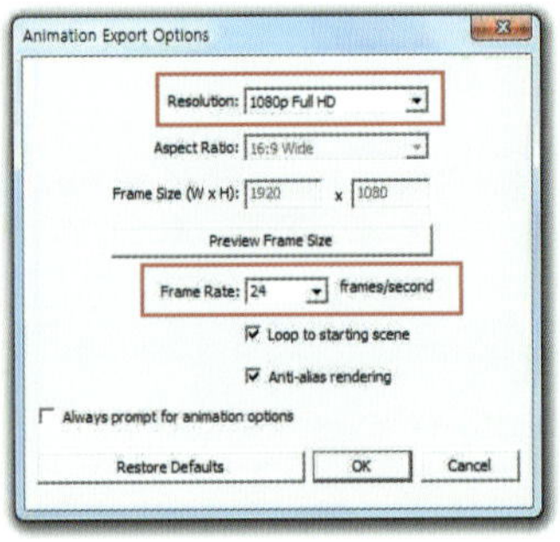

❽ Option 메뉴는 Resolution과 Frame Rate 정도를 결정할 수 있습니다. Resolution은 영상의 해상도를 결정합니다. 기본 '720p HD'로 설정되어 있으나 고화질의 영상을 얻기 원한다면 '1080p Full HD'로 설정을 바꿔주는 것이 좋습니다. Frame Rate은 영상의 초당 Frame 수를 결정합니다. 1~120 Frame까지 설정할 수 있으며, Frame 숫자가 높을수록 자연스러운 움직임을 연출할 수 있으나 지나친 Frame 수는 불필요한 과대 데이터 용량을 초래할 수 있으니 주의해야 합니다.

❾ 완료 되었다면 OK 버튼을 누르고 Export 를 클릭하여 Animation File을 제작합니다.

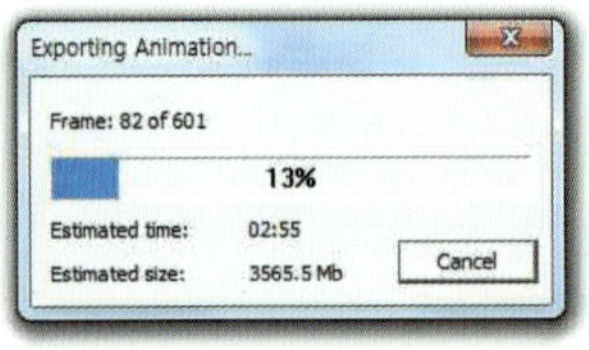

❿ 완성된 Animation File을 실행해봅니다.

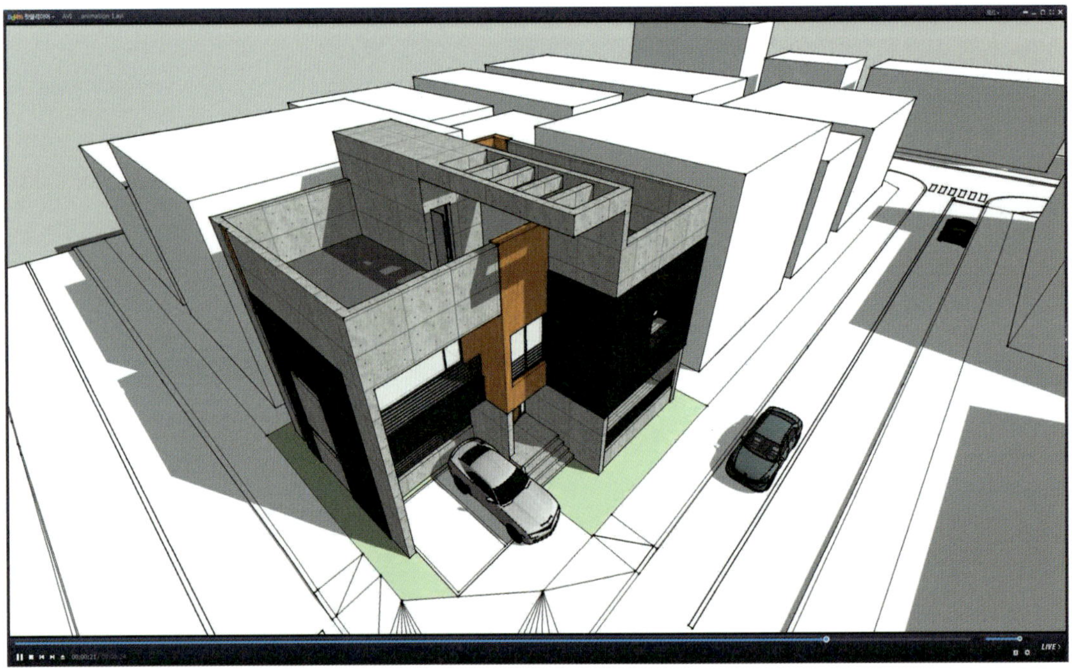

3DS MAX 파일(*.3ds)과 AutoCAD 3D 파일(*.dwg) 제작

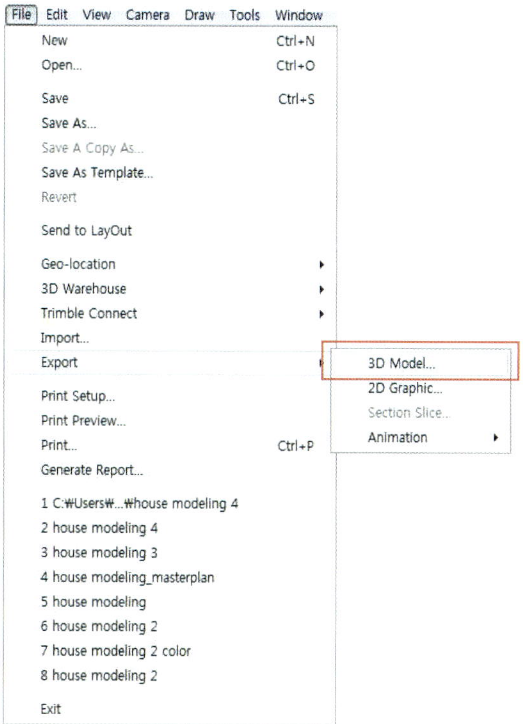

⑪ SketchUp을 활용하여 3DS MAX 파일(*.3ds)을 제작해 보겠습니다. 풀다운 메뉴 File > Export > 3D Model을 클릭합니다. Export Model Dialog가 활성화 됩니다.

⑫ 파일 형식이 3ds File (*.3ds) 임을 확인하고, 파일 이름에 'house modeling 3D'라고 기입합니다. 그리고 아래 그림 화살표에 위치한 Option 을 클릭합니다.

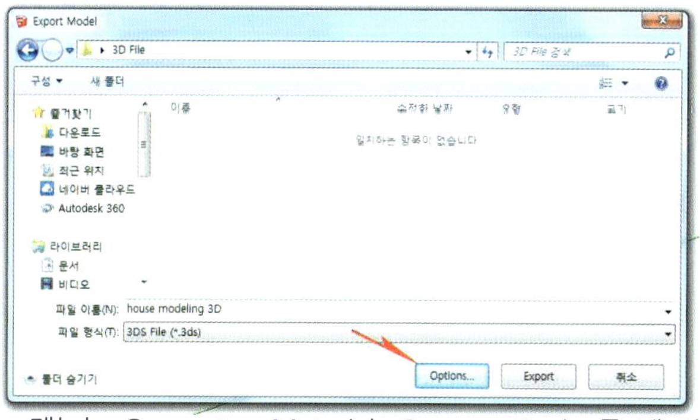

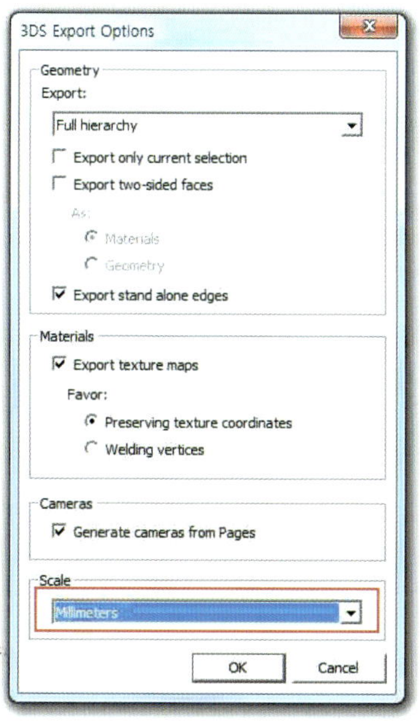

⑬ Option 메뉴는 Geometry, Material, Camera, Scale 등 네 가지를 결정할 수 있습니다.

Geometry의 Export 메뉴를 풀다운 하면 Full hierarchy, By layer, By material, Single object이 나타나는데, Full hierarchy와 Single object는 모델링을 1개의 Mesh로 인식합니다. By layer는 SketchUp에서 Layer별 작업을 했다면 그대로 내보내기가 되며, By material은 재질별로 Object를 내보냅니다.

Materials는 SketchUp에서 입혀진 재질이 그대로 내보내기가 가능합니다.

Camera는 SketchUp에서 결정한 장면을 3DS MAX에서 기본적 카메라 구성으로 내보내기합니다.

Scale은 Modeling의 Unit(단위)를 결정하는 매우 중요한 메뉴입니다. 건축의 Unit(단위)은 Millimeter를 활용하므로 왼쪽 그림과 같이 Millimeter를 선택합니다.

OK 버튼을 누르고 Export 를 클릭하면 해당 경로에 3D MAX(*.3ds) 파일이 생성됩니다.

⑭ 이번에는 AutoCAD 3D을 제작해 보겠습니다. 위와 동일하게 풀다운 메뉴 File > Export > 3D Model을 클릭합니다. Export Model Dialog가 활성화 됩니다.

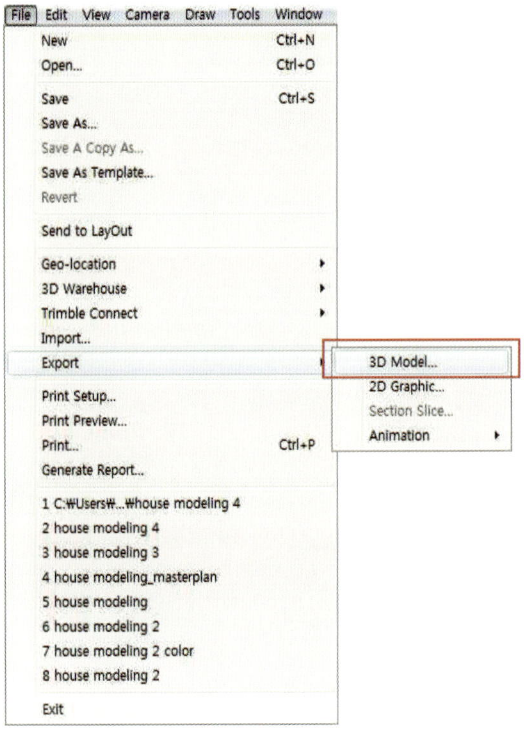

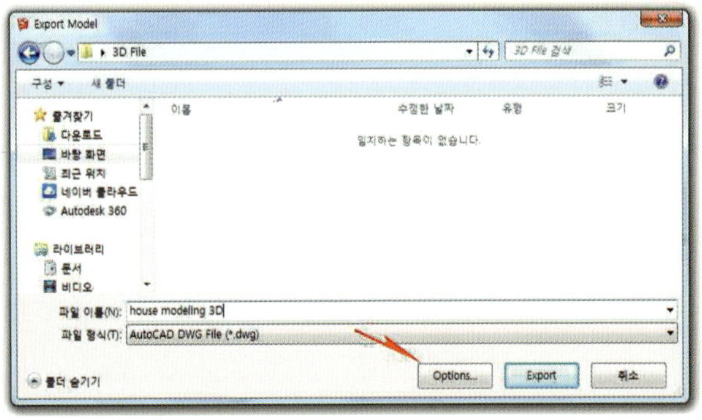

⑮ 파일 형식이 AutoCAD DWG File (*.dwg) 임을 확인하고, 파일 이름에 역시 'house modeling 3D'라고 기입합니다. 그리고 아래 그림 화살표에 위치한 Option을 클릭합니다.

⑯ Option 메뉴는 AutoCAD Version과 Export 두 가지입니다.
AutoCAD Version은 AutoCAD R14부터 AutoCAD 2013까지 다양합니다. 사용자가 활용하고 있는 AutoCAD는 높은 Version의 파일은 그보다 낮은 Version에서 열어볼 수가 없습니다. 따라서 Version을 확인하고 선택해야만 합니다.
Export는 AutoCAD 환경에 나타날 3D Modeling의 Option을 결정합니다.

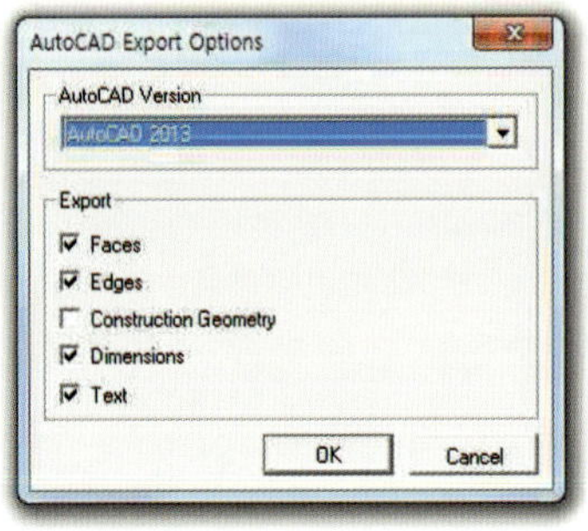

AutoCAD 2D 파일(*.dwg) 제작

SketchUp의 내보내기(Export) 기능을 바탕으로 Section Plane을 활용하여 2차원 건축 도면을 생성하는 방법을 알아보도록 하겠습니다. 평면도와 단면도는 작업 방법이 동일합니다. 따라서 1층 평면도 생성 작업을 함께 하고 2층 평면도와 단면도 입면도 등은 복습 차원에서 작업해 보시기 바랍니다.

TIP: Section Plane은 모델링의 단면을 이루게 하는 도구이므로 평면도와 단면도에서는 활용가치가 있으나, 입면도는 단면의 개념이 아니므로 Section Plane을 이용할 필요없이 화면 상단 Toolbar의 Views를 이용하여 각 측면을 바라보고 Export 하면 됩니다.

TIP: SketchUp을 활용한 2D 건축도면 생성은 작품의 윤곽 및 형태만 만들어 줄 뿐 건축도서로서 질은 매우 떨어집니다. 따라서 기본 윤곽 및 형태를 기반으로 도면을 수정하고 내용을 추가해서 그려야 합니다.

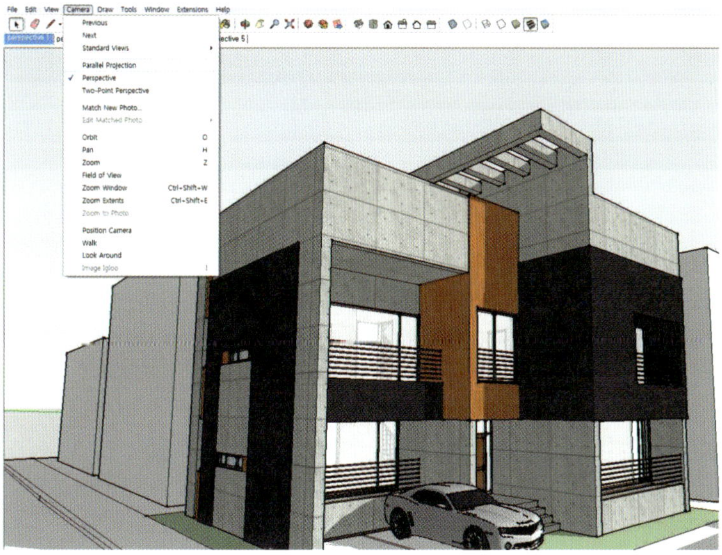

⑰ 1층 평면도를 생성해보겠습니다. 먼저 2차원 도면은 투시도법이 아니므로 화면을 평행투영법으로 바꿔줘야 합니다.
풀다운 메뉴 Camera > Parallel Projection을 클릭합니다.

⑱ 화면이 오른쪽 그림과 같이 나타납니다. Orbit( )과 Pan( )을 활용하여 Iso_Metric으로 바라봅니다.

⑲ 주변 건물과 대지는 Hide 시켜 감추어 놓습니다. 그리고 그림자 효과 역시 삭제합니다.

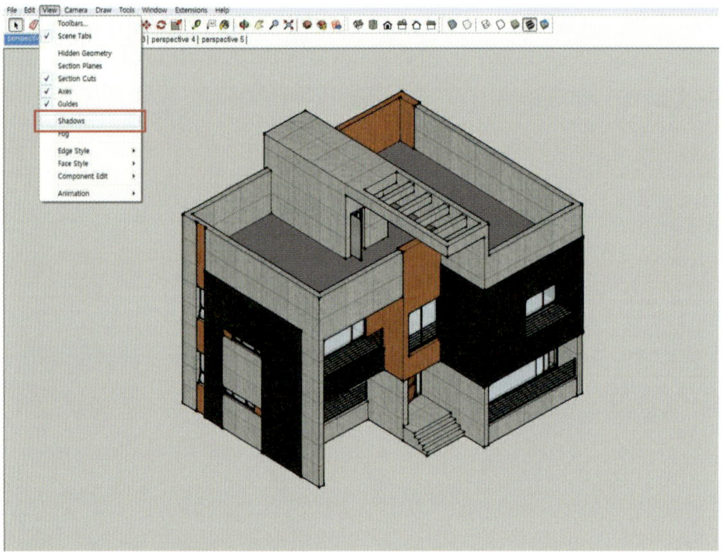

⑳ 풀다운 메뉴 Tool > Section Plane을 클릭합니다.

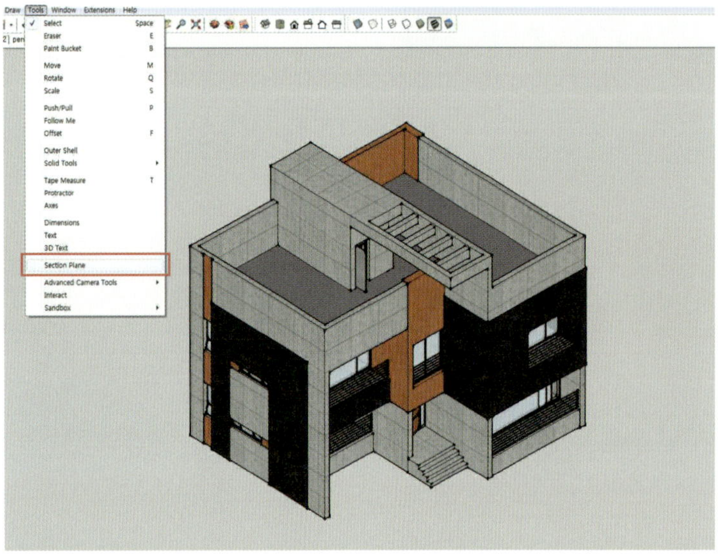

㉑ Section Plane이 파란색(Z축에 평행)으로 나타나게 하여 수평으로 평평한 곳에 클릭합니다.

TIP: 평면도는 바닥에서 위로 1.5M 위치를 수평으로 잘라 Top View로 바라보는 도법입니다. 따라서 Section 이 수평으로 이루어져야만 합니다.

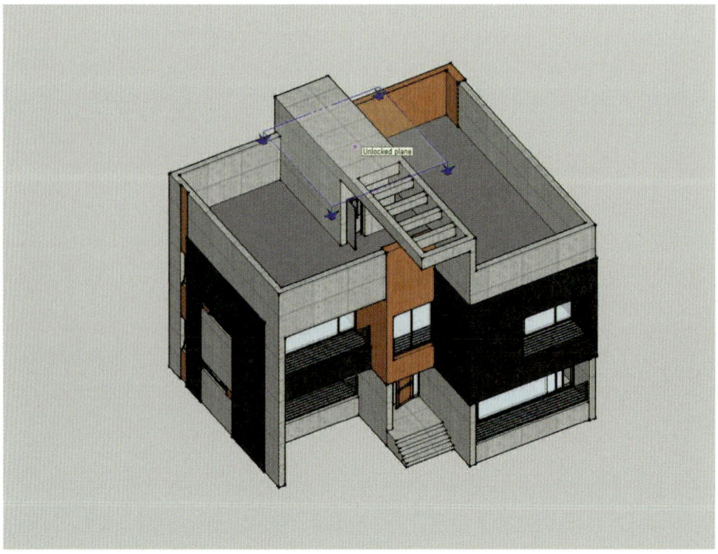

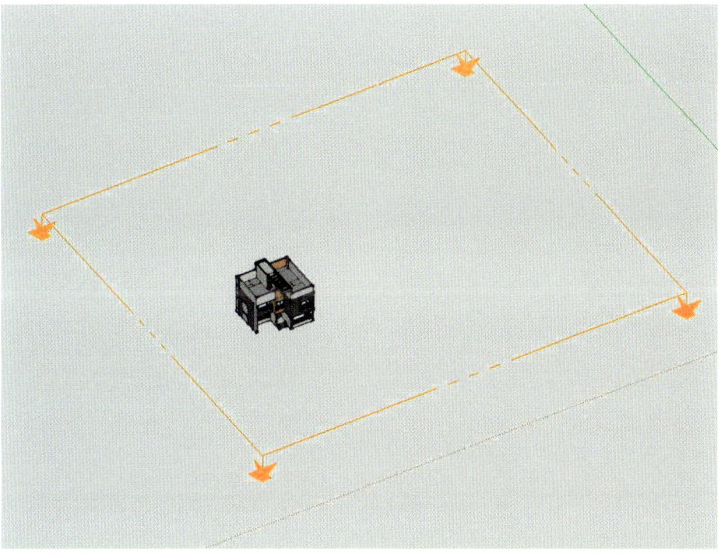

㉒ 그러면 왼쪽 그림과 같이 Section Plane이 넓게 펼쳐서 이루어집니다. 대지와 주변 건물 모델링을 Hide로 감추어 놓았을 뿐, 함께 단면이 이루어지기 때문입니다.

TIP: Section Plane은 주황색을 기본색으로 합니다.

㉓ Move( )를 이용하여 Section Plane을 1층 바닥에서 1.5M 위치까지 내려줍니다.

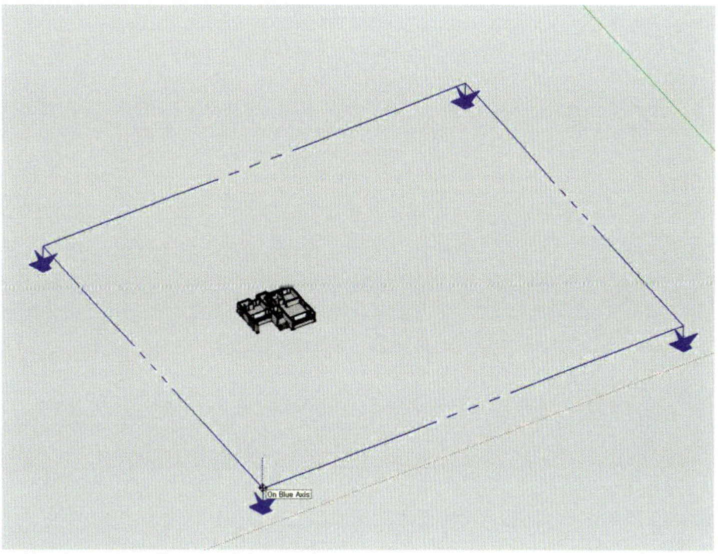

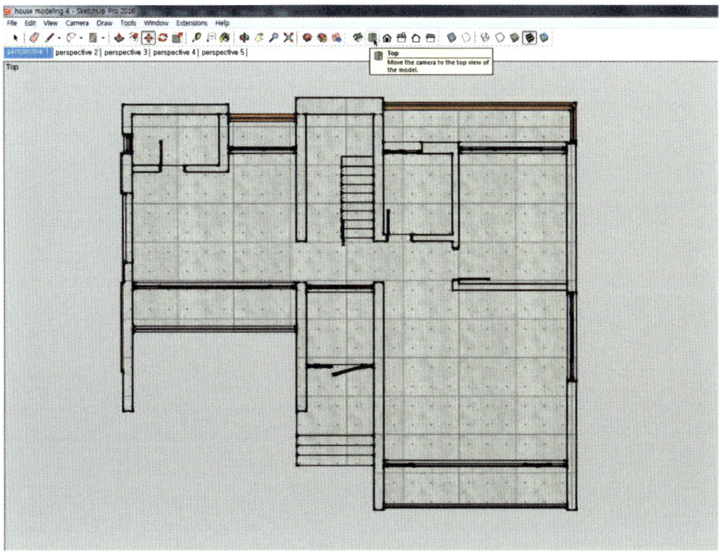

㉔ 화면 상단 Toolbar 중 Views의 Top View를 클릭하여 왼쪽 그림과 같이 화면에 들어오게 확대합니다.

㉕ 풀다운 메뉴 File > Export > 3D Model을 클릭합니다. Export Model Dialog가 활성화 됩니다.

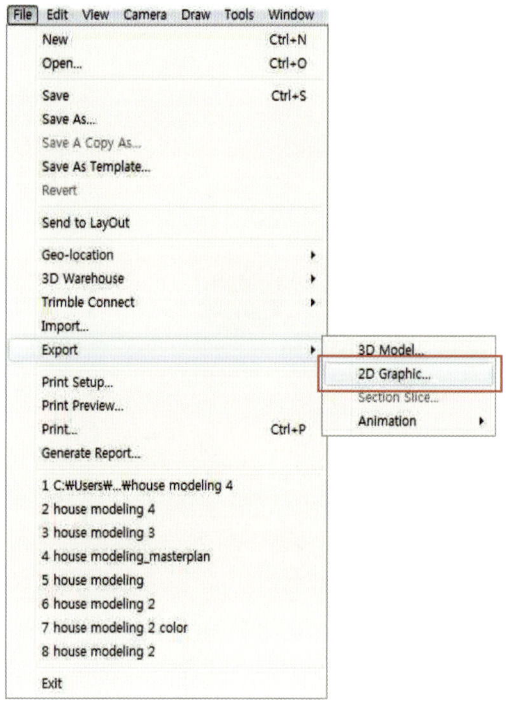

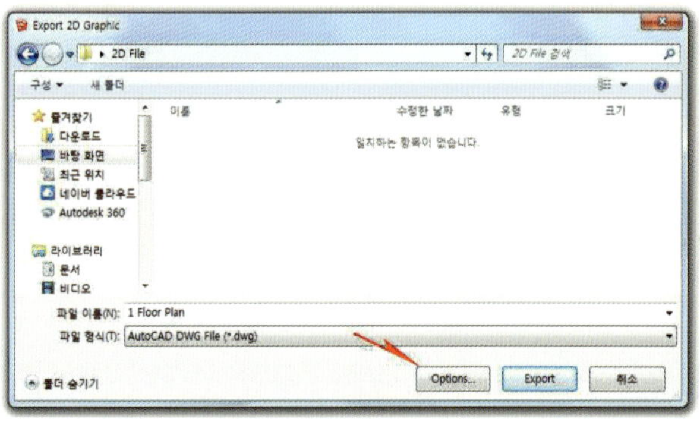

㉖ 파일 형식이 AutoCAD DWG File (*.dwg) 임을 확인하고, 파일 이름에 '1 Floor Plan'이라고 기입합니다. 그리고 아래 그림 화살표에 위치한 Option 을 클릭합니다.

㉗ Option에 다양한 메뉴들이 있으나 위의 3차원 AutoCAD Modeling을 내보내기 했던 방법과 마찬가지로 AutoCAD Version을 확인하고 저장하시면 됩니다.

OK 버튼을 누르고 Export 를 클릭하면 지정한 경로를 통하여 AutoCAD(*.dwg) 파일이 저장됩니다.

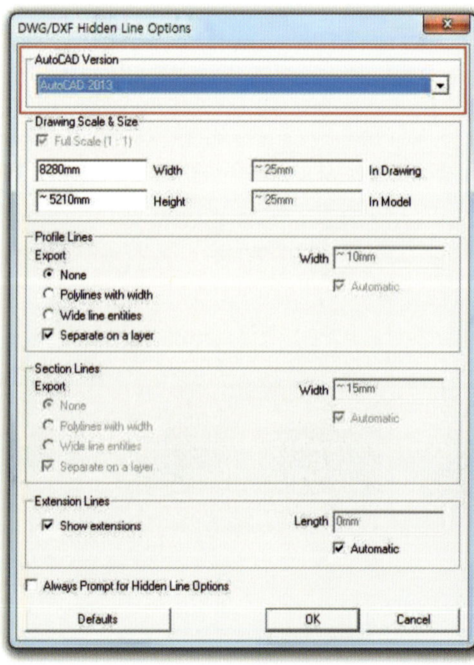

㉘ AutoCAD(*.dwg) 파일을 확인해 보겠습니다. AutoCAD를 활성화하여 미리 지정한 경로를 따라 '1 Floor Plan' 을 Open 합니다.

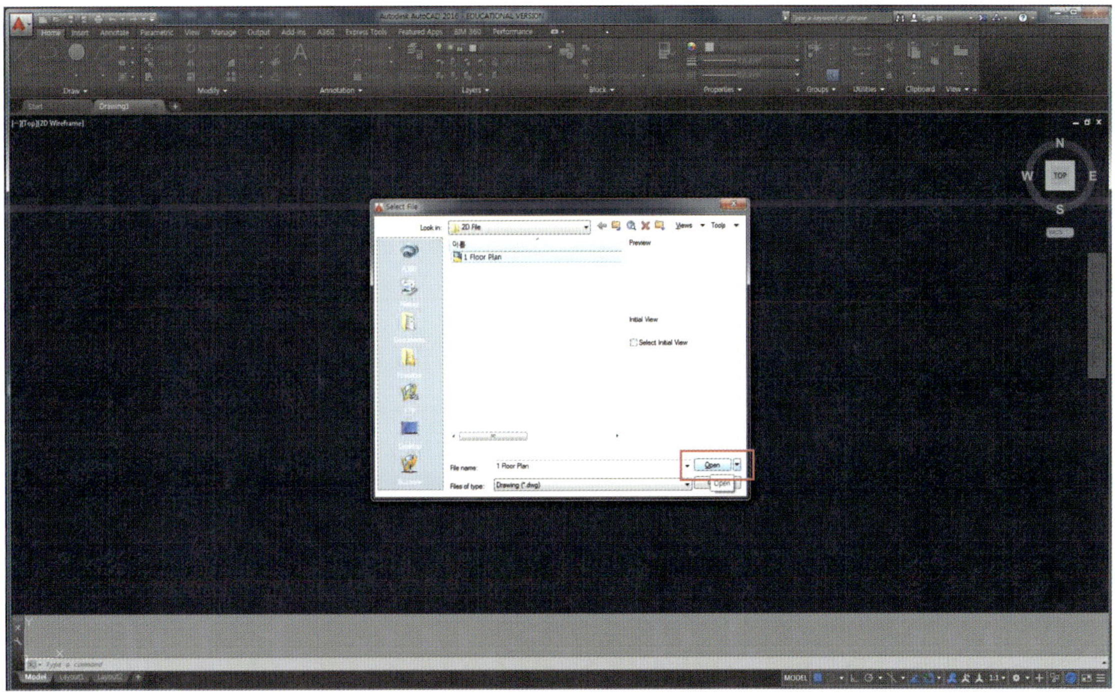

㉙ AutoCAD(*.dwg) 파일로 전환된 2차원 1층 평면도를 확인할 수 있습니다. 이 도면이 판독할 수 있는 건축 도서로서 완성되기 위해서는 이 도면을 기초로 Layer, Dimension, Text 등 추가적인 작업이 필요합니다.

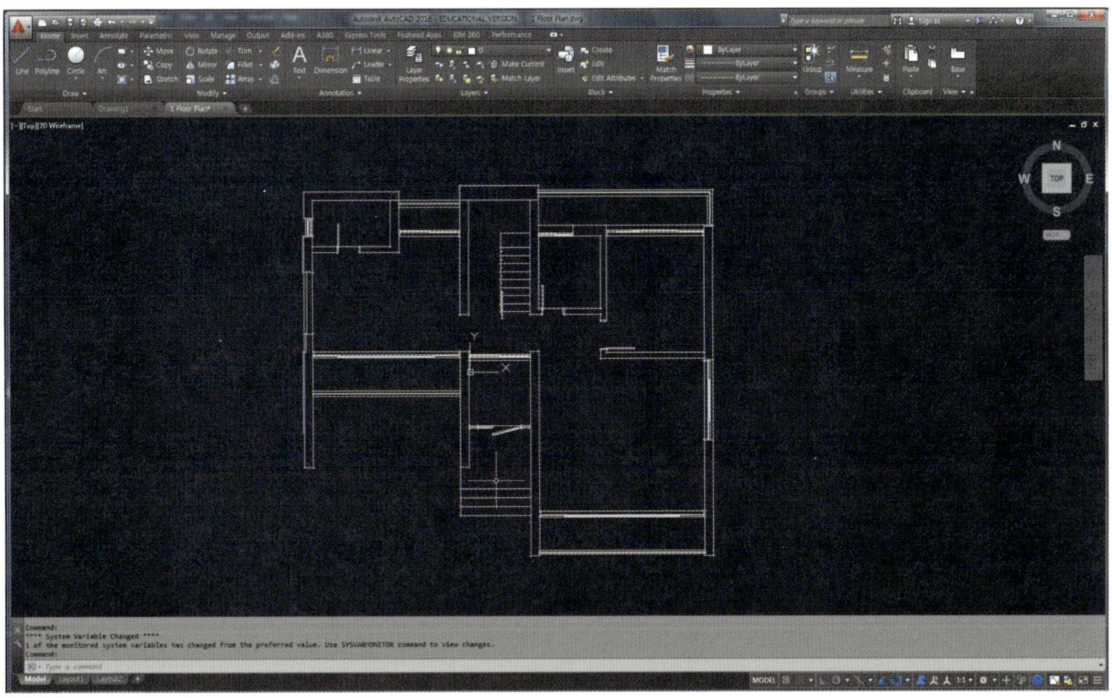

PART 03

Retouching & Panel Layout

Chapter 01

Photoshop의 구성과 기능 이해하기

Chapter 01 Photoshop의 구성과 기능 이해하기

건축에서 디자인 과정과 결과를 건축주에게 표현하기 위해서는 보다 효과적인 Presentation 기법이 필요합니다. 비전문적인 시선으로 바라 볼 때에 2차원의 건축 도면은 이해하기 어려운 매체이기 때문입니다. 따라서 Photoshop을 통하여 색상 및 재질 입히기 그리고, 효과적인 투시도 등 다양한 Presentation이 필요합니다. **'Part 03'**에서는 기본적인 Photoshop의 개념과 환경을 이해하고, 효과적이고 Presentation을 위한 방법을 학습하고자 합니다.

STEP 01 Photoshop의 화면구성

1. 프로그램 실행

'Photoshop CS6' 설치가 완료되었다면, 바탕화면에서 오른쪽 그림과 같은 바로가기 아이콘이 생성되었을 것입니다. 'Photoshop CS6 바로가기 아이콘'을 더블클릭하여 프로그램을 실행합니다.

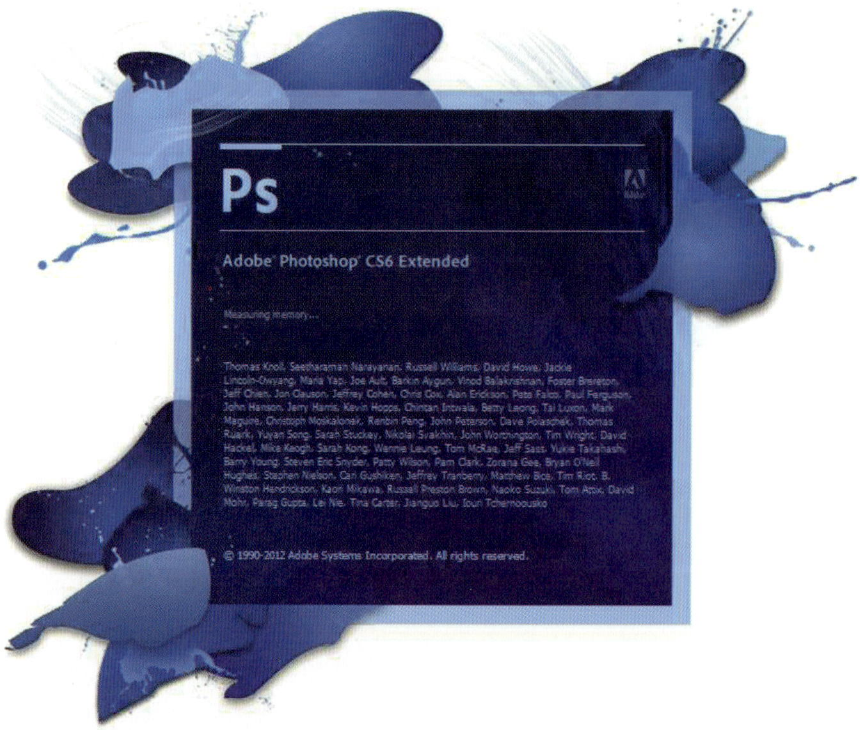

'Photoshop CS6'을 시작하면 위와 같은 'Photoshop CS6 메인 로고'가 실행되면서 Photoshop이 활성화되고, 아래와 같이 Photoshop의 첫 시작화면이 나타납니다.

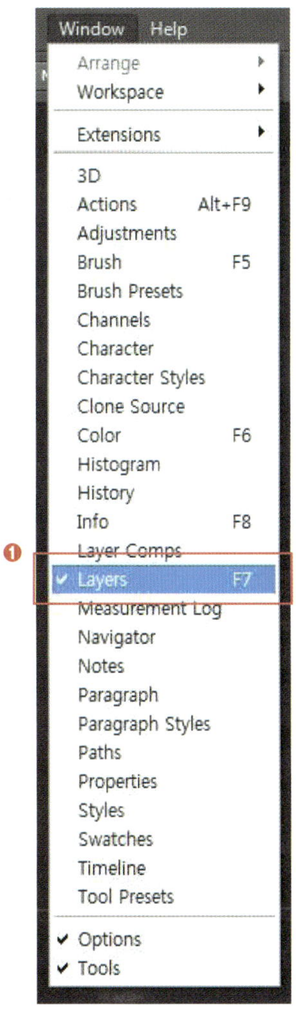

Photoshop이 화면에 활성화 되면 풀다운 메뉴에서 Window를 눌러 왼쪽 그림과 같이 Layer(❶)만 체크합니다. 건축 프레젠테이션을 위해 나머지 메뉴들도 작업에 꼭 필요하지만 확장 패널(Expand Panels)(❷)에 대부분 포함되어 있고, 작업양이 많을수록 Layer의 개수도 많아지므로 Layer Panel을 넓게 이용하는 것이 작업에 유리합니다.

TIP: Photoshop CS6의 새로운 기능

Photoshop이 CS6로 Version_up이 이루어지면서 새로운 기능들이 나타났습니다.

❶ ***작업 화면의 색상 변환:*** *Shift + F1, F2를 눌러 작업 화면의 색상을 바꿔 작업할 수 있습니다.*
F1 : 진하게 / F2 : 여리게

❷ ***자르기 툴:*** *기울어진 이미지의 수평/수직을 바로잡을 수 있는 기능이 추가되었으며, 왜곡된 사진을 바로잡거나, 일반 사진에 원근감을 줄 수 있는 원근 자르기 툴이 추가 되었습니다.*

❸ ***레이어 필터기능:*** *레이어가 많을 때 원하는 조건으로 필터링하여 레이어를 찾을 수 있습니다.*

❹ ***패턴기능 추가:*** *Scripted Patterns 옵션을 사용하여 기하학적인 모양의 패턴을 채울 수 있습니다.*

❺ ***Shape:*** *Shape 레이어를 만든 후 옵션 바의 Fill, Stroke 옵션을 이용하여 채우기와 선을 다양한 모양으로 지정할 수 있습니다.*

❻ ***Blur 필터 추가:*** *Blur(흐림) 필터에 3가지의 흐림 효과가 추가 되었습니다.*

❼ ***문자 스타일 추가:*** *문자 스타일과 단락 스타일 기능이 추가되어 작업 시간을 단축시키고 일관된 서식을 적용할 수 있습니다.*

❽ ***필터 추가:*** *이미지에 유화 느낌을 쉽게 적용할 수 있는 Oil Paint 필터, 어안 렌즈, 망원 렌즈, 광각렌즈를 통해 왜곡된 사진을 바로 잡을 수 있는 Adaptive Wide Angle 필터가 추가 되었습니다.*

❾ ***색상 영역 지정:*** *[Select]-[Color-Range] 메뉴의 'Skin Tones' 기능과 'Detect Faces' 기능을 사용하여 사람의 피부톤과 비슷한 색상 영역을 찾아 선택영역으로 지정할 수 있습니다.*

❿ ***패치 툴 옵션 추가:*** *패치 툴에 'Content-Aware' 옵션이 추가되어 원본 이미지, 소스 이미지, 주변 이미지를 혼합한 자연스러운 수정이 가능합니다.*

⓫ ***배경 저장 기능:*** *배경 저장 기능이 추가되어 저장 명령을 사용한 후 저장이 완료되지 않아도 작업을 계속할 수 있습니다.*

⓬ ***자동 복구 기능:*** *자동 복구 기능이 추가되어 프로그램의 충돌을 감지하면 프로그램을 시작할 때 자동으로 작업을 복구할 수 있습니다.*

2. Photoshop의 화면구성

2.1 화면구성

기본적인 화면 구성은 도구상자, 메뉴, 팔레트, 작업창 등으로 이루어져 있습니다. 건축 프레젠테이션을 위한 작업은 위에서 언급한 바와 같이 Photoshop의 모든 기능을 사용할 필요는 없습니다. 따라서 본 교재는 작업과정 중 꼭 필요한 메뉴들로만 집중적으로 다루어보도록 하겠습니다.

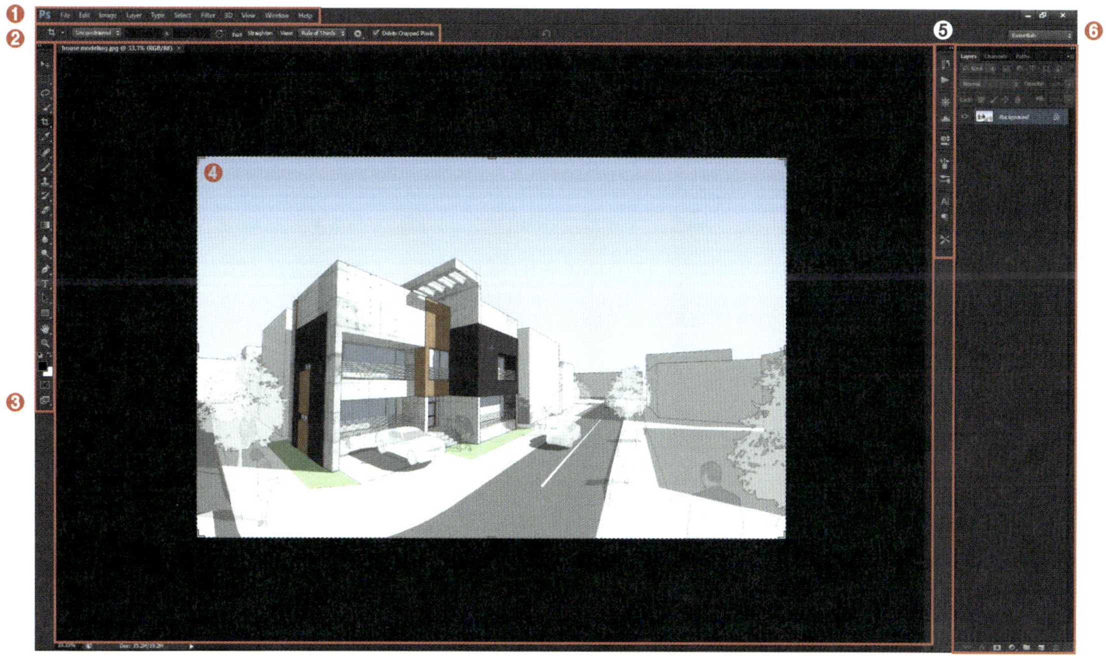

❶ **메뉴 바 (Menu Bar)**: Photoshop 작업 중 사용하게 되는 주 메뉴들이 모여 있으며, 이들 중 다음과 같은 표시(▸)가 있는 메뉴는 하위메뉴가 포함되어 있음을 의미합니다.

❷ **옵션 바 (Option Bar)**: 도구패널(Tool Panel)에서 선택한 도구의 상세한 옵션들을 관리할 수 있으며, 각 도구마다 옵션의 내용이 다릅니다.

❸ **도구 패널 (Tool Panel)**: Photoshop에서 사용하는 65가지의 도구가 모여 있는 패널이며, 작업 과정 중 가장 많이 사용되는 패널입니다. 사용자는 이곳에서 제공하는 각 도구의 단축키를 활용하는 것이 작업의 효율을 높일 수 있습니다.

❹ **작업창 (Canvas)**: 실제로 작업하는 공간입니다.

❺ **확장 패널 (Expand Panel)**: History, Action, Text 등 작업에 필요한 도구들을 모아두어 필요에 따라 패널을 확장하여 사용할 수 있습니다. 풀다운 메뉴 Window에서 확장패널에 탑재할 명령들을 추가할 수 있습니다.

❻ **패널 (Expand Panel)**: Photoshop 작업의 보조 역할을 하는 28개의 다양한 작업 팔레트이며, 풀다운 메뉴 Window에서도 불러올 수 있습니다. 상황에 따라 필요한 작업 팔레트만을 활성화시킵니다.

2.2 환경설정(Preferences)

Photoshop을 이용하여 작업하는 과정 중 사용자에게 가장 많이 나타나는 문제적 상황은 스크래치 디스크(Scratch Disks)의 부족입니다. 작업창(Canvas)의 Resolution값을 높게 책정하고 물리적 크기마저 크다면(Ctrl + Alt + I; Image Size에서 확인이 가능 합니다.) 사용자의 컴퓨터가 가지고 있는 RAM Memory 영역이 부족할 뿐만 아니라, 저장 공간(HDD or SSD)에 여유 작업 용량 또한 부족하게 될 수 있어 이와 같은 문제가 발생할 수 있습니다. 따라서 Photoshop에서 조절할 수 있는 다양한 환경설정 중에서 이 RAM Memory 조절과 스크래치 디스크(Scratch Disks) 지정 등을 집중적으로 알아보겠습니다.

TIP: Photoshop CS6의 다른 환경설정은 사용자에 따라 편리하게 조정해서 사용하시면 되지만, 초보자 수준에서는 기본 Default 값으로 작업하여도 무방합니다.

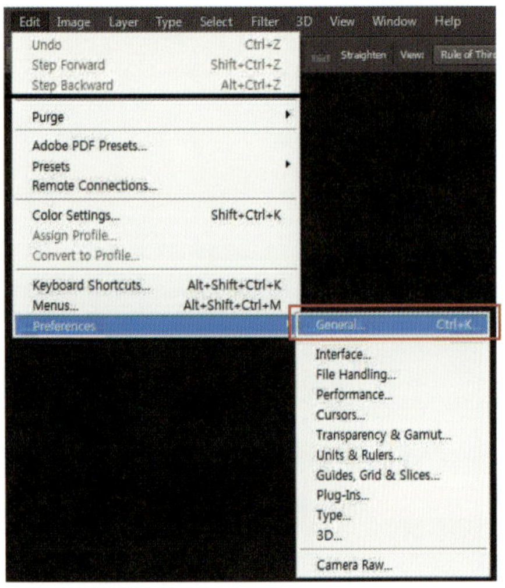

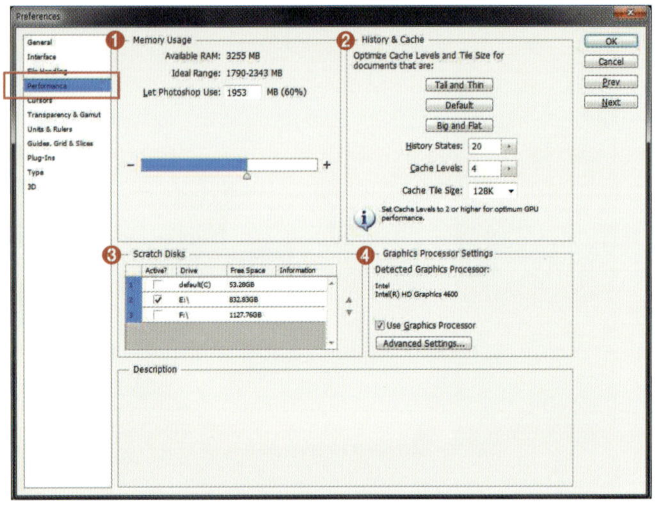

풀다운 메뉴에서 Edit > Preferences > General(Ctrl + K)을 선택합니다. 환경설정(Preferences) 창이 활성화되면, 왼쪽 하위 메뉴 중 Performance를 선택하여 위의 오른쪽 그림과 같이 나타납니다.

❶ Memory Usage: 메모리의 사용은 보통 60~70%를 사용합니다만 작업 효율성과 안정성을 고려해 상황에 따라 할당량을 변경하는 것도 좋은 방법입니다. 사용자의 컴퓨터가 오직 포토샵만을 위한 컴퓨터라면 80~90%까지 올려주는 것도 좋습니다.

❷ History & Caches

- History States: Photoshop의 Undo기능 횟수를 설정합니다. 사용자가 뒤로 가기 기능을 많이 사용해야 한다면 숫자를 늘려주는 것도 좋겠으나, 메모리도 상당히 소요됩니다. 따라서 설정된 20개 정도가 가장 적당합니다.
- Caches Levels: Caches Levels은 최대 8단계까지 가능하며, 레벨이 증가할수록 고해상도 렌더링 속도가 높아집니다. 2GB 이상의 메모리에서 고해상도 이미지를 작업한다면 캐시 레벨을 4 Levels 이상으로 끌어 올려 성능을 높이는 것이 좋습니다만, 4 Levels도 적당합니다. 사용자의 작업 능력에 따라 결정하시기 바랍니다.

❸ Scratch Disks: 보통 운영체제가 설치된 프라이머리 파티션으로 자동 설정되지만, 저장 공간(HDD or SSD)의 RPM이 높고 용량이 큰 저장 공간을 선택하는 것이 좋고, 특히 대용량 이미지 파일을 작업한다면 해당 이미지 파일의 위치와 다른 파티션을 스크래치 디스크로 설정하는 것이 좋습니다.

❹ Graphics Processor Settings: Photoshop은 CPU 대신 그래픽카드 GPU로 렌더링 속도를 높이는데 도움을 줄 수 있습니다. 해당 옵션을 체크하면 GPU에 의해 기능이 추가적으로 가속됩니다.

STEP 02 Photoshop의 기능

1. Photoshop의 도구 패널 (Tool Panel)

도구 패널은 'Photoshop CS6'에서 가지고 있는 기본적 기능의 도구들을 모아놓고 있어 사용자가 필요한 도구들을 빠르고 간편하게 사용할 수 있는 패널입니다. 이미지를 편집하거나 그리는 모든 도구들이 집약되어 있으므로 Photoshop 사용에 있어 가장 기본이 되기도 합니다.

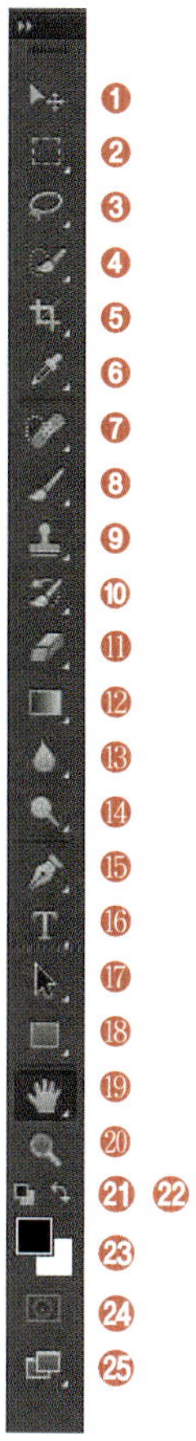

❶ **이동 툴 (V):** 레이어나 선택 영역의 이미지를 이동할 때, 가이드 라인을 이동할 때 사용하는 도구입니다.

❷ **선택 툴 (M):** 작업할 영역을 선택할 때에 사용하는 도구로 이미지에서 특정 영역을 선택하여 작업 영역으로 지정할 때 사용됩니다. 하위 도구로는 ***사각 선택 툴***(*Rectangular Marquee Tool*), ***원형 선택 툴***(*Ellipse Marquee Tool*), ***단일 행 선택 툴***(*Single Row Marquee Tool*), ***단일 열 선택 툴***(*Single Column Marquee Tool*)로 구성되어 있습니다.

❸ **올가미 툴 (L):** 사용자가 원하는 다양한 모양으로 선택 영역을 지정할 수 있는 도구입니다. 하위 도구로는 ***올가미 툴***(*Lasso Tool*), ***다각형 툴***(*Polygonal Lasso Tool*), ***자석 올가미 툴***(*Magnetic Lasso Tool*)로 구성되어 있습니다.

❹ **자동선택 툴 (W):** 브러시를 이용하여 빠르게 선택할 수 있는 ***빠른 선택 툴***(*Quick Selection Tool*)과 비슷한 색상 영역을 자동으로 선택할 수 있는 ***마술봉 툴***(*Magic Wand Tool*)로 이루어져 있습니다.

❺ **자르기 툴 (C):** 이미지에서 필요한 부분만 잘라 내거나, 이미지를 분할 할 때 사용되는 도구입니다.

❻ **스포이트 툴 (I):** 색상과 3D 오브젝트의 재질을 추출하는 ***스포이트 툴***(*Eyedropper Tool*), ***3D 재질 스포이트 툴***(*3D Material Eyedropper Tool*), 색상 정보를 확인 할 수 있는 ***샘플러 툴***(*Color Sampler Tool*), 길이와 각도, 위치를 측정하는 ***눈금자 툴***(*Ruler Tool*), 메모를 입력하는 ***노트 툴***(*Note Tool*), 숫자를 차례대로 표시하는 ***카운트 툴***(*Count Tool*)로 구성되어 있습니다.

❼ **자동 보정 툴 (J):** 사진의 결점을 제거하거나 일정 영역을 선택하여 자연스럽게 이미지 및 색상을 합성해 주는 도구입니다. 특히 이미지를 수정하거나 복원할 때 많이 사용됩니다. 하위도구로는 ***스팟 힐링 브러시 툴***(*Spot Healing Brush Tool*), ***힐링 브러시 툴***(*Healing Brush Tool*), ***패치 툴***(*Patch Tool*), ***사물인지 이동 툴***(*Content-Aware Move Tool*), ***레드아이 툴***(*Red Eye Tool*)로 구성되어 있습니다.

❽ **브러시 툴 (B):** 색상을 채우거나 칠하는 도구로서 부드러운 형태나 라인을 그리기 위한 ***페인트 브러시 툴***(*Brush Tool*), 브러시 툴보다 날카로운 선을 연출하는 ***연필 툴***(*Pencil Tool*), 원하는 영역의 색상을 변경해주는 ***컬러 리플레이스먼트 툴***(*Color Replacement Tool*), 선이나 면의 색을 유화처럼 혼합하여 그리는 ***혼합 브러시 툴***(*Mixer Brush Tool*)로 구성되어 있습니다.

⑨ **도장 툴 (S):** 원본 이미지를 이용하여 복제하거나 다른 이미지와 합성할 때 사용되는 ***복제 도장 툴****(Clone Stamp Tool)*과 지정된 패턴을 부드럽게 합성하고자 할 때 사용되는 ***패턴 도장 툴****(Pattern Stamp Tool)*이 있습니다.

⑩ **복원 브러시 툴 (Y):** 작업 단계를 부분적으로 되돌리거나 효과를 줄 수 있는 도구입니다. ***복원 브러시 툴****(History Brush Tool)*은 작업이 진행된 상태에서 해당 영역을 마우스로 문지르면 작업이 취소되면서 원본으로 되돌립니다. ***아트 복원 브러시 툴****(Art History Brush Tool)*은 지정한 영역에 독특한 형태의 브러시 자국을 남기면서 복원합니다.

⑪ **지우개 툴 (E):** 원하는 영역을 삭제하는 도구입니다. 하위 도구로는 ***지우개 툴****(Eraser Tool)*, ***배경 지우개 툴****(Background Eraser Tool)*, ***마술 지우개 툴****(Magic Eraser Tool)*을 가지고 있습니다.

⑫ **채색 툴 (G):** 원하는 영역에 원하는 채색을 실현하기 위한 툴입니다. 하위 도구로는 여러 개의 색을 자연스럽게 구성하여 그라데이션을 연출 할 수 있는 ***그라디언트 툴****(Gradient Tool)*과 지정한 영역에 전경색(Foregorund Color)에서 색을 지정하여 입힐 수 있는 ***페인트 버켓 툴****(Paint Bucket Tool)*, 3D Layer에서 제작된 3차원 객체에 색채나 사진을 입힐 수 있는 ***3D 재질 툴****(3D Material Drop Tool)*이 포함되어 있습니다.

⑬ **수정 툴:** 이미지의 선명도와 형태를 수정할 수 있는 도구입니다. 하위 도구로는 이미지를 흐리게 할 수 있는 ***블러 툴****(Blur Tool)*, 이미지를 선명하게 수정해 주는 ***샤픈 툴****(Sharpen Tool)*, 손으로 문질러서 이미지를 뭉개주는 효과의 ***스머지 툴****(Smudge Tool)*로 구성되어 있습니다.

⑭ **밝기와 채도 수정 툴 (O):** 이미지의 색상과 톤을 수정할 수 있는 도구입니다. 하위 도구로는 이미지에서 특정영역을 다른 영역보다 밝게 작업할 때 사용하는 ***닷지 툴****(Dodge Tool)*과 반대로 이미지에서 특정영역을 다른 영역보다 어둡게 작업할 때 사용하는 ***번 툴****(Burn Tool)*, 이미지에서 특정영역의 채도를 높이거나 낮출 때 사용하는 ***스폰지 툴****(Sponge Tool)*로 구성되어 있습니다.

⑮ **벡터 툴 (P):** 그림을 그리거나 선택하기 위한 패스 생성과 수정을 할 수 있는 도구입니다. 하위 도구로는 패스(Path)를 제작할 때 사용하는 ***펜 툴****(Pen Tool)*, 원하는 형태로 드래그하여 자동적으로 패스를 만들어주는 ***프리폼 펜 툴****(Freeform Pen Tool)*, 펜 툴을 제작하고 난 후 정점을 추가할 수 있는 ***추가 툴****(Add Anchor Point Tool)*, 반대로 정점을 제거할 수 있는 ***삭제 툴****(Delete Anchor Point Tool)*, 펜 툴을 연결하는 베지어 곡선의 방향이나 직선을 곡선으로 또는 곡선을 직선으로 전환해 주는 ***전환 툴****(Convert Point Tool)*로 구성되어 있습니다.

⑯ **텍스트 툴 (T):** 문자를 입력할 수 있는 도구이며, 크게 타이프 툴과 타이프 마스크 툴로 나뉘어져 있습니다. 옵션 설정에 따라 문자의 크기나 글꼴을 지정할 수 있으며, 문자를 가로로 작성할 수 있는 ***가로로 쓰기 툴****(Horizontal Type Tool)*, 세로로 작성할 수 있는 ***세로로 쓰기 툴****(Vertical Type Tool)*, 텍스트의 형태로 영역이 지정되는 ***가로로 쓰기 마스크 툴****(Horizontal Type Mask Tool)*과 ***세로로 쓰기 마스크 툴****(Vertical Type Mask Tool)*로 구성되어 있습니다.

⑰ **패스 선택 툴 (A):** 패스의 전체 또는 일부분을 선택할 수 있는 도구입니다. 하위 도구로는 ***패스 선택 툴****(Path Selection Tool)*과 ***패스 직접 선택 툴****(Direct Selection Tool)*로 구성되어 있습니다.

⑱ **도형 툴 (U):** 패스로 생성되는 다각형 도형을 쉽게 생성할 수 있는 도구로서 모두 6개의 툴로 구성되어 있습니다. 하위 도구의 ***사각 오브젝트 툴****(Rectangle Tool)*은 사각형태의 오브젝트를 생성합니다. ***둥근 모서리 사각 툴****(Rounded Rectangle Tool)*은 모서리가 둥근형태의 오브젝트를 생성합니다. ***타원 오브젝트 툴****(Ellipse Tool)*은 사각형태의 오브젝트를 생성합니다. ***다각형 오브젝트 툴****(Polygon Tool)*은 다각형의 오브젝트를 생성합니다. ***직선 툴****(Line Tool)*은 이미지에 직선과 같은 라인을 그릴 때 사용됩니다. Shift 키를 사용하면 수직과 수평으로 그릴 수 있으며, 화살표 옵션을 활용할 경우 직선 끝에 화살표를 추가할 수 있습니다. ***사용자 형태 툴****(Custom Shape Tool)*은 사용자가 원하는 다양한 모양을 선택하거나 정의 할 수 있는 도구입니다.
도형을 제작하는 도구들은 옵션에 따라 Vector, Layer, Shape 방식으로 제작할 수 있습니다.

⑲ **핸드 툴(H):** 지정한 화면 안에서 화면을 이동시켜 보이는 영역을 수정 할 수 있는 도구이며, 더블 클릭 할 경우 화면에 이미지 전체가 나타나게 됩니다.

⑳ **돋보기 툴 (Z):** 화면을 확대하거나 축소할 때 사용하는 도구입니다. 툴을 선택한 후 화면을 클릭하면 확대되며, Alt 키를 누른 상태에서 화면을 클릭하면 축소됩니다. 또한 화면의 확대를 AutoCAD에서 활용하듯 Window Box 형태로 사용하기 위해서는 화면 상단 옵션 바에서 Scrubby Zoom을 선택 해제 합니다.

㉑ **기본색 (D):** 전경색(Foreground Color)과 배경색(Background Color)을 기본색(Black/White)으로 변경해주는 기능입니다.

㉒ **색상 전환 (X):** 전경색(Foreground Color)과 배경색(Background Color)의 위치를 시로 변경해주는 기능입니다.

㉓ **전경색**(Set Foreground Color)**과 배경색**(Set Background Color)**:** 페인팅 및 드로잉 작업에 사용할 색상을 선택할 수 있는 전경색(Foreground Color)과 배경색(Background Color)을 확인하거나 변경할 수 있는 기능입니다. 배경색은 지우개를 사용하거나 이미지를 오려낼 대 채워지는 색상이 됩니다.

㉔ **퀵 마스크 모드 (Q):** 일반적인 표준 모드와 선택 영역을 편집할 수 있는 모드입니다. 마스크 작업은 작업할 수 있는 영역과 작업할 수 없는 영역을 마스크로 분리하는 과정을 말합니다.

㉕ **화면 모드 변경 (F):** 화면 모드를 표준 화면 모드(Standard Screen Mode), 메뉴 막대 있는 전체 화면 모드(Full Screen Mode With Menu Bar), 전체 화면모드(Full Screen Mode) 중 선택할 수 있는 기능입니다. 사용자가 Photoshop이 숙련되면 단축키를 사용하여 작업하게 되는데 Full Screen Mode With Menu Bar로 화면 모드를 변경하면 좀 더 넓은 화면에서 작업할 수 있습니다.

TIP: 단축키는 빠르고 효율적인 작업에 많은 도움이 됩니다. 모든 단축키를 외우진 않더라도 자주 사용되는 도구들의 단축키를 미리 외우고 있는 다면 빠르고 효율적인 작업이 될 수 있습니다.

단축키 모음

	아이콘	이름	단축키	하위 도구
❶		이동 툴	V	
❷		선택 툴	M	Rectangular Marquee Tool Ellipse Marquee Tool Single Row Marquee Tool Single Column Marquee Tool
❸		올가미 툴	L	Lasso Tool Polygonal Lasso Tool Magnetic Lasso Tool
❹		자동선택 툴	W	Quick Selection Tool Magic Wand Tool
❺		자르기 툴	C	
❻		스포이트 툴	I	Eyedropper Tool 3D Material Eyedropper Tool Color Sampler Tool Ruler Tool Note Tool Count Tool
❼		자동 보정 툴	J	Spot Healing Brush Tool Healing Brush Tool Patch Tool Content-Aware Move Tool Red Eye Tool
❽		브러시 툴	B	Brush Tool Pencil Tool Color Replacement Tool Mixer Brush Tool
❾		도장 툴	S	Clone Stamp Tool Pattern Stamp Tool
❿		복원 브러시 툴	Y	History Brush Tool Art History Brush Tool
⓫		지우개 툴	E	Eraser Tool Background Eraser Tool Magic Eraser Tool
⓬		채색 툴	G	Gradient Tool Paint Bucket Tool 3D Material Drop Tool

⑬		수정 툴		Blur Tool Sharpen Tool Smudge Tool
⑭		밝기와 채도 수정 툴	O	Dodge Tool Burn Tool Sponge Tool
⑮		벡터 툴	P	Pen Tool Freeform Pen Tool Add Anchor Point Tool Delete Anchor Point Tool Convert Point Tool
⑯		텍스트 툴	T	Horizontal Type Tool Vertical Type Tool Horizontal Type Mask Tool Vertical Type Mask Tool
⑰		패스 선택 툴	A	Path Selection Tool Direct Selection Tool
⑱		도형 툴	U	Rectangle Tool Rounded Rectangle Tool Ellipse Tool Polygon Tool Line Tool Custom Shape Tool
⑲		핸드 툴	H	
⑳		돋보기 툴	Z	
㉑		기본색	D	
㉒		색상 전환	X	
㉓		전경색과 배경색		
㉔		퀵 마스크 모드	Q	
㉕		화면 모드 변경	F	

2. Photoshop 메뉴 (Menu)

'Photoshop CS6' 메뉴는 여타 다른 그래픽 프로그램과 비슷한 레이아웃과 기능을 가지고 있습니다. 사용자가 필요에 따라 보편적인 작업 방식으로 프로그램을 사용하셔도 좋겠습니다. 다만, 건축 프레젠테이션을 위한 작업을 위해 'Photoshop CS6'의 모든 메뉴를 모두 숙지하실 필요는 없습니다. 따라서 본 내용에서는 건축 프레젠테이션 작업에 꼭 필요한 메뉴들만을 골라 다루도록 하겠습니다.

*File: File을 열거나 저장하는 기능만 아니라 출력과 관계하여 여러 메뉴들이 구성되어 있습니다.

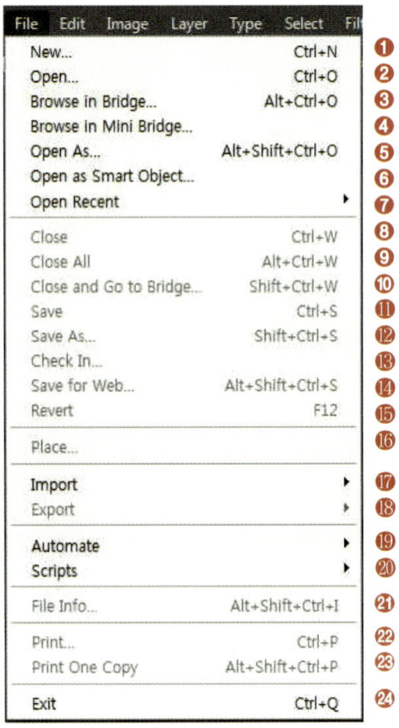

❶ New: 새로운 창을 만듭니다.

❷ Open: 이미지 파일을 Open 합니다.

❸ Browser in Bridge: Adobe 사의 Bridge 별도 프로그램이 실행됩니다.

❹ Browser in Mini Bridge: 포토샵 자체의 Mini Bridge 프로그램이 실행됩니다.

❺ Open As: 컴퓨터에서 창 하단의 선택한 포맷형식의 이미지 파일을 엽니다. (아래 확장자가 psd로 설정 되어있으면 jpg파일을 선택해도 열리지 않습니다)

❻ Open As Smart Object: 일러스트파일과 같은 벡터파일을 불러옵니다.

*TIP: Open과의 차이점은 *.ai file을 Open할 때, Photoshop 형식의 비트맵 이미지로 변환되어 열립니다. 그러나 Open as smart object 로 *.ai file을 열면 벡터형식이 유지되는 스마트 레이어로 열립니다.*

❼ Open Recent: 기존에 열었던 목록을 볼 수 있고 Open 할 수도 있습니다.

TIP: 기본 10개가 기록됩니다. 더 많은 목록을 기록, 확인하고 싶다면 풀다운 메뉴 Edit > Preferences > File Handling 항목의 가장 아래에 Recent File List Contains: 10 을 원하는 수만큼 변경하면 됩니다.

❽ Close: 현재 작업 중인 작업창을 닫습니다.

❾ Close All: 현재 포토샵의 모든 작업창을 닫습니다.

❿ Close and Go to Bridge: 현재 작업 중이던 작업창 1개를 닫고 Bridge 프로그램을 Open합니다.

⓫ Save: 현재 작업 중인 작업창을 기존 저장 경로로 저장합니다.

⓬ Save As: 현재 작업 중인 창을 저장 경로와 이름을 지정하여 저장합니다.

⓭ Check In: 공동 작업파일에 대한 메뉴입니다. 일반적인 사용자들은 사용빈도가 낮습니다.

⓮ Save for Web: 웹용 이미지로 저장 시 압축률에 따른 이미지 손실 확인이 가능하고 조정 할 수도 있으며, *.gif file 저장 시에도 사용합니다.

⓯ Revert: 현재 작업 중인 작업창의 마지막 저장된 시점으로 돌아갑니다.

⓰ Place: 현재 작업창에 컴퓨터에 저장된 이미지를 불러옵니다.

⓱ Import: 보통 스캐너를 통한 이미지를 불러 올 때 사용하며, 일반 이미지형식과 다른 파일형식을 불러올 때 사용합니다.

⓲ Export: 기본 Photoshop 지원 포맷 이외의 파일로 내보내기 저장할 때 사용합니다.

⓳ Automate: Photoshop의 자동화 기능들이 포함되어 있습니다. 별도 프로그램 설치로 메뉴가 확장 되며, 자체 메뉴기능과 액션을 이용한 자동기능입니다.

⓴ Scripts: Automate는 완성된 프로그램을 실행하는 간단한 메뉴기능이라면, Scripts는 포토샵의 확장된 기능을 제공합니다. 사용자가 만들어서 사용하거나 Adobe Script 파일을 받아 사용 할 수 있습니다.

㉑ File Info: 현재 작업 중인 창의 파일 카메라 데이터, 작업프로그램 데이터 등 파일에 관련된 정보를 확인 할 수 있습니다.

㉒ Print: 현재 작업 중인 창을 인쇄하기 위한 Photoshop print Settings 창을 엽니다.

㉓ Print One Copy: 현재 작업 중인 창을 설정창 없이 바로 인쇄합니다.

㉔ Exit: Photoshop을 종료합니다.

TIP: New(새로운 창 열기) 메뉴 대화상자

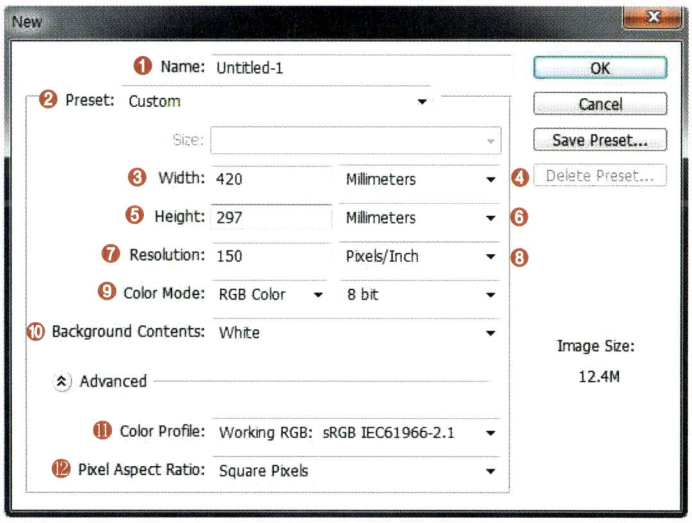

❶ **Name:** 새로 작업되는 작업창의 이름을 기입합니다. 기입된 이름은 파일 저장 시 파일이름으로 지정됩니다.

❷ **Preset:** 필요한 크기의 작업창을 클릭만으로 설정할 수 있습니다. 원하는 크기가 있다면 선택하고, 사용자 지정 크기라면 Custom을 선택합니다.

❸ **폭(Width) 지정:** 새로 작업할 작업창의 폭의 값을 지정합니다. 폭의 값은 단위에 따라 달라질 수 있으니 주의해야 합니다.

❹ **폭(Width)의 단위 지정:** 새로 작업할 작업창 폭의 단위를 지정합니다. 단위는 pixel, inch, cm, mm, points, picas, columns가 제공되며, 건축 인테리어 Panel 제작을 위해서는 cm나 mm를 주로 사용합니다.

❺ **높이(Height) 지정:** 새로 작업할 작업창의 폭의 값을 지정합니다.

❻ **높이(Height)의 단위 지정:** 로 작업할 작업창 폭의 단위를 지정합니다. 단위는 폭의 단위지정과 같습니다.

❼ **해상도 지정(Resolution):** 새로 작업할 작업창의 해상도를 지정합니다. 설정된 해상도에 따라 이미지의 크기, 출력의 질이 결정됩니다.

❽ **해상도 단위 지정:** 제공되는 단위는 pixel/inch와 pixel/cmrk 제공되며 일반적으로 pixel/inch가 사용됩니다. pixel/inch라는 단위는 이미지 안에 1 inch당 pixel의 수를 결정하여 고화질의 이미지를 지정하는 것입니다. 무리하게 수치를 높일 경우 데이터의 크기가 지나치게 커져 작업하기 어려울 수 있으니 주의해야만 합니다. 일반적으로 작은 크기의 이미지라면 300으로 설정할 수 있으나, 크기가 큰 Panel에 경우 150까지 설정 가능합니다.

❾ **Color Mode:** 새로 작업할 작업창의 컬러모드를 지정합니다. Bitmap, Grayscale, RGB Color, CMYK Color, Lab Color를 지정할 수 있습니다.

- **Bitmap:** 검정색과 흰색의 두 가지 색상만을 사용하여 이미지를 표현합니다. 두 가지 색점을 섞는 방식에 따라서 다양한 결과를 얻을 수 있습니다. Grayscale과 달리 흰색과 검정색 사이의 256단계의 부드러운 음영 단계 없이 이미지를 만들어주므로 이미지가 거칠게 표현됩니다. 로고 이미지나 설계도면 이미지 같이 흑백 상태에서 선이나 면 작업이 부각되는 경우에는 Grayscale 보다 비트맵 모드가 더 유용합니다.
- **Grayscale:** 흑백의 명암(255 단계의 음영)으로 이미지를 표현하는 방식입니다. 일반적으로 흑백이라고 부르는 것과 동일한 형태로 칼라 이미지를 흑백으로 만들 때 사용하기도 합니다. Duo-Tone이나 Bitmap Mode로 변환하기 위한 전단계 역할을 하기도 합니다.

- **RGB Color:** 빛의 삼원색인 Red, Green, Blue에 의한 색 표시방식으로 세 가지 색을 혼합하여 원하는 색상을 만듭니다.
- **CMYK Color:** 잉크의 삼원색인 Cyan, Magenta, Yellow, Black의 네 가지 색상으로 표시하는 방식입니다. 인쇄용 작업에 주로 사용됩니다.
- **Lab Color:** Red, Yellow, Blue, Green을 4원색으로 한 색표계로 모니터나 프린터에 좌우되지 않는 독립적 방법으로 색상을 구현하고, RGB나 CMYK의 범위를 모두 포함할 수 있는 색상범위를 가집니다. L(Luminosity-명도) 채널과 a(Red와 Green의 색상정보) 채널, b(Blue와 Yellow의 색상정보)채널, Lab채널 4채널로 구성되며 색상과 빛을 분리하여 이미지를 표현하기 때문에 채도의 변화 없이 색상대비와 밝기가 조절 가능하고, RGB이미지를 CMYK로 전환할 때 ,Lab칼라라는 중간단계를 거치면 색상의 차이를 줄일 수 있습니다.

⑩ **Background Contents:** 초기에 제작되는 빈 작업창의 바탕색을 지정합니다. 제공되는 옵션은 White, Background Color, Transparent입니다.
- **White:** 흰색 바탕으로 작업창을 제작합니다.
- **Background Color:** Photoshop에서 지정한 배경색(Background Color)으로 작업창을 제작합니다.
- **Transparent:** 투명한 바탕으로 작업창을 제작합니다.

⑪ **Color Profile:** 초기에 제작되는 빈 작업창의 Color Profile을 지정합니다. 실제 사용자가 사용하는 모니터에 따라, 출력을 목적으로 하는 경우에 따라 결과물을 위한 작업 상황은 다를 수 있습니다.

⑫ **Pixel Aspect Ratio:** 초기에 제작되는 빈 작업창의 Pixel 가로:세로 비율을 지정합니다. 일반적으로 가로:세로 비율이 1:1인 Square Pixels 값을 사용합니다. 그러나 DVD와 같은 DV 영상을 위한 이미지 제작이라면 해당 비율의 다른 값을 지정해야만 합니다.

*Edit: 선택 툴로 선택된 이미지를 복사하거나 붙이는 가장 기본적인 기능부터 편집하는 기능까지 포함되어 있으며 File 메뉴와 더불어 가장 기본적인 메뉴입니다.

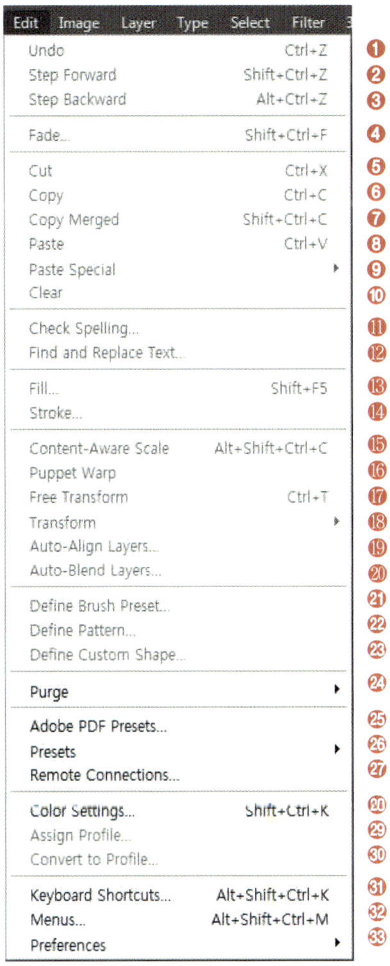

❶ Undo: 마지막 실행한 명령을 취소하고 되돌립니다.

TIP: 작업 히스토리와는 관계가 없습니다.

❷ Step Forward: 작업 히스토리에 한 단계를 다시 실행합니다.

❸ Step backward: 작업 히스토리에서 한 단계 되돌립니다.

❹ Fade: 필터가 실행된 후에 활성화됩니다.

TIP: Blur를 마지막에 사용 후 Fade를 실행하면 Blur를 실행전 이미지를 %값으로 되돌립니다.

❺ Cut: 선택 영역을 잘라냅니다. Paste로 삽입할 수 있습니다.

❻ Copy: 선택 영역을 복사합니다. Paste로 삽입할 수 있습니다.

❼ Copy Merged: 레이어와 관계없이 보이는 선택부분을 복사합니다.

❽ Paste: Cut, Copy된 이미지를 새 레이어로 삽입합니다.

❾ Paste Special
- Paste in Place: 복사된 이미지의 위치와 동일한 위치에 새 레이어로 삽입합니다.
- Paste Into: 선택영역이 있을 때 메뉴가 활성화되며, 선택 영역만큼 마스크 처리되어 붙여넣기가 가능합니다.
- Paste Outside: 선택영역이 있을 때 메뉴가 활성화됩니다. 선택 영역을 반전시키고 마스크 처리되어 붙여넣기가 가능합니다.

❿ Clear: 선택 영역이 있을 때 메뉴가 활성화되며, 선택영역을 삭제합니다.

⓫ Check Spelling: 텍스트 레이어의 영단어에 한해 스펠링을 체크 해줍니다.

⓬ Find and Replace Text: 텍스트 레이어에서 단어를 찾아 교정해줍니다.

⓭ Fill: 선택 영역을 채웁니다.
- Foreground Color: 전경색으로 영역을 채웁니다.
- Background Color: 배경색으로 영역을 채웁니다.
- Color: 메뉴를 선택하면 색상선택창이 나타나고, 선택한 색상으로 영역을 채웁니다.
- Content-Aware: 선택영역이 있을 때 활성화 됩니다. 내용인식기능으로 영역을 전체 이미지에서 해당 부분을 지울 경우 선택된 경계부분 이미지와 색상에 맞는 부분을 자동으로 채워줍니다. 자동 기능이라 결과 예상은 어렵습니다.
- Pattern: 포토샵에 등록된 패턴을 선택하여 영역을 채워줍니다.
- History: History창에서 History Brush로 지정된 시점으로 영역을 채워줍니다.
- Black: 검정색으로 채워줍니다.
- 50% Gray: 50%의 회색으로 채워줍니다.
- White: 흰색으로 채워줍니다.

⓮ Stroke: 테두리 선을 그려줍니다. 빈 이미지 레이어나 잠긴 레이어는 적용되지 않지만, 선택영역이 있으면 선택영역의 경계선을 기준으로 적용됩니다.

⓯ Content-Aware Scale: 내용인식기능을 사용하여 이미지 사이즈를 조절할 수 있습니다.

TIP: 사람의 상체를 늘릴 경우 얼굴은 가능한 원형을 유지하고 배경 등이 늘어납니다.

⓰ Puppet Wram: 고정되어야 할 자리에 핀을 박고 움직일 곳에 핀을 박아서 이동시켜주면 다른 곳은 고정된 상태에서 원하는 곳만 움직이는 형태로 작업할 수 있는 기능입니다.

⑰ **Free Transform:** 일반적인 이미지 사이즈를 조절할 수 있습니다.

⑱ **Transform**

- **Again:** 마지막에 사용한 Transform 값을 다시 실행합니다.
- **Scale:** 이미지의 크기를 조절합니다.
- **Rotate:** 이미지를 회전 시킵니다.
- **Skew:** 기울기 조절 또는 평행사변형으로 이미지를 왜곡 시킬 수 있습니다. 선택된 조절 포인트의 축을 기준으로 조절이 가능합니다.
- **Distort:** 평행사변형으로 이미지를 왜곡 시킬 수 있습니다. 선택된 조절 포인트로 자유롭게 조절이 가능합니다.
- **Perspective:** 모서리를 조절 시 대칭형으로 조절할 수 있습니다. 사다리꼴 모양으로도 조절이 가능합니다.
- **Warp:** 패치스타일의 조절점으로 이미지를 왜곡시킬 수 있습니다.

⑲ **Auto-Align Layers:** 연속이미지를 파노라마로 연결시키거나 공통된 부분은 겹치게 위치를 잡아줍니다.

⑳ **Auto-Blend Layers:** Auto-Align Layers처럼 연속이미지의 파노라마식으로 연결시켜주거나 공통된 부분은 겹치게 위치를 잡아주고 연결부위에 마스크를 생성하여 자연스럽게 연결시켜줍니다. 마스크 적용이라 수정도 가능합니다.

㉑ **Define Brush Preset:** 선택 영역을 브러쉬로 등록시킵니다.

㉒ **Define Pattern:** 선택 영역을 패턴으로 등록시킵니다.

㉓ **Define Custom Shape:** 선택된 패스를 사용자가 지정한 형태로 등록시킵니다.

㉔ **Purge:** Photoshop 사용 시 메모리에 기록된 내용을 삭제하여 사용가능 메모리를 늘려줄 수 있으며, 하위 메뉴에 선택된 부분을 삭제합니다.

㉕ **Adobe PDF Preset:** PDF 설정파일을 불러오거나 생성할 수 있습니다.

㉖ **Preset:** 사전 설정관련 부분입니다

- Preset Manager: 브러쉬, 색상팔레트, 그라디언트, 스타일...등을 불러와서 등록하거나 임의의 세트로 저장할 수 있습니다.

㉗ **Remote Connections:** 데스크탑에서 구동되는 Photoshop과 모바일기기와의 연동 기능입니다. 아직은 튜토리얼 기능뿐입니다.

㉘ **Color Settings:** 이미지의 컬러세팅 설정부분입니다.

㉙ **Assign Profile:** 현재 이미지 프로파일의 색을 원하는 프로파일 색상형식으로 변경합니다. 지정 프로파일의 색상 형식으로 확장 및 축소 변경됩니다.

㉚ **Concert to Profile:** 현재 이미지 프로파일의 색을 가능한 유지한 채, 원하는 프로파일 형식으로 변경합니다. 현재 색상의 변화를 최대한 줄이기 위해 사용합니다.

㉛ **Keyboard Shortcuts:** Photoshop 단축키를 설정해 줄 수 있습니다.

㉜ **Menus:** Photoshop 상단 메뉴바에서 잘 사용하지 않는 메뉴를 가릴 수 있습니다. 본인에게 필요한 메뉴들로만 메뉴바를 구성해 보십시오.

㉝ **Preferences:** Photoshop의 작업환경을 설정합니다. 위 '2.2 환경설정'에서 언급한 것처럼 Photoshop 초보자들은 Preference 메뉴 중 Performance의 설정 내용정도만 이해해도 무방합니다.

*Image: 주로 이미지의 크기나 색, 명도 및 채도 등을 보정하는 메뉴로 구성되어 있습니다. 특히 Image > Adjustment 메뉴의 내용은 많이 사용되므로 꼭 익혀두시기 바랍니다.

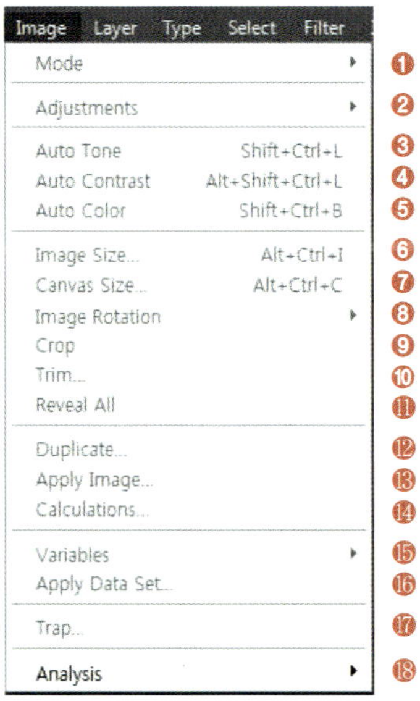

❶ Mode: 이미지를 구성하는 색상의 모드를 바꿔줍니다 .

❷ Adjustments: 이미지의 색상을 보정해 줍니다.

- Brightness/Contrast: 색상의 명도와 대비값을 조절합니다.
- Levels: 이미지의 레벨값(명도, 대비)을 조정합니다.
- Curves: 이미지(하이라이트, 미드톤, 쉐도우)색상을 커브로 조절합니다.
- Exposure: 간단하게 이미지 노출값을 조절하여 주로 이미지를 밝게 보정할 때 사용합니다. 전체적인 노출값을 조정해주므로 이미지 변색이 덜합니다.
- Vibrance: 이미지에서 채도 손상을 주지 않으면서 색을 자연스럽게 변화시켜줍니다. 채도가 높은 색상에는 영향을 주지 않고 채도가 낮은 색상의 채도를 변경하며, 채도를 최대로 낮추면 색이 강조된 흑백사진과 같은 느낌을 받을 수 있습니다.
- Hue/Saturation: 이미지의 색상, 채도, 명도를 조절합니다.
- Color Blance: 색상의 혼합을 조절합니다.
- Black & White: 흑백 이미지로 만들 수 있습니다.
- Photo Filter: 분위기 있는 사진을 보정할 때 사용합니다. 보색관계에 있는 색상으로 사진 전반에 치우쳐져 나타나는 색을 보정합니다.
- Channel Mixer: 채널을 조정하여 색상을 보정합니다.
- Color Lookup: 이미지의 색상을 변환시켜 줍니다.
- Invert: 이미지의 색상값을 반전 시켜줍니다.
- Posterize: 색상의 단계를 수치로 나누어 단순화 시켜줍니다.
- Threshole: 이미지의 색상을 흑과 백으로 전환합니다.
- Gradient Map: 그라디언트 색상을 이미지에 적용시킵니다.
- Selective Color: 어떤 색상의 잉크값을 조절합니다.
- Shadows/Highlight: 이미지의 어두운 부분은 밝게, 밝은 부분은 어둡게 보정해 줍니다.
- HDR Toning: 주로 Level, Curve, Brightness/Contrast 등을 혼합하여 보정하거나, 여러 레이어를 생성하여 효과를 주기도 합니다. 더욱 사실적으로 사진 보정이 가능합니다.
- Variations: 이미지에 6가지 색상(Red, Green, Blue, Cyan, Magenta, Yellow)를 추가하여 색상과 명암을 쉽게 보정할 수 있도록 대화 상자를 제공합니다.
- Desaturation: 이미지의 채도를 0으로 만들어 줌으로써 보통 흑백으로 전환시켜 줍니다.
- Match Color: 사진의 분위기를 전체적으로 일관성있게 맞춰줍니다. 사진보정 보다는 전체적인 느낌을 동일하게 만드는 쪽에 더욱 가깝습니다.
- Replace Color: 색상을 선택하여 다른 색상으로 만들어 줍니다.
- Equalize: 이미지의 밝기를 전체적으로 평균화시켜 특정부분이 너무 튀거나 부족하지 않도록 골고루 변화를 주는 기능입니다.

❸ Auto Tone: RGB 각각의 채널에 해당하는 Brightness 값과 색상값을 동시에 바꿔줍니다.

❹ Auto Contrast: 이미지 채널값에서 밝은 부분과 어두운 부분, 즉 대비값을 자동으로 조절해 줍니다.

❺ Auto Color: Auto Tone과 Auto Contrast를 합쳐놓은 기능으로, 이미지에서 밝음과 중간, 어두움의 색상과 대비를 파악하여 중간기준으로 밝음과 어두움의 색을 보정합니다.

❻ Image Size: 이미지의 크기와 해상도를 조절합니다.

❼ Canvas Size: 이미지의 크기는 그대로 유지되면서, 그림이 그려져 있는 종이의 사이즈만을 조정하는 옵션입니다.

❽ **Rotate Canvas**: 작업창 자체를 회전시켜 줍니다.
- **180**: 180도 회전
- **90 CW**: 시계방향으로 90도 회전
- **90 CCW**: 반시계 방향으로 90도 회전
- **Arbitrary**: 사용자 입력값 만큼 회전
- **Flip Horizontal**: 좌우 대칭이동
- **Flip Vertical**: 상하 대칭이동

❾ **Crop**: 이미지의 선택된 부분만 남기고 나머지 부분을 잘라 냅니다.

❿ **Trim**: Crop처럼 정확하게 이미지를 잘라낼 수는 없지만, 자연스럽게 외곽을 정리할 수 있습니다. 픽셀의 기준에 따라 불필요한 이미지가 자동으로 제거됩니다.

⓫ **Reveal All**: 자르기 툴입니다. 작업화면의 크기가 이미지 크기보다 작아 이미지의 보이지 않는 부분이 있을 경우, 작업창의 크기를 늘려 보이지 않는 부분을 모두 표시합니다.

⓬ **Duplicate**: 현재 작업 중인 이미지를 그대로 복제합니다. 레이어와 채널과 패스의 모든 정보를 그대로 가져가지만, history의 정보는 가져가지 않습니다.

⓭ **Apply Image**: 동일 이미지 또는 서로 다른 이미지를 합성하는 명령으로 레이어와 채널을 자유롭게 합성할 수 있습니다. 합성 시 유의할 점은 합성할 이미지끼리 이미지 사이즈가 같아야 한다는 것입니다.

⓮ **Calculations**: 정밀한 옵션으로 채널의 이미지를 합성합니다.

⓯ **Variables**: 편집중인 이미지 구성에서 레이어, 텍스트 등에 기준을 두어 적용되는 효과에 변화를 주는 기능입니다. 주기적으로 이미지를 바꾸거나 텍스트를 수정하는 디자인 작업에서 사용됩니다.

⓰ **Apply Data Set**: Variables이 적용된 이미지 구성요소를 통합하여 기존 레이어를 덮어씌워 저장합니다.

⓱ **Trap**: Photoshop의 이미지를 인쇄할 때 CMYK의 색상이 어긋남으로 생기는 흰색의 여백 부분을 보정하기 위해 색상영역의 간격을 조절하는 옵션입니다.

⓲ **Analysis**: 사진에서 특정부분을 측정하여 기록할 수 있고, 단 하나의 실측 데이터만 있다면 나머지 부분의 실측자료를 사진 상에서 판독할 수 있습니다.

*Layer: Layer의 투명 영역을 통해 겹쳐 놓은 여러 장의 Layer까지 볼 수 있으며, 불투명도(Opacity)를 변경하여 내용을 부분적으로 투명하게 만들 수도 있습니다. 또한, 여러 이미지 합성, 이미지에 텍스트 추가 또는 벡터 그래픽 모양 추가 등의 작업을 수행합니다.

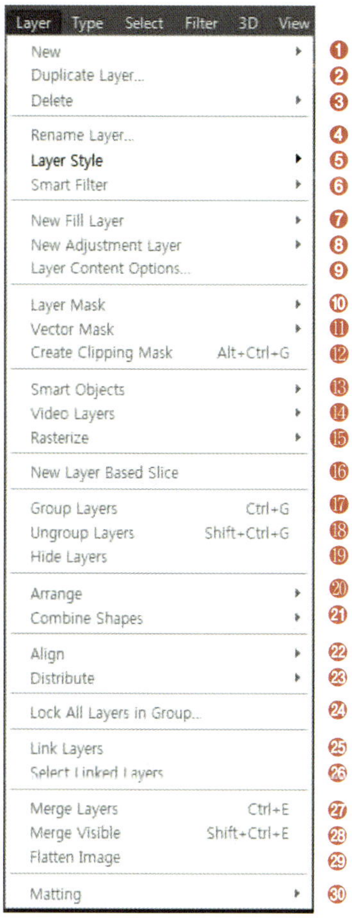

❶ New: 새로운 레이어를 생성합니다.
- Layer: 새로운 투명 레이어를 생성합니다.
- Layer from Background: 새로운 백그라운드 레이어를 생성합니다.
- Group: 레이어를 묶을 그룹을 생성합니다.
- Group from Layer: 레이어로부터 그룹을 생성합니다.
- Layer Via Copy (Ctrl + J): 선택 영역을 복사하여 새로운 레이어로 생성합니다.
- Layer Via Cut (Shift + Ctrl + J): 선택 영역의 이미지를 잘라내어 새로운 레이어로 생성합니다.

❷ Duplicate Layer: 지정된 레이어의 복사본을 생성합니다.

❸ Delete: 지정된 레이어를 삭제합니다.

❹ Rename Layer: 레이어의 이름을 변경합니다.

❺ Layer Style: 작업 중인 레이어 전체에 다양한 Effect 효과를 넣을 수 있습니다.

❻ Smart Filter: 선 원본의 특성과 모습을 그대로 유지하는 스마트 오브젝트에 적용시킨 모든 Filter를 말합니다. Smart Filter를 이용하면 Filter Mask와 Filter Blend Mode 옵션을 좀 더 능동적으로 활용이 가능해 집니다.

❼ New Fill Layer: 새로우 레이어를 만들면서 그 레이어에 컬러, 그라데이션, 패턴 중 하나를 선택하여 채워 넣을 수 있는 기능입니다.

❽ New Adjustment Layer: Image에 있는 Adjustment는 이미지 자체에 색상, 명도, 채도 등을 적용시키지만 이것은 보정레이어를 추가하여 원본이미지를 바꾸지 않고 다양한 보정효과를 적용시켜줍니다.

❾ Layer Content Options: 적용된 레이어 컨텐츠 환경을 재설정합니다.

❿ Layer Mask: 선택된 레이어 이미지에 마스크 기능을 적용합니다.

⓫ Vector Mask: 벡터도형 마스크를 숨기거나 만드는 기능입니다.

⓬ Create Clipping Mask: 선택된 레이어 이미지를 아래 레이어에 있는 Shape에 덮어 씌워 모양만 보이게 하는 기능입니다.

⓭ Smart Object: 다른 프로그램에서 벡터 객체의 속성을 그대로 가져옵니다.

⓮ Video Layers: 동영상을 직접 편집하거나 텍스트를 넣는 등 쉽게 수정이 가능합니다. (*.mov, *.avi, *.mpg, *.mpeg, *.mp4, *.m4v 지원)

⓯ Rasterize: 문자, 도형 등의 레이어를 일반 레이어로 변경해 주는 기능입니다.

⓰ New Layer Based Slices: 레이어 패널에서 선택된 레이어 이미지를 기준으로 슬라이스가 자동 적용되어 영역이 나뉘는 기능입니다.

⓱ Group Layers: 성격이 비슷한 레이어끼리 묶을 때 그룹으로 만듭니다.

⓲ Ungroup Layers: 묶인 그룹을 해제합니다.

⓳ Hide Layers: 레이어의 눈 모양 아이콘을 꺼줍니다.

⓴ Arrange: 레이어의 순서를 지정합니다.

㉑ Combine Shapes: 두 가지 오브젝트를 합칩니다.

㉒ Align: 링크된 레이어들을 일정한 간격으로 정렬시켜 줍니다.

㉓ Distribute: 서로 링크된 레이어들을 일정한 간격으로 정렬시켜 줍니다.
㉔ Lock All Layers in Group: 그룹 안의 모든 레이어에 잠금장치를 설정해 둡니다.
㉕ Link Layers: 2개 이상의 레이어를 연결하여 이동할 때 함께 움직입니다.
㉖ Select Linked Layers: 연결된 레이어를 해제합니다.
㉗ Merge Layers: 선택한 레이어를 아래의 레이어와 합쳐서 하나의 레이어로 만들어 줍니다.
㉘ Merge Visible: 화면에 보여지는 레이어들을 모두 합쳐서 하나의 레이어로 만들어 줍니다.
㉙ Flatten Image: 모든 레이어를 합쳐서 하나의 백그라운드 레이어로 만들어 줍니다.
㉚ Matting: 레이어의 경계면을 부드럽게 처리하여 아래쪽 레이어와 잘 어울릴 수 있도록 처리합니다.
- Color Decontaminate: 색상을 정화시킵니다.
- Defringe: 레이어의 경계부분을 경계내부와 같은 색의 계열로 확장시킵니다.
- Remove Black Matte: 경계부분의 검정색을 삭제합니다.
- Remove White Matte: 경계부분의 흰색을 삭제합니다.

*Select: 사용자가 원하는 범위의 이미지를 선택하기 위해서는 선택 툴을 활용하여 영역을 지정합니다. Select 메뉴는 이 선택 툴을 보조하여 도움을 주는 메뉴들로 구성되어 있습니다.

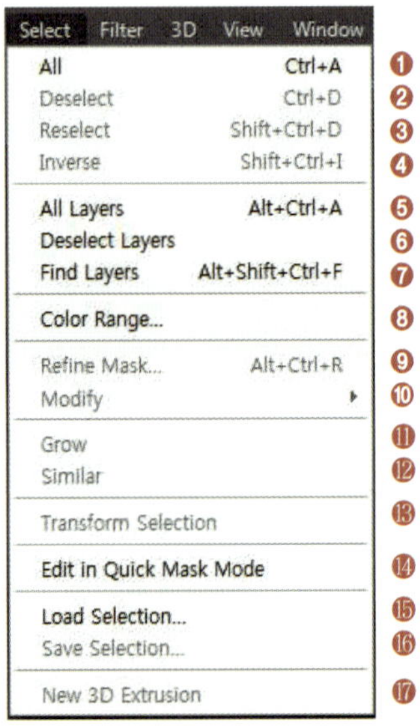

❶ All: 이미지 전체를 선택합니다.
❷ Deselect: 선택을 해제합니다.
❸ Reselect: Deselect로 해제했던 부분을 다시 선택합니다.
❹ Inverse: 선택영역을 반전 시켜줍니다.
❺ All Layers: 작업 중인 모든 레이어를 선택합니다.
❻ Deselect Layers: 레이어 선택을 해제합니다.
❼ Find Layers: 작업된 레이어의 수가 많을 경우 레이어 이름으로 찾을 수 있습니다.
❽ Color Range: 색상의 범위에 의해 선택영역을 지정합니다.
❾ Refine Mask: 선택 영역 내에 있는 물체 외곽선을 깔끔히 따내 줍니다.
❿ Modify: 선택영역의 모양을 수정합니다.
- Border: 선택영역의 외곽선만을 선택합니다.
- Smooth: 선택영역의 외곽 모서리 부분을 부드럽게 처리해줍니다.
- Expand: 선택영역을 바깥으로 넓혀 줍니다.
- Contract: 선택영역을 안쪽으로 축소 시켜줍니다.
- Feather: 선택영역의 경계를 부드럽게 선택합니다.
⓫ Grow: 선택영역을 확대 시킵니다.
⓬ Similar: 선택되어 있는 영역과 같은 색상을 이미지 전체에서 선택합니다.
⓭ Transform selection: 선택영역을 변형합니다.
⓮ Edit in Quick Mask Mode: 브러시나 지우개를 이용하여 검은색으로 칠한 부분만 선택영역이 되도록 하는 기능입니다. 패스 툴이나, 라쏘 툴, 사각 툴로 작업하기 어려운 부분을 Quick Mask Mode로 브러시를 이용해 검은색으로 칠하면 손쉽게 영역이 선택되어집니다.
⓯ Load Selection: 채널을 선택영역으로 불러옵니다.
⓰ Save selection: 선택영역을 채널로 저장합니다.
⓱ New 3D Extrusion: 작업 중인 레이어를 3D로 만들어줍니다.

*Filter: Photoshop에서의 필터는 이미지에 특수한 효과를 주는 것으로 플러그인 모듈 형태를 지원하기 때문에 여러 가지의 필터를 추가적으로 설치하여 포토샵의 기능을 더욱 강화할 수 있습니다. 필터를 이용하면 복삽한 이미지 효과를 한 번에 얻을 수 있어서 초보자들도 화려한 이미지를 창출할 수 있도록 도와주며, 강력한 플러그인 필터를 통해서 원하는 이미지를 보다 쉽게 만들어 낼 수도 있습니다.

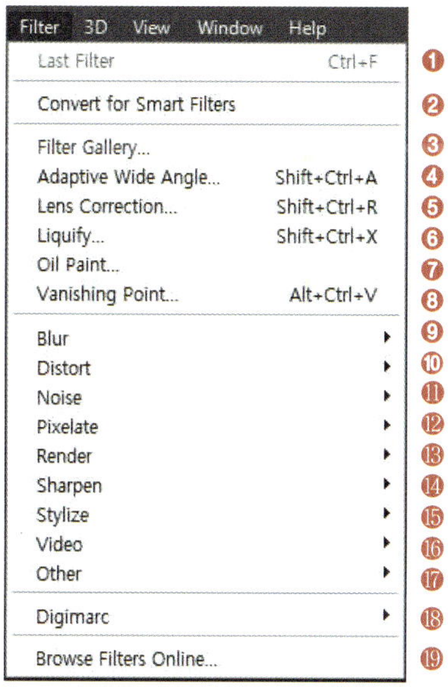

❶ Last Filter: 마지막 적용한 Filter를 한번 더 적용시켜주는 기능입니다.

❷ Convert for Smart Filter: 원본 이미지를 유지하면서 재편집이 가능하게 하는 Smart Filter 기능입니다.

❸ Filter Gallery: 예술적 효과를 부여하는 필터만 모아 적용할 수 있게 만들어 놓은 Filter 모음입니다.

❹ Adaptive Wide Angle: 사진에 휘어진 객체를 똑바로 할 수 있는 기능입니다.

❺ Lens Correction: 렌즈교정 기능입니다. 배경을 제작할 때에 많이 사용되며, 카메라 왜곡으로 생긴 비네팅(Vignetting: 사진의 외곽이나 모서리가 어둡게 나오는 현상)을 제거해줍니다.

❻ Liquify: 이미지 모양에 변화를 줄 수 있습니다.

❼ Oil Paint: 사진을 오일 페인트로 그린 것처럼 효과를 줍니다.

❽ Vanishing Point: 소실점이란 의미로서 소실점에 맞춰 원근감을 유지하여 복사하는 기능입니다. 이미지의 입체를 유지하며 이미지를 연장하거나 패턴을 입히는 등의 작업을 할 수 있게 해줍니다.

❾ Blur: 이미지의 초점을 흐리게하여 이미지의 잡티를 제거하는 기능입니다.

❿ Distort: 이미지에 여러 가지 왜곡을 부여하는 기능입니다.

⓫ Noise: 이미지에 노이즈를 부가하여 다소 지저분한 이미지를 제작할 때 사용됩니다.

⓬ Pixelate: 픽셀의 모양과 색상, 배열방식 등을 조절하여 독특한 효과를 얻어낼 수 있는 기능입니다.

⓭ Render: 광학현상을 표현하는 특수한 효과를 연출합니다.

⓮ Sharpen: 이미지의 선명도를 조절하는 도구입니다.

⓯ Stylize: 이미지의 픽셀과 모양, 배열에 변형을 주어 이미지 스타일을 강하게 변화시키는 도구입니다.

⓰ Video: Photoshop에서 작업한 이미지를 TV 등 영상매체로 가져갈 때 중간과정으로 사용되는 도구입니다.

⓱ Other: 픽셀작업을 의도적으로 변화시키거나 색상의 명도를 처리하는 도구입니다.

⓲ Digimarc: 저작권 정보를 기입할 때 사용하는 도구입니다.

⓳ Browser Filters Online: 인터넷을 통해 Filter를 다운받아 사용하는 기능입니다.

*View: 작업 시 화면에 보여지는 가이드라인, 줌 기능 등을 보다 편리하도록 조절해주는 메뉴들입니다. 특히 가이드라인과 스냅과 같은 도구들은 추후 Panel 구성에 있어 편리함을 제공합니다.

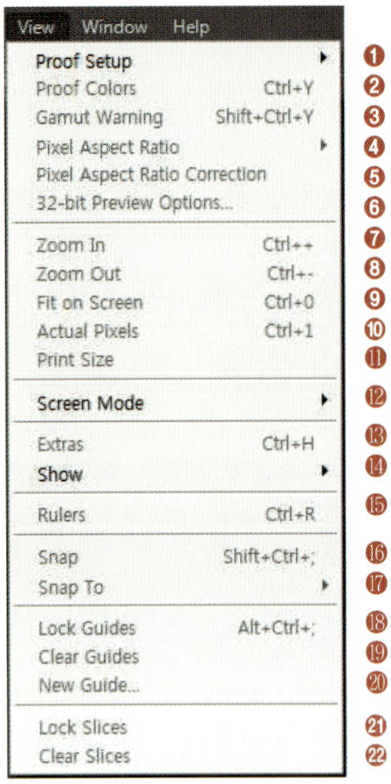

❶ **Proof Setup:** 작업 중인 이미지의 출력상태를 미리 확인할 수 있습니다.

❷ **Proof Color:** Proof Setup에서 설정한 컬러를 미리 보여주며, 재 선택하면 설정이 해제됩니다.

❸ **Gamut Warning:** 모니터에서 보이는 RGB 이미지를 CMYK로 인쇄할 때 표현되지 않는 색상을 보여줍니다.

❹ **Pixel Aspect Ratio:** 각각 색의 범위와 픽셀의 가로:세로 비율을 의미합니다.

❺ **Pixel Aspect Ratio Correction:** Pixel Aspect Ratio에 의해 보여지는 이미지 비례를 조정하여 화면에 보이게 하거나 가려줍니다.

❻ **32-bit Preview Options:** 32비트 이미지로 변경하였을 때의 옵션 및 미리보기를 지원합니다.

❼ **Zoom in:** 이미지를 확대합니다.

❽ **Zoom out:** 이미지를 축소합니다.

❾ **Fit on Screen:** 작업 중인 이미지를 화면크기에 꽉 맞게 나타내 줍니다.

❿ **Actual Pixels:** 이미지 크기를 실제 크기로 보여줍니다. (100%)

⓫ **Print Size:** 인쇄 상황에서 실제 크기를 보여줍니다.

⓬ **Screen Mode:** Photoshop 화면의 표시 방식을 변경합니다.

⓭ **Extras:** Path, Grid, Guides, Slices, Selection 등의 작업이 화면에 보여지는 것을 조절합니다.

⓮ **Show:** Extras와 비슷하지만 선택영역, Path, Grid, Guides, Slices, 주석 등의 기능을 보이게 하거나 가려주는 기능입니다.

⓯ **Rulers:** 눈금자를 표시합니다.

⓰ **Snap:** 마우스 Pointer를 가까이 하면 Grid나 Guide Line에 스냅이 작동하여 달라붙게 합니다.

⓱ **Snap To:** Snap 기능을 제어합니다.

⓲ **Lock Guides:** Guide Line을 잠그거나 해제합니다.

⓳ **Clear Guides:** Guide Line을 삭제합니다.

⓴ **New Guides:** 수평선과 수직선 값을 선택하여 거리 값에 맞게 새로운 Guide Line을 만듭니다.

㉑ **Lock Slices:** 슬라이스 도구로 분할된 범위가 움직이지 않도록 잠그는 기능입니다.

㉒ **Clear Slices:** 분할된 슬라이스 영역을 삭제합니다.

*Window: 화면에 나타난 작업창의 위치, 패널의 위치 및 가림 설정 등을 지원하는 메뉴입니다. 작업의 편리성을 위하여 화면 구성을 사용자가 결정하는 것이 좋습니다.

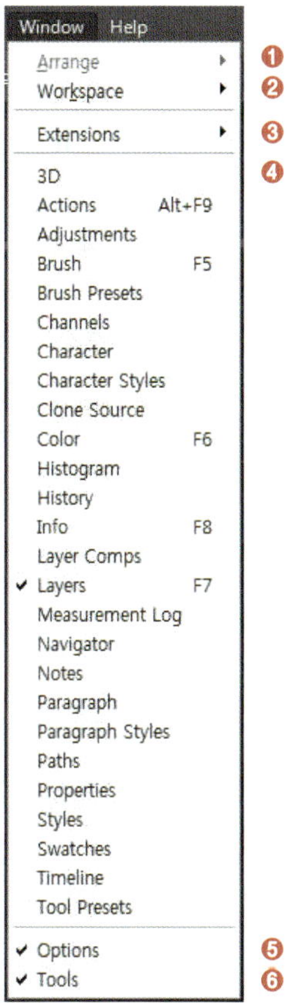

❶ Arrange: 열려있는 작업창들의 정렬 방식을 설정합니다.
❷ Work Space: 현재 화면에 위치하고 있는 도구 패널과 오른쪽 패널의 위치 배열상태를 저장하거나 불러올 수 있는 기능입니다.
❸ Extensions: Kuler와 Mini Bridge가 하위메뉴로 포함되어 있습니다.
  - Kuler: 키워드를 통해 5가지 컨셉의 칼라를 제공해 주며, 사용자가 색상선택에 도움을 줄 수 있는 도구입니다.
  - Mini Bridge: Photoshop을 통해서 불러올 수 있는 이미지를 검색하고 불러올 수 있는 도구입니다. 이미지와 Photoshop 간의 작은 연결체라고 이해하시면 편리합니다.
❹ **패널 메뉴**: 포토샵 작업 화면에 패널들을 사용자의 원활한 작업환경을 위해 필요에 따라 선택, 해제할 수 있습니다.
❺ Options: 선택하면 화면 상단의 각 도구별 옵션창이 열립니다.
❻ Tools: 선택하면 화면 왼쪽의 도구 패널이 열립니다.

3D

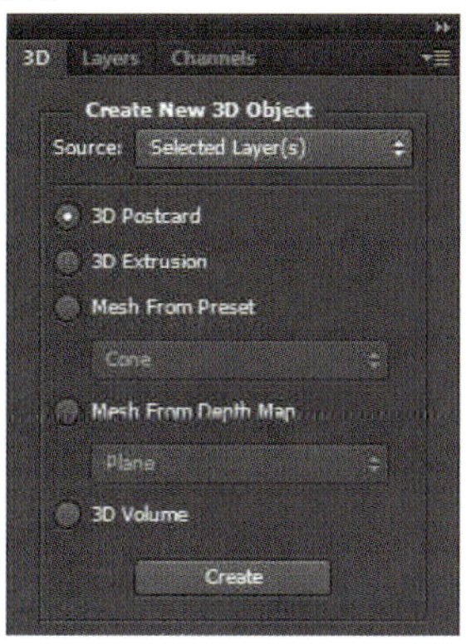

Actions

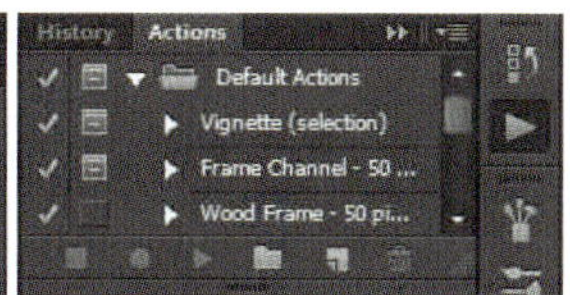

Adjustments

Brush

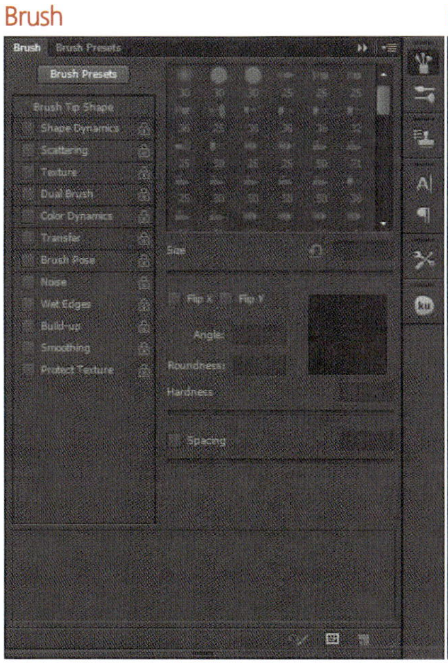

Brush Presets

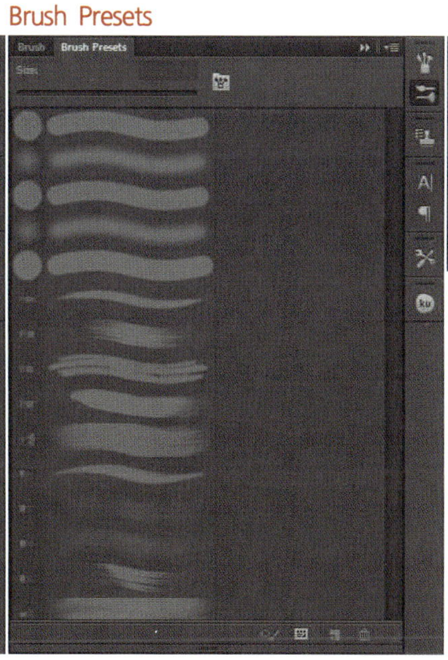

Channels

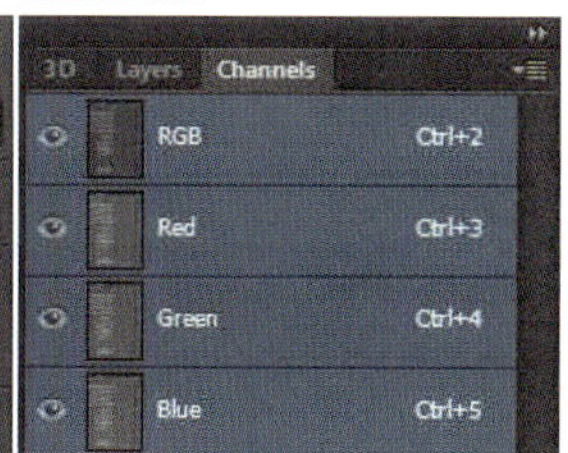

Character

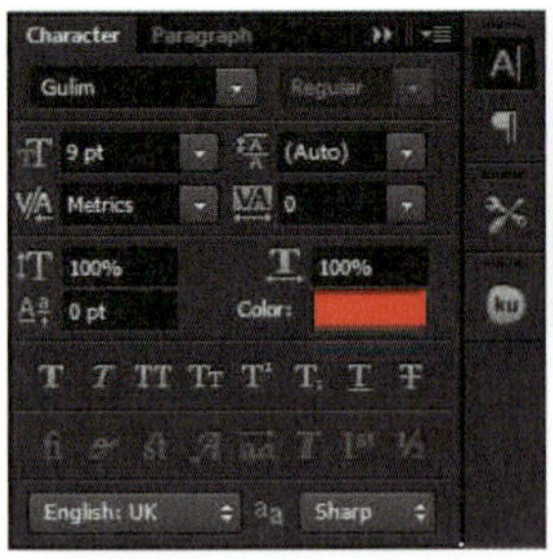

Character Styles

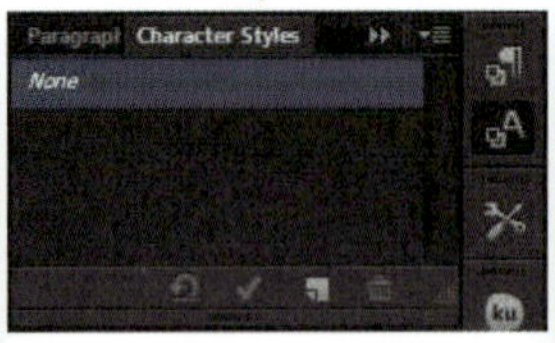

Clone Source

Color

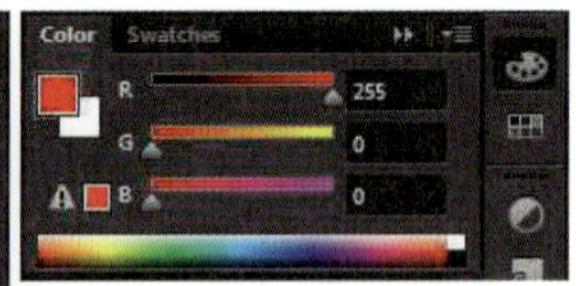

Histogram

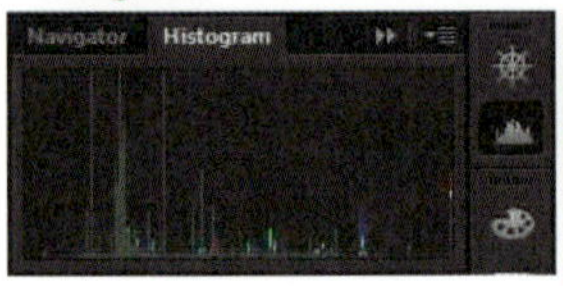

History

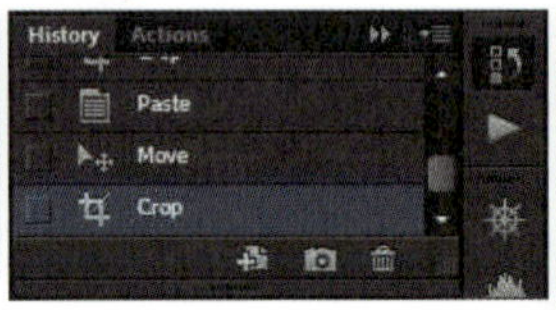

Info

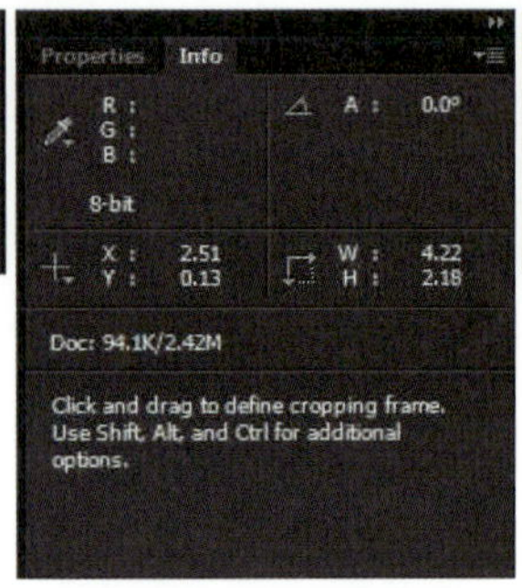

Layer Comps

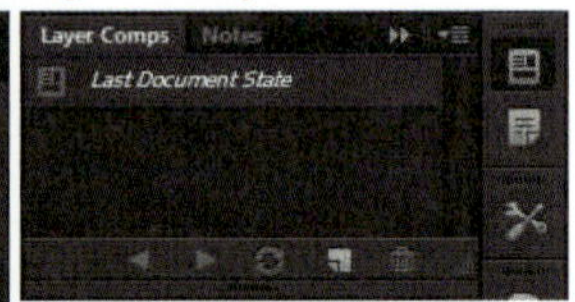

Layers

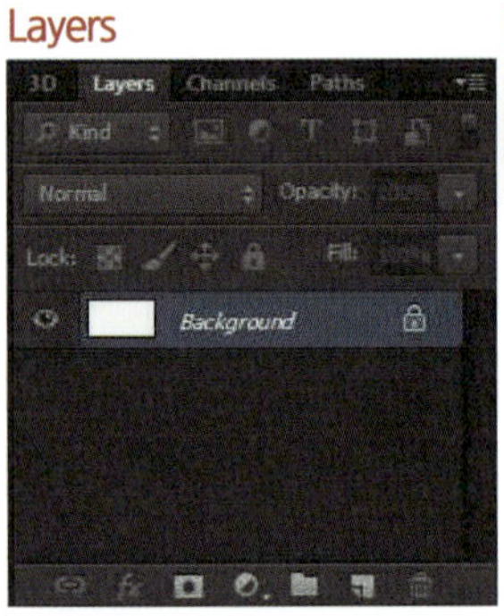

Measurement Log

Navigator

Notes

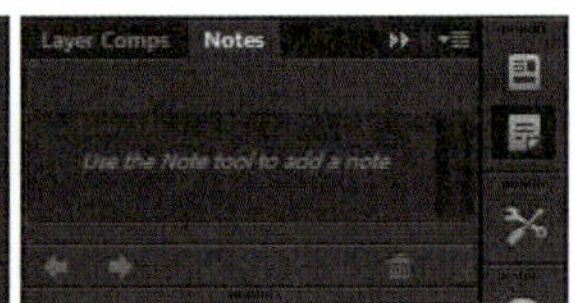

Paragraph

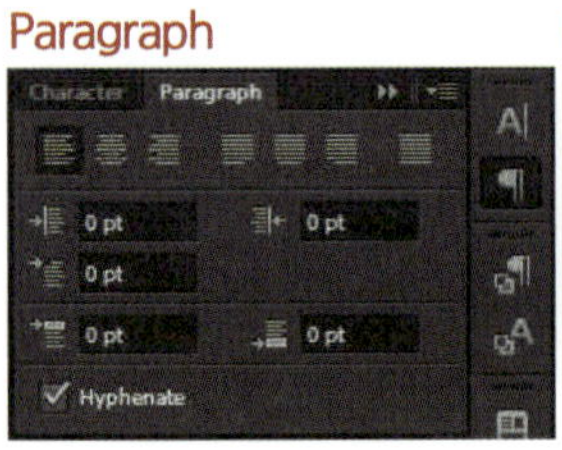

Paragraph Style

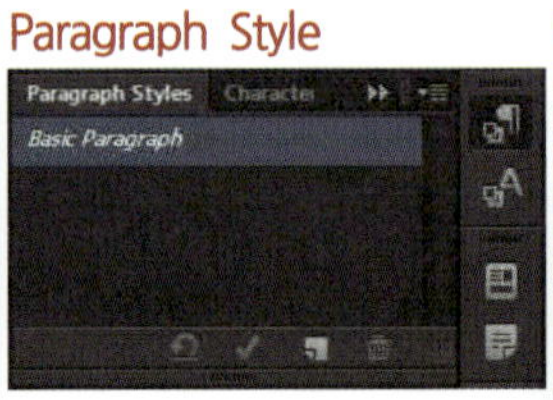

Paths

Properties

Styles

Swatches

Timeline

Tool Presets

3. Photoshop 레이어 (Layer)

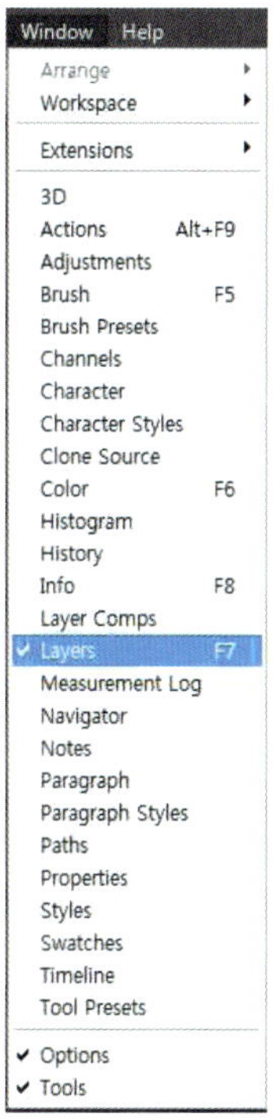

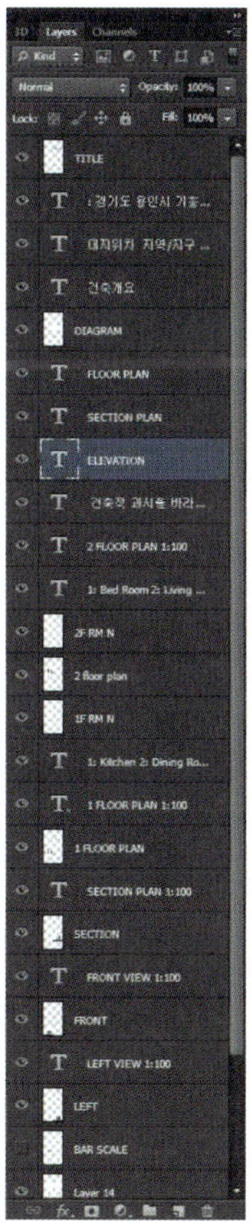

포토샵에서 레이어의 개념은 이 프로그램을 사용하는데 있어서 절대적으로 알고 진행해야하는 아주 중요한 개념입니다. 레이어는 일종의 투명한 필름위에 그림을 그리는 층위의 조합이라고 이해하시면 됩니다. 건축 인테리어 관련 프로그램들(AutoCAD, Illustrator, Corel Draw 등)은 대부분 이러한 개념을 사용하고 있으므로, 이 개념을 완벽히 숙지하시기 바랍니다.

Photoshop에서 레이어 패널은 풀다운 메뉴 Window > Layers을 선택하여 오른쪽 패널에 나타나게 합니다. 또한 앞서 화면구성에서 언급한 바와 같이 건축 인테리어 작업에서는 레이어 관리가 매우 중요하므로 패널에는 레이어 패널만 활성화 시키며, 필요한 도구들은 확장 패널(Expand Panels)에서 활용합니다. 레이어 그룹을 사용하면 레이어를 편리하게 구성하고 관리할 수 있습니다. 레이어 패널에서 그룹을 사용하여 레이어를 논리적인 순서로 정돈하여 어지럽게 흩어져 있는 레이어 수를 줄이고 더 보기 쉽게 정리할 수 있습니다. 다른 그룹 내에 그룹을 중첩시키거나, 그룹을 사용하여 여러 레이어에 특성과 마스크를 동시에 적용할 수도 있습니다. 레이어의 수, 레이어 효과, 레이어 그룹의 수는 컴퓨터의 메모리 용량에 의해서만 제한됩니다.

3.1 레이어 패널(Layers Panel)

레이어 작업에 있어 메뉴나 도구보다 더욱 많이 사용되는 것이 레이어 패널입니다. 이곳 레이어 패널의 구조와 특징을 알아보겠습니다.

❶ **레이어 필터** (Layer Filter): 복잡한 문서에서 주요 레이어를 신속하게 찾을 수 있습니다. 이름, 유형, 효과, 모드, 특성 또는 색상 레이블을 기반으로 레이어의 하위 세트를 표시할 수 있습니다.

❷ **이미지 혼합** (Blending Modes): Opacity와 함께 작업 레이어에 색상, 채도, 밝기 등의 요소를 하위 레이어와 혼합하는 방법으로 이미지에 손상을 주지 않으면서 다양한 분위기의 이미지 제작을 할 수 있습니다.

❸ **투명 영역 잠그기** (Lock Transparent Pixels): 그려진 이미지에서 투명 영역을 잠급니다. 그래서 투명영역에 그림이 그려지지 않도록 합니다.

❹ **드로잉 잠그기** (Lock Image Pixels): 선택된 레이어에 그림이 그려지지 않도록 합니다.

❺ **이동 잠그기** (Lock Position): 선택된 레이어에 이미지를 이동하지 않도록 합니다.

❻ **모두 잠그기** (Lock All): 위에 언급한 모든 작업이 이루어지지 않도록 합니다.

❼ **눈 아이콘** (Indicates Layer Visibility): 화면상에 레이어를 잠시 나타나지 않게 감추거나 다시 나타나게 해주는 역할을 합니다.

❽ **보기 아이콘** (Visibility): 전체 이미지 크기 안에서 레이어에 기록된 이미지의 위치와 형태를 아이콘화하여 보여줍니다.
❾ **투명도** (Opacity): 현재 레이어의 불투명도를 조절합니다.
❿ **칠 투명도** (Fill Opacity): 스타일을 제외한 이미지만의 불투명도를 조절합니다.
⓫ **레이어 스타일** (Indicates Layer Effects): 현재 작업한 레이어에 특수효과를 적용하면 나타나는 아이콘입니다. 효과 적용 후 변경을 하려면 이 아이콘을 더블 클릭하거나, 하단에 레이어 스타일 추가(Add a Layer Style)를 클릭하여 작업합니다.
⓬ **자물쇠 아이콘** (Indicates Layer is Partially Locked): 어떠한 작업도 이루어지지 않는 완전 잠금상태의 레이어입니다.
⓭ **링크 아이콘** (Indicates Linking to Another Layer): 현재 선택한 레이어와 두 개 이상의 다른 레이어를 서로 연결하여 이동 및 변형 등을 함께 작업할 수 있습니다.
⓮ **레이어 스타일 추가** (Add a Layer Style): 현재 레이어에 스타일을 추가합니다.
⓯ **레이어 마스크 추가** (Add a Layer Mask): 현재 레이어에 마스크를 추가합니다. 이 기능은 스캔 받은 수작업 도면을 깨끗이 축출하거나 수정, 편집에 유용합니다.
⓰ **그룹 제작** (Create a New Group): 폴더의 개념으로서 여러 개의 레이어를 하나로 묶어 관리할 수 있는 기능입니다.
⓱ **어드저스트먼트 레이어 제작** (Create New Fill or Adjustment Layer): 현재 레이어의 색상 등을 보정해주는 Adjustment Layer를 제작하거나 Fill Layer를 만들어줍니다.
⓲ **새 레이어 작성** (Create a New Layer): 새로운 빈 레이어를 만들 때 사용합니다.
⓳ **레이어 삭제** (Create a New Layer): 현재 선택되어 있는 레이어를 삭제합니다.

*Layer Pop-up 메뉴

❶ New Layer: 새로운 레이어를 생성합니다.
❷ Duplicate Layer: 현재 작업중인 레이어를 복사합니다.
❸ Delete Layer: 현재 선택된 레이어를 삭제합니다.
❹ Delete Hidden Layer: 보이지 않게 설정된 레이어들을 삭제합니다.
❺ New Group: 여러 개의 레이어를 묶어 한 폴더로 관리할 수 있게 그룹으로 만들어줍니다.
❻ New Group from Layers: 현재 다중 선택된 레이어들을 그룹으로 묶어줍니다.
❼ Lock All Layers in Group: 그룹 내의 레이어들을 모두 잠급니다.
❽ Convert to Smart Object: 벡터이미지가 들어있는 레이어로, 원본을 유지하면서 편집할 수 있는 기능입니다.
❾ Edit Contents: Smart Object 개체의 내용을 편집할 수 있도록 도와줍니다.
❿ Blending Options: 블랜딩의 옵션을 조절합니다.
⓫ Edit Adjustment: Adjustment Layer에 적용된 효과를 편집합니다.
⓬ Create Clipping Mask: Clipping Mask를 만들어 줍니다.
⓭ Link Layers: 2개 이상의 레이어들을 서로 연결해 줍니다.
⓮ Select Link Layers: 링크된 레이어들만 선택해 줍니다.
⓯ Merge Down: 현재 선택된 레이어와 바로 아래의 레이어를 병합합니다.
⓰ Merge Visible: 현재 보이는 레이어들을 모두 병합합니다.
⓱ Flatten Image: 모든 레이어들을 하나의 배경 레이어로 병합합니다. 보이지 않는 레이어가 포함되어 있다면, 'Discard Hidden Layers?'라는 경고문구와 함께 모든 레이어가 병합됩니다.
⓲ Animation Oprions: Animation 옵션을 설정해 줍니다.
⓳ Panel Oprions: Panel 옵션을 설정해 줍니다.

TIP: Opacity와 Fill Opacity의 차이

일반적으로 Fill Opacity는 많이 사용되지는 않습니다만, Opacity 옵션은 현재 레이어와 관련된 모든 요소의 불투명도를 지정해주지만, Fill Opacity 옵션은 레이어의 이미지만을 영행을 주는 옵션이라 할 수 있습니다.

- Opacity: 작업 레이어의 이미지를 포함하여 해당 레이어에 적용된 각종 스타일의 투명도를 일괄적으로 조절해 줍니다.
- Fill Opacity: 작업 레이어에 적용된 각종 스타일의 투명도는 조절하지 않고 작업 레이어의 이미지 투명도만 조절해 줍니다.

TIP: 이미지 혼합 (Blending Mode)

❶ 불투명하게 혼합하기

- Normal: 기본모드로 블렌딩을 하지 않고 단지 Opacity 값만으로 하위 레이어와 합성을 합니다.
- Dissolve: 이미지에 점을 뿌린 듯한 거친 효과를 주면서 이미지를 합성합니다. 단 Opacity 값이 100%일때는 불투명 이미지로 변화가 없고, 수치를 조절하여 원하는 합성을 하시면 됩니다.

❷ 어둡게 혼합하기

- Darken: 겹쳐진 이미지 색상 중 어두운 곳의 색상을 위주로 합성하는 방식으로 전체적으로 어두운 느낌을 줍니다.
- Mutiply: 선택된 레이어와 하위 레이어의 색상을 곱해 그 색상값으로 이미지를 보여주는 모드로, 색상이 균등하게 섞이는 합성방식이며, 일반적으로 어두운 결과물을 얻습니다.
- Color Burn: Color Dodge의 반대 효과로 두개의 레이어 중에서 밝은 색과 어두운 색을 제외한 부분의 채도는 높이고 명도는 낮게 하여 전체적으로 어두워집니다.
- Linear Burn: 작업 레이어와 하위 레이어의 겹쳐진 부분 명도가 50%이하일 때 명도를 어둡게 표현합니다.
- Darker Color: 각각의 채널이 아닌 전체적인 채널의 색상을 비교, 어두운 색상의 값을 반영하여 혼합합니다.

❸ 밝게 혼합하기

- Lighten: 두 이미지의 밝은 부분만 부각시키고, 어두운 부분은 감소시켜 전체적으로 밝게 혼합합니다.
- Screen: 작업 중인 레이어에 하위레이어의 명도 반대 색상을 곱하는 방식으로 전체적으로 밝게 혼합합니다.
- Color Dodge: 작업 레이어의 색상을 밝게 만든 후 하위 레이어와 합성하기 때문에 전체적으로 닷지를 사용한 듯 밝게 혼합합니다.
- Linear Dodge: 두 이미지를 강하고 밝게 혼합해주는 모드로 Fill 수치를 낮추면 자연스러운 혼합효과를 연출합니다.
- Lighter Color: 전체적인 채널의 색상을 비교하여 밝은 색상의 값을 반영하여 혼합합니다.

❹ 겹치게 혼합하기

- ***Overlay:*** *작업 레이어의 가장 밝은 부분과 어두운 부분을 보호하며 혼합하는 모드로 Multiply 모드 혹은 Screen 모드를 합쳐 놓은 듯 혼합합니다.*
- ***Soft Light:*** *회색을 기준으로 밝은 부분은 더욱 밝게, 어두운 부분은 더 어둡게 혼합하는 모드입니다.*
- ***Hard Light:*** *회색을 기준으로 밝은 부분은 Screen 모드가 적용된 것처럼 밝게, 어두운 부분은 Multiply 모드가 적용된 것처럼 어둡게 혼합하는 모드입니다.*
- ***Vivid Light:*** *혼합된 이미지의 밝은 부분은 Color Dodge 모드로, 어두운 부분은 Color Burn 모드를 사용한 듯 합성 모드로 이미지 윤곽이 선명하게 혼합됩니다.*
- ***Linear Light:*** *하위 레이어 이미지의 회색을 기준으로 밝은 부분은 밝게 어두운 부분은 어둡게 혼합되는 모드로, Hard Light 모드보다 좀 더 강한 밝기로 혼합 하는 것이며, Fill 수치를 이용하면 보다 고급스러운 합성 효과 연출할 수 있습니다.*
- ***Pin Light:*** *두 이미지의 색상 차를 계산하여 작업 레이어 이미지가 보이도록 설정하거나 하위 레이어 이미지가 그대로 드러나게 혼합하는 모드입니다.*
- ***Hare Mix:*** *두 이미지의 색상이 강하게 혼합하는 모드입니다.*

❺ 다양한 방법으로 혼합하기

- ***Difference:*** *하위 레이어 이미지의 색상을 작업 레이어 이미지를 이용하여 반전시켜 어둡게 혼합하는 모드입니다.*
- ***Exclusion:*** *Difference 모드와 같이 색상을 반전시켜 표현하지만 전체적으로 탁하게 혼합하는 모드입니다.*
- ***Hue:*** *하위 레이어 이미지의 명도와 채도는 그대로 유지하며, 색상이 작업 레이어 이미지의 색상으로 바뀌며 혼합하는 모드입니다.*
- ***Saturation:*** *하위 레이어 이미지의 채도가 작업 레이어 이미지의 채도로 바뀌며 혼합하는 모드입니다.*
- ***Color:*** *하위 레이어 이미지의 색상과 채도가 작업 레이어 이미지의 색상과 채도로 바뀌며 혼합되는 모드입니다. 하위 레이어 이미지의 명도에는 변화가 없습니다.*
- ***Luminosity:*** *하위 레이어 이미지의 명도가 작업 레이어 이미지의 명도로 바뀌며 혼합되는 모드로 하위 레이어 이미지의 색상이 그대로 유지된 채 명도만 바뀌게 됩니다.*

3.2 레이어의 종류

Photoshop에서 활용되고 있는 레이어는 배경 레이어 (Background Layer)와 일반 레이어 (Normal Layer) 뿐만 아니라 특수한 목적으로 사용되는 나머지 3개의 레이어들이 있습니다. 지금부터 각 레이어의 개념과 특징에 대해 살펴보겠습니다.

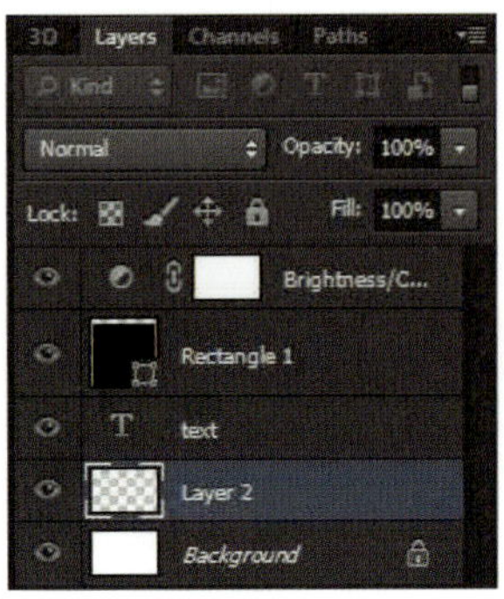

❶ **배경 레이어** (Background Layer): 레이어 패널 가장 아래에 위치하는 레이어로서 'Background Layer'라고 명시되어 있으며 자물쇠 잠금 표시가 되어 있는 것을 볼 수 있습니다. 이는 이 레이어에서는 어떠한 작업도 적용되지 않는다는 의미이며, 작업을 위해서는 레이어의 이름을 더블클릭하여 이름을 바꿔 일반 레이어로 변환해줍니다.

❷ **일반 레이어** (Normal Layer): 배경이 투명한 일반적인 레이어로서 불투명도, 레이어 스타일 적용이 가능합니다. 레이어 패널 하단의  'Create a New Layer'를 클릭하거나, 풀다운 메뉴 'Layer > New > Layer'를 클릭하여 생성합니다.

❸ **문자 레이어** (Text Layer): 글자를 입력하고 수정할 수 있는 레이어입니다. 일반적인 워드프로세서와 비슷한 인터페이스를 제공하며, 화면 왼쪽 도구 패널의 Type Tool(T)을 이용하여 글씨를 쓰거나 수정할 수 있습니다. 문자 레이어를 일반 레이어로 전환하기 위해서는 문자 레이어에 마우스를 올려 놓고 오른쪽 버튼을 눌러 'Rasterize Type'을 클릭하여 전환해 줍니다.

❹ **모양 레이어** (Shape Layer): 다각형 툴, 사각형 툴, 원 툴( ) 등과 같은 벡터 레이어를 그려서 나타나는 레이어로서 클리핑 패스가 결합된 레이어로 벡터이미지를 작성할 수 있도록 합니다.

❺ **보정 레이어** (Adjustment Layer): 원본 이미지를 안전하게 보존하면서 보정기능을 적용할 수 있습니다. 이 레이어는 이미지를 갖고 있지 않으며 특정 효과를 표현하기 위한 레이어입니다. 레이어 패널 하단의 'Create New Fill or Adjustment Layer'를 클릭하거나, 풀다운 메뉴' Layer > New Adjustment Layer > 보정 명령'을 클릭하여 제작합니다.

3.3 레이어 마스크 (Layer Mask)

레이어 마스크는 레이어의 일정부분을 투명하게 하거나 불투명하게 만들기 위해 사용되며, 두 개의 레이어 중 상위에 있는 레이어의 특정 부분만을 보이게 하고 합쳐 여러 이미지를 하나의 이미지로 조합해 합성하는데 사용하는 기능입니다.

Layer Mask를 이용하여 아래의 수작업 된 도면의 배경을 삭제해 보도록 하겠습니다.

file: 03-photoshop sample/ 01-layer mask.jpg

❶ 먼저 수작업된 도면을 불러옵니다.

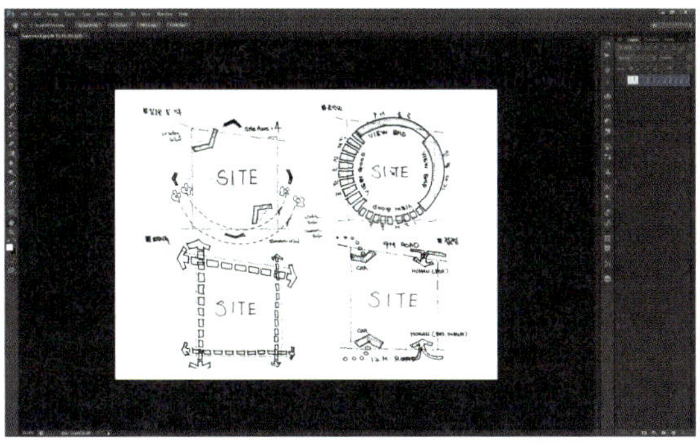

❷ 풀다운 메뉴에서 Select > All (Ctrl + A)을 클릭합니다.

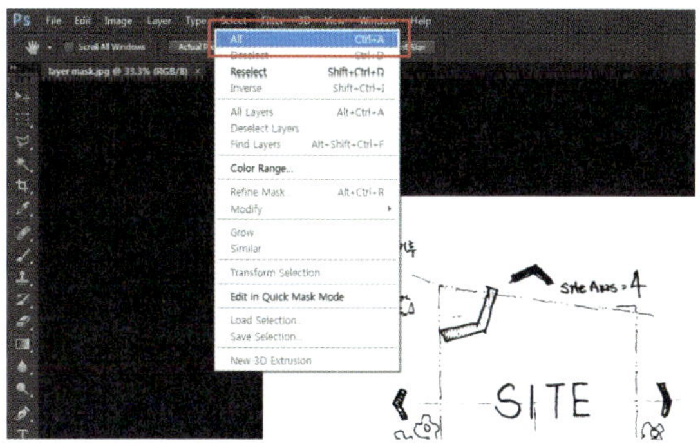

❸ 풀다운 메뉴에서 Edit > Copy (Ctrl + C)를 클릭합니다.

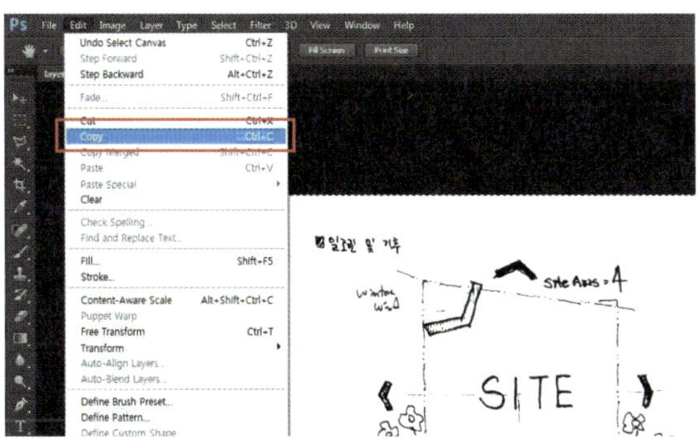

❹ 풀다운 메뉴에서 File > New (Ctrl + N)를 눌러 새 작업창을 엽니다. 새 작업창의 조건은 아래와 같은 270 X 200, 300dpi로 지정합니다.

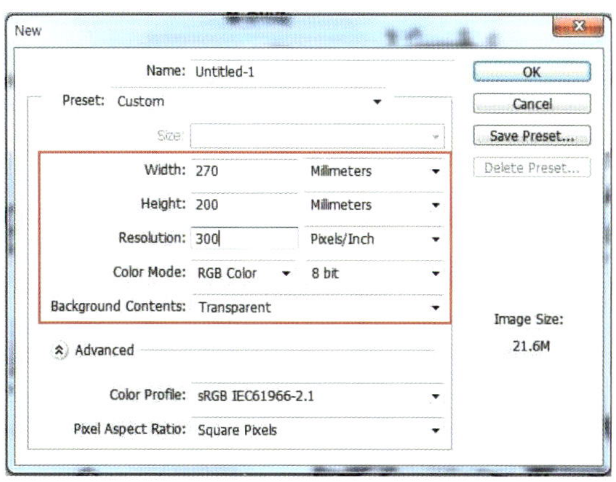

❺ 풀다운 메뉴 Layer > New > Layer를 선택하여 새 레이어를 만들고, 레이어의 이름은 '대지분석'이라고 지정합니다.

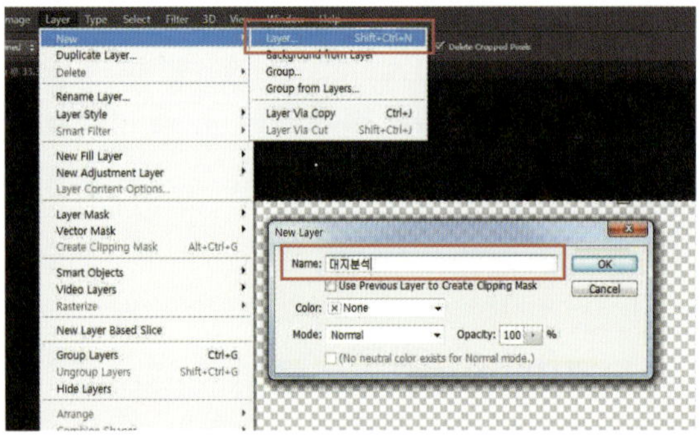

❻ 풀다운 메뉴에서 Edit > Fill (Shift + F5)을 클릭하여, 아래와 같이 Contents를 White로 지정합니다.

TIP: 배경색이 White로 지정되었을 경우 Ctrl + Delete 로 지정 할 수도 있습니다.

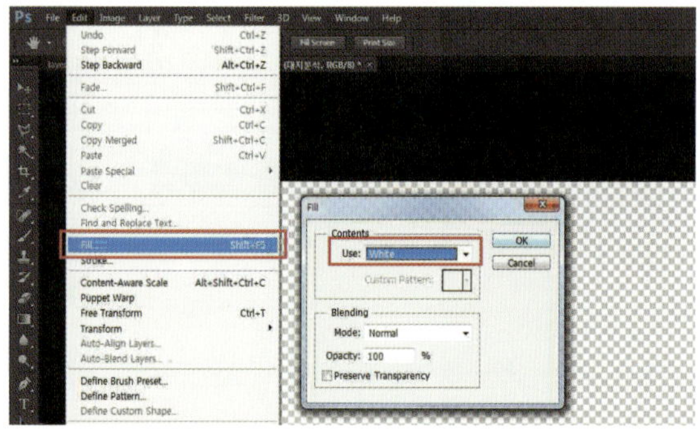

❼ 흰색으로 채워진 레이어에 마스크를 추가합니다. 아래 그림과 같이 레이어 패널 아래 'Add Layer Mask'를 클릭하고, Alt 키를 누른 상태에서 'Layer Mask Thumbnail'을 클릭합니다. 이 작업은 레이어 마스크에서 편집 작업을 수행할 수 있도록 하는 과정입니다.

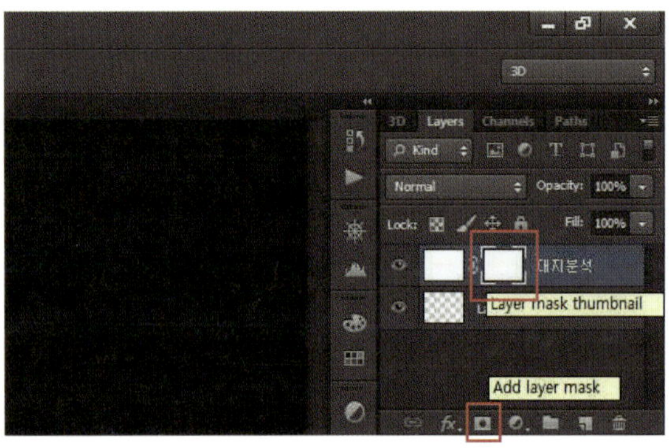

❽ 풀다운 메뉴 Edit > Paste (Ctrl + V)를 눌러 마스크가 적용된 레이어에 도면을 붙여넣기 합니다. 'Layer Mask Thumbnail'에 도면이 삽입된 것을 확인할 수 있습니다.

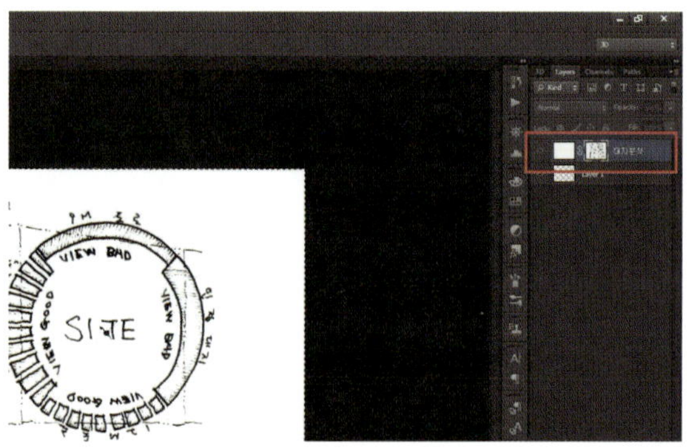

❾ 풀다운 메뉴 Select > Deselect (Ctrl + D)를 눌러 선택영역을 해제합니다. 붙여 넣은 도면의 라인들은 나타나고 배경영역을 삭제할 것입니다. 따라서 도면이미지를 검은색 배경으로 전환해야 합니다. 풀다운 메뉴 Image > Adjustment > Invert (Ctrl + I)를 클릭합니다.

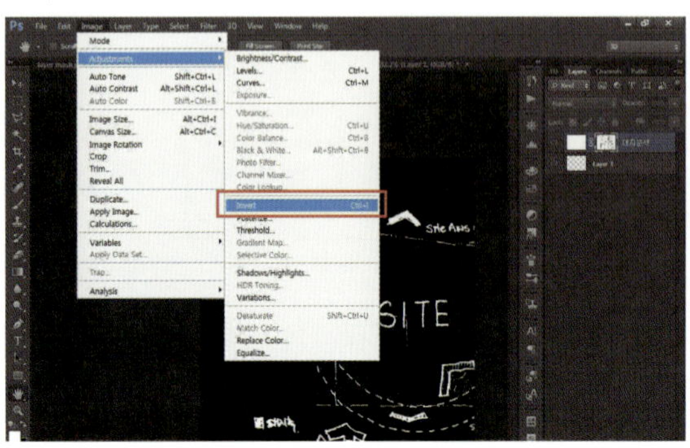

❿ 다음은 아래 그림과 같이 레이어 패널에서 'Thumbnail'을 클릭합니다. 그러면 마스크의 효과가 원본 이미지에 흰색으로 적용되는 것을 볼 수 있습니다.

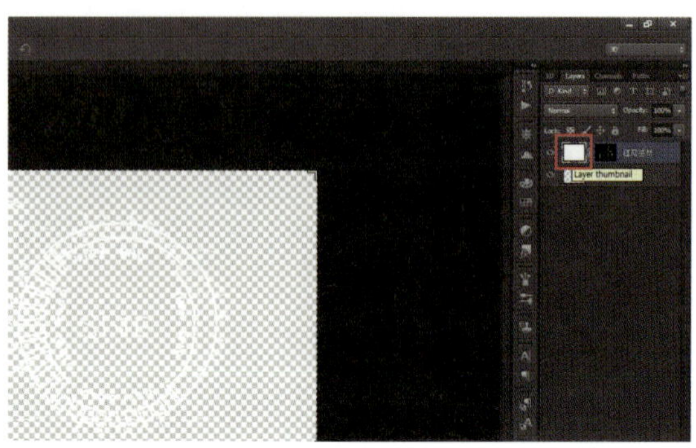

⓫ 마지막으로 ❾번 과정과 같이 풀다운 메뉴 Image > Adjustment > Invert (Ctrl + I)를 클릭하여 도면라인의 흰색을 다시 검은색으로 바꿔줍니다. 아래와 같이 배경이 삭제된 수작업 도면만을 축출된 것을 볼 수 있습니다.

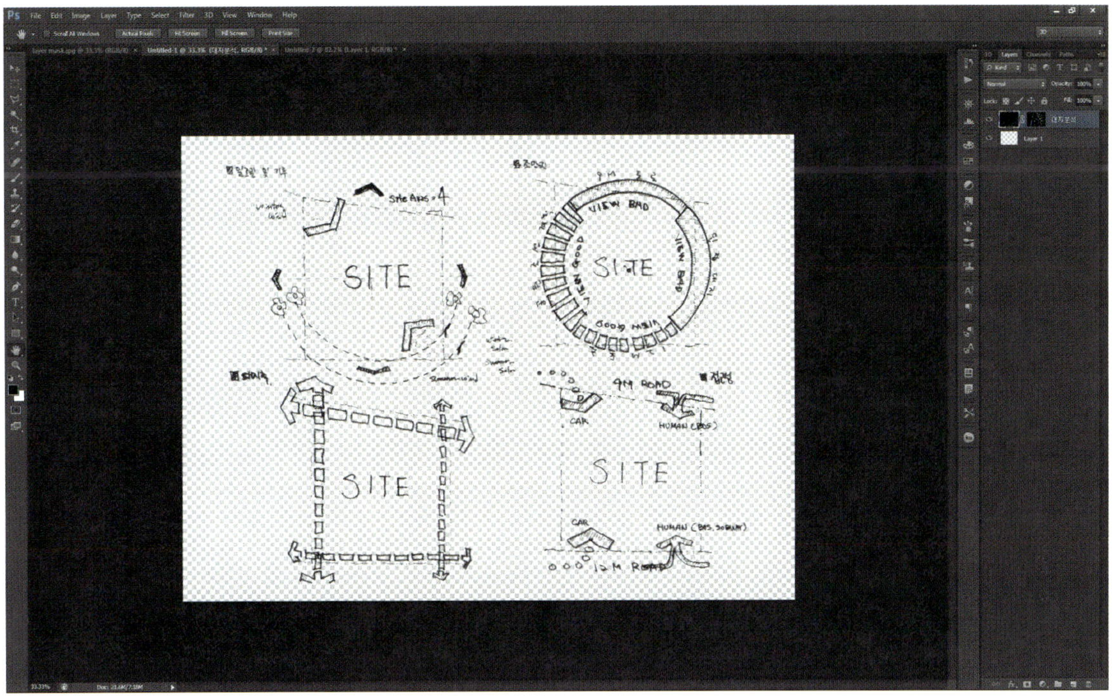

PART

03

Retouching & Panel Layout

Chapter

02

건축 도면 Presentation 실습하기

EPS File 생성하기 _ STEP 01
평면 Presentation 실습하기 _ STEP 02
입면 Presentation 실습하기 _ STEP 03

Chapter 02 건축 도면 Presentation 실습하기

이제 건축주에게 보다 효과적인 Presentation을 위한 본격적인 Photoshop 2차원 그래픽 작업 과정을 학습하고자 합니다. 따라서 AutoCAD로 작성한 도면을 Photoshop으로 불러오는 방법과 2차원 도면에 재질 및 색상 입히는 방법, 그에 수반한 기타 Presentation 방법 등을 실습을 통하여 학습합니다.

STEP 01 EPS File 생성하기

1. EPS Plotter 만들기

AutoCAD로 작성된 도면을 Photoshop으로 불러오기 위해서는 AutoCAD의 *.dwg file을 *.eps file로 전환할 수 있는 EPS 전용 Plotter를 선택해야 합니다. 작업과정은 AutoCAD에서 직접 문서에 출력하는 방법과 동일합니다. 다만 Printer(or Plotter)를 컴퓨터와 연결된 Printer(or Plotter)가 아닌 EPS File을 생성할 수 있는 EPS Plotter에서 진행해야 하며, 해당 Plotter를 설치해야만 합니다.

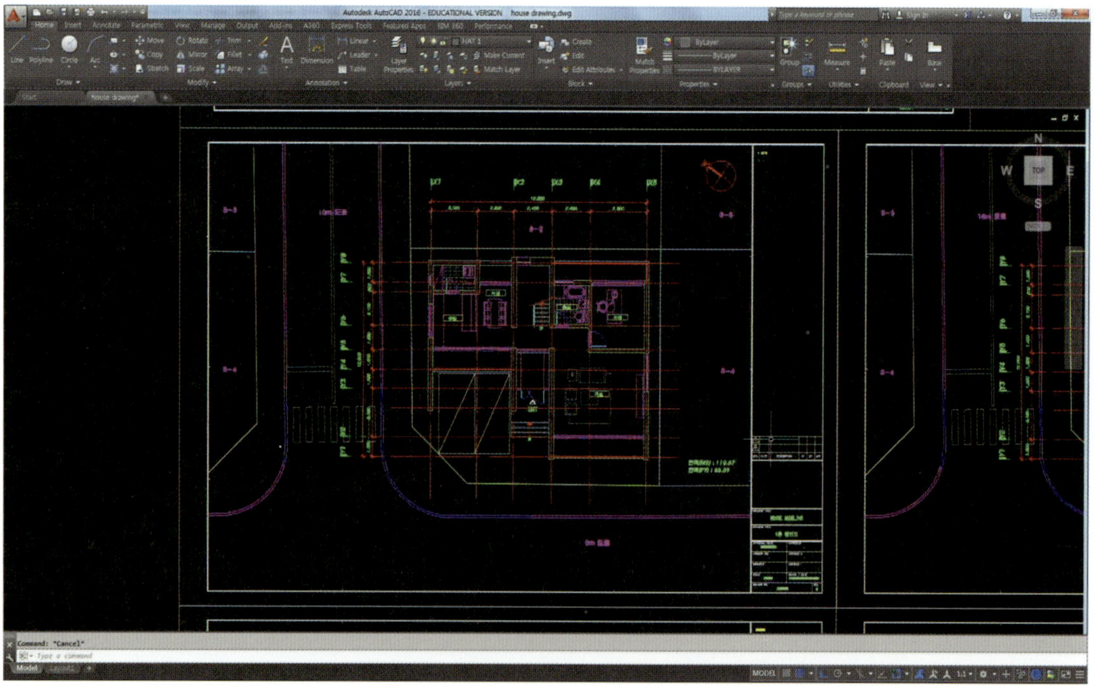

1) Command 상태에서 명령어 Options (단축키: op)를 입력하고 Enter 키를 누릅니다. AutoCAD 빈 영역에 마우스 오른쪽 버튼을 눌러 맨 아래에 있는 Options를 클릭해도 됩니다.

Command: **options** *(단축키 op)*

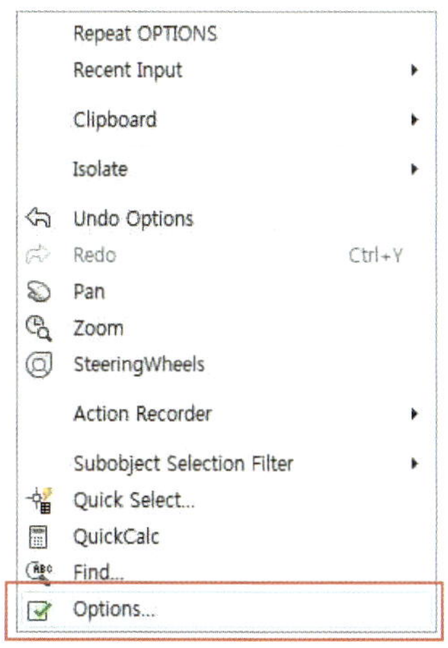

2) Options 다이얼로그가 나타납니다. 우리는 EPS Plotter를 생성해야 하므로 위의 10개의 탭 중 ❶ 'Plot and Publish'을 선택합니다. 그리고 ❷ 'Add or Configure Plotters' 키를 누릅니다.

TIP: 이 다이얼로그는 AutoCAD의 사용자 환경설정으로서, File의 구성과 화면 설정 등 각종 Option 내용을 조정할 수 있습니다.

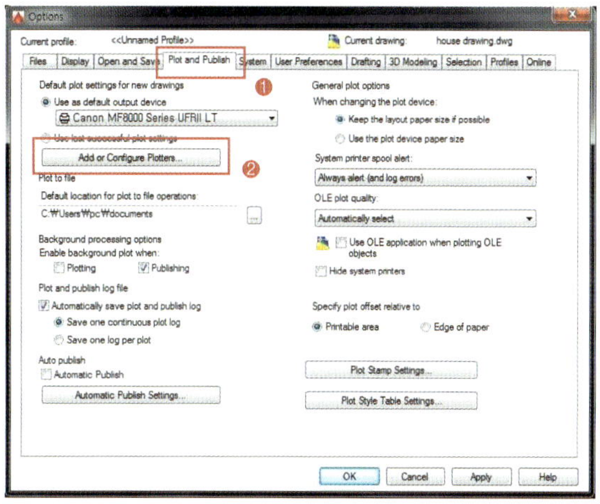

3) 그러면 아래와 같이 플로터를 추가할 수 있는 창이 나타납니다. 아래 표시되어 있는 'Add A-Plotter Wizard (플로터 추가 마법사)'를 더블클릭합니다.

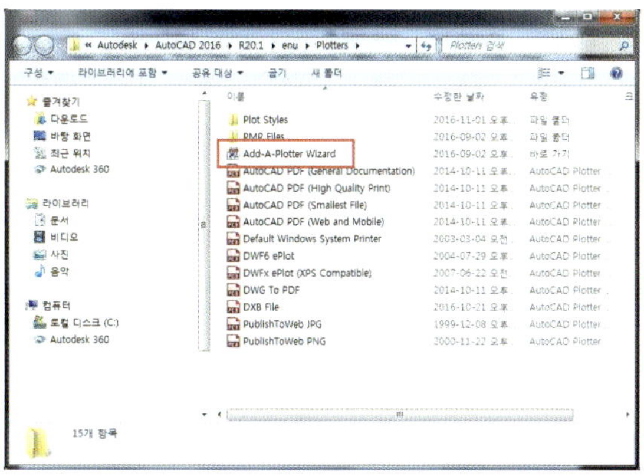

4) 'Introduction Page' 대화상자가 나타나면 '다음'을 클릭합니다.

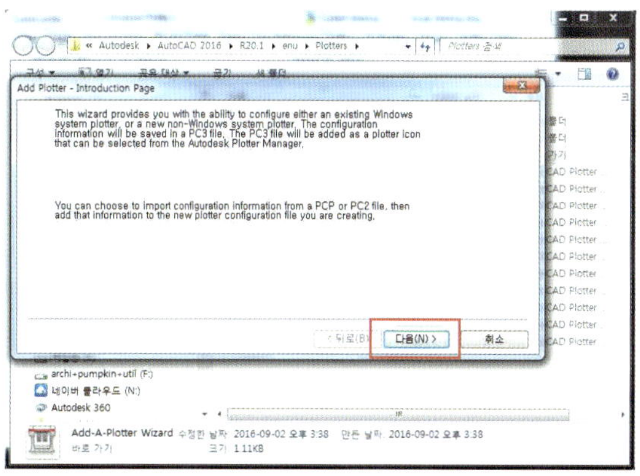

5) 'Begin' 대화상자가 나타나면 'My Computer'를 선택, '다음'을 클릭합니다.

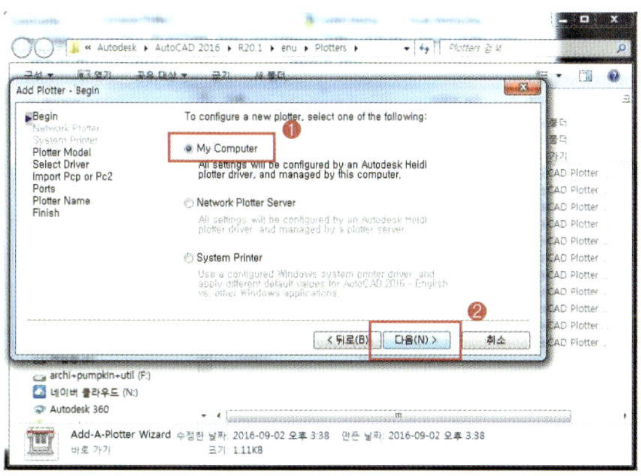

6) 'Plotter Model' 대화상자가 나타나면 '다음'을 클릭합니다.

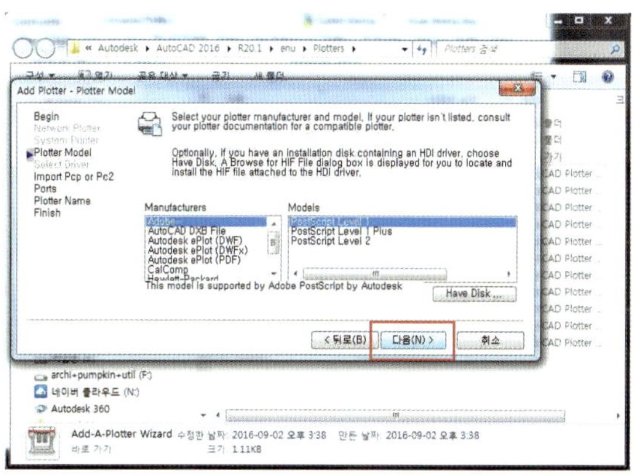

7) ‘Import Pcp or Pc2’ 대화상자가 나타나면 ‘다음’을 클릭합니다.

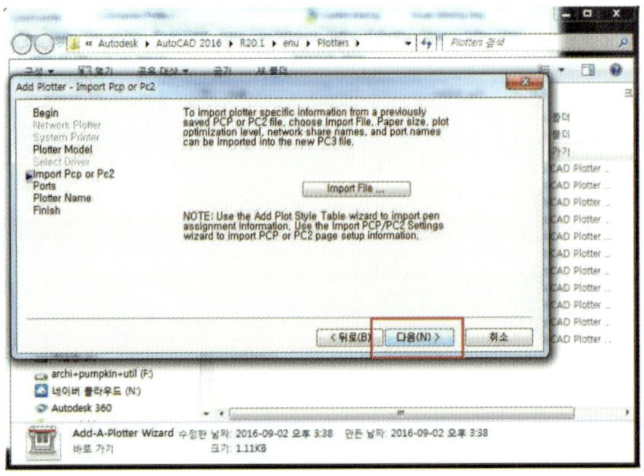

8) ‘Ports’ 대화상자가 나타나면 ‘다음’을 클릭합니다.

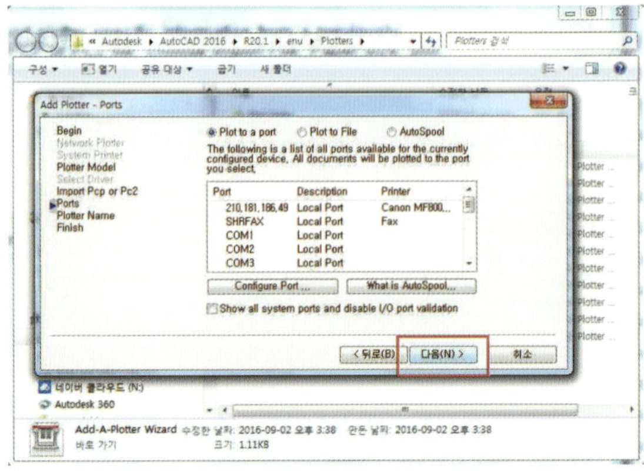

9) ‘Plotter Name’ 대화상자가 나타나면 Plotter Name창에 사용자가 알아볼 수 있도록 기존 이름(PostScript Level 1)을 지우고 ‘EPS Plotter’라고 기입합니다.

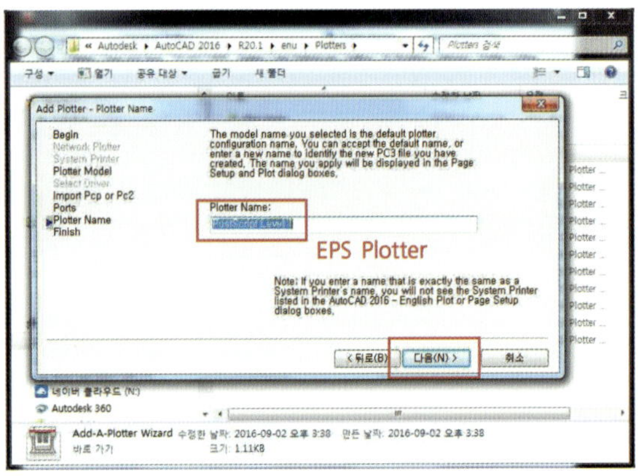

10) ‘Finish’ 대화상자가 나타나면 ‘다음’을 클릭합니다.

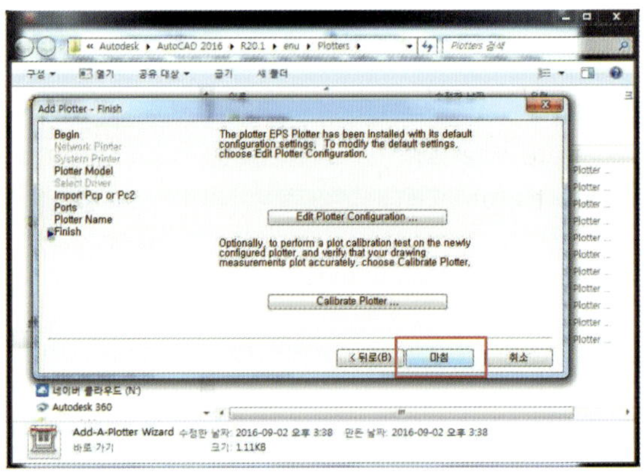

11) 처음 열었던 Plotters 창에 EPS File을 생산할 수 있는 ‘EPS Plotter’가 생성된 것을 확인할 수 있습니다.

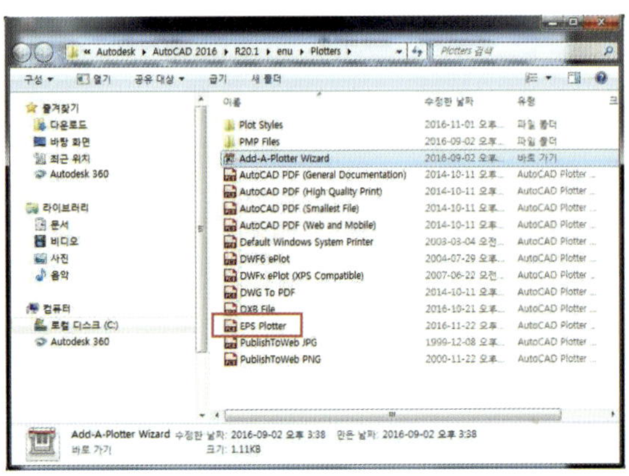

2. EPS File 생성하기

EPS Plotter가 만들어졌다면, 이제 본격적으로 Photoshop 작업을 할 수 있는 *.eps file을 만들어보도록 하겠습니다.

1) AutoCAD의 Command 상태에서 명령어 Plot을 입력하고 Enter 키를 누릅니다. 그러면 아래와 같이 도면을 출력할 수 있는 다이얼로그가 나타납니다.

Command: **plot**

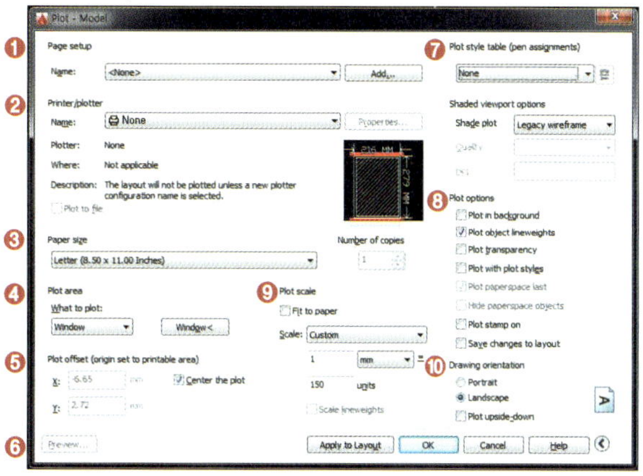

❶ **Page Setup:** 사용자가 출력의 형식을 결정하고, 이것의 이름을 지정하여 Page 설정합니다. 또한 이를 저장하거나 선택합니다.

❷ **Print /plotter:** 출력장치의 이름을 표시하는 창으로, 출력하고자 하는 Printer 또는 Plotter를 선택합니다.

- Plotter: 출력하고자 하는 Device의 이름을 표시합니다.
- Where: 출력 Device의 위치를 표시합니다.
- Description: 출력의 세부적 내용을 표시합니다.
- Plot to File: 도면을 문서로 출력하지 않고 File로 저장하고자 할 때 사용합니다. 출력 Device에 따라 활성화 되거나 비활성화 되며, EPS Plotter 선택 시 *.eps file로 저장해야 하므로 해당 항목은 활성화 됩니다.

❸ **Page size:** 출력하고자 하는 용지의 양식 또는 크기를 선택합니다.

❹ **Plot area:** 출력하고자 하는 영역을 선택합니다.

- Display: AutoCAD 화면에 나타난 상황을 출력합니다.
- Limits: AutoCAD에서 설정한 Limits 범위 안에서 출력합니다.

> *TIP: AutoCAD 작업 시작 전 Limits 설정 변경하지 않았다면 Default 값 <420,297>로 설정되어 있을 것입니다.*

- Window: 출력할 영역을 Window Pickbox를 사용하여 출력하여, 가장 많이 사용됩니다.

❺ **Plot offset** (origin set to printable area)**:** 도면 출력 시 도면의 좌우 또는 위아래의 위치를 결정하거나 도면을 출력 용지의 중심에 위치하도록 조절합니다. 일반적으로 Center the plot 옵션을 선택합니다.

❻ **Preview:** 출력할 도면을 미리보기하여 출력의 상황을 확인할 수 있습니다. 화면의 확대 축소를 통해 내용을 보다 자세히 확인 할 수도 있습니다.

❼ **Plot style table** (pen assignments)**:** 도면 작성 시 객체(선 or 면)의 색상에 따라 선의 유형, 선 가중치 등 변경이 필요한 경우 도면 상황에 적합한 *.ctb File을 만들어 선택합니다.

- None: Applies no plot style table
- acad.ctb: Default plot style table
- Fill Patterns.ctb: 처음 9개 색상을 설정하여 첫 9가지 채움 패턴을 사용하고, 나머지 모든 색상을 객체의 채움 패턴에 사용합니다.
- grayscale.ctb: 객체 색상 전체를 회색으로 출력합니다.
- monochrome.ctb: 객체 색상 전체를 검은색으로 출력합니다.
- screening 100%.ctb: 객체 색상 100% 불투명하게 출력합니다.
- screening 70%.ctb: 객체 색상 70% 불투명하게 출력합니다.
- screening 50%.ctb: 객체 색상 50% 불투명하게 출력합니다.
- screening 25%.ctb: 객체 색상 25% 불투명하게 출력합니다.

❽ **Plot options:** 출력물의 옵션 값을 결정합니다.
❾ **Plot scale:** 출력 시 도면의 스케일 값을 결정합니다. 'Fit to paper' 항목은 도면을 출력용지에 꽉 차게 출력해주는 옵션이며, 도면은 정확한 스케일로 출력하는 것이 필수입니다. 따라서 'Fit to paper'는 특별 상황이 아니라면 선택을 해제해야만 합니다. 또한 스케일 값의 단위는 'inch'가 아닌 'mm'단위를 사용합니다.
❿ **Drawing orientation:** 출력 용지의 방향을 세로방향 또는 가로방향을 결정합니다.
- Portrait: 세로방향으로 도면을 출력합니다.
- Landscape: 가로방향으로 도면을 출력합니다.
- Plot upside-down: 좌우 여백을 바꿔서 출력합니다.

2) Printer/Plotter에서 우리가 만들었던 EPS Plotter를 선택합니다.

TIP: 키보드에서 'E'키를 누르면 'E'로 시작하는 Printer/Plotter Name으로 커서가 직접 선택이 이루어집니다.

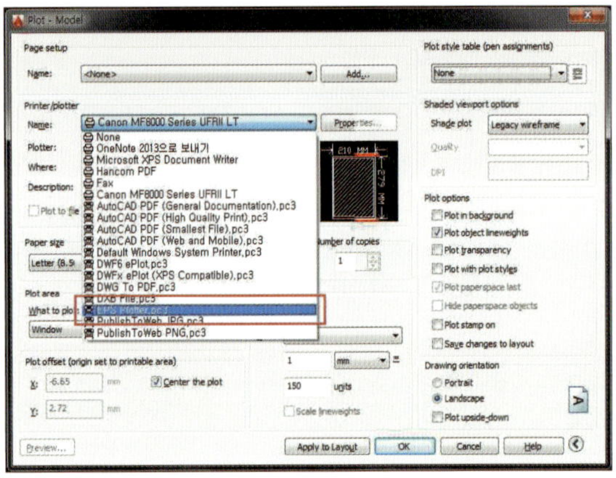

3) 그리고 아래 'description'에서 'Plot to file'를 체크합니다. 우리는 문서로 출력하는 것이 아닌 File을 생성하는 것이기 때문에 반드시 체크해야만 합니다.

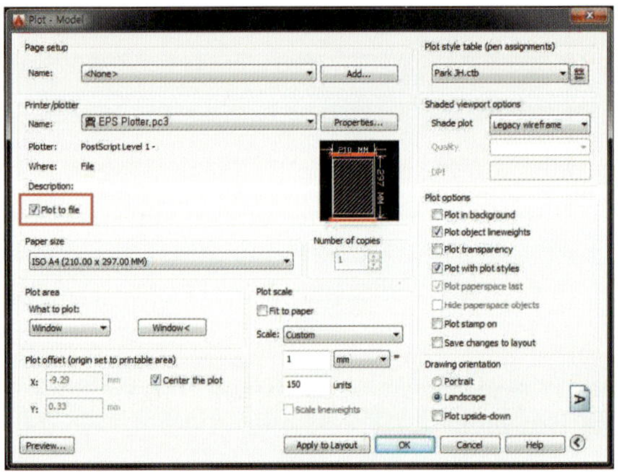

4) 나머지는 문서로 도면을 출력하는 방법과 같은 방법으로 작업합니다.

① 용지 크기 결정 ▶ ② 출력 영역 결정 ▶ ③ 용지 위의 도면 위치 결정(Center the plot 선택) ▶ ④ 미리 설정한 *.ctb File 선택 ▶ ⑤ 도면 스케일 결정(Fit to paper 선택) ▶ ⑥ 용지의 방향 설정 ▶ ⑦ 미리보기 확인 ▶ ⑧ 'OK' 버튼 클릭

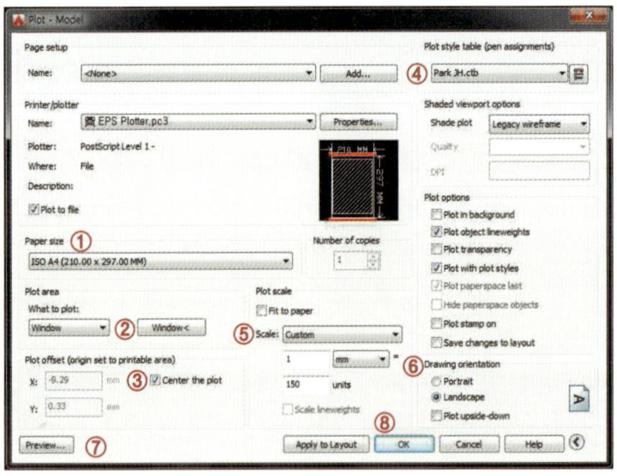

*TIP: Plot style table(pen assignments)에서 *.ctb File 제작하기*

출력할 도면의 선 두께는 사용자의 도면 상황에 알맞게 설정해야만 하며, Plot style table에서는 이 설정 환경을 제공합니다. 또한 이 File은 출력기가 연결되어 있는 컴퓨터에 저장되어야 도면 출력 시 활용이 가능하므로, 사용자는 항상 휴대하여야 합니다. (usb, e-mail 등)

*지금부터 *.ctb File을 제작해 보도록 하겠습니다.*

❶ Command에서 Plot을 입력하여 출력 다이얼로그를 나타냅니다. 그리고 오른쪽 위 Plot style table에서 New를 선택합니다.

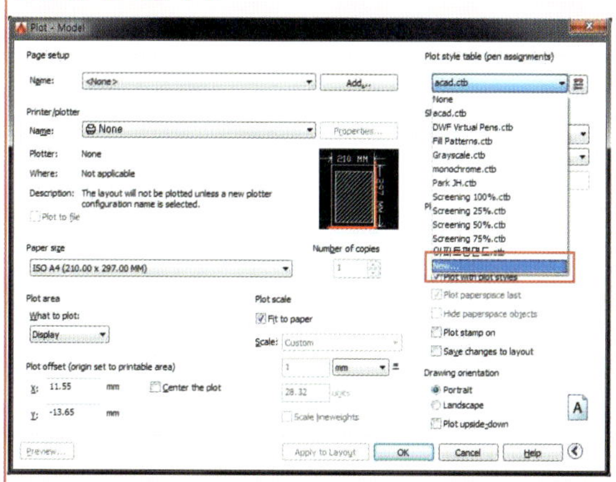

❷ 'Begin' 대화상자가 나타나면 'Start from scratch'를 선택하고 '다음'을 클릭합니다. 'Start from scratch'는 Plot style table을 처음부터 새로 시작하는 의미입니다.

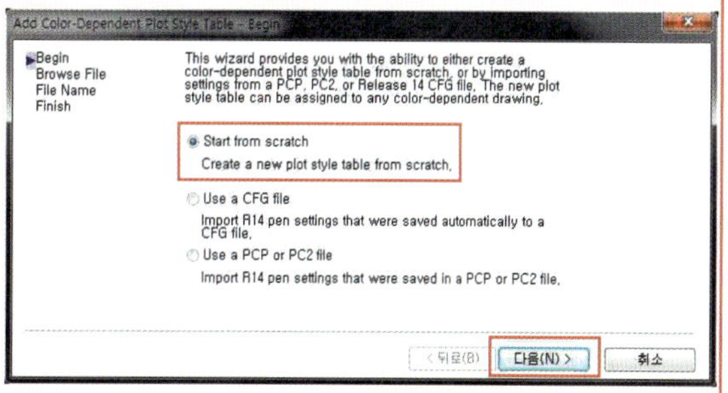

*❸ 'File Name' 대화상자가 나타나면 *.ctb File의 이름을 사용자가 알아볼 수 있는 고유의 이름으로 입력합니다. (Park JH)*

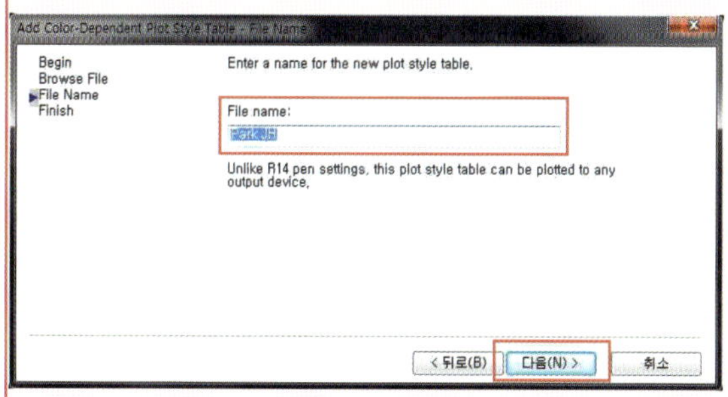

❹ 'Finish' 대화상자가 나타나면 'Plot Style Table Editor'를 클릭합니다.

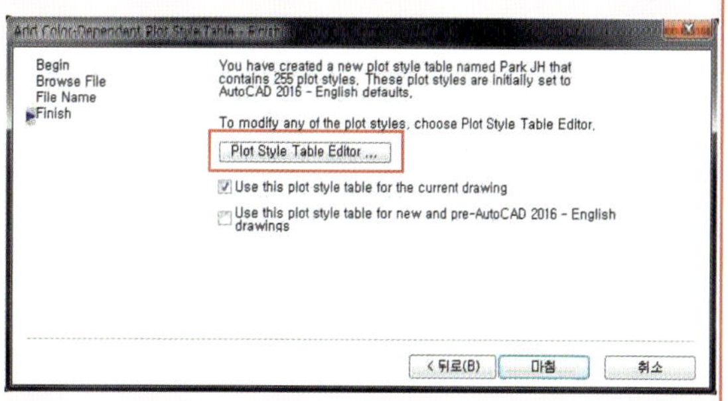

❺ 'Plot Style Table Editor - Park JH.ctb'라는 다이얼로그가 나타납니다. 이곳에서 각 객체별 선두께 등을 설정합니다.

- Plot style: AutoCAD는 총 255가지의 색상을 지원합니다. 이 색상들 중 선두께를 활용할 색상들을 선택합니다.

- Properties: 선의 색상(Color)과 선두께(Lineweight)를 지정합니다. 도면은 모두 흑백이므로 색상은 검은색으로 지정하며, 선두께는 Plot style에서 선택한 색상에 각각의 선두께를 입력합니다.

설정이 마무리 되면 'Save & Close'를 누릅니다.

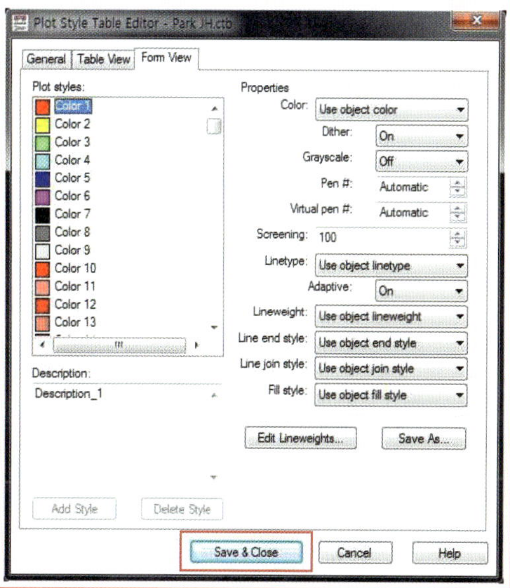

❻ 'Finish' 대화상자로 돌아와서 '마침'을 클릭합니다.

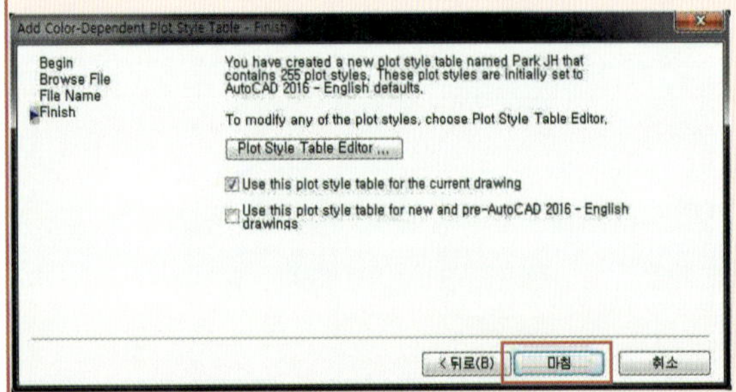

❼ 출력 다이얼로그의 오른쪽 위 Plot style table을 자세히 보면 우리가 만든 'Park JH.ctb' File이 나타난 것을 볼 수 있습니다. 이 File을 편집하기 원한다면 오른쪽 'Edit' 버튼을 클릭하면 Plot Style Table Editor - Park JH.ctb' 다이얼로그로 들어가게 되며 이곳에서 편집 후 'Save & Close'를 누르면 됩니다.

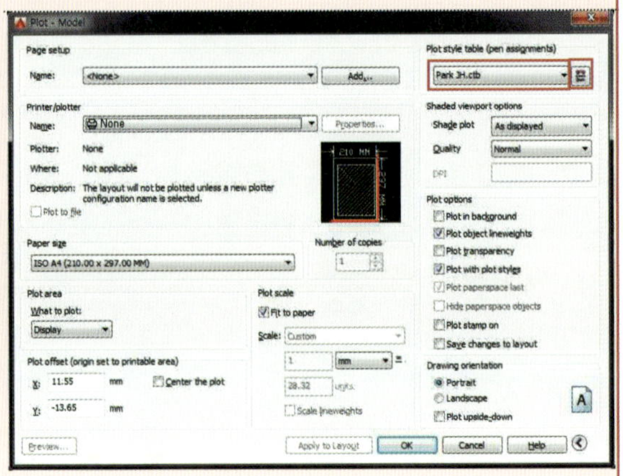

❽ 제작한 Park JH.ctb File을 휴대하기 위해서 usb나 e-mail에 저장하려면 이 File의 위치를 찾아야 합니다.
AutoCAD Application Menu (응용 프로그램 메뉴) > Print > Manage Plot Style을 클릭합니다.

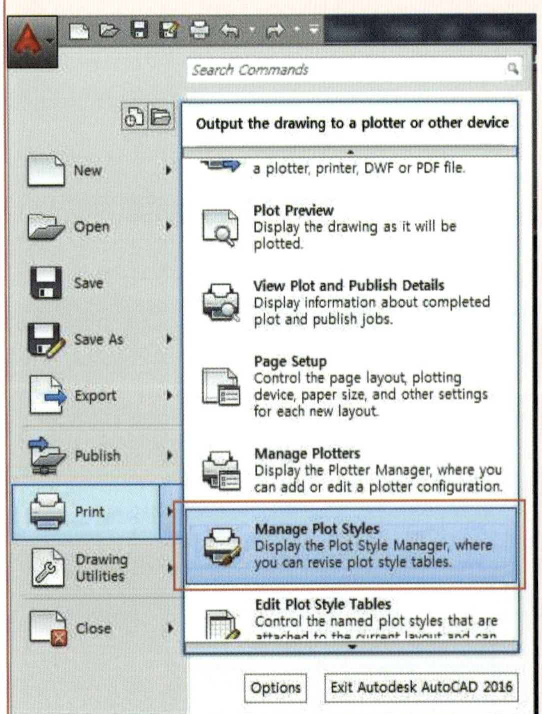

❾ 'Plot Style 창에 우리가 제작한 'Park JH.ctb' 을 볼 수 있습니다.

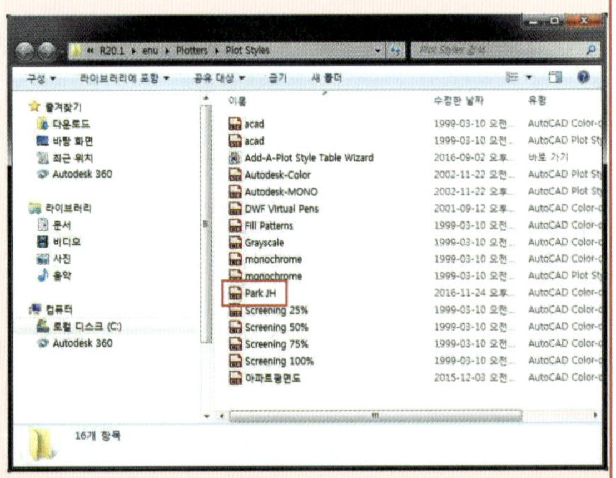

STEP 02 평면 Presentation 실습하기

1. EPS File 만들기

Photoshop을 활용한 도면 Presentation을 실습하도록 하겠습니다. AutoCAD에서 아래의 파일을 열어줍니다. 'Part 02. SketchUp Modeling'에서 건축 모델링했었던 단독주택의 도면입니다. 이 중에서 1층 평면도를 *.eps file로 전환해보도록 하겠습니다.

file: 03-photoshop sample/ 02-house drawing.dwg

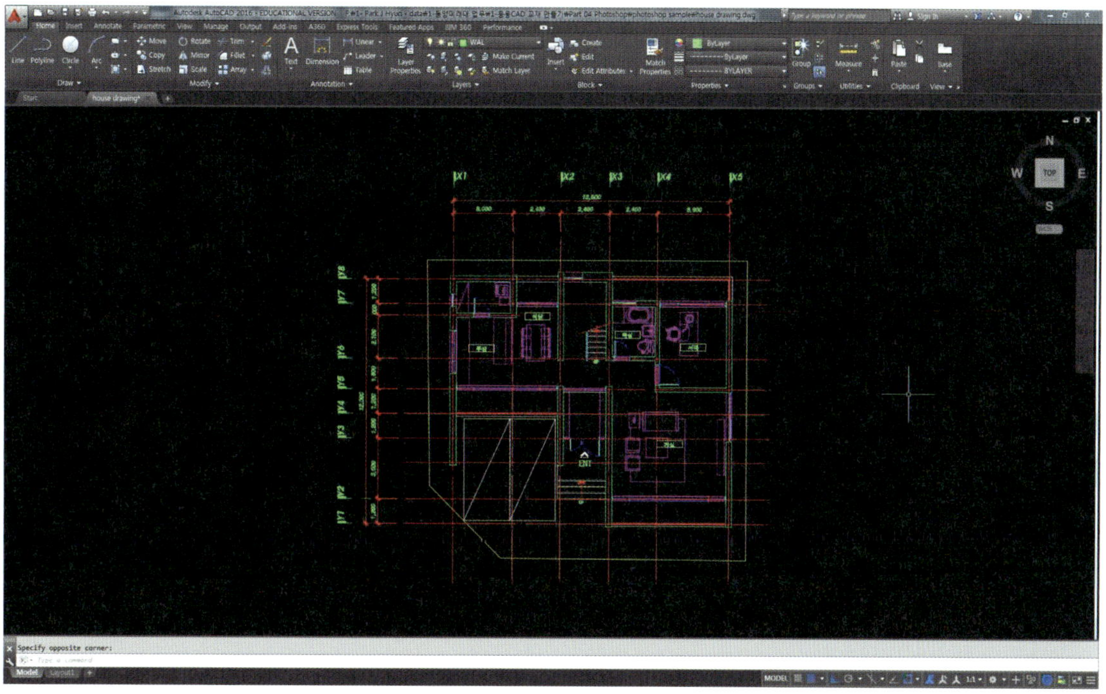

1) Command 상태에서 명령어 Plot을 입력하여 출력 다이얼로그를 열어줍니다. ❶ Print/plotter에서 'EPS Plotter.pc3'를 선택, ❷ Plot to file 체크, ❸ Paper size는 ISO A3 선택(해당 도면은 A3, 1:100 스케일의 Drawing sheet로 작업되었습니다.), ❹ Window 버튼을 클릭합니다.

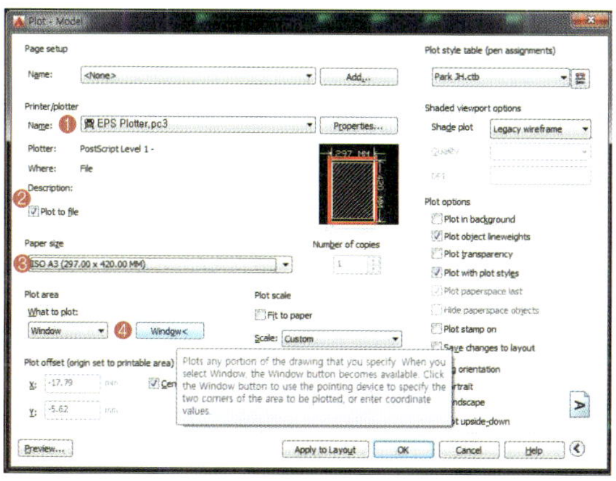

2) AutoCAD 화면으로 전환 되면, 도면의 왼쪽 위 가장자리를 클릭한 후 오른쪽 아래 가장자리를 클릭하여 프린트할 영역을 설정합니다.

3) ❶ Plot style table에서 'Park JH.ctb'를 선택, ❷ 1:100 스케일을 입력, ❸ 미리보기를 하여 도면을 확인한 후, ❹ OK 버튼을 클릭합니다.

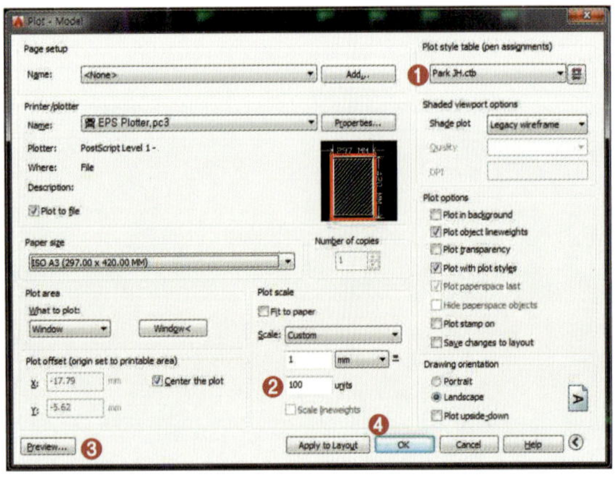

4) File을 저장할 수 있는 경로창이 나타나며 원하는 경로를 설정 한 후 File name을 'house _ 1 Floor plan'이라고 입력 후 저장합니다. 만약 아래와 같은 저장 경로가 나타나지 않는다면, 출력 다이얼로그에서 'Plot to file'을 체크하지 않았기 때문입니다.

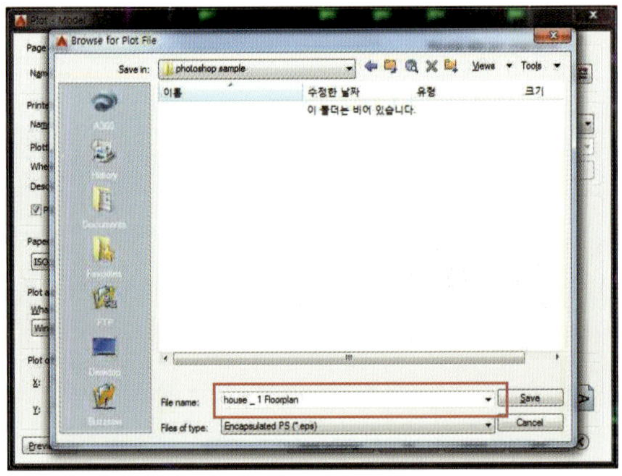

5) 저장한 파일을 Photoshop에서 Open하도록 하겠습니다. 풀다운 메뉴 File > Open을 클릭하거나 단축키 Ctrl + O를 누릅니다. 바탕화면을 더블클릭하여도 Open 창이 나타납니다.

Open 창을 확인해 보면 생성한 'house _ 1 Floor plan.eps' File을 확인할 수 있습니다. 선택 후 열기 버튼을 클릭합니다.

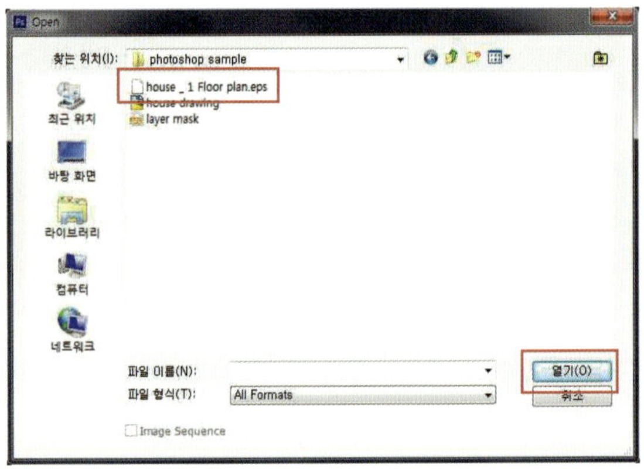

6) 아래 그림과 같이 'Rasterize EPS Format' 대화상자가 나타납니다. 이 File을 A3 용지에 출력하였으므로, Image Size는 A3 크기가 입력되어 있습니다. Resolution(dpi) 값은 300dpi로 지정, Mode는 RGB Color로 지정합니다. 그리고 'OK' 버튼을 클릭합니다.

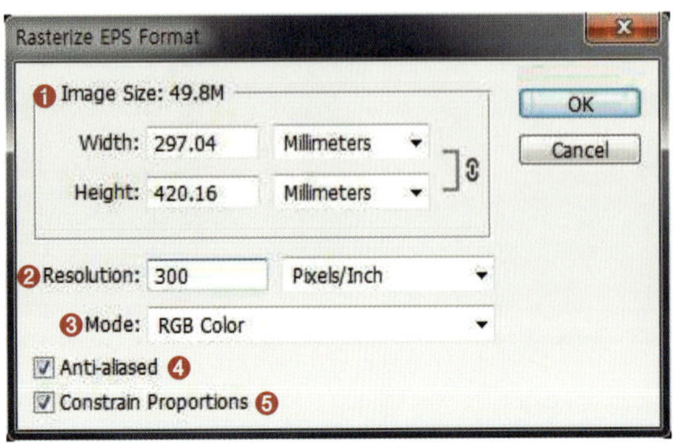

TIP: 'Rasterize EPS Format' 대화상자는 Open하고자 할 이미지의 기본적인 속성을 입력할 수 있는 다이얼로그입니다.

❶ Image Size: 해당 이미지의 저장 용량과 가로세로 크기를 조절합니다.

❷ Resolution: 이미지의 해상도를 결정합니다. 150~300dpi 정도를 입력합니다.

❸ Mode: 이미지 모드를 결정합니다. 칼라이미지는 RGB와 CMYK Color를 사용합니다.

❹ Anti-aliased: 이미지의 곡선 부분이 계단형식으로 깨어지는 현상을 방지해주는 기능입니다.

❺ Constrain Proportions: 이미지 사이즈 변경 시 가로세로 비율이 유지됩니다.

7) 1층 평면도가 나타났습니다. 바탕의 체스모양은 바탕이 투명함을 의미합니다. 다시 말해 현재 작업창에 올라있는 'Layer 1' 레이어에는 도면 말고 아무것도 없다는 의미가 됩니다.

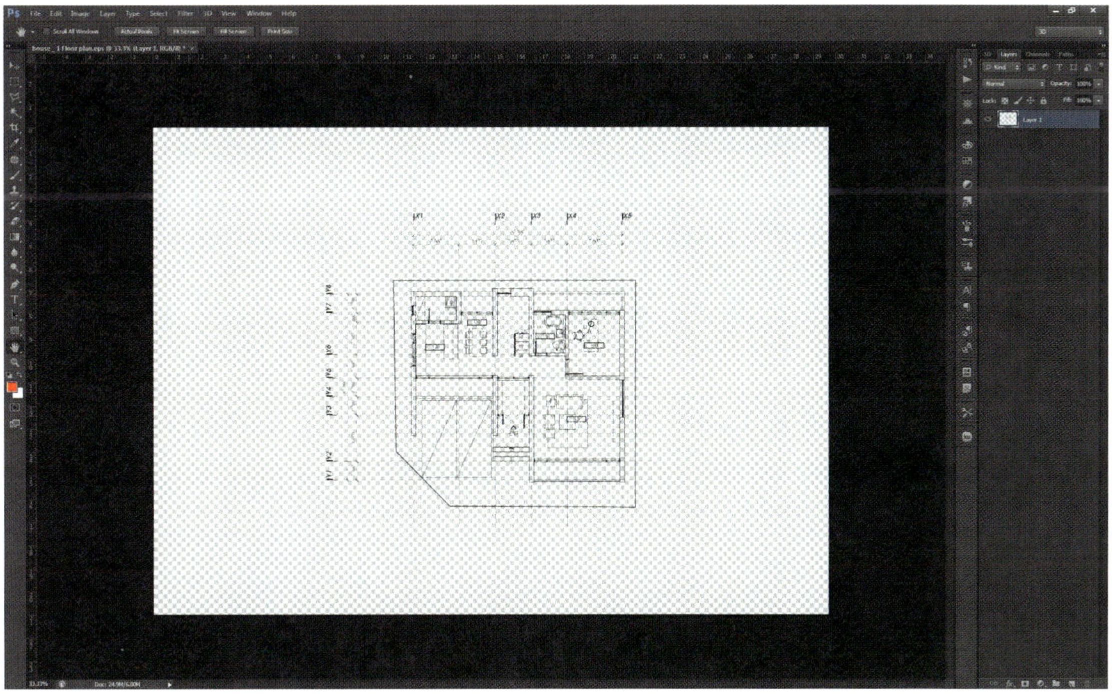

8) 작업과정에서 체스모양은 시야에 방해가 됩니다. 따라서 새 레이어를 만들어 바탕에 흰색을 채워 도면의 가시성을 높여주겠습니다. 풀다운 메뉴 Layer > New > Layer (Shift + Ctrl +N)를 클릭합니다. 새 레이어의 이름을 'background'라고 작성하고 'OK' 버튼을 누릅니다.

TIP: 레이어 패널 제일 아래 옵션 메뉴 중 제일 오른쪽에서 두 번째 위치에 'Create a new layer'를 클릭하면 신속한 새 레이어 생성이 이루어집니다.

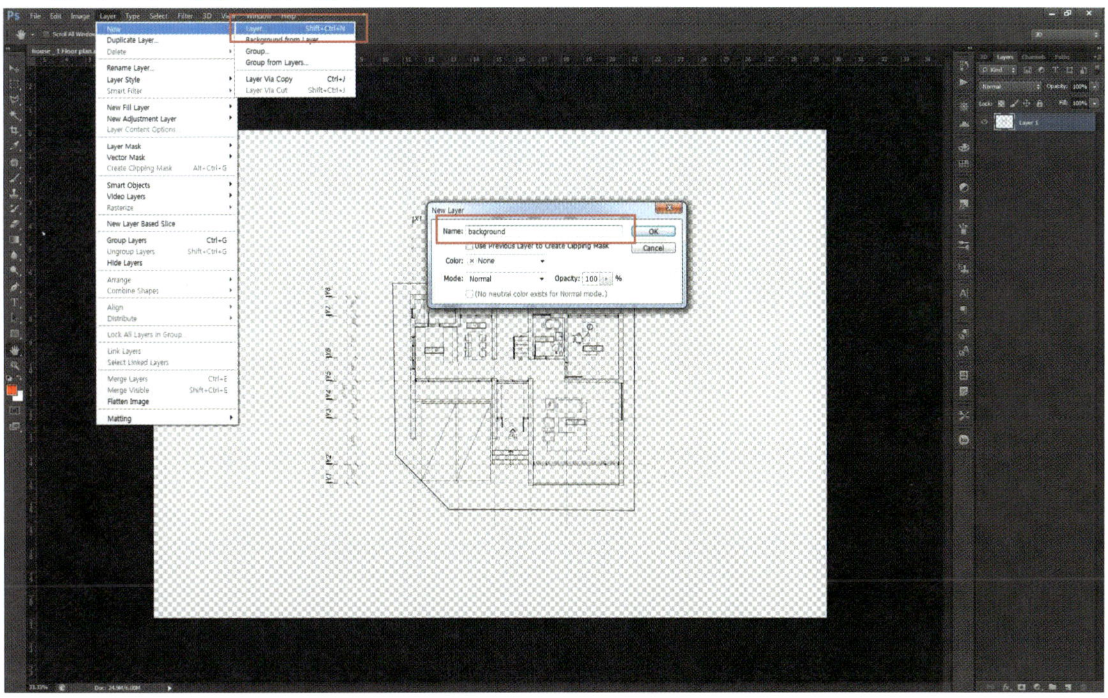

9) 풀다운 메뉴 Edit > Fill을 클릭합니다. 그리고 나타나는 Fill 다이얼로그에서 Contents의 Use를 'White'로 둔 상태에서 'OK' 버튼을 클릭합니다.

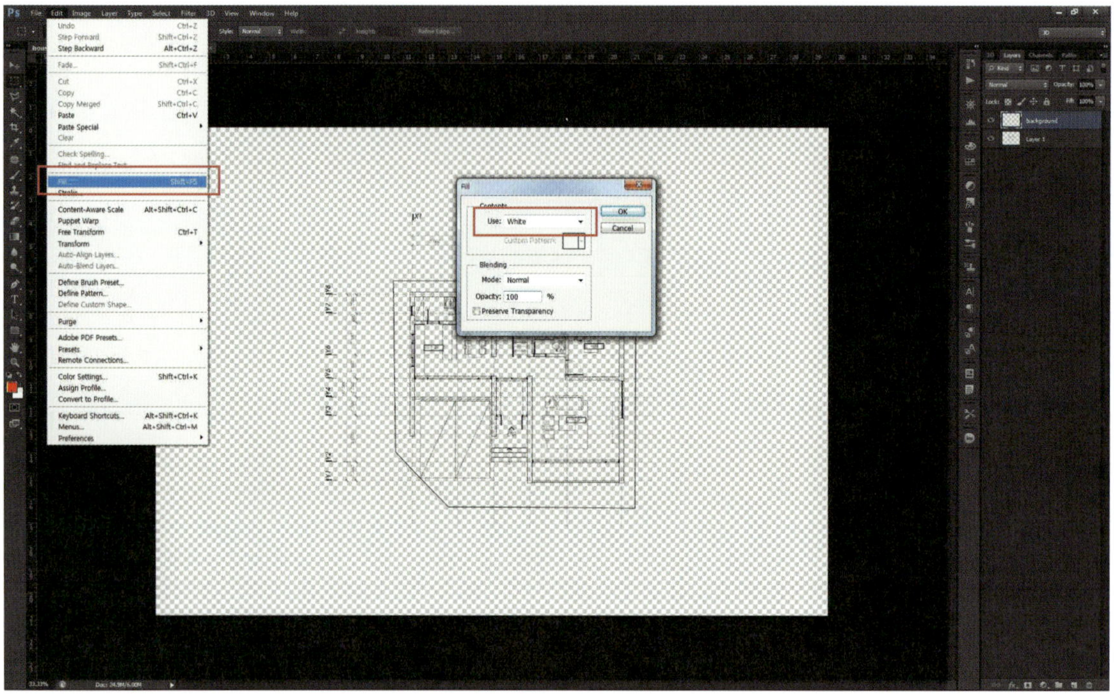

10) 'background' 레이어는 'Layer 1' 레이어 아래로 옮깁니다. 그러면 흰색 바탕 위에 놓여진 도면이 훨신 더 가시성이 높아집니다. 'Layer 1' 레이어는 레이어 이름을 더블클릭하여 'drawing'으로 이름을 바꿔줍니다. 작업 중 레이어가 많아졌을 때, 쉽게 해당 레이어를 찾기 위한 방법입니다.

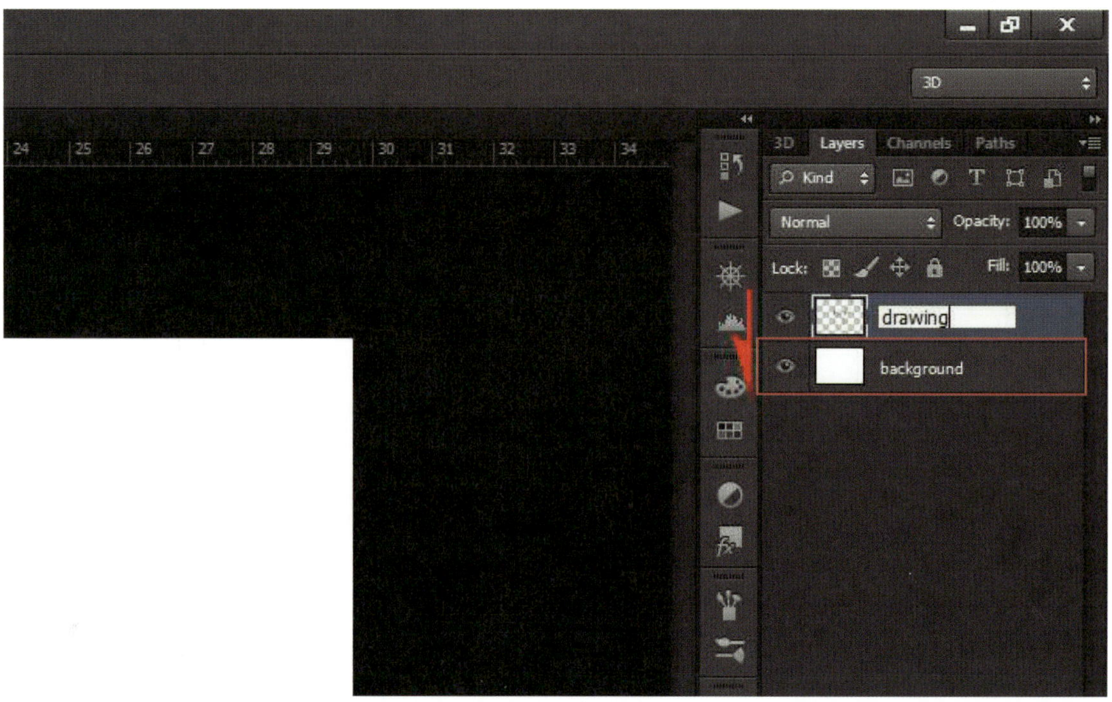

2. 평면도 Presentation 하기

도면을 채색하기 위한 준비가 완료되었습니다. 이제부터 본격적으로 Photoshop을 활용한 Presentation 방법을 단계적으로 진행해 보도록 하겠습니다.

TIP: Photoshop을 활용한 도면 Presentation 작업에서 가장 중요한 것은 레이어의 관리입니다. 도면채색의 각 항목마다 새 레이어를 생성하고, 필요에 따라 레이어를 삭제 또는 추가하여 작업과정 중 언제든 원상복구가 가능하도록 해야 하는 것입니다. (Photoshop의 History는 20단계로 설정되어있기 때문입니다.) 이러한 관리로 하여금 작업과정이 실용적이어야 합니다.

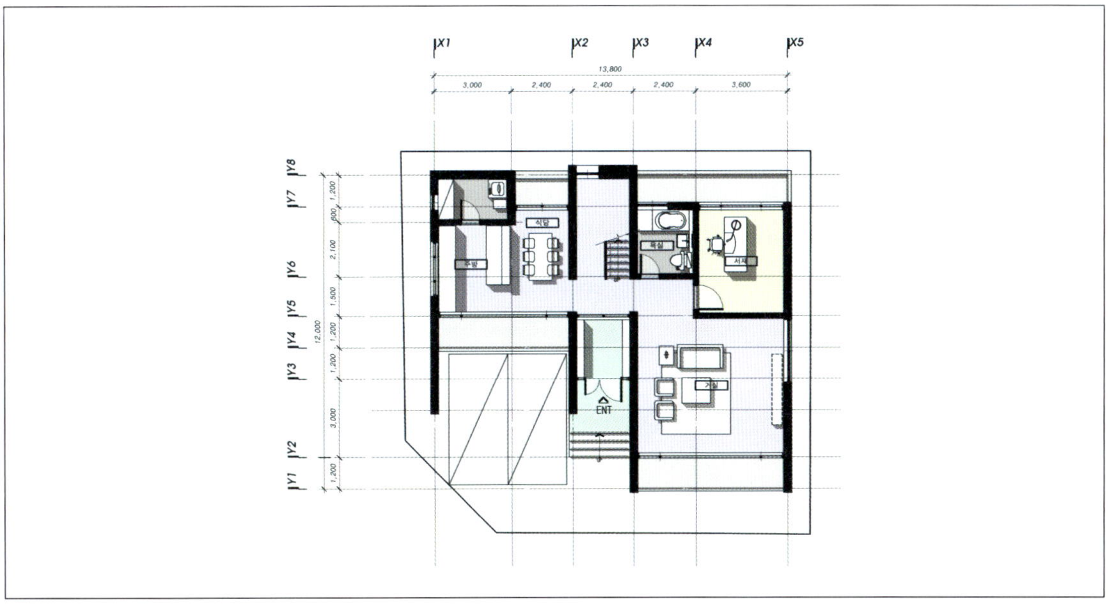

* 벽체 (wall)

1) 레이어 패널 아래 'Create a new layer'를 클릭하여 새 레이어를 생성합니다. 그리고 해당 레이어를 'wall' 레이어 아래에 위치하며, 이름을 'wall'이라고 변경합니다.

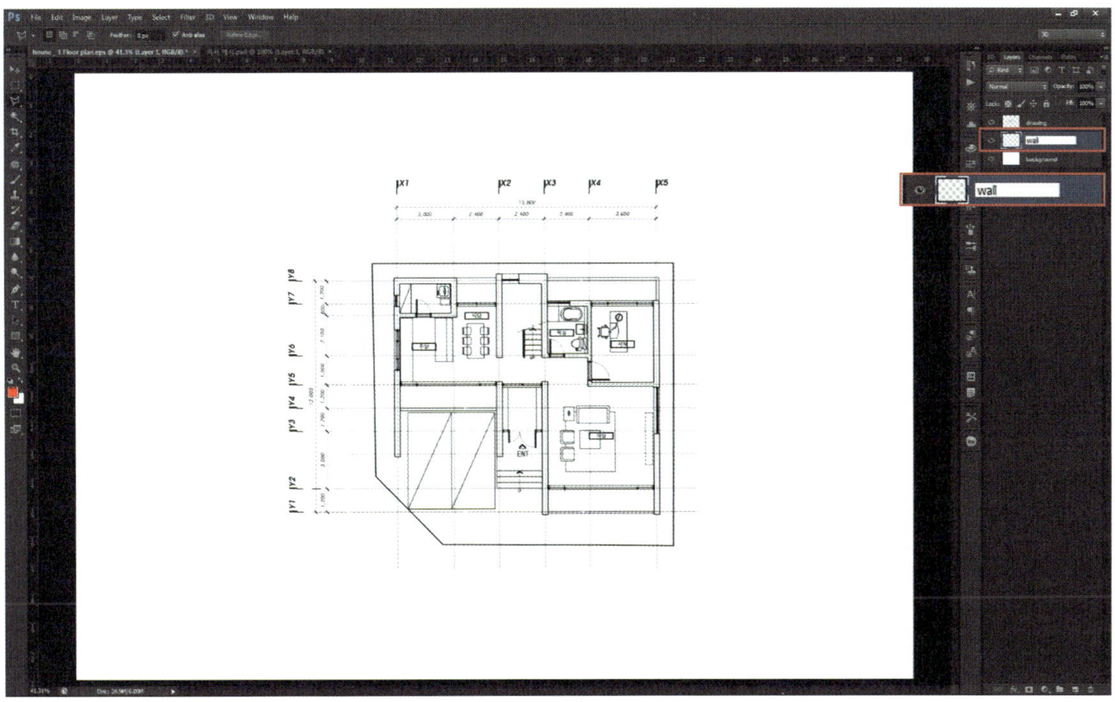

2) 레이어 패널에서 'wall' 레이어를 선택하고, 도구패널에서는 'Rectangular Marquee Tool' 을 선택하여 벽체(red line)를 선택합니다.

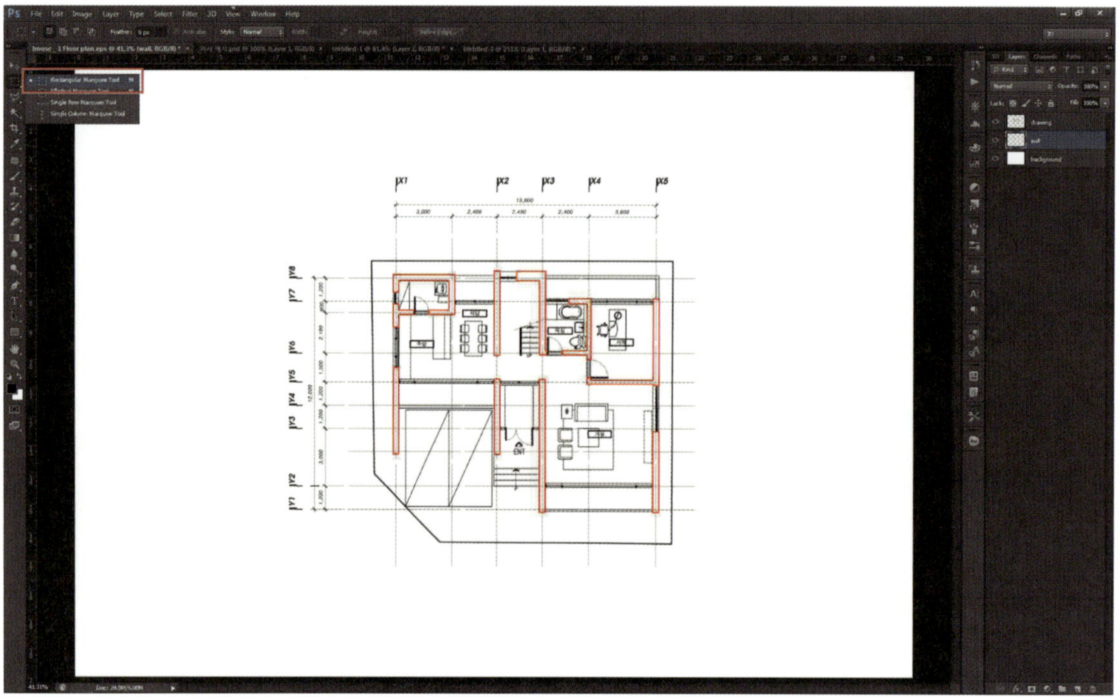

3) 선택한 영역을 검은색으로 채색하겠습니다. 도구패널 아래에 위치한 전경색(foreground color) 를 클릭하여 검은색을 선택합니다. 그리고 'Paint Bucket Tool' 을 선택하여 채색을 위해 선택한 영역에 클릭합니다.

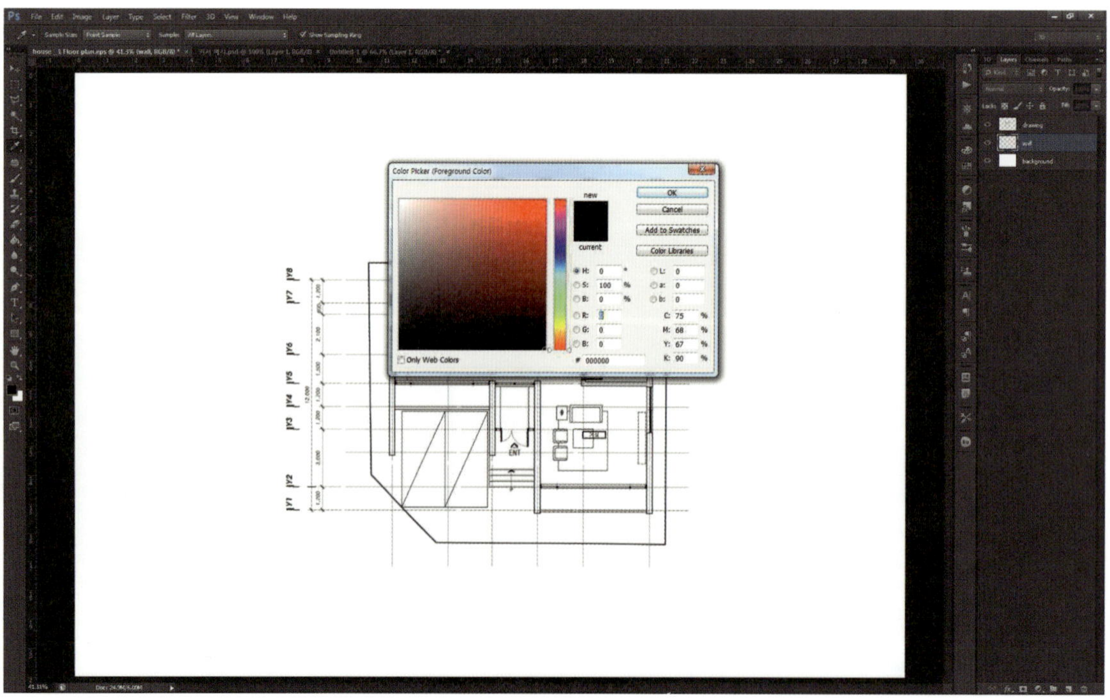

* 실별 바닥 (room_floor)

4) 새 레이어를 만들어 이름을 '서재'라고 바꿔줍니다. 그리고 'Rectangular Marquee Tool' 을 클릭하여 서재의 바닥(red line)을 선택합니다.

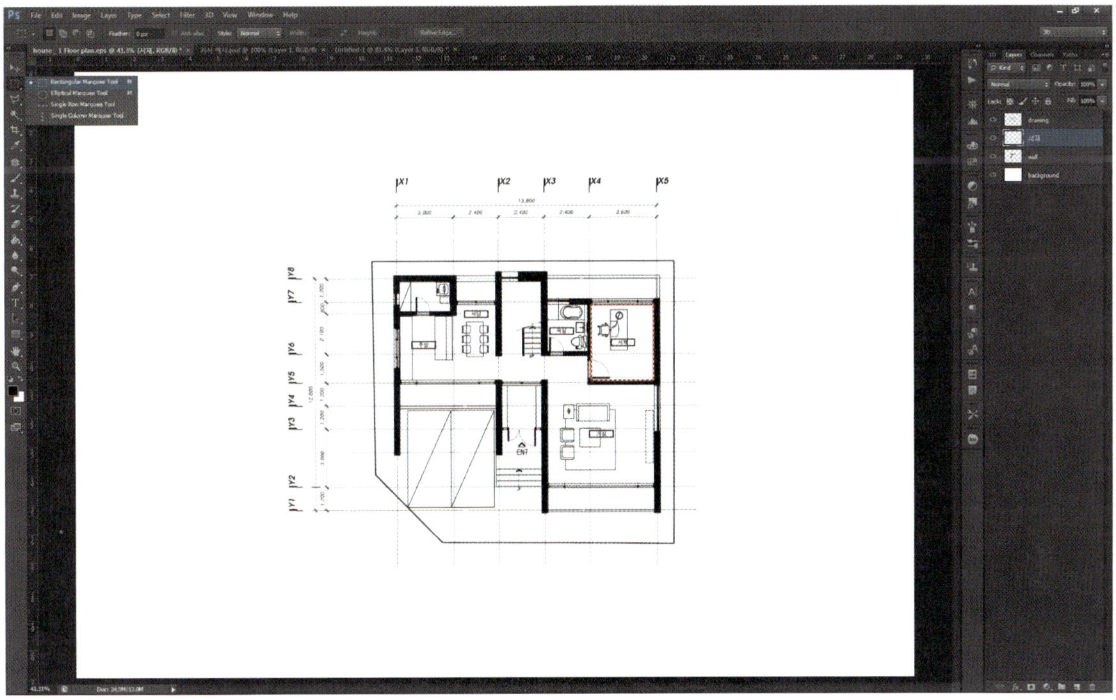

5) 도구패널 아래에 위치한 전경색(foreground color) 를 클릭하여 아래 그림과 같이 베이지 색상을 선택합니다. 그리고 'Paint Bucket Tool' 을 선택하여 선택한 영역에 클릭합니다.

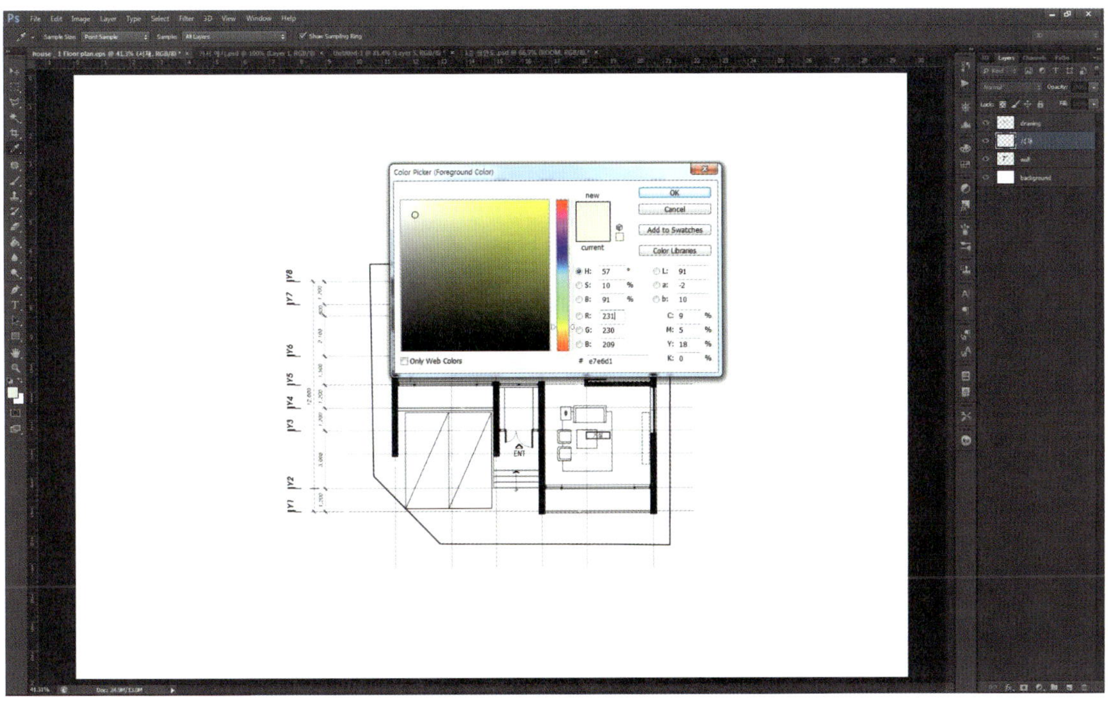

6) 아래 그림과 같이 동일한 방법으로 각 실별 레이어를 만들고 각 레이어에 해당 실별 채색을 합니다.

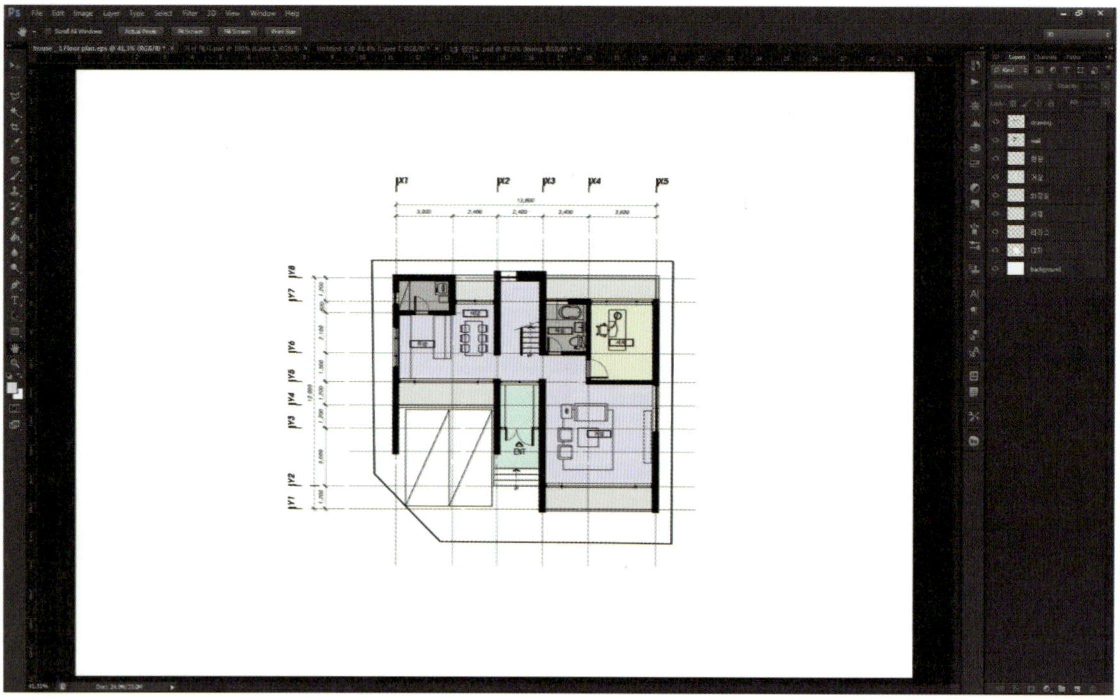

***TIP:** 선택영역에 채색을 하기 위해 'Paint Bucket Tool' 을 활용하기도 하지만 아래와 같은 단축키를 활용하기도 합니다.*

- Alt + Delete : 전경색(Foreground Color) / Ctrl + Delete : 배경색(Background Color)

* 가구 채색 (furniture)

7) 새 레이어를 만들어 레이어의 이름을 'furniture'라고 바꿔줍니다. 그리고 도구패널에서 'Rectangular Marquee Tool' 과 'Polygonal Lasso Tool' 을 혼용하여 가구영역을 선택합니다.(red line)

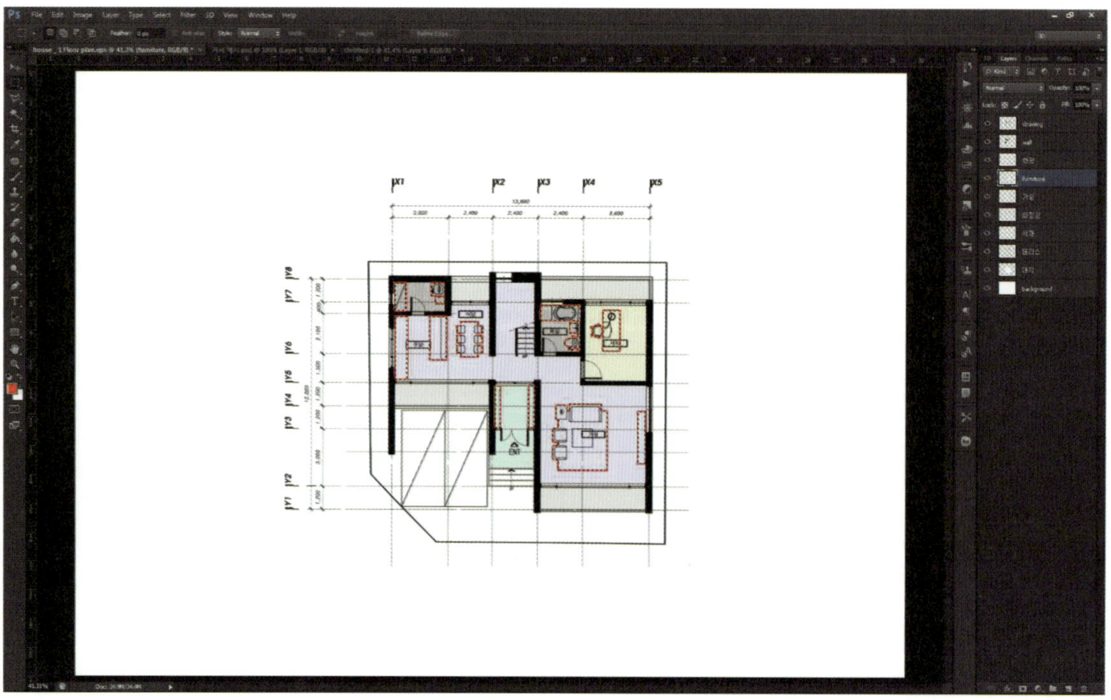

8) 가구에 그림자를 표현하도록 하겠습니다. Photoshop을 활용한 Presentation에서 그림자 표현은 2차원적 도면에 볼륨감을 부여할 수 있는 아주 중요한 작업입니다. 'furniture' 레이어에 마우스를 올려놓고 오른쪽 버튼을 눌러 'Duplicate Layer'를 클릭합니다. 그러면 레이어를 복사할 수 있는 창이 나타나며 레이어의 이름을 'furniture shadow'라고 바꿔주겠습니다.

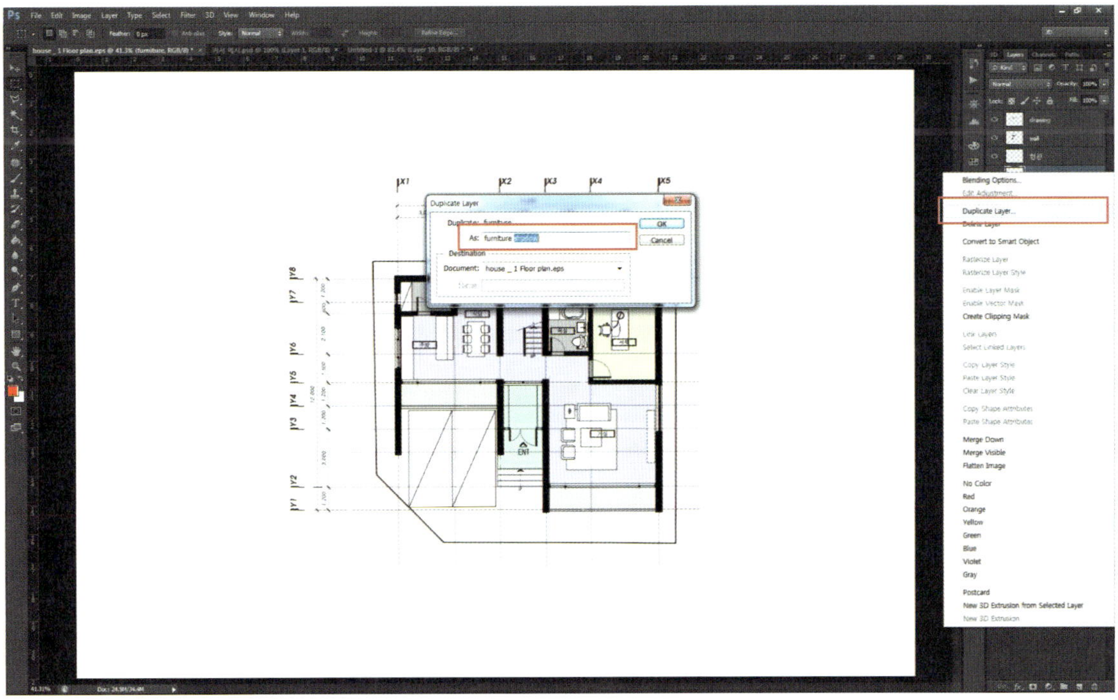

TIP: 그림자 표현을 위한 기능으로 'Layer Effect'가 있습니다만, 이 기능은 레이어에 의한 그림자표현으로써, 도면 내용을 표현하기에 적합하지 않습니다. 따라서 그림자는 도면을 파악하여 직접 그리는 편이 좋습니다.

9) 'furniture shadow' 레이어를 선택한 후, 풀다운 메뉴 Image > Adjustment > Hue/Saturation을 클릭합니다. 그러면 색조/채도를 조절할 수 있는 창이 나타나며, 가장 아래에 있는 'Lightness'를 -100으로 조절합니다. 그러면 가구들이 검은색으로 바뀐 것을 볼 수 있습니다.

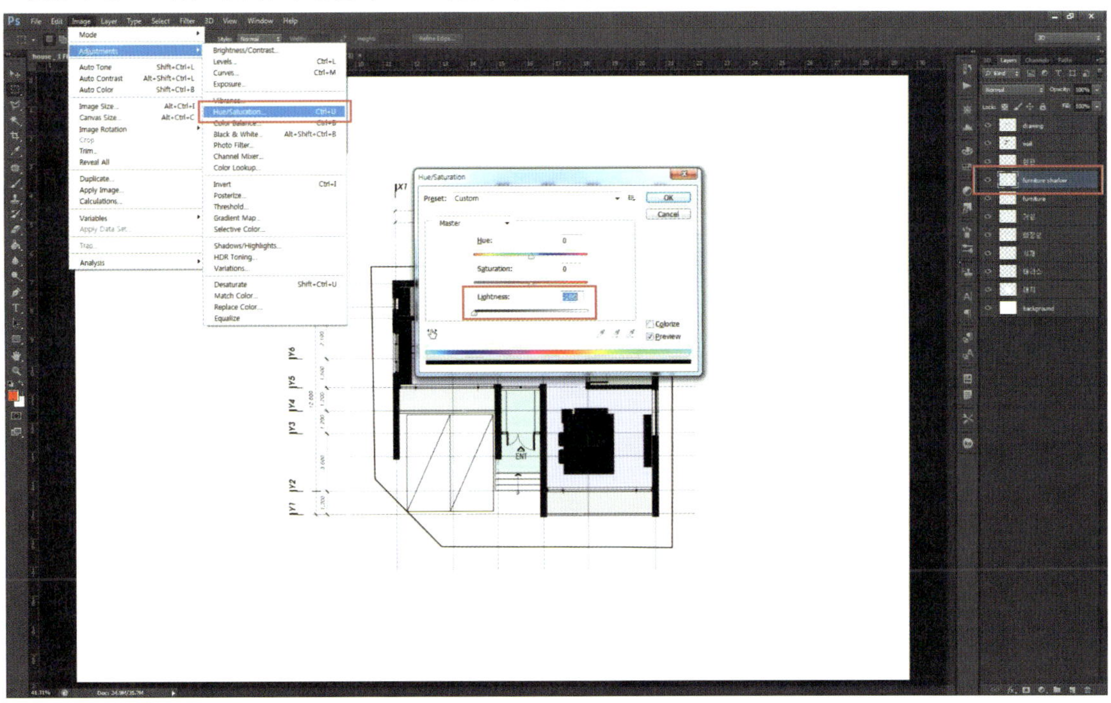

10) 'furniture shadow' 레이어를 선택한 후, 도구패널에서 'Move Tool' 을 선택하고 Shift 키를 누른 상태에서 대각선으로 약간 옮겨줍니다.

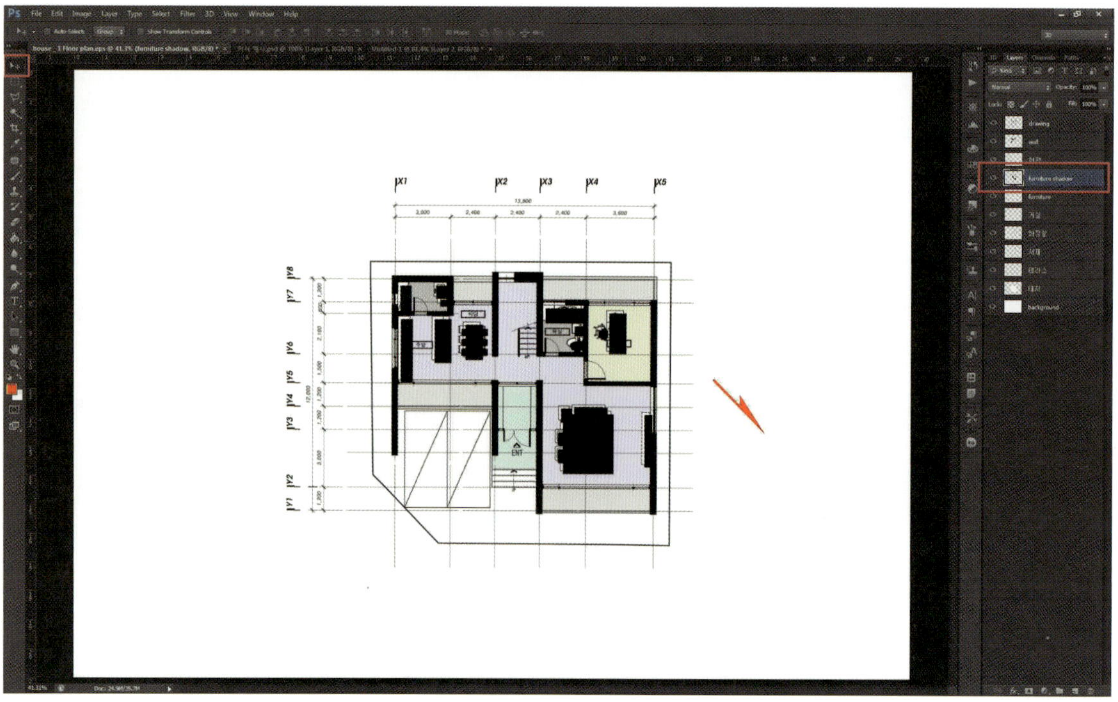

TIP: Photoshop에서 'Move Tool'을 이용하여 이동할 때, Shift 키를 활용하면 수직, 수평, 45도 대각선으로 이동할 수 있습니다.

11) 'furniture shadow' 레이어를 선택한 후, 레이어의 Opacity를 40%로 낮추어줍니다. 그러면 레이어 자체가 40%의 수준으로 투명도를 갖게 됩니다.

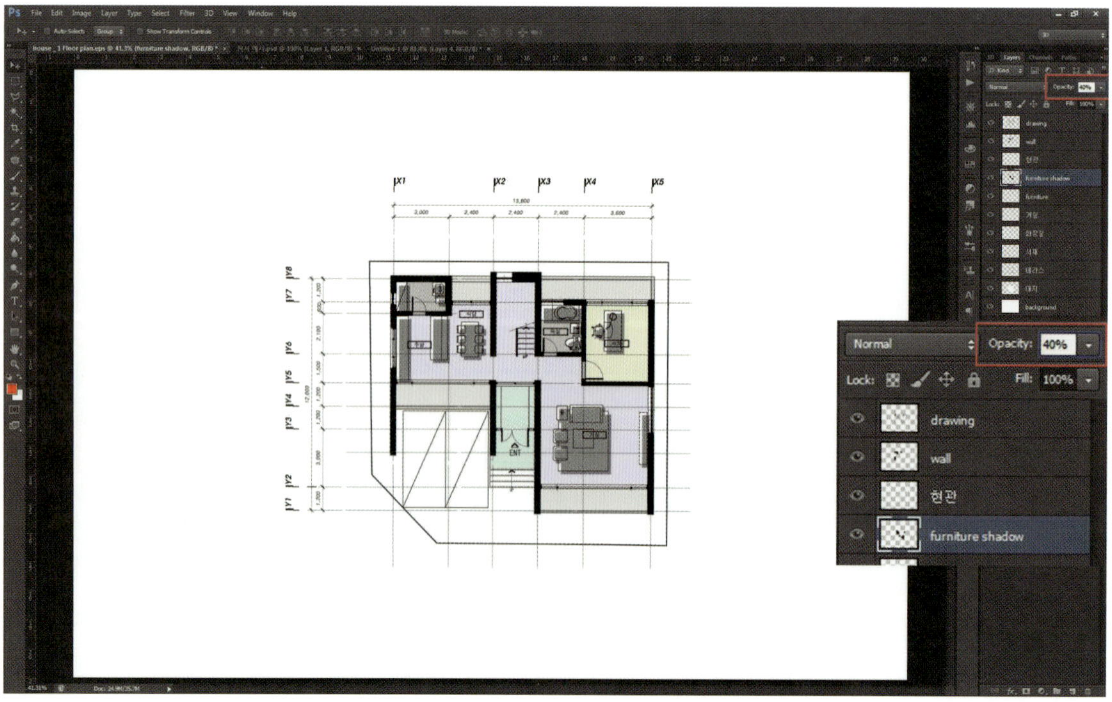

12) 'furniture shadow' 레이어를 'furniture' 레이어 아래로 이동시킵니다. 그러면 가구 밑에 자연스럽게 그림자가 형성되는 모습을 볼 수 있습니다.

13) 그러나 자세히 살펴보면 그림자가 형성되지 않아야 할 부분과 가구 위로 떨어지는 그림자, 그리고 가구의 높이 차이에 따른 분별적인 그림자 길이가 나타나지 않는 것을 관찰할 수 있습니다.(red shape) 이 경우는 그림자 레이어를 따로 생성하여 'furniture' 레이어 위에 올려놓아야 할 것입니다.

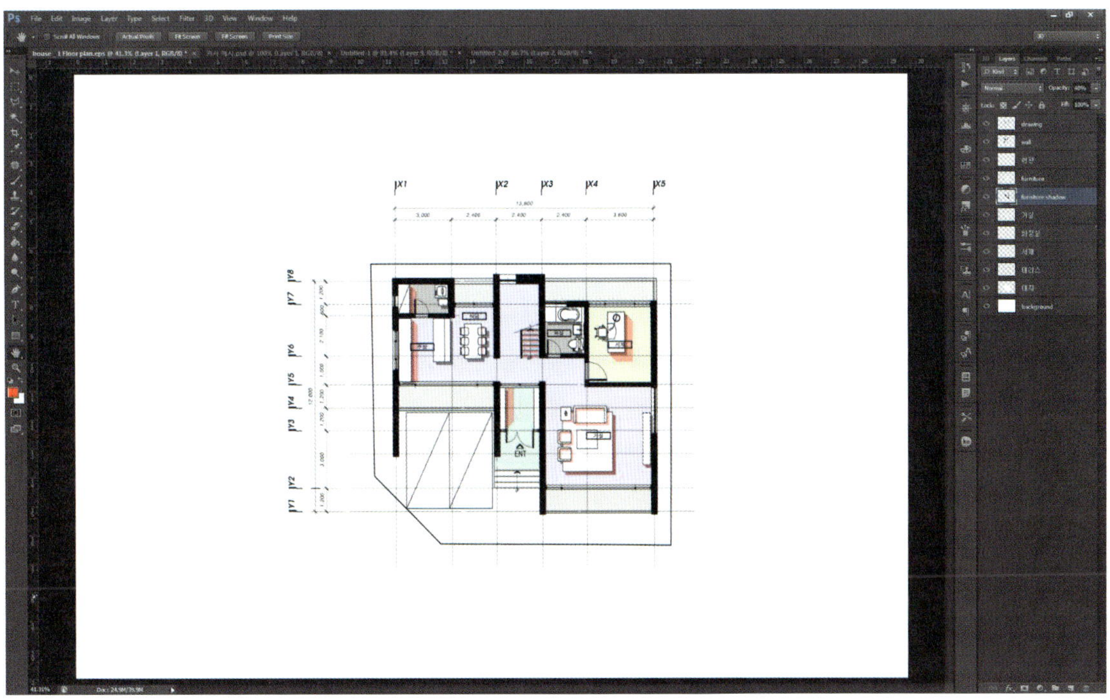

14) 새 레이어를 생성하여 이름을 'shadow' 라고 바꾸고 역시 Opacity를 40%로 낮추어줍니다. 그리고 위의 그림에서 표시된 것처럼 가구 위에 떨어지는 그림자를 'Polygonal Lasso Tool' 을 이용하여 영역을 선택하고 검은색을 채색합니다.
'furniture' 레이어와 'furniture shadow' 레이어는 항상 같은 위치에 있어야 하므로, 서로 링크를 걸어 레이어 이동시 같이 이동할 수 있도록 합니다. 방법은 두 레이어를 동시에 선택 한 후, 레이어 판넬 아래의 옵션에서 제일 왼쪽에 있는 'Link layers'를 클릭합니다.

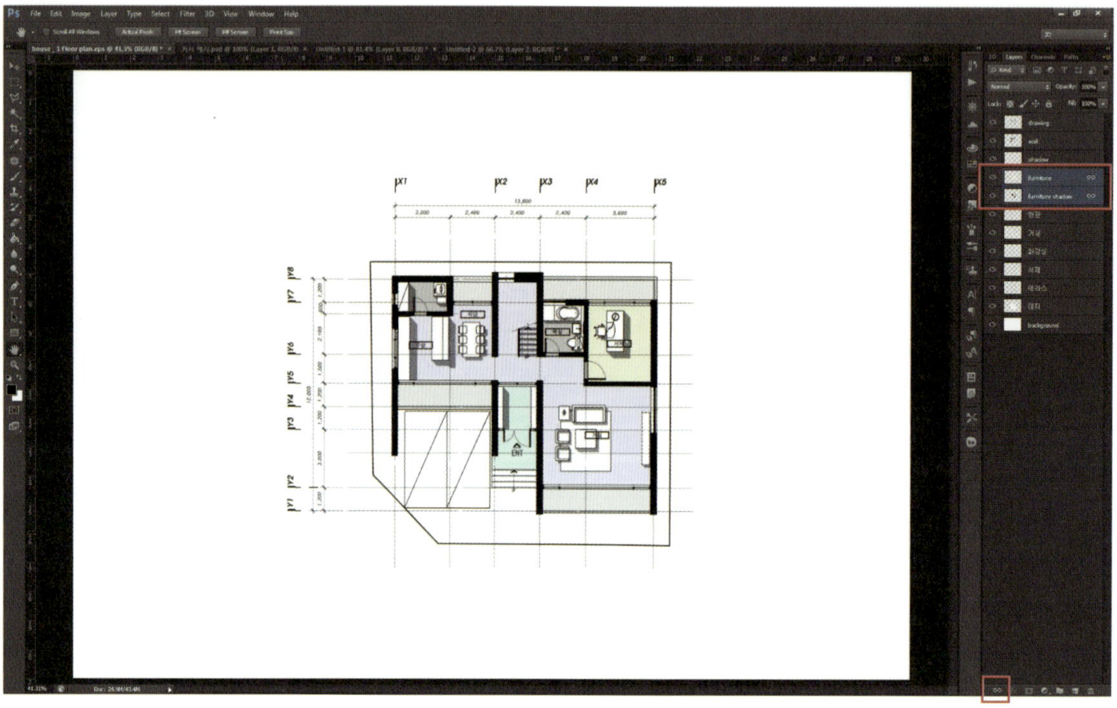

* 마무리 리터치 (final re_touching)

15) 평면의 채색은 마무리 되었습니다. 이제는 Presentation을 더욱 효과적으로 나타내기 위해, 작은 리터치를 진행합니다.

먼저 문의 문 열림 표현을 하고자 합니다. 새 레이어를 생성하고 레이어의 이름을 'door'라고 바꿔줍니다. 그리고 해당 레이어의 Opacity를 30%정도로 낮춰줍니다. 'Polygonal Lasso Tool' 을 이용하여 문 열림 표시부분을 선택하고 백색을 채색합니다.

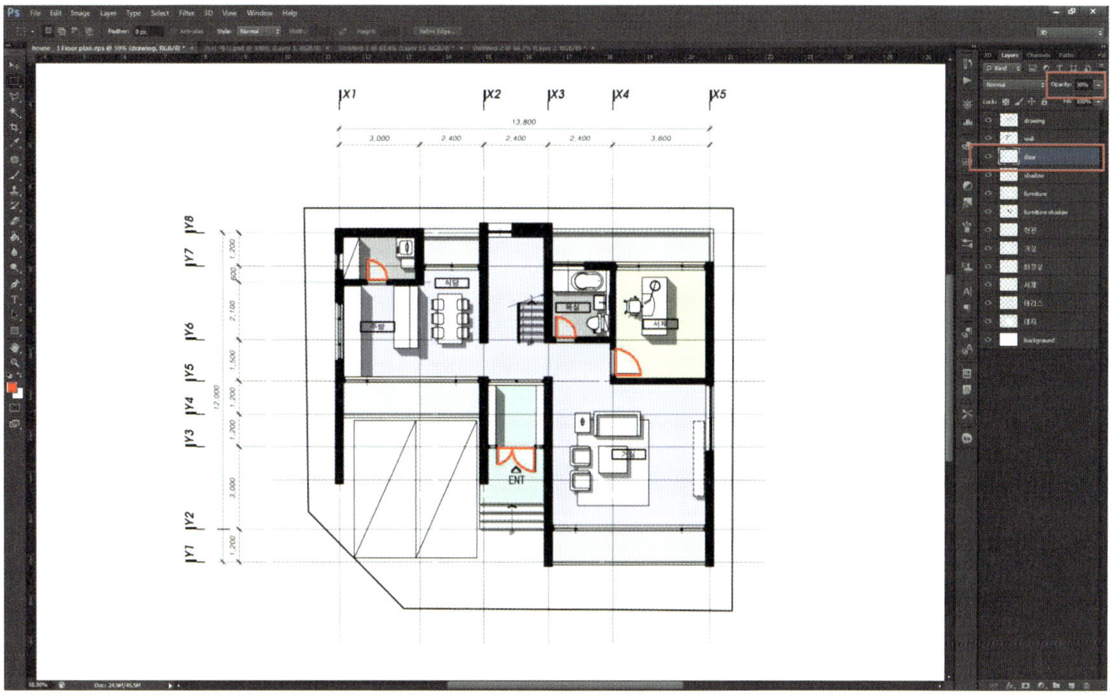

16) 역시 같은 방법으로 실명에 백색을 채색합니다.

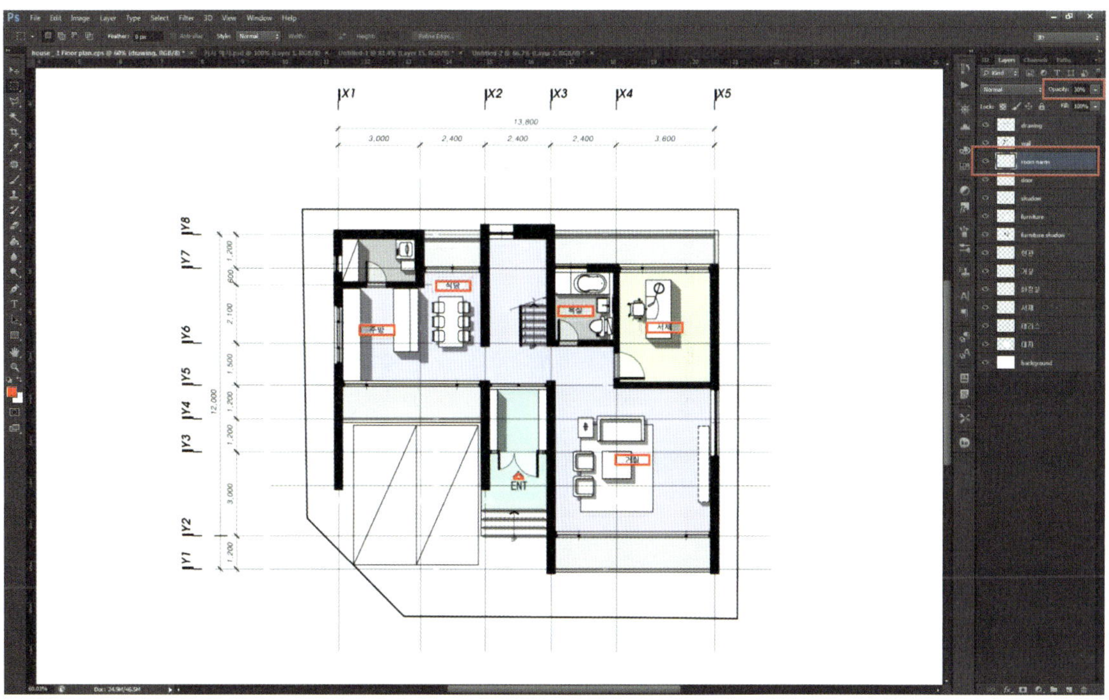

17) 주차장에도 백색을 채색합니다. 주차장은 밝은 회색을 갖고 있으므로 주차장인 'parking' 레이어의 Opacity는 50%로 밝게 조절하였습니다.

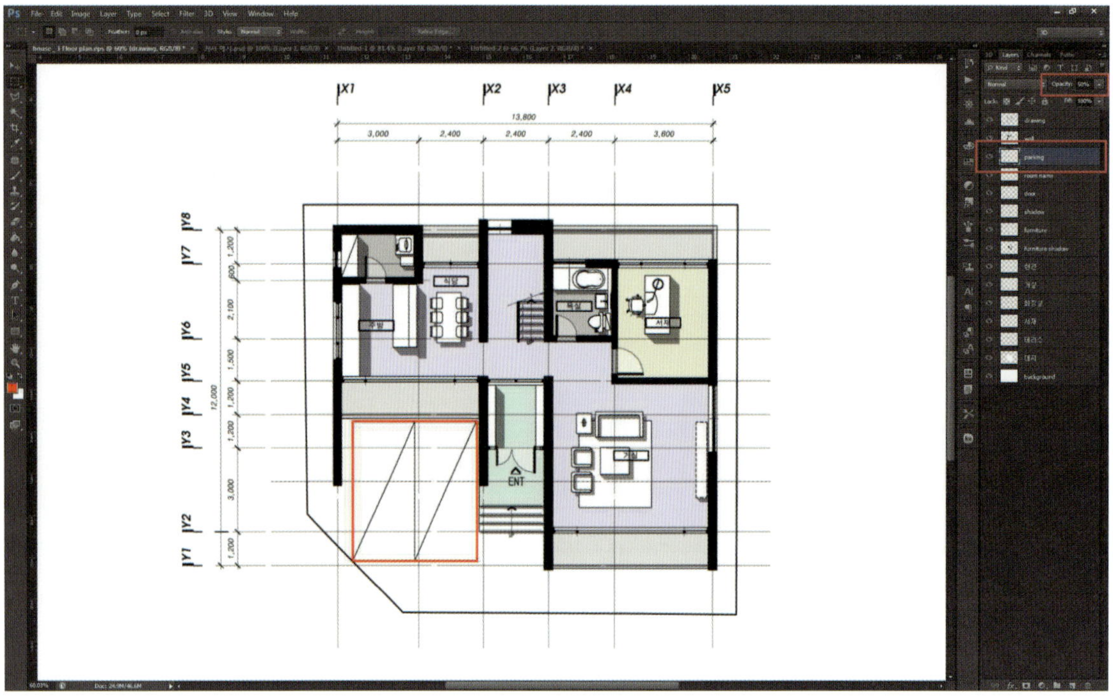

실습예제 01 2층 평면도 Presentation 하기

위의 1층 평면도 Presentation 실습 과정을 참고하여 2층 평면도를 채색합니다.

file: 03-photoshop sample/ 02-house drawing.dwg

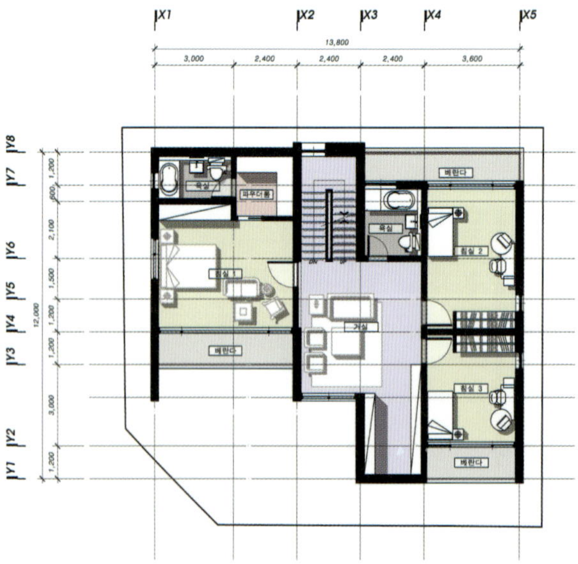

STEP 03 입면 Presentation 실습하기

입면도는 정면, 좌측면, 우측면, 배면 등 총 4개의 도면이 만들어집니다. 이번 장에서는 이 중 정면도를 선택하여 입면 Presentation을 실습해 보고자합니다. Photoshop을 활용한 입면 Presentation 작업의 핵심은 입면에서 드러나지 않는 볼륨감을 표현하는 것입니다. 따라서 빛의 경로와 각도 등을 설정하여 그에 따른 현상(재질의 농도, 그림자 표현 등)을 표현하는 것이 무엇보다 중요합니다.

우선 'STEP 02'에서 진행했던 것과 같이 입면도 Presentation을 위한 준비를 합니다. AutoCAD에서 정면도가 그려진 *.dwg file을 open하여 Front Elevation을(A3, 1:100) *.eps file로 전환합니다. 이 *.eps file을 Photoshop에서 open하여 'Layer 1' 레이어를 'drawing' 레이어로 이름을 바꿔주고, 백색의 'background' 레이어를 생성하여 맨 아래에 준비합니다.

file: 03-photoshop sample/ 02-house drawing.dwg

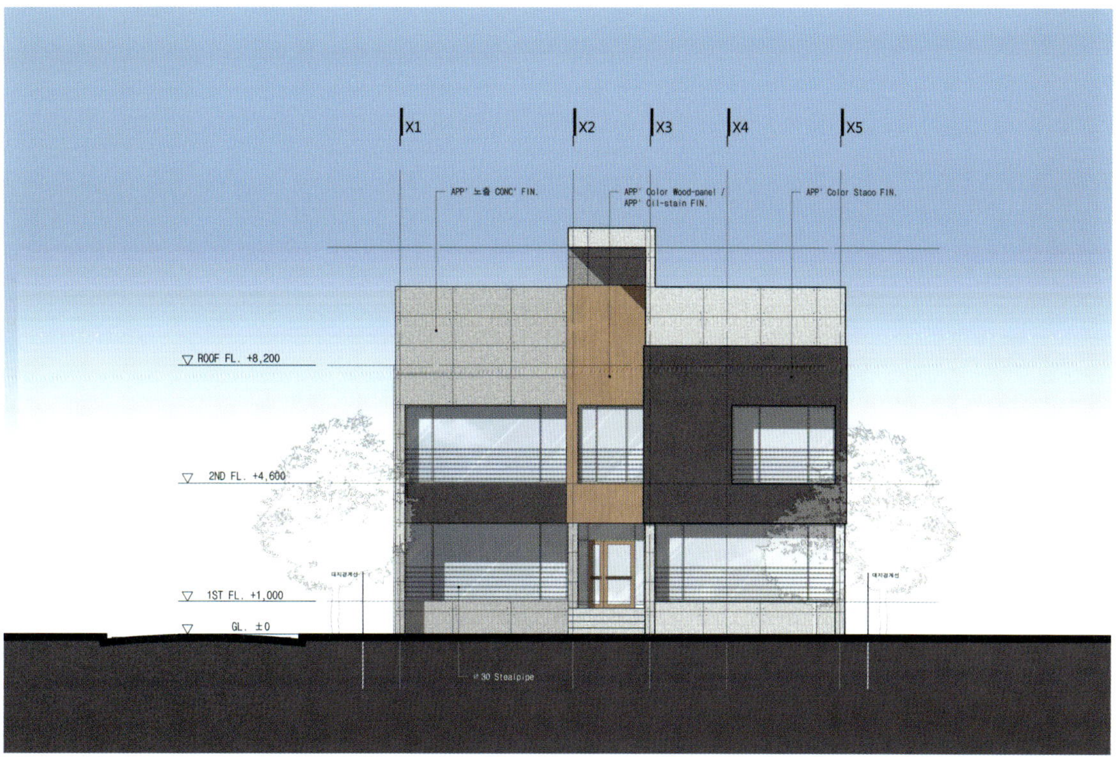

* 재질 입히기 1 (material mapping)

1) 정면도에 입혀지는 재질은 노출콘크리트, wood panel, stacco 등 총 3가지입니다. 따라서 노출콘크리트 > 스타코 > 목재패널 순서로 재질을 입히도록 하겠습니다. 노출콘크리트 이미지 샘플을 open합니다.

file: 03-photoshop sample/ 03-house _ front elev _ conc'.jpg

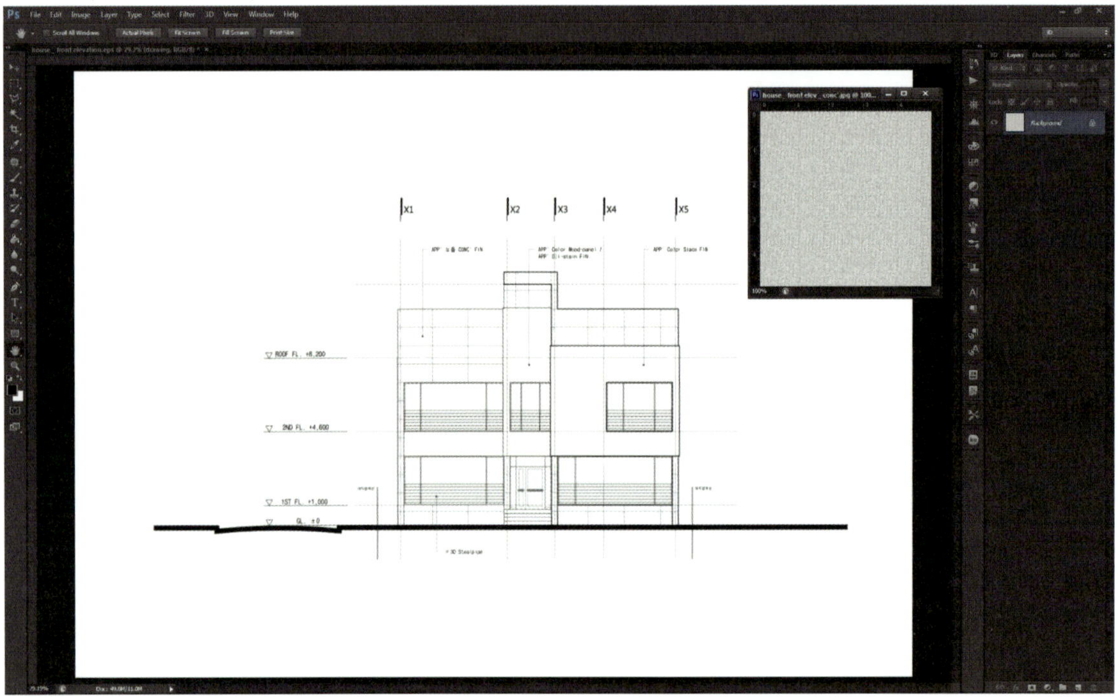

2) 노출 콘크리트 이미지를 정면도 외벽에 입히기 위해서는 도면 위로 이미지 샘플을 끌어와야 합니다. 그 전에 두 작업창의 해상도가 같은지 먼저 확인합니다. 두 이미지의 해상도가 다르게 되면 해당 재질만 해상도가 떨어지는 현상이 발생하기 때문입니다.

❶ 풀다운 메뉴 Image > Image Size(Ctrl + Alt + I)를 클릭하거나, ❷ 작업창 위에 마우스를 올려놓고 오른쪽 버튼을 눌러 'Image Size'를 클릭하면, "Image Size' 창이 나타납니다. 해당 작업장의 정보가 모두 들어있습니다. ❸ Resolution(dpi) 값을 300으로 맞춰줍니다.

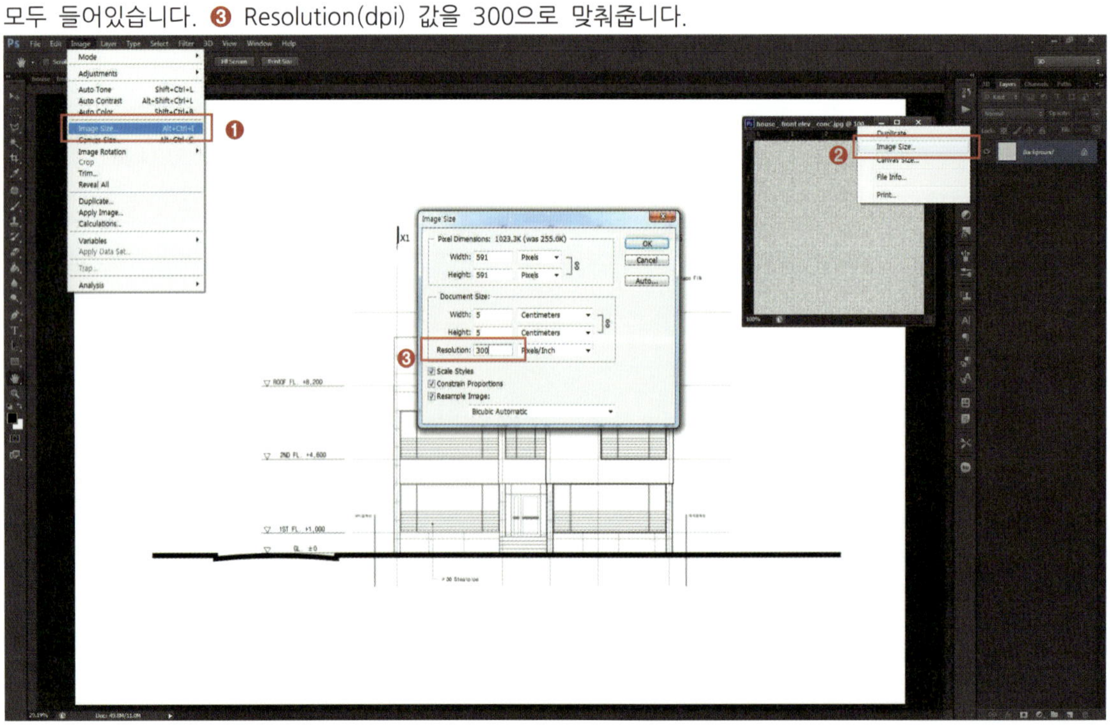

3) 도구패널에서 'Move Tool' 을 선택하고, 해당 이미지를 끌어 마우스를 움직이면 빨간 점선 위치에 이미지가 삽입된다는 의미의 백색 박스가 나타납니다. 그 때에 마우스를 놓아 이미지를 삽입합니다. (drag & drog)

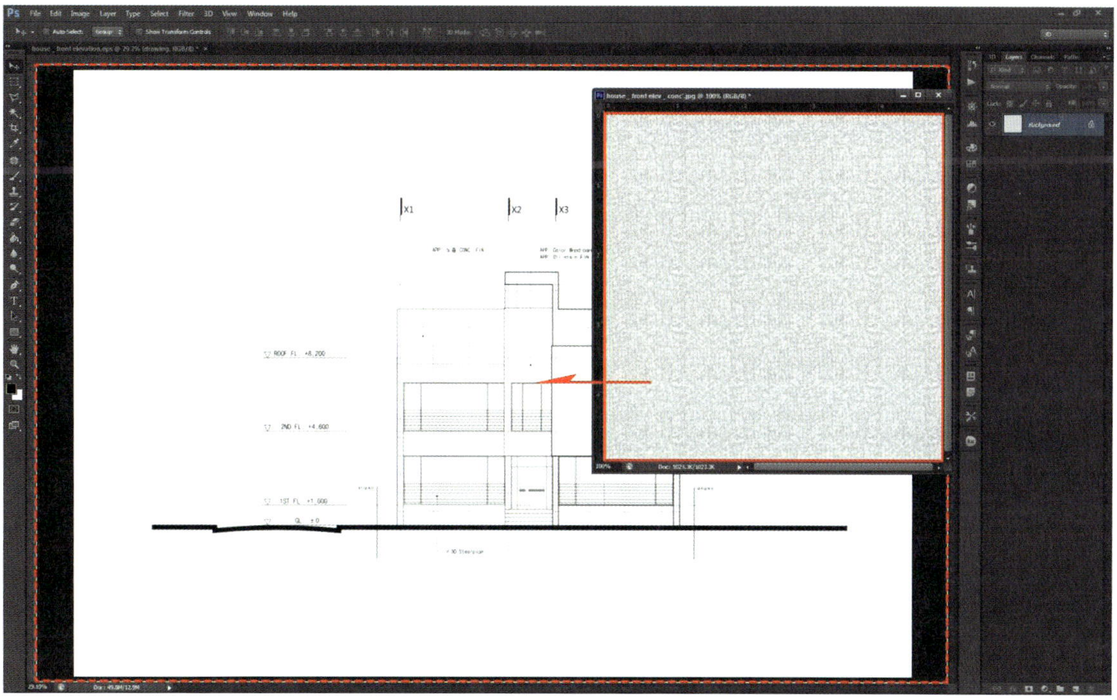

4) 노출 콘크리트 샘플 이미지가 새로 레이어가 생성되면서 삽입된 것을 볼 수 있습니다. 이 레이어의 이름을「conc」라고 바꿔줍니다.

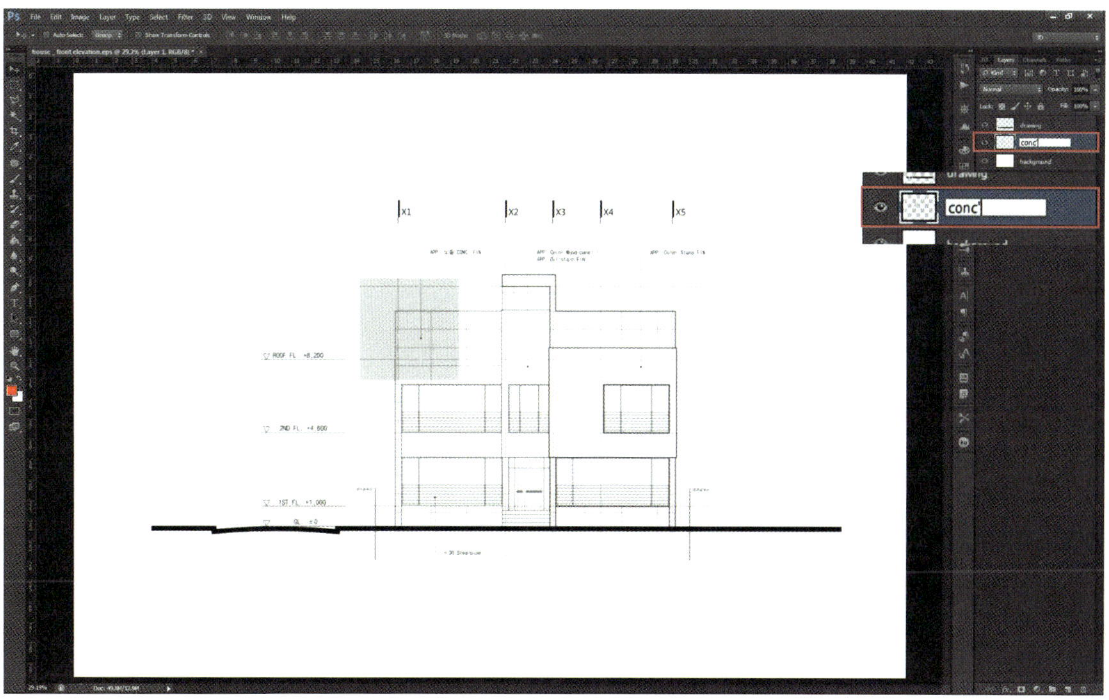

5) 「conc'」 레이어를 선택한 후, 도구패널에서 'Rectangular Marquee Tool' 을 이용하여 콘크리트 재질 영역을 선택합니다. 그리고 'Move Tool' 을 선택, Alt 키를 누른 상태에서 마우스 왼쪽 버튼을 눌러 재질을 옮깁니다. 이러한 방법을 반복하여 아래 그림과 같이 재질을 도면 전체에 복사합니다.

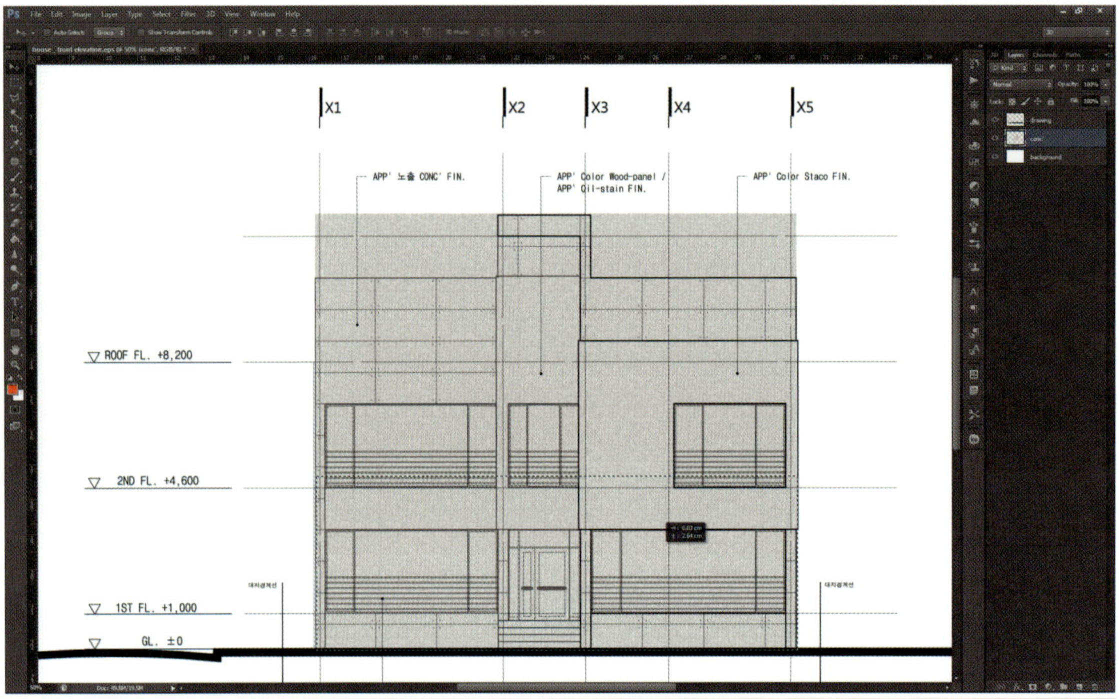

TIP: 'Rectangular Marquee Tool' 을 이용하여 영역선택을 하지 않을 경우, 수많은 레이어들이 생성되며 복사가 이루어집니다. 불필요한 레이어 수는 저장메모리에 부담을 줄 수 있으므로 주의해야 합니다. 또한 수직, 수평 이동을 위해, Shift 키를 적절히 활용합니다.

6) 재질이 들어가지 않는 부분은 'Rectangular Marquee Tool' 을 이용하여 영역 선택 후 키보드의 Delete 키를 눌러 삭제합니다.

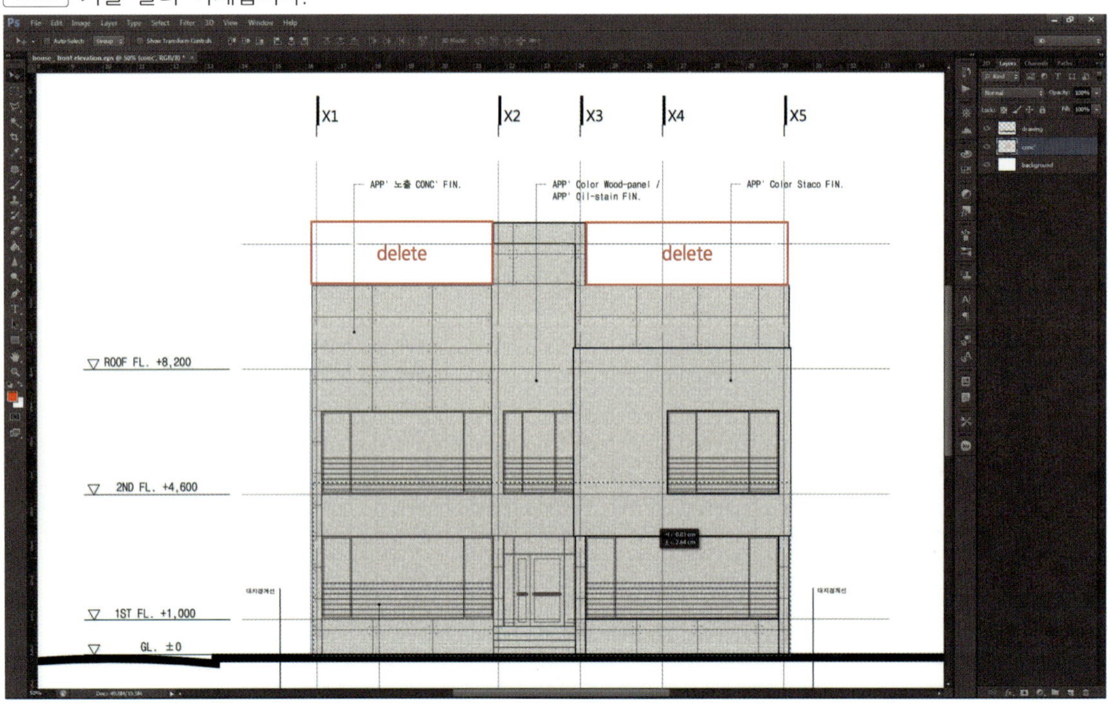

7) 노출콘크리트 재질을 입히는 방법과 동일한 방법으로 stacco와 wood panel을 도면에 적용시킵니다.
file: 03-photoshop sample/ 04-house _ front elev _ stacco.jpg
03-photoshop sample/ 05-house _ front elev _ wood panel.jpg

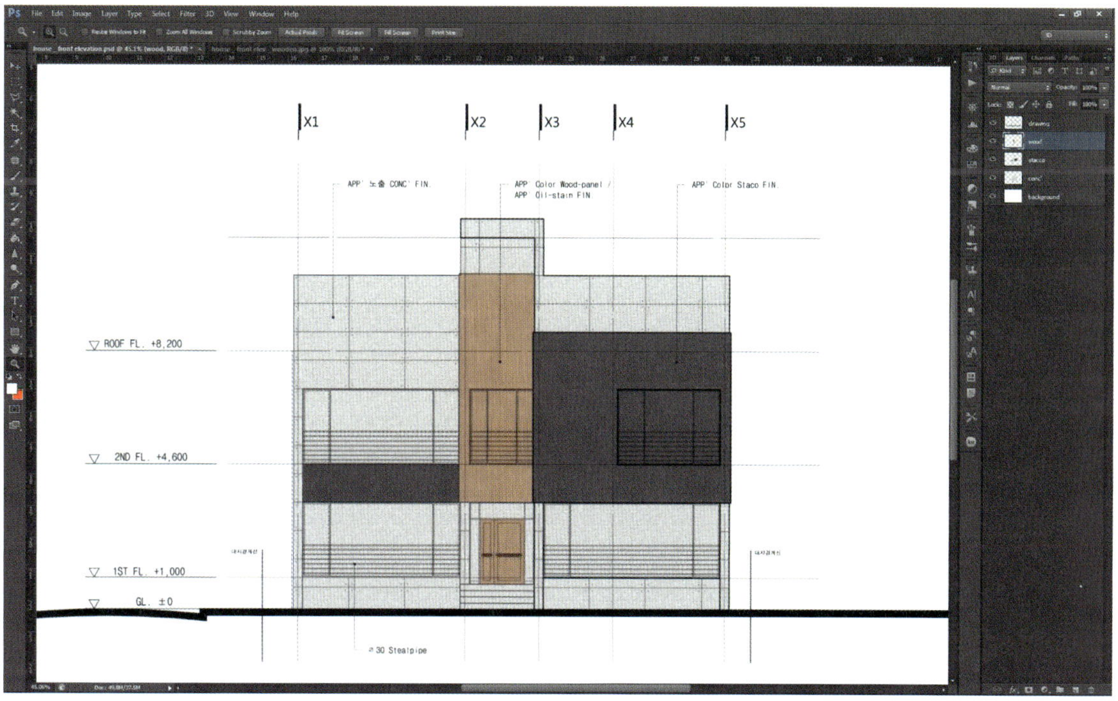

* 재질 입히기 2 (glass mapping)

8) 유리재질 입히기는 총 3단계로 이루어집니다. 첫 번째는 하늘 이미지를 여리게 넣어 유리 반사에 의한 하늘이 비치는 모습을 연출합니다. 두 번째는 채도가 낮은 하늘색에서 투명으로 넘어가는 그라디언트 효과를 입혀줍니다. 세 번째는 유리의 광택효과를 주어 보다 현실감 있는 유리를 표현할 것입니다.

먼저 하늘 샘플 이미지를 열고, 해당 이미지의 해상도(300dpi)를 확인한 후 정면도에 옮겨 넣습니다. 창문의 자연스러운 표현을 위해서 구름의 문양이 가급적 적은 자리를 창문에 위치합니다.
file: 03-photoshop sample/ 06-house _ front elev _ sky.jpg

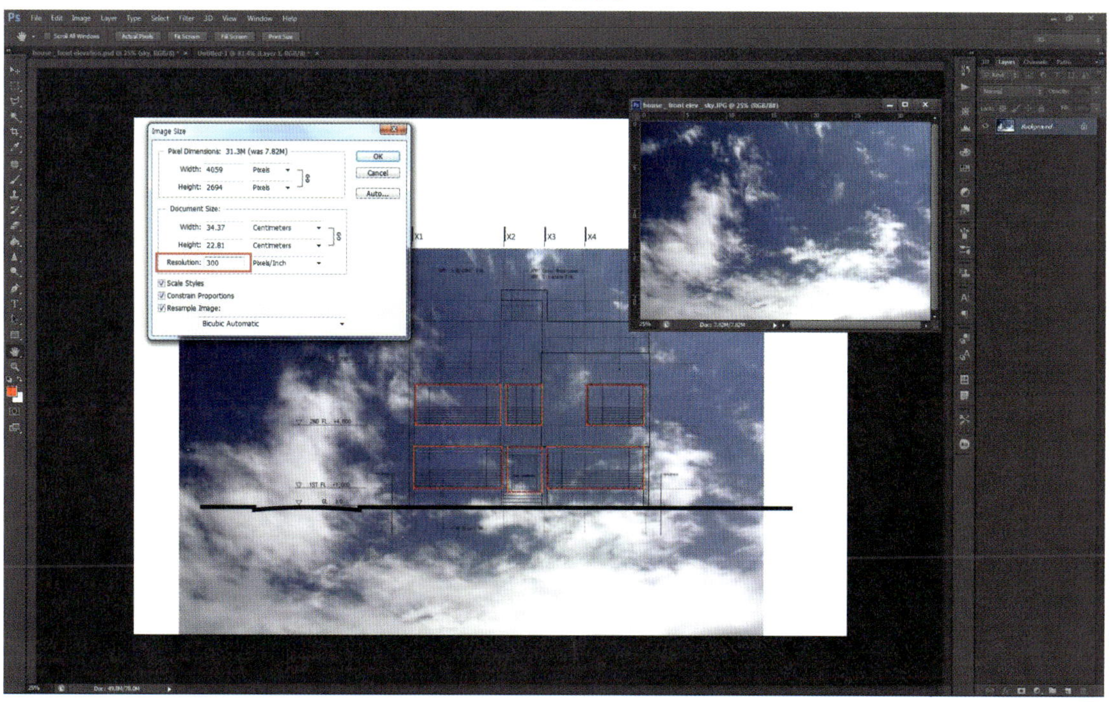

9) 하늘 이미지가 들어있는 레이어는 'glass_sky'라고 이름을 바꿔줍니다. 그리고, 창문을 제외한 나머지는 영역을 선택하여 삭제합니다.

하늘 이미지를 여리게 바꿔보겠습니다. 풀다운 메뉴 Image > Adjustment > Hue/Saturation (Ctrl + U)을 눌러 'glass_sky' 레이어의 채도와 밝기를 조정합니다. *〈Saturation: -30, Lightness: 70〉*

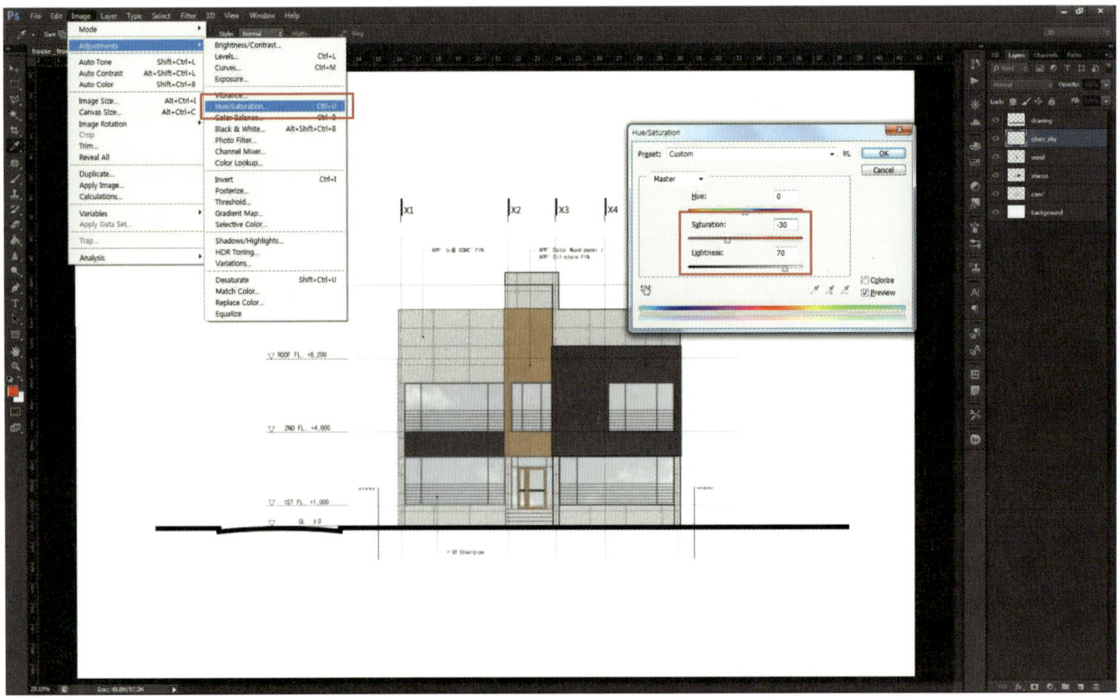

TIP: 레이어 패널에서 보여지는 것처럼, 레이어의 순서는 'drawing' > 'sky' > 'wood' > 'stacoo' > 'conc' 순으로 이루어져 있습니다. 만일 'sky' 레이어가 'conc' 레이어 아래에 위치한다면 하늘 이미지는 노출 콘크리트 레이어에 가려 보이지 않을 것입니다.

10) 이번에는 그라디언트 효과를 입혀보겠습니다. 그러기 위해서는 'sky' 레이어 영역을 선택해야 합니다. 'sky' 레이어 선택 후, 도구패널에서 'Magic Wand Tool' 을 선택하여 여백부분을 선택합니다.

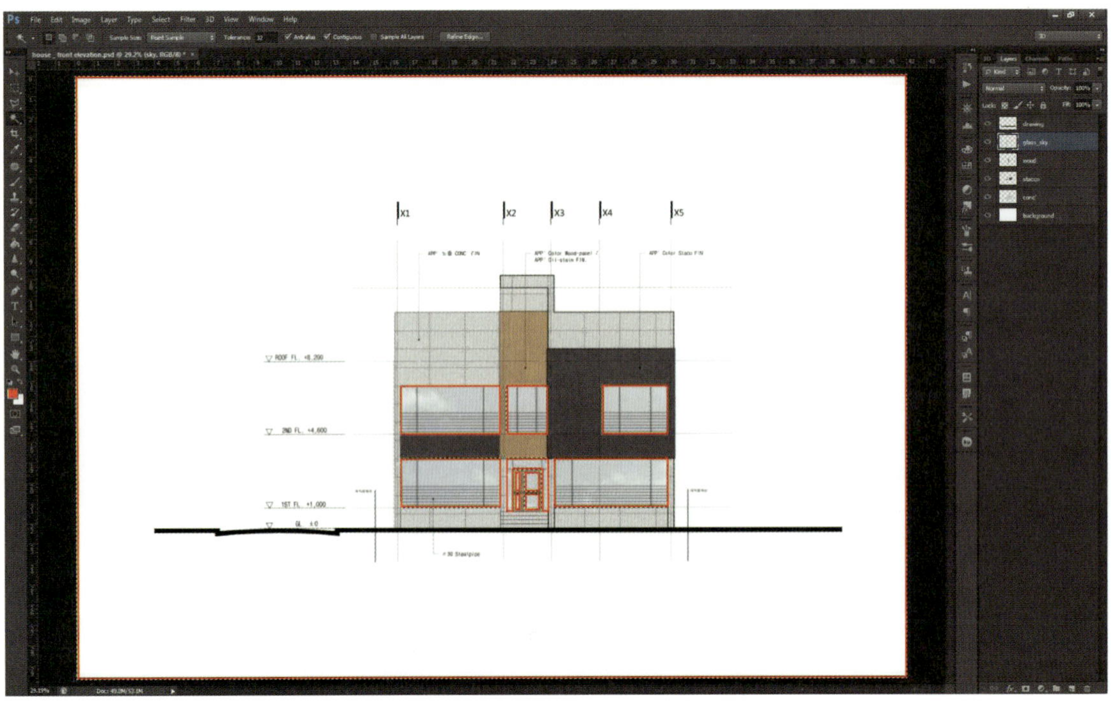

11) 풀다운 메뉴 Select > Inverse (Shift + Ctrl + I)를 누르면 반전선택이 이루어져 아래 그림과 같이 창문 영역만 선택이 됩니다.

12) 그라디언트 효과를 넣기 위한 새 레이어를 만들고, 이름을 'glass_gradient'로 바꿔줍니다.

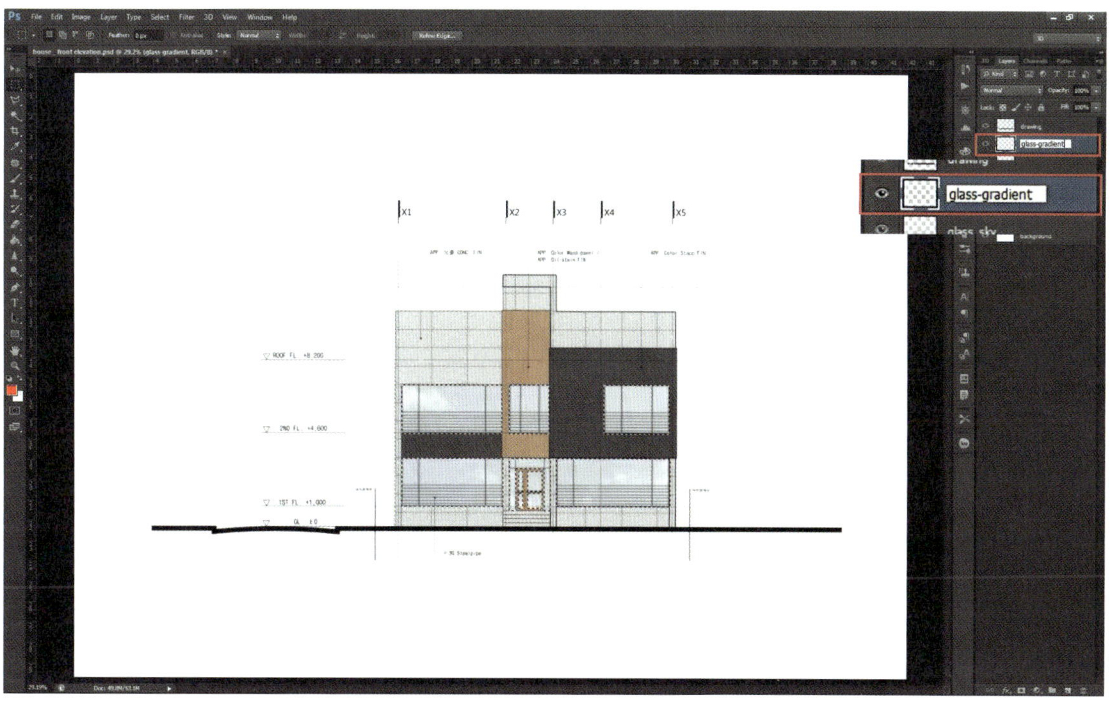

13) 도구패널에서 'Gradient Tool' 을 선택한 후, 상부의 옵션 바에서 'Gradient Editor' 창을 활성화합니다. 이 창을 살펴보면 다양한 종류의 그라디언트 메뉴들이 있습니다. 그러나 가장 첫 번째와 두 번째 메뉴를 많이 사용합니다. 두 번째 메뉴를 선택합니다.

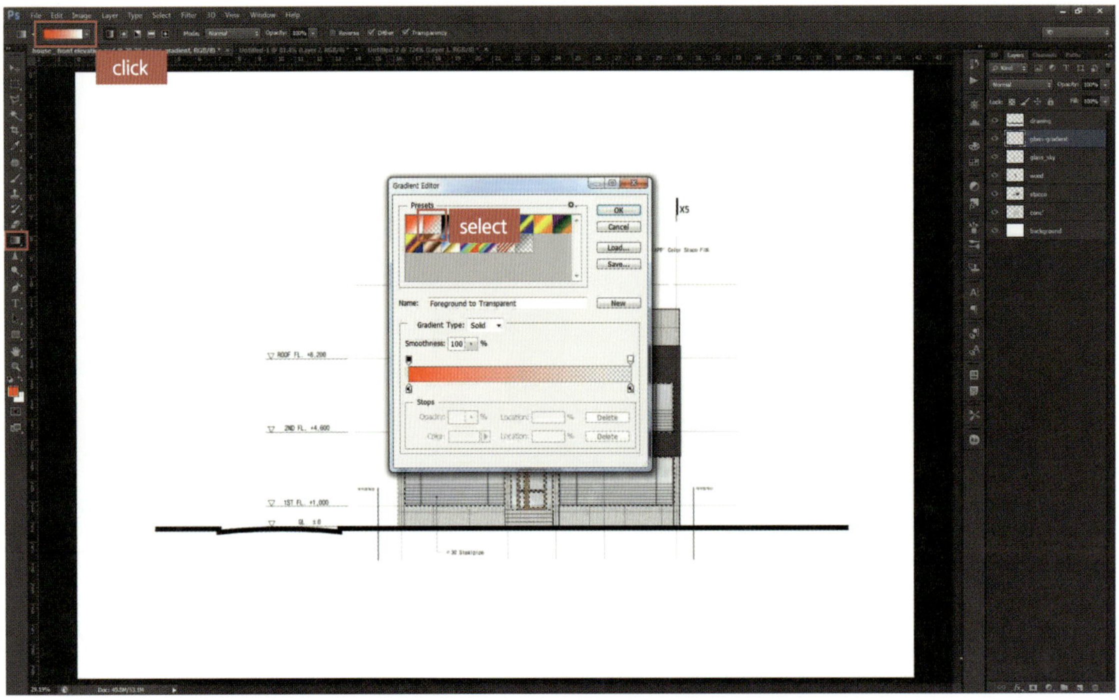

14) 그라디언트의 색상을 바꾸도록 하겠습니다. 첫 번째 'Color stop'(❶)을 선택합니다. 그리고 아래 'Change color of selected stop'(❷)을 선택하여 아래 그림과 같이 파란 계열의 칼라를 선택합니다. 두 번째 'Color stop'(❸)을 선택합니다. 그리고 아래 'Change color of selected stop'(❷)을 다시 선택하여 백색을 선택합니다.

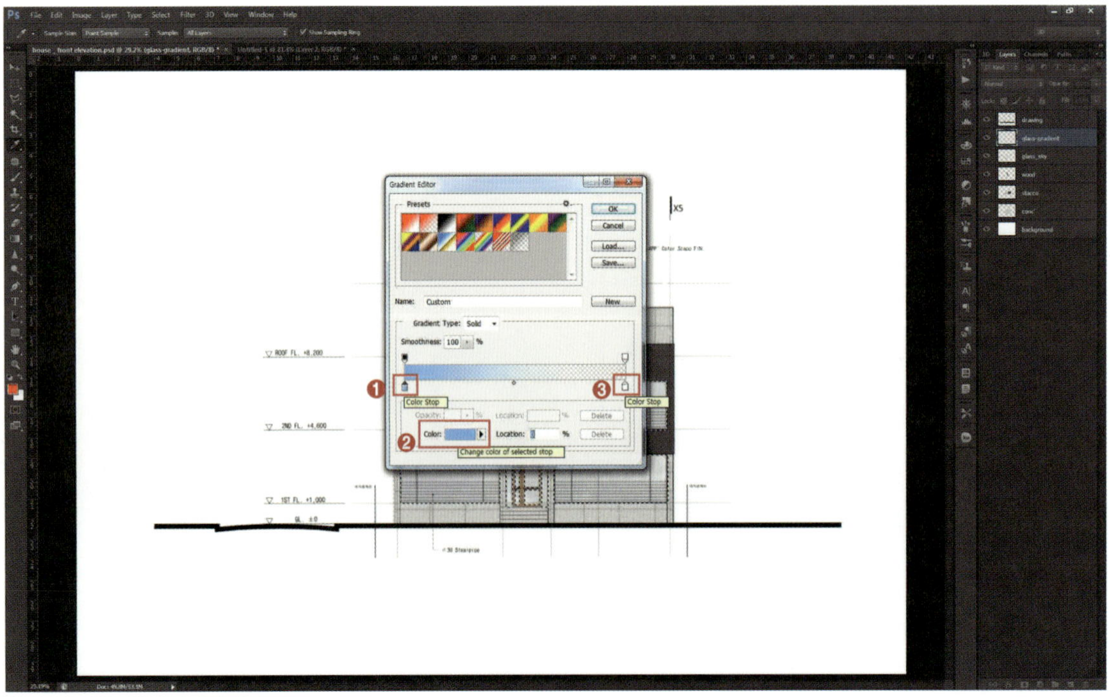

15) 키보드의 Shift 키를 누른 상태로 마우스를 이용하여 왼쪽 상단에서 오른쪽 하단 대각선으로 그라디언트를 그려줍니다.

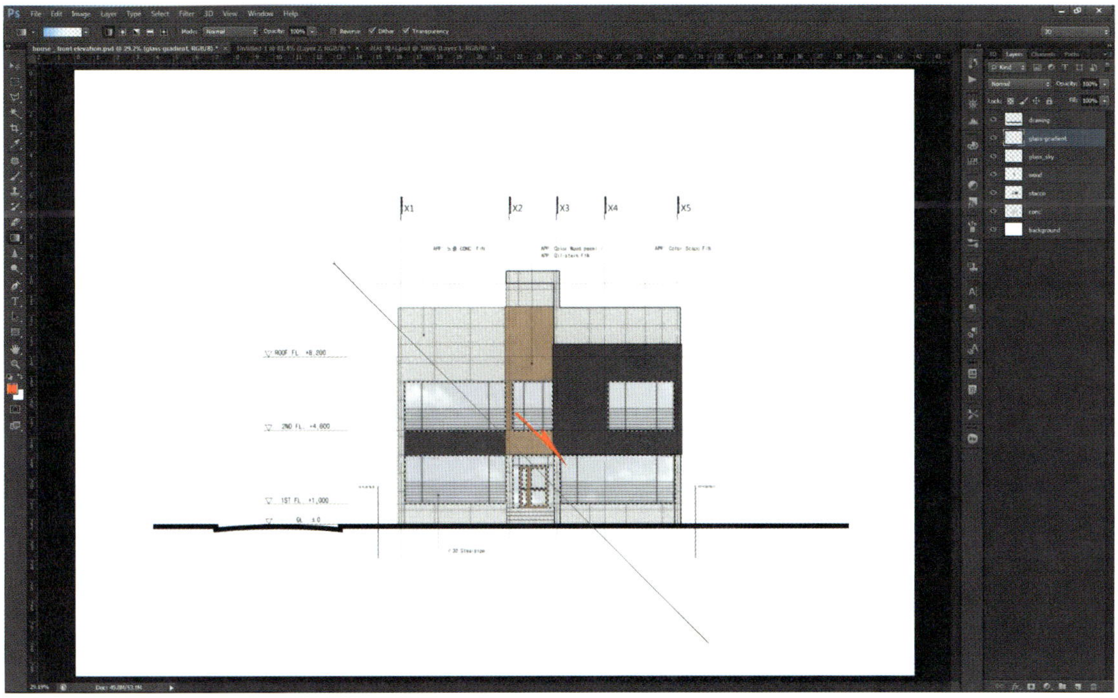

16) 창문에 그라디언트 효과가 입혀졌습니다. 이제 선택영역을 해제합니다. 풀다운 메뉴 Select > Deselect (Shift + D)를 누릅니다

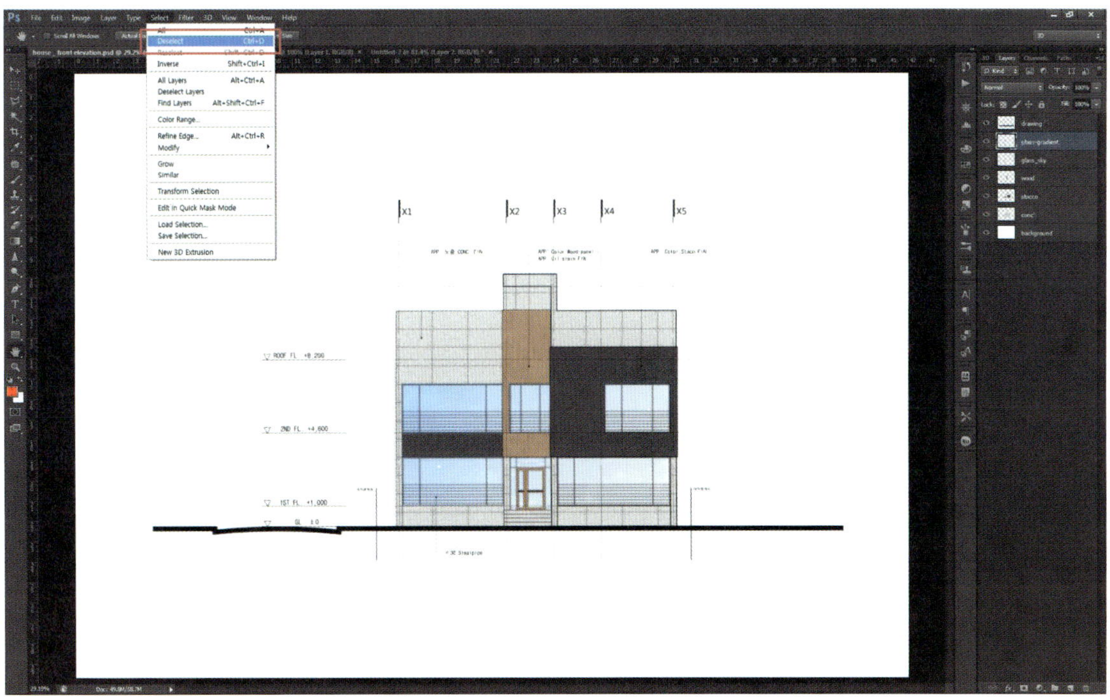

TIP: 선택영역을 해제하기 위한 방법으로 위의 Select > Deselect (Shift + D)를 선택하는 방법도 있으나, 더욱 신속한 해제방법은 단축기 'M (Rectangular Marquee Tool)'을 선택한 상태에서 여백공간을 한번 클릭하면 선택해제가 이루어집니다.

17) 자연스러운 창문의 색상을 위하여 채도를 약간 낮추겠습니다. 풀다운 메뉴 Image > Adjustment > Hue/Saturation (Ctrl + U)을 눌러 채도를 낮춰줍니다. *<Saturation: -50>*

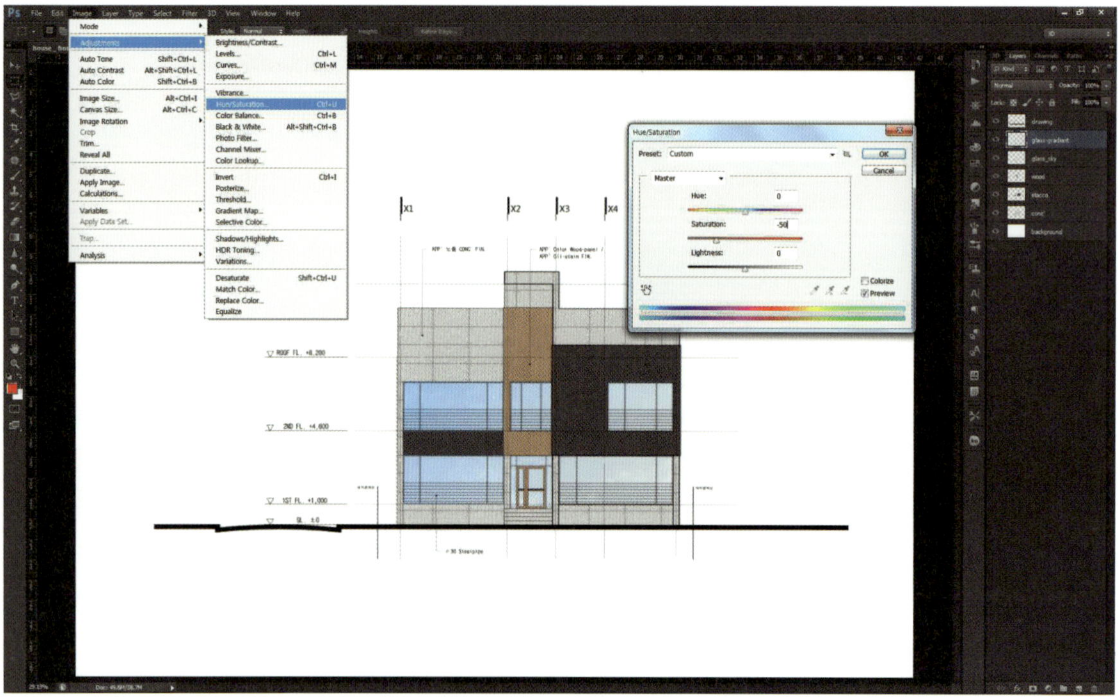

18) 그리고 'glass_gradient' 레이어의 Opacity를 50%로 낮춰줍니다.

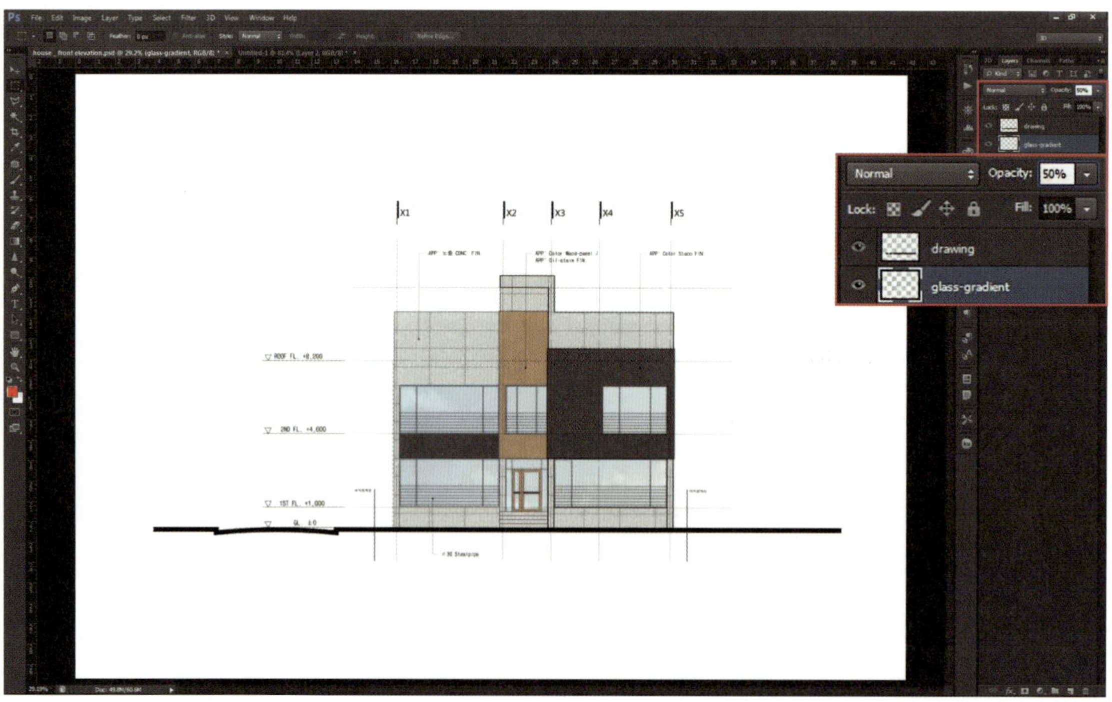

19) 유리의 광택표현을 해보겠습니다. 새 레이어를 만들어 'glass_luster'라고 이름을 지정합니다. 그리고 도구패널에서 'Polygonal Lasso Tool' 을 선택하여 아래 그림과 같이 대각선으로 영역을 선택합니다. (red line) Shift 키를 활용하면 대각선을 보다 편리하게 지정할 수 있습니다.

20) 영역이 지정되었으면 'glass_luster' 레이어가 선택되어 있는 것을 확인한 후, 백색을 칠합니다. 그리고 유리가 아닌 부분은 'Rectangular Marquee Tool' 을 이용하여 영역선택 후, 삭제해 줍니다.

21) 다른 창문에도 해당 광택표현을 복사하여 아래 그림과 같이 적절히 배치합니다.

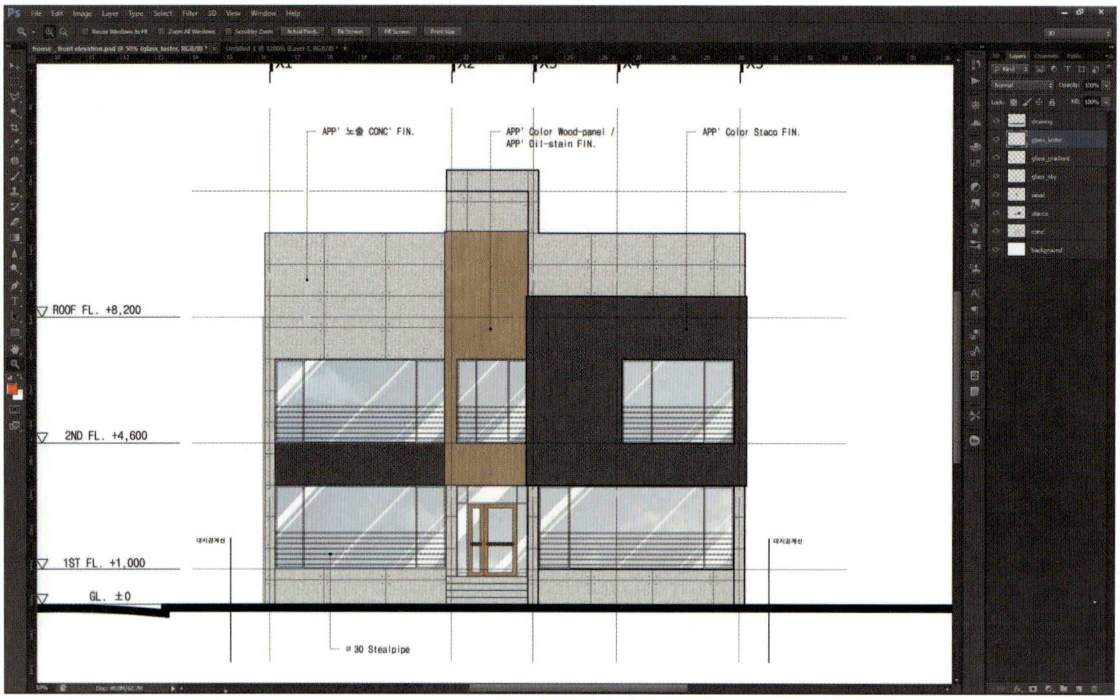

TIP: 'Rectangular Marquee Tool' 을 이용하여 해당 이미지의 영역을 선택한 후, 'Move Tool' + Alt 키를 이용하여 이미지를 복사합니다. 만일 영역선택 하지 않은 상태에서 복사할 경우 레이어가 생성되면서 복사가 됩니다. 두가지 방법 모두 장단점이 있으므로 사용자의 편의와 작업 상황에 맞추어 사용하시기 바랍니다.

22) 'glass_luster' 레이어의 Opacity 값을 30%로 낮추어줍니다.

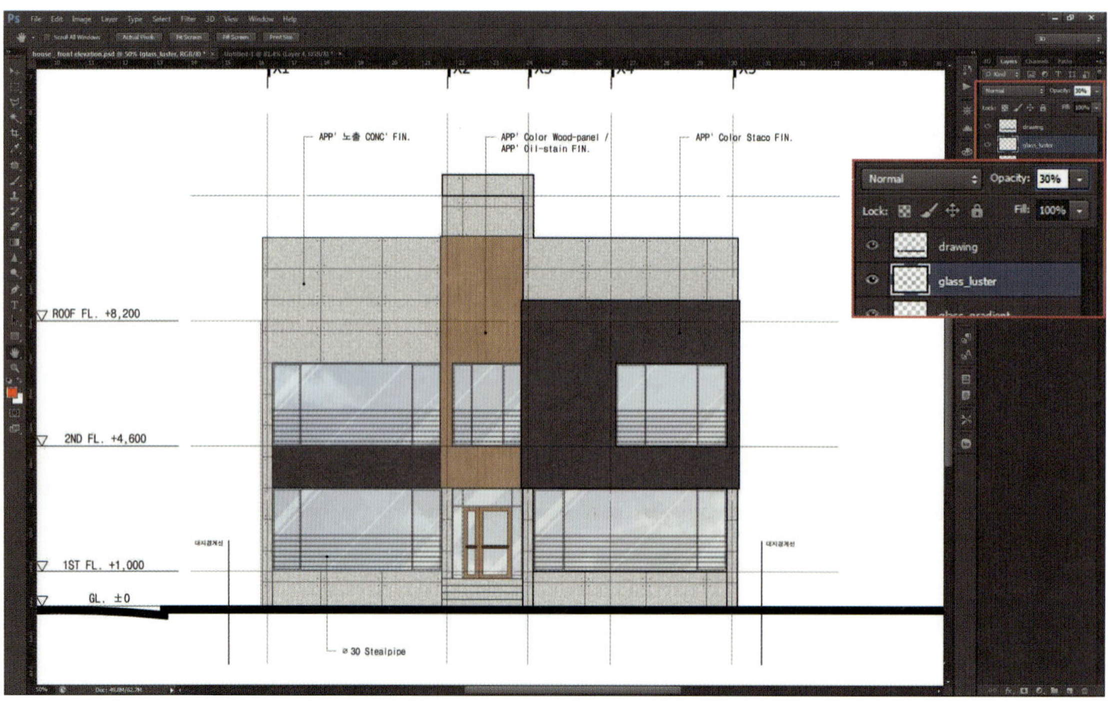

23) 도구패널에서 'Eraser Tool' 을 선택하고, 화면 상단 옵션 바에서 'Click to open the Brush Preset Picker'를 선택합니다. Brush Size는 300px, Brush 형태는 첫 번째에 위치한 'Soft Round'로 지정합니다.

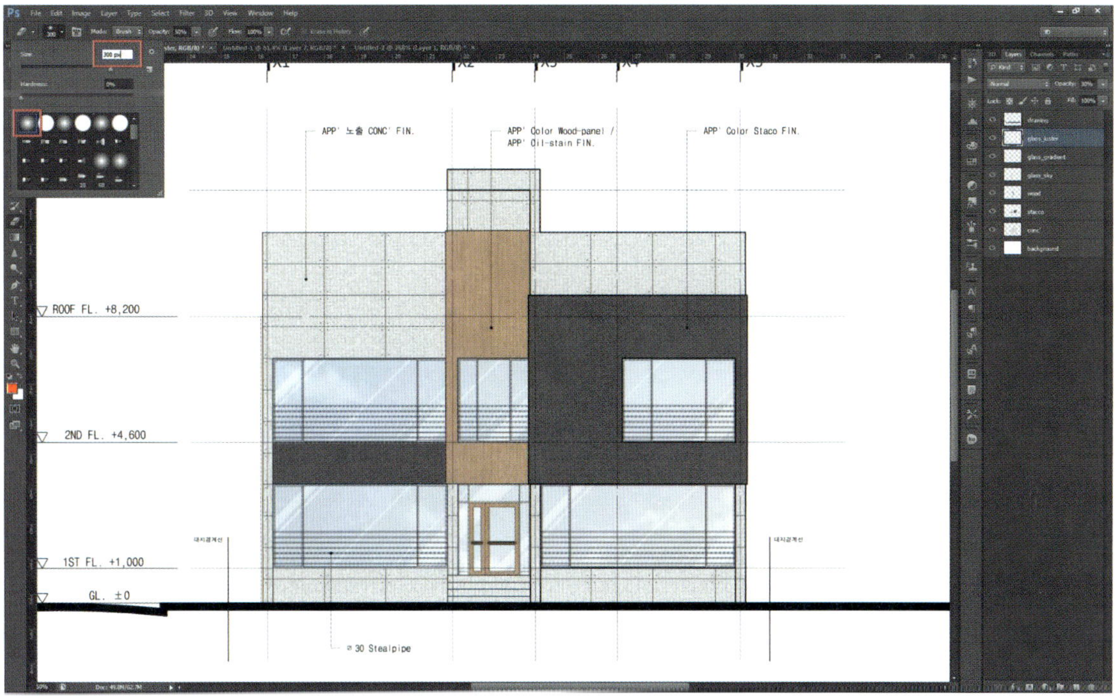

24) 옵션 바의 Opacity 값을 50%로 낮추어줍니다. 그리고 광택 이미지의 끝 부분(red cross)을 한번 클릭으로 터치하여 더욱 자연스러운 광택이미지를 표현합니다.

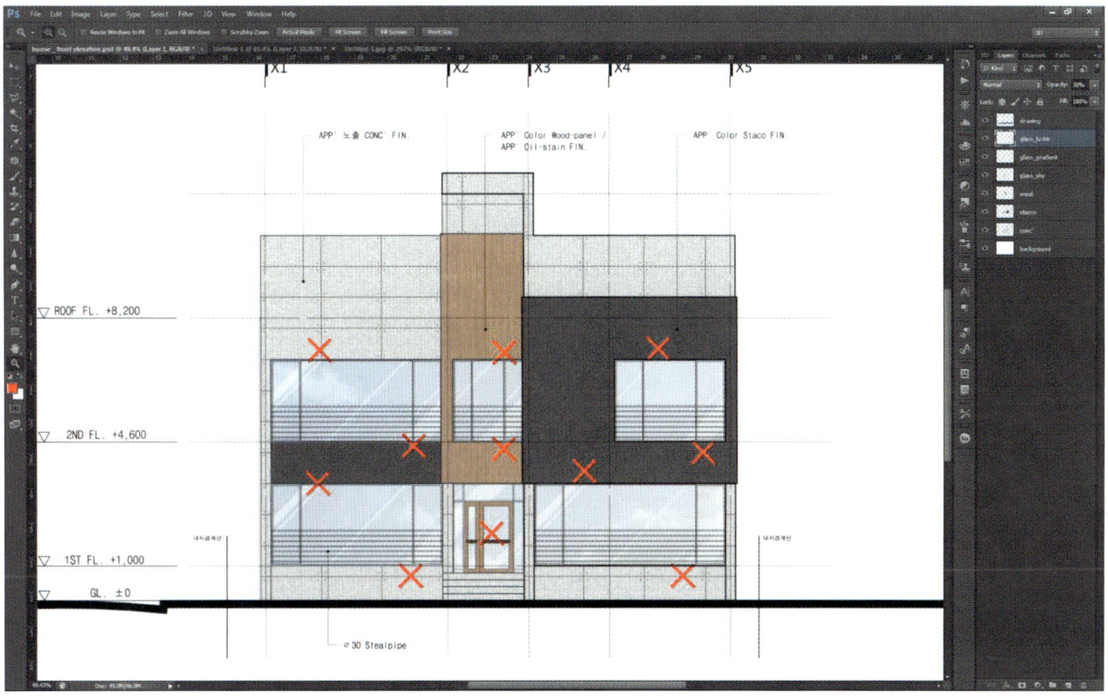

25) 마지막으로 창틀을 채색합니다.(red line) 'drawing' 레이어 바로 아래에 새 레이어를 만들고, 'glass_frame' 이라고 이름을 지정하여 채색합니다. 색상은 백색으로 하겠습니다.

26) 창문 표현이 모두 끝났습니다. 우리가 제작한 창문관련 레이어는 'glass_sky', 'glass_gradient', 'glass_luster', 'glass_frame' 총 네 가지입니다. 이 네 개의 레이어는 항상 같은 위치에 자리해야 합니다. 따라서 각 레이어에 링크를 걸어 하나로 묶어두겠습니다. 네 개의 레이어를 모두 선택한 후 마우스 오른쪽 버튼을 눌러 'Link Layers'를 클릭합니다. 또는 레이어 패널 맨 아래 옵션에서 제일 왼쪽의 'Link Layers'를 선택해도 됩니다. 그러면 레이어 오른쪽에 클립모양이 나타나 하나로 묶여집니다.

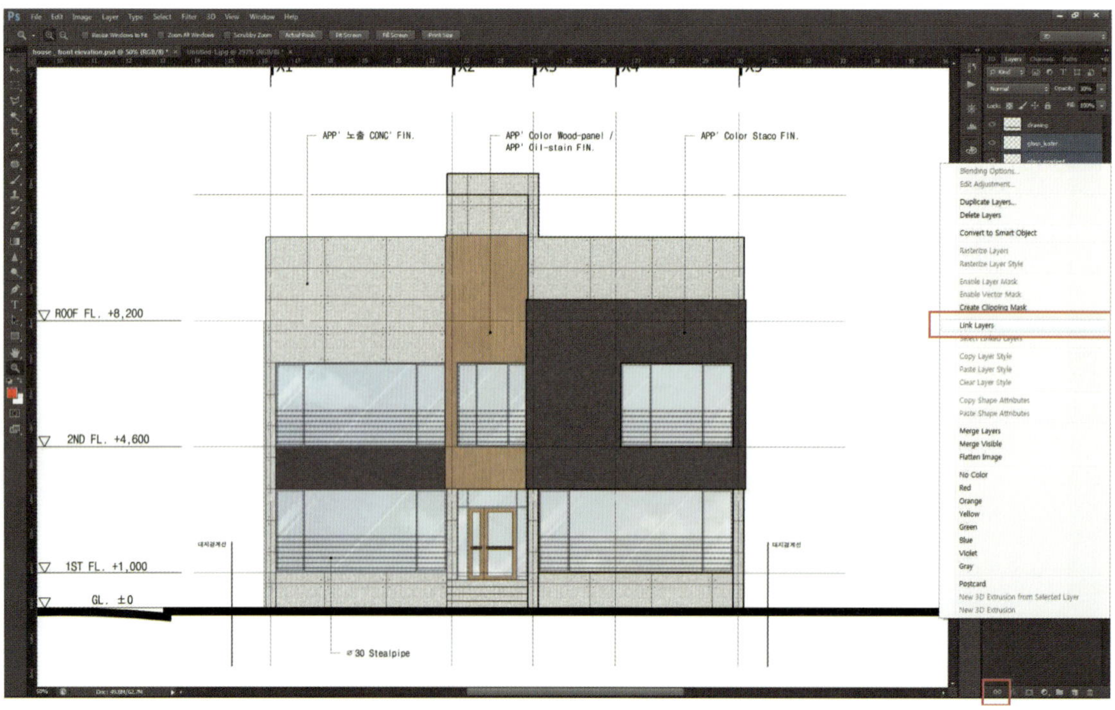

* 빛과 그림자 표현하기 (light & shadow presentation)

그림자를 표현하기 위해서는 기본적으로 가상의 Lighting Positions(조명 위치) 설정이 필요하며, 이 가상의 조명은 도면의 왼쪽 상단에서 비춘다고 가정하여 그림자 작업을 하게 됩니다. 또한 각층 평면도와 또 다른 입면도들을 종합적으로 판단하여 입면의 볼륨을 정확히 표현하는 것이 그림자 표현의 핵심입니다.

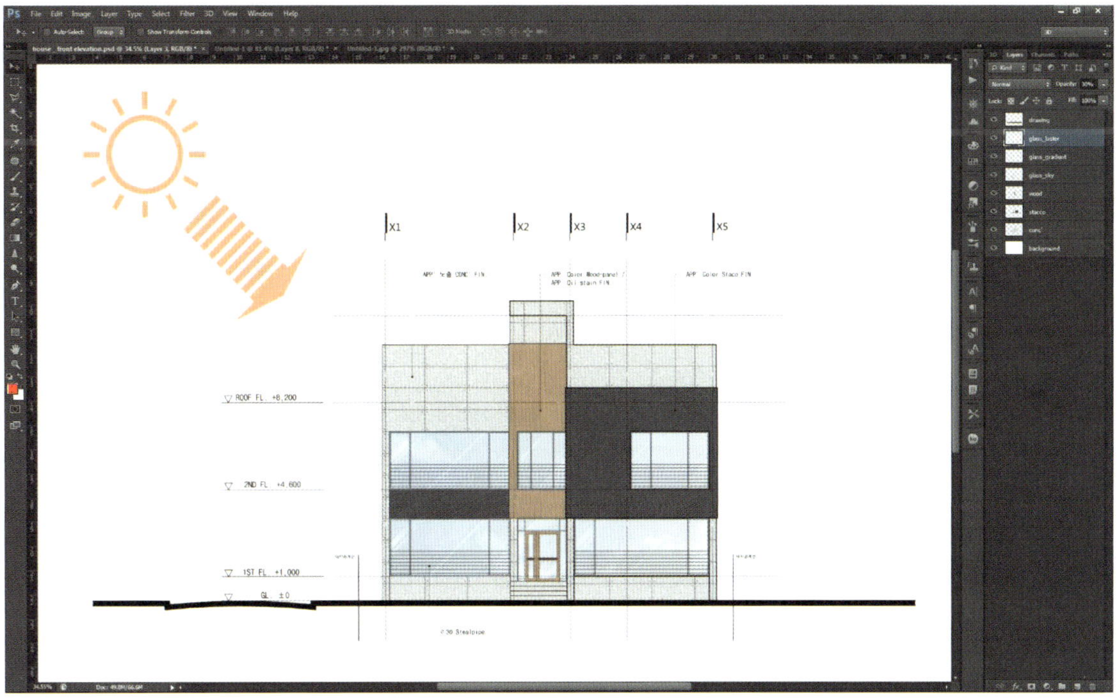

27) 새 레이어를 생성하여 'drawing' 레이어 바로 아래에 위치시키고, 이름을 'shadow'라고 바꿔줍니다. 그리고 Opacity를 40%로 조정합니다.

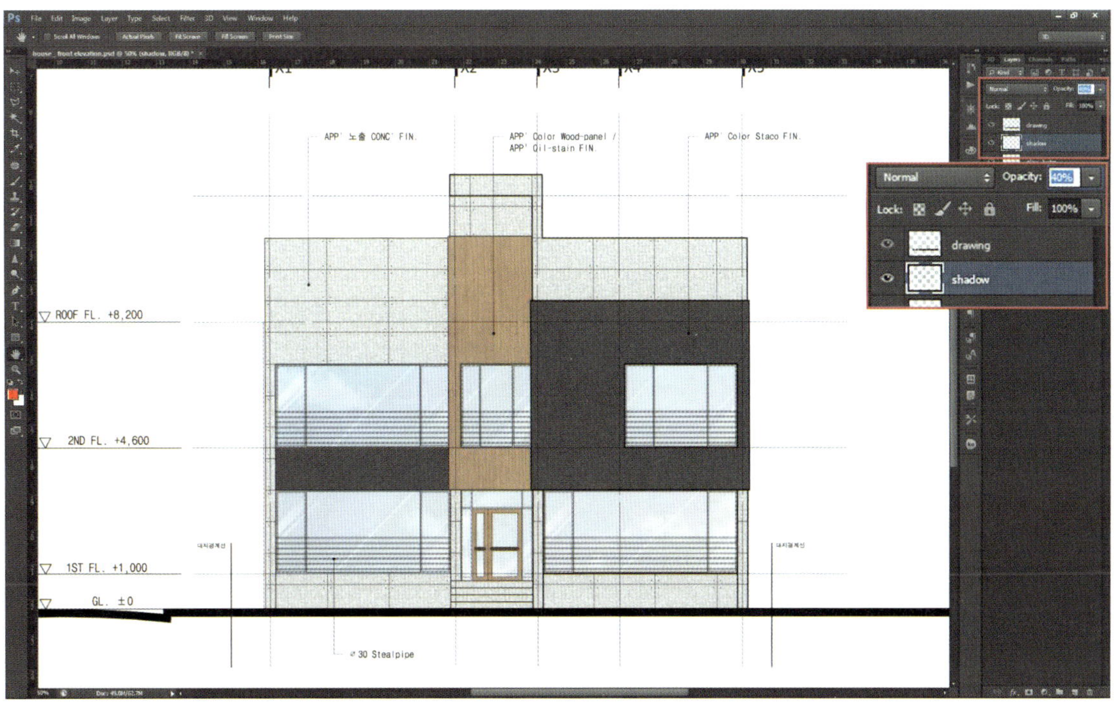

28) 도구패널의 'Rectangular Marquee Tool' 과 'Polygonal Lasso Tool' 을 혼용하여 아래 그림과 같이 영역을 선택합니다. (red line)

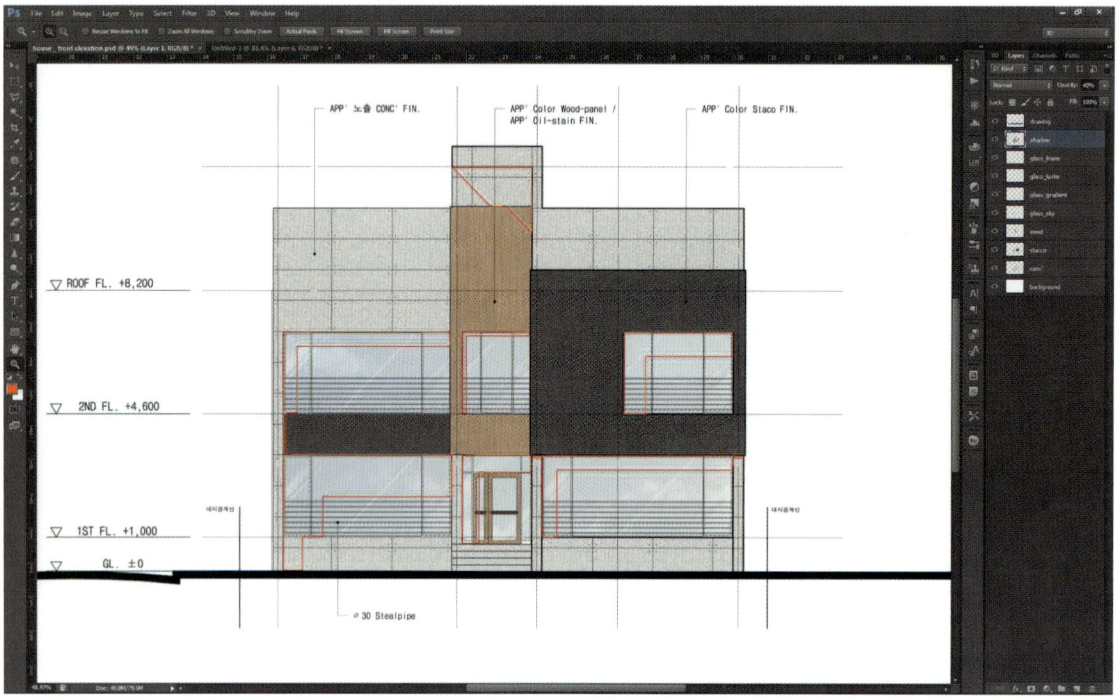

29) 'shadow' 레이어 선택을 확인한 후, 검은색을 선택영역에 채워줍니다. 'shadow' 레이어의 투명도를 부여함에 따라 바탕 재질과 함께 그림자가 나타납니다.

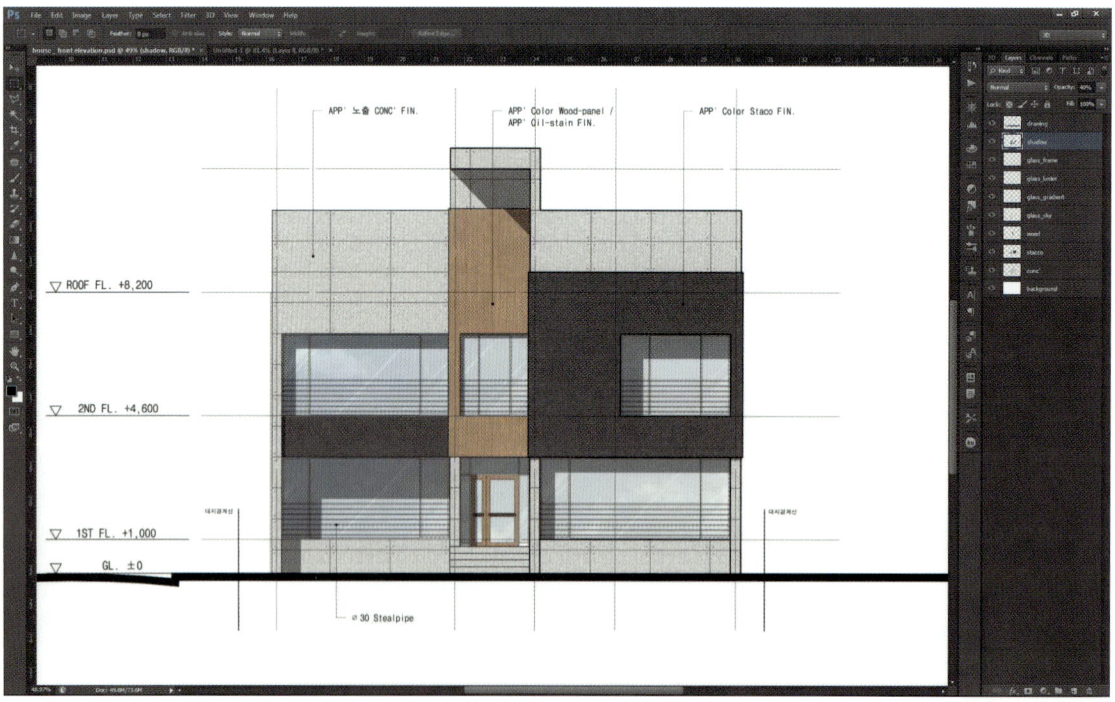

***TIP:** 'shadow' 레이어를 따로 제작하여 검은색을 채색함에 따라 그림자의 크기와 길이를 조절할 수 있으며, 동시에 레이어 Opacity를 조절하여 그림자의 농도를 자유롭게 통제할 수 있게 됩니다. 이 과정을 통하여 입면도만으로도 주택의 볼륨을 읽어낼 수 있게 됩니다.*

30) 입면의 볼륨을 더욱 자세히 표현해 보겠습니다. 우리의 눈에서 가까이 있는 물체는 선명하게 보이고, 멀리 있는 물체는 흐릿하게 보입니다. 그렇다면 빛이 더욱 강하게 존재하였을 때, 가까이 있는 물체는 밝게, 멀리 있는 물체는 다소 어둡게 나타납니다. 입면 Presentation 작성에서 이 원리를 활용하면 더욱 볼륨이 분명하게 나타납니다. 아래 그림은 입면에서 벽체의 거리 순입니다.

31) 작업 방법은 가장 가까이 있는 벽채는 그대로 둔 채, 순서대로 명암을 낮추어주는 것입니다. 「conc」 레이어를 선택한 후, 위의 그림 두 번째 벽채를 'Rectangular Marquee Tool' 을 이용하여 영역선택합니다. 그리고 마우스 오른쪽 버튼을 눌러 'Layer via copy'를 선택하여 레이어를 복사하고, 새 레이어의 이름을 「conc'_1」이라고 지정합니다.

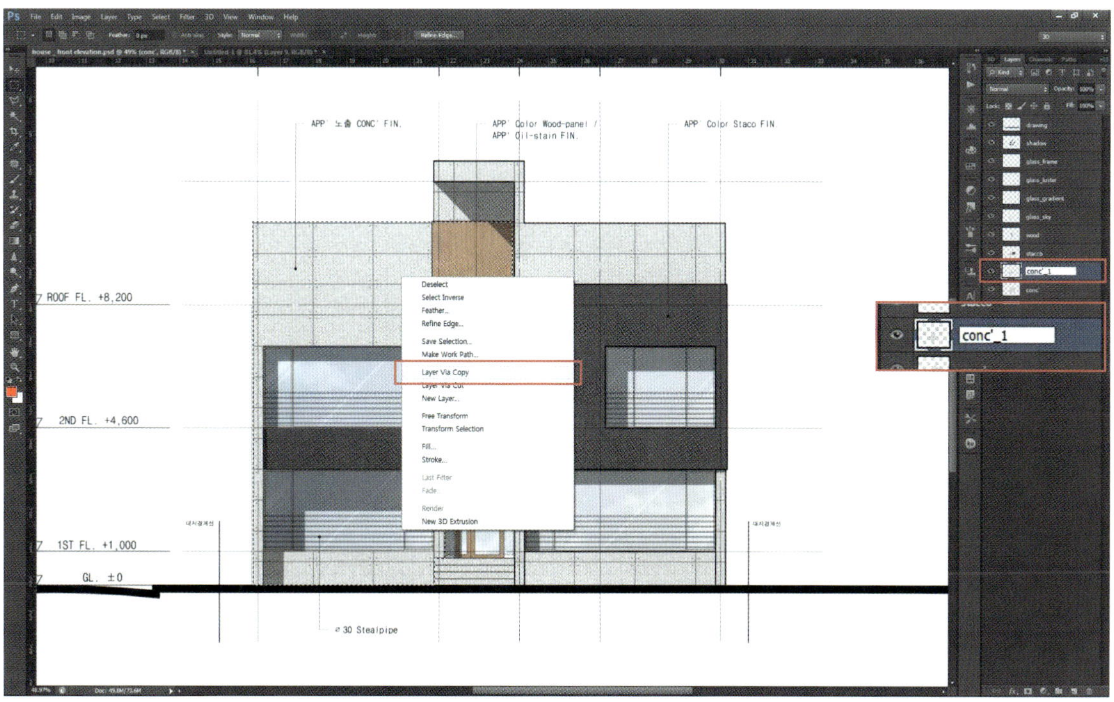

32) 풀다운 메뉴 Image > Adjustment > Brightness/Contrast를 선택하여 'Brightness' 값을 '-20'으로 지정합니다.

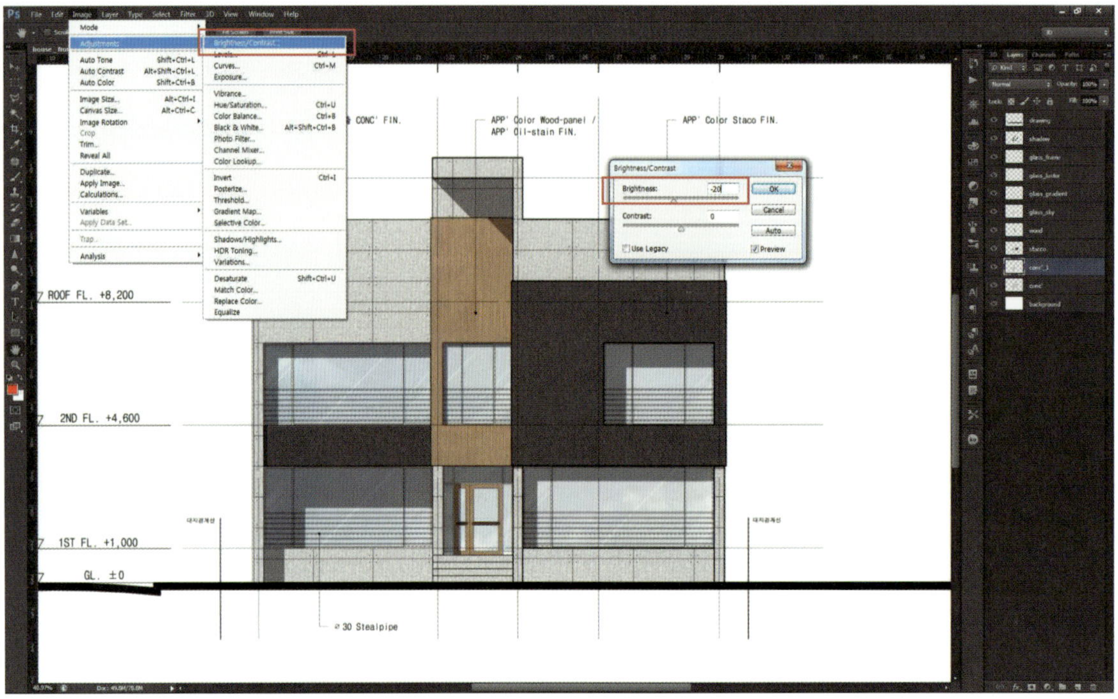

33) 동일한 방법으로 세 번째 벽체 레이어를 복사 생성하고, 이름을 「conc'_2」로 지정한 후, 'Brightness' 값을 '-60'으로 지정합니다. 실제로 깊이 깊은 벽체입니다.
「conc'」, 「conc'_1」, 「conc'_2」 모두 같은 자리에 위치해야 하므로 모두 선택하여 링크를 걸어 묶어줍니다.

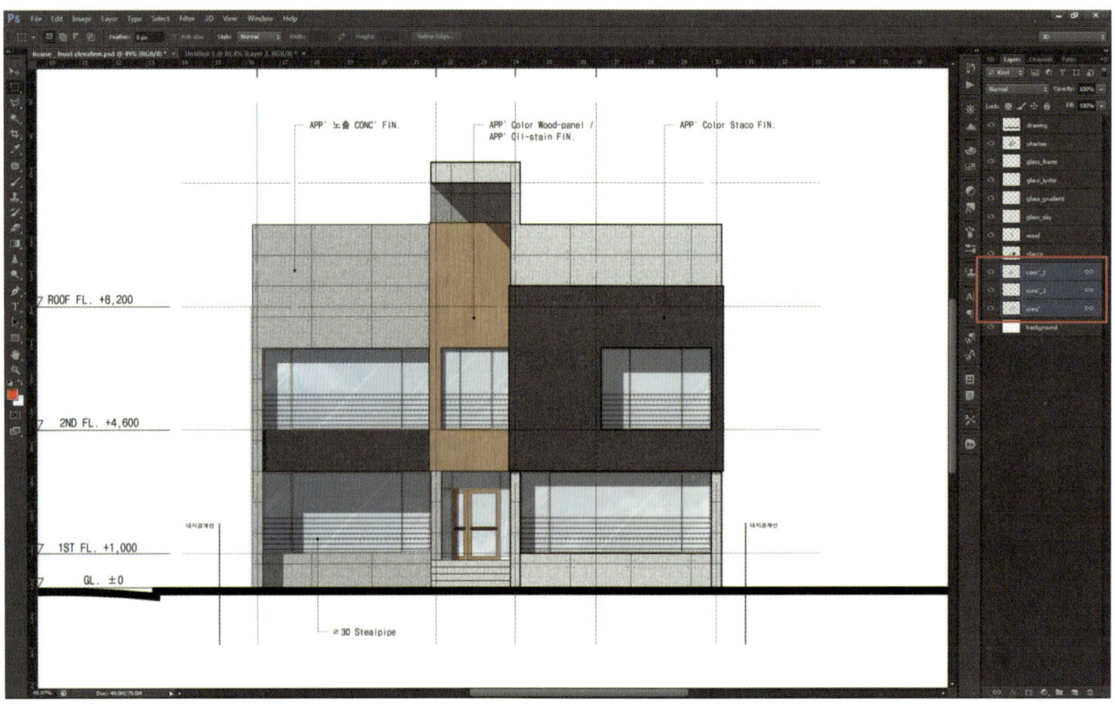

* 기타 마감 작업 (finishing work)

34) 입면도에 바닥과 하늘을 입히도록 하겠습니다. 도구패널에서 'Rectangular Marquee Tool' [icon]을 이용하여 영역을 선택합니다. 그리고 'land' 라는 새 레이어를 생성하여 아래 그림과 같이 그레이를 채색합니다.

35) 그러나 바닥부분을 채색하면 도면 아래의 Line과 Text가 잘 보이지 않게 됩니다. 따라서 해당 도면을 색반전하여 가시성을 높여야 합니다. 'drawing' 레이어를 선택한 후, 'Rectangular Marquee Tool' [icon]을 이용하여 아래와 같이 영역을 선택합니다. 그리고 풀다운 메뉴 Image > Adjustment > Invert (Ctrl + I)를 선택합니다. 그러면 선택한 영역의 도면이 백색으로 색반전이 이루어집니다.

36) 배경에 하늘을 입혀보겠습니다. 새 레이어를 생성하고 이름을 'sky'로 지정합니다.

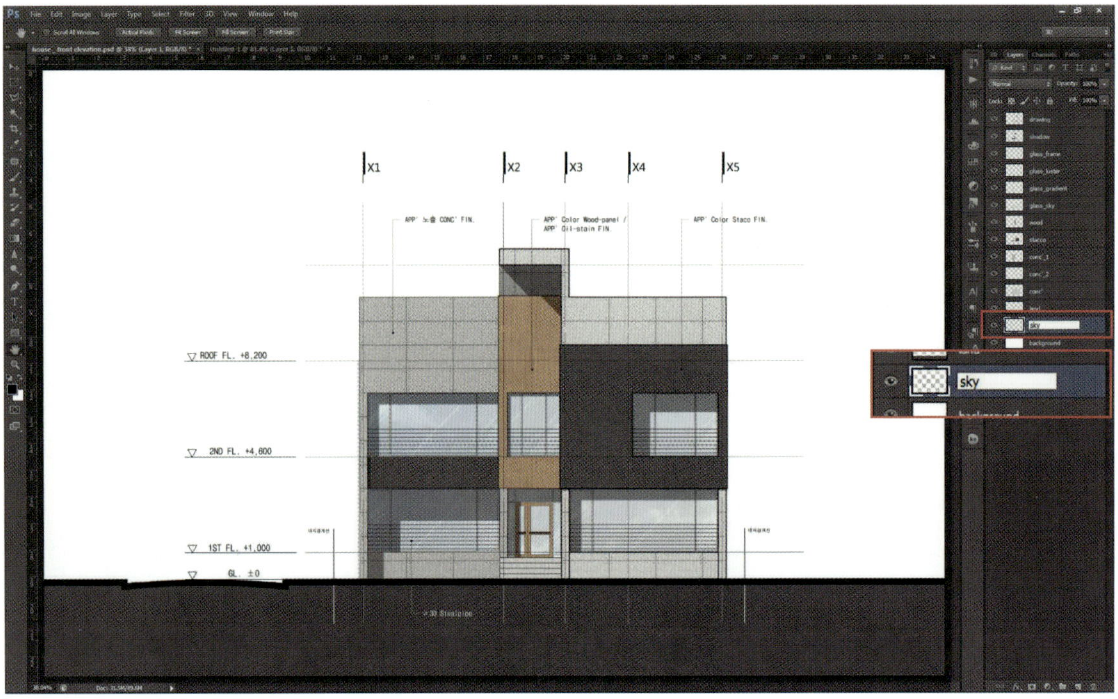

37) 도구패널에서 'Gradient Tool' 을 선택한 후, 상부의 옵션 바에서 'Gradient Editor' 창을 활성화합니다. 그리고 아래 그림과 같이 하늘색을 결정합니다.

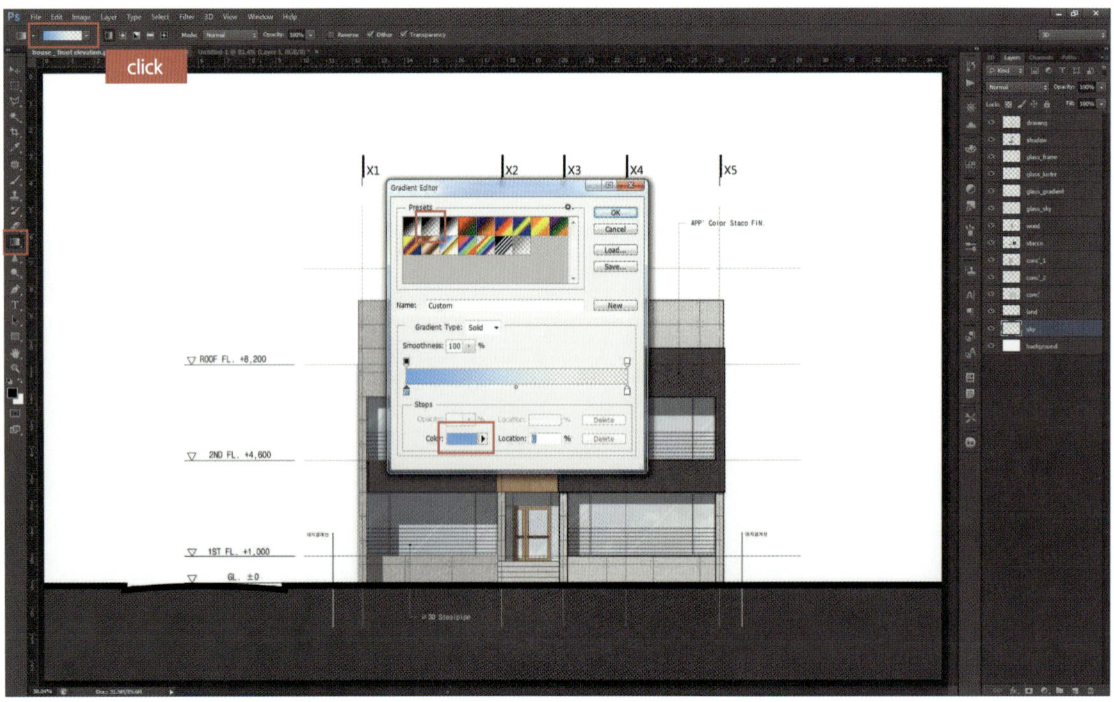

38) Shift 키를 누른 상태에서 아래 그림과 같이 수직으로 그라디언트를 적용시킵니다.

39) 적용된 색상의 채도가 매우 높습니다. 채도를 낮춰보겠습니다. 풀다운 메뉴 Image > Adjustment > Hue/Saturation (Ctrl + U)에서 채도(Hue)값을 -60으로 지정합니다.

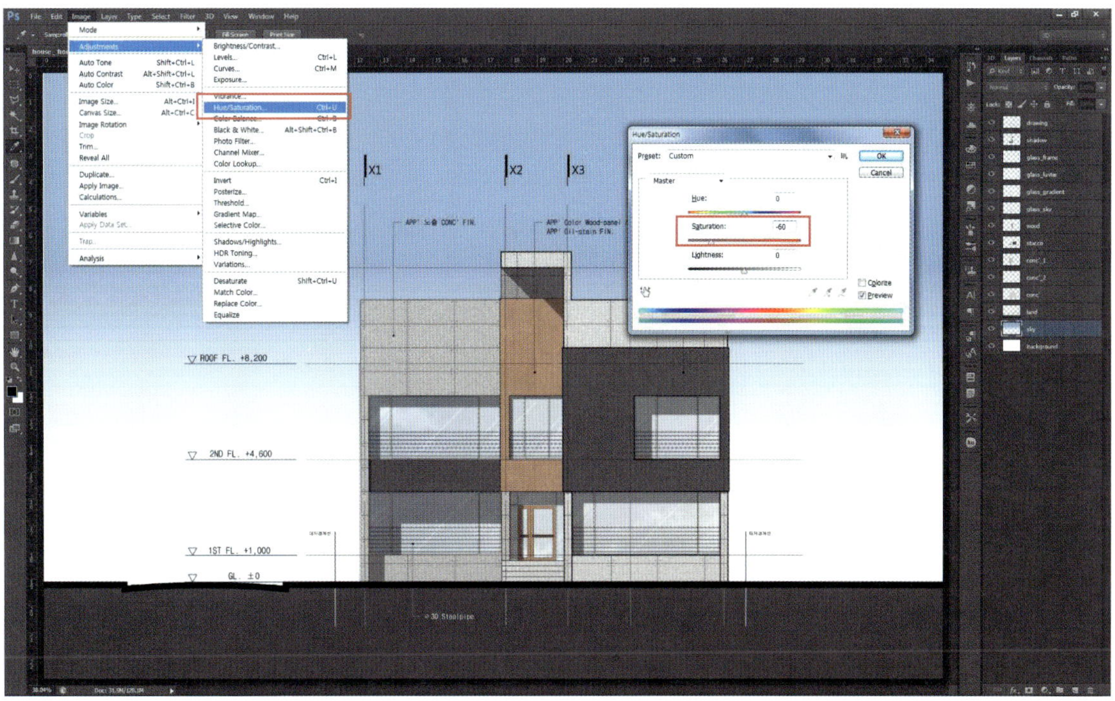

TIP: 건축 패널 구성 시 사용자의 작업 상황에 따라 입면도의 하늘 배경은 생략할 수 있습니다.

40) 이제 건물 주변에 나무 이미지를 입혀보겠습니다. 이미지를 open합니다. 현재 작업창의 해상도(300dpi)를 기준으로 나무 이미지의 해상도를 맞춰줍니다.

file: 03-photoshop sample/ 07-house _ front elev _ tree.jpg

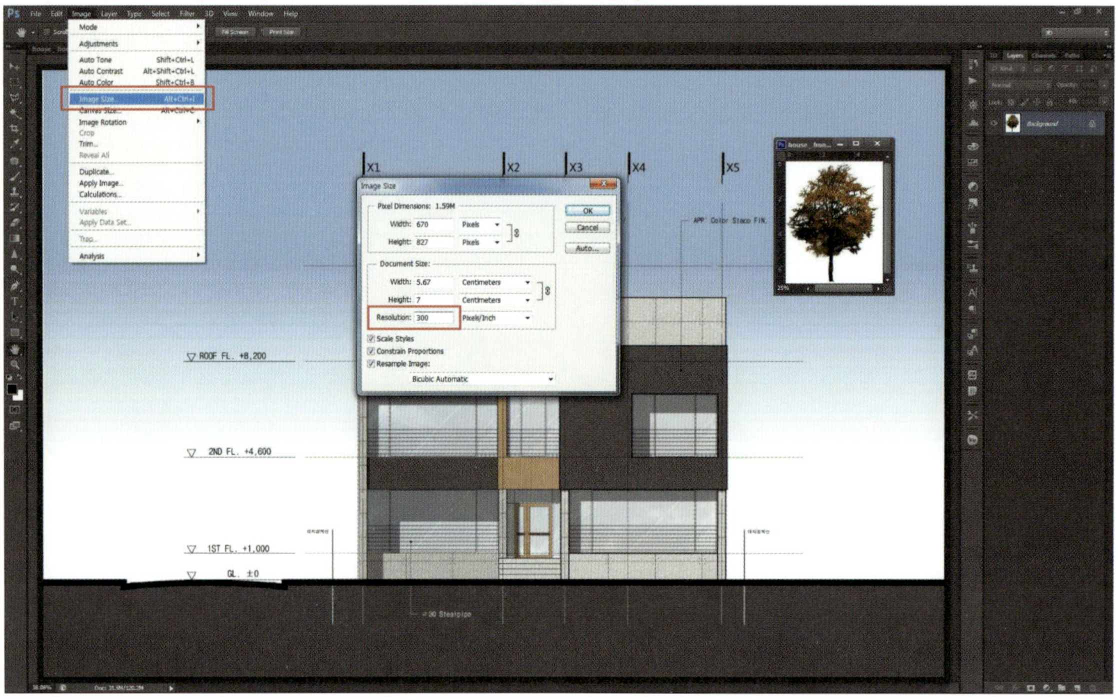

41) 도구패널에서 'Magic Wand Tool' 을 선택하고 화면 상단 옵션 바의 'Contiguous'를 선택해제합니다. 

나무 이미지의 여백부분을 선택합니다.

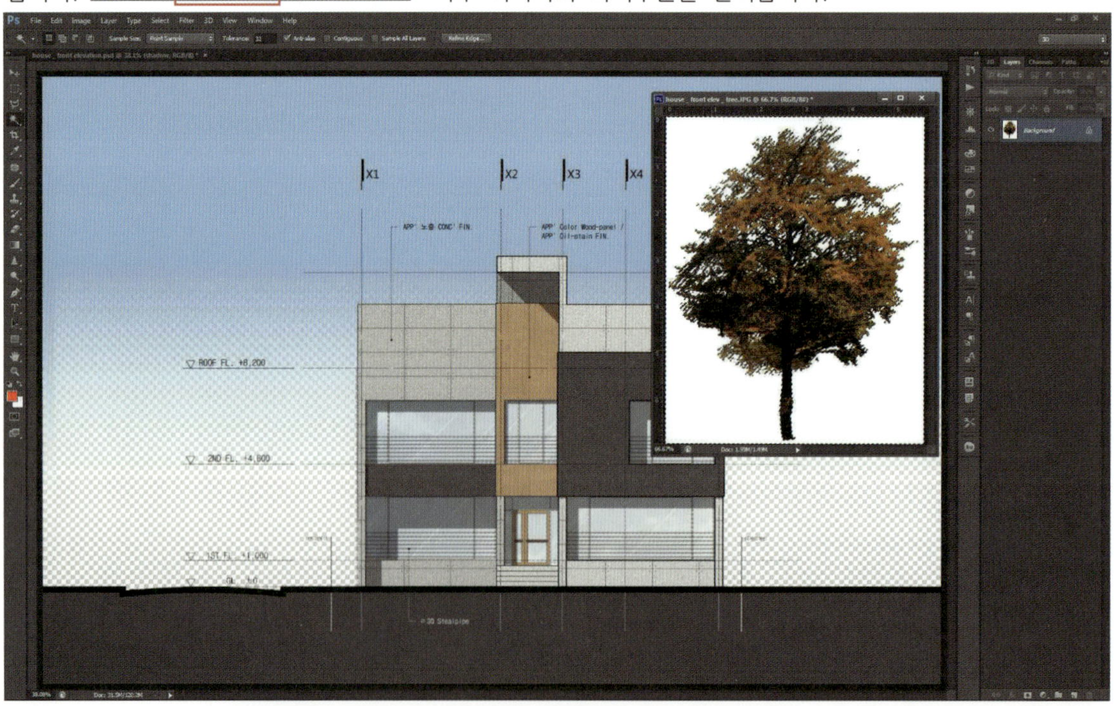

TIP: 'Magic Wand Tool' 은 지정한 포인트의 색상과 동일한 색상을 모두 선택할 수 있는 기능이 특징입니다. 옵션 바의 'Contiguous' 옵션을 체크하면 색상의 경계가 인접한 영역까지, 선택 해제하면 경계 없이 모든 동일한 색상을 선택합니다.

42) 풀다운 메뉴 Select > Inverse (Shift + Ctrl + I)를 선택하여 선택영역을 반전 시킵니다. 그 결과 나무만 선택이 이루어집니다.

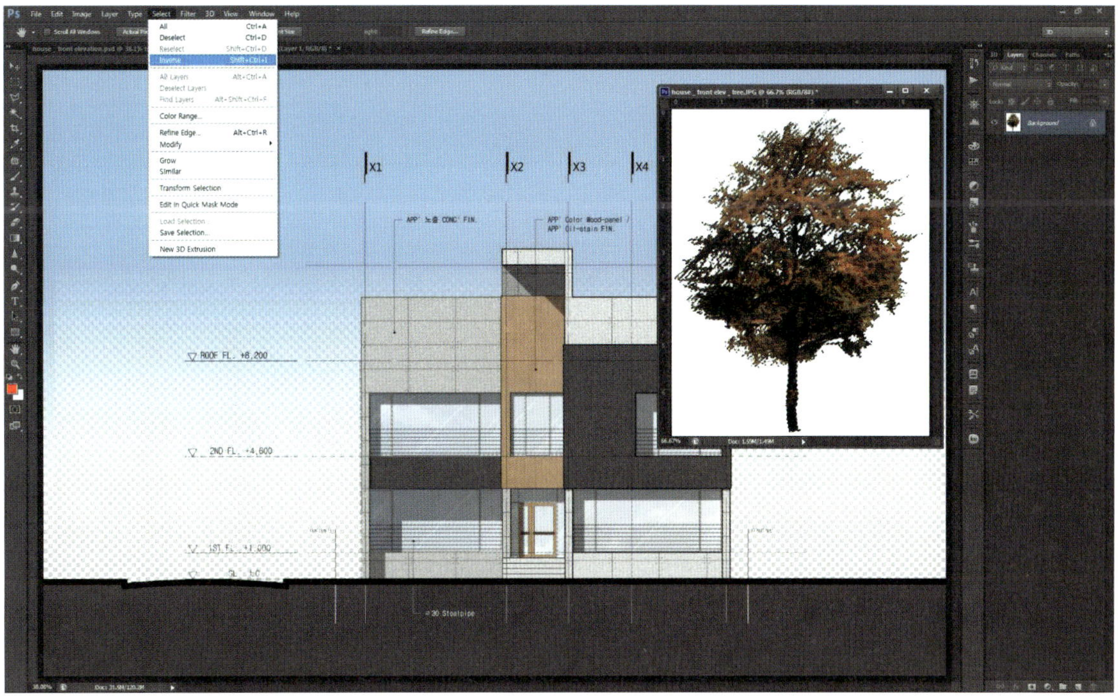

43) 도구패널에서 'Move Tool' 을 선택하고 나무 이미지를 옮겨 넣고, 위치시킵니다. (drag & drog) 그리고 해당 레이어의 이름을 'tree'라고 지정합니다.

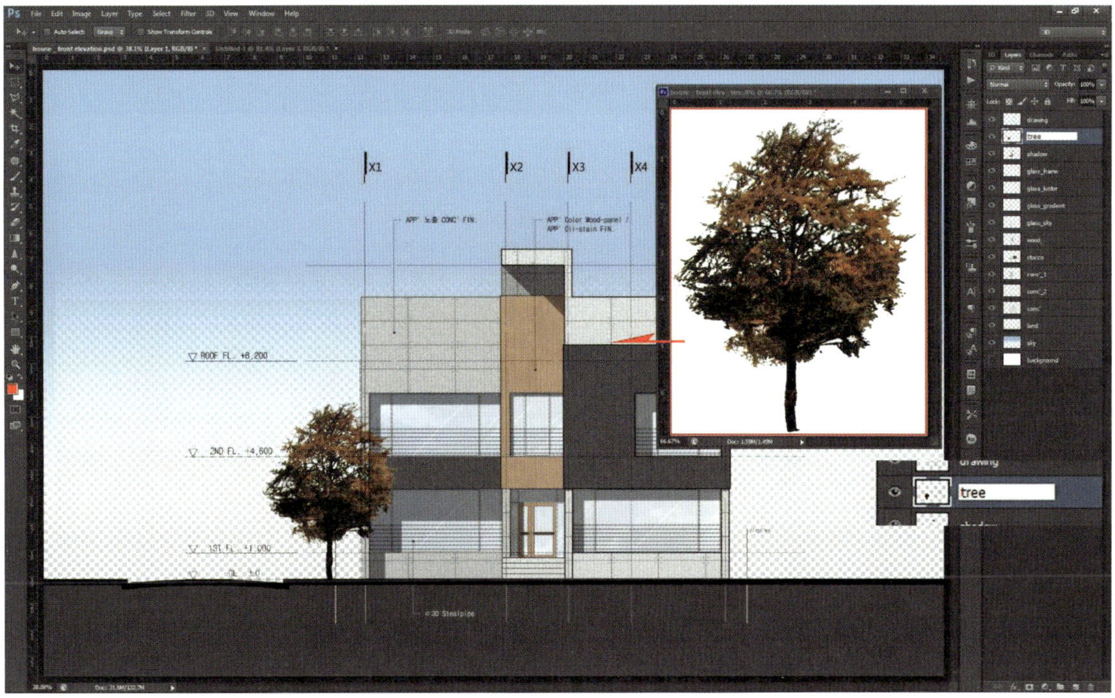

44) 'tree' 레이어를 선택 확인 후, 풀다운 메뉴 Image > Adjustment > Hue/Saturation (Ctrl + U)를 선택합니다. Lightness(명암) 값을 +100으로 주어 나무를 백색으로 전환합니다.

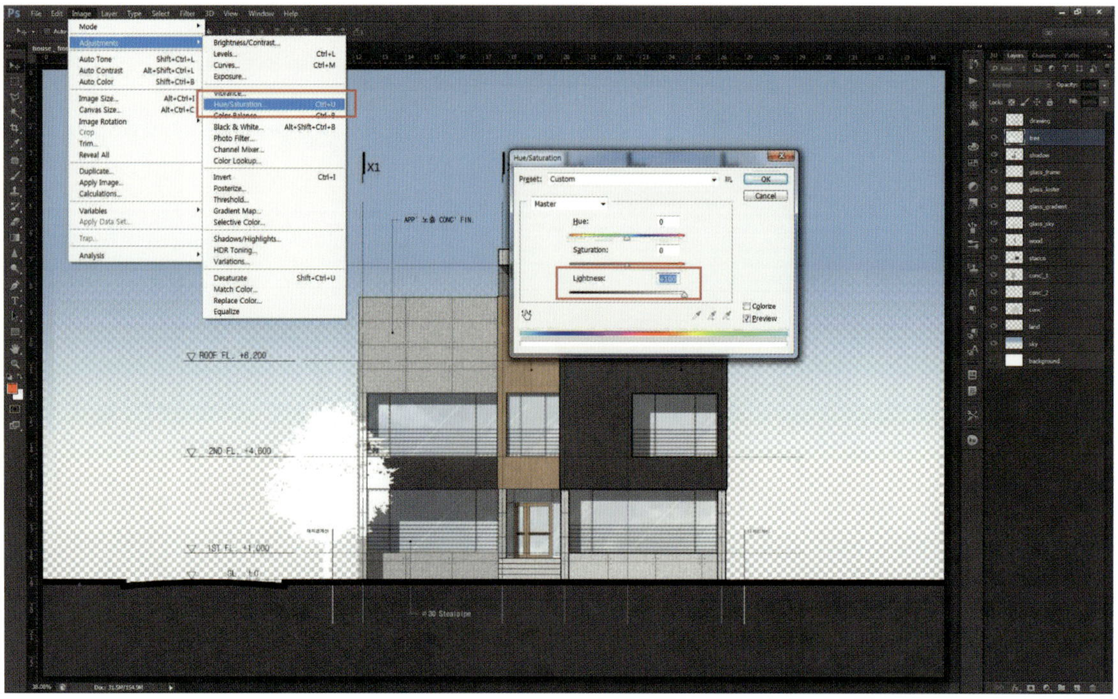

45) 풀다운 메뉴 Edit > Stroke를 선택하면, Stroke 창이 나타납니다. Stroke의 Width(두께) 값을 '2px'로 지정하고, Location은 'Inside'에 체크합니다.

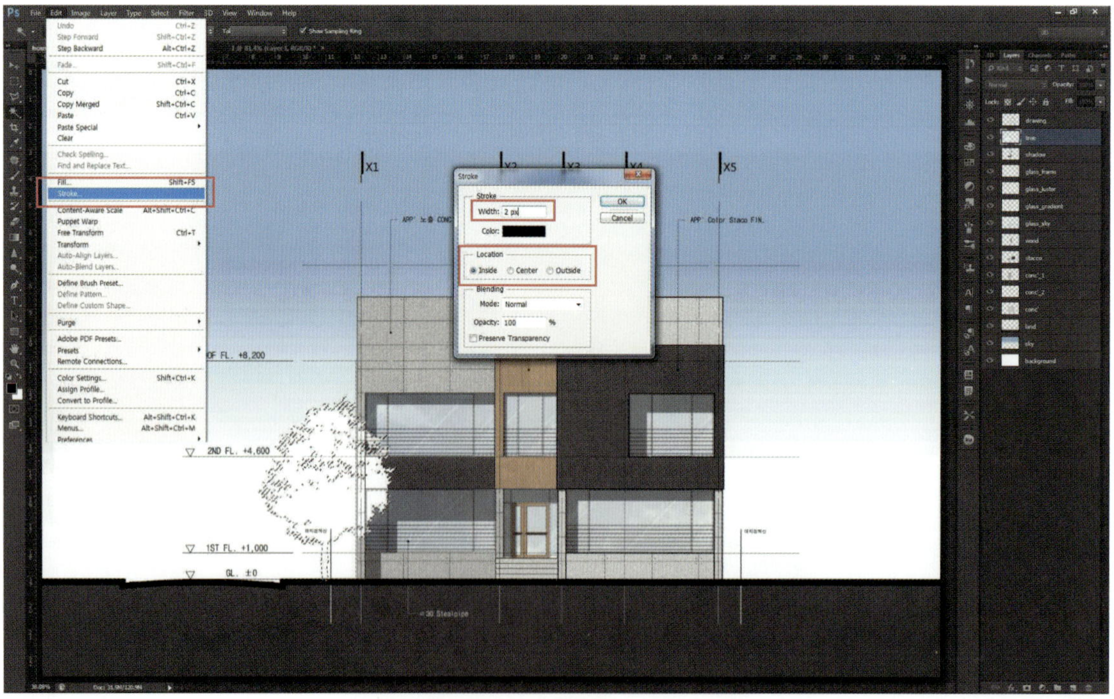

TIP: Stroke은 선택영역을 따라 지정한 두께의 선을 그려주는 기능입니다. 여기서 Location은 'Inside', 'Center', 'Outside' 총 세 가지의 옵션을 갖고 있는데, 해당 두께의 선을 선택영역에서 '안쪽', '가운데', '바깥쪽'으로 위치시키는 옵션입니다.

46) 'tree' 레이어의 Opacity 값을 30%로 낮춥니다. 'tree' 레이어로 인해 입면도가 더욱 두드러지게 보이기 위한 작업입니다.

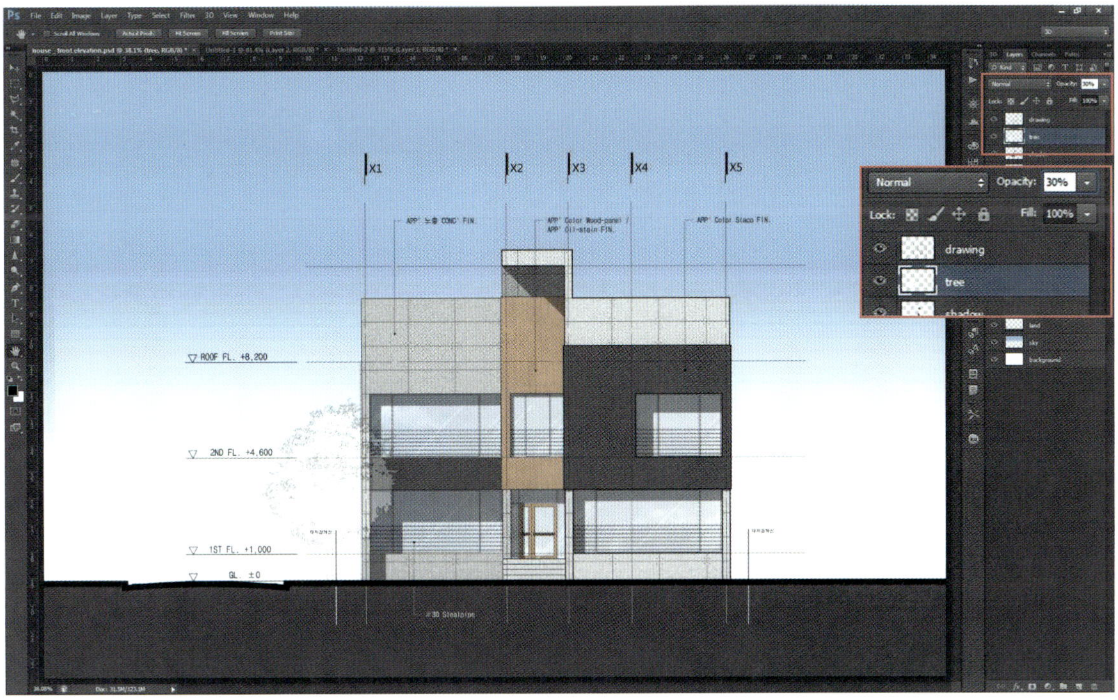

47) 나무가 완성 되면, 전체적으로 위치를 조정합니다. 그리고 다른 한편에 나무를 복사하여 적절히 배치합니다.

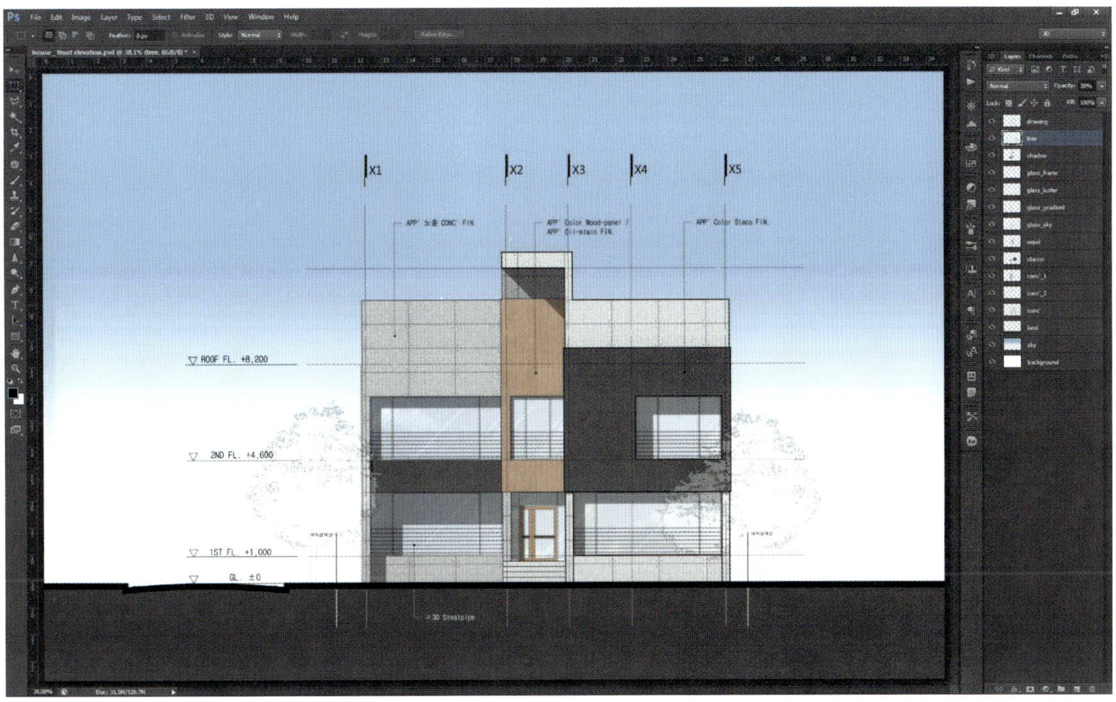

48) 모든 작업이 완결되었습니다. 더 이상 수정할 부분이 없다고 판단하면 링크로 묶여있던 레이어들은 하나로 병합하는 것이 저장 메모리 활용측면에서 좋습니다. 현재 작업 내용에서는 'glass'와 'conc' 레이어가 묶여 있는 링크로 묶여 있는 레이어입니다. 'glass'는 묶여있는 해당 레이어끼리, 'conc' 역시 묶여있는 레이어끼리 병합해 줍니다. 병합하는 방법은 해당 레이어들을 선택한 후, 풀다운 메뉴 Layer > Merge Layer (Ctrl + E)를 누르면 됩니다.

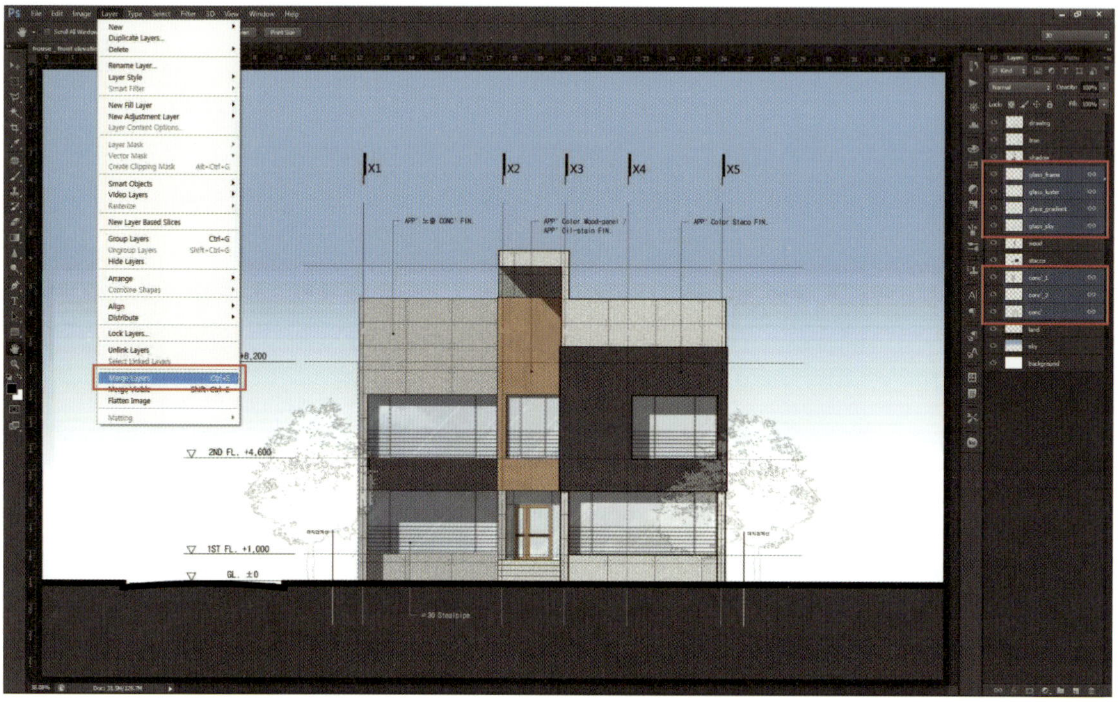

실습예제 02 좌측면도 Presentation 하기

위의 정면도 Presentation 실습과정을 참고하여 좌측면도를 채색합니다.

file: 03-photoshop sample/ 02-house drawing.dwg

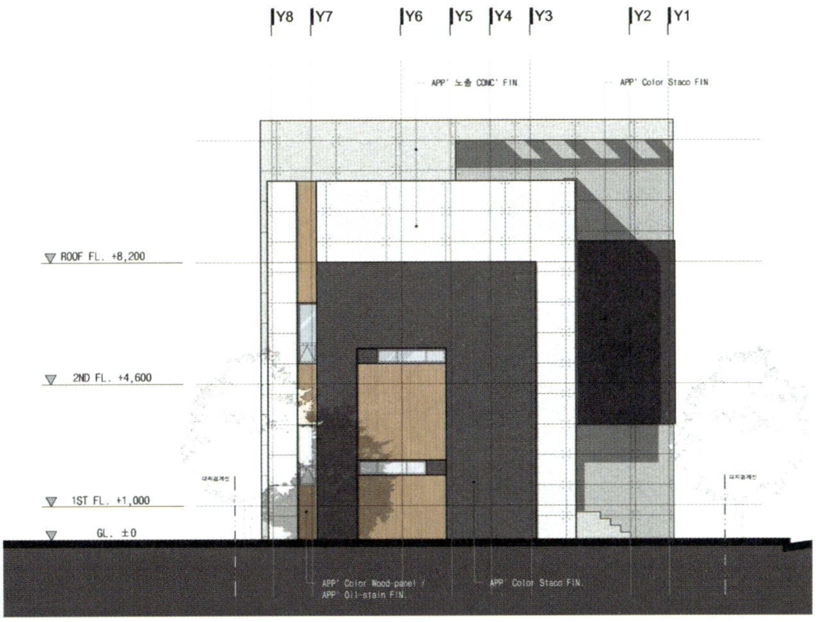

실습예제 03 단면도 Presentation 하기

위의 좌측면도 Presentation 실습 과정을 참고하여 단면도를 채색합니다.

file: 03-photoshop sample/ 02-house drawing.dwg

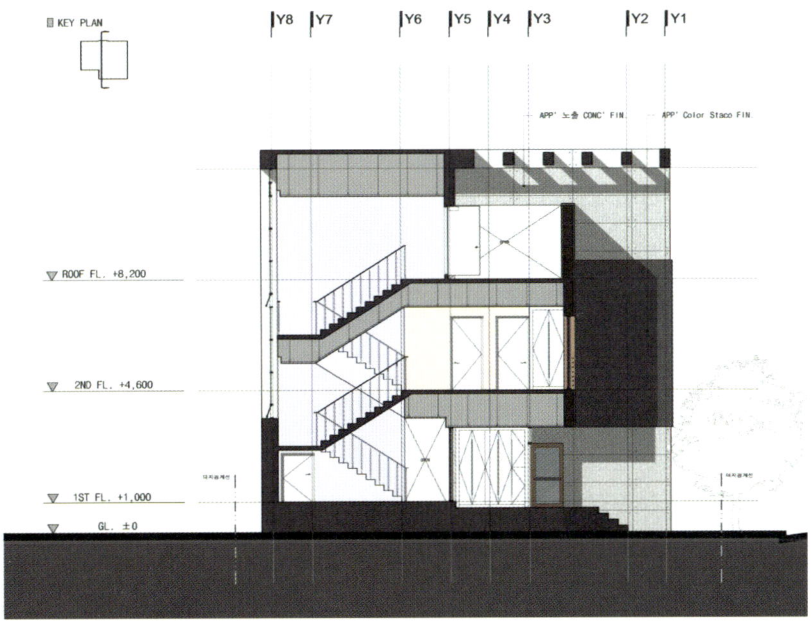

PART

03

Retouching & Panel Layout

Chapter

03

건축 Panel 제작하기

Panel Canvas 구성하기 _ STEP 01

Chapter 03 건축 Panel 제작하기

건축 Panel은 디자인된 작품을 설명하기 위한 다이어그램과 컨셉, 그리고 결과물인 각종 도면과 투시도 등을 총체적으로 표현하는 건축 Presentation 방법 중 가장 보편적인 방법입니다. 건축 Panel에 들어가야 할 요소는 때에 따라 다르지만, 기본적 요소는 다음과 같습니다.

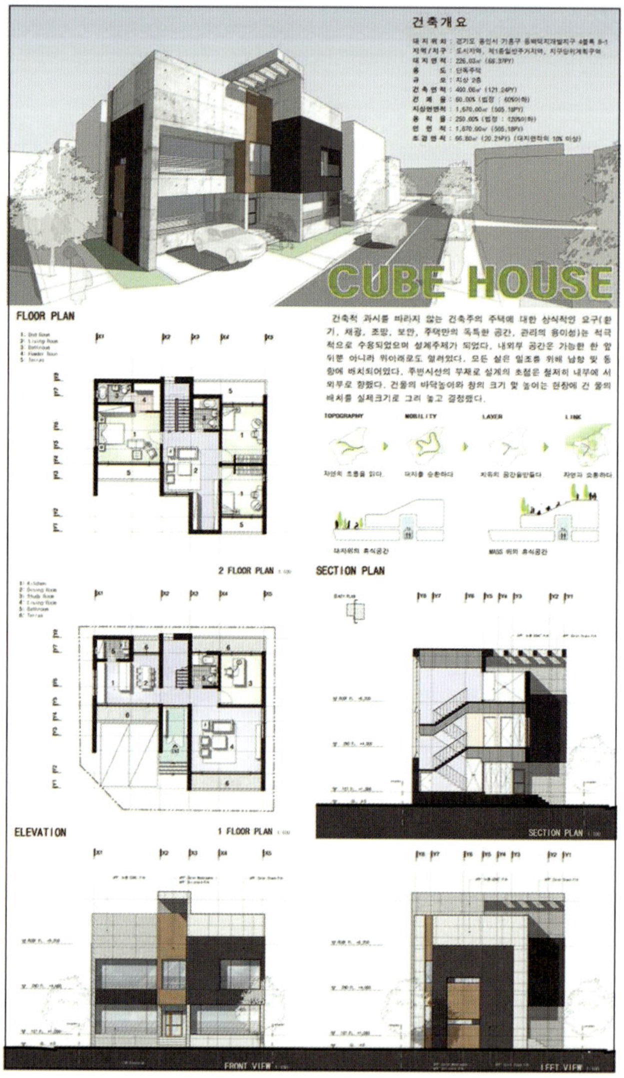

① **타이틀(Title):** 디자인에 이름을 붙이는 과정으로, 작품에 기대감을 부여하고 디자인 의도를 쉽게 설명할 수 있는 단어 또는 문장을 선택합니다.

② **컨셉(Concept):** 디자인의 의도와 결과를 논리적으로 설명할 수 있어야 합니다.

③ **대지분석(Site Analysis):** 디자인에 앞서 대지의 위치, 접근성, 조망 등 물리적 현황을 파악할 수 있도록 다이어그램화 합니다.

④ **디자인 프로세스(Design Process):** 컨셉 의도가 디자인에 반영된 결과를 간략한 다이어그램과 기호, 스케치 등을 활용하여 설명하며, 디자인 상황에 따라 적합한 방법으로 표현합니다.

⑤ **스페이스 프로그램(Space Program):** 각 공간들의 크기와 유기적 관계 등을 설명하기 위한 데이터와 다이어그램입니다. Zoning 계획 역시 포함되기도 합니다.

⑥ **개요(Outline):** 대지 면적, 위치, 층수 등 건축의 물리적인 정보를 기입합니다.

⑦ **기본 도면(Drawing):** 건축을 설명하기 위한 가장 기본적인 요소로서, 평면도와 입면도, 단면도 등으로 표현됩니다. 효과적인 도면 표현을 위해 Photoshop을 이용한 re_touching이 필요합니다.

⑧ **투시도(Perspective):** 디자인을 가장 직관적으로 설명하고 표현할 수 있는 요소입니다. 3DS MAX, Rhino3D, Revit Architecture, SketchUp 등 3차원 시뮬레이션 프로그램을 활용하여 작업하고, 제작된 투시도는 Photoshop을 이용한 re_touching이 꼭 필요합니다.

따라서 이번 'Chapter 03'에서는 건축 Panel을 작업하기 위한 제작 실습 과정을 실습하여 Photoshop을 활용한 보다 손쉽고 효과적인 Presentation을 할 수 있도록 합니다. 작업 내용은 위에서 작업한 단독주택을 활용하여 제작합니다.

STEP 01 Panel Layout 하기

1. Panel Canvas 만들기

Panel을 구성하기 위한 새로운 Canvas(작업창)를 제작하겠습니다. 건축 Panel은 설계상황과 전시방법에 따라 다양한 크기로 제작되며, 가장 보편적인 건축 Panel의 크기는 900mm X 1,800mm입니다. 이번 실습할 단독주택의 Panel 크기는 500mm X 850mm, 해상도는 200dpi로 지정하여 제작하겠습니다.

1) 풀다운 메뉴 File > New를 클릭합니다. 새 Canvas의 옵션 값을 지정하기 위한 다이얼로그가 나타나면, 아래의 옵션 값을 기입하고 'OK' 버튼을 클릭합니다.

❶ **Name:** 새 Canvas의 이름을 지정합니다. 기본 이름인 'Untitles-1'을 삭제하고 'house panel'이라는 이름으로 기입합니다.
❷ **Width:** 새 Canvas의 가로의 길이는 500으로 입력하고, 단위는 'Millimeters'로 조정합니다.
❸ **Hight:** 새 Canvas의 세로의 길이는 850을 입력하고, 단위는 역시 'Millimeters'로 조정합니다.
❹ **Resolution:** 해상도(dpi)는 200을 입력하고, 단위는 'Pixels/Inch'로 조정합니다.
❺ **Color Mode:** 새 Canvas의 Color Mode 색상표현 방식을 지정합니다. Color Mode는 'RGB Color', '8 bit'로 지정합니다.
❻ **background Contents:** 배경은 'White'로 지정합니다. 'Background Color'는 새 Canvas의 배경이 Photoshop에서 배경색으로 나타나며, 'Transparent'는 투명하게 나타납니다.

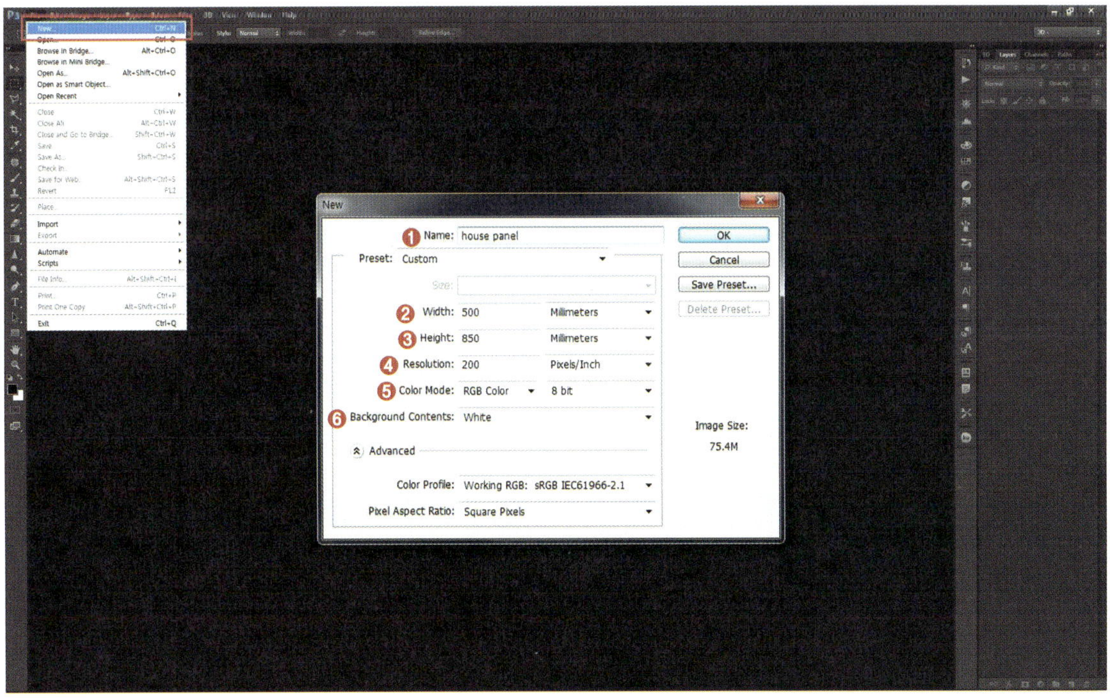

2) Panel Canvas가 나타났습니다. Panel에 들어갈 각 이미지들을 단계별로 넣어 위치하겠습니다. 아래 경로를 참고하여 '08-perspective.jpg' file을 open 합니다. 그리고 이미지의 해상도를 Panel Canvas와 동일한 200dpi로 맞추어줍니다.

file: 03-photoshop sample/ 08-panel source/ 08-Perspective.jpg

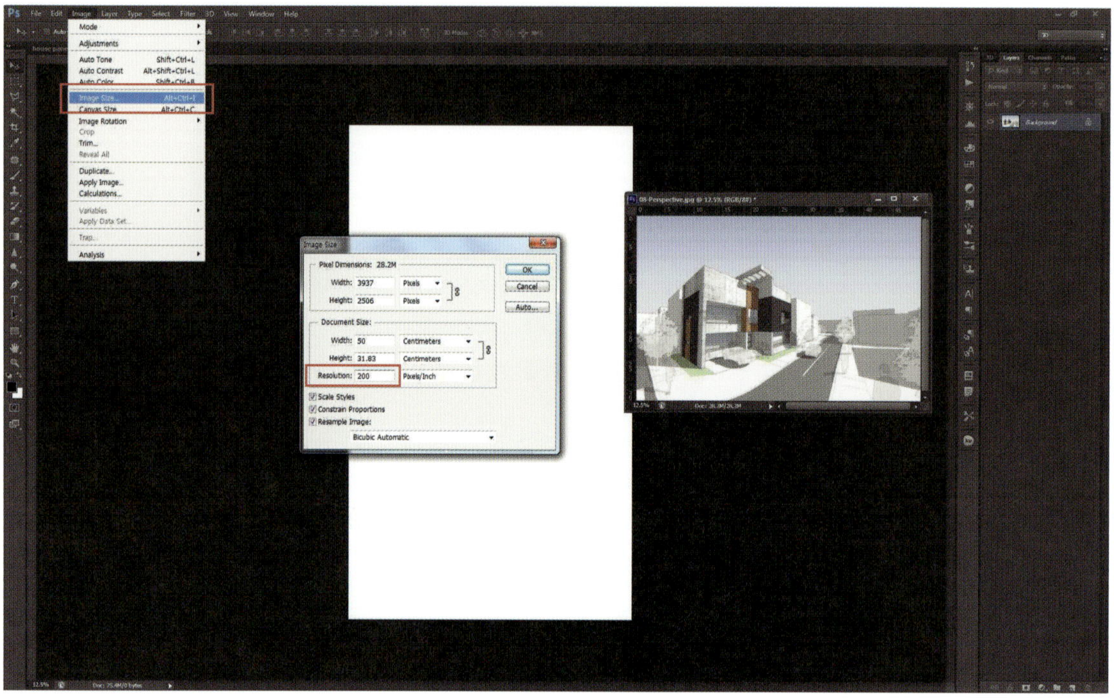

3) 도구패널에서 'Move Tool' 을 선택하여, 이미지를 Panel로 옮깁니다.(drag & drog) 레이어의 이름은 'perspective'라고 지정합니다.

4) 이와 같은 방법으로 1층 평면도와 각 입면도, 단면도 등 Panel에 들어가야 할 이미지들을 모두 옮겨 넣은 후, 대략적인 위치를 지정합니다.

file: 03-photoshop sample/ 08-panel source/ 08-1 Floor Plan.jpg, 08-2 Floor Plan.jpg, 08-Diagram.jpg, 08-Front view.jpg, 08-Left view.jpg, 08-Section Plan.jpg

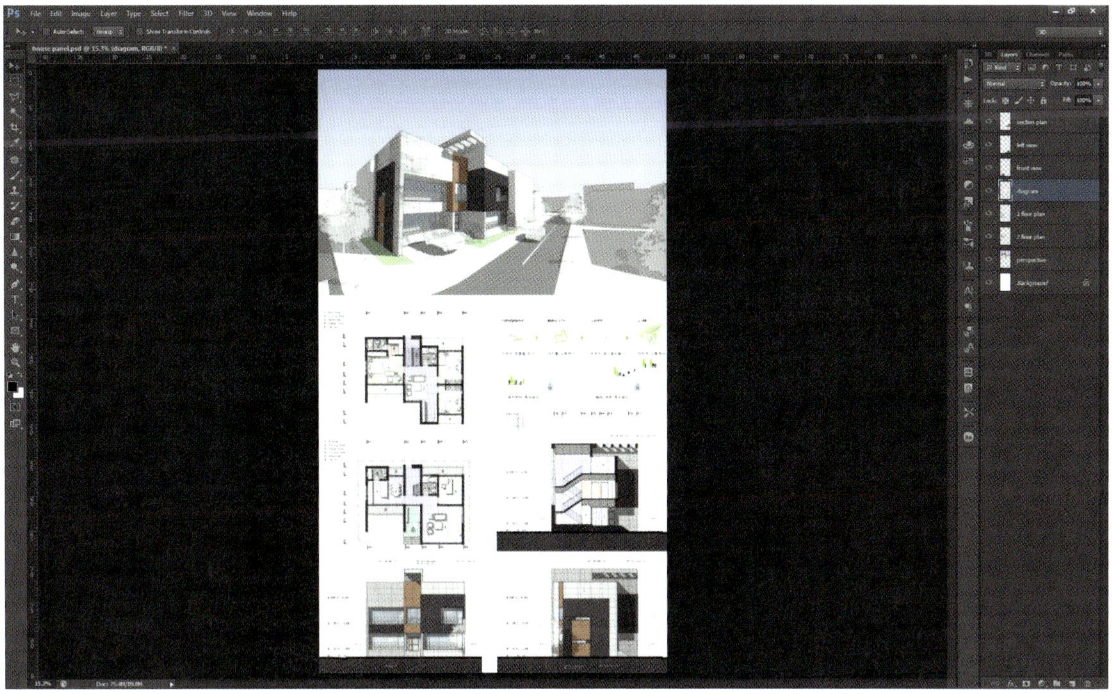

5) 각 이미지들의 위치를 정확한 자리에 두도록 하겠습니다. 이를 위해서는 Guide Line 사용이 필수입니다. 먼저 Perspective의 위치를 잡도록 하겠습니다. 도구패널에서 'Move Tool' 을 선택하고, Canvas 위 'Rulers'에 마우스를 클릭한 채로 밑으로 끌어 내립니다. 그리고 높이 '240mm'에 위치합니다.

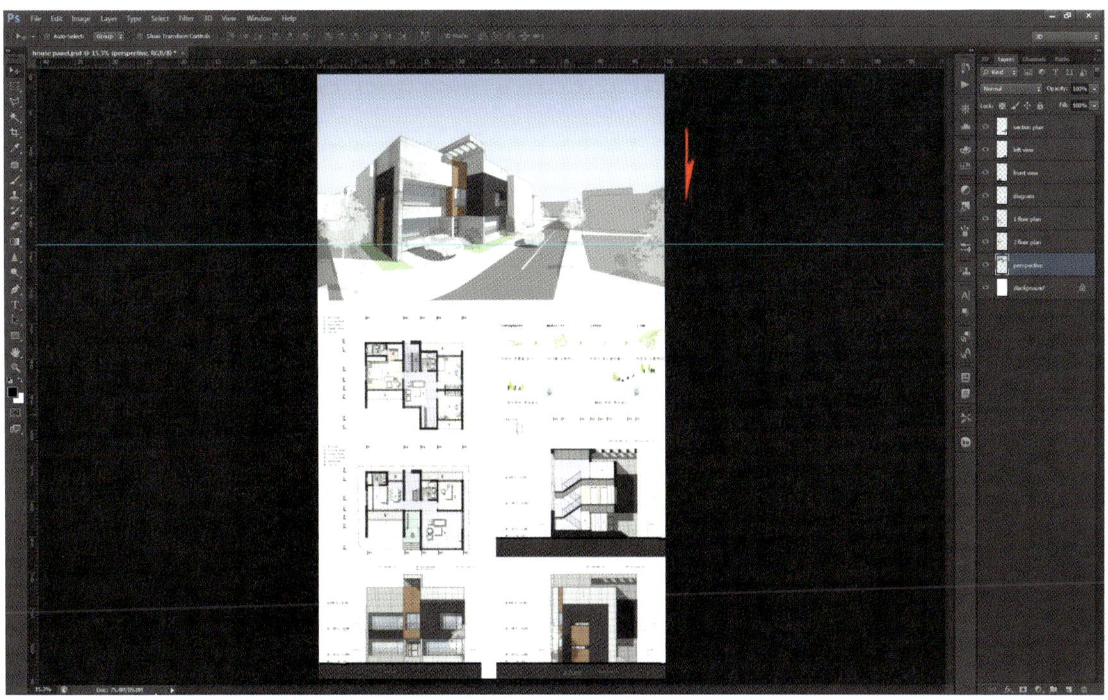

6) Perspective를 아래 그림과 같이 위로 이동하여 하늘이 적당히 보이도록 위치합니다. 그리고 아래 표시부분(red box)은 삭제합니다.

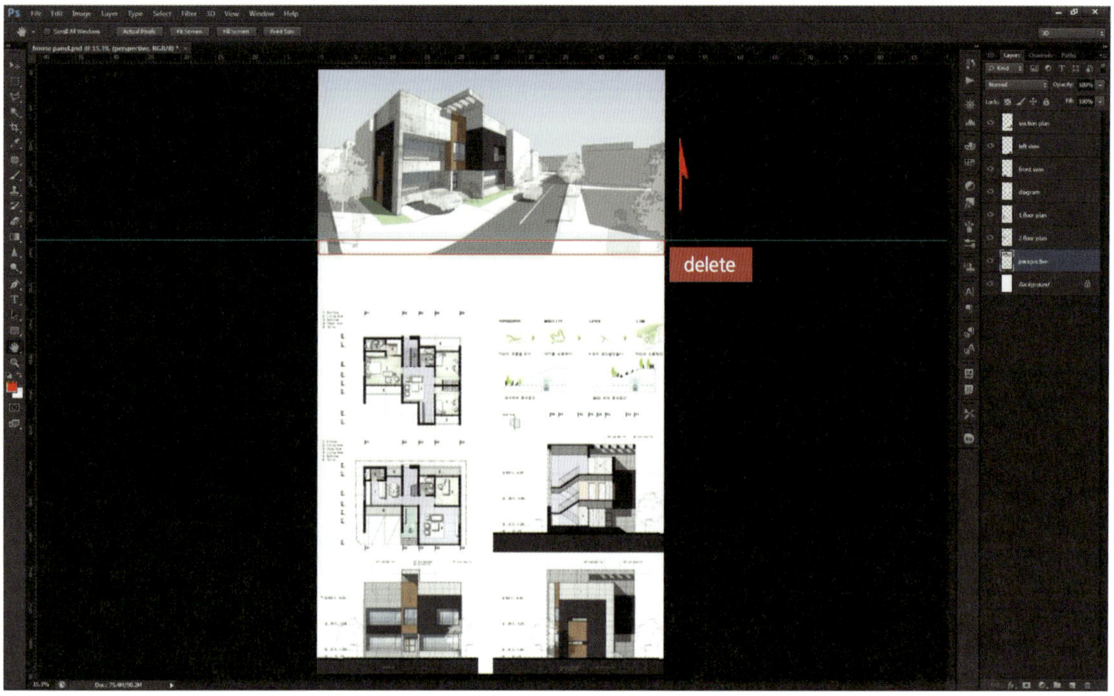

7) 이번에는 2층 평면도와 다이어그램을 위치하도록 하겠습니다. 도구패널에서 'Move Tool' 을 선택하고, 가로방향 Guide Line을 30mm, 세로방향 Guide Line을 7mm에 위치시킵니다. 그리고 아래 그림과 같이 '2 floor plan' 레이어를 선택하여 도면의 축열 'Y8'과 'X1'의 위치를 각각 Guide Line에 일치시킵니다.

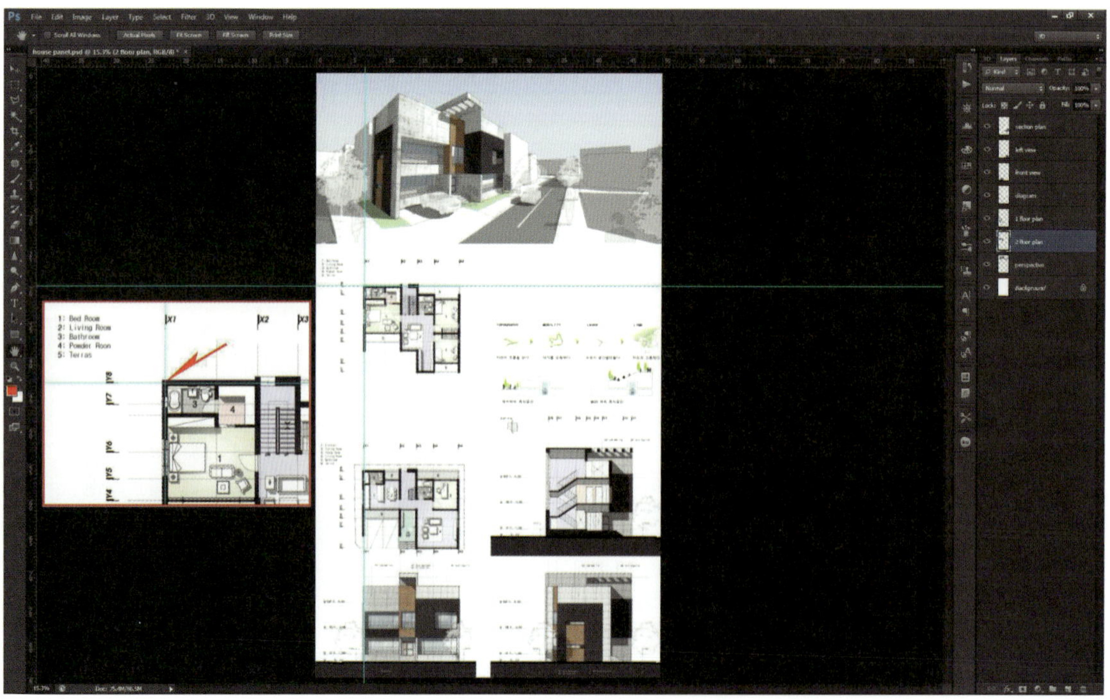

8) 다이어그램은 가로방향 Guide Line을 '2 floor plan' 레이어 밑으로 위치하고 'diagram' 레이어를 선택하여 아래 그림과 같이 위치시킵니다.

9) 이번에는 1층 평면도와 단면도를 위치하도록 하겠습니다. 도구패널에서 'Move Tool' 을 선택하고, 세로방향 Guide Line은 존치한 채, 가로방향 Guide Line을 50.5mm와 60.5mm에 위치시킵니다. 그리고 아래 그림과 같이 '1 floor plan' 레이어를 선택하여 도면의 축열 'Y8'과 'X1'의 위치를 가로방향 50.5mm의 Guide Line과 세로방향 Guide Line에 일치시킵니다.

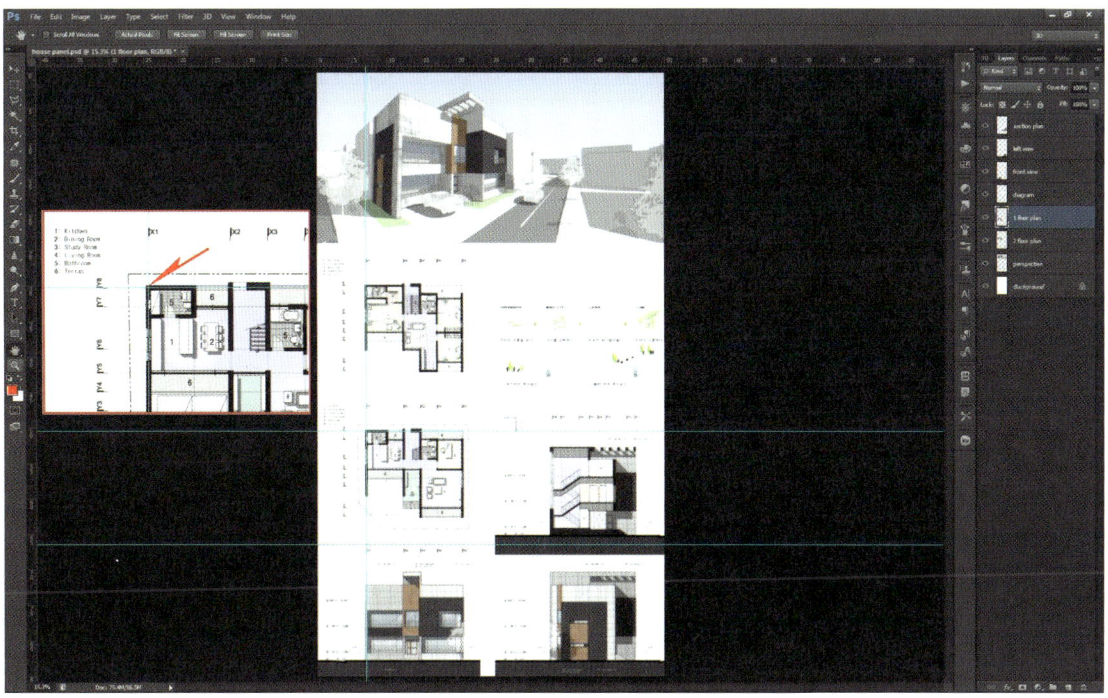

10) 단면도는 'section plan' 레이어를 선택한 후, Canvas 오른쪽 끝으로 붙입니다. 그리고 이미지를 아래 그림과 같이 가로방향 60.5mm Guide Line 위에 위치시킵니다.

11) 이번에는 정면도와 좌측면도를 위치하도록 하겠습니다. 도구패널에서 'Move Tool' 을 선택하고, 가로방향 Guide Line을 모두 밀어 올려서 삭제합니다. 그리고 기존의 세로방향 Guide Line은 존치한 채, 새로운 세로방향 Guide Line을 만들어 단면도의 축열 'Y8'에 위치합니다.

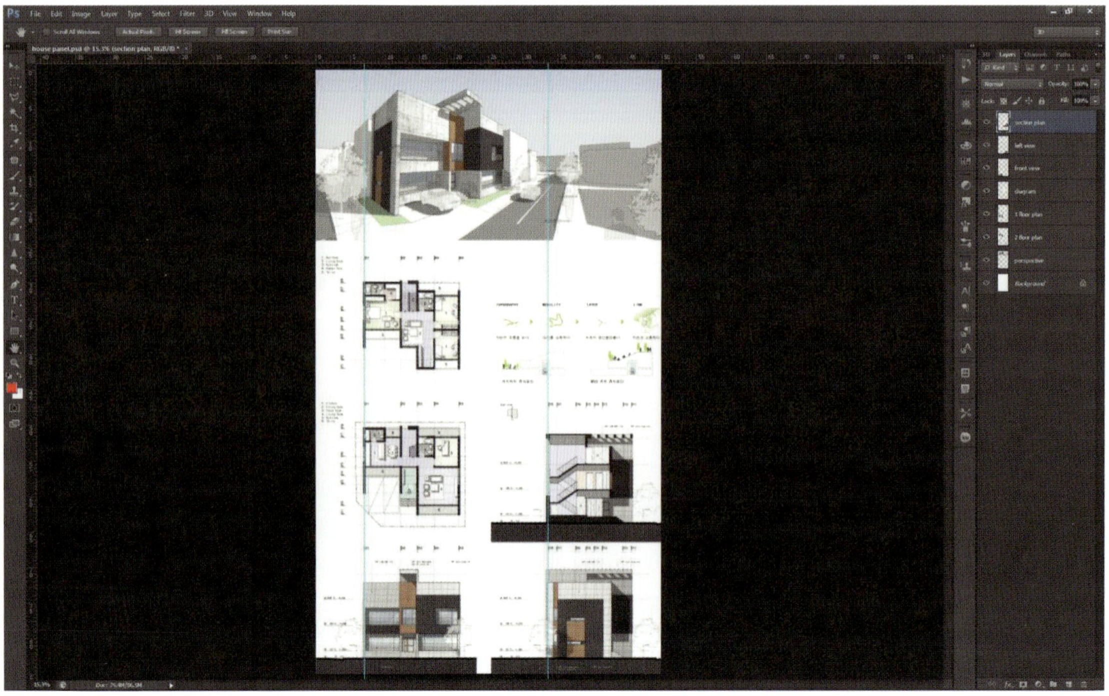

12) 'front view'와 'left view' 레이어를 선택하여 아래 그림과 같이 각 정면도의 축열 'X1' 좌측면도의 축열 'Y8'을 각각 정확히 위치시킵니다.

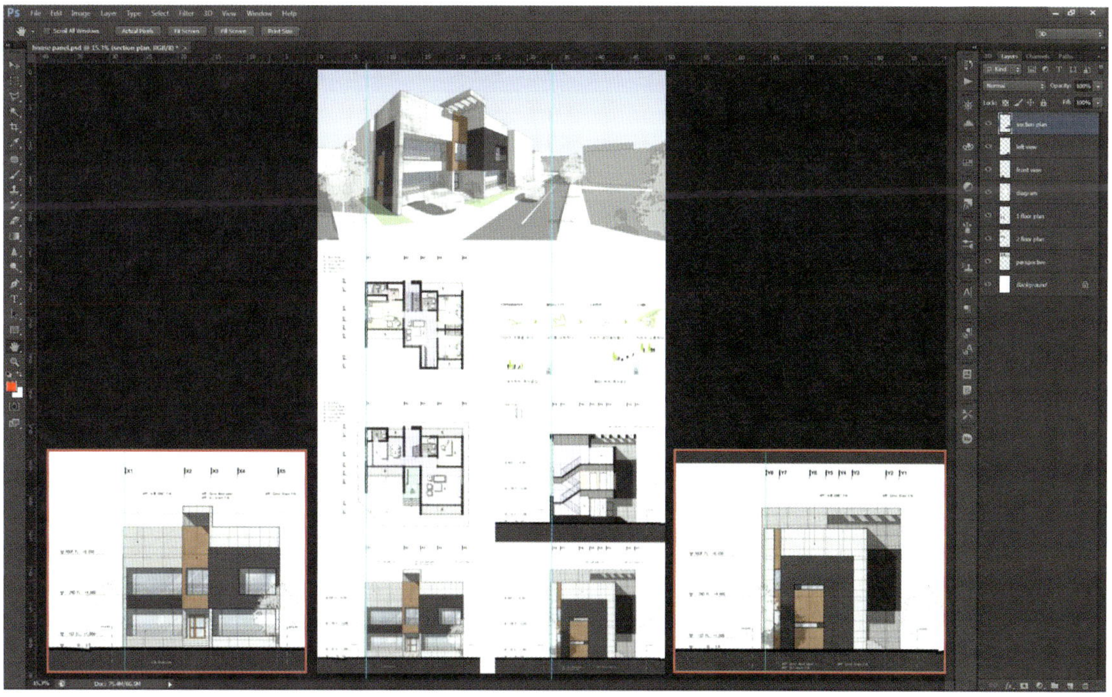

13) 이제 Panel에 Text를 기입해 보도록 하겠습니다. 먼저 건축개요를 입력합니다. 도구패널에서 'Horizontal Type Tool' T 을 클릭합니다. ❶ Panel 오른쪽 상단에 Text Box를 형성하여 '건축개요'라고 Text를 기입합니다. ❷ 화면 상단 옵션 바의 'Toggle the character and paragraph panels'을 클릭합니다. 그리고 보조 패널에 나타난 character 패널에서 Font는 'Dotumche', Font의 크기는 28pt, Faux Bold를 클릭하여 글자체를 두껍게 표현합니다.

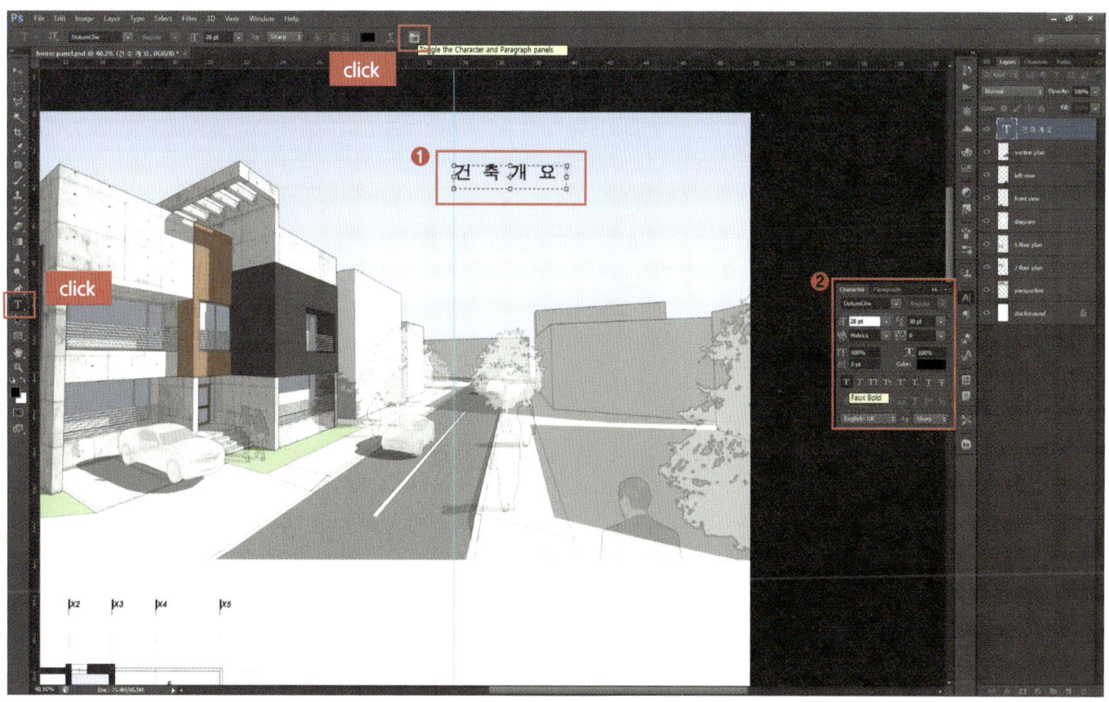

14) 다시 도구패널에서 'Horizontal Type Tool' T 을 클릭합니다. ❶ 아래 그림과 같이 Text Box를 설정하여 건축개요의 제목부분만 입력합니다. ❷ 화면 상단 옵션 바의 'Toggle the character and paragraph panels'을 클릭합니다. 그리고 character 패널에서 Font는 'Dotumche', Font의 크기는 15pt, Set the leading(문단간격)은 22pt, Faux Bold를 클릭하여 글자체를 두껍게 표현합니다.

file: 03-photoshop sample/ 08-panel source/ 08-Panel text.hwp

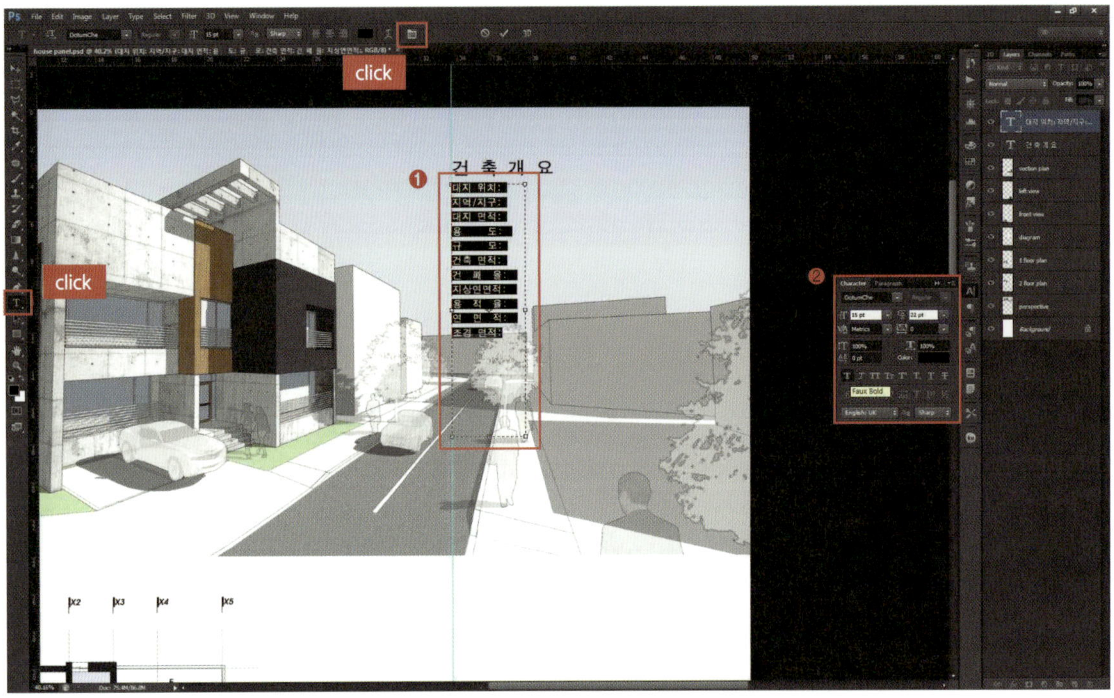

15) 보조패널에 paragraph 패널을 선택합니다. 그리고 가장 오른쪽에 위치한 'Justify all'을 선택하여 Text를 '좌우정렬'합니다.

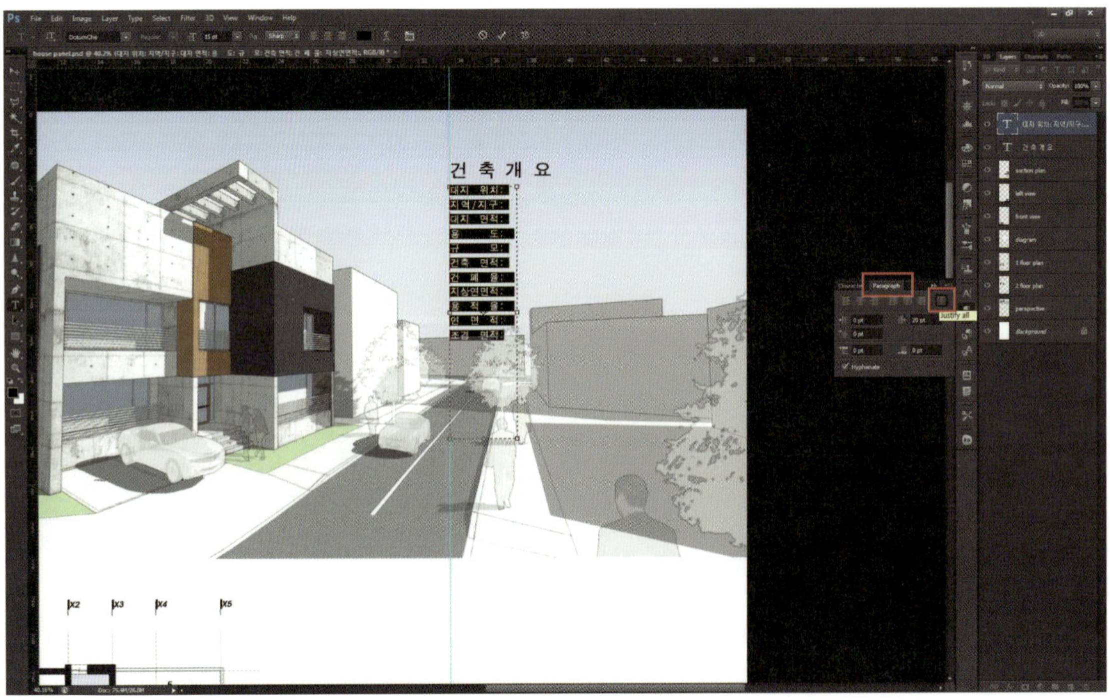

16) 도구패널에서 'Move Tool' 을 선택하고, Alt 키를 누른 상태에서 Text 레이어를 오른쪽으로 복사합니다. 그리고 Text Box를 오른쪽으로 더 늘려주어 해당 내용을 기입하고, Faux Bold를 클릭하여 두꺼운 글자체를 해제합니다.

file: 03-photoshop sample/ 08-panel source/ 08-Panel text.hwp

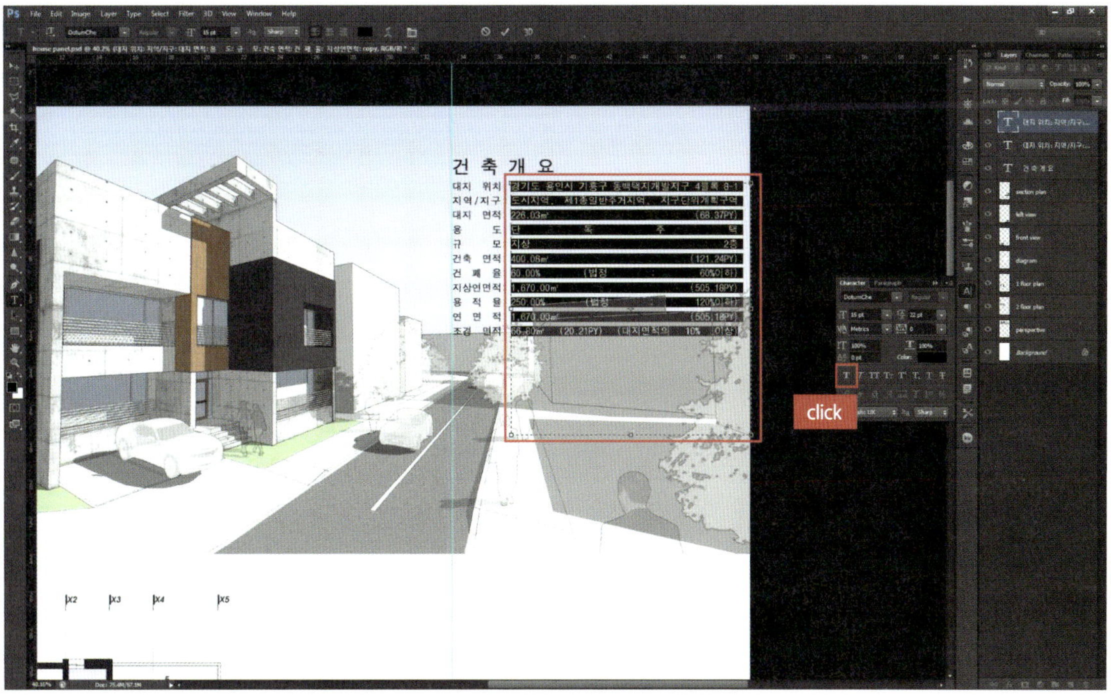

17) Text를 모두 선택하고, 보조 패널에 paragraph를 선택하여 가장 왼쪽에 자리한 'Left align text'를 클릭하여 문장을 왼쪽으로 정렬합니다.

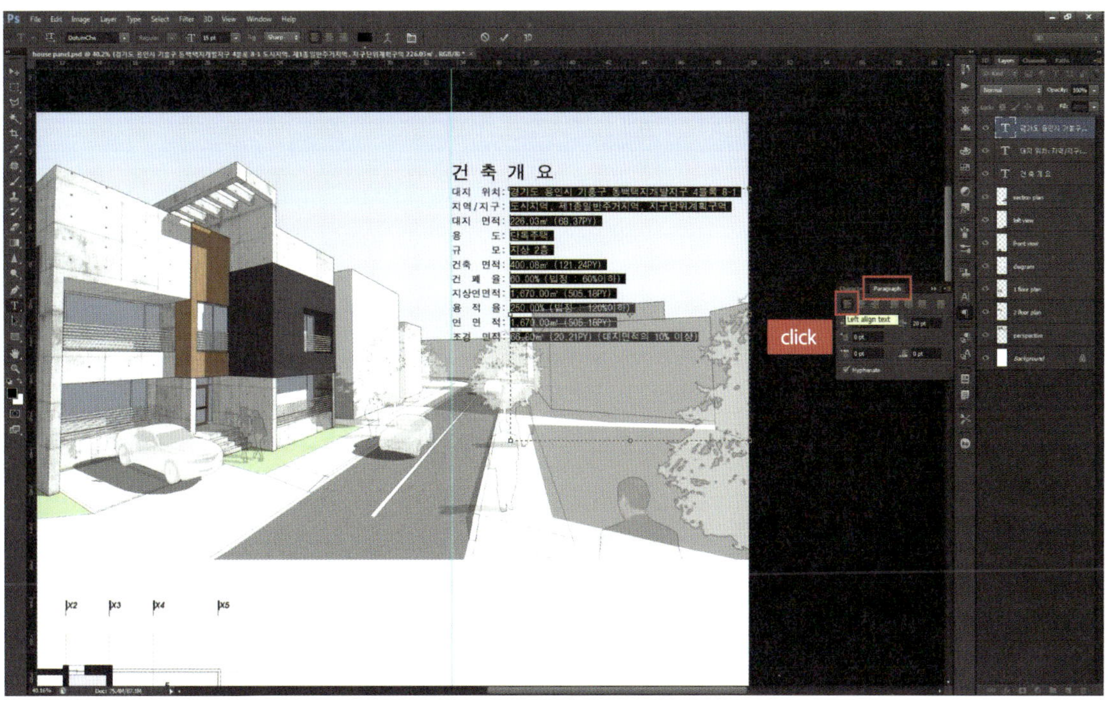

18) 건축개요가 작성된 Text 레이어를 모두 선택, Link Layer를 클릭하여 묶어줍니다. 그리고 도구패널에서 'Move Tool' 을 선택하여 내용이 잘 보이도록 적절히 위치를 조정합니다.

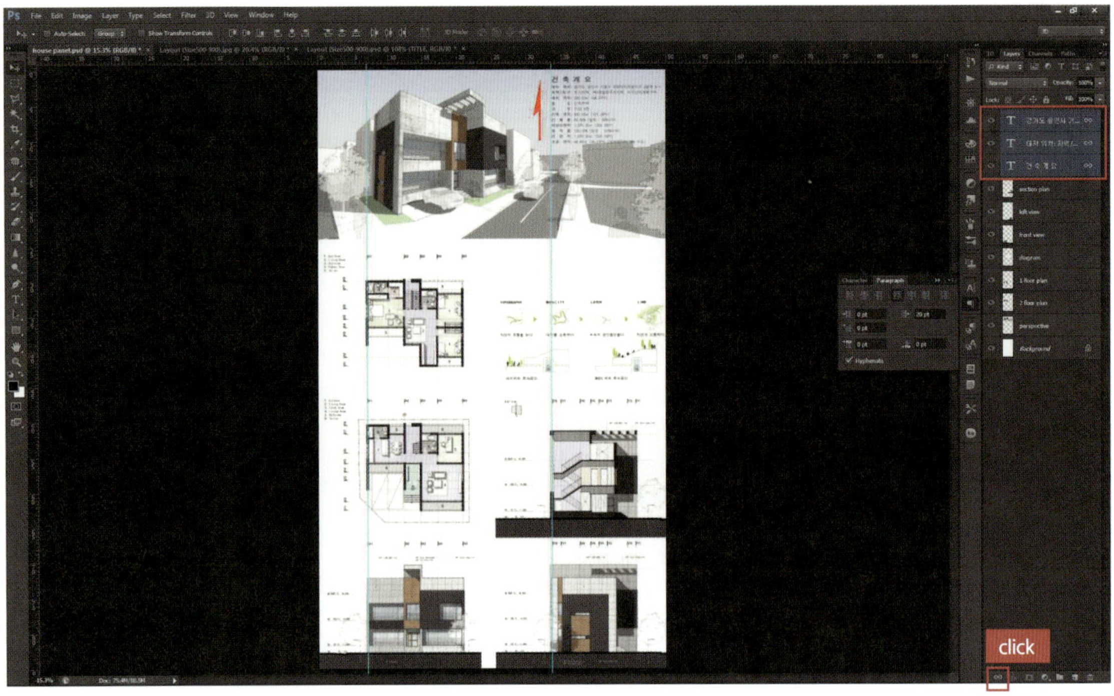

19) 위와 같은 방법으로 컨셉 Text와 각 도면의 제목을 기입합니다.

file: 03-photoshop sample/ 08-panel source/ 08-Panel text.hwp

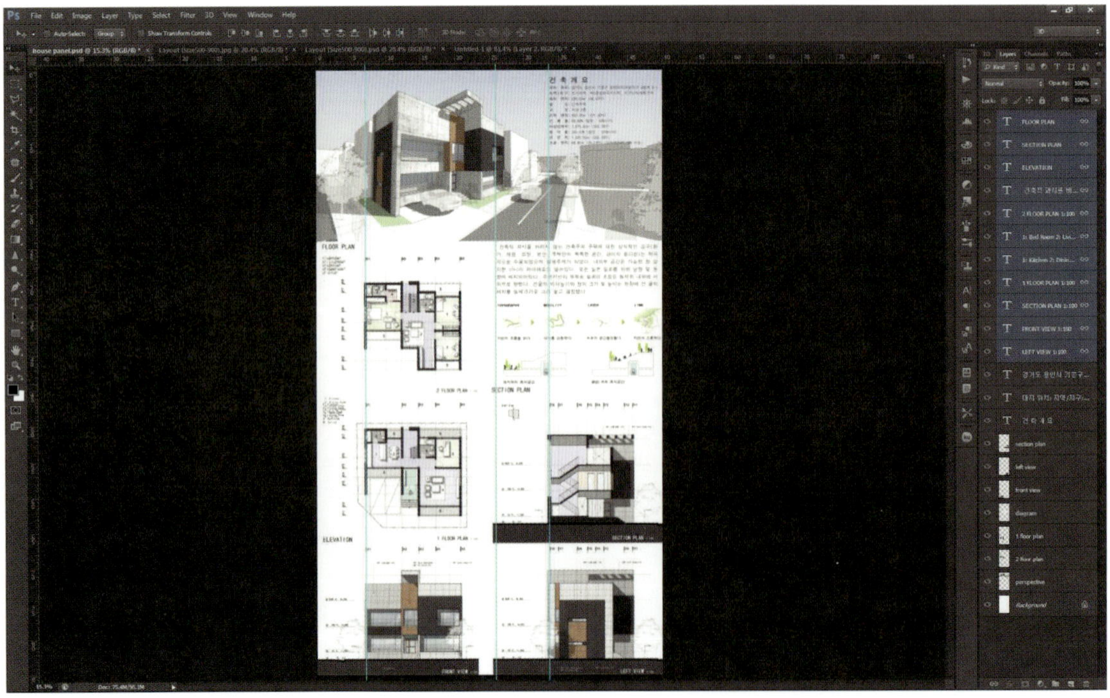

20) Panel Title을 기입해 보겠습니다. 도구패널에서 'Horizontal Type Tool' [T] 을 클릭합니다. ❶ Title 위치에 Text Box를 만들고 'CUBE HOUSE'라고 Title을 작성합니다. ❷ 화면 상단 옵션 바의 'Toggle the character and paragraph panels'을 클릭합니다. 그리고 character 패널에서 Font는 'Headline R', Font의 크기는 90pt으로 지정합니다.

21) Text에 색을 지정하겠습니다. 먼저 보조패널의 Character 패널에서 'Color'를 클릭합니다. 'Color Picker' 창이 나타납니다. RGB의 수치를 각각 160, 160, 60으로 기입하여 색상을 지정하고 'OK' 버튼을 클릭합니다.

22) Title을 기입하였지만 가시성이 떨어집니다. 따라서 Panel의 Title 눈에 잘 띄도록 Text 주변에 선을 그려보겠습니다. 이작업을 위해서는 Text 레이어가 일반레이어로 전환되어야 합니다. 해당 레이어를 레스터화 하겠습니다.

오른쪽 Title 레이어를 선택하고 마우스 오른쪽 버튼을 누릅니다. 하위 메뉴 중 'Rasterize Type'을 클릭합니다. 그 결과 Text 레이어는 'CUBE HOUSE'라는 일반 레이어로 전환됩니다.

23) 도구패널에서 'Magic Wand Tool'  을 클릭합니다. 그리고 'CUBE HOUSE' 레이어를 선택한 후 CUBE HOUSE Title을 선택합니다.

(24) 풀다운 메뉴 Edit > Stroke를 선택합니다. Stroke 옵션창이 나타나면 Width: 5px, Color: White, Location: Outside로 지정하여 'OK'버튼을 클릭합니다.

25) 마지막으로 Panel 아래 정면도와 좌측면도를 보면, 두 도면 간 대지가 끊어져 있습니다. 'left view' 레이어를 선택하고, 도구패널의 'Rectangular Marquee Tool' 을 이용하여 좌측면도의 대지 일부를 영역 선택합니다. 그리고 'Move Tool' 을 선택, Alt 키를 누른 상태에서 이동 복사합니다.

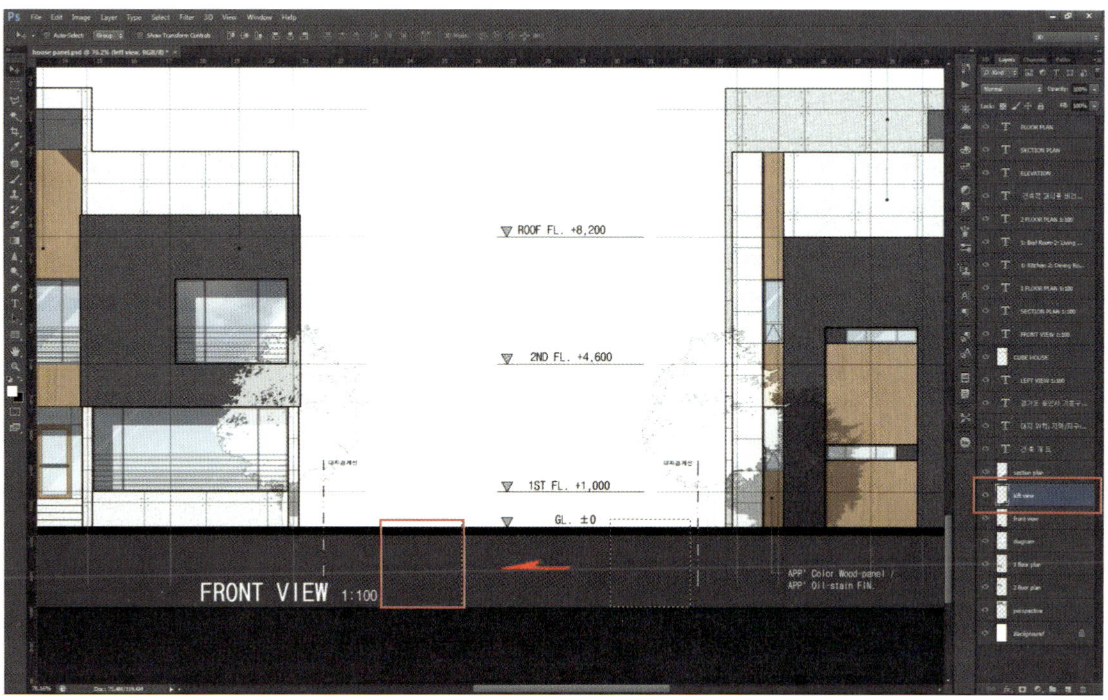

26) 도구패널에서 'Hand Tool' 을 더블클릭하여 전체 Panel을 나타냅니다. 건축 Panel이 완성되었습니다.

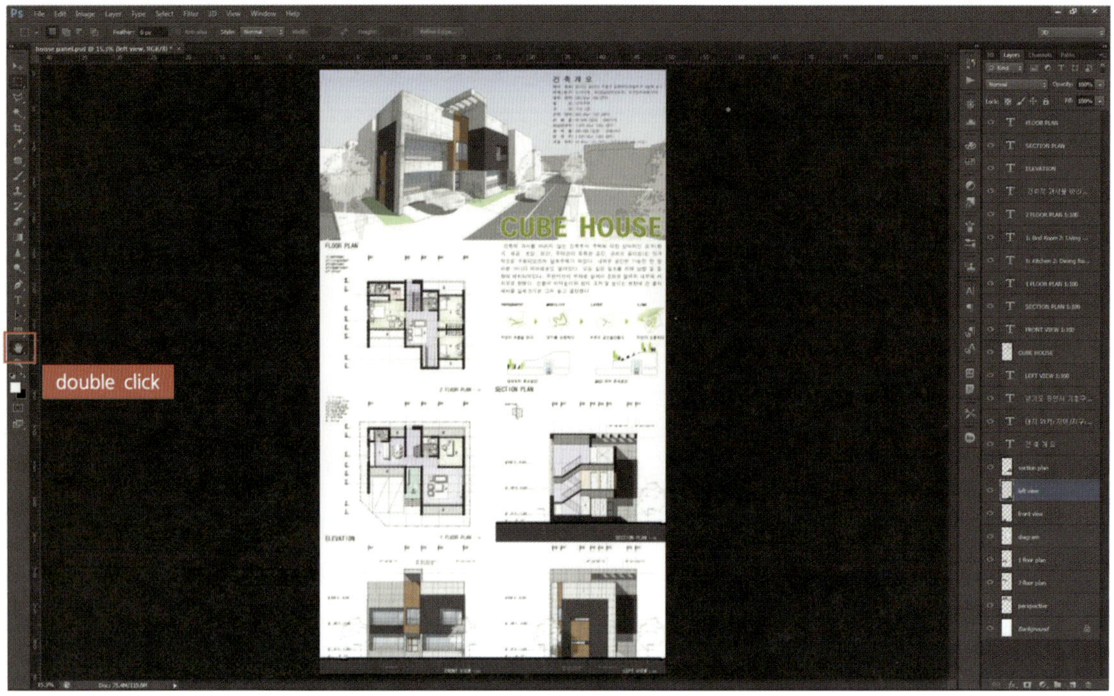

부록

Supplement

철골 구조 설계 도서 _ 공장 _ 01
건축 설계 도서 _ 근린 생활 시설 _ 02
건축 설계 도서 _ 단독 주택 _ 03
단독 주택 판넬 프레젠테이션 _ 04

철골 구조 설계 도서 _ 주 심 도 (S. Level 1)

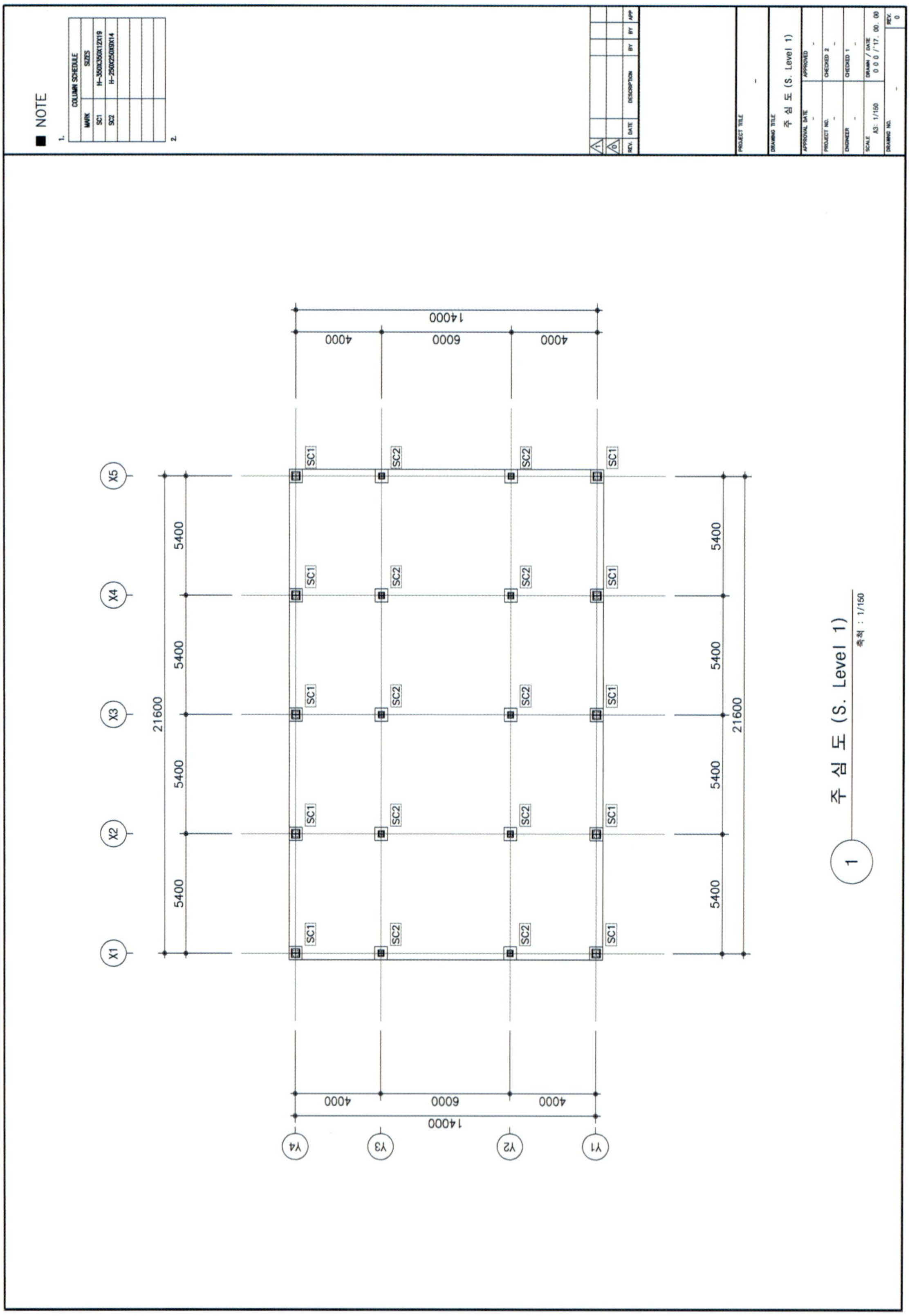

철골 구조 설계 도서 _ 구 조 평 면 도 (S. Level 2)

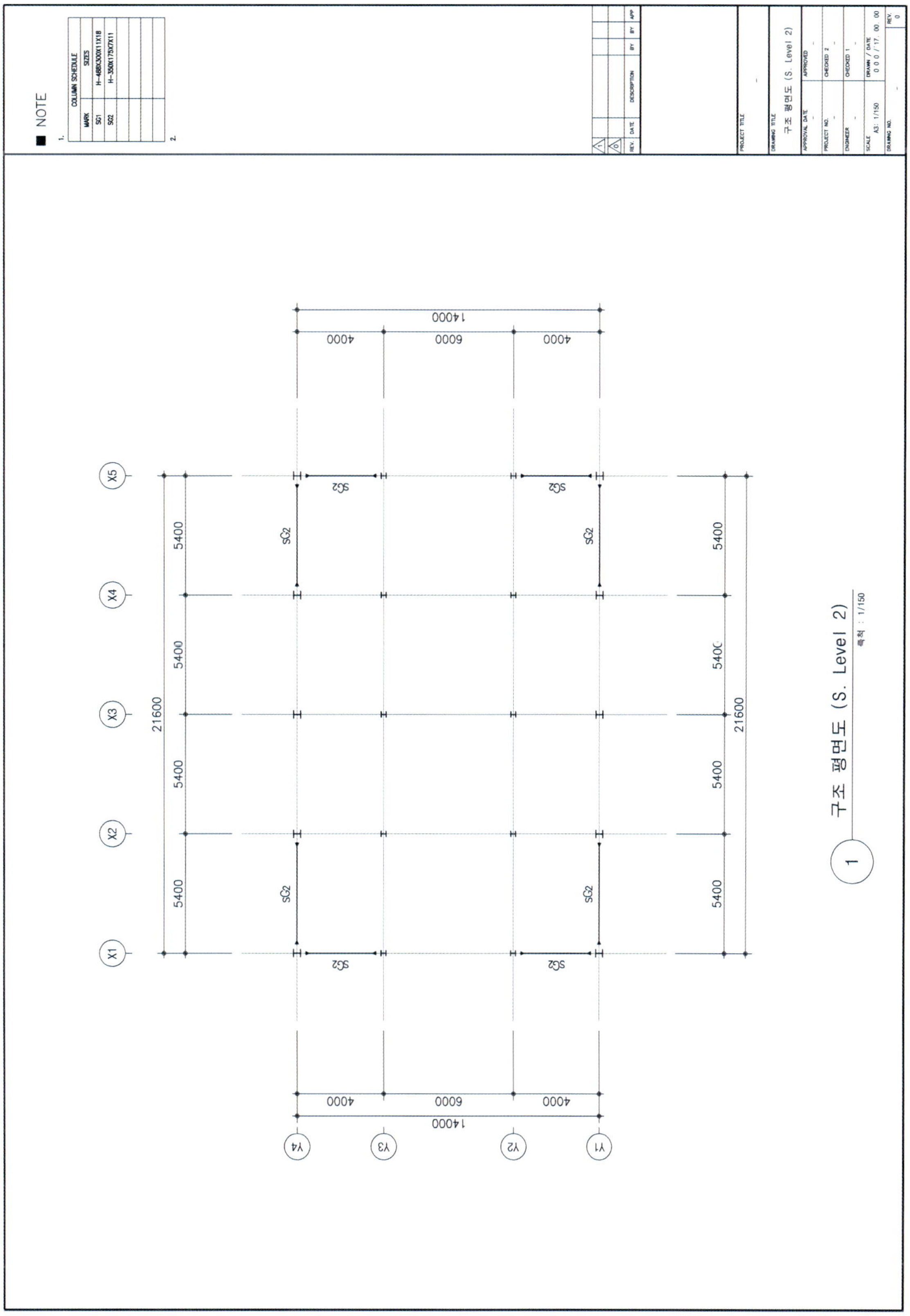

철골 구조 설계 도서 _ 구 조 평 면 도 (S. Level 3)

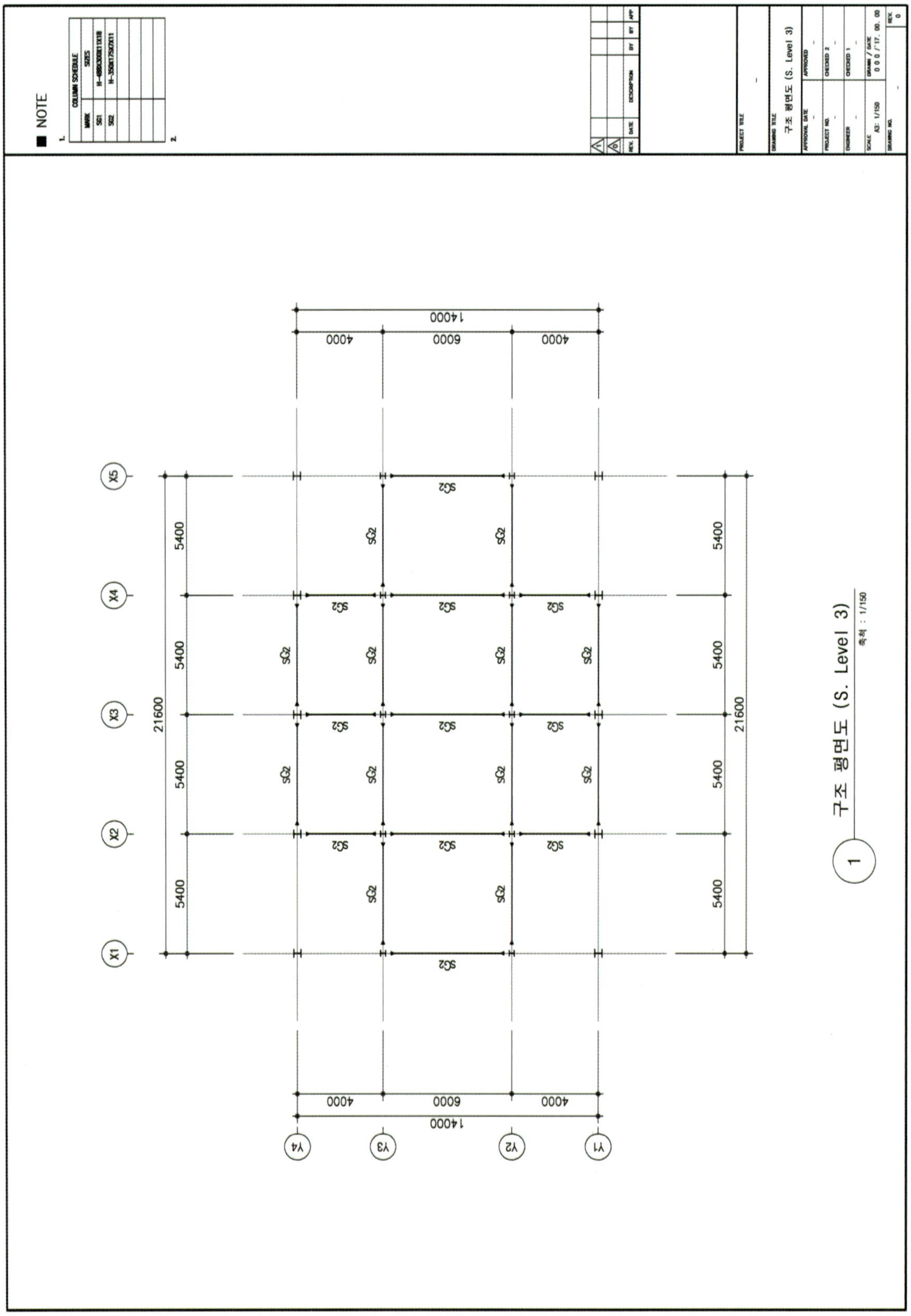

철골 구조 설계 도서 _ 구 조 평 면 도 (S. Level 4)

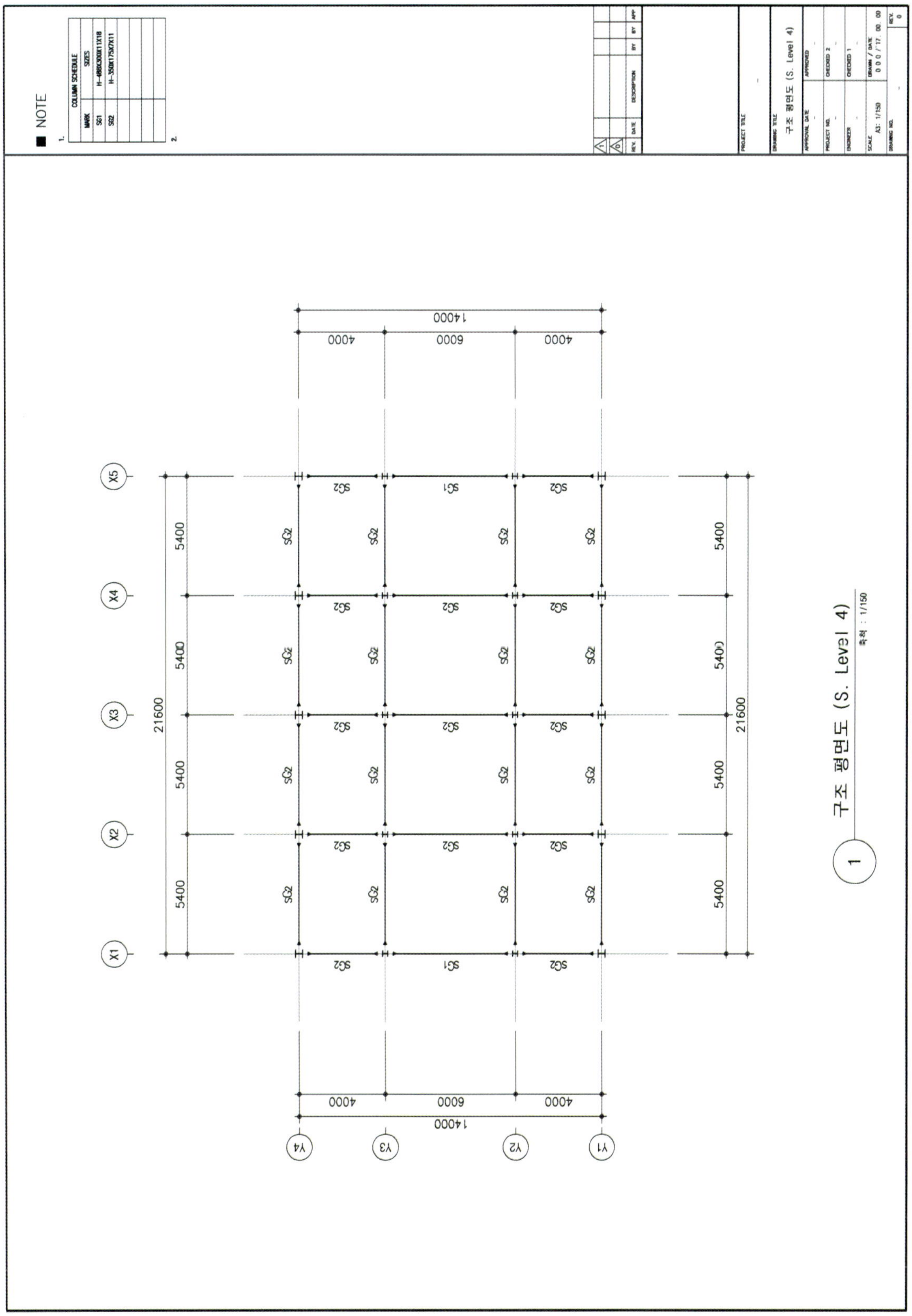

철골 구조 설계 도서 _ X1, X5열 가 구 도

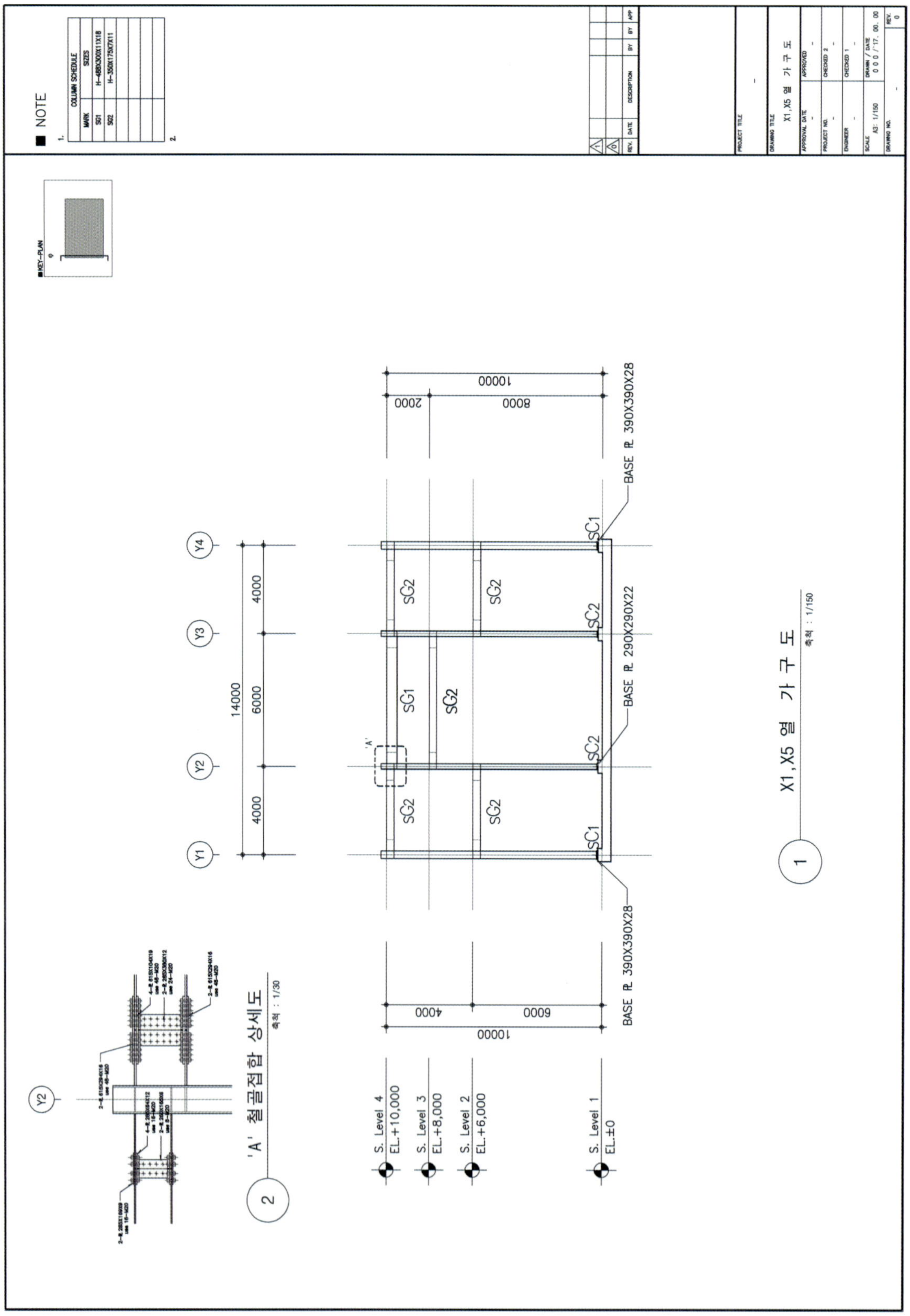

철골 구조 설계 도서 _ X2~X4열 가 구 도

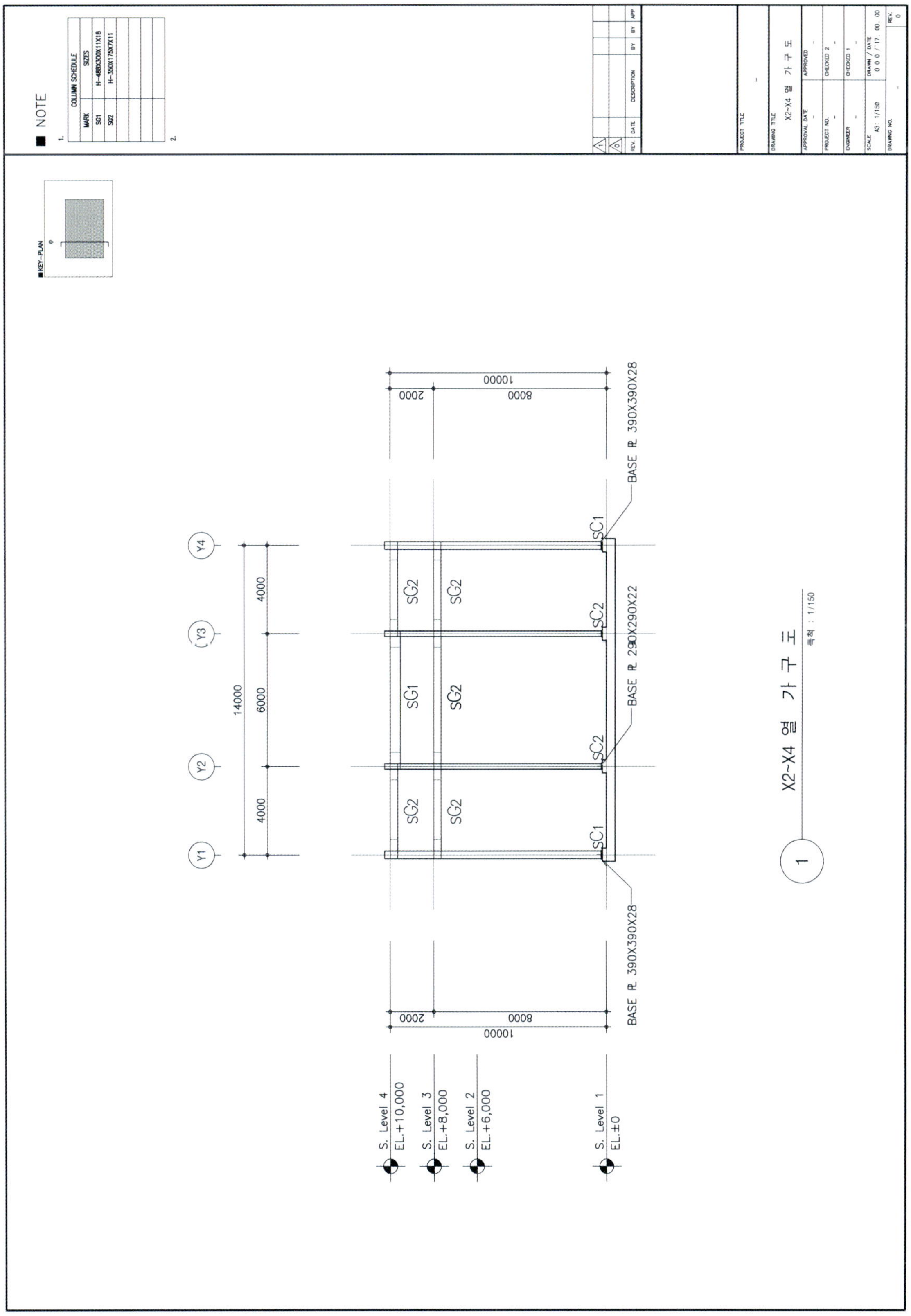

철골 구조 설계 도서 _ Y1, Y4열 가 구 도

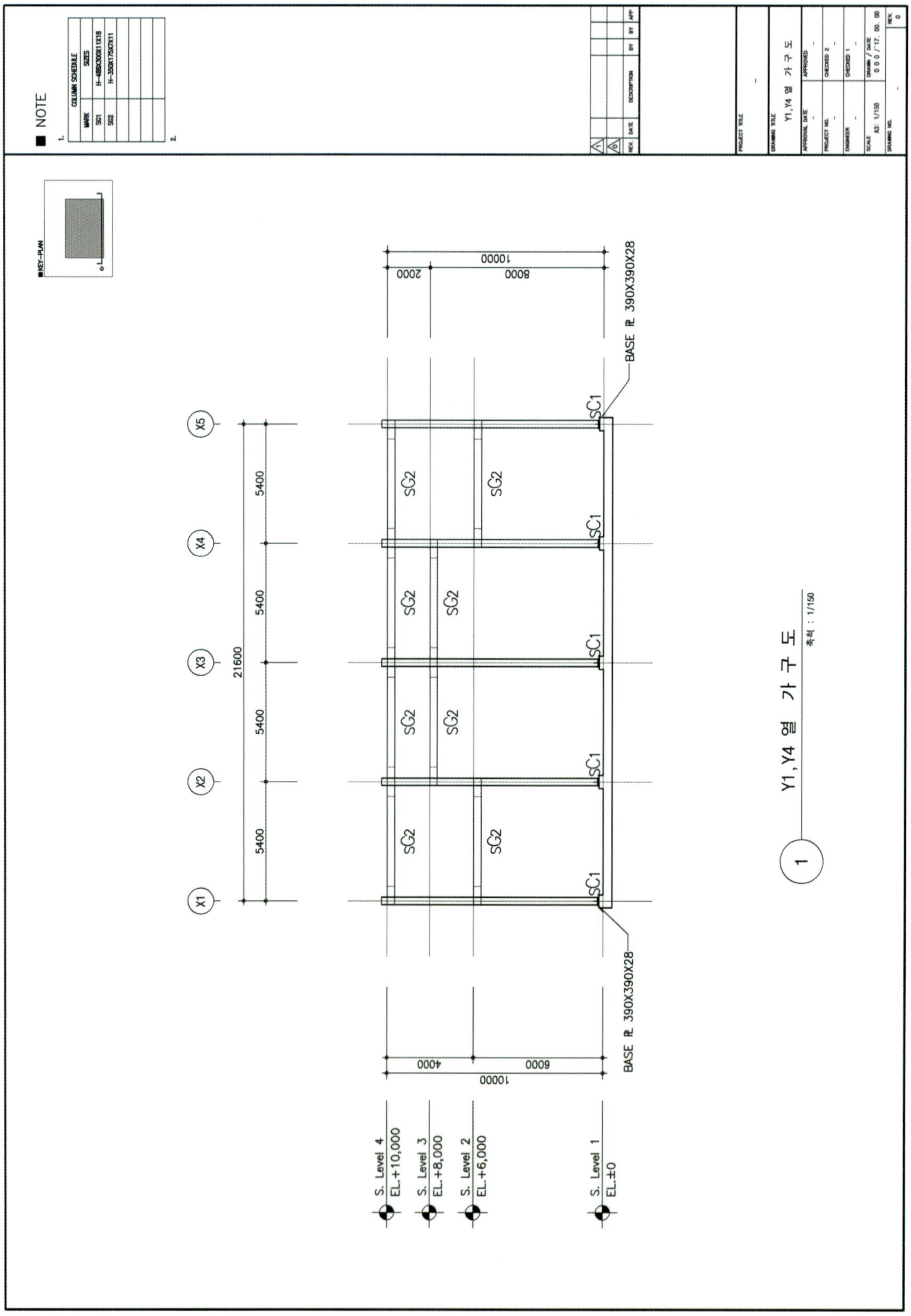

철골 구조 설계 도서 _ Y2, Y3열 가 구 도

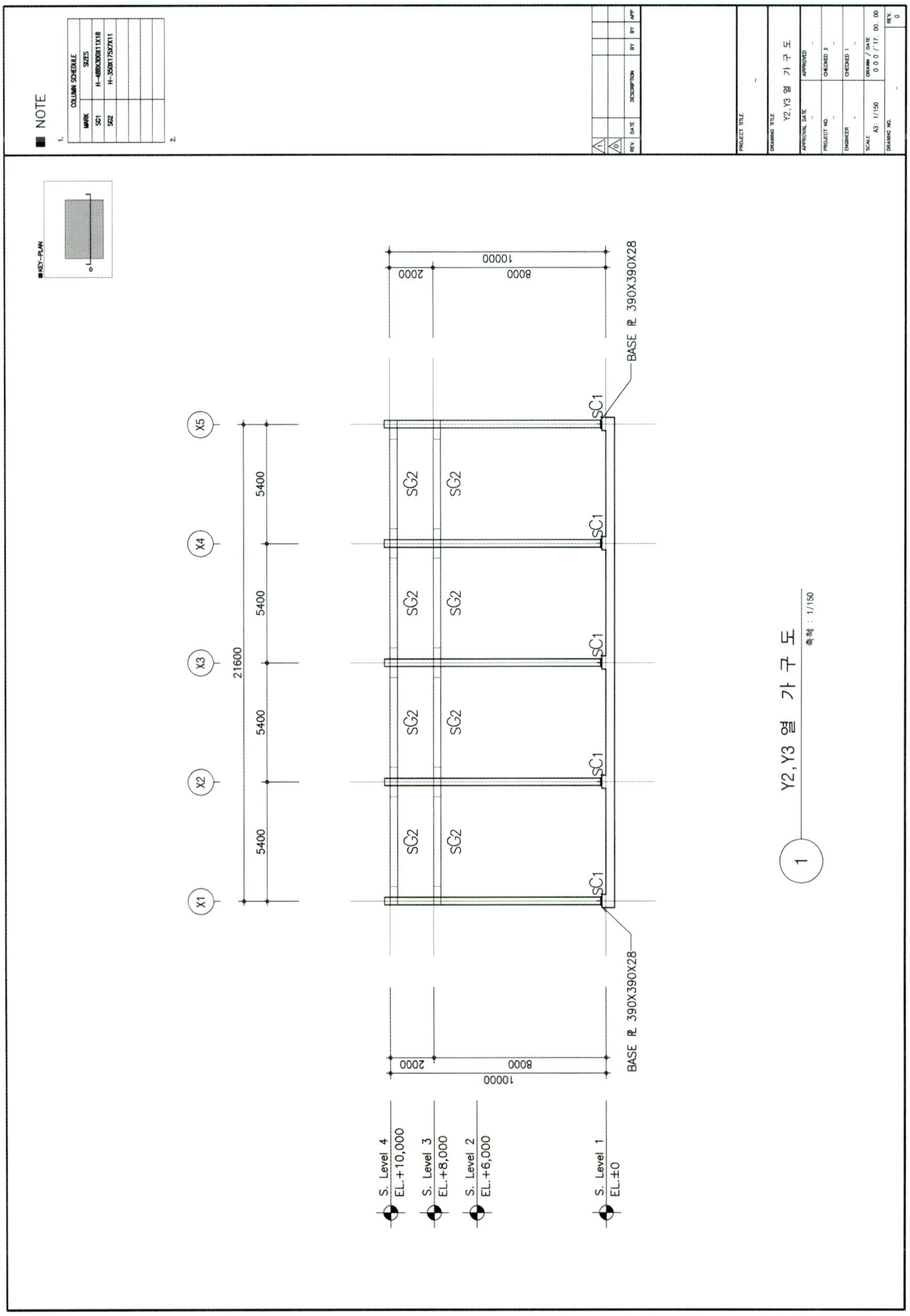

건축 설계 도서 _ 배치도 (근린 생활 시설)

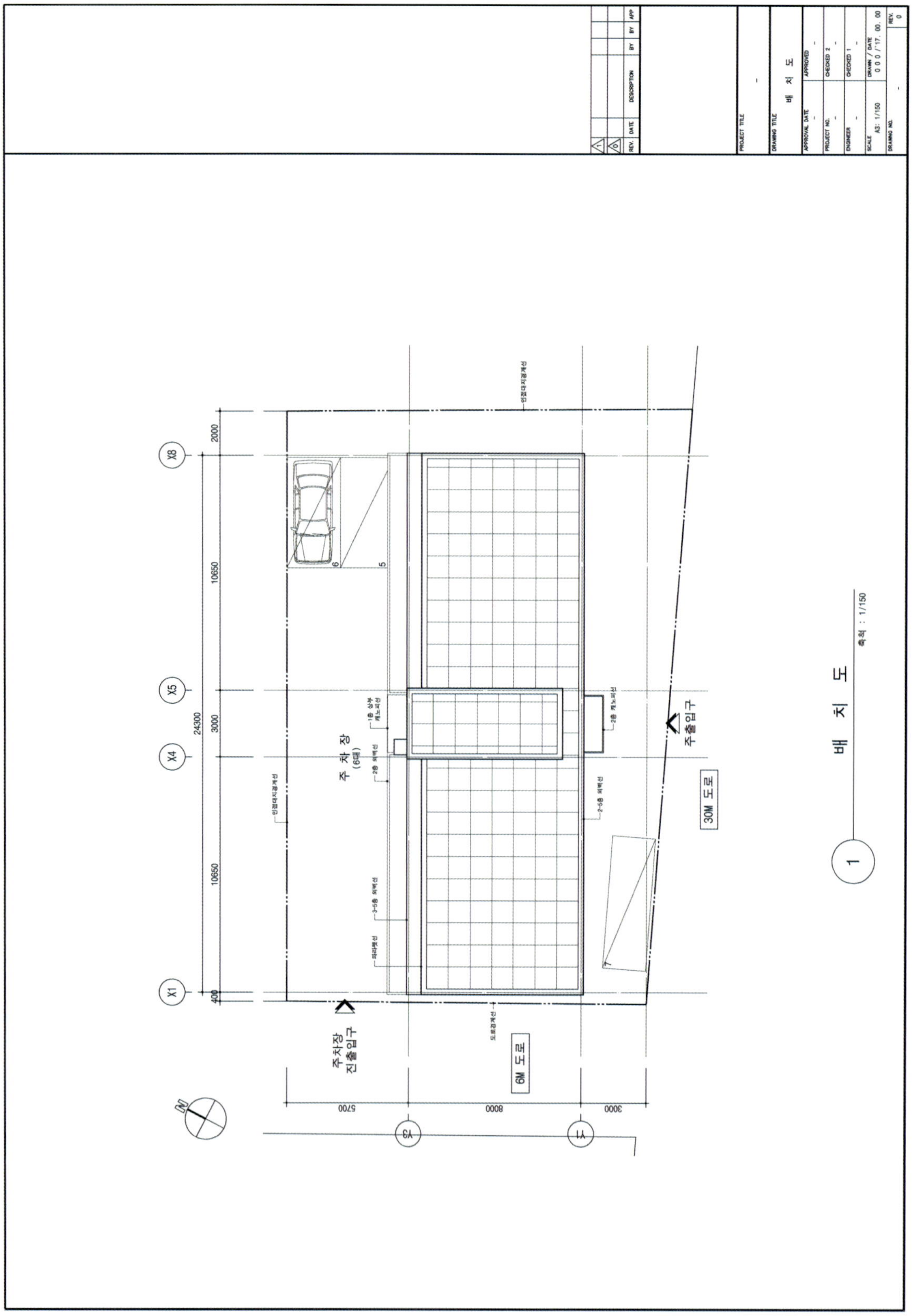

건축 설계 도서 _ 지상 1층 평면도 (근린 생활 시설)

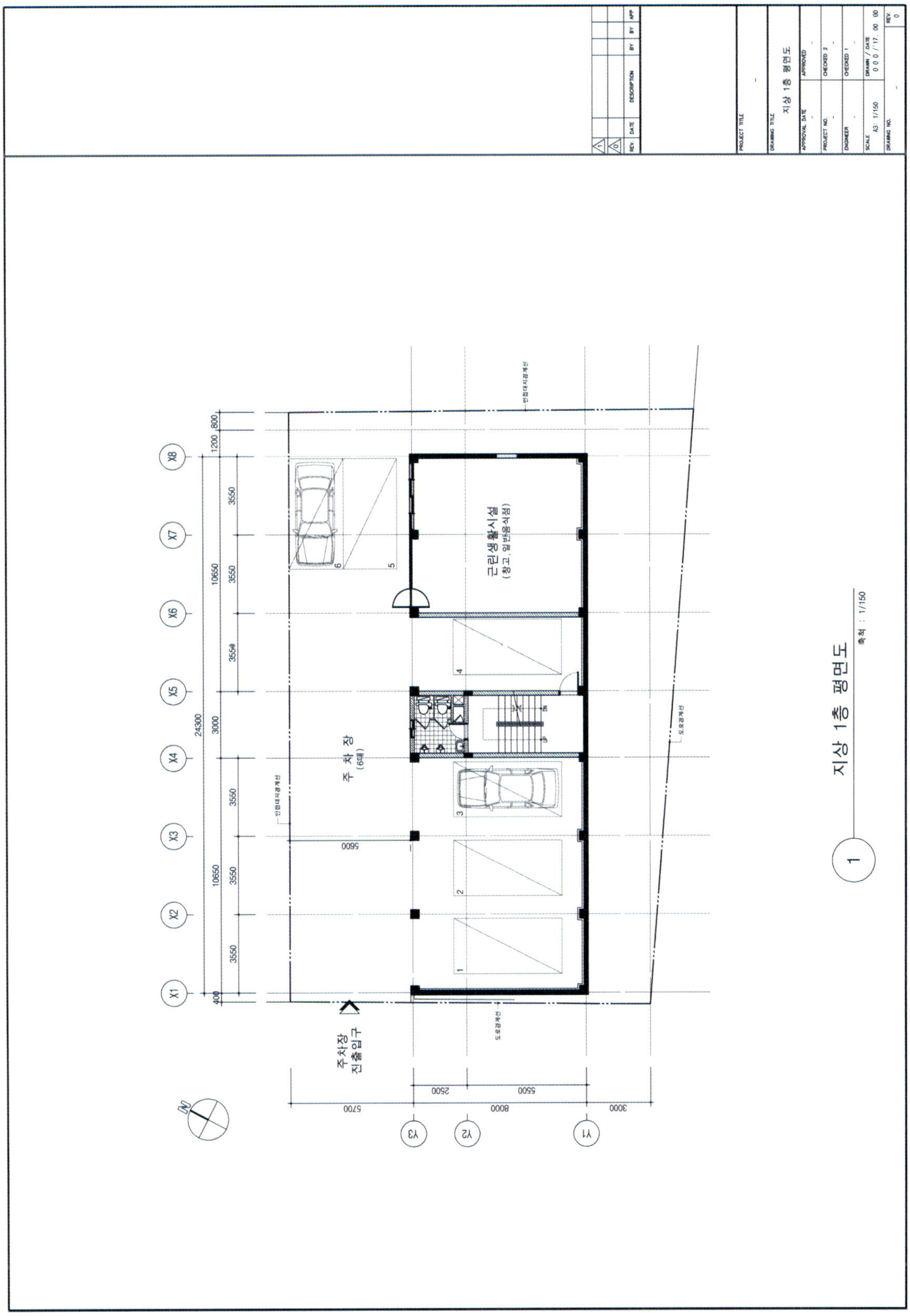

건축 설계 도서 _ 지상 2층 평면도 (근린 생활 시설)

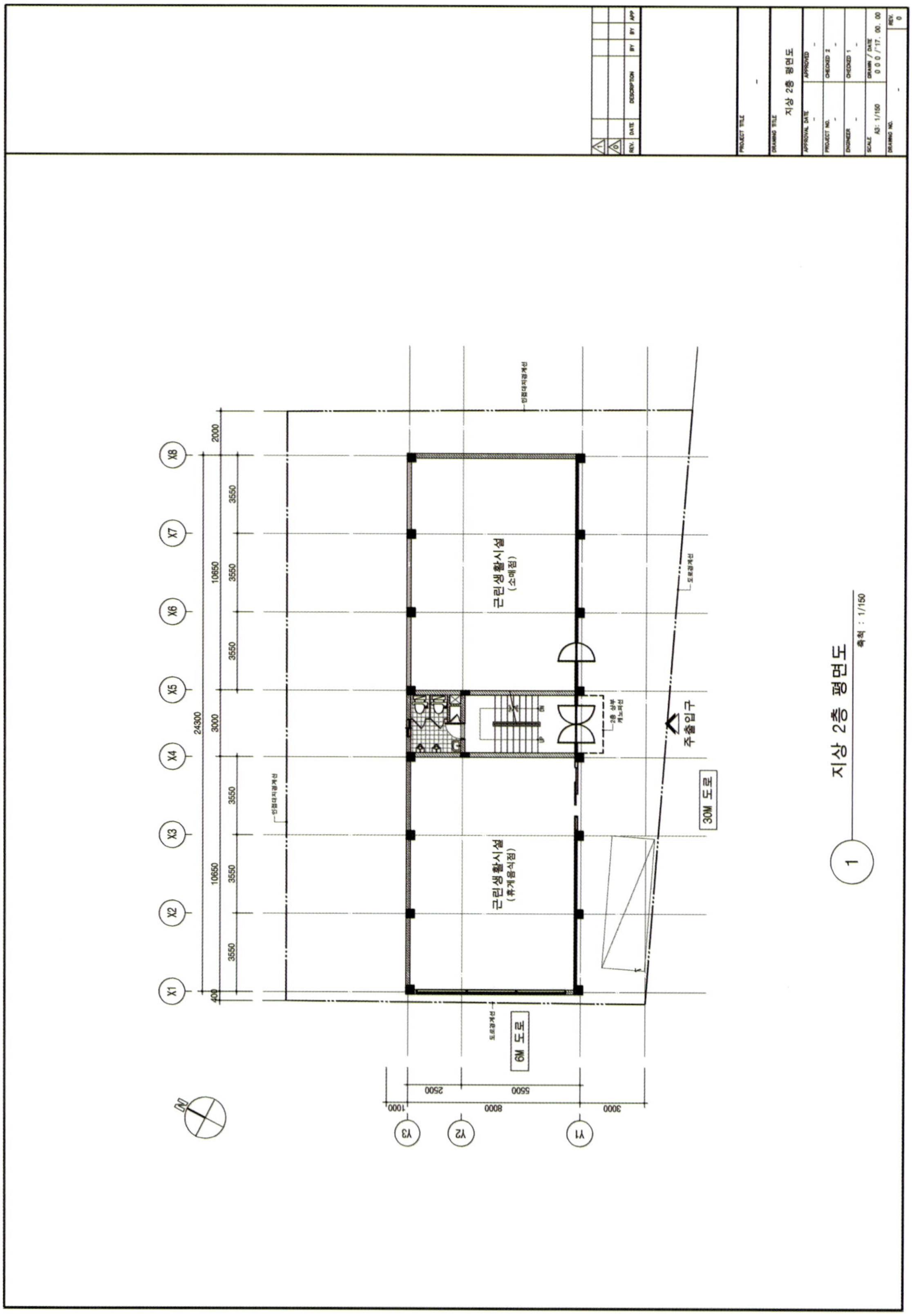

건축 설계 도서 _ 지상 3층 평면도 (근린 생활 시설)

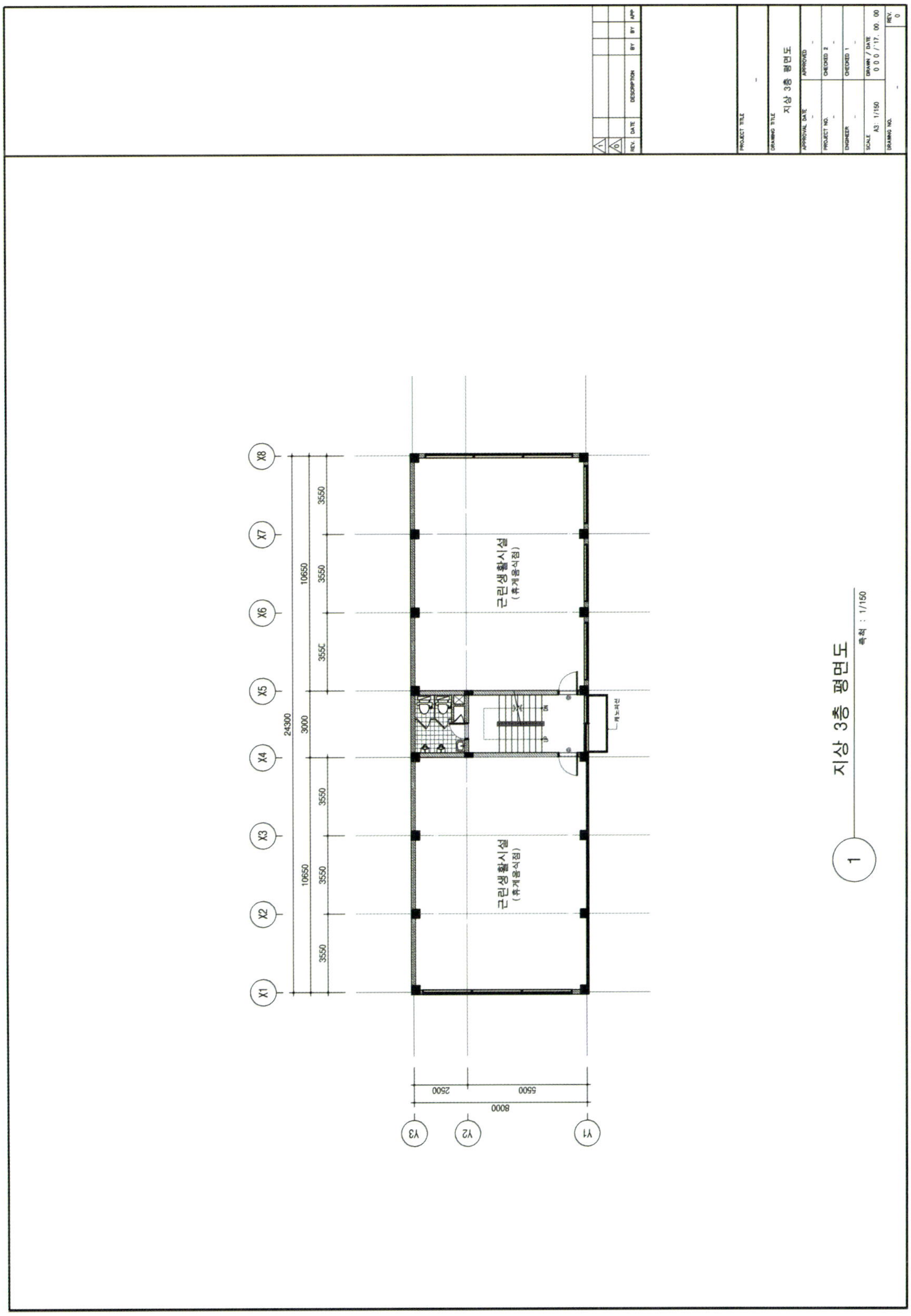

건축 설계 도서 _ 지상 4~5층 평면도 (근린 생활 시설)

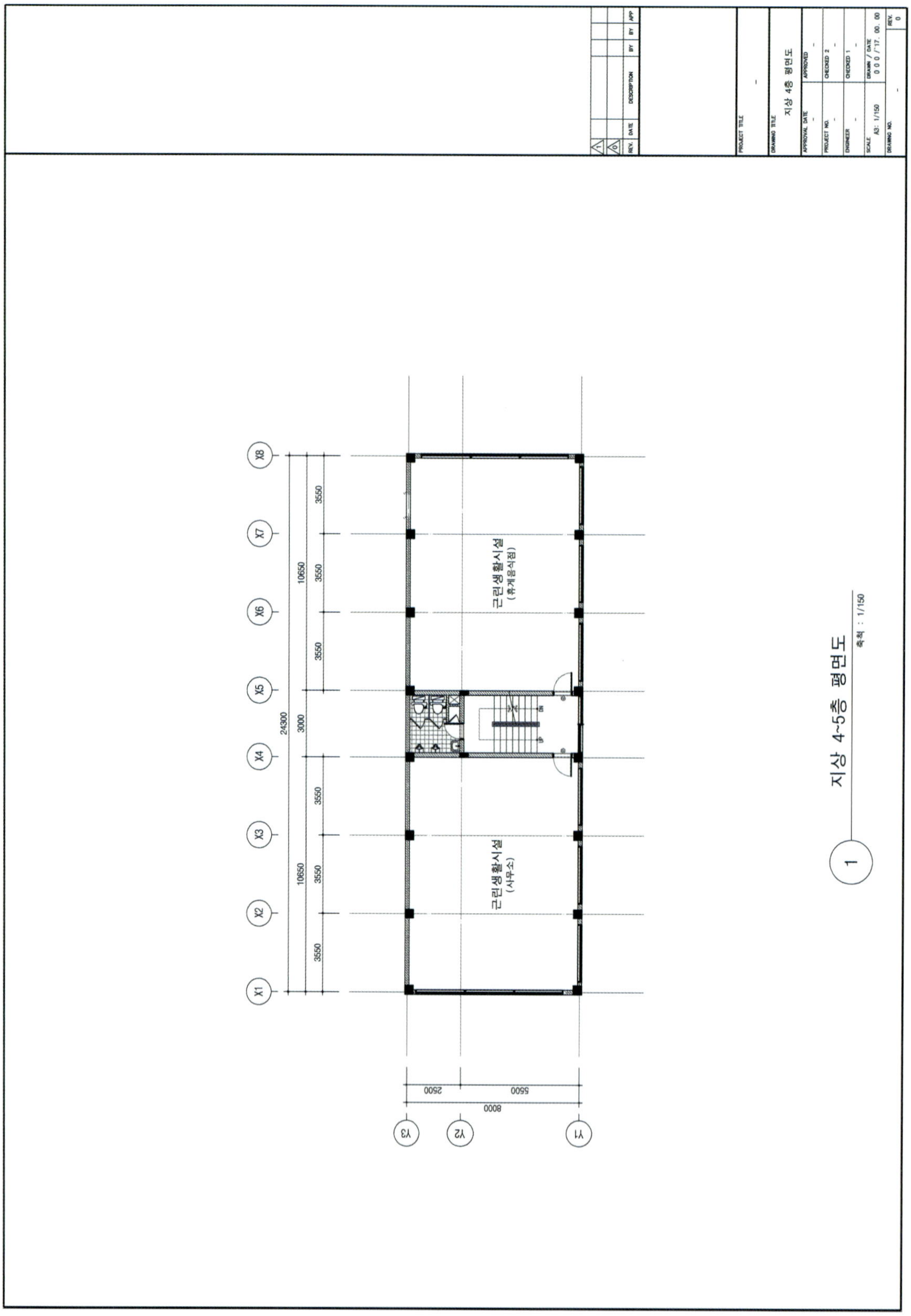

건축 설계 도서 _ 옥탑층, 지붕 평면도 (근린 생활 시설)

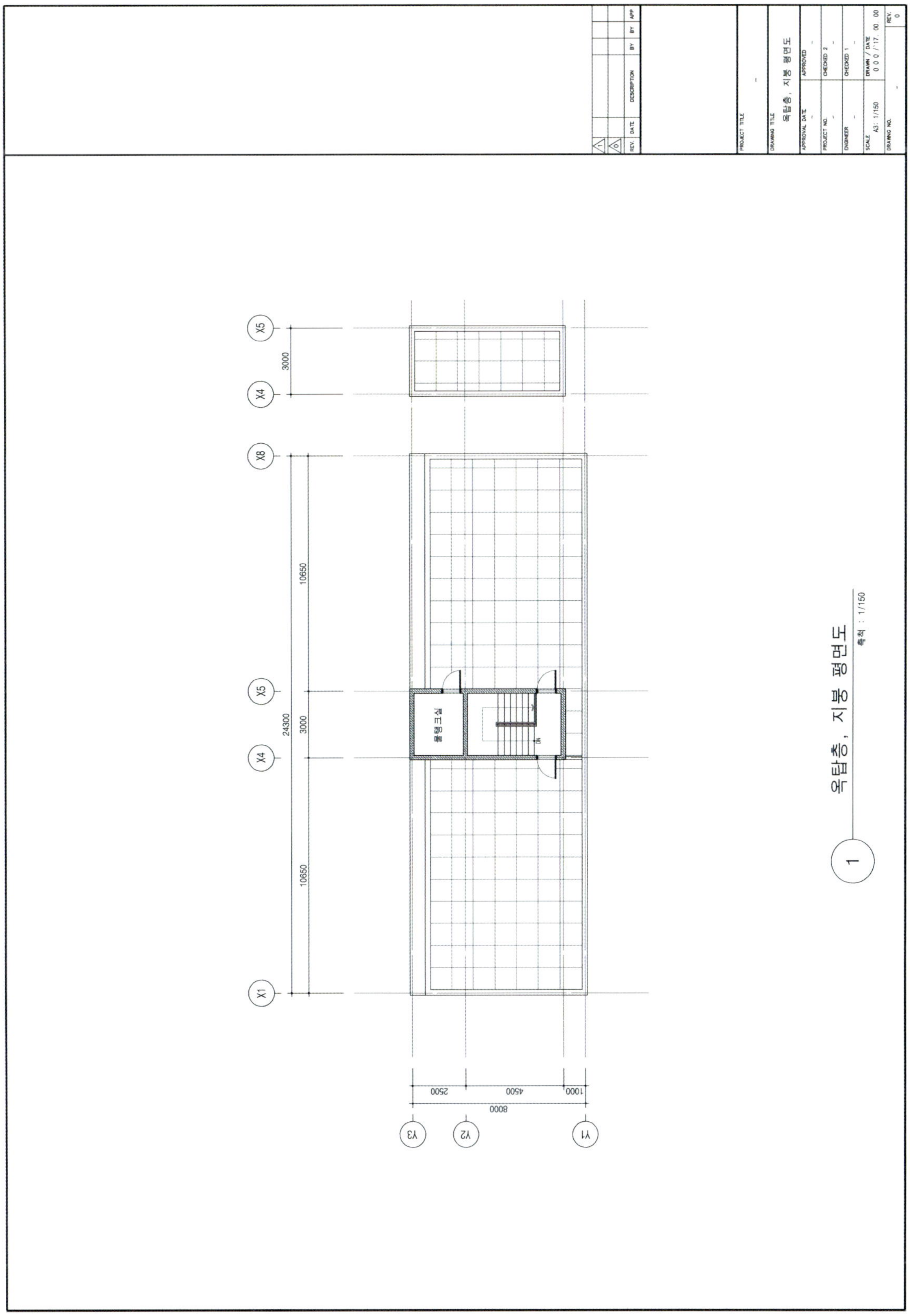

건축 설계 도서 _ 좌측면도 및 정면도 (근린 생활 시설)

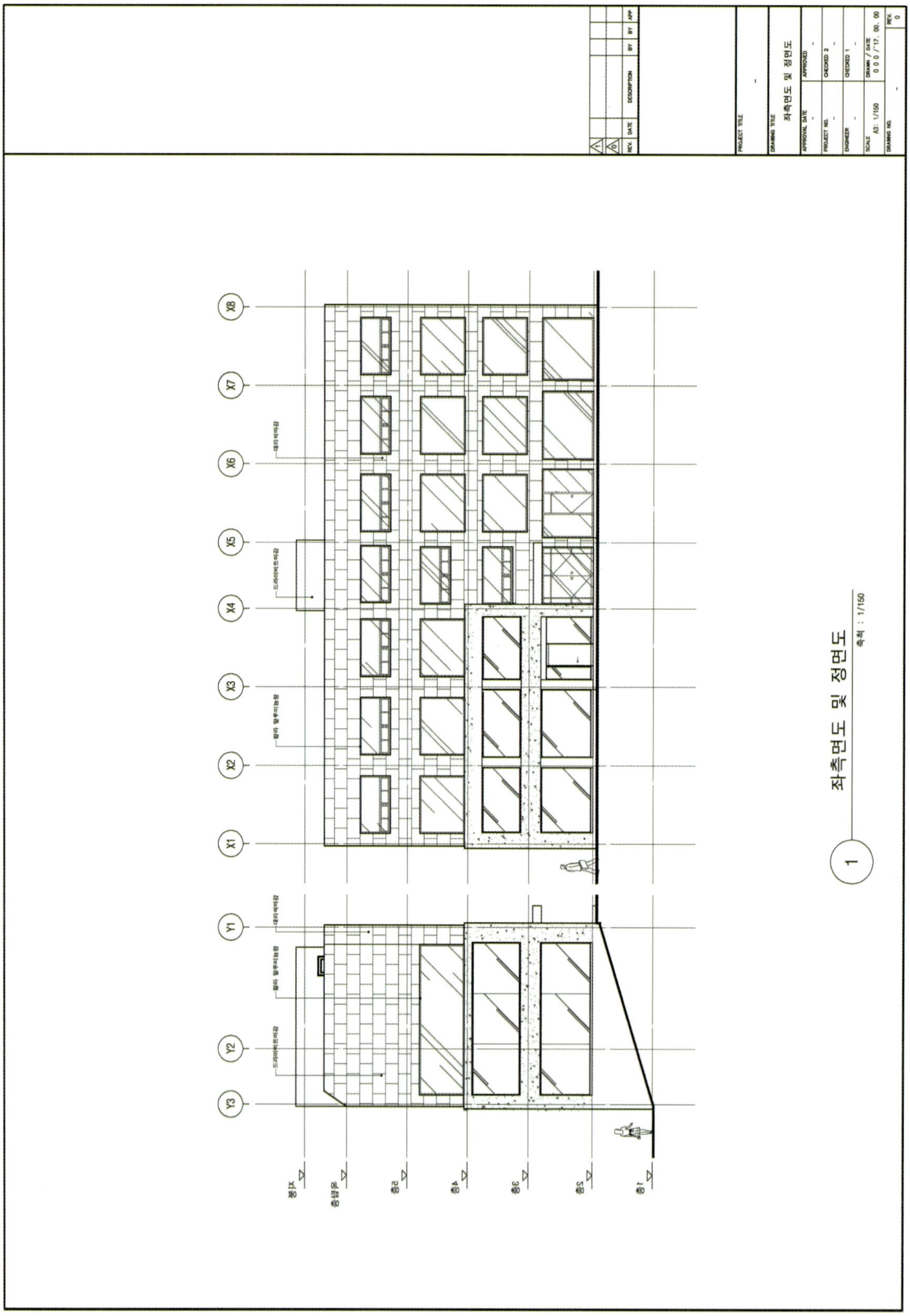

건축 설계 도서 _ 우측면도 및 배면도 (근린 생활 시설)

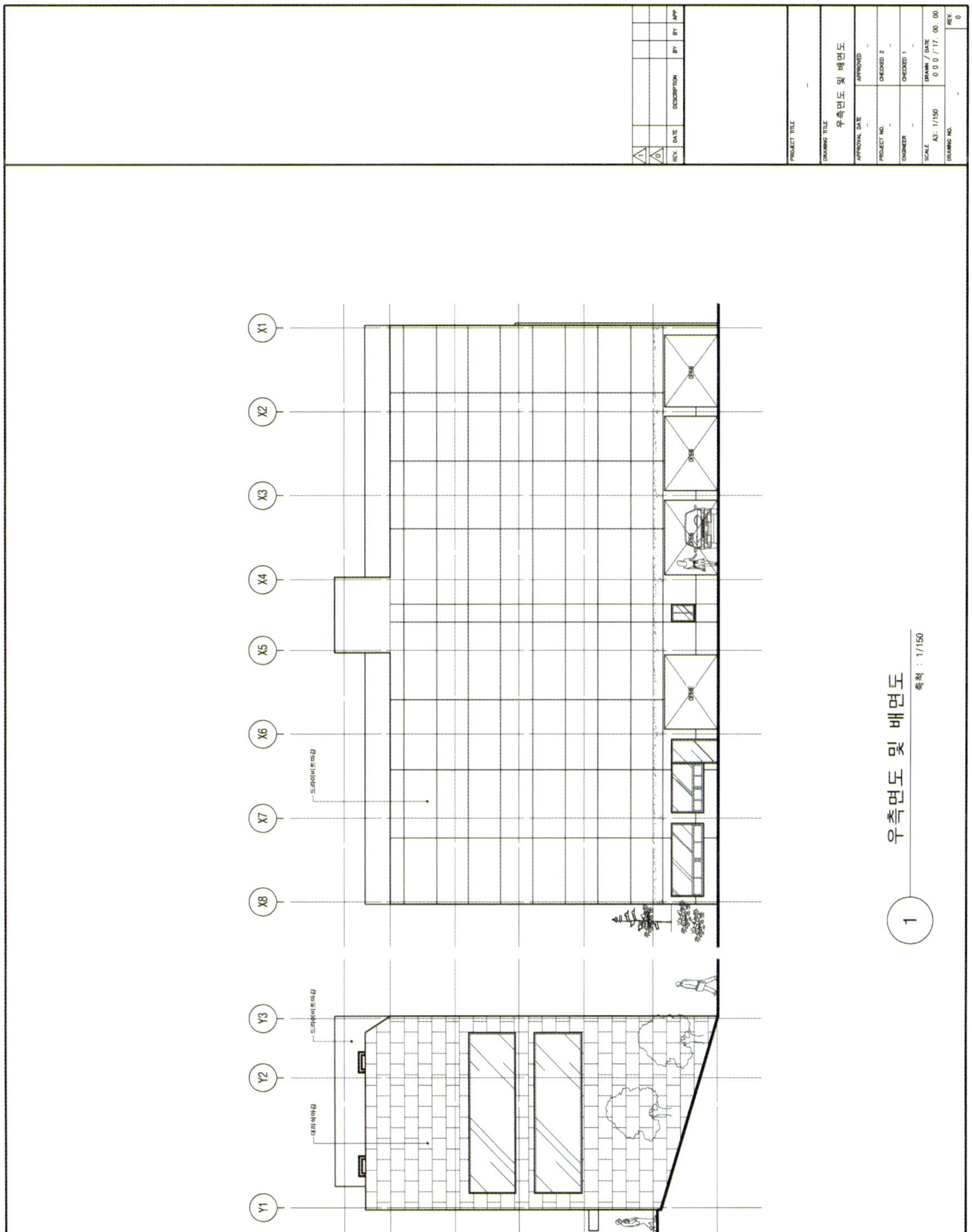

건축 설계 도서 _ 횡단면도 (근린 생활 시설)

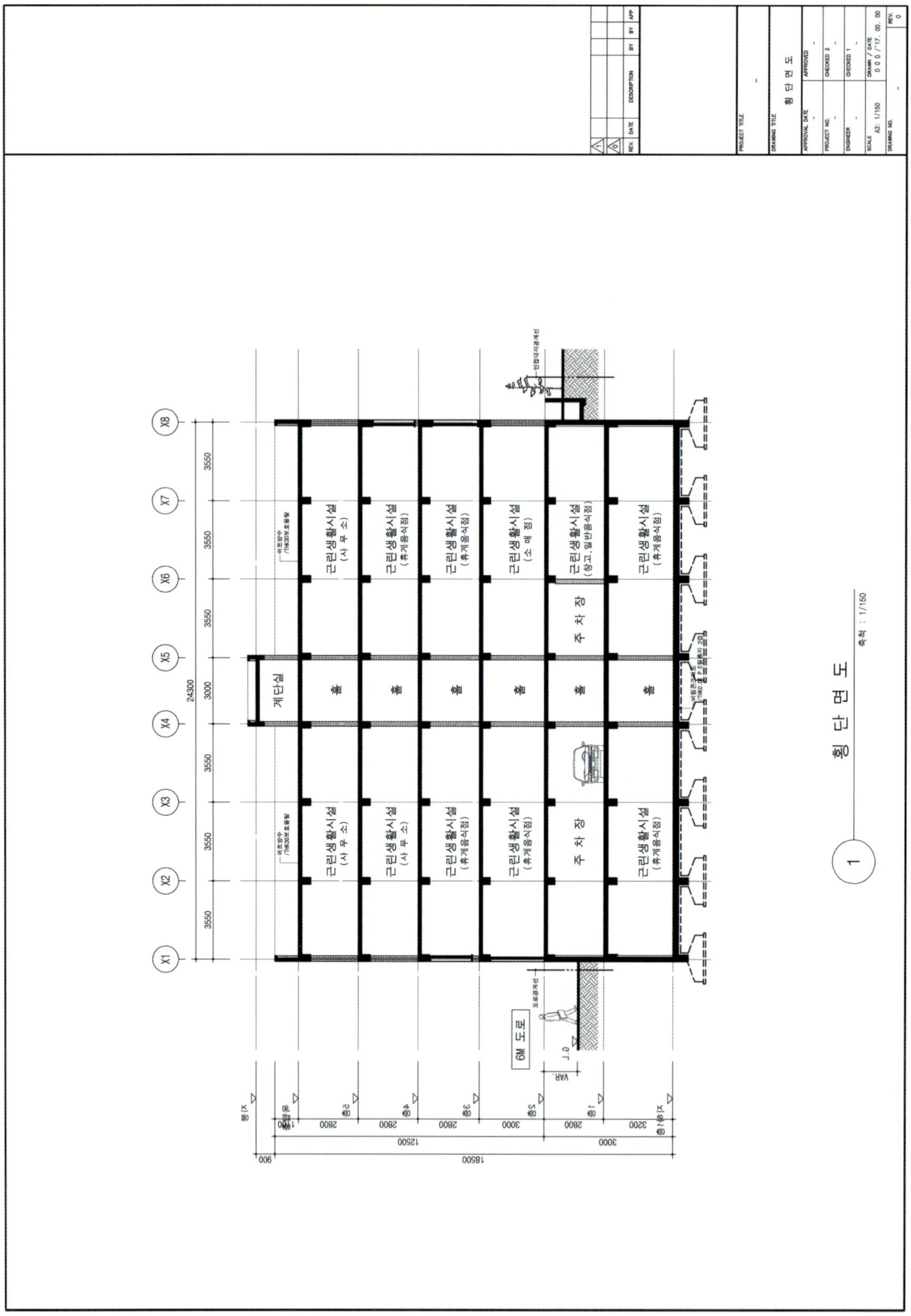

건축 설계 도서 _ 종단면도 (근린 생활 시설)

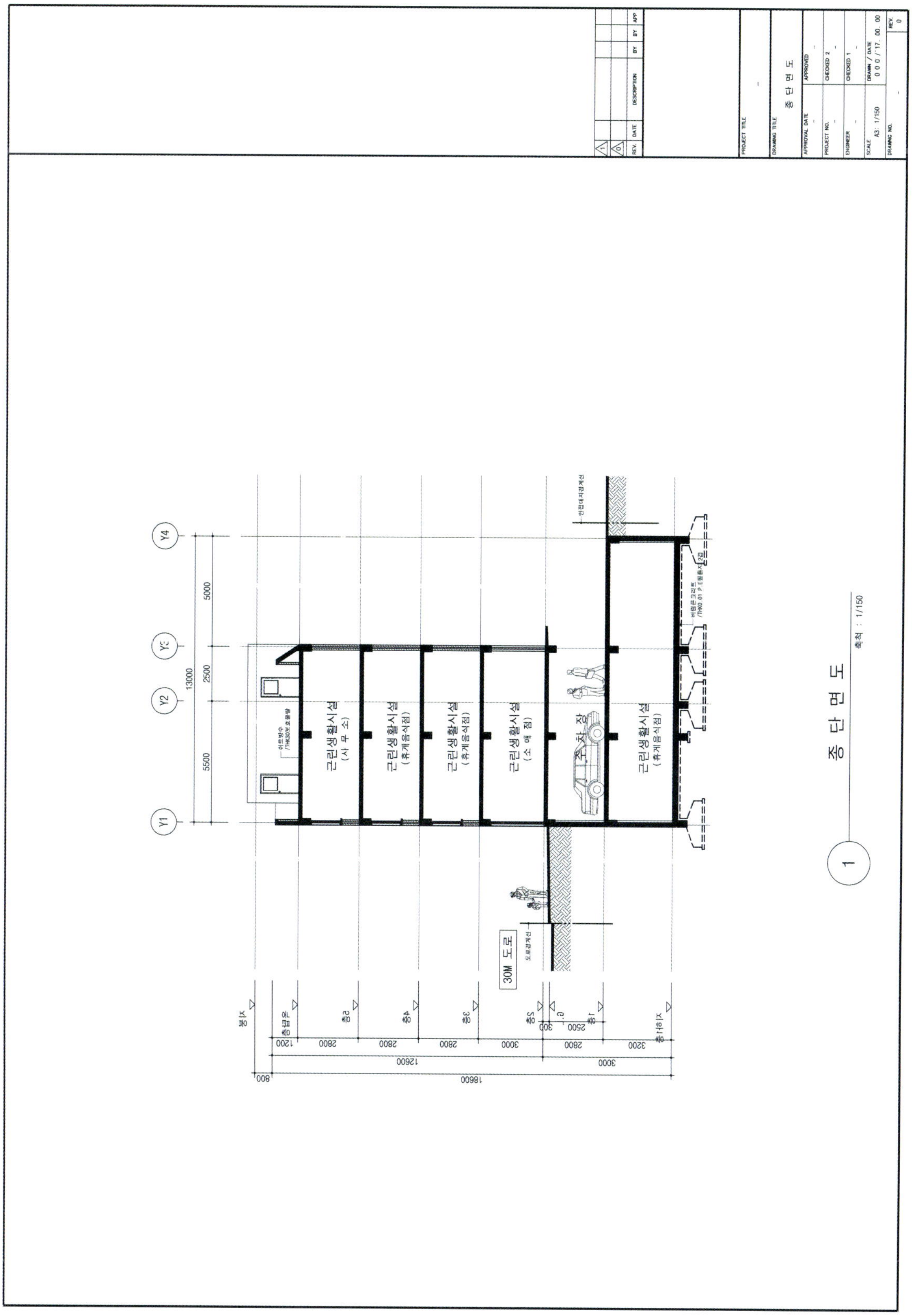

건축 설계 도서 _ 배치도 (단독 주택)

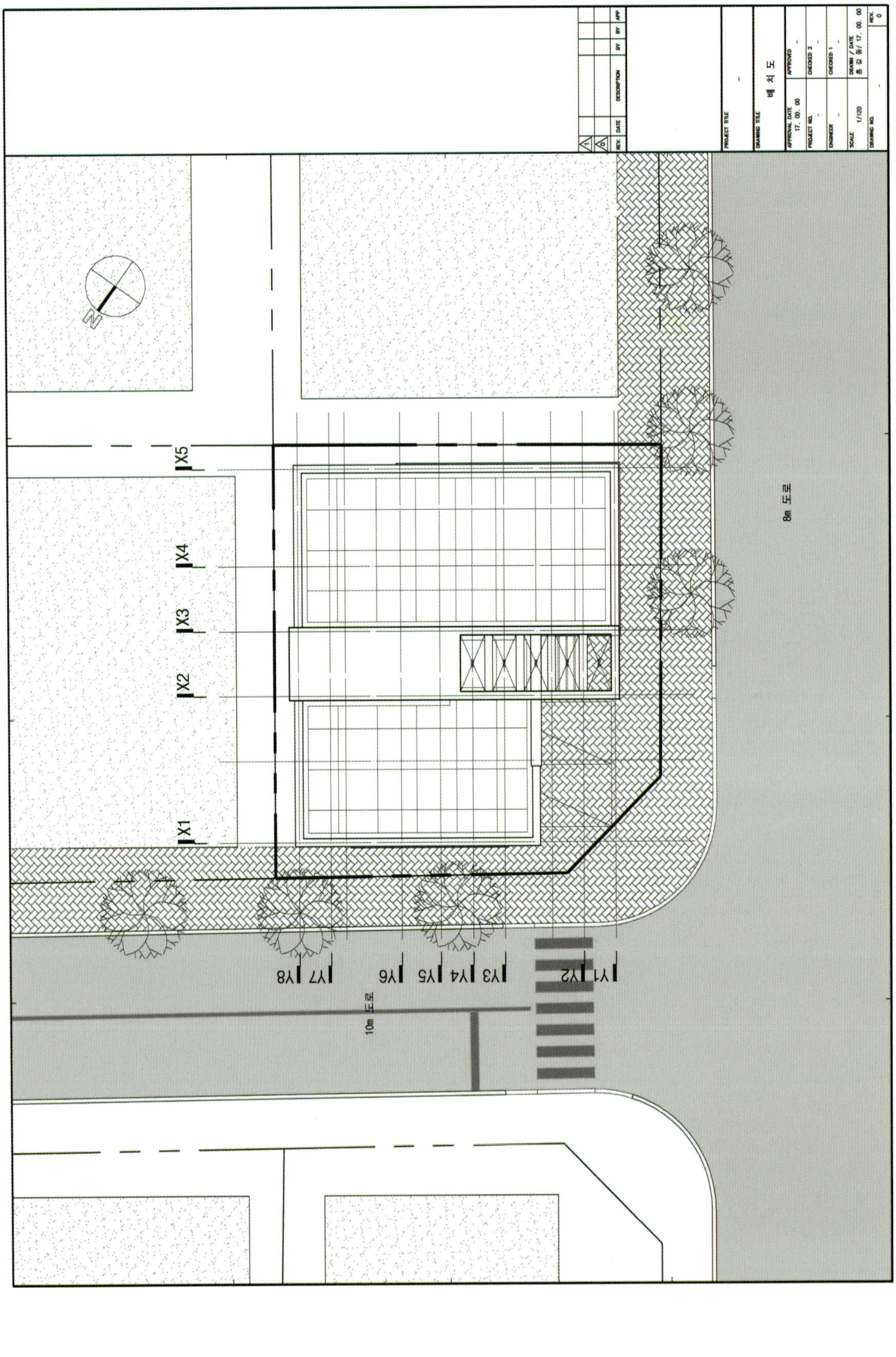

건축 설계 도서 _ 1층 평면도 (단독 주택)

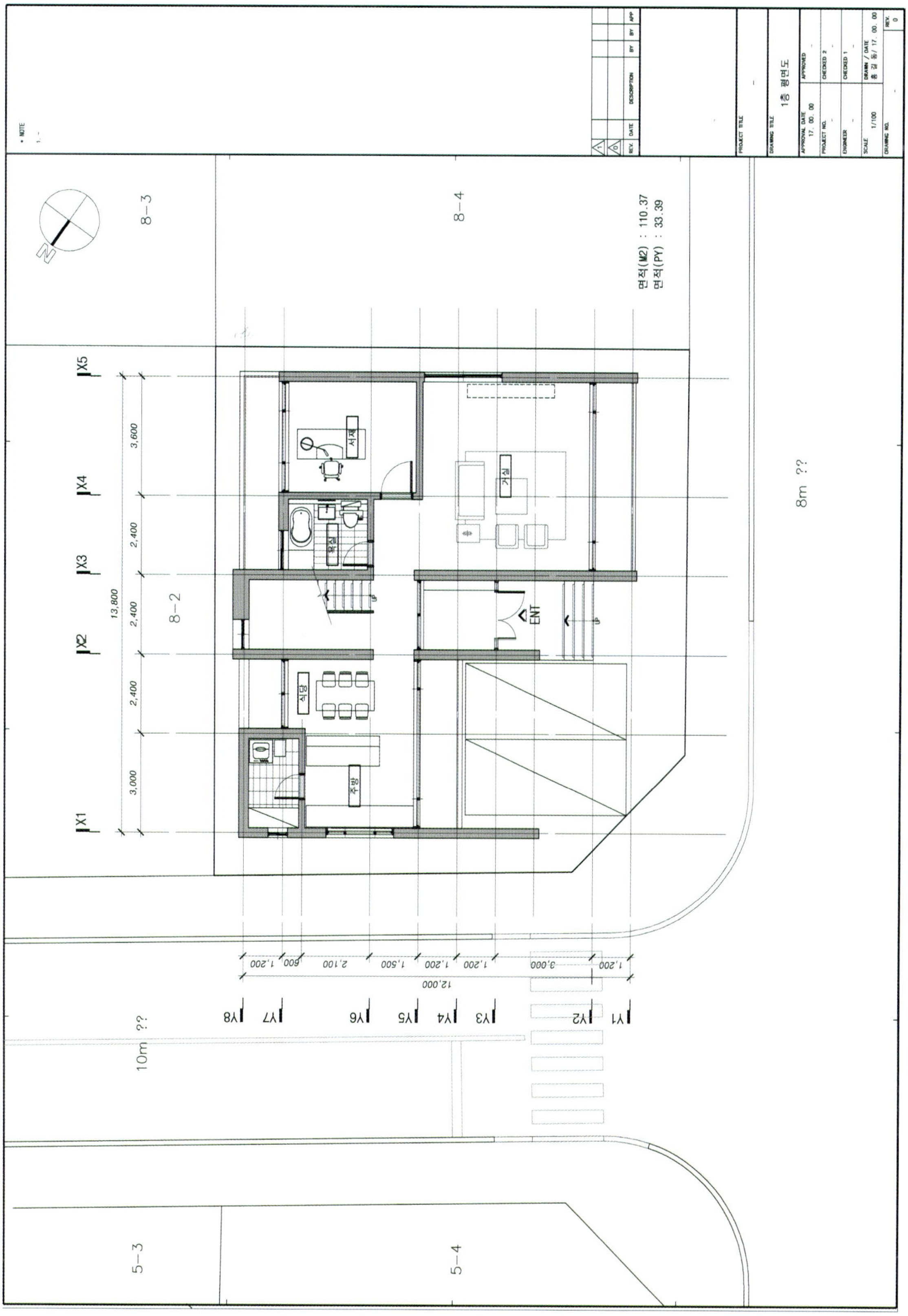

건축 설계 도서 _ 2층 평면도 (단독 주택)

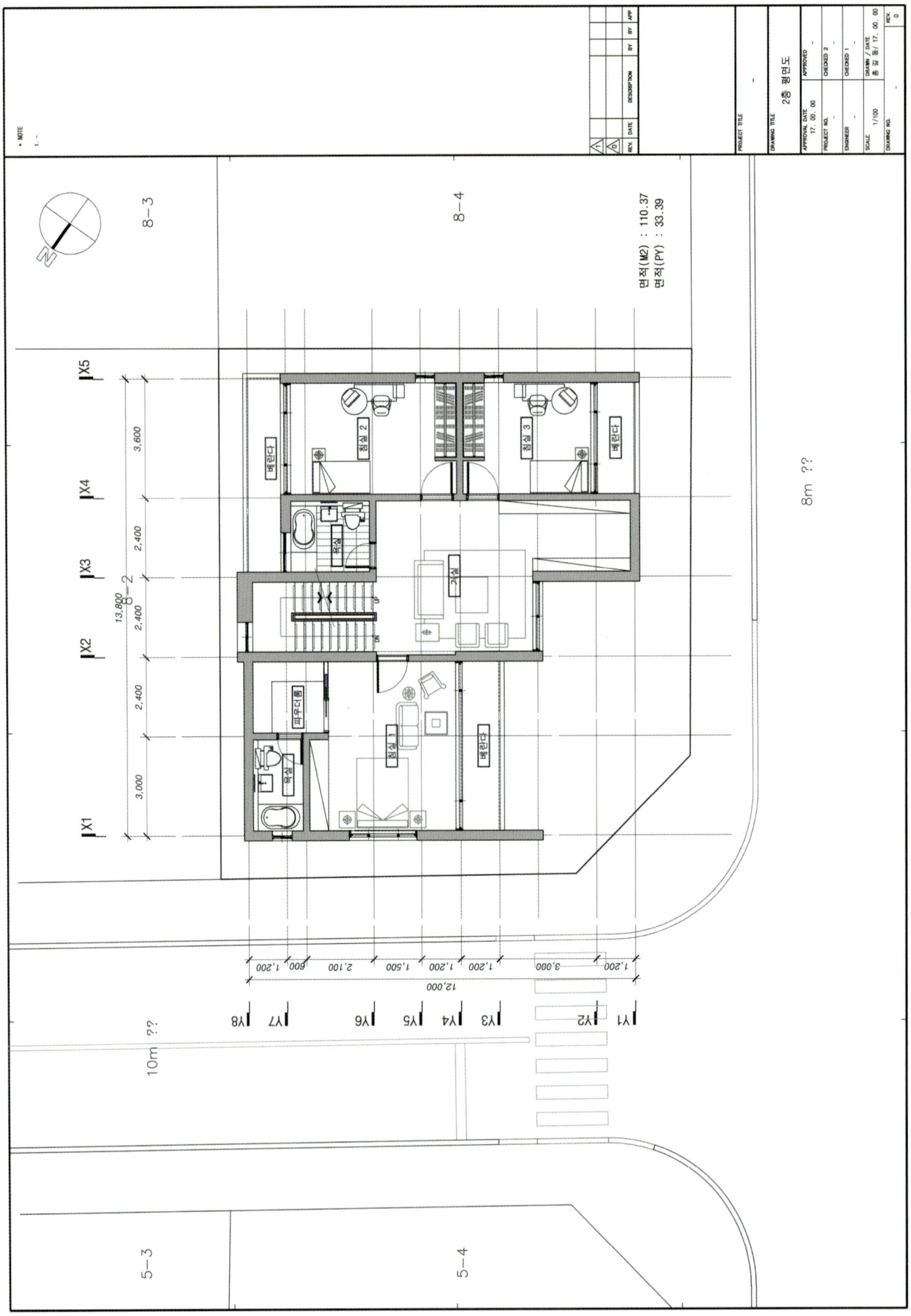

건축 설계 도서 _ 정면도 (단독 주택)

건축 설계 도서 _ 좌측면도 (단독 주택)

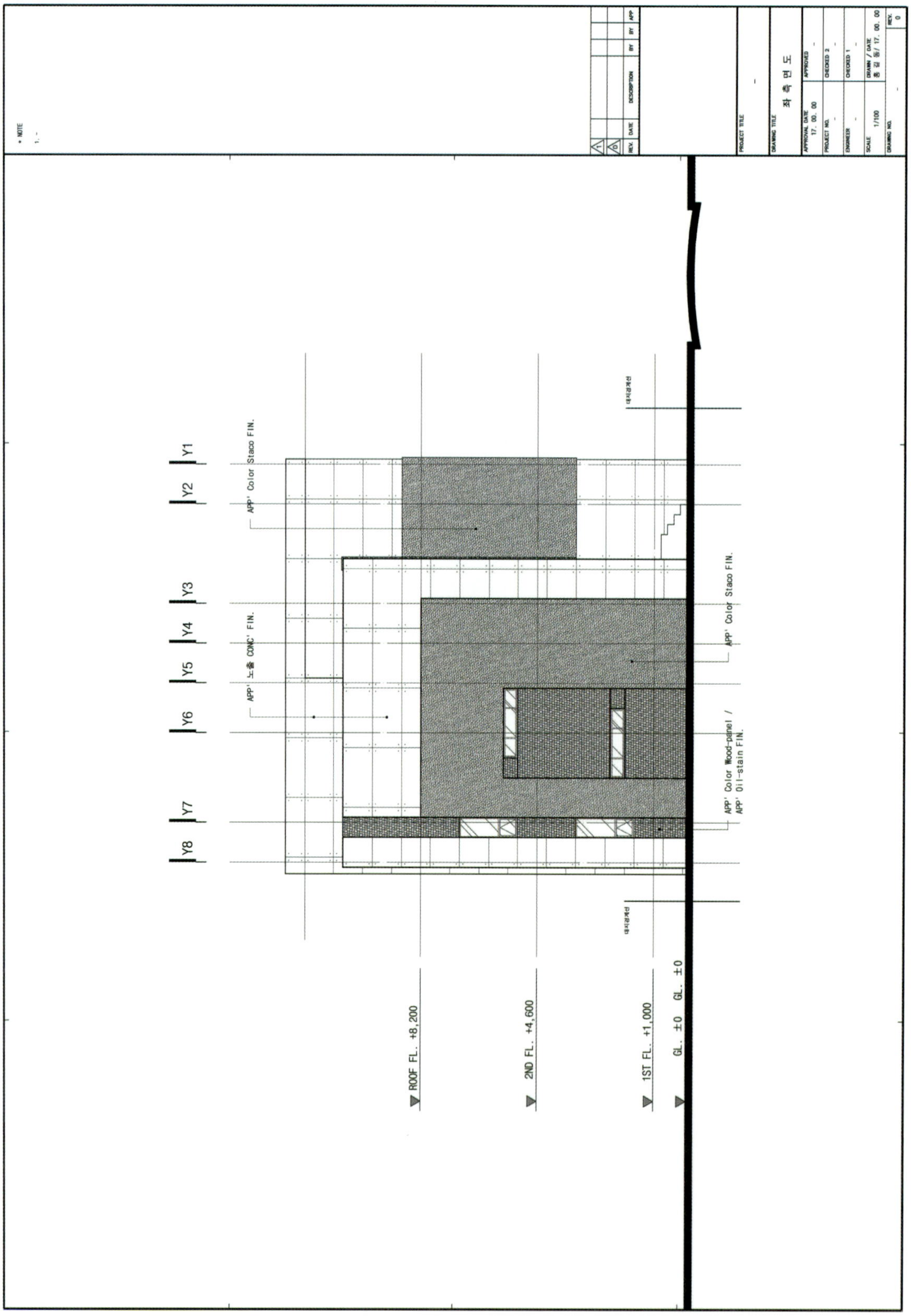

건축 설계 도서 _ 우측면도 (단독 주택)

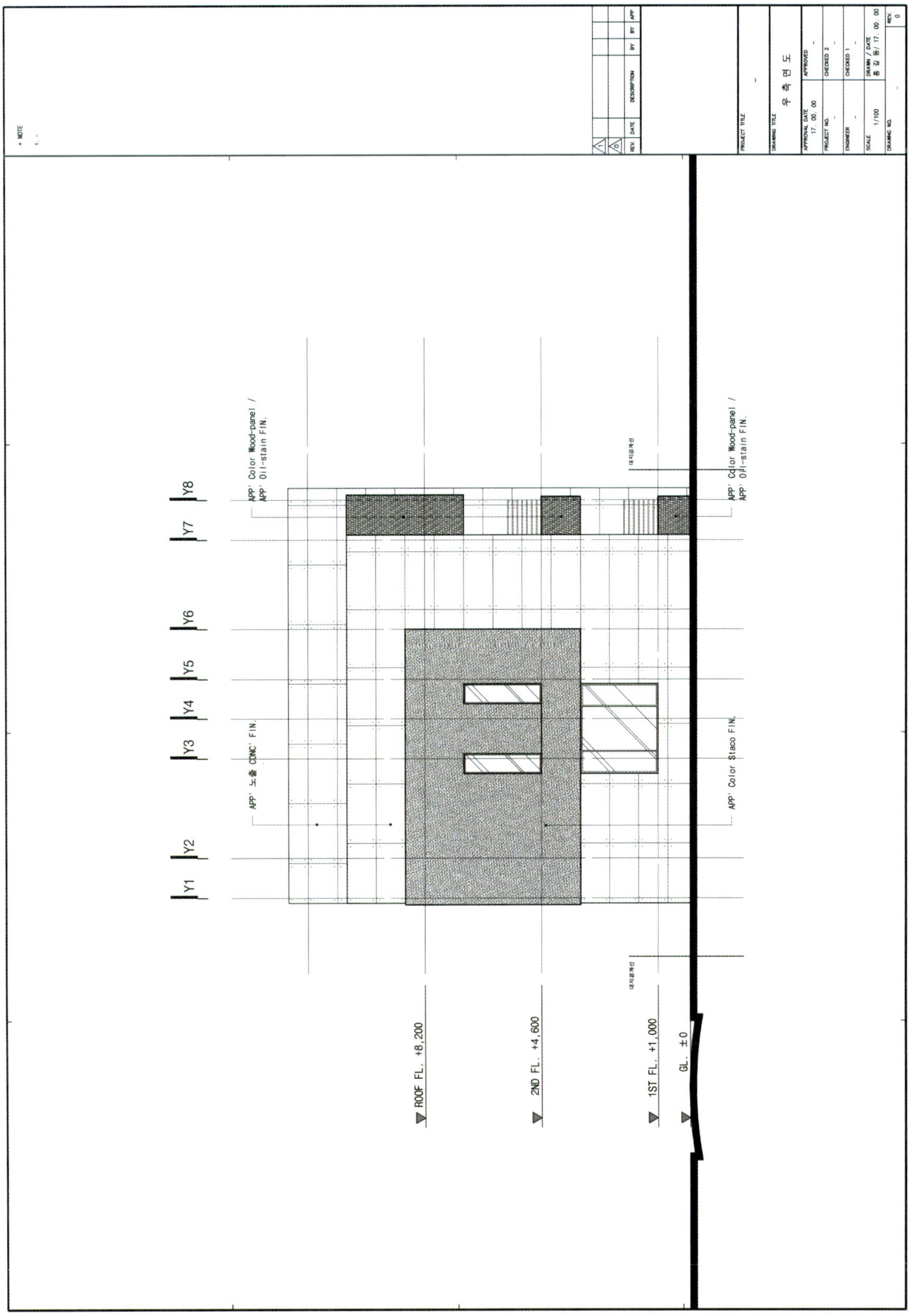

건축 설계 도서 _ 배면도 (단독 주택)

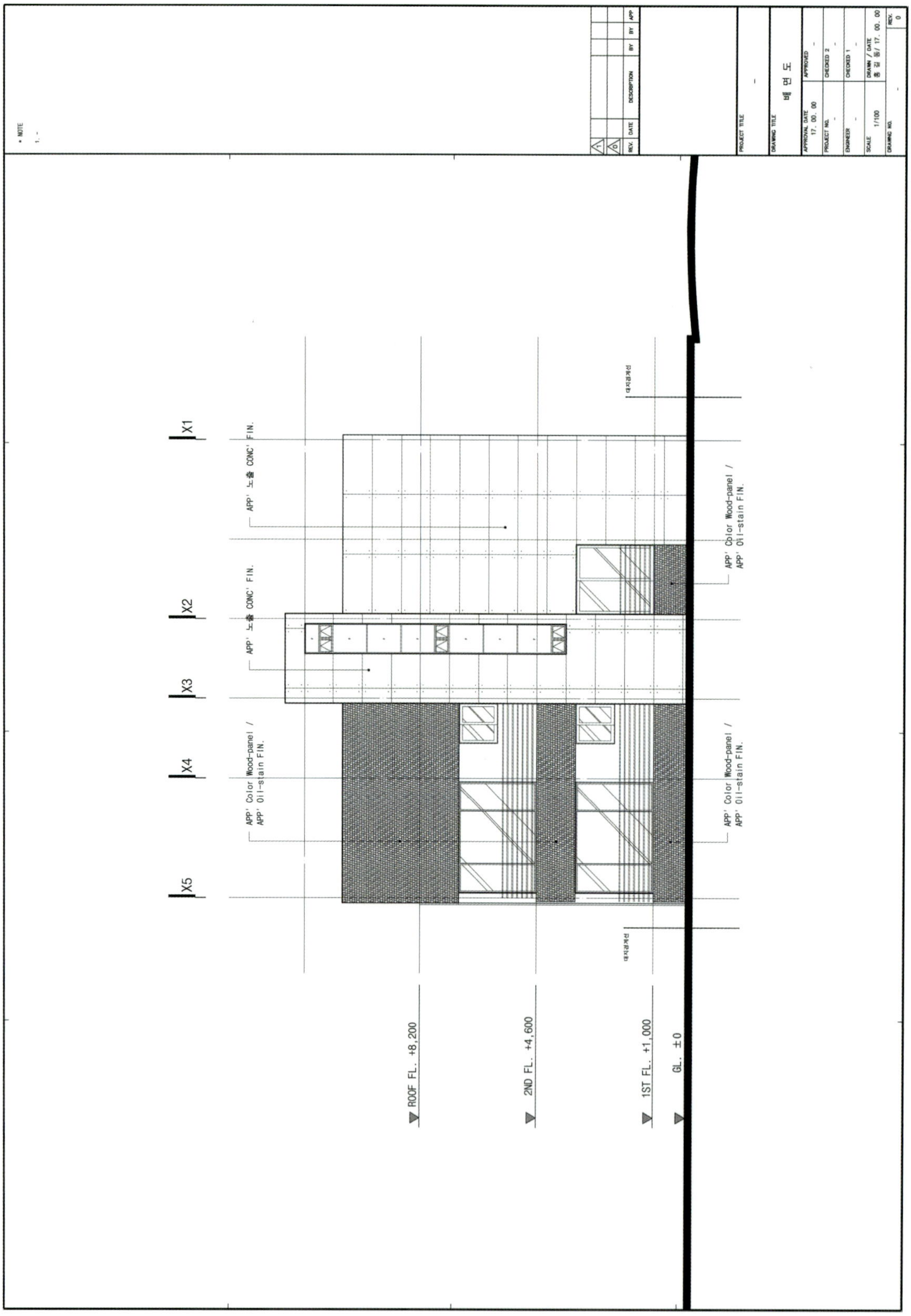

건축 설계 도서 _ 횡단면도 (단독 주택)

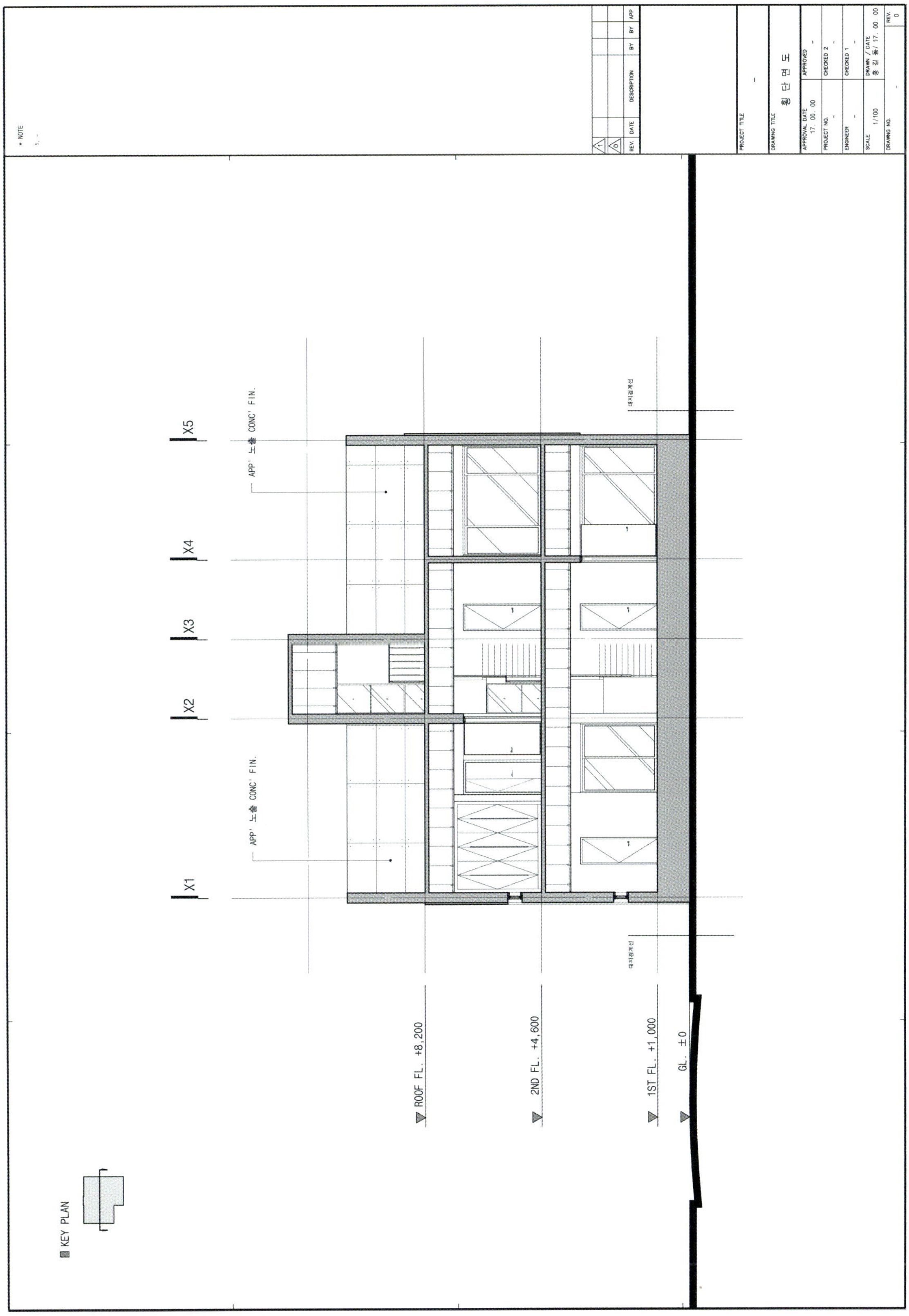

건축 설계 도서 _ 종단면도 (단독 주택)

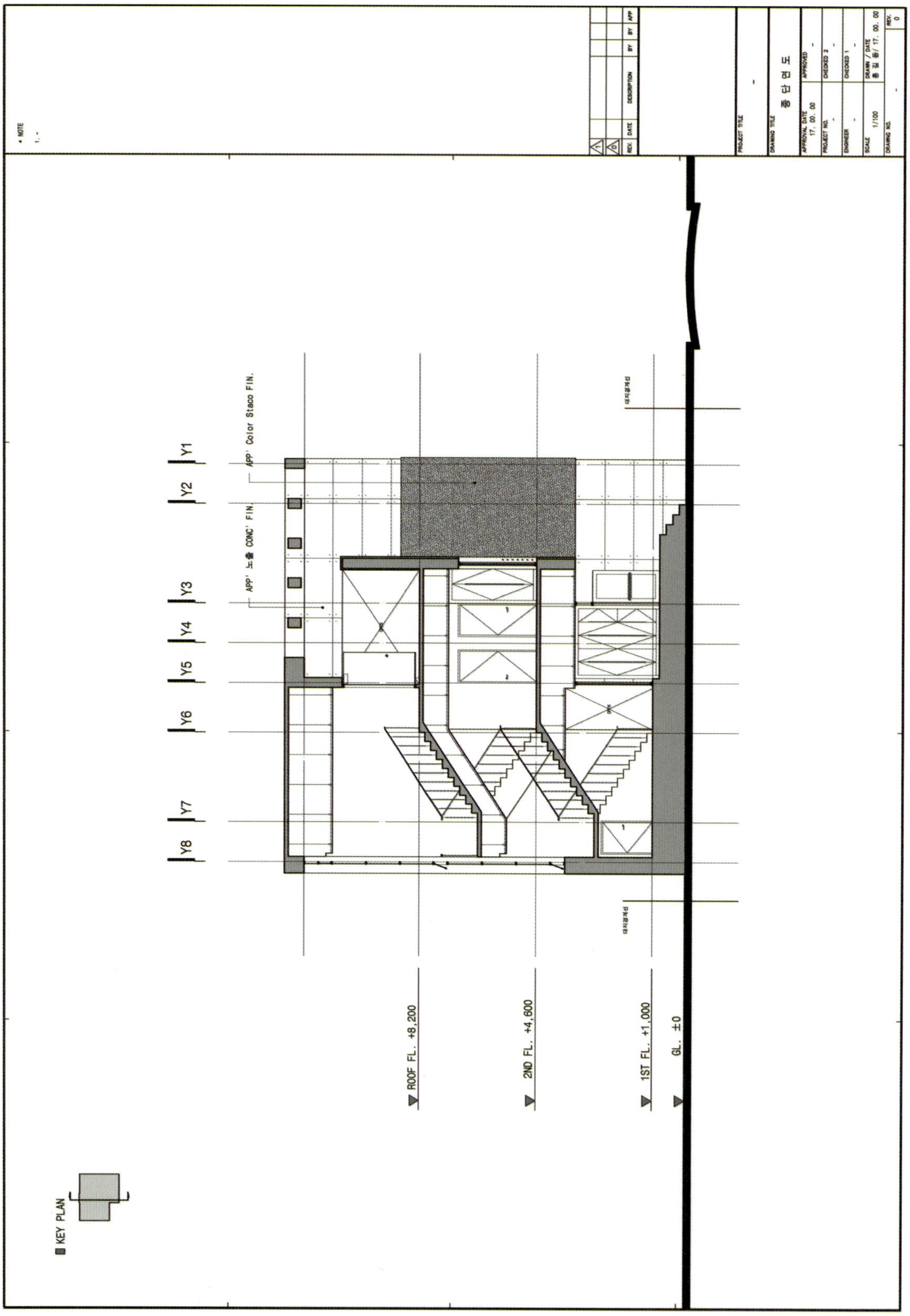

단독 주택 판넬 프레젠테이션

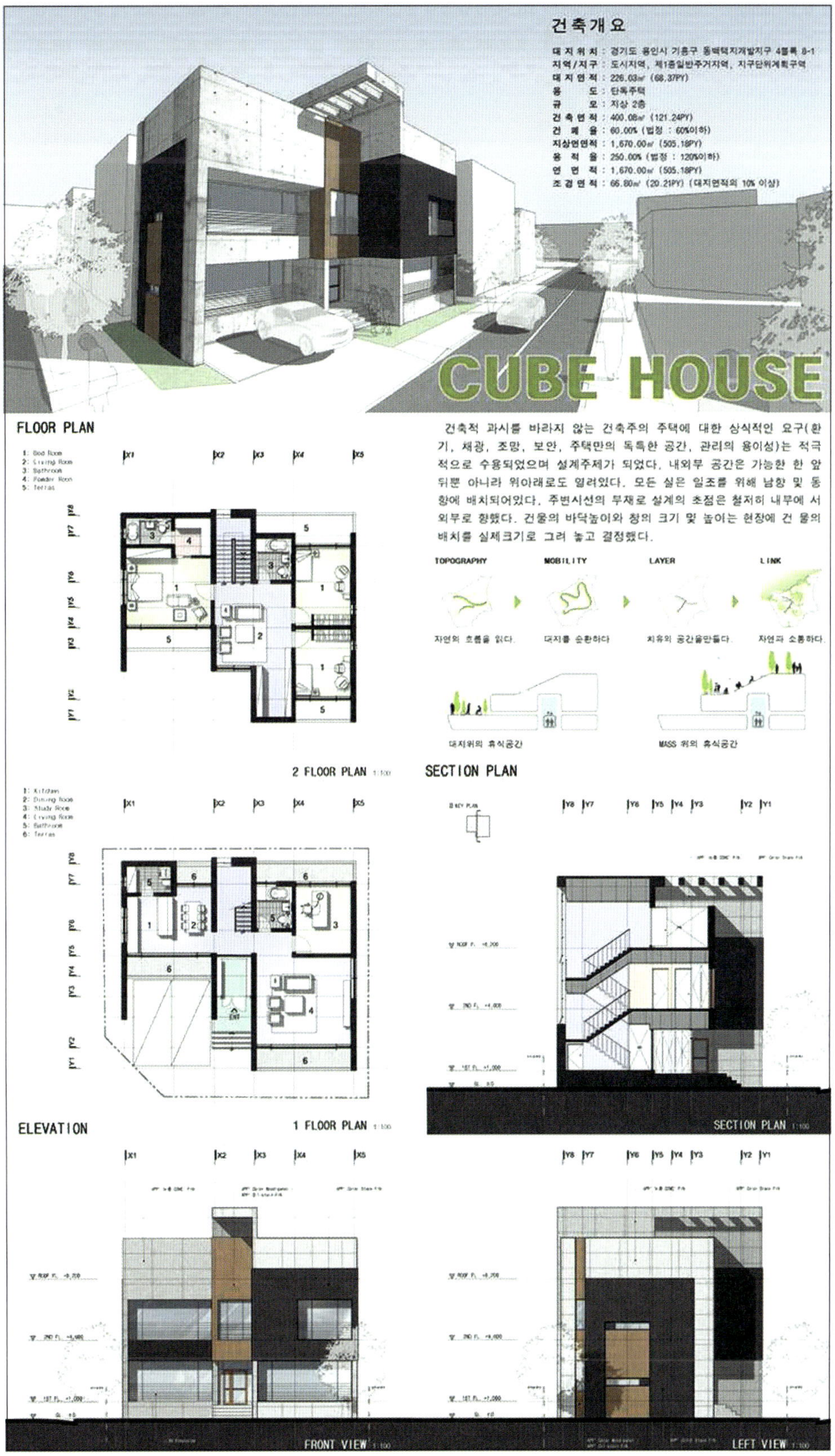

저자소개

박종현 (Jonghyun. Park)

(현) 동양미래대학교 건축과 조교수
(전) 경민대학교 건축인테리어과 조교수
(전) 서일대학교 건축과 강사

김진모 (Jinmo. Kim)

(현) 동양미래대학교 건축과 부교수
(전) 신구대학교 실내건축과 조교수

한상길 (Sanggil. Han)

(현) 동양미래대학교 건축과 조교수
(전) 국민대학교 건축학과 / 테크노디자인 대학원 강사
(전) 경민대학교 건축인테리어과 강사

3D 디지털 디자인을 위한 건축 프레젠테이션

초판 1쇄 인쇄 | 2017년 2월 23일
초판 1쇄 발행 | 2017년 2월 28일

지 은 이 | 박종현 · 김진모 · 한상길

펴 낸 곳 | 김호석
펴 낸 곳 | 도서출판 대가
등 록 | 제 311-47호
주 소 | 경기도 고양시 일산동구 장항동 776-1, 로데오 메탈릭타워 405호
전 화 | 02) 305-0210 / 306-0201
팩 스 | 031) 905-0221
전자우편 | dga1023@hanmail.net
홈페이지 | www.bookdaega.com

ISBN 978-89-6285-169-4 13540

「이 도서의 국립중앙도서관 출판예정도서목록(CIP)은 서지정보유통지원시스템 홈페이지(http://seoji.nl.go.kr)와 국가자료공동목록시스템(http://www.nl.go.kr/kolisnet)에서 이용하실 수 있습니다.(CIP제어번호: CIP2017004211)」

예제 파일은 ucloud office에서 다운로드 받으실 수 있습니다.
http://office.ucloud.com
I D : bookdaega@ucloud.com
PW : 5354
My ucloud ▸ 게스트 폴더 ▸ 해당 도서 폴더를 선택한 후 폴더 패스워드 ***62851694*** 를 입력합니다.